All in One

विज्ञान

CBSE कक्षा 9

Theory व Solved Examples ▪ NCERT, NCERT EXEMPLAR व अन्य प्रश्न ▪ सैम्पल पेपर्स

Recommended by Teachers
Trusted by Toppers

All in One

विज्ञान

CBSE कक्षा 9

Theory व Solved Examples ▪ NCERT, NCERT EXEMPLAR व अन्य प्रश्न ▪ सैम्पल पेपर्स

लेखक

केशव मोहन (भौतिकी)
प्रीति गुप्ता (रसायन)
संजय शर्मा (जीव विज्ञान)

arihant
SUCCESS AND NOTHING LESS

अरिहन्त प्रकाशन

(स्कूल डिवीज़न सीरीज़)

रजि. कार्यालय

'रामछाया' 4577/15, अग्रवाल रोड, दरिया गंज, नई दिल्ली-110002

फोन: 011-47630600, 43518550; फैक्स: 011-23280316

मुख्य कार्यालय

कालिन्दी, टी०पी० नगर, मेरठ (यूपी)-250002 फोन: 0121-7156203, 7156204

शाखा कार्यालय

आगरा, अहमदाबाद, बरेली, बंगलुरु, चेन्नई, दिल्ली, गुवाहाटी, हैदराबाद, जयपुर, झाँसी, कोलकाता, लखनऊ, नागपुर तथा पुणे

PO No : TXT-XX-XXXXXXX-X-XX

Published by Arihant Publications (India) Ltd.

'अरिहन्त' की पुस्तकों के बारे में अधिक जानकारी के लिए हमारी वेबसाइट www.arihantbooks.com पर लॉग इन करें या info@arihantbooks.com पर सम्पर्क करें।

Follow us on

मूल्य ₹ 415.00

प्रोडक्शन टीम

पब्लिशिंग मैनेजर	कवर डिज़ाइनर	इनर डिज़ाइनर
महेन्द्र सिंह रावत, केशव मोहन	राकेश रावत	अंकित त्यागी
प्रोजेक्ट हैड	*पेज लेआउट*	*प्रूफ रीडर*
योजना शर्मा	सुभाष चपराणा	मान्सी

Index *cum* Study Planner

One Book- Endless Features

to Help you Succeed

संपूर्ण अध्ययन

प्रत्येक अध्याय में Theory को Easy to Read/Understand रूप में दिया गया है। Theory के बीच में चित्र, साधित उदाहरण आदि दिए गए हैं, जिनकी सहायता से विद्यार्थी विषय संकल्पनाओं को आसानी से समझ पाएँगे।

अध्याय

01

हमारे आस-पास के पदार्थ

(Matter in Our Surroundings)

इस संसार में असंख्य वस्तुएँ हैं, जिनका अनुभव हमें ज्ञानेन्द्रियों द्वारा होता है। आदिकाल से ही यह अवधारणा रही है कि ब्रह्माण्ड की सभी वस्तुएँ पदार्थ हैं। इनमें से कुछ को हम देख सकते हैं, जबकि कुछ का केवल अनुभव कर सकते हैं। जैसे–पेड़-पौधे, धातु, जल आदि दृश्य (अर्थात् देखें जाने वाले) पदार्थ हैं, जबकि वायु आदि अदृश्य (अर्थात् केवल अनुभव किए जाने वाले) पदार्थ हैं।

साधित उदाहरण

Theory के बीच-बीच में **साधित उदाहरण** दिए गए हैं, जिनकी सहायता से विद्यार्थी विभिन्न संकल्पनाओं को आसानी से समझ पाएँगे।

विलयन की सांद्रता को व्यक्त करना

यद्यपि विलयन की सांद्रता को दर्शाने के लिए बहुत-सी राशियाँ उपस्थित है, परंतु इनमें से दो सरलतम् निम्न हैं–

(i) द्रव्यमान / विलयन के द्रव्यमान प्रतिशत

$$= \frac{\text{विलेय पदार्थ का द्रव्यमान}}{\text{विलयन का द्रव्यमान}} \times 100$$

(ii) द्रव्यमान / विलयन के आयतन प्रतिशत

$$= \frac{\text{विलेय पदार्थ का द्रव्यमान}}{\text{विलयन का आयतन}} \times 100$$

उदाहरण 1. एक विलयन में 50 ग्राम साधारण नमक 450 ग्राम जल में घुला है, विलयन की सांद्रता की गणना कीजिए।

हल दिया है, साधारण नमक (विलेय) का द्रव्यमान = 50 ग्राम

तथा जल का द्रव्यमान = 450 ग्राम

विलयन का द्रव्यमान = 50 + 450 = 500 ग्राम

$$\text{विलयन की सांद्रता} = \frac{\text{विलेय का द्रव्यमान}}{\text{विलयन का द्रव्यमान}} \times 100$$

$$\text{विलयन की सांद्रता} = \frac{50}{500} \times 100 = 10\%$$

चेक प्वॉइण्ट

साथ ही Theory के बीच-बीच में **चेक प्वाइण्ट** दिए गए हैं, जिनमें दिए गए Unsolved Questions की सहायता से विद्यार्थी पढ़ते समय ही अपने आप को जाँच सकते हैं।

चेक प्वॉइण्ट 1.2

1. वाष्पीकरण को परिभाषित कीजिए।
2. ठोसो में कण कंपन क्यों प्रारंभ कर देते हैं?
3. 70°C तापमान को केल्विन पैमाने में परिवर्तित कीजिए।
4. बर्फ के गलन की गुप्त ऊष्मा का मान क्या है?
5. भाप से जलना उबले पानी से जलने की तुलना में ज्यादा खतरनाक होता है, क्यों?

One Book- Endless Features
to Help you Succeed

NCERT फोल्डर

पाठ्यपुस्तक के प्रत्येक अध्याय में NCERT पाठ्यपुस्तक के अभ्यास प्रश्नों का उत्तर सरल भाषा में दिया गया है तथा उतना ही उत्तर दिया गया है जितना कि प्रश्न में अनिवार्य रूप से पूछा गया है। NCERT फोल्डर को यहाँ देने का मुख्य उद्देश्य यह है कि छात्र NCERT का पूर्ण अभ्यास एक ही पुस्तक में कर सकें।

NCERT फोल्डर

अध्याय के बीच के प्रश्न

1. निम्नलिखित में से कौन-से पदार्थ हैं?
कुर्सी, वायु, स्नेह, गंध, घृणा, बादाम, विचार, शीत, शीतल पेय, इत्र की सुगंध।

उत्तर कुर्सी, वायु, गंध, बादाम, शीतल पेय और इत्र की सुगंध पदार्थ हैं, क्योंकि इनका कुछ द्रव्यमान होता है और ये स्थान घेरते हैं।

2. निम्नलिखित प्रेक्षण के कारण बताइए
गर्मा-गरम खाने की गन्ध कई मीटर दूर से ही आपके पास पहुँच जाती है, लेकिन ठंडे खाने की महक लेने के लिए आपको उसके पास जाना पड़ता है।

उत्तर पके हुए गर्म खाने के कण आसानी से विसरित होकर वायु में मिल जाते हैं और गन्ध कई मीटर दूर से ही हम तक पहुँच जाती है लेकिन ठंडे खाने के कण ठोस अवस्था में ही रहते हैं और वायु में नहीं मिल पाते इसलिए ठंडे खाने की महक हम तक नहीं पहुँच पाती है।

3. स्वीमिंग पूल में गोताखोर पानी काट पाता है। इससे पदार्थ का कौन-सा गुण प्रेक्षित होता है?

उत्तर स्वीमिंग पूल में गोताखोर पानी काट पाता है क्योंकि पदार्थ के कणों के बीच रिक्त स्थान होता है।

(e) आकार (f) गतिज ऊर्जा
(g) घनत्व।

उत्तर (i) पदार्थ की अवस्थाओं ठोस, द्रव और गैस के गुणों में अंतर

ठोस	द्रव	गैस
ठोस का आकार निश्चित होता है।	द्रव का आकार निश्चित नहीं होता है ये उसी का आकार ले लेते हैं, जिसमें इन्हें रखा जाता है।	गैस का आकार निश्चित नहीं होता।
ठोस का आयतन निश्चित होता है।	द्रवों का आयतन निश्चित होता है।	गैसों का आयतन निश्चित नहीं होता (इनका आयतन बर्तन के आकार पर निर्भर करता है, जिसमें इनको रखा जाता है।)
ठोस अवस्था में घनत्व अधिक होता है।	द्रव अवस्था में घनत्व ठोस की अपेक्षा कम होता है लेकिन गैस की अपेक्षा अधिक होता है।	गैस अवस्था में घनत्व अपेक्षाकृत कम होता है।
ठोस दृढ़ होते हैं।	द्रव दृढ़ नहीं होते हैं।	गैसें दृढ़ नहीं होती हैं।
ठोसों में नगण्य संपीड्यता होती है।	द्रवों में भी संपीड्यता नगण्य होती है।	गैसों में संपीड्यता काफी अधिक होती है।

परीक्षा अभ्यास

पाठ्यपुस्तक के प्रत्येक अध्याय के NCERT प्रश्नोत्तर के पश्चात् 'परीक्षा अभ्यास' दिया गया है, जिसमें वस्तुनिष्ठ प्रश्न, अतिलघु उत्तरीय, लघु उत्तरीय और दीर्घ उत्तरीय आदि प्रश्न दिए गए हैं। परीक्षा अभ्यास देने का मुख्य उद्देश्य यह है कि छात्र अपने द्वारा अध्याय में पढ़ी हुई पाठ्य सामग्री से संबंधित प्रश्नोत्तर का अध्ययन यहाँ कर सकते हैं।

अध्याय : एक नजर में

प्रत्येक अध्याय के अंत में अध्याय का सारांश दिया गया है, जो परीक्षा या नियमित स्कूल टेस्ट्स के समय अध्याय की जल्दी से दोहराने में मदद करेगा।

अध्याय : एक नजर में

- *कोई भी वस्तु जो स्थान घेरती है और जिसमें द्रव्यमान होता है,* **पदार्थ/द्रव्य (matter)** *कहलाती है।*
- *द्रव्यमान तथा आयतन के SI मात्रक क्रमशः* **किलोग्राम (kg)** *तथा* **घन मीटर (m^3)** *हैं।*
- *पदार्थ को भौतिक तथा रासायनिक गुणों के आधार पर समूहों में वर्गीकृत किया है अर्थात् भौतिक गुण (ठोस, द्रव तथा गैस) तथा रासायनिक गुण (तत्व, यौगिक तथा मिश्रण)*
- *प्रत्येक पदार्थ निश्चित कणों से मिलकर बना होता है जिनका आकार, आकृति तथा प्रकृति भिन्न होती है।*
- *द्रव्य के कणों में विसरण की प्रकृति पायी जाती है।*
- *ठोस का निश्चित आकार, स्पष्ट सीमाएँ तथा निश्चित आयतन होते हैं।*
- *द्रवों का निश्चित आकार नहीं होता है।*
- *गैसों का न तो निश्चित आकार होता है न ही निश्चित आयतन होता है।*
- *पदार्थ की अवस्था ताप या दाब में परिवर्तन द्वारा रुपांतरित हो सकती है।*
- *प्रक्रम जिसमें गर्म करने पर ठोस पदार्थ द्रव में परिवर्तित होता है,* **गलन** *(fusion) अथवा* **गलना** *(melting) कहलाता है।*
- *प्रक्रम जिसमें गर्म करने पर द्रव पदार्थ तीव्रता से गैस में परिवर्तित होता है,* **क्वथन** *कहलाता है।*
- *शीतलन द्वारा द्रव को ठोस में परिवर्तित करने का प्रक्रम,* **हिमीकरण** *(freezing) कहलाता है।*
- *क्वथनांक बिंदु से नीचे किसी ताप पर, पदार्थ की द्रव अवस्था से गैस अवस्था में रुपांतरण* **वाष्पीकरण** *कहलाता है।*

परीक्षा अभ्यास

यहाँ अध्याय से सम्बन्धित सभी सम्भावित प्रश्नों को दिया गया है, इन प्रश्नों का अभ्यास करके व याद रखकर छात्र अध्याय से सम्बन्धित किसी भी प्रश्न का उत्तर दे पाएँगे।

वस्तुनिष्ठ प्रकार के प्रश्न

बहुविकल्पीय प्रश्न

1. जल का अधिकतम घनत्व होता है
(a) 0°C पर (b) 277K पर
(c) 100°C पर (d) 283 K पर

उत्तर (b) जल का 4°C (277 K) पर अधिकतम घनत्व होता है।

2. 300 K ताप को सेल्सियस में कैसे लिखा जाता है?
(a) 300°C (b) 127°C (c) 27°C (d) 573°C

7. जब बर्फ, जल में पिघलती है, तो ऊष्मा होती है
(a) अवशोषित (b) उत्सर्जित
(c) कोई परिवर्तन नहीं (d) शर्तों पर निर्भर

उत्तर (a) बर्फ के जल में परिवर्तित होने पर ऊष्मा अवशोषित होती है।

8. द्रव्यमान एवं भार में सम्बन्ध है
(a) $m = wg$ (b) $w = mg$
(c) $w = \frac{m}{g}$ (d) $g = \frac{m}{w}$

उत्तर (b) यदि द्रव्य का द्रव्यमान m एवं भार w हो, तो $w = mg$

One Book- Endless Features

to Help you Succeed

स्वयं को जाँचें

परीक्षा अभ्यास के पश्चात् अध्याय के इस चरण में छात्र अध्याय से संबंधित अपने ज्ञान का मूल्यांकन कर सकते हैं।

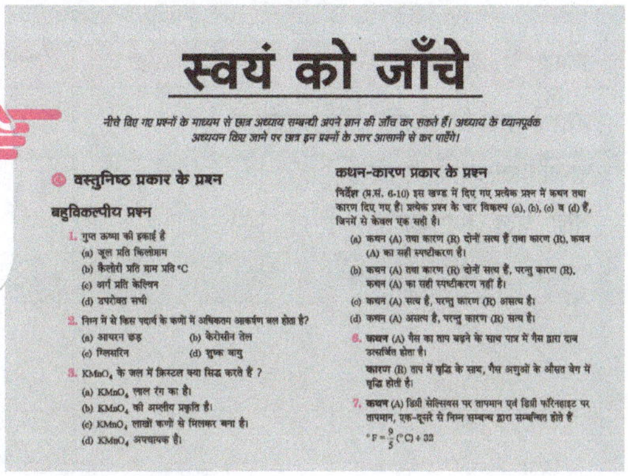

स्वयं को जाँचे

नीचे दिए गए प्रश्नों के माध्यम से छात्र अध्याय सम्बन्धी अपने ज्ञान की जाँच कर सकते हैं। अध्याय के ध्यानपूर्वक अध्ययन किए जाने पर छात्र इन प्रश्नों के उत्तर आसानी से कर पाएँगे।

वस्तुनिष्ठ प्रकार के प्रश्न

बहुविकल्पीय प्रश्न

1. गुप्त ऊष्मा की इकाई है
   (a) जूल प्रति किलोग्राम
   (b) कैलोरी प्रति ग्राम प्रति °C
   (c) अर्ग प्रति केल्विन
   (d) उपरोक्त सभी
2. निम्न में से किस पदार्थ के कणों में अधिकतम आकर्षण बल होता है?
   (a) आयरन छड़ (b) केरोसीन तेल
   (c) ग्लिसरिन (d) शुष्क वायु
3. $KMnO_4$ के जल में क्रिस्टल क्या सिद्ध करते हैं ?
   (a) $KMnO_4$ लाल रंग का है।
   (b) $KMnO_4$ की अम्लीय प्रकृति है।
   (c) $KMnO_4$ लाखों कणों से मिलकर बना है।
   (d) $KMnO_4$ अपचायक है।

कथन-कारण प्रकार के प्रश्न

निर्देश (प्र.सं. 6-10) इस खण्ड में दिए गए प्रत्येक प्रश्न में कथन तथा कारण दिए गए हैं। प्रत्येक प्रश्न के चार विकल्प (a), (b), (c) व (d) हैं, जिनमें से केवल एक सही है।

(a) कथन (A) तथा कारण (R) दोनों सत्य हैं तथा कारण (R), कथन (A) का सही स्पष्टीकरण है।
(b) कथन (A) तथा कारण (R) दोनों सत्य हैं, परन्तु कारण (R), कथन (A) का सही स्पष्टीकरण नहीं है।
(c) कथन (A) सत्य है, परन्तु कारण (R) असत्य है।
(d) कथन (A) असत्य है, परन्तु कारण (R) सत्य है।

6. कथन (A) गैस का ताप बढ़ने के साथ पात्र में गैस द्वारा दाब उत्सर्जित होता है।
   कारण (R) ताप में वृद्धि के साथ, गैस अणुओं के औसत वेग में वृद्धि होती है।
7. कथन (A) डिग्री सेल्सियस पर तापमान एवं डिग्री फॉरेनहाइट पर तापमान, एक-दूसरे से निम्न सम्बन्ध द्वारा सम्बन्धित होते हैं
   $°F = \frac{9}{5}(°C) + 32$

प्रयोगात्मक कार्य

पुस्तक को सम्पूर्ण बनाने के लिए इसमें प्रयोगात्मक कार्य का समावेश किया गया है। जिनकी सहायता से विद्यार्थी स्कूल में ली जाने वाली आन्तरिक परीक्षा की तैयारी भी कर सकते है।

सैंपल पेपर्स

पुस्तक के अंत में CBSE के नवीनतम पाठ्यक्रम व नवीनतम सैंपल पेपर पर आधारित 3 सैंपल पेपर्स दिए गए हैं। सभी सैंपल पेपर्स को परीक्षा पैटर्न व समय सीमा को ध्यान में रखकर तैयार किया गया है। इन सैंपल पेपर्स की प्रैक्टिस कर छात्र परीक्षा की सटीक तैयारी कर सकते हैं।

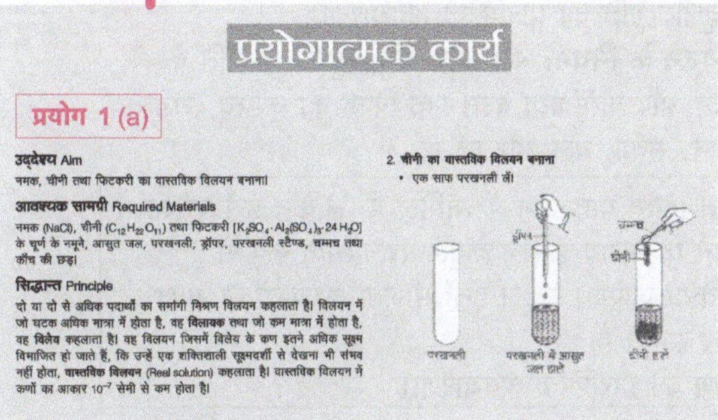

प्रयोगात्मक कार्य

प्रयोग 1 (a)

उद्देश्य Aim

नमक, चीनी तथा फिटकरी का वास्तविक विलयन बनाना।

आवश्यक सामग्री Required Materials

नमक (NaCl), चीनी ($C_{12}H_{22}O_{11}$) तथा फिटकरी [$K_2SO_4 \cdot Al_2(SO_4)_3 \cdot 24H_2O$] के चूर्ण के नमूने, आसुत जल, परखनली, ड्रॉपर, परखनली स्टैण्ड, चम्मच तथा काँच की छड़।

सिद्धान्त Principle

दो या दो से अधिक पदार्थों का समांगी मिश्रण विलयन कहलाता है। विलयन में जो घटक अधिक मात्रा में होता है, वह **विलायक** तथा जो कम मात्रा में होता है, वह **विलेय** कहलाता है। वह विलयन जिसमें विलेय के कण इतने अधिक सूक्ष्म विभाजित हो जाते हैं, कि उन्हें एक शक्तिशाली सूक्ष्मदर्शी से देखना भी संभव नहीं होता, **वास्तविक विलयन** (Real solution) कहलाता है। वास्तविक विलयन में कणों का आकार 10^{-7} सेमी से कम होता है।

2. चीनी का वास्तविक विलयन बनाना
   • एक साफ परखनली लें।

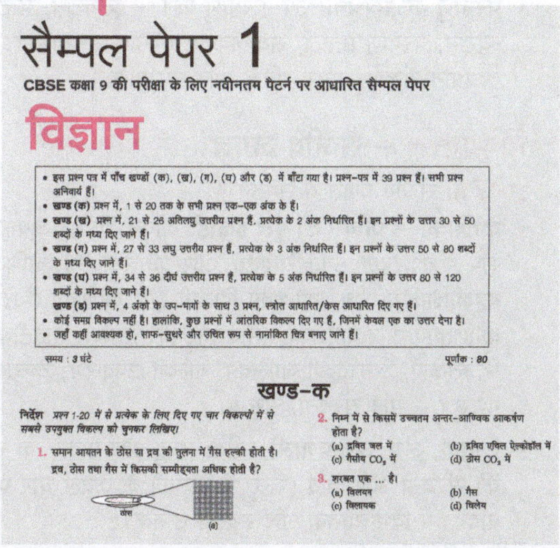

सैम्पल पेपर 1

CBSE कक्षा 9 की परीक्षा के लिए नवीनतम पैटर्न पर आधारित सैम्पल पेपर

विज्ञान

- इस प्रश्न पत्र में पाँच खण्डों (क), (ख), (ग), (घ) और (ङ) में बाँटा गया है। प्रश्न-पत्र में 39 प्रश्न हैं। सभी प्रश्न अनिवार्य हैं।
- **खण्ड (क)** प्रश्न में, 1 से 20 तक के सभी प्रश्न एक-एक अंक के हैं।
- **खण्ड (ख)** प्रश्न में, 21 से 26 अतिलघु उत्तरीय प्रश्न हैं, प्रत्येक के 2 अंक निर्धारित हैं। इन प्रश्नों के उत्तर 30 से 50 शब्दों के मध्य दिए जाने हैं।
- **खण्ड (ग)** प्रश्न में, 27 से 33 लघु उत्तरीय प्रश्न हैं, प्रत्येक के 3 अंक निर्धारित हैं। इन प्रश्नों के उत्तर 50 से 80 शब्दों के मध्य दिए जाने हैं।
- **खण्ड (घ)** प्रश्न में, 34 से 36 दीर्घ उत्तरीय प्रश्न हैं, प्रत्येक के 5 अंक निर्धारित हैं। इन प्रश्नों के उत्तर 80 से 120 शब्दों के मध्य दिए जाने हैं।
  खण्ड (ङ) प्रश्न में, 4 अंको के उप-भागों के साथ 3 प्रश्न, स्त्रोत आधारित/केस आधारित दिए गए हैं।
- कोई समग्र विकल्प नहीं है। हालांकि, कुछ प्रश्नों में आंतरिक विकल्प दिए गए हैं, जिनमें केवल एक का उत्तर देना है।
- जहाँ कहीं आवश्यक हो, साफ-सुथरे और उचित रूप से नामांकित चित्र बनाए जाने हैं।

समय : 3 घंटे | पूर्णांक : 80

खण्ड-क

निर्देश प्रश्न 1-20 में से प्रत्येक के लिए दिए गए चार विकल्पों में से सबसे उपयुक्त विकल्प को चुनकर लिखिए।

1. समान आयतन के ठोस या द्रव की तुलना में गैस हल्की होती है। द्रव, ठोस तथा गैस में किसकी सम्पीड्यता अधिक होती है?

2. निम्न में से किसमें उच्चतम अन्तर-आण्विक आकर्षण होता है?
   (a) द्रवित जल में (b) द्रवित एथिल ऐल्कोहॉल में
   (c) गैसीय CO_2 में (d) ठोस CO_2 में
3. शरबत एक ... है।
   (a) विलयन (b) गैस
   (c) विलायक (d) विलेय

नवीनतम पाठ्यक्रम

क्रम संख्या	इकाई		अंक
1	पदार्थ–इसकी प्रकृति और व्यवहार		25
2	सजीव जगत में संगठन		22
3	गति, बल तथा कार्य		27
4	भोजन; भोजन उत्पादन		06
		योग	80
		आंतरिक मूल्यांकन	20
		कुल योग	**100**

विषयवस्तु–पदार्थ

इकाई I: पदार्थ–प्रकृति और व्यवहार

- **पदार्थ की परिभाषा**; पदार्थ की विशेष प्रकृति: ठोस, तरल और गैस और उनके लक्षण –अवस्था में परिवर्तन– गलनांक (ऊष्मा का अवशोषण), हिमांक, वाष्पीकरण (वाष्पीकरण द्वारा शीतलन), संघनन, ऊर्ध्वपातन।
- **क्या हमारे आस–पास का पदार्थ शुद्ध है:** तत्त्व, यौगिक और मिश्रण, विषमांगी और समांगी मिश्रण, कोलाइड और निलंबन। भौतिक और रासायनिक परिवर्तन (मिश्रण के घटकों को अलग करने को छोड़कर)। शुद्ध और अशुद्ध पदार्थ।
- **परमाणु और अणु**: परमाणु और अणु, रासायनिक संयोजन का नियम, सामान्य यौगिकों का रासायनिक सूत्र, परमाणु और आण्विक द्रव्यमान।
- **परमाणु की संरचना**: उप–परमाणु कण – इलेक्ट्रॉन, प्रोटॉन और न्यूट्रॉन, परमाणु मॉडल, संयोजकता, परमाणु संख्या और द्रव्यमान संख्या, समस्थानिक और समभारिक।

विषयवस्तु – सजीव जगत

इकाई II: सजीव जगत में संगठन

- **कोशिका – जीवन की मूल इकाई:** जीवन की मूल इकाई के रूप में कोशिका; प्रोकैरियोटिक और यूकैरियोटिक कोशिकाएँ , बहुकोशिकीय जीव; कोशिका झिल्ली और कोशिका भित्ति, कोशिकांग और कोशिका समावेशन; हरितलवक, माइटोकॉन्ड्रिया, रिक्तिकाएँ, अन्तर्द्रव्यी जालिका, गॉल्जी उपकरण; केन्द्रक, गुणसूत्र – मूल संरचना, संख्या।
- **ऊतक, अंग, अंग प्रणाली, जीव:** जन्तु और पादप के ऊतकों की संरचना और कार्य (जन्तु में ऊतकों के केवल चार प्रकार; पादप में विभज्योतक और स्थायी ऊतक)।

निम्नलिखित विषय पाठ्यक्रम में शामिल हैं, लेकिन इसे परीक्षा में शामिल करने के बजाय इसका केवल रचनात्मक रूप से मूल्यांकन किया जाएगा। स्कूल इन्हें मौजूदा अध्यायों के साथ एकीकृत कर सकते हैं,

- **स्वास्थ्य और रोग**: स्वास्थ्य और इसकी विफलता। संक्रामक और गैर–संक्रामक रोग, उनके कारण और अभिव्यक्ति। रोगाणुओं (विषाणु, जीवाणु और प्रोटोजोआ) के कारण होने वाले रोग और उनकी रोकथाम। उपचार और रोकथाम के सिद्धान्त। पल्स पोलियो कार्यक्रम।

विषयवस्तु – गतिशील वस्तु, लोग और विचार

इकाई III: गति, बल और कार्य

- **गति:** दूरी और विस्थापन, वेग; एक सरल रेखा के साथ एकसमान और असमान गति; त्वरण, एकसमान गति और एकसमान त्वरित गति के लिए दूरी–समय और वेग–समय ग्राफ, एकसमान वृत्तीय गति की प्रारम्भिक अवधारणा।

  बल और न्यूटन के नियम: बल और गति, न्यूटन के गति के नियम, क्रिया और प्रतिक्रिया बल। एक पिण्ड का जड़त्व, जड़त्व और द्रव्यमान, संवेग, बल और त्वरण।

निम्नलिखित विषय पाठ्यक्रम में शामिल हैं, लेकिन इसे परीक्षा में शामिल करने के बजाय इसका केवल रचनात्मक रूप से मूल्यांकन किया जाएगा। स्कूल इन्हें मौजूदा अध्यायों के साथ एकीकृत कर सकते हैं,

- संवेग संरक्षण की प्रारम्भिक अवधारणा।

- **गुरुत्वाकर्षण:** गुरुत्वाकर्षण, गुरुत्वाकर्षण का सार्वत्रिक नियम, पृथ्वी का गुरुत्वीय बल (गुरुत्व), गुरुत्वीय त्वरण, द्रव्यमान और भार, मुक्त पतन।
- **प्लवन:** प्रणोद और दाब, आर्किमिडीज का सिद्धान्त, उत्प्लावकता।

- **कार्य, ऊर्जा और शक्ति:** बल द्वारा किया गया कार्य, ऊर्जा, शक्ति, गतिज और स्थितिज ऊर्जा, ऊर्जा संरक्षण का नियम (ऊर्जा की वाणिज्यिक इकाई को छोड़कर)।
- **ध्वनि:** ध्वनि की प्रकृति और विभिन्न माध्यमों में इसका संचरण, ध्वनि की चाल, मनुष्यों में श्रवण सीमा, पराध्वनि, ध्वनि का परावर्तन, प्रतिध्वनि।

विषयवस्तु – भोजन

इकाई IV : खाद्य उत्पादन

- पादप और जन्तु का प्रजनन और गुणवत्ता सुधार के लिए चयन और प्रबन्धन; उर्वरकों और खाद का उपयोग; कीटों और रोगों से सुरक्षा; जैविक खेती।

प्रयोगात्मक कार्यों की सूची

1. निम्नांकित विलयन तैयार करना **यूनिट I**
   (a) नमक, चीनी तथा फिटकरी का वास्तविक विलयन बनाना।
   (b) मिट्टी, खड़िया और महीन बालू का जल में निलम्बन तैयार करना।
   (c) जल में मण्ड और जल में अण्डे की सफेदी की कोलाइड का निम्न के आधार पर अन्तर स्पष्ट करना
   • पारदर्शिता, • छानना, • स्थायित्व

2. निम्नांकित विलयन तैयार करना **यूनिट I**
   (a) मिश्रण (b) यौगिक
   निम्नांकित तथ्यों के आधार पर लौहचूर्ण तथा सल्फर पाउडर के मध्य अन्तर स्पष्ट करना
   (i) दिखावट (समजातीयता तथा विषमजातीयता)
   (ii) चुम्बक के प्रति व्यवहार
   (iii) कार्बन डाई सल्फाइड विलायक के प्रति व्यवहार
   (iv) ऊष्मा का प्रभाव

3. निम्नलिखित अभिक्रियाएँ क्रियान्वित करना तथा उन्हें भौतिक और रासायनिक परिवर्तन में वर्गीकृत करना– **यूनिट I**
   (a) जल में लौह तथा कॉपर सल्फेट विलयन
   (b) मैग्नीशियम छीलन का वायु में दहन
   (c) जिंक तथा सल्फ्यूरिक अम्ल
   (d) कॉपर सल्फेट क्रिस्टल को गर्म करना।
   (e) सोडियम सल्फेट तथा बेरियम क्लोराइड का जल में विलयन

4. प्याज की झिल्ली एवं मानव गाल की कोशिकाओं की अस्थायी अभिरंजित स्लाइड तैयार करना। निरीक्षण तथा रेखांकित चित्र बनाना। **यूनिट II**

5. पौधों में पेरेन्काइमा, कोलेनकाइमा एवं स्केलेरेन्काइमा ऊतक जन्तुओं में अरेखित, रेखित एवं कार्डियक पेशी, तन्त्रिका कोशिका की तैयार स्लाइड्स का अध्ययन, पहचान एवं कार्बनिक चित्रण। **यूनिट II**

6. बर्फ का गलनांक एवं जल का क्वथनांक ज्ञात करना। **यूनिट I**

7. ध्वनि के परावर्तन के नियम का सत्यापन करना। **यूनिट III**

8. कमानीदार तराजू तथा मापक सिलिन्डर का उपयोग करके किसी ठोस (जल से अधिक घनत्व) का घनत्व ज्ञात करना। **यूनिट III**

9. किसी ठोस को निम्न में विसर्जित करने पर उसके भार में होने वाली हानि के मध्य सम्बन्ध स्थापित करना। **यूनिट III**
   (a) नल का जल
   (b) खारे पानी में किन्हीं दो विभिन्न ठोसों को डालने पर उनके द्वारा विस्थापित जल का भार।

10. खींचे हुए धागे में कंपन संचरण (फैलाव/प्रसार) की गति ज्ञात करना। **यूनिट III**

11. रासायनिक क्रिया में द्रव्यमान के संरक्षण के नियम का सत्यापन करना। **यूनिट III**

अध्याय

01

हमारे आस-पास के पदार्थ

(Matter in Our Surroundings)

इस संसार में असंख्य वस्तुएँ हैं, जिनका अनुभव हमें ज्ञानेन्द्रियों द्वारा होता है। आदिकाल से ही यह अवधारणा रही है कि ब्रह्माण्ड की सभी वस्तुएँ पदार्थ हैं। इनमें से कुछ को हम देख सकते हैं, जबकि कुछ का केवल अनुभव कर सकते हैं। जैसे–पेड़-पौधे, धातु, जल आदि दृश्य (अर्थात् देखे जाने वाले) पदार्थ हैं, जबकि वायु आदि अदृश्य (अर्थात् केवल अनुभव किए जाने वाले) पदार्थ हैं।

पदार्थ को न तो बनाया जा सकता है न ही नष्ट किया जा सकता है इसे केवल एक रूप से दूसरे रूप में परिवर्तित किया जा सकता है। आधुनिक वैज्ञानिकों ने पदार्थ को भौतिक तथा रासायनिक गुणधर्मों के आधार पर दो प्रकार से वर्गीकृत किया है। इस अध्याय में हम भौतिक गुणों के आधार पर पदार्थ के बारे में ज्ञान अर्जित करेंगे।

सिलेबस

- *पदार्थ*
- *पदार्थ की अवस्थाएँ*
- *पदार्थ का अवस्था परिवर्तन*
- *तापमान परिवर्तन का प्रभाव*
- *दाब परिवर्तन का प्रभाव*
- *वाष्पीकरण*

पदार्थ (Matter)

ब्रह्माण्ड का वह अवयव, जिसमें द्रव्यमान व आयतन होता है तथा जिसका अनुभव हम अपनी ज्ञानेन्द्रियों द्वारा कर सकते हैं, पदार्थ कहलाता है। **उदाहरण**— जल, वायु, लकड़ी, हीरा, स्टील (इस्पात), काँच आदि सभी में द्रव्यमान होता है तथा सभी स्थान घेरते हैं। अतः ये पदार्थ (द्रव्य) हैं।

नोट *द्रव्यमान का SI मात्रक किलोग्राम (kg) है। आयतन का SI मात्रक घन मीटर (m^3) है। आयतन मापन का सामान्य मात्रक लीटर है।* $1L = 1\,dm^3, 1L = 1000\,mL, 1\,mL = 1\,cm^3$

पदार्थ का वर्गीकरण (Classification of Matter)

(i) भारत के प्राचीन दार्शनिकों ने पदार्थ को पाँच मूल तत्वों में वर्गीकृत किया, जिसे 'पंचतत्व' कहा गया है। ये पंचतत्व वायु, पृथ्वी, अग्नि, जल और आकाश हैं। उनके अनुसार, इन्हीं पंचतत्वों से सभी वस्तुएँ बनी है, चाहे वो सजीव हों या निर्जीव हों।

(ii) वर्तमान में पदार्थ को उनकी रासायनिक प्रकृति तथा भौतिक गुणों के आधार पर समूहों में वर्गीकृत किया है। **उदाहरण**—ठोस, द्रव तथा गैस (कणों की व्यवस्था या भौतिक गुणों के आधार पर) या तत्व, यौगिक तथा मिश्रण (रासायनिक प्रकृति के आधार पर)।

पदार्थ की भौतिक प्रकृति (Physical Nature of Matter)

पदार्थ के संगठन का अध्ययन करने पर यह ज्ञात होता है कि

(i) प्रत्येक पदार्थ निश्चित कणों से बने होते हैं, जो आकृति, आकार तथा प्रकृति में अन्य प्रकार के पदार्थ से भिन्न होते हैं।

(ii) पदार्थ के कण बहुत छोटे (अर्थात् जिसकी कल्पना करना असम्भव है) होते हैं, जिन्हें नग्न आँखों से देखना असंभव है।

पदार्थ के कणों के अभिलाक्षणिक गुण
(Characteristics of Particles of Matter)

पदार्थ के कणों के अभिलाक्षणिक गुण निम्न हैं—

(i) पदार्थ के कणों के बीच रिक्त स्थान होता है।

(ii) पदार्थ के कण निरंतर गतिशील होते हैं अर्थात् उनमें गतिज ऊर्जा होती है। तापमान बढ़ने से कणों की गति तेज हो जाती है। अत: कणों की गतिज ऊर्जा भी बढ़ जाती है।

(iii) पदार्थ के कणों में विसरण की प्रवृत्ति होती है अर्थात् पदार्थ के कण अपने आप ही एक-दूसरे के साथ अन्त: मिश्रित हो जाते हैं।
दो विभिन्न पदार्थों के कणों का स्वत: मिलना **विसरण** कहलाता है।

(iv) पदार्थ के कण एक-दूसरे को आकर्षित करते हैं। कणों के बीच पाया जाने वाला बल **अंतरअणुक आकर्षण बल** कहलाता है। यह बल कणों को पास-पास रखता है। इस बल की सामर्थ्य भिन्न पदार्थों में भिन्न-भिन्न होती है।

विसरण तथा परासरण (Diffusion and Osmosis)

विसरण वह प्रक्रिया है, जिसमें पदार्थ के अणु उच्च सांद्रता से निम्न सांद्रता की ओर गति करते हैं तथा यह गति मिश्रण के समरूप होने तक होती है तथा **परासरण** वह प्रक्रिया है, जिसमें विलायक के अणु निम्न सांद्रता से उच्च सांद्रता की ओर अर्धपारगम्य झिल्ली द्वारा गमन करते हैं।

पदार्थ की अवस्थाएँ (States of Matter)

हमारे आस-पास के पदार्थ तीन भिन्न अवस्थाओं ठोस, द्रव तथा गैस में पाए जाते हैं। पदार्थ की ये अवस्थाएँ उसके कणों की विभिन्न विशेषताओं के कारण होती हैं।

ठोस अवस्था (Solid State)

पदार्थ की वह अवस्था, जिसमें उसका निश्चित आकार, स्पष्ट सीमाएँ तथा स्थिर आयतन होता है अर्थात् संपीड्यता नगण्य होती है, ठोस अवस्था कहलाती है। ठोस अवस्था के कुछ महत्वपूर्ण गुणधर्म निम्न हैं—

(i) ठोस निश्चित आकार, स्पष्ट सीमाओं तथा स्थिर आयतन वाले अर्थात् नगण्य संपीड्य होते हैं।

चाहे हम शर्करा या नमक को अपने हाथ में लें या किसी प्लेट या जार में रखें, इनके क्रिस्टलों के आकार नहीं बदलते हैं।

(ii) ठोस विसरण का गुण प्रदर्शित नहीं करते अथवा अत्यंत मंद गति से विसरण करते हैं।

स्पंज संपीड्य है, परंतु ठोस कहलाता है, क्योंकि इसमें महीन छिद्र होते हैं, जिनमें वायु भरी रहती है। दबाने पर यह वायु निकल जाती है, जिससे स्पंज में संपीड्यता संभव है।

(iii) ठोस, बाह्य बल लगाने पर टूट जाते हैं, परंतु अपनी आकृति में परिवर्तन नहीं दर्शाते, अर्थात् दृढ़ होते हैं।

बाह्य बल लगाए जाने पर रबर बैंड का आकार बदलता है और बल हटा लेने पर यह पुन: अपने मूल आकार में आ जाता है। अत्यधिक बल लगाने पर यह टूट जाता है।

(iv) सामान्यतया ठोस पदार्थों का घनत्व द्रव तथा गैसों से अधिक होता है। चीनी, रेत, पत्थर, धातुएँ; जैसे—लोहा, ताँबा, ऐलुमीनियम, सोना, चाँदी आदि ठोस अवस्था के पदार्थों के उदाहरण हैं।

किसी पदार्थ का द्रव्यमान प्रति इकाई घनत्व कहलाता है।

अर्थात् $\text{घनत्व } (d) = \dfrac{\text{द्रव्यमान } (m)}{\text{आयतन } (V)}$

द्रव अवस्था (Liquid State)

पदार्थ की वह अवस्था, जिसका आयतन निश्चित होता है, परंतु आकार नहीं, द्रव अवस्था कहलाती है। **उदाहरण**—जल, तेल आदि।
द्रव अवस्था के कुछ महत्वपूर्ण गुण निम्न प्रकार हैं—

(i) द्रव का निश्चित आकार नहीं होता है अर्थात् इसे जिस बर्तन में रखा जाता है, ये उसी का आकार ले लेता है।

(ii) द्रवों में बहाव होता है तथा इनका आकार बदलता है, इसलिए ये दृढ़ नहीं बल्कि तरल (Liquid) होते हैं।

(iii) ठोस, द्रव तथा गैसों का विसरण द्रवों में संभव है। वातावरण की गैसें विसरित होकर जल में घुल जाती हैं। ये गैसें, विशेषत: ऑक्सीजन एवं कार्बन डाइऑक्साइड जलीय जंतुओं तथा पौधों के जीवन के लिए अनिवार्य होती हैं। जलीय जंतु, जल में घुली ऑक्सीजन के कारण श्वास लेते हैं।

(iv) द्रव लगभग असंपीड्य होते हैं।

(v) द्रव के कणों के बीच आकर्षण बल गैसों की तुलना में ज्यादा, परंतु ठोसों की तुलना में कम होता है।

(vi) ठोसों की अपेक्षा द्रवों में विसरण की दर अधिक होती है। ऐसा इसलिए है क्योंकि द्रव अवस्था में पदार्थ के कण स्वतंत्र रूप से गति करते हैं और ठोस की अपेक्षा द्रव के कणों मे रिक्त स्थान भी अधिक होता है।

(vii) द्रव का घनत्व सामान्यतया इसकी ठोस अवस्था की तुलना में कम होता है।
अपवाद ठोस बर्फ जल की तुलना में हल्की होती है तथा जल पर तैरती है अर्थात् जल के ठोस रूप (बर्फ) का घनत्व जल के द्रव रूप की तुलना में कम होता है। जल, दूध, जूस, तेल, कैरोसीन, पेट्रोल आदि उन पदार्थों के उदाहरण हैं, जो द्रव अवस्था में पाए जाते हैं।

गैसीय अवस्था (Gaseous State)

पदार्थ की वह अवस्था, जिसमें पदार्थ का आकार व आयतन दोनो निश्चित नहीं होते, गैस कहलाती है।
उदाहरण—हाइड्रोजन, हीलियम, ऑक्सीजन, जलवाष्प आदि।
गैसीय अवस्था के कुछ महत्वपूर्ण गुण निम्न हैं—

(i) गैसों में द्रवों के समान बहाव की प्रवृत्ति होती है, इसलिए इन्हें तरल भी माना जाता है।

(ii) कई गैसें, अन्य गैसों में, कणों की उच्च गति तथा उनके बीच विस्तृत स्थान के कारण तीव्रता से विसरित होती हैं।

गैसों की उच्च विसरण प्रवृत्ति के कारण पके हुए गर्म खाने की महक (गन्ध) हमारे पास तक कुछ ही क्षणों में पहुँच जाती है। खाने की गंध के कण वायु में मिल जाते हैं और रसोई से फैलकर हम तक पहुँच जाते हैं। जलती हुई सुगंधित लकड़ी (या अगरबत्ती) की सुगंध इसके धुएँ के कारण वायु में चारों ओर विसरित हो जाती है।

(iii) गैस की सम्पीड्यता काफी अधिक होती है अर्थात् निश्चित मात्रा में गैस को बहुत कम आयतन तक संपीडित किया जा सकता है।

हमारे घरों में खाना बनाने में उपयोग की जाने वाली द्रवीकृत पेट्रोलियम गैस (LPG) या अस्पतालों में दिए जाने वाले ऑक्सीजन सिलिंडर में संपीडित गैस होती है। आजकल वाहनों में ईंधन के रूप में संपीडित प्राकृतिक गैस (CNG) का उपयोग होता है। संपीड्यता काफी अधिक होने के कारण गैस के अत्यधिक आयतन को एक कम आयतन वाले सिलिंडर में संपीडित किया जा सकता है एवं आसानी से एक स्थान से दूसरे स्थान तक भेजा जा सकता है।

(iv) गैसीय अवस्था में, कणों की गति अनियमित और अत्यधिक तीव्र होती है। इस अनियमित गति के कारण ये कण आपस में तथा बर्तन की दीवारों से टकराते हैं। बर्तन की दीवार पर गैस कणों द्वारा प्रति इकाई क्षेत्र पर लगे बल के कारण गैस का दबाव बनता है।
वायु, गैसीय अवस्था का उदाहरण है। यह ऑक्सीजन, नाइट्रोजन, कार्बन डाइऑक्साइड, अक्रिय गैसों आदि का मिश्रण है।
अन्य गैसों के उदाहरण हाइड्रोजन, अमोनिया, नाइट्रोजन डाइऑक्साइड, सल्फर डाइऑक्साइड आदि हैं।

(v) सभी जीवित जीव, जीवित रहने के लिए श्वसन करते हैं। अतः ठोस, द्रव तथा गैसें, द्रवों में विसरण कर सकते हैं।

(vi) गैसों का घनत्व न्यूनतम होता है। समान आयतन के ठोस या द्रव की तुलना में गैस हल्की होती है।

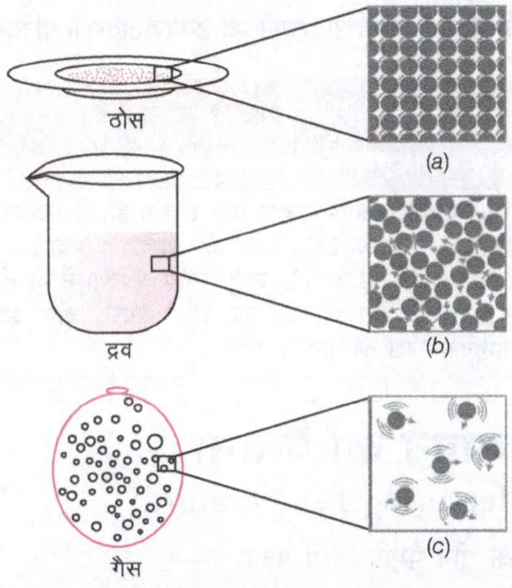

a, b तथा *c* पदार्थ की तीनों अवस्थाओं के कणों का योजनाबद्ध आवर्धित चित्रण है। तीनों अवस्थाओं में कणों की गति को देखा जा सकता और उनकी तुलना की जा सकती है।

दृढ़ता तथा बहाव (Rigidity and Fluidity)

दृढ़ का अर्थ है अलचीला या कठोर (ठोस), पदार्थ का दृढ़ रूप है। अतः इसे रखने के लिए पात्र की आवश्यकता नहीं होती है। तरल वह पदार्थ है, जो शीघ्रता से बह सकता है तथा इसको रखने के लिए पात्र की आवश्यकता होती है। द्रव पदार्थ का तरल रूप है, जो पात्र के आकार को ग्रहण कर लेता है, जबकि गैस पदार्थ का तरल रूप है, जो पात्र को भर देती है।

चेक प्वॉइण्ट 1.1

1. प्राचीनकाल में तत्वों का सामान्य वर्गीकरण क्या था? उनका नाम बताइए।
2. हथौड़े से चोट पर चॉक का एक टुकड़ा छोटे-छोटे टुकड़ों में टूट सकता है, परंतु समान प्रकार से लोहे के टुकड़े को तोड़ना संभव नहीं है, क्यों?
3. रेत की कुछ मात्रा का घनत्व ज्ञात कीजिए, जिसका द्रव्यमान 208 ग्राम है तथा यह जल के 80 mL आयतन को विस्थापित कर देती है।
4. तरल क्या है?
5. ठोस बर्फ जल पर क्यों तैरती है?
6. किस भौतिक क्रिया द्वारा जलती हुई सुगंधित अगरबत्ती की गंध चारों ओर फैल जाती है?

पदार्थ का अवस्था परिवर्तन
(Change of States of Matter)

दैनिक जीवन में हम विभिन्न पदार्थों के संपर्क में आते हैं, जो तीन अवस्थाओं में पाए जाते हैं अर्थात् ठोस, द्रव तथा गैस। **उदाहरण**—जल, मोम, घी आदि। प्रेक्षित उदाहरणों में जल सबसे सामान्य है, जो बर्फ (ठोस), जल (द्रव) तथा जलवाष्प (गैस) के रूप में पाया जाता है।

पदार्थ की अवस्थाओं के रूपांतरण
(Interconversion of State of Matter)

पदार्थ की अवस्थाएँ परिवर्तनीय होती हैं। ये ताप या दाब में परिवर्तन से परिवर्तित हो सकती हैं। ताप या दाब के प्रभाव के कारण द्रव्य के एक अवस्था से दूसरी अवस्था में परिवर्तन की प्रक्रिया को द्रव्य का अवस्था परिवर्तन कहते हैं।

निम्न दो कारक (या कोई एक) पदार्थ की एक अवस्था से दूसरी अवस्था में परिवर्तन को संभव बनाता है।

(i) ताप में परिवर्तन
(ii) दाब में परिवर्तन

अवस्था परिवर्तन में सम्मिलित शब्द
(Terms Involved in Change of State)

अवस्था परिवर्तन में प्रयुक्त होने वाले विभिन्न पद निम्न प्रकार हैं—

1. गलन या गलनांक तथा गलनांक बिंदु
(Fusion or Melting and Melting Point)

किसी ठोस को ऊष्मा देते रहने पर एक ऐसी स्थिति आती है, जब ऊष्मा में वृद्धि करने पर भी तापमान अपरिवर्तित रहता है तथा ठोस द्रव अवस्था में परिवर्तित होने लगता है। ठोस के द्रव में परिवर्तित होने की यह क्रिया **गलन** कहलाती है।

वह न्यूनतम ताप, जिस पर कोई ठोस, 1 वायुमंडलीय दाब पर द्रव में परिवर्तित हो जाता है, उस ठोस का **गलनांक** कहलाता है। प्रत्येक क्रिस्टलीय ठोस (Crystalline solid) के लिए इसका मान निश्चित होता है।

उदाहरण— बर्फ का गलनांक बिन्दु 0° C या 273.16 K होता है। गलनांक बिंदु वास्तव में ठोस के कणों के मध्य आकर्षण बलों की सामर्थ्य को दर्शाता है। पदार्थ का उच्च गलनांक होने का अर्थ पदार्थ के कणों के बीच उच्च आकर्षण बल का होना है।

2. क्वथन तथा क्वथनांक (Boiling and Boiling Point)

द्रव को गर्म करने पर उसका ताप बढ़ने लगता है। निरंतर गर्म करते रहने पर एक ऐसी स्थिति आती है, जहाँ द्रव का ताप स्थिर हो जाता है। इस स्थिर ताप पर द्रव के भीतर वाष्प के बुलबुले उठने लगते हैं, इस क्रिया को **क्वथन** कहते हैं। वह निश्चित ताप जिस पर यह क्रिया होती है, **क्वथनांक** कहलाता है। इस ताप पर द्रव का वाष्पदाब (Vapour pressure) वायुमंडलीय दाब के समान हो जाता है। अत: वह ताप जिस पर किसी द्रव का वाष्पदाब 1 वायुमंडलीय दाब के बराबर हो जाता है, उस द्रव का क्वथनांक कहलाता है। प्रत्येक शुद्ध द्रव के लिए इसका मान निश्चित होता है।

उदाहरण— जल का क्वथनांक 100°C होता है अर्थात् 100°C पर जल का वाष्पदाब वायुमंडलीय दाब के बराबर होता है।

3. ऊर्ध्वपातन (Sublimation)

कुछ ठोस ऐसे भी होते हैं, जो गर्म करने पर बिना द्रव अवस्था में परिवर्तित हुए, सीधे ही वाष्प में परिवर्तित हो जाते हैं तथा ठंडा करने पर पुन: ठोस अवस्था में परिवर्तित हो जाते हैं, ऐसे पदार्थ **ऊर्ध्वपातज** (Sublimate) कहलाते हैं तथा यह प्रक्रिया **ऊर्ध्वपातन** कहलाती है।

उदाहरण— कपूर, अमोनियम क्लोराइड (NH_4Cl), ठोस आयोडीन (I_2), नेफ्थैलीन आदि।

4. वाष्पीकरण (Vaporisation)

क्वथनांक से नीचे किसी भी ताप पर द्रव की सतह से द्रव के कणों के वाष्प में परिवर्तन की क्रिया वाष्पन कहलाती है।

5. हिमीकरण तथा हिमांक (Freezing and Freezing Point)

जब किसी द्रव का ताप घटाया जाता है, तो उसके कणों की गतिज ऊर्जा घटने लगती है तथा एक निश्चित ताप पर या उससे नीचे इन कणों के मध्य अंतराण्विक आकर्षण बल प्रबल होने लगते हैं। अन्तत: द्रव, ठोस में परिवर्तित होने लगता है। द्रव के ठोस में परिवर्तित होने की प्रक्रिया को **हिमीकरण** कहते हैं। वह निश्चित ताप जिस पर यह क्रिया होती है, **हिमांक** कहलाता है।

6. संघनन (Condensation)

तापमान तथा दाब की विशेष परिस्थितियों में पदार्थ की गैस अवस्था के द्रव अवस्था में परिवर्तन की प्रक्रिया संघनन कहलाती है। यह वाष्पीकरण प्रक्रम के विपरीत होती है।

तापमान परिवर्तन का प्रभाव (Effect of Change of Temperature)

जब ठोस के तापमान को बढ़ाते हैं, तो उसके कणों की गतिज ऊर्जा बढ़ जाती है। गतिज ऊर्जा में वृद्धि होने के कारण कण अधिक तेजी से कंपन करने लगते हैं। ऊष्मा द्वारा प्रदान की गई ऊर्जा कणों के मध्य लगने वाले आकर्षण बल के विरुद्ध कार्य करती है। इस कारण कण अपने नियत स्थान को छोड़कर अधिक स्वतंत्र होकर गति करने लगते हैं तथा एक अवस्था ऐसी आती है, जब ठोस पिघलकर द्रव में परिवर्तित हो जाता है। जब द्रव को अतिरिक्त ऊर्जा दी जाती है, तो कण तीव्रता से गति करने लगते हैं। निश्चित ताप पर किसी बिंदु पर जब कणों की ऊर्जा उनके मध्य आकर्षण बलों को तोड़कर उन्हें मुक्त करने के लिए पर्याप्त होती है, इस ताप (क्वथनांक) पर द्रव, गैस में परिवर्तित होना प्रारंभ कर देता है। ताप में कमी द्वारा (शीतलन द्वारा) गैस को द्रव अवस्था में परिवर्तित किया जा सकता है तथा द्रव को ठोस अवस्था में परिवर्तित किया जा सकता है।

भौतिक अवस्था पर तापमान परिवर्तन का प्रभाव निम्न प्रकार संक्षिप्त किया जा सकता है—

ठोस अवस्था ⇌ (ऊष्मा / शीतलता) द्रव अवस्था ⇌ (ऊष्मा / शीतलता) गैसीय अवस्था

अत: हम यह कह सकते हैं कि तापमान बदलकर हम पदार्थ को एक अवस्था से दूसरी अवस्था में बदल सकते हैं।

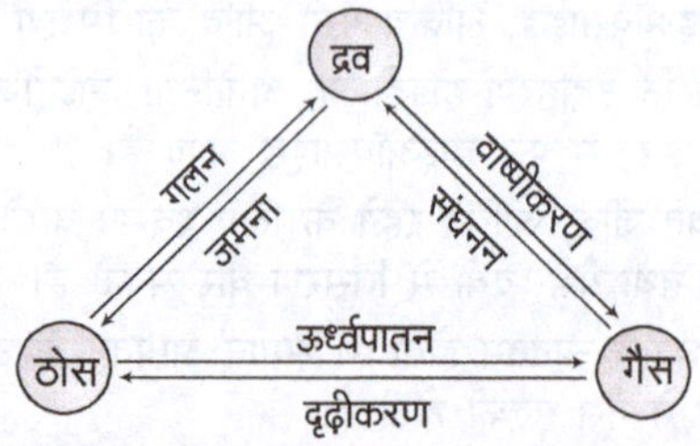

द्रव्य की तीनों भौतिक अवस्थाएँ एवं उनका अवस्था परिवर्तन

गैस तथा वाष्प में अंतर (Difference between Gas and Vapour)

यदि किसी पदार्थ का क्वथनांक बिन्दु कक्ष ताप से कम हो, गैस अवस्था कहलाती है। **उदाहरण**— O_2, N_2, CO_2 आदि और यदि एक पदार्थ की सामान्य भौतिक अवस्था या तो ठोस या द्रव हो, परंतु गैसीय अवस्था में या तो स्वयं या ऊर्जा अवशोषण द्वारा परिवर्तित हो जाए, तब गैसीय अवस्था **वाष्प अवस्था** कहलाती है। **उदाहरण**—जल की वायु में वाष्प।

तापमान मापन का पैमाना (Scale of Measuring Temperature)

तापमान मापन के तीन पैमाने निम्न प्रकार हैं—

(i) केल्विन पैमाने पर तापमान = सेल्सियस पैमाने पर तापमान+ 273.16;

$$T(\text{K}) = t(°\text{C}) + 273.16$$

तापमान की SI इकाई केल्विन है; 0°C = 273.16 K

सुविधा के लिए हम 0°C = 273 K लेते हैं।

(ii) सेल्सियस पैमाने पर तापमान = केल्विन पैमाने पर तापमान − 273.16;

$$t(°\text{C}) = T(\text{K}) - 273.16$$

(iii) फॉरेनहाइट पैमाने पर तापमान = सेल्सियस तथा फॉरेनहाइट तापमान

$$°\text{F} = \frac{9}{5}\,(°\text{C}) + 32$$

उदाहरण 1. 200° C तापमान को केल्विन पैमाने में परिवर्तित कीजिए।

हल हम जानते हैं कि

केल्विन पैमाने पर तापमान = सेल्सियस पैमाने पर तापमान + 273.16

= 200 + 273.16 = 473.16 K

इस प्रकार, सेल्सियस पैमाने पर 200°C तापमान केल्विन पैमाने पर 473.16 K के बराबर होगा।

उदाहरण 2. 450 K तापमान को सेल्सियस पैमाने में परिवर्तित कीजिए।

हल सेल्सियस पैमाने पर तापमान = केल्विन पैमाने पर तापमान − 273.16

= 450 − 273.16 = 176.84° C

इस प्रकार, केल्विन पैमाने पर 450 K तापमान सेल्सियस पैमाने पर 176.84°C के बराबर है।

गुप्त ऊष्मा (Latent Heat)

किसी पदार्थ की अवस्था परिवर्तन (ठोस से द्रव या द्रव से गैस आदि) के लिए आवश्यक ऊष्मा को गुप्त ऊष्मा कहते हैं। गुप्त ऊष्मा दो प्रकार की होती है—

गलन की गुप्त ऊष्मा (Latent Heat of Melting)

'किसी ठोस के 1 ग्राम को उसके गलनांक पर द्रव में परिवर्तित करने के लिए आवश्यक ऊष्मा की मात्रा उस ठोस की गलन की गुप्त ऊष्मा कहलाती है।' किसी ठोस में अपद्रव्य मिलाने पर उसका गलनांक कम हो जाता है।

0°C (273 K) पर जल की ऊष्मा उसी ताप पर स्थित बर्फ से अधिक होती है।

वाष्पन की गुप्त ऊष्मा (Latent Heat of Vaporisation)

1 किलोग्राम द्रव को उसके क्वथनांक पर वाष्प में परिवर्तित करने के लिए आवश्यक ऊष्मा की मात्रा उस द्रव की वाष्पन की गुप्त ऊष्मा कहलाती है।

नोट *373 K (100°C) पर जलवाष्प के कणों की ऊर्जा में समान ताप पर जल के कणों की ऊर्जा की अपेक्षा अधिक होती है। यही कारण है कि उबलते जल की अपेक्षा भाप द्वारा जलना अधिक खतरनाक होता है यद्यपि दोनों का ताप 100°C होता है। भाप के कणों में अवशोषित अतिरिक्त ऊर्जा वाष्पन की गुप्त ऊष्मा के रूप में होती है। इस प्रकार, जब भाप हमारी त्वचा के संपर्क में आती है तथा संघनित होकर जल उत्पन्न करती है, जो समान ताप पर उबलते जल की अपेक्षा अधिक ऊष्मा अधिक देती है।*

दाब परिवर्तन का प्रभाव (Effect of Change of Pressure)

पदार्थ की भौतिक अवस्था, दाब परिवर्तन द्वारा भी परिवर्तित हो सकती है। किसी गैस के दाब में वृद्धि पर गैस के अणु पास-पास आने लगते हैं तथा उनके बीच अंतराण्विक बलों की प्रबलता बढ़ने लगती है, जिससे अवस्था परिवर्तन होता है। **उदाहरण**—जब किसी गैस पर कम ताप पर उच्च दाब लगाते हैं, तो गैस, द्रव में बदल जाती है अर्थात् गैस द्रवित हो जाती है।

दाब के बढ़ने और तापमान घटने से गैस द्रव में बदल सकती है। अतः हम कह सकते हैं कि दाब, पदार्थ की अवस्था को निर्धारित करता है, जब यह ठोस, द्रव या गैस होगा। गैस द्वारा लगाए गए दाब का मापन वायुमंडल (atm) इकाई में करते हैं।

वायुमण्डल में वायु का दाब वायुमंडलीय दाब कहलाता है। समुद्र तल पर वायुमंडलीय दाब 1 atm लिया जाता है, जो सामान्य वायुमंडलीय दाब है। ऊँचाई पर जाने पर वायुमंडलीय दाब घटता है।

1 atm = 1.01×10^5 Pa (Pa = पास्कल, दाब की SI इकाई)

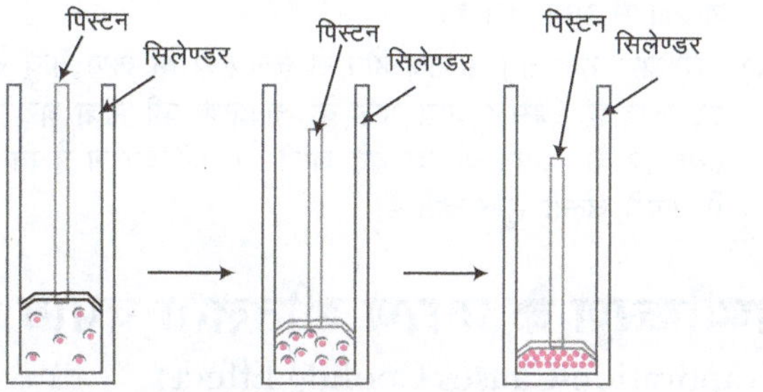

दाब बढ़ाने पर पदार्थ के कणों को समीप लाया जा सकता है।

चेक प्वॉइण्ट 1.2

1. *वाष्पीकरण को परिभाषित कीजिए।*
2. *ठोसो में कण कंपन क्यों प्रारंभ कर देते हैं?*
3. *70°C तापमान को केल्विन पैमाने में परिवर्तित कीजिए।*
4. *बर्फ के गलन की गुप्त ऊष्मा का मान क्या है?*
5. *भाप से जलना उबले पानी से जलने की तुलना में ज्यादा खतरनाक होता है, क्यों?*

वाष्पीकरण (Evaporation)

क्वथनांक से नीचे किसी भी ताप पर द्रव की सतह से द्रव के कणों के वाष्प में परिवर्तन की क्रिया वाष्पन कहलाती है। द्रव के अणु विभिन्न वेग से अनियमित गति करते हुए एक-दूसरे से टकराते रहते हैं, जिससे उनकी गतिज ऊर्जा परिवर्तित होती रहती है। इस प्रकार, कुछ अणुओं की गतिज ऊर्जा इतनी अधिक हो जाती है, कि वे पृष्ठ पर आकर धीरे-धीरे पृष्ठ को छोड़कर वायुमंडल में जाने लगते हैं। यह प्रक्रिया वाष्पन कहलाती है। **उदाहरण**—जल को खुला छोड़ देने पर यह धीरे-धीरे वाष्प में परिवर्तित हो जाता है। गीले कपड़े सूख जाते हैं।

वाष्पीकरण को प्रभावित करने वाले कारक (Factors Affecting Evaporation)

द्रव के वाष्पीकरण की दर निम्न कारकों पर निर्भर करती है—

(i) **सतह क्षेत्रफल** वाष्पीकरण एक सतही प्रक्रिया है। सतह क्षेत्र बढ़ने पर वाष्पीकरण की दर भी बढ़ जाती है। **उदाहरण**—कपड़े सुखाने के लिए हम उन्हें फैला देते हैं।

(ii) **तापमान** ताप बढ़ने पर द्रव के वाष्पन की दर भी बढ़ जाती है। तापमान बढ़ने पर कण अधिक वाष्पीकृत हो जाते हैं। इस कारण गर्मियों के दिनों में वाष्पन, सर्दियों या बादल वाले दिनों की तुलना में तीव्र होता है।

(iii) **आर्द्रता** वायु में विद्यमान जलवाष्प की मात्रा को आर्द्रता कहते हैं।

किसी निश्चित तापमान पर हमारे आस-पास की वायु में एक निश्चित मात्रा में ही जलवाष्प होता है। जब वायु में जलवाष्प की मात्रा पहले से ही अधिक होगी, तो वाष्पीकरण की दर घट जाएगी।

यही कारण है कि शुष्क दिनों में, वर्षा वाले दिनों की तुलना में कपड़े शीघ्रता से सूख जाते हैं।

(iv) **वायु की गति** वायु के तेज होने से जलवाष्प के कण वायु के साथ उड़ जाते हैं, जिससे आस-पास के जलवाष्प की मात्रा घट जाती है तथा द्रव के वाष्पन की दर बढ़ जाती है। यही कारण है कि तेज वायु में कपड़े जल्दी सूख जाते हैं।

वाष्पीकरण के कारण शीतलता प्रभाव

(Evaporation Causes Cooling Effect)

खुले हुए बर्तन में रखे द्रव में निरंतर वाष्पीकरण होता रहता है। वाष्पीकरण के दौरान कम हुई ऊर्जा को पुन: प्राप्त करने के लिए द्रव के कण अपने आस-पास से ऊर्जा के अवशोषित होने के कारण शीतल हो जाते हैं। दैनिक जीवन में वाष्पीकरण के कारण शीतलता प्रभाव के कुछ उदाहरण निम्नलिखित हैं—

(i) **बर्फीले जल से भरे गिलास की बाहरी सतह पर जल की बूँदे प्रकट होने लगती हैं।**

व्याख्या जब किसी बर्तन में बर्फीला जल रखते हैं, तो शीघ्र ही बर्तन की बाह्य सतह पर हमें जल की बूँदे नजर आने लगती हैं, क्योंकि वायु में उपस्थित जलवाष्प की ऊर्जा ठंडे पानी के बर्तन के संपर्क में आकर संघनित हो जाती है तथा संघनित होकर द्रव अवस्था में परिवर्तित हो जाती है, जो हमें जल की बूँदों के रूप में नजर आती है।

(ii) **गर्मी में सूती कपड़े पहनने से वाष्पीकरण के कारण शीतलता का अहसास होना** गर्मियों में सूती कपड़ों को वरीयता दी जाती है, क्योंकि इनकी पसीने को अवशोषित करने की क्षमता उच्च होती है। गर्मी के कारण पसीना वाष्पीकरण की गुप्त ऊष्मा के बराबर ऊष्मा हमारे शरीर से लेकर वाष्पीकृत होकर वायुमंडल में चला जाता है, अत: हमें शीतलता का अनुभव होता है।

(iii) **तेज धूप वाले दिनों में छतों व खुले स्थानों पर जल का छिड़काव** तेज धूप वाले गर्म दिनों में लोग सामान्यतया छतों तथा खुले स्थानों पर जल का छिड़काव करते हैं, जिससे जल के वाष्पीकरण के कारण वह सतह शीतल हो जाए।

(iv) **ऐसीटोन (नेल-पॉलिश हटाने में प्रयुक्त होने वाला द्रव) या ऐल्कोहॉल को हथेली पर रखने पर शीतलता का अनुभव होता है।** ऐसीटोन या ऐल्कोहॉल हथेली से ऊष्मा लेकर शीघ्र वाष्पीकृत हो जाते हैं, जिससे हमें हथेली पर शीतलता का अनुभव होता है।

चेक प्वॉइण्ट 1.3

1. गैसों को कैसे द्रवित किया जा सकता है ?
2. पदार्थ की अवस्था की व्याख्या करने वाला मुख्य कारक क्या है ?
3. दाब की SI इकाई क्या है ? वायुमण्डलीय इकाई में इसका मान दीजिए।
4. किस भौतिक प्रक्रिया द्वारा गीले कपड़े सूखते हैं ?
5. नेल पॉलिश रिमूवर में कौन-सा रासायनिक यौगिक उपस्थित होता है ?

NCERT फोल्डर

अध्याय के बीच के प्रश्न

1. निम्नलिखित में से कौन-से पदार्थ हैं?
कुर्सी, वायु, स्नेह, गंध, घृणा, बादाम, विचार, शीत, शीतल पेय, इत्र की सुगंध।

उत्तर कुर्सी, वायु, गंध, बादाम, शीतल पेय और इत्र की सुगंध पदार्थ हैं, क्योंकि इनका कुछ द्रव्यमान होता है और ये स्थान घेरते हैं।

2. निम्नलिखित प्रेक्षण के कारण बताइए
गर्मा-गरम खाने की गन्ध कई मीटर दूर से ही आपके पास पहुँच जाती है, लेकिन ठंडे खाने की महक लेने के लिए आपको उसके पास जाना पड़ता है।

उत्तर पके हुए गर्म खाने के कण आसानी से विसरित होकर वायु में मिल जाते हैं और गन्ध कई मीटर दूर से ही हम तक पहुँच जाती है लेकिन ठंडे खाने के कण ठोस अवस्था में ही रहते हैं और वायु में नहीं मिल पाते इसलिए ठंडे खाने की महक हम तक नहीं पहुँच पाती है।

3. स्वीमिंग पूल में गोताखोर पानी काट पाता है। इससे पदार्थ का कौन-सा गुण प्रेक्षित होता है?

उत्तर स्वीमिंग पूल में गोताखोर पानी काट पाता है क्योंकि पदार्थ के कणों के बीच रिक्त स्थान होता है।

4. पदार्थ के कणों की क्या विशेषताएँ होती हैं?

उत्तर *पदार्थ के कणों की निम्नलिखित विशेषताएँ होती हैं*

(i) पदार्थ के कण बहुत छोटे होते हैं।
(ii) पदार्थ के कणों के बीच रिक्त स्थान होता है।
(iii) पदार्थ के कण निरंतर गतिशील होते हैं।
(iv) पदार्थ के कण एक-दूसरे को आकर्षित करते हैं।

5. किसी तत्व के द्रव्यमान प्रति इकाई आयतन को घनत्व कहते हैं।
(घनत्व = द्रव्यमान/आयतन)
बढ़ते हुए घनत्व के क्रम में निम्नलिखित को व्यवस्थित करें
वायु, चिमनी का धुआँ, शहद, जल, चॉक, रूई और लोहा।

उत्तर घनत्व का क्रम = गैस < द्रव < ठोस इसीलिए

वायु, चिमनी का धुआँ (गैस) → जल, शहद, (द्रव) → रूई, चॉक, लोहा (ठोस)

बढ़ते हुए घनत्व के क्रम में

6. (i) पदार्थ की विभिन्न अवस्थाओं के गुणों में होने वाले अंतर को सारणीबद्ध कीजिए।
(ii) निम्नलिखित पर टिप्पणी लिखिए।
(a) दृढ़ता (b) संपीड्यता
(c) तरलता (d) बर्तन में गैस का भरना
(e) आकार (f) गतिज ऊर्जा
(g) घनत्व।

उत्तर (i) पदार्थ की अवस्थाओं ठोस, द्रव और गैस के गुणों में अंतर

ठोस	द्रव	गैस
ठोस का आकार निश्चित होता है।	द्रव का आकार निश्चित नहीं होता है ये उसी का आकार ले लेते हैं, जिसमें इन्हें रखा जाता है।	गैस का आकार निश्चित नहीं होता।
ठोस का आयतन निश्चित होता है।	द्रवों का आयतन निश्चित होता है।	गैसों का आयतन निश्चित नहीं होता (इनका आयतन बर्तन के आकार पर निर्भर करता है, जिसमें इनको रखा जाता है।)
ठोस अवस्था में घनत्व अधिक होता है।	द्रव अवस्था में घनत्व ठोस की अपेक्षा कम होता है लेकिन गैस की अपेक्षा अधिक होता है।	गैस अवस्था में घनत्व अपेक्षाकृत कम होता है।
ठोस दृढ़ होते हैं।	द्रव दृढ़ नहीं होते हैं।	गैसें दृढ़ नहीं होती है।
ठोसों में नगण्य संपीड्यता होती है।	द्रवों में भी संपीड्यता नगण्य होती है।	गैसों में संपीड्यता काफी अधिक होती है।
ठोसों में विसरण कम होता है।	ठोसों की अपेक्षा द्रवों में विसरण की दर अधिक होती है।	अपेक्षाकृत विसरण की दर अत्यधिक होती है।
बल लगाने पर ठोस टूट सकते हैं।	द्रवों को तोड़ा नहीं जा सकता।	गैसों को तोड़ा नहीं जा सकता।
ठोस में, पदार्थ के कण एक निश्चित क्रम में व्यवस्थित होते हैं।	कणों का कोई निश्चित क्रम नहीं होता।	कण एक-दूसरे से बहुत दूर-दूर होते हैं।
ठोसों में कणों के बीच आकर्षण बल अत्यधिक होता है।	अपेक्षाकृत कम होता है।	नगण्य होता है।
कणों के बीच रिक्त स्थान नगण्य होता है।	कणों के बीच रिक्त स्थान अपेक्षाकृत अधिक होता है।	कणों के बीच रिक्त स्थान अत्यधिक होता है।

(ii) (a) **दृढ़ता** वह गुण, जिसके कारण कोई वस्तु अपना एक निश्चित आकार और स्पष्ट सीमाएँ बनाए रखता है। दृढ़ता कहलाता है। ठोसों में दृढ़ता अधिक होती है, जबकि गैसें दृढ़ नहीं होती।

(b) **संपीड्यता** वह गुण है, जिसके कारण कोई वस्तु संपीडित हो जाती है अर्थात् उसका आयतन कम हो जाता है। गैसों में संपीड्यता अत्यधिक होती है, ठोसों में संपीड्यता नगण्य होती है।

(c) **तरलता** वह गुण, जिसके कारण पदार्थों में बहाव होता है, तरलता कहलाता है। द्रवों और गैसों में बहाव होता है, ठोसों में बहाव कम होता है।

(d) **बर्तन में गैस का भरना** गैसों में संपीड्यता सबसे अधिक होती है। अत्यधिक संपीड्यता होने के कारण अधिक दाब पर गैस को बर्तन में भरा जा सकता है।

(e) **आकार** वह गुण, जिसके कारण वस्तु की एक निश्चित ज्यामिती होती है। वस्तु का आकार कहलाता है। ठोसों का आकार निश्चित होता है, जबकि द्रवों और गैसों का आकार निश्चित नहीं होता है।

(f) **गतिज ऊर्जा** वह ऊर्जा, जिसके कारण पदार्थ के कण गति की अवस्था में होते हैं, गतिज ऊर्जा कहलाती है। गैस के कणों में सबसे अधिक गतिज ऊर्जा होती है। तापमान बढ़ने से कणों की गतिज ऊर्जा भी बढ़ जाती है।

(g) **घनत्व** किसी तत्व के द्रव्यमान प्रति इकाई आयतन को घनत्व कहते हैं। इसे d से प्रदर्शित करते हैं।

$$\text{घनत्व } (d) = \frac{\text{द्रव्यमान}}{\text{आयतन}} = \frac{m}{V}$$

किग्रा मी$^{-3}$ या ग्राम सेमी$^{-3}$ घनत्व की इकाई है।

7. कारण बताइए

(i) गैस पूरी तरह उस बर्तन को भर देती है, जिसमें इसे रखते हैं।

(ii) गैस बर्तन की दीवारों पर दबाव डालती है।

(iii) लकड़ी की मेज ठोस कहलाती है।

(iv) हवा में हम आसानी से अपना हाथ चला सकते हैं, लेकिन एक ठोस लकड़ी के टुकड़े में हाथ चलाने के लिए हमें कराटे में दक्ष होना पड़ेगा।

उत्तर (i) गैस के कणों के बीच नगण्य आकर्षण बल होता है तथा गतिज ऊर्जा अधिक होती है, जिसके कारण गैस के कण उस बर्तन की ज्यादा से ज्यादा स्थान घेरते हैं, जिसमें वह रखे होते हैं।

(ii) गैसीय अवस्था में कणों की गति तेज तथा अनिश्चित होती है। इसी अनिश्चितता के कारण कण आपस में तथा बर्तन की दीवारों से निरंतर टकराते हैं और दबाव डालते हैं।

(iii) लकड़ी के कणों के बीच मजबूत आकर्षण बल और रिक्त स्थान नगण्य होता है इसीलिए लकड़ी की मेज का निश्चित आकार व आयतन होता है। अतः लकड़ी की मेज ठोस होती है।

(iv) हवा एक गैस है और गैस के कणों के बीच नगण्य आकर्षण बल होने के कारण कण एक-दूसरे से बहुत दूर-दूर होते हैं। अतः आसानी से हम अपना हाथ हवा में चला सकते हैं, जबकि ठोस लकड़ी के टुकड़े में आकर्षण बल अधिक होने के कारण कण एक निश्चित क्रम में व्यवस्थित होते हैं।

8. सामान्यता ठोस पदार्थों की अपेक्षा द्रवों का घनत्व कम होता है लेकिन आपने बर्फ के टुकड़े को जल में तैरते हुए देखा होगा। पता लगाइए, ऐसा क्यों होता है?

उत्तर बर्फ के टुकड़े की संरचना पिंजरे के समान होती है अतः बर्फ के टुकड़े में रिक्त स्थान जल की अपेक्षा अधिक होते हैं। इसीलिए बर्फ का टुकड़ा जल में तैरता है।

9. निम्नलिखित तापमानों को सेल्सियस इकाई में परिवर्तित करें।

(i) 300 K (ii) 573 K

उत्तर $t°C + 273 = T\,K$ or $T\,K - 273 = t°C$

(i) $300 - 273 = 27°C$ (ii) $573 - 273 = 300°C$

10. निम्नलिखित तापमानों पर जल की भौतिक अवस्था क्या होगी?

(i) 250°C (ii) 100°C

उत्तर (i) क्योंकि जल का क्वथनांक 100°C है। अतः 250°C पर जल की भौतिक अवस्था गैसीय होगी।

(ii) 100°C पर जल द्रव या गैसीय दोनों अवस्था में हो सकता है, क्योंकि जल का क्वथनांक 100°C है।

11. किसी भी पदार्थ की अवस्था परिवर्तन के दौरान तापमान स्थिर क्यों रहता है?

उत्तर वह तापमान जिस पर ठोस पिघलकर द्रव बन जाता है वह इसका गलनांक कहलाता है। गलने के प्रयोग की प्रक्रिया के दौरान गलनांक पर पहुँचने के बाद, तापमान नहीं बदलता क्योंकि बीकर को दी जाने वाली ऊष्मा का उपयोग कणों के पारस्परिक आकर्षण बल को वशीभूत करके पदार्थ की अवस्था को बदलने में होता है। इस ऊष्मा को गुप्त ऊष्मा कहते हैं। यही कारण है कि पदार्थ की अवस्था परिवर्तन के दौरान तापमान स्थिर रहता है।

12. वायुमंडलीय गैसों को द्रव में परिवर्तित करने के लिए कोई विधि सुझाइए।

उत्तर दाब अधिक तथा तापमान कम करने पर गैसों को द्रव में बदला जा सकता है, क्योंकि अधिक दाब तथा कम तापमान पर गैस के कण पास आ जाते हैं और गतिज ऊर्जा कम हो जाती है, जिसके फलस्वरूप गैस द्रव में परिवर्तित हो जाती है।

13. गर्म, शुष्क दिन में कूलर अधिक ठंडा क्यों करता है?

उत्तर वाष्पीकरण की दर तापमान में वृद्धि तथा आर्द्रता में कमी के साथ बढ़ती है, क्योंकि कूलर का कार्य करना वाष्पीकरण की प्रक्रिया पर आधारित है अतः गर्म व शुष्क दिन में कूलर अधिक ठंडा करता है।

14. गर्मियों में घड़े का जल ठंडा क्यों होता है?

उत्तर घड़े की सतह पर छोटे-छोटे छिद्र होते हैं। वाष्पीकरण की दर सतह क्षेत्र बढ़ने पर बढ़ती है। घड़े में रखा जल छिद्रों से अधिक तेजी से वाष्पीकृत होता है। फलस्वरूप गर्मियों में घड़े का जल ठंडा होता है।

15. ऐसीटोन/पेट्रोल या इत्र डालने पर हमारी हथेली ठंडी क्यों हो जाती है?

उत्तर ऐसीटोन/पेट्रोल या इत्र के सतह का क्षेत्रफल बढ़ाने पर अधिक तेजी से वाष्पीकृत होते हैं। इस प्रक्रिया के दौरान ये पदार्थ हथेली से पर्याप्त मात्रा में गुप्त ऊष्मा अवशोषित करते हैं, जिसके फलस्वरूप हथेली ठंडी हो जाती है।

16. कप की अपेक्षा प्लेट से हम गर्म दूध या चाय जल्दी क्यों पी लेते हैं?

उत्तर कप की अपेक्षा प्लेट का सतही क्षेत्रफल अधिक होता है, जिसके फलस्वरूप वाष्पीकरण की दर बढ़ जाती है, जिस कारण कप की तुलना में प्लेट से हम गर्म दूध या चाय जल्दी पी लेते हैं।

17. गर्मियों में हमें किस तरह के कपड़े पहनने चाहिए?

उत्तर गर्मियों में हमें हल्के रंग के सूती कपड़े पहनने चाहिए, क्योंकि सूती कपड़ों में जल का अवशोषण अधिक होता है इसीलिए हमारा पसीना इसमें अवशोषित होकर वायुमंडल में आसानी से वाष्पीकृत हो जाता है।

अध्याय के अंत की प्रश्नावली

1. निम्नलिखित तापमानों को सेल्सियस इकाई में परिवर्तित कीजिए।
(i) 300 K (ii) 573 K

उत्तर (i) T K − 273 = 0°C; 300 − 273 = 27°C
(ii) K − 273 = 0°C; 573 − 273 = 300°C

2. निम्नलिखित तापमानों को केल्विन इकाई में परिवर्तित कीजिए।
(i) 25°C
(ii) 373°C

उत्तर (i) t°C + 273 = T K; 25 + 273 = 298 K
(ii) t°C + 273 = T K; 373 + 273 = 646 K

3. निम्नलिखित अवलोकनों हेतु कारण लिखिए।
(i) नेफ्थैलीन को रखा रहने देने पर यह समय के साथ कुछ भी ठोस पदार्थ छोड़े बिना अदृश्य हो जाती है।
(ii) हमें इत्र की गंध बहुत दूर बैठे हुए भी पहुँच जाती है।

उत्तर (i) नेफ्थैलीन ऊर्ध्वपातन की प्रक्रिया के फलस्वरूप ठोस अवस्था से सीधे गैस में बदल जाती है, जिस कारण यह समय के साथ कुछ भी ठोस पदार्थ छोड़े बिना अदृश्य हो जाती है।
(ii) गैस के कणों में विसरण अधिक तेजी से होता है, जिससे गैस के कण वायु में मिल जाते हैं और इत्र की गंध बहुत दूर बैठे हुए भी हम तक पहुँच जाती है।

4. निम्नलिखित पदार्थों को उनके कणों के बीच बढ़ते हुए आकर्षण बल के अनुसार व्यवस्थित कीजिए।
(i) जल (ii) चीनी
(iii) ऑक्सीजन

उत्तर ठोस के कणों में आकर्षण बल सबसे अधिक होता है, जबकि गैस के कणों में आकर्षण बल नगण्य होता है। अत: बढ़ता हुआ आकर्षण बल इस प्रकार है: ऑक्सीजन < जल < चीनी

5. निम्नलिखित तापमानों पर जल की भौतिक अवस्था क्या है?
(i) 25°C (ii) 0°C (iii) 100°C

उत्तर 0°C तापमान पर जल (द्रव) ठोस (बर्फ) में परिवर्तित होता है, जबकि 100°C पर जल (द्रव) गैस अवस्था में परिवर्तित होता है। अत: 0°C से 100°C के बीच जल द्रव अवस्था में ही रहता है। इसीलिए
(i) जल 25°C ताप पर द्रव अवस्था में रहता है।
(ii) जल 0°C ताप पर द्रव अवस्था/ठोस अवस्था में रहता है।
(iii) जल 100°C ताप पर द्रव अवस्था/गैस अवस्था में रहता है।

6. पुष्टि हेतु कारण दीजिए
(i) जल कमरे के ताप पर द्रव है।
(ii) लोहे की अलमारी कमरे के ताप पर ठोस है।

उत्तर (i) जल कमरे के ताप पर द्रव है क्योंकि इसमें बहाव होता है और यह उसी बर्तन का आकार ले लेता है, जिसमें इसको रखा जाता है।
(ii) लोहे की अलमारी कमरे के ताप पर ठोस है, क्योंकि इसका आकार एवं आयतन निश्चित होता है, यह दृढ़ होती है और इसका घनत्व बहुत अधिक होता है।

7. 273 K पर बर्फ को ठंडा करने पर तथा जल को इसी तापमान पर ठंडा करने पर शीतलता का प्रभाव अधिक क्यों होता है?

उत्तर जब बर्फ पिघलती है, तो यह वातावरण से गुप्त ऊष्मा के बराबर ऊष्मा अवशोषित करता है जिसके फलस्वरूप बर्फ के ठंडा होने पर अधिक शीतलता का अनुभव होता है, जबकि जल के ठंडा होने पर शीतलता का अनुभव कम होता है।

8. उबलते हुए जल अथवा भाप में से जलने की तीव्रता किसमें अधिक महसूस होती है?

उत्तर भाप से जलने की तीव्रता अधिक महसूस होती है, क्योंकि भाप के कणों से अधिक मात्रा में गुप्त ऊष्मा निकलती है (यह ऊष्मा भाप के कणों में वाष्पीकरण की गुप्त ऊष्मा के रूप में अतिरिक्त ऊष्मा के रूप में अवशोषित होती है।)

9. निम्नलिखित चित्र के लिए A, B, C, D, E तथा F की अवस्था परिवर्तन को नामांकित कीजिए।

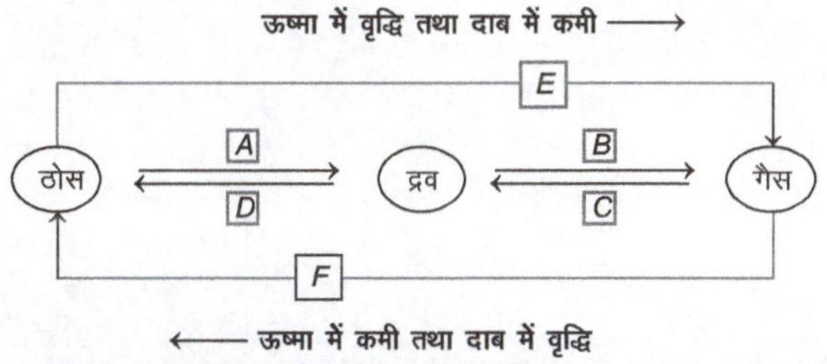

उत्तर A = पिघलना, यहाँ ठोस द्रव में बदल रहा है।
B = वाष्पीकरण, यहाँ द्रव गैस में परिवर्तित हो रहा है।
C = संघनन, यहाँ गैस द्रव में परिवर्तित हो रही है।
D = जमना, यहाँ द्रव, ठोस में बदल रहा है।
E = ऊर्ध्वपातन, यहाँ ठोस बिना द्रव अवस्था में आए गैस अवस्था में परिवर्तित हो रहा है।
F = ऊर्ध्वपातन, यहाँ गैस बिना द्रव अवस्था में आए ठोस अवस्था में परिवर्तित हो रही है।

अध्याय : एक नजर में

- कोई भी वस्तु जो स्थान घेरती है और जिसमें द्रव्यमान होता है, **पदार्थ/द्रव्य (matter)** कहलाती है।
- द्रव्यमान तथा आयतन के SI मात्रक क्रमशः **किलोग्राम (kg)** तथा **घन मीटर (m^3)** हैं।
- पदार्थ को भौतिक तथा रासायनिक गुणों के आधार पर समूहों में वर्गीकृत किया है अर्थात् भौतिक गुण (ठोस, द्रव तथा गैस) तथा रासायनिक गुण (तत्व, यौगिक तथा मिश्रण)
- प्रत्येक पदार्थ निश्चित कणों से मिलकर बना होता है जिनका आकार, आकृति तथा प्रकृति भिन्न होती है।
- द्रव्य के कणों में विसरण की प्रकृति पायी जाती है।
- ठोस का निश्चित आकार, स्पष्ट सीमाएँ तथा निश्चित आयतन होते हैं।
- द्रवों का निश्चित आकार नहीं होता है।
- गैसों का न तो निश्चित आकार होता है न ही निश्चित आयतन होता है।
- पदार्थ की अवस्था ताप या दाब में परिवर्तन द्वारा रुपांतरित हो सकती है।
- प्रक्रम जिसमें गर्म करने पर ठोस पदार्थ द्रव में परिवर्तित होता है, **गलन** (fusion) अथवा **गलना** (melting) कहलाता है।
- प्रक्रम जिसमें गर्म करने पर द्रव पदार्थ तीव्रता से गैस में परिवर्तित होता है, **क्वथन** कहलाता है।
- शीतलन द्वारा द्रव को ठोस में परिवर्तित करने का प्रक्रम, **हिमीकरण** (freezing) कहलाता है।
- क्वथनांक बिंदु से नीचे किसी ताप पर, पदार्थ की द्रव अवस्था से गैस अवस्था में रुपांतरण **वाष्पीकरण** कहलाता है।
- वाष्पन की दर सतह क्षेत्र, तापमान, आर्द्रता तथा वायु गति पर निर्भर करती है।
- शीतलन द्वारा गैस (या वाष्प) को द्रव में परिवर्तन करने का प्रक्रम, **संघनन** कहलाता है।
- गर्म करने पर ठोस का सीधे वाष्पों में और ठंडा करने पर वाष्पों का सीधे ठोस में परिवर्तन **ऊर्ध्वपातन** कहलाता है।
- ऊष्मा ऊर्जा, जिसकी आपूर्ति पदार्थ की अवस्था परिवर्तित करने के लिए करते है, उसकी **गुप्त ऊष्मा** कहलाती है।
- किसी ठोस के 1 ग्राम को उसके गलनांक पर द्रव में परिवर्तित करने के लिए आवश्यक ऊष्मा की मात्रा उस ठोस की गलन की गुप्त ऊष्मा कहलाती है।

परीक्षा अभ्यास

यहाँ अध्याय से सम्बन्धित सभी सम्भावित प्रश्नों को दिया गया है, इन प्रश्नों का अभ्यास करके व याद रखकर छात्र अध्याय से सम्बन्धित किसी भी प्रश्न का उत्तर दे पाएँगे।

वस्तुनिष्ठ प्रकार के प्रश्न

बहुविकल्पीय प्रश्न

1. जल का अधिकतम घनत्व होता है

(a) 0°C पर (b) 277K पर
(c) 100°C पर (d) 283 K पर

उत्तर (b) जल का 4°C (277 K) पर अधिकतम घनत्व होता है।

2. 300 K ताप को सेल्सियस में कैसे लिखा जाता है?

(a) 300°C (b) 127°C (c) 27°C (d) 573°C

उत्तर (c) K = 273 + °C
300 = 273 + °C
या °C = 300 − 273 = 27 °C

3. जल की 10°C पर भौतिक अवस्था है

(a) ठोस (b) द्रव
(c) गैस (d) द्रव या ठोस हो सकता है

उत्तर (b) 10°C पर जल की भौतिक अवस्था द्रव होती है।

4. निम्न में से किसमें उच्चतम अन्तर-आण्विक आकर्षण होता है?

(a) द्रवित जल में
(b) द्रवित एथिल ऐल्कोहॉल में
(c) गैसीय CO_2 में
(d) ठोस CO_2 में

उत्तर (d) ठोस CO_2 में उच्चतम अन्तर-आण्विक आकर्षण होता है।

5. मानक कमरे का ताप लिया जाता है

(a) 0°C (b) 298 K
(c) 273 K (d) 20°C

उत्तर (b) 298 K या 25°C को मानक कमरे का ताप लिया जाता है।

6. वाष्पीकरण के दौरान, द्रव के कण वाष्प में परिवर्तित होते हैं

(a) केवल सतह से
(b) केवल सघन से
(c) सतह एवं सघन दोनों से
(d) न तो सतह से और न ही सघन से

उत्तर (a) वाष्पीकरण एक सतही प्रक्रम है। वाष्पीकरण के दौरान, द्रव के कण वाष्प में केवल सतह से परिवर्तित होते हैं।

7. जब बर्फ, जल में पिघलती है, तो ऊष्मा होती है

(a) अवशोषित (b) उत्सर्जित
(c) कोई परिवर्तन नहीं (d) शर्तों पर निर्भर

उत्तर (a) बर्फ के जल में परिवर्तित होने पर ऊष्मा अवशोषित होती है।

8. द्रव्यमान एवं भार में सम्बन्ध है

(a) $m = wg$ (b) $w = mg$
(c) $w = \frac{m}{g}$ (d) $g = \frac{m}{w}$

उत्तर (b) यदि द्रव्य का द्रव्यमान m एवं भार w हो, तो
$w = mg$
जहाँ, g = गुरुत्व जनित त्वरण

9. निम्न में किसकी आकृति और आयतन दोनों निश्चित होते हैं?

(a) जल (b) वायु (c) लोहा (d) पारा

उत्तर (c) लोहा ठोस होता है। अतः इसका आयतन एवं आकृति दोनों निश्चित होते हैं।

10. पदार्थ की गैसीय प्रवृत्ति से सम्बन्धित असत्य कथन है—

(a) पदार्थ का आकार व आयतन अनिश्चित होता है।
(b) द्रवों में समान बहाव की प्रवृत्ति होती है।
(c) निम्न विसरण प्रवृत्ति होती है।
(d) घनत्व न्यूनतम होता है।

उत्तर (c) गैसों की उच्च विसरण प्रवृत्ति होती है।

11. निम्नलिखित में से कौन-सी अवस्था में हाइड्रोजन गैस के अणुओं में दूरी बढ़ जाएगी ? **NCERT Exemplar**

(a) बन्द बर्तन में हाइड्रोजन पर दाब बढ़ाने पर
(b) बर्तन में से कुछ गैस निकलने पर
(c) हाइड्रोजन गैस के बर्तन का आयतन बढ़ाने पर
(d) बर्तन के आयतन बढ़ाए बिना और अधिक हाइड्रोजन उसमें डालना

उत्तर (c) हाइड्रोजन गैस के बर्तन का आयतन बढ़ाने पर हाइड्रोजन गैस के अणुओं में दूरी बढ़ जाएगी।

12. द्रव्य को शुद्ध पदार्थ या मिश्रण के रूप में विभाजित किया जा सकता है। इसे निम्न ग्राफ के अनुसार उपविभाजित किया जा सकता है

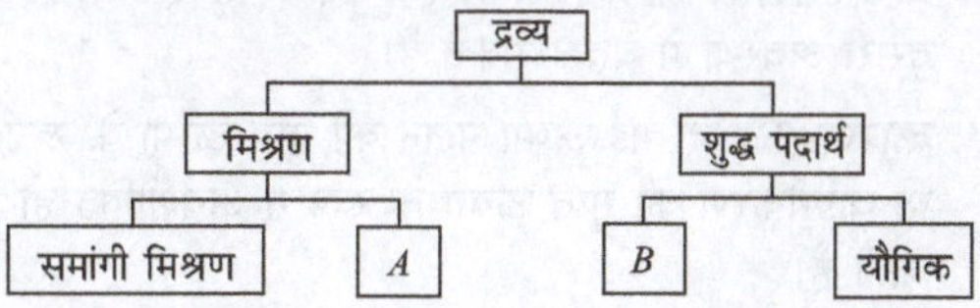

विलुप्त पद क्रमशः A एवं B हैं

(a) $A \rightarrow$ सूक्ष्म स्तर (microscopic level), $B \rightarrow$ विषमांगी मिश्रण

(b) $A \rightarrow$ विषमांगी मिश्रण, $B \rightarrow$ तत्व

(c) $A \rightarrow$ समांगी मिश्रण, $B \rightarrow$ तत्व

(d) $A \rightarrow$ तत्व, B – विषमांगी मिश्रण

उत्तर (b) द्रव्य को शुद्ध पदार्थ या मिश्रण के रूप में विभाजित किया जा सकता है। मिश्रण संमागी मिश्रण तथा विषमांगी मिश्रण में उपविभाजित किया जा सकता है तथा शुद्ध पदार्थ तत्व तथा यौगिक में उपविभाजित किये जा सकते हैं। अतः $A \rightarrow$ विषमांगी मिश्रण, $B \rightarrow$ तत्व

13. निम्नलिखित में से कौन-सी अवस्था जल का वाष्पीकरण बढ़ा देगी? **NCERT Exemplar**

(a) जल का तापमान बढ़ाना

(b) जल का तापमान कम कर देना

(c) जल की खुली सतह कम करना

(d) जल में सामान्य नमक का मिलाना

उत्तर (a) जल का तापमान बढ़ने की अवस्था में जल का वाष्पीकरण बढ़ जाता है।

कथन-कारण प्रकार के प्रश्न

निर्देश (प्र.सं. 14-18) इस खण्ड में दिए गए प्रत्येक प्रश्न में कथन तथा कारण दिए गए हैं। प्रत्येक प्रश्न के चार विकल्प (a), (b), (c) व (d) हैं, जिनमें से केवल एक सही है।

(a) कथन (A) तथा कारण (R) दोनों सत्य हैं तथा कारण (R), कथन (A) का सही स्पष्टीकरण है।

(b) कथन (A) तथा कारण (R) दोनों सत्य हैं, परन्तु कारण (R), कथन (A) का सही स्पष्टीकरण नहीं है।

(c) कथन (A) सत्य है, परन्तु कारण (R) असत्य है।

(d) कथन (A) असत्य है, परन्तु कारण (R) सत्य है।

14. **कथन** (A) नेफ्थैलीन को कुछ समय खुला छोड़ने पर यह अवशेष नहीं छोड़ता है।

कारण (R) गैस का ठोस में सीधा रूपान्तरण संघनन कहलाता है।

उत्तर (c) नेफ्थैलीन एक उर्ध्वपातज पदार्थ है, जो उर्ध्वपातित होता है इसलिए कुछ समय खुला छोड़ने पर अवशेष नहीं छोड़ता है। गैस का ठोस में सीधा रूपान्तरण (बिना द्रव्य अवस्था में आए) उर्ध्वपातन कहलाता है, जबकि संघनन वह प्रक्रिया है, जिसमें गैस का द्रव रूप में रूपान्तरण होता है। अतः कथन (A) सत्य है, परन्तु कारण (R) असत्य है।

15. **कथन** (A) तापमान बदलकर हम पदार्थ को एक अवस्था से दूसरी अवस्था में बदल सकते हैं।

कारण (R) 'दी गई ऊष्मा गलन की गुप्त ऊष्मा के रूप में या वाष्पीकरण की गुप्त ऊष्मा के रूप में अवशोषित हो जाती है।

उत्तर (b) तापमान में परिवर्तन करके हम पदार्थ की एक अवस्था को दूसरी अवस्था में परिवर्तित कर सकते हैं गुप्त ऊष्मा का तात्पर्य उस छुपी हुई ऊष्मा से है, जो पदार्थ के ताप में वृद्धि नहीं करती है इसलिए कथन (A) और कारण (R) दोनों सत्य हैं, परन्तु कारण (R), कथन (A) का सही स्पष्टीकरण नहीं है।

16. **कथन** (A) जलती हुई सुगन्धित अगरबत्ती की गन्ध वायु में चारों ओर फैल जाती है।

कारण (R) तापमान बढ़ने के परिणामस्वरूप अणुओं की गतिज ऊर्जा बढ़ जाती है।

उत्तर (a) तापमान बढ़ने पर कणों की गति बढ़ जाती है। अतः गतिज ऊर्जा के साथ विसरण की गति भी बढ़ जाती है। कथन (A) तथा कारण (R) दोनों सत्य हैं तथा कारण (R), कथन (A) का सही स्पष्टीकरण है।

17. **कथन** (A) पके हुए भोजन की गन्ध का हमारे पास कुछ सेकण्ड में ही पहुँच जाती है।

कारण (R) ठोसों के विसरण की गति/गैसों की तुलना में अधिक होती है।

उत्तर (c) पके हुए भोजन की गन्ध का हमारे पास कुछ सेकण्ड में पहुँचने का कारण गैसों का अन्य गैसों में तीव्रता से विसरित होना है। ऐसा कणों की उच्च गति के कारण होता है तथा उनके कणों के बीच अधिक अन्तर-आण्विक स्थल का होना है। ठोसों के विसरण की गति गैसों की तुलना में कम होती है। अतः कथन (A) सत्य है, परन्तु कारण (R) असत्य है।

18. **कथन** (A) द्रव के वाष्पीकरण के दौरान तापमान अप्रभावित रहता है।

कारण (R) अणुओं की गतिज ऊर्जा, तापमान के सीधे समानुपाती होती है।

उत्तर (d) द्रवों के वाष्पीकरण के दौरान ताप बढ़ता है तथा अणुओं की गतिज ऊर्जा भी बढ़ती है। अतः कथन (A) असत्य है, परन्तु कारण (R) सत्य है।

केस स्टडी आधारित प्रश्न

निर्देश (प्र.सं. 19-23) *निम्नलिखित पैराग्राफ को पढ़िए तथा दिए गए प्रश्नों के उत्तर दीजिए।*

क्वथनांक से नीचे किसी भी ताप पर द्रव की सतह से द्रव के कणों के वाष्प में परिवर्तन की क्रिया वाष्पन कहलाती है। द्रव के अणु विभिन्न वेग से अनियमित गति करते हुए एक-दूसरे से टकराते रहते हैं, जिससे उनकी गतिज ऊर्जा परिवर्तित होती रहती है। इस प्रकार कुछ अणुओं की गतिज ऊर्जा इतनी अधिक हो जाती है कि वे पृष्ठ पर आकर धीरे-धीरे पृष्ठ को छोड़कर वायुमण्डल में जाने लगते हैं। यह प्रक्रिया **वाष्पन** (Evaporation) कहलाती है। **उदाहरण**—जल को खुला छोड़ देने पर यह धीरे-धीरे वाष्प में परिवर्तित हो जाता है। गीले कपड़े सूख जाते हैं।

19. कौन-सा कारक वाष्पीकरण को प्रभावित नहीं करता है?

उत्तर दाब वाष्पीकरण को प्रभावित करने वाला कारक नहीं है।

20. तापमान बढ़ने पर वाष्पन की दर पर क्या प्रभाव पड़ता है?

उत्तर तापमान बढ़ने पर वाष्पन की दर बढ़ जाती है।

21. वाष्पीकरण किस प्रकार की प्रक्रिया है?

उत्तर वाष्पीकरण एक सतही प्रक्रिया है। किसी तत्व या यौगिक का द्रव अवस्था से गैस अवस्था में परिवर्तन वाष्पीकरण कहलाता है।

22. संश्लेषित कपड़े गर्मियों के मौसम में आरामदायक क्यों नहीं होते हैं?

उत्तर संश्लेषित कपड़े छिद्रित नहीं होते हैं। अतः ये हमारे शरीर से पसीने को अवशोषित नहीं करते हैं तथा पसीने को वाष्पित भी नहीं होने देते हैं।

23. द्रव जैसे ईथर तथा ऐसीटोन को ठण्डे में क्यों रखा जाता है?

उत्तर ईथर तथा ऐसीटोन वाष्पशील द्रव है, जिनका क्वथनांक निम्न होता है। अतः ये तीव्रता से वाष्पित होते हैं। यदि इन्हें निम्न ताप पर नहीं रखा जाए, तो इनके वाष्पीकरण की दर बढ़ जाती है।

निर्देश (प्र.सं. 24-28) *निम्नलिखित पैराग्राफ को पढ़िए तथा दिए गए प्रश्नों के उत्तर दीजिए।*

जब ठोस के तापमान को बढ़ाते हैं, तो उसके कणों की गतिज ऊर्जा बढ़ जाती है। गतिज ऊर्जा में वृद्धि होने के कारण कण अधिक तेजी से कंपन करने लगते हैं। ऊष्मा द्वारा प्रदान की गई ऊर्जा कणों के मध्य लगने वाला आकर्षण बल इनके विरुद्ध कार्य करती है। इस कारण कण अपने नियत स्थान को छोड़कर अधिक स्वतंत्र होकर गति करने लगते हैं तथा एक अवस्था ऐसी आती है, जब ठोस पिघलकर द्रव में परिवर्तित हो जाता है। जब द्रव को अतिरिक्त ऊष्मा ऊर्जा दी जाती है, तो कण तीव्रता से गति करने लगते हैं। निश्चित ताप पर किसी बिंदु पर जब कणों की ऊर्जा उनके मध्य आकर्षण बलों को तोड़कर उन्हें मुक्त करने के लिए पर्याप्त होती है, इस ताप (क्वथनांक) पर द्रव, गैस में परिवर्तित होना प्रारंभ कर देता है। ताप में कमी द्वारा (शीतलन द्वारा) गैस को द्रव अवस्था में परिवर्तित किया जा सकता है तथा द्रव को ठोस अवस्था में परिवर्तित किया जा सकता है।

24. ताप में वृद्धि करने से अधिक प्रसार होता है

(a) ठोस में (b) द्रव में
(c) (a) तथा (b) दोनों में (d) ठोस तथा गैस में

उत्तर (b) ताप में वृद्धि करने से अधिक प्रसार द्रव में होता है।

25. अणुओं की गतिज ऊर्जा का बढ़ता हुआ क्रम है

(a) ठोस < द्रव < गैस (b) गैस < द्रव < ठोस
(c) गैस = द्रव > ठोस (d) ठोस < द्रव < गैस

उत्तर (a) अणुगति सिद्धान्त के अनुसार, अणुओं की गतिज ऊर्जा का बढ़ता हुआ क्रम- ठोस < द्रव < गैस है।

26. जिस ताप पर द्रव का वाष्पदाब 1 वायुमण्डलीय दाब के बराबर हो जाता है, उस ताप को कहते हैं

(a) हिमांक (b) क्वथनांक (c) गलनांक (d) क्रान्तिक ताप

उत्तर (b) वह ताप जिस पर किसी द्रव का वाष्पदाब 1 वायुमण्डलीय दाब के बराबर हो जाता है, उस द्रव का क्वथनांक कहलाता है।

27. अत्यधिक ऊँचाई पर

(a) द्रव का क्वथनांक बढ़ता है
(b) द्रव का क्वथनांक घटता है
(c) क्वथनांक में कोई परिवर्तन नहीं
(d) ठोस का गलनांक बढ़ता है

उत्तर (b) ऊँचाई के साथ दाब घटने पर द्रव का क्वथनांक भी घटता है।

28. निम्नलिखित में से सही सम्बन्ध है

(a) वाष्पीकरण = वाष्पन + संघनन
(b) वाष्पीकरण = क्वथन + संघनन
(c) आसवन = क्वथन + संघनन
(d) आसवन = गलन + क्वथन

उत्तर (c) आसवन = क्वथन + संघनन

अतिलघु उत्तरीय प्रश्न

29. एक पदार्थ जिसका भार (द्रव्यमान) नहीं है क्या इसे पदार्थ मान सकते हैं?

उत्तर नहीं, क्योंकि पदार्थ का निश्चित द्रव्यमान होता है।

30. एक दिए गए पदार्थ X, जिसका आयतन निश्चित परंतु आकार अनिश्चित है क्या शीघ्रता से विसरित हो सकता है? पदार्थ X की भौतिक अवस्था क्या होगी। बताइए?

उत्तर पदार्थ X की भौतिक अवस्था द्रव है क्योंकि द्रव का निश्चित आकार नहीं होता है, परंतु आयतन निश्चित होता है तथा शीघ्रता से विसरित हो सकता है।

31. रबड़ बैंड अपने आकार को परिवर्तित करता है क्या यह ठोस है?

उत्तर बल की उपस्थिति के कारण रबड़ बैंड आकार को परिवर्तित करता है परंतु बल को हटाने पर पुनः उसी आकार में आ जाता है। इस प्रकार यह एक ठोस है।

32. द्रव उसी पात्र के आकार को ग्रहण कर लेते हैं जिसमें इन्हें रखा जाता है। ऐसा क्यों?

उत्तर द्रवों के अणुओं के बीच आकर्षण बल ठोसों की तरह प्रबल नहीं होते जिससे अपने आकार को बनाए रख सके इसलिए यह उस पात्र का आकार ग्रहण कर लेते हैं जिसमें इन्हें रखा जाता है।

33. द्रवों का घनत्व ठोसों की तुलना में बहुत कम होता है क्यों?

उत्तर द्रवों में अणुओं के बीच आकर्षण बल (उनके कणों के बीच) कम होता है, इसलिए प्रति एकांक में ठोस की तुलना में कम द्रव्यमान तथा कम आयतन होता है इस प्रकार द्रवों का घनत्व ठोस की तुलना में कम होता है।

34. द्रवों की विसरण की दर पर निम्नलिखित का क्या प्रभाव होगा?

(i) ताप (ii) द्रव के घनत्व का

उत्तर (i) ताप बढ़ाने पर द्रवों के विसरण की दर बढ़ती है।

(ii) कम घनत्व वाले द्रवों की विसरण दर अधिक होती है।

35. गैसों का कौन-सा गुण जो जलीय पौधों तथा जंतुओं के जल में जीवित रहने के लिए सहायक है?

उत्तर विसरण, जैसे-जल में विसरित ऑक्सीजन जलीय पौधें तथा जीव ग्रहण करते हैं जिसकी सहायता से वे जल में जीवित रहते हैं।

36. गैस सिलेण्डर को आधा क्यों नहीं भरा जा सकता है?

उत्तर उच्च ताप पर गैस के कण अव्यवस्थित रूप से तीव्र गति से गतिमान रहते हैं तथा तीव्र गति से पूरे स्थान को घेर लेते हैं इसलिए आयतनानुसार सिलेण्डर को आधा नहीं भरा जा सकता।

37. ठोस की तुलना गैस पात्र की दीवारों पर अधिक दाब डालती है क्यों?

उत्तर गैसों के कण अव्यवस्थित रूप से तीव्र गति करते हैं तथा वे एक-दूसरे से एवं पात्र की दीवारों से टकराते हैं जबकि ठोस में ऐसा नहीं होता। अतः ठोस की तुलना में गैस अधिक दाब डालती है।

38. गैस का कौन-सा गुण अस्पतालों (Hospitals) में ऑक्सीजन सिलेण्डर में ऑक्सीजन की पूर्ति के लिए प्रयुक्त होता है?

उत्तर गैसे उच्च सम्पीड्य प्रकृति की होती है तथा द्रवित की जा सकती है। इन गुणों के कारण अस्पतालों में ऑक्सीजन सिलेण्डरों में ऑक्सीजन पूर्ति के लिए प्रयुक्त होती है।

39. CNG का पूरा नाम क्या है? इसके एक गुण को बताइए जो इसको अतिमहत्त्वपूर्ण बनाता है।

उत्तर CNG का पूरा नाम संपीडित प्राकृतिक गैस (Compressed Natural Gas) है। यह एक स्वच्छ ईंधन है जो जलने पर प्रदूषण नहीं करता है।

40. वायुमंडलीय गैसों को द्रवित करने के दो तरीके बताइए?

उत्तर (i) दाब बढ़ाकर (ii) ताप कम करके

41. किस ताप पर बर्फ (ठोस) तथा जल (द्रव) एक साथ उपस्थित रहते हैं?

उत्तर 0°C या 273 K पर (बर्फ का गलनांक या जल का हिमांक); बर्फ (ठोस) तथा जल (द्रव) दोनों एक साथ उपस्थित रहते हैं।

42. क्वथनांक को वृहद् अवधारणा (Bulk property) क्यों कहा जाता है?

उत्तर द्रव का क्वथन (उबलना) द्रव के अंदर अर्थात् वृहद् से प्रारंभ होता है इसलिए यह एक वृहद् अवधारणा है।

43. उर्ध्वपातन के दौरान ताप स्थिर क्यों रहता है?

उत्तर उर्ध्वपातन के दौरान स्थिर ताप पर दी गई ऊष्मा ठोस को वाष्प में वाष्पित करने के लिए प्रयुक्त हो जाती है।

44. तापमान मापन की SI इकाई लिखिए। सामान्य वायुमंडल दाब पर जल का क्वथनांक 100°C है इस ताप को SI मात्रक में परिवर्तित कीजिए।

उत्तर तापमान का SI मात्रक केल्विन (K) है।

100°C = (100 + 273) K = 373 K

45. वाष्पन की गुप्त ऊष्मा को परिभाषित कीजिए।

उत्तर वाष्पन की गुप्त ऊष्मा, ऊष्मा की वह मात्रा है जो किसी द्रव के एकांक द्रव्यमान को वायुमंडलीय दाब तथा उसी के क्वथनांक पर वाष्प अवस्था में परिवर्तित करने के लिए आवश्यक होती है।

46. बेंजीन 80°C पर द्रव है। द्रवित बेंजीन, बेंजीन वाष्प के साथ साम्यवस्था में है। यह पाया गया है कि बेंजीन वाष्प के कण द्रवित बेंजीन की अपेक्षा अधिक ऊर्जायुक्त होते हैं। प्रेक्षणों को समझाइए।

उत्तर बेंजीन वाष्पों के कण अधिक ऊर्जायुक्त होते हैं क्योंकि वाष्पीकरण की गुप्त ऊष्मा के रूप में अतिरिक्त ऊर्जा को अवशोषित कर लेते हैं।

47. पसीना हमारे शरीर को ठण्डा रखता है। क्यों?

उत्तर पसीना आने पर, वाष्पीकरण के दौरान शरीर से वाष्पीकरण की गुप्त ऊष्मा का अवशोषण होता है जिससे हमारा शरीर ठंडा रहता है।

48. (i) दाब बढ़ाने पर बर्फ के गलनांक पर क्या प्रभाव पड़ता है?
(ii) दाब घटाने पर ठोस के गलनांक पर क्या प्रभाव पड़ता है?

उत्तर (i) जब बर्फ की सतह पर दाब लगाया जाता है तो वह द्रव रूप में परिवर्तन के लिए सहायता करता है इस प्रकार गलनांक कम हो जाता है।
(ii) सामान्यतया ठोस जैसे-बर्फ, के लिए दाब में कमी के साथ गलनांक बिंदु बढ़ता है।

49. वायुमंडलीय दाब कम करने पर द्रव के क्वथनांक पर क्या प्रभाव पड़ता है?

उत्तर वायुमंडलीय दाब कम करने पर क्वथनांक घटता है क्योकि क्वथनांक वह ताप है जिस पर द्रव का वाष्प दाब वायुमण्डलीय दाब के बराबर हो जाता है।

50. गीले कपड़ों को सुखाने के लिए फैला देना चाहिए। क्यों?

उत्तर गीले कपड़ों को फैलाने से अधिक सतह क्षेत्रफल वायु के संपर्क में आता है, जिससे वाष्पीकरण तीव्र हो जाता है। इस प्रकार गीले कपड़े जल्दी से सूख जाते हैं।

51. एक गरम दिन के बाद जब हम घर की छत पर पानी छिड़कते हैं तो ठंडा महसूस करते हैं। इसके कारण की व्याख्या कीजिए।

अथवा गर्म दिन के पश्चात् लोग अपनी छत पर पानी क्यों छिड़कते हैं?

उत्तर एक गर्म दोपहरी के पश्चात् लोग अपनी छतों या खुले मैदान में इसलिए पानी छिड़कते हैं क्योंकि जल के वाष्पन की गुप्त ऊष्मा सतह को ठंडा करने में सहायक होती है तथा जल, सतह की ऊष्मा को अवशोषित कर शीतलन प्रभाव उत्पन्न करता है।

52. ईथर तथा ऐसीटोन जैसे द्रवों को ठंडे स्थानों पर क्यों रखते हैं?

उत्तर द्रव जैसे- ईथर तथा ऐसीटोन के क्वथनांक कम होते हैं अतः ये तीव्रता से वाष्पित हो जाते हैं। यदि इन्हें ठंडे स्थानों जहाँ तापमान कम होता है वहाँ नहीं रखा जाएगा तो इनके वाष्पन की दर तीव्र हो जाएगी।

लघु उत्तरीय प्रश्न

1. कार्बन डाइऑक्साइड (CO_2) एक गैस है। दिए गए कथन को दो कारणों द्वारा सत्यापित कीजिए।

उत्तर दो ऐसे कारण जो कार्बन डाइऑक्साइड एक गैस है को सत्यापित करते हैं निम्न है–

(i) कार्बन डाइऑक्साइड का निश्चित आयतन नहीं होता है। इसको दाब लगाकर संपीडित किया जा सकता है।

(ii) कार्बन डाइऑक्साइड का निश्चित आकार नहीं होता है। इसको जिस पात्र में भरा जाता है उसी का आकार ले लेता है।

2. गैस तथा द्रव में एक समानता तथा एक असमानता दीजिए।

उत्तर **समानता** द्रव तथा गैस दोनों तरल हैं तथा इन्हें जिस पात्र में रखा जाता है ये उसी का आकार ग्रहण कर लेते हैं।

असमानता गैस को आसानी से संपीडित किया जा सकता है जबकि द्रव को नहीं। गैस की थोड़ी-सी मात्रा दिए गए पात्र को पूरी तरह से भर देती है तथा गैस की अधिक मात्रा थोड़ी-सी जगह में आ सकती है। स्थिर ताप पर दिए गए द्रव का आयतन निश्चित होता है।

3. दो ठोसों X तथा Y का गलनांक क्रमशः 300 K तथा 400 K हैं, अंतर-आण्विक बल किसमें अधिक है?

उत्तर ठोस का गलनांक ठोस के कणों के बीच के अंतर-आण्विक सामर्थ्य का सूचक है। Y का X से अधिक गलनांक यह दर्शाता है कि बलों की सामर्थ्य Y में अधिक तथा X में कम होगी।

4. पदार्थ का गलनांक किस प्रकार आकर्षण बलों की सामर्थ्य को दर्शाता है?

उत्तर जितना प्रबल आकर्षण बल होंगे उतनी ही अधिक ऊर्जा इन बलों को तोड़ने में आवश्यक होगी; अतः जिस पदार्थ का गलनांक अधिक होगा उसके कण परस्पर प्रबलता से बंधित होंगे।

5. पदार्थ की अवस्था का अंतरा रूपांतरण स्थिर ताप पर होता है। समझाइए?

उत्तर ठोस से द्रव या द्रव से गैस के रूपांतरण में ताप स्थिर रहता है जब तक संपूर्ण ठोस पिघल न जाए या संपूर्ण द्रव वाष्पित न हो जाए। क्योंकि अवस्था परिवर्तन में दी गई ऊष्मा पदार्थ के अणुओं के बीच लगने वाले आकर्षण बलों के प्रभाव के कारण कम हो जाती है इसलिए ताप नहीं बढ़ पाता।

6. यह निश्चित रूप से नहीं कहा जा सकता कि अमोनिया वाष्प गैसीय अवस्था में है।

उत्तर पदार्थ की गैसीय अवस्था, केवल वाष्प उस स्थिति में कही जा सकती है यदि यह कक्ष ताप पर ठोस या द्रव है चूँकि अमोनिया कक्ष ताप पर गैस है इसलिए इसकी गैसीय अवस्था वाष्प नहीं मानी जा सकती है।

7. (i) ठोस का वाष्प में बदलना ऊर्ध्वपातन कहलाता है। वाष्प को ठोस में बदलने के लिए किस तथ्य का उपयोग किया जाता है नाम लिखिए।

(ii) ठोस से द्रव में परिवर्तन को गलन कहते हैं। गलन की गुप्त ऊष्मा का क्या अर्थ है? **NCERT Exemplar**

उत्तर (i) इसके उत्तर के लिए पृष्ठ सं. 4 देखें।

(ii) 1 kg ठोस को एक वायुमंडलीय दाब पर उसके गलनांक पर द्रव में बदलने के लिए आवश्यक ऊष्मा को उस पदार्थ की गलन की गुप्त ऊष्मा कहते हैं।

8. अल्का केतली में चाय बना रही थी। अचानक केतली से निकलने वाली भाप के कारण उसने गर्मी महसूस की। उसे आश्चर्य हुआ क्योंकि भाप का ताप उबलते हुए जल से अधिक था। इस तथ्य पर टिप्पणी कीजिए। **NCERT Exemplar**

उत्तर उबलते पानी तथा भाप का ताप 100°C है, लेकिन भाप में वाष्पन की गुप्त ऊष्मा के कारण ऊर्जा अधिक होती है। अतः भाप का ताप उबलते हुए जल से अधिक भाप में वाष्पन की गुप्त ऊष्मा के कारण होता है।

9. निम्न परिवर्तनों में कौन-सी अवधारणा प्रयुक्त होती है?

(i) बादलों का बनना

(ii) गीले कपड़ों का सूखना

(iii) सूर्य प्रकाश में मोम का पिघलना

(iv) नेफ्थैलीन बाल्स के आकार का कम होना

उत्तर (i) संघनन (ii) वाष्पीकरण

(iii) गलन (iv) ऊर्ध्वपातन

10. आप किस प्रकार जल को गैसीय अवस्था से द्रव अवस्था में परिवर्तित करोगे, एक साधारण क्रियाकलाप से समझाइए।

उत्तर जल की गैसीय अवस्था (जलवाष्प) को संघनित्र में से गुजारने पर यह द्रव अवस्था में परिवर्तित हो जाती है।

क्रियाकलाप एक गिलास में बर्फीला जल लेते हैं गिलास की बाह्य सतह पर जल की सूक्ष्म बूँदे दिखाई देती हैं। ये जल की बूँदें वायु में उपस्थित जलवाष्प के संघनन के परिणामस्वरूप बनती हैं।

11. तापमान तथा आर्द्रता में परिवर्तन किस प्रकार वाष्पीकरण की दर को प्रभावित करते हैं?

उत्तर द्रव का ताप बढ़ने पर वाष्पीकरण की दर भी बढ़ जाती है। क्योंकि द्रव का ताप बढ़ाने पर नीचे दी गई ऊष्मा को अवशोषित करके द्रव के कण वाष्प अवस्था में जाने के लिए पर्याप्त गतिज ऊर्जा प्राप्त कर लेते हैं। जिससे वाष्पीकरण की दर बढ़ जाती है। जब वायु की आर्द्रता कम होती है तो वायु में जल की मात्रा कम होने के कारण वाष्पीकरण की दर उच्च होती है तथा जल तीव्रता से वाष्पित होता है।

जब वायु की आर्द्रता उच्च होती है तो वायु में जल की मात्रा अधिक होने के कारण वाष्पीकरण की दर कम होती है तथा जल बहुत धीरे वाष्पित होता है।

12. 'परासरण एक विशेष प्रकार का विसरण है।' टिप्पणी कीजिए। **NCERT Exemplar**

उत्तर हाँ, यह तथ्य सत्य है। दोनों ही परिघटनाओं में कणों में गति शीघ्रता से होती है। परंतु परासरण में विलायक की गति अर्द्धपारगम्य झिल्ली से होकर होती है जो कि केवल जल अणुओं के लिए पारगम्य है।

13. स्याही की तुलना में शहद जल में मंद गति से विसरित होता है। क्यों? **NCERT Exemplar**

उत्तर स्याही की अपेक्षा शहद का घनत्व अधिक होता है इसलिए शहद फैलने में अधिक समय लेता है जबकि स्याही की तुलना में शहद मंद गति से विसरित होता है।

14. नीचे दी गई सारणी में चार शुद्ध पदार्थों के गलनांक तथा क्वथनांक प्रदर्शित किए गए हैं। कौन-सा पदार्थ कक्ष ताप पर द्रव है तथा कौन-सा वायु में खुला छोड़ने पर शीघ्रता से वाष्पीकृत होगा।

पदार्थ	गलनांक बिंदु/°C	क्वथनांक बिंदु/°C
A	–100	–35
B	–7	58
C	–6	225
D	44	280

उत्तर *B* तथा *C* दोनों कक्ष ताप पर द्रव हैं। यद्यपि *B* का क्वथनांक लगभग कक्ष ताप (25°C) के समीपस्थ होता है तथा यह इसीलिए वाष्पशील है।

15. बुखार से पीड़ित होने पर आप के शरीर के ताप को बर्फ या बर्फीला पानी कौन अधिक कम करेगा? और क्यों?

उत्तर बर्फीले पानी की तुलना में बर्फ शरीर के ताप को अधिक कम करेगी क्योंकि बर्फ के गलन की गुप्त ऊष्मा थोड़ी उच्च (335 J/kg) होती है। अतः बर्फ शरीर से अधिक ऊष्मा ऊर्जा को अवशोषित करेगी तथा शरीर के ताप को बर्फीले जल की तुलना में अधिक कम करेगी।

16. बर्फ के रूप में जल, शीतलन प्रभाव दर है जबकि, जलवाष्प के रूप में खतरनाक रूप से जला सकता है। इन प्रेक्षणों को समझाइए। **NCERT Exemplar**

उत्तर जब बर्फ पिघलती है, तो यह वातावरण से गलन की गुप्त ऊष्मा के बराबर ऊर्जा को अवशोषित करती है इसलिए शीतलन प्रभाव होता है। जब जल, वाष्प रूप में परिवर्तित होता है, तो वह ऊष्मा को अवशोषित करता है जो वाष्पीकरण की गुप्त ऊष्मा के बराबर होता है। जल-वाष्प के संपर्क में आने पर यह वाष्प अतिरिक्त ऊष्मा मुक्त करती है। अतः वाष्प तीव्र रूप से जला देती है।

17. जब कोई ठोस पिघलता है, तो इसका तापमान स्थिर रहता है। अतः यह ऊष्मीय ऊर्जा कहाँ जाती है?

उत्तर जब कोई ठोस पिघलता है, तो ऊष्मीय ऊर्जा ठोस को द्रव में रूपान्तरित करने में प्रयुक्त होती है, इसे गलन की गुप्त ऊष्मा कहते हैं।

18. आर्द्रता वाले दिनों में हमें पसीना अधिक क्यों आता है?

उत्तर आर्द्रता वाले दिनों में हमारे आस-पास की वायु उच्च मात्रा में जलवाष्प युक्त होती है इसलिए त्वचा से आने वाले पानी के वाष्पित होने के अवसर कम होते हैं तथा यह हमारे शरीर पर ही चिपका रहता है इस कारण हमें आर्द्र दिनों में पसीना अधिक आता है।

19. (i) एक स्पंज को संपीडित किया जा सकता है, फिर भी यह एक ठोस है क्यों समझाइए?

(ii) पदार्थ की उस अवस्था का नाम लिखिए जिसके कणों के मध्य न्यूनतम स्थान होता है।

उत्तर (i) स्पंज में सूक्ष्म छिद्र होते हैं जिसमें वायु भर जाती है, जब इसे दबाते हैं, तो वायु बाहर निकल जाती है तथा हम इसे संपीडित कर पाते हैं। इस प्रक्रिया में केवल वायु बाहर निकलती है। स्पंज के धागे का आकार नहीं बदलता। अतः ठोस होने के बाद भी स्पंज को दबाया जा सकता है।

(ii) पदार्थ की ठोस अवस्था में कणों के मध्य न्यूनतम स्थान होता है।

20. चित्र में प्रदर्शित गैस जार से कवर प्लेट हटाने पर कुछ दिनों बाद गैस जार में दोनों गैस का रंग समान हो जाता है। ऐसा क्यों होता है? समझाइए।

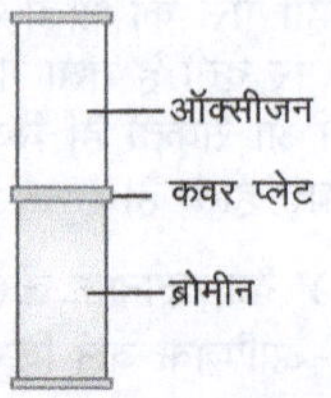

उत्तर गैस जार में विसरण होता है। ब्रोमीन अणु अधिक सांद्रता के क्षेत्र से कम सांद्रता के क्षेत्र की ओर गति करते हैं अर्थात् वे ऊपर वाले गैस जार (ऑक्सीजन गैस जार) की ओर गति करते जाते हैं। ऑक्सीजन अणु निम्न सांद्रता वाले क्षेत्र से उच्च सांद्रता वाले क्षेत्र की ओर जाते हैं। इस प्रकार विसरण निरंतर चलता रहता है जब तक कि दोनों गैस जार में ब्रोमीन तथा ऑक्सीजन अणु का वितरण समान नहीं हो जाता।

21. निम्न को परासरण/विसरण में वर्गीकृत कीजिए।

(i) जल में रखने पर किशमिश का फूलना
(ii) छींकने पर विषाणु का फैलना
(iii) साधारण नमक के संपर्क में आने पर केचुएँ का मरना
(iv) गाढ़े शर्करा विलयन में अँगूरों को रखने पर उनका सिकुड़ना
(v) अचार का नमक द्वारा संरक्षण
(vi) केक को बनाते समय गंध का पूरे घर में फैलना
(vii) श्वसन के दौरान जल में घुली ऑक्सीजन का जलीय जीवों द्वारा प्रयोग। **NCERT Exemplar**

उत्तर **परासरण** (निम्न सांद्रता से उच्च सांद्रता की ओर अणुओं की गति)

(i) जल में रखने पर किशमिश का फूलना
(ii) साधारण नमक के संपर्क में आने पर केचुएँ का मरना
(iii) गाढ़े शर्करा विलयन में अंगूरों को रखने पर उनका सिकुड़ना
(iv) अचार का नमक द्वारा संरक्षण

विसरण (उच्च सांद्रता से निम्न सांद्रता की ओर अणुओं की गति)

(v) छींकने पर विषाणु का फैलना
(vi) केक को बनाते समय गंध का पूरे घर में फैलना
(vii) श्वसन के दौरान जल में घुली ऑक्सीजन का जलीय जीवों द्वारा प्रयोग।

22. (i) पदार्थ की तीनों अवस्थाओं का आकर्षण बलों तथा अणुओं की गतिज ऊर्जा के रूप में अंतरा रूपांतरण समझाइए।
(ii) पदार्थ की तीनों अवस्थाओं को विसरण की दर तथा अणुओं की गति के बढ़ते क्रम में व्यवस्थित कीजिए।

उत्तर (i) ताप बढ़ाने पर ठोस के द्रव में तथा द्रव के गैस में अंतरा रूपांतरण के दौरान अणुओं की गतिज ऊर्जा बढ़ती है अर्थात् अणुओं के बीच आकर्षण बल घटता है।
(ii) (a) विसरण की दर का क्रम, ठोस < द्रव < गैस
(b) अणुओं की गति का क्रम, ठोस < द्रव < गैस

23. क्वथनांक तथा गलनांक बिंदु के आधार पर ठोस, द्रव तथा गैस किस प्रकार भिन्न है?

उत्तर ठोसों का गलनांक तथा क्वथनांक कक्ष ताप से अधिक होता है। द्रवों का गलनांक कक्ष ताप से कम होता है तथा क्वथनांक कक्ष ताप से अधिक होता है। गैसों का गलनांक तथा क्वथनांक कक्ष ताप से कम होता है।

24. (i) क्या होता है जब उच्च दाब पर शुष्क बर्फ को संपीडित किया जाने पर दाब को हटाते है?
(ii) परिभाषित कीजिए।
(a) गलनांक बिंदु (b) गलन

उत्तर (i) दाब हटाने पर शुष्क बर्फ, वाष्प अवस्था से बिना द्रव अवस्था में परिवर्तित हुए ऊर्ध्वपातित हो जाती है।
(ii) (a) **गलनांक बिंदु** वह स्थिर ताप जिस पर एक ठोस पिघलना प्रारंभ करता है उसे ठोस का गलनांक बिंदु कहते हैं, उदाहरण–बर्फ का गलनांक बिंदु 0°C या 273.16 K होता है।
(b) **गलन** गर्म करने पर एक ठोस के द्रव अवस्था में परिवर्तन की प्रक्रिया गलन या द्रवण कहलाती है।

25. शुष्क बर्फ क्या है? यह किस प्रकार बनती है?

उत्तर ठोस CO_2 को शुष्क बर्फ कहा जाता है क्योंकि वायुमंडलीय दाब को कम करने पर ठोस CO_2 बिना द्रव अवस्था में बदले सीधे गैसीय अवस्था में परिवर्तित हो जाती है।
ऊर्ध्वपातन पर कार्बन डाइऑक्साइड की वाष्प, संघनित धूम्र बनाती है जिसे बर्फ कहा जाता है। अतः ठोस कार्बन डाइऑक्साइड को शुष्क बर्फ कहा जाता है। जब गैसीय कार्बन डाइऑक्साइड को उच्च दाब पर संपीडित करके संग्रहित करते हैं तो शुष्क बर्फ बनती है। दाब को 1 वायुमंडल दाब तक कम करने पर यह दोबारा बिना द्रव अवस्था में परिवर्तित हुए गैसीय रूप में परिवर्तित हो जाता है।

26. नीचे दिए गए ग्राफ के आधार पर समझाइए–

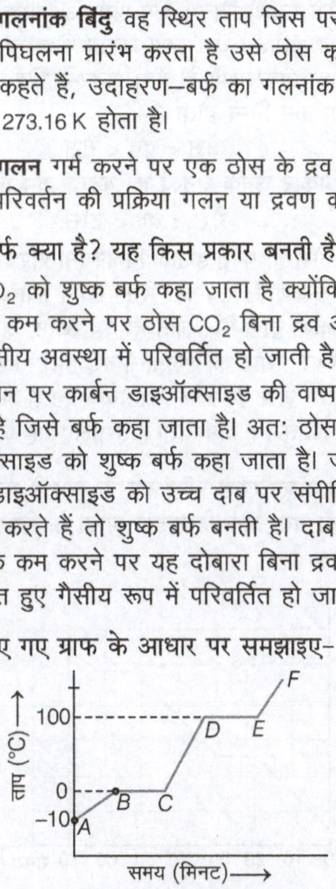

(i) कौन-से भाग में केवल ठोस है?
(ii) कौन-से भाग में सभी द्रव है?
(iii) कौन-सा क्षेत्र वाष्पीकरण की गुप्त ऊष्मा प्रदर्शित करता है?

उत्तर (i) *AB* भाग में केवल ठोस है, क्योंकि 0°C से –10°C के बीच जल ठोस अवस्था में रहता है।
(ii) *CD* भाग में सभी द्रव है, क्योंकि 0°C से 100°C के बीच जल द्रव अवस्था में रहता है।
(iii) *DE* भाग में वाष्पीकरण की गुप्त ऊष्मा प्रदर्शित करता है।

27. निम्नलिखित कथनों पर टिप्पणी कीजिए।
(i) वाष्पन, ठंडक उत्पन्न करता है।
(ii) जलीय विलयन के वाष्पन की दर नमी बढ़ने पर कम हो जाती है।
(iii) स्पंज ठोस होते हुए भी दबाया जा सकता है।

उत्तर (i) द्रव की सतह वाले अणु वाष्पन के लिए अपने आसपास से ऊर्जा लेते हैं जिसके कारण वाष्पन द्वारा ठंडक का अनुभव होता है।
(ii) हमारे आस-पास की वायु एक निश्चित ताप पर निश्चित मात्रा से अधिक जल के कणों को नहीं रख सकती है जिसे नमी कहते हैं। अतः यदि वायु में पहले से ही जलवाष्प उपस्थित है जिससे यह और अधिक जल ग्रहण नहीं कर सकती। अतः वाष्पन की दर कम हो जाती है।
(iii) इसके उत्तर के लिए लघु उत्तरीय प्रश्न 19(i) का उत्तर देखें।

28. (i) वाष्पीकरण की प्रक्रिया द्रव की प्रकृति पर निर्भर करती है। समझाइए।
(ii) डिटॉल की एक बूँद जल से भरी हुई बाल्टी में बिना हिलाए हुए समान रूप से वितरित हो जाती है; क्यों?

उत्तर (i) ईथर (निम्न क्वथनांक बिंदु वाला द्रव जिसका क्वथनांक 34°C) का 10 mL एक परखनली में लेते हैं तथा दूसरी परखनली में जल (क्वथनांक बिंदु 100°C) का 10 mL लेते हैं। दोनों परखनलियों को खिड़की के पास कुछ समय के लिए रखते हैं। यह प्रेक्षित किया गया कि ईथर थोड़े समय में वाष्पित हो जाती है, इस प्रकार द्रव का क्वथनांक कम होने पर इसका वाष्पीकरण अधिक होगा।
(ii) चूँकि जल के कणों के मध्य पर्याप्त स्थान होता है। इसलिए डिटॉल की एक बूँद जल में समान रूप से विसरित हो जाती है।

29. निम्न चित्र के आधार पर *A*, *B*, *C*, *D* बर्तनों में से किसमें वाष्पन की दर अधिक होगी?

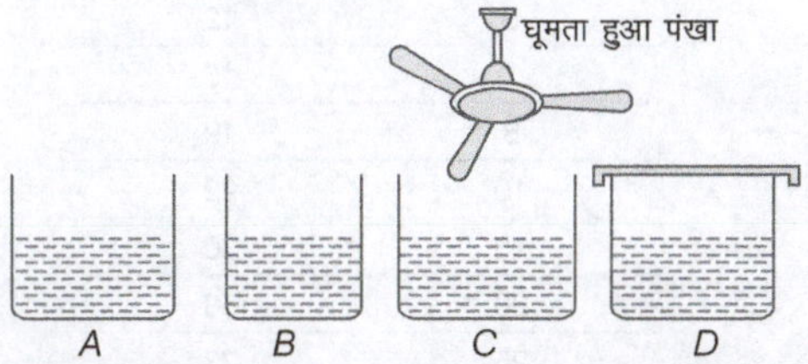

उत्तर सतह का क्षेत्रफल बढ़ने तथा वायु की गति बढ़ने से वाष्पन की दर बढ़ जाती है। साथ ही बर्तन *C*, जिसकी सतह का क्षेत्रफल अधिक है और पंखा चलने से वाष्पन की दर अधिक होगी।

30. (i) कौन-से कारक पदार्थ की अवस्था की व्याख्या करते हैं?

(ii) 30°C को केल्विन पैमाने में परिवर्तित कीजिए।

(iii) बर्फ युक्त ग्लास टम्बलर की बाहरी सतह पर जल की बूँदे प्रेक्षित होती हैं, कारण दीजिए।

उत्तर (i) ताप तथा दाब पदार्थ की अवस्था की व्याख्या करते हैं।

(ii) 30°C = (30 + 273)K = 303 K

(iii) ग्लास टम्बलर पर प्रेक्षित जल बूँदे का कारण वायु में उपस्थित जल वाष्प का ग्लास की ठंडी सतह पर संघनित होना है जो जल बूँदों के रूप में प्रकट होती है।

31. एक अत्यधिक गर्म दिन में, प्रियांशी और अली ने क्रमशः सूती व नाइलॉन के कपड़े पहने हैं। इनमें से कौन-सा अधिक आरामदायक होगा और क्यों? **NCERT Exemplar**

उत्तर सूती कपड़े नाइलॉन की अपेक्षा पानी के अच्छे अवशोषक है। ये पसीने को अवशोषित करके शीघ्रता से वाष्पित कर देते हैं जिससे ठंडक अनुभव होती है। अतः प्रियांशी, अली से अधिक सुखद अनुभव करेगी।

32. सलमान के पास एक पार्टी में जाने के लिए निमंत्रण आया। उस स्थान पर जाने पर उसकी पेन्ट तथा शर्ट दोनों गीले हो गए हैं। वह अपने कपड़ों को जल्दी सुखाने के लिए क्या करेगा?

उत्तर सलमान अपने कपड़ों को सुखाने के लिए

(i) वह प्रकाश के नीचे उन्हें फैला देगा अर्थात् सतह क्षेत्रफल बढ़ा देगा जिससे जल शीघ्रता से वाष्पित हो सके।

(ii) कपड़ों को स्त्री (Iron) करके अर्थात् ताप बढ़ाकर।

(iii) वह उन्हें पंखें के नीचे कमरे में फैला देगा अर्थात् वायु की गति बढ़ाकर।

33. एक थर्मामीटर लगे बीकर में जब बर्फ गर्म करते हैं तब एक विद्यार्थी निम्न प्रेक्षण रिकॉर्ड प्राप्त करता है

समय (मिनट में)	तापमान (°C में)
0	−3
1	−1
2	0
3	0
4	5
5	8
6	12
7	15
8	19
10	22
15	30
20	50
25	73
30	100
35	100

उपरोक्त प्रेक्षणों पर आधारित निम्न प्रश्नों के उत्तर दीजिए।

(i) 2 से 3 मिनट के बीच होने वाली परिवर्तन तथा होने वाली प्रक्रिया का नाम लिखिए।

(ii) 30 से 35 मिनट के बीच ताप स्थिर रहता है इसका कारण बताइए। इसमें प्रयुक्त ऊष्मा का नाम बताकर परिभाषित कीजिए।

उत्तर (i) 2 से 3 मिनट के बीच बर्फ जल में परिवर्तित होती है तथा यह गलन प्रक्रिया कहलाती है।

(ii) 30 से 35 मिनट के बीच जल (द्रव) को वाष्प (गैस) में परिवर्तित करने के लिए ऊष्मा प्रयुक्त होती है। अतः इस दौरान तापमान स्थिर रहता है। इसका कारण वाष्पीकरण की गुप्त ऊष्मा है।

वाष्पीकरण की गुप्त ऊष्मा वाष्पीकरण की गुप्त ऊष्मा ऊर्जा की वह मात्रा है जिसकी आवश्यकता 1 kg जल को सामान्य वायुमंडलीय दाब पर, उसके क्वथनांक पर गैस में परिवर्तित करने के लिए आवश्यक होती है।

दीर्घ उत्तरीय प्रश्न

1. (i) घनत्व क्या है? पदार्थ की विभिन्न अवस्थाओं को पदार्थ के बढ़ते हुए घनत्व के क्रम में व्यवस्थित कीजिए।

(ii) किस प्रकार बर्फ जल पर तैरती है समझाइए?

उत्तर (i) पदार्थ का प्रति इकाई आयतन का द्रव्यमान, घनत्व कहलाता है। पदार्थ का घनत्व आयतन पर निर्भर करता है। ऐसे पदार्थ जिनमें कम अंतर-आण्विक स्थान होता है उनका आयतन कम तथा घनत्व उच्च होता है। पदार्थ की विभिन्न अवस्थाओं के बीच अंतर-आण्विक स्थानों का बढ़ता क्रम निम्न होता है-

ठोस < द्रव < गैस

इस प्रकार उनके घनत्व का बढ़ता क्रम निम्न होगा

गैस < द्रव < ठोस

(ii) बर्फ ठोस है, परंतु इसकी पिंजरेनुमा संरचना होती है जिसमें जल के कणों के बीच कुछ रिक्त स्थान उपस्थित होते हैं। ये स्थान वायु कणों द्वारा घिर जाते हैं। यह स्थान, जल के कणों के बीच उपस्थित स्थान की तुलना में बड़े होते हैं। इस प्रकार बर्फ का आयतन जल की अपेक्षा अधिक होता है अतः बर्फ का घनत्व जल की तुलना कम होता है इसलिए यह जल पर तैरती है।

2. बेन्जोइक अम्ल खाद्य परिरक्षक के रूप में प्रयुक्त होता है। नीचे दिया गया ग्राफ बेन्जोइक अम्ल के लिए ऊष्मीय वक्र को दर्शाता है।

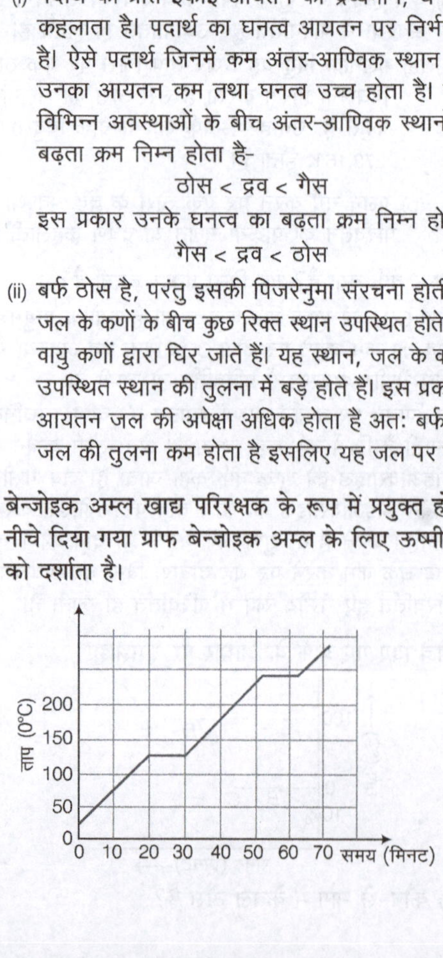

उपरोक्त ग्राफ की सहायता से निम्न प्रश्नों के उत्तर दीजिए।

(i) कितने समय बाद बेन्जोइक अम्ल पिघलना/उबलना प्रारंभ होगा?

(ii) बेन्जोइक अम्ल का गलनांक बिंदु क्या है?

(iii) बेन्जोइक अम्ल के पिघलने के दौरान ताप पर क्या प्रभाव पड़ता है?

(iv) समय अंतराल 35 से 45 मिनट के दौरान बेन्जोइक अम्ल की भौतिक अवस्था क्या होगी?

उत्तर (i) बेन्जोइक अम्ल 20 मिनट में पिघलना प्रारंभ होता है तथा 52 मिनट में बेन्जोइक अम्ल उबलना प्रारंभ होता है।

(ii) बेन्जोइक अम्ल का गलनांक 120°C है।

(iii) 120° C पर तापमान स्थिर रहता है जब तक बेन्जोइक अम्ल पूरा पिघल नहीं जाता है।

(iv) समय अंतराल 35-45 मिनट में बेन्जोइक अम्ल की भौतिक अवस्था द्रव है।

3. (i) पदार्थ क्या है? ठोस तथा द्रवों के दो-दो गुण लिखिए।

(ii) कारण बताइए—

(a) 0°C वाले जल की अपेक्षा 0°C वाली बर्फ मुँह में अधिक ठंडी महसूस होती है।

(b) डॉक्टर, उच्च तापमान होने पर व्यक्ति के मस्तक पर पानी से भीगी हुई पट्टी रखने की सलाह देता है।

उत्तर (i) इसके उत्तर के लिए पृष्ठ संख्या 1 व 2 देखें।

(ii) (a) बर्फ, मुँह से गलन की गुप्त ऊष्मा अधिक अवशोषित करती है अतः यह समान ताप अर्थात् 0°C पर जल की तुलना में अधिक ठंडी महसूस होती है।

(b) रोगी के शरीर का तापक्रम उच्च होता है, जल से भीगी हुई पट्टी रखने पर जल, ऊष्मा को अवशोषित करके वाष्पित हो जाता है जिससे रोगी के शरीर का तापमान कम हो जाता है। इस कारण डॉक्टर तीव्र बुखार से पीड़ित रोगी को कपड़े की भीगी हुई पट्टी को मस्तक पर रखने की सलाह देते हैं।

4. दिया गया निम्न ताप-समय ग्राफ, शुद्ध मोम के ऊष्मीय आरेख को प्रदर्शित करता है।

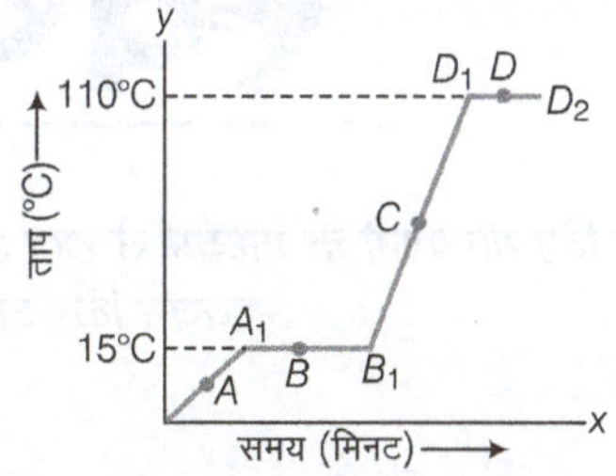

उपरोक्त ग्राफ से निम्न प्रश्नों के उत्तर दीजिए।

(i) बिंदु *A*, *B*, *C* तथा *D* पर पदार्थ की भौतिक अवस्थाएँ क्या होंगी?

(ii) मोम का गलनांक बताइए।

(iii) मोम का क्वथनांक बिंदु बताइए।

(iv) ग्राफ का कौन-सा भाग पदार्थ की अवस्था परिवर्तन को दर्शाता है?

(v) उपरोक्त प्रक्रिया में पदार्थ की अवस्था परिवर्तन के दौरान अवशोषित ऊष्मा के लिए प्रयुक्त पद का नाम है।

उत्तर (i) बिंदु *A* पर = ठोस मोम

बिंदु *B* = ठोस तथा द्रव मोम (निरंतर द्रवण)

बिंदु *C* = द्रव मोम

बिंदु *D* पर = द्रव तथा वाष्प अवस्था

(ii) मोम का गलनांक = 15°C

(iii) मोम का क्वथनांक = 110°C

(iv) वक्र में सीधी रेखा समय अक्ष (*x*-अक्ष) के समानांतर, परिवर्तन की अवस्था को बताती है। ये हिस्से A_1 से B_1 (ठोस से द्रव) तथा D_1 से D_2 (द्रव से वाष्प अवस्था) हैं।

(v) गलनांक बिंदु पर गलन के दौरान ऊष्मा अवशोषित होती है जो गलन की गुप्त ऊष्मा कहलाती है। क्वथनांक बिंदु पर क्वथन के दौरान अवशोषित ऊष्मा वाष्पन की गुप्त ऊष्मा कहलाती है।

स्वयं को जाँचे

नीचे दिए गए प्रश्नों के माध्यम से छात्र अध्याय सम्बन्धी अपने ज्ञान की जाँच कर सकते हैं। अध्याय के ध्यानपूर्वक अध्ययन किए जाने पर छात्र इन प्रश्नों के उत्तर आसानी से कर पाएँगे।

वस्तुनिष्ठ प्रकार के प्रश्न

बहुविकल्पीय प्रश्न

1. गुप्त ऊष्मा की इकाई है
(a) जूल प्रति किलोग्राम
(b) कैलोरी प्रति ग्राम प्रति °C
(c) अर्ग प्रति केल्विन
(d) उपरोक्त सभी

2. निम्न में से किस पदार्थ के कणों में अधिकतम आकर्षण बल होता है?
(a) आयरन छड़ (b) केरोसीन तेल
(c) ग्लिसरिन (d) शुष्क वायु

3. $KMnO_4$ के जल में क्रिस्टल क्या सिद्ध करते हैं ?
(a) $KMnO_4$ लाल रंग का है।
(b) $KMnO_4$ की अम्लीय प्रकृति है।
(c) $KMnO_4$ लाखों कणों से मिलकर बना है।
(d) $KMnO_4$ अपचायक है।

4. गर्मियों में सफेद या हल्के रंगों के कपड़े को गहरे रंग के कपड़ों की अपेक्षा अधिक प्रयोग किया जाता है, इस सन्दर्भ से सम्बन्धित कौन-सा विकल्प सत्य है?
(a) सफेद कपड़े कम ऊष्मा अवशोषित करते हैं
(b) काले रंग या गहरे रंग कम ऊष्मा अवशोषित करते हैं
(c) सफेद कपड़े अच्छे दिखाई देते हैं
(d) गहरे रंग के कपड़े अधिक आरामदायक होते हैं

5. निम्न में से कौन-सा द्रव अत्यधिक वाष्पित होता है?
(a) मर्करी
(b) नेल पॉलिश रिमूवर
(c) जल
(d) ऐल्कोहॉल-जल मिश्रण

कथन-कारण प्रकार के प्रश्न

निर्देश (प्र.सं. 6-10) इस खण्ड में दिए गए प्रत्येक प्रश्न में कथन तथा कारण दिए गए हैं। प्रत्येक प्रश्न के चार विकल्प (a), (b), (c) व (d) हैं, जिनमें से केवल एक सही है।

(a) कथन (A) तथा कारण (R) दोनों सत्य हैं तथा कारण (R), कथन (A) का सही स्पष्टीकरण है।
(b) कथन (A) तथा कारण (R) दोनों सत्य हैं, परन्तु कारण (R), कथन (A) का सही स्पष्टीकरण नहीं है।
(c) कथन (A) सत्य है, परन्तु कारण (R) असत्य है।
(d) कथन (A) असत्य है, परन्तु कारण (R) सत्य है।

6. **कथन** (A) गैस का ताप बढ़ने के साथ पात्र में गैस द्वारा दाब उत्सर्जित होता है।
कारण (R) ताप में वृद्धि के साथ, गैस अणुओं के औसत वेग में वृद्धि होती है।

7. **कथन** (A) डिग्री सेल्सियस पर तापमान एवं डिग्री फॉरेनहाइट पर तापमान, एक-दूसरे से निम्न सम्बन्ध द्वारा सम्बन्धित होते हैं

$$^\circ F = \frac{9}{5}(^\circ C) + 32$$

कारण (R) डिग्री सेल्सियस एवं केल्विन पैमाने पर तापमान एक-दूसरे से निम्न सम्बन्ध द्वारा सम्बन्धित होते हैं

$$^\circ C = K + 273.15$$

8. **कथन** (A) द्रव, गैसों की तुलना में आसानी से विसरित नहीं होते हैं।
कारण (R) गैसों में अन्तर-आकर्षण बल उच्च होते हैं।

9. **कथन** (A) कणों की गति के कारण, किसी पदार्थ का फैलना और अन्य पदार्थ के साथ मिश्रित होना विसरण कहलाता है।
कारण (R) विसरण गैसों में सबसे तीव्र और ठोसों में सबसे मन्द होता है।

10. **कथन** (A) HCl, अमोनिया की तुलना में तीव्रता से विसरित होता है।
कारण (R) गैसों में उच्च सम्पीड्यता होती है।

उत्तर

1. (a)	**2.** (a)	**3.** (c)	**4.** (a)	**5.** (b)
6. (a)	**7.** (c)	**8.** (c)	**9.** (b)	**10.** (d)

केस स्टडी आधारित प्रश्न

निर्देश (प्र.सं. 11-15) *निम्नलिखित पैराग्राफ को पढ़िए तथा दिए गए प्रश्नों के उत्तर दीजिए।*

गैसों में, ठोसों तथा द्रवों की तुलना में कण एक-दूसरे से अत्यधिक दूर-दूर होते हैं। गैस के कणों के बीच रिक्त स्थान काफी बड़े होते हैं। गैसों के कणों के बीच आकर्षण बल उपेक्षणीय होता है। इसलिए गैस के कण किसी भी दिशा में गति करने के लिए स्वतन्त्र होते हैं। गैसों के कणों की स्थितियों के साथ ही गैस के कणों के बीच रिक्त स्थान भी निश्चित नहीं होते हैं। गैस के कणों में अधिकतम गति (या अधिकतम गतिज ऊर्जा) होती है। इसके कारण, गैसों में कणों की अत्यधिक व्यवस्था होती है। उच्च गतिज ऊर्जा उपेक्षणीय आकर्षण बलों के कारण, गैस के कण सभी दिशाओं में उच्च चालों से गति करते हैं। तीव्र गतिमान गैस के कण जब पात्र की दीवारों से टकराते हैं, तो वे दाब डालते हैं। अत: गैस अपने पात्र की दीवारों पर दाब डालती है। गैस के द्वारा डाला गया दाब, पात्र की दीवारों पर तीव्र गतिमान कणों की टक्करों के कारण होता है। गैस को जब खाली पात्र में रखा जाता है, वह पूरे पात्र में तीव्रता से फैल जाती है और उसे पूर्ण रूप से भर देती है। यदि गैस को गर्म किया जाता है, तो गैस के कण अत्यधिक तीव्र गति करने लगते हैं।

11. यदि गैस को किसी खाली पात्र मे रखा जाता है, तो यह सम्पूर्ण पात्र में क्यों फैल जाती है

12. जब गैस पर दाब आरोपित किया जाता है, तो यह द्रव में परिवर्तित क्यों हो जाती है

13. गैस के कणों के द्वारा पात्र की दीवारों के प्रति इकाई क्षेत्र पर आरोपित बल क्या कहलाता है

14. गैसों की सम्पीड्यता ठोसों एवं द्रवों की तुलना में कम क्यों नहीं होती है।

15. ठोस अवस्था के दो सामान्य गुणधर्म लिखिये।

अतिलघु उत्तरीय प्रश्न

16. (i) किस प्रकार हमारे आस-पास के सभी पदार्थ एकसमान हैं?
(ii) पदार्थ की कौन-सी राशि निश्चित रहती है?

17. (i) वायु को किस प्रकार पदार्थ मानते हैं?
(ii) शुष्क तथा नम वायु में से कौन-सी भारी होती है?

18. पदार्थ की उस अवस्था का नाम बताइए जो अपने आकार को बाह्य बल को उपस्थिति में बनाए रखती है।

19. जब नीली स्याही की एक बूंद को पानी में डालते हैं, नीला रंग फैल जाता है जिससे सारा रंग नीला हो जाएगा। उस अवधारणा का नाम बताइए जिसके कारण यह होता है।

20. गैसों का कौन-सा गुण LPG गैस के रिसाव को ज्ञात करने में सहायता करता है?

21. निम्न तापमानों को केल्विन पैमाने पर परिवर्तित कीजिए।
(i) 65°C (ii) 300°C

22. क्या शुष्क बर्फ सामान्य बर्फ के समान है?

23. आर्द्रता क्या है?

लघु उत्तरीय प्रश्न

24. (i) क्या ठोस विसरित होते हैं? क्या होता है जब इन्हें गर्म करते हैं?
(ii) 1 किग्रा कपास या 1 किग्रा रेत में से कौन सघन है? क्यों?
(iii) कपास ठोस है, परंतु यह जल पर तैरती है, क्यों?

25. क्रियाकलाप की सहायता से प्रदर्शित कीजिए कि ताप बढ़ाने के साथ विसरण बढ़ता है।

26. द्रव में कण आपस में ठोस की तुलना कम मजबूती से जुड़े रहते हैं। क्यों?

27. (i) गैस तथा वाष्प के बीच अंतर किस प्रकार प्रकट करेंगे?
(ii) द्रव तथा गैसों की तुलना में ठोस ज्यादा सघन होते हैं, क्यों?

28. 273 K तथा 375 K ताप को सैल्सियस पैमाने में परिवर्तित कीजिए। इन तापों पर जल की भौतिक अवस्था कैसी होती है?

29. पदार्थ की अवस्थाओं के नाम जिसमें संघटक कणों के बीच बल है
(i) प्रबलतम (ii) दुर्बल

30. शर्करा तथा लवण को जब भिन्न जार में रखते हैं, ये जार का आकार ले लेते हैं क्या ये ठोस हैं? अपने उत्तर की पुष्टि कीजिए।

31. (i) जब एक गुब्बारे को सूर्य के प्रकाश में रखते हैं, कुछ समय बाद यह फट जाता है, क्यों?
(ii) ऊँचाई पर खाने पकाने के लिए प्रेशर कुकर के प्रयोग की सलाह क्यों देते हैं?

32. उदाहरण की सहायता से समझाइए कि किस प्रकार गैसों का जल में विसरण आवश्यक है?

33. हमारे लिए गैस का संपीड्यता गुण किस प्रकार उपयोगी है?

34. बर्फ का गलनांक बिंदु 273.16 K होता है। इसका क्या तात्पर्य है? विस्तार से समझाइए।

35. दिए गए ताप पर दाब वृद्धि या कमी के साथ पदार्थ के कण किस प्रकार प्रभावित होते हैं?

36. गर्म दिनों में हमें पेड़ के नीचे अच्छा महसूस क्यों होता है?

37. (i) कारण दीजिए।

(a) तारों में प्लाज्मा पायी जाती है।

(b) ठोस के अणुओं में प्रबलतम अंतर-आण्विक बल होते हैं।

(ii) Cl_2, CO_2, CH_4, N_2 गैसों में से कौन-सी गैस अति शीघ्रता से विसरित होती है?

38. जब बर्फ को $-10°C$ पर धीरे-धीरे गर्म करते हैं। बर्फ का तापमान धीरे-धीरे $0°C$ तक बढ़ता है। इस ताप पर तंत्र का ताप स्थिर बना रहता है जब बर्फ जल में परिवर्तित होती है तथा पुन: बढ़ता है। प्रेक्षण को समझाइए।

दीर्घ उत्तरीय प्रश्न

39. उर्ध्वपातन पर A की वाष्प, संघनित B बनाती है, जिसे बर्फ कहा जाता है। अत: ठोस A को C कहा जाता है।

(i) A, B, C को पहचानिए।

(ii) इस अवस्था परिवर्तन के लिए रासायनिक समीकरण लिखिए

(a) A से B

(b) B से C

(iii) यदि दाब को 1 वायुमण्डल दाब तक कम कर दे, तो C किस अवस्था में परिवर्तित हो जाएगी?

40. द्रवों में, घनत्व बढ़ने के साथ, द्रवों की विसरण की गति कम हो जाती है। किसी क्रियाकलाप द्वारा प्रदर्शित कीजिए।

41. किसी क्रियाकलाप द्वारा प्रदर्शित करें कि गैसें, द्रव की तुलना में अधिक संपीडित हो सकती है।

42. जल के क्वथनांक तथा बर्फ के गलनांक को ज्ञात करने के लिए एक क्रियाकलाप की व्याख्या कीजिए।

43. ताप तथा दाब पदार्थ की अवस्था को बताते हैं। इसे विस्तार से समझाइए।

अध्याय

02

क्या हमारे आस-पास के पदार्थ शुद्ध हैं?

(Is Matter Around us Pure?)

रसायन विज्ञान में जब किसी पदार्थ को शुद्ध कहते हैं, तो इसका तात्पर्य है कि उस पदार्थ में उपस्थित सभी कण समान रासायनिक प्रकृति के होते हैं। दूसरे शब्दों में, एक शुद्ध पदार्थ एक ही प्रकार के कणों से मिलकर बना होता है। रासायनिक संघटन के आधार पर पदार्थ को तत्वों, यौगिकों (अर्थात् शुद्ध पदार्थ वह है जो भौतिक विधियों द्वारा पृथक् नहीं किया जा सकता है) तथा मिश्रण (भौतिक विधियों द्वारा पृथक् किए जा सकते हैं जैसे ऊर्ध्वपातन आदि) द्वारा वर्गीकृत किया गया है।

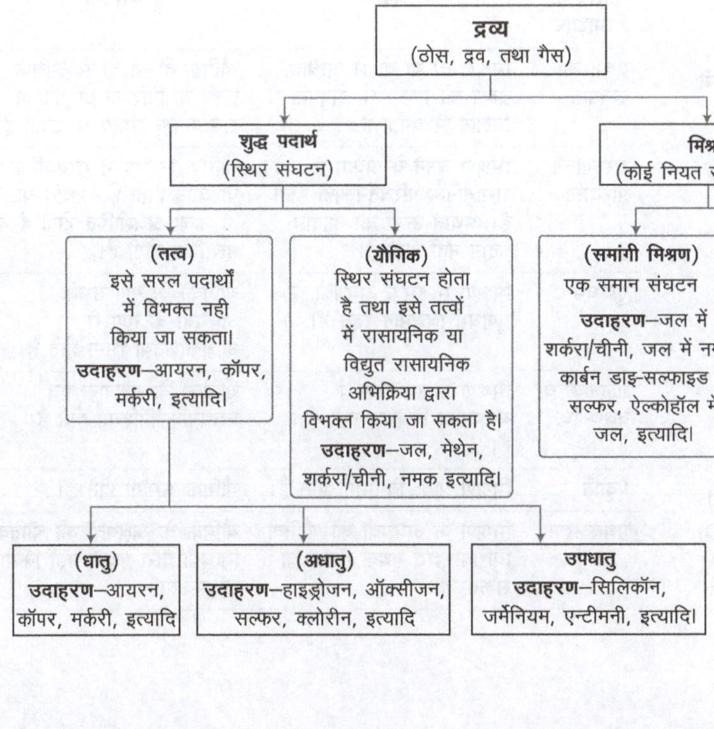

सिलेबस

- *शुद्ध पदार्थ*
- *मिश्रण*
- *विलयन*
- *निलंबन*
- *कोलॉइडल विलयन*
- *भौतिक एवं रासायनिक परिवर्तन*

शुद्ध पदार्थ (Pure Substances)

एक ऐसा पदार्थ जो केवल एक ही प्रकार के कणों से मिलकर बना होता है, शुद्ध पदार्थ कहलाता है। **उदाहरण**—सोना, जल, आदि, अवयवी कणों की प्रकृति के आधार पर, शुद्ध पदार्थ दो प्रकार के होते हैं अर्थात् तत्व तथा यौगिक।

1. तत्व (Element)

सर्वप्रथम **राबर्ट बॉयल** ने सन् 1660 में तत्व शब्द का प्रयोग किया। फ्रांस के रसायनज्ञ एंटोनी लॉरेंट लवाइजिए (सन् 1743-1794) के अनुसार, 'वह पदार्थ, जिसे रासायनिक विधियों द्वारा दो या दो से अधिक अन्य सरल पदार्थों में विभाजित नही किया जा सकता और न ही उनसे बनाया जा सकता, तत्व कहलाता है' अर्थात् तत्व एक शुद्ध पदार्थ है।

अभी तक ज्ञात तत्वों की संख्या 118 है। इनमें 92 तत्व प्राकृतिक है जबकि शेष मानव निर्मित है। तत्वों को उनके रासायनिक गुणधर्म के आधार पर तीन वर्गों-धातु, अधातु तथा उपधातु में बाँटा गया है।

(i) धातुएँ (Metals)

धातु एक तत्व है, जो आघातवर्धनीय (अर्थात् इनको पीटकर महीन चादरों में ढाला जा सकता) है तथा तन्य (अर्थात् इनको तार के रूप में खींचा जा सकता है)होते हैं।

धातुएँ प्रतिध्वनिपूर्ण (अर्थात् जब चोट करते हैं तो ध्वनि उत्पन्न करते हैं) तथा ताप तथा विद्युत की सुचालक होती हैं। सोना, चाँदी, कॉपर, आयरन, सोडियम पोटैशियम आदि धातु के उदाहरण हैं।

पारा धातु होते हुए भी कमरे के तापमान पर द्रव है। गैलियम तथा सीजियम तत्व कमरे के तापमान से कुछ अधिक तापमान (303K) पर द्रव अवस्था में रहते हैं।

(ii) अधातुएँ (Non-Metals)

अधातु ऐसे तत्व है जो न तो आघातवर्ध्य होते हैं न ही तन्य होते हैं। ये ताप और विद्युत की कुचालक होते हैं। ये विभिन्न रंगों की होती है। हाइड्रोजन, ऑक्सीजन, आयोडीन, कार्बन (कोल, कोक), ब्रोमीन, क्लोरीन आदि अधातुओं के उदाहरण हैं। ब्रोमीन केवल ऐसी अधातु तत्व है जो ताप तथा दाब की सामान्य परिस्थितियों में द्रव अवस्था में पाई जाती है।

(iii) उपधातु (Metalloids)

कुछ तत्व धातु तथा अधातु के बीच के गुणों को दर्शाते हैं, जिन्हें उपधातु कहा जाता है। जैसे— बोरॉन, सिलिकॉन, जर्मेनियम आदि।

2. यौगिक (Compounds)

एक यौगिक वह पदार्थ है जो कि दो या दो से अधिक तत्वों के नियत अनुपात में रासायनिक संयोजन द्वारा बनता है। **उदाहरण**— जल (H_2O), मेथेन (CH_4), कार्बन डाइऑक्साइड (CO_2), अमोनिया (NH_3), सोडियम क्लोराइड (NaCl) आदि।

मिश्रण (Mixtures)

मिश्रण एक या एक से अधिक शुद्ध तत्वों या यौगिकों से मिलकर बना होता है। हमारे आस-पास के अधिकांश पदार्थ दो या दो से अधिक तत्वों या यौगिकों के रूप में होता है। **उदाहरण**- समुद्री जल, लवण, मिट्टी आदि।

मिश्रण को भौतिक विधि द्वारा सुगमता से इसके रासायनिक अवयवों में पृथक् किया जा सकता है।

मिश्रण के प्रकार (Types of Mixtures)

अवयवों की प्रकृति के अनुसार, विभिन्न प्रकार के मिश्रणों का निर्माण होता है। इस प्रकार मिश्रण निम्नलिखित दो प्रकार के होते हैं-

(i) समांगी मिश्रण (Homogeneous Mixture)

वह मिश्रण जिसके प्रत्येक भाग का संघटन तथा गुणधर्म समान हो, समांगी मिश्रण कहलाता है। इसके विभिन्न अवयवों की सीमाओं को पृथक् रूप से नहीं देखा जा सकता है। **उदाहरण**— नमक या चीनी तथा जल का मिश्रण, मिश्र-धातु, पेट्रोलियम, बायोगैस, आदि।

नोट *वायु गैस में गैस का मिश्रण है। यह मुख्यत: दो घटकों ऑक्सीजन (21%) और नाइट्रोजन (78%) का समांगी मिश्रण है।*

(ii) विषमांगी मिश्रण (Heterogeneous Mixture)

वह मिश्रण जिसका प्रत्येक भाग एकसमान नहीं होता, विषमांगी मिश्रण कहलाता है। इसकी संरचना एकसमान नहीं होती है। इसके विभिन्न अवयवों के बीच पृथक्करण सीमा स्पष्ट दिखाई नहीं देती है। **उदाहरण**— जल में चॉक या रेत का निलंबन (Suspension) प्रदूषित जल एक विषमांगी मिश्रण है।

मिश्रण और यौगिक में अंतर

अंतर का आधार	मिश्रण	यौगिक
द्रव्यों का अनुपात	मिश्रण दो या दो से अधिक द्रव्यों को किसी भी अनुपात में मिलाने से बनता है।	यौगिक दो या दो से अधिक तत्वों के निश्चित अनुपात में रासायनिक संयोग से बनता है।
रासायनिक परिवर्तन	मिश्रण बनने के प्रक्रम में, कोई रासायनिक परिवर्तन नहीं होता है। अर्थात् ऊर्जा का आदान प्रदान नहीं होता है।	यौगिक निर्माण में रासायनिक परिवर्तन होता है, अर्थात् या तो ऊर्जा अवशोषित होती है या उत्सर्जित होती है।
गुणधर्म	मिश्रण में इसके अवयवों के गुणधर्म विद्यमान रहते हैं।	यौगिकों के गुण उसके अवयवों के गुण से अधिकांशतया भिन्न होते हैं।
गलनांक व क्वथनांक	मिश्रण के गलनांक व क्वथनांक निश्चित नहीं होते हैं।	यौगिको के गलनांक एवं क्वथनांक निश्चित होते हैं।
प्रकृति	मिश्रण प्राय: विषमांगी होते हैं।	यौगिक समांगी होते हैं।
पृथक्करण	मिश्रण के अवयवों को भौतिक विधियों द्वारा पृथक् किया जा सकता है।	यौगिक के अवयवों को भौतिक विधियों द्वारा पृथक् नहीं किया जा सकता।

विलयन (Solution)

विलयन दो या दो से अधिक पदार्थों का समांगी मिश्रण होता हैं। इस प्रकार के विलयन को कभी-कभी वास्तविक विलयन कहा जाता है। नींबू जल, सोडा जल, नमक विलयन, शर्करा विलयन आदि विलयन के उदाहरण है। विलयन के कणों में समांगिकता होती है अर्थात् घुलित पदार्थ के कण विलयन में समान रूप से वितरित होते हैं तथा एक-दूसरे से अविभेद्य (Indistinguishable) होते हैं।

किसी भी विलयन के मुख्यत: दो प्रकार के अवयव होते हैं, जो निम्नलिखित हैं–

(i) **विलायक** (Solvent) विलयन का वह घटक (जिनकी मात्रा दूसरे से अधिक होती है) जो दूसरे घटक को विलयन में मिलाता है उसे विलायक कहते हैं।

(ii) **विलेय** (Solute) विलयन का वह घटक (प्राय: कम मात्रा में होता है) जो कि विलायक में घुला होता है उसे विलेय कहते हैं।

विलयन के कुछ सामान्य उदाहरण-

(i) चीनी विलयन में, चीनी विलेय है और जल विलायक है।

(ii) आयोडीन और ऐल्कोहॉल का विलयन जिसे टिंक्चर आयोडीन के नाम से जाना जाता है इसमें आयोडीन विलेय है और ऐल्कोहॉल विलायक है।

(iii) वातयुक्त पेय (Aerated drinks) जैसे—सोडा जल, कोक आदि तरल विलयन में गैस के रूप में हैं। इनमें कार्बन डाइऑक्साइड गैस विलेय और जल विलायक है।

(iv) वायु गैस में गैस का विलयन है। यह मुख्यत: दो घटकों ऑक्सीजन (21%) और नाइट्रोजन (78%) का समांगी मिश्रण है। नाइट्रोजन को वायु का विलायक तथा दूसरी गैसें विलेय होती है।

(v) उर्वरकों के उपयोग द्वारा कम समय में फसलों का अधिक उत्पादन प्राप्त हो सकता है, परन्तु यह कुछ समय पश्चात् मृदा की उर्वरता को हानि पहुँचाते हैं, जबकि खाद के उपयोग के लाभ दीर्घावधि हैं।

मिश्र-धातुएँ (Alloys)

ये धातुओं के समांगी मिश्रण होते हैं जिन्हें भौतिक विधियों द्वारा अवयवों में पृथक् नहीं किया जा सकता है लेकिन फिर भी मिश्र-धातुओं को मिश्रण माना जाता है क्योंकि ये अपने घटकों के गुणों को दर्शाते हैं और पृथक्-पृथक् संघटन रखते हैं। उदाहरण के लिए पीतल, जिंक (लगभग 30%) और कॉपर (लगभग 70%) का मिश्रण है।

विलयन के गुण (Properties of Solution)

(i) विलयन एक समांगी मिश्रण है।

(ii) विलयन के कण व्यास में 1 nm (10^{-9} metre) से भी छोटे होते हैं। इसलिए वे नग्न आँखों से नहीं देखें जा सकते हैं।

(iii) अपने छोटे आकार के कारण विलयन के कण, गुजर रही प्रकाश की किरण को फैलाते नहीं हैं। इसलिए विलयन में प्रकाश का मार्ग दिखाई नहीं देता।

(iv) विलयन स्थायी है अर्थात् छानने की विधि द्वारा विलेय के कणों को विलयन में से पृथक् नहीं किया जा सकता है। विलयन को शांत छोड़ देने पर भी विलेय के कण नीचे नहीं बैठते हैं।

विलयन की सांद्रता (Concentration of Solution)

विलायक की मात्रा (द्रव्यमान अथवा आयतन) में घुले हुए विलेय पदार्थ की मात्रा को अथवा विलेय पदार्थ की मात्रा जो विलयन के किसी दी गई मात्रा अथवा आयतन में उपस्थित हो, उसे विलयन की सांद्रता कहते हैं। किसी विलयन में विलेय तथा विलायक का सापेक्ष अनुपात भिन्न हो सकता है। विलयन को विलायक की दी गई मात्रा में उपस्थित विलेय की मात्रा के आधार पर निम्न प्रकार वर्गीकृत किया जा सकता है।

(i) **संतृप्त विलयन** (Saturated solution) दिए गए निश्चित ताप पर, विलयन में उतना ही विलेय पदार्थ (Solute) घुल सकता है जितनी विलयन की क्षमता होती है अर्थात् दिए गए निश्चित तापमान पर यदि विलयन में विलेय पदार्थ नहीं घुलता है, तो ऐसा विलयन संतृप्त विलयन कहलाता है। विलेय पदार्थ का वह भाग होता है, जो इस ताप पर संतृप्त विलयन में उपस्थित होता है। उसकी घुलनशीलता या विलेयता (Solubility) कहलाती है।

$$\text{घुलनशीलता (विलेयता)} = \frac{\text{विलेय का द्रव्यमान}}{\text{विलायक का द्रव्यमान}} \times 100$$

(ii) **असंतृप्त विलयन** (Unsaturated solution) यदि विलयन में विलेय पदार्थ की मात्रा संतृप्ता स्तर (Saturation level) से कम है तो ऐसा विलयन असंतृप्त विलयन कहलाता है।

$$\text{विलयन की सांद्रता} = \frac{\text{विलेय की मात्रा}}{\text{विलयन की मात्रा}} = \frac{\text{विलेय की मात्रा}}{\text{विलायक की मात्रा}}$$

विलयन की सांद्रता को व्यक्त करना

यद्यपि विलयन की सांद्रता को दर्शाने के लिए बहुत-सी राशियाँ उपस्थित है, परंतु इनमें से दो सरलतम् निम्न हैं-

(i) द्रव्यमान / विलयन के द्रव्यमान प्रतिशत

$$= \frac{\text{विलेय पदार्थ का द्रव्यमान}}{\text{विलयन का द्रव्यमान}} \times 100$$

(ii) द्रव्यमान / विलयन के आयतन प्रतिशत

$$= \frac{\text{विलेय पदार्थ का द्रव्यमान}}{\text{विलयन का आयतन}} \times 100$$

उदाहरण 1. एक विलयन में 50 ग्राम साधारण नमक 450 ग्राम जल में घुला है, विलयन की सांद्रता की गणना कीजिए।

हल दिया है, साधारण नमक (विलेय) का द्रव्यमान = 50 ग्राम

तथा जल का द्रव्यमान = 450 ग्राम

विलयन का द्रव्यमान = 50 + 450 = 500 ग्राम

$$\text{विलयन की सांद्रता} = \frac{\text{विलेय का द्रव्यमान}}{\text{विलयन का द्रव्यमान}} \times 100$$

$$\text{विलयन की सांद्रता} = \frac{50}{500} \times 100 = 10\%$$

उदाहरण 2. 25°C पर 4 ग्राम विलेय को 40 ग्राम जल में घोलने पर संतृप्त विलयन बनता है। 25°C पर विलेय की विलेयता की गणना कीजिए।

हल दिया है, विलेय का द्रव्यमान = 4 ग्राम

विलायक का द्रव्यमान = 40 ग्राम

$$\text{विलेयता} = \frac{\text{विलेय का द्रव्यमान}}{\text{विलायक का द्रव्यमान}} \times 100$$

$$\text{विलेयता} = \frac{4 \text{ (ग्राम)}}{40 \text{ (ग्राम)}} \times 100 = 10 \text{ ग्राम}$$

चेक प्वॉइण्ट 2.1

1. विषमांगी मिश्रण के दो उदाहरण दीजिए।

2. काँसा मिश्रधातु का संघटन (प्रतिशत में) क्या है?

3. विलयन के कणों की त्रिज्या लगभग कितनी होती है?

4. ऐल्कोहॉलीय जलीय विलयन 100 mL ऐल्कोहॉल को 300 mL जल में मिलाकर बनाया जाता है। विलयन के आयतन प्रतिशत की गणना कीजिए। [**उत्तर** 25%]

5. ग्लूकोज के 40% विलयन के 250 g को बनाने में आवश्यक जल के द्रव्यमान तथा ग्लूकोज के द्रव्यमान की गणना कीजिए। [**उत्तर** 150 g, 100 g]

निलंबन (Suspension)

यह एक विषमांगी मिश्रण है जिसमें विलेय पदार्थ के कण घुलते नहीं हैं परंतु माध्यम की समष्टि में निलंबित रहते हैं, इन निलंबित कणों को नग्न आँखों तथा सूक्ष्मदर्शी से देखा जा सकता है।

उदाहरण— नदी का गन्दा जल, मृदा का जलीय विलयन, वायु में धुआँ, पेन्ट, जल में चॉक पाउडर आदि।

निलंबन के गुणधर्म (Properties of Suspension)

निलंबन के कुछ महत्वपूर्ण गुण निम्न प्रकार है—

(i) निलंबन एक विषमांगी मिश्रण है।

(ii) इसके कणों को नग्न आँखों से देखा जा सकता है।

(iii) इसके निलंबित कण प्रकाश की किरण को फैला देते हैं, जिससे उसका मार्ग दृष्टिगोचर हो जाता है (टिण्डल प्रभाव)।

(iv) यह अस्थायी होता है अर्थात् जब इसे शांत छोड़ देते हैं तब ये कण नीचे की ओर बैठ जाते हैं। छानन विधि द्वारा इन कणों को मिश्रण से पृथक् किया जा सकता है। जब सभी कण नीचे बैठे जाते हैं तो निलंबन समाप्त हो जाता है तथा विलयन में प्रकाश की किरण का प्रकीर्णन रूक जाता है।

कोलॉइडल विलयन (Colloidal Solution)

एक कोलॉइड (या कोलॉइडल) वह विलयन है जो वास्तविकता में विषमांगी मिश्रण हैं परंतु निलंबन की अपेक्षा कणों का आकार छोटा होने के कारण यह मिश्रण समांगी प्रतीत होता है।

उदाहरण— दूध, शेविंग क्रीम, पनीर इत्यादि, कोलॉइडल विलयन को कोलॉइडल सॉल भी कहा जाता है।

कोलॉइडल विलयन में कोलॉइड कण समान रूप से फैले होते हैं।

कोलॉइड के गुणधर्म (Properties of Colloid)

कोलॉइड के महत्वपूर्ण गुणधर्म निम्न प्रकार हैं—

(i) एक कोलॉइड विषमांगी मिश्रण होता है।

(ii) कोलॉइड के कणों का आकार इतना छोटा होता है कि इन्हें पृथक् रूप से नग्न आँखों से नहीं देखा जा सकता है।

- कोलॉइड कण इतने बड़े होते हैं कि प्रकाश की किरण को फैलाते हैं तथा उसके मार्ग को दृश्य बनाते हैं।
- कोलॉइड कण स्थायी होते हैं जब इनको शांत छोड़ दिया जाता है तब ये कण तल पर बैठत जाते हैं।
- इसके कण छानन विधि द्वारा मिश्रण से पृथक् नहीं किए जा सकते हैं परंतु इन्हें एक विशेष विधि अपकेंद्रीकरण तकनीक द्वारा पृथक् किया जा सकता है।

नोट *कोलॉइडी विलयन के घटकों को परिक्षिप्त प्रावस्था तथा परिक्षेपण माध्यम कहते हैं। विलेय पदार्थ जैसा घटक या परिक्षिप्त कण जो कि कोलॉइडल रूप में रहता है। उसे परिक्षिप्त प्रावस्था कहते हैं तथा वह घटक जिसमें परिक्षिप्त प्रावस्था निलबिंत रहती है उसे परिक्षेपण माध्यम कहते हैं।*

कोलॉइड के सामान्य उदाहरण

परिक्षेपण माध्यम तथा परिक्षिप्त प्रावस्था की भौतिक प्रावस्था के आधार पर कोलॉइडी विलयन निम्नलिखित आठ प्रकार के हो सकते हैं—

कोलॉइडी विलयनों के प्रकार

प्रकार	परिक्षिप्त प्रावस्था	परिक्षेपण माध्यम	उदाहरण
ऐरोसॉल	द्रव	गैस	कोहरा, बादल, कुहासा
ऐरोसॉल (ठोस)	ठोस	गैस	धुआँ स्वचालित वाहन का निथार (Automobile exhaust)
फोम	गैस	द्रव	शेविंग क्रीम
इमल्शन (पायस)	द्रव	द्रव	दूध, फ्रेस, क्रीम
सॉल	ठोस	द्रव	मैगनीशिया-मिल्क, कीचड़
फोम	गैस	ठोस	फोम, रबड़, स्पंज, प्युमिस
जैल	द्रव	ठोस	जैली, पनीर, मक्खन
ठोस सॉल	ठोस	ठोस	रंगीन रत्न पत्थर (Coloured gemstone), दूधिया काँच

टिण्डल प्रभाव (Tyndall Effect)

कोलॉइडी कणों द्वारा प्रकाश का प्रकीर्णन टिण्डल प्रभाव कहलाता है। वास्तविक विलयन में विलेय के कण बहुत छोटे होते हैं जो उन पर डाले गए प्रकाश को प्रकीर्णित नहीं कर सकते हैं। कोलॉइडल विलयन में कण प्रकाश प्रकीर्णन के लिए पर्याप्त बड़े होते हैं। निम्न स्थितियों में भी टिण्डल प्रभाव प्रेक्षित हो सकता है।

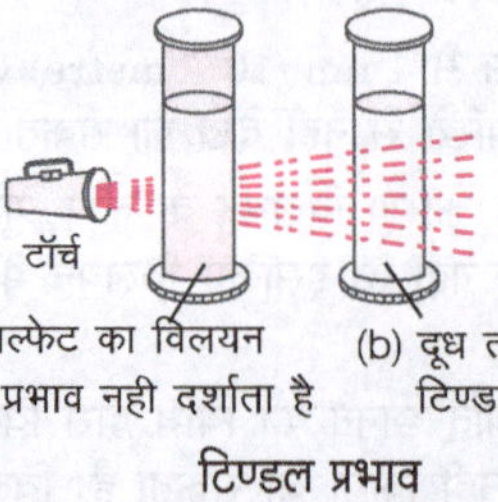

(a) कॉपर सल्फेट का विलयन टिण्डल प्रभाव नही दर्शाता है (b) दूध तथा पानी का मिश्रण टिण्डल प्रभाव दर्शाता है

टिण्डल प्रभाव

टिण्डल प्रभाव का प्रदर्शन
(Representation of Tyndall Effect)

- एक कमरे में छोटे छिद्र के द्वारा जब प्रकाश की किरण आती है (वायु में उपस्थित धूल और कार्बन के कणों द्वारा प्रकाश के फैलने के कारण होता है।)
- जब एक घने जंगल के आच्छादन से सूर्य की किरण गुजरती है (कोहरे में छोटे-छोटे जल के कण होते हैं जो इसे फैला देते हैं।)

भौतिक एवं रासायनिक परिवर्तन
(Physical and Chemical Changes)

भौतिक परिवर्तन (Physical Changes)

ऐसे गुण जिनका हम अवलोकन एवं वर्णन कर सकते हैं जैसे कि रंग, कठोरता, दृढ़ता, बहाव, घनत्व, द्रवणांक तथा क्वथनांक इत्यादि को भौतिक गुण कहा जाता है। अवस्थाओं का अंत:रूपांतरण एक भौतिक परिवर्तन है क्योंकि ये परिवर्तन पदार्थों के संघटन में बिना परिवर्तन किए होते हैं और उनकी रासायनिक प्रकृति में भी कोई परिवर्तन नहीं होता है। **उदाहरण**— जल का बर्फ में परिवर्तन एक भौतिक परिवर्तन है क्योंकि रासायनिक रूप से बर्फ तथा द्रव जल दोनों समान है। यद्यपि बर्फ जल और वाष्प अलग-अलग दिखते हैं और ये भिन्न-भिन्न भौतिक गुणों को दर्शाते हैं लेकिन ये रासायनिक रूप से समान होते हैं।

रासायनिक परिवर्तन (Chemical Changes)

रासायनिक परिवर्तन में एक पदार्थ की दूसरे पदार्थ से क्रिया द्वारा रासायनिक संघटन परिवर्तित हो जाता है।

रासायनिक परिवर्तन पदार्थ के रासायनिक गुणधर्मों में परिवर्तन लाता है तथा हम नया पदार्थ पाते हैं। रासायनिक परिवर्तन को रासायनिक प्रतिक्रिया भी कहा जाता है। **उदाहरण**—जल तथा खाना पकाने वाले तेल दोनों द्रव हैं, लेकिन इनके रासायनिक गुणधर्म भिन्न हैं। इनकी गंध और ज्वलनशीलता में अंतर है।

नोट *(i) दहन एक रासायनिक परिवर्तन है।*
(ii) मोमबत्ती के जलने के दौरान भौतिक तथा रासायनिक दोनों परिवर्तन होते हैं।

भौतिक तथा रासायनिक परिवर्तनों का तुलनात्मक अध्ययन

भौतिक परिवर्तन	रासायनिक परिवर्तन
पदार्थ के केवल भौतिक गुण परिवर्तित होते हैं।	रासायनिक गुण भी परिवर्तित होते हैं।
कोई नया पदार्थ नहीं बनता है।	एक या अधिक नए पदार्थ बनते हैं।
परिवर्तन के साथ सामान्यतया ऊर्जा परिवर्तन नहीं होते हैं।	इन परिवर्तनों के दौरान सामान्यतया ऊर्जा परिवर्तन होते हैं।
उदाहरण— बर्फ का पिघलना, पेपर को काटना, मोम का पिघलना आदि।	**उदाहरण**— कोल का दहन, दूध से दही का बनना आदि।

चेक प्वॉइण्ट 2.2

1. *निलंबन को किस प्रकार के मिश्रण में बाँटा गया है?*
2. *निलंबित कण क्या है ?*
3. *हम किस प्रकार टिण्डल प्रभाव प्रेक्षित कर सकते हैं?*
4. *परिक्षेपण माध्यम को परिभाषित कीजिए।*
5. *भौतिक परिवर्तन क्या है ? भौतिक परिवर्तन का एक उदाहरण दीजिए।*
6. *किस परिवर्तन में नया पदार्थ बनता है ?*
7. *एक उदाहरण दीजिए जिसमें भौतिक एवं रासायनिक परिवर्तन एकसाथ हो रहे हो।*

NCERT फोल्डर

अध्याय के बीच के प्रश्न

1. पदार्थ से आप क्या समझते हैं?

उत्तर पदार्थ एक ही प्रकार के कणों से मिलकर बना हो तो शुद्ध पदार्थ कहलाता है।

उदाहरण–हाइड्रोजन, जल आदि।

सभी पदार्थ दो या दो से अधिक शुद्ध अवयवों के मिलने से बने होते हैं।

उदाहरण–समुद्र का जल, खनिज, मिट्टी आदि।

2. समांगी और विषमांगी मिश्रणों में अंतर बताइए।

उत्तर **समांगी और विषमांगी मिश्रण में अंतर**

समांगी मिश्रण	विषमांगी मिश्रण
समांगी मिश्रण में अवयवों को आसानी से नहीं देखा जा सकता।	विषमांगी मिश्रण में अवयवों को आसानी से देखा जा सकता है।
समांगी मिश्रण में अवयव समान रूप से घुल जाते हैं।	विषमांगी मिश्रण में अवयव समान रूप से नहीं घुलते।
समांगी मिश्रण से अवयव आसानी से पृथक् नहीं किए जा सकते हैं।	विषमांगी मिश्रण से अवयव पृथक् किए जा सकते हैं।
उदाहरण–जल में नमक, जल में चीनी आदि।	**उदाहरण**–सोडियम क्लोराइड और लोहे की छीलन, नमक और सल्फर एवं जल और तेल आदि।

3. उदाहरण के साथ समांगी एवं विषमांगी मिश्रणों में विभेद कीजिए।

उत्तर प्रश्न सं. 2 का उत्तर देखें।

4. विलयन, निलंबन और कोलॉइड एक-दूसरे से किस प्रकार भिन्न हैं?

उत्तर **विलयन, निलंबन और कोलॉइड में अंतर**

विलयन	कोलॉइड	निलंबन
यह एक समांगी मिश्रण है।	यह एक विषमांगी मिश्रण है।	यह एक विषमांगी मिश्रण है।
विलयन के कण व्यास में 1 nm (10^{-9} m) से भी छोटे होते हैं।	कोलॉइड के कणों का व्यास 1 nm से 100 nm के बीच होता है।	निलंबन कणों का व्यास 100 nm से अधिक होता है।
विलयन के कण टिंडल प्रभाव नहीं दर्शाते हैं।	कोलॉइड के कण टिंडल प्रभाव दर्शाते हैं।	निलंबन के कण टिंडल प्रभाव दर्शाते हैं।
विलयन स्थायी होता है।	कोलॉइड स्थायी होता है।	निलंबन अस्थायी होता है।
छानने की विधि द्वारा विलेय के कणों को विलयन में से पृथक् नहीं किया जा सकता है।	अपकेंद्रीकरण तकनीक द्वारा कणों को पृथक् किया जा सकता है।	छानन विधि द्वारा इन कणों को मिश्रण से पृथक् किया जा सकता है।
विलयन को शांत छोड़ देने पर भी विलेय के कण नीचे नहीं बैठते हैं।		शांत छोड़ने पर विलेय के कण नीचे की ओर बैठ जाते हैं।
उदाहरण–नीबू जल, सोडा जल आदि।	**उदाहरण**–मैग्नीशिया मिल्क, कोहरा, बादल, मक्खन आदि।	**उदाहरण**–रेत और जल का मिश्रण, चाक का जल में मिश्रण।

5. एक संतृप्त विलयन बनाने के लिए 36 ग्राम सोडियम क्लोराइड को 100 ग्राम जल में 293 K पर घोला जाता है। इस तापमान पर इसकी सांद्रता प्राप्त करें।

उत्तर सोडियम क्लोराइड का द्रव्यमान (विलेय) = 36 ग्राम

जल का द्रव्यमान (विलायक) = 100 ग्राम

हम जानते है कि

विलयन का द्रव्यमान = विलेय का द्रव्यमान + विलायक का द्रव्यमान

= 36 ग्राम + 100 ग्राम = 136 ग्राम

$$\text{विलयन की सांद्रता} = \frac{\text{विलेय पदार्थ का द्रव्यमान}}{\text{विलयन का द्रव्यमान}} \times 100$$

$$= \frac{36 \text{ ग्राम}}{136 \text{ ग्राम}} \times 100 = 26.47\%$$

6. निम्न को रासायनिक और भौतिक परिवर्तन में वर्गीकृत करें

(i) पेड़ों को काटना।

(ii) मक्खन का एक बर्तन में पिघलना।

(iii) अलमारी में जंग लगना।

(iv) जल का उबलकर वाष्प बनना।

(v) विद्युत तरंग का जल में प्रवाहित होना तथा उसका हाइड्रोजन और ऑक्सीजन गैसों में विघटित होना।

(vi) जल में साधारण नमक का घुलना।

(vii) फलों से सलाद बनाना।

(viii) लकड़ी और कागज का जलना।

उत्तर भौतिक परिवर्तन में पदार्थों के संघटन में कोई परिवर्तन नहीं होता है और उनकी रासायनिक प्रकृति में भी कोई परिवर्तन नहीं होता है, जबकि रासायनिक परिवर्तन पदार्थ के रासायनिक गुणधर्मो में परिवर्तन लाता है। इसी आधार पर

(i) भौतिक परिवर्तन (ii) भौतिक परिवर्तन
(iii) रासायनिक परिवर्तन (iv) भौतिक परिवर्तन
(v) रासायनिक परिवर्तन (vi) भौतिक परिवर्तन
(vii) भौतिक परिवर्तन (viii) रासायनिक परिवर्तन

7. अपने आस-पास की चीजों को शुद्ध पदार्थों या मिश्रण से अलग करने का प्रयत्न करें।

(i) लकड़ी (ii) कोयला (iii) दूध
(iv) चीनी (v) नमक (vi) साबुन
(vii) मिट्टी (viii) रबड़

उत्तर (i) मिश्रण (ii) मिश्रण (iii) मिश्रण
(iv) शुद्ध पदार्थ (v) शुद्ध पदार्थ (vi) यौगिक/मिश्रण
(vii) मिश्रण (viii) शुद्ध पदार्थ

अध्याय के अंत की प्रश्नावली

1. निम्नलिखित को पृथक् करने के लिए आप किन विधियों को अपनाएँगे?
(i) सोडियम क्लोराइड को जल के विलयन से पृथक् करने में।
(ii) अमोनियम क्लोराइड को सोडियम क्लोराइड तथा अमोनियम क्लोराइड के मिश्रण से पृथक करने में।
(iii) धातु के छोटे टुकड़े को कार के इंजन ऑयल से पृथक् करने में।
(iv) दही से मक्खन निकालने के लिए।
(v) जल से तेल निकालने के लिए।
(vi) चाय से चाय की पत्तियों को पृथक् करने में।
(vii) बालू से लोहे की पिनों को पृथक् करने में।
(viii) भूसे से गेहूँ के दानों को पृथक् करने में।
(ix) पानी में तैरते हुए महीन मिट्टी के कण को पानी से अलग करने के लिए।
(x) पुष्प की पँखुड़ियों के निचोड़ से विभिन्न रंजकों को पृथक् करने में।

उत्तर (i) **वाष्पीकरण** मिश्रण को गर्म करने पर जल वाष्पीकृत हो जाता है और सोडियम क्लोराइड पीछे रह जाता है।
(ii) **ऊर्ध्वपातन** गर्म करने पर अमोनियम क्लोराइड वाष्पीकृत हो जाता है। यह वाष्प ठंडा होने पर ठोस अमोनियम क्लोराइड का रूप ले लेती है तथा सोडियम क्लोराइड फ्लास्क में शेष रह जाती है।
(iii) धातु के टुकड़े इंजन ऑयल से छानने की प्रक्रिया द्वारा पृथक् करते हैं।
(iv) अपकेंद्रीकरण तकनीक से दही से मक्खन को अलग किया जा सकता है।
(v) जल से तेल निकालने के लिए पृथक्करण कीप का प्रयोग करते हैं।
(vi) छानन प्रक्रिया द्वारा चाय से चाय की पत्तियों को पृथक् करते हैं।
(vii) चुंबकीय विधि द्वारा बालू से लोहे की पिनों को पृथक् किया जाता है।
(viii) भूसे से गेहूँ के दाने पछोरना (Winnowing) विधि द्वारा पृथक् किए जाते हैं।
(ix) पानी में तैरते हुए मिट्टी के कण स्कंदन (Coagulation) द्वारा अलग करते हैं।
(x) पुष्प की पँखुड़ियों के निचोड़ से विभिन्न रंजक क्रोमैटोग्राफी विधि से अलग किए जाते हैं।

2. चाय तैयार करने के लिए आप किन-किन चरणों का प्रयोग करेंगे? विलयन, विलायक, विलेय, घुलना, घुलनशील, अघुलनशील, घुलेय (फिल्ट्रेट) तथा अवशेष शब्दों का प्रयोग करें।

उत्तर **चाय बनाने की विधि**
(i) सबसे पहले किसी बर्तन में पानी विलायक लेते हैं और गर्म करते हैं।
(ii) फिर पानी में चीनी (विलेय) मिलाते हैं और पानी को उबलने तक गर्म करते हैं जिससे समांगी मिश्रण का विलयन प्राप्त होता है।
(iii) इसमें चाय की पत्ती और दूध मिलाते हैं और फिर से उबालते हैं।
(iv) अब इस मिश्रण को छलनी की सहायता से छानते हैं, घुलनशील पदार्थ को हम चाय के रूप में प्राप्त करते हैं तथा अघुलनशील पदार्थ छलनी में अवशेष रह जाता है।

3. प्रज्ञा ने तीन अलग-अलग पदार्थों की घुलनशीलताओं को विभिन्न तापमान पर जाँचा तथा नीचे दिए गए आँकड़ों को प्राप्त किया। प्राप्त हुए परिणामों को 100 ग्राम जल में विलेय पदार्थ की मात्रा, जो संतृप्त विलयन बनाने हेतु पर्याप्त है, निम्नलिखित तालिका में दर्शाया गया है।

विलेय पदार्थ	तापमान K में				
	283	293	313	333	353
	घुलनशीलता				
पोटैशियम नाइट्रेट	21	32	62	106	167
सोडियम क्लोराइड	36	36	36	37	37
पोटैशियम क्लोराइड	35	35	40	46	54
अमोनियम क्लोराइड	24	37	41	55	66

(i) 50 ग्राम जल में 313 K पर पोटैशियम नाइट्रेट के संतृप्त विलयन को प्राप्त करने हेतु कितने ग्राम पोटैशियम नाइट्रेट की आवश्यकता होगी?
(ii) प्रज्ञा 353 K पर पोटैशियम क्लोराइड का एक संतृप्त विलयन तैयार करती है और विलयन को कमरे के तापमान पर ठंडा होने के लिए छोड़ देती है। जब विलयन ठंडा होगा तो वह क्या अवलोकित करेगा? स्पष्ट करें।
(iii) 293 K पर प्रत्येक लवण की घुलनशीलता का परिकलन करें। इस तापमान पर कौन-सा लवण सबसे अधिक घुलनशील होगा?

(iv) तापमान में परिवर्तन से लवण की घुलनशीलता पर क्या प्रभाव पड़ता है?

उत्तर (i) 100 ग्राम जल में 313 K पर संतृप्त विलयन प्राप्त करने हेतु पोटैशियम नाइट्रेट का द्रव्यमान = 62 ग्राम
50 ग्राम जल में 313 K पर संतृप्त विलयन प्राप्त करने हेतु पोटैशियम नाइट्रेट का द्रव्यमान = $\frac{62}{100} \times 50$ ग्राम = 31 ग्राम

(ii) पोटैशियम क्लोराइड के क्रिस्टल प्राप्त होंगे। ऐसा इसलिए होता है, क्योंकि ठोस की घुलनशीलता तापमान घटाने पर घटती है।

(iii) 293 K पर अमोनियम क्लोराइड (37 ग्राम/100 ग्राम जल में विलेय) सबसे अधिक घुलनशील होगा।

(iv) तापमान घटाने पर घुलनशीलता घटती है तथा तापमान बढ़ाने पर घुलनशीलता बढ़ती है।

4. निम्न की उदाहरण सहित व्याख्या करें

(i) संतृप्त विलयन (ii) शुद्ध पदार्थ
(iii) कोलॉइड (iv) निलंबन

उत्तर (i) **संतृप्त विलयन** किसी निश्चित तापमान पर उतना ही विलेय पदार्थ घुल सकता है, जितना कि विलयन की क्षमता होती है। अर्थात् निश्चित तापमान पर यदि विलयन में विलेय पदार्थ नहीं घुलता है, तो उसे संतृप्त विलयन कहते हैं।

(ii) **शुद्ध पदार्थ** वह पदार्थ जो एक ही प्रकार के कणों से मिलकर बना होता है, शुद्ध पदार्थ कहलाता है। सभी तत्व और यौगिक शुद्ध होते हैं, **उदाहरण**–हाइड्रोजन, जल आदि।

(iii) **कोलॉइड** कोलॉइड एक विषमांगी मिश्रण है, जिसके कणों का आकार इतना छोटा होता है कि उन्हें सरलता से देखा नहीं जा सकता लेकिन ये कण प्रकाश की किरण को आसानी से फैला देते हैं, प्रकाश की किरण को फैलाना टिंडल प्रभाव कहलाता है। विलेय कणों को परिक्षिप्त प्रावस्था और विलायक जिसमें ये पूरी तरह से वितरित रहते हैं, उसे परिक्षेपण माध्यम कहते हैं।

उदाहरण–कोहरा, बादल, मक्खन आदि।

(iv) **निलंबन** वह पदार्थ जो विलायक में अघुलनशील तथा आँखों से देखा जा सकता है, निलंबन कहलाता है। यह एक विषमांगी मिश्रण है। निलंबन अस्थायी होता है। **उदाहरण**–रेत और जल का मिश्रण, चॉक का जल में मिश्रण आदि।

5. निम्नलिखित में से प्रत्येक को समांगी और विषमांगी मिश्रणों में वर्गीकृत करें

सोडा जल, लकड़ी, बर्फ, वायु, मिट्टी, सिरका, छनी हुई चाय

उत्तर समांगी मिश्रण में संघटन समान होता है, जबकि विषमांगी मिश्रण में असमान संघटन होता है, अतः

समांगी मिश्रण सोडा जल, वायु, सिरका, छनी हुई चाय
विषमांगी मिश्रण लकड़ी, मिट्टी।

6. आप किस प्रकार पुष्टि करेंगे कि दिया हुआ रंगहीन द्रव शुद्ध जल है?

उत्तर शुद्ध पदार्थ का क्वथनांक एक विशेषता होती है, क्योंकि शुद्ध जल का क्वथनांक 100°C है यदि दिया हुआ रंगहीन द्रव 100°C पर उबलता है, तो यह द्रव शुद्ध जल है, अन्यथा नहीं।

7. निम्नलिखित में से कौन-सी वस्तुएँ शुद्ध पदार्थ हैं?

(i) बर्फ (ii) दूध
(iii) लोहा (iv) हाइड्रोक्लोरिक अम्ल
(v) कैल्सियम ऑक्साइड (vi) पारा
(vii) ईंट (viii) लकड़ी
(ix) वायु।

उत्तर (i) बर्फ (iii) लोहा (v) कैल्सियम ऑक्साइड (vi) पारा आदि शुद्ध पदार्थ हैं।

नोट दूध एक कोलॉइड विलयन है।

8. निम्नलिखित मिश्रणों में से विलयन की पहचान करें।

(i) मिट्टी (ii) समुद्री जल (iii) वायु
(iv) कोयला (v) सोडा जल

उत्तर (ii) समुद्री जल (iii) वायु (v) सोडा जल समांगी मिश्रण हैं, अर्थात् विलयन हैं।

नोट समुद्री जल विषमांगी मिश्रण भी होता है।

9. निम्नलिखित में से कौन-से टिंडल प्रभाव को प्रदर्शित करेंगे?

(i) नमक का घोल (ii) दूध
(iii) कॉपर सल्फेट का विलयन (iv) स्टार्च विलयन

उत्तर (ii) दूध और (iv) स्टार्च विलयन टिंडल प्रभाव को प्रदर्शित करेंगे, क्योंकि ये दोनों ही कोलॉइड हैं।

10. निम्नलिखित को तत्व, यौगिक तथा मिश्रण में वर्गीकृत करें।

(i) सोडियम (ii) मिट्टी
(iii) चीनी का घोल (iv) चाँदी
(v) कैल्सियम कार्बोनेट (vi) टिन
(vii) सिलिकॉन (viii) कोयला
(ix) वायु (x) साबुन
(xi) मेथेन (xii) कार्बन डाइऑक्साइड
(xiii) रक्त

उत्तर तत्व एक ही प्रकार के परमाणु से बने होते हैं। यौगिक दो या दो से अधिक तत्वों से मिलकर बने होते हैं, इनमें तत्वों का अनुपात स्थिर होता है, जबकि मिश्रण में तत्वों का अनुपात स्थिर नहीं होता। इस प्रकार

तत्व (i) सोडियम (iv) चाँदी (vi) टिन (vii) सिलिकॉन
यौगिक (v) कैल्सियम कार्बोनेट (xi) मेथेन (xii) कार्बन डाइऑक्साइड
मिश्रण (ii) मिट्टी (iii) चीनी का घोल (viii) कोयला (ix) वायु (x) साबुन (xiii) रक्त।

11. निम्नलिखित में से कौन-कौन से परिवर्तन रासायनिक हैं?

(i) पौधों की वृद्धि (ii) लोहे में जंग लगना
(iii) लोहे के चूर्ण तथा बालू को मिलाना
(iv) खाना पकाना (v) भोजन का पाचन
(vi) जल से बर्फ बनना (vii) मोमबत्ती का जलना।

उत्तर (i) पौधों की वृद्धि (ii) लोहे में जंग लगना (iv) खाना पकाना (v) भोजन का पाचन तथा (vii) मोमबत्ती का जलना आदि परिवर्तन रासायनिक हैं, क्योंकि इनके रासायनिक संघटन में परिवर्तन होता है।

अध्याय : एक नजर में

- शुद्ध पदार्थ वह है जो केवल एक प्रकार के कणों से मिलकर बना होता है।
- ***तत्व*** वह शुद्ध द्रव्य जिसे भौतिक या रासायनिक विधियों द्वारा दो या दो से अधिक सरल पदार्थों में विभाजित नहीं किया जा सकता, न ही बनाया जा सकता है, ***तत्व*** कहलाते हैं। तत्वों को तीन भागों में वर्गीकृत किया जा सकता है–धातु, अधातु एवं उपधातु।
- ***धातु*** सुगमता से इलेक्ट्रॉन त्याग कर धनायन बनाने की प्रवृत्ति रखने वाले तत्व धातु कहलाते हैं।
- ***अधातु*** सुगमता से इलेक्ट्रॉन ग्रहण करके ऋणायन बनाने की प्रवृत्ति रखने वाले तत्व अधातु कहलाते हैं।
- ***उपधातु*** धातु एवं अधातु दोनों के गुणधर्म रखने वाले तत्व उपधातु कहलाते हैं।
- ***यौगिक*** दो या दो से अधिक तत्वों परमाणुओं के निश्चित अनुपात में रासायनिक संयोग द्वारा निर्मित पदार्थ यौगिक कहलाते हैं।
- ***मिश्रण*** दो अथवा दो से अधिक प्रकार के द्रव्यों का किसी भी अनुपात में मिले पदार्थ ***मिश्रण*** कहलाते हैं। इन्हें सामान्य भौतिक विधियों द्वारा पृथक् किया जा सकता है।
- अवयवों की प्रकृति के अनुसार, विभिन्न प्रकार के मिश्रणों का निर्माण होता है मिश्रण निम्नलिखित दो प्रकार के होते हैं–
  (i) ***समांगी मिश्रण*** वह मिश्रण जिसके प्रत्येक भाग का संघटन तथा गुणधर्म समान हो, समांगी मिश्रण कहलाता है। इसके विभिन्न अवयवों की सीमाओं को पृथक् रूप से नहीं देखा जा सकता है। ***उदाहरण***–नमक या चीनी तथा जल का मिश्रण एक समांगी मिश्रण है।
  (ii) ***विषमांगी मिश्रण*** वह मिश्रण जिसका प्रत्येक भाग एकसमान नही होता, विषमांगी मिश्रण कहलाता है। इसकी संरचना एकसमान नहीं होती है। इसके विभिन्न अवयवों के बीच पृथक्करण सीमा स्पष्ट दिखाई नहीं देती है। ***उदाहरण***–जल में चॉक या रेत का निलंबन प्रदूषित जल एक विषमांगी मिश्रण है।
- ***विलयन*** दो अथवा दो से अधिक पदार्थों के द्वारा बने समांगी मिश्रण को विलयन कहते हैं।
- ***विलेय / विलायक*** विलयन का वह अवयव जो अपेक्षाकृत कम मात्रा में होता है विलेय एवं जो अपेक्षाकृत अधिक मात्रा में होता है ***विलायक*** कहलाता है।
- विलायक की मात्रा विलेय से बहुत अधिक होने पर उसे ***तनु विलयन*** कहते हैं।
- ***सांद्र विलयन*** यदि विलयन में विलायक कम मात्रा (अथवा विलेय के समान मात्रा) में हो तो उसे ***सांद्र विलयन*** कहते हैं।
- ***विलयन की सांद्रता*** विलेय की वह मात्रा है जो विलयन की दी गई मात्रा (द्रव्यमान या आयतन)में उपस्थित होती है या विलेय की मात्रा जो दिए गए विलायक (द्रव्यमान या आयतन) में घुली होती है।
- विलयन की सांद्रता $= \dfrac{\text{विलेय की मात्रा}}{\text{विलयन की मात्रा}} = \dfrac{\text{विलेय की मात्रा}}{\text{विलायक की मात्रा}}$
- दिए गए ताप पर, विलयन में विलेय पदार्थ की मात्रा, संतृप्तता के लिए आवश्यक मात्रा के बराबर होने पर विलयन को ***संतृप्त विलयन*** एवं कम होने पर ***असंतृप्त विलयन*** कहते हैं। विलयन को गर्म करने पर इसमें विलेय की घुलनशीलता बढ़ जाती है, इस प्रकार बना विलयन ***अतिसंतृप्त विलयन*** कहलाता है।
- ***निलंबन*** वह पदार्थ, जो विलायक में अघुलनशील तथा नग्न आँखों से देखा जा सकता है, निलंबन कहलाता है।
  (i) यह एक विषमांगी मिश्रण है।
  (ii) ये कण नग्न आँखों से देखे जा सकते हैं।
  (iii) ये निलंबित कण प्रकाश की किरण को फैला देते हैं, जिससे उसका मार्ग दृष्टिगोचर हो जाता है।

कोलॉइडल विलयन

- कोलॉइडल एक विषमांगी मिश्रण है, जिसके कणों का आकार इतना छोटा होता है कि उन्हें सरलता से देखा नहीं जा सकता है लेकिन ये कण प्रकाश की किरण को आसानी से फैला देते हैं, प्रकाश की किरण को फैलाना ***टिंडल प्रभाव*** कहलाता है, क्योंकि टिंडल नामक वैज्ञानिक ने इसकी खोज की थी। कोलॉइडल उद्योगों में तथा दैनिक जीवन में महत्वपूर्ण है।

भौतिक परिवर्तन

- अवस्थाओं का अंतःरूपांतरण एक भौतिक परिवर्तन है क्योंकि ये परिवर्तन पदार्थों के संघटन में बिना परिवर्तन किए होते हैं और उनकी रासायनिक प्रकृति में भी कोई परिवर्तन नहीं होता है।

रासायनिक परिवर्तन

- रासायनिक परिवर्तन में एक पदार्थ की दूसरे पदार्थ से क्रिया द्वारा रासायनिक संघटन परिवर्तित हो जाता है।

परीक्षा अभ्यास

यहाँ अध्याय से सम्बन्धित सभी सम्भावित प्रश्नों को दिया गया है, इन प्रश्नों का अभ्यास करके व याद रखकर छात्र अध्याय से सम्बन्धित किसी भी प्रश्न का उत्तर दे पाएँगे।

वस्तुनिष्ठ प्रकार के प्रश्न

बहुविकल्पीय प्रश्न

1. जल में नमक को विलेय करने से बनता है

(a) समांगी मिश्रण (b) विषमांगी मिश्रण

(c) यौगिक (d) पायस

उत्तर (a) जल में नमक को विलेय करने से समांगी मिश्रण बनता है, क्योंकि इसके प्रत्येक भाग का संघटन तथा गुणधर्म समान होता है।

2. मिश्रण का निर्माण किस प्रकार के तत्वों के संयोग से होता है?

(a) केवल ठोस (b) केवल द्रव

(c) ठोस व द्रव दोनों (d) ठोस, द्रव व गैस

उत्तर (d) मिश्रण केवल ठोस तत्वों के परस्पर संयोग से ही नहीं, अपितु ठोस, द्रव और गैस किसी भी भिन्न अवस्था वाले तत्वों के परस्पर संयोग से बन सकते हैं।

3. ठोस में ठोस विलयन का एक उदाहरण है

(a) पीतल (b) धुआँ

(c) हाइड्रोजन गैस (d) मदिरा

उत्तर (a) पीतल ठोस में ठोस विलयन का एक उदाहरण है, क्योंकि यह जस्ते (20%) तथा कॉपर (50%) की मिश्रधातु है।

4. शरबत एक ... है।

(a) विलयन (b) गैस (c) विलायक (d) विलेय

उत्तर (a) शरबत एक विलयन है, इसमें चीनी विलेय तथा जल विलायक है।

5. दूध है

(a) ठोस का द्रव में कोलॉइडी विलयन

(b) द्रव का ठोस में कोलॉइडी विलयन

(c) द्रव का द्रव में कोलॉइडी विलयन

(d) द्रव का द्रव में वास्तविक विलयन

उत्तर (c) दूध भी एक कोलॉइड है। यह एक पायस है, अर्थात् इसमें परिक्षिप्त प्रावस्था एवं परिक्षेपण माध्यम दोनों ही द्रव होते हैं।

6. कोहरा किस प्रकार का कोलॉइडी निकाय है?

(a) द्रव में गैस (b) गैस में द्रव

(c) द्रव में द्रव (d) गैस में ठोस

उत्तर (c) कोहरा एक कोलॉइडी निकाय है, जिसमें परिक्षेपण माध्यम (गैस) में परिक्षिप्त प्रावस्था (द्रव) उपस्थित होती है।

7. निम्न में से कौन-सा प्राकृतिक कोलॉइड नहीं है?

(a) रक्त (b) NaCl

(c) शर्करा (d) *R*COONA

उत्तर (d) *R*COONa (साबुन) प्राकृतिक कोलॉइड नहीं है।

8. झाग अथवा फोम किस प्रकार का कोलॉइडी विलयन है?

(a) गैस में द्रव (b) द्रव में द्रव

(c) द्रव में गैस (d) गैस में ठोस

उत्तर (c) जब गैस परिक्षिप्त अवस्था तथा द्रव परिक्षेपण माध्यम होता है, तो झाग उत्पन्न होता है।

9. मक्खन एक कोलॉइड रूप होता है, जब

(a) वसा परिक्षिप्त होती है जल में

(b) जल परिक्षिप्त होता है वसा में

(c) केसीन निलम्बित होता है जल में

(d) उपरोक्त में से कोई नहीं

उत्तर (c) मक्खन एक कोलॉइड रूप होता है, जिसमें परिक्षिप्त प्रावस्था जल (द्रव) होता है तथा परिक्षेपण माध्यम वसा (ठोस) होती है। इस प्रकार के कोलॉइडी तन्त्र को जैल कहते हैं।

10. ब्राउनी गति से सम्बन्धित सत्य कथन है

(a) द्रव अवस्था में तापमान का उतार-चढ़ाव

(b) कोलॉइडी कणों पर आवेश का आकर्षण व प्रतिकर्षण

(c) परिक्षेपण माध्य के अणुओं का कोलॉइडी कणों पर संघात

(d) कणों का आकार

उत्तर (c) कोलॉइडी कणों पर गति करते हुए परिक्षेपण माध्यम के अणुओं के असमान प्रहारों के कारण ब्राउनियन गति उत्पन्न होती है।

11. निम्न कथनों पर विचार कीजिए

I. जल का बर्फ में जमना रासायनिक परिवर्तन है।

II. आन्तरिक आण्विक संघटन में उत्पन्न परिवर्तन रासायनिक परिवर्तन है।

3. किसी रासायनिक परिवर्तन में नए पदार्थ प्राप्त होते हैं।

4. आकृति, माप और अवस्था में परिवर्तन रासायनिक परिवर्तन है।

(a) I और II

(b) II और III

(c) I और III

(d) I और IV

उत्तर (b) कथन II और III सही है। जल का बर्फ में जमना भौतिक परिवर्तन है तथा आकृति, माप और अवस्था में परिवर्तन भौतिक परिवर्तन है।

12. कोलॉइडी विलयनों में टिण्डल प्रभाव होता है

(a) प्रकाश के परावर्तन के कारण

(b) प्रकाश के अवशोषण के कारण

(c) प्रकाश के प्रकीर्णन के कारण

(d) विद्युत आवेशित कणों की उपस्थिति के कारण

उत्तर (c) टिण्डल प्रभाव (Tyndall effect) में कोलॉइडी कण प्रकाश की किरणों को प्रकीर्णित (Scattered) कर देते हैं।

13. कोलॉइडी कणों का अवक्षेप में परिवर्तन कहलाता है

(a) निलम्बन

(b) पृथक्करण

(c) विद्युत-कण संचलन

(d) स्कन्दन

उत्तर (d) जब किसी कोलॉइडी विलयन में विपरीत आवेश वाला विद्युत-अपघट्य अल्प मात्रा में मिलाया जाता है, तो विलयन के कोलॉइडी कण उदासीन हो जाते हैं तथा परस्पर मिलकर अवक्षेप का निर्माण करते हैं, यह प्रक्रम स्कन्दन कहलाता है।

कथन-कारण प्रकार के प्रश्न

निर्देश (प्र.सं. 14-17) इस खण्ड में दिए गए प्रत्येक प्रश्न में कथन तथा कारण दिए गए हैं। प्रत्येक प्रश्न के चार विकल्प (a), (b), (c) व (d) हैं, जिनमें से केवल एक सही है।

(a) कथन (A) तथा कारण (R) दोनों सत्य हैं तथा कारण (R), कथन (A) का सही स्पष्टीकरण है।

(b) कथन (A) तथा कारण (R) दोनों सत्य हैं परन्तु कारण (R), कथन (A) का सही स्पष्टीकरण नहीं है।

(c) कथन (A) सत्य है, परन्तु कारण (R) असत्य है।

(d) कथन (A) असत्य है, परन्तु कारण (R) सत्य है।

14. कथन (A) नमक का जल में विलयन समांगी है।

कारण (R) एक विलयन जिसका संघटन सम्पूर्ण विलयन में भिन्न होता है, समांगी होता है।

उत्तर (c) नमक का जल में विलयन समांगी है, क्योंकि एक विलयन जिसका संघटन सम्पूर्ण विलयन में समान होता है, समांगी कहलाता है। अतः कथन (A) सत्य है, परन्तु कारण (R) असत्य है।

15. कथन (A) गर्म करने पर नीले कॉपर सल्फेट का काले क्यूप्रिक ऑक्साइड में परिवर्तन भौतिक परिवर्तन है।

कारण (R) वह परिवर्तन जिसमें रासायनिक संघटन परिवर्तित नहीं होता भौतिक परिवर्तन कहलाता है।

उत्तर (d) गर्म करने पर नीले कॉपर सल्फेट का काले क्यूप्रिक ऑक्साइड में परिवर्तन रासायनिक परिवर्तन है तथा परिवर्तन जिसमें रासायनिक संघटन परिवर्तितत नहीं होता, भौतिक परिवर्तन कहलाता है। अतः कथन A असत्य है। किन्तु कारण R सत्य है।

16. कथन (A) वास्तविक विलयन टिंडल प्रभाव प्रदर्शित करते हैं।

कारण (R) वास्तविक विलयन के कण आकार में बहुत छोटे होते हैं।

उत्तर (d) वास्तविक विलयन टिण्डल प्रभाव नहीं दर्शाते हैं चूँकि उनके कणों का आकार अत्यधिक छोटा होता है। अतः कथन (A) असत्य है, परन्तु कारण (R) सत्य है।

17. कथन (A) द्रव्य में भौतिक परिवर्तन इसके संघटन और प्रकृति में परिवर्तन लाते हैं।

कारण (R) भौतिक परिवर्तन में अवस्थाओं तथा रंग में अन्तः परिवर्तन होता है।

उत्तर (d) द्रव्य में रासायनिक परिवर्तन इसके संघटन और प्रकृति में परिवर्तन लाते है तथा भौतिक परिवर्तन में अवस्थाओं तथा रंग में अन्त परिवर्तन होता है। अतः कथन A असत्य है, किन्तु कारण R सत्य है।

केस स्टडी आधारित प्रश्न

निर्देश (प्र.सं. 18-22) *निम्नलिखित पैराग्राफ को पढ़िए तथा दिए गए प्रश्नों के उत्तर दीजिए।*

अभिनव ने चार भिन्न लवणों की विलेयता का परीक्षण किया जोकि भिन्न-भिन्न ताप पर पोटैशियम नाइट्रेट, सोडियम क्लोराइड, पोटैशियम क्लोराइड तथा अमोनियम क्लोराइड है। उसने चार बीकर लेकर उन्हें (I) पोटैशियम नाइट्रेट, (II) सोडियम क्लोराइड, (III) पोटैशियम क्लोराइड, (IV) अमोनियम क्लोराइड के रूप में चिन्हित किया तथा इसके बाद प्रत्येक लवण को 100 ग्राम जल में घोला तथा एक थर्मामीटर लगाया। अब बीकर के पदार्थ को गर्म किया तथा निम्न प्रेक्षणों को नोट किया।

घोला गया पदार्थ		ताप (K में)				
		283	293	313	333	353
		विलेयता				
I.	पोटैशियम नाइट्रेट	21	32	62	106	167
II.	सोडियम क्लोराइड	36	36	36	37	37
III.	पोटैशियम क्लोराइड	35	35	40	46	54
IV.	अमोनियम क्लोराइड	24	37	41	55	66

18. 283 K पर किस पदार्थ की विलेयता सर्वाधिक है?

उत्तर विलेयता को किसी विलेय की (ग्राम में) अधिकतम मात्रा, जो विलायक में घुली होती है, के रूप में परिभाषित कर सकते हैं। सोडियम क्लोराइड की 283 K पर उच्चतम विलेयता (36 g) प्रेक्षण में प्राप्त होती है। जबकि पोटैशियम नाइट्रेट की (21 g) पोटैशियम क्लोराइड (35 g) तथा अमोनियम क्लोराइड (24 g) विलेयता प्रेक्षणों द्वारा प्राप्त होती है।

19. कौन-सा पदार्थ विलेयता में अधिकतम परिवर्तन दर्शाता है, जब तापमान 313 K से 333 K तक बढ़ाया जाता है?

उत्तर

घोला गया पदार्थ	333 K ताप पर	313 K ताप पर	परिवर्तन
I पोटैशियम नाइट्रेट	106	62	44 g
II सोडियम क्लोराइड	37	36	01 g
III पोटेशियम क्लोराइड	46	40	06 g
IV अमोनियम क्लोराइड	55	41	14 g

पोटैशियम नाइट्रेट परिवर्तन दर्शाता है।

20. उपरोक्त प्रश्न में, यदि जल की मात्रा 20% घटा दी जाए, तो 353 K पर अमोनियम क्लोराइड की कितनी मात्रा संतृप्त विलयन को बनाने में आवश्यक होगी?

उत्तर उपलब्ध जल की मात्रा = 100 − 20 = 80 g

100 g में 353 K पर NH_4Cl की मात्रा = 66 g

353 K पर 80 g में NH_4Cl की मात्रा $= \frac{66}{100} \times 80$

$= 52.8 \text{ g} = 53 \text{ g}$

21. उपरोक्त प्रेक्षणों के आधार पर, लवण की विलेयता पर तापमान का क्या प्रभाव पड़ता है?

उत्तर उपरोक्त आकड़ों से यह स्पष्ट होता है कि ताप वृद्धि पर जल में लवणों की विलेयता बढ़ती है।

22. पोटेशियम क्लोराइड की 20°C पर 100 g जल में विलेयता क्या होगी।

उत्तर पोटेशियम क्लोराइड की 20°C पर 100 g जल में विलेयता 34.7 g होती है।

निर्देश (प्र.सं. 23-27) *निम्नलिखित पैराग्राफ को पढ़िए तथा दिए गए प्रश्नों के उत्तर दीजिए।*

भौतिक परिवर्तन ऐसे गुण जिनका हम अवलोकन एवं वर्णन कर सकते हैं जैसे कि रंग, कठोरता, दृढ़ता, बहाव, घनत्व, द्रवनांक तथा क्वथनांक इत्यादि को भौतिक गुण कहा जाता है। अवस्थाओं का अन्तःरूपांतरण एक भौतिक परिवर्तन है, क्योंकि ये परिवर्तन पदार्थों के संघटन में बिना परिवर्तन किए होते हैं और उनकी रासायनिक प्रकृति में भी कोई परिवर्तन नहीं होता है।

रासायनिक परिवर्तन रासायनिक परिवर्तन में एक पदार्थ की दूसरे पदार्थ से क्रिया द्वारा रासायनिक संघटन परिवर्तित हो जाता है। रासायनिक परिवर्तन पदार्थ के रासायनिक गुणधर्मों में परिवर्तन लाता है तथा हम नया पदार्थ पाते हैं। रासायनिक परिवर्तन को रासायनिक प्रतिक्रिया भी कहा जाता है।

23. लोहे से बनी वस्तु में जंग लगने की प्रक्रिया को क्या कहते हैं?

उत्तर लोहे से बनी वस्तु में जंग लगने की क्रिया, संक्षारण कहलाती है। यह क्रिया वायु तथा नमी की उपस्थित में होती है। यह एक रासायनिक परिवर्तन का उदाहरण है।

24. भौतिक एवं रासायनिक परिवर्तन दोनों का एक उदाहरण बताइए।

उत्तर मोमबत्ती के जलने में भौतिक एवं रासायनिक परिवर्तन होते हैं। मोम का पिघलना भौतिक तथा मोम का जलना रासायनिक परिवर्तन का उदाहरण है।

25. भौतिक परिवर्तन रासायनिक परिवर्तन से किस प्रकार भिन्न होता है?

उत्तर अवस्थाओं का अन्तःरूपान्तरण एक भौतिक परिवर्तन है, क्योंकि ये परिवर्तन पदार्थों के संघटन में बिना परिवर्तन किए होते हैं और उनकी रासायनिक प्रकृति में कोई परिवर्तन नहीं है।

26. रासायनिक परिवर्तन के दो उदाहरण बताइये।

उत्तर रासायनिक परिवर्तन पदार्थ के रासायनिक गुणधर्मों में परिवर्तन लाता है। अतः 1 तथा 2 रासायनिक परिवर्तन के उदाहरण हैं।

27. यदि आयोडीन को गर्म किया जाता है, तो यह किसमें बदल जाती है?

उत्तर आयोडीन, आयोडीन वाष्प में परिवर्तित होती है, जोकि संघनित होकर आयोडीन (ठोस) में बदल जाती है।

अतिलघु उत्तरीय प्रश्न

28. शुद्ध तथा अशुद्ध पदार्थ में अंतर बताइए।

उत्तर शुद्ध पदार्थ में केवल एक प्रकार के कण होते हैं। सभी तत्व तथा यौगिक शुद्ध पदार्थ होते हैं जबकि अशुद्ध पदार्थ में दो या अधिक भिन्न प्रकार के कण होते हैं। सभी मिश्रण अशुद्ध पदार्थ है।

29. क्या शुद्ध वायु धूल कणों तथा अन्य सभी प्रकार की अशुद्धियों से मुक्त होती है? क्या यह एक शुद्ध पदार्थ है ?

उत्तर नहीं केवल तत्व तथा यौगिक शुद्ध पदार्थ है। वायु एक मिश्रण है इसीलिए यह शुद्ध पदार्थ नही है।

30. बर्फीला जल समांगी या विषमांगी पदार्थ है तथा यह शुद्ध या अशुद्ध पदार्थ है ? बताइए।

उत्तर बर्फीला जल विषमांगी पदार्थ है परंतु शुद्ध पदार्थ बर्फ के रूप में केवल जल से बना होता है। जो कि एक शुद्ध यौगिक है।

31. निम्न मे से समांगी मिश्रणों को पहचानिए।

सोडा वॉटर, मिट्टी, विनेगर, बिना छनी हुई चाय

उत्तर सोडा वॉटर तथा विनेगर

32. एक परीक्षण दीजिए जो यह दर्शाता है कि ब्रॉस एक मिश्रण है यौगिक नहीं।

उत्तर ब्रॉस का गलनांक निश्चित नहीं होता अतः यह यौगिक नहीं है जबकि यह कॉपर तथा जिंक का मिश्र (मिश्रण) है।

33. टिंक्चर आयोडीन में पूतिरोधी गुण होते हैं इसे कैसे बनाया जाता है? **NCERT Exemplar**

उत्तर टिंक्वर आयोडीन को ऐल्कोहॉल में आयोडीन को घोलकर बनाया जाता है।

34. वास्तविक विलयन में कणों को नेत्रों द्वारा नहीं देखा जा सकता है, क्यों?

उत्तर वास्तविक विलयन में कणों का आकार बहुत छोटा (1 mm से कम) होता है। अतः वे अदृश्य होते हैं।

35. विलयन के दो घटक कौन-से है?

उत्तर विलयन के दो घटक -

(i) विलेय (ii) विलायक

36. विलयन की सांद्रता का क्या तात्पर्य है?

उत्तर दिए गए विलयन (या विलायक) की मात्रा (द्रव्यमान या आयतन) में उपस्थित ठोस की मात्रा विलयन की सांद्रता कहलाती है।

37. कौन-से कारक के आधार पर एक विलयन तनु, सांद्रित या संतृप्त कहा जा सकता है ?

उत्तर उसमें उपस्थित विलेय की मात्रा के आधार पर।

38. कौन-सा विलयन, टिंडल प्रभाव दर्शाता है?
स्टार्च विलयन, सोडियम क्लोराइड विलयन, टिंक्चर आयोडीन, धुआँ

उत्तर स्टार्च विलयन तथा धुँआ।

39. जब प्रकाश घने आच्छादित जंगल से गुजरता है तो टिंडल प्रभाव प्रेक्षित होता है।
(a) टिण्डल प्रभाव का कारण बताईये।
(b) क्या निलंबन टिंडल प्रभाव दर्शाते हैं?

उत्तर (a) इसका कारण जंगल में स्थित धुंध है जो छोटी जल बूँदों में बदल जाती है तथा वायु में फैले हुए कोलॉइड कणों की भाँति व्यवहार करती है।
(b) हाँ, निलंबन टिंडल प्रभाव दर्शाते हैं क्योंकि उनके कण बहुत बड़े होते हैं तथा प्रकाश को प्रकीर्णित करते हैं।

40. यदि जल में पदार्थ के कणों का आकार 200 nm होता है। तब विलयन की प्रकृति क्या होगी ?

उत्तर यदि पदार्थ के कणों का आकार 100 nm से ज्यादा होता है, तो विलयन निलंबन होगा।

41. हम किस प्रकार नीली / काली स्याही से रंगीन घटक प्राप्त कर सकते हैं?

उत्तर वाष्पीकरण विधि द्वारा, हम डाई (ठोस) को द्रव (विलायक) से प्राप्त कर सकते हैं तथा क्रोमैटोग्राफी विधि द्वारा हम डाई के घटकों को पृथक् कर सकते हैं

42. एक मिश्रण से घटकों को पृथक् करने के लिए आसवन विधि को प्रयुक्त करने के लिए आवश्यक दो शर्तें बताइए।

उत्तर (i) घटक (द्रव) एक-दूसरे में घुलनशील होने चाहिए।
(ii) घटकों के क्वथनांकों का अंतर 25 K से कम होना चाहिए।

43. आभूषण बनाने के उद्देश्य से स्वर्ण में कॉपर अथवा सिल्वर को मिश्रित करने पर उसे क्या अनुकूल गुण प्राप्त होते हैं ?

उत्तर सिल्वर अथवा कॉपर के साथ मिश्रधातु की तुलना में शुद्ध स्वर्ण बहुत कोमल होता है। अतः स्वर्ण को कठोरता प्रदान करने के लिए उसे मिश्रधातु बनाया जाता है।

44. 'समुद्री जल' को समांगी तथा साथ ही विषमांगी मिश्रण के रूप में भी वर्गीकृत किया जा सकता है। टिप्पणी कीजिए।

उत्तर समुद्री जल समांगी मिश्रण है क्योंकि इसमें घुलित लवण होते हैं। यह विषमांगी मिश्रण भी कहलाता है क्योंकि इसमें विभिन्न घटक जैसे- रेत कैल्सियम कार्बोनेट से बने रोगाणुओं के कवच तथा अनेक दूसरी वस्तुएँ अविलेय होती हैं।

45. निम्न में से रासायनिक परिवर्तन को चुनिए—
भोजन का पाचन, जल का हिमांकन, विद्युत लैम्प का चमकना तथा सल्फर के साथ आयरन कतरन का मिश्रण

उत्तर भोजन का पाचन। एक रासायनिक परिवर्तन है।

46. आप कैसे सिद्ध करेंगे कि लोहे को जंग लगना एक रासायनिक परिवर्तन है?

उत्तर रासायनिक परिवर्तन में एक नया पदार्थ बनता है तथा जंग पूर्णतया आयरन से भिन्न होती है। आयरन एक तत्व है जबकि जंग एक आयरन का जलायोजित ऑक्साइड ($Fe_2O_3 \cdot xH_2O$) है। इस प्रकार, आयरन से निर्मित जंग एक रासायनिक परिवर्तन है।

लघु उत्तरीय प्रश्न

1. निम्न को तत्वों, यौगिकों तथा मिश्रण के रूप में वर्गीकृत कीजिए।
(i) गोल्ड (ii) मार्बल (iii) वायु
(iv) दूध (v) शुगर

उत्तर तत्व - गोल्ड
यौगिक - मार्बल तथा शुगर
मिश्रण - वायु तथा दूध

2. निम्न द्वारा किस प्रकार के मिश्रण प्रदर्शित किए जाते हैं?
(i) जल में घुली कार्बन डाइऑक्साइड गैस।
(ii) वायु में निलंबित कण
(iii) साबुन के विलयन में वायु प्रवाहित होने से निर्मित साबुन के बुलबुले
(iv) दूध में पानी

उत्तर (i) समांगी (ii) विषमांगी
(iii) विषमांगी (iv) विषमांगी

3. चुकंदर तथा गन्ने से प्राप्त सुक्रोस (शक्कर) के क्रिस्टलों को मिश्रित किया गया। क्या यह एक शुद्ध पदार्थ है अथवा मिश्रण है? इसका कारण दीजिए। **NCERT Exemplar**

उत्तर यह एक शुद्ध पदार्थ होगा। स्त्रोत से प्रभावित हुए बिना शक्कर क्रिस्टलों का रासायनिक संघटन समान होगा।

4. एक तत्व अत्यधिक ध्वनिक तथा अत्यधिक तन्य है। आप इस तत्व को किस श्रेणी में वर्गीकृत करेंगे ? इस तत्व में आप अन्य किन अभिलक्षणों में पाए जाने की आशा करते हैं? **NCERT Exemplar**

उत्तर यह तत्व एक 'धातु' है क्योंकि धातुएँ ध्वनिक तथा तन्य है। इस तत्व के अन्य अभिलक्षण निम्न है-
(i) इनमें धात्विक चमक होती है।
(ii) यह ऊष्मा तथा विद्युत के अच्छे चालक होते हैं।
(iii) इनमें उच्च तनन सामर्थ्य होती है।
(iv) इनके उच्च घनत्व तथा उच्च गलनांक/क्वथनांक होते हैं।

5. आप किस प्रकार सिद्ध करेंगे कि जल एक यौगिक है ?

उत्तर जल निम्न कारणों के कारण एक यौगिक माना जाता है

(i) भारानुसार जल में हाइड्रोजन तथा ऑक्सीजन निश्चित अनुपात 1 : 8 में उपस्थित होते हैं।

(ii) जल का निश्चित क्वथनांक होता है अर्थात् 1 वायुमण्डलीय दाब पर क्वथनांक 100°C होता है।

(iii) जल के घटकों (H तथा O) को साधारण भौतिक विधियों से पृथक् नहीं किया जा सकता है।

(iv) जल के गुण इसके घटकों अर्थात् हाइड्रोजन तथा ऑक्सीजन से पूर्णतया भिन्न होते हैं

6. विलयन को परिभाषित कीजिए तथा निम्न का एक उदाहरण दीजिए—

(i) द्रव विलयन में गैस

(ii) गैस विलयन में गैस

उत्तर विलयन दो या दो से अधिक पदार्थों का समांगी मिश्रण होता है।

उदाहरण— जल में लवण

(i) जल में घुली CO_2 (ii) वायु

7. मिश्रणीय द्रवों तथा अमिश्रणीय द्रवों के बीच विभेद कीजिए। इन द्रवों को पृथक् करने की तकनीक का नाम लिखिए।

उत्तर **मिश्रणीय द्रव** एक-दूसरे में पूर्णतया मिलते हैं।

अमिश्रणीय द्रव एक-दूसरे में पूर्णतया नहीं मिलते हैं।

तकनीक मिश्रणीय द्रवों को आसवन या प्रभाजी आसवन प्रक्रिया द्वारा पृथक् किया जा सकता है।

अमिश्रणीय द्रवों के पृथक्करण के लिए कीप का प्रयोग करते हैं।

8. निलंबन तथा कोलॉइडी विलयन में दो अंतर लिखिए।

उत्तर इसके उत्तर के लिए पृष्ठ सं. 26 देखें।

9. धुआँ तथा फोग दोनों ऐरोसॉल है। ये किस प्रकार भिन्न है? **NCERT Exemplar**

उत्तर धुआँ तथा फोग दोनों में परिक्षेपण माध्यम समान होता है, अर्थात् गैस, परंतु परिक्षेपित प्रावस्था में भिन्न होता है। धुएँ में परिक्षिप्त प्रावस्था ठोस जबकि फोग में परिक्षिप्त प्रावस्था द्रव होती है।

10. आपके परिवेश में प्रेक्षित टिंडल प्रभाव के कुछ उदाहरण दीजिए। **NCERT Exemplar**

उत्तर (i) जब सघन वन में वितान (छतरी) से सूर्य का प्रकाश गुजरता है।

(ii) कमरे में सूक्ष्म छिद्र से प्रवेश करती हुई महीन प्रकाश की किरण।

11. आकाश नीला क्यों दिखाई देता है ?

उत्तर महीन धूल के कणों द्वारा प्रकाश के प्रकीर्णन (टिंडल प्रभाव) के कारण आकाश नीला होता है जो वातावरण में उपस्थित होते हैं।

12. कारण दीजिए—

(i) वास्तविक विलयन द्वारा प्रकाश की किरण का पथ प्रकट नहीं होता है।

(ii) निलंबन के कण नग्न आँखों से देखे जा सकते हैं।

उत्तर (i) वास्तविक विलयन द्वारा प्रकाश पुंज का पथ प्रकट नहीं होता क्योंकि वास्तविक विलयन में कणों का आकार इतना नहीं होता कि वह प्रकाश को प्रकीर्णित कर सके।

(ii) निलंबन में कणों का आकार 100 nm से अधिक होता है। अतः इन्हें नग्न आँखों से देखा जा सकता है।

13. सॉल तथा जैल एक-दूसरे से किस प्रकार भिन्न है? प्रत्येक के लिए एक उदाहरण दीजिए।

उत्तर सॉल एक कोलॉइड है जिसमें छोटे ठोस कण द्रव माध्यम में परिक्षिप्त होते हैं। स्याही तथा साबुन विलयन सॉल के उदाहरण है।

14. जब अंडा ऐल्ब्युमिन को पानी में मिलाते हैं तो स्वच्छ विलयन पंकिल (turbid) हो जाता है। आप यह पुष्टि करने के लिए कैसे परीक्षण करेंगे कि यह एक कोलॉइडी विलयन है ?

उत्तर परखनली के पदार्थ को छानते हैं। छनित्र पत्र पर कोई अवशेष नहीं बचता है, परंतु प्राप्त छनित्र पारदर्शी होता है। चूँकि कोलॉइड को छनन द्वारा पृथक् नहीं किया जा सकता है। यह कोलॉइड है।

15. पानी में चॉक पाउडर को मिलाने पर निलंबन प्राप्त होता है इस तथ्य का समर्थन करने के लिए कोई चार कारण दीजिए कि प्राप्त मिश्रण केवल निलंबन है।

उत्तर यह निम्न कारणों द्वारा समर्थित है

(i) इन कणों का आकार 100 nm से अधिक होता है।

(ii) कणों को साधारण छनन पत्र द्वारा पृथक् किया जा सकता है।

(iii) हिलाने पर विलयन में एक सफेद पंकिलता (turbidity) पुनः प्रकट होती है।

(iv) प्रकाश को इस विलयन द्वारा गुजारने पर यह सुझाव दिया जाता है कि यह टिंडल प्रभाव प्रदर्शित करता है।

16. कैल्सियम कार्बोनेट गर्म किए जाने पर कैल्सियम ऑक्साइड तथा कार्बन डाइऑक्साइड देता है—

(i) क्या यह एक भौतिक अथवा रासायनिक परिवर्तन है?

(ii) उपरोक्त विधि से प्राप्त उत्पादों से क्या आप एक अम्लीय तथा एक क्षारकीय विलयन बना सकते हैं ? यदि हाँ, तो संबंधित रासायनिक समीकरण दीजिए।

उत्तर (i) प्रश्न में दी गई घटना एक रासायनिक परिवर्तन है क्योंकि निर्मित उत्पाद का संघटन प्रयुक्त पदार्थ से भिन्न होता है।

अभिक्रिया- $CaCO_3 \xrightarrow{\Delta} CaO + CO_2$

(ii) हाँ, (a) $CaO + H_2O \longrightarrow Ca(OH)_2$

कैल्शियम हाइड्रॉक्साइड (क्षारीय विलयन)

(b) $CO_2 + H_2O \longrightarrow H_2CO_3$

कार्बोनिक अम्ल (अम्लीय विलयन)

17. भौतिक या रासायनिक गुणों के रूप में निम्न को वर्गीकृत करें— **NCERT Exemplar**

(i) स्टील के नमूने के संघटन में 98% लोहा, 1.5% कार्बन और 0.5% अन्य तत्व हैं।

(ii) हाइड्रोजन गैस की उत्पत्ति के साथ जिंक हाइड्रोक्लोरिक अम्ल में घुलती है।

(iii) धात्विक सोडियम चाकू से काटने के लिए पर्याप्त नर्म है।

(iv) क्षारकों को पानी के साथ अन्योन्य क्रिया द्वारा अधिकांश धातु ऑक्साइड बनते हैं।

उत्तर (i) भौतिक गुण
(ii) रासायनिक गुण
(iii) भौतिक गुण
(iv) रासायनिक गुण

18. भौतिक तथा रासायनिक परिवर्तनों में अंतर को सारणी रूप में उदाहरण सहित दीजिए।

उत्तर इसके उत्तर के लिए पृष्ठ सं. 27 देखें।

19. एक बच्चा चॉकलेट खाता है तथा इसे पचाता है ऐसा करने में कुछ भौतिक तथा रासायनिक परिवर्तन होते हैं। परिवर्तनों को पहचानें।

उत्तर **भौतिक परिवर्तन**-चॉकलेट का छोटे टुकड़ों में टूटना
रासायनिक परिवर्तन चॉकलेट का पाचन

20. 50 ग्राम ग्लूकोस को 250 ग्राम जल में घोलकर एक विलयन बनाया गया। इस विलयन की सांद्रता की द्रव्यमान प्रतिशत में गणना कीजिए।

उत्तर **द्रव्यमान प्रतिशत**

$$= \frac{\text{ग्लूकोज का द्रव्यमान}}{\text{ग्लूकोज का द्रव्यमान} + \text{जल का द्रव्यमान}} \times 100$$

$$= \frac{50}{50+250} \times 100 = \frac{50}{300} \times 100 = \frac{50}{3} = 16.66\%$$

21. आयतनानुसार 60% का एथिल ऐल्कोहॉल तथा जल का 250 mL मिश्रण बनाने के लिए एथिल ऐल्कोहॉल तथा जल का कितना आयतन लेंगे?

उत्तर माना एथिल ऐल्कोहॉल का आयतन x mL है
विलयन की सांद्रता

$$= \frac{\text{विलायक का आयतन (एथिल ऐल्कोहॉल)}}{\text{विलयन का आयतन}} \times 100$$

$$60 = \frac{x}{250} \times 100$$

$$x = \frac{250 \times 100}{100} = 150 \text{ mL}$$

तथा जल का आयतन = 250 – 150 = 100 mL

22. 10% द्रव्यमान प्रतिशत पोटैशियम सल्फेट के 100 ग्राम जल में निर्माण के लिए प्रयुक्त द्रव्यमान की गणना कीजिए।

उत्तर $$\text{द्रव्यमान \%} = \frac{\text{विलेय का द्रव्यमान}}{\text{विलयन का द्रव्यमान}} \times 100$$

माना पोटैशियम सल्फेट (विलेय) का द्रव्यमान = x ग्राम
तो, विलयन का द्रव्यमान = $(100 + x)$ ग्राम

$$\therefore \text{द्रव्यमान \%} = 10 = \frac{x}{x+100} \times 100$$

$$\Rightarrow \quad 1 = \frac{x \times 10}{(x+100)}$$

$$\Rightarrow x + 100 = 10x \quad \Rightarrow \quad 9x = 100$$

$$\therefore \quad x = \frac{100}{9} = 11.1 \text{ ग्राम}$$

23. समझाइए अविक्षुब्ध अवस्था में कोलॉइडी विलयन के कण तल पर क्यों नहीं बैठते हैं, जबकि निलंबन की स्थिति में ऐसा होता है?

उत्तर निलंबन के कणों का आकार, कोलॉइडी विलयन के कणों के आकार से अधिक होता है साथ ही निलंबन में अणुओं के मध्य अन्योन्य क्रिया इतनी प्रबल नहीं होती कि अणुओं को निलंबित रख सके अतः वे तली पर बैठ जाते हैं

24. (i) मिश्रण तथा यौगिक के बीच अंतर दीजिए।

(ii) निम्न मिश्रणों को समांगी तथा विषमांगी के रूप में वर्गीकृत कीजिए।

(a) टिंक्चर आयोडीन (b) धुआँ
(c) ब्रॉस (d) शुगर विलयन

उत्तर (i) इसके उत्तर के लिए पृष्ठ सं. 24 देखें।
(ii) (a) समांगी (b) विषमांगी
(c) समांगी (d) समांगी

25. अधातुएँ सामान्यतः ऊष्मा तथा विद्युत की अल्प चालक होती है। ये चमकदार, ध्वनिक, आघातवर्धनीय नहीं होती परंतु रंगीन होती हैं।

(i) एक चमकदार अधातु का नाम दीजिए।

(ii) सामान्य ताप पर द्रव के रूप में उपस्थित एक अधातु का नाम दीजिए।

(iii) एक अधातु का अपररूप विद्युत का सुचालक है। अपररूप का नाम दीजिए।

(iv) एक अधातु का नाम दीजिए जिसको सर्वाधिक यौगिक बनाने के रूप में जाना जाता है।

(v) कार्बन के अतिरिक्त अपररूपता दर्शाने वाले एक अधातु का नाम दीजिए।

(vi) दहन के लिए आवश्यक एक अधातु का नाम दीजिए।

उत्तर (i) आयोडीन (ii) ब्रोमीन
(iii) ग्रेफाइट (iv) कार्बन
(v) सल्फर, फॉस्फोरस (vi) ऑक्सीजन

26. चित्र में में दिए गए पदार्थों को तत्वों तथा यौगिकों में वर्गीकृत कीजिए। **NCERT Exemplar**

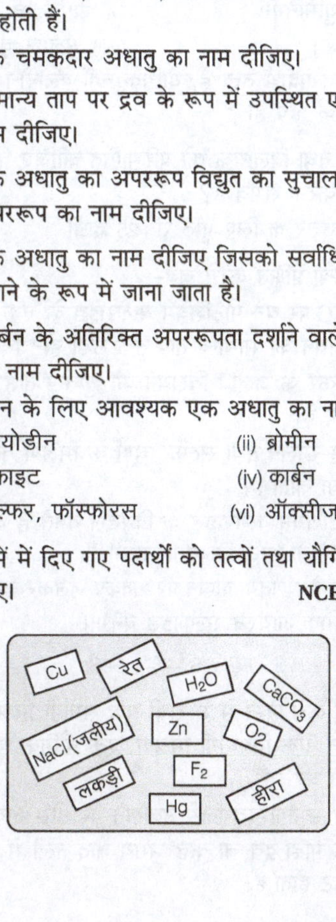

उत्तर

तत्व	यौगिक
Cu	$CaCO_3$
Zn	H_2O
F_2	
O_2	
Hg	
हीरा (कार्बन)	

लकड़ी न ही तत्व है न ही एक यौगिक है। यह एक मिश्रण है। एक तत्व समान प्रकार के परमाणुओं से बना होता है तथा यौगिक भिन्न तत्वों का परंतु निश्चित अनुपात में मिश्रण है, O_2 तथा F_2 आण्विक तत्व हैं।

27. निम्नलिखित में से कौन यौगिक नहीं है?

(i) क्लोरीन गैस (ii) पौटेशियम क्लोराइड
(iii) आयरन (iv) आयरन सल्फाइड
(v) ऐल्युमिनियम (vi) आयोडीन
(vii) कार्बन (viii) कार्बन मोनोऑक्साइड
(ix) सल्फर चूर्ण

NCERT Exemplar

उत्तर (i) क्लोरीन गैस (ii) पोटैशियम क्लोराइड
(iii) आयरन (iv) आयरन सल्फाइड
(v) ऐल्युमिनियम (vi) आयोडीन
(vii) कार्बन (viii) सल्फर चूर्ण

उपरोक्त पदार्थ तत्व हैं, यौगिक नहीं क्लोरीन (Cl_2) गैस आणविक तत्व है।

28. विलेय तथा विलायक को परिभाषित कीजिए क्या इनकों पृथक् करना संभव है?

उत्तर इसके उत्तर के लिए पृष्ठ सं. 25 देखें।

29. आप क्या प्रेक्षित करेंगे जब–

(i) 60°C पर बने पोटैशियम क्लोराइड के एक संतृप्त विलयन को सामान्य ताप तक ठंडा होने दिया जाता है।
(ii) शक्कर के जलीय विलयन को शुष्कन तक गर्म किया जाता है।
(iii) लौह छीलन तथा सल्फर चूर्ण के मिश्रण को तीव्र गर्म किया जाता है।

उत्तर (i) पोटैशियम क्लोराइड के क्रिस्टल बनते हैं क्योंकि ताप घटने के साथ विलेयता घटती है।
(ii) जल के पूर्णतया वाष्पन पर शक्कर जलकर काली हो जायेगी।
(iii) यौगिक आयरन सल्फाइड बनेगा।

$$Fe + S \xrightarrow{\Delta} FeS$$

30. बताइए कब निम्न में से सभी गुण समांगी मिश्रण एक विलयन, एक विषमांगी मिश्रण, एक यौगिक या एक तत्व की व्याख्या करते हैं?

(i) एक समांगी द्रव जिसे उबालने पर ठोस अवशेष बचता है।
(ii) एक गाढ़ा द्रव जो कुछ समय बाद तली में अधिक गाढ़ा प्रकट होता है।
(iii) एक रंगहीन द्रव जो एक निश्चित ताप पर उबलता है तथा साधारण पदार्थों में टूट जाता है।

उत्तर (i) एक विलयन (एक ठोस) जैसे नमक जल में घुला है जिससे जल क्वथनांक पर वाष्पित होने लगता है तथा अंत में ठोस नमक शेष रह जाता है।
(ii) एक विषमांगी मिश्रण जिसमें निलंबित कण तली में बैठने लगते हैं। (कीचड़ वाला पानी)
(iii) एक यौगिक

31. कॉपर सल्फेट का जल में विलयन टिंडल प्रभाव नहीं दर्शाता है, परंतु जल तथा दूध का मिश्रण दर्शाता है।

उत्तर जल में कॉपर सल्फेट का विलयन वास्तविक विलयन है। एक वास्तविक विलयन में विलेय के कण बहुत छोटे होते हैं जो उन पर पड़ने वाले प्रकाश को फैला नहीं पाते हैं। अतः कॉपर सल्फेट का विलयन टिंडल प्रभाव प्रदर्शित नहीं करता है। जल तथा दूध का मिश्रण कोलॉइडी होता है तथा कोलॉइडी विलयन में कण प्रकाश प्रकीर्णन के लिए पर्याप्त बड़े होते हैं। अतः जल तथा दूध का मिश्रण टिंडल प्रभाव दर्शाता है।

32. यह निर्धारित करें कि क्या निम्न में से प्रत्येक परिवर्तन भौतिक या रासायनिक है? अपने उत्तर का कारण दीजिए।

(i) हाइड्रोजन से भरा गुब्बारा स्पार्क के संपर्क में आकर फट जाता है।
(ii) कॉपर वायु तथा जल के संपर्क में हरा हो जाता है।
(iii) एक धातु सतह निरंतर क्षरण के कारण मंद हो जाती है।

उत्तर (i) **रासायनिक परिवर्तन** हाइड्रोजन गैस जलकर जल बनाती है।
(ii) **रासायनिक परिवर्तन** कॉपर वायु की ऑक्सीजन तथा जल के साथ संयोग करके कॉपर ऑक्साइड बनाता है जो हरे रंग का होता है।
(iii) **भौतिक परिवर्तन** धातु की सतह से कुछ कण पृथक् हो जाते हैं। जिसके परिणामस्वरूप केवल भौतिक स्वरूप परिवर्तित होता है।

33. क्या भौतिक एवं रासायनिक परिवर्तन एकसाथ हो सकते हैं? अपने उत्तर को समझाइए।

उत्तर कुछ स्थितियों में भौतिक तथा रासायनिक परिवर्तन एकसाथ होते हैं। इस प्रकार का उदाहरण मोमबत्ती का जलना है। मोमबत्ती में उपस्थित ठोस मोम पहले द्रव अवस्था में परिवर्तित होता है तथा बाद में वाष्प अवस्था में परिवर्तित होता है दोनों परिवर्तन भौतिक परिवर्तन है। वाष्पित मोम अब वायु की ऑक्सीजन के साथ संयोग करके कार्बन डाइऑक्साइड तथा जल बनाती है। इसमें रासायनिक परिवर्तन होता है। बिना जली हुई वाष्पित मोम पुनः पहले द्रव अवस्था तथा अंत में ठोस अवस्था में परिवर्तित हो जाती है। यह अवस्था भौतिक परिवर्तन है। इस प्रकार मोमबत्ती का जलना भौतिक तथा रासायनिक दोनों परिवर्तन है।

34. 100 ग्राम जल में 20% (द्रव्यमान प्रतिशत) का विलयन बनाने के लिए सोडियम सल्फेट के कितने ग्राम की आवश्यकता होगी?

उत्तर विलयन की सांद्रता = 20%, विलायक का द्रव्यमान = 100 ग्राम माना, विलेय (सोडियम सल्फेट) का द्रव्यमान = x ग्राम विलयन सूत्र के अनुसार,

$$\text{सांद्रता} = \frac{\text{विलेय पदार्थ का द्रव्यमान}}{\text{विलयन का द्रव्यमान}} \times 100$$

$$20 = \frac{x \text{ ग्राम}}{(x+100) \text{ ग्राम}} \times 100$$

$$20(x+100) \text{ ग्राम} = x \text{ ग्राम} \times 100$$

$$20x + 2000 = 100x$$

$$2000 = 100x - 20x, \; 2000 = 80x$$

$$x = \frac{2000}{80} = 25 \text{ ग्राम}$$

25 ग्राम सोडियम सल्फेट की आवश्यकता होगी।

दीर्घ उत्तरीय प्रश्न

1. (i) तत्व क्या है ?
(ii) तीन मुख्य प्रकार के तत्व क्या है ?
(iii) प्रत्येक प्रकार के तत्व के गुण लिखिए।

उत्तर (i) एक तत्व में केवल एक ही प्रकार के परमाणु होते हैं। यह पदार्थ का साधारण रूप है जो साधारण पदार्थों में रासायनिक अभिक्रियाओं द्वारा नहीं टूटता है।
(ii) पृष्ठ स. 24 देखें।
(iii) पृष्ठ सं. 24 देखें।
अधातुएँ - भंगुर

2. (i) निम्नलिखित लाक्षणिक गुणों के आधार पर वास्तविक विलयन, निलंबन तथा कोलॉइडी विलयन के मध्य विभेदन तालिकाबद्ध रूप में कीजिए
(a) स्थायित्व (b) निस्यंदता (c) मिश्रण के प्रकार
(ii) विलयन की सांद्रता से क्या तात्पर्य है? आप किस प्रकार जल में भारानुसार ग्लूकोज का 10% विलयन बनाएँगे?

उत्तर (i) वास्तविक विलयन, निलंबन तथा कोलॉइडी विलयन के मध्य तालिकाबद्ध रूप से विभेदन-

गुण	विलयन	निलंबन	कोलॉइड
स्थायित्व	यह स्थायी कण होते हैं स्थिर रखने पर नहीं बैठते हैं।	यह अस्थायी होते हैं। स्थिर रखने पर कण नीचे बैठ जाते हैं।	यह स्थायी है। स्थिर रखने पर कण नीचे नहीं बैठते हैं।
निस्यंदता	यह फिल्टर पेपर तथा जंतु झिल्ली से होकर गुजर सकता है।	यह फिल्टर पेपर या जंतु झिल्ली से होकर नहीं गुजर सकता है।	यह फिल्टर पेपर से तो गुजर सकता है किंतु जंतु झिल्ली से होकर नहीं।
मिश्रण के प्रकार	समांगी	विषमांगी	विषमांगी

(ii) दिए गए विलायक या विलयन में आयतनानुसार या भारानुसार घुलित विलेय की मात्रा विलयन की सांद्रता कहलाती है।

इसे सामान्यतया भार-भार या भार-आयतन प्रतिशत के रूप में व्यक्त किया जाता है। ग्लूकोस का 10 प्रतिशत विलयन 10 ग्राम ग्लूकोस को 90 ग्राम जल में घोलकर बनाया जाता है।

3. अपने प्रेक्षणों को लिखिए जब निम्न प्रकम होते हैं
(i) चीनी के जलीय विलयन को शुष्क होने तक गर्म करते हैं।
(ii) पोटैशियम क्लोराइड का संतृप्त विलयन 608°C पर बनाकर कक्ष ताप पर ठंडा करते हैं।
(iii) जब आयरन कतरन तथा सल्फर चूर्ण मिश्रण को तीव्र गर्म करते हैं।
(iv) एक प्रकाश पुंज कोलॉइडी विलयन द्वारा गुजरता है।
(v) तनु HCl को आयरन तथा सल्फर के मिश्रण में मिलाया जाता है।

उत्तर (i) चीनी ठोस द्रव्यमान रूप में शेष रहती है।
(ii) पोटैशियम क्लोराइड क्रिस्टलित होता है।
(iii) एक काले रंग का यौगिक बनता है।
(iv) प्रकाश का पथ प्रकट होता है।
(v) एक रंगहीन गैस मुक्त होती है।

4. लोहे की छीलन तथा सल्फेट को एक साथ मिलाया तथा दो भागों A तथा B में बाँटा गया
(i) भाग A को अत्यधिक गर्म किया जबकि भाग B को गर्म नहीं किया। दोनों भागों में तनु हाइड्रोक्लोरिक अम्ल मिलाया और दोनों ही प्रकरणों में निकलने वाली गैसों से सम्बन्धित अभिक्रिया लिखें।
(ii) भाग A में निकलने वाली गैस को कैसे पहचानोगे।
(iii) भाग B में निकलने वाली गैस को कैसे पहचानोगे।

उत्तर (i) भाग $A: Fe + S \xrightarrow{\text{गर्म करने पर}} FeS$

$$FeS + \underset{\text{तनु}}{2HCl} \longrightarrow FeCl_2 + H_2S\uparrow$$

भाग $B: Fe + S \longrightarrow$ लोहे तथा सल्फर का मिश्रण

$$Fe + S + HCl \longrightarrow FeCl_2 + H_2$$

भाग A में H_2S गैस उत्पन्न होती है।
(ii) इसे इसकी सड़े अंडे जैसी विशेष गंध द्वारा पहचाना जा सकता है।
(iii) भाग B में H_2 गैस उत्पन्न होती है। परखनली के मुख पर जलती हुई माचिस की तिल्ली ले जाकर इसका परीक्षण करते हैं। यह पॉप की ध्वनि के साथ जलती है तथा जल बनता है।

5. एक प्रयोग के दौरान विद्यार्थियों से जल में चीनी का 10% (द्रव्यमान/द्रव्यमान) विलयन बनाने के लिए कहा गया। रमेश ने 10 ग्राम चीनी को 100 ग्राम जल में घोलकर विलयन बनाया जबकि सारिका ने 10 ग्राम चीनी को पानी में घोलकर 100 ग्राम विलयन बनाया।
(i) क्या दोनों विलयनों की सांद्रता समान होगी?
(ii) दोनों विलयनों की सांद्रता की तुलना कीजिए।

उत्तर (i) नहीं।
(ii) रमेश द्वारा बनाए गए विलयन की सांद्रता

$$= \frac{\text{विलेय का द्रव्यमान}}{\text{विलयन का द्रव्यमान}} \times 100$$

$$= \frac{10 \text{ ग्राम}}{(10+100) \text{ ग्राम}} \times 100 = \frac{10}{110} \times 100 = \frac{100}{11}$$

$= 9.09\% \approx 9.1\%$

सारिका द्वारा बनाए गए विलयन की सांद्रता

$$= \frac{10}{100} \times 100 = 10\%$$

6. रमा ने चार पदार्थों की विलेयता का भिन्न तापों पर परीक्षण किया तथा प्रत्येक पदार्थ के 100 ग्राम में घुलकर सांद्रित विलयन बनाते हैं।

घुलित पदार्थ (ग्राम में)	ताप K		
	293	313	333
अमोनियम क्लोराइड	37g	41g	55g
पोटैशियम क्लोराइड	35g	40g	46g
सोडियम क्लोराइड	36g	36g	37g
पोटैशियम नाइट्रेट	32g	62g	106g

(i) 293K पर कौन-सा विलयन न्यूनतम विलेय है?

(ii) जल ताप को 293 से 313K तक बढ़ाते हैं तो कौन-सा पदार्थ अधिकतम विलेयता प्रदर्शित करता है?

(iii) अमोनियम क्लोराइड की मात्रा ज्ञात कीजिए। जो पृथक् होगी जब 55 g के इसके विलयन को 333K से 293K तक ठंडा करेंगे।

(iv) लवण की विलेयता पर ताप का क्या प्रभाव होता है?

(v) 293K पर जल के 10 g में सोडियम क्लोराइड का संतृप्त विलयन बनाने में आवश्यक सोडियम क्लोराइड का द्रव्यमान आवश्यक होगा।

उत्तर (i) पोटैशियम नाइट्रेट (ii) पोटैशियम नाइट्रेट

(iii) 333K पर प्रति 100 ग्राम में घुलित अमोनियम क्लोराइड = 55 ग्राम

293K पर प्रति 100 ग्राम में घुलित अमोनियम क्लोराइड = 37 ग्राम। जब विलयन 333 K से 293 K तक ठंडा करते हैं तो अमोनियम क्लोराइड की मात्रा पृथक् होगी।

$55 - 37 = 18\text{g}$

(iv) तापमान बढ़ने के साथ लवण (ठोस) की विलेयता बढ़ती है तथा ताप घटने के साथ घटती है।

(v) 293K पर जल के 100 ग्राम में घुलित NaCl की मात्रा 36g

∴ 293K पर 1.0 g जल में घुलित NaCl की मात्रा

$$= \frac{36}{100} \times 10 = 3.6 \text{ ग्राम}$$

7. (i) किसी तालाब के जल में रेत के कण, चिकनी मिट्टी के कण, नमक कागज के टुकड़े और कुछ वायु के बुलबुले है। इनमें से विलायक, विलेय, कोलॉइड एवं निलंबन, प्रत्येक का एक उदाहरण चुनिए।

(ii) निम्नलिखित में से प्रत्येक का एक उदाहरण दीजिए—

(a) गैस का द्रव में विलयन (b) दो ठोसों का विलयन

(c) दो गैसों का विलयन

उत्तर (i) विलायक - जल

विलेय - नमक, कागज के टुकड़े, हवा के बुलबुले

कोलॉइड - हवा के बुलबुले तथा जल का मिश्रण

निलंबन -

(a) जल एवं रेत के कणों का मिश्रण

(b) जल एवं चिकनी मिट्टी के कणों का मिश्रण

(ii) (a) वातित पेय (b) पीतल (c) हवा

8. निम्नलिखित में से प्रत्येक को भौतिक अथवा एक रासायनिक परिवर्तन के रूप में वर्गीकृत कीजिए। कारण दीजिए।

(i) धूप में शर्ट का सूखना।

(ii) रेडिएटर के ऊपर गर्म वायु का उठना।

(iii) लालटेन में कैरोसीन का जलना।

(iv) नीबू रस मिलाने पर काली चाय का रंग परिवर्तित होना।

(v) मक्खन प्राप्त करने के लिए दूध क्रीम का मंथन।

उत्तर (i) **भौतिक परिवर्तन** क्योंकि जल का वाष्पीकरण होता है परंतु पदार्थ के संघटन में कोई परिवर्तन नहीं होता है।

(ii) **भौतिक परिवर्तन** यह भी केवल वायु के प्रवाह को सम्मिलित करता है। वायु के संघटन में कोई परिवर्तन नहीं होता है।

(iii) **भौतिक के साथ रासायनिक परिवर्तन** पहले भौतिक होता है जब कैरोसीन वाष्पित होता है।
इसके बाद कैरोसीन का जल में परिवर्तन रासायनिक परिवर्तन है क्योंकि दहन के दौरान कैरोसीन तेल कार्बन डाइऑक्साइड तथा जल में बदल जाता है। दोनों नए यौगिक हैं।

(iv) **रासायनिक परिवर्तन** नींबू जूस में उपस्थित अम्ल काली चाय में उपस्थित घटकों कैफीन के साथ क्रिया करता है।

(v) **भौतिक परिवर्तन** इसमें संघटन में कोई परिवर्तन नहीं होता है। अपकेंद्रीकरण की भौतिक प्रक्रिया द्वारा केवल घटकों का पृथक्करण होता है। यद्यपि मक्खन आसानी से दूध में परिवर्तित नहीं होता है।

9. (i) अपमिश्रण को किस वर्ग के अंतर्गत व मिश्रधातु में वर्गीकृत करोगे तथा क्यों?

(ii) एक विलयन सदैव द्रव है या नहीं। बताइए।

(iii) क्या विलयन विषमांगी हो सकता है?

उत्तर (i) मिश्रधातु धातुओं का समांगी मिश्रण है या अधातुओं का क्योंकि

(a) यह इसके घटकों के गुणों को प्रदर्शित करता है तथा

(b) इसका परिवर्ती संघटन होता है **उदाहरण**—पीतल एक मिश्रण है क्योंकि यह इसके घटकों कॉपर तथा जिंक के गुणों को प्रदर्शित करती है तथा इसका परिवर्ती संघटन होता है।

(ii) एक विलयन सामान्यतया द्रव होता है, सदैव नहीं **उदाहरण**—मिश्रधातु ठोस विलयन कहलाती है।

(iii) विलयन पद सामान्यतया वास्तविक विलयन के लिए प्रयुक्त होता है। इस स्थिति में विलयन हमेशा समांगी होता है। कोलॉइडी विलयन की स्थिति में जो कि वास्तविक विलयन नहीं है विलयन विषमांगी होते हैं।

स्वयं को जाँचे

नीचे दिए गए प्रश्नों के माध्यम से छात्र अध्याय सम्बन्धी अपने ज्ञान की जाँच कर सकते हैं। अध्याय के ध्यानपूर्वक अध्ययन किए जाने पर छात्र इन प्रश्नों के उत्तर आसानी से कर पाएँगे।

वस्तुनिष्ठ प्रकार के प्रश्न

बहुविकल्पीय प्रश्न

1. मक्खन है
(a) ठोस का ठोस में कोलॉइडी विलयन
(b) ठोस का द्रव में कोलॉइडी विलयन
(c) द्रव का ठोस में कोलॉइडी विलयन
(d) ठोस का ठोस में वास्तविक विलयन

2. सल्फर तथा कार्बन डाइसल्फाइड के मिश्रण के सन्दर्भ में सत्य कथन है—
(a) विषमांगी होता है तथा टिण्डल प्रभाव दर्शाता है
(b) समांगी होता है तथा टिण्डल प्रभाव दर्शाता है
(c) विषमांगी होता है तथा टिण्डल प्रभाव नहीं दर्शाता है
(d) समांगी होता है तथा टिण्डल प्रभाव नहीं दर्शाता है

3. निम्नलिखित में से कौन-सा युग्म सामांगी द्रव्य है?
I. बर्फ II. लकड़ी
III. मिट्टी IV. वायु
(a) I और III
(b) II और IV
(c) I और IV
(d) III और IV

4. क्रिस्टलाभ, कोलॉइड से भिन्न है
(a) विद्युतीय व्यवहार में
(b) कणों की प्रकृति में
(c) कणों के आकार में (d) विलेयता में

5. निलम्बन और कोलॉइडी विलयन में समानता है
(a) दोनों विषमांगी मिश्रण हैं
(b) दोनों के कण आँख से देखें जा सकते हैं
(c) दोनों के कण शान्त छोड़ देने पर नीचे बैठ जाते हैं
(d) दोनों को छानन विधि द्वारा पृथक् किया जा सकता है

6. निम्नलिखित में से किसके कण नीचे नहीं बैठते?
(a) विलयन (b) कोलॉइडी
(c) निलम्बन (d) 'a' और 'b'

कथन-कारण प्रकार के प्रश्न

निर्देश (प्र. सं. 7-8) इस खण्ड में दिए गए प्रत्येक प्रश्न में कथन तथा कारण दिए गए हैं। प्रत्येक प्रश्न के चार विकल्प (a), (b), (c) व (d) हैं, जिनमें से केवल एक सही है।
(a) कथन (A) तथा कारण (R) दोनों सत्य हैं तथा कारण (R), कथन (A) का सही स्पष्टीकरण है।
(b) कथन (A) तथा कारण (R) दोनों सत्य हैं, परन्तु कारण (R), कथन (A) का सही स्पष्टीकरण नहीं है।
(c) कथन (A) सत्य है, परन्तु कारण (R) असत्य है।
(d) कथन (A) असत्य है, परन्तु कारण (R) सत्य है।

7. कथन (A) आकाश नीले रंग का दिखाई देता है।
कारण (R) धूल के कोलॉइडी कण नीले प्रकाश को प्रकीर्णित करते हैं।

8. कथन (A) स्वर्ण संख्या विभिन्न कोलॉइडों की रक्षण क्षमता का मापन है।
कारण (R) द्रव-स्नेही कोलॉइड की स्वर्ण संख्या का मान कम होने पर इसकी रक्षण क्षमता का मान कम हो जाता है।

उत्तर

1. (c) **2.** (d) **3.** (a) **4.** (d) **5.** (c)
6. (a) **7.** (a) **8.** (c)

केस स्टडी आधारित प्रश्न

निर्देश (प्र.सं. 9-13) *निम्नलिखित पैराग्राफ को पढ़िए तथा दिए गए प्रश्नों के उत्तर दीजिए।*

रवि ने कुछ मात्रा में X पदार्थ लिया तथा इसे जलयुक्त पारदर्शी बीकर में मिलाया। उसने विलयन को अच्छी तरह से हिलाया तथा इस विलयन से टॉर्च की सहायता से प्रकाश को गुजारा। उसके द्वारा प्रेक्षित परिणाम नीचे दर्शाए गए हैं

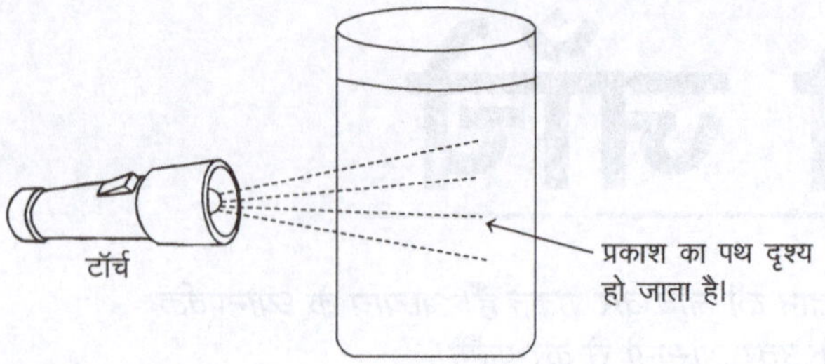

रवि ने अपने इस प्रयोग को अपने छोटे भाई को दिखाया। उसने विलयन को 10 मिनट के लिए रखा तथा अपने भाई को पुकारा तथा पुन: प्रयोग को करने के लिए कहा, परन्तु इस बार परिणाम भिन्न थे। पथ दृश्य नहीं था।

9. उपरोक्त प्रयोग में परिणाम में परिवर्तन का कारण स्पष्ट करे।

10. प्राप्त विलयन की प्रकृति बताइये, जब X को जल में मिलाया जाता है?

11. किस प्रकार के मिश्रण, टिण्डल प्रभाव नहीं दर्शाते हैं? स्पष्ट करें।

12. दूध और स्टार्च विलयन टिण्डल प्रभाव क्यों दर्शाता है?

13. कोलाइडी विलयन टिण्डल प्रभाव प्रदर्शित करते हैं, क्यों?

अतिलघु उत्तरीय प्रश्न

14. कोलॉइडी विलयन के कणों का आकार क्या है?

15. पदार्थ 'A' के जल में उपस्थित कणों का आकार 200 nm है। विलयन की प्रकृति क्या है?

16. नीचे कुछ मिश्रण दिए गए है।
(i) जिनमें से कोलॉइडी को पहचानिए।
(ii) इनमें से टिण्डल प्रभाव कौन दर्शाता है? स्टार्च विलयन, सोडियम कलोराइड वियलन, धुँआ।
कीचड़ वाला जल, जल में शर्करा, स्याही, रक्त, सोडा जल, फोम।

17. एक बीकर में जल लेकर अंडे की सफेदी की कुछ मात्रा को लेकर हिलाते हैं तथा छानते हैं। आप क्या प्रेक्षित करेंगे?

18. कोलॉइड के दो घटकों का नाम लिखिए।

19. वातित ड्रिंक्स में विलेय तथा विलायक क्या हैं?

20. निम्न में से उपधातुओं को छाँटिए—
कार्बन, सिलिकॉन, फॉस्फोरस, गोल्ड

लघु उत्तरीय प्रश्न

21. चाय छन्नी का प्रयोग कीचड़ वाले पानी को छानने में नहीं किया जा सकता।

22. धातुओं के कौन-से दो गुणों के कारण धातु इच्छित आकार लेने में समर्थ होती है?

23. दो तत्वों तथा दो यौगिकों के नाम लिखिए।

24. भोजन का पाचन एक रासायनिक परिवर्तन क्यों माना जाता है?

25. आप किस प्रकार प्रेक्षित करेंगे कि दिया गया विलयन कोलॉइडी है या नहीं?

26. वायु के विभिन्न घटकों का नाम लिखिए। किस प्रकार कार्बन डाइऑक्साइड वायु से पृथक् होती है?

27. कार्बन के दो गुणों को बताइए, जो इसके वर्गीकरण से अधातु के रूप में अपेक्षित नहीं है

28. निम्न में से कोलॉइड तथा वास्तविक विलयन को पहचानिए—
(i) सिरका (ii) कीचड़ वाला पानी
(iii) मिस्ट (iv) ऐलुमिनियम पेंट

29. विलेयता को परिभाषित कीजिए। किस प्रकार जल में ठोस की विलेयता ताप के साथ परिवर्तित होती है?

30. एक विलयन में 16 ग्राम यूरिया के 120 ग्राम विलयन में है। भारानुसार विलयन का द्रव्यमान प्रतिशत क्या है?

31. जल में ऐल्कोहॉल के मिश्रण को 150 mL ऐल्कोहॉल को 600 mL जल के साथ मिलाकर बनाया गया। विलयन के आयतन की गणना कीजिए।

32. संतृप्त विलयन को किस प्रकार असंतृप्त बना सकते हैं?

33. एक मिश्रण में 50mL ऐल्कोहॉल के 150mL जल हैं। इस विलयन की सांद्रता की गणना कीजिए।

34. निम्न में से प्रत्येक का उदाहरण दीजिए—
(i) द्रव में गैस का विलयन
(ii) ठोस में द्रव का विलयन
(iii) ठोस का ठोस में विलयन

35. मिश्रण के तीन अभिलाक्षणिक कौन-से हैं?

36. क्या होता है जब
(i) कोलॉइडी विलयन द्वारा प्रकाश गुजरता है।
(ii) कोलॉइडी विलयन द्वारा विद्युत धारा गुजरती है।
(iii) शर्करा विलयन शांत रखते हैं।

37. पोटैशियम नाइट्रेट की विलेयता 20°C पर 32 ग्राम प्रति 100 ग्रामजल है। इसके 66 ग्राम संतृप्त विलयन को बनाने के लिए आवश्यक लवण की मात्रा कितनी होगी?

38. (i) भौतिक तथा रासायनिक परिवर्तन में बीच के विभेद कीजिए।
(ii) सभी मिश्रण समांगी है, इस कथन पर टिप्पणी कीजिए।

39. शुद्ध पदार्थ और एक मिश्रण में क्या अंतर है? प्रत्येक स्थिति में एक उदाहरण दीजिए।

40. मोम का पिघलना एक भौतिक-परिवर्तन है, परंतु मोम का जलना एक रासायनिक परिवर्तन है समझाइए।

41. कितने लीटर 15% (द्रव्यमान / आयतन) शर्करा विलयन शर्करा के 75 ग्राम को प्राप्त करने के लिए लेना होगा?

दीर्घ उत्तरीय प्रश्न

42. A तथा B को एक साथ मिलाया तथा दो भागों में बाँटा (भाग X तथा Y में) भाग X को अत्यधिक गर्म किया जबकि भाग Y को गर्म नहीं किया। दोनों भागो में HCl अम्ल मिलाया गया। दोनो ही प्रकरणें में C व D गैस निकलती है।

(i) A, B एवं C, D को पहचानिए।

(ii) भाग X तथा भाग Y की अभिक्रिया लिखें।

(iii) C की गंध किस प्रकार की होगी?

(iv) भाग X में उत्पन्न गैस C की अभिक्रिया लिखें।

(v) भाग Y में उत्पन्न गैस D की अभिक्रिया लिखे।

(vi) कौन-सी गैस पॉप की ध्वनि के साथ जलती है?

43. (i) विलयन के द्रव्यमान प्रतिशत तथा आयतन प्रतिशत को परिभाषित कीजिए।

(ii) सल्फ्यूरिक अम्ल के द्रव्यमान विलयन द्वारा 15% द्रव्यमान में 100 मिली लीटर में सल्फ्यूरिक अम्ल के द्रव्यमान की गणना करें। (घनत्व 1.10 ग्राम / मिली लीटर)

(iii) क्या गैल्वेनीकृत शीट एक समांगी या विषमांगी मिश्रण है। टिप्पणी कीजिए।

अध्याय

03

परमाणु तथा अणु

(Atoms and Molecules)

इस अध्याय में हम रासायनिक संयोग के विभिन्न नियमों (जो परमाणुओं के संयोग द्वारा अणुओं के निर्माण की व्याख्या करते हैं), परमाणुओं तथा अणुओं के प्रतीकों, सूत्रों तथा उनके द्रव्यमानों को विभिन्न प्रकार से व्यक्त करने के तरीकों के बारे में अध्ययन करेंगे।

रासायनिक संयोग के नियम

(Laws of Chemical Combination)

सिलेबस

- *रासायनिक संयोग के नियम*
- *परमाणु*
- *अणु*
- *आयन*
- *रासायनिक सूत्र लिखना*
- *आण्विक द्रव्यमान*

पदार्थों का निर्माण विभिन्न परमाणुओं या अणुओं के मध्य रासायनिक अभिक्रिया के फलस्वरूप होता है। ये अभिक्रियाएँ कुछ नियमों पर आधारित होती हैं, जो रासायनिक संयोग के नियम कहलाते हैं।

वैज्ञानिक **लेवोशिए** तथा **जे एल प्राउस्ट** ने अनेक प्रायोगिक कार्यों के पश्चात् रासायनिक संयोजन के दो महत्वपूर्ण नियमों को प्रतिपादित किया, जो निम्न प्रकार हैं–

1. द्रव्यमान संरक्षण का नियम (Law of Conservation of Mass)

इस नियम के अनुसार, 'किसी रासायनिक अभिक्रिया में द्रव्यमान का न तो सृजन किया जा सकता है और न ही विनाश' अर्थात् रासायनिक अभिक्रियाओं में पदार्थों का कुल द्रव्यमान अपरिवर्तित रहता है। रासायनिक अभिक्रियाओं में कुल द्रव्यमान के केवल रूप में परिवर्तन होता है, मात्रा में नहीं।

अभिक्रिया में प्रयुक्त पदार्थों का कुल द्रव्यमान = अभिक्रिया के पश्चात् निर्मित पदार्थों का कुल द्रव्यमान

अर्थात् **अभिकारकों का कुल द्रव्यमान = उत्पादों का कुल द्रव्यमान**

उदाहरण 1. 3.4 ग्राम सिल्वर नाइट्रेट ($AgNO_3$) तथा 1.170 ग्राम सोडियम क्लोराइड (NaCl) को अलग-अलग 100 ग्राम जल में घोलकर मिलाया गया, जिससे 2.870 ग्राम सिल्वर क्लोराइड (AgCl) तथा 1.70 ग्राम सोडियम नाइट्रेट ($NaNO_3$) प्राप्त होता है। इस प्रयोग से द्रव्यमान संरक्षण के नियम की पुष्टि कीजिए।

हल सिल्वर नाइट्रेट + सोडियम क्लोराइड ⟶ सिल्वर क्लोराइड + सोडियम नाइट्रेट
(3.4 ग्राम) (1.170 ग्राम) (2.870 ग्राम) (1.70 ग्राम)

अभिकारकों का कुल द्रव्यमान = $AgNO_3 + NaCl + H_2O = 3.4 + 1.170 + 200 = 204.570$ ग्राम

उत्पादों का कुल द्रव्यमान = $AgCl + NaNO_3 + H_2O = 2.870 + 1.70 + 200 = 204.570$ ग्राम

उपरोक्त रासायनिक अभिक्रिया में, अभिकारकों का कुल द्रव्यमान उत्पादों के कुल द्रव्यमान के समान है। अतः द्रव्यमान संरक्षण का नियम सिद्ध होता है।

2. स्थिर अनुपात का नियम/निश्चित अनुपात का नियम (Law of Constant Proportion/Law of Definite Proportion)

सन् 1799 में **जे एल प्राउस्ट** ने यह नियम दिया। इस नियम के अनुसार, प्रत्येक शुद्ध रासायनिक यौगिक में पाए जाने वाले तत्व भारानुसार एक निश्चित अनुपात में पाए जाते हैं, चाहे उन्हें प्राप्त करने का स्रोत या विधि कोई भी हो।

उदाहरण

(i) जल, हाइड्रोजन एवं ऑक्सीजन का यौगिक है। इसे नदी, कुएँ, समुद्र, वर्षा आदि प्राकृतिक स्रोतों से प्राप्त किया जा सकता है, परंतु जल से प्राप्त प्रत्येक प्रतिदर्श (नमूने) में हाइड्रोजन तथा ऑक्सीजन का अनुपात (भारानुसार) सदैव 1:8 होता है। इसी प्रकार, यदि 9 ग्राम जल का अपघटन करे, तो सदैव 1 ग्राम हाइड्रोजन तथा 8 ग्राम ऑक्सीजन प्राप्त होती है।

(ii) इसी प्रकार, कार्बन डाइऑक्साइड (CO_2) को चाहे किसी भी स्रोत द्वारा प्राप्त किया गया हो, इसमें कार्बन (C) तथा ऑक्सीजन (O) का (भारानुसार) अनुपात सदैव 3 : 8 या 12 : 32 होता है।

यदि कार्बन डाइऑक्साइड के नमूने में 36 ग्राम कार्बन हो, तो 96 ग्राम ऑक्सीजन अनिवार्य रूप से होगी।

गणना: $\frac{3}{8}=\frac{36}{x}$ $\quad \therefore x=\frac{36\times 8}{3}=96$ ग्राम

उदाहरण 2. कॉपर ऑक्साइड को दो भिन्न विधियों द्वारा बनाया गया है। प्रथम स्थिति में 1.75 ग्राम धातु से 2.19 ग्राम ऑक्साइड प्राप्त हुआ है। दूसरी स्थिति में 1.14 ग्राम धातु से 1.43 ग्राम ऑक्साइड प्राप्त हुआ। सिद्ध कीजिए कि दिए गए आँकड़े (डाटा) स्थिर अनुपात के नियम की व्याख्या करते हैं।

हल स्थिति I कॉपर का द्रव्यमान = 1.75 ग्राम

तथा कॉपर ऑक्साइड का द्रव्यमान = 2.19 ग्राम

अत: ऑक्सीजन का द्रव्यमान

= कॉपर ऑक्साइड का द्रव्यमान − कॉपर का द्रव्यमान

$= 2.19 - 1.75 = 0.44$ ग्राम

अब प्रथम नमूने के कॉपर ऑक्साइड यौगिक में,

कॉपर का द्रव्यमान : ऑक्सीजन का द्रव्यमान

$$1.75 : 0.44 = \frac{1.75}{0.44} : 1 = 3.98 : 1 \approx 4 : 1$$

स्थिति II कॉपर का द्रव्यमान = 1.14 ग्राम

तथा कॉपर ऑक्साइड का द्रव्यमान = 1.43 ग्राम

अत: ऑक्सीजन का द्रव्यमान

= कॉपर ऑक्साइड का द्रव्यमान − कॉपर का द्रव्यमान

$= 1.43 - 1.14 = 0.29$ ग्राम

अब द्वितीय कॉपर ऑक्साइड यौगिक के नमूनों में,

कॉपर का द्रव्यमान : ऑक्सीजन का द्रव्यमान

$$= 1:14 : 0.25 = \frac{1.14}{0.29} : 1 = 3.93 : 1 \approx 4:1$$

उपरोक्त गणनाओं में हम देख सकते हैं कि कॉपर तथा ऑक्सीजन तत्वों का कॉपर ऑक्साइड यौगिकों के दो नमूनों में अनुपात समान अर्थात् 4 : 1 होगा। अत: दिए गए आँकड़े स्थिर अनुपात नियम को सत्यापित करते हैं।

रासायनिक संयोग के नियमों की व्याख्या : डाल्टन का परमाणु सिद्धान्त (Explanation of Laws of Chemical Combination : Dalton's Atomic Theory)

डाल्टन के परमाणु सिद्धांत ने द्रव्यमान के संरक्षण के नियम एवं निश्चित अनुपात के नियम की समुचित व्याख्या की।

डाल्टन के परमाणु सिद्धांत के अनुसार, 'सभी द्रव्य चाहे वह तत्व, यौगिक या मिश्रण हो, सूक्ष्म कणों से मिलकर बने होते हैं, परमाणु कहलाते हैं।'

डाल्टन के परमाणु सिद्धांत की मुख्य अभिधारणाएँ (Main Postulates of Dalton's Atomic Theory)

(i) सभी द्रव्य अनेक सूक्ष्मतम कणों से मिलकर बने होते हैं, जिन्हें परमाणु कहते हैं।

(ii) परमाणु अविभाज्य सूक्ष्मतम कण होते हैं, जो रासायनिक अभिक्रिया में न तो सृजित होते हैं और न ही उनका विनाश होता है।

(iii) दिए गए तत्वों के परमाणुओं के द्रव्यमान एवं रासायनिक गुणधर्म समान होते हैं।

(iv) भिन्न-भिन्न तत्वों के परमाणुओं के द्रव्यमान एवं रासायनिक गुणधर्म भिन्न-भिन्न होते हैं।

(v) भिन्न-भिन्न तत्वों के परमाणु छोटी पूर्ण संख्या के अनुपात में संयोग कर यौगिक निर्मित करते हैं।

(vi) किसी भी यौगिक में परमाणुओं की सापेक्ष संख्या एवं प्रकार निश्चित होते हैं।

चेक प्वॉइण्ट 3.1

1. *100 ग्राम कैल्सियम कार्बोनेट को गर्म करने पर 44 ग्राम कार्बन डाइऑक्साइड उत्पन्न होती है, कितना बिना बुझा चूना बनेगा? इस समस्या के हल के लिए कौन-से नियम का अनुसरण करते हैं?*
2. *किस नियम के अनुसार रासायनिक यौगिक में तत्व हमेशा निश्चित अनुपात में संयोग करते हैं?*
3. *20 ग्राम सिल्वर नाइट्रेट विलयन को 20 ग्राम सोडियम क्लोराइड विलयन में मिलाया गया। अभिक्रिया के बाद आप द्रव्यमान में क्या परिवर्तन आपेक्षित करोगे तथा क्यों?*
4. *अमोनिया के दिए गए नमूने में 9 ग्राम हाइड्रोजन तथा 42 ग्राम नाइट्रोजन उपस्थित हैं, अन्य नमूने में 5 ग्राम हाइड्रोजन, नाइट्रोजन के साथ उपस्थित है। दूसरे नमूने में नाइट्रोजन की मात्रा की गणना कीजिए।*

   *[**उत्तर** 23.33 ग्राम]*
5. *डाल्टन द्वारा दी गई परमाणु की परिभाषा (अधिक समय तक) मान्य क्यों नहीं रही?*

परमाणु (Atom)

किसी तत्व का वह छोटे से छोटा कण है, जो रासायनिक अभिक्रिया में भाग लेता है, परंतु स्वतंत्र अवस्था में नहीं रह सकता, परमाणु कहलाता है। यह सभी पदार्थों का मूलभूत कण है।

उदाहरण—हाइड्रोजन, ऑक्सीजन, नाइट्रोजन आदि के परमाणुओं की स्वतंत्र उपस्थिति संभव नहीं है, जबकि हीलियम, निऑन आदि के परमाणुओं की स्वतंत्र उपस्थिति होती है।

परमाणुओं का आकार (Size of Atoms)

परमाणु बहुत छोटे होते हैं तथा इनकी त्रिज्या को **नैनोमीटर** में मापते हैं।

$$\frac{1}{10^9}\text{m} = 1\,\text{nm}$$

या

$$1\text{ m} = 10^9\text{ nm}$$

हाइड्रोजन परमाणु सबसे छोटा परमाणु तथा इसकी त्रिज्या 0.1 nm है।

विभिन्न तत्वों के परमाणुओं के आधुनिक प्रतीक (Modern Symbols of Atoms of Different Elements)

रसायन विज्ञान में प्रतीक, तत्व के एक परमाणु को प्रदर्शित करता है। किसी तत्व के प्रतीक का उपयोग करना एक तत्व के पूर्ण शब्द को लिखने से सरल है इसलिए प्रतीक एक तत्व को प्रदर्शित करते हैं। डाल्टन ऐसे वैज्ञानिक थे, जिन्होंने तत्वों को प्रदर्शित करने के लिए प्रतीकों का सर्वप्रथम प्रयोग किया।

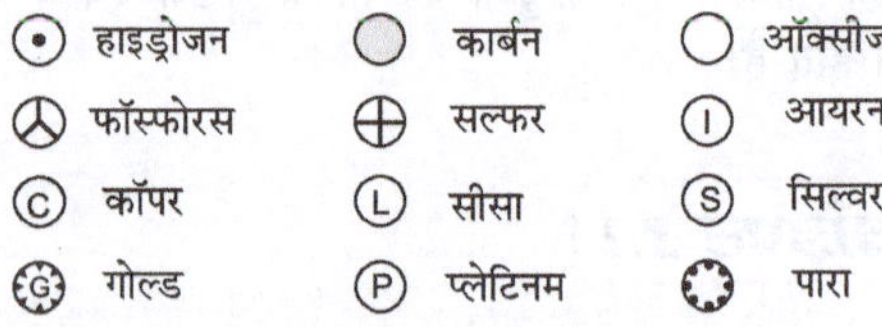

डाल्टन द्वारा सुझाए गए कुछ तत्वों के प्रतीक

डाल्टन के प्रतीकों को बनाना व प्रयोग करना बहुत कठिन था। जे जे बर्जिलियस ने तत्वों के आधुनिक प्रतीकों का सुझाव दिया।

प्रारंभ में तत्वों के नामों की व्युत्पत्ति उन स्थानों के नामों से की गई, जहाँ वे सर्वप्रथम पाए गए थे।

आजकल इंटरनेशनल यूनियन ऑफ प्योर एण्ड एप्लाइड कैमिस्ट्री (IUPAC) तत्वों के नामों को स्वीकृति प्रदान करती है। अधिकतर तत्वों के प्रतीक उन तत्वों के अंग्रेजी नामों के एक या दो अक्षरों से बने होते हैं। किसी प्रतीक के पहले अक्षर को सदैव बड़े अक्षर (Capital letter) में तथा दूसरे अक्षर को छोटे अक्षर (Small letter) में लिखा जाता है।

उदाहरण—क्लोरीन (Cl), जिंक (Zn) एवं ऐलुमिनियम (Al)।

कुछ तत्वों के प्रतीकों को लेटिन, जर्मन या ग्रीक भाषाओं में उनके नामों से बनाया गया।

उदाहरण—लौहा Fe – *फेरम* (लैटिन नाम)

गोल्ड Au – *ऑरम* (लैटिन नाम)

पोटैशियम K – *केलियम* (लैटिन नाम)

कोबाल्ट Co – *कोबोल्ड* (जर्मन नाम)

सोडियम Na – *नेट्रियम* (लैटिन नाम)

कुछ तत्वों के प्रतीक

तत्व	प्रतीक	तत्व	प्रतीक	तत्व	प्रतीक
ऐलुमिनियम	Al	कॉपर	Cu	नाइट्रोजन	N
आर्गन	Ar	फ्लुओरीन	F	ऑक्सीजन	O
बेरियम	Ba	स्वर्ण (गोल्ड)	Au	पोटैशियम	K
बोरॉन	B	हाइड्रोजन	H	सिलिकॉन	Si
ब्रोमीन	Br	आयोडीन	I	चाँदी (सिल्वर)	Ag
कैल्सियम	Ca	आयरन	Fe	सोडियम	Na
कार्बन	C	सीसा	Pb	सल्फर	S
क्लोरीन	Cl	मैग्नीशियम	Mg	यूरेनियम	U
कोबाल्ट	Co	निऑन	Ne	जिंक	Zn

परमाणु द्रव्यमान (Atomic Mass)

डाल्टन के अनुसार, प्रत्येक तत्व का एक अभिलाक्षणिक परमाणु द्रव्यमान होता है। परंतु किसी परमाणु के द्रव्यमान की व्याख्या आपेक्षिक रूप से छोटे आकार के कारण कठिन होती है। अत: इनके आपेक्षिक परमाणु भारों की व्याख्या रासायनिक संयोग के नियमों द्वारा तथा निर्मित यौगिक से होती है।

इस उद्देश्य के लिए प्रारंभ में प्रकृति जन्य ऑक्सीजन परमाणु के द्रव्यमान के 1/16 भाग को इकाई के रूप में लिया। इसके निम्न दो कारण हैं—

(i) ऑक्सीजन अनेक तत्वों के साथ अभिक्रिया करके यौगिक बनाता है।

(ii) इस परमाणु द्रव्यमान इकाई द्वारा अधिकांश तत्वों के परमाणु द्रव्यमान पूर्णांक में प्राप्त होते हैं।

तथापि, 1961 में परमाणु द्रव्यमानों को ज्ञात करने के लिए परमाणु द्रव्यमान इकाई कार्बन-12 समस्थानिक को मानक संदर्भ के रूप में सार्वभौमिक रूप से स्वीकार किया गया था।

कार्बन-12 समस्थानिक के एक परमाणु द्रव्यमान के 1/12 वें भाग को मानक परमाणु द्रव्यमान इकाई के रूप में लेते हैं। कार्बन-12 समस्थानिक के एक परमाणु द्रव्यमान के सापेक्ष सभी तत्वों के परमाणु द्रव्यमान प्राप्त किए गए।

आपेक्षिक परमाणु भार (Relative Atomic Mass)

'किसी तत्व का परमाणु भार वह संख्या होती है, जो यह दर्शाती है कि उस तत्व के परमाणु का औसत भार C-12 के एक परमाणु के बारहवें भाग $\left(\frac{1}{12}\right)$ से कितने गुना भारी है।'

अर्थात्

कार्बन के सापेक्ष, किसी तत्व का परमाणु भार

$$= \frac{\text{तत्व के एक परमाणु का द्रव्यमान}}{1/12 \times \text{एक कार्बन-12 परमाणु का द्रव्यमान}}$$

कार्बन -12 को मानक (आधार) मानने पर अधिकांश तत्वों के परमाणु भार पूर्णांक या लगभग पूर्णांक प्राप्त होते हैं तथा पुराने मानकों से प्राप्त भारों में भी अल्पतम् विचलन होता है। अत: यह मानक समस्त वैज्ञानिकों को मान्य है।

परमाणु भार एक आपेक्षिक संख्या है जिसकी कोई इकाई नहीं होती है।

परमाणु द्रव्यमान इकाई (Atomic Mass Unit)

कार्बन-12 के एक परमाणु का द्रव्यमान स्वेच्छा से ठीक 12 माना गया है। अत: कार्बन-12 के एक परमाणु के द्रव्यमान के बारहवें भाग $\left(\frac{1}{12}\right)$ को परमाणु द्रव्यमान इकाई कहा जाता है। इसे amu या u (Unified mass या एकीकृत द्रव्यमान) के रूप में लिखा जाता है।

कुछ तत्वों के परमाणु द्रव्यमान

तत्व	परमाणु द्रव्यमान (u)
हाइड्रोजन	1
कार्बन	12
नाइट्रोजन	14
ऑक्सीजन	16
सोडियम	23
मैग्नीशियम	24
सल्फर	32
क्लोरीन	35.5
कैल्सियम	40

नोट *अधिकांश तत्वों के परमाणु स्वतंत्र रूप से अस्तित्व में नहीं रह पाते, परमाणु, अणु एवं आयन बनाते हैं। ये अणु अथवा आयन अत्यधिक संख्या में संयोजित होकर वह द्रव्य बनाते हैं, जिसे हम देख सकते हैं, अनुभव कर सकते हैं अथवा छू सकते हैं।*

अणु (Molecules)

किसी पदार्थ (तत्व या यौगिक) का वह सूक्ष्मतम कण जो स्वतंत्र अवस्था में रह सकता है तथा जिसमें पदार्थ के सभी गुणधर्म निहित होते हैं, अणु कहलाता है। साधारणतया अणु ऐसे दो या दो से अधिक परमाणुओं का समूह होता है जो आपस में रासायनिक बंध द्वारा जुड़ा होता हैं। वह परस्पर आकर्षण बल के द्वारा प्रबलता से जुड़ा होता है। एक ही तत्व के परमाणु अथवा भिन्न-भिन्न तत्वों के परमाणु परस्पर संयोग करके अणु निर्मित करते हैं। अणु को दो भागों में वर्गीकृत किया जा सकता है—

1. तत्वों के अणु (Molecules of Elements)

किसी तत्व के अणु एक ही प्रकार के परमाणुओं द्वारा बने होते हैं। आर्गन (Ar), हीलियम (He) आदि जैसे अनेक तत्वों के अणु उसी तत्व के केवल एक परमाणु द्वारा निर्मित होते हैं, लेकिन अधिकांश अधातुओं में ऐसा नहीं होता है।

उदाहरण—ऑक्सीजन अणु दो ऑक्सीजन परमाणुओं से बनता है, इसलिए इसे द्विपरमाणुक अणु, O_2 कहते हैं। ओजोन (O_3) में ऑक्सीजन के तीन परमाणु होते हैं। इसलिए इसे त्रिपरमाणुक अणु कहते हैं।

परमाणुकता (Atomicity)

किसी अणु की संरचना में प्रयुक्त होने वाले परमाणुओं की संख्या को उस अणु की परमाणुकता कहते हैं। परमाणुकता के आधार पर अणुओं को इस प्रकार वर्गीकृत किया जा सकता है—

(i) **एकपरमाणुक अणु** इनमें केवल एक परमाणु उपस्थित होता है।
उदाहरण—He, Ne, Ar, Xe, Fe, Al आदि।

(ii) **द्विपरमाणुक अणु** इनमें दो परमाणु उपस्थित होते हैं।
उदाहरण— $H_2, O_2, N_2, I_2, Br_2, Cl_2$, HCl, NaCl आदि।

(iii) **त्रिपरमाणुक अणु** इनमें तीन परमाणु उपस्थित होते हैं।
उदाहरण—O_3, CO_2, NO_2 आदि।

(iv) **चतुर्परमाणुक अणु** इनमें चार परमाणु उपस्थित होते हैं।
उदाहरण— P_4, H_2O_2 आदि।

(v) **बहुपरमाणुक अणु** इनमें चार से अधिक परमाणु उपस्थित होते हैं।
उदाहरण—CH_4 (पंचपरमाणुक) S_8 (अष्ठपरमाणुक) आदि।

कुछ तत्वों की परमाणुकता

तत्वों के प्रकार	नाम	परमाणुकता
अधातु	आर्गन	एकपरमाणुक
	हीलियम	एकपरमाणुक
	ऑक्सीजन	द्विपरमाणुक
	हाइड्रोजन	द्विपरमाणुक
	नाइट्रोजन	द्विपरमाणुक
	क्लोरीन	द्विपरमाणुक
	फॉस्फोरस	चर्तुपरमाणुक
	सल्फर	बहुपरमाणुक
धातु	सोडियम	एकपरमाणुक
	आयरन	एकपरमाणुक
	ऐलुमिनियम	एकपरमाणुक
	कॉपर	एकपरमाणुक

2. यौगिकों के अणु (Molecules of Compounds)

भिन्न-भिन्न तत्वों के परमाणु एक निश्चित अनुपात में परस्पर जुड़कर यौगिकों के अणु बनाते हैं।

कुछ यौगिकों के अणु

यौगिक	संयुक्त तत्व	द्रव्यमान अनुपात
जल	हाइड्रोजन, ऑक्सीजन	1 : 8
अमोनिया	नाइट्रोजन, हाइड्रोजन	1 : 3
कार्बन डाइऑक्साइड	कार्बन, ऑक्सीजन	3 : 8
हाइड्रोजन सल्फाइड (H_2S)	हाइड्रोजन तथा सल्फर	1 : 16
सल्फ्यूरिक अम्ल (H_2SO_4)	हाइड्रोजन, सल्फर तथा ऑक्सीजन	1 : 16 : 32
ग्लूकोज ($C_6H_{12}O_6$)	कार्बन, हाइड्रोजन तथा ऑक्सीजन	6 : 1 :8
बेकिंग पाउडर ($NaHCO_3$)	सोडियम, हाइड्रोजन, कार्बन तथा ऑक्सीजन	23 : 1 : 12 : 48
साधारण नमक (NaOH)	सोडियम तथा क्लोरीन	23 : 35 :5
चूना पत्थर या कैल्सियम कार्बोनेट ($CaCO_3$)	कैल्सियम, कार्बन तथा ऑक्सीजन	40 : 12 :48 या 10 : 3 : 12
कास्टिक सोडा (NaOH)	सोडियम, ऑक्सीजन तथा हाइड्रोजन	23 : 16 : 1
एथेनॉल (C_2H_5OH)	कार्बन, हाइड्रोजन तथा ऑक्सीजन	24 : 6 : 16 या 12 : 3 : 8
कास्टिक पोटाश (KOH)	पोटैशियम, ऑक्सीजन तथा हाइड्रोजन	39 : 16 : 1
मेथेनॉल (CH_3—OH)	कार्बन, हाइड्रोजन तथा ऑक्सीजन	12 : 4 : 16 या 3 : 1 : 4
इथाइन (C_2H_2)	कार्बन तथा हाइड्रोजन	24 : 2 या 12 : 1

द्रव्यमान अनुपात से परमाणुओं की संख्या का अनुमान लगाना (Prediction of Number of Atoms from Mass Ratio)

द्रव्यमान अनुपात से परमाणुओं की संख्या का अनुमान लगाने के लिए, तत्व के परमाणु द्रव्यमान द्वारा प्रत्येक तत्व के दिए गए द्रव्यमान को विभाजित करें तथा प्राप्त मोलों के बीच साधारण अनुपात की गणना करें।

उदाहरण—अमोनिया में नाइट्रोजन तथा हाइड्रोजन का द्रव्यमान अनुपात 14 : 3 है। अमोनिया के अणु में नाइट्रोजन तथा हाइड्रोजन परमाणुओं की संख्या की गणना निम्न प्रकार की जा सकती है—

तत्व	द्रव्यमान अनुपात (*X*)	परमाणु भार (*Y*)	मोल अनुपात (*X*/*Y*)	साधारण अनुपात
N	14	14	$\frac{14}{14}=1$	1
H	3	1	$\frac{3}{1}=3$	3

इस प्रकार, अमोनिया अणु में एक N तथा तीन H-परमाणु उपस्थित होते हैं। अतः अमोनिया का सूत्र NH_3 है।

चेक प्वॉइण्ट 3.2

1. तत्व के लिए प्रतीक का प्रयोग आवश्यक क्यों होता है?
2. निम्न प्रतीकों में से गलत क्या है? प्रत्येक स्थिति में सही प्रतीक दीजिए—
   (i) सोडियम (So) (ii) हाइड्रोजन (Hg)
   (iii) कॉपर (Co) (iv) सल्फर (s)
   (v) कैल्सियम (Ca)
3. किन्हीं दो तत्वों के नाम बताइए, जिनके प्रतीक तत्व के नाम समान शब्द से प्रारम्भ नहीं होते हैं।
4. सोडियम जैसे कुछ तत्वों का प्रतीक नाम के प्रारंभिक अक्षर से शुरु क्यों नहीं होता है?
5. 2Cl तथा Cl_2 में क्या अंतर है? इन दोनों में से कौन-सा रूप प्रकृति में पाया जाता है? इस तत्व का परमाणु भार भी दीजिए।
6. निम्न का नाम लिखिए—
   (i) I_2 (ii) H_2S (iii) HNO_3 (iv) Na_2SO_4 (v) S_8
7. नाइट्रोजन के एक ऑक्साइड में नाइट्रोजन तथा ऑक्सीजन पाए जाते हैं, जो आपस में भारानुसार 7 : 16 अनुपात में संयोग करते हैं। ऑक्साइड के सूत्र की उत्पत्ति तथा इसका नाम बताइए।

आयन (Ions)

सभी परमाणुओं तथा अणुओं में इलेक्ट्रॉनों तथा प्रोटॉनों की संख्या समान होती है जिस कारण वे विद्युत उदासीन होते हैं। जब ये इलेक्ट्रॉनों को ग्रहण करते हैं या उनका त्याग करते हैं, तो इन पर इलेक्ट्रॉनों की संख्या परिवर्तित हो जाने के कारण कुछ आवेश आ जाता है। ये आवेशित परमाणु या परमाणुओं के समूह (मूलक) आयन कहलाते हैं। अतः आयन वे परमाणु या परमाणुओं के समूह हैं जिन पर कम-से-कम एक स्वतंत्र आवेश उपस्थित होता है।

उदाहरण—सोडियम आयन (Na^+), मैग्नीशियम आयन (Mg^{2+}), कार्बोनेट आयन (CO_3^{2-}) आदि।

आयन मुख्यतः जलीय विलयन में निर्मित होते हैं तथा स्वतंत्र अवस्था में नहीं रह सकते। ये निम्न दो प्रकार के होते हैं—

धनायन (Cations)

धनायन का निर्माण किसी परमाणु या परमाणुओं के समूह द्वारा एक या एक से अधिक इलेक्ट्रॉनों के निकल जाने के कारण होता है।

उदाहरण—इसका आकार सदैव अपने मूल परमाणु की अपेक्षा छोटा होता है। सामान्यतया धातुएँ धनायन बनाती हैं।

उदाहरण Na^+, K^+, Ca^{2+}, Al^{3+} आदि।

ऋणायन (Anions)

ऋणायन का निर्माण किसी परमाणु या परमाणुओं के समूह द्वारा एक या एक से अधिक इलेक्ट्रॉनों को ग्रहण करने के कारण होता है। सामान्य अधातुएँ ऋणायन बनाती हैं। **उदाहरण**—Cl^-, Br^-, O^{2-}, N^{3-} आदि।

बहुपरमाणुक आयन (Polyatomic Ion)

परमाणुओं के समूह जिन पर नेट आवेश विद्यमान होता है, उन्हें बहुपरमाण्विक आयन कहते हैं। इन पर निश्चित आवेश होता है।

उदाहरण—NO_3 (नाइट्रेट आयन); CO_3^{2-} (कार्बोनेट आयन) तथा SO_4^{2-} (सल्फेट आयन) आदि।

कुछ आयनिक यौगिक

आयनिक यौगिक	संघटक तत्व	द्रव्यमान अनुपात
कैल्सियम ऑक्साइड	कैल्सियम एवं ऑक्सीजन	5 : 2
मैग्नीशियम सल्फाइड	मैग्नीशियम एवं सल्फर	3 : 4
सोडियम क्लोराइड	सोडियम एवं क्लोरीन	23 : 35.5

नोट *आयनिक यौगिक धनायन तथा ऋणायन द्वारा बने होते हैं।* ***उदाहरण*****–***सोडियम क्लोराइड (NaCl) में धनात्मक सोडियम आयन (Na^+) तथा ऋणात्मक क्लोराइड आयन (Cl^-) संघटक कण के रूप में विद्यमान होते हैं।*

संयोजकता (Valency)

किसी तत्व/मूलक (आयन) की अन्य तत्वों/मूलकों से संयोग करने की क्षमता उसकी संयोजकता कहलाती है। चूँकि तत्वों का संयोजन इलेक्ट्रॉनों के स्थानांतरण या साझे द्वारा होता है। अत: किसी तत्व (या मूलक) द्वारा त्यागे गए या ग्रहित इलेक्ट्रॉनों की कुल संख्या को उस तत्व की संयोजकता कहते हैं।

कुछ आयनों के नाम, संयोजकता एवं प्रतीक

संयोजकता	आयन का नाम	प्रतीक	अधात्विक तत्व	प्रतीक	बहुपरमाणुक आयन	प्रतीक
1.	सोडियम	Na^+	हाइड्रोजन	H^+	अमोनियम	NH_4^+
	पोटैशियम	K^+	हाइड्राइड	H^-	हाइड्रॉक्साइड	OH^-
	सिल्वर	Ag^+	क्लोराइड	Cl^-	नाइट्रेट	NO_3^-
	कॉपर (I)*	Cu^+	ब्रोमाइड	Br^-	हाइड्रोजन कार्बोनेट	HCO_3^-
			आयोडाइड	I^-		
2.	मैग्नीशियम	Mg^{2+}	ऑक्साइड	O^{2-}	कार्बोनेट	CO_3^{2-}
	कैल्सियम	Ca^{2+}	सल्फाइड	S^{2-}	सल्फाइट	SO_3^{2-}
	जिंक	Zn^{2+}			सल्फेट	SO_4^{2-}
	आयरन (II)*	Fe^{2+}				
	कॉपर (II)*	Cu^{2+}				
3.	ऐलुमिनियम	Al^{3+}	नाइट्राइड	N^{3-}	फॉस्फेट	PO_4^{3-}
	आयरन (III)*	Fe^{3+}				

नोट *कुछ तत्व एक से अधिक संयोजकता दर्शाते हैं। संयोजकता को कोष्ठकों में रोमन संख्या के द्वारा प्रदर्शित करते हैं।*

रासायनिक सूत्र लिखना (Writing Chemical Formulae)

एक यौगिक को तत्वों की संयोजकता तथा प्रतीकों की सहायता से प्रदर्शित करने का लघुत्तम तरीका **रासायनिक सूत्र** कहलाता है। यौगिक का रासायनिक सूत्र इसके संरचनात्मक तत्वों तथा संयोग करने वाले प्रत्येक तत्वों के परमाणुओं की संख्या को प्रदर्शित करता है। आयनिक यौगिक में प्रत्येक आयन पर आवेश यौगिक के रासायनिक सूत्र की व्याख्या में प्रयुक्त होता है।

रासायनिक सूत्र लिखने के कुछ निम्न चरण है :

(i) आयन पर संयोजकता या आवेश संतुलित होने चाहिए।

(ii) जब एक यौगिक में धातु तथा अधातु के संयोग से निर्मित होता हैं तो धातु का नाम अथवा उसका प्रतीक पहले बाँयीं ओर जबकि अधातु को इसके दाँयीं ओर लिखते हैं।

उदाहरण—कैल्सियम ऑक्साइड (CaO), सोडियम क्लोराइड (NaCl), आयरन सल्फाइड (FeS), कॉपर ऑक्साइड (CuO) इत्यादि, यहाँ ऑक्सीजन, क्लोरीन, सल्फर अधातु हैं जिन्हें दाँयीं ओर लिखते हैं जबकि कैल्सियम, सोडियम, आयरन तथा कॉपर धातुओं को बाँयीं ओर लिखते हैं।

(iii) बहुपरमाणुक आयनों द्वारा निर्मित यौगिकों में आयन को पहले कोष्ठक में रखते है। तत्पश्चात् अनुपातों को दर्शाने वाली संख्या को लिखते हैं।

उस स्थिति में जब केवल एक बहुपरमाणुक आयन होता है, कोष्टक आवश्यक नहीं होता है।

सरल यौगिकों के सूत्र (Formulae of Simple Compounds)

सरल यौगिकों का रासायनिक सूत्र लिखने के लिए—

(i) सर्वप्रथम दोनों तत्वों अथवा आयनों के प्रतीकों (संकेतों) को पास-पास इस प्रकार लिखते हैं कि धनावेशित मूलक (या धनात्मक संयोजकता वाला तत्व) बाँयीं ओर लिखा हो तथा ऋणावेशित मूलक (या ऋणात्मक संयोजकता वाला तत्व) दाँयीं ओर लिखा हो।

(ii) अब इन तत्वों (या आयनों) के ऊपर इनकी संयोजकता (आवेश) को लिख देते हैं।

(iii) अब संयोजकता (या आवेश) अंकों की परस्पर अदला-बदली (विनिमय) कर देते हैं अर्थात् धनात्मक मूलक की संयोजकता (या आवेश) को ऋणात्मक मूलक के नीचे तथा ऋणात्मक मूलक की संयोजकता (या आवेश) को धनात्मक मूलक के नीचे लिख देते हैं। यह नियम **विकर्ण नियम** (Diagonal law) कहलाता है।

नोट *सरल यौगिक दो भिन्न यौगिकों द्वारा बनते हैं, बाइनरी यौगिक कहलाते हैं।*

उदाहरण—हाइड्रोजन सल्फाइड

प्रतीक H ⤨ S

आवेश +1 −2

सूत्र H_2S

नोट *जब पादांक 1 होता है तो पादांक नहीं लिखते हैं।*

कार्बन टेट्राक्लोराइड

प्रतीक C ⤨ Cl

आवेश +4 −1

सूत्र CCl_4

मैग्नीशियम क्लोराइड

प्रतीक Mg ⤨ Cl

आवेश +2 −1

सूत्र $MgCl_2$

कैल्सियम ऑक्साइड

प्रतीक Ca ⤨ O

आवेश +2 −2

सूत्र Ca_2O_2 या CaO

नोट *जब दोनों तत्वों की संयोजकता संख्यात्मक रूप से समान होती है तो पादांक नहीं लिखते हैं।*

ऐलुमिनियम ऑक्साइड

प्रतीक Al ⤨ O

आवेश +3 −2

सूत्र Al_2O_3

सोडियम नाइट्रेट

प्रतीक Na ⤨ NO_3

सूत्र +1 −1

सूत्र $NaNO_3$

पोटैशियम कार्बोनेट

प्रतीक K ⤨ CO_3

आवेश +1 −2

सूत्र K_2CO_3

नोट *जब दो या अधिक समान बहुपरमाणुक आयन होते हैं तो हम सूत्र में कोष्ठक का प्रयोग करते हैं।*

ऐलुमिनियम हाइड्रॉक्साइड

प्रतीक Al ⤨ OH

आवेश +3 −1

सूत्र $Al(OH)_3$

अमोनियम सल्फेट

प्रतीक NH_4 ⤨ SO_4

आवेश +1 −2

सूत्र $(NH_4)_2SO_4$

नोट *सभी पादांक निम्नवत् पद के रूप में कम होने चाहिए। (अणु या सहसंयोजक यौगिकों के अतिरिक्त)*

टिन (IV) ऑक्साइड

प्रतीक Sn ⤨ O

आवेश +4 −2

सूत्र Sn_2O_4 या SnO_2

चेक प्वॉइण्ट 3.3

1. *किस प्रकार एक आयन एक परमाणु से भिन्न होता है? किस प्रकार धनायन, ऋणायन से भिन्न होता है?*
2. *निम्न आयनों के प्रतीक तथा संयोजकता बताइए हाइड्रॉक्साइड आयन, कार्बोनेट आयन।*
3. *परमाणुओं की कुल संख्या ज्ञात कीजिए।*
   (i) कैल्सियम फॉस्फेट
   (ii) हाइड्रोजन सल्फाइड
4. *परमाणुओं के संयोग में संयोजकता की भूमिका बताइए।*
5. *एक तत्व X, $X_2(CO_3)_3$ प्रकार का यौगिक बनाता है। इसके फॉस्फेट तथा क्लोराइड का सूत्र ज्ञात कीजिए।*
6. *निम्न यौगिकों का सूत्र लिखिए—*
   (i) मैग्नीशियम सल्फेट
   (ii) सोडियम ब्रोमाइड

आण्विक द्रव्यमान (Molecular Mass)

किसी पदार्थ का आण्विक द्रव्यमान उसके सभी संघटक परमाणुओं के द्रव्यमानों का योग होता है। इस प्रकार यह अणु का वह सापेक्ष द्रव्यमान है, जिसे परमाणु द्रव्यमान इकाई (u) द्वारा व्यक्त किया जाता है।

उदाहरण—जल (H_2O) का सापेक्ष आण्विक द्रव्यमान 18u है। जिसका परिकलन निम्न प्रकार किया जा सकता है।

हाइड्रोजन का परमाणु द्रव्यमान = 1 u

तथा ऑक्सीजन का परमाणु द्रव्यमान = 16 u

अतः जल, जिसमें दो परमाणु हाइड्रोजन एवं एक परमाणु ऑक्सीजन होते हैं, का आण्विक द्रव्यमान $= 2 \times 1 + 1 \times 16 = 18\,u$ होगा।

उदाहरण 3. निम्न पदार्थों के आण्विक द्रव्यमान का परिकलन कीजिए।

(i) अमोनिया (ii) हाइड्रोक्लोरिक अम्ल

(iii) फॉस्फोरस अणु (iv) हाइड्रोजन अणु

(v) ऑक्सीजन अणु (vi) सल्फर डाइऑक्साइड

हल (i) अमोनिया (NH_3) का आण्विक द्रव्यमान $= 1 \times 14 + 3 \times 1 = 17\,u$

(ii) हाइड्रोक्लोरिक अम्ल (HCl) का आण्विक द्रव्यमान

$= 1 \times 1 + 1 \times 35.5 = 36.5\,u$

(iii) फॉस्फोरस अणु (P_4) का आण्विक द्रव्यमान = $4 \times 31 = 124$ u

(iv) हाइड्रोजन अणु (H_2) का आण्विक द्रव्यमान $2 \times 1 = 2$ u

(v) ऑक्सीजन (O_2) का आण्विक द्रव्यमान = $2 \times 16 = 32$ u

(vi) सल्फर डाइऑक्साइड (SO_2) का आण्विक द्रव्यमान
$= 32 + 2 \times 16 = 64$ u

सूत्र इकाई द्रव्यमान (Formula Unit Mass)

किसी यौगिक का सूत्र द्रव्यमान उसके सभी संघटक परमाणुओं के परमाणु द्रव्यमानों का योग होता है। सूत्र द्रव्यमान का परिकलन उसी प्रकार से करते हैं जिस प्रकार आण्विक द्रव्यमान का परिकलन किया जाता है।

उदाहरण— सोडियम क्लोराइड (NaCl) के लिए द्रव्यमान सूत्र भार

$$1 \times 23 + 1 \times 35.5 = 58.5 \text{ u}$$

चेक प्वॉइण्ट 3.4

1. किस प्रकार सूत्र इकाई द्रव्यमान आण्विक द्रव्यमान से भिन्न है ?

2. मोलर द्रव्यमान या आण्विक द्रव्यमान में से कौन-सी एक राशि बड़ी है ? समझाइए।

3. (i) MgO (ii) Na_2CO_3 (iii) H_3PO_4 (iv) $Ca(OH)_2$ (v) $Al_2(SO_4)_3$

4. निश्चित ऑक्सीजन परमाणुओं की संख्या का द्रव्यमान जो 1 ग्राम हाइड्रोजन गैस में उपस्थित अणुओं की संख्या के बराबर है को ज्ञात कीजिए। **[उत्तर** 8 ग्राम**]**

5. सोडियम आयनों की संख्या का परिकलन कीजिए जो 212 ग्राम सोडियम कार्बोनेट में पायी जाती है ? **[उत्तर** 2.4088×100**]**

NCERT फोल्डर

अध्याय के बीच के प्रश्न

1. एक अभिक्रिया में 5.3 ग्राम सोडियम कार्बोनेट एवं 6.0 ग्राम एथेनॉइक अम्ल अभिकृत होते हैं। 2.2 ग्राम कार्बन डाइऑक्साइड 8.2 ग्राम सोडियम एथेनॉएट एवं 0.9 ग्राम जल उत्पाद के रूप में प्राप्त होते हैं। इस अभिक्रिया द्वारा दिखाइए कि यह परीक्षण द्रव्यमान संरक्षण के नियम के अनुरूप है।

सोडियम कार्बोनेट + एथेनॉइक अम्ल ⟶
सोडियम एथेनॉएट + कार्बन डाइऑक्साइड + जल

उत्तर $\underset{5.3 \text{ ग्राम}}{Na_2CO_3} + \underset{6 \text{ ग्राम}}{2CH_3COOH} \longrightarrow \underset{8.2 \text{ ग्राम}}{2CH_3COONa} + \underset{2.2 \text{ ग्राम}}{CO_2} + \underset{0.9 \text{ ग्राम}}{H_2O}$

द्रव्यमान संरक्षण नियम के अनुसार, किसी रासायनिक अभिक्रिया में द्रव्यमान का न तो सृजन किया जा सकता है न ही विनाश, अर्थात् द्रव्यमान अभिक्रिया के दौरान एकसमान रहता है।

इसलिए, बाईं ओर का द्रव्यमान= 5.3 ग्राम + 6 ग्राम = 11.3 ग्राम

दाईं ओर का द्रव्यमान = 8.2 ग्राम + 2.2 ग्राम + 0.9 ग्राम
= 11.3 ग्राम

बाईं ओर का द्रव्यमान = दाईं ओर का द्रव्यमान

अतः यह अभिक्रिया परीक्षण द्रव्यमान संरक्षण के नियम के अनुरूप है।

2. हाइड्रोजन एवं ऑक्सीजन द्रव्यमान के अनुसार 1 : 8 के अनुपात में संयोग करके जल निर्मित करते हैं। 3 ग्राम हाइड्रोजन गैस के साथ पूर्ण रूप से संयोग करने के लिए कितने ऑक्सीजन गैस के द्रव्यमान की आवश्यकता होगी?

उत्तर स्थिर अनुपात के नियम के अनुसार, किसी भी यौगिक में तत्व सदैव एक निश्चित द्रव्यमानों के अनुपात में विद्यमान होते हैं। अतः इस सूत्र के अनुसार,

∵ 1 ग्राम हाइड्रोजन ऑक्सीजन से संयोग करता है = 8 ग्राम

∴ 3 ग्राम हाइड्रोजन ऑक्सीजन से संयोग करेगा = 8×3
= 24 ग्राम

3. डाल्टन के परमाणु सिद्धान्त का कौन-सा अभिग्रहीत द्रव्यमान के संरक्षण के नियम का परिणाम है?

उत्तर डाल्टन के परमाणु सिद्धान्त के अनुसार 'परमाणु अविभाज्य सूक्ष्मतम कण होते हैं, जो रासायनिक अभिक्रिया में न तो सृजित होते हैं, न ही उनका विनाश होता है। यह अभिग्रहीत द्रव्यमान के संरक्षण के नियम का परिणाम है।

4. डाल्टन के परमाणु सिद्धान्त का कौन-सा अभिग्रहीत निश्चित अनुपात के नियम की व्याख्या करता है?

उत्तर 'किसी भी यौगिक में परमाणुओं की सापेक्ष संख्या एवं प्रकार निश्चित होते हैं।' यह अभिग्रहीत निश्चित् अनुपात के नियम की व्याख्या करता है।

5. परमाणु द्रव्यमान इकाई को परिभाषित कीजिए।

उत्तर किसी तत्व के सापेक्षिक परमाणु द्रव्यमान को उसके परमाणुओं के औसत द्रव्यमान का कार्बन-12 परमाणु के द्रव्यमान के 1/12 वें भाग के अनुपात द्वारा परिभाषित किया जाता है।

6. एक परमाणु को आँखों द्वारा देखना क्यों संभव नहीं होता है?

उत्तर परमाणु बहुत छोटे होते हैं इसीलिए हम इनको आँखों द्वारा नहीं देख सकते तथा परमाणु त्रिज्या को नैनोमीटर में मापा जाता है।
उदाहरण—हाइड्रोजन परमाणु की त्रिज्या 10^{-10} मी है।
(10^{-1} नैनोमीटर)
परमाणु बहुत छोटे हैं इसीलिए हम इनको आँखों द्वारा नहीं देख

सकते तथा परमाणु त्रिज्या को नैनोमीटर में मापा जाता है।
उदाहरण–हाइड्रोजन परमाणु की त्रिज्या 10^{-10} मीटर है। (10^{-1} नैनोमीटर)

7. निम्न के सूत्र लिखिए
(i) सोडियम ऑक्साइड (ii) सोडियम सल्फाइड
(iii) ऐलुमिनियम क्लोराइड (iv) मैग्नीशियम हाइड्रॉक्साइड

उत्तर यौगिकों में, प्रत्येक तत्व की संयोजकता द्वारा रासायनिक सूत्र ज्ञात करते हैं।

(i) सोडियम ऑक्साइड
तत्व Na O
आवेश 1+ 2–
सूत्र $= Na_2O$

(ii) सोडियम सल्फाइड
तत्व Na S
आवेश 1+ 2–
सूत्र $= Na_2S$

(iii) ऐलुमिनियम क्लोराइड
तत्व Al Cl
आवेश 3+ 1–
सूत्र $= AlCl_3$

(iv) मैग्नीशियम हाइड्रॉक्साइड
तत्व Mg OH
आवेश 2+ 1–
सूत्र $= Mg(OH)_2$

8. निम्नलिखित सूत्रों द्वारा प्रदर्शित यौगिकों के नाम लिखिए
(i) $Al_2(SO_4)_3$ (ii) $CaCl_2$ (iii) K_2SO_4
(iv) KNO_3 (v) $CaCO_3$

उत्तर (i) ऐलुमिनियम सल्फेट (ii) कैल्सियम क्लोराइड
(iii) पोटैशियम सल्फेट (iv) पोटैशियम नाइट्रेट
(v) कैल्सियम कार्बोनेट

9. रासायनिक सूत्र से क्या तात्पर्य है?

उत्तर किसी यौगिक का रासायनिक सूत्र उसके संघटक का प्रतीकात्मक निरूपण होता है। रासायनिक सूत्र यौगिक में उपस्थित परमाणु की संख्या एवं प्रकार, यौगिक के मोल और मोलर द्रव्यमान को दर्शाता है।

10. निम्न में कितने परमाणु विद्यमान हैं?
(i) H_2S अणु (ii) PO_4^{3-} आयन।

उत्तर (i) H_2S अणु में परमाणुओं की संख्या
= H परमाणु की संख्या +O परमाणु की संख्या = 2 + 1 = 3
(ii) PO_4^{3-} आयन में परमाणुओं की संख्या
= P परमाणु की संख्या +O परमाणु की संख्या = 1+ 4 = 5

11. निम्न यौगिकों के आण्विक द्रव्यमान का परिकलन कीजिए।
H_2, O_2, Cl_2, CO_2, CH_4, C_2H_6, C_2H_4, NH_3 एवं CH_3OH

उत्तर (i) हाइड्रोजन (H_2) का आण्विक द्रव्यमान
= हाइड्रोजन का परमाणु द्रव्यमान × 2 = 1 × 2 = 2u
(ii) ऑक्सीजन (O_2) का आण्विक द्रव्यमान
= ऑक्सीजन का परमाणु द्रव्यमान × 2= 16 × 2 = 32 u
(iii) क्लोरीन (Cl_2) का आण्विक द्रव्यमान
= क्लोरीन का परमाणु द्रव्यमान × 2 = 35.5 × 2 = 71 u
(iv) कार्बन डाइऑक्साइड (CO_2) का आण्विक द्रव्यमान
= (कार्बन का परमाणु द्रव्यमान × 1) + (ऑक्सीजन का परमाणु द्रव्यमान × 2) = (12 × 1) + (16 × 2) = 44 u
(v) मेथेन (CH_4) का आण्विक द्रव्यमान
= (कार्बन का परमाणु द्रव्यमान × 1) + (हाइड्रोजन का परमाणु द्रव्यमान × 4)= (12 × 1) + (1 × 4) = 16 u
(vi) एथेन (C_2H_6) का आण्विक द्रव्यमान
= (कार्बन का परमाणु द्रव्यमान × 2) + (हाइड्रोजन का परमाणु द्रव्यमान × 6) = (12 × 2) + (1 × 6) = 24 + 6 = 30 u
(vii) एथीन (C_2H_4) का आण्विक द्रव्यमान
= (कार्बन का परमाणु द्रव्यमान × 2) + (हाइड्रोजन का परमाणु द्रव्यमान × 4) = (12 × 2) + (1 × 4) = 24 + 4 = 28 u
(viii) अमोनिया (NH_3) का आण्विक द्रव्यमान
= (नाइट्रोजन का परमाणु द्रव्यमान × 1) + (हाइड्रोजन का परमाणु द्रव्यमान × 3) = (14 × 1) + (1 × 3) = 14 + 3 = 17 u
(ix) CH_3OH (मेथेनॉल या मेथिल ऐल्कोहॉल) का आण्विक द्रव्यमान
= (कार्बन का परमाणु द्रव्यमान × 1) + (हाइड्रोजन का परमाणु द्रव्यमान × 3) + (ऑक्सीजन का परमाणु द्रव्यमान × 1)
+ (हाइड्रोजन का परमाणु द्रव्यमान × 1)
= (12 × 1) + (1 × 3) + (16 × 1) + (1 × 1)
= 12 + 3 + 16 + 1 = 32 u

12. निम्न यौगिकों के सूत्र इकाई द्रव्यमान का परिकलन कीजिए।
ZnO, Na_2O एवं K_2CO_3

दिया गया है, Zn का परमाणु द्रव्यमान = 65 u
Na का परमाणु द्रव्यमान = 23 u
K का परमाणु द्रव्यमान = 39 u
C का परमाणु द्रव्यमान = 12 u
एवं O का परमाणु द्रव्यमान = 16 u है।

उत्तर (i) जिंक ऑक्साइड (ZnO) का सूत्र
इकाई द्रव्यमान = (Zn का परमाणु द्रव्यमान) + (O का परमाणु द्रव्यमान) = (65 u + 16u)
= 81u
(ii) सोडियम ऑक्साइड (Na_2O) का सूत्र
इकाई द्रव्यमान = (सोडियम का परमाणु द्रव्यमान × 2)
+ (ऑक्सीजन का परमाणु द्रव्यमान× 1)
= (23 × 2) + (16 × 1)
= 46 + 16 = 62 u
(iii) पोटैशियम कार्बोनेट (K_2CO_3) का सूत्र
इकाई द्रव्यमान = (पोटैशियम का परमाणु द्रव्यमान × 2)
+ (कार्बन का परमाणु द्रव्यमान ×1)
+ (ऑक्सीजन का परमाणु द्रव्यमान × 3)
= (39 × 2) + (12 × 1) + (16 × 3)
= 78 + 12 + 48 = 138 u

अध्याय के अंत की प्रश्नावली

1. 0.24 ग्राम ऑक्सीजन एवं बोरॉन युक्त यौगिक के नमूने में विश्लेषण द्वारा यह पाया गया है कि उसमें 0.096 ग्राम बोरॉन एवं 0.144 ग्राम ऑक्सीजन है। उस यौगिक के प्रतिशत संघटन का भारात्मक रूप में परिकलन कीजिए।

उत्तर यौगिक का द्रव्यमान = 0.24 ग्राम

बोरॉन का द्रव्यमान = 0.096 ग्राम

ऑक्सीजन का द्रव्यमान = 0.144 ग्राम

$$\text{बोरॉन की प्रतिशत मात्रा} = \frac{\text{बोरॉन का द्रव्यमान}}{\text{यौगिक का द्रव्यमान}} \times 100$$

$$= \frac{0.096 \text{ ग्राम}}{0.240 \text{ ग्राम}} \times 100 = 40\%$$

$$\text{ऑक्सीजन की प्रतिशत मात्रा} = \frac{\text{ऑक्सीजन का द्रव्यमान}}{\text{यौगिक का द्रव्यमान}} \times 100$$

$$= \frac{0.144 \text{ ग्राम}}{0.240 \text{ ग्राम}} \times 100 = 60\%$$

या ऑक्सीजन की प्रतिशत मात्रा = 100 − बोरॉन की प्रतिशत मात्रा

= 100 − 40 = 60%

2. 3.0 ग्राम कार्बन 8.00 ग्राम ऑक्सीजन में जलकर 11.00 ग्राम कार्बन डाइऑक्साइड निर्मित करता है। जब 3.00 ग्राम कार्बन को 50.00 ग्राम आक्सीजन में जलाएँगे तो कितने ग्राम कार्बन डाइऑक्साइड का निर्माण होगा? आपका उत्तर रासायनिक संयोजन के किस नियम पर आधारित होगा ?

उत्तर कार्बन डाइऑक्साइड (CO_2) में कार्बन और ऑक्सीजन का अनुपात

= CO_2 में C : O = 12 : 32 या 3 : 8

दूसरे शब्दों में हम कह सकते हैं कि

$\because$ 12 ग्राम कार्बन क्रिया करता है = 32 ग्राम ऑक्सीजन से

$\therefore$ 3 ग्राम कार्बन क्रिया करेगा = $\frac{32}{12} \times 3 = 8$ ग्राम

$$C + O_2 \longrightarrow CO_2$$

C	O_2	CO_2
12 ग्राम	32 ग्राम	12 + 16 × 2 = 44 ग्राम
3 ग्राम	8 ग्राम	3 + 8 = 11 ग्राम

इसीलिए आर्क्सीजन की मात्रा (50.00 ग्राम) बढ़ाने पर भी 3 ग्राम कार्बन हमेशा ऑक्सीजन के 8 ग्राम से क्रिया करके 11 ग्राम कार्बन डाइऑक्साइड ही बनाएगा।

यह उत्तर रासायनिक संयोजन के 'स्थिर अनुपात के नियम' पर आधारित है।

3. बहुपरमाणुक आयन क्या होते हैं? उदाहरण दीजिए।

उत्तर परमाणुओं का वह पुंज जो आयन की तरह व्यवहार करता है, उसे बहुपरमाणुक आयन कहते हैं। इनके ऊपर एक निश्चित आवेश होता है।

उदाहरण–

(i) कार्बोनेट आयन (CO_3^{2-})

(ii) सल्फेट आयन (SO_4^{2-})

(iii) अमोनियम आयन (NH_4^+)

(iv) फॉस्फेट आयन (PO_4^{3-})

4. निम्नलिखित के रासायनिक सूत्र लिखिए

(i) मैग्नीशियम क्लोराइड (ii) कैल्सियम क्लोराइड

(iii) कॉपर नाइट्रेट (iv) ऐलुमिनियम क्लोराइड

(v) कैल्सियम कार्बोनेट

उत्तर (i) मैग्नीशियम क्लोराइड

तत्व Mg Cl

आवेश 2+ 1− सूत्र = $MgCl_2$

(ii) कैल्सियम क्लोराइड

तत्व Ca Cl

आवेश 2+ 1− सूत्र = $CaCl_2$

(iii) कॉपर नाइट्रेट

तत्व Cu NO_3

आवेश 2+ 1− सूत्र = $Cu(NO_3)_2$

(iv) ऐलुमिनियम क्लोराइड

तत्व Al Cl

आवेश 3+ 1− सूत्र = $AlCl_3$

(v) कैल्सियम कार्बोनेट

तत्व Ca CO_3

आवेश 2+ 2− सूत्र = $CaCO_3$

5. निम्नलिखित यौगिकों में विद्यमान तत्वों के नाम दीजिए।

(i) बिना बुझा हुआ चूना (ii) बेकिंग पाउडर (खाने वाला सोडा)

(iii) हाइड्रोजन ब्रोमाइड (iv) पोटैशियम सल्फेट

उत्तर **यौगिकों के रासायनिक सूत्र और रासायनिक नाम**

(i) बिना बुझा हुआ चूना – कैल्सियम ऑक्साइड(CaO)

तत्व – कैल्सियम तथा ऑक्सीजन

(ii) बेकिंग पाउडर – सोडियम बाइकार्बोनेट ($NaHCO_3$)

तत्व – सोडियम, हाइड्रोजन, कार्बन तथा ऑक्सीजन

(iii) हाइड्रोजन ब्रोमाइड – HBr

तत्व – हाइड्रोजन तथा ब्रोमीन

(iv) पोटैशियम सल्फेट – K_2SO_4

तत्व – पोटैशियम, सल्फर तथा ऑक्सीजन

6. निम्नलिखित पदार्थों के मोलर द्रव्यमान का परिकलन कीजिए।

(i) एथाइन, C_2H_2

(ii) सल्फर (S_8) अणु,

(iii) फॉस्फोरस (P_4) अणु (फॉस्फोरस का परमाणु द्रव्यमान = 31)

(iv) हाइड्रोक्लोरिक अम्ल, HCl

(v) नाइट्रिक अम्ल, HNO_3

उत्तर (i) एथाइन (C_2H_2) का मोलर द्रव्यमान

= (कार्बन का परमाणु द्रव्यमान × 2) + (हाइड्रोजन का परमाणु द्रव्यमान × 2) = (12 × 2) + (1 × 2) = 24 + 2 = 26 u

(ii) सल्फर (S_8) अणु का मोलर द्रव्यमान

= (8 × सल्फर का परमाणु द्रव्यमान) = (8 × 32) = 256 u

(iii) फॉस्फोरस (P_4) अणु का मोलर द्रव्यमान
= (4 × फॉस्फोरस का परमाणु द्रव्यमान) = (4 × 31) = 124 u

(iv) हाइड्रोक्लोरिक अम्ल (HCl) का मोलर द्रव्यमान
= (हाइड्रोजन का परमाणु द्रव्यमान ×1) + (क्लोरीन का परमाणु द्रव्यमान ×1) = (1 × 1) + (35.5 × 1)
= 1 + 35.5 = 36.5 u

(v) नाइट्रिक अम्ल (HNO_3) का मोलर द्रव्यमान
= (हाइड्रोजन का परमाणु द्रव्यमान ×1) + (नाइट्रोजन का परमाणु द्रव्यमान×1) + (ऑक्सीजन का परमाणु द्रव्यमान ×3)
= (1 × 1) + (14 × 1) + (16 × 3)
= 1 + 14 + (3 × 16) = 15 + 48 = 63 u

अध्याय : एक नजर में

- ***लेवोशिए*** एवं ***जे एल प्राउस्ट*** ने बहुत अधिक प्रायोगिक कार्यों के पश्चात् रासायनिक संयोजन के निम्नलिखित दो नियम प्रतिपादित किए
  (i) द्रव्यमान संरक्षण का नियम (ii) स्थिर अनुपात का नियम
- ***द्रव्यमान संरक्षण का नियम*** (Law of mass conservation) द्रव्यमान संरक्षण के नियम के अनुसार, किसी रासायनिक अभिक्रिया में द्रव्यमान का न तो सृजन किया जा सकता है, न ही विनाश।
- ***स्थिर अनुपात का नियम*** (Law of constant proportion) प्राउस्ट के अनुसार, 'किसी भी यौगिक में तत्व सदैव एक निश्चित द्रव्यमानों के अनुपात में विद्यमान होते हैं।'
- डाल्टन के परमाणु सिद्धान्त के अनुसार, सभी द्रव्य चाहे तत्व, यौगिक या मिश्रण हो, सूक्ष्म कणों से बने होते हैं, जिन्हें ***परमाणु*** कहते हैं।
  डाल्टन के सिद्धांत के अनुसार,
  (i) सभी द्रव्य परमाणुओं से निर्मित होते हैं।
  (ii) परमाणु अविभाज्य सूक्ष्मतम कण होते हैं।
  (iii) दिए गए तत्व के सभी परमाणुओं का द्रव्यमान एवं रासायनिक गुणधर्म समान होते हैं।
  (iv) भिन्न-भिन्न तत्वों के परमाणुओं के द्रव्यमान एवं रासायनिक गुणधर्म भिन्न-भिन्न होते हैं।
  (v) किसी भी यौगिक में परमाणुओं की सापेक्ष संख्या एवं प्रकार निश्चित होते हैं।
- डाल्टन के द्रव्य के परमाणु सिद्धान्त की प्रमुख कमियों में से एक यह है कि परमाणुओं को अविभाज्य माना गया था अब हमें ज्ञात है कि विशिष्ट परिस्थितियों में, परमाणुओं को इलेक्ट्रॉन; प्रोटॉन, तथा न्यूट्रॉन में आगे भी विभाजित किया जा सकता है। प्रतीक-तत्व का संक्षिप्त नाम है। आजकल किसी तत्व के नाम (सामान्यतः अंग्रेजी) का पहला अक्षर उसके प्रतीक के रूप में प्रयुक्त किया जाता है। कुछ तत्वों के प्रतीक लैटिन नामों पर भी आधारित है।
- ***परमाणु द्रव्यमान*** (Mass of atom) किसी तत्व के सापेक्षिक परमाणु द्रव्यमान को उसके परमाणुओं के औसत द्रव्यमान का कार्बन-12 परमाणु के द्रव्यमान के 1/12 वें भाग के अनुपात द्वारा परिभाषित किया जाता है।
- ***परमाणु द्रव्यमान इकाई*** (Atomic mass unit (amu या u)) कार्बन-12 परमाणु के द्रव्यमान का 1/12 (बारहवाँ भाग) होता है अर्थात् परमाणु द्रव्यमान इकाई C-12 परमाणु के द्रव्यमान का 1/12 भाग।
- ***अणु*** (Molecules) अणु दो या दो से अधिक परमाणुओं का समूह होता है, जो आपस में रासायनिक बंध अथवा परस्पर आकर्षण बल के द्वारा जुड़े होते हैं। अणु सामान्य दशाओं में स्वतंत्र रह सकता है। यह पदार्थ के सभी गुणधर्मों को प्रदर्शित करता है।
  (i) ***तत्वों के अणु*** यह एक ही प्रकार के परमाणुओं से बनते हैं।
  उदाहरण– Ar, He, O_2, O_3 इत्यादि।
  (ii) ***यौगिकों के अणु*** ये भिन्न तत्वों के परमाणुओं के निश्चित अनुपात में संयोग से बने होते हैं।
  उदाहरण– H_2O, CH_4 इत्यादि।
- ***परमाणुकता*** (Atomicity) किसी तत्व के अणु की संरचना में प्रयुक्त होने वाले परमाणुओं की संख्या को उस अणु की परमाणुकता कहते हैं।
- ***आयन*** (Ion) धातु एवं अधातु युक्त यौगिक आवेशित कणों से बने होते हैं। इन आवेशित कणों को आयन कहते हैं। इन पर ऋण अथवा धन आवेश होता है। ऋण आवेशित कण को ऋणायन (anion) तथा धन आवेशित कण को धनायन (cation) कहते हैं। परमाणुओं का वह पुँज जो आयन की तरह व्यवहार करता है, उसे बहुपरमाणुक आयन कहते हैं। उनके ऊपर एक निश्चित आवेश होता है।
- ***आयनिक यौगिक*** यह यौगिक धनायन तथा ऋणायनों द्वारा बनते हैं।
  उदाहरण– NaCl (Na^+, Cl^-)
- ***संयोजकता*** (Valency) किसी तत्व/मूलक (आयन) की अन्य तत्वों/मूलकों से संयोग करने की क्षमता उसकी संयोजकता कहलाती है। चूँकि तत्वों का संयोजन इलेक्ट्रॉनों के स्थानान्तरण या साझे द्वारा होता है अतः अधिकाँशतः किसी तत्व (या मूलक) द्वारा त्यागे गए या ग्रहित इलेक्ट्रॉनों की कुल संख्या को उस तत्व की संयोजकता कहते हैं।

परीक्षा अभ्यास

यहाँ अध्याय से सम्बन्धित सभी सम्भावित प्रश्नों को दिया गया है, इन प्रश्नों का अभ्यास करके व याद रखकर छात्र अध्याय से सम्बन्धित किसी भी प्रश्न का उत्तर दे पाएँगे।

वस्तुनिष्ठ प्रकार के प्रश्न

बहुविकल्पीय प्रश्न

1. एक बड़े पात्र में रखे दो बीकरों में से एक में सिल्वर नाइट्रेट का तथा दूसरे में NaCl का विलयन रखा है । पात्र को तौलकर, बीकरों के विलयनों को भली प्रकार मिला देते हैं तथा पात्र को पुनः तौल लेते हैं। प्राप्त अन्तिम द्रव्यमान

(a) पहले द्रव्यमान के समान होता है

(b) पहले प्राप्त द्रव्यमान से अधिक होता है

(c) पहले प्राप्त द्रव्यमान से कम होता है

(d) पहले प्राप्त द्रव्यमान से कम भी हो सकता है और अधिक भी

उत्तर (a) द्रव्यमान संरक्षण के नियमानुसार, रासायनिक अभिक्रियाओं में पदार्थों का कुल द्रव्यमान अपरिवर्तित रहता है, अतः अन्तिम द्रव्यमान, पहले द्रव्यमान के समान होगा।

2. द्रव्यमान संरक्षण के नियम से सम्बन्धित सत्य कथन है—

(a) 12 ग्राम कार्बन 32 ग्राम ऑक्सीजन से संयोग करके 44 ग्राम CO_2 का निर्माण करता है

(b) जब 12 ग्राम कार्बन को निर्वात में गर्म किया जाता है, तो भार में परिवर्तन नहीं होता है

(c) स्थिर दाब पर वायु के नमूने को गर्म करने पर उसके आयतन में वृद्धि होती है, जबकि भार अपरिवर्तित रहता है

(d) प्लेटिनम के टुकड़े को वायु की उपस्थिति में गर्म करने से पूर्व तथा पश्चात् भार समान रहता है

उत्तर (a) $\underset{12\text{ ग्राम}}{C} + \underset{32\text{ ग्राम}}{O_2} \longrightarrow \underset{44\text{ ग्राम}}{CO_2}$

अभिकारकों का कुल द्रव्यमान = उत्पादों का कुल द्रव्यमान;

$$12 + 32 = 44$$

अतः यह द्रव्यमान संरक्षण के नियम की पुष्टि करता है।

3. कार्बन मोनोऑक्साइड में कार्बन तथा ऑक्सीजन का द्रव्यमान क्रमशः है

(a) 12 ग्राम, 16 ग्राम (b) 12 ग्राम, 32 ग्राम

(c) 32 ग्राम, 12 ग्राम (d) 30 ग्राम, 20 ग्राम

उत्तर (a) कार्बन मोनोऑक्साइड में कार्बन तथा ऑक्सीजन का द्रव्यमान क्रमशः 12 ग्राम एवं 16 ग्राम होता है।

4. स्वर्ण (Gold) का प्रतीक है

(a) Ag (b) Au

(c) N (d) W

उत्तर (b) स्वर्ण का रासायनिक प्रतीक Au (ऑरम) होता है।

5. परमाणु भार का अन्तर्राष्ट्रीय मानक है

(a) कार्बन-12 (b) ऑक्सीजन-16

(c) हाइड्रोजन (d) इनमें से कोई नहीं

उत्तर (a) कार्बन-12 परमाणु को परमाणु भार की अन्तर्राष्ट्रीय मानक इकाई मानते हैं।

6. यौगिक में उपस्थित तत्व के परमाणुओं की संख्याओं के सरलतम् अनुपात को कहते हैं

(a) रासायनिक सूत्र (b) अणुसूत्र

(c) संरचना सूत्र (d) मूलानुपाती सूत्र

उत्तर (d) वह सूत्र जो किसी यौगिक में उपस्थित तत्वों के परमाणुओं की संख्या के सरलतम् अनुपात को प्रदर्शित करता है, मूलानुपाती सूत्र कहलाता है।

7. ग्लूकोस में कार्बन, हाइड्रोजन एवं ऑक्सीजन का सरल अनुपात होता है

(a) 1 : 1 : 1 (b) 1 : 2 : 1

(c) 1 : 3 : 4 (d) 6 : 12 : 6

उत्तर (b) ग्लूकोस ($C_6H_{12}O_6$) के अणु में कार्बन, हाइड्रोजन एवं ऑक्सीजन के क्रमशः 6, 12, 6 परमाणु होते हैं। अतः इनका सरल अनुपात 1 : 2 : 1 है।

8. अमोनिया का रासायनिक सूत्र होता है

(a) $NaNO_3$ (b) NO_3 (c) NH_3 (d) $NaSO_4$

उत्तर (c) अमोनिया का रासायनिक सूत्र NH_3 होता है, जिसमें एक नाइट्रोजन एवं तीन हाइड्रोजन परमाणु उपस्थित होते हैं।

9. $AlPO_4$ में Al की संयोजकता है

(a) 1 (b) 2 (c) 3 (d) 4

उत्तर (c) हम जानते हैं, कि फॉस्फेट मूलक (PO_4^{3-}) की संयोजकता − 3 होती है, इस आधार पर $AlPO_4$ में Al की संयोजकता + 3 है।

10. फेरिक सल्फेट का सूत्र है

(a) $FeSO_4$ (b) $Fe_2(SO_4)_3$

(c) $Fe_2(SO_4)_2$ (d) Fe_2SO_4

उत्तर (b) Fe की संयोजकता फेरिक आयन में + 3 तथा सल्फेट आयन में −2 होती है। अतः विनिमय विधि द्वारा

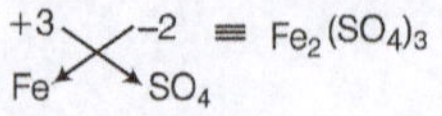

11. ऑक्सीजन का अणुसूत्र है

(a) O_2 (b) O_6 (c) O_3 (d) O

उत्तर (a) ऑक्सीजन का अणुसूत्र O_2 है।

12. एक धातु फॉस्फेट का सूत्र MPO_4 है। इस धातु के नाइट्रेट का सूत्र होगा

(a) MNO_3 (b) $M_2(NO_3)_2$

(c) $M(NO_3)_3$ (d) $M(NO_3)_2$

उत्तर (c) चूँकि फॉस्फेट मूलक की संयोजकता − 3 होती है। अतः धातु *M* की संयोजकता + 3 होगी। नाइट्रेट मूलक (NO_3^-) की संयोजकता − 1 होती है। अतः विनिमय विधि द्वारा धातु नाइट्रेट का सूत्र निम्न होगा

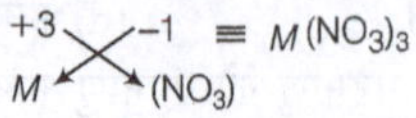

कथन-कारण प्रकार के प्रश्न

निर्देश (प्र.सं. 13-17) इस खण्ड में दिए गए प्रत्येक प्रश्न में कथन तथा कारण दिए गए हैं। प्रत्येक प्रश्न के चार विकल्प (a), (b), (c) व (d) हैं, जिनमें से केवल एक सही है।

(a) कथन (A) तथा कारण (R) दोनों सत्य हैं तथा कारण (R), कथन (A) का सही स्पष्टीकरण है।

(b) कथन (A) तथा कारण (R) दोनों सत्य हैं परन्तु कारण (R), कथन (A) का सही स्पष्टीकरण नहीं है।

(c) कथन (A) सत्य है, परन्तु कारण (R) असत्य है।

(d) कथन (A) असत्य है, परन्तु कारण (R) सत्य है।

13. कथन (A) जल (H_2O), हाइड्रोजन एवं ऑक्सीजन का यौगिक है। इसे नदी, कुएँ, समुद्र वर्षा आदि प्राकृतिक स्रोतों किसी से भी प्राप्त किया जाए, परन्तु जल से प्राप्त प्रत्येक प्रतिदर्श (नमूने) में हाइड्रोजन तथा ऑक्सीजन का अनुपात (भारानुसार) सदैव 1 : 8 होता है।

कारण (R) प्रत्येक शुद्ध रासायनिक यौगिक में पाए जाने वाले तत्व भारानुसार एक निश्चित अनुपात में पाए जाते हैं।

उत्तर (a) स्थिर अनुपात के नियम के अनुसार प्रत्येक शुद्ध रासायनिक यौगिक में पाए जाने वाले तत्व भारानुसार एक निश्चित अनुपात में पाए जाते हैं, चाहे उन्हें प्राप्त करने का स्रोत या विधि कोई भी हो।

अतः कथन (A) और कारण (R) दोनों सही हैं तथा कारण (R), कथन (A) का सही स्पष्टीकरण है।

14. कथन (A) ऐलुमिनियम का आपेक्षिक परमाणु भार 27 होता है।

कारण (R) ऐलुमिनियम का आपेक्षिक परमाणु भार C-12 के एक परमाणु के बारहवें भाग $\left[\frac{1}{12}\right]$ से 27 गुना भारी है।

उत्तर (a) ऐलुमिनियम का आपेक्षिक परमाणु भार 27 होता है। ऐलुमिनियम का आपेक्षिक परमाणु भार C-12 के एक परमाणु के बारहवें भाग $\left[\frac{1}{12}\right]$ से 27 गुना भारी है। अतः कथन (A) और कारण (R) दोनों सही हैं तथा कारण (R), कथन (A) का सही स्पष्टीकरण है।

15. कथन (A) परमाणु भार एक आपेक्षिक संख्या है, जिसकी कोई इकाई नहीं होती। इसकी इकाई को amu के रूप में लिखा जाता है।

कारण (R) कार्बन−12 समस्थानिक के एक परमाणु द्रव्यमान के $\frac{1}{12}$वें भाग को मानक परमाणु द्रव्यमान इकाई के रूप में लेते हैं।

उत्तर (a) कार्बन के सापेक्ष, किसी तत्व का परमाणु भार

$$= \frac{\text{तत्व के एक परमाणु का द्रव्यमान}}{\frac{1}{12} \times \text{एक कार्बन-12 परमाणु का द्रव्यमान}}$$

अथवा $$\frac{(RA)_1 \times Z_1 + (RA)_2 \times Z_2}{(RA)_1 + (RA)_2}$$

जहाँ, *RA* = आपेक्षिक परमाणु भार

तथा *Z* = द्रव्यमान संख्या

अतः कथन (A) और कारण (R) दोनों सही हैं तथा कारण (R), कथन (A) का सही स्पष्टीकरण है।

16. कथन (A) मैग्नीशियम और क्लोराइड आयन मिलकर मैग्नीशियम क्लोराइड बनाते हैं।

कारण (R) मैग्नीशियम आयन तथा क्लोराइड आयन पर क्रमशः + 1 और − 2 आवेश होता है।

उत्तर (c) कथन (A) सही है, परन्तु कारण (R) असत्य है। मैग्नीशियम आयन तथा क्लोराइड आयन पर क्रमशः + 2 और − 1 आवेश होता है।

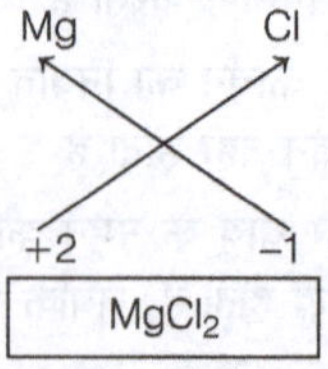

17. कथन (A) सल्फर डाइऑक्साइड (SO_2) का आण्विक द्रव्यमान ऑक्सीजन (O_2) के आण्विक द्रव्यमान से दोगुना होता है।

कारण (R) परमाणु भार को व्यक्त करने के लिए परमाणवीय द्रव्यमान इकाई amu का प्रयोग किया जाता है।

उत्तर (b) सल्फर डाइऑक्साइड (SO_2) का आण्विक द्रव्यमान

$$= 32 + 2 \times 16 = 64 \text{ u.}$$

ऑक्सीजन (O_2) का आण्विक द्रव्यमान = 2 × 16 = 32 u

अतः कथन सही है।

परमाणु भार को व्यक्त करने के लिए परमाणवीय द्रव्यमान इकाई amu का प्रयोग किया जाता है।

अतः कथन (A) तथा कारण (R) दोनों सही हैं, परन्तु कारण (R) कथन (A) का सही स्पष्टीकरण नहीं है।

केस स्टडी आधारित प्रश्न

निर्देश (प्र.सं. 18-22) ***निम्नलिखित पैराग्राफ को पढ़िए तथा दिए गए प्रश्नों के उत्तर दीजिए।***

पदार्थ का आण्विक द्रव्यमान उसके सभी संघटक परमाणुओं के द्रव्यमानों का योग होता है। इस प्रकार यह अणु का वह सापेक्ष द्रव्यमान है, जिसे परमाणु, द्रव्यमान इकाई u द्वारा व्यक्त किया जाता है। अणु की संरचना में प्रयुक्त होने वाले परमाणुओं की संख्या को उस अणु की परमाणुकता कहते हैं। ये एकपरमाणुक, द्विपरमाणुक, त्रिपरमाणुक, चर्तुपरमाणुक और बहुपरमाणुक हो सकते हैं। यौगिक का सूत्र द्रव्यमान उसके सभी संघटक परमाणुओं के परमाणु द्रव्यमानों का योग होता है। सूत्र द्रव्यमान का परिकलन उसी प्रकार से करते हैं, जिस प्रकार आण्विक द्रव्यमान का परिकलन किया जाता है।

18. बहुपरमाणुक यौगिक का उदाहरण बताइये।

उत्तर S_8 (इसमें चार से अधिक परमाणु होते हैं) बहुपरमाणुक यौगिक का उदाहरण है।

19. जल (H_2O) का सापेक्ष आण्विक द्रव्यमान कितना होता है?

उत्तर जल का सापेक्ष आण्विक द्रव्यमान

$$= 2 \times 1 + 1 \times 16 = 18\,u$$

20. कॉपर कार्बोनेट ($CuCO_3$) की परमाणुकता कितनी होती है?

उत्तर कॉपर कार्बोनेट ($CuCO_3$) की परमाणुकता त्रिपरमाणुक होती है, इसमें तीन परमाणु कॉपर, कार्बन तथा ऑक्सीजन उपस्थित होते हैं।

21. मेथेनॉल का द्रव्यमान अनुपात क्या होता है?

उत्तर CH_3OH मेथेनॉल

C : H : O

12 : 4 : 16

3 : 1 : 4

22. जल में, हाइड्रोजन और ऑक्सीजन का अनुपात क्या होता है?

उत्तर जल में, हाइड्रोजन और ऑक्सीजन का अनुपात

$H_2 : O$

2 : 16

1 : 8

निर्देश (प्र.सं. 23-27) ***निम्नलिखित पैराग्राफ को पढ़िए तथा दिए गए प्रश्नों के उत्तर दीजिए।***

परमाणु के भार को परमाणु भार कहा जाता है। परमाणु का आकार अत्यधिक सूक्ष्म होने के कारण इसे तोलन विधि द्वारा ज्ञात नहीं किया जा सकता।

अतः इसका निर्धारण किसी अन्य पदार्थ के भार को मानक मानकर किया जाता है तथा इस स्थिति में इसे सापेक्ष परमाणु द्रव्यमान कहा जाता है। अतः

"किसी तत्व का सापेक्ष परमाणु भार, उस तत्व के वास्तविक परमाणु भार तथा किसी मानक पदार्थ के वास्तविक परमाणु भार के अनुपात के बराबर होता है" अतः

तत्व का औसत परमाणु भार

$$= \frac{\text{पदार्थ के एक परमाणु का वास्तविक भार}}{\text{मानक पदार्थ के एक परमाणु का भार}}$$

हाइड्रोजन के सर्वाधिक छोटा होने के कारण सर्वप्रथम हाइड्रोजन परमाणु के परमाणु भार के सापेक्ष अन्य तत्वों के परमाणु भार ज्ञात किए गए। इस आधार पर,

$$\text{तत्व का परमाणु भार} = \frac{\text{तत्व के एक परमाणु का भार}}{\text{हाइड्रोजन के एक परमाणु का भार}}$$

परन्तु हाइड्रोजन को मानक मानने पर प्राप्त अधिकांश औसत परमाणु भार पूर्णांक नहीं थे। अतः हाइड्रोजन के स्थान पर ऑक्सीजन को मानक माना गया, जिससे अधिकांश तत्वों के परमाणु भार पूर्णांक के रूप में प्राप्त हुए। ऑक्सीजन को आधार मानने पर

तत्व का परमाणु भार

$$= \frac{\text{तत्व के एक परमाणु का भार}}{\text{एक ऑक्सीजन परमाणु के } \frac{1}{16} \text{ वें भाग का भार}}$$

समस्थानिकों की खोज के पश्चात् यह पाया गया कि ऑक्सीजन दो समस्थानिक रूपों ${}_8O^{16}, {}_8O^{17}$ में उपस्थित होता है, जिस कारण इसका परमाणु भार पूर्णांक नहीं है, अतः परमाणु भार के लिए यह आधार भी उपयुक्त नहीं रहा। अन्ततः सन् 1961 में **रसायनों के अन्तर्राष्ट्रीय संघ** (International Union of Chemists) द्वारा C-12 (कार्बन के स्थायी समस्थानिक) को मानक माना गया तथा इस आधार पर परमाणु भार (द्रव्यमान) को निम्न प्रकार परिभाषित किया गया। "किसी तत्व का परमाणु द्रव्यमान वह संख्या है, जो यह दर्शाती है कि उस तत्व का एक परमाणु C-12 के एक परमाणु के $\frac{1}{12}$ से कितने गुना भारी है" अतः

तत्व का परमाणु भार

$$= \frac{\text{तत्व के एक परमाणु का भार}}{\text{C-12 के एक परमाणु के } \frac{1}{12} \text{ वें भाग का भार}}$$

C-12 को आधार मानने पर अधिकांश तत्वों के परमाणु भार पूर्णांक या लगभग पूर्णांक प्राप्त हुए। किसी यौगिक के एक अणु का वास्तविक भार उसका अणुभार कहलाता है। अणुओं के भी अत्यधिक सूक्ष्म होने के कारण, अणुभार का निर्धारण भी परमाणु भार के समान सापेक्ष भार के रूप में किया जाता है। वर्तमान समय में C-12 के परमाणु को मानक मानकर अणु भार ज्ञात किया जाता है। यह किसी तत्व (अथवा यौगिक) के एक अणु का C-12 के एक परमाणु के द्रव्यमान के $\frac{1}{12}$ की तुलना में सापेक्ष भार है। *अणुभार ज्ञात करने का सूत्र निम्न है*

पदार्थ का अणुभार

$$= \frac{\text{पदार्थ के एक अणु का द्रव्यमान (भार)}}{\text{C-12 परमाणु के 1/12 वें भाग का द्रव्यमान (भार)}}$$

अतः "किसी पदार्थ का अणुभार वह संख्या है, जो यह दर्शाती है कि उस पदार्थ के एक अणु का भार C-12 के एक परमाणु के भार के $\frac{1}{12}$ से कितने गुना भारी है।"

23. निम्नलिखित आण्विक द्रव्यमानों में से NH_3 का आण्विक द्रव्यमान है

(a) 17 u (b) 18 u

(c) 19 u (d) 16 u

उत्तर (a) NH_3 का आण्विक द्रव्यमान

$\Rightarrow 1 \times N$ का परमाणु भार $+ 3 \times H$ का परमाणु भार

$\Rightarrow 1 \times 14 + 3 \times 1 = 17$ u

24. निम्नलिखित आण्विक द्रव्यमानों में से H_2O_2 का आण्विक द्रव्यमान है

(a) 34 u (b) 36 u

(c) 40 u (d) 43 u

उत्तर (a) H_2O_2 का आण्विक द्रव्यमान

$\Rightarrow 2 \times$ हाइड्रोजन का परमाणु भार $+ 2 \times$ ऑक्सीजन का परमाणु भार

$\Rightarrow 2 \times 1.0079 + 2 \times 16.00$ u

$\Rightarrow 34.0$ u

25. निम्नलिखित आण्विक द्रव्यमानों में से CCl_4 का आण्विक द्रव्यमान है

(a) 154 u (b) 157 u

(c) 159 u (d) 145 u

उत्तर (a) CCl_4 का आण्विक द्रव्यमान

$1 \times$ कार्बन का परमाणु द्रव्यमान $+ 4 \times$ क्लोरीन का परमाणु द्रव्यमान

$\Rightarrow 1 \times 12.01$ u $+ 4 \times 35.5$ u $= 154.01$ u

26. आण्विक द्रव्यमान 120 वाले यौगिक का सरल सूत्र CH_2O है। यौगिक का अणुसूत्र है

(a) $C_2H_4O_2$ (b) $C_4H_8O_4$

(c) $C_3H_6O_3$ (d) $C_2H_3O_4$

उत्तर (b) $C_4H_8O_4$

$4 \times 12 + 1 \times 8 + 4 \times 16 \Rightarrow 120$

अत: यौगिक का अणुसूत्र $C_4H_8O_4$ होगा।

27. HNO_3 (नाइट्रिक अम्ल) का आण्विक द्रव्यमान है

(a) 63 u (b) 42 u

(c) 63 u (d) 42 u

उत्तर (a) HNO_3

$1 \times 1 + 14 \times 1 + 3 \times 16$

$1 + 14 + 48$

$\Rightarrow 63$ u

अतिलघु उत्तरीय प्रश्न

28. बर्जीलियस ने तत्वों को कैसे चिन्हित किया?

उत्तर बर्जीलियस ने तत्वों के अंग्रेजी नाम में से प्रथम एक या दो अक्षर लेकर तत्वों के प्रतीक निरूपित किए तथा कुछ स्थितियों में तत्वों के प्रतीक भिन्न भाषाओं जैसे लेटिन, जर्मन, ग्रीक इत्यादि के नाम से लिए गए।

29. किसी तत्व के त्रिपरमाणुक अणु का उदाहरण दीजिए।

उत्तर ओजोन (O_3)

30. कौन-सा अष्ठपरमाणुक है, कार्बन या सल्फर?

उत्तर सल्फर (S_8)

31. प्रत्येक का एक उदाहरण लिखिए।

(a) त्रिपरमाणुक अणु (b) बहुपरमाणुक अणु

उत्तर (a) ओजोन (O_3) (b) सल्फर (S_8)

32. क्या आर्गन एकपरमाणुक है या द्विपरमाणुक?

उत्तर आर्गन एकाणुक है, क्योंकि इसका परमाणु स्वतंत्र रह सकता है।

33. धनायन तथा ऋणायन के बीच अंतर दीजिए।

उत्तर **धनायन** यह धनावेशित आयन है।

उदाहरण– Na^+, K^+, Ca^{2+}, Mg^{2+} आदि।

ऋणायन यह ऋणात्मक आवेशित आयन है।

उदाहरण– Cl^-, Br^-, F^-, O^{2-}, N^{3-} इत्यादि।

34. सोडियम परमाणु तथा सोडियम आयन के बीच क्या अंतर है?

उत्तर सोडियम परमाणु तथा सोडियम आयन के बीच निम्न अंतर हैं

सोडियम परमाणु	सोडियम आयन
सोडियम परमाणु (Na) के कोश में 11 इलेक्ट्रॉन हैं।	सोडियम आयन Na^+ के कोश में 10 इलेक्ट्रॉन होते हैं।
Na उदासीन है।	Na^+ धनात्मक आवेशित कण या धनायन है।

35. बहुपरमाणुक आयन को परिभाषित कीजिए। इसका एक उदाहरण दीजिए।

उत्तर परमाणुओं का एक समूह जिस पर आवेश होता है बहुपरमाणुक आयन कहलाता है।

उदाहरण–सल्फेट आयन (SO_4^{2-}) में पाँच परमाणु होते हैं।

36. S_8, $Cu(NO_3)_2$, P_4, H_2 तथा O_2 में से आयनिक यौगिक को चुनिए?

उत्तर $Cu(NO_3)_2$ एक आयनिक यौगिक है क्योंकि इसमें Cu^{2+} तथा NO_3^- आयन होते हैं।

37. ऐलुमिनियम हाइड्रॉक्साइड का आण्विक सूत्र क्या है?

उत्तर Al OH

+3 –1 सूत्र = $Al(OH)_3$

38. अमोनियम फॉस्फेट का रासायनिक सूत्र क्या है?

उत्तर NH_4 PO_4

+1 3 सूत्र = $(NH_4)_3PO_4$

39. सोडियम सल्फाइड तथा सोडियम सल्फाइट का सही सूत्र चुनिए।

NaS, Na_2SO_4, Na_2S या Na_2SO_3

उत्तर सोडियम सल्फाइड = Na_2S

सोडियम सल्फाइट = Na_2SO_3

40. निम्न के सूत्र बताईये–

(i) एक तत्व Z जिसकी संयोजकता 3 है। Z के ऑक्साइड का सूत्र क्या है?

(ii) यदि एक तत्व X इसकी संयोजकता 3 के बराबर है, इसका कार्बोनेट आयन के साथ सूत्र क्या होगा?

उत्तर (i) Z O

+3   –2   सूत्र = Z_2O_3

(ii) X CO_3

+3   –2   सूत्र = $X_2(CO_3)_3$

41. $NaHCO_3$ के सूत्र इकाई द्रव्यमान का परिकलन कीजिए।

[Na का परमाण्वीय द्रव्यमान = 23 u
H = 1 u, C = 2 u, O = 16 u]

उत्तर $NaHCO_3$ = (Na का परमाण्वीय द्रव्यमान) + (H का परमाण्वीय द्रव्यमान) + (C का परमाण्वीय द्रव्यमान) + (3× O का परमाण्वीय द्रव्यमान)

$(23 + 1 + 12 + 3 \times 16) = 84$ u

42. Na_2CO_3 के सूत्र इकाई द्रव्यमान का परिकलन कीजिए।

[Na का परमाण्वीय द्रव्यमान = 23 u, C = 12 u, O = 16 u]

उत्तर $Na_2CO_3 = 2 \times 23 + 12 + 3 \times 16 = 106$u

43. NaCl के 58.5 ग्राम में सोडियम का द्रव्यमान क्या है?

उत्तर सोडियम का द्रव्यमान

= सोडियम क्लोराइड का द्रव्यमान – Cl का द्रव्यमान

= 58.8 – 35.5 = 23.3 ग्राम

लघु उत्तरीय प्रश्न

1. एक पात्र में 28 ग्राम कार्बन मोनोऑक्साइड है जिसमें 16 ग्राम ऑक्सीजन गैस मिलाते हैं तथा मिश्रण को कुछ घंटों के लिए छोड़ देते है। जब देखते है तो केवल एक प्रकार की गैस (कार्बन डाइऑक्साइड) पात्र में थी। पदार्थ के द्रव्यमान में आप क्या परिवर्तन प्रेक्षित करोगे? अपने उत्तर का कारण दीजिए।

उत्तर कार्बन मोनोऑक्साइड (CO) ऑक्सीजन के साथ क्रिया करके कार्बन डाइऑक्साइड (CO_2) बनाता है। पात्र के पदार्थ के द्रव्यमान में कोई परिवर्तन नहीं होगा निर्मित उत्पाद का द्रव्यमान क्रियाकारक के द्रव्यमान के बराबर होगा।

अर्थात् CO_2 का द्रव्यमान = CO का द्रव्यमान + $1/2O_2$ का द्रव्यमान = 28+16= 44 ग्राम

उपरोक्त प्रेक्षण द्रव्यमान संरक्षण के नियम पर आधारित है।

2. यदि 12 ग्राम C को 32 ग्राम O_2 में जलाते हैं तो कितनी CO_2 बनेगी?

उत्तर निम्न अभिक्रिया द्वारा CO_2 बनता है।

$$C + O_2 \longrightarrow CO_2$$

12 ग्राम   32 ग्राम

द्रव्यमान संरक्षण के नियम द्वारा,

क्रियाकारकों का कुल द्रव्यमान = उत्पादों का कुल द्रव्यमान

C का द्रव्यमान + O_2 का द्रव्यमान = CO_2 का द्रव्यमान

12 ग्राम + 32 ग्राम = 44 ग्राम

इसीलिए, CO_2 के 44 ग्राम बनेगें।

3. सोडियम तथा आयरन के लैटिन नाम लिखिए।

उत्तर सोडियम (Na) का लैटिन नाम = *नेट्रियम*

आयरन (Fe) का लैटिन नाम = *फैरम*

4. निम्नलिखित तत्वों के सही संकेत लिखिए।

(i) कोबाल्ट   (ii) कार्बन   (iii) ऐलुमिनियम
(iv) हीलियम   (v) सोडियम

उत्तर (i) **कोबाल्ट Co** (प्रतीक के दूसरे अक्षर को छोटे अक्षर (Small letter) में लिखते हैं)

(ii) **कार्बन C** (प्रतीक के पहले अक्षर को बड़े अक्षर (Capital letter) में लिखते हैं।)

(iii) **ऐलुमिनियम Al** (प्रतीक के दूसरे अक्षर को छोटे अक्षर (Small letter) में लिखते हैं।)

(iv) **हीलियम He** (सही संकेत)

(v) **सोडियम Na** (लैटिन शब्द *Natrium* है; अतः Na होगा)

5. परमाणु द्रव्यमान इकाई को परिभाषित कीजिए। किस प्रकार परमाणु विद्यमान रहते हैं?

उत्तर एक परमाणु इकाई द्रव्यमान वह इकाई द्रव्यमान है, जो कार्बन-12 के एक परमाणु के द्रव्यमान के 1/12वें भाग के बराबर होता है। परमाणु मुक्त अवस्था में स्वतंत्र रूप में विद्यमान हो सकते हैं। (उदाहरण– He, Ne तथा Ar) या परमाणु का संयुक्त रूप समान प्रकार के परमाणु (H_2, N_2, O_2 आदि) या भिन्न प्रकार के परमाणु (H_2O, CO_2, H_2S आदि) हो सकते हैं।

6. (i) किसी तत्व का सापेक्ष परमाणवीय द्रव्यमान क्या है?

(ii) हाइड्रोजन का औसत परमाणु द्रव्यमान क्या है?

उत्तर (i) किसी तत्व का परमाणु द्रव्यमान, 12 मात्रकों के रूप में लिए गए कार्बन-12 परमाणु के द्रव्यमान की तुलना में उसके परमाणु का आपेक्षिक द्रव्यमान होता है।

(ii) हाइड्रोजन का परमाणु द्रव्यमान 1 u लिया जाता है, जबकि वास्तव में यह 1.008 u होता है।

7. निम्नलिखित में से प्रत्येक को उसकी परमाणुकता के आधार पर वर्गीकृत कीजिए।

(i) F_2 (ii) NO_2 (iii) N_2O (iv) C_2H_6
(v) P_4 (vi) H_2O_2 (vii) P_4O_{10} (viii) O_3
(ix) HCl   (x) CH_4 (xi) He   (xii) Ag

उत्तर

एकपरमाणुक	:	Ag, He
द्विपरमाणुक	:	HCl, F_2
त्रिपरमाणुक	:	NO_2, N_2O, O_3
चर्तुपरमाणुक	:	P_4, H_2O_2
बहुपरमाणुक	:	C_2H_6, P_4O_{10}, CH_4

8. रासायनिक अभिक्रियाओं में अणु किस प्रकार विद्यमान रहते हैं?

उत्तर अणु निम्न दो रूपों में विद्यमान होते हैं-

(i) **तत्वों के अणु** ये समान दो या अधिक तत्वों के संयोग द्वारा बनते हैं। **उदाहरण**–O_2, H_2, P_4

(ii) **यौगिकों के अणु** ये भिन्न तत्वों परमाणुओं के संयोग द्वारा बनते हैं। **उदाहरण**– NH_3, CO_2 इत्यादि।

9. निम्न में कितने परमाणु विद्यमान हैं?

(i) CO_3^{2-} (ii) PO_4^{3-}

(iii) P_2O_5 (iv) CO

उत्तर (i) CO_3^{2-} में परमाणुओं की संख्या

= C परमाणु की संख्या + O परमाणु की संख्या

= 1 + 3 = 4

(ii) PO_4^{3-} में परमाणुओं की संख्या

= P परमाणु की संख्या + O परमाणु की संख्या

= 1 + 4 = 5

(iii) P_2O_5 में परमाणुओं की संख्या

= P परमाणु की संख्या + O परमाणु की संख्या

= 2 + 5 = 7

(iv) CO में परमाणुओं की संख्या

= C परमाणु की संख्या + O परमाणु की संख्या

= 1 + 1 = 2

10. कोई दो तत्वों के नाम दीजिए जो निम्न यौगिकों में पाए जाते हैं।

उत्तर बेकिंग चूर्ण, साधारण नमक, सल्फ्यूरिक अम्ल, बेकिंग चूर्ण ($NaHCO_3$) सोडियम, हाइड्रोजन, कार्बन तथा ऑक्सीजन

साधारण नमक (NaCl) : सोडियम तथा क्लोराइड

सल्फ्यूरिक अम्ल (H_2SO_4) : सल्फर, हाइड्रोजन तथा ऑक्सीजन

11. (i) निम्न के लिए एक शब्द दीजिए।

(a) धनात्मक आवेशित आयन

(b) आवेशयुक्त परमाणुओं का समूह

(ii) रासायनिक सूत्र लिखने के लिए कोई मुख्य नियम बताइए।

उत्तर (i) (a) धनायन (b) बहुपरमाणुक आयन

(ii) रासायनिक सूत्र लिखने के दो नियम :

(a) जब यौगिक में धातु तथा अधातु होते हैं। धातु का प्रतीक पहले तथा अधातु का दाएँ लिखते है।

(b) रासायनिक सूत्र में आयनों पर संयोजकता और आवेश संतुलित होना चाहिए।

12. निम्नलिखित यौगिकों में उपस्थित (यदि कोई हो) धनायनों और ऋणायनों को लिखिए। **NCERT Exemplar**

(i) CH_3COONa

(ii) NaCl

(iii) H_2

(iv) NH_4NO_3

उत्तर धनात्मक आवेशित आयन धनायन कहलाते हैं जबकि ऋणात्मक आवेशित आयन ऋणायन कहलाते हैं।

क्र.सं.	यौगिक	धनायन	ऋणायन
(i)	CH_3COONa	Na^+	CH_3COO^-
(ii)	NaCl	Na^+	Cl^-
(iii)	H_2	–	–
(iv)	NH_4NO_3	NH_4^+	NO_3^-

13. (i) Al^{3+} तथा SO_4^{2-} आयनों द्वारा बने यौगिक का सूत्र लिखिए।

उत्तर (i) Al ⤫ SO_4

+3 −2

अतः सूत्र $Al_2(SO_4)_3$ है।

14. एक यौगिक XH, तत्व X के हाइड्रोजन के संयोग के साथ बनता है। तत्व की संयोजकता ज्ञात कीजिए। (i) X के साथ नाइट्रोजन (ii) X के साथ ऑक्सीजन के संयोग द्वारा बने यौगिक का सूत्र बताइए।

उत्तर XH यौगिक में तत्व की संयोजकता 1 है।

(i) नाइट्रोजन की संयोजकता 3 है। X की संयोजकता 1 है।

∴ यौगिक का सूत्र = NX_3 होगा।

(ii) ऑक्सीजन की संयोजकता 2 है। तत्व X की संयोजकता 1 है।

∴ यौगिक का सूत्र OX_2 होगा।

15. एक तत्व की संयोजकता 4 है इसके लिए सूत्र लिखिए।

(i) क्लोराइड (ii) नाइट्रेट

उत्तर (i) क्लोराइड

Y ⤫ Cl

+4 −1

सूत्र YCl_4

(ii) नाइट्रेट

Y ⤫ NO_3

+4 −1

सूत्र $Y(NO_3)_4$

16. बोरॉन तथा ऑक्सीजन के यौगिक के 0.48 ग्राम नमूने में विश्लेषण से 0.192 ग्राम बोरॉन तथा 0.288 ग्राम ऑक्सीजन पायी गयी। भारानुसार यौगिक प्रतिशत संघटन की गणना कीजिए।

उत्तर बोरॉन का प्रतिशत संघटन

$= \frac{\text{बोरॉन का उपस्थित द्रव्यमान}}{\text{यौगिक का कुल द्रव्यमान}} \times 100 = \frac{0.192}{0.48} \times 100$

= 40%

ऑक्सीजन का प्रतिशत संघटन

$= \frac{\text{उपस्थित ऑक्सीजन का द्रव्यमान}}{\text{यौगिक का कुल द्रव्यमान}} \times 100 = \frac{0.0288}{0.48} \times 100$

= 60%

17. छः कार्बन परमाणु वाला अणु, ग्लूकोस ($C_6H_{12}O_6$) प्रकाश संश्लेषण के दौरान बनता है। इसके आण्विक द्रव्यमान का परिकलन कीजिए। [परमाणु द्रव्यमान C = 12.0 u, H = 1.0 u तथा O = 16.0 u]

उत्तर ग्लूकोस का आण्विक द्रव्यमान

= 6 × C का परमाणु द्रव्यमान + 12 × H का परमाणु द्रव्यमान + O का परमाणु द्रव्यमान

= 6 × 12 + 12 × 1 + 6 × 16 = 72 + 12 + 96 = 180 u

18. कैल्सियम कार्बोनेट गर्म करने पर विघटित होकर कैल्सियम ऑक्साइड तथा कार्बन डाइऑक्साइड बनाता है। जब 10 ग्राम कैल्सियम कार्बोनेट पूर्णतया विघटित होता है तो 5.6 ग्राम कैल्सियम ऑक्साइड बनाता है? निर्मित कार्बन डाइऑक्साइड के द्रव्यमान की गणना करो। रासायनिक संयोग का कौन-सा नियम इस समस्या के निदान में प्रयुक्त होगा? नियम बताइए?

उत्तर अभिक्रिया निम्न प्रकार होती है $CaCO_3 \xrightarrow{\Delta} CaO + CO_2$

द्रव्यमान संरक्षण के नियमानुसार,

क्रियाकारकों का कुल द्रव्यमान = उत्पादों का कुल द्रव्यमान

⇒ 10 ग्राम = 5.6 ग्राम + CO_2 का द्रव्यमान

⇒ CO_2 का द्रव्यमान = 10 − 5.6 = 4.4 ग्राम

यह समस्या द्रव्यमान संरक्षण के नियम के प्रयोग द्वारा हल होती है। जिसके अनुसार, अभिक्रिया के द्रव्यमान को न तो बनाया जा सकता है न ही नष्ट किया जा सकता है।

19. (i) स्थिर अनुपात नियम क्या है?

(ii) एक यौगिक में कार्बन तथा ऑक्सीजन भारानुसार 3:8 अनुपात में क्रिया करके कार्बन डाइऑक्साइड बनाते हैं। ऑक्सीजन का कितना द्रव्यमान 9 ग्राम कार्बन से पूर्ण क्रिया के लिए आवश्यक रूप से दोहराना पड़ेगा?

उत्तर (i) **स्थिर अनुपात का नियम**

प्राउस्ट के अनुसार, 'किसी भी यौगिक में तत्व सदैव एक निश्चित द्रव्यमानों के अनुपात में विद्यमान होते हैं'।

(ii) भारानुसार कार्बन : ऑक्सीजन = 3:8 अर्थात 3 ग्राम कार्बन को 8 ग्राम ऑक्सीजन की कार्बन डाइऑक्साइड निर्माण के लिए आवश्यकता होगी।

9 ग्राम कार्बन के लिए ऑक्सीजन के $(3 \times 8) = 24$ ग्राम की कार्बन डाइऑक्साइड बनाने के लिए आवश्यकता होगी।

20. परमाणु तथा अणु के मध्य तीन बिंदुओं में विभेदन कीजिए।

उत्तर परमाणु तथा अणु के मध्य तीन बिंदुओं में निम्न विभेदन है

परमाणु	अणु
एक परमाणु किसी तत्व का सूक्ष्मतम कण है जो रासायनिक अभिक्रियाओं में भाग लेता है।	एक अणु किसी तत्व या यौगिक का सूक्ष्मतम कण है जो तत्व या यौगिक के गुण रखता है।
एक परमाणु स्वतंत्र अस्तित्व रख सकता है और नहीं भी।	एक अणु स्वतंत्र अस्तित्व रखने में समर्थ होता है।
उदाहरण— हाइड्रोजन (H), ऑक्सीजन (O)	**उदाहरण**— हाइड्रोजन अणु (H_2), ऑक्सीजन (O_2), जल अणु (H_2O)

21. निम्नलिखित यौगिकों में संयोजित तत्वों के द्रव्यमानों में अनुपात ज्ञात कीजिए।

(i) $CaCO_3$ (ii) $MgCl_2$

(iii) H_2SO_4 (iv) C_2H_5OH

उत्तर (i) $CaCO_3$

Ca : C : O × 3

40 : 12 : 16 × 3

40 : 12 : 48

10 : 3 : 12

(ii) $MgCl_2$

Mg : Cl × 2

24 : 35.5 × 2

24 : 71

(iii) H_2SO_4

H × 2 : S : O × 4

1 × 2 : 32 : 16 × 4

2 : 32 : 64

1 : 16 : 32

(iv) C_2H_5OH

C × 2 : H × 6 : O

12 × 2 : 1 × 6 : 16

24 : 6 : 16

12 : 3 : 8

22. नाइट्रोजन तथा हाइड्रोजन भारानुसार 14 : 3 अनुपात में संयोग करके अमोनिया अणु बनाते हैं।

मोलर अनुपात की गणना द्वारा अमोनिया अणु के सूत्र को ज्ञात कीजिए

[दिया गया है N का परमाणु भार N = 14 u तथा H = 1 u]

उत्तर अणु में उपस्थित नाइट्रोजन

$$\text{परमाणु की संख्या} = \frac{\text{भारानुसार अनुपात}}{\text{परमाणु भार}} = \frac{14}{14} = 1$$

$$\text{अणु में उपस्थित हाइड्रोजन की संख्या} = \frac{\text{भारानुसार अनुपात}}{\text{परमाणु भार}} = \frac{3}{1} = 3$$

इसका अर्थ है कि नाइट्रोजन तथा हाइड्रोजन परमाणु 1:3 अनुपात में संयोग करते हैं।

इस प्रकार अमोनिया का सूत्र NH_3 है।

23. निम्नलिखित के रासायनिक सूत्र लिखिए तथा यौगिकों में विद्यमान तत्वों का अनुपात भी ज्ञात कीजिए

(i) अमोनिया

(ii) कार्बन मोनोऑक्साइड

(iii) हाइड्रोजन क्लोराइड

(iv) ऐलुमिनियम क्लोराइड

(v) मैग्नीशियम सल्फाइड

उत्तर (i) **अमोनिया** रासायनिक सूत्र - NH_3 तथा तत्वों का अनुपात—14 : 3

(ii) **कार्बन मोनोऑक्साइड** रासायनिक सूत्र-CO तथा तत्वों का अनुपात—12 : 16 या 3 : 4

(iii) **हाइड्रोजन क्लोराइड** रासायनिक सूत्र-HCl तथा तत्वों का अनुपात—1 : 35.5

(iv) **ऐलुमिनियम क्लोराइड** रासायनिक सूत्र- $AlCl_3$ तथा तत्वों का अनुपात— 27 : 106.5 या 9 : 35.5

(v) **मैग्नीशियम सल्फाइड** रासायनिक सूत्र-MgS तथा तत्वों का अनुपात— 24 : 32 या 3 : 4

24. तिर्यक क्रॉस विधि के प्रयोग द्वारा निम्न यौगिकों का रासायनिक सूत्र लिखिए।
(i) मैग्नीशियम बाइकार्बोनेट (ii) बेरियम नाइट्रेट
(iii) पोटैशियम नाइट्रेट

उत्तर (i) आवेश Mg ⨉ HCO_3 ; +2, −1
सूत्र $Mg(HCO_3)_2$

(ii) आवेश Ba ⨉ NO_3 ; +2, −1
सूत्र $Ba(NO_3)_2$

(iii) आवेश K ⨉ NO_3 ; +1, −1
सूत्र KNO_3

25. निम्न तत्वों से बनने वाले यौगिकों के रासायनिक सूत्र लिखिए।
(i) कैल्सियम और फ्लुओरीन (ii) हाइड्रोजन और सल्फर
(iii) नाइट्रोजन और हाइड्रोजन (iv) कार्बन और क्लोरीन
(v) सोडियम और ऑक्सीजन (vi) कार्बन और ऑक्सीजन

उत्तर (i) Ca ⨉ F ; 2+, 1−
सूत्र = CaF_2

(ii) H ⨉ S ; 1+, 2−
सूत्र = H_2S

(iii) N ⨉ H ; 3−, 1+
सूत्र = NH_3

(iv) C ⨉ Cl ; 4+, −1
सूत्र = CCl_4

(v) Na ⨉ O ; 1+, 2−
सूत्र = Na_2O

(vi) C ⨉ O ; 4+, 2−
सूत्र = C_2O_4 या CO_2

26. निम्नलिखित यौगिकों के आण्विक सूत्र लिखिए।
(i) कॉपर (II) ब्रोमाइड (ii) ऐलुमिनियम (III) नाइट्रेट
(iii) कैल्सियम (II) फॉस्फेट (iv) आयरन (III) सल्फाइड
(v) मर्करी (II) क्लोराइड (vi) मैग्नीशियम (II) ऐसीटेट

उत्तर (i) Cu^{2+} ⨉ Br^{1-} = $CuBr_2$ [कॉपर (II) ब्रोमाइड]
(ii) Al^{3+} ⨉ NO_3^{1-} = $Al(NO_3)_3$ [ऐलुमिनियम (III) नाइट्रेट]
(iii) Ca^{2+} ⨉ PO_4^{3-} = $Ca_3(PO_4)_2$ [कैल्सियम (II) फॉस्फेट]
(iv) Fe^{3-} ⨉ S^{2-} = Fe_2S_3 [आयरन (III) सल्फाइड]
(v) Hg^{2+} ⨉ Cl^{-} = $HgCl_2$ [मर्करी (II) क्लोराइड]
(vi) CH_3COO^{1-} ⨉ Mg^{2+} = $(CH_3COO)_2Mg$ [मैग्नीशियम (II) ऐसीटेट]

27. (i) एक तत्व *X* जिसकी संयोजकता 2 है। रासायनिक सूत्र लिखिए।
(a) तत्व का ब्रोमाइड (b) तत्व का ऑक्साइड
(ii) एक पदार्थ का सूत्र इकाई द्रव्यमान परिभाषित कीजिए।

उत्तर (i) (a) *X* की संयोजकता = 2
यौगिक की संयोजकता = 1
∴ यौगिक का सूत्र
X ⨉ Br ; +2, −1 सूत्र = XBr_2

(b) *X* की संयोजकता = 2
X ⨉ O ; +2, −2 सूत्र = X_2O_2 या XO

(ii) सूत्र इकाई द्रव्यमान यौगिक की सूत्र इकाई में उपस्थित सभी परमाणुओं का योग होता है। इसकी गणना एक सूत्र इकाई में उपस्थित सभी परमाणुओं के परमाण्वीय भारों के योग के बराबर होती है।

28. सूत्र इकाई भार को परिभाषित कीजिए। इसका परिकलन किस प्रकार करते हैं? $(NH_4)_2SO_4$ का सूत्र इकाई द्रव्यमान लिखिए। [दिया गया परमाणु द्रव्यमान N = 14 u, H = 1 u, S = 32 u, O = 16 u]

उत्तर सूत्र इकाई द्रव्यमान पृष्ठ सं. 51 देखें।
$(NH_4)_2SO_4$ का सूत्र इकाई द्रव्यमान
$= 2[14 + 4 \times 1] + 32 + (4 \times 16)$
$= 132$ u

29. सल्फ्यूरिक अम्ल (H_2SO_4) में उपस्थित प्रत्येक तत्व का प्रतिशत संघटन ज्ञात कीजिए।

उत्तर H_2SO_4 का आण्विक द्रव्यमान
= 2 × H का परमाणु द्रव्यमान + 1 × S का परमाणु द्रव्यमान + 4 × O का परमाणु द्रव्यमान
$= 2 \times 1 + 1 \times 32 + 4 \times 16 = 98$ u

हाइड्रोजन (H) का प्रतिशत
$$= \frac{\text{हाइड्रोजन का द्रव्यमान}}{H_2SO_4 \text{ का आण्विक द्रव्यमान}} \times 100$$
$$= \frac{2 \times 14}{98u} \times 100 = 2.04\%$$

सल्फर (S) का प्रतिशत $= \dfrac{\text{सल्फर का द्रव्यमान}}{H_2SO_4 \text{ का आण्विक द्रव्यमान}} \times 100$
$$= \frac{324\ u}{98\ u} \times 100 = 32.65\%$$

ऑक्सीजन (O) का प्रतिशत
$$= \frac{\text{ऑक्सीजन का द्रव्यमान}}{H_2SO_4 \text{ का आण्विक द्रव्यमान}} \times 100$$
$$= \frac{4 \times 16\ u}{98\ u} \times 100 = 65.30\%$$

30. एक यौगिक के 6g नमूने में विश्लेषण द्वारा ज्ञात हुआ कि उसमें 2 ग्रॉम बोरॉन तथा 4 ग्राम ऑक्सीजन है। बोरॉन व ऑक्सीजन का प्रतिशत ज्ञात कीजिए।

उत्तर यौगिक का द्रव्यमान = 6 ग्राम
यौगिक में बोरॉन का द्रव्यमान = 4 ग्राम

बोरॉन का प्रतिशत $= \dfrac{\text{बोरॉन का द्रव्यमान}}{\text{यौगिक का द्रव्यमान}} \times 100$
$$= \frac{2\ \text{ग्राम}}{6\ \text{ग्राम}} \times 100$$
$= 33.33\%$

ऑक्सीजन का प्रतिशत $= \dfrac{\text{ऑक्सीजन का द्रव्यमान}}{\text{यौगिक द्रव्यमान}} \times 100$
$$= \frac{4\ \text{ग्राम}}{6\ \text{ग्राम}} \times 100 = 66.67\%$$

31. प्रकाश-संश्लेषण में, कार्बन डाइऑक्साइड के अणु, जल के अणुओं की समान संख्या के साथ, अभिक्रियाओं की जटिल श्रेणी से होकर संयोग करके ग्लूकोस का एक अणु देते हैं जिसका अणुसूत्र $C_6H_{12}O_6$ है। 18 g ग्लूकोस उत्पन्न करने के लिए कितने ग्राम जल की आवश्यकता होगी? इस प्रकार उपभोग किए जल का आयतन ज्ञात कीजिए। यदि जल का घनत्व $1\ g\ cm^{-3}$ हो।

उत्तर प्रकाश-संश्लेषण की सामान्य अभिक्रिया को निम्न प्रकार लिखा जा सकता है

$$6CO_2 + 6H_2O \xrightarrow[\text{सूर्य का प्रकाश}]{\text{क्लोरोफिल}} C_6H_{12}O_6 + 6O_2$$

$C_6H_{12}O_6$ का मोलर द्रव्यमान $= 6 \times 12 + 12 \times 1 + 6 \times 16$

$= 72 + 12 + 96$

$= 180$ ग्राम $मोल^{-1}$

उपरोक्त अभिक्रिया के अनुसार,

1 मोल ग्लूकोस को आवश्यकता है, 6 मोल जल की

180 g ग्लूकोस को आवश्यकता है जल के (6×18) g की

$\because$ 1 g ग्लूकोस को आवश्यकता है $\frac{108}{180} \times 18$ g

18 g ग्लूकोस को आवश्यकता है $\frac{108}{180} \times 18 = 10.8$ g जल की

प्रयुक्त जल का आयतन $= \frac{\text{द्रव्यमान}}{\text{घनत्व}}$

$= \frac{10.8\ g}{1\ gcm^{-3}} = 10.8\ cm^3$

32. ORS (ओरल रिहाइड्रोशन सोल्यूसन) एक पैकेट में शर्करा $(C_{12}H_{22}O_{11})$ तथा साधारण नमक भारानुसार 12 : 1 अनुपात में होता है। पैकेट में उपस्थित क्लोरीन का द्रव्यमान प्रतिशत ज्ञात कीजिए।

उत्तर माना पैकेट में 13 ग्राम पदार्थ में 12 ग्राम शुगर तथा 1 ग्राम साधारण नमक है।

NaCl का द्रव्यमान = 23 + 35.5 = 58.5 ग्राम

अर्थात् 58.5 ग्राम NaCl में 35.5 ग्राम Cl है।

$\therefore$ 1 ग्राम NaCl में $\frac{35.5}{58.5}$ ग्राम क्लोरीन अर्थात् पैकेट में उपस्थित

क्लोरीन = 0.61 ग्राम इस प्रकार, Cl का द्रव्यमान प्रतिशत

$= \frac{0.61\text{ग्राम}}{13\text{ग्राम}} \times 100 = 4.67\%$

दीर्घ उत्तरीय प्रश्न

1. (i) समझाइए क्यों एक मोल हाइड्रोजन गैस में परमाणुओं की संख्या एक मोल हीलियम गैस में परमाणुओं से दोगुनी होती है?

(ii) परमाणु द्रव्यमान इकाई को समझाइए।

(iii) निम्न में कितने परमाणु उपस्थित हैं?

(a) MnO_2 अणु (b) CO अणु

उत्तर (i) हाइड्रोजन गैस द्विपरमाणुक अणु के रूप में पायी जाती है अर्थात् प्रत्येक हाइड्रोजन गैस अणु में दो परमाणु होते हैं। जबकि हीलियम गैस एकपरमाणुक कण के रूप में पायी जाती है तथा इसके परमाणु एकल रूप में विद्यमान रहते हैं। इस प्रकार, हाइड्रोजन गैस के 1 मोल में परमाणुओं की संख्या एक मोल हीलियम गैस की तुलना में दोगुनी होती है।

(ii) परमाणु द्रव्यमान इकाई (Atomic Mass Unit) कार्बन-12 के एक परमाणु का द्रव्यमान स्वेच्छा से ठीक 12 माना गया है अतः कार्बन-12 के एक परमाणु के द्रव्यमान के बारहवें भाग को परमाणु द्रव्यमान इकाई कहा जाता है।

(iii) (a) MnO_2 अणु में, तीन परमाणु उपस्थित होते हैं एक मैंगनीज परमाणु, दो ऑक्सीजन परमाणु

(b) CO अणु में, दो परमाणु उपस्थित होते हैं।

2. निम्नलिखित के सूत्र लिखिए और प्रत्येक का आणविक द्रव्यमान परिकलित कीजिए।

(i) कास्टिक पोटाश (ii) बेकिंग पाउडर

(iii) चूने का पत्थर (iv) कास्टिक सोडा

(v) एथेनॉल (vi) साधारण नमक

उत्तर (i) KOH का आण्विक द्रव्यमान $(39 + 16 + 1) = 56\ g\ mol^{-1}$

(ii) $NaHCO_3$ का आण्विक द्रव्यमान

$23 + 1 + 12 + (3 \times 16) = 84\ g\ mol^{-1}$

(iii) $CaCO_3$ का आण्विक द्रव्यमान

$40 + 12 + (3 \times 16) = 100\ g\ mol^{-1}$

(iv) NaOH का आण्विक द्रव्यमान

$= 23 + 16 + 1 = 40\ g\ mol^{-1}$

(v) $C_2H_5OH = C_2H_6O$ का आण्विक द्रव्यमान

$2 \times 12 + (6 \times 1) + 16 = 46\ g\ mol^{-1}$

(vi) NaCl का आण्विक द्रव्यमान

$= 23 + 35.5 = 58.5\ g\ mol^{-1}$

3. निम्नलिखित आयनों के संयोग से बनने वाले सभी यौगिकों के आण्विक सूत्र लिखिए

$Cu^{2+}, Na^+, Fe^{2+}, Cl^-, SO_4^{2-}, PO_4^{3-}$

उत्तर **Cu^{2+} के यौगिक**

(i) Cl^- के साथ $\rightarrow Cu^{2+} \times Cl^{1-}$ सूत्र $= CuCl_2$

(ii) SO_4^{2-} के साथ $\rightarrow Cu^{2+} \times SO_4^{2-}$ सूत्र $= CuSO_4$

(iii) PO_4^{3-} के साथ $\rightarrow Cu^{2-} \times PO_4^{3-}$ सूत्र $= Cu_3(PO_4)_2$

Na^+ के यौगिक

(i) Cl^- के साथ $\rightarrow Na^{1+} \times Cl^{1-}$ सूत्र $= NaCl$

(ii) SO_4^{2-} के साथ $\rightarrow Na^{1+} \times SO_4^{2-}$ सूत्र $= Na_2SO_4$

(iii) PO_4^{3-} के साथ $\rightarrow Na^{1+} \times PO_4^{3-}$ सूत्र $= Na_3PO_4$

Fe^{3+} के यौगिक

(i) Cl^- के साथ → Fe^{3+} ✕ Cl^{1-} सूत्र = $FeCl_3$

(ii) SO_4^{2-} के साथ → Fe^{3+} ✕ SO_4^{2-} सूत्र = $Fe_2(SO_4)_3$

(iii) PO_4^{3-} के साथ → Fe^{3+} ✕ PO_4^{3-} सूत्र = $FePO_4$

4. किसी रासायनिक अभिक्रिया में द्रव्यमान का न तो सृजन किया जा सकता है और न ही विनाश अर्थात् रासायनिक अभिक्रियाओं में पदार्थों का कुल द्रव्यमान अपरिवर्तित रहता है।

(i) द्रव्यमान संरक्षण का नियम लिखिए।

(ii) बहु-परमाणुक आयन किसे कहते है?

(iii) $Ca_3(PO_4)_2$ का सूत्र इकाई द्रव्यमान ज्ञात करें।

(iv) (a) सोडियम कॉर्बोनेट (b) अमोनियम सल्फेट सूत्र ज्ञात करें।

उत्तर (i) एक रासायनिक अभिक्रिया में अभिकारकों और उत्पादों के द्रव्यमानों का योग अपरिवर्तित रहता है।

(ii) निश्चित आवेशयुक्त परमाणुओं का समूह बहु-परमाणु आयन कहलाता है।

(iii) 310 u

$[Ca_3(PO_4)_2]$ = (3 × Ca का परमाणु द्रव्यमान)
+ (2 × फॉस्फोरस का परमाणु द्रव्यमान)
+ (8 × ऑक्सीजन का परमाणु द्रव्यमान)

$= (3 \times 40) + (2 \times 31) + (8 \times 16) = 310\ u$

(iv) (a) Na_2CO_3; (b) $(NH_4)_2SO_4$

स्वयं को जाँचे

नीचे दिए गए प्रश्नों के माध्यम से छात्र अध्याय संबंधी अपने ज्ञान की जाँच कर सकते हैं। अध्याय के ध्यानपूर्वक अध्ययन किए जाने पर छात्र इन प्रश्नों के उत्तर आसानी से कर पाएँगे।

वस्तुनिष्ठ प्रकार के प्रश्न

बहुविकल्पीय प्रश्न

1. ''द्रव्य न तो उत्पन्न होता है, न ही नष्ट होता है''। यह कथन किस नियम की पुष्टि करता है?

(a) द्रव्य की अविनाशिता का नियम

(b) स्थिर अनुपात का नियम

(c) गुणित अनुपात का नियम

(d) व्युत्क्रम अनुपात का नियम

2. प्राउस्ट से सम्बन्धित सत्य विकल्प है–

(a) गै-लुसैक का नियम

(b) स्थिर अनुपात का नियम

(c) गुणित अनुपात का नियम

(d) व्युत्क्रम अनुपात का नियम

3. कार्बन तथा हाइड्रोजन आपस में संयोग करके बनाते हैं

(a) कार्बन डाइऑक्साइड (b) मेथेन

(c) कार्बन मोनॉक्साइड (d) जल

4. नाइट्रेट (NO_3^-) यौगिक है

(a) एकपरमाणुक (b) बहुपरमाणुक

(c) त्रिसंयोजक (d) द्विसंयोजक

कथन-कारण प्रकार के प्रश्न

निर्देश (प्र. सं. 5-7) इस खण्ड में दिए गए प्रत्येक प्रश्न में कथन तथा कारण दिए गए हैं। प्रत्येक प्रश्न के चार विकल्प (a), (b), (c) व (d) हैं, जिनमें से केवल एक सही है।

(a) कथन (A) तथा कारण (R) दोनों सत्य हैं तथा कारण (R), कथन (A) का सही स्पष्टीकरण है।

(b) कथन (A) तथा कारण (R) दोनों सत्य हैं, परन्तु कारण (R), कथन (A) का सही स्पष्टीकरण नहीं है।

(c) कथन (A) सत्य है, परन्तु कारण (R) असत्य है।

(d) कथन (A) असत्य है, परन्तु कारण (R) सत्य है।

5. कथन (A) जब 10g $CaCO_3$ को अपघटित किया जाता है, 5.6 ग्राम अवशेष बचा, 4.4 ग्राम CO_2 प्राप्त हुई।
कारण (R) द्रव्यमान संरक्षण के नियम का अनुसरण करता है।

6. कथन (A) परमाणु द्रव्यमान इकाई को amu या u (एकीकृत द्रव्यमान) के रूप में लिखा जाता है।
कारण (R) इसमें 6.023×10^{23} कण उपस्थित होते हैं।

7. कथन (A) द्रव्यमान का न तो सृजन किया जा सकता है और न ही विनाश
कारण (R) प्रत्येक शुद्ध रासायनिक यौगिक में पाये जाने वाले तत्व भारानुपात एक निश्चित अनुपात में पाये जाते हैं।

उत्तर

1. (a) 2. (b) 3. (b) 4. (d) 5. (a)
6. (b) 7. (b)

केस स्टडी आधारित प्रश्न

निर्देश (प्र.सं. 8-12) *निम्नलिखित पैराग्राफ को पढ़िए तथा दिए गए प्रश्नों के उत्तर दीजिए।*

किसी तत्व/मूलक (आयन) की अन्य तत्वों/मूलकों से संयोग करने की क्षमता उसकी संयोजकता कहलाती है। चूँकि तत्वों का संयोजन इलेक्ट्रॉनों के स्थानान्तरण या साझे द्वारा होता है, अत: अधिकांशत: किसी तत्व (या मूलक) द्वारा त्यागे गये या ग्रहित इलेक्ट्रॉनों की कुल संख्या को उस तत्व की संयोजकता कहते हैं।

फ्रैंकलैण्ड ने तत्वों की संयोजकता प्रदर्शित करने के लिए हाइड्रोजन को आधार तत्व माना तथा उसके अनुसार, ''किसी तत्व की संयोजकता हाइड्रोजन परमाणुओं की वह संख्या है, जो उस तत्व के एक परमाणु से संयोग करती है।'' एक संयोजकता वाले तत्वों या मूलकों को **एकसंयोजक** (Monovalent) तत्व कहते हैं। इसी प्रकार दो, तीन, चार, पाँच,..... संयोजकता वाले तत्वों/मूलकों को क्रमश: **द्विसंयोजक** (Bivalent), **त्रिसंयोजक** (Trivalent), **चतु:संयोजक** (Tetravalent) तथा **पंचसंयोजक** (Pentavalent) तत्व कहते हैं। कुछ तत्व एक से अधिक प्रकार की संयोजकताएँ भी दर्शाते हैं जैसे आयरन +2 तथा +3 संयोजकताएँ दर्शाता है, मर्करी +1 तथा +2 संयोजकताएँ दर्शाता है। समान तत्व की ये एक से अधिक संयोजकताएँ परिवर्ती संयोजकताएँ कहलाती हैं।

सामान्यत: कम संयोजकता वाले यौगिक के नाम के अन्त में 'अस' (ous) तथा अधिक संयोजकता वाले यौगिक के नाम के अन्त में 'इक' (ic) जोड़कर यौगिक का नाम दिया जाता है। उदाहरण—आयरन के दो यौगिक $FeCl_2$ (+2 संयोजकता) तथा $FeCl_3$ (+3 संयोजकता) क्रमश: फेरस क्लोराइड तथा फेरिक क्लोराइड कहलाते हैं।

8. फॉस्फेट आयन की संयोजकता कितनी होती है?

9. तत्व B, 4 और 6 संयोजकता प्रदर्शित करता है, तो इसके दो ऑक्साइड का संरचना सूत्र क्या होगा?

10. तत्व X के सल्फेट का संरचना सूत्र $X_2(SO_4)_3$ है, तो तत्व X के नाइट्रेट का संरचना सूत्र क्या होगा

11. कार्बोनेट आयन की संयोजकता कितनी होती है?

12. सोडियम क्लोराइड का द्रव्यमान अनुपात क्या है?

अतिलघु उत्तरीय प्रश्न

13. निम्न तत्वों के प्रतीक दीजिए

(i) ऐलुमिनियम (ii) कोबाल्ट

(iii) आर्सेनिक (iv) रेडॉन

14. K_2SO_4 सूत्र द्वारा प्रदर्शित यौगिक का नाम है।

15. इस कथन से आप क्या समझते हैं? "सल्फर का सापेक्षिक परमाणु द्रव्यमान 32 है।"

16. कार्बन तथा ऑक्सीजन के समूह से बनने वाले यौगिक का सूत्र दीजिए।

17. इनमें उपस्थित आयन लिखिए।

(i) $Al_2(CO_3)_3$ (ii) $AlBr_3$

18. डाल्टन प्रतीक का प्रयोग रसायन विज्ञान में क्यों नहीं होता है?

19. अधिकांश तत्वों के परमाणुओं का स्वतंत्र अस्तित्व संभव नहीं होता है।

20. जलीय विलयन में परमाणु कौन से रूप में पाए जाते है? उदाहरण दीजिए।

21. एक तत्व की संयोजकता 3 है। तत्व के सल्फाइड के लिए साधारण सूत्र लिखिए।

22. निम्न के सूत्र बताईये।

(i) धातु के सल्फेट के लिए सूत्र MSO_4 है। धातु के क्लोराइड के लिए सूत्र क्या है?

(ii) धातु M के कार्बोनेट का सूत्र M_2CO_3 है। M के फॉस्फेट के लिए सूत्र क्या है?

लघु उत्तरीय प्रश्न

23. नीचे दी गई रासायनिक अभिक्रियाओं में निर्मित बेरियम सल्फेट की मात्रा ज्ञात कीजिए। प्रयुक्त नियम भी लिखिए।

बेरियम क्लोराइड + सोडियम सल्फेट ⟶
(20.7 ग्राम) (14.2 ग्राम)
बेरियम सल्फेट + सोडियम क्लोराइड
(x) (11.7 ग्राम)

24. रासायनिक अभिक्रिया में, यदि 5.3 ग्राम सोडियम कार्बोनेट को 6 ग्राम एथेनोइक अम्ल में मिलाया जाता है तो 8.2 ग्राम सोडियम एथेनोएट के साथ 2.2 ग्राम CO_2 गैस तथा जल बनते हैं। अत: निर्मित जल का द्रव्यमान ज्ञात कीजिए।

25. (i) परमाणु द्रव्यमान पैमाने के लिए मानक के रूप में प्रयुक्त तत्व कौन-सा है?

(ii) इस संदर्भ में परमाणु के द्रव्यमान का मान क्या है?

26. 3O तथा O_3 के बीच अंतर क्या है?

27. यदि एक तत्व X की संयोजकता 3 है, इसके क्लोराइड तथा सल्फाइड के सूत्र को ज्ञात कीजिए।

28. विभिन्न परमाणु द्रव्यमान इकाईयों को खोजने के लिए वैज्ञानिकों ने प्राकृतिक रूप से पाए जाने वाले ऑक्सीजन के भार का $\frac{1}{16}$ लिया। इसके दो कारण बताइए।

29. स्थिर अनुपात के नियम को उदाहरण द्वारा समझाइए।

30. (i) $CaCl_2$ के सूत्र इकाई द्रव्यमान का परिकलन कीजिए।
[दिया गया परमाणु द्रव्यमान : Ca = 40 u तथा Cl = 35.5 u]

(ii) डाल्टन के परमाणु सिद्धान्त की मुख्य अभिधारणाएँ लिखिए।

31. (i) कार्बन की संयोजकता 4 है तथा क्लोरीन की 1 है। कार्बन टेट्राक्लोराइड का सूत्र क्या होगा?

(ii) एक तत्व X की संयोजकता 1 है तथा ऑक्सीजन की 2 है। तत्व X के साथ ऑक्सीजन के संयोग द्वारा निर्मित यौगिक का सूत्र क्या होगा?

32. आधुनिक परमाणु पैमाने पर C-12 को मानक क्यों लिया गया है? समझाइए।

33. कुछ आयनों के प्रतीक नीचे दिए गए हैं

$Na^+, Mg^{2+}, H^+, CO_3^{2-}, Cl^-, S^{2-}$

इन सूचनाओं के प्रयोग द्वारा सूत्र ज्ञात कीजिए।

(i) सोडियम कार्बोनेट (ii) मैग्नीशियम क्लोराइड

(iii) हाइड्रोजन सल्फाइड

34. $Na^+, K^+, Al^{3+}, Mg^{2+}, Ca^{2+}, Zn^{2+}$ के नाइट्रेट (NO_3^-) का रासायनिक सूत्र लिखिए।

35. कोई दो एकसंयोजी धनायनों, द्विसंयोजी धनायनों, तथा त्रिसंयोजी धनायनों का नाम लिखिए। प्रत्येक एक यौगिक का नाम जो इनमें से प्रत्येक बनाता है।

36. निम्न आयनों द्वारा बनने वाले यौगिक का रासायनिक सूत्र लिखिए।

(i) Cr^{3+} तथा SO_4^{2-} (ii) Pb^{2+} तथा NO_3^-

(iii) Mg^{2+} तथा CO_3^{2-}

37. जल (H_2O) के हाइड्रोजन तथा ऑक्सीजन का प्रतिशत संघटन क्या है? H = 1, O = 16

38. यौगिक में कैल्सियम सल्फेट
(i) दोनों आयनों को पहचानिए।
(ii) निर्मित यौगिक का सूत्र लिखिए जब धनात्मक आयन, सोडियम आयन द्वारा प्रतिस्थापित होता है।
(iii) परिणामी यौगिक का नाम है।

39. (i) Na_2CO_3 के सूत्र इकाई द्रव्यमान का परिकलन कीजिए। [दिया गया परमाणु द्रव्यमान Na = 23 u, C = 12 u तथा O = 16 u]
(ii) 24 ग्राम कैल्सियम कार्बोनेट ($CaCO_3$) को गर्म करने पर, अन्तिम द्रव्यमान 13.44 ग्राम पाया गया मुक्त हुई CO_2 गैस की मात्रा बताइए।
(iii) 12 ग्राम ऑक्सीजन गैस को मोल में परिवर्तित कीजिए यदि ऑक्सीजन के परमाणु का द्रव्यमान 16 u है।

40. एक तत्व की संयोजकता 1 है।
(i) इसके फॉस्फाइड का रासायनिक सूत्र लिखिए।
(ii) इसके क्लोराइड का रासायनिक सूत्र लिखिए।
(iii) क्या तत्व *X* एक धातु है या अधातु?

41. साधारण नमक दो भिन्न-भिन्न स्रोतों से प्राप्त किया गया एक नमूने में क्लोरीन की प्रतिशत मात्रा 60.75% पायी गई दूसरे नमूने में 3.888 ग्राम क्लोरीन 6.4 ग्राम नमक में पायी गयी। सिद्ध कीजिए कि ये आँकड़े स्थिर अनुपात के नियम की पुष्टि करते हैं।

42. कॉपर सल्फेट के क्रिस्टल में 25.45% कॉपर तथा 36.07% जल है। यदि स्थिर अनुपात का नियम सत्य है तो 40 ग्राम कॉपर सल्फेट प्राप्त करने के लिए आवश्यक कॉपर के द्रव्यमान की गणना कीजिए।

दीर्घ उत्तरीय प्रश्न

43. रासायनिक संयोग के दो नियम बताइए। किस प्रकार डाल्टन सिद्धान्त इन दोनों नियमों को समझाता है?

44. निम्न के बारे में संक्षिप्त टिप्पणी कीजिए।
(i) सापेक्षिक परमाणु द्रव्यमान
(ii) परमाणु द्रव्यमान इकाई
(iii) आयन
(iv) आयनिक यौगिक
(v) परमाणुकता

45. प्रत्येक के द्रव्यमान का परिकलन कीजिए
(i) ऐलुमिनियम बोरेट के 5 मोल
(ii) पोटैशियम बोरेट के 2 मोल
(iii) हाइड्रोजन सायनाइड के 10 मोल
(iv) मेथेन के 2 मोल
(v) सल्फ्यूरिक अम्ल के 7 मोल

46. एक प्रयोग में 1.288 ग्राम बेरियम सल्फेट 1.03 ग्राम बेरियम से प्राप्त किया गया। अन्य प्रयोग 3.672 ग्राम बेरियम सल्फेट 2.938 ग्राम बेरियम से प्राप्त किया गया प्रदर्शित कीजिए कि यह स्थिर अनुपात नियम को सिद्ध करता है।

47. निम्न तत्वों के समूहों द्वारा निर्मित यौगिकों के सूत्र लिखिए।
(i) कार्बन तथा हाइड्रोजन
(ii) नाइट्रोजन तथा मैग्नीशियम
(iii) सोडियम तथा फॉस्फोरस
(iv) पोटैशियम तथा ऑक्सीजन
(v) बोरॉन तथा ऑक्सीजन

48. *A* का 2.30 ग्राम का टुकड़ा *B* के 14.40 ग्राम, में डालने पर 10.85 ग्राम (सिल्वर) एवं 5.85 ग्राम (सोडियम क्लोराइड) प्राप्त होता है।
(i) *A*, *B* को पहचानिए।
(ii) उपरोक्त तथ्यों से द्रव्यमान संरक्षण को समझाइए।
(iii) अभिकारकों का कुल द्रव्यमान ज्ञात कीजिए।
(iv) उत्पादों का कुल द्रव्यमान ज्ञात कीजिए।

49. जब 4.2 ग्राम सोडियम बाइकार्बोनेट को 10 ग्राम ऐसीटिक अम्ल के विलयन में मिलाया जाता है। तो 2.2 ग्राम कार्बन डाइऑक्साइड मुक्त होती है। शेष अवशेष 12.0 ग्राम प्राप्त होता है। सिद्ध कीजिए कि यह प्रेक्षण द्रव्यमान के संरक्षण के नियमानुसार है।

अध्याय

04

परमाणु की संरचना

(Structure of an Atom)

प्रत्येक पदार्थ परमाणुओं और अणुओं से मिलकर बना है, विभिन्न प्रकार के पदार्थों का अस्तित्व उन परमाणुओं के कारण होता है जिनसे वे बने हैं। डाल्टन ने प्रतिपादित किया था कि परमाणु अविभाज्य है, परंतु बाद में प्रयोगों द्वारा सिद्ध हुआ कि परमाणु अविभाज्य नहीं है अर्थात् परमाणु सबसे छोटा कण नहीं है बल्कि कुछ अन्य छोटे कण- इलेक्ट्रॉन, प्रोटॉन तथा न्यूट्रॉन, जिन्हें अवपरमाणुक कण कहा जाता है, से मिलकर बना है। विभिन्न तत्वों के परमाणुओं में इलेक्ट्रॉनों, प्रोटॉनों तथा न्यूट्रॉनों की संख्या भिन्न होती है।

इस अध्याय में अवपरमाणुक कणों (जैसे-इलेक्ट्रॉन, प्रोटॉन व न्यूट्रॉन) को किस प्रकार खोजा गया और परमाणु के विभिन्न प्रकार के मॉडलों के बारे में पढ़ेंगे जिनसे पता चलता है कि ये कण परमाणु के भीतर किस प्रकार व्यवस्थित होते हैं।

सिलेबस

- *पदार्थों में आवेशित कण*
- *परमाणु की संरचना*
- *विभिन्न कक्षाओं में इलेक्ट्रॉनों का वितरण*
- *संयोजकता*
- *परमाणु संख्या*
- *द्रव्यमान संख्या*
- *समस्थानिक तथा समभारिक*

पदार्थों में आवेशित कण (Charged Particles in Matter)

विद्युत आवेश युक्त कण आवेशित कण कहलाते हैं। सामान्तया दो पदार्थों को परस्पर रगड़ने से ये विद्युत आवेशित हो जाते हैं, जिससे ज्ञात होता है कि परमाणु में आवेशित कण है या परमाणु आवेशित कणों से मिलकर बना है। परमाणु में पाए जाने वाले इलेक्ट्रॉन तथा प्रोटॉन आवेशित कण हैं।

इलेक्ट्रॉन की खोज (Discovery of Electrons)

19वीं शताब्दी तक यह जान लिया गया था कि परमाणु साधारण और अविभाज्य कण नहीं हैं, बल्कि इसमें कम से कम एक अवपरमाणुक कण इलेक्ट्रॉन विद्यमान होता है, जिसका पता **जे.जे. थॉमसन** ने 1897 में लगाया। जे.जे. थॉमसन ने इलेक्ट्रॉन की खोज एक विसर्जन नलिका में कैथोड़ किरण प्रयोग द्वारा की।

इस प्रयोग में काँच की एक विसर्जन नलिका में अत्यंत निम्न दाब पर एक गैस ली। इस विसर्जन नलिका के दोनों सिरों पर दो इलेक्ट्रोड (धातु प्लेट) लगे थे जो उच्च वोल्टता वाली बैटरी से जुड़े हैं। ऋणात्मक सिरे से जुड़ा इलेक्ट्रोड **कैथोड** तथा धनात्मक सिरे से जुड़ा इलेक्ट्रोड **ऐनोड** कहलाता है। इस प्रयोग के दौरान उन्होंने ऋणात्मक आवेशित कणों का एक पुंज पाया जो **कैथोड किरणें** (Cathode ray) कहलाती हैं, क्योंकि ये कैथोड से उत्पन्न होती है तथा ये ऋणात्मक आवेशित कण, जिनसे कैथोड किरण बनी होती है, इलेक्ट्रॉन कहलाते हैं। इन्हें 'e^-' द्वारा प्रदर्शित किया जाता है।

इलेक्ट्रॉन पर आवेश -1.6×10^{-19} कूलॉम पाया जाता है, इसीलिए e^- पर आवेश को -1 लिया जाता है। इलेक्ट्रॉन का द्रव्यमान 9.1×10^{-31} kg के बराबर होता है।

प्रोटॉन की खोज (Discovery of Protons)

इलेक्ट्रॉन की जानकारी के बाद यह विचार किया गया कि, यदि परमाणु में ऋणावेशित कण उपस्थित है, तो परमाणु में कोई विद्युत धनावेशित कण भी होना चाहिए, क्योंकि परमाणु विद्युत उदासीन होता है। इसे आधार मानकर **गोल्डस्टीन** (1886) ने प्रयोगों द्वारा ज्ञात किया, कि विसर्जन नली में छिद्रयुक्त कैथोड प्रयुक्त करके, गैसों में अत्यंत कम दाब पर उच्च वोल्ट की विद्युत धारा प्रवाहित करने पर कैथोड के पीछे काँच की दीवार प्रदीप्त हो जाती है।

इससे गोल्डस्टीन ने निष्कर्ष निकाला, कि यह दीप्ति एक प्रकार के किरण पुंज के कारण उत्पन्न होती है, जो कैथोड के छिद्रों से निकलकर कैथोड के पीछे प्रवेश करती है तथा विसर्जन नली की दीवार पर दीप्ति उत्पन्न करती है। इन किरणों को गोल्डस्टीन ने कैनाल किरणें कहा। ये धन किरणें थी जो ऐनोड से चलकर कैथोड की तरफ गतिशील थी, इससे एक अन्य अवपरमाणुक कण की खोज हुई, जिसे **प्रोटॉन** कहा गया।

प्रोटॉन धनात्मक आवेशित कण होते हैं तथा इन्हें 'p^+' द्वारा प्रदर्शित करते हैं। प्रोटॉन पर उपस्थित आवेश $+1.6 \times 10^{-19}$ कूलॉम के बराबर होता है तथा इसे $+1$ माना जाता है। प्रोटॉन का द्रव्यमान 1.6×10^{-27} किग्रा होता है। प्रोटॉन का द्रव्यमान इलेक्ट्रॉन के द्रव्यमान का लगभग 2000 गुना होता है।

निष्कर्ष (Conclusion)

प्रोटॉन का द्रव्यमान एक इकाई के रूप में लेते है तथा इसका आवेश $(+1)$ है, जबकि एक इलेक्ट्रॉन का द्रव्यमान नगण्य मानते है तथा इसका आवेश (-1) है। इससे यह प्रतीत होता है कि एक परमाणु प्रोटॉन तथा इलेक्ट्रॉन से बना है, जो परस्पर आवेशों को संतुलित करता है।

परमाणु की संरचना (Structure of an Atom)

डाल्टन के परमाणु सिद्धान्त के अनुसार, परमाणु अविभाज्य और अविनाशी था, परंतु परमाणु के भीतर दो मूल कणों, इलेक्ट्रॉन और प्रोटॉन की खोज ने डाल्टन के परमाणु सिद्धान्त की इस धारणा को गलत साबित कर दिया।

परमाणु के भीतर इलेक्ट्रॉन तथा प्रोटॉन किस प्रकार व्यवस्थित हैं इसको समझाने के लिए बहुत से वैज्ञानिकों ने भिन्न-भिन्न प्रकार के मॉडलों को प्रस्तुत किया।

परमाणु का थॉमसन मॉडल (Thomson's Model of an Atom)

जे.जे. थॉमसन ने सर्वप्रथम परमाणुओं की संरचना से संबंधित एक मॉडल प्रस्तुत किया। जो क्रिसमस केक की तरह था। उनके अनुसार, परमाणु एक धनावेशित गोला था, जिसमें इलेक्ट्रॉन क्रिसमस केक में लगे सूखे मेवों की तरह थे। तरबूज का उदाहरण भी ले सकते हैं, जिसके अनुसार परमाणु में धन आवेश तरबूज के खाने वाले लाल भाग की तरह बिखरा है, जबकि इलेक्ट्रॉन धनावेशित गोले में तरबूज के बीज की भाँति धँसे हैं। इस मॉडल को थॉमसन प्लम पुडिंग मॉडल (Thomson's Plum Pudding Model) कहते हैं।

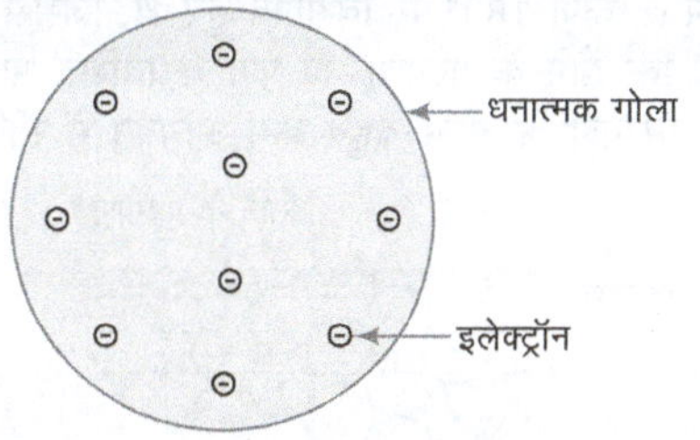

थॉमसन का परमाणु मॉडल

इस मॉडल की अभिधारणाएँ निम्नलिखित हैं—

(i) परमाणु धनावेशित गोले का बना होता है और इलेक्ट्रॉन इसमें धंसे होते हैं।

(ii) ऋणात्मक और धनात्मक आवेश परिमाण में समान होते हैं इसलिए परमाणु वैद्युतीय रूप से उदासीन होते हैं।

(iii) यह माना गया कि परमाणु का द्रव्यमान समान रूप से पूरे परमाणु में वितरित रहता है।

परमाणु के थॉमसन मॉडल की सीमाएँ (Limitations of Thomson's Model of an Atom)

(i) परमाणु के थॉमसन मॉडल ने परमाणु की वैद्युत उदासीन प्रकृति को समझाया। परंतु यह अन्य वैज्ञानिकों द्वारा किए गए विभिन्न प्रयोगों जैसे रदरफोर्ड के प्रयोगों के परिणामों को नहीं समझा सके।

(ii) यह परमाणु के स्थायित्व की व्याख्या नहीं कर सका अर्थात् धनात्मक तथा ऋणात्मक आवेश एकसाथ नजदीक कैसे रहते हैं, को नहीं समझा पाया।

रदरफोर्ड का परमाणु मॉडल (Rutherford's Model of an Atom)

अर्नेस्ट रदरफोर्ड ने परमाणु के नाभिक की खोज सन् 1911 में की। रदरफोर्ड ने **गीगर** और **मार्सडेन** की सहायता से परमाणु में उपस्थित इलेक्ट्रॉनों की व्यवस्था को ज्ञात करने के लिए एक प्रयोग किया। उन्होंने सोने की पतली चादर पर तीव्र गति α-कणों (द्विआवेशित हीलियम कण जिनका द्रव्यमान 4u होता है।) से बमबारी के प्रयोग किए।

इन्होंने सोने की पन्नी इसलिए, चुनी क्योंकि वे बहुत पतली परत चाहते थे। सोने की यह पन्नी 1000 परमाणुओं के बराबर मोटी थी।

उपरोक्त प्रयोगों से यह पाया गया कि

(i) तेज गति से चल रहें अधिकतर एल्फा कण सोने की पन्नी से सीधे निकल गए।

(ii) कुछ α-कण पन्नी के द्वारा बहुत छोटे कोण से विक्षेपित हुए।

(iii) आश्चर्यजनक रूप से, प्रत्येक 20,000 कणों में से एक कण वापस आ गया।

इस प्रयोग के आधार पर रदरफोर्ड ने निम्न निष्कर्ष निकालें

(i) परमाणु के भीतर का अधिकतर भाग खाली है क्योंकि अधिकतर कण बिना विक्षेपित हुए सोने की पन्नी से बाहर निकल जाते हैं।

(ii) बहुत कम कण अपने मार्ग से विक्षेपित होते हैं जिससे यह ज्ञात होता है कि परमाणु में धनावेशित भाग बहुत कम है।

(iii) बहुत कम α-कण 180^0 पर विक्षेपित हुए थे, जिससे यह संकेत मिलता है कि सोने के परमाणु का पूर्ण धनावेशित भाग और द्रव्यमान, परमाणु के भीतर बहुत कम आयतन में सीमित है।

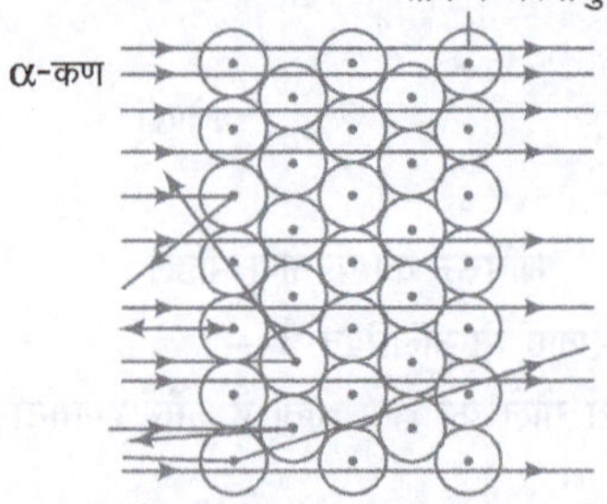

सोने की परत द्वारा α-कणों का प्रकीर्णन

अपने प्रयोगों के आधार पर रदरफोर्ड ने परमाणु का नाभिकीय-मॉडल प्रस्तुत किया, जिसके निम्नलिखित लक्षण थे

(i) परमाणु का केंद्र धनावेशित होता है जिसे नाभिक कहा जाता है। एक परमाणु का लगभग संपूर्ण द्रव्यमान नाभिक में होता है।

(ii) इलेक्ट्रॉन नाभिक के चारों ओर निश्चित मार्ग में चक्कर लगाते हैं।

(iii) नाभिक का आकार (10^{-15} m) परमाणु के आकार (10^{-10}m) की तुलना में काफी कम होता है।

नोट *रदरफोर्ड के परमाणु मॉडल की तुलना सौरमंडल से की जाती है। जिस प्रकार, सौरमंडल में ग्रह, सूर्य के चारों ओर परिक्रमा करते रहते हैं उसी प्रकार, इलेक्ट्रॉन भी नाभिक के चारों ओर घूमते रहते हैं। जिस कारण इन्हें ग्रहीय इलेक्ट्रॉन (Planetary electron) भी कहा जाता है।*

रदरफोर्ड के परमाणु मॉडल की कमियाँ
(Limitations of Rutherford's Model of an Atom)

(i) प्रत्येक आवेशित कण घूमते समय चुंबकीय विकिरण के कारण अपनी ऊर्जा का ह्रास करता है। ऊर्जा में कमी होने के कारण इलेक्ट्रॉन की नाभिक से दूरी कम होती चली जाएगी और अंत में यह नाभिक में गिर जाएगा, इसीलिए परमाणु अत्यधिक अस्थायी होना चाहिए। परंतु हम जानते हैं परमाणु स्थायी होते हैं इस प्रकार, यह परमाणु के स्थायित्व को नहीं समझा सका।

(ii) रदरफोर्ड मॉडल परमाणु के नाभिक से बाहर के भाग में इलेक्ट्रॉनों के वितरण को नहीं समझा सका।

बोर का परमाण्विक मॉडल
(Bohr's Atomic Model)

रदरफोर्ड के मॉडल पर उठी आपत्तियों को दूर करने के लिए, नील्स बोर ने परमाणु की संरचना के बारे में निम्नलिखित अवधारणाएँ प्रस्तुत की।

(i) इलेक्ट्रॉन केवल कुछ निश्चित कक्षाओं में ही चक्कर लगा सकते हैं, जिन्हें इलेक्ट्रॉन की **विविक्त कक्षा** (Discrete orbits) कहते हैं। जब इलेक्ट्रॉन इस विविक्त कक्षा में चक्कर लगाते हैं, तो उनकी ऊर्जा का विकिरण नहीं होता है।

(ii) इलेक्ट्रॉन लगातार बिना ऊर्जा खोए अपनी अनुमत कक्षाओं (Respective orbits) में घूमते रहते हैं। प्रत्येक कक्षा की ऊर्जा की मात्रा निश्चित होती है। अत: इन्हें **ऊर्जा स्तर** (Energy level) भी कहते है। चित्र में, एक परमाणु के ऊर्जा स्तरों को दिखाया गया है इन कक्षाओं (या कोशों) को *K, L, M, N*..... अक्षरों या संख्याओं 1, 2, 3, 4.... से प्रदर्शित किया जाता है।

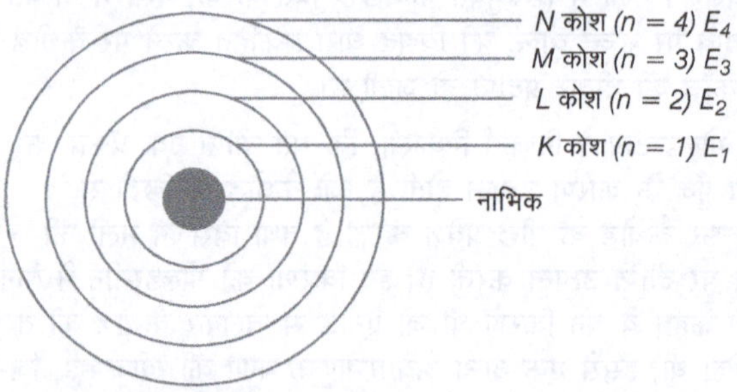

किसी परमाणु में कुछ ऊर्जा स्तर

(iii) सामान्यतया जो इलेक्ट्रॉन प्रथम ऊर्जा स्तर (E_1) में उपस्थित होते हैं उनकी ऊर्जा निम्नतम होती है तथा बाह्यतम ऊर्जा स्तरों की ओर बढ़ने पर ऊर्जाएँ बढ़ती है।

(iv) इलेक्ट्रॉन अपनी कक्षा से उच्च ऊर्जा वाली कक्षा में कूदता है तो ऊर्जा का अवशोषण होता है व इलेक्ट्रॉन अपनी कक्षा से निम्न ऊर्जा की कक्षा में कूदता है, तो ऊर्जा का उत्सर्जन होता है।

न्यूट्रॉन 'n' (Neutron)

1932 में जे. चैडविक ने एक और अवपरमाणुक कण खोज निकाला। जो अनावेशित तथा द्रव्यमान में प्रोटॉन के द्रव्यमान (1.67×10^{-27} kg) के बराबर था। अंतत: इसका नाम न्यूट्रॉन पड़ा। सामान्यत: न्यूट्रॉन को 'n' से प्रदर्शित करते हैं। हाइड्रोजन के अतिरिक्त सभी परमाणुओं के नाभिक में न्यूट्रॉन होता है।

परमाणु का द्रव्यमान नाभिक में उपस्थित प्रोटॉन तथा न्यूट्रॉन के द्रव्यमान के योग के द्वारा दिया जाता है।

चेक प्वॉइण्ट 4.1

1. *जब दो वस्तुओं को एक साथ रगड़ते हैं, तो वे विद्युत आवेशित हो जाती हैं। यह विद्युत आवेश कहाँ से आता है?*
2. *कैथोड किरणें किस प्रकार ऐनोड किरणों से भिन्न हैं?*
3. *इलेक्ट्रॉन, प्रोटॉन तथा न्यूट्रॉन के खोजकर्ता के नाम क्या है?*
4. *रदरफोर्ड द्वारा क्या निष्कर्ष निकाले गए जब उसने देखा कि अधिकांश तीव्र गति के α-कण सोने की पन्नी से सीधे गुजर गए?*
5. *परमाणु का नाभिक धनावेशित होता है तथा इसके चारों ओर इलेक्ट्रॉन ऋणावेशित होते हैं, तो इलेक्ट्रॉन आकर्षण के कारण नाभिक में क्यों नहीं गिरते हैं?*
6. *'विविक्त कक्षा' से आप क्या समझते हैं?*
7. *एक परमाणु का चार कोशों के साथ बोर मॉडल बनाइए।*

विभिन्न कक्षाओं (कोशों) में इलेक्ट्रॉनों का वितरण

[Distribution of Electrons in Different Orbits (Shells)]

परमाणुओं की विभिन्न कक्षाओं में इलेक्ट्रॉनो के वितरण के लिए **बोर** और **बरी** ने कुछ नियम प्रस्तुत किए—

(i) किसी कक्षा में उपस्थित अधिकतम इलेक्ट्रॉन को सूत्र $2n^2$ से दर्शाया जाता है। जहाँ 'n' कक्षा की संख्या या ऊर्जा स्तर 1, 2, 3....है।
इसलिए, इलेक्ट्रॉनों की अधिकतम संख्या पहली कक्षा या K-कोश में होगी
$= 2 \times 1^2 = 2$,
दूसरी कक्षा या L-कोश में होगी $= 2 \times 2^2 = 8$,
तीसरी कक्षा या M-कोश में होगी $= 2 \times 3^2 = 18$,
चौथी कक्षा या N-कोश में होगी $= 2 \times 4^2 = 32$।

(ii) सबसे बाहरी कक्षा में इलेक्ट्रॉनों की अधिकतम संख्या 8 हो सकती है।

(iii) किसी परमाणु की दी गई कक्षा में इलेक्ट्रॉन तब तक स्थान नहीं लेते हैं जब तक कि उससे पहली वाली भीतरी कक्षा पूर्ण रूप से नहीं भर जाती।

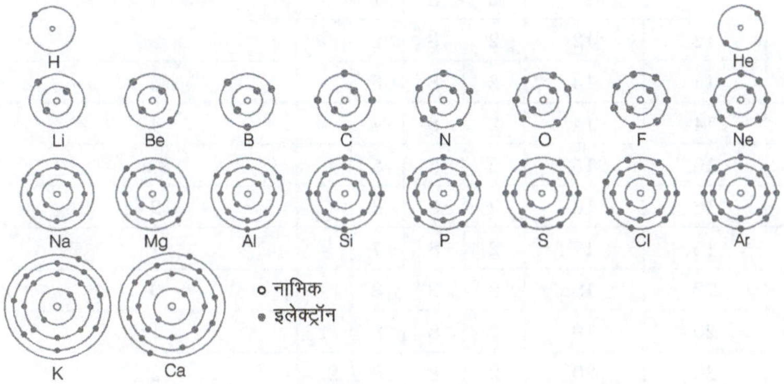

पहले बीस तत्वों की परमाण्विक संरचना का व्यवस्था चित्र

संयोजकता (Valency)

किसी परमाणु की बाह्यतम कक्षा में उपस्थित इलेक्ट्रॉन **संयोजी इलेक्ट्रॉन** कहलाते हैं। ये परमाणु के रासायनिक गुणों को निर्धारित करते हैं।

जिन तत्वों की परमाणुओं के बाह्यतम कक्षा पूर्ण भरी होती हैं वे रासायनिक रूप से कम सक्रिय होते हैं अर्थात् उच्च स्थायी होते हैं। इस प्रकार के तत्व **अक्रिय तत्व** कहलाते हैं। अर्थात् इनकी संयोजकता शून्य होती है। इन अक्रिय तत्वों में से हीलियम-परमाणु की बाह्यतम कक्षा में दो (2) इलेक्ट्रॉन होते हैं और अन्य में आठ (8) इलेक्ट्रॉन होते हैं।

तत्वों के परमाणुओं की अपने समान या अन्य किसी तत्व के परमाणुओं से मिलकर अणु बनाने की प्रवृत्ति, अपनी बाह्यतम कक्षा को पूर्ण रूप से भरने का प्रयास माना जाता है। परमाणु अपनी अंतिम कक्षा में **अष्टक** प्राप्त करने के लिए क्रिया करते हैं। यह आपस में इलेक्ट्रॉनों की साझेदारी करने, उनको ग्रहण करने या उनका त्याग करने से होता है। परमाणु की बाह्यतम कक्षा में इलेक्ट्रॉनों के अष्टक पूर्ण करने के लिए जितनी संख्या में इलेक्ट्रॉनों की साझेदारी या स्थानांतरण होता है, वही उस तत्व की संयोजकता-शक्ति अर्थात् संयोजकता होती है। दूसरे शब्दों में किसी तत्व की संयोजकता उस तत्व के परमाणु की दूसरे तत्व के परमाणु के साथ इसके अष्टक को पूर्ण करने की संयोजन क्षमता है।

कुछ समूहों के तत्वों की संयोजकता की व्याख्या निम्न है—

(i) हाइड्रोजन, लीथियम या सोडियम प्रत्येक के परमाणुओं की बाह्यतम कक्षा में एक-एक इलेक्ट्रॉन होता है। अत: यह स्थायित्व के लिए एक इलेक्ट्रॉन का त्याग कर सकते हैं। अत: उनकी संयोजकता एक (1) है।

(ii) Mg, Ca तथा Be की संयोजकता 2 है क्योंकि इन सभी में 2 संयोजी इलेक्ट्रॉन होते हैं तथा ये बाह्यतम कक्षा में अष्टक प्राप्त करने के या स्थायित्व प्राप्ति के लिए 2 इलेक्ट्रॉन त्याग सकते हैं।

(iii) बोरॉन तथा ऐलुमिनियम की संयोजकता 3 है क्योंकि प्रत्येक के पास 3 संयोजी इलेक्ट्रॉन हैं।

(iv) कार्बन तथा सिलिकॉन की संयोजकता 4 है क्योंकि प्रत्येक के पास 4 संयोजी इलेक्ट्रॉन हैं।

(v) नाइट्रोजन तथा फॉस्फोरस के पास 5 संयोजी इलेक्ट्रॉन हैं, अत: इनकी संयोजकता 3 है, क्योंकि ये स्थायित्व प्राप्ति के लिए $3e^-$ प्राप्त कर सकते हैं अथवा $5e^-$ त्याग सकते हैं। अत: इनकी संयोजकता को अष्टक से 5 इलेक्ट्रॉन घटाकर ज्ञात कर सकते हैं अर्थात् $8 - 5 = 3$
यद्यपि P भी 5 इलेक्ट्रॉन का साझा कर सकता है। इसीलिए यह 3 के साथ 5 संयोजकता भी दर्शाता है।

(vi) ऑक्सीजन तथा सल्फर प्रत्येक के पास 6 संयोजी इलेक्ट्रॉन हैं, इसीलिए इनकी संयोजकता 2 है। क्योंकि ये अष्टक को पूर्ण करने के लिए 2 इलेक्ट्रॉन को प्राप्त या 2 इलेक्ट्रॉन का साझा कर सकते हैं।

(vii) समान रूप से फ्लुओरीन तथा क्लोरीन प्रत्येक के पास 7 संयोजी इलेक्ट्रॉन हैं, इनकी संयोजकता 1 है, क्योंकि इनके अष्टक को पूर्ण करने के लिए 1 इलेक्ट्रॉन को प्राप्त या 1 इलेक्ट्रॉन का साझा कर सकते हैं।

(viii) सभी अक्रिय धातुएँ अर्थात् He, Ne, Ar आदि का बाह्यतम कोश पूर्ण भरा होता है इसीलिए इनकी संयोजकता शून्य है।

नोट *धातुओं के लिए, संयोजकता = संयोजी इलेक्ट्रॉनों की संख्या*
अधातुओं के लिए, संयोजकता = 8 – संयोजी इलेक्ट्रॉनों की संख्या

विभिन्न कोशों में इलेक्ट्रॉनों के वितरण के साथ पहले 20 तत्वों के परमाणुओं का संघटन

	तत्व का नाम	प्रतीक	परमाणु संख्या	प्रोटॉनों की संख्या	न्यूट्रॉनों की संख्या	इलेक्ट्रॉनों की संख्या	इलेक्ट्रॉनों का वितरण				संयोजकता
							K	*L*	*M*	*N*	
1.	हाइड्रोजन	H	1	1	-	1	1	-	-	-	1
2.	हीलियम	He	2	2	2	2	2	-	-	-	0
3.	लीथियम	Li	3	3	4	3	2	1	-	-	1
4.	बेरिलियम	Be	4	4	5	4	2	2	-	-	2
5.	बोरॉन	B	5	5	6	5	2	3	-	-	3
6.	कार्बन	C	6	6	6	6	2	4	-	-	4
7.	नाइट्रोजन	N	7	7	7	7	2	5	-	-	3
8.	ऑक्सीजन	O	8	8	8	8	2	6	-	-	2
9.	फ्लुओरीन	F	9	9	10	9	2	7	-	-	1
10.	निऑन	Ne	10	10	10	10	2	8	-	-	0
11.	सोडियम	Na	11	11	12	11	2	8	1	-	1
12.	मैग्नीशियम	Mg	12	12	12	12	2	8	2	-	2
13.	ऐलुमिनियम	Al	13	13	14	13	2	8	3	-	3
14.	सिलिकॉन	Si	14	14	14	14	2	8	4	-	4
15.	फॉस्फोरस	P	15	15	16	15	2	8	5	-	3,5
16.	सल्फर	S	16	16	16	16	2	8	6	-	2
17.	क्लोरीन	Cl	17	17	18	17	2	8	7	-	1
18.	ऑर्गन	Ar	18	18	22	18	2	8	8	-	0
19.	पोटैशियम	K	19	19	20	19	2	8	8	1	1
20.	कैल्सियम	Ca	20	20	20	20	2	8	8	2	2

चेक प्वॉइण्ट 4.2

1. *बाह्यतम कक्षा में इलेक्ट्रॉनों की अधिकतम संख्या क्या हो सकती है ?*
2. *परमाणु क्रमांक 15 वाले किसी परमाणु के अंतिम कोश में उपस्थित इलेक्ट्रॉनों की संख्या ज्ञात कीजिए।* *[उत्तर = 5]*
3. *किसी परमाणु में प्रथम चार कोश (K, L, M तथा N) पूर्णतया भरे हैं, तो उस परमाणु में कुल इलेक्ट्रॉनों की संख्या क्या हैं ?* *[उत्तर = 36]*
4. *रासायनिक अभिक्रिया में हीलियम तथा निऑन भाग क्यों नहीं लेते हैं ?*
5. *एक अधातु के बाह्यतम कोश में 6 इलेक्ट्रॉन हैं। इसकी संयोजकता बताइए।* *[उत्तर = 2]*

परमाणु संख्या (Atomic Number)

किसी तत्व के नाभिक में उपस्थित कुल प्रोटॉनों की सख्या को उस तत्व का परमाणु क्रमांक कहते हैं। इसे 'Z' द्वारा निरूपित करते हैं। किसी तत्व के सभी अणुओं की परमाणु संख्या (Z) समान होती है। किसी भी तत्व पर परमाणु विद्युत उदासीन होता है, अत: उदासीन परमाणु में प्रोटॉनों और इलेक्ट्रॉनों की संख्या समान होती हैं अत:

परमाणु संख्या (Z) = प्रोटॉनों की संख्या = इलेक्ट्रॉनों की संख्या

उदाहरण— $^4_2$He में परमाणु संख्या, $Z = 2$ तथा $^7_3$Li में परमाणु संख्या, $Z = 3$

द्रव्यमान संख्या (Mass Number)

किसी परमाणु के नाभिक में उपस्थित प्रोटॉनों और न्यूट्रॉनों (न्यूक्लिऑनों) की संख्या के योग को उस परमाणु की द्रव्यमान संख्या (*A*) कहते हैं।

$$\text{द्रव्यमान संख्या} = \text{प्रोटॉनों की संख्या} + \text{न्यूट्रॉनों की संख्या}$$
$$A = p + n = Z + n$$

जहाँ, A = द्रव्यमान संख्या, p = प्रोटॉनों की संख्या, n = न्यूट्रॉनों की संख्या

द्रव्यमान संख्या किसी तत्व का मूल लक्षण नहीं है, क्योंकि यह किसी तत्व के भिन्न-भिन्न परमाणुओं के लिए भिन्न-भिन्न हो सकती है।

किसी परमाणु को दर्शाने के लिए परमाणु संख्या, द्रव्यमान संख्या और तत्व का प्रतीक इस प्रकार से लिखा जाता है।

14 ← द्रव्यमान संख्या
N ← तत्व का प्रतीक
7 ← परमाणु संख्या

उदाहरण 1. किसी तत्व *A* के एक परमाणु को $^{24}_{12}A$ के रूप में लिखा जा सकता है।

(i) घातांक 24 क्या प्रदर्शित करता है?
(ii) पादांक 12 क्या प्रदर्शित करता है?
(iii) तत्व *A* के परमाणु में इलेक्ट्रॉनों, प्रॉटानों तथा न्यूट्रॉनों की सख्या क्या हैं?
(iv) तत्व *A* के परमाणु द्वारा निर्मित आयन का प्रतीक लिखिए।

हल (i) 24, परमाणु *A* की द्रव्यमान संख्या है।
(ii) 12, परमाणु *A* की परमाणु संख्या है।
(iii) प्रोटॉनों की संख्या = 12
न्यूट्रॉनों की संख्या = 12
इलेक्ट्रॉनों की संख्या = 12
(iv) दिए गए परमाणु का इलेक्ट्रॉनिक विन्यास = $\dfrac{K\ L\ M}{2,8,2}$

यह 2 इलेक्ट्रॉन त्यागकर स्थायी विन्यास प्राप्त करता है इसीलिए इसके आयन का प्रतीक A^{2+} होगा।

समस्थानिक (Isotopes)

एक ही तत्व के वे परमाणु जिनकी परमाणु संख्याएँ समान, किंतु द्रव्यमान संख्याएँ भिन्न-भिन्न होती है, समस्थानिक कहलाते हैं। समस्थानिकों के नाभिक में प्रोटॉनों की संख्या समान, किंतु उनके नाभिक में न्यूट्रॉनों की संख्या भिन्न-भिन्न होने के कारण उनकी द्रव्यमान संख्याएँ भिन्न-भिन्न होती हैं।

उदाहरण—हाइड्रोजन परमाणु के तीन समस्थानिक होते हैं: प्रोटियम ^1_1H, ड्यूटीरियम (^2_1H या D) तथा ट्राइटियम (^3_1H या T), प्रत्येक की परमाणु संख्या समान है।

किसी तत्व का प्रत्येक समस्थानिक शुद्ध पदार्थ होता है। चूँकि तत्वों के रासायनिक गुण वृहद् रूप से उनके इलेक्ट्रॉनिक विन्यास या बाह्यतम इलेक्ट्रॉनों पर निर्भर करते हैं तथा किसी तत्व के इलेक्ट्रॉनिक विन्यास समान होते हैं, अत: समस्थानिकों के रासायनिक गुण समान होते हैं।

हम जानते हैं, कि तत्वों के समस्थानिकों के द्रव्यमान भिन्न हैं अत: भौतिक गुण जैसे घनत्व, प्रकाश प्रकीर्णन इत्यादि जो द्रव्यमान पर निर्भर करते हैं इनके लिए भिन्न होगें।

औसत परमाणु भार (Average Atomic Weight)

अधिकांश तत्व प्रकृति में अपने समस्थानिकों के रूप में पाए जाते हैं तथा उनका परमाणु भार वास्तव में उनके समस्थानिकों के परमाणु भारों का औसत भार होता है, इस कारण यह प्राय: भिन्नात्मक होता है। इसलिए इनके परमाणु भार को औसत परमाणु भार कहना अधिक उचित है और परमाणु भार की गणना निम्न प्रकार की जाती है—

$$\text{तत्व का औसत परमाणु भार} = \frac{A_1X_1 + A_2X_2 + \ldots}{X_1 + X_2 + \ldots}$$

जहाँ, A_1, A_2 = समस्थानिकों 1 तथा 2 के परमाणु भार
X_1, X_2 = समस्थानिकों 1 तथा 2 की प्रचुरता (उपलब्धता या प्रतिशतुता)

उदाहरण 2. क्लोरीन के दो समस्थानिकों Cl^{35} तथा Cl^{37} की प्रकृति में प्रचुरता क्रमशः 75% तथा 25% हैं। क्लोरीन का औसत परमाणु भार ज्ञात कीजिए।

हल $\text{Cl का औसत परमाणु भार} = \dfrac{A_1X_1 + A_2X_2}{X_1 + X_2}$

जहाँ, $A_1 = 35, A_2 = 37, X_1 = 75\%$ तथा $X_2 = 25\%$

$\therefore \text{Cl का औसत परमाणु भार} = \dfrac{35 \times 75 + 37 \times 25}{75 + 25} = 35.5$

समस्थानिकों के अनुप्रयोग (Applications of Isotopes)

इसके अनुप्रयोग निम्न हैं—

(i) यूरेनियम (U-235) समस्थानिक का प्रयोग बिजली उत्पन्न करने के लिए नाभिकीय शक्ति सयंत्रों के नाभिकीय रिएक्टरों में ईंधन के रूप में उपयोग किया जाता है।
(ii) U-238 का प्रयोग बहुत पुरानी चट्टानों तथा पृथ्वी की आयु को ज्ञात करने में करते है।
(iii) कोबाल्ट (Co-60) समस्थानिक का प्रयोग कैंसर के उपचार में किया जाता है।
(iv) जीवाश्म की आयु-सीमा ज्ञात करने क लिए कार्बन के समस्थानिक (C-14) का उपयोग करते हैं।
(v) आयोडीन (I-131) समस्थानिक का उपयोग घेंघा रोग के इलाज में होता है।

समभारिक (Isobars)

वे तत्व जिनकी द्रव्यमान संख्याएँ समान, किंतु परमाणु संख्याएँ भिन्न-भिन्न होती है, समभारिक कहलाते हैं।

समभारिक में प्रोटॉनों एवं न्यूट्रॉनों की संख्या का योग समान होता है, परंतु परमाणु क्रमांक भिन्न-भिन्न होते हैं।

उदाहरण— आर्गन $_{18}Ar^{40}$, तथा $_{20}Ca^{40}$ कैल्सियम

(i) समभारिकों के परमाणु क्रमांक भिन्न-भिन्न होने के कारण उनके रासायनिक गुण भिन्न-भिन्न होते हैं।

(ii) समभारिकों में प्रोटॉनों की संख्या भिन्न-भिन्न होने के कारण उनके भौतिक गुण भी भिन्न-भिन्न होते हैं।

उदाहरण 3. निम्न युग्मों पर विचार कीजिए।

(i) $^{58}_{26}A, ^{58}_{28}B$ (ii) $^{79}_{35}X, ^{80}_{35}Y$

(a) उपरोक्त युग्मों में से कौन-सा युग्म समस्थानिक तथा समभारिक है?

(b) कौन-से कारक घातांक 79, 80 (स्थिति II) में परिवर्तन के लिए उत्तरदायी हैं। यद्यपि तत्व समान है।

(c) $^{58}_{26}A$ का नाभिकीय संघटन दीजिए।

हल (a) समभारिक: $^{58}_{26}A$ तथा $^{58}_{28}B$

समस्थानिक: $^{79}_{35}X$ तथा $^{80}_{35}Y$

(b) X तथा Y समस्थानिकों के युग्म है। समस्थानिकों में समान संख्या में प्रोटॉन तथा भिन्न संख्या में न्यूट्रॉन होते हैं, (अतः उनकी द्रव्यमान संख्या एक-दूसरे से भिन्न हैं क्योंकि द्रव्यमान संख्या प्रोटॉनों तथा न्यूट्रॉनों का योग है।)

(c) प्रोटॉनों की संख्या = 26

इलेक्ट्रॉनों की संख्या = 26

न्यूट्रॉनों की संख्या = 58 − 26 = 32

चेक प्वॉइण्ट 4.3

1. $^{16}_{8}O$ तथा $^{40}_{80}Ar$ में प्रोटॉनों, न्यूट्रॉनों तथा इलेक्ट्रॉनों की संख्या क्या है? इनकी परमाणु संख्या तथा द्रव्यमान संख्या क्या है?
2. Al तथा Cl के परमाणु क्रमांक क्रमशः 13 तथा 17 हैं, Al^{3+} तथा Cl^- में इलेक्ट्रॉनों की संख्या क्या होगी? [**उत्तर** $Al^{3+} = 10; Cl^- = 18$]
3. लीथियम परमाणु का परमाणवीय द्रव्यमान 6u तथा इसके नाभिक में 3 प्रोटॉन है। इसमें कितने न्यूट्रॉन होते हैं?
4. एक परमाणु का परमाणु द्रव्यमान 7u है। इसके K− कोश में 2 इलेक्ट्रॉन तथा L− कोश में एक इलेक्ट्रॉन है। इसके पास कितने न्यूट्रॉन हैं?
5. अधिकांश तत्वों का परमाणु द्रव्यमान पूर्ण संख्या न होकर भिन्नात्मक क्यों होता है?
6. निम्न स्पीशीज में से समस्थानिक युग्मों को पहचानिए

$$_8C^{16},\ _6C^{14},\ _7N^{14},\ _8O^{18},\ _7N^{16}$$

7. (i) नाभिकीय संयंत्रों में ईंधन के रूप में प्रयुक्त होने वाले समस्थानिक का क्या नाम है?

(ii) इस समस्थानिक में अवपरमाणुक कणों की संख्या क्या है?

NCERT फोल्डर

अध्याय के बीच के प्रश्न

1. कैनाल किरणें क्या हैं?

उत्तर कैनाल किरणें धनावेशित विकिरण हैं। ये किरणें वोल्टेज देने पर ऐनोड से कैथोड की ओर जाती हैं।

2. यदि किसी परमाणु में एक इलेक्ट्रॉन और एक प्रोटॉन हैं, तो इसमें कोई आवेश होगा या नहीं?

उत्तर नहीं, क्योंकि इलेक्ट्रॉन का आवेश −1 और प्रोटॉन का आवेश +1 होता है, जो एक-दूसरे को उदासीन करते हैं।

3. परमाणु उदासीन है, इस तथ्य को थॉमसन के मॉडल के आधार पर स्पष्ट कीजिए।

उत्तर थॉमसन के मॉडल के अनुसार, ऋणात्मक और धनात्मक आवेश परिमाण में समान होते हैं। इसीलिए परमाणु वैद्युतीय रूप से उदासीन होते हैं।

4. रदरफोर्ड के परमाणु मॉडल के अनुसार, परमाणु के नाभिक में कौन-सा अवपरमाणुक कण विद्यमान है?

उत्तर रदरफोर्ड के परमाणु मॉडल के अनुसार, परमाणु का केंद्र धनावेशित होता है, जिसे नाभिक कहते हैं अतः नाभिक में प्रोटॉन विद्यमान होते हैं।

5. तीन कक्षाओं वाले बोर के परमाणु मॉडल का चित्र बनाइए।

उत्तर बोर का परमाणु मॉडल सोडियम ($_{11}Na$) = 2, 8, 1

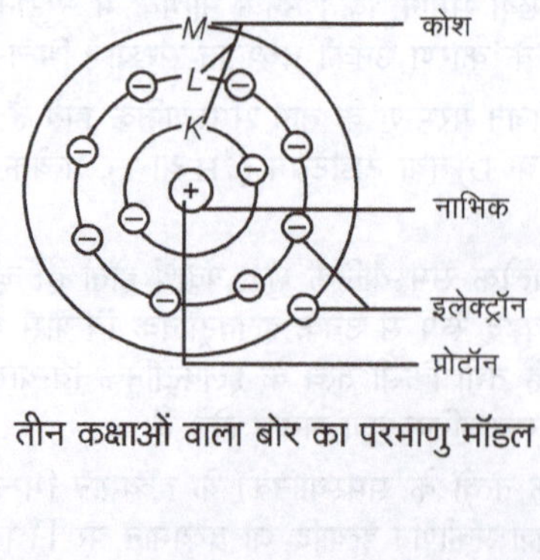

तीन कक्षाओं वाला बोर का परमाणु मॉडल

6. क्या α-कणों का प्रकीर्णन प्रयोग सोने के अतिरिक्त दूसरी धातु की पन्नी से संभव होगा?

उत्तर रदरफोर्ड ने अपने प्रयोग में, तेज गति से चल रहें α-कणों को सोने की पन्नी पर टकराया। सोने की पन्नी को इसलिए चुना, क्योंकि सोने की परत बहुत पतली होती है। सोने की यह पन्नी 1000 परमाणुओं के बराबर मोटी थी। यदि पन्नी की परत मोटी होती तो प्रयोग का होना असंभव हो जाता।

7. परमाणु के तीन अवपरमाणुक कणों के नाम लिखिए।

उत्तर इलेक्ट्रॉन, प्रोटॉन और न्यूट्रॉन।

8. हीलियम परमाणु का परमाणु द्रव्यमान 4 u है और उसके नाभिक में दो प्रोटॉन होते हैं। इसमें कितने न्यूट्रॉन होंगे?

उत्तर हीलियम का परमाणु द्रव्यमान = 4 u, प्रोटॉनों की संख्या = 2

माना न्यूट्रॉनों की संख्या = x

प्रोटॉनों की संख्या + न्यूट्रॉनों की संख्या = परमाणु द्रव्यमान

$2 + x = 4 \Rightarrow x = 4 - 2 = 2$

अतः न्यूट्रॉनों की संख्या = 2

9. कार्बन और सोडियम के परमाणुओं के लिए इलेक्ट्रॉन वितरण लिखिए।

उत्तर कार्बन और सोडियम के परमाणुओं के लिए इलेक्ट्रॉनों का वितरण

तत्व	परमाणु संख्या	इलेक्ट्रॉन वितरण		
		K	L	M
कार्बन (C)	6	2	4	
सोडियम (Na)	11	2	8	1

10. अगर किसी परमाणु का K और L-कोश भरा है, तो उस परमाणु में इलेक्ट्रॉनों की संख्या क्या होगी?

उत्तर K-कोश में अधिकतम इलेक्ट्रॉनों की संख्या = 2

L-कोश में अधिकतम इलेक्ट्रॉनों की संख्या = 8

परमाणु में कुल इलेक्ट्रॉनों की संख्या = 2 + 8 = 10

11. क्लोरीन, सल्फर और मैग्नीशियम की परमाणु संख्या से आप इनकी संयोजकता कैसे प्राप्त करेंगे?

उत्तर मैग्नीशियम एक धातु है, जबकि सल्फर और क्लोरीन अधातु है।

धातु की संयोजकता = बाह्यतम कक्षा में उपस्थित इलेक्ट्रॉनों की संख्या

अधातु की संयोजकता = 8 – बाह्यतम कक्षा में उपस्थित इलेक्ट्रॉनों की संख्या

$\because$ मैग्नीशियम ($_{12}$Mg) = 2, 8, 2; $\therefore$ संयोजकता = 2

$\because$ सल्फर ($_{16}$S) = 2, 8, 6; $\therefore$ संयोजकता = 8 − 6 = 2

$\because$ क्लोरीन ($_{17}$Cl) = 2, 8, 7; $\therefore$ संयोजकता = 8 − 7 = 1

12. यदि किसी परमाणु में इलेक्ट्रॉनों की संख्या 8 है और प्रोटॉनों की संख्या भी 8 है, तब

(i) परमाणु की परमाणु संख्या क्या है?

(ii) परमाणु का क्या आवेश है?

उत्तर (i) परमाणु संख्या = प्रोटॉनों की संख्या

= 8 + 8 = 16

(ii) परमाणु का आवेश शून्य होगा, क्योंकि इलेक्ट्रॉन और प्रोटॉन की संख्या बराबर है।

13. सारणी (पेज 73) की सहायता से ऑक्सीजन और सल्फर परमाणु की द्रव्यमान संख्या ज्ञात कीजिए।

उत्तर द्रव्यमान संख्या = प्रोटॉनों की संख्या + न्यूट्रॉनों की संख्या

= 8 + 8 = 16

अतः ऑक्सीजन की द्रव्यमान संख्या = 16

सल्फर की द्रव्यमान संख्या = 16 + 16 = 32

14. चिह्न H, D और T के लिए प्रत्येक में पाए जाने वाले तीन अवपरमाणुक कणों को सारणीबद्ध कीजिए।

उत्तर

चिह्न	प्रोटॉन	न्यूट्रॉन	इलेक्ट्रॉन
$_1H^1$	1	0	1
$_1D^2$	1	1	1
$_1T^3$	1	2	1

15. समस्थानिक और समभारिक के किसी एक युग्म का इलेक्ट्रॉनिक विन्यास लिखिए।

उत्तर **समस्थानिक उदाहरण**– $_{17}Cl^{35}$ और $_{17}Cl^{37}$ क्लोरीन के दोनों समस्थानिकों का इलेक्ट्रॉनिक वितरण एक जैसा होगा, क्योंकि दोनों की परमाणु संख्या समान है।

अतः इलेक्ट्रॉनिक विन्यास इस प्रकार है $_{17}Cl = \begin{matrix} K, & L, & M \\ 2 & 8 & 7 \end{matrix}$

समभारिक उदाहरण– $_{20}Ca^{40}$ और $_{18}Ar^{40}$

इलेक्ट्रॉनिक विन्यास $_{20}Ca = \begin{matrix} K\ L\ M\ N \\ 2, 8, 8, 2 \end{matrix}$; $_{18}Ar = \begin{matrix} K\ L\ M \\ 2, 8, 8 \end{matrix}$

अध्याय के अंत की प्रश्नावली

1. इलेक्ट्रॉन, प्रोटॉन और न्यूट्रॉन के गुणों की तुलना कीजिए।

उत्तर **इलेक्ट्रॉन, प्रोटॉन और न्यूट्रॉन के गुणों की तुलना**

गुण	इलेक्ट्रॉन	प्रोटॉन	न्यूट्रॉन
स्थिति	नाभिक के बाहर कक्षा में	नाभिक के अंदर	नाभिक के अंदर
सही आवेश	$(-)1.6 \times 10^{-19}$ C	$(+)1.6 \times 10^{-19}$ C	नगण्य
तुलनात्मक आवेश	−1	+1	नगण्य
सही द्रव्यमान	9.1×10^{-31} किग्रा	1.67×10^{-27} किग्रा	1.675×10^{-27} किग्रा
तुलनात्मक द्रव्यमान	1/1840	1	1

2. जे. जे. थॉमसन के परमाणु मॉडल की क्या सीमाएँ हैं?

उत्तर थॉमसन के परमाणु मॉडल की सीमाएँ:

(i) थॉमसन के परमाणु मॉडल से, दूसरे वैज्ञानिक (जैसे रदरफोर्ड) के प्रयोगों के परिणामों की व्याख्या नहीं कर सकते, जैसे परमाणु में नाभिक का होना।

(ii) इलेक्ट्रॉन परमाणु के भीतर कैसे व्यवस्थित होते हैं, यह मॉडल इस बात की व्याख्या नहीं करता।

3. रदरफोर्ड के परमाणु मॉडल की क्या सीमाएँ हैं?

उत्तर रदरफोर्ड के परमाणु मॉडल की सीमाएँ

(i) यह मॉडल परमाणु की स्थिरता की व्याख्या नहीं करता, क्योंकि इस मॉडल के अनुसार, कोई भी आवेशित कण गोलाकार कक्षा में त्वरित होगा। त्वरण के दौरान आवेशित कणों से ऊर्जा का विकिरण होगा। इस प्रकार स्थायी कक्षा में घूमता हुआ इलेक्ट्रॉन अपनी ऊर्जा विकिरित करेगा और नाभिक से टकरा जाएगा अर्थात् परमाणु अस्थिर है, लेकिन परमाणु स्थायी होते हैं।

(ii) नाभिक के चारों ओर इलेक्ट्रॉनों की वितरण की व्याख्या यह मॉडल नहीं करता।

4. बोर के परमाणु मॉडल की व्याख्या कीजिए।

उत्तर **बोर का परमाणु मॉडल** की व्याख्या निम्न बिंदुओं में की गई है।

(i) इलेक्ट्रॉन केवल कुछ निश्चित कक्षाओं में ही चक्कर लगा सकते हैं, जिन्हें इलेक्ट्रॉन की विविक्त कक्षा कहते हैं।

(ii) जब इलेक्ट्रॉन इस विविक्त कक्षा में चक्कर लगाते हैं, तो उनकी ऊर्जा का विकिरण नहीं होता है, अर्थात् प्रत्येक कक्ष की ऊर्जा स्थिर होती है। इन कक्षाओं (कोशों) को ऊर्जा स्तर कहते हैं।

(iii) ये कक्षाएँ (या कोश) *K, L, M, N,* ...... या संख्याओं, 1, 2, 3, 4, ... के द्वारा प्रदर्शित की जाती है।

(iv) विभिन्न कक्षों में ऊर्जा का स्तर इस प्रकार होता है-

$K<L<M<N$ ......

5. इस अध्याय में दिए गए सभी परमाणु मॉडलों की तुलना कीजिए।

सभी परमाणु मॉडलों की तुलना निम्न सारणी में की गई है?

उत्तर

थॉमसन का परमाणु मॉडल	रदरफोर्ड का परमाणु मॉडल	बोर का परमाणु मॉडल
नाभिक नहीं होता।	नाभिक होता है।	नाभिक होता है।
धन आवेश गोले के रूप में होता है।	धन आवेश (प्रोटॉन) नाभिक के अंदर विद्यमान होता है।	धनावेश नाभिक के अंदर विद्यमान होता है
इलेक्ट्रॉन धनावेशित गोले में धँसे होते हैं।	इलेक्ट्रॉन नाभिक के चारों ओर चक्कर लगाते हैं।	इलेक्ट्रॉन नाभिक के चारों ओर निश्चित ऊर्जा स्तर की निश्चित कक्षाओं में चक्कर लगाते हैं।

6. पहले 18 तत्वों के विभिन्न कक्षों में इलेक्ट्रॉन वितरण के नियम को लिखिए।

उत्तर **इलेक्ट्रॉन वितरण के नियम**

(i) किसी कक्षा में उपस्थित अधिकतम इलेक्ट्रॉनों की संख्या को सूत्र $2n^2$ से दर्शाया जाता है, जहाँ 'n' कक्षा की संख्या या ऊर्जा स्तर है। इसीलिए इलेक्ट्रॉनों की अधिकतम संख्या

पहली कक्षा या K-कोश में होगी $= 2n^2 = 2 \times 1^2 = 2$, ($\because$ K-कोश के लिए $n = 1$)

दूसरी कक्षा या L-कोश में होगी $= 2n^2 = 2 \times 2^2 = 8$, ($\because$ L-कोश के लिए $n = 2$)

तीसरी कक्षा या M-कोश में होगी $= 2n^2 = 2 \times 3^2 = 18$, ($\because$ M-कोश के लिए $n = 3$)

चौथी कक्षा या N-कोश में होगी $= 2n^2 = 2 \times 4^2 = 32$ ($\because$ N-कोश के लिए $n = 4$)

(ii) सबसे बाहरी कोश में इलेक्ट्रॉनों की अधिकतम संख्या 8 हो सकती है।

(iii) किसी परमाणु के दिए गए कोश में इलेक्ट्रॉन तब तक स्थान नहीं लेते हैं, जब तक कि उससे पहले वाले भीतरी कक्ष पूर्ण रूप से भर नहीं जाते। अतः कक्षाएँ क्रमानुसार भरती हैं।

(iv) अंतिम कोश में 8 से अधिक इलेक्ट्रॉन नहीं हो सकते। इसी प्रकार अंतिम कोश से ठीक पहले वाले कोश में 18 से अधिक इलेक्ट्रॉन नहीं हो सकते हैं।

7. सिलिकॉन और ऑक्सीजन का उदाहरण लेते हुए संयोजकता की परिभाषा दीजिए।

उत्तर संयोजकता परमाणु की संयोजन शक्ति है। किसी परमाणु की सबसे बाहरी कक्षा में उपस्थित इलेक्ट्रॉनों को संयोजी इलेक्ट्रॉन कहते हैं। किसी परमाणु की बाह्यतम कक्षा अधिकतम 8 इलेक्ट्रॉन रख सकती है।

धातु की संयोजकता = बाह्यतम कक्षा में इलेक्ट्रॉनों की संख्या

अधातु की संयोजकता = 8 − बाह्यतम कक्षा में इलेक्ट्रॉनों की संख्या

उदाहरण–सिलिकॉन और ऑक्सीजन दोनों ही अधातु है।

(i) $_{14}Si = 2, 8, 4$; संयोजकता $= 8 - 4 = 4$

(ii) $_8O = 2, 6$; संयोजकता $= 8 - 6 = 2$

8. उदाहरण के साथ व्याख्या कीजिए—परमाणु संख्या, द्रव्यमान संख्या, समस्थानिक और समभारिक। समस्थानिकों के कोई दो उपयोग लिखिए।

उत्तर (i) **परमाणु संख्या** किसी तत्व की परमाणु संख्या नाभिक में विद्यमान प्रोटॉनों की संख्या के बराबर होती है।

परमाणु संख्या = प्रोटॉनों की संख्या

उदाहरण—सोडियम परमाणु के नाभिक में 11 प्रोटॉन होते हैं। अतः इसकी परमाणु संख्या 11 होगी और इसे इस प्रकार लिखते हैं $_{11}Na$

(ii) **द्रव्यमान संख्या** परमाणु की द्रव्यमान संख्या नाभिक में विद्यमान न्यूक्लिऑनों की संख्या के बराबर होती है।

द्रव्यमान संख्या = प्रोटॉनों की संख्या + न्यूट्रॉनों की संख्या

उदाहरण—सोडियम परमाणु में 11 प्रोटॉन और 12 न्यूटॉन होते हैं, अतः इसकी द्रव्यमान संख्या 11 + 12 = 23 होगी और इसे $_{11}Na^{23}$ लिखकर प्रदर्शित करेंगे।

(iii) **समस्थानिक** समस्थानिक एक ही तत्व के परमाणु है, जिनकी परमाणु संख्या समान लेकिन द्रव्यमान संख्या भिन्न-भिन्न होती है।

उदाहरण—हाइड्रोजन के तीन समस्थानिक होते हैं प्रोटियम $_1H^1$, ड्यूटीरियम $_1H^2$ और ट्राइटियम $_1H^3$

(iv) **समभारिक** समभारिक वे परमाणु है, जिनकी द्रव्यमान संख्या समान लेकिन परमाणु संख्या भिन्न-भिन्न होती है।

उदाहरण—$_{18}Ar^{40}$ और $_{20}Ca^{40}$ समभारिक हैं।

समस्थानिकों के दो उपयोग निम्न हैं

- यूरेनियम (U^{235}) का उपयोग परमाणु भट्टी में ईंधन के रूप में होता है।
- कैंसर के उपचार में कोबाल्ट (Co^{60}) का उपयोग होता है।
- घेंघा रोग के इलाज में आयोडीन (I^{131}) का उपयोग होता है।

9. Na^+ के पूरी तरह से भरे हुए K व L-कोश होते हैं, व्याख्या कीजिए।

उत्तर $_{11}Na$ (परमाणु) = $\begin{matrix} K & L & M \\ 2, & 8, & 1 \end{matrix}$

जब कोई परमाणु इलेक्ट्रॉन त्यागता है, तो वह धन आवेश ग्रहण कर लेता है। इसी प्रकार सोडियम परमाणु M कोश से एक इलेक्ट्रॉन त्यागता है और उसके ऊपर एक धन आवेश (Na^+) आ जाता है, अतः

Na^+ (आयन) = $\begin{matrix} K & L \\ 2, & 8 \end{matrix}$

क्योंकि K कोश में अधिकतम 2 इलेक्ट्रॉन आ सकते हैं और L-कोश में अधिकतम इलेक्ट्रॉनों की संख्या 8 होती है इसीलिए Na^+ के K व L-कोश पूरी तरह से भरे होते हैं।

10. यदि ब्रोमीन परमाणु दो समस्थानिकों [$_{35}Br^{79}$ (49.7%) तथा $_{35}Br^{81}$ (50.3%)] के रूप में है, तो ब्रोमीन परमाणु के औसत परमाणु द्रव्यमान की गणना कीजिए।

उत्तर किसी तत्व का औसत परमाणु द्रव्यमान =

$$\left[\text{(I) समस्थानिक का परमाणु द्रव्यमान} \times \frac{\text{\% (I समस्थानिक)}}{100}\right] + \left[\text{(II) समस्थानिक का परमाणु द्रव्यमान} \times \frac{\text{\% (II समस्थानिक)}}{100}\right]$$

ब्रोमीन परमाणु का औसत द्रव्यमान

$$= \left[\left(79 \times \frac{49.7}{100}\right) + \left(81 \times \frac{50.3}{100}\right)\right]$$

$$= 39.263 + 40.743 = 80.006$$

11. एक तत्व X का परमाणु द्रव्यमान 16.2 u है, तो इसके किसी एक नमूने में समस्थानिक $_8X^{16}$ और $_8X^{18}$ का प्रतिशत क्या होगा?

उत्तर माना $_8X^{16}$ की प्रतिशत मात्रा = x

इसीलिए $_8X^{18}$ की प्रतिशत मात्रा = $(100 - x)$ ......(i)

दिया है, X का परमाणु द्रव्यमान = 16.2u

अतः $16 \times \frac{x}{100} + 18 \times \frac{(100 - x)}{100} = 16.2$

$$\frac{16x}{100} + \frac{1800 - 18x}{100} = 16.2$$

$$16x + 1800 - 18x = 1620$$

$$-2x = -1800 + 1620$$

$$x = \frac{180}{2} = 90$$

$$x = 90\%$$

x का मान समीकरण (i) में रखने पर,

$_8X^{18}$ की % = 100 − 90 = 10%

समस्थानिक $_8X^{16}$ = 90%, समस्थानिक $_8X^{18}$ = 10%.

12. यदि तत्व का $Z = 3$ हो, तो तत्व की संयोजकता क्या होगी? तत्व का नाम भी लिखिए।

उत्तर तत्व का इलेक्ट्रॉनिक विन्यास $Z = \begin{matrix} K & L \\ 2, & 1 \end{matrix}$

तत्व की संयोजकता = बाह्यतम कक्षा में उपस्थित इलेक्ट्रॉनों की संख्या = 1

तत्व का नाम = लीथियम

13. दो परमाणु स्पीशीज़ के नाभिकों का संघटन नीचे दिया गया है

	X	Y
प्रोटॉन	6	6
न्यूट्रॉन	6	8

X और Y की द्रव्यमान संख्या ज्ञात कीजिए। इन दोनों स्पीशीज़ में क्या संबंध हैं?

उत्तर द्रव्यमान संख्या = प्रोटॉनों की संख्या + न्यूट्रॉनों की संख्या

X की द्रव्यमान संख्या = 6 + 6 = 12

Y की द्रव्यमान संख्या = 6 + 8 = 14

चूँकि X तथा Y स्पीशीज़ में प्रोटॉनों की संख्या (6) एक समान है, और द्रव्यमान संख्या भिन्न है अतः X और Y स्पीशीज़ एक ही तत्व के समस्थानिक है और यह तत्व कार्बन है। X और Y क्रमशः $_6C^{12}$ और $_6C^{14}$ है।

14. निम्नलिखित वक्तव्यों में गलत के लिए F और सही के लिए T लिखें।

(i) जे.जे. थॉमसन ने यह प्रस्तावित किया था कि परमाणु के नाभिक में केवल न्यूक्लिऑन्स होते हैं।

(ii) एक इलेक्ट्रॉन और प्रोटॉन मिलकर न्यूट्रॉन का निर्माण करते हैं, इसलिए यह अनावेशित होता है।

(iii) इलेक्ट्रॉन का द्रव्यमान प्रोटॉन से लगभग 1/2000 गुना होता है।

(iv) आयोडीन के समस्थानिक का उपयोग टिंक्चर आयोडीन बनाने में होता है। इसका उपयोग दवा के रूप में होता है।

उत्तर (i) F : क्योंकि जे.जे. थॉमसन का मॉडल नाभिक होने की व्याख्या नहीं करता।

(ii) T : $_{-1}e^0 + {}_1H^1 \longrightarrow {}_0n^1$
इलेक्ट्रॉन प्रोटॉन न्यूट्रॉन

(iii) T : इलेक्ट्रॉन का द्रव्यमान $\left(\frac{1}{1840}\right)$, प्रोटॉन के द्रव्यमान से लगभग $\left(\frac{1}{2000}\right)$ गुना होता है।

(iv) F : टिंक्चर बनाने में आयोडीन को ऐल्कोहॉल में घोला जाता है। आयोडीन के समस्थानिक का प्रयोग नहीं होता है।

15. रदरफोर्ड का α-कण प्रकीर्णन प्रयोग किसकी खोज के लिए उत्तरदायी था?

(i) परमाणु केंद्रक (ii) इलेक्ट्रॉन
(iii) प्रोटॉन (iv) न्यूट्रॉन

उत्तर (i) रदरफोर्ड ने इस प्रयोग द्वारा निष्कर्ष निकाला कि परमाणु का केंद्र धनावेशित होता है और परमाणु का संपूर्ण द्रव्यमान केंद्र में होता है, जिसे नाभिक कहा जाता है।

16. एक तत्व के समस्थानिक में होते हैं

(i) समान भौतिक गुण
(ii) भिन्न रासायनिक गुण
(iii) न्यूट्रॉनों की अलग-अलग संख्या
(iv) भिन्न परमाणु संख्या

उत्तर (iii) समस्थानिकों के रासायनिक गुण और परमाणु संख्या समान होती है। परंतु इनमें न्यूट्रॉनों की संख्या तथा भौतिक गुण भिन्न होते हैं।

17. Cl^- आयन में संयोजी इलेक्ट्रॉनों की संख्या है

(i) 16 (ii) 8 (iii) 17 (iv) 18

उत्तर (ii) संयोजी इलेक्ट्रॉन परमाणु की बाह्यतम कक्षा में उपस्थित इलेक्ट्रॉनों की संख्या है।

$_{17}Cl$ (परमाणु) = 2, 8, 7; संयोजी इलेक्ट्रॉन = 7
Cl^- (आयन) = 2, 8, 8; संयोजी इलेक्ट्रॉन = 8

18. सोडियम का सही इलेक्ट्रॉनिक विन्यास निम्न में से कौन-सा है?

(i) 2, 8 (ii) 8, 2, 1
(iii) 2, 1, 8 (iv) 2, 8, 1

उत्तर (iv) सोडियम की परमाणु संख्या 11 है।
अतः इलेक्ट्रॉनिक विन्यास $_{11}Na$ = 2, 8, 1

19. निम्नलिखित सारणी को पूरा कीजिए।

परमाणु संख्या	द्रव्यमान संख्या	न्यूट्रॉनों की संख्या	प्रोटॉनों की संख्या	इलेक्ट्रॉनों की संख्या	परमाणु स्पीशीज़
9	–	10	–	–	–
16	32	–	–	–	सल्फर
–	24	–	12	–	–
–	2	–	1	–	–
–	1	0	1	0	–

उत्तर (i) परमाणु संख्या = 9, न्यूट्रॉनों की संख्या = 10
अतः द्रव्यमान संख्या = परमाणु संख्या + न्यूट्रॉनों की संख्या
= 9 + 10 = 19
प्रोटॉनों की संख्या = परमाणु संख्या = इलेक्ट्रॉनों की संख्या = 9
अतः तत्व फ्लोरीन ($_9F^{19}$) है।

(ii) परमाणु संख्या = 16, द्रव्यमान संख्या = 32
न्यूट्रॉनों की संख्या = 32 − 16 = 16
परमाणु संख्या = प्रोटॉनों की संख्या = इलेक्ट्रॉनों की संख्या = 16
अतः तत्व सल्फर ($_{16}S^{32}$) है।

(iii) द्रव्यमान संख्या = 24, प्रोटॉनों की संख्या = 12
परमाणु संख्या = प्रोटॉनों की संख्या = इलेक्ट्रॉनों की संख्या = 12
न्यूट्रॉनों की संख्या = द्रव्यमान संख्या − प्रोटॉनों की संख्या
= 24 − 12 = 12
अतः तत्व मैग्नीशियम ($_{12}Mg^{24}$) है।

(iv) द्रव्यमान संख्या = 2, प्रोटॉनों की संख्या = 1
परमाणु संख्या = प्रोटॉनों की संख्या = इलेक्ट्रॉनों की संख्या = 1
न्यूट्रॉनों की संख्या = 2 − 1 = 1
अतः तत्व ड्यूटीरियम ($_1D^2$) है।

(v) द्रव्यमान संख्या = 1, प्रोटॉनों की संख्या = 1,
न्यूट्रॉनों की संख्या = 0
इलेक्ट्रॉनों की संख्या = 0
परमाणु संख्या = प्रोटॉनों की संख्या = 1
क्योंकि तत्व में इलेक्ट्रॉन की संख्या शून्य है, अतः यह स्पीशीज़ हाइड्रोजन आयन ($_1H^+$) होगा।

परमाणु संख्या	द्रव्यमान संख्या	न्यूट्रॉनों की संख्या	प्रोटॉनों की संख्या	इलेक्ट्रॉनों की संख्या	परमाणु स्पीशीज
9	19	10	9	9	फ्लुओरीन
16	32	16	16	16	सल्फर
12	24	12	12	12	मैग्नीशियम
1	2	1	1	1	ड्यूटीरियम
1	1	0	1	0	हाइड्रोजन आयन

अध्याय : एक नजर में

इलेक्ट्रॉन की खोज (Discovery of electron) **जे.जे. थॉमसन** (JJ Thomson, 1897) ने काँच की एक विसर्जन नली में एक गैस को अत्यंत कम दाब (Hg का 0.001 mm) पर भरकर उच्च वोल्ट की विद्युत धारा प्रवाहित की तथा पाया कि विसर्जन नली के कैथोड (ऋण इलेक्ट्रोड) से अदृश्य किरणें उत्सर्जित होती है, जो ऐनोड (धन इलेक्ट्रोड) की ओर चलती है तथा विसर्जन नली में कैथोड़ के सामने काँच की दीवार पर हरे रंग की प्रतिदीप्ति उत्पन्न करती है।

- थॉमसन ने इन अदृश्य किरणों को **कैथोड किरणें** नाम दिया।
- कैथोड किरणें अतिसूक्ष्म ऋणावेशित कणों से मिलकर बनी होती हैं, जिन्हें **इलेक्ट्रॉन** कहते हैं।
- इलेक्ट्रॉन परमाणु का सबसे हल्का कण है, इसका द्रव्यमान 9.1×10^{-28} ग्राम होता है तथा इस पर -1.6×10^{-19}C आवेश होता है।

प्रोटॉन की खोज (Discovery of protons) सन् 1886 में **गोल्डस्टीन** ने एक विकिरण की खोज की, जिन्हें **कैनाल-रे** या **ऐनोड-रे** नाम दिया गया। ये ऐनोड से चलकर कैथोड की तरफ जा रही थी। इसके द्वारा प्रोटॉन की खोज हुई।

- प्रोटॉन पर इकाई धनावेश होता है, जिसका मान 1.6×10^{-19} कूलॉम होता है।
- प्रोटॉन का द्रव्यमान हाइड्रोजन के एक परमाणु के द्रव्यमान के लगभग बराबर होता है, जिसका मान 1.6×10^{-19} ग्राम होता है।

थॉमसन का परमाणु मॉडल (Thomson's atomic model)

- थॉमसन ने परमाणुओं की संरचना से संबंधित मॉडल प्रस्तुत किया, जो क्रिसमस केक की तरह था। थॉमसन के अनुसार,
  (i) परमाणु धन आवेशित गोले का बना होता है और इलेक्ट्रॉन इसमें धँसे होते हैं।
  (ii) ऋणात्मक और धनात्मक आवेश परिमाण में समान होते हैं। इसलिए परमाणु वैद्युतीय रूप से उदासीन होते हैं।

रदरफोर्ड का परमाणु मॉडल (Rutherford's atomic model) अर्नेस्ट रदरफोर्ड ने यह बताया कि इलेक्ट्रॉन तथा प्रोटॉन परमाणु के भीतर कैसे व्यवस्थित होते हैं।
इसके लिए उन्होंने परमाणु का नाभिकीय मॉडल प्रस्तुत किया। इस मॉडल के अनुसार,

(i) परमाणु का केंद्र धनावेशित होता है, जिसे **नाभिक** कहा जाता है। एक परमाणु का लगभग संपूर्ण द्रव्यमान नाभिक में होता है।
(ii) इलेक्ट्रॉन नाभिक के चारों ओर चक्कर लगाते हैं।
(iii) नाभिक का आकार परमाणु के आकार की तुलना में काफी कम होता है।

बोर का परमाण्विक मॉडल (Bohr's atomic model) बोर के परमाण्विक मॉडल के अनुसार,

(i) इलेक्ट्रॉन केवल कुछ निश्चित कक्षाओं में ही चक्कर लगा सकते हैं, उन्हें इलेक्ट्रॉन की विविक्त कक्षा (Discrete orbits) कहते हैं।
(ii) जब इलेक्ट्रॉन इस विविक्त कक्षा में चक्कर लगाते हैं, तो उनकी ऊर्जा का विकिरण (Radiate) नहीं होता है।
(iii) इन कक्षाओं (या कोश) को ऊर्जा स्तर कहते हैं। ये कक्षाएँ (या कोश) K, L, M, N... या संख्याओं, 1, 2, 3, 4... के द्वारा प्रदर्शित की जाती है।

न्यूट्रॉन (*n*) (Neutron) 1932 में जे. चैडविक ने एक और अवपरमाणुक कण खोज निकाला। इसे '*n*' के द्वारा प्रदर्शित किया जाता है। न्यूट्रॉन विद्युतीय उदासीन होता है तथा प्रोटॉन (अर्थात् इसका द्रव्यमान) के बराबर भारी होता है।

विभिन्न कक्षाओं में इलेक्ट्रॉनों का वितरण (Distribution of electrons in different orbits) **बोर** और **बरी** के अनुसार,

(i) किसी कक्षा में उपस्थित अधिकतम इलेक्ट्रॉनों की संख्या को $2n^2$ सूत्र से दर्शाते हैं, जहाँ *n* कक्षा की संख्या या ऊर्जा स्तर है।
(ii) सबसे बाहरी कोश मे अधिकतम इलेक्ट्रॉनों की संख्या 8 हो सकती है।
(iii) कक्षाओं में इलेक्ट्रॉन क्रमानुसार भरे जाते हैं।

संयोजकता (Valency) संयोजकता परमाणु की संयोजन शक्ति है। किसी परमाणु के बाह्यतम कक्षा (कोश) में अधिकतम 8 इलेक्ट्रॉन होते हैं। जिन तत्वों के परमाणुओं की बाह्यतम कक्षा पूर्ण रूप से भरी होती हैं वे रासायनिक रूप से सक्रिय नहीं होते हैं। या उनकी संयोजन शक्ति या संयोजकता शून्य होती है।

परमाणु संख्या (Atomic number) एक तत्व की परमाणु संख्या, नाभिक में विद्यमान प्रोटॉनों की संख्या के बराबर होती है, इसे 'Z' के द्वारा दर्शाया जाता है।

द्रव्यमान संख्या (Mass number) किसी परमाणु की द्रव्यमान संख्या उसके नाभिक में विद्यमान न्यूक्लिऑनों (प्रोटॉन + न्यूटॉन) की संख्या के बराबर होती है।

- द्रव्यमान संख्या = प्रोटॉनों की संख्या + न्यूट्रॉनो की संख्या
- किसी परमाणु को दर्शाने के लिए परमाणु संख्या, द्रव्यमान संख्या और तत्व का प्रतीक इस प्रकार से लिखा जाता है।
- $_{\text{परमाणु संख्या}}\text{तत्व का प्रतीक}^{\text{द्रव्यमान संख्या}}$
  उदाहरण- नाइट्रोजन $_7N^{14}$

समस्थानिक (Isotopes) समस्थानिक एक ही तत्व के परमाणु है, जिनकी परमाणु संख्या समान लेकिन द्रव्यमान संख्या अलग-अलग होती है। **उदाहरण**- हाइड्रोजन परमाणु
इसके तीन परमाण्विक स्पीशीज़ होते हैं-

- प्रोटियम $_1H^1$ ड्यूटीरियम ($_1H^2$ या D) तथा ट्राइटियम ($_1H^3$ या T) प्रत्येक की परमाणु संख्या समान है लेकिन द्रव्यमान संख्या 1, 2 और 3 है, जो कि भिन्न-भिन्न हैं।
- **समभारिक** (Isobars) वे परमाणु हैं, जिनकी द्रव्यमान संख्या समान लेकिन परमाणु संख्या भिन्न-भिन्न होती है। **उदाहरण**- $_{18}Ar^{40}$, $_{19}K^{40}$, $_{20}Ca^{40}$

परीक्षा अभ्यास

यहाँ अध्याय से सम्बन्धित सभी सम्भावित प्रश्नों को दिया गया है, इन प्रश्नों का अभ्यास करके व याद रखकर छात्र अध्याय से सम्बन्धित किसी भी प्रश्न का उत्तर दे पाएँगे।

वस्तुनिष्ठ प्रकार के प्रकार

बहुविकल्पीय प्रश्न

1. विसर्जन नली में कैथोड किरणों को उत्पन्न करने के लिए कौन-सा वायुदाब सही है?

(a) 1 cm Hg (b) 1 mm Hg
(c) 0.001 cm Hg (d) 0.001 mm Hg

उत्तर (*d*) काँच की एक विसर्जन नली में एक गैस को 0.001 mm Hg दाब पर भरकर उच्च वोल्टता की विद्युत धारा प्रवाहित करने पर विसर्जन नली के कैथोड (ऋण इलेक्ट्रोड) से अदृश्य किरणें उत्सर्जित होती हैं, जो ऐनोड की ओर चलती हैं तथा विसर्जन नली में कैथोड के सामने काँच की दीवार पर हरे रंग की प्रतिदीप्ति उत्पन्न करती हैं।

2. रदरफोर्ड ने α-कण प्रकीर्णन प्रयोग के लिए किस तत्व की पन्नी का उपयोग किया?

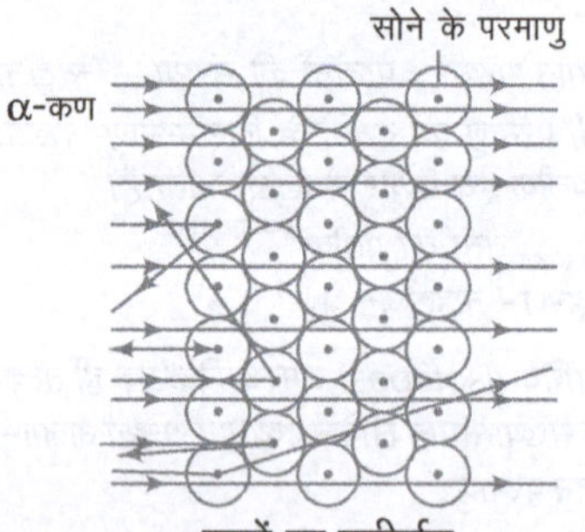

α-कणों का प्रकीर्णन

(a) सोने की (b) चाँदी की
(c) ऐलुमिनियम की (d) मैग्नीशियम की

उत्तर (*a*) सोने की बारीक पन्नी पर α-कणों की बमबारी की।

3. $_1H^1$ का नाम है

(a) प्रोटियम (b) ड्यूटीरियम (c) ट्राइटियम (d) प्रोटॉन

उत्तर (*a*) $_1H^1$ का नाम प्रोटियम है।

4. नाभिक के चारों ओर निश्चित ऊर्जा वाली कक्षा को कहते हैं

(a) न्यूक्लिऑन्स (b) मेसॉन
(c) ऊर्जा-स्तर (d) कक्ष

उत्तर (c) नाभिक के चारों ओर निश्चित ऊर्जा वाली कक्षाओं को ऊर्जा-स्तर कहते हैं।

5. परमाणु के नाभिक के निकट कौन-सी कक्षा होती है?

(a) K (b) L (c) M (d) N

उत्तर (*a*) परमाणु के नाभिक के निकट K कक्षा होती है।

6. किस कक्षा या शैल में इलेक्ट्रॉन की सबसे कम संख्या होती है?

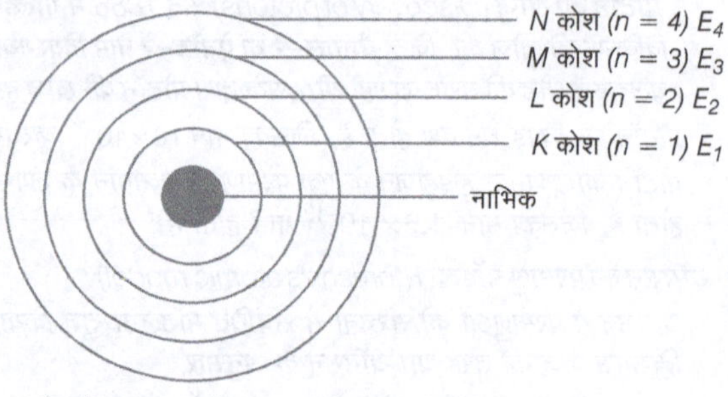

किसी परमाणु में कुछ ऊर्जा स्तर

(a) K-कक्षा (b) L-कक्षा
(c) M-कक्षा (d) N-कक्षा

उत्तर (*a*) K-कक्षा में इलेक्ट्रॉनों की संख्या सबसे कम (केवल 2) होती है।

7. हाइड्रोजन परमाणु के नाभिक में न्यूट्रॉनों की संख्या है

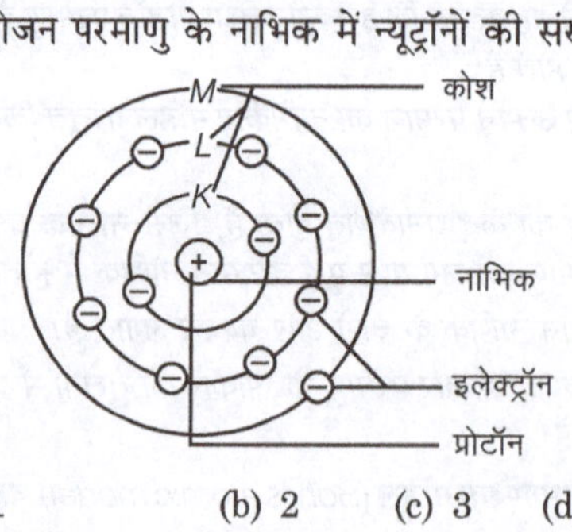

(a) 1 (b) 2 (c) 3 (d) 0

उत्तर (*d*) हाइड्रोजन परमाणु के नाभिक में न्यूट्रॉन नहीं होता है, अतः हाइड्रोजन परमाणु की द्रव्यमान संख्या शून्य होती है।

8. निम्नलिखित में से किसका इलेक्ट्रॉनिक विन्यास 2, 8, 13, 1 है ?

(a) क्रोमियम (b) कॉपर
(c) सिल्वर (d) पैलेडियम

उत्तर (*a*) क्रोमियम (24), बोर के अनुसार इसका विन्यास 2, 8, 12, 2 होना चाहिए, जबकि इसका वास्तविक इलेक्ट्रॉनिक विन्यास 2, 8, 13, 1 होता है।

9. 2, 8, 2 विन्यास वाले तत्व की संयोजकता है

(a) 2 (b) 4 (c) 6 (d) 0

उत्तर (a) बाह्यतम् या संयोजी कोश से दो इलेक्ट्रॉनों की उपस्थिति के कारण इसकी संयोजकता 2 है।

10. सर्वाधिक संख्या में समस्थानिक पाए जाते हैं

(a) यूरोनियम के (b) हाइड्रोजन के

(c) पोलोनियम के (d) लेड के

उत्तर (c) सर्वाधिक संख्या में समस्थानिक पोलोनियम के पाए जाते हैं।

कथन-कारण प्रकार के प्रश्न

निर्देश (प्र.सं. 11-15) इस खण्ड में दिए गए प्रत्येक प्रश्न में कथन तथा कारण दिए गए हैं। प्रत्येक प्रश्न के चार विकल्प (a), (b), (c) व (d) हैं, जिनमें से केवल एक सही है।

(a) कथन (A) तथा कारण (R) दोनों सत्य हैं तथा कारण (R), कथन (A) का सही स्पष्टीकरण है।

(b) कथन (A) तथा कारण (R) दोनों सत्य हैं, परन्तु कारण (R), कथन (A) का सही स्पष्टीकरण नहीं है।

(c) कथन (A) सत्य है, परन्तु कारण (R) असत्य है।

(d) कथन (A) असत्य है, परन्तु कारण (R) सत्य है।

11. कथन (A) परमाणु विद्युत उदासीन होता है।

कारण (R) परमाणु में अन-आवेशित अवपरमाणुक कण न्यूट्रॉन पाया जाता है।

उत्तर (b) परमाणु विद्युत उदासीन होता है, क्योंकि उसमें एक ऋण-आवेशित कण इलेक्ट्रॉन तथा एक धन-आवेशित कण प्रोटॉन पाया जाता है जो परमाणु को विद्युत उदासीन कर देते हैं। अतः कथन (A) तथा कारण (R) दोनों सत्य हैं तथा कारण (R), कथन (A) का सही स्पष्टीकरण नहीं है।

12. कथन (A) कैथोड किरणें कैथोड (ऋण (–) इलेक्ट्रोड) से ऐनोड (धन (+) इलेक्ट्रोड) की ओर चलती हैं।

कारण (R) कैथोड किरणें अति सूक्ष्म ऋण आवेशित कणों से मिलकर बनी होती हैं, जिन्हें इलेक्ट्रॉन कहते हैं।

उत्तर (a) कैथोड किरणें ऋण-आवेशित कणों से मिलकर बने होने के कारण ऋण (–) इलेक्ट्रोड से धन (+) इलेक्ट्रोड की ओर चलती है। अतः कथन (A) तथा कारण (R) दोनों सत्य हैं। तथा कारण (R), कथन (A) का सही स्पष्टीकरण है।

13. कथन (A) रदरफोर्ड के सोने की पतली चादर वाले प्रयोग में बहुत कम α-कण 180° पर विक्षेपित हुए।

कारण (R) सोने के परमाणु का पूर्ण धनावेशित भाग जिसे नाभिक कहा जाता है। एक परमाणु का लगभग सम्पूर्ण द्रव्यमान नाभिक में होता है।

उत्तर (a) नाभिक में परमाणु का लगभग सम्पूर्ण द्रव्यमान होने के कारण रदरफोर्ड के प्रयोग में बहुत कम α-कण 180° पर विक्षेपित हुए। अतः कथन (A) तथा कारण (R) दोनों सत्य हैं तथा कारण (R), कथन (A) का सही स्पष्टीकरण है।

14. कथन (A) निऑन का इलेक्ट्रॉनिक विन्यास 2, 8 होता है।

कारण (R) निऑन का परमाणु क्रमांक 8 होता है।

उत्तर (c) निऑन का परमाणु क्रमांक 10 होता है इसलिए इसका इलेक्ट्रॉनिक विन्यास 2, 8 होता है। अतः कथन (A) सत्य है, परन्तु कारण (R) असत्य है।

15. कथन (A) वे परमाणु जिनकी द्रव्यमान संख्या समान लेकिन परमाणु संख्या भिन्न-भिन्न होती है, समभारिक कहलाते हैं।

कारण (R) समभारिक तत्वों में प्रोटॉन और न्यूट्रॉन का योग अलग-अलग होता है।

उत्तर (c) द्रव्यमान संख्या = प्रोटॉन की संख्या + न्यूट्रॉन की संख्या समभारिक तत्वों में प्रोटॉन और न्यूट्रॉन का योग समान होता है। अतः कथन (A) सत्य है, परन्तु कारण (R) असत्य है।

केस स्टडी आधारित प्रश्न

निर्देश (प्र.सं. 16-20) *निम्नलिखित पैराग्राफ को पढ़िए तथा दिए गए प्रश्नों के उत्तर दीजिए।*

प्रोटॉन के स्थान की खोज सन् 1919 में रदरफोर्ड ने नाइट्रोजन पर तीव्रग्रामी α-कणों की बमबारी करके की। सभी तत्वों के परमाणुओं के नाभिक (केन्द्र) में प्रोटॉन होते हैं। तत्त्व के नाभिक में उपस्थित कुल प्रोटॉनों की संख्या, उस तत्त्व का परमाणु क्रमांक कहलाती है। इसे Z से निरूपित करते हैं। किसी भी तत्व का परमाणु विद्युत उदासीन होता है। अतः उदासीन परमाणु में प्रोट्रॉनों और इलेक्ट्रॉनों की संख्या समान होती है।

परमाणु के नाभिक में उपस्थित प्रोटॉनों और न्यूट्रॉनों (न्यूक्लिऑनों) की संख्या के योग को, उस परमाणु की द्रव्यमान संख्या (A) कहते हैं। द्रव्यमान संख्या किसी तत्व का मूल लक्षण नहीं है, क्योंकि यह किसी तत्व के भिन्न-भिन्न परमाणुओं के लिए भिन्न-भिन्न हो सकती है। प्रोटॉन एवं न्यूट्रॉन का सापेक्ष द्रव्यमान लगभग एक होता है, जबकि इलेक्ट्रॉन का द्रव्यमान इनके सापेक्ष नगण्य होता है। इस प्रकार किसी परमाणु का परमाणु द्रव्यमान (अथवा परमाणु भार) उसी द्रव्यमान संख्या (A) के लगभग बराबर होता है

तत्व	लीथियम	बेरिलियम	कार्बन
प्रतीक	Li	Be	C
परमाणु क्रमांक	3	4	6
सापेक्ष परमाणु द्रव्यमान	7	9	12

तत्व	ऑक्सीजन	ऐलुमिनियम	क्लोरीन
प्रतीक	O	Al	Cl
परमाणु क्रमांक	8	13	17
सापेक्ष परमाणु द्रव्यमान	16	27	35.5

16. लीथियम व कार्बन का परमाणु क्रमांक होता है—

(a) 3, 6 (b) 6, 3 (c) 4, 8 (d) 2, 4

उत्तर (a) लीथियम का परमाणु क्रमांक 3 व कार्बन का 6 है।

17. निम्नलिखित में से कौन-सा तत्व कमरे के ताप पर तरल अवस्था में प्राप्त होता है?

(a) LiO_2 (b) CCl_4
(c) BeO (d) $AlCl_3$

उत्तर (b) CCl_4 (कार्बन ट्रेटा क्लोराइड) कमरे के ताप पर तरल अवस्था में प्राप्त होता है।

18. निम्नलिखित में से कौन-सा तत्व विद्युत का अच्छा सुचालक होता है?

(a) लीथियम(Li) (b) बेरिलियम (Be)
(c) ऐलुमिनियम(Al) (d) ये सभी

उत्तर (d) लीथियम (Li), बेरिलियम (Be) तथा ऐलुमिनियम (Al) विद्युत के अच्छे सुचालक होते हैं।

19. बेरिलियम में कितने न्यूट्रॉन उपस्थित होते हैं?

(a) 7 (b) 8 (c) 5 (d) 6

उत्तर (c) बेरिलियम का परमाणु क्रमांक = 4
परमाणु क्रमांक = प्रोट्रॉन की संख्या = 4
द्रव्यमान संख्या = प्रोट्रॉन की संख्या + न्यूट्रॉन की संख्या

$$9 = 4 + x$$
$$x = 9 - 4 = 5$$

न्यूट्रॉन की संख्या = 5

20. किसी परमाणु और K, L और M कोश पूरी तरह से भरे हुए हैं। इसकी परमाणु संख्या है

(a) 18 (b) 20 (c) 10 (d) 12

उत्तर (a) K कोश पूर्ण भरने पर इलेक्ट्रॉन की संख्या $\rightarrow 2$
L कोश पूर्ण भरने पर इलेक्ट्रॉन की संख्या $\rightarrow 8$
M कोश पूर्ण भरने पर इलेक्ट्रॉन की संख्या $\rightarrow 8$
कुल संख्या $\Rightarrow 18$
अतः तत्व की परमाणु संख्या 18 होगी।

निर्देश (प्र.सं. 21-25) *निम्नलिखित पैराग्राफ को पढ़िए तथा दिए गए प्रश्नों के उत्तर दीजिए।*

प्रकृति में कुछ ऐसे तत्व पाए जाते हैं जिनकी परमाणु संख्याएँ समान, किन्तु द्रव्यमान संख्याएँ भिन्न-भिन्न होती हैं, समस्थानिक कहलाते हैं। समस्थानिकों के नाभिक में प्रोटॉनों की संख्या समान, किन्तु उनके नाभिक में न्यूट्रॉनों की संख्या भिन्न-भिन्न होने के कारण उनकी द्रव्यमान संख्याएँ भिन्न-भिन्न होती हैं।

समस्थानिकों के भौतिक गुण जैसे-घनत्व, क्वथनांक आदि भिन्न होते हैं। तत्व के सभी समस्थानिकों के परमाणु क्रमांक समान होते हैं। इसलिए एक तत्व के सभी समस्थानिकों को आवर्त सारणी में एक ही स्थान पर रखा जाता है। किसी एक तत्व के समस्थानिकों में से कुछ रेडियोएक्टिव हो सकते हैं और कुछ नहीं।

21. हाइड्रोजन के कितने समस्थानिक होते हैं?

उत्तर हाइड्रोजन के तीन समस्थानिक ${}^1_1H$, ${}^2_1H$ और ${}^3_1H$ होते हैं। समस्थानिकों के नाभिक में प्रोटॉन की संख्या समान तथा द्रव्यमान संख्याएँ भिन्न-भिन्न होती हैं।

22. तत्व X के सापेक्ष परमाणु द्रव्यमान 16.2 है। समस्थानिक ${}^{16}_{8}X$ तथा ${}^{18}_{8}X$ की उपस्थित प्रतिशतता क्या होगी?

उत्तर ${}^{16}_{8}X$ तथा ${}^{18}_{8}X$ का परमाणु भार क्रमशः 16 और 18 हैं।

$$\left[16 \times \frac{A}{100} + 18\frac{(100 - A)}{100}\right] = 16.2$$

$$A = 90\%$$
$$B = 100 - A$$
$$B = 10\%$$

23. क्लोरीन के दो समस्थानिक ${}^{35}_{17}Cl$ तथा ${}^{37}_{17}Cl$ हैं यदि ${}^{35}_{17}Cl$ की प्रतिशतता 75% तथा ${}^{37}_{17}Cl$ की प्रतिशतता 25% हो, तो क्लोरीन का औसत परमाणु द्रव्यमान क्या होगा?

उत्तर औसत परमाणु द्रव्यमान $= \left[35 \times \frac{75}{100} + 37 \times \frac{25}{100}\right]$

$$= 35.5$$

24. किस कारण से किसी एक ही तत्व के समस्थानिकों में से कुछ रेडियोएक्टिव हो सकते हैं और कुछ नहीं?

उत्तर एक तत्व के समस्थानिकों में से कुछ रेडियोऐक्टिव हो सकते हैं और कुछ नहीं। इसका मुख्य कारण इनकी नाभिकीय संरचना में प्रोटॉन और न्यूट्रॉन की संख्या का भिन्न-भिन्न होना है।

25. ${}_8O^{16}$, ${}_8O^{17}$, तथा ${}_8O^{18}$ को क्या कहते हैं?

उत्तर ${}_8O^{16}$, ${}_8O^{17}$ तथा ${}_8O^{18}$ में प्रोटॉन की संख्या समान तथा द्रव्यमान संख्या भिन्न-भिन्न है। अतः इन्हें समस्थानिक कहते हैं।

अतिलघु उत्तरीय प्रश्न

26. परमाणु में धनावेशित प्रोटॉन के ऋणावेशित इलेक्ट्रॉन होते हुए भी परमाणु पर कोई आवेश नहीं होता, कैसे?

उत्तर किसी भी परमाणु में समान संख्या में प्रोटॉन तथा इलेक्ट्रॉन होते हैं। अतः इसमें समान मात्रा में ऋणात्मक तथा धनात्मक आवेश होता है जो एक-दूसरे के प्रभाव को नष्ट कर देता है। इस प्रकार एक परमाणु पर कुल विद्युत आवेश शून्य होता है।

27. किस वैज्ञानिक ने निष्कर्ष निकाला कि नाभिक का आकार एक परमाणु के आकार की तुलना में बहुत छोटा होता है?

उत्तर अर्नेस्ट रदरफोर्ड ने परमाणु का नाभिकीय मॉडल प्रस्तुत किया। जिसके अनुसार, नाभिक का आकार एक परमाणु के आकार की तुलना में बहुत छोटा होता है।

28. जब सोने की पन्नी पर α-कणों की बौछार की जाती है, तो उनमें से कुछ ही कण विक्षेपित होते हैं, जबकि अधिकांश कण बिना विक्षेपित हुए सीधे निकल जाते हैं, कारण बताइए।

उत्तर ऐसा इसलिए होता है क्योंकि नाभिक द्वारा घेरा गया आयतन परमाणु की तुलना में बहुत कम होता है अर्थात् परमाणु का अधिकांश भाग खाली है इसलिए α-कण प्रकीर्णन प्रयोग में अधिकांश α-कण बिना विक्षेपित हुए सीधे निकल जाते हैं।

29. निम्न को परिभाषित कीजिए—

(i) परमाणु संख्या (ii) द्रव्यमान संख्या

उत्तर (i) किसी परमाणु के नाभिक में उपस्थित प्रोटॉनों की संख्या उस परमाणु की परमाणु संख्या कहलाती है।

(ii) परमाणु के नाभिक में उपस्थित प्रोटॉनों तथा न्यूट्रॉनों की कुल संख्या परमाणु की द्रव्यमान संख्या कहलाती है।

30. नीचे दिए गए आँकड़ों से निऑन तथा आर्गन की द्रव्यमान संख्या लिखिए।

तत्व	प्रोटॉनों की संख्या	न्यूट्रॉनों की संख्या
निऑन	10	10
आर्गन	18	22

उत्तर द्रव्यमान संख्या = प्रोटॉनों की संख्या + न्यूट्रॉनों की संख्या

निऑन के लिए द्रव्यमान संख्या = 10 + 10 = 20

आर्गन के लिए द्रव्यमान संख्या = 18 + 22 = 40

31. निम्न में न्यूट्रॉन की संख्या ज्ञात कीजिए।

(i) यूरेनियम-235 के परमाणु में 92 प्रोटॉन उपस्थित होते हैं? इसके परमाणु में न्यूट्रॉनों की संख्या का परिकलन कीजिए।

(ii) किसी तत्व के परमाणु को $^{19}_{9}X$ के रूप में प्रदर्शित किया जाता है। इस परमाणु में कितने इलेक्ट्रॉन तथा न्यूट्रॉन उपस्थित होंगे?

उत्तर (i) न्यूट्रॉनों की संख्या = द्रव्यमान संख्या – प्रोटॉनों की संख्या

= 235 – 92 = 143

(ii) परमाणु संख्या = इलेक्ट्रॉनों की संख्या = 9

न्यूट्रॉनों की संख्या = द्रव्यमान संख्या – प्रोटॉनों की संख्या

= 19 – 9 = 10

32. किसी तत्व X के नाभिक में उपस्थित न्यूट्रॉनों की संख्या का परिकलन कीजिए जिसे $^{31}_{15}X$ के रूप में प्रदर्शित किया जाता है।

उत्तर दिया है, तत्व $^{31}_{15}X$

परमाणु क्रमांक, Z = 15; द्रव्यमान संख्या, A = 31

∴ न्यूट्रॉनों की संख्या = $A - Z$ = 31 – 15 = 16

33. किसी तत्व X के K तथा L-कोशों में क्रमश: 2 व 6 इलेक्ट्रॉन उपस्थित हैं, इस तत्व का परमाणु क्रमांक क्या होगा?

उत्तर दिया है, K-कोश में इलेक्ट्रॉन = 2

L-कोश में इलेक्ट्रॉन = 6

परमाणु संख्या = प्रोटॉनों की संख्या

= उदासीन परमाणु में इलेक्ट्रॉनों की संख्या

= परमाणु की संख्या = 2 + 6 = 8

34. इलेक्ट्रॉनों की संख्या के आधार पर Na तथा Na^+ में विभेद कीजिए।

उत्तर Na में इलेक्ट्रॉनों की संख्या = 11

Na^+ में इलेक्ट्रॉनों की संख्या = 11 – 1 = 10

∴ धनायन की स्थिति में, इलेक्ट्रॉनों की संख्या

= प्रोटॉनों की संख्या – कुल धनात्मक आवेश = 11 – 10 = 1

35. क्या होता है, जब किसी तत्व Z का परमाणु 3 इलेक्ट्रॉन ग्रहण करता है?

उत्तर यदि परमाणु इलेक्ट्रॉन ग्रहण करता है तो प्राप्त इलेक्ट्रॉनों को ऋणात्मक आवेश से प्रदर्शित करते हैं। अतः Z, 3 इलेक्ट्रॉन को प्राप्त करके Z^{-3} में बदल जाएगा।

36. यदि किसी तत्व X^- में 18 इलेक्ट्रॉन हो तो इसका परमाणु क्रमांक क्या होगा?

उत्तर X^- के लिए, परमाणु क्रमांक = प्रोटॉनों की संख्या

= इलेक्ट्रॉनों की संख्या – ऋणात्मक आवेश

= 18 – 1 = 17

37. किसी तत्व X के परमाणु के बाह्यतम कोश में एक इलेक्ट्रॉन उपस्थित है। यदि यह इलेक्ट्रॉन बाह्यतम कोश से पृथक् कर दें तो निर्मित आयन की प्रकृति तथा आवेश का मान क्या होगा? **NCERT Exemplar**

उत्तर तत्व X एक धातु है, क्योंकि बाह्यतम कोश में एक इलेक्ट्रॉन उपस्थित है अर्थात् 1 संयोजी इलेक्ट्रॉन जब बाह्यतम कोश से पृथक् होता है, तो धनायन (धनात्मक आयन) बनेगा जिस पर +1 आवेश होगा।

38. किसी तत्व X के परमाणु के, बाह्यतम कोश में 6 इलेक्ट्रॉन हैं। यदि यह आवश्यक इलेक्ट्रॉन को प्राप्त करके उत्कृष्ट गैस विन्यास प्राप्त करता है, तो इस प्रकार बने आयन पर आवेश क्या होगा? **NCERT Exemplar**

उत्तर तत्व X के बाह्यतम कोश में 6 इलेक्ट्रॉन हैं। उत्कृष्ट गैस विन्यास प्राप्त करने के लिए तत्व X को 2 इलेक्ट्रॉन की आवश्यकता होगी। इसीलिए जब यह इलेक्ट्रॉन प्राप्त करता है तो ऋणात्मक आवेश अर्थात् –2 आवेश प्राप्त करता है। ऋणात्मक आयन (X^{2-}) पर आवेश –2 होता है।

39. कैल्सियम तथा आर्गन का परमाणु क्रमांक क्रमश: 20 तथा 18 हैं परंतु दोनों तत्वों की द्रव्यमान संख्या 40 हैं। इस प्रकार के दिए गए तत्वों के युग्मों का नाम क्या होगा? **NCERT Exemplar**

उत्तर कैल्सियम की द्रव्यमान संख्या = 40 अर्थात् $^{40}_{20}Ca$

आर्गन की द्रव्यमान संख्या = 40, अर्थात् $^{40}_{18}Ar$

तत्वों का एक ऐसा युग्म जिसकी द्रव्यमान संख्या समान परंतु परमाणु संख्या भिन्न होती है, समभारिक कहलाते हैं।

40. किसी तत्व के परमाणु के लिए क्या यह संभव है कि 1 इलेक्ट्रॉन, 1 प्रोटॉन तथा कोई न्यूट्रॉन नहीं हो? **NCERT Exemplar**

उत्तर हाँ, प्रोटियम ($_1H^1$), हाइड्रोजन का एक समस्थानिक है जिसमें एक इलेक्ट्रॉन, 1 प्रोटॉन तथा कोई न्यूट्रॉन नहीं होता है।

41. कार्बन का कौन-सा समस्थानिक $^{16}_{6}C$ का समस्थानिक है तथा जो रेडियोकार्बन डेटिंग में पुराने जीवित जीवों के नमूनों की आयु निर्धारण में प्रयुक्त होता है?

उत्तर कार्बन -14, $^{14}_{6}C$

42. तत्व A परमाणु क्रमांक 18 तथा तत्व D-परमाणु क्रमांक 16 में से कौन-सा तत्व रासायनिक रूप से अधिक सक्रिय होगा तथा क्यों?

उत्तर $_{18}A$ का इलेक्ट्रॉनिक विन्यास = 2, 8, 8 है।
यह पूर्ण अष्टक के कारण रासायनिक रूप से अक्रिय होगा।
$_{16}D$ का इलेक्ट्रॉनिक विन्यास 2, 8, 6, होगा। इसके अष्टक को पूर्ण करने के लिए यह 2 इलेक्ट्रॉन प्राप्त करेगा इसीलिए यह अधिक क्रियाशील होगा।

43. हाइड्रोजन के किस समस्थानिक में समान संख्या में इलेक्ट्रॉन, प्रोटॉन तथा न्यूट्रॉन होते हैं?

उत्तर ड्यूटीरियम ^2_1D
इलेक्ट्रॉनों की संख्या (1) = प्रोटॉनों की संख्या (1)
= न्यूट्रॉनों की संख्या (2 − 1 = 1)

44. निम्न में से समस्थानिकों के युग्म को पहचानिए।

$$^{16}_{6}X, ^{16}_{7}X, ^{17}_{6}X$$

उत्तर $^{16}_{6}X$, तथा $^{17}_{6}X$ समस्थानिक हैं जिनकी परमाणु संख्या समान, परंतु द्रव्यमान संख्या भिन्न होती है।

45. $^{222}_{88}\text{Ra}$ का $\frac{n}{p}$ अनुपात क्या है?

उत्तर न्यूट्रॉनों की संख्या, $n = 222 - 88 = 134$
प्रोटॉनों की संख्या, $p = 88$
$\frac{n}{p}$ अनुपात $= \frac{134}{88} = 1.52$

लघु उत्तरीय प्रश्न

1. विसर्जन नलिका में विभिन्न गैसों के लिए ऐनोड किरणों का आवेश द्रव्यमान अनुपात भिन्न क्यों होता है?

उत्तर चूँकि भिन्न गैसें, भिन्न परमाणवीय संख्या तथा द्रव्यमान संख्या के साथ भिन्न द्रव्यमानों के धनायन बनाती हैं। अतः उनके आवेश द्रव्यमान अनुपात (e/m) एक गैस से दूसरी गैस तक परिवर्तित होते हैं।

2. रदरफोर्ड के α-किरण प्रकीर्णन प्रयोग द्वारा निकाले गए निष्कर्ष लिखिए। **NCERT Exemplar**

उत्तर उत्तर के लिए पृष्ठ सं. 69 और 70 देखें।

3. एक परमाणु के बोर मॉडल का चित्र बनाइए जिसके K तथा L-कोश पूर्ण हैं तथा इसकी संयोजकता लिखिए।

अथवा किसी परमाणु के बोर मॉडल का चित्र बनाइए जिसके दो कोश पूर्णतया इलेक्ट्रॉन से भरे हैं।

उत्तर परमाणु Ne के दो कोश पूर्णतया भरे हैं, जिसका परमाणु क्रमांक 10 हैं। इसका इलेक्ट्रॉनिक विन्यास 2, 8 (संयोजकता = 0) है। अतः इस परमाणु के लिए बोर मॉडल इस प्रकार प्रदर्शित किया जाता है।

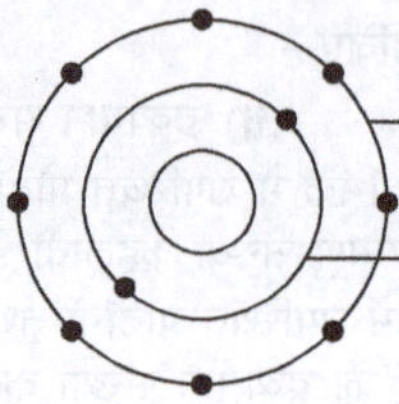

4. हीलियम, निऑन तथा आर्गन की संयोजकता शून्य क्यों होती है? **NCERT Exemplar**

उत्तर क्योंकि हीलियम (He), निऑन (Ne) तथा आर्गन (Ar) में बाह्यतम कोश पूर्ण भरे होते हैं।
अर्थात् $_2\text{He} \rightarrow \underset{2}{K}$ डुप्लेट;
$_{10}\text{Ne} \rightarrow \underset{2,\ 8}{K\ L}$ (अष्टक)
$_{18}\text{Ar} \rightarrow \underset{2,\ 8,\ 8}{K\ L\ M}$ (अष्टक)
इस प्रकार, इनका इलेक्ट्रॉनिक विन्यास स्थायी होता है। ये न तो इलेक्ट्रॉन त्यागते हैं न ही इलेक्ट्रॉन ग्रहण करते हैं अतः संयोजकता शून्य होती है।

5. ऑक्सीजन तथा सल्फर की संयोजकता बताइए।

उत्तर (i) ऑक्सीजन (परमाणु संख्या = 8)
इलेक्ट्रॉनिक विन्यास = 2, 6
संयोजकता = 8 − 6 = 2
(ii) सल्फर (परमाणु संख्या = 16)
इलेक्ट्रॉनिक विन्यास = $\underset{2,\ 8,\ 6}{K\ L\ M}$
संयोजकता = 8 − 6 = 2

6. हीलियम परमाणु की बाह्यतम कक्षा में 2 इलेक्ट्रॉन होते हैं, परंतु इसकी संयोजकता शून्य होती है। व्याख्या कीजिए।

उत्तर परमाणु अपनी अंतिम कक्षा में अष्टक अथवा केवल एक कक्षा होने पर डुप्लेट प्राप्त करने के लिए क्रिया करते हैं। यह आपस में इलेक्ट्रॉनों की साझेदारी करने, ग्रहण करने या उनका त्याग करने से होता है।
परमाणु की बाह्यतम कक्षा में इलेक्ट्रॉनों के अष्टक या डुप्लेट बनाने के लिए जितनी संख्या में इलेक्ट्रॉनों की साझेदारी या स्थानांतरण होता है, वही उस तत्व की संयोजकता शक्ति, अर्थात् संयोजकता कहलाती है। जिन तत्वों के परमाणुओं की बाह्यतम कक्षा पूर्ण रूप से भरी होती हैं, वे रासायनिक रूप से सक्रिय नहीं होते हैं, अर्थात् उनकी संयोजकता शून्य होती है।

7. किसी तत्व के एक परमाणु के K-कोश में दो इलेक्ट्रॉन होते हैं, L -कोश में 4 इलेक्ट्रॉन होते हैं। तत्व का परमाणु क्रमांक क्या होगा? तत्व को पहचानिए।

उत्तर परमाणु क्रमांक = 2 + 4 = 6,
तत्व $^{12}_{6}C$ (कार्बन) है।

8. क्लोरीन परमाणु के इलेक्ट्रॉन वितरण को लिखिए। इसके L-कोश में कितने इलेक्ट्रॉन होते हैं? क्लोरीन का परमाणु क्रमांक 17 है। **NCERT Exemplar**

उत्तर क्लोरीन परमाणु की परमाणु संख्या = 17

अतः इसका इलेक्ट्रॉनिक विन्यास = $\overset{K\,L\,M}{2,8,7}$

क्लोरीन के L-कोश में 8 इलेक्ट्रॉन उपस्थित हैं।

9. एक तत्व के M-कोश में 6 इलेक्ट्रॉन उपस्थित हैं। तत्व को पहचानिए तथा इसकी संयोजकता ज्ञात कीजिए।

उत्तर M-कोश में 6 इलेक्ट्रॉनों के लिए तत्व के परमाणु के K तथा L-कोश पूर्ण भरे होने चाहिए।

इसीलिए इसका इलेक्ट्रॉनिक विन्यास $\overset{K\,L\,M}{2,8,6}$ होगा।

अतः परमाणु क्रमांक 16 [2 + 8+ 6] होगा इसीलिए तत्व सल्फर ($_{16}S$) के रूप में पहचाना जाएगा।

चूँकि अष्टक पूर्ण करने के लिए 2 अतिरिक्त इलेक्ट्रॉनों की आवश्यकता है अतः संयोजकता 2 है।

10. किसी तत्व के परमाणु में 9 प्रोटॉन, 9 इलेक्ट्रॉन तथा 10 न्यूट्रॉन हैं।

(i) तत्व का परमाणु क्रमांक क्या होगा?

(ii) तत्व की संयोजकता बताइए।

उत्तर तत्व का परमाणु क्रमांक = प्रोटॉनों की संख्या = 9

∴ तत्व फ्लुओरीन (F) है।

इसके अष्टक को पूर्ण करने के लिए एक इलेक्ट्रॉन की आवश्यकता होती है अतः संयोजकता = 8 − 7 = 1 तत्व की संयोजकता 1 है।

11. (i) और (ii) द्वारा प्रदर्शित परमाणुओं की संयोजकता ज्ञात करें।

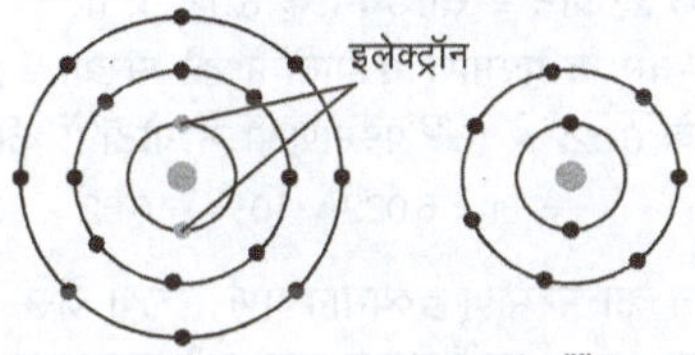

(i) (ii)

उत्तर (i) इसका इलेक्ट्रॉनिक विन्यास $\overset{K\,L\,M}{2,8,8}$ है। इसके बाह्यतम कोश का अष्टक पूर्ण है।

अतः इसकी संयोजकता = 0

(ii) इसका इलेक्ट्रॉनिक विन्यास $\overset{K\,L}{2,7}$ है। यह अपने बाह्यतम कोश के अष्टक को पूर्ण करने के लिए आसानी से 1 इलेक्ट्रॉन प्राप्त कर सकता है। अतः इसकी संयोजकता 1 है।

12. He^4 तथा He^5 प्रतीकों के लिए सारणी बनाइए जिसमें प्रत्येक के नाभिक में उपस्थित अवपरमाणुक कणों को प्रदर्शित कीजिए।

उत्तर

तत्व	प्रोटॉन	न्यूट्रॉन
$_2He^4$	2	4 − 2 = 2
$_2He^5$	2	5 − 2 = 3

∵ केवल न्यूट्रॉन तथा प्रोटॉन ही नाभिक में उपस्थित होते हैं।

13. निम्न सारणी में कुछ तत्वों की द्रव्यमान संख्या तथा परमाणु क्रमांक दिए गए हैं–

तत्व	A	B	C	D	E
द्रव्यमान संख्या	1	7	14	40	40
परमाणु क्रमांक	1	3	7	18	20

(i) B तथा D में कितने न्यूट्रॉन उपस्थित है?

(ii) उपरोक्त सारणी में दिए गए B की संयोजकता क्या होगी?

उत्तर (i) B में न्यूट्रॉनों की संख्या = 7 − 3 = 4

D में न्यूट्रॉनों की संख्या = 40 − 18 = 22

(ii) तत्व B को इलेक्ट्रॉनिक विन्यास 2, 1 है

अतः इसकी संयोजकता 1 है।

14. किसी तत्व में 3 प्रोटॉन, 3 इलेक्ट्रॉन तथा 4 न्यूट्रॉन हैं। इसके परमाणु क्रमांक, द्रव्यमान संख्या तथा संयोजकता को ज्ञात कीजिए।

उत्तर परमाणु क्रमांक = प्रोटॉनों की संख्या = 3

द्रव्यमान संख्या = प्रोटॉनों की संख्या + न्यूट्रॉनों की संख्या

$= \underset{K}{3} + \underset{L}{4} = 7$

परमाणु का इलेक्ट्रॉनिक विन्यास 2, 1 है।

अतः इसकी संयोजकता 1 है।

15. ऑक्सीजन के तीन भिन्न परमाणुओं को $^{16}_{8}O$, $^{17}_{8}O$ तथा $^{18}_{8}O$ के रूप में व्यक्त किया जाता है।

(i) पादांक (निम्न संख्या) तथा घातांक (ऊपरी संख्या) क्या प्रदर्शित करती है?

(ii) कौन-से कारक 16, 17 तथा 18 घातांक के परिवर्तन के लिए उत्तरदायी है यद्यपि तत्व समान है?

उत्तर (i) पादांक दिए गए परमाणु की परमाणु संख्या को प्रदर्शित करते हैं जबकि घातांक उनकी द्रव्यमान संख्या को प्रदर्शित करता है।

(ii) दिए गए ऑक्सीजन परमाणु में उपस्थित भिन्न न्यूट्रॉनों की संख्या के कारण उनकी द्रव्यमान संख्या एक-दूसरे से भिन्न होती है, क्योंकि द्रव्यमान संख्या प्रोटॉनों तथा न्यूट्रॉनों का योग होती है।

16. ऐलुमिनियम की परमाणु संख्या 13 तथा द्रव्यमान संख्या 27 हैं। इसके परमाणु में इलेक्ट्रॉन, प्रोटॉन तथा न्यूट्रॉन की संख्या की गणना कीजिए, इस तत्व के आयन को प्रदर्शित कीजिए।

उत्तर इलेक्ट्रॉनों की संख्या = 13

प्रोटॉनों की संख्या = 13

न्यूट्रॉनों की संख्या = 27 − 13 = 14

इसका इलेक्ट्रॉनिक विन्यास $\overset{K\,L\,M}{2,8,3}$ है।

यह 3 इलेक्ट्रॉनों को आसानी से त्याग कर बाह्यतम कोश को पूर्ण कर लेता है।

अतः यह स्थायी हो जाता है, यह + 3 धनात्मक आवेश ग्रहण कर लेता है। इसीलिए इसको आयन Al^{3+} से प्रदर्शित किया जाता है।

17. तत्व X के धनायन को X^{3+} द्वारा प्रदर्शित किया जाता है। इसका परमाणु क्रमांक 20 से कम होता है। इस तत्व के भिन्न कोशों में इलेक्ट्रॉनों का वितरण प्रदर्शित कीजिए। यह तत्व क्या होगा?

उत्तर X^{3+} दर्शाता है कि तत्व X, 3 इलेक्ट्रॉनों को त्यागता है।
भिन्न कोशों में इलेक्ट्रॉनों का वितरण (इलेक्ट्रॉनिक विन्यास) $X = 2, 8, 3$ या 2, 3
दिया गया तत्व ऐलुमिनियम होगा चूँकि इसकी परमाणु संख्या 13 है या बोरॉन जिसकी परमाणु संख्या 5 है।

18. दो स्पीशीज A तथा B के नाभिकों का संघटन नीचे दिया गया है।

	A	B
प्रोटॉन	17	17
न्यूट्रॉन	18	20

(i) A तथा B की द्रव्यमान संख्या क्या है?
(ii) वे किस प्रकार से एक-दूसरे से संबंधित है, समझाइए।

उत्तर (i) A की द्रव्यमान संख्या
= प्रोटॉनों की संख्या + न्यूट्रॉनों की संख्या
$= 17 + 18 = 35$
B की द्रव्यमान संख्या $= 17 + 20 = 37$

(ii) ये एक ही तत्व के समस्थानिक हैं, समस्थानिक समान तत्व के परमाणु होते हैं जिनका परमाणु क्रमांक समान परंतु द्रव्यमान संख्या भिन्न होती है।

19. (i) किसी तत्व का समस्थानिक समान रासायनिक गुणधर्म क्यों प्रदर्शित करता है?
(ii) रदरफोर्ड ने किस प्रकार यह निष्कर्ष निकाला कि परमाणु का अधिकांश भाग खाली रहता है?

उत्तर (i) रासायनिक गुण किसी परमाणु के इलेक्ट्रॉनिक विन्यास पर निर्भर करते हैं। चूँकि समस्थानिकों के परमाणु क्रमांक, इलेक्ट्रॉनों की संख्या या इलेक्ट्रॉनिक विन्यास समान होता है। अतः एक तत्व के समस्थानिक समान रासायनिक गुण प्रदर्शित करते हैं।

(ii) रदरफोर्ड ने सोने की पन्नी पर α-कणों की बौछार की तथा देखा कि बहुत से α-कण बिना विक्षेपित हुए सोने की पन्नी को पार कर लेते हैं। कुछ α-कण उसी दिशा में वापस लौट गए। इससे उन्होंने निष्कर्ष निकाला कि सोने के परमाणु का पूर्ण धनावेशित भाग और द्रव्यमान, परमाणु के भीतर बहुत कम आयतन में सीमित है तथा परमाणु का अधिकांश भाग खाली है।

20. क्या Cl^{35} और Cl^{37} की संयोजकता अलग-अलग होगी?

उत्तर नहीं, क्योंकि Cl^{35} और Cl^{37} क्लोरीन के समस्थानिक हैं। और समस्थानिक वे तत्व होते हैं, जिनकी प्रोटॉनों और इलेक्ट्रॉनों की संख्या समान होती है। इसीलिए इनका इलेक्ट्रॉनिक विन्यास और संयोजकता भी समान होगी।

$\because {}^{35}_{17}Cl = {}_{17}Cl = \begin{matrix} K & L & M \\ 2, & 8, & 7 \end{matrix}$

$\therefore Cl^{35}$ और Cl^{37} की संयोजकता $= 8 - 7 = 1$

21. समभारिक का एक युग्म लिखिए। समभारिक के रासायनिक गुण समान क्यों नहीं होते हैं?

उत्तर ${}^{40}_{18}Ar$ तथा ${}^{40}_{20}Ca$ समभारिक हैं।
तत्वों के रासायनिक गुण विस्तृत रूप से उनके इलेक्ट्रॉनिक विन्यास पर निर्भर करते हैं तथा तत्वों के समभारिकों के परमाणु क्रमांक भिन्न होते हैं अतः इनके इलेक्ट्रॉनिक विन्यास भी भिन्न होते हैं इसीलिए इनके रासायनिक गुण भी भिन्न होते हैं।

22. चार नमूनों A, B, C तथा D में प्रोटॉनों, न्यूट्रॉनों तथा इलेक्ट्रॉनों की संख्या क्रमशः 6, 6, 6; 7, 7, 7; 6, 8, 6 तथा 9, 10, 10 इनमें कौन है-
(i) समस्थानिक तथा (ii) समभारिक? क्यों?

उत्तर (i) A तथा C समस्थानिक हैं क्योंकि इनमें समान संख्या में प्रोटॉन (परमाणु क्रमांक) परंतु भिन्न संख्या में न्यूट्रॉन होते हैं।

(ii) B तथा C समभारिक है क्योंकि इनकी द्रव्यमान संख्या समान परंतु प्रोटॉनों की संख्या (परमाणु क्रमांक) भिन्न होता है।
B की द्रव्यमान संख्या
= प्रोटॉनों की संख्या + न्यूट्रॉनों की संख्या $= 7 + 7 = 14$
C की द्रव्यमान संख्या $= 6 + 8 = 14$

23. 23 ग्राम सोडियम में उपस्थित कुल प्रोटॉनों की संख्या ज्ञात कीजिए जिसकी द्रव्यमान संख्या 23 तथा जिसके नाभिक में 12 न्यूट्रॉन उपस्थित हैं।
[प्रोटॉन का दिया गया द्रव्यमान $= 1.67 \times 10^{-27}$ kg

उत्तर सोडियम [Na] का परमाण्वीय द्रव्यमान = 234
$\therefore$ Na के 23 ग्राम = सोडियम के 6.022×10^{23} परमाणु
$\because$ सोडियम के परमाणु में प्रोटॉनों की संख्या $= 23 - 12 = 11$
$\because$ Na के 6.022×10^{23} परमाणुओं में प्रोटॉनों की संख्या
$= 11 \times 6.022 \times 10^{23} = 6.62 \times 10^{24}$ प्रोटॉन

24. क्लोरीन का परमाणु द्रव्यमान पूर्ण संख्या जैसे- 35u या 36u न लेकर 35.5u क्यों लिया जाता है? समझाइए।

उत्तर प्राकृतिक अवस्था में क्लोरीन के दो समस्थानिकों के परमाणु द्रव्यमान 35 u तथा 37 u, 3 : 1 अनुपात में लिए जाते हैं।
अतः क्लोरीन का परमाणु द्रव्यमान दो समस्थानिकों के परमाणु द्रव्यमानों के औसत के रूप में लिया जाता है।
औसत परमाणु द्रव्यमान $= 35 \times \frac{3}{4} + 37 \times \frac{1}{4} = 35.5$ u

25. ताँबे के दो समस्थानिक अर्थात् ${}^{63}_{29}Cu$ तथा ${}^{65}_{29}Cu$ की आपेक्षिक प्रचुरता क्रमशः 70% तथा 30% होती हैं। दी गयी जानकारी के आधार पर कॉपर के औसत द्रव्यमान का परिकलन कीजिए।

उत्तर औसत द्रव्यमान संख्या =

$$\left(\frac{{}^{63}_{29}Cu \text{ की द्रव्यमान संख्या} \times 70}{100}\right) + \left(\frac{{}^{65}_{29}Cu \text{ की द्रव्यमान संख्या} \times 30}{100}\right)$$

$$= \frac{63 \times 70}{10} + \frac{65 \times 30}{100} = 63.6$$

26. 'परमाणु विभाज्य है' इस कथन को सत्य करने के लिए दो निरीक्षण लिखिए।

उत्तर दिए गए कथन को सत्य करने के लिए दो निरीक्षण निम्न हैं-

(i) इलेक्ट्रॉनों के आदान-प्रदान से आयन बनने के कारण आयनिक यौगिकों का बनना।

(ii) भिन्न-भिन्न न्यूट्रॉनों की संख्या के कारण एक ही तत्व के समस्थानिक का होना। उर्पयुक्त दोनों निरीक्षण दर्शाते हैं कि परमाणु कई कणों (इलेक्ट्रॉन, प्रोटॉन और न्यूट्रॉन) से मिलकर बना होता हैं, अर्थात् 'परमाणु विभाज्य' है।

27. आप किस प्रकार सिद्ध कर सकते हैं कि कैथोड किरणें कैथोड से उत्पन्न होती है जबकि ऐनोड किरणें नहीं?

उत्तर विसर्जन नलिका में ली गई कोई गैस अथवा कैथोड पर ली गई कोई भी धातु हमेशा कैथोड किरणें उत्पन्न करती है जिसमें समान द्रव्यमान तथा ऋण आवेश वाले इलेक्ट्रॉन होते हैं ये इलेक्ट्रॉन कैथोड (–) प्लेट दिशा से ऐनोड (+) प्लेट की तरफ गति करते हैं। ऐनोड किरणों में धनावेशित कण होते हैं। जिनका द्रव्यमान लगभग गैसों के परमाणुओं के बराबर होता है। यह कैथोड किरणों द्वारा गैस के परमाणुओं पर प्रहार द्वारा परमाणुओं के धनात्मक आयनों में परिवर्तन से उत्पन्न होते हैं। यह ऐनोड दिशा से कैथोड की तरफ गति करते है।

28. (i) निम्न प्रश्नों के उत्तर दीजिए।

(a) उस वैज्ञानिक का नाम बताइए जिसने प्रोटॉन की खोज की थी।

(b) प्रोटॉन पर आवेश तथा द्रव्यमान क्या होता है?

(c) एक परमाणु में प्रोटॉन कहाँ स्थित होते हैं?

(ii) किसी तत्व के परमाणु की द्रव्यमान संख्या 28u तथा इसका परमाणु क्रमांक 14 है। इसमें कितने न्यूट्रॉन होंगे? तत्व का नाम भी बताइए?

उत्तर (i) (a) प्रोटॉन की खोज गोल्डस्टीन द्वारा की गई थी।

(b) प्रोटॉन पर आवेश $+1.6 \times 10^{-19}$C होता है तथा इसका द्रव्यमान 1.67×10^{-27} kg होता है

(c) एक परमाणु के नाभिक में प्रोटॉन स्थित होते हैं।

(ii) न्यूट्रॉनों की संख्या = द्रव्यमान संख्या-परमाणु संख्या

$= 28 - 14 = 14$

तत्व सिलिकॉन $\left({}^{28}_{14}\text{Si}\right)$ है।

29. रदरफोर्ड ने निम्न प्रेक्षणों के आधार पर क्या निष्कर्ष निकाले लिखिए।

(i) अधिकांश α-कण सोने की पन्नी से सीधे गुजर जाते हैं।

(ii) कुछ α-कण अपने पथ से विक्षेपित हो जाते हैं।

(iii) बहुत कम α-कण 180° के कोण से विक्षेपित हो जाते हैं।

उत्तर (i) परमाणु के अंदर का अधिकांश भाग रिक्त होता है।

(ii) कुछ ऋण आवेशित कण (इलेक्ट्रॉन) केंद्र (नाभिक) के चारों तरफ स्थित हैं।

(iii) परमाणु का संपूर्ण धनात्मक आवेश तथा द्रव्यमान, नाभिक के बहुत छोटे आयतन पर एकत्रित रहता है।

30. सोडियम परमाणु तथा सोडियम आयन में इलेक्ट्रॉन वितरण चित्र द्वारा दर्शाए तथा इनकी परमाणु संख्या बताइए।

उत्तर

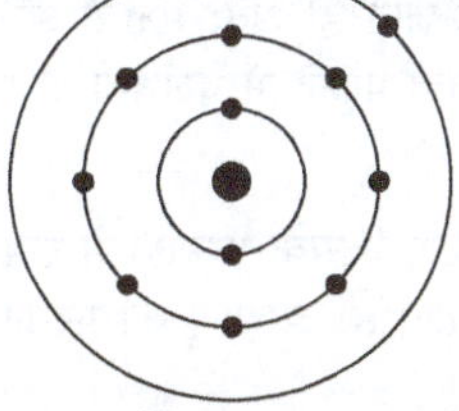

सोडियम परमाणु

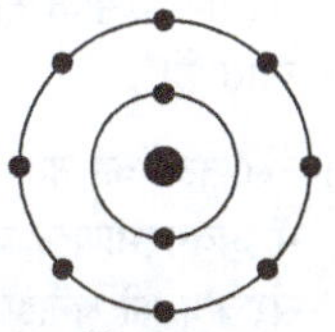

सोडियम आयन

सोडियम की परमाणु-संख्या 11 है। इसलिए इसमें 11 इलेक्ट्रॉन होते हैं। इलेक्ट्रॉनों का वितरण है 2, 8, 1 अथवा $\begin{matrix} K & L & M \\ 2, & 8, & 1 \end{matrix}$।

सोडियम परमाणु से 1 इलेक्ट्रॉन निकलने से धन आवेशित सोडियम आयन (Na^+) बनता है। इसलिए, सोडियम आयन में, $11 - 1 = 10$ इलेक्ट्रॉन होते हैं।

अतः सोडियम आयन का इलेक्ट्रॉनिक विन्यास $\begin{matrix} K & L \\ 2, & 8 \end{matrix}$ अथवा 2, 8 होगा।

31. एक आयन M^{3-} में 10 इलेक्ट्रॉन तथा 7 न्यूट्रॉन हैं। तत्व M की परमाणु संख्या तथा द्रव्यमान संख्या क्या है? तत्व का नाम क्या है?

उत्तर $\because M^{3-}$ में प्रोटॉनों की संख्या $= 10 - 3 = 7$

$\therefore$ परमाणु संख्या 7 है।

द्रव्यमान संख्या = प्रोटॉनों की सख्या + न्यूट्रॉनों की संख्या

$= 7 + 7 = 14$

अतः परमाणु क्रमांक 7 है।

$\therefore$ नाइट्रोजन तत्व है।

32. पथ को तीन भिन्न नाम दीजिए जिनमें इलेक्ट्रॉन नाभिक के चारों ओर घूमते हैं। समझाइए इन्हें ऐसा क्यों कहा जाता है?

उत्तर तीन भिन्न नाम-

(i) **विविक्त कक्षा** इन्हें ऐसा इसलिए कहा जाता हैं क्योंकि इनमें इलेक्ट्रॉन निश्चित पथ में घूमते हैं तथा प्रत्येक कक्षा में नहीं।

(ii) **ऊर्जा स्तर (ऊर्जा कोश)** विभिन्न कोश से (जिसमें इलेक्ट्रॉन घूमते हैं।) संबंधित ऊर्जा प्रत्येक कोश के लिए भिन्न होती है इसीलिए इसे ऊर्जा स्तर कहा जाता है।

(iii) **स्थायी अवस्था** चूँकि कक्षा की ऊर्जा निश्चित होती है अतः एक विशिष्ट कोश में घूमते इलेक्ट्रॉन की ऊर्जा निश्चित होती है। इस कारण यह स्थायी अवस्था कहलाती है।

33. (i) काल्पनिक परमाणु मॉडल के Z-कोश में अधिकतम कितने इलेक्ट्रॉन भरे जा सकते हैं?

(ii) प्रकृति में इस प्रकार के परमाणु को ज्ञात करना लगभग क्यों असंभव है?

उत्तर (i) बोर तथा बरी नियम के अनुसार, Z-कोश में अधिकतम इलेक्ट्रॉनों की संख्या (16 वाँ कोश, $\because K$ से प्रारंभ होता है)

$= 2n^2 = 2 \times 16 \times 16 = 512$

(ii) उच्च इलेक्ट्रॉन संख्या वाले परमाणु में प्रोटॉनों तथा न्यूट्रॉनों की संख्या उच्च होती है। इसीलिए इनके नाभिक अस्थायी होते हैं। जो ऊर्जा विकिरित करते है या छोटे स्थायी नाभिकों में टूट जाते हैं। अतः 100 से अधिक परमाणु क्रमांक वाले तत्व प्रकृति में दुर्लभता से पाए जाते हैं।

34. (i) उस तत्व का नाम लिखिए जिसके परमाणु में समान संख्या में अवपरमाणुक कण होते हैं। परमाणु की परमाणु संरचना भी बनाइए।

(ii) एक परमाणु की परमाणु संरचना बनाइए जिसमें L तथा M-कोश में समान संख्या में इलेक्ट्रॉन उपस्थित हो।

उत्तर (i) **तत्व का नामः** ऑक्सीजन

इलेक्ट्रॉनो की संख्या = 8
प्रोटॉनों की संख्या = 8
न्यूट्रॉनो की संख्या = 8

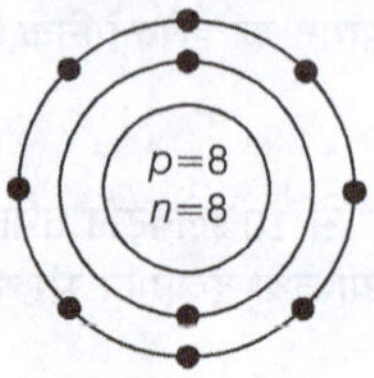

(ii) **तत्व का नाम** आर्गन

परमाणु संख्या = 18 = $\overset{K\,L\,M}{2, 8, 8}$

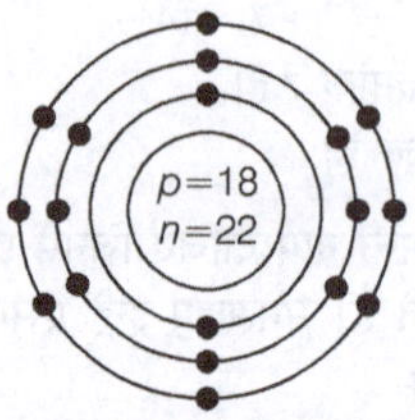

L-कोश में इलेक्ट्रॉनों की संख्या = 8
M-कोश में इलेक्ट्रॉनों की संख्या = 8

35. नीचे दी गई परमाणु संरचना तत्व $^{23}_{11}A$ के परमाणु की है, परमाणु के बोर मॉडल के अनुसार,

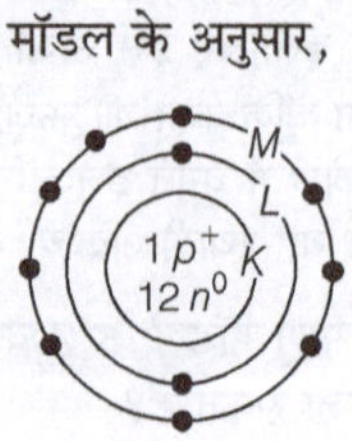

(i) परमाणु की इस संरचना में क्या गलत है?
(ii) इस परमाणु की सही संरचना बनाइए।
(iii) इस तत्व के क्लोराइड का रासायनिक सूत्र लिखिए।

उत्तर (i) तत्व A, Na (सोडियम) है जिसके तीन कोश K, L तथा M हैं। K में 2 इलेक्ट्रॉन तथा L में 8 इलेक्ट्रॉन होने चाहिए थे परंतु K रिक्त तथा L में 9 इलेक्ट्रॉन दिए गए थे। अंतिम कोश में 8 इलेक्ट्रॉन से अधिक नहीं हो सकते हैं।

(ii) सही संरचना

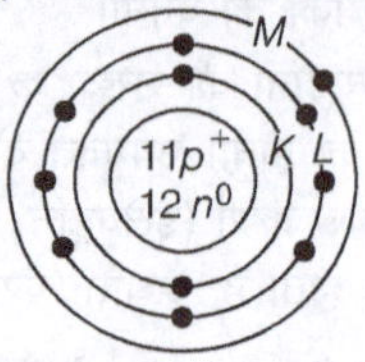

(iii) माना Na के पास 1 संयोजी इलेक्ट्रॉन है इस प्रकार, इसकी संयोजकता (+ 1) तथा क्लोरीन की संयोजकता – 1 है। अतः इसके क्लोराइड का सूत्र NaCl है।

36. निम्न का इलेक्ट्रॉनिक विन्यास तथा संयोजकता लिखिए।
(i) क्लोरीन (ii) सोडियम (iii) सिलिकॉन

उत्तर (i) क्लोरीन ($_{17}$Cl) : $\overset{K\,L\,M}{2, 8, 7}$ ⇒ संयोजकता = 1

(ii) सोडियम ($_{11}$Na) : $\overset{K\,L\,M}{2, 8, 1}$ ⇒ संयोजकता = 1

(iii) सिलिकॉन ($_{14}$Si) : $\overset{K\,L\,M}{2, 8, 4}$ ⇒ संयोजकता = 4

37. निम्न तत्वों के इलेक्ट्रॉनिक विन्यास लिखिए तथा इनकी संयोजकता ज्ञात कीजिए।
(i) मैग्नीशियम (ii) निऑन
(iii) सल्फर

उत्तर (i) मैग्नीशियम $\overset{K\,L\,M}{2, 8, 2}$ ⇒ संयोजकता = 2

(ii) निऑन = $\overset{K\,L}{2, 8}$ ⇒ संयोजकता = 0

(iii) सल्फर = $\overset{K\,L\,M}{2, 8, 6}$ ⇒ संयोजकता = 8 – 6 = 2

38. परमाणुओं की संयोजकता ज्ञात कीजिए जो निम्न चित्रों द्वारा प्रदर्शित की गयी।

(i)
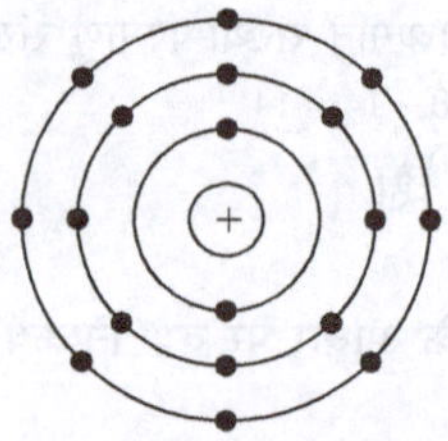

(ii)
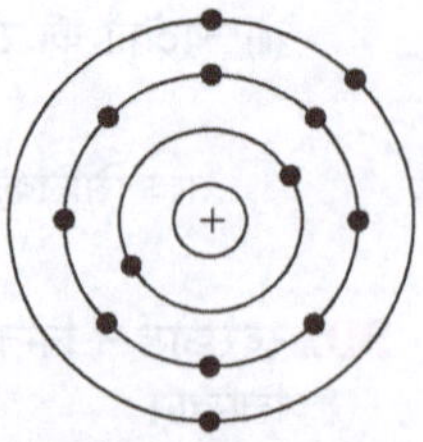

(iii)
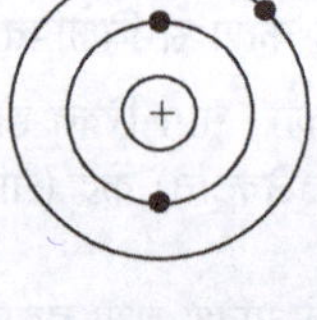

(iv)
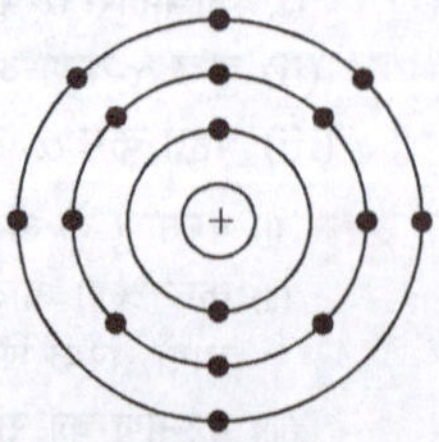

परीक्षा अभ्यास

उत्तर (i) संयोजकता = 0 [∵ संयोजी इलेक्ट्रॉनों की संख्या = 8]
(ii) संयोजकता = 3 [∵ संयोजी इलेक्ट्रॉनों की संख्या = 3]
(iii) संयोजकता = 1 [∵ संयोजी इलेक्ट्रॉनों की संख्या = 1]
(iv) संयोजकता = 2 [∵ संयोजी इलेक्ट्रॉनों की संख्या = 6]
[संयोजकता = 8 − 6 = 2]

39. (i) किसी परमाणु के तीन अवपरमाणवीय कणों के नाम लिखिए।
(ii) किसी तत्व के एक परमाणु के *L*-कोश में 5 इलेक्ट्रॉन है।
(a) तत्व का परमाणु क्रमांक क्या है?
(b) इसकी संयोजकता बताइए।
(c) तत्व को पहचानिए तथा इसके नाम को लिखिए।

उत्तर (i) एक परमाणु के तीन अवपरमाणवीय कण इलेक्ट्रॉन, प्रोटॉन तथा न्यूट्रॉन हैं।
(ii) (a) चूँकि *L*-कोश में 5 इलेक्ट्रॉन हैं, अतः *K*- कोश में 2 इलेक्ट्रॉन होने चाहिए। इस प्रकार तत्व में 7 इलेक्ट्रॉन हैं जो प्रोटॉनों की संख्या के बराबर है, अतः तत्व की परमाणु संख्या 7 है।
(b) *L*-कोश बाह्यतम कोश है तथा इसमें 5 इलेक्ट्रॉन होते हैं। इसीलिए इसमें 5 संयोजी इलेक्ट्रॉन हैं इस प्रकार, इसकी संयोजकता 3 [8 − 5 = 3] है।
(c) परमाणु क्रमांक 7 वाला तत्व नाइट्रोजन (N) है।

40. निम्न आँकड़े चार तत्वों *A, B, C, D* के परमाणु में इलेक्ट्रॉनों, प्रोटॉनों तथा न्यूट्रॉनों के वितरण को प्रदर्शित करते हैं।

तत्व	प्रोटॉन	न्यूट्रॉन	इलेक्ट्रॉन
A	10	10	10
B	11	12	11
C	12	12	12
D	13	14	13

निम्न प्रश्नों को हल कीजिए।
(i) तत्व *A* तथा *D* के परमाणु के इलेक्ट्रॉनिक विन्यास को लिखिए।
(ii) तत्व *A* एक अक्रिय गैस क्यों है?
(iii) तत्व *C* की संयोजकता क्या है?

उत्तर (i) तत्व *A* तथा *D* का इलेक्ट्रॉनिक विन्यास
K, L, M
A = 2, 8
D = 2, 8, 3
(ii) तत्व *A* के बाह्यतम कोश में इलेक्ट्रॉनों की संख्या 8 है। इस तत्व का बाह्यतम कोश पूर्ण है तथा तत्व की बाह्यतम कोश को पूर्ण करने के लिए इलेक्ट्रॉन को प्राप्त करने या त्याग करने की आवश्यकता नहीं है। अतः *A* एक अक्रिय गैस है।
(iii) तत्व *C* (2, 8, 2) की संयोजकता 2 है।

41. आपको एक तत्व $^{16}_{8}X$ दिया गया, ज्ञात कीजिए—
(i) *X* में प्रोटॉनों, इलेक्ट्रॉनों तथा न्यूट्रॉनों की संख्या
(ii) *X* की संयोजकता
(iii) यौगिक का सूत्र जो *X* की निम्न से क्रिया द्वारा बनता है
(a) हाइड्रोजन
(b) कार्बन

उत्तर (i) प्रोटॉनों की संख्या = 8
इलेक्ट्रॉनों की संख्या = 8
न्यूट्रॉनों की संख्या = 16 − 8 = 8
(ii) संयोजकता 8 − 6 = 2
$\because \begin{bmatrix} K & L \\ 2, & 6 \end{bmatrix}$
(iii) (a) H_2X (b) CX_2

42. किसी तत्व का एक परमाणु जिसके बाह्यतम *M*-कोश में 2 इलेक्ट्रॉन हैं, बताइए
(i) इलेक्ट्रॉनिक विन्यास (ii) परमाणु क्रमांक
(iii) प्रोटॉनों की संख्या (iv) इस तत्व की संयोजकता

उत्तर (i) किसी तत्व के एक परमाणु के *M* कोश में 2 इलेक्ट्रॉन हैं इसीलिए इसका इलेक्ट्रॉनिक विन्यास = 2, 8, 2
(ii) परमाणु क्रमांक = 2 + 8 + 2 = 12
(iii) प्रोटॉनों की संख्या = 12
(iv) तत्व की संयोजकता 2 होगी क्योंकि 2 संयोजी इलेक्ट्रॉन हैं, जिन्हें यह आसानी से त्याग कर स्थायी बाह्यतम इलेक्ट्रॉनिक विन्यास प्राप्त कर सकता है।

43. निम्नलिखित चित्र से आपको *X, Y* तथा *Z* परमाणुओं के परमाणु संख्या, द्रव्यमान संख्या तथा संयोजकता के बारे में क्या सूचना मिलती है? अपना उत्तर तालिका के रूप में दीजिए।

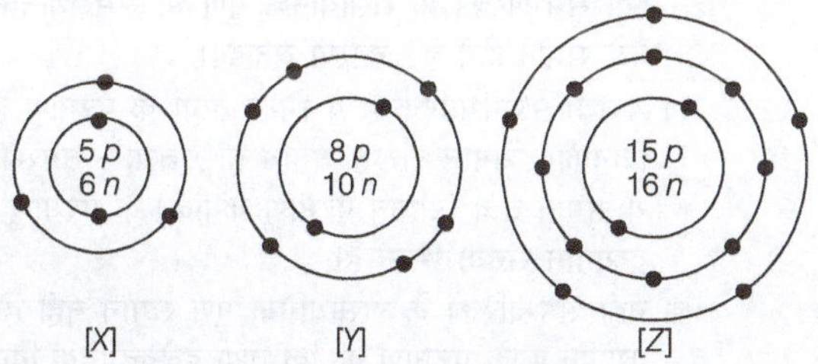

[X] [Y] [Z]

उत्तर सारणी रूप निम्न प्रकार है

तत्व	परमाणु संख्या	द्रव्यमान संख्या	इलेक्ट्रॉनों की संख्या	इलेक्ट्रॉनिक विन्यास	संयोजकता
X	5	5 + 6 = 11	5	2, 3	3
Y	8	8 + 10 = 18	8	2, 6	2
Z	15	15 + 16 = 31	15	2, 8, 5	3, 5

44. निम्न सारणी को पूर्ण कीजिए।

तत्व	परमाणु संख्या	प्रोटॉनों की संख्या	इलेक्ट्रॉनों की संख्या	न्यूट्रॉनों की संख्या	द्रव्यमान संख्या
A	17		17	18	
B		14	14	14	
C		9	9		19

उत्तर (*A*) परमाणु संख्या = प्रोटॉनों की संख्या = 17
द्रव्यमान संख्या = प्रोटॉनों की संख्या + न्यूट्रॉनों की संख्या
= 17 + 18 = 35
(*B*) परमाणु संख्या = प्रोटॉनों की संख्या = 14
द्रव्यमान संख्या = प्रोटॉनों की संख्या + न्यूटॉनों की संख्या
= 14 + 14 = 28
(*C*) परमाणु संख्या = प्रोटॉनों की संख्या = 9
न्यूटॉनों की संख्या = द्रव्यमान की संख्या − प्रोटॉनों की संख्या
= 19 − 9 = 10

तत्व	परमाणु संख्या	प्रोटॉनों की संख्या	इलेक्ट्रॉनों की संख्या	न्यूट्रॉनों की संख्या	द्रव्यमान संख्या
A	17	17	17	18	17 + 18 = 35
B	14	14	14	14	14 + 14 = 28
C	9	9	9	19 − 9 = 10	19

45. (i) पहचानिए कौन-से युग्म समस्थानिक हैं तथा कौन-से समभारिक हैं?

$$^{58}A_{26},\ ^{58}B_{28},\ ^{79}X_{35},\ ^{80}Y_{35}$$

(ii) क्या समभारिकों के रासायनिक गुण भी समस्थानिकों के जैसे समान होते है? कारण बताइए।

उत्तर (i) *A* तथा *B* समभारिक हैं ये भिन्न तत्वों के परमाणु है जिनकी द्रव्यमान संख्या समान है। *X* तथा *Y* समस्थानिक हैं ये समान तत्व (समान परमाणु क्रमांक) के परमाणु जिनकी द्रव्यमान संख्या भिन्न है।
(ii) नहीं समभारिकों के रासायनिक गुण समान नहीं होते हैं क्योंकि इनके परमाणु क्रमांक तथा इलेक्ट्रॉनिक विन्यास भिन्न होते हैं।

46. सल्फर डाइऑक्साइड (SO_2) एक रंगहीन तीव्र गंध वाली गैस है तथा एक वृहद् वायु प्रदूषक है।
(i) इसके संरचनात्मक तत्वों सल्फर तथा ऑक्सीजन का इलेक्ट्रॉनिक विन्यास लिखिए।
(दिया है, $^{32}_{16}S$, $^{16}_{8}O$)
(ii) सल्फर तथा ऑक्सीजन की संयोजकता लिखिए।
(iii) क्या सल्फर तथा ऑक्सीजन समान तत्व के समस्थानिक हैं? अपने उत्तर की व्याख्या कीजिए।

उत्तर (i) सल्फर का इलेक्ट्रॉनिक विन्यास (S): $\overset{K\ L\ M}{2, 8, 6}$
ऑक्सीजन (O): $\overset{K\ L}{2, 6}$
(ii) सल्फर तथा ऑक्सीजन की संयोजकता 2 है। इनमें दो इलेक्ट्रॉनों को प्राप्त करके स्थायी इलेक्ट्रॉनिक विन्यास प्राप्त करने की प्रवृत्ति पाई जाती है।
(iii) समस्थानिक वे तत्व हैं जिनका परमाणु क्रमांक समान परंतु द्रव्यमान संख्या भिन्न होती है। इसीलिए, सल्फर (16) तथा ऑक्सीजन (8) समस्थानिक नहीं है क्योंकि इनकी परमाणु संख्या भिन्न है।

47. निम्न सारणी में कुछ तत्वों की द्रव्यमान संख्या तथा परमाणु क्रमांक दिए गए है।

तत्व	*A*	*B*	*C*	*D*	*E*
द्रव्यमान संख्या	1	7	14	40	40
परमाणु संख्या	1	3	7	18	20

(i) उपरोक्त सारणी से समभारिकों के युग्म को चुनिए।
(ii) उपरोक्त सारणी में दिए गए तत्व *C* की संयोजकता क्या होगी?
(iii) एक उदासीन परमाणु में कौन-से दो अवपरमाणुक कणों की संख्या समान है?

उत्तर (i) *D* तथा *E* की समान द्रव्यमान संख्या है परंतु परमाणु क्रमांक भिन्न है अत: ये समभारिकों का एक युग्म है।
(ii) *C* का इलेक्ट्रॉनिक विन्यास $\overset{K\ L}{2, 5}$ है। अत: इसकी संयोजकता 3 है, क्योंकि यह स्थायी विन्यास प्राप्त करने के लिए तीन इलेक्ट्रॉन को प्राप्त करता है।
[या संयोजकता को इस प्रकार प्राप्त किया जा सकता है 8 − 5 = 3]
(iii) उदासीन परमाणु के लिए,
इलेक्ट्रॉनों की संख्या = प्रोटॉनों की संख्या

48. नीचे दी गई तालिका का अध्ययन कीजिए तथा निम्न प्रश्नों के उत्तर लिखिए

कण	इलेक्ट्रॉन	प्रोटॉन	न्यूट्रॉन
M	2	3	4
N	10	9	10
O	8	8	8
P	8	8	10

(i) कणों *M, N, O* तथा *P* की द्रव्यमान संख्या लिखिए।
(ii) ऊपर की तालिका से एकल आवेशित धनायन तथा एकल आवेशित ऋणायन बनाने वाले परमाणु का चयन कीजिए।

उत्तर (i) कणों की द्रव्यमान संख्या :
$M \rightarrow 3 + 4 = 7$, $N \rightarrow 9 + 10 = 19$
$O \rightarrow 8 + 8 = 16$, $P \rightarrow 8 + 10 = 18$
(ii) धनायन *M* है (परमाणु संख्या 3),
इलेक्ट्रॉनिक विन्यास 2, 1 है।
ऋणायन *N* है (परमाणु संख्या 9),
इलेक्ट्रॉनिक विन्यास 2, 7 है।

49. दो तत्वों को $_{17}X^{35}$ तथा $_{12}Y^{24}$ के रूप में प्रदर्शित करते हैं।
(i) इनमें से कौन-से तत्व इलेक्ट्रॉनों का त्याग तथा ग्रहण करेंगें?
(ii) X तथा Y का इलेक्ट्रॉनिक विन्यास लिखिए।

उत्तर (i) Y, 2 इलेक्ट्रॉन त्यागता है तथा X, 1 इलेक्ट्रॉन प्राप्त करता है।
(ii) एक परमाणु द्वारा त्यागे, प्राप्त किए या साझित इलेक्ट्रॉनों की संख्या इसकी संयोजकता कहलाती है।
(iii) X का इलेक्ट्रॉनिक विन्यास (परमाणु क्रमांक = 17) = 2, 8, 7
Y का इलेक्ट्रॉनिक विन्यास (परमाणु क्रमांक = 12) = 2, 8, 2

50. एक धातु (द्रव्यमान संख्या = 40) में समान संख्या में प्रोटॉन तथा न्यूट्रॉन उपस्थित हैं, यह दो क्लोरीन परमाणुओं के साथ संयोग करती है। तत्व को पहचानिए जिससे इस धातु का इलेक्ट्रॉनिक विन्यास संयुक्त अवस्था में सुमेलित होता है।

उत्तर ∵ द्रव्यमान संख्या = प्रोटॉनों की संख्या + न्यूट्रॉनों की संख्या
⇒ 40 = 20 + 20
⇒ प्रोटॉनों की संख्या = 20
अतः धातु कैल्सियम (Ca) है।
चूँकि यह 2 Cl^- परमाणुओं (कुल संयोजकता = 2) के साथ संयोग करता है। यह 2 धनात्मक आवेशों को प्राप्त करेगा 2 इलेक्ट्रॉन त्यागने पर Ca^{2+} आयन का इलेक्ट्रॉनिक विन्यास
$= \underset{2,\ 8,\ 8}{K\ L\ M}$
यह इलेक्ट्रॉनिक विन्यास आर्गन (Ar) से सुमेलित होता है।

51. एक प्रश्न की प्रतिक्रिया में एक विद्यार्थी कहता है कि एक परमाणु में प्रोटॉनों की संख्या न्यूट्रॉनों की संख्या से अधिक होती है तथा इलेक्ट्रॉनों की संख्या से भी उच्च होती है। क्या आप इस कथन से सहमत है। अपने उत्तर को सत्यापित कीजिए।

उत्तर दिया गया कथन सही नहीं है। वास्तव में, प्रोटॉनों की संख्या न्यूट्रॉनों की संख्या से कभी उच्च नहीं हो सकती है।
न्यूट्रॉनों की संख्या प्रोटॉनों की संख्या के बराबर या उच्च होती है क्योंकि द्रव्यमान संख्या परमाणु संख्या के दुगने के बराबर या परमाणु संख्या के दुगने से उच्च होती है। वास्तव में न्यूट्रॉनों की संख्या इलेक्ट्रॉनों की संख्या से उच्च हो सकती क्योंकि उदासीन परमाणु में इलेक्ट्रॉनों की संख्या, प्रोटॉनों की संख्या के बराबर होती है।

52. क्लोरीन के दो समस्थानिकों का द्रव्यमान 35 तथा 37 होता हैं तथा न्यूट्रॉनों की संख्या क्रमशः 18 तथा 20 होती है। किसकी संयोजकता उच्च होगी?
क्या इनके समान भौतिक या रासायनिक गुणधर्म होते हैं?

उत्तर $_{35}Cl$ में प्रोटॉनों की संख्या = 35 − 18 = 17
⇒ इलेक्ट्रॉनों की संख्या = प्रोटॉनों की संख्या = 17
इसी प्रकार, $_{37}Cl$ के प्रोटॉनों की संख्या $_{37}Cl$ = 37 − 20 = 17
⇒ इलेक्ट्रॉनों की संख्या = प्रोटॉनों की संख्या = 17
चूँकि दोनों में इलेक्ट्रॉनों की संख्या समान होती है। (अर्थात् 17) अतः इनकी संयोजकता समान होगी (अर्थात् 1) समस्थानिकों में समान संख्या में इलेक्ट्रॉन होते हैं जो समान रासायनिक गुण दर्शाते हैं परंतु असमान भौतिक गुण दर्शाते हैं।

53. हाइड्रोजन के साथ क्रिया करके एक तत्व M, MH_3 यौगिक बनाता है तब
(i) तत्व X की संयोजकता ज्ञात कीजिए।
(ii) क्लोरीन तथा सल्फर की संयोजकता लिखिए।
(iii) हाइड्रोजन के तीन समस्थानिकों के नाम लिखिए।

उत्तर (i) M की संयोजकता 3 है क्योंकि यह हाइड्रोजन के 3 परमाणुओं के साथ संयोग करता है।
(ii) क्लोरीन (Cl) की संयोजकता,
(2, 8, 7) = 8 − 7 = 1
सल्फर (S) की संयोजकता, (2, 8, 6) = 8 − 6 = 2
(iii) प्रोटियम $_1H^1$, ड्यूटीरियम $_1H^2$ तथा ट्राइटियम $_1H^3$.

54. (i) यदि क्लोरीन प्रकृति में दो समस्थानिक रूपों में पाया जाता हैं जिनका द्रव्यमान क्रमशः 35u तथा 37u है तथा जो क्रमशः 75% तथा 25% अनुपात के समान रूप में हैं तो उसका औसत परमाणु द्रव्यमान ज्ञात कीजिए।
(ii) विभिन्न क्षेत्रों में समस्थानिकों के तीन अनुप्रयोग लिखिए।

उत्तर (i) क्लोरीन परमाणु का औसत परमाणु द्रव्यमान
$= 35u \times \frac{75}{100} + 37u \times \frac{25}{100}$
$= \frac{105}{4}u + \frac{37}{4}u = \frac{142}{4}u = 35.5\ u$
(ii) समस्थानिकों के कुछ अनुप्रयोग निम्नलिखित हैं-
(a) यूरेनियम के एक समस्थानिक का उपयोग परमाणु भट्टी में ईंधन के रूप में होता है।
(b) कैंसर के उपचार में कोबाल्ट के समस्थानिक का उपयोग होता है।
(b) घेंघा रोग के इलाज में आयोडीन के समस्थानिक का उपयोग होता है।

55. नीचे दिए गए नमूनों में प्रोटॉनों, न्यूटॉनों तथा इलेक्ट्रॉनों की संख्या के आधार पर ज्ञात कीजिए:

नमूना	प्रोटॉन	न्यूट्रॉन	इलेक्ट्रॉन
A	19	20	16
B	18	19	18
C	17	20	17
D	17	17	17

(i) धनायन (ii) समभारिकों का युग्म
(iii) समस्थानिकों का युग्म
प्रत्येक प्रकारण के कारण भी लिखिए।

उत्तर (i) नमूना 'A' धनायन है जिसमें 16 इलेक्ट्रॉन तथा 19 प्रोटॉन हैं। यह A^{3+} के रूप में उपस्थित है।
(ii) नमूना 'B' तथा 'C' समभारिक हैं। जिनकी परमाणु संख्या विभिन्न हैं, परंतु इनकी द्रव्यमान संख्या बराबर है, जो क्रमशः 19 + 18 = 37 तथा 20 + 17 = 37 है।
(iii) नमूना 'C' तथा 'D' समस्थानिक हैं, क्योंकि इनकी परमाणु संख्या बराबर 17 है। परंतु द्रव्यमान संख्या भिन्न 20 + 17 = 37 तथा 17 + 17 = 34 है।

56. (i) Cl^- आयन में इलेक्ट्रॉनों की संख्या क्या है? (Cl = 17) ?
(ii) फॉस्फोरस (P = 15) का इलेक्ट्रॉनिक विन्यास क्या है?
(iii) यूरेनियम का कौन-सा समस्थानिक नाभिकीय ईंधन के रूप में प्रयुक्त होता है?

उत्तर (i) 17 + 1(प्राप्त) = 18 इलेक्ट्रॉन (क्योंकि ऋणात्मक आवेश इलेक्ट्रॉन प्राप्ति को प्रदर्शित करता है।)
(ii) फॉस्फोरस की परमाणु संख्या = 15

इलेक्ट्रॉनिक विन्यास $= \overset{K\ L\ M}{2,\ 8,\ 5}$

(iii) यूरेनियम –235 समस्थानिक

57. दो आयनों पर 3 ऋणात्मक तथा 3 धनात्मक आवेश है इनमें क्रमशः 7 तथा 14 न्यूट्रॉन होते हैं। यदि इन आयनों का इलेक्ट्रॉनिक विन्यास निऑन (Ne) के समान है, तो दोनों आयनों की द्रव्यमान संख्या ज्ञात कीजिए।

उत्तर Ne का इलेक्ट्रॉनिक विन्यास $= \overset{K\ L}{2,\ 8}$

परमाणु, जो –3 आयन बनाते हैं वे 3 आवेशयुक्त तथा निऑन के समान होता है। इनका इलेक्ट्रॉनिक विन्यास- 2, 5

अतः यह नाइट्रोजन है

$\because$ $A = Z +$ न्यूट्रॉनों की संख्या = 7 + 7 = 14

इसी प्रकार, +3 आयन बनाने वाले परमाणु का इलेक्ट्रॉनिक विन्यास $= \overset{K\ L\ M}{2,\ 8,\ 3}$

अतः दिया गया परमाणु ऐलुमिनियम है।

द्रव्यमान संख्या = प्रोटॉनों की संख्या + न्यूट्रॉनों की संख्या
= 13 + 14 = 27

58. तत्व A से F में इलेक्ट्रॉनों, प्रोटॉनों तथा न्यूट्रॉनों का वितरण निम्न प्रकार से है।

तत्व	इलेक्ट्रॉनों की संख्या	प्रोटॉनों की संख्या	न्यूट्रॉनों की संख्या
A	4	3	4
B	10	11	12
C	17	17	18
D	17	17	20
E	18	18	22
F	19	19	21

सारणी से ज्ञात कीजिए
(i) आयनिक गैस का एक युग्म
(ii) उत्कृष्ट विन्यास का एक परमाणु
(iii) समभारिकों का एक युग्म
(iv) समस्थानिकों का युग्म

उत्तर (i) A तथा B क्योंकि इन तत्वों के लिए इलेक्ट्रॉनों तथा प्रोटॉनों की संख्या भिन्न है।
(ii) E, क्योंकि इसके बाह्यतम कोश का इलेक्ट्रॉनिक विन्यास $\begin{pmatrix} K\ L\ M \\ 2, 8, 8 \end{pmatrix}$ पूर्णतया भरा होता है।
(iii) E तथा F, क्योंकि इनकी द्रव्यमान संख्या (प्रोटॉनों की संख्या + न्यूट्रॉनों की संख्या) समान होती है परंतु परमाणु संख्या भिन्न होती है।
(iv) C तथा D, क्योंकि इनका परमाणु क्रमांक (प्रोटॉनों की संख्या) समान होता है परंतु द्रव्यमान संख्या भिन्न होती है।

59. यदि प्रोटॉन का द्रव्यमान 1.67×10^{-27} किग्रा तथा यदि इलेक्ट्रॉन, हाइड्रोजन की तुलना में 1840 गुना हल्का पाया गया है तो कैथोड किरणों का आवेश, द्रव्यमान का अनुपात ज्ञात कीजिए।

दिया गया है,

1 इलेक्ट्रॉन पर आवेश $= 1.6 \times 10^{-19}$ C

उत्तर इलेक्ट्रॉन का द्रव्यमान

$$= \frac{H^+ \text{ का द्रव्यमान}}{1840}$$

$$= \frac{\text{प्रोटॉन का द्रव्यमान}}{1840}$$

$$= \frac{1.67 \times 10^{-27} \text{ किग्रा}}{1840}$$

$$= 9.1 \times 10^{-31} \text{ kg}$$

चूँकि, कैथोड किरणें केवल इलेक्ट्रॉनों द्वारा बनी होती है

अतः कैथोड किरणों में $\frac{e}{m}$ अनुपात = इलेक्ट्रॉन का $\frac{e}{m}$ अनुपात

$$= \frac{1.6 \times 10^{-19} \text{ कूलाम}}{9.1 \times 10^{-31} \text{ किग्रा}}$$

$$= 1.76 \times 10^{11} \text{ कूलाम/किग्रा।}$$

60. गीगर और मार्सडन ने सोने की पन्नी पर प्रयोग किया और देखा कि लगभग 1.00% α-कण $< 50°$ पर विक्षेपित हुए। यदि α-कणों के 1 मोल को सोने की पन्नी पर टकराया जाता है, तो गणना कीजिए कि कितने α-कण $< 50°$ पर विक्षेपित होंगे?

उत्तर 1 मोल $= 6.022 \times 10^{23}$ कण

> 50 पर विक्षेपित होने वाले कणों की संख्या = 1% (दिया है)

$\therefore$ < 50 पर विक्षेपित होने वाले कणों की संख्या = 100 – 1 = 99%

$\therefore < 50°$ पर विक्षेपित होने वाले α-कणों की वास्तविक संख्या

$$= \frac{99}{100} \times 6.022 \times 10^{23} = 5.96 \times 10^{23}$$

दीर्घ उत्तरीय प्रश्न

1. (i) कौन-सा प्रचलित प्रयोग चित्र में दर्शाया गया है?
(ii) इस प्रयोग के तीन प्रेक्षणों को बताइए।
(iii) इस प्रयोग से प्राप्त प्रत्येक प्रेक्षण से निष्कर्ष निकालिए।
(iv) प्रयोग के आधार पर, परमाणु के सुझाए गए मॉडल को बताइए।

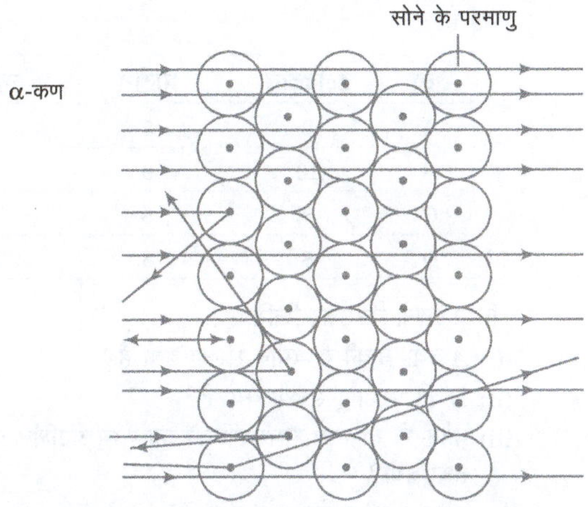

उत्तर (i) यह चित्र सोने की पन्नी द्वारा α-कणों के प्रकीर्णन को दर्शाता है जो रदरफोर्ड के मॉडल या α-कण प्रकीर्णन प्रयोग के रूप में जाना जाता है।
(ii) इसके उत्तर के लिए पृष्ठ सं. 69 देखें।
(iii) इसके उत्तर के लिए पृष्ठ सं. 69 व 70 देखें।
(iv) इसके उत्तर के लिए पृष्ठ सं. 70 देखें।

2. (i) परमाणु के बोर मॉडल की व्याख्या कीजिए। दो कोश वाले किसी परमाणु के लिए बोर मॉडल का चित्र बनाइए?
(ii) एक परमाणु के रदरफोर्ड मॉडल की कमियाँ क्या थी?

उत्तर (i) इसके उत्तर के लिए लघु उत्तरीय प्रश्न 3 देखें।
(ii) इसके उत्तर के लिए पृष्ठ सं. 70 देखें।

3. (i) अष्टक क्या है? तत्व किस प्रकार एक अष्टक प्राप्त करते हैं?
(ii) फॉस्फोरस तथा मैग्नीशियम के परमाणु की प्रतीकात्मक संरचना बनाइए? (दिया गया है, मैग्नीशियम के प्रोटॉनों की संख्या = 12 तथा फॉस्फोरस = 15)

उत्तर (i) एक बाह्यतम कोश जिसमें आठ इलेक्ट्रॉन होते हैं उसे अष्टक कहते है। तत्व अपने अष्टक को इलेक्ट्रॉनों के साझे अथवा ग्रहण या त्याग द्वारा प्राप्त करते हैं।
(ii) मैग्नीशियम की परमाणु संरचना

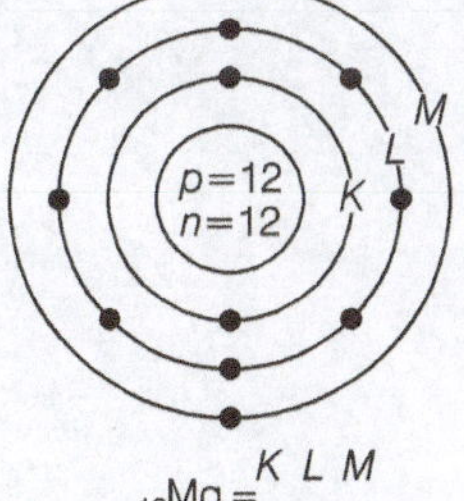

$_{12}Mg = \overset{K}{2}, \overset{L}{8}, \overset{M}{2}$

(iii) फॉस्फोरस की परमाणु संरचना

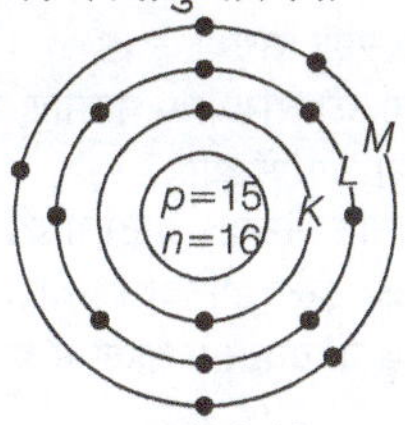

$_{15}P = \overset{K}{2}, \overset{L}{8}, \overset{M}{5}$

4. (i) एक तत्व X का परमाणु क्रमांक 12 तथा द्रव्यमान संख्या 26 है। एक चित्र बनाइए जो कक्षक में इलेक्ट्रॉन के वितरण को तथा तत्व के उदासीन परमाणु के नाभिकीय संघटन को प्रदर्शित करता है। इस तत्व की संयोजकता क्या है तथा क्यों?
(ii) यदि तत्व X दूसरे तत्व Y (जिसका इलेक्ट्रॉनिक विन्यास 2, 8, 7 है) से संयोग करता है तो इस प्रकार निर्मित यौगिक का सूत्र क्या होगा? आप इस सूत्र तक कैसे पहुँचे बताइए?

उत्तर (i) परमाणु संख्या = 12
न्यूट्रॉनों की संख्या = 26 − 12 = 14
संयोजकता = 2
क्योंकि यह अष्टक को पूर्ण करने के लिए दो इलेक्ट्रॉनों को आसानी से त्याग सकता है तथा स्थायी हो जाता है।

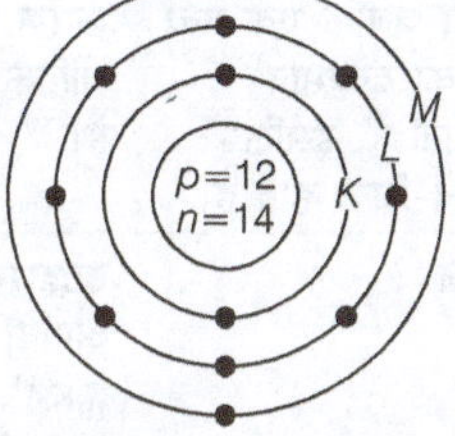

(ii) तत्व Y की संयोजकता 1 होगी अर्थात् यह स्थायित्व के लिए 1 इलेक्ट्रॉन को प्राप्त कर सकता है। जब यह 2 संयोजकता के तत्व X के साथ योग करता है। इस प्रकार बनने वाला यौगिक XY_2 होगा।

तत्व $\underset{+2}{X} \times \underset{1}{Y}$ यौगिक का सूत्र XY_2 होगा।

5. (i) रदरफोर्ड के α-कण प्रकीर्णन प्रयोग में निम्न निष्कर्ष व्युत्पन्न करने के लिए प्रायोगिक प्रमाण दीजिए:
(a) परमाणु के भीतर का अधिकतर भाग खाली होता है।
(b) परमाणु का केंद्र धनावेशित होता है।
(ii) एक तत्व की द्रव्यमान संख्या 32 तथा परमाणु संख्या 16 है, ज्ञात कीजिए
(a) तत्व के परमाणु में न्यूट्रॉनों की संख्या।
(b) परमाणु के बाह्यतम कोश में इलेक्ट्रॉनों की संख्या।
(iii) रदरफोर्ड के परमाण्वीय मॉडल के आधार पर, नाभिक में कौन-सा अवपरमाणुक कण विद्यमान होता है?

उत्तर (i) (a) परमाणु के भीतर का अधिकतर भाग रिक्त होता है, क्योंकि अधिकतर α-कण बिना विक्षेपित हुए सोने की पन्नी को पार कर सीधे निकल गए।
(b) कुछ धनावेशित α-कण अपने मूल पथ से थोड़ा विक्षेपित हो जाते हैं इससे सिद्ध होता है कि परमाणु का केंद्र धनावेशित भाग है।

(ii) तत्व की द्रव्यमान संख्या = 32

तत्व की परमाणु संख्या = 16

(a) प्रोटॉनों की संख्या = परमाणु संख्या = 16

न्यूट्रॉनों की संख्या

= द्रव्यमान संख्या – प्रोटॉनों की संख्या = 32 − 16 = 16

(b) तत्व का इलेक्ट्रॉनिक विन्यास = 2, 8, 6

परमाणु के बाह्यतम कोश में इलेक्ट्रॉनों की संख्या = 6

(iii) प्रोटॉन।

6. (i) समस्थानिक तथा समभारिक के बीच दो अंतर लिखिए।

(ii) Co - 60 तथा U - 235 के प्रयोग लिखिए।

उत्तर (i) समभारिक तथा समस्थानिक के बीच अंतर निम्न हैं

समस्थानिक	समभारिक
एक ही तत्व के वे परमाणु जिनकी परमाणु संख्याएँ समान, किंतु द्रव्यमान संख्याएँ भिन्न-भिन्न होती है, समस्थानिक कहलाते हैं। समस्थानिकों के नाभिक में प्रोटॉनों की संख्या समान, किंतु उनके नाभिक में न्यूट्रॉनों की संख्या भिन्न-भिन्न होने के कारण उनकी द्रव्यमान संख्याएँ भिन्न-भिन्न होती है।	वे तत्व जिनकी द्रव्यमान संख्याएँ समान, किंतु परमाणु संख्याएँ भिन्न-भिन्न होती हैं, समभारिक कहलाते है।
समस्थानिकों के रासायनिक गुण समान होते हैं। क्योंकि इनका इलेक्ट्रॉनिक विन्यास समान होता है। जबकि एक तत्व के सभी समस्थानिकों की द्रव्यमान संख्याएँ भिन्न-भिन्न होती हैं, इसलिए इनके भौतिक गुण भिन्न-भिन्न होते है।	समभारिकों में मूल कणों की संख्या भिन्न-भिन्न होने के कारण उनके रासायनिक तथा भौतिक गुण भिन्न-भिन्न होते हैं।
उदाहरण– ${}_1^1H, {}_1^2H, {}_1^3H$	**उदाहरण**– आर्गन, ${}_{18}Ar^{40}$ पोटैशियम ${}_{19}K^{40}$ तथा कैल्सियम ${}_{20}Ca^{40}$

(ii) कोबाल्ट (Co - 60) का समस्थानिक कैंसर के उपचार में प्रयुक्त होता है।

यूरेनियम (U - 235) का समस्थानिक नाभिकीय रिएक्टर में ईंधन के रूप में प्रयुक्त होता है।

7. रासायनिक स्पीशीज *A*, *B*, *C* तथा *D* में नीचे दिए गए अनुसार इलेक्ट्रॉनों, प्रोटॉनों तथा न्यूट्रॉनों की संख्या दर्शायी गई है:

तत्व	इलेक्ट्रॉन	प्रोटॉन	न्यूट्रॉन
A	2	3	4
B	10	9	8
C	8	8	8
D	8	8	10

निम्न प्रश्नों के उत्तर लिखिए :

(i) *A* तथा *B* की द्रव्यमान संख्या क्या है?

(ii) *B* की परमाणु संख्या क्या है?

(iii) कौन-से दो तत्व समस्थानिकों का युग्म प्रदर्शित करते हैं तथा क्यों?

(iv) तत्व *C* की संयोजकता क्या है?

उत्तर (i) *A* की द्रव्यमान संख्या = 3 + 4 = 7

B की द्रव्यामन सख्या = 9 + 8 = 17

(ii) *B* की परमाणु संख्या = प्रोटॉनों की सख्या = 9

(iii) तत्व *C* तथा *D* समस्थानिक के जोड़े हैं क्योंकि उनकी परमाणु संख्या बराबर है।

(iv) *C*(8) इलेक्ट्रॉनिक विन्यास = 2, 6

इसलिए, इसकी संयोजकता 2 है।

स्वयं को जाँचे

नीचे दिए गए प्रश्नों के माध्यम से छात्र अध्याय सम्बन्धी अपने ज्ञान की जाँच कर सकते हैं। अध्याय के ध्यानपूर्वक अध्ययन किए जाने पर छात्र इन प्रश्नों के उत्तर आसानी से कर पाएँगे।

वस्तुनिष्ठ प्रकार के प्रश्न

बहुविकल्पीय प्रश्न

1. निम्नलिखित में कौन-सा एक कण आवेश रहित है?
(a) इलेक्ट्रॉन (b) प्रोटॉन
(c) न्यूट्रॉन (d) इनमें से कोई नहीं

2. न्यूक्लिऑन (Nucleon) नाम सामान्यत: किसके लिए है?
(a) इलेक्ट्रॉन और प्रोटॉन (b) प्रोटॉन और न्यूट्रॉन
(c) इलेक्ट्रॉन और न्यूट्रॉन (d) इनमें से कोई नहीं

3. किसी परमाणु के गुण निर्भर करते हैं
(a) प्रोटॉनों की संख्या पर
(b) न्यूट्रॉनों की संख्या पर
(c) परमाणु भार पर
(d) इलेक्ट्रॉनिक संरचना पर

4. निम्नलिखित में से कौन-सा युग्म थॉमसन के मॉडल के लिए सही है? **NCERT Exemplar**
(i) मॉडल क्रिसमस केक की तरह था।
(ii) परमाणु धनावेशित गोले का बना होता है और इलेक्ट्रॉन इसमें धँसे होते हैं।
(iii) ऋणात्मक और धनात्मक आवेश परिमाण में समान होते हैं। इसीलिए परमाणु वैद्युतीय रूप से उदासीन होते हैं।
(iv) इलेक्ट्रॉन परमाणु को स्थिर रखने के लिए एक-दूसरे को आकर्षित करते हैं।
(a) (i), (ii) तथा (iii) (b) (i) तथा (iv)
(c) (i) तथा (iii) (d) (i), (iii) तथा (iv)

5. नाभिक की द्रव्यमान संख्या है
(a) नाभिक में न्यूक्लिऑनों की संख्या
(b) नाभिक में प्रोटॉनों की संख्या
(c) नाभिक में न्यूट्रॉनों की संख्या
(d) उपरोक्त में से कोई नहीं

6. संयोजकता के इलेक्ट्रॉनिक सिद्धान्त का प्रतिपादन सर्वप्रथम किस वैज्ञानिक ने किया था?
(a) रदरफोर्ड (b) चैडविक
(c) कॉसेल व लुईस (d) नील्स बोर

7. निम्नलिखित में से स्थायी इलेक्ट्रॉनिक विन्यास वाला तत्व है
(a) 2,6 (b) 2,8
(c) 2,8,18 (d) 2,8,1

8. किसी परमाणु नाभिक का समस्थानिक वह नाभिक है, जिसमें
(a) न्यूट्रॉनों की संख्या वही होती है, परन्तु प्रोटॉनों की संख्या भिन्न होती है
(b) प्रोटॉनों की संख्या वही होती है, परन्तु न्यूट्रॉनों की संख्या भिन्न होती है
(c) प्रोटॉनों और न्यूट्रॉनों दोनों की संख्या समान होती है
(d) प्रोटॉनों और न्यूट्रॉनों की संख्या भिन्न होती है

कथन-कारण प्रकार के प्रश्न

निर्देश (प्र. सं. 9-11) इस खण्ड में दिए गए प्रत्येक प्रश्न में कथन तथा कारण दिए गए हैं। प्रत्येक प्रश्न के चार विकल्प (a), (b), (c) व (d) हैं, जिनमें से केवल एक सही है।

(a) कथन (A) तथा कारण (R) दोनों सत्य हैं तथा कारण (R), कथन (A) का सही स्पष्टीकरण है।
(b) कथन (A) तथा कारण (R) दोनों सत्य हैं, परन्तु कारण (R), कथन (A) का सही स्पष्टीकरण नहीं है।
(c) कथन (A) सत्य है, परन्तु कारण (R) असत्य है।
(d) कथन (A) असत्य है, परन्तु कारण (R) सत्य है।

9. कथन (A) क्लोरीन की संयोजकता 7 होती है।
कारण (R) तत्व के बाह्यतम कोश में उपस्थित इलेक्ट्रॉन की संख्या तत्व की संयोजकता कहलाती है।

10. कथन (A) इलेक्ट्रॉन नाभिक के चारों ओर निश्चित कक्षाओं में चक्कर लगाते हैं।
कारण (R) नाभिक का आकार परमाणु के आकार की तुलना में काफी कम होता है।

11. कथन (A) तत्व के बाहरी कोश में अधिकतम इलेक्ट्रॉनों की संख्या 8 हो सकती है।
कारण (R) कक्षा में उपस्थित अधिकतम इलेक्ट्रॉनों की संख्या का निर्धारण $2n^2$ सूत्र द्वारा किया जाता है।

उत्तर

1. (c)	2. (b)	3. (d)	4. (a)	5. (a)
6. (b)	7. (a)	8. (c)	9. (d)	10. (a)
11. (a)				

केस स्टडी आधारित प्रश्न

निर्देश (प्र.सं. 12-16) *निम्नलिखित पैराग्राफ को पढ़िए तथा दिए गए प्रश्नों के उत्तर दीजिए।*

परमाणु की विभिन्न कक्षाओं में इलेक्ट्रॉनों की व्यवस्था, उस तत्व का इलेक्ट्रॉनिक विन्यास कहलाती है। इसे लिखने के लिए बोर तथा बरी नामक वैज्ञानिकों ने कुछ नियम निर्धारित किए, जिन्हें बोर-बरी के नियम कहते हैं। ये निम्न निम्न प्रकार हैं

(i) किसी कोश में इलेक्ट्रॉनों की अधिकतम संख्या $2n^2$ होती है, जहाँ n उस कक्ष की क्रम संख्या है

(ii) बाह्यतम कोश में अधिकतम 8 इलेक्ट्रॉन तथा उसके पहले वाले कोश में अधिकतम 18 इलेक्ट्रॉन हो सकते हैं।

12. N-कोश की अधिकतम इलेक्ट्रॉन संख्या कितनी होती है?

13. दो समान संयोजकता वाले तत्वों के इलेक्ट्रॉनिक विन्यास लिखे

14. कौन-सा तत्व 2, 8, 8, 2 इलेक्ट्रॉनिक विन्यास दर्शाता है?

15. एल्युमिनियम का इलेक्ट्रॉनिक विन्यास क्या होता है?

16. किसी तत्व का इलेक्ट्रॉनिक विन्यास 2, 8, 7 है। इसकी संयोजकता क्या होगी?

अतिलघु उत्तरीय प्रश्न

17. (i) ऐनोड किरणों को कैनाल किरणें क्यों कहा जाता है?
(ii) क्या नाभिक में न्यूट्रॉन भी होते हैं?

18. परमाणु के नाभिक पर उपस्थित आवेश बताइए।

19. किस प्रकार α- कण को प्रदर्शित किया जा सकता है?

20. किसी तत्व 'X' के M-कोश में 5 इलेक्ट्रॉन है, इसका परमाणु क्रमांक क्या होगा?

21. तत्व $^{107}_{47}Ag$ के परमाणु में न्यूट्रॉनों की संख्या दीजिए।

22. एक तत्व की द्रव्यमान संख्या = 35 है तथा परमाणु संख्या 17 है ज्ञात कीजिए
(i) तत्व में न्यूट्रॉनों की संख्या
(ii) बाह्यतम कोश में इलेक्ट्रॉनों की संख्या

23. एक तत्व के परमाणु की परमाणु संख्या = 15 तथा द्रव्यमान संख्या = 31 है। इस परमाणु में स्थित प्रोटॉनों, इलेक्ट्रॉनों व न्यूट्रॉनों की संख्या बताइए।

24. तत्वों के समस्थानिकों के भौतिक गुण भिन्न क्यों होते हैं?

25. निम्नलिखित परमाणु युग्म किस प्रकार संबंधित हैं—
$_8X^{16}, _8X^{17}, _{18}Y^{40}, _{20}Z^{40}$

लघु उत्तरीय प्रश्न

26. इलेक्ट्रॉन क्यों सार्वत्रिक कण के रूप में जाने जाते हैं?

27. एक तत्व के एक परमाणु को किस प्रकार प्रदर्शित किया जाता है? एक उदाहरण दीजिए।

28. इलेक्ट्रॉन, प्रोटॉन तथा न्यूट्रॉन के बीच दो अंतर लिखिए।

29. $^{40}_{18}Ar$ की संयोजन क्षमता (संयोजकता) को व्यक्त कीजिए।

30. कौन-से दो तत्व अधिक सक्रिय होंगे, तत्व A का परमाणु क्रमांक = 36 या तत्व B का परमाणु क्रमांक = 19 है?

31. (i) एक तत्व का परमाणु क्रमांक $Z = 11$ है, तत्व की संयोजकता क्या है? तत्व का नाम भी बताइए।
(ii) एक M^{-2} आयन में 10 इलेक्ट्रॉन हैं तथा 10 न्यूट्रॉन हैं। तत्व श का परमाणु क्रमांक तथा द्रव्यमान संख्या क्या है? तत्व का नाम क्या है?

32. $^{20}_{10}Ne$ में (i) न्यूट्रॉन (ii) प्रोटॉनों की संख्या क्या है?

33. दिए गए आयरन के प्राकृतिक नमूने में $^{54}_{26}Fe$, $^{56}_{26}Fe$ तथा $^{57}_{26}Fe$ समस्थानिक क्रमशः 5%, 90% तथा 5% अनुपात में है। आयरन का औसत परमाणु भार क्या होगा?

34. समभारिकों की दो विशेषताएँ दीजिए।

35. एक प्राकृतिक रूप से पाए जाने वाले लीथियम 6_{Li} के नमूने में ^6Li के 7.42% तथा 7_{Li} के 92.58% हैं। 6_{Li} का आपेक्षिक परमाणु द्रव्यमान 6.015 तथा 7_{Li} का 7.016 है। प्राकृतिक रूप से पाए जाने वाले लीथियम के एक नमूने के परमाणु द्रव्यमान का परिकलन कीजिए।

36. परमाणु नाभिक के आवश्यक गुणों की व्याख्या कीजिए। इसकी इलेक्ट्रॉन के गुणों से तुलना कीजिए।

37. नीचे कुछ तत्वों का इलेक्ट्रॉनिक विन्यास दिया गया है। तत्वों का नाम बताइए।
(i) 2, 8, 5 (ii) 2, 8, 8, 2 (iii) 2, 8,1

38. एक परमाणु X में 4 प्रोटॉन तथा 5 न्यूट्रॉन हैं जिनका इलेक्ट्रॉनिक विन्यास 2,2 है।
इसके बारे में सूचनाएँ दीजिए।
(i) परमाणु संख्या (ii) द्रव्यमान संख्या (iii) संयोजकता

39. दो परमाण्वीय स्पीशीज A तथा B के नाभिकों में उपस्थित प्रोटॉनों तथा न्यूट्रॉनों की संख्या नीचे दी गयी है।

परमाणु स्पीशीज	A	B
प्रोटॉन	8	8
न्यूट्रॉन	8	10

(i) A तथा B की द्रव्यमान संख्या लिखिए।
(ii) दो स्पीशीज के बीच क्या संबंध है?
(iii) परमाणु A तथा B का इलेक्ट्रॉनिक विन्यास लिखिए।

40. नीचे दिए चित्र द्वारा परमाणु X की परमाणु संख्या, द्रव्यमान संख्या तथा संयोजकता के बारे में क्या सूचनाएँ प्राप्त होती हैं।

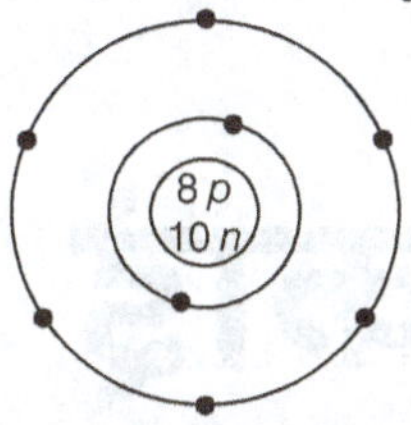

41. एक स्पीशीज X में 17 प्रोटॉन, 18 इलेक्ट्रॉन तथा 20 न्यूट्रॉन हैं।
(i) इस प्रकार का कण क्या कहलाता है?
(ii) X की द्रव्यमान संख्या क्या है?
(iii) X की परमाणु संख्या क्या हैं?

42. (i) समस्थानिकों की विशेषताएँ बताइए।
(ii) एक तत्व के 'औसत परमाणु भार' कथन से आप क्या समझते हैं?

43. (i) समभारिकों को परिभाषित कीजिए, इसका एक उदाहरण लिखिए।
(ii) कौन-सी परिस्थितियों में प्रोटॉनों की संख्या इलेक्ट्रॉनों की संख्या से अधिक होगी?
(iii) उस स्पीशीज का नाम लिखिए, जिसमें एक प्रोटॉन तथा एक इलेक्ट्रॉन होता है।

44. यदि एक परमाणु के K तथा L-कोश पूर्ण है तथा M-कोश में केवल एक इलेक्ट्रॉन है, तो परमाणु में इलेक्ट्रॉनों की कुल संख्या क्या होगी? तत्व का नाम, प्रतीक लिखिए तथा बोर मॉडल बनाइए।

45. एक तत्व के परमाणु में 17 प्रोटॉन, 17 इलेक्ट्रॉन तथा 18 न्यूट्रॉन हैं।
(i) तत्व की द्रव्यमान संख्या का परिकलन कीजिए।
(ii) इसका इलेक्ट्रॉनिक विन्यास लिखिए।
(iii) तत्व की संयोकजता ज्ञात कीजिए।
(iv) तत्व की परमाणु संख्या लिखिए।

46. एक तत्व X की द्रव्यमान संख्या 37 तथा इसमें 17 प्रोटॉन हैं।
(i) तत्व का प्रतीकात्मक निरूपण लिखिए।
(ii) तत्व में न्यूट्रॉनों तथा इलेक्ट्रॉनों की संख्या ज्ञात कीजिए।
(iii) तत्व का इलेक्ट्रॉनिक विन्यास लिखिए।

47. कुछ तत्वों की परमाणु संख्या तथा द्रव्यमान संख्या नीचे सारणी में दी गयी है।

तत्व	A	B	C	D	E	F
परमाणु संख्या	1	3	8	18	20	1
द्रव्यमान संख्या	2	7	16	40	40	1

(i) उपरोक्त सारणी में से समभारिक तथा समस्थानिकों को चुनिए।
(ii) तत्व B तथा E की संयोजकता क्या होगी?

दीर्घ उत्तरीय प्रश्न

48. यदि तत्व X (परमाणु क्रमांक 12) दूसरे तत्व Y (इलेक्ट्रॉनिक विन्यास 2,8,7) से संयोग करे, तो निर्मित यौगिक का सूत्र XY_2 होगा।
(i) X की संयोजकता बताइए जब द्रव्यमान संख्या 26 हो।
(ii) Y संयोजकता बताइए, जिसका इलेक्ट्रानिक विन्यास, (2, 8, 7) है।
(iii) X में न्यूट्रॉनों की संख्या ज्ञात करे।

49. एक परमाणु के रदरफोर्ड नाभिकीय मॉडल की विशेषताएँ तथा कमियाँ क्या है?

50. निम्न प्रश्नों के उत्तर दीजिए।
(i) प्रोटॉन की खोज किस प्रकार की गई?
(ii) हीलियम, निऑन तथा ऑर्गन की संयोजकता शून्य क्यों है?
(iii) अक्रिय तत्व क्या है? इनको ऐसा क्यों कहा जाता है?
(iv) इन तत्वों की संयोजकता क्या है? समझाइए।
(v) इनके M तथा N-कोश में कितने इलेक्ट्रॉन आ सकते हैं?

51. (i) निम्न तत्वों की परमाणु संरचना बनाइए–
मैग्नीशियम, सिलिकॉन, सल्फर
(ii) तत्व की परमाणु संख्या तथा द्रव्यमान संख्या क्या है? जिसकी संरचना नीचे दर्शायी गई है।

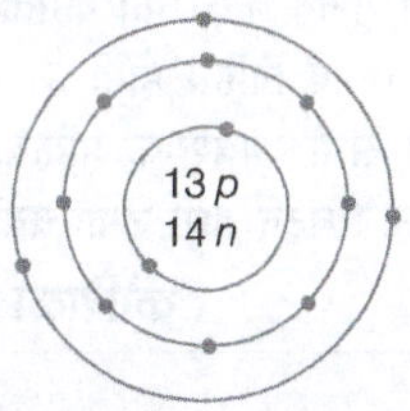

52. (i) समस्थानिक की अवधारणा का प्रयोग किस प्रकार परमाणु द्रव्यमान परिकलन मे किया जाता है? उपयुक्त उदाहरण द्वारा समझाइए।
(ii) समस्थानिकों के कोई तीन अनुप्रयोगों की संक्षिप्त व्याख्या कीजिए।

अध्याय 05

जीवन की मौलिक इकाई

(The Fundamental Unit of Life)

प्रत्येक सजीव पादप हो या जंतु दोनों का शरीर छोटी-छोटी स्वतंत्र रूप से जीवित रहने वाली इकाईयों अर्थात् कोशिकाओं से बना होता है। कोशिका में वे सभी आवश्यक भौतिक, रासायनिक एवं आनुवंशिक सूचनाएँ (Genetic informations) संग्रहित होती हैं, जो उसे स्वतंत्र रूप से जीवित रहने के योग्य बनाती है। जीवन की समस्त जैविक क्रियाएँ कोशिका में ही संपन्न होती हैं। अत: कोशिका जीवों की क्रियात्मक (Functional) व संरचनात्मक (Structural) इकाई होती है।

सिलेबस

- *कोशिका की खोज*
- *विभिन्न जीवों का कोशिकीय संघटन*
- *कोशिका का आकार व माप*
- *कोशिका का संरचनात्मक संगठन*
  - *कोशिका भित्ति*
  - *केंद्रक*
  - *कोशिकाद्रव्य*
- *कोशिका अंगक*
  - *अंत:प्रद्रव्यी जालिका*
  - *गॉल्जी उपकरण*
  - *लयनकाय*
  - *माइटोकॉण्ड्रिया*
  - *लवक*
  - *रसधानियाँ या रिक्तिका*
- *कोशिका विभाजन*
  - *समसूत्री कोशिका विभाजन*
  - *अर्धसूत्री कोशिका विभाजन*

कोशिका की खोज (Discovery of Cell)

सूक्ष्मदर्शी (Microscope) की खोज से पूर्व कोशिका को देखना असंभव था। सन् 1665 में **रॉबर्ट हुक** (Robert Hooke) ने सरल सूक्ष्मदर्शी द्वारा कॉर्क (एक पदार्थ है, जो वृक्ष की छाल से प्राप्त होता है) के टुकड़े में मधुमक्खी के छत्ते जैसी संरचना देखी, जोकि मृत कोशिकाएँ थीं और किसी जेल (Prison) की कोठरियों से समानता होने के आधार पर इन्हें ***सेलुला*** *(Cellula)* कहा, बाद में यही नाम बदलकर **कोशिका** (Cell) हो गया। कोशिका की मूल विशेषताएँ निम्नवत् हैं—

(i) इनमें स्वतंत्र रूप से गुणन करने की क्षमता होती हैं।

(ii) इनमें आनुवंशिक सूचनाएँ निहित होती हैं।

(iii) ये स्वत: जीवन हेतु सभी आवश्यक प्रक्रियाओं को पूर्ण कर सकती हैं।

(iv) ये समान रासायनिक संघटन तथा उपापचयी क्रियाएँ दर्शाती हैं।

कोशिका से संबंधित प्रमुख खोज

वैज्ञानिक	वर्ष	कार्य
रॉबर्ट हुक	1665	सर्वप्रथम एक सरल सूक्ष्मदर्शी द्वारा कॉर्क के टुकड़े में मृत कोशिका की खोज की।
एण्टॉनी वॉन ल्यूवेनहॉक	1674	अपने उन्नत सूक्ष्मदर्शी द्वारा तालाब के जल में स्वतंत्र रूप से जीवित कोशिकाओं (जीवाणुओं) का पता लगाया।
रॉबर्ट ब्राउन	1831	कोशिका में केंद्रक का पता लगाया।
श्लाइडेन तथा श्वान	1838-1839	इन्होंने कोशिका सिद्धांत के विषय में बताया। इस सिद्धांत के अनुसार, सभी पादप तथा जंतु कोशिकाओं से बने हैं और वे जीवन की मूलभूत इकाई है।
पुरकिंजे	1839	कोशिका के द्रव तत्व के लिए 'जीवद्रव्य' शब्द का प्रतिपादन किया।
विरचोव	1855	कोशिका सिद्धांत को आगे बढ़ाया और बताया कि सभी कोशिकाएँ पूर्ववर्ती कोशिकाओं से उत्पन्न होती हैं।
नॉल एवं रुस्का	1931	इलेक्ट्रॉन सूक्ष्मदर्शी की खोज, जिसके द्वारा कोशिका की जटिल संरचना व कोशिकांगों का अध्ययन संभव हो सका।

विभिन्न जीवों का कोशिकीय संघटन
(Cellular Composition of Various Organisms)

विभिन्न जीवों में उपस्थित कोशिकाओं की संख्या के आधार पर ये निम्न दो प्रकार के होते हैं–

(i) एककोशिकीय जीव (एकल कोशिका युक्त)
(ii) बहुकोशिकीय जीव (अनेक कोशिकाओं युक्त)।

एककोशिकीय तथा बहुकोशिकीय जीवों में अंतर

एककोशिकीय जीव	बहुकोशिकीय जीव
संपूर्ण जीव मात्र एक कोशिका का बना होता है।	शरीर में बहुत सारी कोशिकाएँ पाई जाती हैं, जो विभिन्न शारीरिक भागों के निर्माण हेतु विभिन्न कार्य करती हैं।
प्रोकैरियोटिक एककोशिकीय जीवों में श्रम विभाजन नहीं पाया जाता है, किंतु यह यूकैरियोटिक जीवों की कोशिकाओं में देखा जा सकता है।	सभी कोशिकाएँ शरीर के विभिन्न कार्यों को संपन्न करने हेतु विशेषीकृत या विभेदित होती हैं, जिसके कारण एक कोशिका व कोशिकाओं के समूह में श्रम विभाजन पाया जाता है।
उदाहरण–*अमीबा, क्लैमाइडोमोनास, पैरामीशियम,* जीवाणु, आदि।	उदाहरण–कवक, पादप, जंतु, मानव, आदि।

नोट
- *प्रत्येक बहुकोशिकीय जीव अपने जीवन का आरंभ एकल कोशिका अर्थात् युग्मनज से करता है, जो विभाजित होकर अनेक कोशिकाएँ बनाता है। इस प्रकार प्रत्येक कोशिका अपनी पूर्ववर्ती कोशिकाओं से उत्पन्न होती है।*
- *आवर्धक लेंसों के आविष्कार के कारण ही एककोशिकीय सूक्ष्मदर्शी जीवों की खोज संभव हो सकी है।*

सूक्ष्मदर्शी (Microscope)

सूक्ष्मदर्शी उच्च आवर्धन क्षमता वाले उपकरण होते हैं, जिनका उपयोग अत्यंत छोटी वस्तुओं को देखने हेतु किया जाता है; उदाहरण-कोशिका। सूक्ष्मदर्शी द्वारा एक कोशिका के आकार को 300-1500 गुना आवर्धित किया जा सकता है।

एक साधारण सूक्ष्मदर्शी, जिसका प्रयोग प्रायः विद्यालयों में किया जाता है, को संयुक्त सूक्ष्मदर्शी कहते हैं। इसमें प्रतिबिंब हेतु प्रकाश का प्रयोग होता है। अतः इसे प्रकाश सूक्ष्मदर्शी भी कहते हैं। इलेक्ट्रॉन सूक्ष्मदर्शी द्वारा कोशिका की सूक्ष्म सरंचनाओं को कई लाख गुना बड़ा करके देखा जा सकता है।

कोशिका का आकार (Shape of Cell)

कोशिका का आकार मुख्यतया कोशिका के कार्य करने की क्षमता से संबंधित होता है, इसीलिए कोशिका का आकार एवं माप भिन्न-भिन्न होता है। कुछ कोशिकाएँ; जैसे–WBCs और *अमीबा* अपने आकार में परिवर्तन कर सकते हैं। प्रायः कोशिका गोलाकार होती है, किंतु इसका आकार बहुभुजीय, आयताकार, बेलनाकार, नलिकाकार, स्तंभीय, घनाकार, बहुभुजीय, तश्तरीनुमा, ताराकार, द्विउत्तल, परवलयाकार, भालाकार, आदि हो सकता है। एक जीव के शरीर में कोशिकाओं की संख्या एक (एककोशिकीय जीव जैसे–*अमीबा*) से लेकर अरबों तक (बहुकोशिकीय जीव; जैसे-मानव) हो सकती है। उदाहरण–

(i) हृद पेशी की कोशिका ताराकार होती है।
(ii) मानव शुक्राणु की कोशिका भालाकार होती है।
(iii) स्तनी की RBCs द्विउत्तल होती हैं।
(iv) चिकनी पेशी कोशिका तर्कु (धुरी) के आकार की होती है।

निम्न चित्र मानव शरीर की कुछ कोशिकाओं को दर्शाते हैं

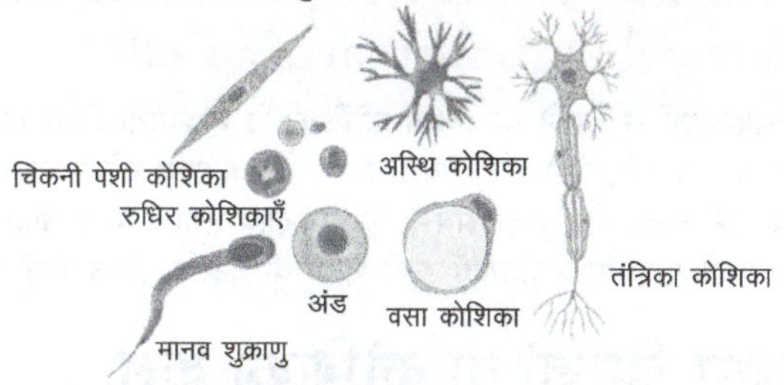

मानव शरीर की विभिन्न कोशिकाएँ

कोशिका की माप (Size of Cell)

कोशिका अतिसूक्ष्म संरचना होती है, जिसे नग्न आँखों से देख पाना असंभव होता है। प्रायः इसका व्यास 0.5-20 μ तक हो सकता है। सुकेंद्रकीय कोशिकाओं में *माइकोप्लाज्मा* की कोशिका 0.1-0.3 μ की माप सबसे न्यूनतम और शुतुरमुर्ग का अण्डा (15 सेमी) सबसे बड़ी कोशिका होती है। मानव शरीर की सबसे लंबी कोशिका तंत्रिका कोशिका है, जिसकी लंबाई 90 सेमी तक हो सकती है।

कोशिका के कार्य (Functions of Cell)

प्रत्येक जीवित कोशिका में कुछ मूलभूत कार्यों को संपन्न करने की क्षमता होती है, जो सजीवों की विशेषता होती है।

(i) कोशिकाओं का आकार व माप उन कार्यों पर निर्भर करता है, जिन्हें वे संपन्न करती हैं।
(ii) बहुकोशिकीय जीव, जैसे–मानव इन कार्यों को श्रम विभाजन द्वारा संपन्न करते हैं अर्थात् मानव शरीर के विभिन्न भाग विभिन्न कार्यों को संपन्न करने हेतु विशेषीकृत होते हैं; जैसे–हृदय रुधिर को पम्प करता है, आमाशय भोजन के पाचन में सहायक होता है, वृक्क मूत्र का निस्पंदन करते हैं, आदि।
(iii) एकल कोशिका में भी श्रम विभाजन देखा जाता है। प्रत्येक कोशिका में कुछ विशिष्ट घटक होते हैं, जो कोशिकांग कहलाते हैं। ये कोशिका को जीवित रहने तथा विशिष्ट कार्यों को उच्च स्तरीय रूप से संपन्न करने हेतु सक्षम बनाते हैं।
(iv) कोशिकांग जीवद्रव्य के साथ मिलकर जीवन की मूलभूत इकाई एवं कोशिका का निर्माण करते हैं। प्रत्येक कोशिकांग एक विशिष्ट कार्य; जैसे-पोषण, श्वसन, अपशिष्ट पदार्थों का निष्कासन या जनन, को संपन्न करता है;
उदाहरण–माइटोकॉण्ड्रिया एक कोशिकांग है, जो कोशिकीय श्वसन द्वारा ऊर्जा प्रदान करता है।

चेक प्वॉइण्ट 5.1

1. *मुक्तजीवी कोशिकाओं की खोज किसने की?*
2. *एककोशिकीय जीव, बहुकोशिकीय जीवों से भिन्न होते हैं। कैसे?*
3. *किन्हीं दो जीवों के नाम बताइए, जो हैं– (i) एककोशिकीय (ii) बहुकोशिकीय*
4. *मानव शरीर की सबसे लंबी कोशिका कौन-सी है?*
5. *एककोशिकीय जीवों में श्रम विभाजन नहीं पाया जाता है। कारण बताइए।*

कोशिका का संरचनात्मक संगठन
(Structural Organisation of a Cell)

सरल सूक्ष्मदर्शी से देखने पर किसी कोशिका में मुख्यतया निम्न तीन भाग दिखाई देते हैं; जैसे—प्लाज्मा झिल्ली, केंद्रक तथा कोशिकाद्रव्य। कोशिका के अंदर होने वाले समस्त क्रियाकलाप तथा उसकी बाह्य वातावरण से पारस्परिक क्रियाएँ इन्हीं भागों के कारण संभव होती है।

प्लाज्मा झिल्ली या कोशिका कला
(Plasma Membrane or Cell Membrane)

यह कोशिका की सबसे बाहरी परत होती है, जो कोशिका के घटकों को बाहरी पर्यावरण से अलग करती है। प्लाज्मा झिल्ली कुछ विशेष पदार्थों को ही अंदर या बाहर प्रवेश करने देती है एवं अन्य पदार्थों की गति को रोकती है, इसलिए कोशिका कला को **अर्द्धपारगम्य या वर्णात्मक पारगम्य झिल्ली** (Semi-permeable or selectively permeable) भी कहते हैं। प्लाज्मा झिल्ली लचीली होती है और कार्बनिक अणुओं; जैसे—लिपिड तथा प्रोटीन की बनी होती है। प्लाज्मा झिल्ली की संरचना को हम केवल इलेक्ट्रॉन सूक्ष्मदर्शी से देख सकते हैं।

कोशिका कला का लचीलापन एककोशिकीय जीवों में कोशिका को बाह्य वातावरण से अपना भोजन तथा अन्य पदार्थ ग्रहण करने में सहायता प्रदान करता है। इस प्रक्रिया को **अंतर्ग्रहण** या **एण्डोसाइटोसिस** (Endocytosis) कहते हैं। उदाहरण— *अमीबा* अपना भोजन अंगुली सदृश्य संरचनाओं, कूटपाद (Pseudopodia) द्वारा ग्रहण करते हैं

प्लाज्मा झिल्ली के कार्य
(Functions of Plasma Membrane)

इसके निम्नलिखित कार्य हैं—

(i) यह कोशिका को निश्चित आकार प्रदान करती हैं।

(ii) यह कोशिकांगों को सुरक्षा प्रदान करती है।

(iii) चयनात्मक पारगम्य (Selectively permeable) होने के कारण यह चयनित या विशिष्ट आयनों या पदार्थों को ही कोशिका के अंदर या बाहर प्रवेश करने देती है।

(iv) यह कोशिका में पदार्थों के परिवहन को नियंत्रित करती है।

(v) यह विशिष्ट कार्यों को संपन्न करने हेतु रूपांतरित हो जाती है, उदाहरण-मनुष्य की आँत में उपस्थित सूक्ष्मांकुर, जो अवशोषण का कार्य करते हैं।

(vi) यह एक यांत्रिक अवरोध की भाँति कार्य करती है तथा कोशिका के भीतर के पदार्थों को बाहर जाने से रोकती है।

उपरोक्त वर्णित सभी कार्यों में पदार्थ का परिवहन सबसे महत्त्वपूर्ण कार्य है। अत: इसका वर्णन निम्न है

झिल्ली या कला के पार परिवहन
(Transport Across the Membrane)

कला के पार परिवहन ऊर्जा के व्यय (सक्रिय परिवहन) या बिना ऊर्जा के व्यय (निष्क्रिय परिवहन) द्वारा होता है।

विसरण द्वारा झिल्ली के पार परिवहन
(Transport Across the Membrane by Diffusion)

विसरण एक धीमी प्रक्रिया है। इसमें ऊर्जा व्यय नहीं होती है तथा यह जीवित तंत्र पर भी निर्भर नहीं करती है। यह वह प्रक्रिया है, जिसमें द्रव, गैस तथा विलेय के अणु उनके अधिक सांद्रता वाले क्षेत्र से कम सांद्रता वाले क्षेत्र की ओर तब तक निष्क्रिय रूप से गति करते रहते हैं, जब तक दोनों क्षेत्रों में अणुओं की सांद्रता समान नहीं हो जाती है। विसरण गैस व द्रव में स्पष्ट रूप से परिलक्षित होती है, जबकि ठोस में विसरण कुछ अंश तक ही संभव होता है। पादप शरीर में गैसीय व द्रवीय गति का यह एक प्रमुख माध्यम है, इसलिए यह प्रक्रिया पादपों में अत्यंत ही महत्त्वपूर्ण है।

उदाहरण के लिए— CO_2 (कोशिकीय अपशिष्ट पदार्थ, जिसका निष्कासन आवश्यक है) कोशिका के भीतर उच्च सांद्रता में एकत्रित हो जाती है। बाह्य कोशिकीय वातावरण में, CO_2 की सांद्रता कोशिका के भीतर की अपेक्षा निम्न होती है। अत: सांद्रता में इस अंतर के कारण CO_2 विसरण द्वारा कोशिका से बाहर चली जाती है। इसी प्रकार, जब कोशिका के भीतर O_2 की सांद्रता निम्न होती है, तो O_2 विसरण द्वारा वायुमण्डल से कोशिका के भीतर प्रवेश कर जाती है।

गैसीय विनिमय के अतिरिक्त विसरण द्वारा जीवों को वातावरण से पोषण भी प्राप्त होता है।

परासरण द्वारा झिल्ली के पार परिवहन
(Transport Across the Membrane by Osmosis)

परासरण एक विशेष प्रकार की विसरण प्रक्रिया है। इसमें जल एक अर्द्धपारगम्य झिल्ली से पृथक् होकर अधिक सांद्रता वाले क्षेत्र से कम सांद्रता वाले क्षेत्र की ओर विसरित होता है। परासरण हमेशा एक पारगम्य या अर्द्धपारगम्य झिल्ली के द्वारा होता है। कोशिका कला के पार जल का परिवहन जल में घुलित पदार्थों की सांद्रता पर भी निर्भर करता है। एककोशिकीय स्वच्छ जलीय जीव व अधिकांश पादप कोशिकाएँ परासरण (Osmosis) द्वारा जल प्राप्त करते हैं।

पादप मूलों द्वारा जल का अवशोषण परासरण का ही एक उदाहरण है। परासरण की प्रक्रिया कोशिका को विभिन्न सांद्रता वाले विलयन में रखकर देखी जा सकती है।

(i) **अल्पपरासरी विलयन** (Hypotonic Solution) ऐसे विलयन की सांद्रता कोशिका के विलयन की अपेक्षा कम होती है। ऐसे विलयन में कोशिका को रखने से जल कोशिका के अंदर प्रवेश करता है और कोशिका फूल जाती है। इस प्रक्रिया को **अंत:परासरण** (Endosmosis) कहते हैं।

(ii) **समपरासरी विलयन** (Isotonic Solution) यह ऐसे विलयन हैं, जिसकी सांद्रता कोशिकाद्रव्य की सांद्रता के समान होती हैं। जब कोशिका को ऐसे विलयन में रखते हैं, तो जल का कोई आदान-प्रदान नहीं होता है, जिसके फलस्वरूप कोशिका के आकार तथा उसके जीवद्रव्य एवं कोशिका के भार में कोई परिवर्तन नहीं होता है।

(iii) **अतिपरासरी विलयन** (Hypertonic Solution) ऐसे विलयन की सांद्रता कोशिकाद्रव्य की सांद्रता से अधिक होती हैं। अत: कोशिका को इस विलयन में रखने से कोशिका के अंदर से जल निकलकर बाहरी विलयन में प्रवेश कर जाता है, जिससे कोशिका सिकुड़ जाती है। इस प्रक्रिया को **बहि:परासरण** (Exosmosis) कहते हैं।

कोशिका भित्ति (Cell Wall)

पादप कोशिका में प्लाज्मा झिल्ली के चारों तरफ दृढ़ व मृत सेलुलोस का बना आवरण होता है, जिसे कोशिका भित्ति कहते हैं। यह अपेक्षाकृत एक सुरक्षात्मक परत है, जो कोशिका को दृढ़ आकार प्रदान करती है।

कोशिका भित्ति के कार्य (Functions of Cell Wall)

कोशिका भित्ति के कार्य निम्न हैं—

(i) कोशिका भित्ति जीवाणुओं, कवकों व पादपों की कोशिकाओं को अल्पपरासरी (Hypotonic) परिस्थितियों में बिना फटे जीवित रहने की क्षमता प्रदान करती है।

अल्पपरासरी माध्यम में कोशिकाएँ परासरण द्वारा जल को ग्रहण कर स्फीति (Turgid) दशा में आ जाती हैं तथा कोशिका भित्ति पर दबाव डालती हैं। कोशिका भित्ति भी स्फीत कोशिका के विरुद्ध बराबर दबाव डालती है, जिससे कोशिका फटने से बच जाती है। भित्ति की उपस्थिति के कारण, पादप कोशिकाएँ, जंतु कोशिका की अपेक्षा आस-पास के माध्यम के उच्च परिवर्तनों को सहन कर सकती हैं।

(ii) इसमें संकरे छिद्र होते हैं, जिन्हें पिट्स (Pits) कहते हैं। इन छिद्रों द्वारा कोशिकाद्रव्य के अत्यंत महीन तंतु, जोकि प्लाज्मोडेस्मेटा (Plasmodesmata) है, कोशिका भित्ति के द्वारा बाहर निकले रहते हैं। पादप कोशिकाएँ इन्हीं कोशिकाद्रव्यी माध्यम के द्वारा एक-दूसरे के संपर्क में रहती हैं।

जीवद्रव्यकुंचन (Plasmolysis)

जीवद्रव्यकुंचन वह प्रक्रिया है, जिसमें जल कोशिका से बाहर निकल जाता है तथा पादप कोशिका की कोशिका झिल्ली सिकुड़कर कोशिका भित्ति से अलग हो जाती है। यह तब होता है, जब कोशिका को अतिपरासरी घोल में रखा जाता है।

चेक प्वॉइण्ट 5.2

1. *उन अणुओं के नाम बताइए, जो कोशिका कला को लचीलापन प्रदान करते हैं।*
2. *कोशिका कला को वरणात्मक रूप से पारगम्य झिल्ली क्यों कहते हैं?*
3. *उस प्रक्रिया का नाम लिखिए, जिसके द्वारा कोशिका से CO_2 का निष्कासन होता है।*
4. *गैसीय विनिमय के अतिरिक्त, विसरण जीवों के लिए किस प्रकार महत्त्वपूर्ण है?*
5. *पादप कोशिका का कौन-सा घटक इसे संरचनात्मक मजबूती प्रदान करता है?*

केंद्रक (Nucleus)

यह कोशिका का सर्वाधिक महत्त्वपूर्ण भाग है। सन् 1831 में **रॉबर्ट ब्राउन** (Robert Brown) ने इसकी खोज की थी। प्राय: एक कोशिका में एक ही केंद्रक पाया जाता है, किंतु शैवाल *क्लैडोफोरा* में एक से ज्यादा केंद्रक पाए जाते हैं। यह कोशिका की सभी क्रियाविधियों पर नियंत्रण रखता है। इसीलिए इसे कोशिका का **नियंत्रण कक्ष** (Control chamber) भी कहते हैं।

केंद्रक की संरचना (Structure of Nucleus)

केंद्रक प्राय: गोलाकार होता है और संरचनात्मक रूप से इसे प्राय: चार प्रमुख भागों में बाँटते हैं—

(i) **केंद्रक कला** (Nuclear Membrane) केंद्रक के चारों ओर दोहरी कला का आवरण होता है, जिनके मध्य **परिकेंद्रीय अवकाश** (Perinuclear space) होता है। प्रत्येक कला 75 Å मोटी होती है तथा परिकेंद्रीय अवकाश 100-300 Å तक होता है। इसमें लगभग 400 Å के सूक्ष्म छिद्र पाए जाते हैं, जिन्हें **केंद्रीय छिद्र** (Central pore) कहते हैं। कुछ स्थानों पर ये कलाएँ अंत:प्रद्रव्यी जालिका से जुड़ी रहती हैं, जिन पर राइबोसोम्स पाए जाते हैं। इन कलाओं का मुख्य कार्य कोशिकाद्रव्य व केंद्रकद्रव्य को पृथक् करना है। केंद्रीय छिद्र द्वारा इन द्रव्यों के मध्य विभिन्न पदार्थों का आवागमन होता है।

(ii) **केंद्रकद्रव्य** (Nucleoplasm) केंद्रक के अंदर भरे पारदर्शी, अर्द्धतरल, प्रोटीन युक्त विशिष्ट माध्यम को ही **केंद्रकद्रव्य** या **केंद्रक रस** (Nucleoplasm or karyoplasm or karyolymph) कहते हैं। यह सॉल अवस्था में होता है, किंतु आवश्यकतानुसार जैल में परिवर्तित हो जाता है। इसमें केंद्रिका व गुणसूत्र निलंबित अवस्था में पाए जाते हैं।

(iii) **केंद्रिका** (Nucleolus) इसकी खोज **फोन्टाना** (Fontana) ने की थी व 'न्यूक्लियोलस' नाम **बोमेन** (Bomen) द्वारा दिया गया था। इसे **कैरियोसोम** (Karyosome) अथवा **एण्डोसोम** (Endosome) भी कहते हैं। यह गोल या अंडाकार होती है तथा अंतरावस्था (Interphase) में स्पष्ट दिखती है। यह विभाजन के समय पूर्वावस्था (Prophase) में लुप्त होकर अत्यावस्था (Telophase) में पुन: बन जाती है। प्राय: एक केंद्रक में एक ही केंद्रिका होती है। इसमें राइबोसोम के निर्माण में उपयोग होने वाले सभी अवयव होते हैं अर्थात् केंद्रक का यह भाग कोशिका में पाए जाने वाले राइबोसोम के निर्माण का प्रमुख स्रोत होता है।

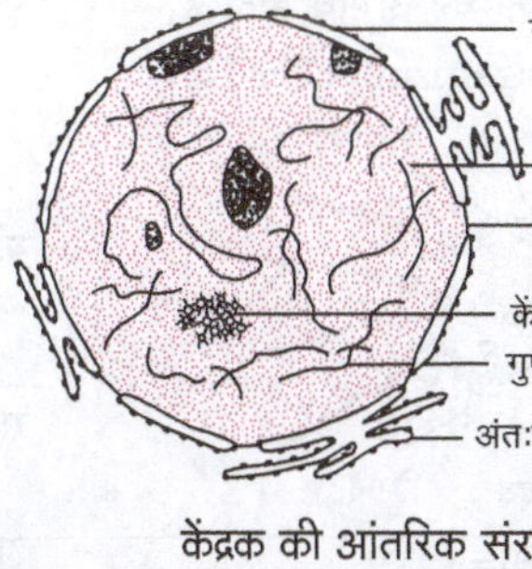

केंद्रक की आंतरिक संरचना

(iv) **गुणसूत्रीय जालक** (Chromatin Reticulum) केंद्रकद्रव्य में लंबी धागेनुमा संरचनाओं का जाल पाया जाता है, जिसे गुणसूत्रीय जाल अथवा जालक कहते हैं। कोशिका विभाजन के समय यही संघनित होकर गुणसूत्र (Chromosome) बन जाते हैं। इन पर जीन के रूप में DNA पाया जाता है। कुछ स्थानों पर गुणसूत्रीय जालक अधिक सघन, मजबूत व गूँथे होते हैं, जिसे **विषम गुणसूत्रीय जालक** (Heterochromatin) कहते हैं तथा कुछ स्थानों पर यह कम सघन व ढीले गूँथे होते हैं, जिसे **सुगुणसूत्रीय जालक** (Euchromatin) कहते हैं।

गुणसूत्र (Chromosome) केंद्रक में उपस्थित कुछ धागे के आकार की रचनाएँ होती हैं। सरल शब्दों में ये केंद्रक में पाए जाने वाले न्यूक्लियोप्रोटीन हैं, जोकि विभाजन के समय संघनित होकर दंडाकार, सर्पिलाकार, डंबलाकार या तंतुनुमा हो जाते हैं। इसकी लंबाई $0.5-30\mu m$ व व्यास $0.2-3\mu m$ होता है। गुणसूत्र में आनुवंशिक गुण होते हैं, जो माता-पिता से DNA अणु के रूप में अगली संतति में जाते हैं। DNA अणु में कोशिका के निर्माण व संगठन की सभी आवश्यक सूचनाएँ होती हैं। DNA के क्रियात्मक खण्ड को जीन (Gene) कहते हैं।

केंद्रक के कार्य (Functions of Nucleus)

इसके निम्न कार्य हैं–

(i) यह आनुवंशिक गुणों को नियंत्रित करता है।

(ii) यह उपापचयी व अन्य जैविक क्रियाओं का नियंत्रण करता है।

(iii) यह कोशिका विभाजन को नियंत्रित करता है।

(iv) यह DNA की पुनरावृत्ति (Replication) व अनुलेखन (Transcription) में सहायक है।

(v) इसमें प्रोटीन निर्माण संबंधी सभी कूट सूचनाएँ संग्रहित होती हैं।

केन्द्रक के आधार पर कोशिकाओं के प्रकार (Cell Types Based on Nucleus)

कुछ जीवों; जैसे– जीवाणु में अल्पविकसित केंद्रक पाया जाता है अर्थात् केंद्रक में एक निश्चित संरचना का अभाव होता है तथा उसके प्रमुख अवयव (केंद्रक कला, गुणसूत्र, केंद्रिका, आदि) अनुपस्थित होते हैं। वास्तविकता में केंद्रक के स्थान पर इनमें नग्न DNA पाया जाता है। केंद्रक की इस प्रकार की संरचना को आरंभी केंद्रक (Incipient nucleus) या **न्यूक्लियोइड** (Nucleoid) या **जीनोफोर** (Genophore) कहते हैं। ऐसे जीव जिनमें केंद्रक कला का अभाव होता है, **पूर्वकेंद्रकीय जीव** (Prokaryotic organism) कहलाते हैं।

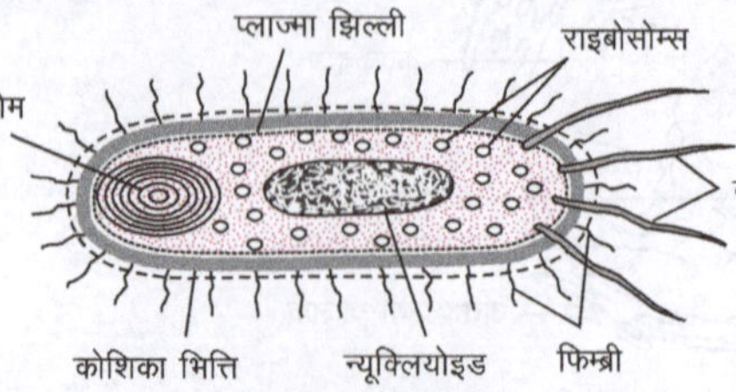

प्रोकैरियोटिक कोशिका

प्रोकैरियोट्स में जीवद्रव्यी कोशिकांगों का अभाव होता है। अत: अधिकांश कार्य कोशिकाद्रव्य के असंगठित भागों द्वारा संपन्न किए जाते हैं। उदाहरण–प्रकाश-संश्लेषित जीवाणुओं में पर्णहरिम (Chlorophyll) झिल्लीदार पुटिका से जुड़ा होता है, जबकि यूकैरियोटिक कोशिकाओं में पर्णहरिम हरितलवक (Chloroplast) में उपस्थित होता है। ऐसे जीव जिनकी कोशिका में केंद्रक झिल्ली द्वारा आवरित सुविकसित केंद्रक पाया जाता है, **सुकेंद्रकीय जीव** (Eukaryotic organisms) कहलाते हैं। इन कोशिकाओं को पुन: पादप व जंतु कोशिकाओं में विभाजित किया गया है। ये दोनों भी एक-दूसरे से कई प्रकार से भिन्न होते हैं।

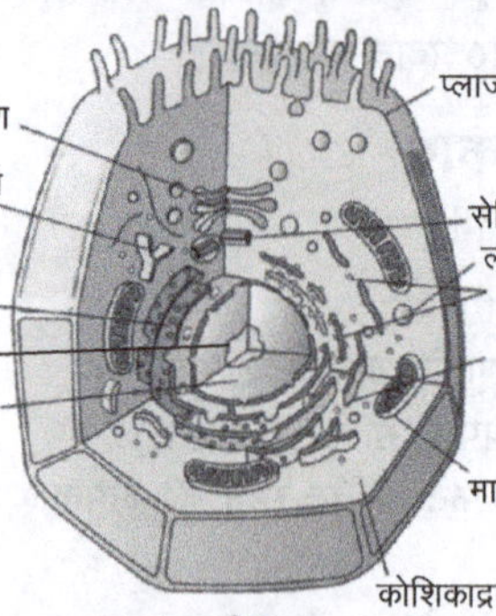

जंतु कोशिका

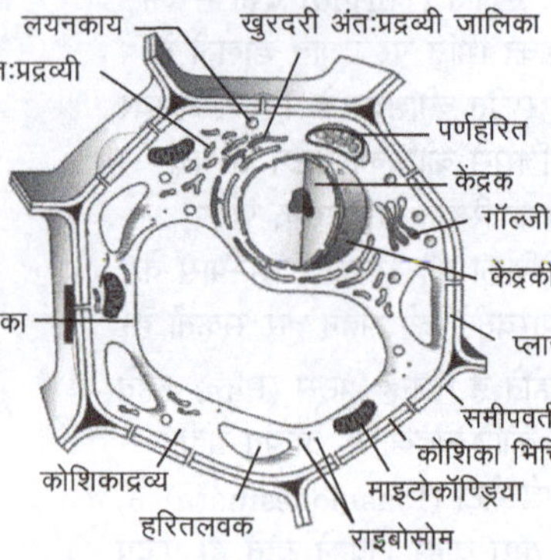

पादप कोशिका

पूर्वकेंद्रकीय तथा सुकेंद्रकीय कोशिकाओं में अंतर

संगठन	पूर्वकेंद्रकीय कोशिका	सुकेंद्रकीय कोशिका
केन्द्रक	इनमें केंद्रक अल्पविकसित होता है अर्थात् केंद्रक कला, गुणसूत्र, केंद्रिका, आदि अनुपस्थित होते हैं।	इनमें केंद्रक सुविकसित होता है अर्थात् केंद्रक कला, गुणसूत्र, केंद्रिका, आदि उपस्थित होते हैं।
कोशिकांग	इनमें द्विकलायुक्त कोशिकांग; जैसे– माइटोकॉण्ड्रिया, आदि नहीं पाए जाते हैं।	इनमें सभी द्विकलायुक्त कोशिकांग पाए जाते हैं।
राइबोसोम	इसमें 70 S प्रकार का राइबोसोम पाया जाता है।	इनमें 70 S एवं 80 S दोनों प्रकार का राइबोसोम पाया जाता है।
हरितलवक	इनमें प्रकाश-संश्लेषण प्रत्यक्ष पर्णहरिम द्वारा झिल्लीदार पुटिका में होता है।	इनकी पादप कोशिकाओं में प्रकाश-संश्लेषण हरितलवक में होता है।
माइटोकॉण्ड्रिया	इनमें श्वसन कोशिका कला की विशेष संरचना मीसोसोम में होता है।	इनमें श्वसन माइटोकॉण्ड्रिया में होता है।
कोशिका भित्ति	इनमें ग्लाइकोपेप्टेन की कोशिका भित्ति पाई जाती है।	इनमें सेलुलोस की कोशिका भित्ति पाई जाती है।

संगठन	पूर्वकेंद्रकीय कोशिका	सुकेंद्रकीय कोशिका
रिक्तिका	इनमें रिक्तिका अनुपस्थित होती है।	इनकी पादप कोशिकाओं में रिक्तिकाएँ पाई जाती हैं।
जनन	इनमें लैंगिक जनन अनुपस्थित होता है।	इनमें लैंगिक जनन उपस्थित होता है।
कोशिका आकार	सामान्यतया छोटी (1-10 μm) होती है।	सामान्यतया बड़ी (5-100μm) होती है।
गुणसूत्र	इनमें DNA द्विसूत्री रूप में पाया जाता है और इसी को गुणसूत्र की संज्ञा दी जाती है। इनमें हिस्टोन प्रोटीन अनुपस्थित होती है।	इनमें पूर्ण विकसित गुणसूत्र पाए जाते हैं, जिनमें द्विसूत्री DNA के साथ हिस्टोन प्रोटीन भी होता है।
कोशिका विभाजन	विखण्डन अथवा मुकुलन द्वारा होता है।	समसूत्री विभाजन व अर्द्धसूत्री विभाजन द्वारा होता है।
कोशिका चक्र	कोशिका चक्र 20 – 60 मिनट का या अनुपस्थित।	कोशिका चक्र 12 – 24 घंटे उपस्थित

कोशिकाद्रव्य (Cytoplasm)

कोशिका में भरा वह द्रव्य, जिसमें अन्य कोशिकांग उपस्थित होते हैं व कई रासायनिक व भौतिक क्रियाएँ संपन्न होती है, कोशिकाद्रव्य कहलाता है।

कोशिकाद्रव्य के कार्य (Functions of Cytoplasm)

(i) यह कोशिकांगों के मध्य पदार्थों के विनिमय में सहायता करता है।

(ii) यह आवश्यक अणुओं; जैसे–अमीनो अम्ल, ग्लूकोस, विटामिन, आयरन, आदि के लिए भंडारगृह की भाँति कार्य करता है।

(iii) यह कुछ उपापचयी पथों के कार्यस्थल के रूप में कार्य करता है; जैसे–ग्लाइकोलाइसिस।

जीवद्रव्य (Protoplasm)

यह एक कोशिका का तरल सजीव भाग होता है, जो कोशिकाद्रव्य व केंद्रकद्रव्य से मिलकर बना होता है।

चेक प्वॉइण्ट 5.3

1. कोशिका में केंद्रकीय छिद्रों की क्या भूमिका है?

2. जीन्स क्या हैं? ये कहाँ उपस्थित होते हैं?

3. प्रोकैरियोट्स का केन्द्रकीय क्षेत्र सुगठित नहीं होता है। क्यों?

4. प्रोकैरियोटिक कोशिकाओं में जनन कैसे होता है? किन्हीं दो प्रोकैरियोट्स के नाम लिखिए।

5. यूकैरियोटिक कोशिकाओं में कोशिकाद्रव्य का एक महत्व बताइए।

कोशिका अंगक (Cell Organelles)

बड़ी तथा जटिल कोशिकाओं, जिसमें बहुकोशिकीय जीवों की कोशिकाएँ शामिल हैं, को जीवित रहने हेतु अनेक उपापचयी क्रियाओं की आवश्यकता होती हैं। इन विभिन्न प्रकार की उपापचयी क्रियाओं को समुचित रूप से अलग-अलग संपन्न करने के लिए कोशिकाएँ झिल्ली युक्त छोटी-छोटी संरचनाओं (अंगक) का उपयोग करती हैं। यह यूकैरियोटिक कोशिकाओं का विशिष्ट गुण है, जो इन्हें प्रोकैरियोटिक कोशिकाओं से अलग करता है।

1. अंत:प्रद्रव्यी जालिका (Endoplasmic Reticulum)

इसकी खोज **एल्बर्ट क्लैडे**, **कीथ पोर्टर** व **फुल्लम** (Albert Claude, Kith Porter and Fullam) ने की थी। यह कोशिकाद्रव्य में फैली नलिकाओं एवं थैलेनुमा संरचनाओं का एक जटिल जाल है, जो केंद्रक कला से कोशिका झिल्ली तक फैली रहती है। **पोर्टर** (Porter) ने इसे यह नाम दिया। यह पूर्वकेंद्रकीय कोशिका व स्तनियों की RBC में अनुपस्थित होती है।

अंत:प्रद्रव्यी जालिका की संरचना (Structure of Endoplasmic Reticulum)

ये संरचनाएँ वसा एवं प्रोटीन की दोहरी कला से बनी होती हैं एवं आकृति के आधार पर निम्न तीन प्रकार की होती हैं

(i) **सिस्टर्नी** (Cisternae) यह थैलीनुमा 40-50 mμ लंबी व चपटी, शाखाविहीन नलिकाएँ होती हैं, जो केंद्रक के चारों ओर समांतर रूप में व्यवस्थित होती हैं। इन पर राइबोसोम्स पाए जाते हैं।

(ii) **पुटिका** (Vesicles) यह अंडाकार थैलियाँ होती हैं, जो 30-500 mμ व्यास तक की हो सकती हैं।

(iii) **नलिकाएँ** (Tubules) ये केंद्रक के पास व्यवस्थित होकर सिस्टर्नी व पुटिकाओं को जोड़कर जालक का निर्माण करती हैं।

उपरोक्त संरचनाओं के ऊपर राइबोसोम्स की उपस्थिति या अनुपस्थिति के आधार पर अंत:प्रद्रव्यी जालिका निम्न दो प्रकार की होती हैं

(a) **खुरदरी या कणिकामय अंत:प्रद्रव्यी जालिका** (Rough Endoplasmic Reticulum–RER) राइबोसोम की उपस्थिति के कारण यह खुरदरी या कणिकामय दिखती है। यह प्रोटीन-संश्लेषण में भाग लेने वाली कोशिकाओं अर्थात् यकृत कोशिका, गोब्लेट कोशिका, अग्न्याशयी कोशिका, आदि में ज्यादा पाई जाती हैं।

(b) **चिकनी अंत:प्रद्रव्यी जालिका** (Smooth Endoplasmic Reticulum–SER) राइबोसोम की अनुपस्थिति के कारण यह चिकनी होती है। यह मुख्यतया वसा व ग्लाइकोजन के संश्लेषण में काम आने वाली कोशिकाओं अर्थात् वृक्क, पेशी, आदि में ज्यादा पाई जाती हैं।

अंत:प्रद्रव्यी जालिका के कार्य (Functions of Endoplasmic Reticulum)

अंत:प्रद्रव्यी जालिका के कार्य निम्न हैं–

(i) यह कोशिका के अंत:कंकाल की भाँति कार्य करती है तथा कोशिका के आकार को भी नियत बनाए रखती है।

(ii) यह कोशिका को प्रत्यास्थ व लचीली बनाती है।

(iii) यह कला जीवात् जनन (Membrane biogenesis) द्वारा केंद्रक कला के पुन:निर्माण में मदद करती है।

(iv) खुरदरी अंत:प्रद्रव्यी जालिका प्रोटीन-संश्लेषण हेतु स्थल प्रदान करती है।

(v) चिकनी अंत:प्रद्रव्यी जालिका ग्लाइकोजन एवं वसा का संग्रह करती है।

(vi) यह कोशिकाद्रव्य तथा केंद्रक के मध्य पदार्थों (मुख्यतया प्रोटीन) के परिवहन (Transport) के लिए नलिका के रूप में कार्य करती है।

(vii) यह कोशिका की जैव-रासायनिक क्रियाओं के लिए कोशिकाद्रव्यी ढाँचे का भी कार्य करती है।

(viii) कशेरुकी के यकृत में चिकनी अंत:प्रद्रव्यी जालिका विष तथा दवा का निराविषीकरण (Detoxification) करने में महत्त्वपूर्ण भूमिका निभाते हैं।

(ix) यह कोशिका विभाजन के समय कोशिका प्लेट एवं केंद्रक झिल्ली के निर्माण में भाग लेती हैं।

2. गॉल्जी उपकरण (Golgi Apparatus)

उच्च पादपों व जंतुओं में अंत:प्रद्रव्यी जालिका से जुड़ी हुई महीन, कणहीन व चिकनी नलिका का गुच्छा पाया जाता है, जिसे **गॉल्जीकाय** या **गॉल्जी संकुल** या **लिपोकॉण्ड्रिया** या **डिक्टियोसोम** (पादपों में) कहते हैं। यह वसा व प्रोटीन की बनी दोहरी कला की संरचनाएँ होती है। इसकी खोज सन् 1898 में **कैमिलो गॉल्जी** (Camillo Golgi) ने की थी। यह पूर्वकेंद्रकीय कोशिकाओं, परिपक्व चालनी नलिका (Sieve tube) व RBC में अनुपस्थित होता है। जंतु कोशिका में इनकी संख्या एक ही होती है, किंतु पादप कोशिका में अनेक हो सकती हैं।

गॉल्जी उपकरण की संरचना (Structure of Golgi Apparatus)

इसमें भी तीन प्रकार की संरचनाएँ होती हैं

(i) **सिस्टर्नी** (Cisternae) एक के ऊपर एक व्यवस्थित 4-10 खोखली बेलनाकार नलिकाएँ ही सिस्टर्नी कहलाती हैं। यह 20 Å व्यास की होती हैं।

(ii) **पुटिकाएँ** (Vesicles) सिस्टर्नी के किनारों से टूटकर बनी गोलाकार थैलेनुमा संरचना ही पुटिकाएँ कहलाती हैं।

(iii) **रिक्तिकाएँ** (Vacuoles) यह भी सिस्टर्नी से बनी, किंतु चौड़ी थैलेनुमा संरचनाएँ होती हैं।

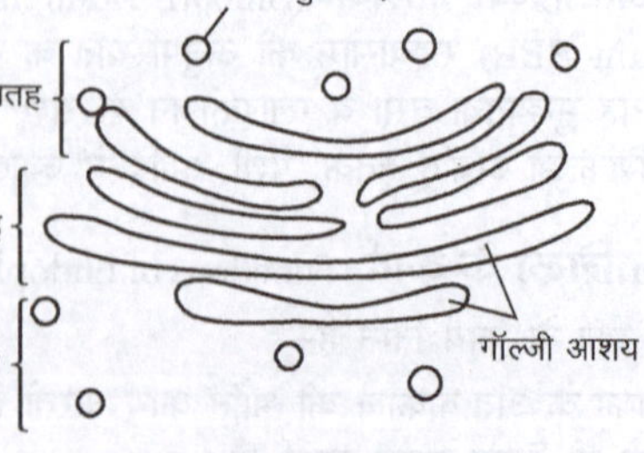

गॉल्जी उपकरण की परासंरचना

गॉल्जी उपकरण की उत्तल सतह **समपक्ष** (*cis*) या निर्माणकारी सतह (Forming face), जबकि अवतल सतह **विपक्ष** (*trans*) या परिपक्वन सतह (Maturing face) कहलाती है। इसके आधारद्रव्य (Matrix) में लिपिड (वसा), एंजाइम, विटामिन, आदि भरे होते हैं।

गॉल्जी उपकरण के कार्य (Functions of Golgi Apparatus)

इसके कार्य निम्न हैं—

(i) स्रावी कोशिकाओं में विकरों (Enzymes) का स्रावण करना।

(ii) शुक्राणु के अग्रपिण्डक (Acrosome) का निर्माण करना।

(iii) हॉर्मोन्स, गोंद, रेजिन, आदि का स्रावण करना।

(iv) कोशिका भित्ति के पुनर्निर्माण में (कला जीवात् जनन द्वारा)।

(v) लौह, ताँबा, स्वर्ण, आदि आयनों का अवशोषण करना।

(vi) प्राथमिक लाइसोसोम व स्रावी आशय बनाना।

(vii) कोशिका विभाजन के समय कोशिका पट्ट (Cell plate) का निर्माण करना।

3. लयनकाय (Lysosomes)

ग्रीक भाषा में *'लाइसो'* (*Lyso*) शब्द का अर्थ 'पाचक' तथा *सोम* (*some*) का अर्थ 'काय' है। यह पूर्वकेंद्रकीय एवं जंतु कोशिका में ही प्रमुखतया पाया जाता है। सन् 1955 में **सी डी डुवे** (C de Duve) ने इसकी खोज की, जिसके लिए सन् 1974 में इन्हें नोबेल पुरस्कार मिला।

लयनकाय की संरचना (Structure of Lysosomes)

यह 0.25-0.5 µm के व्यास की लगभग गोलाकार संरचना है, जिसमें 30-35 जल-अपघटनी विकर (Hydrolytic enzyme) भरे होते हैं। इन्हें **आत्मघाती थैली** (Suicidal bag) या आत्महत्या के थैले भी कहते हैं, क्योंकि अगर किसी कारणवश यह फट जाए, तो इसमें से निकले एंजाइम कोशिकांगों का विघटन कर कोशिका को मृत कर सकते हैं।

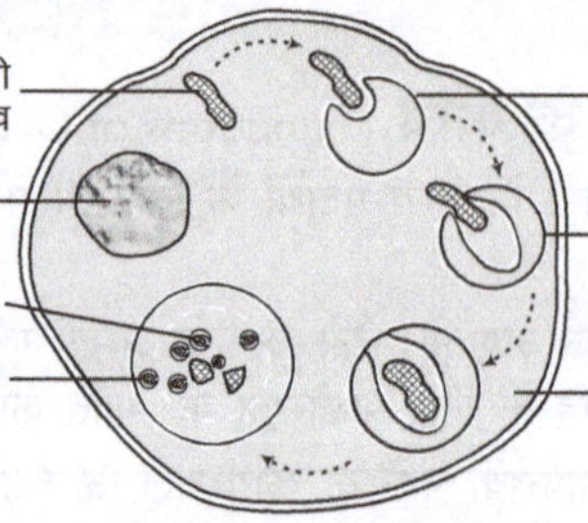

लयनकाय की लयन क्रियाविधि

गॉल्जी उपकरण या अंत:प्रद्रव्यी जालिका से प्राथमिक लयनकाय (Primary lysosomes) या पाचककाय बनता है, जो खाद्यधानी (Food vacuole) से जुड़कर द्वितीयक लयनकाय (Secondary lysosomes) बनाता है। यह अपनी लयन क्रियाविधि (Lysis mechanism) द्वारा हानिकारक बाहरी तत्वों, मृत कोशिकांगों तथा खाद्य-पदार्थों का अंतर्ग्रहण कर अपने पाचक एंजाइमों द्वारा इसका पाचन कर देता है।

लयनकाय के कार्य (Functions of Lysosomes)

इसके कार्य निम्न हैं—

(i) समसूत्री कोशिका विभाजन का उत्प्रेरण (Catalyst) करना।

(ii) मृत कोशिकांग, हानिकारक बाहरी तत्व, आदि का पाचन करना।

(iii) प्रोटीन, वसा, ग्लाइकोजन, आदि का पाचन कर कोशिका को ऊर्जा प्रदान करना।

(iv) निषेचन के दौरान अण्डाणु की बाह्य कला का पाचन करना।

(v) पादपों के अंकुरण में सहायता प्रदान करना।

4. माइटोकॉण्ड्रिया (Mitochondria)

'माइटोकॉण्ड्रिया' ग्रीक भाषा के दो शब्दों अर्थात् *माइटो*–'धागा या सूत्र' व *कॉण्ड्रिया*–'कणिका' से बना है अर्थात् यह कणिकामय धागेनुमा संरचना है, इसलिए इसे **'सूत्रकणिका'** भी कहते हैं।

सन् 1880 में **कोलीकर** (Kolliker) ने सर्वप्रथम कीटों की पेशियों में से इसे खोजा था। **फ्लेमिंग** (Fleming) ने 'फाइला' व **अल्टमान** (Altman) ने इसे 'बायोप्लास्ट' कहा। **बेन्डा** (Benda) ने इसे माइटोकॉण्ड्रिया कहा तथा **एफ मवेस** (F Maves) ने 1904 में सर्वप्रथम इसे पादपों (*निम्फिया*) में खोजा। माइटोकॉण्ड्रिया में 65-70% प्रोटीन, 0.5% RNA, 25% फॉस्फोलिपिड व कुछ मात्रा में DNA होता है।

इसका औसत व्यास 0.05-0.1 μ व लंबाई 5-8 μ के मध्य होती है। प्राय: कोशिका में इनकी संख्या 50-5000 तक होती हैं। इसे कोशिका का **शक्तिगृह या बिजलीघर** (Powerhouse) कहते हैं, क्योंकि श्वसन क्रिया द्वारा ऊर्जा (ATP) का उत्पादन यहीं होता है। माइटोकॉण्ड्रिया एक दोहरी इकाई कला से बनी संरचना है। इसकी बाहरी कला सपाट होती है तथा दोनों कलाओं के मध्य रिक्त स्थान पाया जाता है, जिसे **अंतर कलाअवकाश** (Intermembrane space) कहते हैं। इसमें तरल भरा रहता है।

माइटोकॉण्ड्रिया के केंद्र में आधारद्रव्य भरा होता है। इसकी आंतरिक कला कई वलनों द्वारा उभारों व गर्तों का निर्माण करती है, जिन्हें **क्रिस्टी** (Cristae) कहते हैं। क्रिस्टी के अंदर के अवकाश को **आंतरक्रिस्टी अवकाश** (Intracristae space) कहते हैं। आधारद्रव्य में कणिकाएँ, तंतुक, प्रोटीन, वसा, वृत्ताकार नग्न DNA एवं 70S राइबोसोम, आदि पाए जाते हैं। माइटोकॉण्ड्रिया में यही श्वसन संबंधित अभिक्रियाएँ संपन्न होती हैं। माइटोकॉण्ड्रिया एक अद्भुत अंगक है, क्योंकि इसमें उसका अपना DNA तथा राइबोसोम होते हैं। जिससे माइटोकॉण्ड्रिया अपना कुछ प्रोटीन स्वयं निर्मित करते हैं।

अत: इसे अर्धस्वायत्त कोशिकांग (Semiautonomous cell organ) भी कहते हैं।

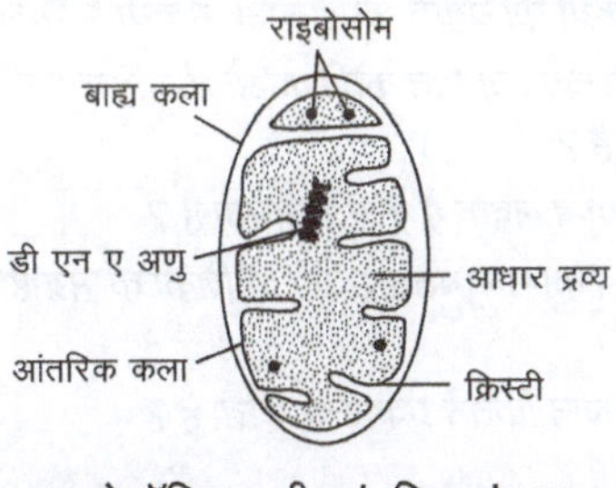

माइटोकॉण्ड्रिया की आंतरिक संरचना

माइटोकॉण्ड्रिया के कार्य (Functions of Mitochondria)

इसके कार्य निम्न हैं–

(i) कार्बोहाइड्रेट के ऑक्सीकरण (श्वसन) द्वारा ऊर्जा उत्पन्न करना।

(ii) वसा का उपापचय करना।

(iii) शुक्राणु को गति हेतु ऊर्जा प्रदान करना।

(iv) ऑक्सीकृत श्वसन क्रिया द्वारा ADP (एडिनोसिन डाइफॉस्फेट) से ATP (एडिनोसिन ट्राइफॉस्फेट) का निर्माण करना। यह प्रक्रिया क्रैब्स चक्र, इलेक्ट्रॉन अभिगमन तंत्र (Electron transport system) व फॉस्फोरिलेटिंग तंत्र द्वारा पूर्ण होती हैं।

(v) कैल्शियम का संचय एवं स्रावण करना।

5. लवक (Plastid)

लवक केवल पादप कोशिकाओं में स्थित होते हैं। लवक की भीतरी रचना में बहुस्तरीय झिल्लीनुमा वाली परतें उपस्थित होती हैं, जो स्ट्रोमा (Stroma) कहलाती है। लवक बाह्य रचना में माइटोकॉण्ड्रिया की तरह होते हैं।

माइटोकॉण्ड्रिया की तरह लवक में भी अपना DNA तथा 70 S राइबोसोम उपस्थित होते हैं। अत: यह अर्द्धस्वायत्तकारी (Semiautonomous) अंग है, जो स्वत: जनन करने में भी सक्षम होता है।

रंग के आधार पर लवक निम्नलिखित तीन प्रकार के होते हैं–

(i) **हरितलवक** (Chloroplast) यह हरे रंग का लवक है। इनकी खोज **शिम्पर** (Schimper) ने की थी। यह पादपों के हरे रंग का कारण होता है। इसी लवक के कारण हरे पादप स्वपोषी (उत्पादक) होते हैं व धरती पर उनका जीवन संभव हो पाता है; उदाहरण–हरे पादप एवं शैवाल (*यूलोथ्रिक्स, क्लैमाइडोमोनास*)।

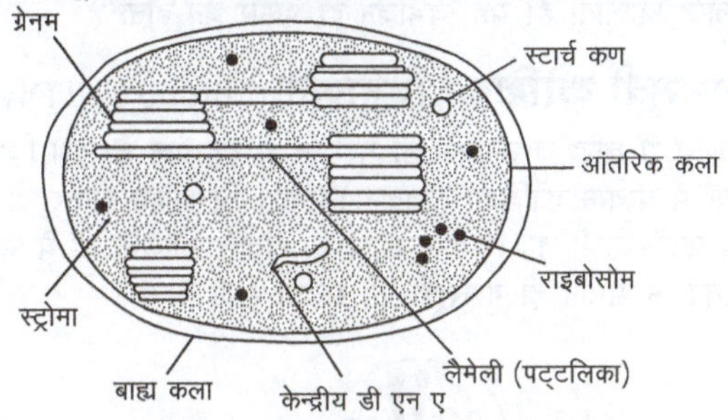

हरितलवक की आंतरिक संरचना

कार्य (Functions) ये सूर्य के प्रकाश की उपस्थिति में प्रकाश-संश्लेषण प्रक्रिया द्वारा भोजन (कार्बनिक पदार्थ) व ऑक्सीजन बनाते हैं।

(ii) **अवर्णीलवक** (Leucoplasts) ये सफेद या रंगहीन लवक है, जो अन्य प्रकार के लवकों में बदल सकते हैं।

कार्य (Functions) अवर्णीलवक अनेक पदार्थों; जैसे–मण्ड (एमायलोप्लास्ट), तेल (इलीयोप्लास्ट) तथा प्रोटीन कणों (एल्यूरोप्लास्ट) का संग्रहण करता है।

(iii) **वर्णीलवक** (Chromoplasts) ये रंगीन (हरे भाग को छोड़कर) लवक होते हैं।

कार्य (Functions) ये पुष्पों व फलों को रंग प्रदान करते हैं तथा कैरोटिनॉइड वर्णकों व लिपिड्स से भरपूर होते हैं।

6. रसधानियाँ या रिक्तिका (Vacuoles)

रसधानियाँ ठोस अथवा तरल पदार्थों की संग्राहक थैलियाँ हैं। जंतु कोशिका में रसधानियाँ बहुत छोटी तथा पादप कोशिका में बहुत बड़ी होती हैं। कुछ पादपों की कोशिकाओं की केंद्रीय रसधानी का माप कोशिका के आयतन का 50-90% तक होता है। पादपों में ही पाई जाने वाली यह संरचना एकल कला से बनी होती है, जिसे **टोनोप्लास्ट** (Tonoplast) व इसमें भरे द्रव्य

को **कोशिका रस** (Cell sap) कहते हैं। यह विभिन्न खाद्य-पदार्थों एवं जल का संग्रहण करती हैं। अत: इसे कोशिका का प्राकृतिक भंडार गृह (Natural store house) कहते हैं। इसे कार्यानुसार कोशिका का **कचरापात्र** भी कह सकते हैं, क्योंकि इसमें अपशिष्ट पदार्थों का संचय होता है।

रिक्तिका के कार्य (Functions of Vacuoles)

इसके कार्य निम्न हैं–

(i) कोशिका की स्फीति (Turgidity) बनाए रखना।
(ii) वसा, कार्बोहाइड्रेट, प्रोटीन, जल, आदि का संग्रहण करना।
(iii) वर्णकों (Pigments) को संग्रहित करना।
(iv) संकुचन द्वारा परासरण, उत्सर्जन, आदि को नियंत्रित करना।
(v) अपशिष्ट व अनावश्यक पदार्थों को संग्रहित करना।

कोशिका विभाजन (Cell Division)

जीवों में पुरानी, मृत व क्षतिग्रस्त कोशिकाओं का प्रतिस्थापन होकर, वृद्धि के लिए नई कोशिकाओं का निर्माण होता है और लैंगिक प्रजनन हेतु युग्मकों का निर्माण होता है।

पूर्ववर्ती कोशिकाओं से नई कोशिका बनने की प्रक्रिया ही कोशिका विभाजन कहलाती है। यह विभाजन दो प्रकार का होता है

1. समसूत्री कोशिका विभाजन (Mitotic Cell Division)

यह जीवों में वृद्धि व ऊतकों की मरम्मत में सहायक है। इस विभाजन प्रक्रिया में प्रत्येक कोशिका (मातृ कोशिका) विभाजित होकर दो समरूप संतति कोशिकाओं का निर्माण करती है। संतति कोशिकाओं में मातृ कोशिका के समान ही गुणसूत्रों की संख्या होती है।

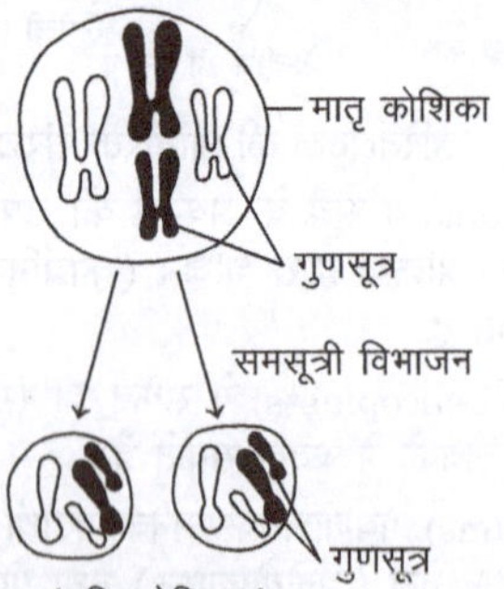

समसूत्री कोशिका विभाजन

2. अर्धसूत्री कोशिका विभाजन (Meiotic Cell Division)

अर्धसूत्री कोशिका विभाजन की प्रक्रिया में जीवों की जनन कोशिकाओं अथवा ऊतकों की विशेष कोशिकाएँ विभाजित होकर युग्मक का निर्माण करती हैं। निषेचन के पश्चात् ये संतति का निर्माण करते हैं। इस प्रकार के विभाजन में कोशिका विभाजित होकर दो की जगह चार नयी संतति कोशिकाओं का निर्माण करती है।

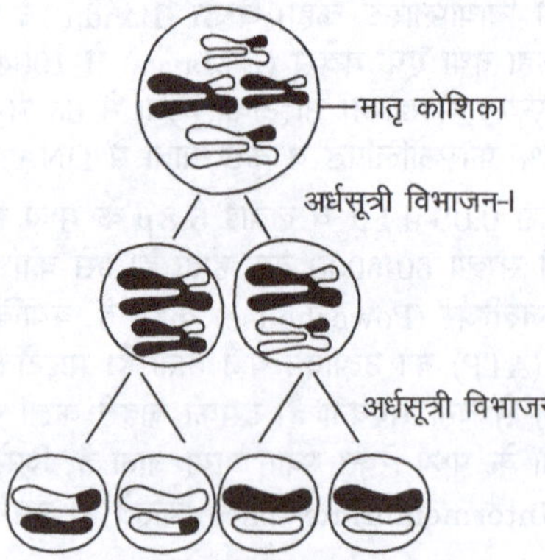

अर्धसूत्री कोशिका विभाजन

अर्धसूत्रण की प्रक्रिया दो अवस्थाओं में होती है अर्धसूत्रण-I और अर्धसूत्रण-II अर्धसूत्रण-I में एक जनन कोशिका दो संतति कोशिकाओं में विभाजित हो जाती है जिसमें मातृकोशिका की तुलना में गुणसूत्रों की संख्या आधी होती है। जबकि अर्धसूत्रण-II में समसूत्री विभाजन के समान ही विभाजन की प्रक्रिया होती है।

चेक प्वॉइण्ट 5.4

1. *कोशिका में प्रोटीन-संश्लेषण कहाँ होता है?*
2. *SER कशेरुकियों की यकृत कोशिकाओं में क्या भूमिका होती है।*
3. *कौन-से कोशिकांग जीवित कोशिकाओं में जटिल कोशिकीय कला तंत्र का निर्माण करते हैं?*
4. *माइटोकॉण्ड्रिया व लवक में क्या समानता है?*
5. *उस कोशिकांग का नाम बताइए, जो कोशिका के संग्राही थैले के समान कार्य करता है।*
6. *कोशिका विभाजन कितने प्रकार का होता है?*

NCERT फोल्डर

अध्याय के बीच के प्रश्न

1. कोशिका की खोज किसने और कैसे की थी?

उत्तर रॉबर्ट हुक ने सन् 1665 में सरल सूक्ष्मदर्शी की सहायता से सबसे पहले कोशिका का पता लगाया। उन्होंने कॉर्क की पतली काट के अवलोकन में पाया, कि इनमें अनेक छोटे-छोटे प्रकोष्ठ हैं, जिसकी संरचना मधुमक्खी के छत्ते जैसी प्रतीत होती है। उन्होंने इन्हीं कोष्ठकों को कोशिका कहा।

2. कोशिका को जीवन की संरचनात्मक और क्रियात्मक इकाई क्यों कहते हैं?

उत्तर कोशिका में वे सभी भौतिक, रासायनिक एवं आनुवंशिक सूचनाएँ (Genetic informations) संग्रहित होती हैं, जो उसे स्वतंत्र रूप से जीवित रहने के योग्य बनाती है। कोशिका में जनन, श्वसन, पाचन, उत्सर्जन, आदि सभी क्रियाएँ संपन्न होती हैं अर्थात् जीवन की समस्त जैविक क्रियाएँ कोशिका में ही संपन्न होती हैं, इसलिए हम कहते हैं, कि 'कोशिका ही जीवन की प्राथमिक संरचना है'। अतः हम कह सकते हैं, कि कोशिका जीवों की **क्रियात्मक** (Functional) व **संरचनात्मक** (Structural) इकाई होती है।

3. CO_2 तथा पानी जैसे पदार्थ कोशिका से कैसे अंदर तथा बाहर जाते हैं? इस पर चर्चा करें।

उत्तर जब कुछ पदार्थ; जैसे–CO_2 (कोशिकीय अपशिष्ट) कोशिका में एकत्र हो जाती है, तो उसकी सांद्रता बढ़ जाती है। कोशिका के बाह्य पर्यावरण में CO_2 की सांद्रता कोशिका में स्थित CO_2 की सांद्रता की अपेक्षा कम होती है। जैसे ही कोशिका के अंदर और बाहर CO_2 की सांद्रता में अंतर आता है, उसी समय CO_2 उच्च सांद्रता से निम्न सांद्रता की ओर विसरण द्वारा कोशिका से बाहर निकल जाती है।

4. प्लाज्मा झिल्ली को वर्णात्मक पारगम्य झिल्ली क्यों कहते हैं?

उत्तर प्लाज्मा झिल्ली कोशिका की सबसे बाहरी परत है, जो कोशिका के घटकों को बाहरी वातावरण से अलग करती है। प्लाज्मा झिल्ली कुछ विशिष्ट पदार्थों को अंदर अथवा बाहर प्रवेश करने देती है तथा यह कुछ अन्य अवांछित पदार्थों की गति को रोकती है। इसलिए कोशिका झिल्ली को वर्णात्मक पारगम्य झिल्ली कहते हैं।

5. निम्नलिखित तालिका में दिए गए रिक्त स्थानों को भरें, जिससे कि प्रोकैरियोटिक तथा यूकैरियोटिक कोशिकाओं में अंतर हो सके।

प्रोकैरियोटिक कोशिका	यूकैरियोटिक कोशिका
आकार प्रायः छोटा (1-10 μm) 1μm = 10^{-6}m	आकार प्रायः बड़ा (5-100 μm)
केंद्रकीय क्षेत्र .... और उसे .... कहते हैं।	केंद्रकीय क्षेत्र, सुस्पष्ट जो चारों ओर से केंद्रकीय झिल्ली से घिरा रहता है।
क्रोमोसोम एक	क्रोमोसोम एक से अधिक
झिल्लीयुक्त अंगक अनुपस्थित	....

उत्तर प्रोकैरियोटिक एवं यूकैरियोटिक कोशिका में अंतर निम्न हैं

प्रोकैरियोटिक कोशिका	यूकैरियोटिक कोशिका
आकार प्रायः छोटा (1-10 μm) 1μm = 10^{-6}m	आकार प्रायः बड़ा (5-100 μm)
अविकसित केंद्रक को न्यूक्लियॉइड कहते हैं। केंद्रकीय क्षेत्र स्पष्ट नहीं होता है और उसे केंद्रकाय कहते हैं।	पूर्ण विकसित केंद्रक पाया जाता है। केंद्रकीय क्षेत्र, सुस्पष्ट जो चारों ओर से केंद्रकीय झिल्ली से घिरा रहता है।
क्रोमोसोम एक होता है।	क्रोमोसोम एक से अधिक होते हैं।
झिल्लीयुक्त अंगक अनुपस्थित होते हैं।	झिल्लीयुक्त अंगक उपस्थित होते हैं।

6. ऐसे दो अंगकों के नाम बताइए, जिनमें अपना आनुवंशिक पदार्थ होता है।

उत्तर माइटोकॉण्ड्रिया एवं प्लास्टिड (लवक)।

7. यदि किसी कोशिका का संगठन किसी भौतिक अथवा रासायनिक प्रभाव के कारण नष्ट हो जाता है, तो क्या होगा?

उत्तर कोशिका में उपस्थित कोशिकांगों की सहायता से कोशिका के सभी विशिष्ट कार्य; जैसे- श्वसन, पोषण तथा अपशिष्ट पदार्थों का उत्सर्जन अथवा नई प्रोटीन का बनना, आदि कार्य संभव हो पाते हैं। यदि कोशिका का संगठन नष्ट हो जाता है, तो ये सब कार्य नहीं हो पाएँगे और कोशिका कुछ समय बाद मर जाएगी।

8. लाइसोसोम को आत्मघाती थैली क्यों कहते हैं?

उत्तर लाइसोसोम में बहुत शक्तिशाली जल-अपघटनी पाचनकारी एंजाइम उपस्थित होते हैं। कोशिकीय उपापचय में व्यवधान के कारण जब कोशिका क्षतिग्रस्त या मृत हो जाती हैं, तो लाइसोसोम फट जाते हैं और एंजाइम अपनी ही कोशिकाओं को पाचित कर लेते हैं, इसीलिए लाइसोसोम को कोशिका की **'आत्मघाती थैली'** भी कहते हैं

9. कोशिका के अंदर प्रोटीन का संश्लेषण कहाँ होता है?

उत्तर प्रोटीन का संश्लेषण राइबोसोम में होता है। राइबोसोम खुरदरी अंतःप्रद्रव्यी जालिका पर स्थित होते हैं।

अध्याय के अंत की प्रश्नावली

1. पादप कोशिका तथा जंतु कोशिका में तुलना कीजिए।

उत्तर पादप कोशिका तथा जंतु कोशिका में तुलना निम्न प्रकार हैं-

पादप कोशिका	जंतु कोशिका
प्लाज्मा झिल्ली के अतिरिक्त कोशिका भित्ति भी होती है।	कोशिका भित्ति नहीं होती है।
आकार प्राय: निश्चित होता है।	आकार प्राय: अनिश्चित होता है।
जंतु कोशिका की तुलना में बड़ी होती है।	पादप कोशिका की तुलना में छोटी होती है।
रसधानी बहुत बड़ी होती है।	रसधानी बहुत छोटी होती है।
गॉल्जी उपकरण की बहुत-सी इकाईयाँ अर्थात् डिक्टियोसोम उपस्थित होती है।	जटिल गॉल्जी उपकरण उपस्थित होता है।
प्लास्टिड होते हैं।	प्लास्टिड नहीं होते, (*यूग्लीना* को छोड़कर)
तारककाय और तारककेंद्र नहीं होता है।	तारककाय और तारककेंद्र होता है।

2. प्रोकैरियोटिक कोशिकाएँ यूकैरियोटिक कोशिकाओं से किस प्रकार भिन्न हैं?

उत्तर इसके उत्तर के लिए NCERT फोल्डर की प्रश्न सं. 5 देखें।

3. यदि प्लाज्मा झिल्ली फट जाए अथवा टूट जाए, तो क्या होगा?

उत्तर यदि प्लाज्मा झिल्ली फट जाए, तो-

(i) कोशिका से सारे महत्त्वपूर्ण पदार्थ एवं कोशिकांग बाहर आ जाएँगे, क्योंकि प्लाज्मा झिल्ली सुरक्षात्मक एवं वर्णात्मक पारगम्य झिल्ली की तरह कार्य करती हैं।

(ii) कोशिकाद्रव्य तथा बाह्य वातावरण में कोई अंतर नहीं रह जाएगा एवं कोशिका मृत हो जाएगी।

(iii) कोशिका अपने सामान्य आकार में नहीं रहेगी।

4. यदि गॉल्जी उपकरण न हो, तो कोशिका के जीवन पर क्या प्रभाव होगा?

उत्तर गॉल्जी उपकरण न होने से कोशिका के जीवन में निम्न प्रभाव होंगे–

(i) अंत:प्रद्रव्यी जालिका में संश्लेषित प्रोटीन गॉल्जी उपकरण में संचित नहीं हो सकेंगे और इन्हें कोशिका के बाहर तथा अंदर विभिन्न क्षेत्रों में नहीं भेजा जा सकेगा।

(ii) सामान्य शर्करा से जटिल शर्करा नहीं बन सकेगी।

(iii) लाइसोसोम का निर्माण नहीं हो सकेगा।

5. कोशिका का कौन-सा अंगक ऊर्जागृह है और क्यों?

उत्तर जीवन के लिए आवश्यक विभिन्न रासायनिक क्रियाओं को संपन्न करने के लिए माइटोकॉण्ड्रिया ATP (एडिनोसिन ट्राइफॉस्फेट) के रूप में ऊर्जा प्रदान करता है। शरीर नए रासायनिक यौगिकों को बनाने के लिए तथा यांत्रिक कार्य करने के लिए ATP में संचित ऊर्जा का उपयोग करता है। इसलिए माइटोकॉण्ड्रिया को कोशिका का ऊर्जागृह (Powerhouse of the cell) कहते हैं।

6. कोशिका झिल्ली को बनाने वाले लिपिड तथा प्रोटीन का संश्लेषण कहाँ पर होता है?

उत्तर वसा अथवा लिपिड का संश्लेषण चिकनी अंत:प्रद्रव्यी जालिका (SER) में होता है तथा प्रोटीन का संश्लेषण खुरदरी अंत:प्रद्रव्यी जालिका पर लगे राइबोसोम में होता है।

7. *अमीबा* अपना भोजन कैसे प्राप्त करता है?

उत्तर कोशिका झिल्ली का लचीलापन एककोशिकीय जीवों में कोशिका के बाह्य पर्यावरण से अपना भोजन तथा अन्य पदार्थ ग्रहण करने में सहायता करता है। ऐसी प्रक्रिया को एण्डोसाइटोसिस कहते हैं। *अमीबा* अपना भोजन इसी प्रक्रिया द्वारा प्राप्त करता है।

8. परासरण क्या है?

उत्तर वर्णात्मक पारगम्य झिल्ली द्वारा विलायक का उच्च सांद्रता से निम्न सांद्रता की ओर जाना **परासरण** कहलाता है। परासरण की क्रिया के दौरान जल के अणु (विलायक) प्लाज्मा झिल्ली के दोनों ओर आने जाने के लिए मुक्त होते हैं।

9. निम्नलिखित परासरण प्रयोग करें—

छिले हुए आधे-आधे आलू के चार टुकड़े लो, इन चारों को खोखला करो, जिससे कि आलू के कप बन जाएँ। इनमें से एक कप को उबले आलू से बनाना है। आलू के प्रत्येक कप को जल वाले बर्तन में रखो। अब—

(a) कप 'A' को खाली रखो,

(b) कप 'B' में एक चम्मच चीनी डालो,

(c) कप 'C' में एक चम्मच नमक डालो तथा

(d) उबले आलू से बनाए गए कप 'D' में एक चम्मच चीनी डालो।

आलू के इन चारों कपों को दो घंटे तक रखने के पश्चात् उनका अवलोकन करो तथा निम्न प्रश्नों का उत्तर दो

(i) 'B' तथा 'C' के खाली भाग में जल क्यों एकत्र हो गया? इसका वर्णन करो।

(ii) 'A' आलू इस प्रयोग के लिए क्यों महत्त्वपूर्ण है?

(iii) 'A' तथा 'D' आलू के खाली भाग में जल एकत्र क्यों नहीं हुआ? इसका वर्णन करो।

उत्तर (i) B तथा C के खाली भाग में जल परासरण की क्रिया के कारण एकत्र हो जाता है। चूँकि विलेय की सांद्रता (कप B में चीनी और कप C में नमक) जल की अपेक्षा कप में ज्यादा है। इसलिए पानी अपनी उच्च सांद्रता (कप से बाहर) से निम्न सांद्रता (कप के अंदर) की ओर चला जाएगा। परासरण की इस क्रिया को अंत:परासरण कहते हैं।

(ii) 'A' आलू प्रयोग के लिए मानक की तरह कार्य करता है। यह प्रयोग के परिणामों की तुलना के लिए आवश्यक है।

(iii) 'A' तथा 'D' आलू के खाली भाग में जल एकत्र नहीं हुआ, क्योंकि कप 'A' खाली है, इसलिए सांद्रता में कोई अंतर नहीं आएगा और परासरण की क्रिया नहीं होगी।

कप 'D' में चीनी है, लेकिन आलू उबला हुआ है, इसलिए परासरण की क्रिया नहीं हो सकेगी, क्योंकि गर्म करने पर पारगम्य झिल्ली नष्ट हो जाती है।

10. कायिक वृद्धि एवं शरीर की मरम्मत के लिए किस प्रकार के कोशिका विभाजन की आवश्यकता होती है? तथा इसका औचित्य बताइए।

उत्तर शरीर की मरम्मत व वृद्धि के लिए कायिक कोशिकाओं में समसूत्री विभाजन होता है। इसमें संतति कोशिकाओं में मातृ कोशिका के समान ही गुणसूत्रों की संख्या होती है।

11. युग्मकों के बनने के लिए किस प्रकार का कोशिका विभाजन होता है? इस विभाजन का महत्त्व बताइए।

उत्तर युग्मकों के बनने के लिए अर्धसूत्री कोशिका विभाजन की प्रक्रिया होती है। इस प्रकार के विभाजन में कोशिका विभाजित होकर दो के स्थान पर चार नयी संतति कोशिकाओं का निर्माण करती हैं।

अध्याय : एक नजर में

- ***कोशिका*** *प्रत्येक जीव की मूलभूत संरचनात्मक व क्रियात्मक इकाई होती है। इसकी खोज* ***रॉबर्ट हुक*** *ने 1665 में की।*
- ***एककोशिकीय जीव*** *केवल एक कोशिका के बने होते हैं; उदाहरण–अमीबा, क्लैमाइडोमोनास, जीवाणु, आदि।*
- ***बहुकोशिकीय जीव*** *अनेक कोशिकाओं के बने होते हैं। ये कोशिकाएँ एक-साथ मिलकर शरीर में विभिन्न अंगों के कार्यों को संपन्न करती हैं। उदाहरण–पादप एवं जंतु।*
- ***प्रोकैरियोटिक कोशिकाओं*** *में केंद्रकीय झिल्ली से आवरित एक सुस्पष्ट केंद्रक का अभाव होता है; उदाहरण–जीवाणु एवं नील-हरित शैवाल।*
- ***यूकैरियोटिक कोशिकाओं*** *में केंद्रक झिल्ली से आवरित सुस्पष्ट केंद्रक उपस्थित होता है; उदाहरण–पादप कोशिका व जंतु कोशिका।*
- ***पादप कोशिका*** *में कोशिका भित्ति व रिक्तिका होती है, जो अधिकांश भाग को घेरे रहती है। इसमें तारककाय व सेन्ट्रिओल का अभाव होता है।*
- ***जंतु कोशिका*** *में कोशिका भित्ति का अभाव होता है व अत्यधिक जटिल गॉल्जीकाय, सेन्ट्रिओल, आदि पाए जाते हैं।*
- *संरचनात्मक रूप से कोशिका मुख्यतया प्लाज्मा झिल्ली, कोशिकाभित्ति, कोशिकाद्रव्य व केंद्रक की बनी होती है। कोशिकाद्रव्य में गॉल्जी उपकरण, माइटोकॉण्ड्रिया, आदि कोशिकांग पाए जाते हैं।*
- ***प्लाज्मा झिल्ली*** *कोशिका का सबसे बाहरी आवरण है, जो प्रोटीन व लिपिड का बना होता है। यह केवल कुछ विशिष्ट पदार्थों को प्रवेश व निष्कासन की अनुमति देती है। यह कोशिका के आकार को बनाए रखती है, यांत्रिक अवरोध की भाँति कार्य करती है व कोशिका के भीतरी भागों की रक्षा करती है।*
- *प्लाज्मा झिल्ली के आर-पार पदार्थों का परिवहन विसरण अर्थात् विलेय के अणुओं की गति व परासरण अर्थात् जल के अणुओं की गति द्वारा होता है।*
- ***केंद्रक*** *को कोशिका का मस्तिष्क कहा जाता है। यह कोशिका के सभी कार्यों को नियंत्रित करता है। यह कोशिका की उपापचयी गतिविधियों द्वारा उसके विकास को भी नियंत्रित करता है।*
- ***कोशिकाद्रव्य*** *कोशिका का तरल भाग है, जो प्लाज्मा झिल्ली के भीतर की ओर उपस्थित होता है। इसमें कोशिकांग पाए जाते हैं तथा यह उपापचयी पथों जैसे–ग्लाइकोलाइसिस हेतु क्रियात्मक स्थल की भाँति कार्य करता है।*
- ***अंत:प्रद्रव्यी जालिका*** *झिल्ली आबद्ध नलिकाओं पट्टिकाओं का एक बड़ा जाल होता है। इसकी प्रोटीन व लिपिड संश्लेषण में महत्त्वपूर्ण भूमिका होती है।*
- ***गॉल्जीकाय*** *प्रोटीन, लिपिड-प्रोटीन की एकक झिल्ली का बना तन्त्र होता है, जिसमें चपटी नलिकाएँ या पुटिकाएँ उपस्थित होती हैं। ये लयनकाय के निर्माण तथा विभिन्न पदार्थों की पैकिंग व प्रेषण हेतु सहायक होता है।*
- ***लाइसोसोम*** *कोशिका का अपशिष्ट निपटान तंत्र है, जिसे कोशिका की आत्मघाती थैली भी कहते हैं।*
- ***माइटोकॉण्ड्रिया*** *को कोशिका का ऊर्जागृह कहते हैं, जिसके द्वारा कोशिका हेतु आवश्यक ऊर्जा का ATP के रूप में विमोचन होता है।*
- ***लवक*** *पादप कोशिकाओं में हरितलवक, वर्णीलवक व अवर्णीलवक के रूप में मिलते हैं।*
- ***रिक्तिकाएँ*** *द्रव व ठोस पदार्थों के भण्डारण हेतु भण्डार गृह का कार्य करती हैं।*
- *कोशिका विभाजन दो प्रकार का होता है–समसूत्री विभाजन व अर्धसूत्री विभाजन*
- ***समसूत्री विभाजन*** *यह शरीर की कायिक कोशिकाओं में होता है। यह जीवों में वृद्धि व ऊतकों की मरम्मत में सहायक है, संतति कोशिकाओं में मातृ कोशिका के समान ही गुणसूत्रों की संख्या होती है।*
- ***अर्धसूत्री विभाजन*** *यह जीवों की जनन कोशिकाओं में होता है। इसके पश्चात् कोशिका विभाजन की प्रक्रिया द्वारा अगुणित युग्मकों (नर या मादा) का निर्माण होता है। संतति कोशिकाओं में गुणसूत्रों की संख्या मातृ कोशिका की अपेक्षा आधी होती है।*

परीक्षा अभ्यास

यहाँ अध्याय से संबंधित सभी संभावित प्रश्नों को दिया गया हैं, इन प्रश्नों का अभ्यास करके व याद रखकर छात्र अध्याय से संबंधित किसी भी प्रश्न का उत्तर दे पाएँगे।

वस्तुनिष्ठ प्रकार के प्रश्न

बहुविकल्पीय प्रश्न

1. जीवन की इकाई है

(a) जीन (b) DNA

(c) जीव (d) कोशिका

उत्तर (d) कोशिका जीवन की क्रियात्मक व संरचनात्मक इकाई होती है।

2. निम्न चित्रानुसार असत्य युग्म कौन-सा है?

मध्योतिकी कोशिकाएँ

(a) 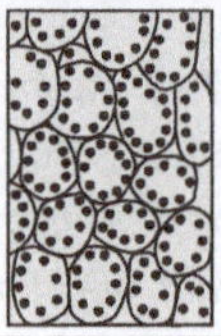

(गोल तथा अण्डाकार)

लाल रुधिर कोशिकाएँ

(b) 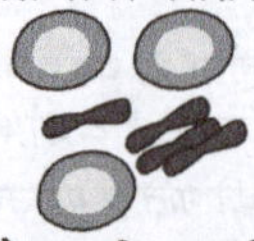

(गोल व द्विअवतली)

एक वाहिनिका

(c) 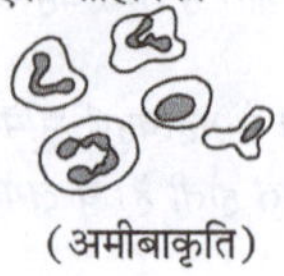

(अमीबाकृति)

स्तम्भाकार उपकला कोशिकाएँ

(d) 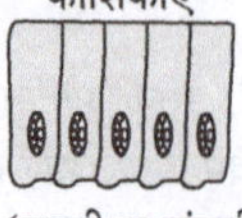

(लम्बी व संकरी)

उत्तर (c) विकल्प (c) असत्य है, क्योकि वाहिनिकाएँ लम्बी पतली होती है, अमीबाकृति नहीं होती है।

3. कोशिका झिल्ली को बनाने वाले लिपिड तथा प्रोटीन का संश्लेषण कहाँ होता है?

(a) खुरदरी अंत:प्रद्रव्यी जालिका में

(b) गॉल्जी उपकरण में

(c) प्लाज्मा झिल्ली में

(d) माइटोकॉण्ड्रिया में

उत्तर (a) कोशिका झिल्ली को बनाने वाले लिपिड व प्रोटीन का संश्लेषण खुरदरी अन्तः प्रद्रव्यी जालिका में होता है।

4. परासरण के विषय में निम्न में से कौन-सा कथन असत्य है?

(a) यह विसरण का विशेषण रूप है।

(b) इसका तात्पर्य सान्द्रता प्रवणता के अनुसार जल के गमन से है।

(c) इसमें जल का निष्क्रिय अभिगमन होता है।

(d) ये झिल्ली के वाहक प्रोटीन के द्वारा सम्पन्न होता है, जिसमें ATP की आवश्यकता पड़ती है।

उत्तर (d) विसरण द्वारा जल के प्रवाह को परासरण कहते हैं। चूँकि ध्रुवीय अणु, जो अध्रुवीय लिपिड द्विसतह से होकर नहीं जा सकते, उन्हें झिल्ली से होकर परिवहन के लिए झिल्ली की वाहक प्रोटीन की आवश्यकता होती है।

5. पादप कोशिकाओं में प्लाज्मोलाइसिस को परिभाषित करते हैं।

(a) अल्पपरासरणीय दाबी विलयन में प्लाज्मा झिल्ली का फटना

(b) अतिपरासरणीय दाबी विलयन में कोशिकाद्रव्य का सिकुड़ना

(c) जीवद्रव्य का सिकुड़ना

(d) उपरोक्त में से कोई नहीं

उत्तर (b) अतिपरासरणीय दाबी विलयन में कोशिकाद्रव्य का सिकुड़ना प्लाज्मोलाइसिस या जीवद्रव्यीकुंचन कहलाता है।

6. नीचे दिया गया चित्र पादप कोशिका की सरंचना को दर्शाता है जिसमें कुछ संरचनाएँ (A-E) के रूप में नामांकित हैं, इन संरचनाओं की पहचान कीजिए।

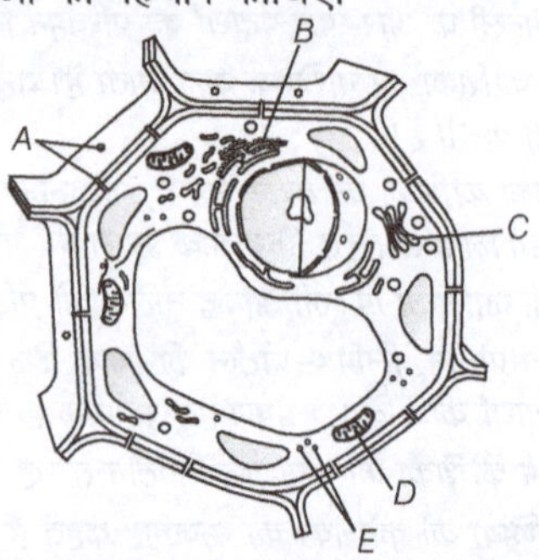

(a) A–प्लाज्मोडेस्मेटा, B–खुरदरी अन्त:प्रद्रव्यी जालिका, C–गॉल्जी उपकरण, D–माइटोकॉण्ड्रिया, E–राइबोसोम

(b) A–प्लाज्मोडेस्मेटा, B–खुरदरी अन्त:प्रद्रव्यी जालिका, C–गॉल्जी उपकरण, D–माइटोकॉण्ड्रिया, E–राइबोसोम

(c) A–प्लाज्मोडेस्मेटा, B–चिकनी अन्त:प्रद्रव्यी जालिका, C–गॉल्जी उपकरण, D–माइटोकॉण्ड्रिया, E–राइबोसोम

(d) A–दृढ़ सन्धि, B–खुरदरी अन्त:प्रद्रव्यी जालिका, C–गॉल्जी उपकरण D–माइटोकॉण्ड्रिया, E–राइबोसोम

उत्तर (a) A- प्लाज्मोडेस्मेटा, B- खुरदरी अन्तः प्रद्रव्यी जालिका C- गॉल्जी उपकरण, D- माइटोकॉण्ड्रिया , E- राइबोसोम

7. केन्द्रक कला का निर्माण किस कोशिकांग द्वारा होता है?

(a) अन्त:प्रद्रव्यी जालिका में (b) हरितलवक में

(c) माइटोकॉण्ड्रिया में (d) गॉल्जीकाय में

उत्तर (d) केन्द्रक कला का निर्माण गॉल्जीकाय द्वारा होता है।

8. निम्न में से क्या गॉल्जी उपकरण के लिए सत्य नहीं हैं?

(a) ER में संश्लेषित पदार्थ गॉल्जी उपकरण में पैक किए जाते हैं।

(b) गॉल्जी उपकरण में सामान्य शक्कर से जटिल शक्कर बनती है।

(c) गॉल्जी उपकरण को ऊर्जागृह कहते हैं।

(d) गॉल्जी उपकरण के द्वारा लाइसोसोम को भी बनाया जाता है।

उत्तर (c) गॉल्जी उपकरण को ऊर्जागृह नहीं कहते हैं, बल्कि माइटोकॉण्ड्रिया को ऊर्जागृह कहते है।

9. निम्नलिखित में से किसको आत्महत्या की थैली भी कहा जाता है?

(a) राइबोसोम को (b) लाइसोसोम को

(c) केंद्रक को (d) प्लास्टिड को

उत्तर (b) लाइसोसोम को आत्महत्या की थैली भी कहा जाता है।

10. माइटोकॉण्ड्रिया का सम्बन्ध है

(a) श्वसन से (b) उपापचय से

(c) प्रकाश-संश्लेषण से (d) वृद्धि से

उत्तर (a) माइटोकॉण्ड्रिया कोशिका का श्वसन अंग है। इसे कोशिका का बिजलीघर भी कहते हैं। अतः माइटोकॉण्ड्रिया का सम्बन्ध श्वसन से है।

11. कोशिका का रसोईघर है

(a) माइटोकॉण्ड्रिया (b) अंत:प्रद्रव्यी जालिका

(c) हरितलवक (d) गॉल्जी उपकरण

उत्तर (c) हरितलवक को कोशिका का रसोईघर कहते हैं।

12. पादपों में अर्द्धसूत्री विभाजन होता है

(a) पत्ती और तने में

(b) तने और शाखाओं में

(c) परागकोष और अण्डाशय में

(d) उपरोक्त में से कोई नहीं

उत्तर (c) परागकोष व अण्डाशय में अर्द्धसूत्री विभाजन होता है और पराग कण (नर युग्मक) व अण्ड कोशिका (मादा युग्मक) का निर्माण होता है।

कथन-कारण प्रकार के प्रश्न

निर्देश (प्र.सं. 13-17) इस खण्ड में दिए गए प्रत्येक प्रश्न में कथन तथा कारण दिए गए हैं। प्रत्येक प्रश्न के चार विकल्प (a), (b), (c) व (d) हैं, जिनमें से केवल एक सही है।

(a) कथन (A) तथा कारण (R) दोनों सत्य हैं तथा कारण (R), कथन (A) का सही स्पष्टीकरण है।

(b) कथन (A) तथा कारण (R) दोनों सत्य हैं, परन्तु कारण (R), कथन (A) का सही स्पष्टीकरण नहीं है।

(c) कथन (A) सत्य है, परन्तु कारण (R) असत्य है।

(d) कथन (A) असत्य है, परन्तु कारण (R) सत्य है।

13. कथन (A) प्रोकैरियोटिक में माइटोकॉण्ड्रिया अनुपस्थित होता है।

कारण (R) प्रोकैरियोटिक में मीसोसोम पाए जाते हैं, जो श्वसन में सहायक हैं।

उत्तर (b) प्रोकैरियोटिक में माइटोकॉण्ड्रिया अनुपस्थित होताहै। जीवाणु की यह विशेषता है, कि उनमें कोशिका झिल्ली एक विशिष्ट विभेदित आकार में मिलती हैं, जिसे मीसोसोम कहते हैं। ये कोशिका विभाजन श्वसन और न्यूक्लियोइड की प्रतिकृति में सहायक हैं। अतः कथन(A) तथा कारण (R) दोनों सत्य हैं, परन्तु कारण (R), कथन (A) का सही स्पष्टीकरण नहीं है।

14. कथन (A) माइटोकॉण्ड्रिया और हरितलवक अर्द्धस्वायत्त (Semi-autonomous) कोशिकांग हैं।

कारण (R) इनका निर्माण पूर्व में स्थित कोशिकांगों में विभाजन से होता है तथा इनके ही समान DNA पाया जाता है, लेकिन प्रोटीन संश्लेषण प्रक्रिया का अभाव होता है।

उत्तर (c) माइटोकॉण्ड्रिया और हरितलवक अर्द्ध स्वायत्त कोशिकांग हैं, इनमें अपना स्वयं का DNA और प्रोटीन संश्लेषण प्रक्रिया पाई जाती हैं। इनका उद्‌भव अपने ही पूर्ववर्ती कोशिकांग से होता है और इनके कुछ कार्यों का नियन्त्रण कोशिका के केन्द्रक से और कुछ कार्यों का स्वयं के द्वारा होता है। इसलिए इन्हें अर्द्धस्वायत्त कोशिकांग कहते हैं। अतः कथन (A) सत्य है, परन्तु कारण (R) असत्य है।

15. कथन (A) गॉल्जी काय की सिस्टर्नी में *सिस*-सतह व *ट्रान्स*-सतह पाई जाती है।

कारण (R) *सिस*-सतह को निर्माणकारी सतह और *ट्रान्स*-सतह को परिपक्व सतह भी कहते हैं।

उत्तर (b) गॉल्जी सम्मिश्र में सिस्टर्नी एक के ऊपर एक समानान्तर रूप से समूह में व्यवस्थित रहती हैं। ये गॉल्जी उपकरण को ध्रुवीयता प्रदान करती हैं, जिसमें निर्माणकारी सतह (उन्नतोदर *सिस*) व परिपक्व सतह (उत्तलावतल *ट्रान्स*) होते हैं तथा *सिस* सिरा अन्तः जालिका की ओर होता है, और *ट्रान्स* सिरा कोशिका झिल्ली की ओर होता है। अतः कथन (A) तथा कारण (R) दोनों सत्य हैं परन्तु कारण (R), कथन (A) का सही स्पष्टीकरण नहीं है।

16. कथन (A) राइबोसोम को प्रोटीन-संश्लेषण कारखाना भी कहा जाता है।

कारण (R) राइबोसोम कोशिका के प्रोटीन-संश्लेषण के लिए स्थान तथा विकर प्रदान करते हैं।

उत्तर (a) राइबोसोम को प्रोटीन-संश्लेषण कारखाना भी कहा जाता है, क्योंकि राइबोसोम में ही प्रोटीन-संश्लेषण की क्रिया होती है। ये कोशिका के प्रोटीन-संश्लेषण के लिए स्थान तथा विकर प्रदान करते हैं। अतः कथन (A) तथा कारण (R) दोनों सत्य हैं तथा कारण (R), कथन (A) का सही स्पष्टीकरण है।

17. कथन (A) अर्द्धसूत्री विभाजन, जनन कोशिकाओं में होता है।

कारण (R) अर्द्धसूत्री विभाजन के परिणामस्वरूप युग्मकों का निर्माण होता है।

उत्तर (a) अर्द्धसूत्री विभाजन को न्यूनकारी विभाजन कहा जाता है। यह लैंगिक जनन कोशिकाओं में होता है और लैंगिक जनन करने वाले जीवों में गुणसूत्रों की संख्या बनाए रखता है। लैंगिक जनन में अर्द्धसूत्री विभाजन के परिणामस्वरूप अगुणित युग्मकों का निर्माण होता है। अतः कथन (A) तथा कारण (R) दोनों सत्य हैं तथा कारण (R), कथन (A) का सही स्पष्टीकरण है।

केस स्टडी आधारित प्रश्न

निर्देश (प्र.सं. 18-22) *निम्नलिखित पैराग्राफ को पढ़िए तथा दिए गए प्रश्नों के उत्तर दीजिए।*

सभी कोशिकाओं में जीवद्रव्य के चारों ओर एक पतली झिल्ली पाई जाती है, जिसे **कोशिका कला** कहते हैं। यह अत्यन्त पतली, लचीली, अर्द्धपारगम्य झिल्ली (Semipermeable membrane) होती है तथा चयनात्मक पारगम्यता का गुण भी दर्शाती है। इलेक्ट्रॉन सूक्ष्मदर्शी के बिना इसे देखना सम्भव नहीं होता है। इसका निर्माण प्रोटीन व वसा की परतों से होता है। इसमें 60-80% प्रोटीन, 20-40% वसा व 5% कार्बोहाइड्रेट्स उपस्थित होता है। यह पदार्थों के कोशिका में आने व बाहर जाने को नियन्त्रित करती है। इसमें पुनरुद्भवन की क्षमता होती है। प्रायः यह 75 Å मोटी होती है, सन् 1855 में **नगेली** व **सीक्रेमर** ने सर्वप्रथम जीवद्रव्य कला को कोशिका कला कहा। एककोशिकीय जीवों में यह झिल्ली भोजन व अन्य पदार्थ को ग्रहण करने में सहायक होती है। यह क्रिया **एण्डोसाइटोसिस** कहलाती है; उदाहरण—*अमीबा।*

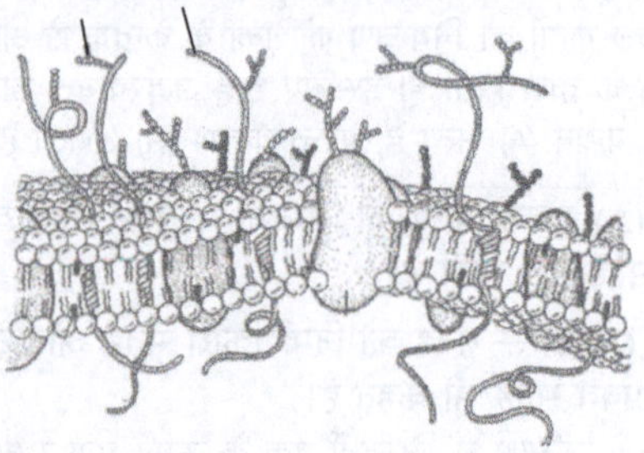

प्लाज्मा झिल्ली के प्रमुख कार्य निम्नलिखित हैं

(i) यह कोशिका को निश्चित आकार प्रदान करती है।
(ii) यह कोशिकांगों को सुरक्षा प्रदान करती है।
(iii) चयनात्मक पारगम्य होने के कारण यह चयनित या विशिष्ट आयनों या पदार्थों को ही कोशिका के अन्दर या बाहर जाने देती है।
(iv) कोशिका में पदार्थों के परिवहन को नियन्त्रित करती है।

18. कोशिका झिल्ली चयनात्मक पारगम्य (Selectively permeable) होती है। इसका क्या अर्थ है?

उत्तर जीवद्रव्य झिल्ली का सर्वाधिक महत्वपूर्ण कार्य यह है कि इससे अणुओं का परिवहन होता है। यह झिल्ली इसके दोनों तरफ मिलने वाले अणुओं के लिए चयनित पारगम्य है।

19. तरल मोजेक मॉडल के अनुसार झिल्ली किससे निर्मित होती है?

उत्तर फॉस्फोलिपिड व बाह्य प्रोटीन के समाकल प्रोटीन से कोशिका झिल्ली निर्मित्त होती है।

20. दिए गए चित्र में होने वाली प्रक्रिया का नाम बताइए व यह किस कोशिकांग से सम्बन्धित है?

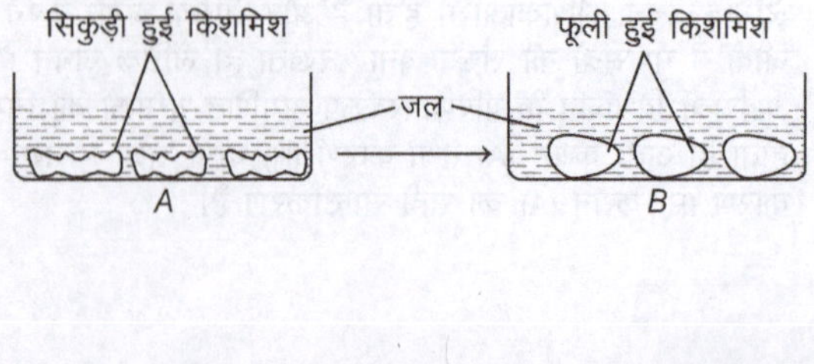

उत्तर किसी कोशिका को तनु विलयन जैसे शुद्ध जल में रखने पर जल कोशिका में प्रवेश करने लगता है, यह प्रक्रिया अन्तः परासरण कहलाती है; उदाहरण-सिकुड़ी (Shrink) किशमिश को जल में रखने पर फूल (Swell) जाना। इस प्रक्रिया में किशमिश की देहभित्ति अर्द्धपारगम्य झिल्ली (कोशिका झिल्ली) का कार्य करती है।

21. यदि प्लाज्मा या कोशिका झिल्ली फट जाए तो क्या होगा?

उत्तर कोशिका द्रव्य तथा बाह्य पर्यावरण में कोई अन्तर नहीं रह जाएगा व कोशिका अपने सामान्य आकार में नहीं रहेगी।

22. कोशिका कला का लचीलापन एककोशिकीय जीवों में कोशिका को बाह्य पर्यावरण से अपना भोजन तथा अन्य पदार्थ ग्रहण करने में सहायता प्रदान करता है, इस प्रक्रिया को क्या कहते हैं

उत्तर एककोशिकीय जीवों द्वारा अपना भोजन तथा अन्य पदार्थ ग्रहण करने की प्रक्रिया को अन्तर्ग्रहण कहते हैं

निर्देश (प्र.सं. 23-27) *निम्नलिखित पैराग्राफ को पढ़िए तथा दिए गए प्रश्नों के उत्तर दीजिए।*

माइटोकॉण्ड्रिया ग्रीक भाषा के दो शब्दों अर्थात् *माइटो*–'धागा या सूत्र' व *कॉण्ड्रिया*–'कण' से बना है अर्थात् यह कणिकामय धागेनुमा संरचना है, इसलिए इसे सूत्रकणिका भी कहते हैं। सन् 1880 में **कोलीकर** (Kolliker) ने सर्वप्रथम कीटो की पेशियों में इसे खोजा। **फ्लेमिंग** (Fleming) ने 'फाइला' व **अल्टमान** (Altman) ने इसे बायोप्लास्ट कहा। **बेन्डा** (Benda) ने इसे माइटोकॉण्ड्रिया कहा तथा पूर्वकेन्द्रकीय कोशिका व वयस्क स्तनी RBCs में यह अनुपस्थित होता है।

इसका औसत व्यास 0.05-01.1 μm के मध्य होता है। प्रायः कोशिका में इनकी संख्या 50-5000 तक होती है। इसे कोशिका का शक्तिगृह या बिजलीघर (Powerhouse) कहते हैं, क्योंकि श्वसन क्रिया द्वारा ऊर्जा ATP (ऐडिनोसीन ट्राइफॉस्फेट) का उत्पादन यहीं होता है।

माइटोकॉण्ड्रिया दोहरी प्लाज्मा झिल्ली युक्त कोशिकांग है। बाहरी झिल्ली छिद्र युक्त तथा अन्तः झिल्ली बहुत अधिक वलित (Folded) होती है। यह कोशिकांग अपना प्रोटीन स्वयं बना सकते हैं, क्योंकि इनमें अपने DNA एवं राइबोसोम्स पाए जाते हैं। इसलिए ये स्वतः जनन कर सकते हैं तथा अर्द्धस्वायत कोशिकांग कहलाते हैं।

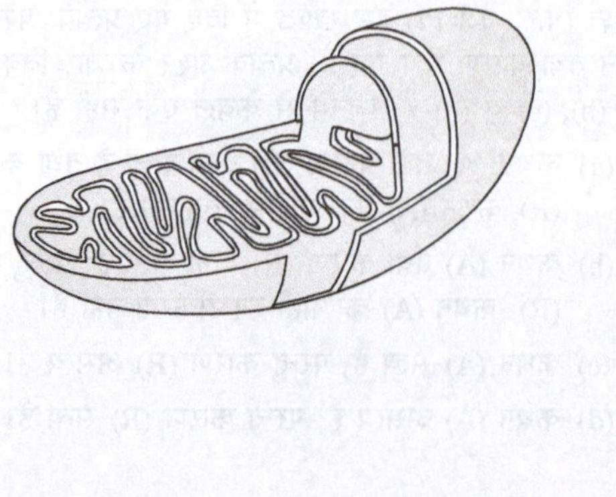

23. माइटोकॉण्ड्रिया की झिल्ली के विषय में कौन-सा कथन सत्य नहीं है?

(a) इलेक्ट्रॉन स्थानान्तरण शृंखला के एन्जाइम बाह्य भित्ति में अन्तःस्थापित होते हैं

(b) आन्तरिक भित्ति में अन्तर्वलन होते हैं

(c) बाह्य भित्ति एक चालनी के समान होती है

(d) बाह्य भित्ति सभी प्रकार के अणुओं के लिए पारगम्य होती है

उत्तर (a) माइटोकॉण्ड्रिया की आन्तरिक भित्ति में इलेक्ट्रॉन स्थानान्तरण शृंखला के एन्जाइम अन्तःस्थापित होते हैं। ये बाह्य भित्ति में नहीं होते हैं।

24. निम्न में से सुमेलित नहीं है

(a) कोलीकर—कीटों की पेशियों में माइटोकॉण्ड्रिया की खोज

(b) फ्लेमिंग—फाइला

(c) अल्टमान—माइटोकॉण्ड्रिया

(d) बेन्डा—माइटोकॉण्ड्रिया

उत्तर (c) अल्टमान ने माइटोकॉण्ड्रिया को बायोप्लास्ट कहा।

25. निम्न आरेख माइटोकॉण्ड्रिया (अनुदैर्ध्य काट) में विभिन्न भागों को दर्शाता है। इनमें से *A* से *C* संरचना को पहचानिए।

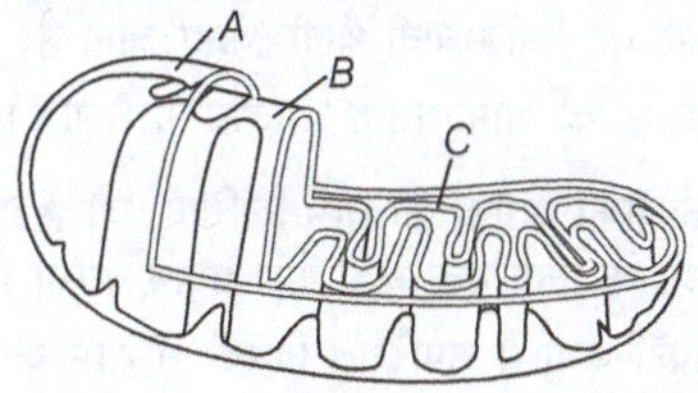

A *B* *C*

(a) बाह्य झिल्ली, भीतरी झिल्ली, अन्तर झिल्ली अवकाश

(b) बाह्य झिल्ली, भीतरी झिल्ली, क्रिस्टी

(c) भीतरी झिल्ली, क्रिस्टी, अन्तर कला अवकाश

(d) अन्तर कला अवकाश, भीतरी झिल्ली, क्रिस्टी

उत्तर (b) *A*-बाह्य झिल्ली, *B*- भीतरी झिल्ली, *C*-क्रिस्टी

26. उपर्युक्त दिए गए चित्र में *C* संरचना का कार्य है

(a) सतही क्षेत्रफल बढ़ाती है

(b) सतही क्षेत्रफल घटाती है

(c) इसमें तरह भरा होता है

(d) उपरोक्त में से कोई नहीं

उत्तर (a) *C* संरचना क्रिस्टी है, जिसका कार्य कोशिका में सतही क्षेत्रफल को बढ़ाना है।

27. माइटोकॉण्ड्रिया के विषय में निम्नलिखित कथनों का अध्ययन कीजिए तथा सही कथन चुनिए।

I. ये वायवीय श्वसन के स्थल हैं।

II. अधात्री में एकल DNA अणु व कुछ RNA अणु, 70S राइबोसोम्स पाए जाते हैं।

III. माइटोकॉण्ड्रिया विखण्डन द्वारा विभाजित होती हैं।

IV. माइटोकॉण्ड्रिया पूर्ण स्वायत्त होते हैं।

(a) I तथा II (b) III तथा IV

(c) I, II तथा III (d) I, II, III तथा IV

उत्तर (c) माइटोकॉण्ड्रिया वायवीय श्वसन के स्थल है। अधात्री में एकल DNA अणु व कुछ RNA अणु (70S राइबोसोम्स) पाए जाते हैं व माइटोकॉण्ड्रिया विखण्डन द्वारा विभाजित होती है। अतः कथन I, II तथा III सही है।

अतिलघु उत्तरीय प्रश्न

28. उस संरचना का नाम लिखिए, जो रॉबर्ट हुक को मधुमक्खी जैसी प्रतीत हुई।

उत्तर रॉबर्ट हुक ने पाया कि कॉर्क कोशिका दिखने में मधुमक्खी के छत्ते जैसी प्रतीत होती है।

29. "प्रत्येक बहुकोशिकीय जीव एक कोशिका से ही विकसित हुआ है।' इस कथन की पुष्टि कीजिए।

उत्तर प्रत्येक बहुकोशिकीय जीव अपने जीवन का आरंभ एकल कोशिका अर्थात् युग्मनज से करता है, जो विभाजित होकर अनेक कोशिकाएँ बनाता है। इस प्रकार प्रत्येक कोशिका अपनी पूर्ववर्ती कोशिकाओं से उत्पन्न होती है।

30. निम्नलिखित में से एककोशिकीय जीवों की पहचान कीजिए। कॉकरोच, *क्लैमाइडोमोनास*, सर्प, मच्छर, जीवाणु।

उत्तर *क्लैमाइडोमोनास*, जीवाणु।

31. नाम बताइए

(i) कोशिकाएँ जिनकी आकृति परिवर्तनशील है।

(ii) कोशिकाएँ जिनकी आकृति विशिष्ट होती है।

उत्तर (i) *अमीबा* (ii) तंत्रिका कोशिका।

32. प्रत्येक जीवित कोशिका, सभी मूलभूत कार्य किस प्रकार कर पाती है?

उत्तर प्रत्येक कोशिका के कुछ निश्चित एवं विशिष्ट घटक या अंगक (कोशिकांग) होते हैं, जो कोशिका को सभी मूलभूत कार्य करने हेतु सक्षम बनाते हैं।

33. प्लाज्मा झिल्ली के घटक लिखिए।

उत्तर प्लाज्मा झिल्ली फॉस्फोलिपिड की बनी होती है, जिसमें वसा (लिपिड) तथा प्रोटीन पाए जाते हैं।

34. यदि फूली हुई किशमिश को लवणीय विलयन में रख दें, तो क्या होगा?

उत्तर किशमिश के अन्दर से जल निकलकर बाहरी विलयन में प्रवेश कर जाता है, जिससे वह सिकुड़ जाती है।

35. कोशिका झिल्ली को वर्णात्मक पारगम्य झिल्ली क्यों कहते हैं?

उत्तर कोशिका झिल्ली स्वयं से होकर कुछ विशिष्ट पदार्थों को ही अंदर-बाहर आने-जाने की स्वीकृति देती है, जबकि कुछ अन्य पदार्थों की गति को स्वीकृति नहीं देती है। यही कारण है कि इसे वर्णात्मक पारगम्य झिल्ली कहा जाता है।

36. परासरण क्या है?

उत्तर अर्द्धपारगम्य या वरणात्मक पारगम्य झिल्ली से होने वाले विसरण को **परासरण** कहते हैं। इसमें जल के अणु उच्च सांद्रता से निम्न सांद्रता की ओर अर्द्धपारगम्य या वरणात्मक झिल्ली के पार गमन करते हैं।

37. क्या होगा जब एक छिलका उतारे हुए अंडे को शुद्ध जल में पाँच मिनट के लिए रखा जाता है?

उत्तर यह परासरण के कारण फूल जाता है, क्योंकि छिलके रहित अंडे के अंदर जल प्रवेश कर जाता है।

38. क्या होता है, जब मानव लाल रुधिर कणिकाओं को अल्प परासरणदाबी विलयन में रखा जाता है?

उत्तर जब मानव लाल रुधिर कणिकाओं को अल्प परासरणदाबी विलयन में रखा जाता है, तो अन्तः परासरण प्रक्रिया के कारण उनके आकार में वृद्धि होती है एवं यह फट जाती है।

39. उस प्रक्रिया का नाम बताइए, जिसके माध्यम से कोशिका तथा बाह्य वातावरण के बीच CO_2 तथा O_2 गैसों का आदान-प्रदान होता है।

उत्तर विसरण द्वारा कोशिका व बाह्य वातावरण के मध्य गैसीय विनिमय होता है।

40. जीवित या मृत के रूप में कोशिका झिल्ली तथा कोशिका भित्ति को वर्गीकृत कीजिए।

उत्तर कोशिका झिल्ली - जीवित
कोशिका भित्ति - मृत।

41. एक ऐसे अंगक का नाम लिखिए, जो परिपक्व पादप कोशिका की स्फीति तथा कठोरता को बनाए रखता है।

उत्तर कोशिका भित्ति पादप कोशिका को कठोरता प्रदान करती है व रसधानी उसे स्फीति दशा में बनाए रखती है।

42. कोशिका का कौन-सा भाग कोशिका का मस्तिष्क कहलाता है?

उत्तर केंद्रक को कोशिका का मस्तिष्क कहा जाता है।

43. कोशिका में केन्द्रक के दो महत्त्वपूर्ण कार्य लिखिए।

उत्तर (i) केन्द्रक कोशिका का नियन्त्रण कक्ष कहलाता है।
(ii) आनुवंशिक गुणों को नियन्त्रित करता है।

44. प्रोकैरियोटिक कोशिका का एक उदाहरण दीजिए।

उत्तर जीवाणु।

45. कौन-सा कोशिकांग राइबोसोम की फैक्ट्री कहलाता है?

उत्तर केन्द्रिका को राइबोसोम की फैक्ट्री कहते हैं।

46. डिक्टियोसोम क्या है?

उत्तर पादपों में गॉल्जीकाय को डिक्टियोसोम कहा जाता है।

47. कशेरुकी में उस अंग का नाम लिखिए, जिसकी कोशिकाओं में उपस्थित चिकनी अंतःप्रद्रव्यी जालिका विष तथा दवा का निराविषीकरण करने में महत्त्वपूर्ण भूमिका निभाती है।

उत्तर यकृत कोशिकाओं में उपस्थित चिकनी अंतःप्रद्रव्यी जालिका विष व दवा के निराविषीकरण में महत्त्वपूर्ण भूमिका निभाती है।

48. खुरदरी अन्तः प्रद्रव्यी जालिका को यह नाम क्यों दिया गया?

उत्तर खुरदरी अन्तःप्रद्रव्यी जालिका की बाह्य सतह पर राइबोसोम स्थित होते हैं, जिसके कारण वह खुरदरी दिखाई देती है।

49. कोशिका में वसा के अणुओं के निर्माण का स्थान बताइए।

उत्तर चिकनी अंतःप्रद्रव्यी जालिका (SER) में वसा का निर्माण होता है।

50. राइबोसोम का कार्य बताइए।

उत्तर राइबोसोम प्रोटीन-संश्लेषण का स्थल होता है।

51. कोशिका के किस अंगक को कोशिका का निर्यात घर कहा जा सकता है?

उत्तर गॉल्जी उपकरण को कोशिका का निर्यात घर कहा जाता है।

52. गॉल्जीकाय के दो कार्य लिखिए।

उत्तर (i) हॉर्मोन्स का स्रावण करना।
(ii) शुक्राणु के अग्रपिण्डक का निर्माण करना।

53. उस कोशिका अंगक का नाम लिखिए, जिसे सामान्यतया कोशिका की 'आत्मघाती थैली' कहा जाता है।

उत्तर लाइसोसोम को सामान्यतया 'आत्मघाती थैली' कहा जाता है।

54. उस कोशिका अंगक का नाम लिखिए, जो ATP बनाने वाली क्रियाओं के लिए एक बड़ा क्षेत्र प्रदान करता है।

उत्तर माइटोकॉण्ड्रिया में उपस्थित क्रिस्टी में ATP का निर्माण होता है, जो ऊर्जा का प्रमुख स्रोत है।

55. पादप कोशिका के उस अंगक का नाम लिखिए, जिसमें पर्णहरिम वर्णक होते हैं।

उत्तर हरितलवक (क्लोरोप्लास्ट) में पर्णहरिम वर्णक पाए जाते हैं।

56. उस कोशिका अंगक का नाम लिखिए, जो प्रायः जंतु कोशिकाओं में छोटी होती है तथा पादप कोशिकाओं में बहुत बड़ी होती है।

उत्तर रिक्तिका।

57. समसूत्री विभाजन जीवों के किस भाग में देखा जाता है?

उत्तर समसूत्री विभाजन जीवों की कायिक कोशिकाओं में होता है।

58. अर्धसूत्री विभाजन कहाँ होता है?

उत्तर अर्धसूत्री विभाजन जीवों की जनन कोशिकाओं में होता है।

लघु उत्तरीय प्रश्न

1. प्लाज्मा झिल्ली में क्या गुण होते हैं?

उत्तर **प्लाज्मा झिल्ली** चयनात्मक पारगम्य झिल्ली होती है, जो कि कुछ विशिष्ट पदार्थों को तो बाह्य माध्यम से कोशिकाद्रव्य में आने तथा बाहर जाने देती है, परंतु अन्य पदार्थों की गति (आने तथा जाने) को रोकती है। यह वसा तथा प्रोटीन की बनी होती हैं।

2. सब्जियों में नमक डालने पर वे पानी छोड़ देती है, संबंधित प्रक्रिया का नाम लिखकर परिभाषित कीजिए।

उत्तर **बाह्य परासरण** जब कोशिका को ऐसे माध्यम मे रखा जाता है, जिसमें पानी की सांद्रता कोशिका की तुलना में कम होती है, तो परासरण की प्रक्रिया द्वारा पानी उच्च सांद्रता से निम्न सांद्रता की ओर अर्थात् कोशिका से बाहर निकल जाता है। इससे कोशिका सिकुड़ जाती है।

3. विसरण तथा परासरण में विभेद कीजिए।

उत्तर विसरण तथा परासरण में निम्नलिखित अंतर हैं-

विसरण	परासरण
यह किसी भी माध्यम में हो सकता है।	यह केवल द्रव माध्यम में होता है।
विसरण करने वाले अणु ठोस, द्रव या गैस हो सकते हैं।	इसमें केवल द्रव के अणु ही भाग लेते हैं।
इसके लिए अर्द्धपारगम्य झिल्ली की आवश्यकता नहीं होती है।	इसके लिए अर्द्धपारगम्य झिल्ली आवश्यक होती है।

4. यदि पादप कोशिका में कोशिका भित्ति न हो तो क्या होगा?

उत्तर (i) कोशिका भित्ति पादप कोशिका को संरचनात्मक दृढ़ता प्रदान करती है, इसलिए पादप कोशिका में कोशिका भित्ति न हो तो कोशिका का आकार निश्चित नहीं रहेगा।

(ii) अत्यधिक तनु माध्यम में रखने पर कोशिका उच्च स्फीति दाब सहन नहीं कर पाएगी और फट जाएगी।

5. जीवद्रव्यकुंचन से क्या तात्पर्य है?

उत्तर जब बहि:परासरण द्वारा एक जीवित पादप कोशिका में जल की हानि होती है, तो कोशिका के तत्व संकुचित होकर कोशिका भित्ति से अलग हो जाते हैं। यह प्रक्रिया जीवद्रव्यकुंचन कहलाती है।

6. केंद्रक तथा केंद्रकाय में विभेद कीजिए।

उत्तर केंद्रक तथा केंद्रकाय में निम्नलिखित अंतर हैं

केंद्रक	केंद्रकाय (न्यूक्लिऑइड)
केंद्रक झिल्ली उपस्थित होती है।	केंद्रक झिल्ली अनुपस्थित होती है।
क्रोमैटिन जालक तथा एक से अधिक गुणसूत्र पाए जाते हैं।	केवल एक वृत्तीय गुणसूत्र पाया जाता है।

7. गुणसूत्र कहाँ स्थित होते हैं?

उत्तर गुणसूत्र कोशिका के केन्द्रक में स्थित होते हैं। गुणसूत्र DNA एवं हिस्टोन प्रोटीन का बना होता है। गुणसूत्र में DNA (डीऑक्सीराइबो न्यूक्लिक अम्ल) के रूप में आनुवंशिक सूचनाएँ पाई जाती हैं, जिनका स्थानांतरण एक पीढ़ी से दूसरी पीढ़ी में होता है।

8. कोशिका में पाए जाने वाले दो न्यूक्लिक अम्लों के नाम बताइए तथा उनके कार्य भी लिखिए।

उत्तर DNA तथा RNA, ये दो न्यूक्लिक अम्ल कोशिका के केंद्रक में पाए जाते हैं।

कार्य DNA आनुवंशिक सूचनाओं के संग्रहण व स्थानांतरण हेतु उत्तरदायी है, जबकि RNA प्रोटीन के निर्माण में सहायक है। RNA कुछ विषाणुओं का आनुवंशिक तत्व भी होता है।

9. कोशिका को केंद्रकीय झिल्ली की उपस्थिति या अनुपस्थिति के आधार पर वर्गीकृत कीजिए।

उत्तर वे कोशिकाएँ जिनमें केंद्रकीय झिल्ली पाई जाती है, यूकैरियोटिक कोशिकाएँ कहलाती हैं। इसके विपरीत केंद्रकीय झिल्लीरहित कोशिकाएँ प्रोकैरियोटिक कोशिकाएँ कहलाती हैं।

10. कोशिकाद्रव्य किसे कहते हैं? कोशिकाद्रव्य में कुछ ऐसे भाग निलंबित होते हैं, जो एक विशेष कार्य करते हैं। उन भागों को क्या कहा जाता है?

उत्तर कोशिका झिल्ली से ढके हुए घने तथा दानेदार भाग को जिसमें अनेक प्रकार के अंगक होते हैं, कोशिकाद्रव्य कहते हैं। कोशिकाद्रव्य में पाए जाने वाले ऐसे भागों को जो एक विशेष प्रकार का कार्य करते हैं, अंगक या कोशिकांग कहते हैं। ये सभी अंगक कोशिका झिल्ली से ढके होते हैं।

11. एक कोशिका द्वारा कौन-कौन-से कार्य संपन्न किए जाते हैं?

उत्तर कोशिका द्वारा हमारे शरीर में अनेक कार्य संपन्न होते हैं; जैसे-

(i) प्रोटीन व लिपिड का संश्लेषण
(ii) एंजाइम्स का स्रावण
(iii) अपशिष्ट पदार्थों का निष्कासन
(iv) ऊर्जा निर्माण हेतु ऑक्सीकरण।

12. निम्नलिखित का एक शब्द में उत्तर दीजिए—

(i) पर्णहरितयुक्त कोशिकांग
(ii) क्रिस्टीयुक्त कोशिकांग
(iii) वह कोशिकांग जिसकी सतह पर राइबोसोम्स पाए जाते हैं
(iv) कोशिका का सजीव तत्व

उत्तर (i) हरितलवक (ii) माइटोकॉण्ड्रिया
(iii) खुरदरी अंत:प्रद्रव्यी जालिका (iv) जीवद्रव्य

13. कोशिका को मेथिलीन ब्लू से अभिरंजित करने पर कुछ भाग अन्य भागों की अपेक्षा गहरे रंग का क्यों दिखाई देता है? कुछ अन्य विलयनों के नाम लिखिए, जिनका उपयोग अभिरंजन हेतु किया जा सकता है।

उत्तर कोशिका के विभिन्न क्षेत्र अपने रासायनिक संघटन के कारण भिन्न प्रकार से अभिरंजित होते हैं। अत: कोशिका का कुछ भाग गहरे रंग का दिखाई देता है। अन्य विलयन जिनका उपयोग अभिरंजन हेतु किया जा सकता है, आयोडीन व सेफ्रैनीन हैं।

14. एक कवकीय कोशिका जीवाण्वीय कोशिका से किस प्रकार भिन्न होती है?

उत्तर कवकीय कोशिका तथा जीवाण्वीय कोशिका में निम्नलिखित अंतर हैं

कवकीय कोशिका	जीवाण्वीय कोशिका
यह एक यूकैरियोटिक कोशिका है।	यह एक प्रोकैरियोटिक कोशिका है।
केंद्रकीय कला उपस्थित होती है।	केंद्रकीय कला का अभाव होता है।

15. काफी समय तक कपड़े धोने से हाथों की अँगुलियों की त्वचा क्यों सिकुड़ जाती है? **NCERT Exemplar**

उत्तर साबुन का घोल अधिक सांद्रता वाला विलयन होता है, जब हम कपड़े धोते हैं, तो बहि:परासरण की क्रिया द्वारा पानी अँगुलियों से बाहर की तरफ आ जाता है, जिसके फलस्वरूप त्वचा सिकुड़ जाती है।

16. एक मनुष्य नमक का सांद्रित घोल लेता है और कुछ समय बाद उल्टी करना शुरू कर देता है। इस स्थिति में कौन-सी क्रिया होती है? व्याख्या कीजिए। **NCERT Exemplar**

उत्तर यह क्रिया बहि:परासरण के द्वारा होती है। नमक का घोल अधिक सांद्रता वाला होता है। जब यह मनुष्य द्वारा लिया जाता है, तो यह कोशिकाओं में उपस्थित जल बहि:परासरण की क्रिया द्वारा बाहर निकलता है एवं उसे उल्टी आने लगती है। (2)

17. एण्डोसाइटोसिस केवल जंतुओं में क्यों होती है? **NCERT Exemplar**

उत्तर एण्डोसाइटोसिस, प्लाज्मा झिल्ली द्वारा भोजन व बाह्य माध्यम के अन्य पदार्थों को निगलने की एक प्रक्रिया है। यह केवल तभी संभव है, जब प्लाज्मा झिल्ली बाह्य माध्यम के सीधे संपर्क में हो। पादप कोशिकाओं में कोशिका-भित्ति पाई जाती है, अत: उनकी प्लाज्मा झिल्ली द्वारा एण्डोसाइटोसिस की क्रिया संपन्न नहीं हो पाती है। यह प्रक्रिया केवल एककोशिकीय जीवों (जैसे-*अमीबा*) में पाई जाती है।

18. कवक कोशिकाएँ किस प्रकार बाह्य तनु माध्यम में भी बिना फटे जीवित रहती है?

उत्तर कवक कोशिकाएँ, सख्त काइटिन की कोशिका भित्ति की उपस्थिति के कारण बाह्य तनु/अल्पपरासरी माध्यम में बिना फटे जीवित रह सकती हैं। इस प्रकार के माध्यम में कोशिकाएँ परासरण द्वारा जल ग्रहण करके फूल जाती हैं और कोशिका भित्ति पर दबाव डालती हैं, किंतु भित्ति भी फूली हुई कोशिका पर समान दबाव डालकर उसे फटने से बचाती है।

19. एक यूकैरियोटिक जीव में कितने प्रकार की अंत:प्रद्रव्यी जालिका पाई जाती है? उनमें से प्रत्येक का एक प्रमुख कार्य लिखिए।

उत्तर **अंत:प्रद्रव्यी जालिका**

प्रकार	खुरदरी अंत:प्रद्रव्यी जालिका	चिकनी अंत:प्रद्रव्यी जालिका
कार्य	प्रोटीन-संश्लेषण में सहायक	लिपिड संश्लेषण में सहायक

20. 'M' एक कोशिकांग है, जिसे पैकेजिंग और संश्लेषणात्मक इकाई कहा जाता है। 'M' की पहचान कीजिए तथा इसके कार्यों की व्याख्या कीजिए।

उत्तर कोशिकांग 'M' गॉल्जी उपकरण है।

गॉल्जी उपकरण के कार्य

(i) यह राइबोसोम द्वारा स्रावित प्रोटीन तथा एंजाइम को संग्रहित करता है।

(ii) यह कोशिका में निर्मित पदार्थ को अंत:कोशिकीय एवं बाह्य कोशिकीय लक्ष्यों तक पहुँचाता है।

(iii) गॉल्जीकाय लाइसोसोम एवं परॉक्सीसोम के निर्माण में भाग लेता है।

(iv) गॉल्जी उपकरण में साधारण शर्करा से जटिल शर्कराओं का निर्माण भी होता है।

21. सूची I को सूची II से मिलाइए। **NCERT Exemplar**

	सूची I		सूची II
1.	चिकनी अंत:प्रद्रव्यी जालिका	A.	*अमीबा*
2.	लाइसोसोम	B.	ऊर्जागृह
3.	केंद्रकाय	C.	जीवाणु
4.	खाद्य रसधानी	D.	निराविषीकरण
5.	माइटोकॉण्ड्रिया	E.	आत्मघाती थैली

उत्तर 1—D, 2—E, 3—C, 4—A, 5—B

22. लयनकाय के दो ऐसे कार्य लिखिए, जिनसे ये स्पष्ट होता है कि वे कोशिका के आत्मघाती थैले हैं।

उत्तर निम्न दो कार्यों से स्पष्ट होता है कि लयनकाय कोशिका के आत्मघाती थैले हैं-

(i) लयनकाय कोशिका का अपशिष्ट पदार्थ निष्कासन तंत्र होता है। ये कोशिकीय अपशिष्ट पदार्थों का पाचन करके कोशिका को स्वच्छ रखते हैं।

(ii) लयनकाय फेगोसाइटोसिस या भक्षकाणु क्रिया में भी सहायक है। ये कोशिका में प्रवेश करने वाले बाह्य तत्वों का पाचन कर उन्हें मार देते हैं।

23. माइटोकॉण्ड्रिया को कोशिका का ऊर्जाग्रह (Powerhouse) क्यों कहा जाता है?

उत्तर माइटोकॉण्ड्रिया के मैट्रिक्स में श्वसन एंजाइम (Respiratory enzymes) पाए जाते हैं। इसमें भोज्य पदार्थों का ऑक्सीजन की उपस्थिति में जैव-रासायनिक ऑक्सीकरण होता है। इसके फलस्वरूप ऊर्जा मुक्त होती है, जो ATP के रूप में संचित हो जाती है। ATP में संचित ऊर्जा द्वारा समस्त जैविक क्रियाओं का संचालन होता है। इसी कारण माइटोकॉण्ड्रिया को कोशिका का ऊर्जाघर (Powerhouse) कहते हैं।

$$C_6H_{12}O_6 + 6O_2 \longrightarrow 6CO_2 + 6H_2O + \text{ऊर्जा (ATP)}$$

24. निम्नलिखित हेतु वैज्ञानिक कारण बताइए—

(i) माइटोकॉण्ड्रिया की अंत:कला अत्यधिक वलित होती है।

(ii) माइटोकॉण्ड्रिया अपने कुछ प्रोटीन्स का निर्माण स्वयं कर सकते हैं।

उत्तर (i) माइटोकॉण्ड्रिया की अंत:कला अत्यधिक वलित होती है, क्योंकि ये वलय ATP उत्पादक रासायनिक अभिक्रियाओं हेतु उपलब्ध सतही क्षेत्रफल को बढ़ा देते हैं।

(ii) माइटोकॉण्ड्रिया में उनके स्वयं के DNA तथा राइबोसोम्स होते हैं। अत: वे अपने कुछ प्रोटीन्स का निर्माण स्वयं कर सकते हैं।

25. माइटोकॉण्ड्रिया व प्लास्टिड में समानता और असमानता बताइए। **NCERT Exemplar**

उत्तर **समानता** माइटोकॉण्ड्रिया और प्लास्टिड दोनों में अपने DNA और राइबोसोम होते हैं।

असमानता माइट्रोकॉण्ड्रिया में भीतरी झिल्ली वलित होती है, जबकि प्लास्टिड में यह वलित नहीं होती है।

26. (i) माइटोकॉण्ड्रिया को अद्भुत अंगक क्यों कहते हैं?
(ii) विषाणु, कोशिका से बाहर प्रजनन क्यों नहीं कर सकते हैं?

उत्तर (i) माइटोकॉण्ड्रिया अद्भुत अंगक है, क्योंकि इसमें उसका अपना DNA तथा 70S राइबोसोम उपस्थित होते हैं। जिससे माइटोकॉण्ड्रिया अपने कुछ प्रोटीन स्वयं बनाते हैं।
(ii) विषाणु एक अकोशिकीय एवं निर्जीव संरचना होती है। विषाणु में जीवन के गुण तब तक लक्षित नहीं होते, जब तक कि यह किसी सजीव के शरीर में प्रविष्ट करके कोशिका की मशीनरी का उपयोग कर अपना बहुगुणन नहीं कर लेता है।

27. पपीता तथा घास में, आप किस प्लास्टिड के पाए जाने की अपेक्षा करते हैं?

उत्तर (i) पपीता—क्रोमोप्लास्ट (ii) घास—क्लोरोप्लास्ट

28. लैंगिक जनन करने वाले जीवों में युग्मकों का निर्माण कैसे होता है?

उत्तर लैंगिक जनन करने वाले जीवों में युग्मकों का निर्माण अर्धसूत्री कोशिका विभाजन के द्वारा होता है।

29. कोशिका के अध्ययन के सदंर्भ में निम्न वैज्ञानिकों के योगदान की व्याख्या कीजिए।
(i) एण्टॉनी वान ल्यूवेनहॉक
(ii) रॉबर्ट ब्राउन
(iii) कैमिलो गॉल्जी

उत्तर (i) एण्टॉनी वान ल्यूवेनहॉक ने सूक्ष्मदर्शी के उन्नत प्रारूप के प्रयोग द्वारा तालाब के जल में प्रथम जीवित कोशिकाओं की खोज की।
(ii) रॉबर्ट ब्राउन ने कोशिका के मस्तिष्क अर्थात् केंद्रक की खोज की, जो कोशिका के सभी कार्यों का नियंत्रण करता है।
(iii) कैमिलो गॉल्जी ने चाँदी के अभिरंजक के तनु विलयन द्वारा गॉल्जीकाय की खोज की।

30. कोशिका झिल्ली के तीन मुख्य कार्य लिखिए।

उत्तर (i) कोशिका झिल्ली का मुख्य कार्य बाह्य वातावरण से कोशिका को सुरक्षा प्रदान करना है। यह कोशिका के आंतरिक और बाह्य स्तरों के मध्य एक अवरोधक का कार्य करती है तथा कोशिका के पदार्थों को बाहरी वातावरण के विरुद्ध सुरक्षा प्रदान करती है।
(ii) यह कोशिका को सहारा भी देती है तथा अपनी आकृति को बनाए रखने में सहायता करती है।
(iii) यह वर्णात्मक पारगम्यता द्वारा केवल कुछ विशिष्ट पदार्थों को ही कोशिका में आने की अनुमति देती है।

31. किसी कोशिका में निम्न के क्या लाभ हैं?
(i) कोशिका झिल्ली का लचीलापन
(ii) कोशिका भित्ति की कठोरता
(iii) कोशिका झिल्ली की वर्णात्मक पारगम्यता

उत्तर (i) कोशिका झिल्ली का लचीलापन कोशिका को अपने बाह्य वातावरण से भोजन एवं अन्य पदार्थ प्राप्त करने में सहायता करता है। यह कोशिका द्वारा कोई पदार्थ बाहर छोड़ने अथवा बाहर के किसी पदार्थ को ग्रहण करने के पश्चात् उसके आकार एवं आकृति को पुनः प्राप्त करने में सहायता प्रदान करता है।
(ii) कोशिका भित्ति की कठोरता पादप कोशिका को संरचनात्मक मजबूती प्रदान करता है। जब कोशिका अंतःपरासरण के कारण फूलती है, तो कोशिका भित्ति भी फूली हुई कोशिका के विरुद्ध एवं बराबर दबाव डालकर फटने से बचाती है तथा कोशिका को अपने आस-पास के वातावरण में आए बदलाव को सहने में सहायता प्रदान करती है।
(iii) कोशिका झिल्ली की चयनात्मक (वर्णात्मक) पारगम्यता वाली प्रकृति बाहरी वातावरण से हानिकारक पदार्थों के कोशिका में प्रवेश को रोकती है तथा उपयोगी पदार्थों को कोशिका से बाहर जाने से रोकती है।

32. सूखे मेवे (फल) जैसे—किशमिश अथवा मुनक्का को जल में रखने पर, ये फूल जाते हैं, जबकि फूली हुई अवस्था में इनको नमक के सांद्रित विलयन में रखने पर ये पुनः सिकुड़ जाते हैं क्यों? समझाइए।

उत्तर जब सूखे फल जैसे-मुनक्का अथवा किशमिश को जल में रखा जाता है, तब जल का प्रवाह उच्च सांद्रता (जल) से निम्न सांद्रता (किशमिश) में होता है। अतः यह जल ग्रहण करके फूल जाती है, किंतु जब इन्हें नमक के सांद्रित विलयन में रखा जाता है, तो ये सिकुड़कर पुनः पूर्व स्थिति में आ जाते हैं, क्योंकि जल का प्रवाह पुनः अधिक सांद्रित विलयन (नमक के घोल) की ओर होता है। उपरोक्त दोनों क्रिया परासरण से संबंधित है। फूलने की क्रिया अंतःपरासरण (Endosmosis), जबकि सिकुड़ने की क्रिया बाह्य परासरण (Exosmosis) के कारण होती है।

33. हम सभी पोषक तत्वों; जैसे—कार्बोहाइड्रेट, प्रोटीन, वसा, खनिज, विटामिन व जल से युक्त भोजन करते हैं। पाचन के पश्चात् उनका ग्लूकोस, अमीनो अम्ल, वसीय अम्ल, ग्लिसरॉल, आदि के रूप में अवशोषण होता है। पचित भोजन व जल का अवशोषण किस क्रिया द्वारा होता है?

उत्तर पचित भोजन आंत्रीय कोशिकाओं द्वारा निम्नलिखित विधि से ग्रहण किया जाता है-
(i) ग्लूकोस, अमीनो अम्ल व कुछ आयन-सक्रिय परिवहन द्वारा
(ii) वसीय अम्ल व ग्लिसरॉल - विसरण (निष्क्रिय परिवहन) द्वारा
(iii) जल-परासरण द्वारा।

34. कोशिका भित्ति तथा कोशिका झिल्ली में तीन अन्तर लिखिए।

उत्तर कोशिका भित्ति तथा कोशिका झिल्ली में तीन अंतर निम्न प्रकार हैं -

कोशिका भित्ति	कोशिका झिल्ली
केवल पादपों की कोशिकाओं में पाई जाती है।	पादपों एवं जंतु दोनों कोशिकाओं में पाई जाती है।
सेलुलोस की बनी होती है।	प्रोटीन,लिपिड व जल से निर्मित होती है।
मोटी तथा कठोर होती है।	स्वभाव में अत्यधिक महीन व लचीली होती है।

35. प्रयोगशाला अध्ययन के समय पादप तथा जंतु कोशिका में आप किस आधार पर विभेद करेंगे। क्या आप बता सकते हैं, पादप कोशिका की कौन-सी संरचना भोज्य पदार्थों का संग्राहक कहलाती है?

उत्तर प्रयोगशाला में जंतु तथा पादप कोशिका को कोशिका भित्ति अध्ययन के आधार पर विभेदित किया जा सकता है। पादप कोशिका में सूक्ष्मदर्शी अध्ययन में कोशिका भित्ति स्पष्ट दिखाई देती है, जबकि जंतु कोशिका में कोशिका भित्ति का अभाव होता है।

पादप कोशिका में एक बड़ी रिक्त संरचना होती हैं, जिसे रसधानी (Vacuole) कहते हैं। कुछ पादपों की कोशिका में रसधानी की माप कोशिका के आयतन का 50-90% होती हैं। इस संरचना का प्रमुख कार्य ठोस तथा तरल पदार्थों का संग्रहण करना होता है।

36. झिल्ली निर्माण की विधि का वर्णन कीजिए। ER के किसी एक कार्य का उल्लेख कीजिए।

उत्तर चिकनी अंतःप्रद्रव्यी जालिका लिपिड व वसा अणुओं के निर्माण में सहायक है, जो कोशिका के क्रियांवयन हेतु महत्त्वपूर्ण हैं। इन्हीं में से कुछ खुरदरी अन्तः प्रद्रव्यी जालिका में निर्मित लिपिड व प्रोटीन कोशिका झिल्ली के निर्माण में सहायक है। यह प्रक्रिया 'झिल्ली-निर्माण' कहलाती है। ER कोशिकाद्रव्यी ढाँचे के रूप में कार्य करती है, जो कोशिका को कुछ जैव-रासायनिक क्रियाओं हेतु सतह उपलब्ध कराती है।

37. (i) कौन-सा कोशिकांग पाचक थैली कहलाता है और क्यों?
(ii) यूकैरियोटिक कोशिका की विशेषता लिखिए।

उत्तर (i) लाइसोसोम को कोशिका की पाचक थैली कहते हैं, क्योंकि लाइसोसोम में पाचक विकर (एन्जाइम) भरे होते हैं। अतः ये अंतःकोशिकीय तथा बाह्यकोशिकीय पदार्थों का पाचन करते हैं।

(ii) ऐसी कोशिकाएँ जिनमें केंद्रक कला से घिरा हुआ केंद्रक व सुविकसित कोशिकांग पाए जाते हैं तथा राइबोसोम्स 80S प्रकार के होते हैं, यूकैरियोटिक कोशिकाएँ कहलाती हैं।

38. जंतु तथा पादप कोशिका में तीन अंतर लिखिए।

उत्तर जंतु तथा पादप कोशिका में तीन अंतर इस प्रकार हैं-

जंतु कोशिका	पादप कोशिका
यह केवल कोशिका कला द्वारा घिरी होती है तथा कोशिका भित्ति विहीन होती है।	इसमें कोशिका कला के बाहर की ओर कोशिकीय भित्ति पाई जाती है, जो सेलुलोस की बनी होती है।
रसधानी अनुपस्थित या छोटी होती है।	रसधानियाँ बड़ी, केंद्रकीय तथा प्रमुख होती है।
तारककाय उपस्थित होता है।	तारककाय अनुपस्थित होता है।

39. किसी प्रोकैरियोटिक कोशिका का चित्र बनाइए।

उत्तर प्रोकैरियोटिक कोशिका का चित्र निम्न है–

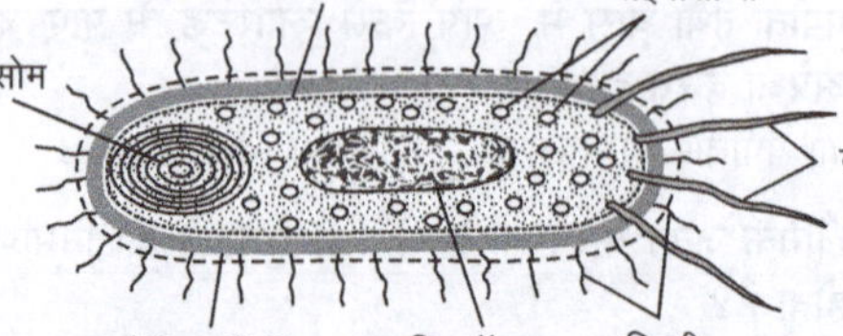

40. निम्नलिखित शब्दों की व्याख्या कीजिए—
(i) जीवद्रव्य (ii) कोशिकाद्रव्य (iii) केंद्रकद्रव्य

उत्तर (i) **जीवद्रव्य** यह कोशिका का सजीव पदार्थ है, जिसके अंतर्गत कोशिकाद्रव्य व केंद्रकद्रव्य आते हैं।

(ii) **कोशिकाद्रव्य** यह जीवद्रव्य का वह भाग है, जो केंद्रक झिल्ली व कोशिका झिल्ली के मध्य के भाग में भरा रहता है। यह समांगी होता है, जिसमें जल, अमीनो अम्ल व ऑक्सीजन, आदि पाए जाते हैं।

(iii) **केंद्रकद्रव्य** यह पारदर्शी, अर्द्धतरल पदार्थ है, जो केंद्रक झिल्ली व केंद्रिका के मध्य भरा रहता है। इसमें न्यूक्लिक अम्ल, क्षारीय व अम्लीय प्रोटीन, लिपिड व खनिज, आदि पाए जाते हैं।

41. कोशिका को उसके विविध झिल्ली द्वारा घिरे अंगकों की सहायता से कौन-से विविध कार्य संपन्न करने होते हैं?

उत्तर (i) कोशिका को पदार्थों का संश्लेषण; जैसे-राइबोसोम द्वारा प्रोटीन-संश्लेषण एवं क्लोरोप्लास्ट द्वारा भोजन का प्रकाश-संश्लेषण करना होता है।

(ii) कोशिका को विभिन्न जैविक उत्पादों; जैसे-एंजाइम, हॉर्मोन, म्यूकस, आदि को स्रावित करना होता है।

(iii) कोशिका को उन पदार्थों का पाचन करना होता है, जिन्हें एण्डोसाइटोसिस के दौरान कोशिका द्वारा ग्रहण किया जाता है। इस प्रकार का अंतः कोशिका पाचन लाइसोसोम के एंजाइमों द्वारा किया जाता है।

42. उन कोशिकांगों के नाम लिखिए, जो निम्न से समजातता दर्शाते हैं। **NCERT Exemplar**

(i) कोशिका का परिवहन माध्यम
(ii) कोशिका का ऊर्जागृह
(iii) कोशिका की पैकिंग एवं प्रेषण इकाई
(iv) कोशिका की पाचक थैली
(v) कोशिका के संग्रहण थैले
(vi) कोशिका का नियंत्रण कक्ष

उत्तर (i) अंत:प्रद्रव्यी जालिका (ii) माइटोकॉण्ड्रिया
(iii) गॉल्जी उपकरण (iv) लयनकाय
(v) रिक्तिका (vi) केंद्रक

43. कोशिका के अंदर प्रोटीन का निर्माण कहाँ होता है? कोशिका के अंदर विभिन्न भागों तक उनका संवहन कैसे किया जाता है? लाइसोसोम के कार्य करने में प्रोटीन की क्या भूमिका होती है?

उत्तर कोशिका के अंदर राइबोसोम द्वारा प्रोटीन का निर्माण किया जाता है। राइबोसोम प्रोटीन-संश्लेषण के स्थल है। इन्हें अंत:प्रद्रव्यी जालिका की सहायता से कोशिका के अंदर विभिन्न भागों तक भेजा जाता है। लाइसोसोम में शक्तिशाली जल-अपघटनी पाचक एंजाइम प्रोटीन उपस्थित होते हैं, जो सभी कार्बनिक पदार्थों को विघटित करने में सक्षम होते हैं।

44. निम्नलिखित का क्या महत्व है?

(i) रिक्तिकाओं में कोशिका रस की उपस्थिति
(ii) SER की यकृत कोशिका में उपस्थिति
(iii) RER पर राइबोसोम की उपस्थिति

उत्तर (i) रिक्तिका का कोशिका रस कोशिका को स्फीति एवं आकार प्रदान करता है। यह कोशिकाएँ परासरण का भी नियमन करता है।
(ii) यकृत कोशिकाओं में SER विभिन्न जहरीले पदार्थों तथा ड्रग के प्रभाव को कम करने में महत्त्वपूर्ण भूमिका निभाती है।
(iii) RER पर उपस्थित राइबोसोम द्वारा प्रोटीन का संश्लेषण किया जाता है।

45. झिल्ली आवरण पर विशेष बल देते हुए माइटोकॉण्ड्रिया की संरचना की व्याख्या कीजिए। हम झिल्ली की संरचना को कार्यों के साथ कैसे संबद्ध कर सकते हैं?

उत्तर इसके उत्तर के लिए अध्याय की पृष्ठ सं. 105 देखें।

46. लाइसोसोम किस प्रकार कोशिका के अंदर सुरक्षा, पाचन तथा सफाई जैसे कार्य करता है? व्याख्या कीजिए।

उत्तर लाइसोसोम किसी भी बाहरी पदार्थ जैसे-जीवाणु, आदि को नष्ट कर कोशिका को जीवाणु द्वारा संक्रमण से बचाता है। लाइसोसोम क्षतिग्रस्त कोशिकाओं को शक्तिशाली जल-अपघटनी पाचक एंजाइमों की सहायता से पचा लेता है तथा कोशिका के अपशिष्ट निष्पादन तंत्र की तरह कार्य करता है। जब कोशिका क्षतिग्रस्त हो जाती है, तो लाइसोसोम फट जाता है तथा इसमें उपस्थित एंजाइम अपनी ही कोशिकाओं को नष्ट कर देता है।

47. घास का रंग हरा व पपीता पीले रंग का होता है कौन-सा कोशिकांग इसके लिए उत्तरदायी होता है?

उत्तर **प्लास्टिड्स या लवक** (Plastids) प्लास्टिड्स प्राय: पादप कोशिकाओं में पाए जाते हैं।
इन्हें दो श्रेणियों में बाँटा गया है–
(i) रंगहीन, अवर्णीलवक (Leucoplasts)
(ii) रंगीन, वर्णीलवक (Chromoplasts)

इसके अतिरिक्त हरे रंग का लवक हरितलवक या क्लोरोप्लास्ट होता है, जो सभी हरे पादपों में उपस्थित होता है।

कार्य अवर्णीलवक मण्ड कणों तथा वसा की सूक्ष्म बूंदों का निर्माण तथा संचय करते हैं। वर्णीलवक पुष्पों तथा फलों को विशिष्ट रंग प्रदान करते हैं। हरितलवक में उपस्थित पर्णहरिम या क्लोरोफिल प्रकाश-संश्लेषण द्वारा भोजन निर्माण का कार्य करता है।

अत: पपीते का पीला रंग कोमोप्लास्ट व घास का हरा रंग क्लोरोप्लास्ट के कारण होता है।

48. ग्रेना तथा स्ट्रोमा में अंतर बताइए।

उत्तर ग्रेना (Grana) तथा स्ट्रोमा (Stroma) में अंतर निम्न हैं

ग्रेना	स्ट्रोमा
यह चपटी थैलियों जैसी संरचना होती है, जो एक-दूसरे के ऊपर सिक्कों के रूप में व्यवस्थित होती है। ये एक-दूसरे से जुड़े रहते हैं।	यह हरितलवक का आधात्री पदार्थ है, जिसमें ग्रेना तथा पट्टलिकाओं जैसी रचनाएँ उपस्थित होती हैं।
इसमें प्रकाश-संश्लेषणीय वर्णक उपस्थित होते हैं। ये हरितलवक की इकाई होते हैं।	इनमें वर्णक नहीं होते हैं।
यह लाइपोप्रोटीन पदार्थ के बने होते हैं।	यह जलीय प्रोटीन पदार्थ के बने होते हैं।

49. अवर्णीलवक (ल्यूकोप्लास्ट) क्या होते हैं? इनके प्रकार तथा कार्य लिखिए।

अथवा किस प्रकार के लवक में मण्ड, तेल व प्रोटीन का संग्रहण होता है?

उत्तर अवर्णीलवक (ल्यूकोप्लास्ट) रंगहीन तथा अनियमित आकार के होते हैं। ये प्राय: पादपों के उन भागों में पाए जाते हैं, जहाँ प्रकाश नहीं पहुँचता है। प्रकाश की उपस्थिति में ये हरितलवक में बदल जाते हैं।

कार्य के आधार पर ये निम्नलिखित प्रकार के होते हैं-
(i) **एमाइलोप्लास्ट** ये शर्करा को स्टार्च में बदलकर संचित करते हैं। अर्थात् मण्ड का संग्रहण होता है।
(ii) **इलियोप्लास्ट** ये भोज्य पदार्थों को वसा में बदलकर संचित करते हैं। अर्थात् तेल का संग्रहण होता है।
(iii) **एल्यूरोप्लास्ट** ये भोज्य पदार्थों को प्रोटीन्स में बदलकर संचित करते हैं। अर्थात् प्रोटीन का संग्रहण होता है।

50. समसूत्री व अर्धसूत्री विभाजन में अन्तर कीजिए।

उत्तर समसूत्री एवं अर्द्धसूत्री विभाजन में निम्नलिखित अन्तर है

समसूत्री विभाजन	अर्द्धसूत्री विभाजन
यह कायिक या वर्धी कोशिकाओं में होता है तथा इसके परिणामस्वरूप पादपों की वृद्धि होती है।	यह केवल जनन कोशिकाओं में होता है तथा इसके द्वारा एक पीढ़ी के गुण दूसरी पीढ़ी में पहुँचते हैं।
इसमें विभाजन केवल एक अवस्था में पूर्ण हो जाता है।	यह दो अवस्थाओं में पूर्ण होता है।
इस विभाजन में पूर्वावस्था अपेक्षाकृत छोटी होती है।	पूर्वावस्था-I काफी बड़ी होती है, जिसे पाँच उप-अवस्थाओं में विभाजित किया जाता है।
इसमें जीन विनिमय नहीं होता है।	इसमें जीन विनिमय होता है तथा गुणसूत्र के अर्द्ध-गुणसूत्रों में खण्डों का आदान-प्रदान होता है।
इसमें गुणसूत्र के जोड़े नहीं बनते हैं।	इसमें समजात गुणसूत्र जोड़े बनाते हैं, जिन्हें युग्मित गुणसूत्र (Bivalent) कहते हैं।

दीर्घ उत्तरीय प्रश्न

1. कोशिकाओं की संख्या के आधार पर सजीवों को एककोशिकीय तथा बहुकोशिकीय में वर्गीकृत किया जाता है।

(i) दो एककोशिकीय जीवों के नाम लिखिए।

(ii) बहुकोशिकीय जीवों में श्रम विभाजन से क्या तात्पर्य है?

(iii) एक प्रोकैरियोटिक तथा एक यूकैरियोटिक एककोशिकीय जीव के नाम लिखिए।

(iv) 'प्रत्येक बहुकोशिकीय जीव एक कोशिका से ही विकसित हुआ है।' इस कथन की पुष्टि कीजिए।

(v) *अमीबा* तथा मानव के श्वेत रुधिर कणिकाओं में एक सामान्य लक्षण लिखिए।

उत्तर (i) *अमीबा, पैरामीशियम, क्लैमाइडोमोनास*

(ii) बहुकोशिकीय जीवों में शरीर के विभिन्न भागों द्वारा भिन्न-भिन्न कार्य किया जाता है।

(iii) प्रोकैरियोटिक–जीवाणु, यूकैरियोटिक–*अमीबा*।

(iv) कोशिकाएँ अपनी ही तरह की अन्य कोशिकाएँ बनाने के लिए बार-बार विभाजित होती है। बहुकोशिकीय जीव की सभी कोशिकाएँ अपनी पूर्ववर्ती कोशिकाओं से विकसित होती हैं।

(v) दोनों की आकृति अनियमित होती है अर्थात् इनकी आकृति लगातार बदलती रहती है।

2. अंतःपरासरण व बहिःपरासरण को दर्शाने हेतु एक क्रियाकलाप का वर्णन कीजिए। चित्र भी बनाइए।

उत्तर **अंतःपरासरण व बहिःपरासरण दर्शाने हेतु क्रियाकलाप–** सूखी किशमिश को सादे जल में रखकर कुछ देर ऐसे ही छोड़ दे, फिर उन्हें नमक के सांद्र विलयन में रखें।

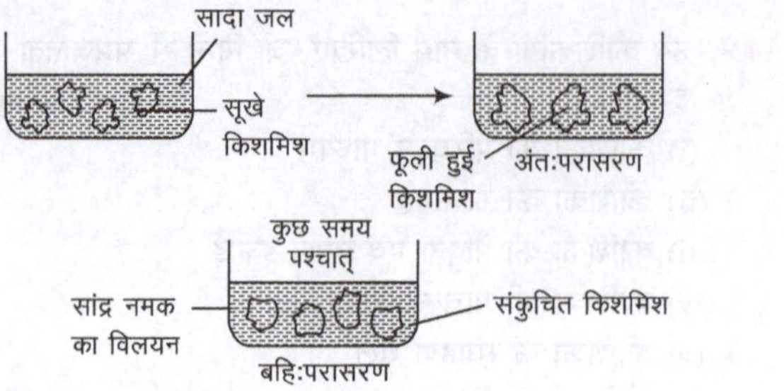

प्रेक्षण

(i) जब सूखी किशमिश को सादे जल में रखा जाता है, तो परासरण द्वारा जल के प्रवेश के कारण किशमिश फूल जाती है। सादा जल, किशमिश हेतु अल्पपरासरी माध्यम है। अतः यहाँ अंतःपरासरण होता है।

(ii) जब फूली किशमिश को सांद्र विलयन में रखा जाता है, तो यह सिकुड़ जाती है। फूली हुई किशमिश हेतु नमक का विलयन एक अतिपरासरी माध्यम है। अतः यहाँ बहिःपरासरण होता है।

3. (i) समपरासरी विलयन में कोशिका को रखने पर कोशिका के आयतन में क्या परिवर्तन होगा?

(ii) अतिपरासरी विलयन में रिक्तिकायुक्त कोशिका को रखने पर क्या परिवर्तन होगा?

उत्तर (i) समपरासरी विलयन की सांद्रता कोशिका रस की सांद्रता के बराबर होती है। अतःपरासरण की कोई क्रिया नहीं होती है। इसके फलस्वरूप कोशिका के आयतन में कोई परिवर्तन (वृद्धि या कमी) नहीं होगा।

(ii) रिक्तिकायुक्त कोशिका को अतिपरासरी विलयन, जिसकी सांद्रता कोशिका रस की सांद्रता से अधिक होती है, में रखने पर बहिःपरासरण के फलस्वरूप कोशिका रस से जल कोशिका से बाहर जाएगा। इसके फलस्वरूप कोशिकाद्रव्य संकुचित हो जाएगा। इस क्रिया को जीवद्रव्यकुंचन (Plasmolysis) कहते हैं।

4. जंतु कोशिका के एक स्वच्छ नामांकित चित्र की सहायता से कोशिका के प्रमुख क्रियाशील क्षेत्रों का वर्णन कीजिए।

उत्तर

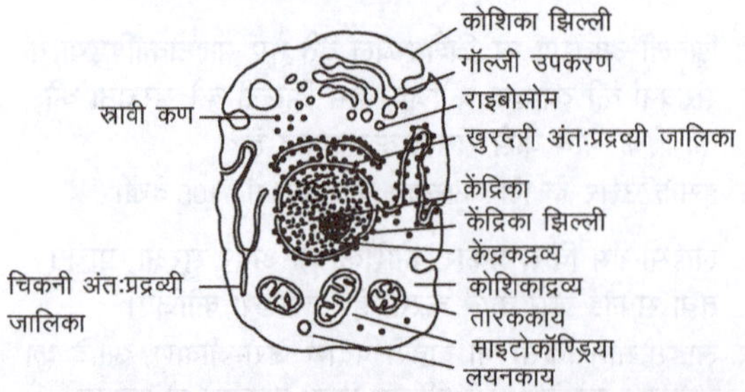

प्लाज्मा झिल्ली, कोशिकाद्रव्य व केंद्रक कोशिका के तीन क्रियाशील क्षेत्र हैं।

(i) **प्लाज्मा झिल्ली** यह कोशिका का पतला, वरणात्मक रूप से पारगम्य आवरण होता है। यह लिपिड व प्रोटीन की बनी होती है।

(ii) **कोशिकाद्रव्य** यह कोशिका में भरा वह द्रव्य है, जिसमें निर्जीव कोशिका तत्वों के अतिरिक्त सभी कोशिकांग पाए जाते हैं।
(iii) **केंद्रक** यह कोशिका का नियंत्रण केंद्र है। यह पीढ़ी-दर-पीढ़ी कोशिका की आनुवंशिक सूचनाओं का परिवहन करता है।

5. (i) एक जंतु कोशिका का स्वच्छ नामांकित चित्र बनाइए।
(ii) उस संरचना का नाम लिखिए, जो निम्न में सहायता करता है—
(a) ऊर्जा उत्पादन
(b) कोशिकाद्रव्य व केंद्रकद्रव्य के मध्य पदार्थों का विनिमय
(c) लिपिड संश्लेषण

उत्तर (i) जंतु कोशिका के चित्र के लिए अध्याय की पृष्ठ सं. 102 देखें।
(ii) (a) माइटोकॉण्ड्रिया
(b) केंद्रकीय छिद्र
(c) चिकनी अंतःप्रद्रव्यी जालिका।

6. खुरदरी अंतःप्रद्रव्यी जालिका और चिकनी अंतःप्रद्रव्यी जालिका में क्या अंतर है? अंतःप्रद्रव्यी जालिका झिल्ली जीवात्जनन के लिए क्यों महत्त्वपूर्ण है?

उत्तर खुरदरी और चिकनी अंतःप्रद्रव्यी जालिका में अंतर निम्न हैं

चिकनी अंतः प्रद्रव्यी जालिका (SER)	खुरदरी अंतः प्रद्रव्यी जालिका (RER)
राइबोसोम नहीं होते हैं।	राइबोसोम उपस्थित होते हैं।
चिकनी अंतःप्रद्रव्यी जालिका वसा अथवा लिपिड अणुओं को बनाने में सहायता करती है।	राइबोसोम द्वारा प्रोटीन का संश्लेषण होता है। तैयार प्रोटीन को आवश्यकतानुसार अन्तः प्रद्रव्यी जालिका के द्वारा कोशिका के अन्य भागों में भेजा जाता है।
वृक्क पेशी आदि में पाई जाती है।	यकृत कोशिका, गोब्लेट कोशिका अग्न्याशयी कोशिका आदि में पाई जाती है।

चिकनी अंतःप्रद्रव्यी जालिका वसा अथवा लिपिड अणुओं के निर्माण में सहायता करती है। यह कोशिकीय क्रिया के लिए बहुत महत्त्वपूर्ण है। कुछ प्रोटीन तथा वसा कोशिका झिल्ली को बनाने में सहायता करते हैं, इस प्रक्रिया को झिल्ली जीवात्जनन (Membrane biogenesis) कहते हैं।

7. क्या होगा यदि
(i) लाइसोसोम को शरीर के बाहर निकाल दें
(ii) सूखी किशमिश को कुछ देर सादे जल में रखे तत्पश्चात् इस फूली हुई अवस्था में सांद्र नमक के घोल में रखा जाए।
(iii) पादप कोशिकाओं में वृहद् के स्थान पर छोटी रिक्विताएँ पाई जाएँ।

उत्तर (i) लयनकाय एकल झिल्ली आबद्ध थैली हैं, जिनमें जल-अपघटनी पाचक एंजाइम पाए जाते हैं। ये एंजाइम खुरदरी अतःप्रद्रव्यी जालिका द्वारा निर्मित होते हैं। लयनकाय कोशिका के अपशिष्ट निपटान तंत्र की भाँति कार्य करता है। कोशिकीय उपापचय में व्यवधान के दौरान जब कोशिका क्षतिग्रस्त हो जाती है, कोशिका में उपस्थित लयनकाय फट जाती हैं व उनमें उपस्थित एंजाइम क्षतिग्रस्त कोशिका का पाचन करते हैं। अतः लयनकाय को कोशिका की **'आत्मघाती थैली'** कहते हैं। लयनकाय कोशिका में प्रवेश करने वाले विदेशी तत्वों; जैसे-जीवाणु या भोजन को छोटे-छोटे टुकड़ों में तोड़ देता है।

(ii) किशमिश अंतःपरासरण के कारण फूल जाती है। यदि इस किशमिश को पुनः सांद्र नमक के घोल में रखा जाए, तो वे बहिःपरासरण के कारण सिकुड़ जाएगी।
(iii) पादप कोशिकाओं में वृहद् रिक्तिकाएँ पाई जाती हैं, क्योंकि
(a) यह शर्करा, नमक, अमीनो अम्ल, कार्बनिक अम्ल व कुछ प्रोटीन्स का भण्डारण करती है।
(b) रिक्तिका में कोशिका रस पाया जाता है, तो कोशिका को स्फीति दशा में बनाए रखने में सहायक होता है।
(c) इनमें कुछ उपापचयी क्रियाओं के सह-उत्पादों या अंतिम उत्पादों का संग्रहण होता है।
(d) लयनकाय के एंजाइम पादप कोशिका की रिक्तिका में पाए जाते हैं।

8. किन्ही पाँच मुख्य कोशिकांगों पर एक टिप्पणी लिखिए।

उत्तर **मुख्य कोशिकांग**
(i) **माइटोकॉण्ड्रिया** (Mitochondria) ये छड़ के आकार के होते हैं। इन्हें इलेक्ट्रॉन सूक्ष्मदर्शी की सहायता से देखा जा सकता है। लाइपोप्रोटीन की बनी दोहरी झिल्ली से घिरे इस कोशिकांग में श्वसन से संबंधित विकर भरे होते हैं। ये कोशिका के शक्ति संयंत्र होते हैं अर्थात् ऊर्जा (ATP) का उत्पादन करते हैं।
(ii) **राइबोसोम** (Ribosomes) ये अंतःप्रद्रव्यी जालिका पर स्थित होते हैं या कोशिकाद्रव्य में बिखरे होते हैं। ये प्रोटीन संश्लेषण के स्थल होते हैं। ये 70S या 80S (स्वेडवर्ग) प्रकार के होते हैं।
(iii) **हरितलवक** (Chloroplast) ये हरे रंग के लवक होते हैं। ये प्रायः पादप कोशिकाओं में पाए जाते हैं तथा ये प्रकाश-संश्लेषण का कार्य करते हैं।
(iv) **गॉल्जीकाय** (Golgi body) यह कोशिका का स्रावी कोशिकांग है। ये लाइसोसोम तथा परऑक्सीसोम्स का निर्माण करते हैं। गॉल्जीकाय सिस्टर्नी, पुटिका (Vesicles) तथा धानियों का बना होता है।
(v) **लवक** (Plastid) ये केवल पादप कोशिकाओं में पाए जाते हैं। ये मुख्यतया तीन प्रकार के होते हैं; हरितलवक, वर्णीलवक व अवर्णीलवक। हरितलवक प्रकाश-संश्लेषण में महत्त्वपूर्ण भूमिका निभाते हैं।

9. अर्धसूत्री व समसूत्री कोशिका विभाजन का वर्णन कीजिए।

उत्तर इसके उत्तर के लिए पृष्ठ सं. 106 देखें।

स्वयं को जाँचे

नीचे दिए गए प्रश्नों के माध्यम से छात्र अध्याय संबंधी अपने ज्ञान की जाँच कर सकते हैं। अध्याय के ध्यानपूर्वक अध्ययन किए जाने पर छात्र इन प्रश्नों के उत्तर आसानी से कर पाएँगे।

वस्तुनिष्ठ प्रकार के प्रश्न

बहुविकल्पीय प्रश्न

1. निम्न में से कौन-सा लक्षण प्रोकैरियोटिक और यूकैरियोटिक दोनों में समान है?

(a) क्रोमैटिन पदार्थ उपस्थित

(b) कोशिका भित्ति उपस्थित

(c) केन्द्रक झिल्ली उपस्थित

(d) झिल्लीयुक्त कोशिकीय कोशिकांग उपस्थित

2. नीचे दिया गया चित्र कोशिका झिल्ली का है, जिसमें नामांकित घटक *A* की पहचान कीजिए।

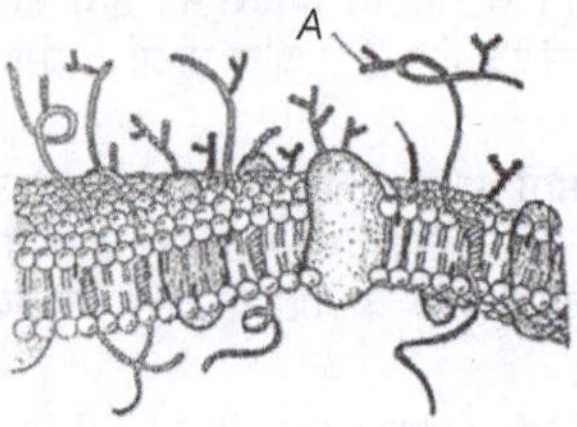

(a) बाह्य प्रोटीन (b) आन्तरिक प्रोटीन

(c) शर्करा (d) लिपिड

3. झिल्लीयुक्त कोशिकीय अंगक है

(a) केन्द्रक, राइबोसोम और माइटोकॉण्ड्रिया

(b) गुणसूत्र, राइबोसोम और एन्डोप्लाज्मिक रेटिकुलम

(c) एन्डोप्लाज्मिक रेटिकुलम, राइबोसोम और केन्द्रक

(d) लाइसोसोम, गॉल्जी उपकरण और माइटोकॉण्ड्रिया

4. लाइसोसोम का निर्माण होता है

(a) अंत:प्रद्रव्यी जालिका में (b) गॉल्जी उपकरण में

(c) केन्द्रक में (d) माइटोकॉण्ड्रिया में

5. वह कोशिकांग, जिसमें अधिकांश ऑक्सीकारी अपचयी एन्जाइम पाए जाते हैं

(a) लयनकाय (b) माइटोकॉण्ड्रिया

(c) अन्त:प्रद्रव्यी जालिका (d) गॉल्जी बॉडी

कथन-कारण प्रकार के प्रश्न

निर्देश (प्र. सं. 6-7) इस खण्ड में दिए गए प्रत्येक प्रश्न में कथन तथा कारण दिए गए हैं। प्रत्येक प्रश्न के चार विकल्प (a), (b), (c) व (d) हैं, जिनमें से केवल एक सही है।

(a) कथन (A) तथा कारण (R) दोनों सत्य हैं तथा कारण (R), कथन (A) का सही स्पष्टीकरण है।

(b) कथन (A) तथा कारण (R) दोनों सत्य हैं परन्तु कारण (R), कथन (A) का सही स्पष्टीकरण नहीं है।

(c) कथन (A) सत्य है, परन्तु कारण (R) असत्य है।

(d) कथन (A) असत्य है, परन्तु कारण (R) सत्य है।

6. कथन (A) रॉबर्ट ब्राउन ने केन्द्रक की खोज की थी।

कारण (R) केन्द्रक को कोशिका का नियन्त्रण कक्ष भी कहते हैं।

7. कथन (A) गॉल्जी तन्त्र को कोशिका का ट्रैफिक पुलिस भी कहा जाता है।

कारण (R) गॉल्जी तन्त्र कोशिका की प्रोटीन, कोशिका कला के घटकों एवं विकर, आदि पदार्थों को ज्यो-के-त्यों अथवा रूपान्तरित करके छँटनी करते हैं।

उत्तर

1. (b) **2.** (c) **3.** (d) **4.** (b) **5.** (b)
6. (b) **7.** (a)

केस स्टडी आधारित प्रश्न

निर्देश (प्र.सं. 8-12) *निम्नलिखित पैराग्राफ को पढ़िए तथा दिए गए प्रश्नों के उत्तर दीजिए।*

गॉल्जीकाय की खोज सर्वप्रथम इटली के वैज्ञानिक **कैमिलो गॉल्जी** (Camillo Golgi) ने सन् 1898 में बिल्ली के तन्त्रिका तन्त्र (Nervous system) में की थी। इसके लिए इन्हें सन् 1960 में नोबेल पुरस्कार मिला था। यह केवल **सुकेन्द्रकीय कोशिकाओं** (Eukaryotic cells) में ही पाया जाता है। यह जीवाणु, नील-हरित शैवाल और *माइकोप्लाज्मा* जैसी **पूर्वकेन्द्रकीय कोशिकाओं** (Prokaryotic cells) में अनुपस्थित होता है। यह स्तनधारियों की लाल रुधिर कणिकाओं, ब्रायोफाइट एवं टेरिडोफाइट की शुक्राणु तथा पुष्पीय पादपों की परिपक्व चालनी नलिकाओं को छोड़कर सभी सुकेन्द्रकीय कोशिकाओं में पाया जाता है। इनकी उत्पत्ति खुरदरी अन्त:प्रद्रव्यी जालिका से होती है। पादप कोशिकाओं

में इन्हें **डिक्टियोसोम** (Dictyosome) कहा जाता है। इसे लिपोकॉण्ड्रिया, गॉल्जी पदार्थ, गॉल्जी उपकरण, गॉल्जी कॉम्प्लेक्स नामों से भी जाना जाता है।

8. नीचे दिए हुए *A*, *B*, *C*, *D* गॉल्जी काय की संरचना का नामकरण कीजिए?

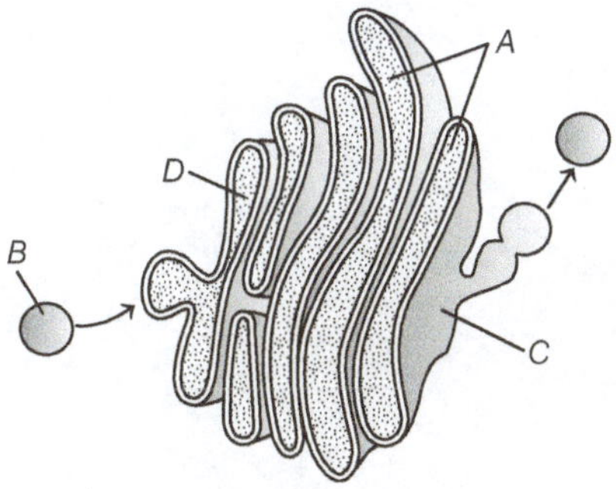

9. गॉल्जी उपकरण का कार्य बताइये।

10. गॉल्जी बॉडी का निर्माण किससे होता है?

11. यदि गॉल्जीकाय न हो, तो कोशिका के जीवन में क्या होगा?

12. गॉल्जीकाय की उत्तल सतह क्या कहलाती है?

अतिलघु उत्तरीय प्रश्न

13. नई कोशिकाओं की उत्पत्ति कैसे होती है?

14. उन दो जीवो के नाम बताइए, जिनमें सभी कार्य एकल कोशिका द्वारा संपन्न किए जाते हैं।

15. विसरण व परासरण एक-दूसरे से किस प्रकार संबंधित हैं?

16. यदि रिक्तिकाएँ न हों, तो कोशिका के जीवन पर क्या प्रभाव पड़ेगा?

17. जब कोशिका में विभाजन नहीं हो रहा होता है, तो उसमें DNA किस रूप में उपस्थित होता है?

18. उस झिल्ली आबद्ध कोशिकांग का नाम लिखिए, जिसमें पाचक रस पाए जाते हैं।

19. DNA अणु में क्या होता है?

लघु उत्तरीय प्रश्न

20. प्रोकैरियोट्स व यूकैरियोट्स में किस प्रकार के कोशिकांग पाए जाते हैं?

21. कवकों व पादप की कोशिका भित्ति का रासायनिक संघटन लिखिए।

22. उन दो कारकों को लिखिए, जिन पर किसी कोशिका का आकार निर्भर करता है।

23. किसी कोशिका का आनुवंशिक पदार्थ कहाँ स्थित होता है? इसे यह नाम क्यों दिया गया?

24. यदि एक RBC को एक अल्पपरासरी विलयन में रखा जाए, तो क्या होगा?

25. हरितलवक व अवर्णीलवक में विभेद कीजिए।

26. विभिन्न पुष्पों व फलों में विभिन्न रंग देखें जाते हैं, क्यों?

27. अर्धसूत्री विभाजन का महत्त्व बताइए।

28. ऐसा क्यों कहा जाता है कि 'केंद्रकविहीन कोशिका का कोई भविष्य नहीं होता'?

29. पादप कोशिका व एककोशिकीय जीव; जैसे-*अमीबा* में रिक्तिका किस प्रकार से कार्य करती है?

30. वर्णीलवक व अवर्णीलवक के कार्य लिखिए।

31. कोशिका के द्रव्य भाग का नाम बताइए। इसके कार्य भी लिखिए।

दीर्घ उत्तरीय प्रश्न

32. एक यूकैरियोटिक केंद्रक का स्वच्छ नामांकित चित्र बनाइए। यह केंद्रकाय से किस प्रकार भिन्न है?

33. दिया गया चित्र एक कोशिका की प्रारूपिक संरचना को दर्शाता है।

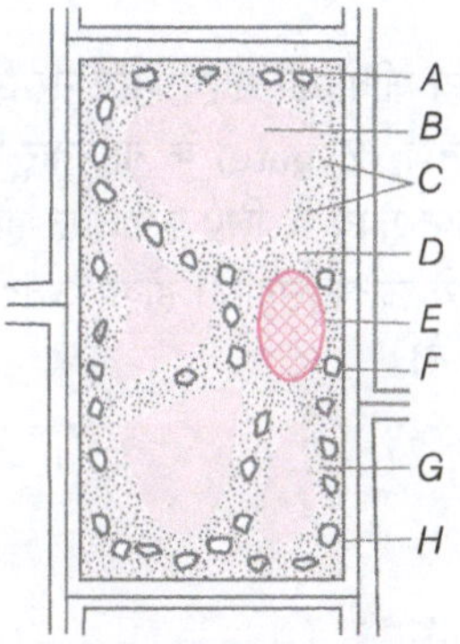

(i) *A*-*H* नामांकित भागों के नाम बताइए।

(ii) यह एक जंतु कोशिका है या पादप कोशिका। अपने पक्ष में कोई दो कारण दीजिए।

(iii) *A*, *F* व *H* नामांकित भागों के कार्य बताइए।

34. क्या होगा यदि

(i) एक हरे मैदान में अत्यधिक उर्वरक डाले जाएँ?

(ii) आम के कटे टुकड़ों पर नमक छिड़का जाएँ?

35. एक क्रियाकलाप के दौरान, अध्यापक ने कक्षा में बताया कि कच्चे फल हरे होते हैं, परंतु पकने पर विभिन्न रंगों के हो जाते हैं। निम्न प्रश्नों के उत्तर दीजिए–

(i) ये परिवर्तन किस प्रकार होते हैं?

(ii) इस परिवर्तन की क्या महत्ता है?

(iii) पुष्पों के रंग में परिवर्तन किस प्रकार होता है?

36. कोशिका विभाजन के महत्त्व का वर्णन कीजिए।

अध्याय

06

ऊतक

(Tissue)

हम जानते हैं, कि कोशिका सभी जीवधारियों के शरीर की संरचनात्मक इकाई है तथा कुछ जीव एककोशिकीय (Unicellular) होते हैं, जबकि अधिकांश जीव बहुकोशिकीय (Multicellular) होते हैं। एककोशिकीय जीवों में तो शरीर में उपस्थित एक ही कोशिका शरीर के सभी कार्य करती है, परंतु बहुकोशिकीय जीवों में शरीर का निर्माण विशिष्ट रूप से रूपांतरित कोशिकाओं के समूहों के द्वारा भिन्न-भिन्न प्रकार से संगठित होने के कारण होता है।

वास्तव में बहुकोशिकीय जीवों का संपूर्ण शरीर नर और मादा युग्मकों (Gametes) के मिलने से बनी एक मात्र कोशिका अर्थात् युग्मनज (Zygote) के बार-बार विभाजित होने से बनता है। युग्मनज के विभाजनस्वरूप बनने वाली कोशिकाएँ विशिष्ट कार्य के लिए रूपांतरित होकर समूहों में एकत्रित होती रहती हैं, इन समूहों को ऊतक (Tissue) कहते हैं। ये ऊतक संगठित होकर ऊतक तंत्र बनाते हैं। इन ऊतक तंत्रों के संगठन से अंग और अंग तंत्रों का निर्माण होता है।

ऊतक (Tissue)

ऊतक को हम निम्न रूप में परिभाषित कर सकते हैं–'समान उत्पत्ति एवं समान कार्य करने वाली कोशिकाओं का ऐसा समूह, जो समान मूलभूत संरचना (अर्थात् दिखने में समान या भिन्न, परंतु मूलभूत संरचना में समानता) रखता हो, ऊतक कहलाता है।'

बहुकोशिकीय जीवों की ये सूक्ष्म मूलभूत इकाईयाँ जंतुओं और पादपों में स्पष्टतया भिन्न-भिन्न प्रकार की होती हैं, क्योंकि इन दोनों प्रकार के जीवों की आवश्यकताएँ इनके जीवन प्रारूप के अनुसार भिन्न होती हैं। पादप, स्थिर सजीव होते हैं अर्थात् ये विचरण नहीं करते हैं। अत: इनके अधिकांश ऊतक मृत एवं शरीर को संरचनात्मक शक्ति प्रदान करने वाले होते हैं। वही जंतु, जोकि भोजन, आवास आदि की खोज में इधर-उधर विचरण करते हैं, इसलिए इनका शरीर अधिकांशतया जीवित **यांत्रिक शक्ति** प्रदान करने वाले ऊतकों से बना होता है।

सिलेबस

- *पादप ऊतक*
  - *विभज्योतक ऊतक*
  - *स्थायी ऊतक*
  - *रक्षी ऊतक*
  - *जटिल स्थायी ऊतक*
- *जंतु ऊतक*
  - *एपिथीलियम ऊतक*
  - *संयोजी ऊतक*
  - *पेशीय ऊतक*
  - *तंत्रिका ऊतक*

पादप ऊतक (Plant Tissues)

पादप ऊतकों का विकास के आधार पर वर्गीकरण नीचे दिए गए रेखाचित्र द्वारा समझा जा सकता है

पादप ऊतक (Plant Tissues)

- **विभज्योतक (Meristematic)** ये ऊतक अपरिपक्व एवं निरंतर विभाजित होने वाली कोशिकाओं के बने होते हैं।
  - **शीर्षस्थ** ये तने एवं जड़ के शीर्ष भाग में उपस्थित होते हैं।
  - **अंतर्वेशी** ये ऊतक पत्तियों के आधार पर एवं टहनी के पर्व के दोनों ओर उपस्थित होते हैं।
  - **पार्श्व** ये तने एवं मूल की परिधि में उपस्थित होते हैं।
- **स्थायी (Permanent)** ये ऊतक विभज्योतक ऊतक द्वारा ही विभेदन के बाद बनते हैं तथा पादपों के मुख्य कार्यकारी ऊतकों की तरह जाने जाते हैं। इनकी कोशिकाओं में विभाजन की क्षमता नहीं होती हैं।
  - **सरल** ये ऊतक एक ही प्रकार की कोशिकाओं द्वारा निर्मित होते हैं।
    - **मृदूतक** इसका मुख्य कार्य जल और खाद्य-पदार्थों को संचित करना है।
    - **स्थूलकोण ऊतक** यह पादपों को यांत्रिक सहायता प्रदान करता है।
    - **दृढ़ोतक** यह मृत ऊतक पादपों की बाहरी परतों में रक्षात्मक ऊतक के रूप में कार्य करता है।
  - **जटिल** ये ऊतक एक से अधिक प्रकार की कोशिकाओं से मिलकर बने होते हैं तथा पादपों में आंतरिक परिवहन के लिए उत्तरदायी होते हैं।
    - **दारु या जाइलम** यह जल संवाहक ऊतक कहलाता है।
    - **पोषवाह या फ्लोएम** यह पादपों के हरे भागों में निर्मित भोज्य पदार्थों को दूसरे भागों तक पहुँचाता है।

1. विभज्योतक ऊतक (Meristematic Tissues)

पादपों में वृद्धि कुछ निश्चित क्षेत्रों में ही होती है। ऐसा उन क्षेत्रों में निरंतर विभाजित होने वाले ऊतकों के कारण होता है। इन ऊतकों को विभज्योतक कहा जाता है। ये पादपों की वृद्धि करने वाले क्षेत्रों; जैसे—मूल व प्ररोह शीर्ष में पाए जाते हैं। इन ऊतकों की कोशिकाएँ सक्रिय व सघन कोशिकाद्रव्य, पतली सेलुलोस की भित्ति व स्पष्ट केंद्रक वाली होती हैं। इनमें रिक्तिकाओं व कोशिकाओं के मध्य अंतराकोशिकीय स्थानों (Intercellular spaces) का अभाव होता है।

विभज्योतक के द्वारा बनी नई कोशिकाएँ प्रारंभ में विभज्योतक की तरह होती हैं, लेकिन जैसे-जैसे ये बढ़ती और परिपक्व होती है, इनके गुणों में धीरे-धीरे परिवर्तन होता है और ये दूसरे ऊतकों के घटकों के रूप में विभेदित (Differentiate) हो जाती हैं।

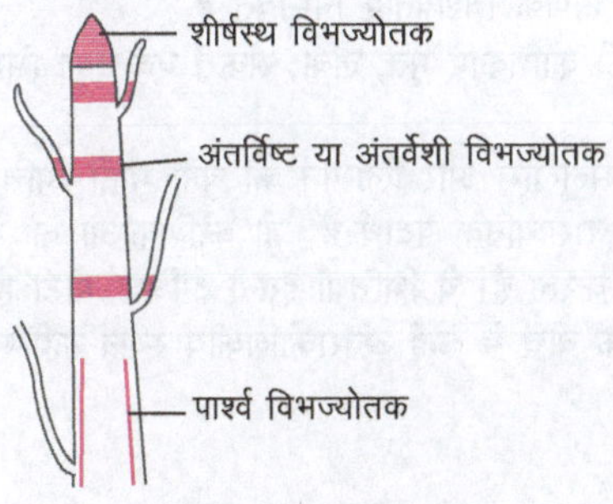

पादप में विभज्योतक की स्थिति

इन ऊतकों की उपस्थिति वाले क्षेत्रों के आधार पर इन्हें तीन भागों में वर्गीकृत किया गया है—

(i) शीर्षस्थ विभज्योतक (Apical Meristem)

यह विभज्योतक तने एवं जड़ के शीर्ष भाग में उपस्थित होता है तथा पादपों की लंबाई बढ़ाने में सहायक है। शीर्षस्थ विभज्योतक निरंतर विभाजित होते रहते हैं एवं जड़ व तनों के शीर्षों पर प्राथमिक वृद्धि बिंदु (Growing point) का निर्माण करते हैं।

(ii) अंतर्वेशी विभज्योतक (Intercalary Meristem)

ये विभज्योतक पत्तियों के आधार में या टहनी के पर्व (Internode) के दोनों ओर उपस्थित होते हैं। अंतर्वेशी विभज्योतक स्थायी ऊतकों के बीच-बीच में पाए जाते हैं तथा ये भी पादपों की लंबाई में वृद्धि के लिए उत्तरदायी होते हैं।

(iii) पार्श्व विभज्योतक (Lateral Meristem)

ये ऊतक तने या मूल की परिधि में पाए जाते हैं तथा तने एवं मूल की चौड़ाई बढ़ाने में सहायक होते हैं अर्थात् ये ऊतक तने एवं जड़ में **द्वितीयक वृद्धि** (Secondary growth) के लिए उत्तरदायी होते हैं, इसलिए इन्हें **द्वितीयक विभज्योतकी** (Secondary meristem) भी कहते हैं, ये ऊतक, संवहन बंडल (Vascular bundle) भी बनाते हैं, उदाहरण—कैम्बियम तथा वृक्ष की छाल के नीचे कॉर्क कैम्बियम (Cork cambium)।

2. स्थायी ऊतक (Permanent Tissue)

ये ऊतक विभज्योतक ऊतक द्वारा ही बनते हैं, परंतु ये अपनी विभाजित होने की क्षमता खो देते हैं, जिसके कारण इन्हें स्थायी ऊतकों के रूप में वर्गीकृत किया जाता है। ये किसी विशिष्ट कार्य को करने के लिए एक निश्चित व स्थायी आकार तथा संरचना ले लेते हैं।

इस प्रकार विशिष्ट कार्य करने के लिए विभज्योतकी अपरिपक्व कोशिका के परिपक्व एवं स्थायी रूप तथा आकार लेने की क्रिया को **विभेदन** या **विभेदीकरण** (Differentiation) कहते हैं।

ये ऊतक निम्न तीन प्रकार के होते हैं—

(i) सरल स्थायी ऊतक (Simple Permanent Tissue)

ये ऊतक एक ही प्रकार की कोशिकाओं द्वारा निर्मित होते हैं अर्थात् इनकी सभी कोशिकाएँ कार्य एवं संरचना में समांगी (Homogenous) होती हैं।

सरल स्थायी ऊतक पुन: निम्नलिखित तीन प्रकार के होते हैं—

(a) मृदूतक (Parenchyma)

इसकी कोशिकाओं की कुछ परतें अन्य ऊतकों की आधारीय पैकिंग का निर्माण करती है। ये ऊतक तने एवं मूलों के वल्कुट व मज्जा तथा पत्तियों के पर्णमध्योतक में पाए जाते हैं।

मृदूतक की लाक्षणिक विशेषताएँ निम्नवत् हैं

- यह ऊतक प्राय: समव्यासी, गोल, अण्डाकार अथवा बहुमुखी, सेलुलोस की पतली कोशिका भित्ति वाली व जीवित कोशिकाओं का समूह है।
- इनकी कोशिकाओं के बीच में अंतराकोशिकीय स्थान (Intercellular space) सुविकसित होते हैं।
- कोशिकाओं के मध्य में एक बड़ी रसधानी होती है।

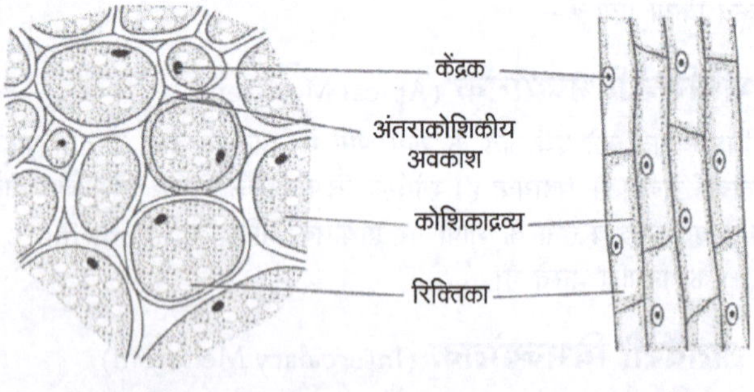

मृदूतक: (a) अनुप्रस्थ काट (TS), (b) अनुलंब काट (LS)

मृदूतक के कार्य निम्न प्रकार से हैं

- मृदूतक का मुख्य कार्य जल और खाद्य-पदार्थों (मण्ड, प्रोटीन तथा वसा) को संचित करना है।
- हरितलवक उपस्थित होने पर ये प्रकाश-संश्लेषण द्वारा खाद्य निर्माण करते हैं। इन्हें **क्लोरेंकाइमा** या **हरितऊतक** (Chlorenchyma) कहते हैं।
- ये जलीय पादपों में वायु गुहिकाएँ बनाकर प्लवन (Buoyancy) और श्वसन में सहायता करते हैं। इस प्रकार के मृदूतक को **ऐरेंकाइमा** या **वायुतक** (Aerenchyma) कहते हैं।
- अधिक जल सोखकर, स्फीत (Turgid) रहने के कारण इसकी कोशिकाएँ कोमल भागों को यांत्रिक शक्ति प्रदान करती है।

(b) स्थूलकोण ऊतक (Collenchyma)

स्थूलकोण ऊतक मुख्यतया एपिडर्मिस के नीचे पर्णवृंत (Petiole) में एवं द्विबीजपत्री तनों की अधस्त्वचा (Hypodermis) में पाए जाते हैं।

स्थूलकोण ऊतक की लाक्षणिक विशेषताएँ निम्नवत् हैं

- इन ऊतक की कोशिकाएँ लंबी और जीवित होती है।
- इनमें अंतराकोशिकीय अवकाश प्राय: अनुपस्थित होते हैं, क्योंकि इनमें कोशिकाओं के कोनों पर कोशिका भित्ति के ऊपर पैक्टिन की परत का जमाव पाया जाता है, जिसके परिणामस्वरूप कोशिका भित्ति मोटी और दृढ़ हो जाती है तथा वहाँ उपस्थित अंतराकोशिकीय अवकाश भर जाते हैं।

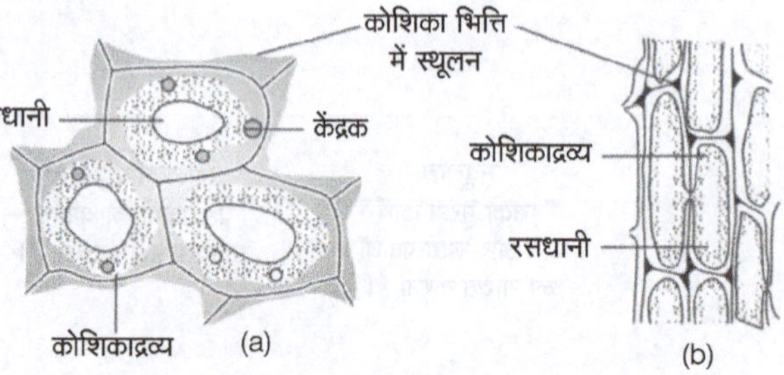

स्थूलकोण ऊतक; (a) अनुप्रस्थ काट (TS), (b) अनुलंब काट (LS)

इसके कार्य निम्नवत् हैं—

- मृदूतक की तरह यह भी पादपों को यांत्रिक सहायता प्रदान करता है।
- यह पादप के विभिन्न भागों में बिना टूटे लचीलापन लाता है।
- जब इनमें हरितलवक पाया जाता है, तब यह भोजन के निर्माण में सहायक होता है।
- पैक्टिन और सेलुलोस की उपस्थिति के कारण इसकी कोशिकाएँ जल संचय में सहायता करती है।

(c) दृढ़ोतक (Sclerenchyma)

दृढ़ोतक पादपों के तने, पत्तियों की शिरा (Vein), फलों तथा बीजों के कठोर आवरण (बीजावरण) और नारियल के बाहरी रेशेदार छिलके (Husk) में पाए जाते हैं।

दृढ़ोतक की लाक्षणिक विशेषताएँ निम्नवत् हैं

- इस ऊतक की कोशिकाएँ मृत, लंबी, संकरी एवं दोनों सिरों पर नुकीली होती है।
- इनके ऊपर सेलुलोस और लिग्निन की बनी मोटी भित्ति पाई जाती है। लिग्निन एक रासायनिक पदार्थ है, जो कोशिकाओं को सीमेंट की तरह दृढ़ता प्रदान करता है। ये भित्तियाँ इतनी अधिक मोटी हो जाती हैं, कि कोशिकाओं के बीच में कोई अंतराकोशिकीय स्थान नहीं रहता है।

- मृत होने के कारण इनमें जीवद्रव्य नहीं होता है।

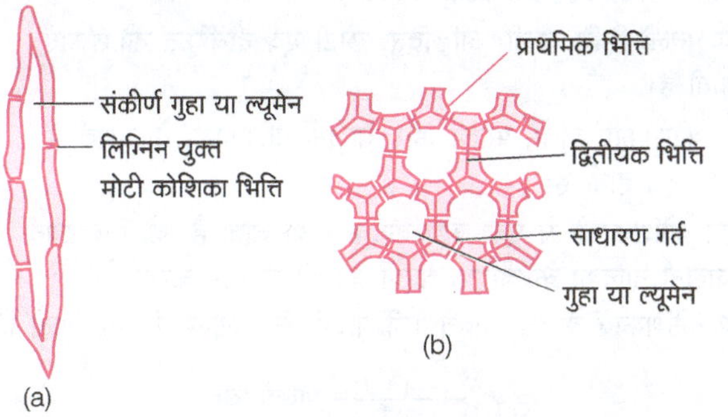

दृढ़ोतक; (a) एक दृढ़ोतक तंतु की अनुलंब काट (LS), (b) दृढ़ोतक तंतुओं की अनुप्रस्थ काट (TS)

इसके कार्य निम्नवत् हैं—

- इस ऊतक का मुख्य कार्य पादप को दृढ़ता एवं यांत्रिक शक्ति प्रदान करना है।
- यह ऊतक पादप के बाहरी परतों में 'रक्षात्मक ऊतक' के रूप में कार्य करता है; जैसे—नारियल की ऊपरी भूसी दृढ़ोतक की बनी होती है।
- मृत होने के कारण इस ऊतक की कोशिकाओं में जलधारण करने की क्षमता अधिक पाई जाती है। अत: इनके तंतु वाहक ऊतक अर्थात् जाइलम या दारु (Xylem) और फ्लोएम या पोषवाह (Phloem) में बहुतायत से पाए जाते हैं।

3. रक्षी ऊतक (Protective Tissue)

रक्षी ऊतक पादपों को बाह्य आघात, संक्रमण एवं अतिरिक्त जल हानि के विरुद्ध सुरक्षा प्रदान करते हैं अर्थात् उनमें जल की उचित मात्रा को बनाए रखते हैं। पादपों में दो प्रकार के रक्षी ऊतक पाए जाते हैं—

I. बाह्यत्वचा या अधिचर्म (Epidermis)

पादपों में कोशिकाओं की सबसे बाहरी परत अर्थात् एपिडर्मिस कोशिकाओं के एकल स्तर की बनी होती है। एपिडर्मल कोशिकाएँ पादपों की बाह्य सतह पर एक मोम जैसी जल प्रतिरोधी परत बनाती है। यह परत जल की क्षति, यांत्रिक आघात तथा परजीवी कवक के प्रवेश से पादपों की रक्षा करती है। शुष्क स्थलों पर मिलने वाले पादपों में एपिडर्मिस मोटी हो सकती है, जिससे वाष्पन द्वारा जल की हानि को रोका जा सके। मरुस्थलीय पादपों की बाहरी सतह वाली एपिडर्मिस पर जल अवरोधक रासायनिक पदार्थ **क्यूटिन** (Cutin) का आवरण उपस्थित होता है, जो जल-हानि को कम करता है।

अधिचर्म की कोशिकाएँ बिना किसी अंत:कोशिकीय स्थान के अछिन्न या सतत् (Continuous) परत बनाती हैं। अधिकांश एपिडर्मल कोशिकाएँ अपेक्षाकृत चपटी होती हैं। सामान्यतया उनकी बाह्य तथा पार्श्व भित्तियाँ उनकी आंतरिक भित्तियों से मोटी होती हैं।

पत्ती की एपिडर्मिस में छोटे-छोटे छिद्र होते हैं, जिन्हें **रंध्र या स्टोमेटा** (Stomata) कहते हैं। स्टोमेटा को दो वृक्क के आकार की कोशिकाएँ घेरे रहती हैं, जिन्हें **रक्षी या द्वार कोशिकाएँ** (Guard cells) कहते हैं। ये कोशिकाएँ वायुमण्डल से गैसों का आदान-प्रदान करने के लिए स्टोमेटा को खोलने एवं बंद करने में आवश्यक होती हैं। वाष्पोत्सर्जन (पादप के वायवीय भाग से वाष्प के रूप में पानी का निकलना) की क्रिया भी स्टोमेटा द्वारा होती है।

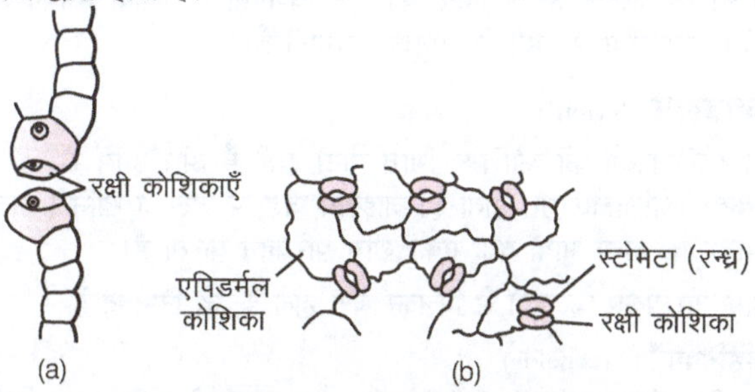

द्वार कोशिकाएँ तथा एपिडर्मिस कोशिकाएँ; (a) पार्श्व दृश्य, (b) पृष्ठ दृश्य

जड़ों की एपिडर्मल कोशिकाएँ मृदा से पानी के अवशोषण का कार्य करती हैं। साधारणतया उनमें रोमनुमा प्रवर्ध होते हैं, जिससे जड़ों की कुल अवशोषक सतह बढ़ जाती है तथा उनकी पानी के अवशोषण की क्षमता में वृद्धि होती है।

II. छाल (Cork)

यह द्वितीयक विभज्योतक की पट्टी होती है, जो तने की एपिडर्मिस का स्थान ले लेती है। यह पादपों पर बहुस्तरीय मोटी छाल का निर्माण करती है। इन छालों की कोशिकाएँ मृत होती है। ये बिना अंत:कोशिकीय स्थानों के सुसंहत (Compact) रूप से व्यवस्थित होती हैं। इनकी भित्ति पर सुबेरिन नामक रसायन उपस्थित होता है, जो इन छालों को हवा एवं पानी के लिए अभेद्य बनाता है।

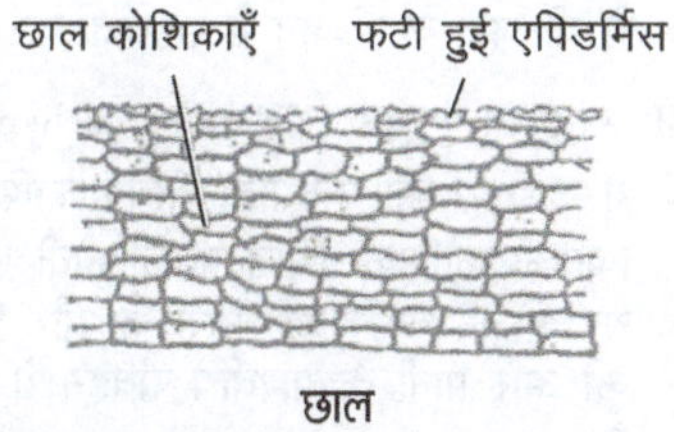

छाल

चेक प्वॉइण्ट 6.1

1. *किस गुण के आधार पर जंतु व पादप ऊतक एक-दूसरे से भिन्न होते हैं?*
2. *पादपों में वृद्धि केवल कुछ विशिष्ट स्थानों पर ही होती हैं। इसका कारण किस ऊतक को माना जाता है?*
3. *जलीय पादपों में पानी में डूबे रहने के अलावा तैरने की भी क्षमता होती है। इसका कारण किस ऊतक को माना जाता है?*
4. *मरुस्थलीय पादप अपने शरीर से जल की हानि को किस रसायन द्वारा रोकते हैं?*
5. *छाल जल व गैसों के लिए अभेद्य क्यों होती है?*

(ii) जटिल स्थायी ऊतक (Complex Permanent Tissue)

जटिल ऊतक कोशिकाओं का वह समूह हैं, जिसमें एक से अधिक प्रकार की कोशिकाएँ उपस्थित होती हैं तथा ये सभी कोशिकाएँ मिलकर एक इकाई की तरह कार्य करती हैं।

जटिल ऊतक निम्नलिखित दो प्रकार के होते हैं—

(a) जाइलम (b) फ्लोएम

ये दोनों संवहन ऊतक हैं व परस्पर मिलकर संवहन बंडल का निर्माण करते हैं। यह ऊतक उच्च पादपों की एक विशेषता हैं, जोकि उनको स्थलीय वातावरण में रहने के अनुकूल बनाती है।

(a) जाइलम (Xylem)

इनकी कोशिकाओं की कोशिका भित्ति मोटी होती है और इनमें से अधिकतर कोशिकाएँ मृत होती हैं। जाइलम जड़ से जल व खनिज लवणों का पादप के अन्य भागों तक एकदिशीय परिवहन करता है।

जाइलम चार प्रकार के तत्वों से मिलकर बना होता है, जो निम्नवत् हैं—

I. **वाहिनिकाएँ** (Tracheids)

- इसकी कोशिकाएँ निर्जीव, लंबी, नलिकाकार एवं दोनों सिरों पर नुकीली होती हैं।
- इसके द्वारा पानी और खनिज लवण का ऊर्ध्वाधर संवहन होता है।

II. **वाहिकाएँ** (Vessels)

- ये लंबी, नलिका समान रचनाएँ हैं, जो कोशिकाओं के एक के ऊपर एक स्थित होने से बनती हैं।
- ये मृत एवं लिग्निन युक्त भित्ति वाली कोशिकाएँ होती हैं।
- ये भी जल के संवहन में सहायता करती हैं।

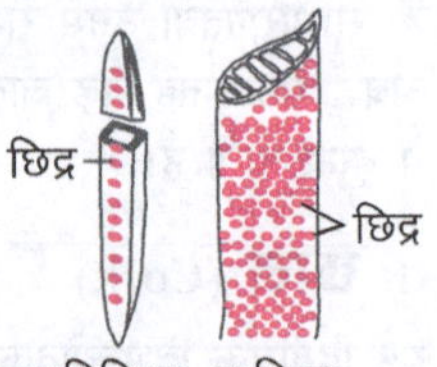

III. **जाइलम मृदूतक** (Xylem Parenchyma)

- ये जाइलम की एकमात्र जीवित कोशिकाएँ हैं, जिनकी कोशिका भित्ति पतली होती है।
- यह भोजन का संग्रह करता है और किनारे की ओर पानी के पार्श्वीय संवहन में मदद करता है।

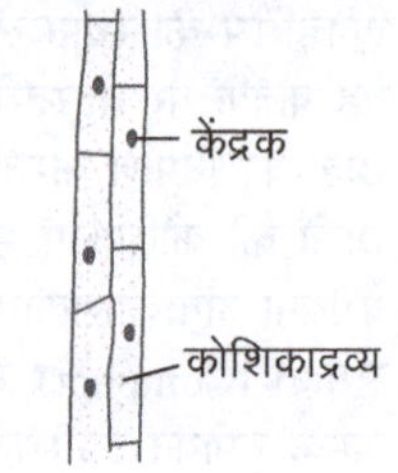

जाइलम मृदूतक

IV. **जाइलम तंतु या रेशे** (Xylem Fibres)

- ये दीर्घीकृत मृत कोशिकाएँ होती हैं, जिनके दोनों सिरे नुकीले व कोशिका भित्ति मोटी होती है।
- ये तंतु जाइलम को यांत्रिक सहयोग एवं मजबूती प्रदान करते हैं।

(b) फ्लोएम (Phloem)

फ्लोएम पत्तियों से भोजन को पादप के विभिन्न भागों तक पहुँचाता है। इसमें खाद्य पदार्थों (सुक्रोस) की दोनों दिशाओं में गति संभव होती है। फ्लोएम रेशों को छोड़कर, अन्य सभी फ्लोएम कोशिकाएँ जीवित कोशिकाएँ हैं।

फ्लोएम निम्नलिखित चार तत्वों से बना होता है

I. **चालनी नलिका** (Sieve Tubes)

- यह छिद्रित भित्ति वाली, नलिकाकार कोशिका होती है।
- यह परिपक्व अवस्था में केंद्रकविहीन होती है।
- इसमें कोशिकाद्रव्य की पतली परत होती है।
- इन कोशिकाओं के बीच-बीच में उपस्थित अनुप्रस्थ भित्तियों में अनेक छिद्र होते हैं, जिससे इनकी रचना छलनी के समान प्रतीत होती है। इसी कारण इन्हें **चालनी पट्टिकाएँ** (Sieve plates) कहते हैं।

II. **सह-कोशिकाएँ** (Companion Cells)

- ये पतली भित्ति वाली, अछिद्रित, छोटी एवं दीर्घीकृत कोशिकाएँ होती हैं।
- ये कोशिकाएँ लंबी, पतली और चालनी नलिकाओं के पार्श्व में उपस्थित होती हैं।
- इन कोशिकाओं में एक बड़ा केंद्रक पाया जाता है, जो निकटवर्ती चालनी नलिका के जैविक कार्यों का भी नियमन करता है।
- ये कोशिकाएँ केवल आवृतबीजी पादपों के फ्लोएम में पाई जाती हैं।

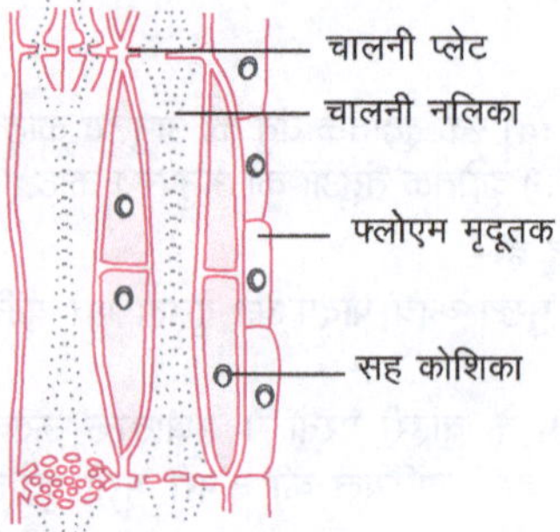

फ्लोएम

III. **फ्लोएम मृदूतक** (Phloem Parenchyma)

- चालनी नलिकाओं के बीच-बीच में साधारण मृदूतक समान जीवित, लंबी एवं केंद्रकयुक्त, छोटी-छोटी कोशिकाएँ पाई जाती हैं, जो फ्लोएम मृदूतक कहलाती हैं।
- यह भोजन के भण्डारण व धीमे पार्श्व संवहन में सहायक होता है।

IV. **फ्लोएम रेशे** (Phloem Fibres)

ये लंबी एवं दृढ़ कोशिकाओं के बने होते हैं एवं फ्लोएम को यांत्रिक शक्ति और दृढ़ता प्रदान करते हैं।

विभज्योतक व स्थायी ऊतक में अंतर

विभज्योतक ऊतक	स्थायी ऊतक
इसकी कोशिका भित्ति पतली होती है।	इसकी कोशिका भित्ति पतली अथवा दृढ़ होती है।
इनमें कोशिका समव्यासी होती है।	इनमें कोशिका अनेक आकार और आमाप (Size) की होती है।
इनमें अंतराकोशिकीय स्थान सामान्यतया नहीं पाए जाते हैं।	इनमें अंतराकोशिकीय स्थान उपस्थित हो भी सकते हैं और नहीं भी।
इनका कोशिकाद्रव्य सघन होता है।	इनका कोशिकाद्रव्य पतला होता है।
इसकी कोशिकाओं में विभाजन की क्षमता मिलती है।	इसकी कोशिकाएँ अविभाज्य होती हैं।
विभाजित होते रहने के कारण इनका केंद्रक बड़ा होता है।	विभाजन न होने के कारण इनका केंद्रक छोटा होता है।
इनमें कोशिकाएँ अपरिपक्व और अविकसित होती हैं।	इनमें कोशिकाएँ परिपक्व और पूर्ण विकसित होती हैं।
इनमें कोशिकाएँ सदैव जीवित होती है।	इनमें कोशिकाएँ जीवित अथवा मृत दोनों प्रकार की हो सकती है।

चेक प्वॉइण्ट 6.2

1. जटिल स्थायी ऊतक, सरल स्थायी ऊतकों से किस प्रकार से भिन्न होते हैं?
2. उच्च पादपों की वह विशेषता बताइए, जो उनको स्थलीय वातावरण में रहने के अनुकूल बनाती है।
3. जाइलम का कौन-सा तत्व खनिजों के संवहन हेतु उत्तरदायी हैं?
4. सहकोशिका का क्या कार्य होता है?
5. फ्लोएम के उस तत्व का नाम बताइए, जो उसे यांत्रिक शक्ति प्रदान करता है।

जंतु ऊतक (Animal Tissue)

कार्यों के आधार पर जंतु ऊतकों को मुख्यतया चार वर्गों में, एपिथीलियम ऊतक, संयोजी ऊतक, पेशीय ऊतक तथा तंत्रिका ऊतक में वर्गीकृत किया गया हैं।

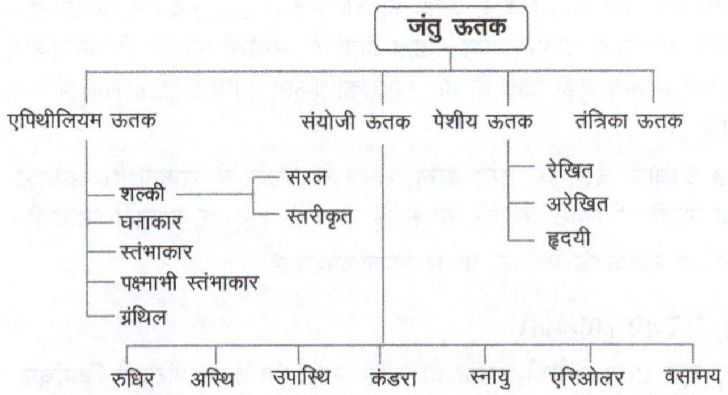

1. एपिथीलियम या उपकला ऊतक (Epithelial Tissue)

जंतु के शरीर एवं अंगों को ढकने या रक्षा प्रदान करने वाले बाह्य ऊतक एपिथीलियम ऊतक कहलाते हैं। यह जंतु शरीर का सरलतम रक्षात्मक आवरण है, जो शरीर के अंदर स्थित अधिकांश अंगों और गुहिकाओं को ढकता है। ये विभिन्न प्रकार के शारीरिक तंत्रों को एक-दूसरे से अलग करने के लिए अवरोध का निर्माण करते हैं। इसकी कोशिकाएँ एक-दूसरे से सटी होती हैं और ये एक सतत् परत का निर्माण करती हैं अर्थात् इसकी कोशिकाओं के बीच बहुत कम स्थान उपस्थित होता है। इनके बीच चिपकाने वाले (संयोजक) पदार्थ बहुत कम होते हैं।

सभी एपिथीलियम ऊतकों को कोलैजन युक्त एक बाह्य रेशेदार आधार झिल्ली नीचे स्थित ऊतकों से अलग करती है। कोशिकाओं के आकार व उनकी व्यवस्था के आधार पर एपिथीलियमी ऊतक को निम्न प्रकार से वर्गीकृत किया गया है—

(i) शल्की एपिथीलियम (Squamous Epithelium)

शरीर का रक्षात्मक आवरण अर्थात् त्वचा इन्हीं शल्की एपिथीलियम की बनी होती है। ये निम्न प्रकार की होती हैं

(a) सरल शल्की एपिथीलियम (Simple Squamous Epithelium)

- इसकी कोशिकाएँ पतली व चपटी होती हैं तथा फर्श पर टाइल्स के समान प्रतीत होती हैं। ये एक स्तरीय व सघन रूप से व्यवस्थित होती है।

सरल शल्की एपिथीलियम

- रुधिर नलिका या वायु कूपिका का आस्तर, जहाँ पदार्थों का संवहन या आदान-प्रदान वरणात्मक पारगम्य झिल्ली द्वारा होता है, वहाँ पर सरल शल्की एपिथीलियम ऊतक उपस्थित होते हैं।
- यह आहारनाल व मुख को भी आस्तरित करती है।

(b) स्तरित शल्की एपिथीलियम (Stratified Squamous Epithelium)

- त्वचा को कटने-फटने से बचाने हेतु इसकी कोशिकाएँ कई परतों में व्यवस्थित होती हैं।

स्तरित शल्की एपिथीलियम

- यह त्वचा के बाहर की ओर पाई जाती है तथा यांत्रिक चोटों के लिए अत्यधिक प्रतिरोधी व जलरोधी होती है।

(ii) घनाकार एपिथीलियम (Cuboidal Epithelium)

- यह घन के आकार की कोशिकाओं से बनी होती है, जिनका केंद्रक गोलाकार होता है।

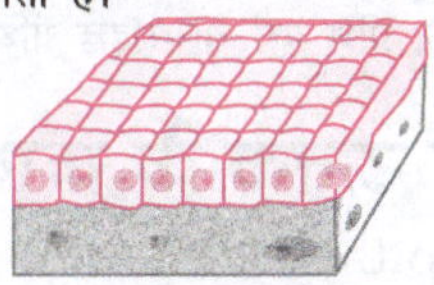

घनाकार एपिथीलियम

- यह वृक्कीय नलिका तथा लार ग्रंथि की नली के आस्तर का निर्माण करती है, जहाँ यह उसे यांत्रिक सहायता प्रदान करती है।
- यह अवशोषण, उत्सर्जन व स्रावण में भी सहायक होती है।

(iii) स्तंभाकार एपिथीलियम (Columnar Epithelium)

- इस उपकला की कोशिकाएँ स्तंभ (Pillars) के समान लंबी, आयताकार व एक-दूसरे से सटी होती हैं।
- यह ऊतक आमाशय, आँत, पित्ताशय, पित्त वाहिनियों, आदि की आंतरिक सतह पर पाया जाता है, जहाँ अवशोषण व स्रावण होता है।
- यह ऊतक एपिथीलियमी अवरोध के आर-पार कणों की गति में सहायता प्रदान करता है।

(iv) **पक्ष्माभी स्तंभाकार एपिथीलियम**

(Ciliated Columnar Epithelium)

- जब स्तंभाकार एपिथीलियमी कोशिकाओं पर रोमनुमा (Hair like) पक्ष्माभ उपस्थित होते हैं, तो यह पक्ष्माभी स्तंभाकार एपिथीलियम कहलाती है।

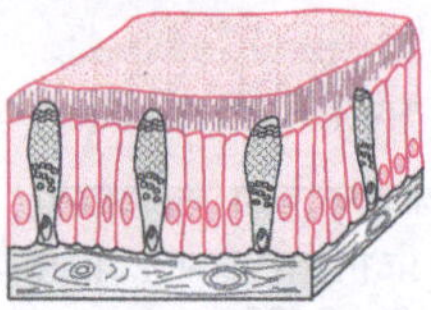

पक्ष्माभी स्तम्भाकार एपिथीलियम

- ये पक्ष्माभ गति कर सकते हैं। इनकी गति विभिन्न पदार्थों जैसे श्लेष्मा को आगे की ओर स्थानांतरित करती है।
- यह श्वासनली, अण्डवाहिनी, शुक्रवाहिनी व वृक्क नलिकाओं को आस्तरित करती है।

(v) **ग्रंथिल एपिथीलियम** (Glandular Epithelium)

- इनकी कोशिकाओं में एक स्पष्ट केन्द्रक (Nucleus) होता है।
- ये कोशिकाएँ हॉर्मोन्स, एन्जाइम्स, श्लेष्म, पाचक रस, आदि तरल पदार्थों का स्रावण करती हैं।
- ग्रन्थिल उपकला ऊतक में स्रावण के लिए निम्नलिखित दो प्रकार की ग्रन्थियाँ मिलती हैं
  (a) **एककोशिकीय ग्रन्थि** (Unicellular Gland) इसके अन्तर्गत चषक (Goblet) कोशिकाएँ आती हैं, जो श्लेष्म (Mucus) का स्रावण करती हैं।
  (b) **बहुकोशिकीय ग्रन्थि** (Multicellular Gland) इसके अन्तर्गत बहुकोशिकीय बाह्यस्रावी और अन्त:स्रावी ग्रन्थियाँ क्रमश: लार ग्रंथि एवं थायरॉइड ग्रंथि आती है।

एपिथीलियमी ऊतक के कार्य

(Functions of Epithelial Tissue)

इसके कार्य निम्न हैं

- एपिथीलियमी ऊतक का मुख्य कार्य शरीर और आंतरांगों के लिए सुरक्षात्मक आवरण बनाना हैं। ये शरीर के आंतरिक ऊतकों को जीवाणुओं एवं हानिकारक पदार्थों से बचाते हैं। इसके साथ ही ये अंगों की सतह को सूखने से भी बचाते हैं।
- यह चयनात्मक अवरोध (Selective barrier) की तरह कार्य करता है और शरीर व बाह्य वातावरण तथा विभिन्न अंगों के बीच पदार्थों के सुरक्षात्मक विनिमय (Exchange) में सहायक होता है।
- यह आहारनाल में अवशोषण में सहायता करता है।
- यह शरीर में विभिन्न स्थानों पर स्रावण में सहायक होता है।
- यह वृक्क नलिकाओं में पुनरावशोषण तथा उत्सर्जन में सहायक होता है।
- यह वायु कूपिका में गैसीय विनिमय में सहायक होता है।

चेक प्वॉइण्ट 6.3

1. *रुधिर नलिका व वायु कूपिका, जहाँ पदार्थों का संवहन वरणात्मक पारगम्य झिल्ली द्वारा होता है, में किस प्रकार का ऊतक पाया जाता है?*
2. *त्वचा में स्तरीकृत शल्की एपिथीलियम की कोशिकाएँ कई परतों में स्थित होती हैं, क्यों?*
3. *वह स्थान जहाँ घनाकार एपिथीलियम पाई जाती है, किस कार्य हेतु विशिष्टीकृत होगा?*
4. *पक्ष्माभी स्तम्भाकार एपिथीलियम में पक्ष्माभ की क्या भूमिका होती है?*
5. *एपिथीलियमी ऊतक के कोई दो कार्य बताइए।*

2. संयोजी ऊतक (Connective Tissue)

ये ऊतक शरीर के सभी अंगों तथा अंग-तंत्रों के मध्य फैले होते हैं। इनका कार्य अंगों को सहारा देना, अंगों को आवरित (Cover) करके उनकी सुरक्षा करना एवं उन्हें परस्पर जोड़े रखना होता है। संयोजी ऊतक की कोशिकाएँ आपस में कम जुड़ी होती हैं और अंतराकोशिकीय आधात्री (Matrix) में धँसी होती हैं।

यह आधात्री जैली की तरह तरल, सघन या कठोर हो सकती है। आधात्री की प्रकृति, विशिष्ट संयोजी ऊतक के कार्य के अनुसार बदलती रहती है। संयोजी ऊतक के विभिन्न प्रकार निम्नलिखित हैं

(i) **रुधिर** (Blood)

यह एक तरल संयोजी ऊतक है। रुधिर लाल रंग का अपारदर्शी चिपचिपा द्रव है। रुधिर का 55% तरल आधात्री भाग प्लाज्मा (Plasma) कहलाता है, जिसमें रुधिर कणिकाएँ (Blood corpuscles) तैरती रहती हैं।

प्लाज्मा में 90% जल और 10% प्रोटीन, कार्बनिक तथा अकार्बनिक पदार्थ होते हैं। रुधिर के द्वारा पची हुई भोजन सामग्री (ग्लूकोस, अमीनो अम्ल, आदि), उत्सर्जी पदार्थों, गैसों (O_2 और CO_2), आदि का संपूर्ण शरीर में परिवहन होता है। पेशियों द्वारा उत्पन्न ताप, रुधिर द्वारा शरीर के विभिन्न भागों में पहुँचाया जाता है, जिससे शरीर का तापमान नियत (Constant) बना रहता है। अत: रुधिर शरीर के आंतरिक वातावरण को समस्थिति में बनाए रखता है।

रुधिर कणिकाएँ (Blood Corpuscles)

ये निम्नलिखित तीन प्रकार की होती हैं—

- **लाल रुधिर कोशिकाएँ** (Red Blood Corpuscles or RBCs) इन्हें **एरिथ्रोसाइट** भी कहते हैं। इनमें एक लौह युक्त लाल रंग का प्रोटीन वर्णक हीमोग्लोबिन (Haemoglobin) होता है, जिसके कारण इन रुधिराणुओं एवं रुधिर का रंग लाल होता है। ये शरीर में ऑक्सीजन एवं CO_2 के वहन का कार्य करती है। इसका जीवनकाल 120 दिन का होता है।
- **श्वेत रुधिर कोशिकाएँ** (White Blood Corpuscles or WBCs) इन्हें **ल्यूकोसाइट** भी कहते हैं। ये रुधिर कणिकाएँ अनियमित आकार की

हीमोग्लोबिन रहित और केंद्रक युक्त होती हैं। ये प्रतिरक्षी (Antibodies) उत्पन्न कर रोगों के विरुद्ध प्रतिरक्षा प्रदान करती हैं।

- **रुधिर प्लेटलेट्स** (Blood Platelets) इन्हें **थ्रोम्बोसाइट** भी कहते हैं एवं ये केवल स्तनियों में ही पाई जाती हैं। ये रुधिर के स्कंदन (Clotting) में सहायक होती हैं।

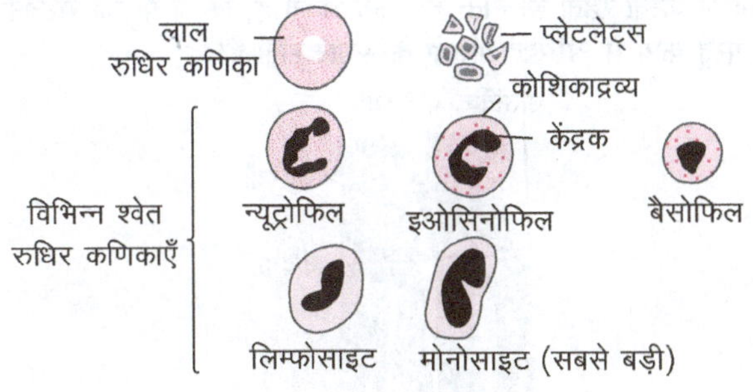

रुधिर कोशिकाओं के प्रकार

(ii) **अस्थि** (Bone)

अस्थि एक दृढ़ संयोजी ऊतक है और उच्च कशेरुकियों में यह ऊतक शरीर का मुख्य अंत: कंकाल बनाता है। यह शरीर को एक निश्चित आकार प्रदान करती है एवं माँसपेशियों को सहारा देती है। यह ऊतक मजबूत और कठोर होता है। अस्थि कोशिकाएँ कठोर आधात्री (Matrix) में धँसी होती है, जो कैल्शियम तथा फॉस्फोरस के लवणों से बनी होती हैं। अस्थि के आधार द्रव को ओसीन (Ossein) कहते हैं।

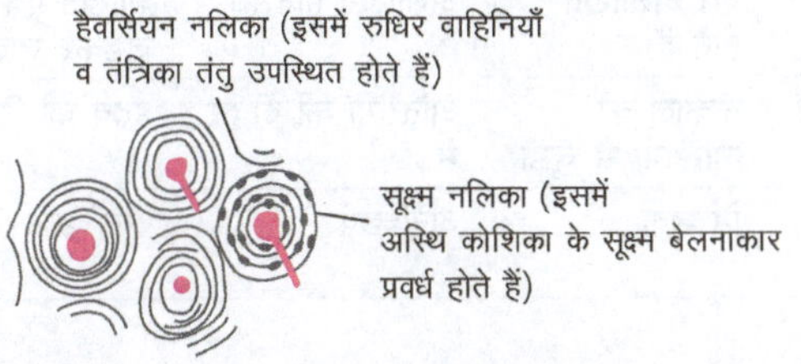

सुसंहत (Compact) अस्थि ऊतक

(iii) **उपास्थि** (Cartilage)

यह एक विशिष्ट प्रकार का लचीला संयोजी ऊतक होता है, जिसमें कोशिकाओं के बीच पर्याप्त स्थान होता है। इसकी ठोस आधात्री (Matrix) कॉण्ड्रिन (Chondrin) प्रोटीन, शर्करा एवं कोलैजन तथा इलास्टिन तंतुओं की बनी होती है। इसी कारण हम कान की उपास्थि को मोड़ सकते हैं, परंतु हाथ की अस्थि को नहीं। यह अस्थियों के जोड़ों को चिकना बनाती है एवं नाक, कान, कंठ और श्वासनली में पाई जाती है।

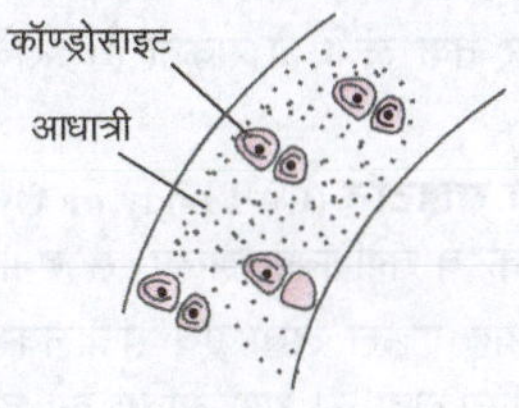

उपास्थि

(iv) **स्नायु** (Ligaments)

दो अस्थियाँ आपस में एक-दूसरे से स्नायु द्वारा जुड़ी होती हैं। यह ऊतक बहुत लचीला एवं मजबूत होता है। स्नायु में बहुत कम आधात्री होती है तथा यह पीले लचीले इलास्टिन तंतुओं द्वारा निर्मित होता है।

(v) **कंडरा** (Tendons)

यह माँसपेशियों को अस्थियों से जोड़ता है। कंडरा मजबूत तथा सीमित लचीलेपन वाला रेशेदार ऊतक होता है। यह श्वेत तंतुमय कोलैजन द्वारा निर्मित होता है।

(vi) **एरिओलर ऊतक** (Areolar Tissue)

इसे सरल ढीला संयोजी ऊतक (Simple loose connective tissue) भी कहते हैं। यह ऊतक त्वचा के नीचे, खोखले अंगों व धमनी तथा शिराओं की भित्तियों पर पाया जाता है। यह ऊतक विभिन्न ऊतकों के बीच का स्थान भरने तथा उन्हें जोड़ने व अंगों को उनके स्थान पर बनाए रखने में सहायता करता है। यह ऊतकों की मरम्मत में भी सहायता प्रदान करता है।

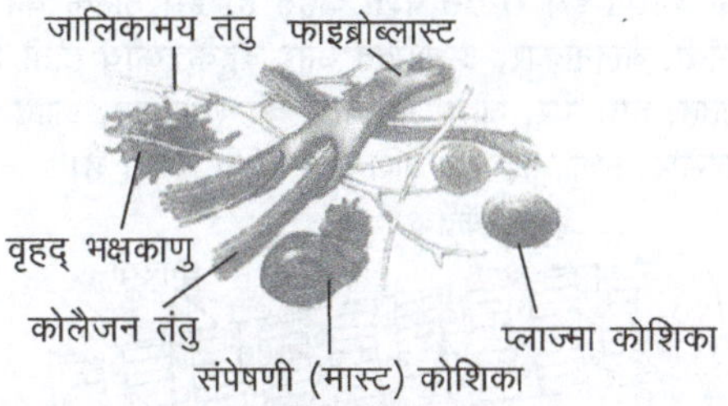

एरिओलर ऊतक

(vii) **वसामय ऊतक** (Adipose Tissue)

यह ऊतक त्वचा के नीचे, अस्थि मज्जा में व आंतरिक अंगों के बीच पाया जाता है। इस ऊतक की कोशिकाएँ वसा की गोलिकाओं से भरी होती हैं। वसा संग्रहित होने के कारण यह ऊष्मा के कुचालक का कार्य भी करता है।

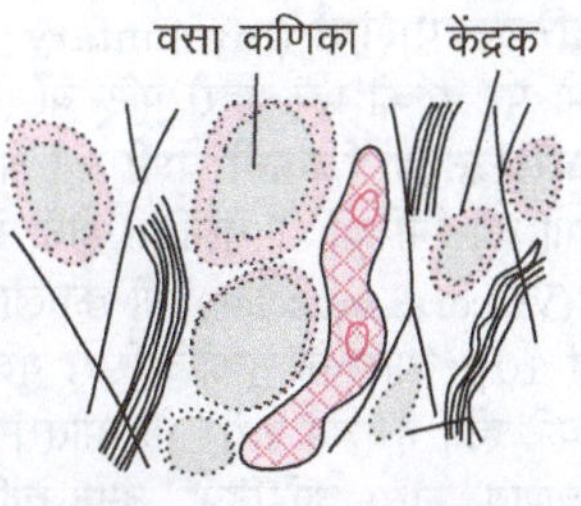

एडिपोसाइट (वसा कोशिका)

चेक प्वॉइण्ट 6.4

1. *संयोजी ऊतक को यह नाम क्यों दिया गया है?*
2. *रुधिर को तरल संयोजी ऊतक क्यों कहते हैं?*
3. *रुधिर के प्रमुख घटक क्या हैं?*
4. *दो अस्थियाँ एक-दूसरे से किस प्रकार जुड़ी होती है?*
5. *अस्थि-मज्जा में किस प्रकार का ऊतक पाया जाता है?*

3. पेशीय ऊतक (Muscular Tissue)

पेशीय ऊतक लंबी तंतुनुमा कोशिकाओं का बना होता है, जिसे पेशीय तंतु (Muscle fibre) भी कहा जाता है। यह हमारे शरीर में गति के लिए उत्तरदायी है। पेशियों में एक विशेष प्रकार की प्रोटीन उपस्थित होती है। जिसे संकुचनशील (Contractile) प्रोटीन कहते हैं, इसके संकुचन एवं शिथिलन के कारण पेशी में गति होती है।

विभिन्न प्रकार के पेशीय ऊतक निम्नवत् हैं

(i) रेखित पेशी (Striated Muscles)

इन पेशियों का आकुंचन (Contraction) जंतु की इच्छा पर निर्भर करता है। अत: ये पेशियाँ **ऐच्छिक पेशियाँ** (Voluntary muscles) भी कहलाती हैं। कंकाल या अस्थियों से जुड़े होने के कारण ये **कंकाली पेशियाँ** (Skeletal muscles) भी कहलाती हैं। हाथ-पैरों तथा शरीर को गमन एवं गति प्रदान करने के कारण, इन्हें **दैहिक पेशियाँ** (Somatic muscles) भी कहते हैं। सूक्ष्मदर्शी से देखने पर ये पेशियाँ हल्के तथा गहरे रंगों की एकांतर (Alternate) रेखाओं या धारियों की तरह प्रतीत होती हैं। इसी कारण इसे **रेखित पेशी** कहते हैं। इस ऊतक की कोशिकाएँ लंबी, बेलनाकार, अशाखित और बहुकेंद्रकीय होती हैं। ये शरीर की सतह, हाथ-पैर, जीभ, ग्रासनली की शुरूआत, आदि में पाई जाती हैं। बाइसेप्स तथा ट्राइसेप्स पेशियाँ इन्हीं से बनती हैं।

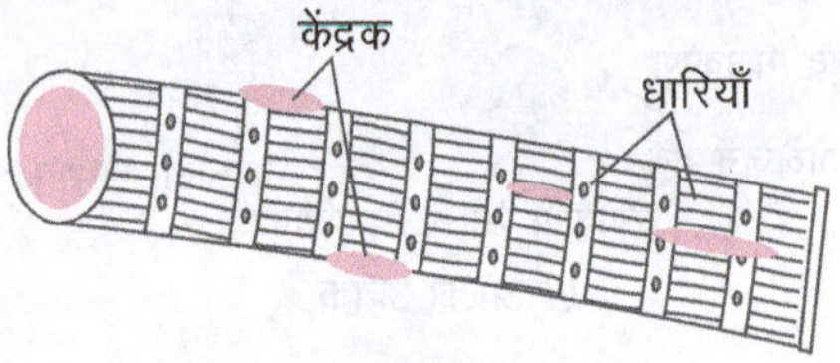

रेखित पेशी

(ii) अरेखित या चिकनी पेशी (Unstriated or Smooth Muscles)

इन पेशियों के आकुंचन पर जंतु की इच्छा का कोई नियंत्रण नहीं होता है, इसलिए इन्हें **अनैच्छिक पेशियाँ** (Involuntary muscles) भी कहते हैं। इनके तंतुओं पर हल्की एवं गहरी पट्टियाँ (Bands) नहीं होती हैं। अत: इन्हें **अरेखित** या **चिकनी पेशी** तंतु भी कहते हैं। ये प्राय: खोखले आंतरांगों की भित्तियों से संबंधित होती हैं। इसी कारण ये **आंतरांगीय पेशियाँ** (Visceral muscles) भी कहलाती हैं। इनके तंतु 100-200 μ लंबे एवं 10 μ व्यास के नुकीले सिरों युक्त तर्कुरूपी, एककेंद्रकीय और संकरे होते हैं। यह शरीर के आंतरांगों; जैसे—आहारनाल, मूत्राशय, रुधिर वाहिनियों, जनन वाहिनियों, आदि में पाई जाती हैं।

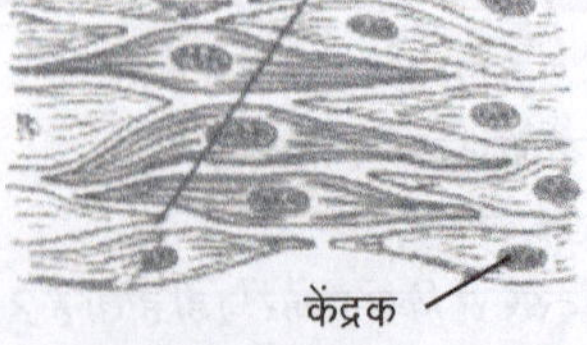

चिकनी पेशी

(iii) हृद पेशी (Cardiac Muscles)

हृद पेशियाँ कशेरुकियों के हृदय की मांसल भित्तियों में पाई जाती हैं। ये पेशियाँ छोटी, मोटी, बेलनाकार तथा शाखामय पेशी तंतुओं की बनी होती हैं। इन पेशी तंतुओं में गहरे और हल्के रंग की पट्टियाँ पाई जाती हैं। हृद पेशियाँ अनैच्छिक एवं कभी न थकने वाली होती हैं। इसी कारण ये जीवनपर्यन्त लयबद्ध संकुचन एवं प्रसारण करती रहती हैं। अत: हम कह सकते हैं, कि ये पेशियाँ संरचना में रेखित, परंतु कार्य में अरेखित पेशियों के समान होती हैं।

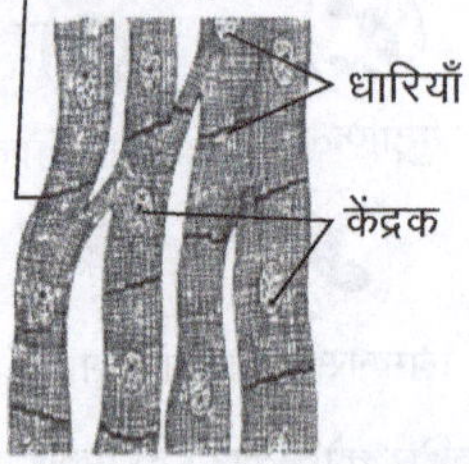

हृदयक पेशी

विभिन्न प्रकार के पेशीय ऊतकों की संरचनाओं में अंतर

लक्षण	रेखित पेशियाँ	अरेखित पेशियाँ	हृद पेशियाँ
पेशी तंतुओं की माप	पेशी तंतु 2-4 μ सेमी लंबा और 10-30 μ चौड़ा	पेशी तंतु 100-200 μ लंबा और 10 μ चौड़ा	पेशी तंतु 50-100 μ लंबा और 20 μ चौड़ा
पेशी तंतुओं का आकार	लंबे, बेलनाकार एवं अशाखित होते हैं।	लंबे, तर्कुरूपी एवं अशाखित होते हैं।	लंबे, बेलनाकार, शाखित एवं परस्पर जुड़कर जालवत्
पेशी तंतुओं की स्थिति	कंकाल की अस्थियों से जुड़ी	आंतरांगों की दीवार में	हृदय की भित्ति में
संकुचन का नियंत्रण	ऐच्छिक	अनैच्छिक	अनैच्छिक

4. तंत्रिका ऊतक (Nervous Tissue)

जंतुओं में संवदेनशीलता (Sensitivity) अर्थात् वातावरणीय दशाओं में परिवर्तन के प्रति सजगता एवं उत्तेजनशीलता (Irritability) अर्थात् उक्त उद्दीपनों (Stimuli) के प्रति **प्रतिक्रियाशीलता** (Responsiveness) इसी ऊतक के कारण संभव है।

तंत्रिका कोशिकाएँ (Neuron) तंत्रिका ऊतक की संरचनात्मक और क्रियात्मक इकाईयाँ होती हैं। इनमें विभाजन की क्षमता नहीं पाई जाती है। ये कोशिकाएँ संपूर्ण शरीर की सबसे लंबी कोशिकाएँ होती हैं।

मस्तिष्क, मेरुरज्जु तथा तंत्रिकाएँ सभी तंत्रिका ऊतकों की बनी होती हैं। एक तंत्रिका कोशिका एक मीटर तक लंबी हो सकती है। इसके तीन मुख्य भाग होते हैं—

(i) **कोशिका काय या साइटॉन** (Cell body or Cyton) यह कोशिकाद्रव्य, केंद्रक व कोशिका झिल्ली से बनी होती है।

(ii) **एक्सॉन** (Axon) यह एकल लंबा एवं संचालक प्रवर्ध है, जो कोशिका काय से निकलता है। यह आवेग को कोशिका काय से दूर ले जाता है।

(iii) **डेंड्राइट्स** (Dendrites) ये न्यूरॉन के बहुत सारे छोटे शाखित प्रवर्ध हैं, जो तंत्रिका आवेग को ग्रहण करते हैं।

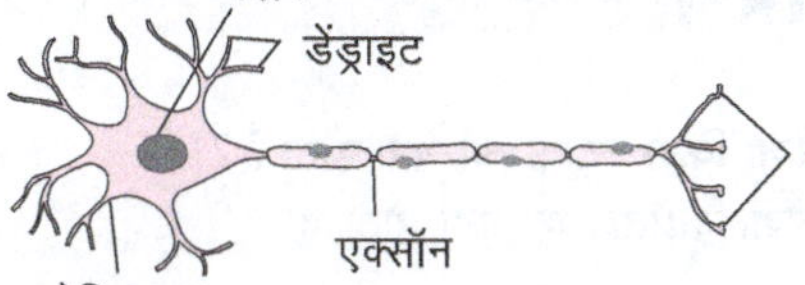

न्यूरॉन-तंत्रिका ऊतक की इकाई

अनेक तंत्रिका तंतु संयोजी ऊतक द्वारा एक-साथ जुड़कर एक तंत्रिका का निर्माण करते हैं। तंत्रिका आवेग हमें इच्छानुसार अपनी पेशियों को गति करने में सहायता करता है। तंत्रिका तथा पेशीय ऊतकों का संयोजन उत्तेजना के अनुसार जंतुओं को गति प्रदान करता है।

नोट *युग्मानुबंधन या सिनेप्स (Synapse) एक न्यूरॉन के एक्सॉन का दूसरे के न्यूरॉन डेंड्राइट्स से संयोजन का क्षेत्र है। यह क्षेत्र रासायनिक या वैद्युत उद्दीपन के माध्यम से तंत्रिका आवेग को अगले न्यूरॉन में संचारित होने देता है।*

पादप ऊतक व जंतु ऊतक में अंतर

पादप ऊतक (Plant Tissues)	**जंतु ऊतक** (Animal Tissues)
पादपों में जीवित ऊतकों की अपेक्षा मृत ऊतक अधिक पाए जाते हैं।	बहुकोशिकीय जंतुओं में मृत ऊतकों की अपेक्षा जीवित ऊतक बहुतायत में मिलते हैं।
इन्हें रख-रखाव हेतु कम ऊर्जा की आवश्यकता होती है, क्योंकि ये स्वपोषी होते हैं और अपना भोजन स्वयं बना सकते हैं।	इन्हें रख-रखाव हेतु अधिक ऊर्जा की आवश्यकता होती है, क्योंकि ये विषमपोषी होते हैं और इन्हें भोजन की तलाश में गमन करना पड़ता है।
ये ऊतक स्थायी ऊतक व विभज्योतक में विभेदित होते हैं, जो कि पादप के कुछ निश्चित भागों में उनकी विभाजन क्षमता के अनुरूप पाए जाते हैं।	इस प्रकार का विभेद जंतुओं में नहीं पाया जाता है, क्योंकि उनकी वृद्धि एक-समान होती है।
विभज्योतक के कारण पादप जीवनभर वृद्धि करते हैं।	जंतुओं में वयस्क अवस्था के पश्चात् वृद्धि नहीं होती है।
पादप ऊतकों का संघटन सरल होता है।	जंतु ऊतकों का संघटन अत्यधिक विशिष्ट अंगों व अंग तंत्रों की उपस्थिति के कारण जटिल होता है।

चेक प्वॉइण्ट 6.5

1. रेखित पेशियों को कंकाली पेशी क्यों कहते हैं?

2. चिकनी पेशियों को अरेखित पेशी भी कहते हैं। क्यों?

3. एक व्यक्ति अत्यधिक भार को ले जा रहा है। वह थक जाता है और पेशियों को आराम देने हेतु भार को रख देता है। उपरोक्त दशा में कौन-सी पेशियाँ कार्यरत् हैं?

4. उन कोशिकाओं का नाम बताइए, जो तंत्रिका ऊतक का निर्माण करती हैं।

5. न्यूरॉन के तीन मुख्य भाग कौन-से हैं?

NCERT फोल्डर

अध्याय के बीच के प्रश्न

1. ऊतक क्या है?

उत्तर समान उत्पत्ति एवं समान कार्यों को करने वाली कोशिकाओं का वह समूह, जिसकी मूलभूत संरचना समान हो, **ऊतक** कहलाता हैं।

2. बहुकोशिकीय जीवों में ऊतकों का क्या उपयोग है?

उत्तर बहुकोशिकीय जीवों में लाखों से अरबों कोशिकाएँ उपस्थित होती हैं। इनमें से अधिकतर कोशिकाएँ कुछ ही विशेष कार्यों को संपन्न करने में सक्षम होती हैं। प्रत्येक विशेष कार्य कोशिकाओं के विभिन्न समूहों द्वारा किया जाता है। कोशिकाओं के ये समूह एक विशिष्ट कार्य को ही दक्षतापूर्वक संपन्न करने के लिए सक्षम होते हैं। ये समूह ऊतक कहलाते हैं। अतः बहुकोशिकीय जीवों में ऊतक श्रम विभाजन में सहायक होता है।

3. प्रकाश-संश्लेषण के लिए किस गैस की आवश्यकता होती है?

उत्तर प्रकाश-संश्लेषण के लिए कार्बन डाइऑक्साइड गैस की आवश्यकता होती है।

4. पादपों में वाष्पोत्सर्जन के कार्यों का उल्लेख करें।

उत्तर पादपों के वायवीय भाग से वाष्प के रूप में पानी का निकलना वाष्पोत्सर्जन कहलाता है। वाष्पोत्सर्जन की क्रिया प्रमुखतया पत्तियों से रंध्रों (Stomata) के द्वारा होती है। यह पादपों में ताप नियमन, अतिरिक्त जल के उत्सर्जन एवं जाइलम में रसारोहण में सहायक होता है।

5. सरल ऊतक कितने प्रकार के होते हैं?

उत्तर सरल ऊतक मुख्यतया तीन प्रकार के होते हैं

(i) मृदूतक

(ii) स्थूलकोण ऊतक

(iii) दृढ़ोतक।

6. प्ररोह का शीर्षस्थ विभज्योतक कहाँ पाया जाता है?

उत्तर शीर्षस्थ विभज्योतक जड़ों एवं तनों की वृद्धि वाले शीर्ष भाग में विद्यमान रहता है तथा वह इनकी लंबाई में वृद्धि करता है।

7. नारियल का रेशा किस ऊतक का बना होता है?

उत्तर नारियल का रेशा दृढ़ोतक का बना होता है।

8. फ्लोएम के संघटक कौन-कौन से हैं?

उत्तर फ्लोएम के संघटक निम्न हैं–

(i) चालनी नलिका (छिद्रित भित्ति वाली नलिकाकार जीवित कोशिका)

(ii) सहायक कोशिकाएँ (जीवित कोशिकाएँ)

(iii) फ्लोएम मृदूतक (जीवित कोशिकाएँ)

(iv) फ्लोएम रेशे (मृत कोशिकाएँ)

9. उस ऊतक का नाम बताइए, जो हमारे शरीर में गति के लिए उत्तरदायी है।

उत्तर हमारे शरीर में गति पेशीय ऊतक के कारण होती है। पेशीय ऊतक लंबी तंतुनुमा कोशिकाओं का बना होता है, जिसे पेशीय तंतु कहते हैं।

10. न्यूरॉन देखने में कैसा लगता है?

उत्तर न्यूरॉन के मुख्य भाग कोशिका काय या साइटॉन में केंद्रक तथा कोशिकाद्रव्य सम्मिलित होते हैं। प्रत्येक न्यूरॉन से एक लंबे प्रवर्ध निकलते हैं, जिसे एक्सॉन कहते हैं। साइटॉन से बहुत सारे छोटी शाखा वाले प्रवर्ध (डेंड्राइट्स) निकलते हैं।

11. हृद पेशी के तीन लक्षणों को बताइए।

उत्तर हृद पेशी के तीन लक्षण निम्न प्रकार हैं–

(i) ये अनैच्छिक होती हैं और जीवन भर लयबद्ध होकर प्रसार एवं संकुचन करती रहती हैं।

(ii) इस पेशी की कोशिकाएँ बेलनाकार, शाखित और एक केंद्रकीय होती हैं।

(iii) ये अविभाजनशील होती हैं।

12. एरिओलर ऊतक के क्या कार्य हैं?

उत्तर एरिओलर ऊतक के कार्य निम्न प्रकार हैं–

(i) यह अंगों के भीतर की खाली जगह को भरता है।

(ii) यह ऊतक आंतरिक अंगों को सहारा प्रदान करता है।

(iii) यह ऊतकों की मरम्मत में सहायता करता है।

अध्याय के अंत की प्रश्नावली

1. ऊतक की परिभाषा दीजिए।

उत्तर NCERT फोल्डर में अध्याय के बीच के प्रश्न सं. 1 देखें।

2. कितने प्रकार के तत्व मिलकर जाइलम ऊतक का निर्माण करते हैं? उनके नाम बताइए।

उत्तर जाइलम ऊतक निम्न चार प्रकार के तत्वों से मिलकर बना होता है–

(i) जाइलम वाहिनिका जल का संवहन करता है।

(ii) जाइलम वाहिका जल का संवहन करता है।

(iii) जाइलम मृदूतक (भोजन का संग्रह और किनारे की ओर पानी के पार्श्वीय संवहन में मदद करता है)।

(iv) जाइलम तंतु (सहारा देने का कार्य करता है)।

3. पादपों में सरल ऊतक जटिल ऊतक से किस प्रकार भिन्न होते हैं?

उत्तर सरल ऊतक जटिल ऊतक से निम्न प्रकार से भिन्न हैं–

सरल ऊतक	जटिल ऊतक
यह एक ही प्रकार की कोशिका से मिलकर बना होता है।	ये एक से अधिक प्रकार की कोशिकाओं से मिलकर बने होते हैं।
ये मुख्यतया भोजन संग्रह तथा पादपों को यांत्रिक सहायता प्रदान करता है।	ये मुख्यतया भोजन, पानी और खनिज लवणों के संवहन में सहायक होते हैं।
उदाहरण-मृदूतक, स्थूलकोण ऊतक और दृढ़ोतक।	उदाहरण-जाइलम और फ्लोएम।

4. कोशिका भित्ति के आधार पर मृदूतक, स्थूलकोण ऊतक और दृढ़ोतक के बीच भेद स्पष्ट करें।

उत्तर मृदूतक, स्थूलकोण ऊतक और दृढ़ोतक में अंतर निम्न प्रकार हैं–

मृदूतक	स्थूलकोण ऊतक	दृढ़ोतक
कोशिका भित्ति पतली एवं केवल सेलुलोस की बनी होती है।	कोशिका भित्ति कोनों पर पैक्टिन के जमाव के कारण मोटी होती है।	कोशिका भित्ति लिग्निन के जमाव के कारण सख्त एवं मोटी होती है।

5. रंध्र के क्या कार्य हैं?

उत्तर रंध्र के कार्य निम्न प्रकार हैं–

(i) ये पत्तियों में वायुमण्डल से गैसों का आदान-प्रदान करने के लिए प्रयुक्त होते हैं।

(ii) वाष्पोत्सर्जन की क्रिया भी रंध्रों के द्वारा होती है।

6. तीनों प्रकार के पेशीय रेशों में चित्र बनाकर अंतर स्पष्ट करें।

उत्तर (a) रेखित, (b) अरेखित, (c) कार्डियक पेशी ऊतक

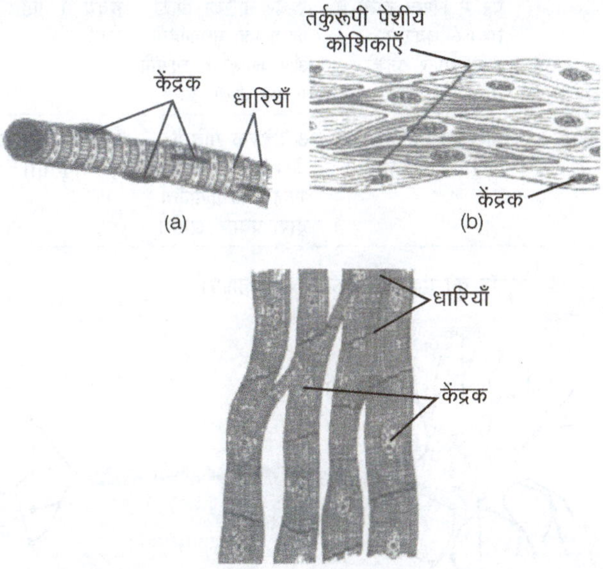

- **रेखित पेशी** इस ऊतक की कोशिकाएँ लंबी, बेलनाकार, अशाखित और बहुकेन्द्रकीय होती हैं।
- **अरेखित पेशी** इसकी कोशिकाएँ लंबी और सिरों से नुकीली एवं एककेंद्रकीय होती है।
- **कार्डियक पेशी** ये बेलनाकार, शाखित और एककेंद्रकीय होती है।

7. कार्डियक (हृद) पेशी का विशेष कार्य क्या है?

उत्तर हृद पेशियाँ सामान्य स्थिति में बिना थके जीवनभर लयबद्ध प्रसार एवं संकुचन करती रहती हैं।

8. रेखित, अरेखित तथा कार्डियक पेशियों में शरीर की संरचना, कार्य और स्थान के आधार पर अंतर स्पष्ट करें।

उत्तर रेखित, अरेखित तथा कार्डियक पेशियों की संरचना, कार्य व स्थान में अंतर निम्न प्रकार हैं–

गुण	रेखित पेशियाँ	अरेखित पेशियाँ	कार्डियक पेशियाँ
संरचना	इस ऊतक की कोशिकाएँ लंबी, बेलनाकार, अशाखित और बहुकेंद्रकीय होती हैं।	कोशिकाएँ लंबी, एक केंद्रकीय और तर्कुरूपी होती है।	कोशिकाएँ बेलनाकार, शाखित और एक केंद्रकीय होती हैं।
	इन पेशियों में हल्के तथा गहरे रंगों में एकांतर क्रम में धारियाँ होती है।	इनमें धारियाँ नहीं होती हैं।	इनमें हल्के रंग की धारियाँ होती हैं।

गुण	रेखित पेशियाँ	अरेखित पेशियाँ	कार्डियक पेशियाँ
स्थान	ये पेशियाँ हाथ और पैर में स्थित होती हैं तथा अधिकतर अस्थियों से जुड़ी होती हैं।	ये पेशियाँ आहारनाल, रुधिर नलिका, आँख की पलक, मूत्रवाहिनी और फेफड़ों की श्वसनी में पाई जाती हैं।	ये पेशियाँ केवल हृदय में पाई जाती हैं।
कार्य	हाथ-पैर हिलाने जैसी शारीरिक गतियाँ	अनैच्छिक गतियाँ; जैसे-आहारनाल में भोजन का क्रमाकुंचन द्वारा प्रवाह, आदि।	हृदय का प्रसार एवं संकुचन।

9. न्यूरॉन का एक नामांकित चित्र बनाइए।

उत्तर

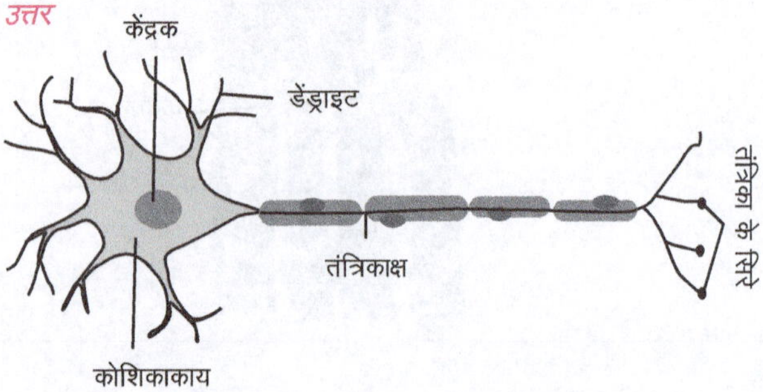

10. निम्नलिखित के नाम लिखिए

(i) ऊतक, जो मुख के भीतरी आस्तर का निर्माण करता है।
(ii) ऊतक, जो मनुष्य में पेशियों को अस्थि से जोड़ता है।
(iii) ऊतक, जो पादपों में भोजन का संवहन करता है।
(iv) ऊतक, जो हमारे शरीर में वसा का संचय करता है।
(v) तरल आधात्री सहित संयोजी ऊतक।
(vi) मस्तिष्क में स्थित ऊतक।

उत्तर (i) शल्की एपिथीलियम (ii) कंडरा
(iii) फ्लोएम (iv) वसामय एडिपोज ऊतक
(v) रुधिर एवं लसीका (vi) तंत्रिका ऊतक

11. निम्नलिखित में ऊतक के प्रकार की पहचान करें।
त्वचा, पादपों का वल्क, अस्थि, वृक्कीय नलिका का आस्तर, संवहन बंडल।

उत्तर (i) त्वचा – स्तरित शल्की एपिथीलियम
(ii) पादप का वल्क – अधिचर्म ऊतक (दृढ़ोतक)
(iii) अस्थि – संयोजी ऊतक
(iv) वृक्कीय नलिका का आस्तर – घनाकार एपिथीलियम
(v) संवहन बण्डल – जटिल स्थायी संवहन ऊतक (जाइलम और फ्लोएम)

12. मृदूतक ऊतक किस क्षेत्र में स्थित होते हैं?

उत्तर मृदूतक ऊतक मुख्यतया पादपों के कोमल भाग; जैसे–जड़, तना, पत्ती, फल और फूल, आदि में होता है। यह ऊतक संवहन बंडल में और पत्ती की एपिडर्मिस के नीचे पर्णवृंत में भी पाया जाता है।

13. पादपों में एपिडर्मिस की क्या भूमिका है?

उत्तर पादपों में एपिडर्मिस की निम्न भूमिका हैं

(i) यह पादपों के सभी आंतरिक भागों की रक्षा करती है।
(ii) शुष्क स्थानों पर मिलने वाले पादपों में एपिडर्मिस मोटी होती है, जिससे यह वाष्पोत्सर्जन द्वारा जल की हानि को कम करके पादपों की रक्षा करती है।
(iii) एपिडर्मल कोशिका पादपों की बाह्य सतह पर प्रायः एक मोम जैसी जल प्रतिरोधी परत बनाती है। यह जल की क्षति, यांत्रिक आघात तथा परजीवी कवक के प्रवेश से पादपों की रक्षा करती है।
(iv) पत्ती की एपिडर्मिस में स्टोमेटा होते हैं, जो गैसों के आदान-प्रदान और वाष्पोत्सर्जन की क्रिया में सहायता करते हैं।
(v) जड़ों की एपिडर्मल कोशिकाएँ जल के अवशोषण का कार्य करती है।
(vi) पुराने वृक्षों में तने की एपिडर्मल परत मोटी हो जाती है और एक मोटी छाल का निर्माण करती है। इनकी भित्ति पर सुबेरिन नामक रसायन का जमाव हो जाता है, जो इन छालों को हवा एवं पानी के लिए अभेद्य बनाता है।

14. छाल (कॉर्क) किस प्रकार सुरक्षा ऊतक के रूप में कार्य करता है?

उत्तर जैसे-जैसे वृक्ष की आयु बढ़ती है, उसके तने के बाह्य सुरक्षात्मक ऊतकों में परिवर्तन होता है। बहुवर्षीय वृक्ष के तने पर बहुस्तरीय छाल का निर्माण होता है।

इन छालों की कोशिकाएँ मृत होती हैं एवं ये बिना अंत:कोशिकीय स्थानों के व्यवस्थित होती हैं। इनकी भित्ति पर सुबेरिन नामक रसायन का जमाव हो जाता है, जो इन छालों को हवा एवं पानी के लिए अभेद्य बनाता है।

15. निम्न दिए गए चार्ट को पूर्ण करें।

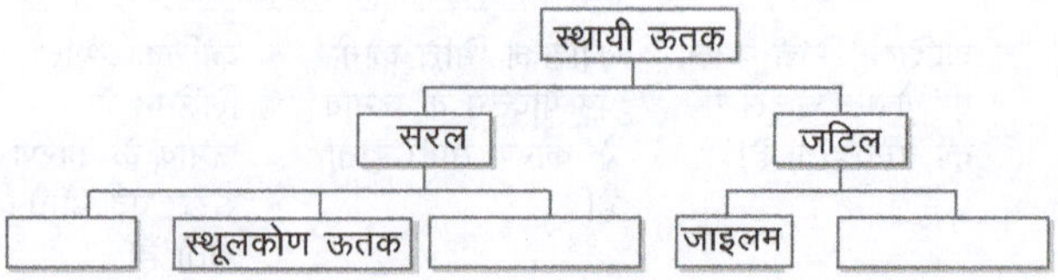

उत्तर

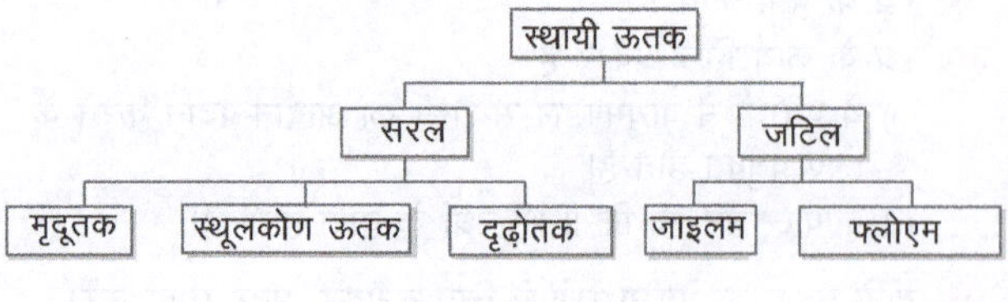

अध्याय : एक नजर में

- ***ऊतक*** समान संरचना एवं उत्पत्ति वाली कोशिकाओं का वह समूह होता है, जो किसी एक विशिष्ट कार्य को सम्पन्न करने हेतु इकाई की तरह कार्य करता है।
- ऊतकों को पादप व जंतु ऊतकों में विभाजित किया गया है।
- विभाजन की क्षमता के आधार पर पादप ऊतकों को दो मूलभूत प्रकारों में वर्गीकृत किया जा सकता है; विभज्योतक व स्थायी ऊतक।
- ***विभज्योतक*** में कोशिकाएँ जीवनपर्यन्त सक्रिय रूप से विभाजित होती रहती हैं। यह पादप के वृद्धि क्षेत्रों; जैसे–मूल शीर्ष व प्ररोह शीर्ष में पाया जाता है। यह ऊतक मुख्यतया तीन प्रकार के होते हैं– शीर्षस्थ विभज्योतक, अंतर्वेशी विभज्योतक व पार्श्वीय विभज्योतक।

  (i) ***शीर्षस्थ विभज्योतक*** मूलों व प्ररोहों के शीर्ष पर स्थित होता है। यह तनों व मूलों की लंबाई में वृद्धि करता है।

  (ii) ***अंतर्विष्ट विभज्योतक*** पत्तियों के आधार या टहनियों के पर्व में पाया जाता है।

  (iii) ***पार्श्व विभज्योतक*** तनों व मूलों के पार्श्व में स्थित होता है। यह तने व मूल की मोटाई में वृद्धि करता है।
- ***स्थायी ऊतक*** विभज्योतक की कोशिकाओं से बनता है, जब वे अपनी विभाजन की क्षमता खो देती हैं और विभेदन द्वारा एक स्थायी आकार एवं माप ग्रहण करके एक विशिष्ट कार्य हेतु विशिष्टीकृत हो जाती हैं। ये मुख्यतया दो प्रकार का होता है; सरल व जटिल स्थायी ऊतक।
- ***सरल स्थायी ऊतक*** एक ही प्रकार की कोशिकाओं के बने होते हैं एवं निम्न तीन प्रकार के होते हैं–

  (i) ***मृदूतक*** मुख्य भरण ऊतक हैं। यह ऊतक वल्कुट, तने की मज्जा, जड़ों तथा पत्तियों के पर्णमध्योतक में पाया जाता है।

  (ii) ***स्थूलकोण ऊतक*** की कोशिकाएँ सजीव, दीर्घीकृत तथा कोनों पर अनियमित रूप से मोटी होती है। ये प्रायः पर्णवृंत में एपिडर्मिस के नीचे पाई जाती हैं।

  (iii) ***दृढ़ोतक*** तनों में संवहन बंडल के चारों ओर, पत्तियों की शिरा तथा बीजों व फलों के कठोर आवरण में पाया जाता है। यह पादपों को मजबूती प्रदान करता है व पादप को विभिन्न तनावों को सहन करने की क्षमता प्रदान करता है।
- ***जटिल स्थायी ऊतक*** एक से अधिक प्रकार की कोशिकाओं के बने होते हैं एवं निम्न दो प्रकार के होते हैं–

  (i) ***जाइलम*** एक संवहन ऊतक है। यह जड़ से अवशोषित जल व खनिज लवणों को पादप के अन्य भागों तक पहुँचाता है।

  (ii) ***फ्लोएम*** भी एक संवहन ऊतक है। यह पत्तियों द्वारा संश्लेषित भोजन को पादप के अन्य भागों तक पहुँचाता है।
- ***जंतु ऊतकों*** को उनके कार्यों के आधार पर एपिथीलियमी, संयोजी, पेशीय व तंत्रिका ऊतकों में वर्गीकृत किया गया है।
- ***एपिथीलियमी ऊतक*** शरीर एवं शरीर के अंगों के रक्षात्मक आवरण के निर्माण एवं स्रावण से सम्बन्धित ऊतक है। यह सघन रूप से व्यवस्थित होता है। यह निम्न प्रकार का होता है–

  (i) ***शल्की एपिथीलियम*** की कोशिकाएँ चपटी होती हैं। ये आहारनाल व मुख के कोमल आस्तर को बनाती है। यह त्वचा में कई परतों में पाई जाती है। इसे स्तरीकृत शल्की एपिथीलियम कहते हैं।

  (ii) ***घनाकार एपिथीलियम*** की कोशिकाएँ लंबी एवं घन सदृश होती हैं व इनमें दीर्घीकृत केंद्रक पाए जाते हैं। ये प्रायः आँत के आंतरिक आस्तर में पाई जाती है, जहाँ अवशोषण व स्रावण होता है।

  (iii) ***स्तंभाकार एपिथीलियम*** की कोशिकाएँ स्तंभ के समान लम्बी, आयताकार एवं एक–दूसरे से सटी होती है। यह आमाशय, आँत, पित्ताशय, आदि की आंतरिक सतह पर पायी जाती है।

  (iv) ***पक्ष्माभी स्तंभाकार एपिथीलियम*** कोशिकाओं की बाहरी सतह पर पक्ष्माभ पाए जाते हैं। ये ऊतक श्वासनाल व श्वसनी में पाए जाते हैं।

  (v) ***ग्रंथिल एपिथीलियम*** में ग्रंथि कोशिकाएँ पाई जाती हैं, जो एपिथीलियल सतह पर अपने स्त्रावों का स्रावण करती है।
- ***संयोजी ऊतक*** शरीर के विभिन्न अंगों एवं ऊतकों को जोड़ता है; जैसे– रुधिर, अस्थि, स्नायु, कंडरा, वसामय ऊतक, उपास्थि, आदि।
- ***पेशीय ऊतक*** यह शरीर के विभिन्न संरचनाओं को अवलम्बन प्रदान करने वाला ऊतक है, जो साथ ही जन्तु के गमन में भी सहायक होता है। यह तीन प्रकार के होते हैं

  (i) ***रेखित पेशी ऊतक*** शरीर के विभिन्न बाह्य अंगों, जैसे–हाथ, पैर आदि को गमन एवं गति प्रदान करता है।

  (ii) ***अरेखित पेशी ऊतक*** शरीर के आन्तरिक अंगों जैसे–आँत, फेफड़ों आदि को गमन एवं गति प्रदान करता है।

  (iii) ***हृद पेशी ऊतक*** हृदय की लयबद्ध गतियों से सम्बन्धित होता है।
- ***तंत्रिका ऊतक*** शरीर को उत्तेजना के प्रति प्रतिक्रिया हेतु सक्षम बनाता है। यह तंत्रिका कोशिका द्वारा शरीर के एक भाग से दूसरे भाग में उत्तेजनाओं को पहुँचाता है। न्यूरॉन तंत्रिका तंत्र की संरचनात्मक एवं कार्यात्मक इकाई होती हैं।

परीक्षा अभ्यास

यहाँ अध्याय से संबंधित सभी संभावित प्रश्नों को दिया गया है, इन प्रश्नों का अभ्यास करके व याद रखकर छात्र अध्याय से संबंधित किसी भी प्रश्न का उत्तर दे पाएँगे।

वस्तुनिष्ठ प्रकार के प्रश्न

बहुविकल्पीय प्रश्न

1. निम्नलिखित में से किस ऊतक की कोशिकाओं में विभाजन की क्षमता पाई जाती है?
(a) स्थूलकोण ऊतक की (b) जटिल ऊतक की
(c) दृढ़ ऊतक की (d) विभज्योतक की

उत्तर (d) विभज्योतक की कोशिकाओं में विभाजन की क्षमता पाई जाती है।

2. मूलशीर्ष के नीचे दिए गए चित्र में दर्शाए गए A, B तथा C को पहचानिए।

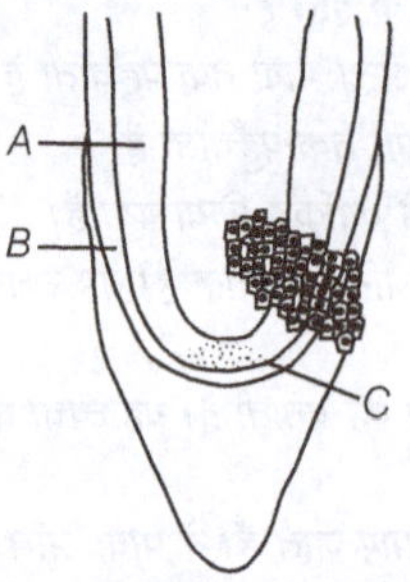

(a) A–संवहन पूल, B–बाह्यत्वचा, C–मूलशीर्ष विभज्योतक
(b) A–वल्कुट, B–बाह्यत्वचा, C–मूलशीर्ष विभज्योतक
(c) A–वल्कुट, B–प्रोटोडर्म, C–मूलशीर्ष विभज्योतक
(d) A–वल्कुट, B–बाह्यत्वचा, C–प्रोटोडर्म

उत्तर (c) A-वल्कुट, B-प्रोटोडर्म, C-मूलशीर्ष विभज्योतक

3. निम्न में से सही कथन का चुनाव कीजिए।
(a) सामान्यतया स्थायी ऊतकों की कोशिकाएँ विभाजित नहीं होती हैं।
(b) स्थायी ऊतक, जिनकी संरचना और कार्य समान होते हैं, वे साधारण/सरल ऊतक कहलाते हैं।
(c) स्थायी ऊतक, जिनमें भिन्न प्रकार की कोशिकाएँ होती हैं, जटिल ऊतक कहलाते हैं।
(d) उपरोक्त सभी

उत्तर (d) उपरोक्त सभी कथन सही हैं।

4. सामान्य रूप से भोजन का संग्रह कहाँ होता है?
(a) मृदूतक में (b) स्थूलकोण ऊतक में
(c) दृढ़ोतक में (d) दोनों (a) एवं (b) में

उत्तर (a) पैरेनकाइमा या मृदूतक में सामान्यतया भोजन का संग्रह होता है।

5. प्रमुख जीवित यान्त्रिक ऊतक है
(a) मृदूतक (b) दृढ़ोतक
(c) स्थूलकोण ऊतक (d) हरित ऊतक

उत्तर (c) स्थूलकोण ऊतक या कोलेनकाइमा प्रमुख जीवित यान्त्रिक ऊतक है।

6. नारियल के बाहरी रेशेदार छिलकों में पाया जाता है
(a) दृढ़ोतक (b) मृदूतक
(c) स्थूलकोण ऊतक (d) इनमें से कोई नहीं

उत्तर (a) नारियल के बाहरी रेशेदार छिलके दृढ़ोतक के बने होते हैं।

7. सरल शल्की उपकला की कोशिकाएँ
(a) चपटी और प्लेट के समान होती हैं
(b) तर्कुनुमा एवं सघन होती है
(c) लम्बी और स्तम्भाकार होती है
(d) रोम एवं ग्रन्थियुक्त होती हैं

उत्तर (a) सरल शल्की उपकला की कोशिकाएँ चपटी और प्लेट के आकार की होती हैं।

8. दिए गए चित्रों में A, B, C को पहचानिए एवं सही विकल्प का चयन कीजिए।

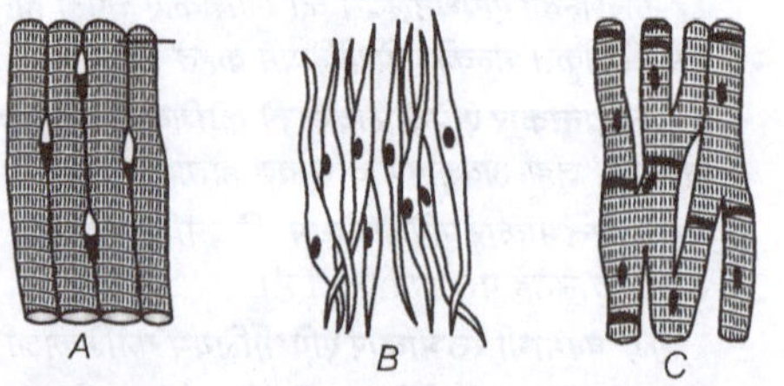

(a) A–कंकालीय माँसपेशी, B–ऐच्छिक माँसपेशी, C–हृदयी माँसपेशी
(b) A–कंकालीय माँसपेशी, B–चिकनी माँसपेशी, C–हृदयी माँसपेशी
(c) A–हृदयी माँसपेशी, B–कंकालीय माँसपेशी, C–चिकनी माँसपेशी
(d) A–चिकनी माँसपेशी, B–हृदयी माँसपेशी, C–कंकालीय माँसपेशी

उत्तर (b) A-कंकालीय माँसपेशी, B-चिकनी माँसपेशी, C-हृदयी माँसपेशी

9. कण्डरा जोड़ती है
(a) अस्थि को अस्थि से
(b) पेशी को अस्थि से
(c) पेशी को उपास्थि से
(d) पेशी को तन्त्रिका से

उत्तर (b) कण्डरा पेशी को अस्थि से जोड़ती है।

10. चोट लगने पर रुधिर के जमने में सहायक है
(a) लाल रुधिर कणिकाएँ (b) श्वेत रुधिर कणिकाएँ
(c) रुधिर प्लेटलेट्स (d) इनमें से कोई नहीं

उत्तर (c) रुधिर प्लेटलेट्स रुधिर के जमने में सहायक है।

11. रेखित पेशी को .... भी कहते हैं।
(a) कार्डियक पेशी (b) चिकनी पेशी
(c) कंकाली पिशी (d) अनैच्छिक पेशी

उत्तर (c) रेखित पेशी को कंकाली पेशी भी कहते हैं।

12. तन्त्रिका कोशिका में क्या नहीं पाया जाता है?
(a) द्रुमिका (b) तन्त्रिकाक्ष
(c) सार्कोलेमा (d) कोशिका काय

उत्तर (c) तन्त्रिका कोशिका की संरचना कोशिका काय, द्रुमिका, तन्त्रिकाक्ष से मिलकर बनती हैं, जबकि सार्कोलेमा पेशीय ऊतक का भाग है।

कथन-कारण प्रकार के प्रश्न

निर्देश (प्र.सं. 13-18) इस खण्ड में दिए गए प्रत्येक प्रश्न में कथन तथा कारण दिए गए हैं। प्रत्येक प्रश्न के चार विकल्प (a), (b), (c) व (d) हैं, जिनमें से केवल एक सही है।

(a) कथन (A) तथा कारण (R) दोनों सत्य हैं तथा कारण (R), कथन (A) का सही स्पष्टीकरण है।

(b) कथन (A) तथा कारण (R) दोनों सत्य हैं, परन्तु कारण (R), कथन (A) का सही स्पष्टीकरण नहीं है।

(c) कथन (A) सत्य है, परन्तु कारण (R) असत्य है।

(d) कथन (A) असत्य है, परन्तु कारण (R) सत्य है।

13. **कथन** (A) पादप में शीर्ष तथा अन्तर्वेशी विभज्योतक लम्बाई में वृद्धि में योगदान देते हैं, जबकि पार्श्व विभज्योतक मक्का के पादप में मोटाई बढ़ाने में सहायता करता है।

कारण (R) शीर्ष तथा अन्तर्वेशी विभज्योतक हमेशा पादप की ऊँचाई बढ़ाते हैं।

उत्तर (d) शीर्षस्थ व अन्तर्वेशी विभज्योतक सदैव पादप की लम्बाई तथा पार्श्वीय विभज्योतक द्वितीयक वृद्धि (मोटाई में वृद्धि) के लिए उत्तरदायी होता है, लेकिन द्वितीयक वृद्धि एकबीजपत्री; पादपों; जैसे–मक्का में नहीं पाई जाती है। अतः कथन (A) असत्य है, किन्तु कारण (R) सत्य है।

14. **कथन** (A) स्केलेरिड गिरिदार फलों की फलभित्ति की कोशिकाओं, फलों, जैसे-अमरूद, नाशपाती तथा चीकू के गूदे तथा लैग्यूम के बीज आवरण में पाई जाती हैं।

कारण (R) स्केलेरिड गोलीय, अण्डाकार या बेलनाकार अधिक मोटी छोटी गुहिका युक्त कोशिका है।

उत्तर (b) स्केलेरिड अत्यधिक मोटी, मृत एवं दृढ़ोतकीय कोशिकाएँ होती हैं, जिनकी गुहा संकरी होती है। ये मोटी भित्ति वाली व लिग्निन युक्त होती हैं। ये पादप के कठोर भागों में पाई जाती हैं। स्केलेरिड दृढ़ोतकी तन्तु से चौड़ी होती है, जो समव्यासीय बहुभुजीय, गोलीय, अण्डाकार, छोटे व बेलनाकार होती हैं। ये शाखित भी हो सकती हैं। स्केलेरिड अमरुद, सपोटा, सेब, नाशपाती के गुदा, कुछ लेग्यूम की बाह्यत्वचीय आवरण, बीजों, इत्यादि में पाई जाती हैं। अतः कथन (A) तथा कारण (R) दोनों सत्य हैं, परन्तु कारण (R), कथन (A) का सही स्पष्टीकरण नहीं है।

15. **कथन** (A) जाइलम वाहिका लम्बी बेलनाकार नली के समान संरचना है, जो बहुत सारी कोशिकाओं से बना होता है एवं जिन पर लिग्निन की मोटी परत होती है।

कारण (R) वाहिका की उपस्थिति आवृतबीजियों का एक विशिष्ट लक्षण है।

उत्तर (b) जाइलम एक जटिल ऊतक है, जिसमें चार प्रकार की कोशिकाएँ वाहिनियाँ, वाहिकाएँ, जाइलम तन्तु व जाइलम मृदूतक पाए जाते हैं। वाहिकाएँ मृत लम्बी नलिकाएँ (3-6 मी.-*यूकैलिप्टस* में) होती हैं, जो दोनों ओर से बन्द होती हैं। इसकी भित्ति लिग्निन युक्त होती है, जो एक केन्द्रीय गुहा होती है। वाहिकाएँ अनावृतबीजी व टेरिडोफाइट्स में अनुपस्थित होती है। वाहिकाओं की उपस्थिति आवृतबीजियों का एक महत्वपूर्ण लक्षण होता है। अतः कथन (A) तथा कारण (R) दोनों सत्य हैं, परन्तु कारण (R) कथन (A) का सही स्पष्टीकरण नहीं है।

16. **कथन** (A) फ्लोएम तन्तु या बास्ट तन्तु स्थूलकोण ऊतक कोशिकाओं से बने होते हैं।

कारण (R) फ्लोएम तन्तु सामान्यतया द्वितीयक फ्लोएम में पाए जाते हैं।

उत्तर (d) फ्लोएम में पाए जाने वाले दृढ़ोतक तन्तु फ्लोएम तन्तु या बास्ट तन्तु कहलाते हैं। फ्लोएम तन्तु दृढ़ोतक की बनी कोशिकाओं के बने होते हैं। ये सामान्यतया प्राथमिक फ्लोएम में अनुपस्थित होते हैं, लेकिन द्वितीयक फ्लोएम में ये उपस्थित होते हैं।

फ्लोएम तन्तु यान्त्रिक सहारा प्रदान करते हैं। फ्लैक्स (*लिनम यूसिटेटीसीमम*) हैम्प, (*कैनाबिस*) तथा जूट (*कोरकोरस* स्पीशीज) के तन्तु (रेशे) फ्लोएम तन्तु होते हैं, जो रस्सियाँ तथा खुरदरा/दृढ़ तन्तु बनाने के उपयोग में लिए जाते हैं। अतः कथन (A) असत्य है, किन्तु कारण (R) सत्य है।

17. **कथन** (A) स्तम्भीय उपकला, ग्रन्थिल उपकला के नाम से भी जानी जाती है।

कारण (R) स्तम्भीय उपकला की कोशिकाएँ, आमाशय की भित्ति पर होती है।

उत्तर (b) स्तम्भीय उपकला को ग्रन्थिल उपकला भी कहते हैं, क्योंकि कुछ स्तम्भीय कोशिकाएँ स्रावण के लिए विशिष्ट कार्य करती हैं। ये दो प्रकार की होती हैं; अर्थात् एककोशिकीय और बहुकोशिकीय।

स्तम्भीय उपकला की कोशिकाएँ आमाशय की आन्तरिक भित्ति बनाने का कार्य करती हैं एवं पोषक तत्त्वों के अवशोषण एवं श्लेष्म के स्रावण का कार्य करती हैं। अतः कथन (A) तथा कारण (R) दोनों सत्य हैं, परन्तु कारण (R) कथन (A) का सही स्पष्टीकरण नहीं है।

18. **कथन** (A) अस्थि, शरीर का सबसे कठोर ऊतक है।
कारण (R) अस्थि की कठोरता इसके मैट्रिक्स के कैल्सिभवन के कारण होती है।

उत्तर (*a*) अस्थि शरीर का कठोरतम ऊतक है। इसकी कठोरता का कारण मैट्रिक्स का कैल्सिभवन है। इसमें कठोर और अप्रत्यास्थ ठोस पदार्थ पाया जाता है, जिसमें प्रचुर मात्रा में कैल्शियम एवं फॉस्फोरस के लवण और दृढ़ कोलेजन तन्तु उपस्थित होते हैं, जो अस्थि को मजबूत बनाते हैं। अतः कथन (A) तथा कारण (R) दोनों सत्य हैं, तथा कारण (R), कथन (A) का सही स्पष्टीकरण है।

केस स्टडी आधारित प्रश्न

निर्देश (प्र.सं. 19-23) ***निम्नलिखित पैराग्राफ को पढ़िए तथा दिए गए प्रश्नों के उत्तर दीजिए।***

स्थायी ऊतक विभज्योतक ऊतक द्वारा ही बनते हैं, परन्तु ये अपनी विभाजित होने की क्षमता खो देते हैं, जिसके कारण इन्हें स्थायी ऊतकों के रूप में वर्गीकृत किया जाता है। ये किसी विशिष्ट कार्य को करने के लिए एक निश्चित व स्थायी आकार तथा संरचना ले लेते हैं। इस प्रकार विभज्योतक द्वारा निर्मित कोशिका की विशिष्ट कार्य करने के लिए स्थायी रूप तथा आकार लेने की प्रक्रिया को विभेदीकरण (Differentiation) कहते हैं

19. वाहिनिका (Tracheids) वाहिका अवयवों से किस कारण से भिन्न होती हैं?

उत्तर वाहिनिका व वाहिका दोनों को जाइलम के संवहनी तत्त्व कहते हैं, जो जल के स्थानान्तरण में सहायक है। ये एक-दूसरे से अछिद्रित होने के कारण भिन्न हैं। वाहिनिकाएँ विशिष्ट कोशिकाएँ हैं, जिनमें उपस्थित छिद्र (Pits) जल के ऊपरी व पार्श्वीय बहाव के लिए सहायक होते हैं। वाहिनिकाएँ तुलनात्मक रूप से छोटी व एक कोशिकीय होती है, जबकि वाहिकाओं में एक से अधिक कोशिकाएँ होती है जो10 सेमी. तक लम्बी होती हैं।

20. चित्र *A* तथा *B* में दिए गए सरल ऊतकों के प्रकारों को पहचानिए।

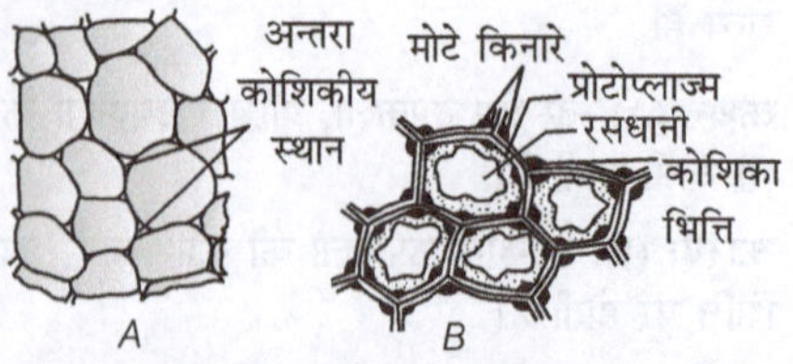

उत्तर दिए गए चित्र में *A*-मृदूतक, *B*-स्थूलकोणोतक हैं।

21. पादप मे मिलने वाले उस ऊतक का नाम बताइये, जिसकी कोशिकाएँ मृत अथवा जीवित दोनों प्रकार की हो सकती हैं।

उत्तर स्थायी ऊतकों की कोशिकाएँ मृत अथवा जीवित दोनों प्रकार की हो सकती हैं।

22. हरित ऊतक या क्लोरेनकइमा की अनुपस्थिति में कौन-सी क्रिया प्रभावित होती है?

उत्तर प्रकाश संश्लेषण की क्रिया

23. संवहन ऊतक का निर्माण किसके द्वारा होता है?

उत्तर दारू और पोषवाह ऊतक मिलकर संवहन ऊतक का निर्माण करते हैं।

निर्देश (प्र.सं. 24-28) ***निम्नलिखित पैराग्राफ को पढ़िए तथा दिए गए प्रश्नों के उत्तर दीजिए।***

संयोजी ऊतक का प्रमुख कार्य पूरे शरीर में फैलकर विभिन्न ऊतकों या अंगों को परस्पर जोड़ना है, जिससे शरीर सुचारु रूप से कार्य कर सके। संयोजी ऊतक कुल शरीर भार का लगभग 30% भाग बनाता है। सभी संयोजी ऊतक मीसोडर्म से विकसित होते हैं। संयोजी ऊतकों में अन्तराकोशिकीय पदार्थ (Intercellular substance) की मात्रा उपकला ऊतक की तुलना में बहुत अधिक होती है। अतः यह ऊतक प्रायः ढीला-ढ़ाला होता है व इसकी कोशिकाएँ एक-दूसरे से दूर-दूर होती हैं। इनमें अन्तराकोशिकीय पदार्थ मुख्यतया तन्तु एवं कोलॉइडी आधार पदार्थ या आधात्री (Matrix) से मिलकर बना होता है।

तन्तु व इस आधार पदार्थ का स्रावण स्वयं संयोजी ऊतक की कोशिकाओं द्वारा किया जाता है, जोकि इस अन्तराकोशिकीय पदार्थ में बिखरी रहती हैं। इस प्रकार समस्त प्रकार के संयोजी ऊतक प्रमुखतया तीन घटकों-कोशिकाओं, तन्तुओं व आधार पदार्थ के बने होते हैं।

24. निम्न में से सही जोड़े को चुनिए।
(a) कण्डरा-विशिष्ट संयोजी ऊतक
(b) वसा ऊतक-घने संयोजी ऊतक
(c) एरिओलर (Areolar) ऊतक-ढीले संयोजी ऊतक
(d) उपास्थि-ढीले संयोजी ऊतक

उत्तर (c) एरिओलर ऊतक शरीर का ढीला संयोजी ऊतक है, जो अंगों को लचीलापन और सुरक्षा प्रदान करता है। वसा ऊतक भी ढीले संयोजी ऊतक हैं, जबकि कण्डरा एक घना (Dense) संयोजी ऊतक है, जो माँसपेशियों और अस्थियों को जोड़ने का कार्य करता है। उपास्थि विशिष्ट कंकाली संयोजी ऊतकों से बनी होती हैं।

25. नीचे एक विशेष प्रकार के ऊतक को आरेखित रूप से चित्रित किया गया है। इसमें *A*, *B*, *C* एवं *D* को पहचानिए।

	A	*B*	*C*	*D*
(a)	वृहद्भक्षकाणु	फाइब्रोब्लास्ट	कोलैजन तन्तु	मास्ट कोशिका
(b)	मास्ट कोशिका	वृहद्भक्षकाणु	फाइब्रोब्लास्ट	कोलैजन तन्तु
(c)	वृहद्भक्षकाणु	कोलैजन तन्तु	फाइब्रोब्लास्ट	मास्ट कोशिका
(d)	मास्ट कोशिका	कोलैजन तन्तु	फाइब्रोब्लास्ट	वृहद्भक्षकाणु

उत्तर (c) दिए गए चित्र में A-मैक्रोफेज या वृहद्भक्षकाणु, B-कोलैजन तन्तु, C-फाइब्रोब्लास्ट एवं D-मास्ट कोशिका है।

26. दिए गए कॉलमों का मिलान कीजिए।

	कॉलम I		कॉलम II
A.	एडिपोज ऊतक	1.	नाक
B.	हायलिन उपास्थि	2.	रुधिर
C.	तरल संयोजी ऊतक	3.	वसा संचय

कूट

	A	B	C		A	B	C
(a)	1	2	3	(b)	1	3	2
(c)	3	1	2	(d)	2	1	3

उत्तर (c) एडिपोज ऊतक, छोटी बूँदों के रूप में वसा के संचय का कार्य करते हैं।

हायलिन उपास्थि अर्धपारदर्शी उपास्थि है, जो अत्यधिक मजबूत, लेकिन लचीली होती है। नाक हायलिन उपास्थि की बनी होती है। तरल संयोजी ऊतक, एक ऐसा संयोजी ऊतक है, जिसमें मैट्रिक्स एक तरल रूप में होता है। रुधिर एवं लसीका तरल संयोजी ऊतक के प्रकार हैं।

27. एरिओलर ऊतकों की कोशिकाएं, जो रेशे बनाती हैं और अन्य पदार्थ स्रावित करती हैं, कहलाती हैं

(a) फाइब्रोब्लास्ट (b) मास्ट कोशिका
(c) मेक्रोफेज (d) एडीपोसाइट

उत्तर (a) फाइब्रोब्लास्ट एरिओलर ऊतकों की मुख्य कोशिकाएँ हैं। ये लम्बी, चपटी एवं तारककीय कोशिकाएँ हैं, जिनमें अण्डाकार केन्द्रक भी पाया जाता है। ये मैट्रिक्स और अन्य पदार्थ स्रावित करती हैं, जिससे रेशें बनते हैं।

28. हजारों वर्ष प्राचीन ममियाँ आज भी उसी अवस्था में पाई जाती हैं, ऐसा निम्न में से किसके क्षय न होने के कारण सम्भव होता है?

(a) पीत तन्तु (b) भूरी वसा
(c) कोलेजन तन्तु (d) एक्टिन तंतु

उत्तर (a) पीले इलास्टिन तन्तु प्रत्यास्थ होने के कारण शीघ्र नष्ट नहीं होते हैं। हजारों वर्ष प्राचीन ममियाँ इन्हीं इलास्टिन तन्तुओं के कारण आज भी उसी अवस्था में पाई जाती हैं।

अतिलघु उत्तरीय प्रश्न

29. ऊतक को परिभाषित कीजिए तथा पादप ऊतक कितने प्रकार के होते हैं?

उत्तर समान उत्पत्ति एवं समान कार्यों को करने वाली कोशिकाओं का ऐसा समूह, जो समान मूलभूत संरचना रखता हो, ऊतक कहलाता है। पादप ऊतक निम्न दो प्रकार के होते हैं-

1. विभज्योतक 2. स्थायी ऊतक

30. विभज्योतक का क्या कार्य है?

उत्तर विभज्योतक ऊतक का प्रमुख कार्य लगातार कोशिका विभाजन द्वारा नई कोशिकाएँ बनाना है। यह पादपों की वृद्धि में महत्त्वपूर्ण भूमिका निभाता है।

31. पादपों में वृद्धि कुछ निश्चित क्षेत्रों तक ही सीमित क्यों होती है?

उत्तर क्योंकि पादपों में विभज्योतक कुछ विशिष्ट क्षेत्रों में ही पाए जाते हैं एवं यहीं पर निरंतर कोशिका विभाजन द्वारा नई कोशिकाओं के निर्माण से वृद्धि होती है।

32. विभज्योतक द्वारा बनी कोशिकाओं का भविष्य क्या होता है?

उत्तर ये विशिष्ट कार्य के संपादन हेतु विभेदित होकर विभाजित होने की क्षमता खो देती हैं, जिसके फलस्वरूप ये स्थायी ऊतक का निर्माण करती हैं।

33. विभज्योतक ऊतक की दो मुख्य विशेषताएँ कौन-सी हैं?

उत्तर (i) विभज्योतक ऊतक में कोशिका विभाजन की क्षमता पाई जाती है।
(ii) ये ऊतक पादप के वृद्धि वाले भागों में पाए जाते हैं।

34. शीर्षस्थ विभज्योतक पादप के जिन स्थानों पर पाए जाते हैं, उन स्थानों को क्या कहते हैं?

उत्तर शीर्षस्थ विभज्योतक पादप के जिन स्थानों पर पाए जाते हैं, उन्हें वर्धी प्रदेश कहते हैं।

35. पादपों में मिलने वाले उस ऊतक का नाम बताइए, जिसकी कोशिकाएँ मृत अथवा जीवित दोनों प्रकार की हो सकती हैं। इस ऊतक की एक मुख्य विशेषता बताइए।

उत्तर स्थायी ऊतकों की कोशिकाएँ मृत अथवा जीवित दोनों प्रकार की हो सकती हैं। इस ऊतक की कोशिकाएँ किसी विशिष्ट कार्य को करने के लिए स्थायी रूप तथा आकार ले लेती हैं।

36. एक ऊतक पादप को यांत्रिक सहायता प्रदान करता है और भोजन का भंडारण करता है। इस ऊतक का नाम बताइए।

उत्तर पैरेन्काइमा (मृदूतक)।

37. हरितऊतक अथवा क्लोरेन्काइमा क्या है? समझाइए।

उत्तर हरितऊतक अथवा क्लोरेन्काइमा मृदूतक का रूपांतरण है। इन मृदूतकों में हरितलवक पाया जाता है, जिसके कारण इनमें प्रकाश-संश्लेषण की क्रिया संपन्न होती है।

38. जलकुंभी जल की सतह पर तैरते रहते हैं। क्यों?

उत्तर जलकुंभी के पादप में मृदूतक एरेन्काइमा या वायुतक में बड़ी वायु गुहिकाएँ उपस्थित होती हैं, जो उन्हें उत्प्लावकता प्रदान कर जल की सतह पर तैरने में सहायता प्रदान करती हैं।

39. स्थूलकोण ऊतक किन पादपों के तनों की अधस्त्वचा में पाया जाता है? इस ऊतक का मुख्य कार्य क्या है?

उत्तर स्थूलकोण ऊतक द्विबीजपत्री पादपों के तनों की अधस्त्वचा में पाया जाता है। ये ऊतक पादपों के तने को यांत्रिक सहारा एवं लचीलापन प्रदान करते हैं।

40. उन ऊतकों के नाम बताइए, जो निम्नलिखित के लिए उत्तरदायी हैं—

(i) पादपों में लचीलेपन का गुण
(ii) पादपों को कठोर तथा मजबूत बनाने का गुण

उत्तर (i) स्थूलकोण ऊतक (ii) दृढ़ोतक

41. किस रासायनिक पदार्थ के कारण दृढ़ोतक की भित्ति मोटी होती है?

उत्तर दृढ़ोतक की भित्ति लिग्निन नामक रासायनिक पदार्थ के जमाव के कारण मोटी होती है।

42. दृढ़ोतक क्या है?

उत्तर स्थायी ऊतक दृढ़ोतक की कोशिकाएँ मृत, लंबी, संकरी एवं दोनों सिरों पर नुकीली होती हैं। इनके ऊपर सेलुलोस और लिग्निन की बनी मोटी भित्ति पाई जाती है। ये भित्तियाँ इतनी अधिक मोटी हो जाती हैं, कि इनमें कोई अंतराकोशिकीय स्थान नहीं पाया जाता है।

43. पादपों के रक्षी ऊतक का एक उदाहरण दीजिए।

उत्तर छाल।

44. शुष्क आवास में रहने वाले पादपों की एपिडर्मिस मोटी क्यों होती है?

उत्तर शुष्क आवास में रहने वाले पादपों की एपिडर्मिस वाष्पोत्सर्जन द्वारा होने वाली जल हानि को रोकने हेतु मोटी होती है।

45. संवहन ऊतक किसे कहते हैं? जल संवाहक ऊतक कौन-सा है?

उत्तर पादपों में भोजन, जल एवं खनिज तत्वों के परिवहन में सहायक विशिष्ट जटिल ऊतक तंत्र को संवहन ऊतक कहते हैं। इनमें जाइलम और फ्लोएम मिलकर संवहन बंडल का निर्माण करते हैं। जाइलम जल संवाहक ऊतक होता है।

46. जाइलम के सजीव घटक का नाम बताइए।

उत्तर जाइलम में केवल जाइलम मृदूतक पतली भित्ति वाली सजीव कोशिकाओं का बना होता है।

47. कौन-सा जटिल स्थायी ऊतक पदार्थों का दोनों दिशाओं में संवहन करता है?

उत्तर फ्लोएम।

48. फ्लोएम के मृत तत्व का नाम बताइए।

उत्तर दृढ़ोतकी फ्लोएम रेशे फ्लोएम के मृत तत्व होते हैं।

49. ऐसे फ्लोएम तत्व का नाम लिखिए, जो जीवित कोशिकाओं का बना होता है, किंतु उसमें केंद्रक नहीं होता है।

उत्तर चालनी नलिका।

50. फ्लोएम के दो मुख्य कार्य बताइए।

उत्तर (i) फ्लोएम पत्तियों द्वारा तैयार कार्बनिक खाद्य-पदार्थों को पादप के विभिन्न भागों तक पहुँचाता है।

(ii) यह ऊतक पादपों को यांत्रिक शक्ति भी प्रदान करता है।

51. जंतु ऊतक के प्रकारों के नाम लिखिए।

उत्तर जंतु ऊतक चार प्रकार के होते हैं-

(i) उपकला ऊतक (ii) संयोजी ऊतक

(iii) पेशीय ऊतक (iv) तंत्रिका ऊतक

52. एपिथीलियम अपने से नीचे के ऊतकों से प्रायः अलग किस प्रकार रहता है?

उत्तर एपिथीलियम अपने नीचे के ऊतक से एक अतिरिक्त कोशिकीय तंतु आधारीय झिल्ली द्वारा अलग रहता है।

53. कौन-सी कोशिकाएँ रोगजनकों के संक्रमण के विरुद्ध प्रतिरोधकता प्रदान करती हैं?

उत्तर श्वेत रुधिर कणिकाएँ (WBC) एण्टीबॉडीज उत्पन्न कर रोगजनकों के संक्रमण के विरुद्ध प्रतिरोधकता प्रदान करती हैं।

54. उस ऊतक को पहचानिए, जो त्वचा तथा पेशियों के बीच एवं रुधिर नलिका के चारों ओर विद्यमान होते हैं।

उत्तर एरिओलर संयोजी ऊतक।

55. उस ऊतक का नाम बताइए, जो अंगों के अंदर की जगह को भरता है तथा ऊतकों की मरम्मत में सहायता करता है।

उत्तर एरिओलर संयोजी ऊतक।

56. अस्थि की आधात्री किस प्रकार के पदार्थ से बनी होती है?

उत्तर कैल्शियम व फॉस्फोरस के लवण।

57. शरीर में सबसे अधिक पाए जाने वाले पेशीय ऊतक का नाम लिखिए।

उत्तर रेखित पेशी या ऐच्छिक पेशी या कंकाली पेशी।

58. उस पेशी ऊतक का नाम बताइए, जिसकी कोशिकाएँ लंबी, बेलनाकार, अशाखित तथा बहुकेंद्रीय होती हैं।

उत्तर रेखित पेशी या कंकाली पेशी।

59. किस प्रकार के पेशीय तंतुओं की सतह पर हल्के व गहरे रंग के बैंड उपस्थित होते हैं?

उत्तर रेखित या कंकाली पेशी।

60. उस पेशीय ऊतक का नाम बताइए, जिनकी कोशिकाएँ तर्कुरूपी तथा एक केंद्रकीय होती हैं।

उत्तर चिकनी पेशियाँ अथवा अनैच्छिक पेशियाँ।

61. उस पेशीय ऊतक का नाम लिखिए जिसकी कोशिकाएँ बेलनाकार, शाखायुक्त और एकल केंद्रक वाली होती हैं।

उत्तर हृद पेशी।

62. हृद पेशी के विशिष्ट कार्य का उल्लेख कीजिए।

उत्तर हृद पेशी जीवनभर हृदय भित्ति के लयात्मक संकुचन तथा शिथिलन में सहायता करती है।

63. हृद पेशी का एक कार्य लिखिए। ये पेशियाँ कहाँ पाई जाती हैं?

उत्तर हृद पेशियों के सिकुड़ने और फैलने के कारण हृदय शरीर में रुधिर को पम्प करता रहता है। ये पेशियाँ हृदय की मांसल भित्तियों में पाई जाती हैं।

64. उस ऊतक का नाम बताइए, जो उत्तेजना को बहुत ही शीघ्र पूरे शरीर में एक स्थान से दूसरे स्थान तक पहुँचाता है।

उत्तर तंत्रिका ऊतक।

65. तंत्रिका ऊतक की इकाई क्या है? इस ऊतक का एक मुख्य कार्य लिखिए।

उत्तर न्यूरॉन अथवा तंत्रिका कोशिका, तंत्रिका ऊतक की इकाई है। इस ऊतक की कोशिकाएँ वातावरण में होने वाली क्रियाओं से संवेदनाओं को ग्रहण करके उन पर उचित प्रतिक्रिया देती हैं।

66. तंत्रिका आवेग का कोई एक कार्य लिखिए।

उत्तर तंत्रिका आवेग हमारी इच्छानुसार पेशियों की गति में सहायक होता है।

लघु उत्तरीय प्रश्न

1. विभज्योतक ऊतक की कोशिकाओं के चार लाक्षणिक विशेषताओं का उल्लेख कीजिए।

उत्तर (i) विभज्योतक ऊतक लगातार विभाजित होने वाली कोशिकाओं से बना होता है।
(ii) इन कोशिकाओं की कोशिका भित्ति पतली होती है।
(iii) इन कोशिकाओं में रिक्तिकाएँ नहीं पाई जाती हैं।
(iv) इन कोशिकाओं का जीवद्रव्य बहुत सघन होता है।

2. उद्यान में लगे गुलाब के पादप को समय-समय पर काटने पर भी वह लंबाई में वृद्धि करता है। कारण बताइए।

उत्तर गुलाब का पादप पत्तियों के आधार तथा टहनियों के पर्व पर उपस्थित अंतर्वेशी विभज्योतक के कारण पुनः लंबाई में वृद्धि करने लगता है। इस ऊतक की कोशिकाएँ निरंतर विभाजित होकर पादप की लंबाई में वृद्धि करती हैं।

3. पादपों में सरल ऊतक जटिल ऊतक से किस प्रकार भिन्न होते हैं?

उत्तर सरल एवं जटिल ऊतकों में अंतर निम्न हैं-

सरल ऊतक (Simple Tissue)	जटिल ऊतक (Complex Tissue)
ये एक ही प्रकार की कोशिकाओं के बने होते हैं।	ये एक से अधिक प्रकार की कोशिकाओं के बने होते हैं।
इनके उदाहरण-मृदूतक, स्थूलकोण ऊतक एवं दृढ़ोतक हैं।	इनके उदाहरण-जाइलम तथा फ्लोएम।

4. हरितऊतक तथा वायोतक कहाँ पाए जाते हैं? इनके कार्य लिखिए।

उत्तर ऐसे मृदूतक जिनमें पर्णहरिम पाए जाते हैं, को हरितऊतक या क्लोरेन्काइमा कहते हैं। ये प्रकाश-संश्लेषण में सहायक होते हैं। ये पत्तियों एवं हरे तने की सतह पर पाए जाते हैं। जलीय पादप के तनों एवं पत्तियों में मृदूतक की कोशिकाओं के मध्य वायु की बड़ी गुहिकाएँ उपस्थित होती हैं। ऐसे मृदूतक को वायोतक (ऐरेंकाइमा) कहते हैं। ये जलीय पादपों को तैरने के लिए उत्प्लावक बल प्रदान करते हैं।

5. (i) चित्र में दिए गए ऊतक की पहचान कीजिए।
(ii) इसकी कोशिकाओं की लाक्षणिक विशेषता बताइए।
(iii) इस ऊतक का कार्य बताइए।
(iv) पादप के उस भाग का नाम लिखिए, जहाँ ये कोशिकाएँ पाई जाती हैं।

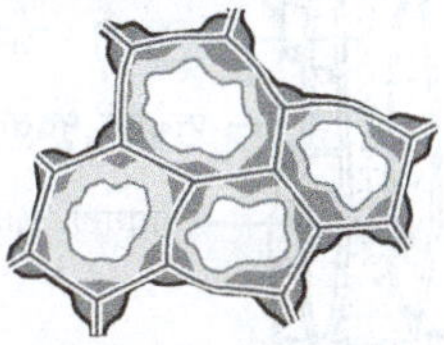

उत्तर (i) चित्र में दिया गया ऊतक स्थूलकोण ऊतक है।
(ii) स्थूलकोण ऊतक की कोशिकाएँ सजीव, दीर्घाकृत, कोनों पर मोटी तथा बहुत कम अंतराकोशिकीय स्थान वाली होती हैं।
(iii) ये पादप को लचीलापन तथा यांत्रिक सहयोग प्रदान करता है।
(iv) यह पर्णवृंत में, एपिडर्मिस के नीचे पाया जाता है।

6. बीजों के कठोर छिलकों में विद्यमान ऊतक का नाम लिखिए। इन ऊतक को कठोर बनाने के लिए उत्तरदायी रसायन कौन-सा है?

उत्तर बीज के कठोर छिलकों में विद्यमान दृढ़ोतक की भित्ति लिग्निन के जमाव के कारण मोटी एवं कठोर होती हैं।

7. रक्षी ऊतक क्या है? उनकी पादप के विभिन्न भागों में उपस्थिति का उल्लेख कीजिए।

उत्तर वे ऊतक जो पादप के शरीर में उपस्थित अन्य ऊतकों की रक्षा करते हैं, रक्षी ऊतक कहलाते हैं।
ये ऊतक मुख्यतया पादपों की सबसे बाहरी परत में पाए जाते हैं; जैसे- पत्तियों, फूलों, तनों एवं जड़ों की बाह्यत्वचा।
यह परत एक कोशिका मोटी होती है तथा क्यूटिन से ढकी रहती है।

8. सूक्ष्मदर्शी के नीचे प्रेक्षित किए जाने पर पत्ती की एपिडर्मिस में छोटे-छोटे छिद्र दिखाई देते हैं। इन छिद्रों को क्या कहते हैं? इनके दो कार्य लिखिए।

उत्तर इन छिद्रों को स्टोमेटा कहा जाता है।
ये छिद्र गैसों के आदान-प्रदान तथा वाष्पोत्सर्जन में सहायता प्रदान करते हैं।

9. जाइलम में पाए जाने वाले विभिन्न अवयवों के नाम लिखिए।

उत्तर जाइलम में निम्नलिखित चार प्रकार के अवयव पाए जाते हैं-

1. **वाहिनिकाएँ** (Tracheids) ये मृत तथा लंबी नली के समान रचनाएँ होती हैं। इनके सिरों पर छिद्र नहीं होते हैं।
2. **वाहिकाएँ** (Vessels) ये मृत संकरी नली के समान रचनाएँ होती हैं।
3. **दारु या काष्ठ मृदूतक** (Xylem or Wood parenchyma) ये पतली भित्ति वाली जीवित कोशिकाएँ होती हैं तथा प्रायः अधिक संख्या में पाई जाती हैं।
4. **काष्ठ तंतु** (Wood or Xylem fibres) ये लंबी, नुकीली, निर्जीव तथा दृढ़ोतक कोशिकाएँ होती हैं। इनमें छोटे गर्त होते हैं तथा इनकी भित्तियाँ मोटी होती हैं।

10. फ्लोएम ऊतक का नामांकित चित्र बनाइए।

उत्तर

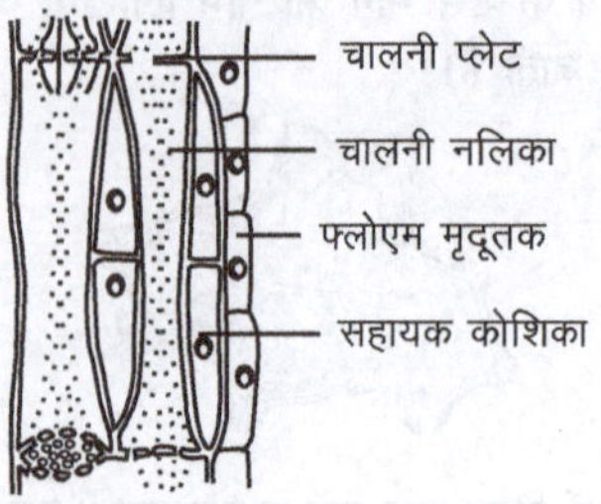

फ्लोएम काट

11. चालनी नलिका कोशिकाओं का क्या कार्य है तथा इनकी बनावट इनके कार्य के लिए किस प्रकार सहायक है?

उत्तर फ्लोएम में उपस्थित चालनी नलिका छिद्रयुक्त दीवारों वाली नलिकाकार कोशिकाएँ होती हैं।

चालनी नलिका के दोनों सिरों पर छिद्रित चालनी प्लेट उपस्थित होती हैं। इन चालनी प्लेटों से होकर भोज्य पदार्थ दोनों दिशाओं में गति कर सकते हैं।

12. फ्लोएम तथा जाइलम में दो अंतर लिखिए।

उत्तर फ्लोएम तथा जाइलम में दो अंतर इस प्रकार हैं-

फ्लोएम	जाइलम
इसका निर्माण चालनी नलिकाओं, सह-कोशिकाओं, फ्लोएम मृदूतक तथा फ्लोएम रेशों से होता है।	इसका निर्माण वाहिनिकाओं (Tracheids), वाहिकाओं (Vessels), जाइलम रेशे तथा जाइलम मृदूतक से होता है।
यह पत्तियों में बने कार्बनिक घुलनशील भोज्य पदार्थों का संवहन करता है।	यह मृदा से जड़ द्वारा अवशोषित जल एवं खनिज पदार्थों का संवहन करता है।

13. उस ऊतक का नाम लिखिए, जो श्वास नली में विद्यमान होता है तथा इसका क्या कार्य है?

उत्तर पक्ष्माभीयुक्त स्तंभाकार एपिथीलियम ऊतक श्वासनली में विद्यमान होता है। **कार्य** श्वासनाल की बाहरी सतह पर उपस्थित रोमनुमा प्रवर्ध (पक्ष्माभी) गति कर श्लेष्मा या अन्य पदार्थों को आगे की ओर धकेलती है, जिससे श्वसन मार्ग साफ बना रहता है।

14. जंतुओं के उस ऊतक का नाम लिखिए जिसका कार्य नीचे दिए गए पादप ऊतकों के समान है?

(i) एपिडर्मिस (ii) संवहन बंडल

साथ ही उन ऊतकों के कार्य लिखिए।

उत्तर (i) **एपिथीलियल ऊतक** जंतु शरीर का रक्षात्मक आवरण बनाता है। यह अवशोषण तथा स्त्राव में भी मदद करता है।

(ii) **संयोजी ऊतक** जैसे–रुधिर गैसों, पचे हुए भोजन, हॉर्मोन, आदि का संवहन तथा वर्ज्य पदार्थों के निष्कासन का कार्य करते हैं। इसके अतिरिक्त ये सहारा प्रदान करते हैं तथा शरीर का ढाँचा बनाते हैं।

15. विभिन्न संयोजी ऊतकों के नाम लिखिए। (उनके आधात्री के आधार पर)

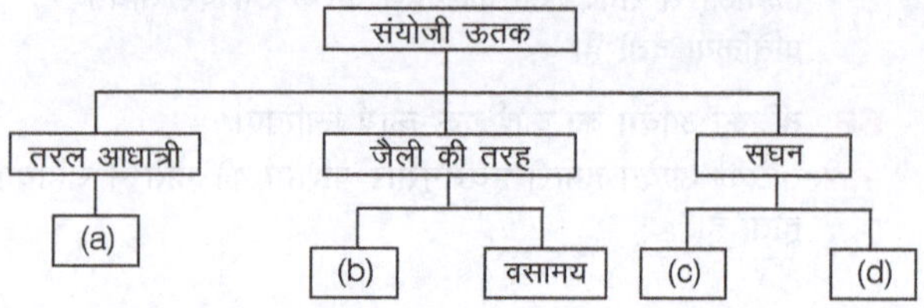

उत्तर (a) रुधिर, (b) एरिओलर, (c) अस्थि, (d) उपास्थि।

16. रुधिर की सामान्य संरचना पर संक्षिप्त टिप्पणी कीजिए।

उत्तर रुधिर लाल रंग का अपारदर्शी चिपचिपा द्रव्य है। इसकी श्यानता (Viscosity) 4.7 होती है तथा यह हल्का क्षारीय प्रकृति का होता है, जिसका pH 7.36-7.54 तक होती है (औसत pH = 7.4)। रुधिर संपूर्ण शरीर का लगभग 6 – 8% भाग बनाता है। रुधिर का तरल भाग प्लाज्मा (Plasma) कहलाता है, जिसमें रुधिर कणिकाएँ (Blood corpuscles) तैरती रहती हैं।

17. रुधिर के दो कार्य लिखिए।

उत्तर (i) रुधिर पोषक तत्वों, हॉर्मोन, गैसें, उत्सर्जी पदार्थों, आदि का संपूर्ण शरीर में संवहन करता है।

(ii) रुधिर ऊष्मा का वितरण कर शरीर का ताप नियत बनाए रखने में सहायता करता है।

18. वसामय ऊतक (Adipose tissue) के किन्हीं दो कार्यों को लिखिए।

उत्तर (i) यह आंतरांगों की स्थिति को बनाए रखता है। यह वृक्कों तथा नेत्र-गोलकों के चारों ओर आघात अवशोषी गद्दियाँ बनाता है।

(ii) यह अंगों तथा शरीर को निश्चित आकृति प्रदान करता है तथा ऊष्मा का कुचालक होता है।

19. हम अपने कानों को मोड़ सकते हैं, किंतु हाथ की अस्थि को नहीं। क्यों?

उत्तर हम कान की उपास्थि को मोड़ सकते हैं, किंतु हाथ की अस्थि को नहीं, इसका कारण यह है कि उपास्थि की आधात्री प्रोटीन और शर्करा की बनी होती हैं, जो इसे लचीलापन देते हैं, जबकि अस्थि की आधात्री कैल्शियम एवं फॉस्फोरस के लवणों की बनी होने के कारण सख्त होती है।

20. कंडरा तथा स्नायु में दो भेद लिखिए।

उत्तर कंडरा तथा स्नायु में दो भेद इस प्रकार है-

कंडरा (Tendon)	स्नायु (Ligament)
यह लोच रहित श्वेत तंतुमय कोलैजन तंतुओं का बना होता है।	यह लचीले इलास्टिन तंतुओं का बना होता है।
ये पेशी को अस्थि से जोड़ता है।	यह अस्थि को अस्थि से जोड़ता है।

21. उपास्थि तथा अस्थि में दो अंतर लिखिए।

उत्तर उपास्थि एवं अस्थि में अंतर इस प्रकार हैं-

उपास्थि (Cartilage)	अस्थि (Bone)
इसका आधार द्रव्य कॉण्ड्रिन नामक प्रोटीन से बना होता है।	इसका आधार द्रव्य ओसीन नामक प्रोटीन से बना होता है।
उपास्थि सामान्यतया कोमल और लचीली होती है।	अस्थि कठोर होती है।

22. एपिथीलियमी ऊतक तथा संयोजी ऊतक में अंतर बताओ।

उत्तर एपिथीलियमी ऊतक तथा संयोजी ऊतक में अंतर निम्न हैं-

एपिथीलियमी ऊतक	संयोजी ऊतक
यह अंगों को ढकने, सुरक्षा प्रदान करने, स्रावण तथा अवशोषण का कार्य करते हैं।	यह विभिन्न प्रकार के ऊतकों को परस्पर जोड़ने का कार्य करते हैं।
इसकी कोशिकाओं के बीच अंतराकोशिकीय स्थान नहीं होते हैं।	इनकी कोशिकाओं के बीच अंतराकोशिकीय स्थान होते हैं।

23. नीचे दिए गए ऊतकों की अवस्थिति लिखिए

(i) अरेखित पेशी (ii) घनाकार एपिथीलियम

(iii) वसामय ऊतक (iv) रेखित पेशी तंतु

उत्तर (i) आहारनाल, रुधिर वाहिका, आँख की पुतली, मूत्रनलिका तथा फेफड़ों के ब्रोंकाई की आस्तरों में।

(ii) ये वृक्क नलिका तथा लार ग्रंथि के आस्तरों का निर्माण करते हैं।

(iii) यह त्वचा के नीचे तथा आंतरिक अंगों के मध्य पाया जाता है।

(iv) यह प्रायः हाथ, पैर, गर्दन, आदि की अस्थियों से जुड़ी होती है।

24. विभिन्न प्रकार के विभज्योतक ऊतकों का स्थान तथा कार्यों के बारे में लिखिए।

उत्तर विभज्योतक ऊतक एक विभाजनशील ऊतक है तथा यह पादप के वृद्धि वाले क्षेत्रों में पाए जाते हैं। पादप में उनकी स्थिति के अनुसार विभज्योतकों को शीर्षस्थ (Apical), पार्श्वीय (Lateral) तथा अंतर्विष्ट (Intercalary) भागों में वर्गीकृत किया जाता है।

(i) **शीर्षस्थ** यह तने एवं मूल के शीर्ष पर पाया जाता है। यह जड़ तथा तने की लंबाई को बढ़ाता है। इसके फलस्वरूप पादपों की ऊँचाई बढ़ती है, जो प्राथमिक वृद्धि कहलाती है।

(ii) **पार्श्वीय** यह तने एवं मूल की परिधि में पाया जाता है। यह तने या जड़ के व्यास तथा घेरे में वृद्धि करता है। यह द्वितीयक वृद्धि कहलाती है।

(iii) **अंतर्विष्ट** यह पत्तियों के आधार एवं पर्वों के दोनों ओर स्थित होता है एवं पादप की लंबाई में वृद्धि करता है।

25. विभज्योतकी तथा स्थायी ऊतकों में छः अंतर लिखिए।

उत्तर विभज्योतक व स्थायी ऊतक में अंतर निम्न हैं-

विभज्योतक ऊतक	स्थायी ऊतक
इसकी कोशिका भित्ति पतली होती है।	इसकी कोशिका भित्ति पतली अथवा दृढ़ होती है।
इनमें कोशिका समव्यासी होती है।	इनमें कोशिका अनेक आकार और आमाप (Size) की होती है।
इनमें अंतराकोशिकीय स्थान सामान्यतया नहीं पाए जाते हैं।	इनमें अंतराकोशिकीय स्थान उपस्थित हो भी सकते हैं और नहीं भी।
इनका कोशिकाद्रव्य सघन होता है।	इनका कोशिकाद्रव्य पतला होता है।
इसकी कोशिकाओं में विभाजन की क्षमता मिलती है।	इसकी कोशिकाएँ अविभाज्य होती हैं।
विभाजित होते रहने के कारण इनका केंद्रक बड़ा होता है।	विभाजन न होने के कारण इनका केंद्रक छोटा होता है।
इनमें कोशिकाएँ अपरिपक्व और अविकसित होती हैं।	इनमें कोशिकाएँ परिपक्व और पूर्ण विकसित होती हैं।
इनमें कोशिकाएँ सदैव जीवित होती है।	इनमें कोशिकाएँ जीवित अथवा मृत दोनों प्रकार की हो सकती है।

26. सरल स्थायी ऊतक के विभिन्न प्रकार बताइए और प्रत्येक के कार्य लिखिए।

उत्तर **सरल स्थायी ऊतक** इसके तीन प्रकार हैं-

(i) **मृदूतक**
- जल एवं भोजन का संचय तथा स्वांगीकरण।
- जल, रेजिन तथा टेनिन संचय।

(ii) **स्थूलकोण ऊतक**
- पादपों में लचीलापन प्रदान करता है।
- हरितलवक उपस्थित होने पर भोजन का निर्माण करता है।

(iii) **दृढ़ोतक**
- कठोर सुरक्षात्मक स्तर का निर्माण करना।
- ये पादप को उच्च दृढ़ता एवं यांत्रिक सहारा प्रदान करते हैं।

27. मृदूतक के चार विशिष्ट लक्षण लिखिए। इस ऊतक को आप इसके विशिष्ट कार्यों के आधार पर किस प्रकार वर्गीकृत करेंगे? ये कार्य क्या हैं?

उत्तर **विशेषताएँ**

(i) कोशिकाएँ सामान्यतया गोलाकार, अंडाकार तथा बहुभुजीय होती हैं।

(ii) इसकी कोशिकाएँ जीवित होती हैं।

(iii) इनमें अंतराकोशिकीय स्थल उपस्थित होते हैं।

(iv) इसकी कोशिका भित्ति पतली तथा सेलुलोस की बनी होती है।

मृदूतक का वर्गीकरण

(i) **सरल मृदूतक या भंडारण मृदूतक** ये पादपों को यांत्रिक सहारा देते हैं तथा भोजन एवं जल का भंडारण भी करते हैं।

(ii) **हरित ऊतक** इनमें पर्णहरित होते हैं। अतः ये प्रकाश-संश्लेषण भी करते हैं।

(iii) **वायोतक** कुछ जलीय पादपों में मृदूतक द्वारा निर्मित वायु गुहिकाएँ उपस्थित होती हैं, जो पादपों को उत्प्लावकता देती हैं तथा उन्हें तैरने में सहायता करती हैं।

28. नीचे दिए गए मामलों में विद्यमान ऊतक को पहचानिए तथा प्रत्येक का एक-एक विशिष्ट लक्षण लिखिए।

(i) एपिडर्मिस के नीचे पर्णवृंत में

(ii) तने में संवहन बंडल के चारों ओर

(iii) जड़ तथा तने के छोर पर

उत्तर (i) **स्थूलकोण ऊतक** यह पादपों के विभिन्न हिस्सों को मुड़ने-झुकने योग्य एवं लचीलापन प्रदान करता है।

(ii) **दृढ़ोतक** यह तने को सहारा देकर इसे कठोर एवं दृढ़ बनाता है।

(iii) **शीर्षस्थ विभज्योतक ऊतक** ये सक्रिय विभाजनशील कोशिकाओं से बने होते हैं एवं पादप की लंबाई बढ़ाते हैं।

29. (i) दृढ़ोतक कोशिकाओं में गुहा संकीर्ण क्यों होती है?

(ii) ये ऊतक कहाँ विद्यमान होते हैं तथा क्यों?

उत्तर (i) दृढ़ोतक की कोशिका भित्ति लिग्निन के अत्यधिक जमाव के कारण मोटी होती हैं। प्रायः ये दीवारें इतनी मोटी होती हैं कि मृत कोशिकाओं के बीच आंतरिक गुहा (ल्यूमेन) बहुत कम या नहीं होती है।

(ii) ये कठोर ऊतक तना, पत्तियों की शिराओं में संवहन बंडल के आस-पास, बीजों के आवरण एवं फलों के कठोर आवरण में उपस्थित होते हैं, क्योंकि ये पादप अंग को सहारा एवं सुरक्षा प्रदान करते हैं।

30. (i) रक्षी कार्य करने के लिए एपिडर्मल कोशिकाओं की रूपरेखा किस प्रकार की होती है?

(ii) यह पादपों को किस प्रकार सुरक्षा प्रदान करता है?

उत्तर (i) पादपों के वायवीय भागों पर उपस्थित सुरक्षात्मक एपिडर्मल कोशिकाएँ अपनी बाह्य सतहों पर मोम जैसी जलरोधी परत स्रावित करती हैं। ये अंतराकोशिकीय अवकाश विहीन सतत् परत होती है।

(ii) यह वाष्पोत्सर्जन द्वारा जल की क्षति, यांत्रिक क्षति तथा परजीवी फंजाई के आक्रमणों से पादपों को सुरक्षा प्रदान करती है। मरुस्थलीय पादपों में एपिडर्मिस पर क्यूटिन की एक मोटी मोम जैसी परत का आवरण चढ़ा रहता है, जो पादपों को जल के अत्यधिक नुकसान तथा यांत्रिक क्षति से सुरक्षा प्रदान करता है।

31. (i) मरुस्थलीय पादपों के लिए नीचे दिए गए कथनों के पीछे के कारण का विश्लेषण कीजिए—

(a) एपिडर्मिस यद्यपि एक ही परत की होती है, परंतु मोटी होती है

(b) पादपों की बाह्य सतह पर मोम जैसी परत (एपिडर्मिस द्वारा स्रावित) का विद्यमान होना।

(ii) उस कोशिका व्यवस्था की विवेचना कीजिए, जो इस तथ्य का आधार है, कि "एपिडर्मिस एक रक्षी ऊतक है।"

उत्तर (i) (a) मरुस्थलीय पादपों की एपिडर्मिस मोटी होती हैं, क्योंकि इन पर क्यूटिन का मोटा मोम जैसा आवरण पाया जाता है।

(b) क्यूटिन का मोम जैसा आवरण पादपों की बाहरी सतह पर जलरोधक की भाँति कार्य कर वाष्पोत्सर्जन द्वारा पानी की अधिक क्षति से पादप की रक्षा करता है।

(ii) पादपों के वायवीय हिस्सों में उपस्थित एपिडर्मल कोशिकाएँ अपनी बाह्य सतहों पर एक मोम जैसी जलरोधी सतह का स्त्राव करती हैं।

एपिडर्मल कोशिकाएँ चपटी होती हैं तथा बिना अंत:कोशिकीय स्थल के एक स्तरीय रक्षात्मक सतह का निर्माण करती हैं।

32. (i) पृष्ठीय दृश्य दर्शाते हुए पत्ती के एपिडर्मिस का चित्र बनाइए तथा रक्षी कोशिकाओं के साथ स्टोमेटा तथा एपिडर्मिस कोशिका को नामांकित कीजिए।

(ii) पादपों की एपिडर्मिस शुष्क स्थानों के लिए किस प्रकार अनुकूलित होती है?

(iii) पत्ती में उपस्थित रक्षी कोशिकाओं के कार्य लिखिए।

उत्तर (i) चित्र : द्वार कोशिकाएँ तथा एपिडर्मिस कोशिकाएँ पृष्ठीय दृश्य–

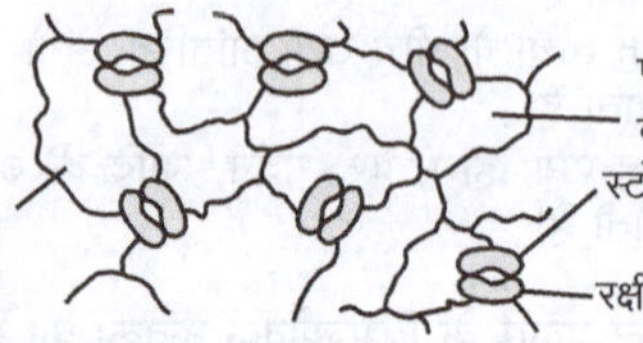

(ii) शुष्क स्थानों पर मिलने वाले पादपों में एपिडर्मिस मोटी होती है। यह वाष्पोत्सर्जन द्वारा जल की हानि कम करके पादपों की रक्षा करती है। इसकी एपिडर्मिस कोशिका पादपों की बाह्य सतह पर प्रायः एक मोम जैसी जल प्रतिरोधी परत भी बनाती है।

(iii) रक्षी कोशिकाएँ रंध्रों के खुलने एवं बंद होने को नियंत्रित कर वाष्पोत्सर्जन एवं वायुमण्डल से गैसों के आदान-प्रदान को नियंत्रित करती हैं।

33. जैसे-जैसे पादपों की आयु बढ़ती हैं, तने के बाह्य सुरक्षात्मक ऊतक कॉर्क (छाल) में परिवर्तित हो जाते हैं। यह किस प्रकार होता है? कॉर्क (छाल) के दो प्रमुख लक्षण लिखिए।

उत्तर जैसे-जैसे पेड़ पुराने होने लगते हैं, उनके बाहरी रक्षी ऊतकों में कुछ बदलाव आते हैं। तने के एपिडर्मिस को द्वितीयक विभज्योतक की परत द्वारा विस्थापित कर दिया जाता है। बाहर स्थित कोशिकाएँ इस परत से कट जाती हैं।

इससे मोटी कॉर्क या पेड़ की छाल के कई स्तरों का निर्माण होता है। कॉर्क की कोशिकाएँ मृत तथा बहुत नजदीकी रूप में व्यवस्थित होती हैं तथा इनके बीच अंतःकोशिकीय स्थान नहीं होता है। इनकी दीवारों में सुबेरिन नामक रसायन पाया जाता है, जो इन्हें जल एवं गैस के लिए अभेद्य बनाता है। तथा ये रक्षी ऊतक के रूप में कार्य करते हैं।

34. निम्नलिखित का महत्व समझाइए–

(i) एपिडर्मल कोशिकाओं पर बाल जैसे प्रवर्ध।

(ii) कैक्टस पादपों में एपिडर्मिस की कई परतें।

(iii) कॉर्क कोशिकाओं में रसायन सुबेरिन की उपस्थिति।

उत्तर (i) जड़ में एपिडर्मल कोशिकाओं का कार्य जल का अवशोषण करना होता है। बाल जैसे महीन प्रवर्ध मूल के जल अवशोषक सतही क्षेत्रफल में बहुत अधिक वृद्धि करते हैं।

(ii) अत्यधिक शुष्क वास-स्थलों में रहने वाले पादपों जैसे-कैक्टस की एपिडर्मिस मोटी एवं मोम के स्तर से आस्तरित होती है। यह उन्हें वाष्पोत्सर्जन द्वारा जल की क्षति, यांत्रिक चोट तथा परजीवियों के आक्रमण से सुरक्षा प्रदान करता है।

(iii) सुबेरिन पादप की छाल को दृढ़ता प्रदान करता है एवं कॉर्क कोशिकाओं को गैस एवं जल के लिए अपारगम्य बना देता है।

35. जटिल ऊतक से आप क्या समझते हैं? पादपों में पाए जाने वाले जटिल स्थायी ऊतक के दो प्रकारों के नाम बताइए। प्रत्येक जटिल ऊतक का कोई एक कार्य बताइए।

उत्तर (i) एक से अधिक प्रकार की कोशिकाओं से बने ऊतक जो आपसी सामंजस्य द्वारा एक-समान कार्य को संपादित करते हैं, जटिल ऊतक कहलाते हैं।

(ii) जटिल स्थायी ऊतक दो प्रकार के होते हैं; जाइलम एवं फ्लोएम।

(iii) जाइलम मूल से पादप के विभिन्न हिस्सों तक जल एवं खनिज लवणों का परिवहन करते हैं एवं फ्लोएम द्वारा पत्तियों से पादप के सभी हिस्सों तक तैयार भोजन का परिवहन किया जाता है।

36. जाइलम की वाहिनिका एवं वाहिका में अंतर स्पष्ट कीजिए।

उत्तर वाहिनिकाओं एवं वाहिकाओं में अंतर निम्न प्रकार हैं–

वाहिनिकाएँ	वाहिकाएँ
यह दीर्घीकृत (Elongated) कोशिका हैं, जिसके दोनों सिरे बंद और शुंडाकार (Tapering) होते हैं।	यह छोटी अथवा लंबी नलिकाकार रचना है। इसकी लंबाई वाहिनिकाओं की अपेक्षाकृत कम और चौड़ाई अधिक होती है।
इसकी अंतःभित्ति पूर्ण होती है।	इनकी अंतःभित्ति पूर्ण अथवा अपूर्ण रूप से घुल जाती है।
इनकी कोशिका गुहा संकरी होती है।	इनकी कोशिका गुहा बहुत चौड़ी होती है।
ये आवृतबीजी, अनावृतबीजी और टेरिडोफाइट्स पादपों का मुख्य भाग बनाती हैं।	ये केवल आवृतबीजी पादपों में पाई जाती हैं अर्थात् अनावृतबीजी एवं टेरिडोफाइट्स में अनुपस्थित होती है।

37. जाइलम की वाहिका एवं फ्लोएम की चालनी नलिका में अंतर बताइए।

उत्तर जाइलम वाहिकाएँ एवं चालनी नलिकाओं में अंतर निम्नलिखित हैं–

जाइलम वाहिकाएँ	चालनी नलिकाएँ
ये लंबी नलिकाकार संरचनाएँ हैं, जिनका निर्माण कोशिकाओं के सिरे से सिरे जुड़ जाने से होता है। इनके मध्य भित्तियाँ अनुपस्थित होती हैं।	ये भी इसी प्रकार निर्मित नलिकाएँ हैं, किंतु इनके मध्य भित्तियाँ छिद्रित (Porous) होती हैं, जो चालनी पट्टिकाएँ (Sieve plates) कहलाती हैं।
इनकी भित्तियाँ लिग्निनयुक्त होती हैं। तथा यह परिपक्व अवस्था में मृत होती है।	इनकी भित्तियाँ सेलुलोस की बनी होती हैं तथा यह परिपक्व अवस्था में जीवित, किंतु केंद्रक विहीन होती है।
ये जल संवहन के साथ पादपों को यांत्रिक शक्ति प्रदान करती हैं।	इनका मुख्य कार्य संवहन है। ये यांत्रिक शक्ति देने में असमर्थ होती है।
इनमें जल और खनिज-लवण नीचे से (मूलों से) ऊपर की ओर संवहित होते हैं।	इनमें कार्बनिक खाद्य-पदार्थ जल में घुली अवस्था में सभी दिशाओं में संवहित होते हैं।

38. निम्न के नाम लिखिए–

(i) वह ऊतक जो पादप को कठोर एवं मजबूत बनाता है।

(ii) वह ऊतक जो पानी और खनिज लवण का ऊर्ध्वाधर संवहन करता है।

(iii) वह ऊतक जो पादपों के विभिन्न भागों में बिना टूटे लचीलापन लाता है।

(iv) वह ऊतक जो पादपों को तैरने के लिए उत्प्लावन बल प्रदान करता है।

(v) एक रसायन जो छालों को हवा एवं पानी के लिए अभेद्य बनाता है।

(vi) वह ऊतक जो पत्तियों से भोजन पादप के दूसरे हिस्सों तक पहुँचाता है।

उत्तर (i) दृढ़ोतक (ii) जाइलम ऊतक
(iii) स्थूलकोण ऊतक (iv) मृदूतक (वायोतक)
(v) सुबेरिन (vi) फ्लोएम ऊतक

39. स्तंभाकार एपिथीलियम की अवस्थिति तथा कार्य व्यक्त कीजिए। यह कहाँ पर और किस प्रकार रूपांतरित हो जाता है? इस रूपांतरित ऊतक का कार्य लिखिए।

उत्तर **स्तंभाकार एपिथीलियम**

अवस्थिति आँत के आंतरिक आस्तर में एवं श्वसन नलिका में।

कार्य आँत के आंतरिक आस्तर में अवशोषण तथा स्त्राव का कार्य।

रूपांतरण श्वास नलिका में स्तंभाकार एपिथीलियम ऊतक में पक्ष्माभी उपस्थित होते हैं, जोकि रोम जैसे प्रवर्ध होते हैं। ये पक्ष्माभी गति कर श्लेष्मा को आगे खिसकाकर श्वास नलिका को स्वच्छ रखते हैं।

40. (i) तरल संयोजी ऊतक की क्या विशेषता होती है? तरल संयोजी ऊतक का एक उदाहरण लिखिए।

(ii) सामान्य संयोजी ऊतक (एरिओलर ऊतक) का मुख्य कार्य क्या है?

उत्तर (i) तरल संयोजी ऊतक के तरल मैट्रिक्स में श्वेत कोलैजन तथा पीले लचीले तंतु नहीं होते हैं। इसके तरल मैट्रिक्स में ठोस कणिकाएँ तैरती रहती हैं। रुधिर तथा लसीका इसके उदाहरण हैं।

(ii) सामान्य संयोजी एरिओलर ऊतक शरीर में सभी अंगों एवं तंत्रों के मध्य पाया जाता है। इसका प्रमुख कार्य अंगों को सहारा प्रदान करना, अंगों को चोट तथा धक्कों से बचाना एवं अंगों को परस्पर संलग्न बनाए रखना है। यह ऊतकों की मरम्मत में भी सहायक होता है।

41. रुधिर एक संयोजी ऊतक है। व्याख्या कीजिए।

उत्तर यह ऊतक तरल मैट्रिक्स के कारण पूर्णतया तरल अवस्था में मिलता है। यह शरीर में निरंतर परिवहित होता रहता है तथा विभिन्न ऊतकों, अंगों एवं अंग-तंत्रों को परस्पर जोड़ता हैं। इसलिए इसे तरल संयोजी ऊतक भी कहते हैं।

यह प्लाज्मा (55%) तथा रुधिर कणिकाओं (45%) का बना होता है। प्लाज्मा हल्के पीले रंग का द्रव होता है, जिसमें कार्बनिक तथा अकार्बनिक पदार्थ घुले होते हैं। इनमें तंतु नहीं पाए जाते हैं। रुधिर का काम गैसों, हॉर्मोन्स, भोज्य तथा उत्सर्जी पदार्थों का परिवहन करना है। यह शरीर के हर भाग में ताप को भी नियत बनाए रखता है।

42. (i) विभिन्न प्रकार की रुधिर कोशिकाओं का उल्लेख कीजिए।

(ii) रुधिर द्वारा किन पदार्थों का संवहन होता है?

उत्तर (i) रुधिर कोशिकाएँ निम्नलिखित तीन प्रकार की होती हैं-

- **लाल रुधिर कोशिकाएँ** (RBCs) में एक प्रोटीन वर्णक (श्वसन रंगा) हीमोग्लोबिन होता है, जिसके कारण इन रुधिराणुओं का रंग लाल होता है। ये केन्द्रक विहीन कणिकाएँ शरीर में ऑक्सीजन एवं CO_2 के वहन का कार्य करती है।
- **श्वेत रुधिर कोशिकाएँ** (WBCs) अनियमित आकार की हीमोग्लोबिन रहित और केंद्रक युक्त होती है। ये प्रतिरक्षी उत्पन्न कर रोगों के विरुद्ध प्रतिरक्षा प्रदान करती हैं।
- **रुधिर प्लेटलेट्स** रुधिर के स्कंदन में सहायक होती है।

(ii) रुधिर द्वारा शरीर के विभिन्न अंगों तक गैसों, पचित भोजन, हॉर्मोन तथा अपशिष्ट पदार्थों का संवहन किया जाता है।

43. (i) वसामय (एडिपोज) संयोजी ऊतक का चित्र बनाइए।

(ii) शरीर के उस भाग का उल्लेख कीजिए, जहाँ ये ऊतक उपस्थित होते हैं तथा ऊतक के एक कार्य का भी उल्लेख कीजिए।

उत्तर (i)

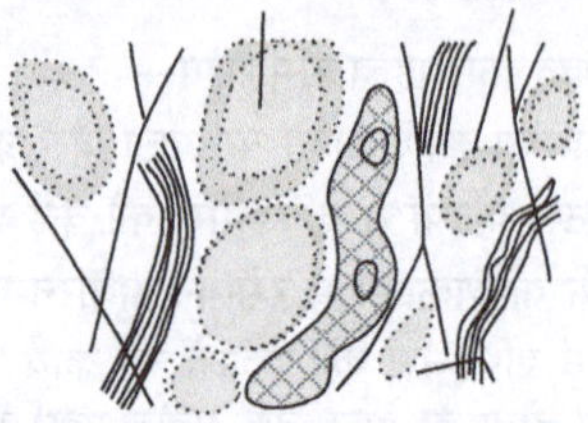

एडिपोसाइट (वसा कोशिका)

(ii) वसामय ऊतक हमारे शरीर में वसा का संग्रह करता है। इस ऊतक की कोशिकाएँ वसा की बूँदों से भरी होती हैं। यह त्वचा के नीचे तथा अंगों के बीच में पाया जाता है।

कार्य

- यह वसा का संग्रह करता है।
- यह ऊष्मा के कुचालक के रूप में कार्य करता है।

44. निम्नलिखित कथनों के लिए एक कारण दीजिए—

(i) रुधिर को संयोजी ऊतक कहा जाता है।

(ii) गति लाने के लिए पेशियाँ संकुचित एवं शिथिल हो जाती हैं।

(iii) हृदय की पेशियाँ अनैच्छिक पेशियाँ कहलाती हैं।

उत्तर (i) रुधिर को संयोजी ऊतक कहा जाता है, क्योंकि यह शरीर के विभिन्न अंगों तक गैस, पचे हुए भोजन, हॉर्मोन तथा अपशिष्ट पदार्थों का संवहन कर उंन्हें परस्पर जोड़ता है।

(ii) ऐसा इसलिए है, कि पेशियों में संकुचनशील प्रोटीन के रूप में एक विशेष प्रोटीन युग्म एक्टिन एवं मायोसीन होता है, जो संकुचन एवं शिथिलन द्वारा गति को संभव बनाता है।

(iii) हृदय की पेशियाँ हमारी इच्छा के बिना जीवनपर्यंत थके बिना लयात्मक संकुचन एवं शिथिलन प्रदर्शित करती हैं। अतः इन्हें अनैच्छिक पेशियाँ कहते हैं।

45. (i) अस्थि किस प्रकार का ऊतक है?

(ii) अस्थि की कठोर आधात्री किससे बनी होती है?

(iii) कंडरा एवं स्नायु के कार्य लिखिए।

उत्तर (i) ठोस (कंकाली) संयोजी ऊतक

(ii) यह कैल्शियम एवं फॉस्फोरस के लवणों से बनी होती है।

(iii) कंडरा दो अस्थियों को परस्पर जोड़ते हैं, जबकि स्नायु पेशियों को अस्थियों से जोड़ते हैं।

46. प्रत्येक स्थिति में संरचना, कार्य तथा अवस्थिति के बीच संबंध स्थापित कीजिए।

(i) अस्थि (ii) एरिओलर ऊतक (iii) रेखित पेशी

उत्तर (i) **अस्थि** अस्थि कोशिकाएँ कठोर आधात्री में धँसी होती हैं, जो कैल्शियम एवं फॉस्फोरस लवणों से बनी होती है। यह एक सुसंहत एवं कठोर ऊतक है। यह शरीर के ढाँचे का निर्माण करती है, जो शरीर को अवलंबन प्रदान करता है। यह पेशियों द्वारा प्रचलन में तथा शरीर के विभिन्न हिस्सों की गति में सहायता करती है।

(ii) **एरिओलर ऊतक** ये त्वचा तथा पेशियों के बीच, तंत्रिकाओं एवं रुधिर वाहिकाओं के आस-पास तथा अस्थि मज्जा में पाए जाते हैं। ये श्वेत कोलैजन तंतुओं, पीले प्रत्यास्थ तंतुओं, श्वेत रेटिकुलर तंतुओं, आदि द्वारा निर्मित होते हैं। ये अंगों के अंदर के रिक्त स्थान को भरते हैं।

ये आंतरिक अंगों की आघात से सुरक्षा, अवलम्बन तथा ऊतकों की मरम्मत में सहायक होते हैं।

(iii) **रेखित पेशी** लंबी, बेलनाकार, अशाखित तथा बहुकेंद्रकी कोशिकाओं द्वारा निर्मित होती हैं। इसमें एकांतरित हल्की एवं गहरी पट्टियों के बैंड उपस्थित होते हैं। ये भुजाओं, गर्दन, उदर, आदि में पाई जाती हैं। ये अधिकतर अस्थि से जुड़ी होती हैं तथा शरीर की ऐच्छिक गति में सहायता करती हैं।

दीर्घ उत्तरीय प्रश्न

1. (i) विभज्योतक और स्थायी ऊतक में क्या अन्तर है?
(ii) विभज्योतक को संक्षेप में लिखिए।
(iii) दो सरल और जटिल स्थायी ऊतकों के नाम लिखिए। **NCERT Exemplar**

उत्तर (i) इसके उत्तर के लिए पृष्ठ सं. 128 देखें।
(ii) इसके उत्तर के लिए लघु उत्तरीय प्र.सं. 24 देखें।
(iii) **सरल स्थायी ऊतक** मृदूतक, स्थूलकोण ऊतक एवं दृढ़ोतक
जटिल स्थायी ऊतक जाइलम एवं फ्लोएम।

2. मृदूतक की संरचना तथा कार्य बताइए।

उत्तर इसके उत्तर के लिए पृष्ठ सं. 126 देखें।

3. स्थूलकोण ऊतक की संरचना तथा कार्य बताइए।

उत्तर इसके उत्तर के लिए पृष्ठ सं. 126 देखें।

4. कोशिका के आकार, कोशिका भित्ति तथा अंतराकोशिकीय स्थान पर आधारित मृदूतक, स्थूलकोण ऊतक तथा दृढ़ोतक के तुलनात्मक अध्ययन के लिए सारणी तैयार कीजिए। इनमें से कौन-सा ऊतक मृत ऊतक है?

उत्तर सरल स्थायी ऊतकों में अंतर निम्नलिखित हैं—

मृदूतक	स्थूलकोण ऊतक	दृढ़ोतक
यह जीवित ऊतक है।	यह जीवित ऊतक है।	यह मृत ऊतक है।
इनकी कोशिकाएँ अंडाकार एवं समव्यासी होती हैं।	इनकी कोशिकाएँ अंडाकार, समव्यासी, बहुभुजी अथवा बेलनाकार होती हैं।	इनकी कोशिकाएँ लंबी, संकरी और दोनों सिरों पर नुकीली होती हैं।
इनकी कोशिका भित्ति सेलुलोस द्वारा निर्मित होती है।	इनकी कोशिका भित्ति भी सेलुलोस द्वारा निर्मित होती है। सेलुलोस पर पैक्टिन के जमाव होने के कारण भित्ति का स्थूलन होता है।	इनकी कोशिका भित्ति भी सेलुलोस द्वारा निर्मित होती है, परंतु लिग्निन के जमाव के परिणामस्वरूप स्थूलित हो जाती है।
इनकी कोशिकाओं में अंतराकोशिकीय स्थान अधिक विकसित होते हैं।	अंतराकोशिकीय स्थान कम या प्रायः अनुपस्थित होते हैं।	इनमें अंतराकोशिकीय स्थान पूर्णतया अनुपस्थित होते हैं।

5. निम्नलिखित के कारण बताइए— **NCERT Exemplar**

(i) विभज्योतक की कोशिकाओं में केंद्रक और गाढ़ा कोशिकाद्रव्य होता है, परंतु इनमें रसधानी नहीं होती है।
(ii) दृढ़ोतक में अंतःकोशिकीय स्थान नहीं होता है।
(iii) जब हम नाशपाती या अमरूद खाते हैं, तो हमें दानेदार तथा कठोरता का अनुभव होता है।
(iv) तेज हवाओं के चलने से पेड़ की शाखाएँ मुड़ जाती हैं।
(v) नारियल के छिलके को खींचना कठिन होता है।

उत्तर (i) रिक्तिका का कार्य, जल एवं अन्य भोज्य पदार्थों का संचय करना होता है। अतः इनका निर्माण कोशिका के परिपक्व होने या आकार में वृद्धि करने पर होता है। चूँकि विभज्योतक की कोशिकाएँ लगातार विभाजित होती रहती है। इसलिए इन ऊतकों की अपरिपक्व कोशिकाएँ लगातार विभाजित होती रहती है। इसलिए इन ऊतकों की अपरिपक्व कोशिकाओं का आकार छोटा होता है। कोशिकाद्रव्य अधिक मात्रा में उपस्थित होता है एवं उच्च उपापचयी दर के कारण रिक्तिका की आवश्यकता नहीं होती है।

(ii) दृढ़ोतक मृत और सरल स्थायी ऊतक है। इस ऊतक की भित्ति लिग्निन के जमाव के कारण मोटी होती है। ये भित्तियाँ प्रायः इतनी मोटी होती हैं कि कोशिकाओं के मध्य कोई आंतरिक स्थान शेष नहीं रह जाता है।

(iii) ऐसा दृढ़ोतक के कारण होता है, जो नाशपाती और अमरूद को दानेदार और कठोरता प्रदान करता है। यह ऊतक पादपों को कठोर और मजबूत बनाता है।

(iv) द्विबीजपत्री पेड़ों की शाखाएँ स्थूलकोण ऊतक के कारण मुड़ जाती हैं। यह ऊतक तने को यांत्रिक सहायता और लचीलापन प्रदान करता है, जिससे पादप के विभिन्न भागों (पत्ती तथा तना) में बिना टूटे हुए लचीलापन आता है।

(v) नारियल के रेशेयुक्त छिलकों में दृढ़ोतक ऊतक होता है। इस ऊतक की कोशिकाएँ मृत, लंबी और पतली होती हैं और इनमें अंतःकोशिकीय स्थान नहीं होता हैं। इसकी मोटी भित्ति, बीजों और फलों को कठोर बना देती है।

6. रक्षी ऊतक को समझाइए।

उत्तर इसके उत्तर के लिए पृष्ठ सं. 127 देखें।

7. छाल की विशेषता लिखिए। इनका निर्माण कैसे होता है और छाल के क्या कार्य है? **NCERT Exemplar**

उत्तर **छाल की विशेषताएँ**

(i) छाल की कोशिकाएँ मृत होती हैं। ये बिना अंत:कोशिकीय स्थानों के व्यवस्थित होती हैं।

(ii) इनकी भित्ति पर सुबेरिन नामक रसायन का जमाव होता है, जो इन छालों को हवा एवं पानी के लिए अभेद्य बनाता है।

छाल का निर्माण जैसे-जैसे वृक्ष की आयु बढ़ती है, उसके बाह्य सुरक्षात्मक ऊतकों में कुछ परिवर्तन होते हैं। यहाँ एक दूसरी विभज्योतक की पट्टी (एधा) तने के एपिडर्मिस का स्थान ले लेती है। बाहरी सतह की कोशिकाएँ इस सतह से अलग हो जाती हैं। यह पादपों पर अनेक परतों वाली मोटी छाल का निर्माण करती हैं। छाल के कार्य निम्न हैं

(i) यह अधिक तापमान तथा सूखे से पादपों की रक्षा करती है।

(ii) यह हानिकारक परजीवी कवकों से रक्षा करती है।

(iii) यह वाष्पीकरण द्वारा होने वाले पानी की क्षति को कम करती है।

8. जाइलम एवं फ्लोएम को जटिल ऊतक क्यों कहते हैं? ये एक-दूसरे से किस प्रकार भिन्न हैं? **NCERT Exemplar**

उत्तर जाइलम और फ्लोएम में एक से अधिक प्रकार की कोशिकाएँ उपस्थित होती हैं, जो परस्पर मिलकर एक इकाई की तरह कार्य करती हैं। इसलिए इन्हें जटिल ऊतक कहते हैं।

जाइलम	फ्लोएम
जाइलम वाहिनिका, वाहिका, जाइलम मृदूतक तथा जाइलम रेशे से मिलकर बना होता है।	फ्लोएम चालनी नलिका, सहायक कोशिकाएँ, फ्लोएम मृदूतक तथा फ्लोएम रेशों से मिलकर बना होता है।
यह पानी और खनिज लवणों का संवहन करता है।	फ्लोएम पत्तियों से भोजन को पादप के विभिन्न भागों तक पहुँचाता है।
जाइलम मृदूतक को छोड़कर अधिकतर कोशिकाएँ मृत होती हैं।	फ्लोएम रेशों को छोड़कर अधिकतर कोशिकाएँ जीवित कोशिकाएँ हैं।
जाइलम में एकदिशीय परिवहन होता है।	फ्लोएम में द्विदिशीय परिवहन होता है।

9. निम्न प्रकार के एपिथीलियमी ऊतक हमारे शरीर के किन अंगों में पाए जाते हैं?

(i) सरल शल्की ऊतक

(ii) स्तरित शल्की ऊतक

(iii) पक्ष्माभी स्तंभाकार ऊतक

(iv) स्तंभाकार एपिथीलियमी ऊतक

(v) घनाकार एपिथीलियमी ऊतक

उत्तर (i) आहारनली तथा मुख के आस्तर में

(ii) त्वचा में

(iii) श्वासनली में

(iv) आँत के भीतरी आस्तर मे

(v) वृक्कीय नली तथा लार ग्रंथि की नली में

10. क्या होगा यदि

(i) एक कील को पेड़ के तने में जमीन से 10 ऊँचा लगाते हैं, तो तीन साल बाद उसकी स्थिति होगी।

(ii) पादपों मे एपिडर्मिस अनुपस्थित हो।

(iii) पादपों में विभज्योतक अनुपस्थित हो।

उत्तर (i) तीन साल बाद भी कील की स्थिति वही रहेगी अर्थात् वह जमीन से 1 मीटर ऊँचे तने में लगी रहेगी, क्योंकि पेड़ के तने में जमीन के समीप स्थायी ऊतक उपस्थित होता है। विभज्योतक द्वारा बनी कोशिकाएँ विभेदन द्वारा विभाजित होने की क्षमता खो देती हैं, जिसके फलस्वरूप वे स्थायी ऊतक का निर्माण करती है। पेड़ के तने में वृद्धि विभज्योतक कोशिकाओं के कारण होती है, इसीलिए पेड़ के तने में कोई बदलाव नहीं आएगा और कील की स्थिति वही रहेगी।

(ii) एपिडर्मल कोशिका पादपों की बाह्य सतह पर प्राय: एक मोम जैसी जल प्रतिरोधी परत बनाती है। यह जल की क्षति, यान्त्रिक आघात तथा परजीवी कवक के प्रवेश से पादपों की रक्षा करती है। पत्ती की एपिडर्मिस में स्टोमेटा होते हैं, जो गैसों के आदान-प्रदान और वाष्पोत्सर्जन की क्रिया में सहायता करते है तथा जड़ों की एपिडर्मल कोशिकाएँ जल के अवशोषण का कार्य भी करती है। पुराने वृक्षों में तने की एपिडर्मल परत मोटी हो जाती है और एक मोटी छाल का निर्माण करती है। इनकी भित्ति पर सुबेरिन नामक रसायन का जमाव हो जाता है, जो इन छालों को हवा एवं पानी के लिए अभेद्य बनाता है। अत: एपिडर्मिस की अनुपस्थिति पर उपर्युक्त सभी कार्य बाधित हो जाएगें।

(iii) विभज्योतक पादपों की लम्बाई में वृद्धि के लिए उत्तरदायी होते हैं। ये तने व मूल की चौड़ाई बढ़ाने में सहायक होते हैं, जिससे पादपों की द्वितीयक वृद्धि होती है। इसकी अनुपस्थिति में पादपों की वृद्धि नहीं होगी।

11. (i) हृद पेशी का वह लक्षण लिखिए, जो इसे अद्वितीय बनाता है।

(ii) वह ऊतक जो हमारी इच्छानुसार गति कर सकता है, क्या कहलाता है?

(iii) स्नायु क्या होते हैं? इसके अत्यंत अधिक खिंच जाने पर आप क्या अनुभव करते हैं?

उत्तर (i) हृद पेशी (हृदय की पेशी) बेलनाकार, शाखित तथा एकल केंद्रकीय होती है। ये अनैच्छिक पेशियाँ हैं। जो बिना थके जीवन पर्यन्त संकुचन एवं शिथिलन प्रदर्शित करती हैं।

(ii) इन्हें रेखित या कंकाली पेशी ऊतक कहते हैं। जो पेशियाँ अस्थियों से जुड़ी होती हैं तथा इनका संबंध शरीर की ऐच्छिक गतियों से होता है। इसलिए इन्हें ऐच्छिक पेशियाँ भी कहा जाता है।

(iii) स्नायु एक प्रकार का संयोजी ऊतक होता है, जो दो अस्थियों को परस्पर जोड़ता है। ये बहुत लचीले होते हैं। यदि इन्हें अधिक खींचा जाता है, तो ये मोच आने के कारण दर्द एवं सूजन उत्पन्न करते हैं।

12. उस ऊतक का नाम लिखिए जिसकी कोशिकाएँ बहुत शीघ्र उत्तेजित होती है और इस उत्तेजना को पूरे शरीर में एक स्थान से दूसरे स्थान तक पहुँचाती हैं। हमारे शरीर में विद्यमान तीन अंगों का उल्लेख कीजिए, जो इन ऊतकों में बने होते हैं। इस ऊतक की कोशिकाओं को क्या कहा जाता है? जंतुओं में पाए जाने वाले दो ऊतकों के नाम लिखिए, जिनका संयोजन उत्तेजना के अनुसार जंतुओं को तेज गति प्रदान करता है।

उत्तर तंत्रिका ऊतक की कोशिकाएँ वातावरणीय उद्दीपनों के प्रति उत्तेजित होने तथा शरीर के अंदर संवेदनाओं को एक जगह से दूसरी जगह तक बहुत तीव्र गति से संप्रेषित करने के लिए विशेषीकृत होती हैं। मस्तिष्क, मेरुरज्जु तथा तंत्रिकाएँ सभी इस ऊतक के बने होते हैं। इन ऊतक की कोशिकाओं को तंत्रिका कोशिका या न्यूरॉन कहा जाता है।

तंत्रिका ऊतक तथा पेशी ऊतक का संयोग जीवों को गति करने तथा संवेदनाओं पर प्रतिक्रिया देने में सक्षम बनाता है।

स्वयं को जाँचे

नीचे दिए गए प्रश्नों के माध्यम से छात्र अध्याय संबंधी अपने ज्ञान की जाँच कर सकते हैं। अध्याय के ध्यानपूर्वक अध्ययन किए जाने पर छात्र इन प्रश्नों के उत्तर आसानी से कर पाएँगे।

वस्तुनिष्ठ प्रकार के प्रश्न

बहुविकल्पीय प्रश्न

1. पार्श्व विभज्योतक के सन्दर्भ में असत्य कथन है–
(a) ये ऊतक तने या मूल की परिधि में पाए जाते हैं।
(b) ये ऊतक तने या मूल की चौड़ाई बढ़ाने में सहायक होते हैं।
(c) इन ऊतकों में विभाजन की क्षमता पाई जाती है।
(d) उपरोक्त में से कोई नहीं

2. निम्न में से कौन मृदूतक के रूपान्तरण नहीं हैं?
(a) हरितऊतक (b) वायोतक
(c) ताराकार ऊतक (d) विभज्योतक

3. किस ऊतक में परिपक्व कोशिकाएँ मृत होती हैं?
(a) एधा (b) मृदूतक
(c) स्थूलकोण ऊतक (d) दृढ़ोतक

4. सहकोशिकाएँ किस ऊतक में पाई जाती हैं?
(a) अस्थि में (b) दारु में
(c) उपास्थि में (d) पोषवाह में

5. बोमैन सम्पुट की पोडोसाइट कोशिका किस प्रकार की होती है?
(a) सरल शल्की (b) सरल घनाकार
(c) सरल स्तम्भाकार (d) ग्रन्थिल उपकला

6. दिए गए उपास्थि के अनुप्रस्थ काट के चित्र में *A* और *B* को पहचानिए।

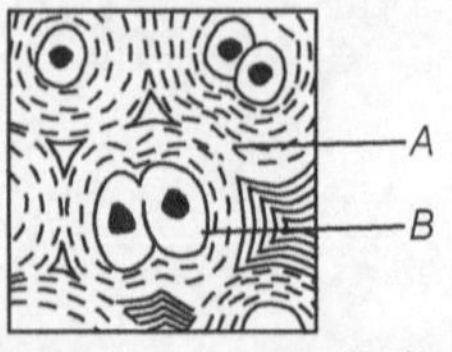

(a) *A*–कोलैजन, *B*–कॉण्ड्रोसाइट
(b) *A*–ओस्टियोसाइट, *B*–कोलैजन
(c) *A*–सूक्ष्मनलिका, *B*–ओस्टियोसाइट
(d) *A*–कॉण्ड्रोसाइट, *B*–कोलैजन

7. रुधिर की किस कणिका में केन्द्रक अनुपस्थित होता है?
(a) लाल रुधिर कणिका में
(b) कणिकाय श्वेत रुधिर कणिकाओं में
(c) कणिकारहित श्वेत रुधिर कणिकाओं में
(d) शंकु कोशिका में

8. शरीर में सर्वाधिक पाए जाने वाला ऊतक है
(a) तन्त्रिका ऊतक
(b) पेशीय ऊतक
(c) संवहन ऊतक
(d) उपकला ऊतक

कथन-कारण प्रकार के प्रश्न

निर्देश (प्र. सं. 9-11) इस खण्ड में दिए गए प्रत्येक प्रश्न में कथन तथा कारण दिए गए हैं। प्रत्येक प्रश्न के चार विकल्प (a), (b), (c) व (d) हैं, जिनमें से केवल एक सही है।

(a) कथन (A) तथा कारण (R) दोनों सत्य हैं तथा कारण (R), कथन (A) का सही स्पष्टीकरण है।
(b) कथन (A) तथा कारण (R) दोनों सत्य हैं, परन्तु कारण (R), कथन (A) का सही स्पष्टीकरण नहीं है।
(c) कथन (A) सत्य है, परन्तु कारण (R) असत्य है।
(d) कथन (A) असत्य है, परन्तु कारण (R) सत्य है।

9. **कथन** (A) अन्त:पूलीय एधा, अन्तरापूलीय एधा तथा कॉर्क एधा पार्श्व विभज्योतक के उदाहरण हैं।
कारण (R) ये द्वितीयक ऊतक के उत्पादन के लिए उत्तरदायी है।

10. **कथन** (A) एक सरल ऊतक केवल एक प्रकार की कोशिकाओं से बना होता है।
कारण (R) पादपों में मृदूतक, स्थूलकोण ऊतक एवं दृढ़ोतक सरल ऊतक के उदाहरण हैं।

11. **कथन** (A) वसा संचय एडिपोज ऊतकों की विशेषता है।
कारण (R) अतिरिक्त पोषक तत्त्व, जिनका शरीर द्वारा उपयोग नहीं होता है, वसा में परिवर्तित हो जाते हैं।

उत्तर

1. (d)	**2.** (d)	**3.** (d)	**4.** (d)	**5.** (a)
6. (a)	**7.** (a)	**8.** (b)	**9.** (b)	**10.** (b)
11. (b)				

केस स्टडी आधारित प्रश्न

निर्देश (प्र.सं. 12-16) *निम्नलिखित पैराग्राफ को पढ़िए तथा दिए गए प्रश्नों के उत्तर दीजिए।*

'एपिथीलियम' शब्द का प्रयोग सर्वप्रथम डच वैज्ञानिक रयूश (Ruysch) ने किया था। यह ऊतक रक्षात्मक आवरण बनाता है। उपकला ऊतक शरीर की विभिन्न सतहों पर ग्रन्थिल या अग्रन्थिल आवरण बनाते हैं। सतह पर होने के कारण इस ऊतक में रुधिर केशिकाएँ नहीं होती हैं। त्वचा, मुँह, आहारनाल, रक्तवाहिनी नली का अस्तर, फेफड़ों की कूपिका वृक्कीय नली, आदि एपिथीलियमी ऊतक से निर्मित होते हैं। इनमें अन्तराकोशिकीय स्थान का अभाव होता है। यह एकमात्र ऊतक है, जिसकी कोशिकाएँ सदैव एक नियमित स्तर के रूप में पाई जाती हैं।

इस ऊतक में पुनरुद्भवन (Regeneration) की अत्यधिक क्षमता पाई जाती है। घाव का भरना उपकला ऊतक की सक्रियता के कारण ही हो पाता है। उपकला ऊतक भ्रूण के तीनों के जननस्तरों (बाह्य, मध्य व आन्तरिक जननस्तर) से उत्पन्न होने वाला एकमात्र ऊतक है।

12. ग्रन्थिल उपकला ऊतक का कार्य बताइये।

13. उपकला ऊतक में रूधिर का संचरण अनुपस्थित होता है, क्यों ?

14. दिए गए चित्रों *A, B, C* साधारण उपकला ऊतक को पहचानिए।

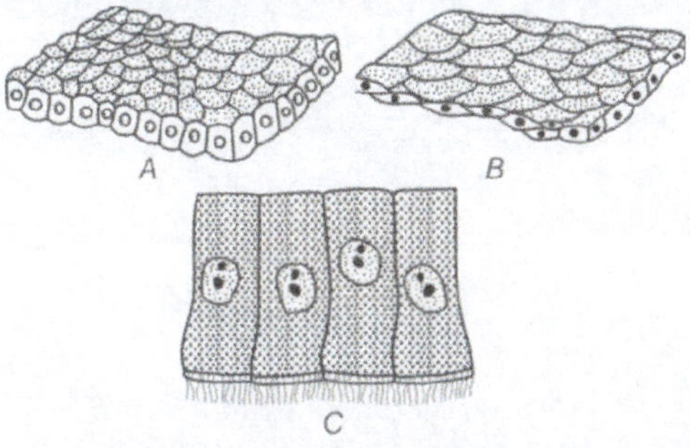

15. आमाशय, आंत, पित्ताशय, पित्रवाहिनियाँ की आन्तरिक सतह किस ऊतक द्वारा आस्तरित होती है ?

16. रुधिर वाहिकाओं की अन्त:कला का निर्माण किसके द्वारा होता है?

अतिलघु उत्तरीय प्रश्न

17. पादपों में जड़ एवं तने के शीर्ष पर वृद्धि बिंदु किस ऊतक के कारण बनते हैं?

18. पादप के स्थायी ऊतक किन ऊतकों द्वारा बनते हैं?

19. मृदूतक कोशिकाएँ किस प्रकार की होती हैं?

20. पैक्टिन नामक रसायन किस ऊतक में पाया जाता है

21. सरल स्तंभी उपकला कहाँ पाई जाती है?

22. स्तंभाकार एपिथीलियम पर उपस्थित पतले, धागे-सदृश प्रवर्धों का क्या कार्य हैं?

23. सरल ढीला संयोजी ऊतक किस ऊतक को कहते हैं?

24. मानव शरीर की सबसे लंबी कोशिका का नाम बताइए।

लघु उत्तरीय प्रश्न

25. स्थायी ऊतकों के लक्षण लिखिए।

26. मृदूतक का एक स्वच्छ नामांकित चित्र बनाइए।

27. वाहिनिकाओं एवं चालनी नलिका में अंतर बताइए।

28. स्नायु व कंडरा संरचनात्मक रूप से एक-दूसरे से किस प्रकार भिन्न होते हैं?

29. अरेखित पेशियों की संरचना का वर्णन कीजिए एवं इसका चित्र भी बनाइए।

30. पेशियों के कार्य बताइए।

31. तंत्रिका तथा पेशीय ऊतकों का कार्यात्मक संयोजन प्राय: सभी जीवों में मौलिक है।' टिप्पणी कीजिए।

32. (i) चित्र में दर्शाए गए ऊतकों को पहचानिए।
(ii) इनकी कोशिकाओं की लाक्षणिक विशेषताएँ बताइए।
(iii) उन दो पादप भागों के नाम बताइए, जहाँ ये ऊतक पाए जाते हैं।

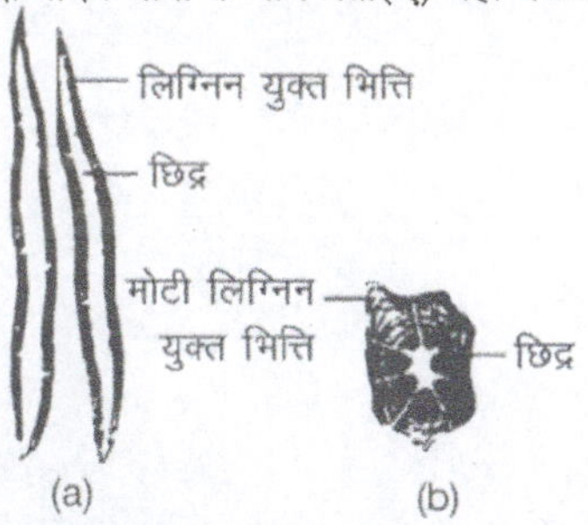

33. पादप की छाल गैसों व पादप के लिए अभेद्य होती है। टिप्पणी करें।

34. निम्न ऊतकों की स्थिति बताइए
(i) कंडरा (ii) वसामय ऊतक (iii) घनाकार एपीथीलियम

35. उस ऊतक का नाम बताइए, जो श्वसन क्रिया में अंदर ली गई O_2 को शरीर के विभिन्न भागों में पहुँचाता है। इस ऊतक का संघटन भी लिखिए।

36. न्यूरॉन का नामांकित चित्र बनाते हुए इसके दो कार्य बताइए।

दीर्घ उत्तरीय प्रश्न

37. (i) आप पादप के तने को बिना तोड़े आसानी से मोड़ सकते हैं। पादप में उस ऊतक का नाम बताइए, जिसके द्वारा यह संभव है। यह कहाँ पाया जाता है? इस ऊतक की कोशिकाओं की कोई दो लाक्षणिक विशेषताएँ बताइए।

(ii) इस ऊतक की अनुप्रस्थ काट का एक नामांकित चित्र बनाइए।

38. पादपों में संवहन ऊतकों से आप क्या समझते हैं? ये किस प्रकार के ऊतक हैं? प्रत्येक का सचित्र वर्णन कीजिए।

39. ऊतक किसे कहते हैं? सिर्फ रेखाचित्र द्वारा जंतु ऊतकों के प्रकार समझाइए एवं उपकला ऊतक के लक्षण लिखिए।

40. रेखित व चिकने पेशीय ऊतक के बीच कार्यात्मक अंतर बताइए। उस पेशीय ऊतक का नामांकित चित्र बनाइए, जो जीवनपर्यंत लयबद्ध प्रसार व शिथिलन दर्शाता है।

41. (i) चित्र में *A*, *B*, *C* व *D* को पहचानिए।

(ii) प्रत्येक भाग का कार्य लिखिए।

(iii) *A* व *D* में विभेद कीजिए।

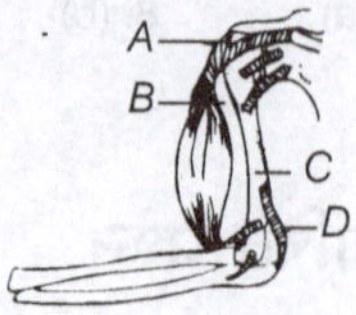

42. जंतुओं की संवेदनशीलता एवं उत्तेजनशीलता मुख्यतया किस ऊतक के नियंत्रण में है? उस ऊतक का नाम बताइए तथा उसकी इकाई का नामांकित चित्र बनाइए। इसकी कोई दो विशिष्टताएँ भी बताइए।

43. क्या होगा यदि

(i) एरिओलर ऊतक अनुपस्थित हो

(ii) मृदूतक में हरित ऊतक नहीं हो

(iii) तन्त्रिका ऊतक का प्रतिक्रियाशीलता का गुण अनुपस्थित हो

अध्याय

07

गति (Motion)

हम अपने दैनिक जीवन में अनेक प्रकार की गतियों (जैसे–सड़क पर वाहन की गति, पक्षी का उड़ना, घड़ी की सूईं का चलना, पंखे की पंखुड़ियों का चलना आदि) को देखते हैं, तो इससे स्पष्ट होता है कि यदि कोई वस्तु समय के साथ अपनी स्थिति को परिवर्तित करती है, तो वस्तु, गति की अवस्था में होती है। यह स्थिति परिवर्तन ही गति कहलाती है।

सिलेबस

- *गति से सम्बन्धित विभिन्न पद – स्थिति, दूरी, विस्थापन*
- *एकसमान तथा असमान गति*
- *गति की दर – चाल, वेग व त्वरण*
- *गति का ग्राफीय निरूपण*
- *एकसमान वृत्तीय गति*

गति से सम्बन्धित विभिन्न पद (Different Terms Related to Motion)

स्थिति तथा निर्देश बिन्दु (Position and Reference Point)

किसी एक नियत बिन्दु के सापेक्ष वस्तु के स्थान (Location) को **स्थिति** कहते हैं। वह नियत बिन्दु जिसके सापेक्ष वस्तु की स्थिति का अध्ययन किया जाता है, उसे **निर्देश बिन्दु** या मूलबिन्दु (Origin) कहते हैं।

सदिश तथा अदिश राशियाँ (Scalar and Vector Quantities)

- वे राशियाँ जिनको व्यक्त करने के लिए केवल परिमाण (Magnitude) की आवश्यकता होती है, दिशा (Direction) की नहीं, अदिश राशियाँ (Scalar quantities) कहलाती हैं। उदाहरण–द्रव्यमान, घनत्व, दूरी, चाल, आयतन, शक्ति, ताप आदि।
- वे राशियाँ जिनको व्यक्त करने के लिए परिमाण के साथ-साथ दिशा की भी आवश्यकता होती है, सदिश राशियाँ (Vector quantities) कहलाती हैं। उदाहरण–बल, वेग, त्वरण, संवेग आदि।

दूरी (Distance)

किसी गतिशील वस्तु द्वारा, किसी समय में तय किये गये पथ की लम्बाई, उस वस्तु द्वारा चली गई दूरी कहलाती है। यह एक अदिश राशि है। इसका SI मात्रक मीटर होता है।

उदाहरण–माना एक वस्तु सरल रेखीय पथ के अनुदिश गतिमान है, जोकि बिन्दु O से गति करना प्रारम्भ करती है। वस्तु बिन्दु A, B तथा C से होते हुए बिन्दु D पर चित्रानुसार पहुँचती है।

वस्तु द्वारा तय कुल दूरी = बिन्दु D तक पथ की लम्बाई

$= OA + AB + BC + CD$

$= 5$ मी $+ 10$ मी $+ 8$ मी $+ 20$ मी

$= 43$ मी

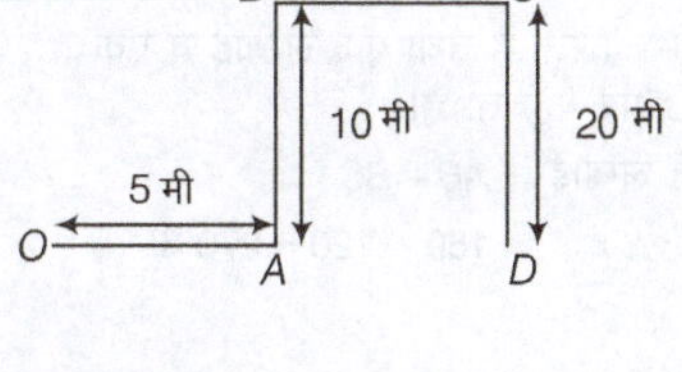

विस्थापन (Displacement)

किसी गतिशील वस्तु की प्रारम्भिक एवं अन्तिम स्थितियों के बीच की न्यूनतम दूरी वस्तु का विस्थापन कहलाती है। यह एक सदिश राशि है। इसका परिमाण ज्ञात करने के लिए दिशा का ज्ञात होना आवश्यक है। इसका SI पद्धति में मात्रक मीटर होता है।

उदाहरण—माना एक वस्तु बिन्दु O से गति करना प्रारम्भ करती है तथा बिन्दु A से होते हुए बिन्दु B पर पहुँचती है। यहाँ वस्तु की प्रारम्भिक स्थिति O तथा अन्तिम स्थिति B है।

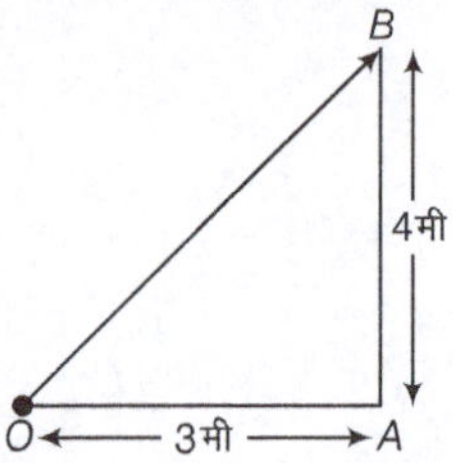

अत: वस्तु का विस्थापन = प्रारम्भिक स्थिति (O) तथा अन्तिम स्थिति (B) के मध्य पथ की न्यूनतम लम्बाई $= OB$

$$= \sqrt{OA^2 + AB^2} = \sqrt{(3)^2 + (4)^2} \quad \text{[पाइथागोरस प्रमेय से]}$$

$$= \sqrt{9+16}$$

$$= \sqrt{25} = 5 \text{ मी}$$

परन्तु इस स्थिति में दूरी = वास्तविक पथ की लम्बाई

$$= OA + AB = 3 + 4 = 7 \text{ मी}$$

दूरी तथा विस्थापन के मध्य तुलना

(Comparison between Distance and Displacement)

1. किसी गतिमान वस्तु का विस्थापन, तय की गई दूरी से कभी भी अधिक नहीं होता है अर्थात् विस्थापन $\le$ दूरी $\Rightarrow \dfrac{\text{विस्थापन}}{\text{दूरी}} \le 1$

   अर्थात् विस्थापन तथा दूरी का अनुपात सदैव 1 से कम या 1 के बराबर होता है।
2. यदि कोई वस्तु सरल रेखा में गति करती है, तो दूरी तथा विस्थापन का मान बराबर होता है।
3. वस्तु द्वारा तय की गई दूरी कभी भी शून्य नहीं होती, जबकि विस्थापन शून्य हो सकता है।

उदाहरण 1. **एक धावक, आयताकार पार्क की एक लम्बाई और एक चौड़ाई के अनुदिश दौड़ता है। यदि पार्क का आकार 150 मी × 120 मी का है, तो धावक द्वारा तय की गई दूरी तथा विस्थापन ज्ञात कीजिए।**

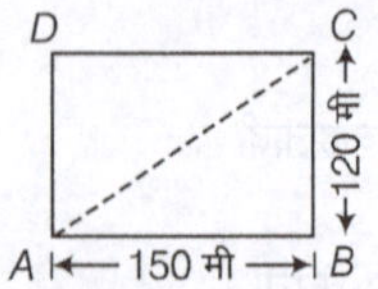

हल दिया है,

लम्बाई (l) = 150 मी, चौड़ाई (b) = 120 मी

तय की गई दूरी = ?, धावक का विस्थापन = ?

माना धावक बिन्दु A से दौड़ना प्रारम्भ करता है तथा एक लम्बाई व एक चौड़ाई के अनुदिश दौड़कर बिन्दु C पर पहुँचता है।

दूरी (s) = तय की गई कुल पथ की लम्बाई $= AB + BC$

$= 150 + 120 = 270$ मी

विस्थापन = प्रारम्भिक तथा अन्तिम बिन्दु के मध्य न्यूनतम दूरी $= AC$

पाइथागोरस प्रमेय द्वारा,

$$AC = \sqrt{(AB)^2 + (BC)^2}$$

$$= \sqrt{(150)^2 + (120)^2} = 30\sqrt{41} \text{ मी}$$

अत: धावक 270 मी की दूरी तय करेगा तथा धावक का विस्थापन $30\sqrt{41}$ मी है।

उदाहरण 2. **एक वस्तु 20 सेमी त्रिज्या के वृत्ताकार पथ पर चल रही है। यदि यह वस्तु वृत्तीय पथ में ढाई चक्कर लगाए, तो वस्तु द्वारा तय की गई दूरी तथा विस्थापन का मान ज्ञात कीजिए।**

हल प्रश्नानुसार, जब वस्तु 20 सेमी त्रिज्या के वृत्तीय पथ पर एक पूर्ण चक्कर लगाती है, तो वस्तु द्वारा तय दूरी, वृत्त की परिधि ($2\pi r$) के तुल्य होगी।

जहाँ, r वृत्तीय पथ की त्रिज्या है। वस्तु वृत्तीय पथ पर दो पूर्ण चक्कर लगाती है तथा एक आधा चक्कर लगाती है।

अत: वस्तु द्वारा तय कुल दूरी,

$$s = (2 \times 2\pi r) + \frac{1}{2} \times 2\pi r = 5\pi r$$

$$= 5 \times 3.14 \times 20 = 314 \text{ सेमी}$$

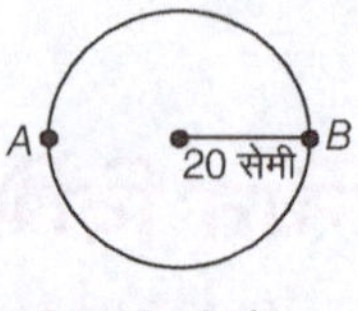

वस्तु की प्रारम्भिक व अन्तिम स्थिति के मध्य न्यूनतम दूरी चित्रानुसार वृत्त का व्यास (AB) होगी। अत: ढाई चक्कर लगाने के बाद विस्थापन $(AB) = 2 \times r = 2 \times 20 = 40$ सेमी

चेक प्वॉइण्ट 7.1

1. *दूरी तथा विस्थापन का SI मात्रक लिखिए।*
2. *बताइए कि विस्थापन सदिश राशि है या अदिश।*
3. *जब उपग्रह वृत्तीय पथ पर एक चक्र पूर्ण करता है, तो उसका विस्थापन क्या होगा?*
4. *निम्नलिखित स्थितियों में से किसमें तय की गई दूरी विस्थापन के तुल्य नहीं है? व्याख्या कीजिए।*
   (i) एक यात्री दिल्ली से कलकत्ता ट्रेन में जाता है।
   (ii) वर्षा की बूँद का वायु में गिरना।
   (iii) एक एथलीट दौड़ में एक चक्र पूर्ण करता है।
5. *एक गेंद चित्र में दर्शाए अनुसार एक सरल रेखा पर घूर्णित होती है।*

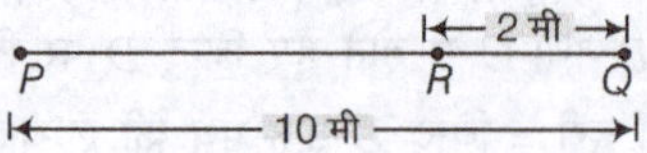

दूरी तथा विस्थापन ज्ञात कीजिए,
(i) जब गेंद P से Q तक घूर्णित होती है और पुनः R पर आती है और
(ii) जब गेंद पुनः लौटकर P बिन्दु पर आती है।

[उत्तर (i) 12 मी, 8 मी, (ii) 20 मी, शून्य]

एकसमान तथा असमान गति
(Uniform and Non-uniform Motion)

एकसमान गति (Uniform Motion)

यदि कोई वस्तु समान समयान्तराल में समान दूरी तय करती है, तो वस्तु की गति को एकसमान गति कहते हैं। इस तरह की गति में समयांतराल छोटा होना चाहिए। एकसमान गति में वस्तु द्वारा तय दूरी रैखिक रूप से बढ़ती है।

उदाहरण—यदि एक कार सरल रेखा में गति करते हुए समान समय में समान दूरी तय करती है, तो कार की गति, एकसमान गति होगी।

असमान गति (Non-uniform Motion)

यदि किसी वस्तु द्वारा समान समयान्तराल में असमान दूरी तय होती है, तो इस गति को असमान गति कहते हैं।

उदाहरण—भीड़-भाड़ वाले क्षेत्र में कार की गति, असमान गति होती है।

गति की दर (Rate of Motion)

किसी वस्तु द्वारा चली गई दूरी और कुल समय के अनुपात को गति की दर कहते हैं। गति की दर के मापन हेतु प्रयुक्त पद नीचे दिए गए हैं

चाल (Speed)

किसी गतिशील वस्तु द्वारा एकांक समय में तय की गई दूरी को चाल कहते हैं।

$$\text{चाल} = \frac{\text{दूरी}}{\text{समयान्तराल}} = \frac{s}{t}$$

चाल एक अदिश राशि है तथा इसका SI मात्रक **मीटर/सेकण्ड** होता है। वस्तु द्वारा तय की गई दूरी धनात्मक या शून्य होती है, इसलिए गतिमान वस्तु की चाल सदैव **धनात्मक** होती है। यह कभी भी ऋणात्मक नहीं हो सकती है, परन्तु शून्य हो सकती है।

सामान्यतया चाल चार प्रकार की होती है—

(i) **एकसमान चाल या स्थिर चाल** (Uniform speed) यदि कोई गतिशील वस्तु समान समयान्तराल में समान दूरी तय करती है, तो उसकी चाल एकसमान चाल कहलाती है।

(ii) **असमान चाल या अस्थिर चाल** (Non-uniform speed) यदि वस्तु समान समयांतराल में भिन्न-भिन्न दूरी तय करती है, तो उसकी चाल असमान चाल कहलाती है।

(iii) **औसत चाल** (Average speed) किसी गतिमान वस्तु द्वारा तय की गई कुल दूरी तथा दूरी तय करने में लगे कुल समय के अनुपात को वस्तु की औसत चाल कहते हैं। इसका मात्रक **मीटर/सेकण्ड** होता है।

$$\text{औसत चाल} = \frac{\text{चली गई कुल दूरी}}{\text{लिया गया कुल समय}}$$

जब कोई वस्तु भिन्न-भिन्न दूरियाँ $s_1, s_2, s_3, \ldots$ भिन्न-भिन्न समयान्तरालों $t_1, t_2, t_3, \ldots$ में तय करती है,

तब $$\text{औसत चाल} = \frac{s_1 + s_2 + s_3 + \ldots}{t_1 + t_2 + t_3 + \ldots}$$

(iv) **तात्कालिक या तात्क्षणिक चाल** (Instantaneous speed) किसी निश्चित क्षण पर अथवा विशेष समय पर गतिमान वस्तु की चाल तात्कालिक या तात्क्षणिक चाल कहलाती है।

उदाहरण 3. एक यात्रा के प्रारम्भ में मोटरसाइकिल के ओडोमीटर का पाठ्यांक 1600 किमी तथा यात्रा के अन्त में ओडोमीटर का पाठ्यांक 2000 किमी था। यदि यात्रा में लगा कुल समय 16 घण्टे है, तो मोटरसाइकिल की औसत चाल किमी/घण्टा और मी/से में ज्ञात कीजिए।

हल दिया है, मोटरसाइकिल द्वारा तय दूरी

$$(s) = 2000 \text{ किमी} - 1600 \text{ किमी} = 400 \text{ किमी}$$

कुल समय $(t) = 16$ घण्टे

$$\therefore \text{औसत चाल } (v_{av}) = \frac{s}{t} = \frac{400}{16} = 25 \text{ किमी/घण्टा}$$

$$v_{av} = 25 \times \frac{5}{18} = 6.9 \text{ मी/से}$$

अतः मोटरसाइकिल की औसत चाल 25 किमी/घण्टा तथा 6.9 मी/से है।

उदाहरण 4. कोई कार प्रथम 30 किमी की दूरी को 40 किमी/घण्टा की एकसमान चाल से तय करती है तथा अगली 30 किमी की दूरी को 20 किमी/घण्टा की एकसमान चाल से तय करती है। कार की औसत चाल ज्ञात कीजिए।

हल माना पहले 30 किमी की दूरी तय करने में लगा समय t_1 तथा अगले 30 किमी की दूरी तय करने में लगा समय t_2 है, तब

$$\text{समय } (t_1) = \frac{\text{दूरी } (s_1)}{\text{वेग } (v_1)} = \frac{30 \text{ किमी}}{40 \text{ किमी / घण्टा}} = \frac{3}{4} \text{ घण्टा}$$

$$\text{तथा समय } (t_2) = \frac{\text{दूरी } (s_2)}{\text{वेग } (v_2)} = \frac{30 \text{ किमी}}{20 \text{ किमी / घण्टा}} = \frac{3}{2} \text{ घण्टा}$$

$$\text{कुल समय } (t) = t_1 + t_2 = \frac{3}{4} + \frac{3}{2} = \frac{9}{4} \text{ घण्टा}$$

कुल दूरी $(s) = s_1 + s_2 = 30$ किमी + 30 किमी = 60 किमी।

$$\text{अतः कार की औसत चाल} = \frac{\text{कार द्वारा तय की गई कुल दूरी}}{\text{कुल दूरी तय करने में लगा समय}}$$

$$= \frac{60 \text{ किमी}}{\frac{9}{4} \text{ घण्टा}} = \frac{80}{3} \text{ किमी/घण्टा}$$

$$= 26.67 \text{ किमी/घण्टा}$$

दिशा के साथ चाल : वेग
(Speed with Direction : Velocity)

गतिमान वस्तु के एकांक समय में निश्चित दिशा में चली गई दूरी अर्थात् विस्थापन को वेग कहते हैं। अतः निश्चित दिशा में चाल को वेग कहते हैं।

$$\text{वेग} = \frac{\text{निश्चित दिशा में तय की गई दूरी}}{\text{समयान्तराल}} \quad \text{या} \quad \text{वेग} = \frac{\text{विस्थापन } (d)}{\text{समयान्तराल } (t)}$$

वेग एक सदिश राशि है। इसका मात्रक मीटर/सेकण्ड होता है। किसी वस्तु का वेग धनात्मक, शून्य या ऋणात्मक हो सकता है। यदि वस्तु का वेग परिवर्तित कर दिया जाए, तब वस्तु की चाल या गति की दिशा अथवा दोनों बदल सकती हैं।

वेग के विभिन्न प्रकार निम्नलिखित हैं—

(i) **एकसमान वेग** (Uniform velocity) यदि कोई गतिशील वस्तु किसी निश्चित दिशा में समान समयान्तरालों में समान रूप से विस्थापित होती है, तो उसका वेग एकसमान वेग कहलाता है।

(ii) **असमान वेग** (Non-uniform velocity) यदि कोई गतिशील वस्तु किसी निश्चित दिशा में समान समयान्तरालों में असमान रूप से विस्थापित होती है, तो वस्तु का वेग असमान वेग कहलाता है।

(iii) **औसत वेग** (Average velocity) यदि किसी वस्तु का वेग समान रूप से परिवर्तित हो रहा है, तब दिए गए प्रारम्भिक वेग और अन्तिम वेग के अंकगणितीय माध्य के द्वारा औसत वेग प्राप्त किया जाता है।

$$\text{औसत वेग} = \frac{\text{प्रारम्भिक वेग} + \text{अन्तिम वेग}}{\text{कुल समय}} \Rightarrow v_{av} = \frac{u+v}{2}$$

जहाँ, v_{av} औसत वेग, u प्रारम्भिक वेग तथा v वस्तु का अन्तिम वेग है।

(iv) **तात्क्षणिक वेग** (Instantaneous velocity) किसी गतिमान पिण्ड का किसी निश्चित क्षण पर वेग, तात्क्षणिक वेग कहलाता है।

नोट *(i) यदि कोई वस्तु सरल रेखा में गतिमान होती है, तो वस्तु की चाल तथा वेग का परिमाण बराबर होगा।*

(ii) गतिमान वस्तु की औसत चाल कभी भी शून्य नहीं होती है, परन्तु वस्तु का औसत वेग शून्य हो सकता है।

उदाहरण 5. राजीव अपनी मोटरसाइकिल से दिल्ली से चण्डीगढ़ गया था और दिल्ली वापस लौट आया था। जब उसने यात्रा प्रारम्भ की थी, तब ओडोमीटर का पाठ्यांक 4200 किमी था तथा यात्रा की समाप्ति पर ओडोमीटर का पाठ्यांक 4460 किमी था। यदि यात्रा 4 घण्टे 20 मिनट में पूर्ण हुई हो, तो औसत चाल तथा औसत वेग का मान किमी/घण्टा तथा मीटर/सेकण्ड में ज्ञात कीजिए।

हल हम जानते हैं, तय की गई कुल दूरी (s)

= ओडोमीटर का अन्तिम पाठ्यांक − ओडोमीटर का प्रारम्भिक पाठ्यांक

= 4460 − 4200 = 260 किमी

यात्रा में कुल लगा समय (t) = 4 घण्टे 20 मिनट = 4.33 घण्टे

$$\therefore \text{औसत चाल} = \frac{\text{कुल तय दूरी } (s)}{\text{कुल समय } (t)} = \frac{260}{4.33} = 60 \text{ किमी/घण्टा}$$

$$= 60 \times \frac{5}{18} = 16.67 \text{ मी/से}$$

$$\therefore \text{औसत वेग} = \frac{\text{कुल विस्थापन } (d)}{\text{कुल समय } (t)} = \frac{0}{4.33} = 0 \text{ मी/से या } 0 \text{ किमी/घण्टा}$$

अत: राजीव की औसत चाल 60 किमी/घण्टा, 16.67 मी/से और औसत वेग 0 मी/से, 0 किमी/घण्टा होगा।

वेग में परिवर्तन की दर : त्वरण

(Rate of Change in Velocity : Acceleration)

गतिमान पिण्ड के वेग में परिवर्तन की दर को त्वरण कहते हैं। इसे a से प्रदर्शित करते हैं।

अत: $$\text{त्वरण } (a) = \frac{\text{वेग में परिवर्तन } (\Delta v)}{\text{परिवर्तन में लगा समय } (\Delta t)}$$

यदि किसी पिण्ड का प्रारम्भिक वेग u है तथा Δt समय पश्चात् वेग v हो जाता है, तो पिण्ड की गति में उत्पन्न त्वरण

$$(a) = \frac{\text{अंतिम वेग } (v) - \text{प्रारंभिक वेग } (u)}{\text{समयान्तराल } (t)} \Rightarrow a = \frac{v-u}{t}$$

इस प्रकार की गति को **त्वरित गति** कहते हैं।

त्वरण एक **सदिश राशि** है एवं इसका SI मात्रक **मीटर/(सेकण्ड)^2** होता है।

(i) **धनात्मक त्वरण** (Positive acceleration) यदि त्वरण, वेग की दिशा में है, तो इसे धनात्मक लिया जाता है।

(ii) **ऋणात्मक त्वरण** (Negative acceleration) यदि त्वरण वेग के विपरीत दिशा में है, तो इसे ऋणात्मक लिया जाता है।

(iii) **शून्य त्वरण** (Zero acceleration) यदि वस्तु नियत वेग से गतिमान होती है, तो वस्तु का त्वरण शून्य होता है।

त्वरण दो प्रकार का होता है—

(i) **एकसमान त्वरण** (Uniform acceleration) यदि कोई वस्तु सरल रेखा में चलती है और इसका वेग, समान समयान्तराल में समान रूप से घटता या बढ़ता है, तो वस्तु का त्वरण एकसमान त्वरण कहलाता है। उदाहरण—पृथ्वी की सतह की ओर स्वतन्त्रतापूर्वक गिरते पिण्ड की गति में उत्पन्न त्वरण (g) एकसमान त्वरण होता है।

(ii) **असमान त्वरण** (Non-uniform acceleration) यदि वेग समान समयान्तराल में असमान रूप से घटता या बढ़ता है, तब वस्तु की गति में उत्पन्न त्वरण असमान त्वरण होता है।
उदाहरण—भीड़-भाड़ वाली सड़क पर कार की गति।

नोट *यदि किसी वस्तु का वेग समय के साथ घटता है, तो वस्तु का त्वरण ऋणात्मक होगा। इस ऋणात्मक त्वरण को **अवमंदन** या **मंदन** कहते हैं।*

उदाहरण 6. एक कार विरामावस्था से चलना प्रारम्भ करती है और 30 सेकण्ड में 6 मी/से का वेग प्राप्त कर लेती है। जब कार का ड्राइवर ब्रेक लगाता है, तो कार का वेग अगले 5 सेकण्ड में कम होकर 4 मी/से हो जाता है। दोनों स्थितियों में कार के त्वरण की गणना कीजिए।

हल **स्थिति I** कार का प्रारम्भिक वेग, $u = 0$

[∵ कार विरामावस्था से चलना प्रारम्भ करती है]

अन्तिम वेग (v) = 6 मी/से, समय (t) = 30 सेकण्ड

$$\therefore \quad a = \frac{v-u}{t} = \frac{6-0}{30} = 0.2 \text{ मी/से}^2$$

स्थिति II

प्रारम्भिक वेग (u) = 6 मी/से, अन्तिम वेग, v = 4 मी/से

समय (t) = 5 सेकण्ड

$\therefore$ त्वरण = $\dfrac{\text{वेग में परिवर्तन}}{\text{समय}}$

$$a = \frac{\text{अन्तिम वेग} - \text{प्रारम्भिक वेग}}{t}$$

$$= \frac{v-u}{t}$$

$$= \frac{4-6}{5}$$

$$= -0.4 \text{ मी/से}^2$$

अत: दोनों स्थितियों में त्वरण क्रमश: 0.2 मी/से^{2} तथा − 0.4 मी/से^{2} है।

चेक प्वॉइण्ट 7.2

1. *औसत चाल क्या है? औसत चाल और औसत वेग में एक अन्तर लिखिए।*
2. *रेलगाड़ी की अधिकतम चाल 80 किमी/घण्टा है। यह 400 किमी की दूरी 10 घण्टे में तय करती है, तो अधिकतम चाल और औसत चाल का अनुपात ज्ञात कीजिए।* [**उत्तर** (i) 2:1]
3. *एक नियत स्थिति में, निम्न में से कौन शून्य हो सकता है, एक गतिमान वस्तु की औसत चाल या गतिमान वस्तु का औसत वेग?*
4. *(i) उन दो घटकों के नाम लिखिए जिन पर त्वरण निर्भर करता है।*
   (ii) त्वरण का सूत्र तथा SI मात्रक लिखिए।
5. *रिक्त स्थानों की पूर्ति कीजिए।*
   (i) .... पद का उपयोग ऋणात्मक त्वरण के लिए करते हैं।
   (ii) विरामावस्था से चलने वाली बस 60 सेकण्ड में 54 किमी/घण्टे का वेग प्राप्त कर लेती है, तो इसका त्वरण .... है। [**उत्तर** (ii) 0.25 मी/से^{2}]

गति का ग्राफीय निरूपण
(Graphical Representation of Motion)

किसी वस्तु की गति को रेखीय ग्राफ द्वारा दर्शाया जा सकता है, किसी गतिमान पिण्ड की गति के विश्लेषण के लिए दूरी-समय, विस्थापन-समय या वेग-समय के मध्य ग्राफ खींचकर, गतिमान पिण्ड की स्थितियाँ, किसी भी क्षण ज्ञात की जा सकती हैं।

नोट *गति की ग्राफीय व्याख्या करने हेतु समय को X-अक्ष के अनुदिश तथा दूरी, चाल या वेग को Y-अक्ष के अनुदिश लिया जाता है।*

ग्राफ के प्रकार (Types of Graph)

सामान्यत: ग्राफ दो प्रकार के होते हैं, जोकि निम्नलिखित हैं—

1. दूरी-समय ग्राफ (Distance-Time Graph)

समय के साथ किसी वस्तु की स्थिति परिवर्तन को दूरी-समय ग्राफ द्वारा व्यक्त किया जाता है। इस ग्राफ को बनाने हेतु X-अक्ष पर समय को तथा Y-अक्ष पर दूरी को लिया जाता है। इस स्थिति में दूरी-समय ग्राफ का ढाल, वस्तु की चाल के तुल्य होता है।

विभिन्न स्थितियों में दूरी-समय ग्राफ को नीचे बताया गया है—

(i) एकसमान गति के लिए दूरी-समय ग्राफ

यदि एक वस्तु समान समयान्तरालों में समान दूरी तय करती है, तो यह वस्तु एक समान चाल से गति करती है। एकसमान गति के लिए दूरी-समय ग्राफ में चित्रानुसार एक सरल रेखा प्राप्त होती है। एकसमान गति के लिए दूरी-समय ग्राफ में चित्रानुसार एक सरल रेखा प्राप्त होती है—

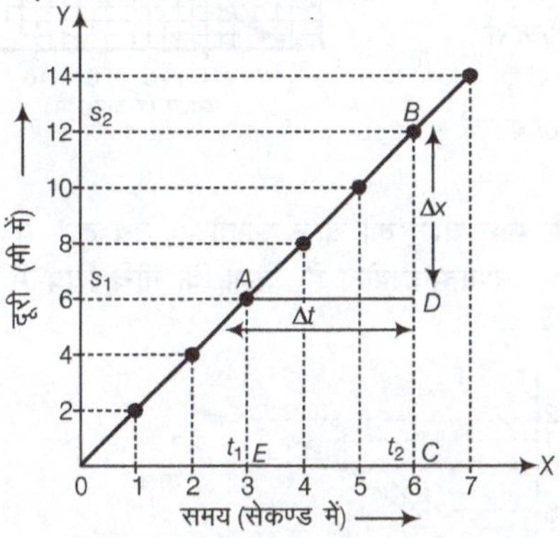

एकसमान गति के लिए दूरी-समय ग्राफ

व्याख्या (Interpretation)

ग्राफ द्वारा स्पष्ट होता है कि वस्तु समान समयान्तराल (1 सेकण्ड) में समान दूरी (2 मीटर) तय करती है। अत: वस्तु की गति, एकसमान गति है और ग्राफ में एक सरल रेखा प्राप्त होती है।

चाल की गणना (Calculation of Speed) दूरी-समय ग्राफ से वस्तु की चाल की गणना करने हेतु सरल रेखा पर दो बिन्दु A तथा B का चुनाव करते हैं तथा इन बिन्दुओं से X-अक्ष पर दो लम्ब क्रमश: AE तथा BC बनाते हैं। उसके पश्चात् लम्ब AD तथा BC पर बनाते हैं।

बिन्दु A से B तक वस्तु को जाने में तय दूरी, $\Delta x = BC - CD$

$$= s_2 - s_1$$

इस दूरी को तय करने में लगा समय $(\Delta t) = t_2 - t_1$

$$\therefore \quad \text{चाल, } v = \frac{\Delta x}{\Delta t} = \frac{s_2 - s_1}{t_2 - t_1}$$

अर्थात् $\dfrac{\Delta x}{\Delta t}$ = दूरी-समय ग्राफ का ढाल

(ii) **असमान गति के लिए दूरी-समय ग्राफ**

यदि एक वस्तु समान समयान्तराल में असमान दूरी तय करती है तो वस्तु की इस गति को असमान गति कहते हैं। असमान गति मुख्यत: दो प्रकार के होती है—

(a) यदि समय के साथ वस्तु की चाल बढ़ती है, तो चित्र में दर्शाए अनुसार दूरी-समय ग्राफ का ढाल धनात्मक होता है।

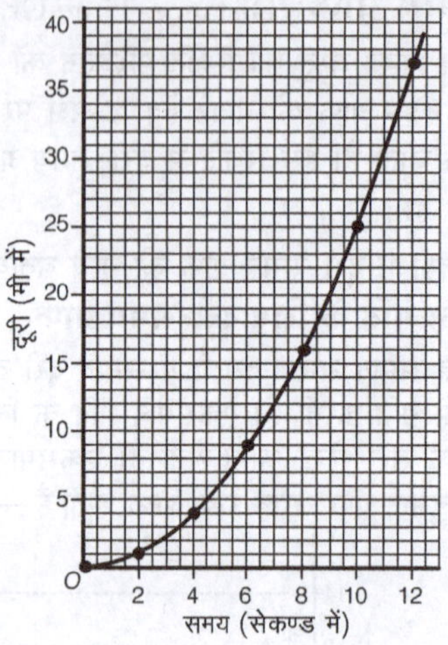

व्याख्या (Interpretation)

ग्राफ द्वारा स्पष्ट होता है कि समान समयान्तरालों में असमान दूरी तय होती है और यह दूरी बढ़ती जाती है अर्थात् समय के साथ वस्तु समान समयान्तराल में अधिक से अधिक दूरी तय करती है अर्थात् वस्तु की चाल बढ़ती है।

(b) जब समय के साथ वस्तु की चाल घटती है, तब दूरी-समय ग्राफ का ढाल ऋणात्मक होता है, जैसा कि नीचे चित्र में दर्शाया गया है—

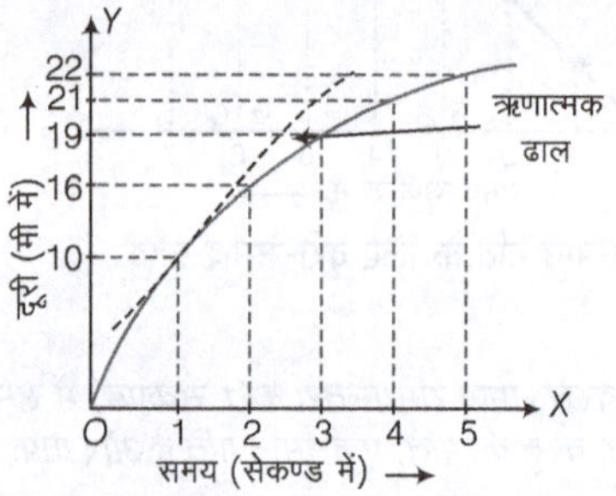

व्याख्या (Interpretation)

ग्राफ द्वारा स्पष्ट है कि वस्तु समान समयान्तराल में असमान दूरी तय करती है और यह दूरी घटती जाती है अर्थात् समय के साथ वस्तु कम से कम दूरी तय करती है अर्थात् वस्तु की चाल घटती है।

उदाहरण 7. ग्राफ में भिन्न-भिन्न समय पर वस्तु की स्थितियों को दर्शाया गया है। वस्तु की (i) A से B, (ii) B से C तथा C से D तक गति के लिए चाल की गणना कीजिए।

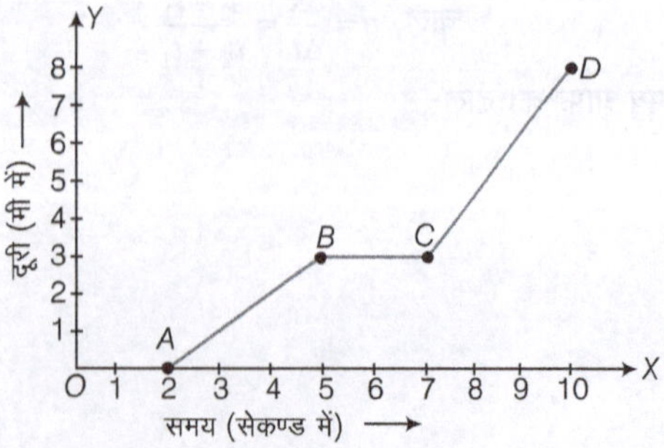

हल

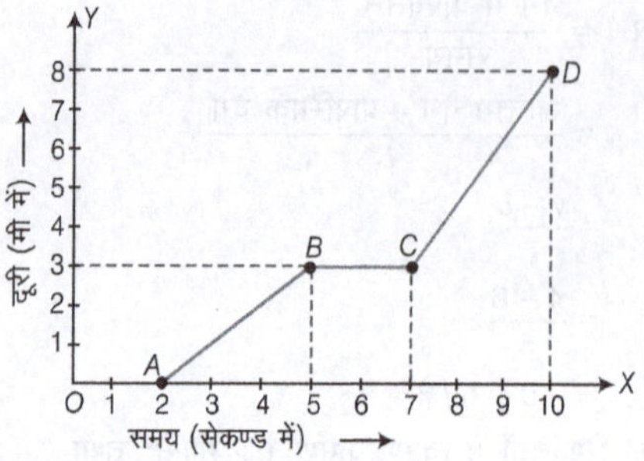

(i) A से B तक गति के लिए,

समय $(t) = 5 - 2 = 3$ सेकण्ड

तय दूरी $= 3 - 0 = 3$ मी

$\therefore A$ से B बिन्दु के मध्य चाल $= \frac{\text{दूरी}}{\text{समय}} = \frac{3}{3} = 1$ मी/से

(ii) B से C तक गति के लिए,

समय $(t) = 7 - 5 = 2$ सेकण्ड

तय दूरी $= 3 - 3 = 0$

[$\because$ B से C तक वस्तु की स्थिति में कोई परिवर्तन नहीं होता है]

$\therefore B$ से C बिन्दु के मध्य चाल $= \frac{\text{दूरी}}{\text{समय}} = \frac{0}{2} = 0$ मी/से

(iii) C से D तक गति के लिए,

समय $(t) = 10 - 7 = 3$ सेकण्ड

तय दूरी $= 8 - 3 = 5$ मी

C से D बिन्दु के मध्य चाल $= \frac{\text{दूरी}}{\text{समय}} = \frac{5}{3}$ मी/से

उदाहरण 8. निम्नलिखित सारणी एक कार की गति के बारे में सूचना प्रदान करती है

समय (घण्टे में)	11:00	11:30	12:00	12:30	1:00
दूरी (किमी में)	0	20	30	65	100

ग्राफ आलेखित कीजिए और

(i) 12:00 से 12:30 के मध्य कार की चाल ज्ञात कीजिए।

(ii) कार की औसत चाल क्या है?

(iii) क्या कार की गति एकसमान गति है? पुष्टि कीजिए।

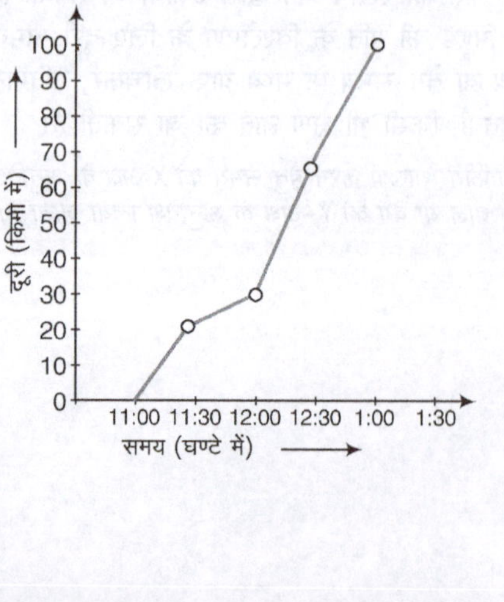

हल (i) 12 : 00 से 12 : 30 के मध्य कार की चाल,

$$v = \frac{65-30}{\frac{30}{60}} = \frac{35}{\frac{1}{2}} = 70 \text{ किमी/घण्टा}$$

(ii) औसत चाल $(u_{av}) = \frac{100}{2} = 50$ किमी/घण्टा

(iii) कार की गति एकसमान गति नहीं है, क्योंकि कार समान समयान्तराल में असमान दूरी तय करती है।

2. वेग-समय ग्राफ (Velocity-Time Graph)

वेग-समय ग्राफ द्वारा समय के सापेक्ष वस्तु के वेग में परिवर्तन को दर्शाया जाता है। वेग-समय ग्राफ को बनाने हेतु Y-अक्ष पर वेग को तथा X-अक्ष पर समय को निरूपित किया जाता है। विभिन्न स्थितियों में वेग-समय ग्राफ को नीचे दर्शाया गया है—

(i) नियत वेग से गतिमान वस्तु के लिए वेग-समय ग्राफ

जब वस्तु नियत वेग से गति करती है अर्थात् वस्तु की गति एकसमान होती है, तब वस्तु का वेग, समय के साथ परिवर्तित नहीं होता है।

ग्राफ में एक सरल रेखा प्राप्त होती है, जोकि समय-अक्ष के समान्तर होती है अर्थात् समय के साथ वेग-समय ग्राफ की ऊँचाई में कोई परिवर्तन नहीं होगा।

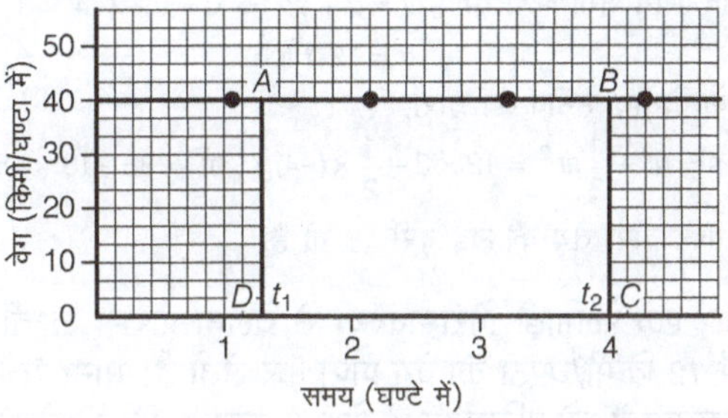

व्याख्या (Interpretation)

ग्राफ द्वारा स्पष्ट होता है, समय के साथ वेग में कोई परिवर्तन नहीं होता है तथा वस्तु नियत वेग से गति करती है।

विस्थापन के परिमाण या दूरी की गणना

माना कि हमें t_1 तथा t_2 समय के मध्य विस्थापन के परिमाण या दूरी की गणना करनी है। समय t_1 और t_2 से सम्बद्ध बिन्दु पर लम्ब AD तथा BC बनाते हैं।

अब, $AD = BC =$ वस्तु का वेग

$CD = (t_2 - t_1) =$ समयान्तराल

$AD \times CD =$ आयत $ABCD$ का क्षेत्रफल

$AD \times CD =$ वेग $\times$ समय $=$ दूरी या विस्थापन का परिमाण

अतः विस्थापन का परिमाण = वेग-समय ग्राफ के अधीन क्षेत्रफल

(ii) एकसमान त्वरित गति के लिए वेग-समय ग्राफ

एकसमान त्वरित गति में, समान समयान्तराल में वेग का परिवर्तन भी समान होता है। इस स्थिति के ग्राफ में सरल-रेखा मूलबिन्दु से होकर जाती है, जैसा कि चित्र में दर्शाया गया है।

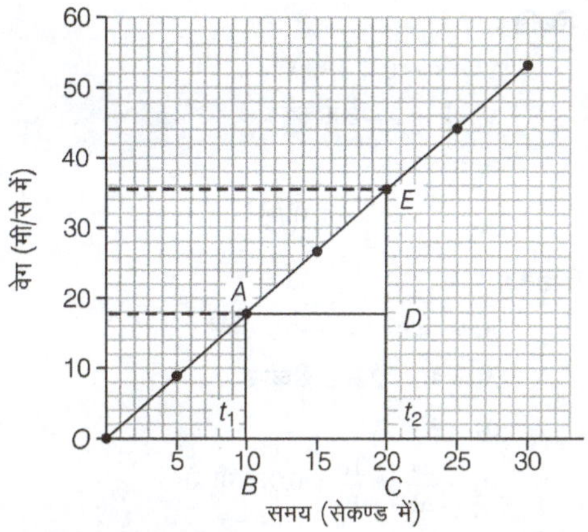

व्याख्या (Interpretation)

ग्राफ की प्रकृति द्वारा यह प्रदर्शित होता है कि समान समयान्तराल में वेग में परिवर्तन भी समान रूप से होता है। समान समयान्तराल 10 सेकण्ड में वेग में परिवर्तन 18 मी/से है, जोकि समान ही रहता है, इसका अर्थ है कि वस्तु का त्वरण नियत है। अतः समस्त एकसमान त्वरित गति के लिए वेग-समय ग्राफ में सरल रेखा प्राप्त होती है।

विस्थापन के परिमाण या दूरी की गणना

वेग-समय ग्राफ के माध्यम से कार द्वारा तय की गई दूरी की गणना की जाती है। वेग-समय ग्राफ के क्षेत्रफल द्वारा नियत समयान्तराल में कार द्वारा तय की गई दूरी का मापन किया जाता है। इसलिए

$S = ABCDE$ का क्षेत्रफल

$=$ आयत $ABCD$ का क्षेत्रफल $\times$ त्रिभुज ADE का क्षेत्रफल

$= AB \times BC + \frac{1}{2}(AD + DE)$

(iii) असमान त्वरित गति के लिए वेग-समय ग्राफ

इस ग्राफ में समय के साथ वस्तु के वेग में असमान परिवर्तन को दर्शाया गया है—

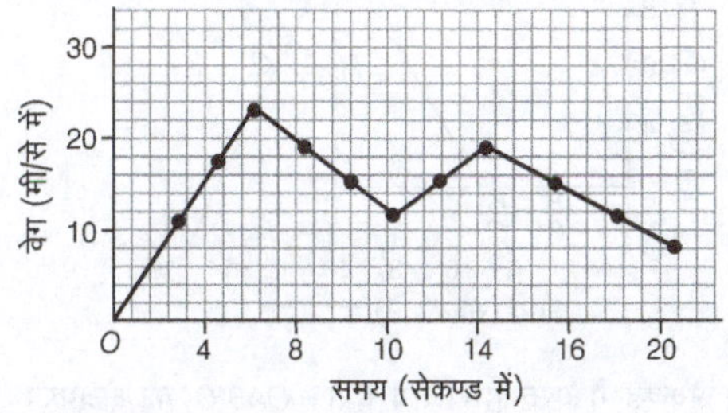

उदाहरण 9. ऊपर चढ़ती हुई लिफ्ट के लिए वेग-समय ग्राफ को नीचे दर्शाया गया है, तो लिफ्ट का त्वरण क्या होगा?

(i) प्रथम दो सेकण्ड में

(ii) 2 तथा 10 सेकण्ड के मध्य

(iii) अन्तिम 2 सेकण्ड में

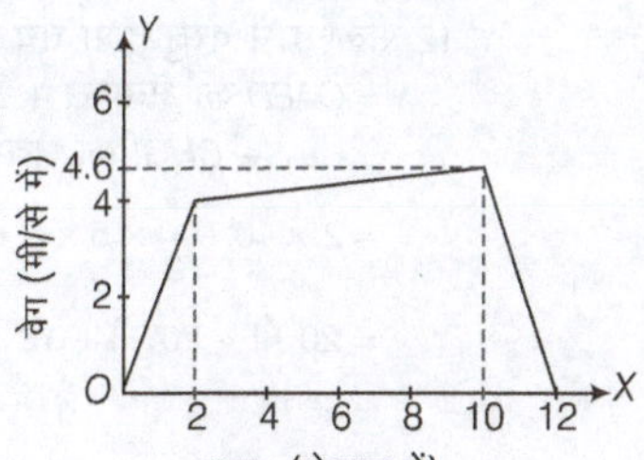

हल (i) **स्थिति I**

$\Delta v = 4 - 0 = 4$ मी/से

$\Delta t = 2 - 0 = 2$ सेकण्ड

$a_1 = ?$

$\therefore \quad a_1 = \frac{\Delta v}{\Delta t} = \frac{4}{2} = 2$ मी/से^{2}

(ii) **स्थिति II**

$\Delta v = 4.6 - 4 = 0.6$ मी/से

$\Delta t = 10 - 2 = 8$ सेकण्ड

$a_2 = ?$

$\because \quad a_2 = \frac{\Delta v}{\Delta t} = \frac{0.6}{8} = 0.075$ मी/से^{2}

(iii) **स्थिति III**

$\Delta v = 0 - 4.6$

$= -4.6$ मी/से

$\Delta t = 12 - 10 = 2$ सेकण्ड

$a_3 = ?$

$\therefore \quad a_3 = \frac{\Delta v}{\Delta t} = -\frac{4.6}{2} = 2.3$ मी/से^{2}

ऋणात्मक चिन्ह अवमन्दन को दर्शाता है।

उदाहरण 10. एक वस्तु 5 सेकण्ड के लिए 2 मी/से के वेग से गति करती है। अगले 5 सेकण्ड में वस्तु का वेग समान रूप से बढ़कर 10 मी/से हो जाता है। इसके बाद वस्तु का वेग एक समान रूप से घटता है तथा 5 सेकण्ड में वस्तु विरामावस्था में आ जाती है।

(i) वस्तु की गति के लिए वेग-समय ग्राफ बनाइए।

(ii) ग्राफ द्वारा 2 सेकण्ड तथा 12 सेकण्ड के बाद तय दूरी का मान ज्ञात कीजिए।

हल (i)

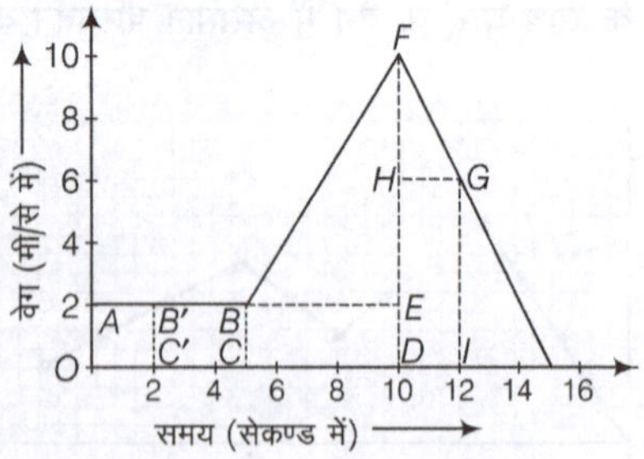

(ii) 2 सेकण्ड में वस्तु द्वारा तय दूरी = $OAB'C'$ का क्षेत्रफल

$= 2 \times 2 = 4$ मी

12 सेकण्ड में वस्तु द्वारा तय दूरी

= $OAED$ का क्षेत्रफल + ΔBEF का क्षेत्रफल + $DHGI$ का क्षेत्रफल + ΔFHG का क्षेत्रफल

$= 2 \times 10 + \frac{1}{2} \times 5 \times 8 + 6 \times 2 + \frac{1}{2} \times 2 \times 4$

= 20 मी + 20 मी + 12 मी + 4 मी

= 56 मी

गति के समीकरण
(Equations of Motion)

जब कोई वस्तु सरल रेखा के अनुदिश एकसमान त्वरण से चलती है, तो एक निश्चित समयान्तराल में समीकरणों के द्वारा उसके वेग, गति के दौरान त्वरण तथा उसके द्वारा तय की गई दूरी में सम्बन्ध स्थापित करना सम्भव है, इन समीकरणों को गति के समीकरण कहते हैं।

गति के तीन समीकरण निम्नलिखित हैं—

1. $v = u + at$ 2. $s = ut + \frac{1}{2}at^2$ 3. $v^2 - u^2 = 2as$

यहाँ, u = वस्तु का प्रारम्भिक वेग, a = वस्तु का एकसमान त्वरण, v = t सेकण्ड के बाद वस्तु का अन्तिम वेग तथा s = t समय में दूरी

उदाहरण 11. यदि किसी कार के ब्रेक लगाये जाते हैं, तो कार की गति की विपरीत दिशा में 4 मी/से^{2} का त्वरण उत्पन्न होता है। यदि ब्रेक लगाने के पश्चात् कार 3 सेकण्ड बाद रूकती है, तो इस समयान्तराल में कार द्वारा तय दूरी का मान ज्ञात कीजिए।

हल दिया है, अन्तिम वेग $(v) = 0$, समय $(t) = 3$ सेकण्ड

त्वरण $(a) = -4$ मी/से^{2}

गति के प्रथम समीकरण द्वारा, $v = u + at \Rightarrow 0 = u + (-4) \times 3$

$u = 12$ मी/से

गति के द्वितीय समीकरण द्वारा,

$s = ut + \frac{1}{2}at^2 = 12 \times 3 + \frac{1}{2} \times (-4) \times (3)^2 = 36 - 18 = 18$ मी

अतः कार द्वारा तय की गई दूरी 18 मी है।

उदाहरण 12. एक रेलगाड़ी विरामावस्था से चलना प्रारम्भ करती है और 5 मिनट में 72 किमी/घण्टा का वेग प्राप्त कर लेती है। माना रेलगाड़ी का त्वरण एकसमान है, तो परिकलन कीजिए (i) त्वरण, (ii) इस वेग को प्राप्त करने के लिए रेलगाड़ी द्वारा तय की गई दूरी।

हल दिया है,

अन्तिम वेग, $v = 72$ किमी/घण्टा $= 72 \times \frac{5}{18} = 20$ मी/से

प्रारम्भिक वेग, $u = 0$

समय, $t = 5$ मिनट $= 5 \times 60 = 300$ सेकण्ड

(i) त्वरण $(a) = ?$

$\therefore \quad a = \frac{(v-u)}{t} \Rightarrow a = \frac{(20-0)}{300} = \frac{1}{15}$ मी/से^{2}

(ii) दूरी, $s = ?$

$\therefore v^2 = u^2 + 2as$ [गति के तृतीय समीकरण द्वारा]

$s = \frac{v^2}{2a}$ $[\because u = 0]$

$s = \frac{(20)^2}{2 \times \left(\frac{1}{15}\right)} = 3000$ मी

रेलगाड़ी का त्वरण $\frac{1}{15}$ मी/से^{2} है और तय की गई दूरी 3 किमी है।

एकसमान वृत्तीय गति
(Uniform Circular Motion)

यदि कोई वस्तु वृत्तीय पथ पर एकसमान चाल से गति करती है, तो इस प्रकार की गति को एकसमान वृत्तीय गति कहते हैं।

- जब वस्तु वृत्तीय पथ के अनुदिश गति करती है, तब गति की दिशा लगातार बदलती है अर्थात् वेग में परिवर्तन होता है, इसलिए वृत्तीय गति करने वाली वस्तु त्वरित होती है।
- जब वस्तु वृत्तीय पथ पर एक चक्कर पूर्ण करती है, तो वस्तु द्वारा तय दूरी, वृत्त की परिधि $(2\pi r)$ के तुल्य होती है, यहाँ r वृत्तीय पथ की त्रिज्या है।
- अतः वृत्तीय पथ पर गतिमान वस्तु की चाल, $v = \dfrac{2\pi r}{t}$ है, यहाँ r वृत्तीय पथ पर एक चक्र पूर्ण करने में लिया गया समय है तथा π एक नियतांक है, जिसका मान $\dfrac{22}{7}$ है।

एकसमान वृत्तीय गति के कुछ उदाहरण निम्नलिखित हैं—

(i) धागे से एक पत्थर के टुकड़े को बाँधकर वृत्तीय पथ पर एकसमान चाल से घुमाना।
(ii) विद्युत पंखे की पंखुडियों का अपने अक्ष के परितः घुमाना।
(iii) चन्द्रमा तथा पृथ्वी की गति।
(iv) पृथ्वी के परितः उपग्रह का वृत्तीय पथ में घुमना।
(v) नियत चाल से वृत्तीय पथ पर गतिमान कार।

उदाहरण 13. एक दीवार घड़ी की मिनट सूईं की लम्बाई 10 सेमी है, तो 10:00 AM से 10:30 AM के मध्य मिनट सूईं का विस्थापन तथा दूरी की गणना कीजिए।

हल दिया है, मिनट सूईं की लम्बाई, $l = 10$ सेमी

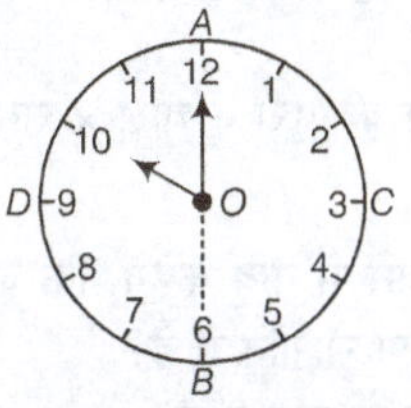

$\therefore$ 10:00AM से 10:30AM के मध्य विस्थापन, व्यास AOB द्वारा दिया जाएगा। अतः विस्थापन $(AOB) = 2l = 2 \times 10 = 20$ सेमी

30 मिनट में सूईं द्वारा तय दूरी $= ACB = \dfrac{1}{2} \times 2\pi l$

$$= \pi l = \frac{22}{7} \times 10$$

$$= \frac{220}{7} = 31.43 \text{ सेमी}$$

अतः मिनट सूईं का विस्थापन 20 सेमी और मिनट सूईं द्वारा तय दूरी 31.43 सेमी है।

चेक प्वॉइण्ट 7.3

1. *किसी कण का दूरी–समय ग्राफ, समय अक्ष के समान्तर है, तो कण का वेग कितना होगा?*
2. *एक साइकिल चालक के लिए दूरी–समय ग्राफ को नीचे दर्शाया गया है*

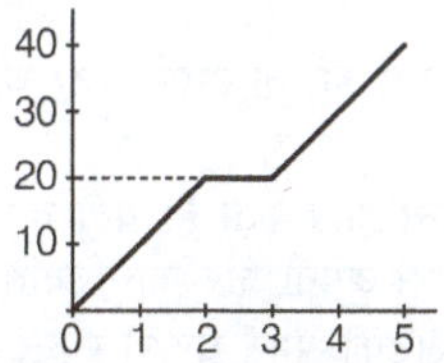

ग्राफ की सहायता से सम्पूर्ण यात्रा के लिए औसत चाल ज्ञात कीजिए।

[**उत्तर** 7 किमी/घण्टा]

3. *नीचे दिए गए दोनों ग्राफों में एक समानता तथा एक भिन्नता बताइए।*

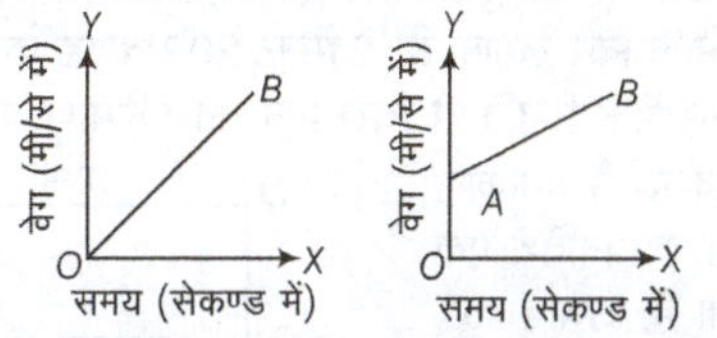

[**उत्तर** दोनों में एकसमान त्वरण]

4. *दिए गए आरेख दो वस्तुओं P और Q की गति को प्रदर्शित करते हैं। इन दो आरेख में से किसमें त्वरण धनात्मक है तथा किसमें त्वरण ऋणात्मक है?*

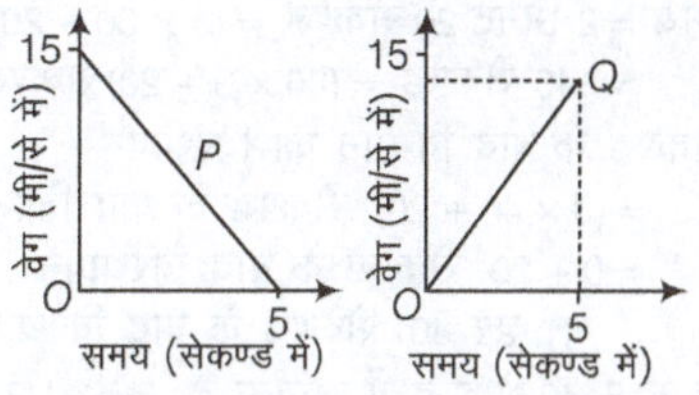

[**उत्तर** P का ढाल ऋणात्मक, Q का ढाल धनात्मक]

5. *दो वस्तुओं P और Q के वेग–समय ग्राफ को नीचे दिया गया है*

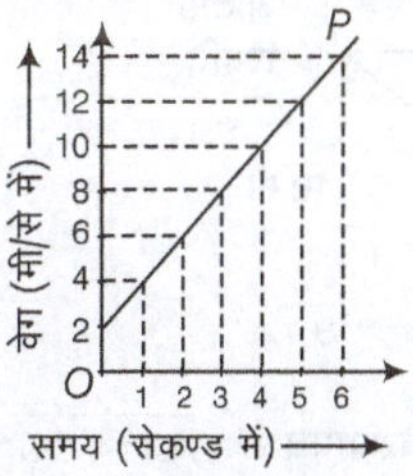

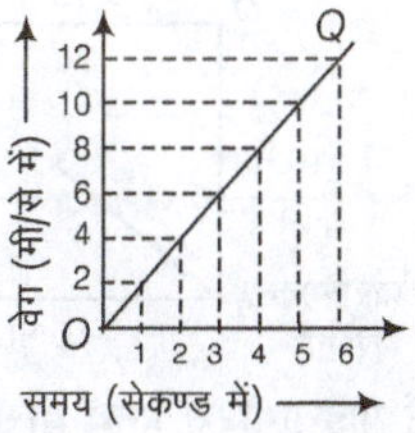

(i) कौन–सी वस्तु विरामावस्था से चलना प्रारम्भ करती है?
(ii) 5 सेकण्ड के पश्चात् किस वस्तु का वेग अधिक होगा?

[**उत्तर** (i) Q. (ii) P]

6. *एकसमान वृत्तीय गति से आप क्या समझते हैं?*

NCERT फोल्डर

अध्याय के बीच के प्रश्न

1. किसी वस्तु के द्वारा कुछ दूरी तय की गई। क्या इसका विस्थापन शून्य हो सकता है? अगर हाँ, तो अपने उत्तर को उदाहरण के द्वारा समझाइए।

उत्तर वस्तु का विस्थापन शून्य हो सकता है। यदि वह वस्तु कुछ दूरी तय करने के बाद वापस अपनी प्रारंभिक स्थिति में आ जाती है।
उदाहरण—यदि एक लड़की अपने घर से स्कूल जाती है और वापस अपने घर आ जाती है, तब विस्थापन शून्य होगा, क्योंकि इस स्थिति में प्रारंभिक स्थिति और अंतिम स्थिति संपाती हो जाती है।

2. एक किसान 10 मी की भुजा वाले एक वर्गाकार खेत की सीमा पर 40 सेकण्ड में चक्कर लगाता है। 2 मिनट 20 सेकण्ड के बाद किसान की उसकी प्रारंभिक स्थिति से विस्थापन का परिमाण क्या होगा?

उत्तर किसान 40 सेकण्ड में वर्गाकार खेत की सीमा के अनुदिश एक चक्कर लगाता है, अर्थात् 40 सेकण्ड के बाद वह अपनी प्रारंभिक स्थिति में आ जाता है, अतः विस्थापन शून्य होगा।

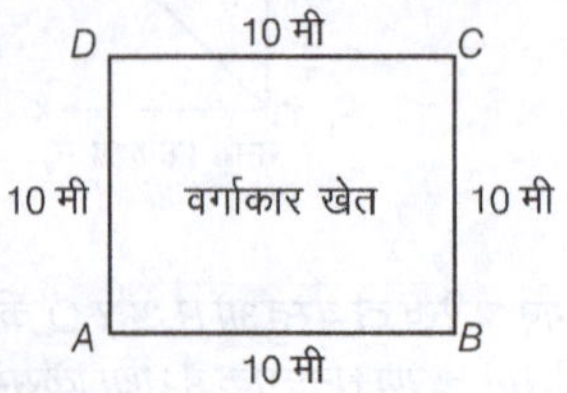

दिया गया समय = 2 मिनट 20 सेकण्ड = $(2 \times 60 + 20)$ सेकण्ड
= 140 सेकण्ड = $(40 \times 3 + 20)$ सेकण्ड

2 मिनट 20 सेकण्ड के बाद किसान का विस्थापन
= $(3 \times 40 + 20)$ सेकण्ड के बाद विस्थापन
= $0 + 20$ सेकण्ड के बाद विस्थापन
($\because$ हर 40 सेकण्ड के बाद विस्थापन शून्य है)

किसान एक चक्कर 40 सेकण्ड में लगाता है, अतः 1/2 चक्कर 20 सेकण्ड में पूरा करेगा, इसलिए 20 सेकण्ड बाद किसान की अंतिम स्थिति C होगी। किसान का विस्थापन = AC

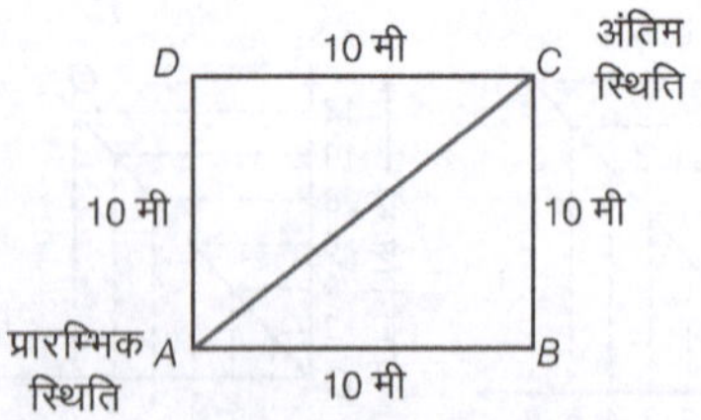

ΔACD में पाइथागोरस प्रमेय द्वारा विस्थापन $= \sqrt{AD^2 + DC^2}$
$= \sqrt{AB^2 + BC^2}$ [$\because AD = BC;\ DC = AB$]
$= \sqrt{(10)^2 + (10)^2} = 10\sqrt{2} = 10 \times 1.414$
$= 14.14$ मी

3. विस्थापन के लिए निम्न में से कौन सही है?
(a) यह शून्य नहीं हो सकता है।
(b) इसका परिमाण वस्तु के द्वारा तय की गई दूरी से अधिक है।

उत्तर (a) गलत है, क्योंकि गतिमान वस्तु का विस्थापन शून्य हो सकता है।
(b) गलत है, क्योंकि विस्थापन का परिमाण वस्तु के द्वारा तय की गई दूरी से अधिक नहीं हो सकता है।

4. चाल एवं वेग में अंतर बताइए।

उत्तर

चाल	वेग
प्रति एकांक समय में तय दूरी को चाल कहते हैं।	प्रति एकांक समय में विस्थापन को वेग कहते है।
चाल एक अदिश राशि है।	वेग एक सदिश राशि है।
वस्तु की चाल हमेशा धनात्मक होती है।	वस्तु का वेग धनात्मक और ऋणात्मक दोनों हो सकता है।

5. किस अवस्था में किसी वस्तु के औसत वेग का परिमाण उसकी औसत चाल के बराबर होगा?

उत्तर जब एक वस्तु सरल रेखा में गति करती है, तब औसत वेग का परिमाण उसकी औसत चाल के बराबर होता है।

6. एक गाड़ी का ओडोमीटर (Odometer) क्या मापता है?

उत्तर गाड़ी के ओडोमीटर द्वारा तय दूरी का मापन किया जाता है।

7. जब वस्तु एकसमान गति में होती है, तब इसका मार्ग कैसा दिखाई पड़ता है?

उत्तर वस्तु के एकसमान गति करने में इसका मार्ग सरल रेखीय दिखाई पड़ता है।

8. एक प्रयोग के दौरान, अंतरिक्षयान से एक सिग्नल को पृथ्वी पर पहुँचने में 5 मिनट का समय लगता है। पृथ्वी पर स्थित स्टेशन से उस अंतरिक्षयान की दूरी क्या है?
(सिग्नल की चाल = प्रकाश की चाल = 3×10^8 मी/से)

उत्तर दिया है, सिग्नल की चाल = 3×10^8 मी/से
सिग्नल को पृथ्वी पर पहुँचने में लगा समय = 5 मिनट
$= 5 \times 60 = 300$ सेकण्ड
स्टेशन से अंतरिक्षयान की दूरी = चाल $\times$ समय = $3 \times 10^8 \times 300$
$= 9 \times 10^{10}$ मी

9. आप किसी वस्तु के बारे में कब कहेंगे, कि जब
(i) वह एकसमान त्वरण से गति में है?
(ii) वह असमान त्वरण से गति में है?

उत्तर (i) जब समान समयांतराल में वस्तु के वेग में समान परिवर्तन होता है, तब वह वस्तु एकसमान त्वरण से गति करती है।
(ii) जब समान समयांतराल में वस्तु के वेग में असमान परिवर्तन होता है, तब वस्तु असमान त्वरण से गति करती है।

10. एक बस का वेग 5 सेकण्ड में 80 किमी/घंटा से घटकर 60 किमी/घंटा हो जाता है। बस का त्वरण ज्ञात कीजिए।

उत्तर दिया है, बस का प्रारंभिक वेग, $u = 80$ किमी/घंटा
$= \frac{80 \times 5}{18}$ मी/से $= \frac{200}{9}$ मी/से $= 22.22$ मी/से

बस का अंतिम वेग, $v = 6$ किमी/घंटा
$= 60 \times \frac{5}{18} = \frac{150}{9}$ मी/से $= 16.67$ मी/से

वेग परिवर्तन में लगा समय, $t = 5$ सेकण्ड

$$\text{त्वरण} = \frac{\text{वेग में परिवर्तन}}{\text{लिया गया समय}} = \frac{v-u}{t}$$

$$= \frac{16.67 - 22.22}{5} = -\frac{5.55}{5} = -1.11 \text{ मी/से}^2$$

बस का त्वरण ऋणात्मक होगा, क्योंकि बस की गति घट रही है।

11. **एक रेलगाड़ी स्टेशन से चलना प्रारंभ करती है और एकसमान त्वरण के साथ चलते हुए 10 मिनट में 40 किमी/घंटा की चाल प्राप्त करती है। इसका त्वरण ज्ञात कीजिए।**

उत्तर दिया है, रेलगाड़ी का प्रारंभिक वेग, $u = 0$

रेलगाड़ी का अंतिम वेग, $v = 40$ किमी/घंटा $= 40 \times \frac{5}{18} = 11.11$ मी/से

समय, $t = 10$ मिनट $= 10 \times 60 = 600$ सेकण्ड

त्वरण, $a = \frac{v-u}{t} = \frac{11.11 - 0}{600} = \frac{11.11}{600} = 0.0185$ मी/से^{2}

$= 1.85 \times 10^{-2}$ मी/से^{2}

12. **किसी वस्तु के एकसमान व असमान गति के लिए समय-दूरी ग्राफ की प्रकृति क्या होती है?**

उत्तर एकसमान गति के लिए समय-दूरी ग्राफ एक सरल रेखा होती है, जबकि वस्तु की असमान गति के लिए समय-दूरी ग्राफ मुड़ी हुई (Curved) रेखा होती है।

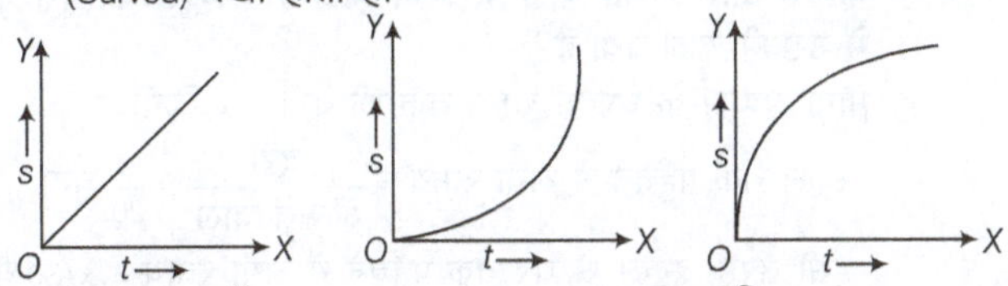

एकसमान गति (a) — असमान गति (b)

13. **किसी वस्तु की गति के विषय में आप क्या कह सकते हैं, जिसका दूरी-समय ग्राफ में समय अक्ष के समांतर एक सरल रेखा है?**

उत्तर दूरी-समय ग्राफ में समय अक्ष के समांतर एक सरल रेखा है, इसका अर्थ है कि समय के साथ वस्तु की दूरी नहीं बदल रही है, अर्थात् वस्तु विरामावस्था में है।

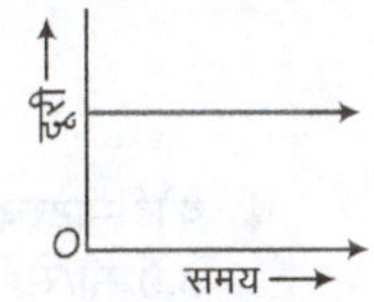

14. **किसी वस्तु की गति के विषय में आप क्या कह सकते हैं, जिसका चाल-समय ग्राफ, समय अक्ष के समांतर एक सरल रेखा है?**

उत्तर चाल-समय ग्राफ में समय अक्ष के समांतर एक सरल रेखा है, जिसका अर्थ है कि समय के साथ वस्तु की चाल में कोई परिवर्तन नहीं हो रहा है, अर्थात् वस्तु एकसमान चाल से चल रही है।

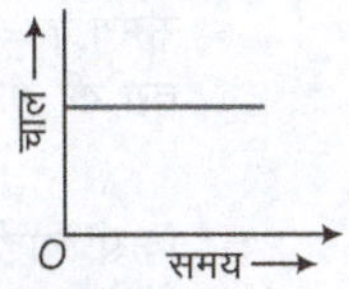

15. **वेग-समय ग्राफ के अधीन क्षेत्र से मापी गई राशि क्या होती है?**

उत्तर वेग-समय ग्राफ के द्वारा घेरा गया क्षेत्र विस्थापन के परिमाण के बराबर होता है।

16. **कोई बस विरामावस्था से चलना प्रारंभ करती है तथा 2 मिनट तक 0.1 मी/से^{2} के एकसमान त्वरण से चलती है। परिकलन कीजिए**
(a) प्राप्त की गई चाल तथा (b) तय की गई दूरी

उत्तर दिया है, प्रारंभिक चाल, $u = 0$

समय, $t = 2$ मिनट $= 2 \times 60 = 120$ सेकण्ड

त्वरण, $a = 0.1$ मी/से^{2}

(a) वेग-समय संबंध के लिए समीकरण की सहायता से,
प्राप्त की गई चाल $v = u + at = 0 + 0.1 \times 120 = 12$ मी/से

(b) समय-स्थिति संबंध के लिए समीकरण की सहायता से,
तय की गई दूरी, $s = ut + \frac{1}{2}at^2$

$= 0 \times 120 + \frac{1}{2} \times 0.1 \times 120 \times 120$

$= 0.1 \times 60 \times 120 = 720$ मी

बस द्वारा तय की गई दूरी 720 मी है।

17. **कोई रेलगाड़ी 90 किमी/घंटा की चाल से चल रही है। ब्रेक लगाए जाने पर वह – 0.5 मी/से^{2} का एकसमान त्वरण उत्पन्न करती है। रेलगाड़ी विरामावस्था में आने से पहले कितनी दूरी तय करेगी?**

उत्तर दिया है, प्रारंभिक गति, $u = 90$ किमी/घंटा $= 90 \times \frac{5}{18} = 25$ मी/से

त्वरण, $a = -0.5$ मी/से^{2}

रेलगाड़ी विरामावस्था में आयेगी, अतः अंतिम गति, $v = 0$

वेग-स्थिति समीकरण की सहायता से

$v^2 = u^2 + 2as \Rightarrow 0 = (25)^2 + 2(0.5) \times s$

$0 = 625 - s \Rightarrow s = 625$ मी

18. **एक ट्रॉली एक आनत तल पर 2 सेमी/से^{2} के त्वरण से नीचे जा रही है। गति प्रारंभ करने के 3 सेकण्ड के पश्चात् उसका वेग क्या होगा?**

उत्तर दिया है, प्रारंभिक गति, $u = 0$

त्वरण, $a = 2$ सेमी/से^{2} $= 0.02$ मी/से^{2}, समय $t = 3$ सेकण्ड

गति के प्रथम समीकरण से $v = u + at = 0 + 0.02 \times 3 = 0.06$ मी/से

19. **एक रेसिंग कार का एकसमान त्वरण 4 सेमी/से^{2} है। गति प्रारंभ करने के 10 सेकण्ड पश्चात् वह कितनी दूरी तय करेगी?**

उत्तर दिया है, $u = 0, a = 4, t = 10$ सेकण्ड

गति की दूसरी समीकरण से तय दूरी,

$s = ut + \frac{1}{2}at^2 = 0 + \frac{1}{2} \times 4 \times (10)^2 = 200$ मी

कार द्वारा 10 सेकण्ड में 200 मी की दूरी तय होती है।

20. **किसी पत्थर को ऊर्ध्वाधर ऊपर की ओर 5 मी/से के वेग से फेंका जाता है। यदि गति के दौरान पत्थर का नीचे की ओर गुरुत्व त्वरण 10 मी/से^{2} है, तो पत्थर के द्वारा कितनी ऊँचाई प्राप्त की गई तथा उसे वहाँ पहुँचने में कितना समय लगा?**

उत्तर दिया है, $u = 5$ मी/से; $a = -10$ मी/से^{2}

(ऋणात्मक क्योंकि पत्थर ऊपर की ओर फेंका गया है)

$v = 0$ (अधिक ऊँचाई पर वेग शून्य होता है)

ऊँचाई, $s = ?$, समय, $t = ?$

(i) गति के तृतीय समीकरण से,

$v^2 = u^2 + 2as \Rightarrow 0 = (5)^2 + 2(-10) \times s$

$= 25 - 20s$

$s = \frac{25}{20} = 1.25$ मी

(ii) गति के प्रथम समीकरण से,

$v = u + at$

$0 = 5 + (-10)t \Rightarrow t = \frac{5}{10} = 0.5$ सेकण्ड

अध्याय के अंत की प्रश्नावली

1. एक एथलीट वृत्तीय पथ, जिसका व्यास 200 मी है, का एक चक्कर 40 सेकण्ड में लगाता है। 2 मिनट 20 सेकण्ड के बाद वह कितनी दूरी तय करेगा और उसका विस्थापन क्या होगा?

उत्तर (i) प्रश्नानुसार, वृत्तीय पथ का व्यास = 200 मी

$\therefore$ त्रिज्या $= \frac{200}{2} = 100$ मी

वृत्तीय पथ की परिधि $= 2\pi r = 2 \times \frac{22}{7} \times 100 = \frac{4400}{7}$ मी

दिया गया समय = 2 मिनट 20 सेकंड $= 2 \times 60 + 20 = 140$ सेकंड

प्रश्नानुसार, एथलीट 40 सेकंड में एक चक्कर लगाता है, अतः

40 सेकंड में तय की गई दूरी $= \frac{4400}{7}$ मी

1 सेकंड में तय की गई दूरी $= \frac{4400}{7 \times 40}$ मी

$\therefore$ 140 सेकंड में तय की गई दूरी $= \frac{4400}{7 \times 40} \times 140$

$= 2200$ मी $= 2.2$ किमी

(ii) प्रश्नानुसार, एथलीट 40 सेकण्ड में एक चक्कर लगाता है अर्थात् वह अपनी प्रारंभिक स्थिति पर वापस आ जाता है, इसलिए 40 सेकण्ड बाद उसका विस्थापन शून्य होगा। इसी तरह 120 सेकण्ड (40×3) के बाद भी उसका विस्थापन शून्य होगा।

$\therefore$ 2 मिनट 20 सेकण्ड (140 s) के बाद विस्थापन = 20 सेकण्ड के बाद विस्थापन ($\because$ 120 सेकण्ड के बाद विस्थापन शून्य है)

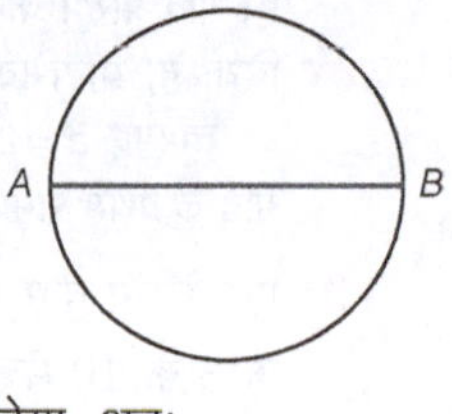

एथलीट 40 सेकण्ड में एक चक्कर लगाता है, इसलिए 20 सेकण्ड में वह 1/2 चक्कर तय करेगा, अतः

20 सेकण्ड के बाद विस्थापन $= AB$

वृत्तीय पथ का व्यास = 200 मी

2. 300 मी सरल रेखीय पथ पर जोसेफ जॉगिंग करते हुए 2 मिनट 30 सेकण्ड में एक सिरे *A* से दूसरे सिरे *B* पर पहुँचता है और घूमकर 1 मिनट में 100 मी पीछे बिंदु *C* पर पहुँचता है। जोसेफ की औसत चाल और औसत वेग क्या होंगे?

(a) सिरे *A* से सिरे *B* तक तथा

(b) सिरे *A* से सिरे *C* तक।

उत्तर सिरे *A* से *B* तक तय की गई दूरी = 300 मी

इसलिए सिरे *A* से *B* तक विस्थापन = 300 मी

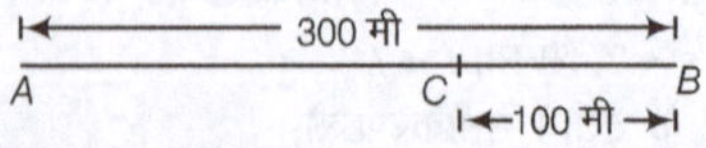

(यदि कोई वस्तु सरल रेखा में चलती है, तो उसकी दूरी और विस्थापन समान होते हैं।)

A सिरे से *B* सिरे तक पहुँचने में लिया गया समय

$t = 2$ मिनट 30 सेकण्ड $= 2 \times 60 + 30 = 120 + 30 = 150$ सेकण्ड

(a) (i) जोसेफ की औसत चाल सिरे *A* से सिरे *B* तक

$= \frac{\text{दूरी}}{\text{समय}} = \frac{300}{150} = 2$ मी/से

(ii) औसत वेग सिरे *A* से सिरे *B* तक

$= \frac{\text{विस्थापन}}{\text{समय}} = \frac{300}{150} = 2$ मी/से

(b) सिरे *A* से सिरे *C* तक पहुँचने में तय की गई दूरी

$= AB + BC = 300 + 100 = 400$ मी

सिरे *A* से सिरे *C* तक का विस्थापन $= 300 - 100 = 200$ मी

सिरे *A* से *C* तक पहुँचने में लिया गया समय

$t = 2$ मिनट 30 सेकण्ड + 1 मिनट

$= 2 \times 60 + 30 + 60 = 210$ सेकण्ड

(i) औसत चाल सिरे *A* से सिरे *C* तक $= \frac{\text{दूरी}}{\text{समय}} = \frac{400}{210}$

$= 1.9$ मी/से

(ii) औसत वेग सिरे *A* से सिरे *C* तक $= \frac{\text{विस्थापन}}{\text{समय}} = \frac{200}{210}$

$= 0.952$ मी/से

3. अब्दुल गाड़ी से स्कूल जाने के क्रम में औसत चाल को 20 किमी/घंटा पाता है। उसी रास्ते से लौटने के समय वहाँ भीड़ कम है और औसत चाल 30 किमी/घंटा है। अब्दुल की पूरी यात्रा में उसकी चाल क्या है?

उत्तर माना अब्दुल के घर से स्कूल तक की दूरी = *x* किमी

स्कूल तक पहुँचने में लगा समय $= \frac{\text{दूरी}}{\text{औसत चाल}} = \frac{x}{20}$ घंटा

इसी तरह, स्कूल से घर तक पहुँचने में लगा समय $= x/30$ घंटा

पूरी यात्रा की औसत चाल $= \frac{\text{कुल दूरी}}{\text{कुल समय}}$

$= \frac{x + x}{\frac{x}{20} + \frac{x}{30}} = \frac{2x}{\frac{3x + 2x}{60}}$

$= \frac{2x \times 60}{5x} = 24$ किमी/घंटा

4. कोई मोटरबोट, झील में विरामावस्था से सरल रेखीय पथ पर 3.0 मी/से^{2} के नियत त्वरण से 8.0 सेकण्ड तक चलती है। इस समय अंतराल में मोटरबोट कितनी दूरी तय करती है?

उत्तर मोटरबोट विरामावस्था से गति करती है, अतः $u = 0$

समय, $t = 8$ सेकण्ड, त्वरण $a = 3$ मी/से^{2}

तय की गई दूरी $s = ut + 1/2\, at^2$ (गति की दूसरी समीकरण)

$= 0 + (1/2) \times 3 \times 64 = 3 \times 32 = 96$ मी

5. किसी गाड़ी का चालक 52 किमी/घण्टा की गति से चल रही कार में ब्रेक लगाता है तथा कार विपरीत दिशा में एकसमान दर से त्वरित होती है। कार 5 सेकण्ड में रुक जाती है। दूसरा चालक 30 किमी/घण्टा की गति से चलती हुई दूसरी कार पर धीमे-धीमे ब्रेक लगाता है तथा 10 सेकण्ड में रुक जाता है। एक ही ग्राफ पेपर पर दोनो कारों के लिए चाल-समय ग्राफ आलेखित करें। ब्रेक लगाने के पश्चात् दोनों में से कौन-सी कार अधिक दूरी तक जाएगी?

उत्तर पहली कार की प्रारंभिक चाल = 52 किमी/घण्टा

पहली कार के पहुँचने में लिया गया समय = 5 सेकण्ड

दूसरी कार की प्रारंभिक चाल = 30 किमी/घण्टा

दूसरी कार के पहुँचने में लिया गया समय = 10 सेकण्ड

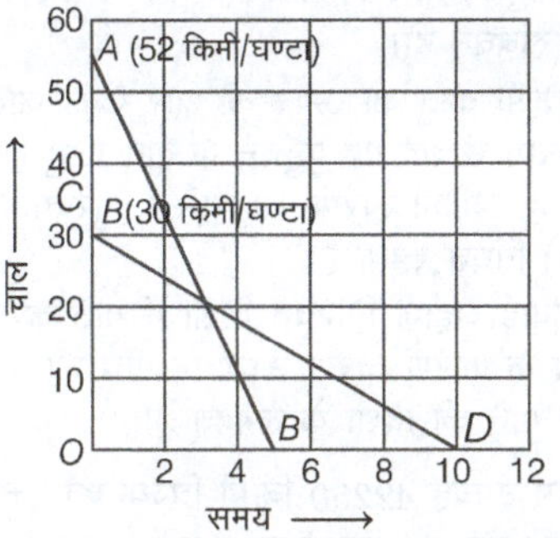

पहली कार द्वारा तय की गई दूरी

$$= \frac{1}{2} \times AO \times BO$$

$$= \frac{1}{2} \times 52 \text{ किमी/घण्टा} \times 5 \text{ सेकण्ड}$$

$$= \frac{1}{2} \times \frac{52 \times 5}{18} \text{ किमी/घण्टा} \times 5 \text{ सेकण्ड}$$

$$= 36.1 \text{ मी}$$

दूसरी कार द्वारा तय की गई दूरी

$$= \frac{1}{2} \times CO \times DO$$

$$= \frac{1}{2} \times 30 \text{ किमी/घण्टा} \times 10 \text{ सेकण्ड}$$

$$= \frac{1}{2} \times \frac{30 \times 5}{18} \text{ किमी/घण्टा} \times 10 \text{ सेकण्ड}$$

$$= 41.67 \text{ मी}$$

6. **चित्र में तीन वस्तुओं A, B और C के दूरी-समय ग्राफ प्रदर्शित हैं। ग्राफ का अध्ययन करके निम्न प्रश्नों के उत्तर दीजिए।**

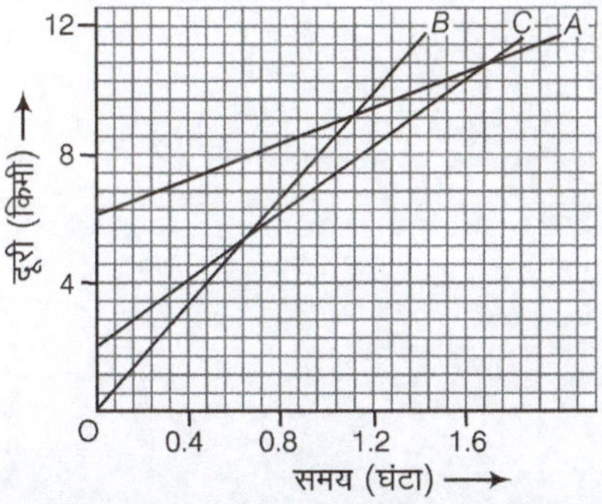

(i) तीनों में से कौन सबसे तीव्र गति से गतिमान है?
(ii) क्या ये तीनों किसी भी समय सड़क के एक ही बिंदु पर होंगे?
(iii) जिस समय B, A से गुजरती है, उस समय C कितनी दूरी तय कर लेती है?
(iv) जिस समय B, C से गुजरती है, उस समय तक यह कितनी दूरी तय कर लेती है?

उत्तर दूरी अक्ष के अनुदिश पैमाना
1div = 0.4 किमी

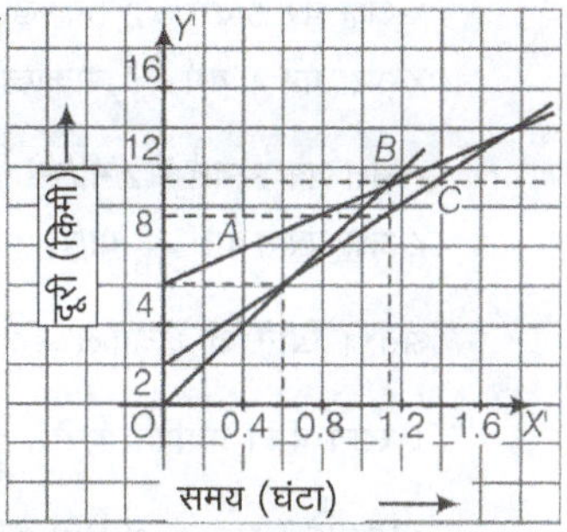

(i) जिस कार के लिए दूरी-समय ग्राफ का ढाल सबसे अधिक होगा, उसकी गति तीव्र होगी। यहाँ कार B का ढाल सबसे अधिक है, अतः वह तीव्र गति से गतिमान है।
(ii) तीनों किसी भी समय सड़क के एक ही बिंदु पर नहीं होंगे, क्योंकि दिखाये गये दूरी-समय ग्राफ के तीनों ग्राफ कहीं भी एक-दूसरे को नहीं काट रहे हैं।
(iii) जिस समय B, A से गुजरती है, उस समय C द्वारा तय दूरी
$$= 9.6 - 2 = 7.6 \text{ किमी}$$
(iv) जिस समय B, C से गुजरती है, तब B द्वारा तय दूरी = 6 किमी

7. **20 मी की ऊँचाई से एक गेंद को गिराया जाता है। यदि उसका वेग 10 मी/से^{2} के एकसमान त्वरण की दर से बढ़ता है तो यह किस वेग से धरातल से टकराएगी? कितने समय पश्चात् यह धरातल से टकराएगी?**

उत्तर गेंद का प्रारम्भिक वेग, $u = 0$, $s = 20$ मी, त्वरण $a = 10$ मी/से^{2}
गति के तृतीय समीकरण द्वारा

$$v^2 - u^2 = 2as$$

$$v^2 - 0 = 2 \times 10 \times 20 = 400$$

$$v = \sqrt{400} = 20 \text{ मी/से}$$

गति के प्रथम समीकरण द्वारा, $v = u + at = 20 = 0 + 10 \times t$

$$t = 2 \text{ सेकण्ड}$$

8. **किसी कार का चाल-समय ग्राफ चित्र में दर्शाया गया है।**

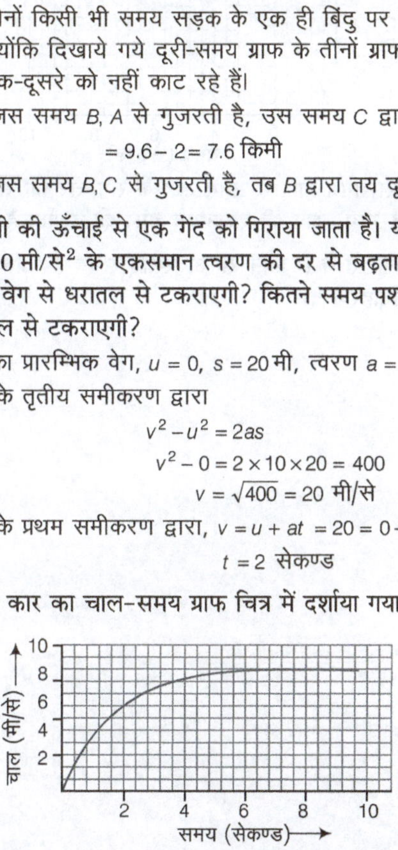

(i) पहले 4 सेकण्ड में कार कितनी दूरी तय करती है? इस अवधि में कार द्वारा तय की गई दूरी को ग्राफ में छायांकित क्षेत्र द्वारा दर्शाइए।
(ii) ग्राफ का कौन-सा भाग कार की एकसमान गति को दर्शाता है?

उत्तर (i) चाल-समय ग्राफ से परिबद्ध क्षेत्र द्वारा तथा वस्तु द्वारा तय की गई दूरी का मान प्राप्त होता है।

1 वर्ग द्वारा प्रदर्शित दूरी की गणना निम्न प्रकार की जा सकती है

X-अक्ष पर 5 वर्ग = 2 सेकण्ड

X-अक्ष पर 1 वर्ग = $\frac{2}{5}$ सेकण्ड

Y-अक्ष पर 3 वर्ग = 2 मी/से

Y-अक्ष पर 1 वर्ग = $\frac{2}{3}$ मी/से

अत: 1 खाने का क्षेत्रफल = $\frac{2}{5} \times \frac{2}{3} = \frac{4}{15}$

1 खाने द्वारा प्रदर्शित दूरी = $\frac{4}{15}$ मी

आच्छादित क्षेत्र में लगभग 62 खाने आ रहें। अत: 4 सेकण्ड में तय दूरी = $\frac{4}{15} \times 62 = 16.53$ मी

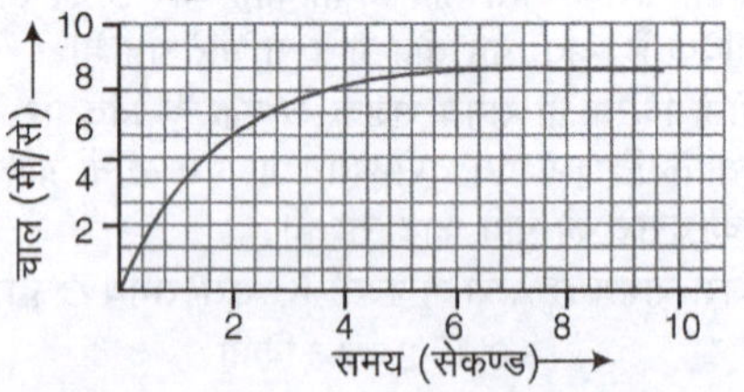

(b) चाल-समय ग्राफ में समय अक्ष के समान्तर जो सरल रेखा है वह भाग, कार की एकसमान चाल को दर्शाता है।

9. **निम्नलिखित में से कौन-सी अवस्थाएँ संभव हैं? प्रत्येक के लिए एक उदाहरण दें।**

(i) कोई वस्तु जिसका त्वरण नियत हो परन्तु वेग शून्य हो।

(ii) कोई वस्तु किसी निश्चित दिशा में गति कर रही हो तथा त्वरण उसके लंबवत् हो।

उत्तर (i) जब किसी वस्तु को ऊपर की ओर फेंका जाता है तब एक अधिकतम ऊँचाई पर पहुँचने के बाद वस्तु का वेग शून्य हो जाता है, लेकिन त्वरण 9.8 मी/से^{2} (गुरुत्वाकर्षण के कारण त्वरण) नियत रहता है।

(ii) एक हवाई जहाज निश्चित दिशा में गति करता है, लेकिन गुरुत्व के कारण त्वरण ऊर्ध्वाधर नीचे की ओर लगता है जोकि गति की दिशा के लंबवत् है।

10. **एक कृत्रिम उपग्रह 42250 किमी त्रिज्या की वृत्ताकार कक्षा में घूम रहा है, यदि वह 24 घंटे में पृथ्वी की परिक्रमा करता है, तो उसकी चाल का परिकलन कीजिए।**

उत्तर दिया है, उपग्रह की त्रिज्या, $r = 42250$ किमी

एक चक्कर में तय की गई दूरी = उपग्रह की परिधि

$$d = 2\pi r = 2 \times \frac{22}{7} \times 42250$$

= 265571.43 किमी

एक चक्कर में लिया गया समय, $t = 24$ घंटे

$\therefore$ उपग्रह की चाल = $\frac{\text{दूरी}}{\text{समय}} = \frac{265571.43}{24} = 11065.48$ किमी/घंटा

$= \frac{11065.48}{60 \times 60} = 3.07$ किमी/सेकण्ड

अध्याय : एक नजर में

- किसी नियत बिन्दु के सापेक्ष वस्तु के स्थान को स्थिति कहते हैं।
- वह नियत बिन्दु जिसके सापेक्ष वस्तु की स्थिति का अध्ययन किया जाता है, उसे **निर्देश बिन्दु** या **मूल बिन्दु** कहते हैं।
- यदि वस्तु समय के साथ अपनी स्थिति परिवर्तित करती है, तो वस्तु **गतिमान** कहलाती है।
- किसी गतिशील वस्तु द्वारा किसी समय में तय किये पथ की लम्बाई को वस्तु द्वारा चली गई **दूरी** कहते हैं। यह एक अदिश राशि है। इसका SI मात्रक मीटर होता है।
- गतिशील वस्तु की प्रारम्भिक तथा अन्तिम स्थितियों के बीच की न्यूनतम दूरी वस्तु का **विस्थापन** कहलाती है। विस्थापन एक सदिश राशि है। इसका SI मात्रक मीटर है।
- यदि कोई वस्तु समान समयान्तराल में समान दूरी तय करती है, तो उसकी गति को **एकसमान गति** कहते हैं। इस प्रकार की गति में समयान्तराल छोटा भी हो सकता है।
- यदि किसी वस्तु द्वारा समान समयान्तराल में असमान दूरी तय होती है, तो इस गति को **असमान गति** कहते हैं। इस प्रकार की गति में समयान्तराल छोटा भी हो सकता है।
- किसी वस्तु द्वारा चली गई दूरी और कुल समय के अनुपात को **गति की दर** कहते हैं।
- किसी गतिशील वस्तु द्वारा एकांक समय में तय की गई दूरी को **चाल** कहते हैं। यह एक अदिश राशि है तथा इसका SI मात्रक मी/से होता है।

$$\text{वस्तु की चाल} = \frac{\text{दूरी } (s)}{\text{समय } (t)}$$

- चाल के प्रकार
  (i) **एकसमान चाल या स्थिर चाल** (Uniform speed) यदि कोई गतिशील वस्तु समान समयान्तराल में समान दूरी तय करती है, तो वस्तु एकसमान चाल से गति कर रही होती है।
  (ii) **असमान चाल या अस्थिर चाल** (Non-uniform speed) यदि वस्तु समान समयान्तराल में भिन्न-भिन्न दूरी तय करती है, तो उसकी चाल असमान चाल कहलाती है।
  (iii) **औसत चाल** (Average speed) किसी गतिमान वस्तु द्वारा तय की गई कुल दूरी तथा दूरी तय करने में लगे कुल समय के अनुपात को वस्तु की औसत चाल कहते हैं। इसका SI मात्रक मी/से होता है।

$$\text{औसत चाल} = \frac{\text{तय कुल दूरी}}{\text{लिया गया कुल समय}}$$

  जब कोई वस्तु भिन्न-भिन्न दूरियाँ s_1, s_2, s_3 ... भिन्न-भिन्न समयान्तरालों t_1, t_2, t_3 ... में तय करती है,

  तब $$\text{औसत चाल} = \frac{s_1 + s_2 + s_3 + \ldots}{t_1 + t_2 + t_3 + \ldots}$$

  (iv) **तात्कालिक या तात्क्षणिक चाल** (Instantaneous speed) किसी निश्चित क्षण पर अथवा विशेष समय पर गतिमान वस्तु की चाल तात्कालिक या तात्क्षणिक चाल कहलाती है।
- गतिमान वस्तु द्वारा एकांक समय में निश्चित दिशा में चली गई दूरी अर्थात् विस्थापन को **वेग** कहते हैं।

$$\text{वस्तु का वेग } (v) = \frac{\text{विस्थापन } (d)}{\text{समय } (t)}$$

- वेग एक सदिश राशि है। इसका SI मात्रक मीटर/सेकण्ड होता है।
- वेग के प्रकार
  (i) **एकसमान वेग** (Uniform velocity) यदि कोई गतिशील वस्तु किसी निश्चित दिशा में समान समयान्तरालों में समान रूप से विस्थापित होती है, तो उसका वेग एकसमान वेग कहलाता है।
  (ii) **असमान वेग** (Non-uniform velocity) यदि कोई गतिशील वस्तु किसी निश्चित दिशा में समान समयान्तरालों में असमान रूप से विस्थापित होती है, तो वस्तु का वेग असमान वेग कहलाता है।
  (iii) **औसत वेग** (Average velocity) यदि किसी वस्तु का वेग समान रूप से परिवर्तित हो रहा है, तब दिए गए प्रारम्भिक वेग और अन्तिम वेग के अंकगणितीय माध्य के द्वारा औसत वेग प्राप्त किया जाता है।

$$\text{औसत वेग} = \frac{\text{प्रारंभिक वेग} + \text{अंतिम वेग}}{\text{कुल समय}}$$

$$v_{av} = \frac{u + v}{2}$$

  जहाँ v_{av} औसत वेग, u प्रारम्भिक वेग तथा v वस्तु का अन्तिम वेग है।
  (iv) **तात्क्षणिक वेग** (Instantaneous velocity) किसी गतिमान पिण्ड का किसी निश्चित क्षण पर वेग, तात्क्षणिक वेग कहलाता है।
- गतिमान पिण्ड के वेग में परिवर्तन की दर को **त्वरण** कहते हैं। इसे a से प्रदर्शित करते हैं।

$$\text{त्वरण } (a) = \frac{\text{वेग में परिवर्तन}}{\text{समय में परिवर्तन}}$$

  यह एक सदिश राशि है। इसका SI मात्रक मी/से^{2} होता है।
- त्वरण के प्रकार
  (i) **एकसमान त्वरण** (Uniform acceleration) यदि कोई वस्तु सरल रेखा में चलती है और इसका वेग, समान समयान्तराल में समान रूप से घटता या बढ़ता है, तो वस्तु का त्वरण एकसमान त्वरण कहलाता है।
  उदाहरण– पृथ्वी की सतह की ओर स्वतन्त्रतापूर्वक गिरते पिण्ड की गति में उत्पन्न त्वरण (g) एकसमान त्वरण होता है।
  (ii) **असमान त्वरण** (Non-uniform acceleration) यदि वेग असमान रूप से घटता या बढ़ता है। वस्तु की गति में उत्पन्न त्वरण असमान त्वरण होता है। उदाहरण– भीड़-भाड़ वाली सड़क पर कार की गति।
- **गति के समीकरण** कोई वस्तु सीधी रेखा में एकसमान त्वरण से चलती है, तो एक निश्चित समयान्तराल में समीकरणों के द्वारा उसके वेग, गति के दौरान त्वरण व उसके द्वारा तय की गई दूरी में सम्बन्ध स्थापित करना सम्भव है, जोकि निम्नलिखित है–
  (i) $v = u + at$ (ii) $s = ut + \frac{1}{2}at^2$ (iii) $v^2 - u^2 = 2as$
- इन समीकरणों को **गति के समीकरण** कहते हैं।
- यदि कोई वस्तु वृत्तीय पथ पर एकसमान चाल से गति करती है, तो वस्तु की इस गति को **एकसमान वृत्तीय गति** कहते हैं।

परीक्षा अभ्यास

यहाँ अध्याय से सम्बन्धित सभी सम्भावित प्रश्नों को दिया गया है, इन प्रश्नों का अभ्यास करके व याद रखकर छात्र अध्याय से सम्बन्धित किसी भी प्रश्न का उत्तर दे पाएँगे।

वस्तुनिष्ठ प्रकार के प्रश्न

बहुविकल्पीय प्रश्न

1. निम्न में से सदिश राशि है

(a) द्रव्यमान (b) घनत्व (c) दूरी (d) बल

उत्तर (d) वे राशियाँ जिनको व्यक्त करने के लिए परिमाण के साथ-साथ दिशा की भी आवश्यकता होती है, सदिश राशियाँ कहलाती हैं; जैसे–बल, वेग, त्वरण आदि।

2. वाहनों में लगे ओडोमीटर से क्या मापा जाता है?

(a) दूरी (b) चाल (c) वेग (d) त्वरण

उत्तर (b) चूँकि वाहनों की गति की कोई निश्चित दिशा नहीं होती है। अतः ओडोमीटर से वाहन की चाल को मापा जाता है।

3. त्वरण का मात्रक लिखिए।

(a) मीटर (b) मीटर/सेकण्ड

(c) मीटर/सेकण्ड^2 (d) मीटर^2

उत्तर (c) चूँकि, $\text{त्वरण} = \frac{\text{वेग}}{\text{समय}} = \frac{\text{विस्थापन/समय}}{\text{समय}}$

$$= \frac{\text{विस्थापन}}{(\text{समय})^2} = \frac{\text{मीटर}}{\text{सेकण्ड}^2}$$

4. यदि किसी वस्तु का विस्थापन, समय के वर्ग के अनुक्रमानुपाती है, तब वस्तु गति करती है

(a) एकसमान गति (b) असमान गति

(c) एकसमान त्वरण (d) असमान त्वरण

उत्तर (c) विस्थापन, समय के वर्ग के अनुक्रमानुपाती है। अतः वस्तु की गति में एकसमान त्वरण उत्पन्न होगा।

5. वेग-समय ग्राफ द्वारा घेरा गया क्षेत्र किस भौतिक राशि को दर्शाता है?

(a) दूरी (b) विस्थापन

(c) त्वरण (d) इनमें से कोई नहीं

उत्तर (b) चूँकि, $\text{वेग} = \frac{\text{विस्थापन}}{\text{समय}}$ या विस्थापन = वेग × समय

6. वेग-समय ग्राफ द्वारा किसका अध्ययन किया जाता है?

(a) दूरी का (b) विस्थापन का

(c) त्वरण का (d) चाल का

उत्तर (c) $\text{त्वरण} = \frac{\text{वेग}}{\text{समय}}$

7. एक वस्तु 20 मी/से की चाल से 10 सेकण्ड तक गति करती है, तो वस्तु का अन्तिम वेग होगा ($a = 1$ मी/से^{2})

(a) 30 मी/से (b) 40 मी/से

(c) 20 मी/से (d) 15 मी/से

उत्तर (a) दिया है,

प्रारम्भिक वेग (u) = 20 मी/से

समय (t) = 10 सेकण्ड

त्वरण (a) = 1 मी/से^{2}

गति के प्रथम समीकरण द्वारा

$$v = u + at = 20 + 1 \times 10 = 30 \text{ मी/से}$$

8. एक ट्रेन विरामावस्था से गति करना प्रारम्भ करती है तथा 2 मिनट में 90 किमी/घण्टा की चाल प्राप्त कर लेती है, तो इस वेग को प्राप्त करने हेतु ट्रेन द्वारा तय दूरी का मान होगा

(a) 1.5 किमी (b) 2 किमी (c) 2.5 किमी (d) 1.2 किमी

उत्तर (a) प्रारम्भिक वेग, $u = 0$

अन्तिम वेग, $v = 90$ किमी/घण्टा

$$= 90 \times \frac{5}{18} = 25 \text{ मी/से}$$

समय, $t = 2$ मिनट $= 2 \times 60 = 120$ सेकण्ड

गति के प्रथम समीकरण द्वारा,

$$v = u + at$$

$$\Rightarrow \quad a = \frac{v}{t} \qquad [\because u = 0]$$

$$= \frac{25}{2 \times 60} = \frac{5}{24} \text{ मी/से}^2$$

तय दूरी,

$$s = ut + \frac{1}{2}at^2$$

$$= \frac{1}{2} \times \frac{5}{24} \times (120)^2 \qquad [\because u = 0]$$

$$= 1500 \text{ मी} = 1.5 \text{ किमी}$$

9. वृत्तीय पथ पर गतिमान वस्तु की चाल का व्यंजक है

(a) $\frac{2\pi r}{t}$ (b) $\frac{2\pi}{t}$

(c) $2\pi rt$ (d) $\frac{\pi r}{t}$

उत्तर (a) $\text{वस्तु की चाल} = \frac{\text{दूरी}}{\text{समय}}$

$$= \frac{2\pi r}{t} \qquad [\because \text{वृत्तीय पथ की परिधि} = 2\pi r]$$

10. एकसमान वृत्तीय गति में ... परिवर्तनशील होता है।

(a) वेग (b) त्वरण

(c) विस्थापन (d) इनमें से कोई नहीं

उत्तर (a) वृत्तीय पथ के अनुदिश गतिमान वस्तु की गति की दिशा लगातार बदलती है, अर्थात् वेग में परिवर्तन होता है।

11. नियत त्वरण से सीधी रेखा के अनुदिश गतिमान एक वस्तु के लिए नीचे दिए गए वेग-समय ग्राफ पर आधारित कॉलम II में दिए गए पदों को कॉलम I में दिए गए पदों से मिलान कीजिए और नीचे दिए गए कोड से सही विकल्प चुनिए।

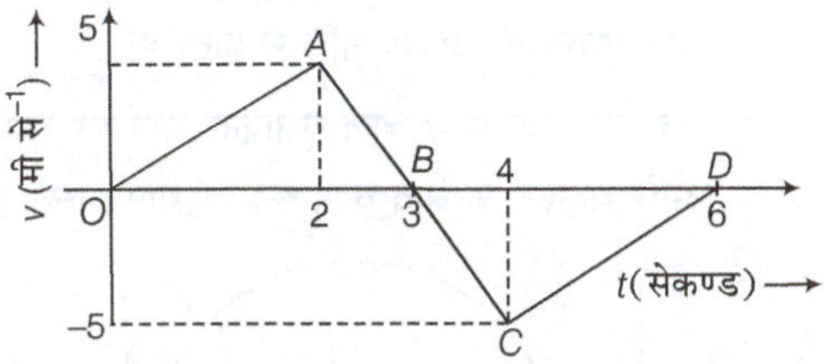

कॉलम I		कॉलम II	
A.	धनात्मक त्वरण से धनात्मक दिशा में गति	1.	$t=2$ सेकण्ड से $t=4$ सेकण्ड
B.	समय t_1 तक धनात्मक दिशा में गति और वस्तु समान ऋणात्मक त्वरण से पीछे मुड़ती है।	2.	$t=4$ सेकण्ड से $t=6$ सेकण्ड
C.	धनात्मक त्वरण से ऋणात्मक दिशा में गति	3.	$t=0$ सेकण्ड से $t=6$ सेकण्ड
D.	विस्थापन शून्य है	4.	$t=0$ सेकण्ड से $t=2$ सेकण्ड

कोड

	A	B	C	D
(a)	4	1	3	2
(b)	3	2	4	1
(c)	3	1	4	2
(d)	4	1	2	3

उत्तर (d)

A. $t=0$ सेकण्ड से $t=2$ सेकण्ड के लिए गति, वेग, त्वरण तथा सरल रेखा की ढाल धनात्मक है।

B. $t=2$ सेकण्ड से $t=4$ सेकण्ड के लिए, वस्तु धनात्मक दिशा में गति कर रही है $t_1=2$ सेकण्ड तक और बाद में समान ऋणात्मक त्वरण के साथ $t=4$ सेकण्ड तक वापस आती है।

C. $t=4$ सेकण्ड से $t=6$ सेकण्ड के लिए वस्तु ऋणात्मक दिशा में गति कर रही है जबकि वेग और त्वरण धनात्मक है, जबकि सीधी रेखा की ढाल धनात्मक है।

D. पूरी यात्रा के विस्थापन के लिए ($t=0$ सेकण्ड से $t=6$ सेकण्ड) $=(v\text{-}t)$ वक्र के अधीन कुल क्षेत्रफल समय-अक्ष के अधीन कुल क्षेत्रफल में संगत ऋणात्मक है।

$=[t=0$ से $t=3\text{s}$ के अन्तर्गत $(v\text{-}t)$ ग्राफ का क्षेत्र. $+[t=3$ सेकण्ड से $t=6$ सेकण्ड के अन्तर्गत $(v\text{-}t)$ ग्राफ का क्षेत्र.

= त्रिभुज OAB का क्षेत्रफल + त्रिभुज BCD का क्षेत्रफल

$$=\frac{1}{2}\times 3\times 5\times\frac{1}{2}\times 3\times(-5)=0$$

12. सड़क पर गतिमान कार के लिए निम्न में से कौन-सा कथन सही है?

(a) पृथ्वी (ground) से संलग्न निर्देश तन्त्र के सापेक्ष कार विरामावस्था में है।

(b) कार मे बैठे हुए किसी व्यक्ति से संलग्न निर्देश तन्त्र के सापेक्ष, कार विरामावस्था में है।

(c) कार से बाहर स्थित व्यक्ति से सलंग्न निर्देश तन्त्र के सापेक्ष, कार विरामावस्था में है।

(d) उपरोक्त में से कोई नहीं

उत्तर (b) कार की गति के लिए, अगर हम घटना को एक निर्देश तन्त्र जिससे एक व्यक्ति सम्बन्धित है जो कार में अन्दर बैठा है से वर्णित करें, तो कार विरामावस्था में ही प्रतीत होगी, जो व्यक्ति कार के अन्दर बैठा है वह भी समान वेग से कार की दिशा में ही चल रहा है।

कथन-कारण प्रकार के प्रश्न

निर्देश (प्र.सं. 13-18) इस खण्ड में दिए गए प्रत्येक प्रश्न में कथन तथा कारण दिए गए हैं। प्रत्येक प्रश्न के चार विकल्प (a), (b), (c) व (d) हैं, जिनमें से केवल एक सही है।

(a) कथन (A) तथा कारण (R) दोनों सत्य हैं तथा कारण (R), कथन (A) का सही स्पष्टीकरण है।

(b) कथन (A) तथा कारण (R) दोनों सत्य हैं, परन्तु कारण (R), कथन (A) का सही स्पष्टीकरण नहीं है।

(c) कथन (A) सत्य है, परन्तु कारण (R) असत्य है।

(d) कथन (A) असत्य है, परन्तु कारण (R) सत्य है।

13. कथन (A) किसी गतिमान पिण्ड का विस्थापन शून्य हो सकता है जबकि पिण्ड द्वारा चली गई दूरी शून्य नहीं हो सकती है।

कारण (R) गतिमान पिण्ड की अन्तिम तथा प्रारम्भिक स्थितियों के बीच की न्यूनतम दूरी विस्थापन कहलाती है।

उत्तर (b) किसी पिण्ड की अन्तिम तथा प्रारम्भिक स्थिति के बीच की न्यूनतम दूरी को विस्थापन कहते हैं। पिण्ड की अन्तिम तथा प्रारम्भिक स्थिति सम्पाती होने पर विस्थापन तो शून्य होता है, परन्तु पिण्ड द्वारा चली गई दूरी शून्य नहीं होती है।

अतः कथन (A) तथा कारण (R) दोनों सत्य हैं, परन्तु कारण (R), कथन (A) का सही स्पष्टीकरण नहीं है।

14. कथन (A) यदि वस्तु का विस्थापन शून्य है, तो वस्तु द्वारा तय की गई दूरी शून्य नहीं हो सकती है।

कारण (R) विस्थापन एक सदिश राशि है, जबकि दूरी एक अदिश राशि है।

उत्तर (a) दूरी एक अदिश राशि है तथा यह सदैव धनात्मक होती है, लेकिन विस्थापन एक सदिश राशि है तथा यह स्थिति के अनुसार धनात्मक, ऋणात्मक अथवा शून्य हो सकता है।

अतः कथन (A) तथा कारण (R) दोनों सत्य हैं तथा कारण (R), कथन (A) का सही स्पष्टीकरण है।

15. कथन (A) किसी वस्तु की चाल ऋणात्मक नहीं हो सकती है।

कारण (R) जब वस्तु धनात्मक गति की विपरीत दिशा में गति करती है, तो इसकी चाल ऋणात्मक होती है।

उत्तर (c) चाल कभी ऋणात्मक नहीं हो सकती, क्योंकि यह एक अदिश राशि है।

अतः कथन (A) सत्य है, परन्तु कारण (R) असत्य है।

16. कथन (A) क्षणिक चाल के मापन हेतु स्पीडोमीटर का उपयोग किया जाता है।

कारण (R) प्रत्येक समयान्तराल में विभिन्न चालों के मापन हेतु स्पीडोमीटर का उपयोग किया जाता है।

उत्तर (d) स्पीडोमीटर के द्वारा क्षणिक चाल का मापन किया जाता है। अतः कथन (A) असत्य है, परन्तु कारण (R) सत्य है।

17. कथन (A) गतिमान पिण्ड की पूरी यात्रा के लिए औसत चाल, यात्रा के विभिन्न खण्डों में पिण्ड की चाल के औसत के बराबर होती है।

कारण (R) गतिमान पिण्ड के द्वारा चली कुल दूरी तथा यात्रा में लगे कुल समय के अनुपात को औसत चाल कहते हैं।

उत्तर (d) यदि कोई पिण्ड $t_1, t_2, t_3 \ldots$ समयान्तरालों में $v_1, v_2, v_3 \ldots$ चाल से गति करता है, तो पिण्ड की पूरी यात्रा के लिए औसत चाल,

$$v_{av} = \frac{v_1t_1 + v_2t_2 + v_3t_3 + \ldots}{t_1 + t_2 + t_3 + \ldots}$$

अतः कथन (A) असत्य है, परन्तु कारण (R) सत्य है।

18. कथन (A) गतिमान वस्तु का त्वरण सदैव धनात्मक होता है।

कारण (R) समय के सापेक्ष वस्तु के वेग में परिवर्तन की दर को त्वरण कहते हैं।

उत्तर (d) त्वरण का मान धनात्मक, ऋणात्मक तथा शून्य हो सकता है। जब त्वरण वेग की दिशा में होता है, तो त्वरण धनात्मक होता है, परन्तु यदि त्वरण वेग की विपरीत दिशा में होता है, तो त्वरण ऋणात्मक होता है और यदि वस्तु नियत वेग से गतिमान होती है, तो त्वरण का मान शून्य होता है। गतिमान पिण्ड के वेग में परिवर्तन की दर को त्वरण कहते हैं

अतः कथन (A) असत्य है, परन्तु कारण (R) सत्य है।

केस स्टडी आधारित प्रश्न

निर्देश (प्र.सं. 19-23) *निम्नलिखित पैराग्राफ को पढ़िए तथा दिए गए प्रश्नों के उत्तर दीजिए।*

यदि किसी वस्तु की स्थिति में समय के साथ कोई परिवर्तन नहीं होता है, तो वस्तु विरामावस्था में कहलाती है तथा इसके विपरीत यदि वस्तु की स्थिति में समय के साथ परिवर्तन होता है, तो वस्तु गति की अवस्था में कहलाती है। सामान्यतः गति, सरल रेखीय, वृत्तीय, दोलनी और घूर्णन प्रकार की होती है। किसी गतिमान वस्तु द्वारा किसी समय में तय किये गये पथ की लम्बाई उस वस्तु द्वारा चली गई दूरी कहलाती है। जबकि वस्तु की प्रारम्भिक तथा अन्तिम स्थितियों के मध्य न्यूनतम दूरी को विस्थापन कहते हैं।

19. एक रेलगाड़ी चल रही है। उसमें यात्री बैठे हैं। बताइए ये यात्री किस-किस वस्तु की अपेक्षा स्थिर हैं और किस-किस वस्तु की अपेक्षा गति में हैं?

उत्तर चलती हुई रेलगड़ी में बैठा हुआ एक यात्री अन्य यात्रियों और गाड़ी में रखे सामान के सापेक्ष विरामावस्था में होता है, परन्तु वही यात्री बाहर के वृक्षों और भवनों की अपेक्षा गति में होता है।

20. एक कण त्रिज्या d वाले वृत्ताकार मार्ग पर घूम रहा है। आधे चक्कर के बाद कण का विस्थापन क्या होगा?

उत्तर

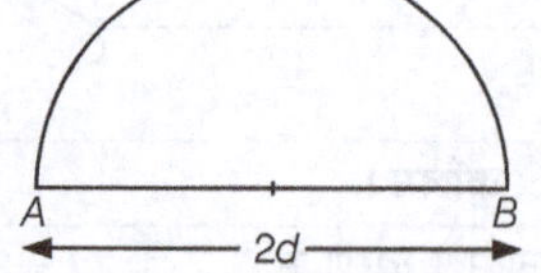

चूँकि आधे चक्कर में कण बिन्दु B पर होगा। अतः आधे चक्कर के पश्चात् विस्थापन वृत्ताकार मार्ग के व्यास ($2d$) के तुल्य होगा।

21. निम्नलिखित में से कौन-सी अवस्थाएँ संभव है? प्रत्येक के लिए एक उदाहरण दें। (a) कोई वस्तु जिसका त्वरण नियत हो परंतु वेग शून्य हों। (b) कोई वस्तु किसी निश्चित दिशा में गति कर रही हो तथा त्वरण उसके लंबवत् हो।

उत्तर (a) जब एक वस्तु को ऊपर की ओर फेंका जाता है तब एक अधिकतम ऊँचाई पर पहुँचने के बाद इसकी गति शून्य हो जाती है, लेकिन इसका त्वरण नियत रहता है। 9.8 मी /से^{2} (गुरुत्वाकर्षण के कारण त्वरण)

(b) एक हवाईजहाज निश्चित दिशा में गति करता है, लेकिन गुरूत्व के कारण त्वरण ऊर्ध्वाधर नीचे की ओर लगता है जोकि गति की दिशा के लंबवत् है।

22. किसी वस्तु का विस्थापन दिये गये समयांतराल में शून्य है। क्या वस्तु द्वारा चली गई दूरी भी शून्य होगी? उत्तर की व्याख्या कीजिए।

उत्तर वस्तु का विस्थापन दिये गये समायांतराल में शून्य है। इसका अर्थ है कि वह वस्तु दिये गये समय में अपनी प्रारंभिक स्थिति में वापिस आ जाती है। इस स्थिति में वस्तु द्वारा चली गई दूरी शून्य नहीं होगी, क्योंकि दूरी वस्तु द्वारा चले गये मार्ग की कुल लम्बाई के बराबर होती है।

23. किसी वस्तु द्वारा तय की गई दूरी व समय के मध्य सबंध बताइए।

उत्तर प्रश्नानुसार, दूरी (s) $\propto$ समय (t)

$s = kt$ (यहाँ, k समानुपाती नियतांक है)

$\Rightarrow \frac{s}{t} = k$

चाल = k (नियतांक) $\left[\because \text{चाल} = \frac{\text{दूरी}}{\text{समय}}\right]$

परीक्षा अभ्यास

निर्देश (प्र.सं. 24-28) *निम्नलिखित पैराग्राफ को पढ़िए तथा दिए गए प्रश्नों के उत्तर दीजिए।*

मोहन कार के द्वारा जयपुर से जोधपुर की ओर प्रस्थान करता है। वह प्रातः 10 : 00 बजे अपने घर से निकलता है तथा समय के भिन्न मानों पर तय की गई दूरियों को एक सारणी में लिखता है, जोकि निम्नलिखित हैं—

समय	दूरी (किमी में)
10 : 00 AM	0
10 : 30 AM	25
10 : 40 AM	28
11 : 00 AM	40
11 : 15 AM	42
11 : 30 AM	50

24. कार द्वारा ... गति की जा रही है।

(a) एकसमान (b) असमान
(c) सरल रेखीय (d) इनमें से कोई नहीं

उत्तर (b) कार द्वारा असमान गति की जा रही है, क्योंकि कार द्वारा निश्चित समयावधि में असमान दूरी तय की जा रही है।

25. कार द्वारा तय दूरी तथा समय के मध्य ग्राफ का सही प्रारूप है

(a)

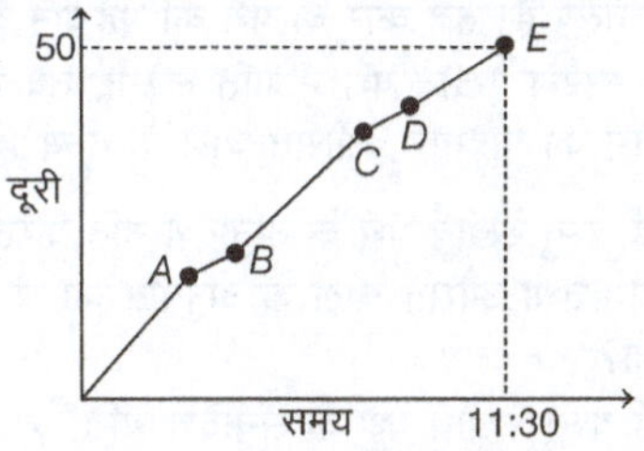

(b)

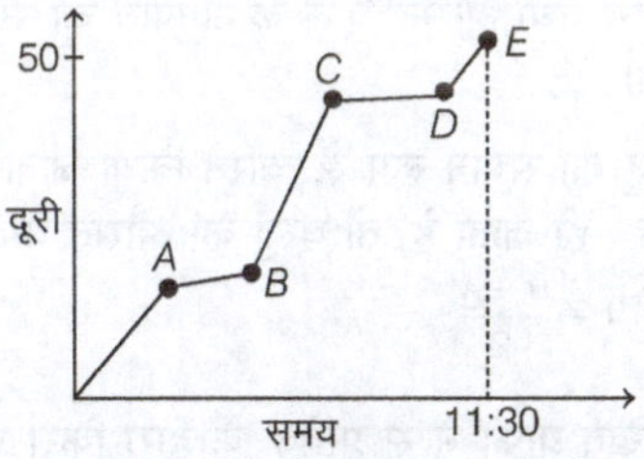

(c)

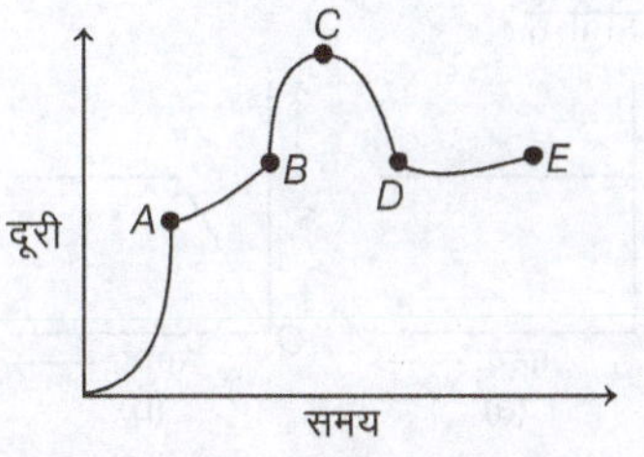

(d) उपरोक्त में से कोई नहीं

उत्तर (a) दूरी-समय ग्राफ का सही प्रारूप विकल्प (a) में दिया गया है।

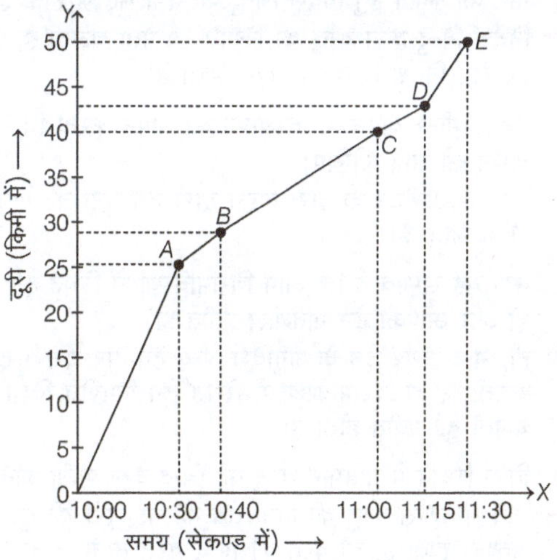

26. निम्न में से किस समयान्तराल में कार तीव्र चाल से गतिमान है?

(a) 10 : 00 से 10 : 30 AM
(b) 10 : 30 से 10 : 40 AM
(c) 10 : 40 से 11 : 00 AM
(d) 11 : 00 से 11 : 15 AM

उत्तर (a) हम जानते हैं,

चाल = दूरी-समय ग्राफ का ढाल

10 : 00 से 10 : 30 AM के समयान्तराल में दूरी-समय ग्राफ का ढाल अधिकतम होगा। अतः इस अवधि में कार तीव्र चाल से गतिमान होगी।

27. कार की औसत चाल है

(a) 33.33 किमी/घण्टा
(b) 3.33 किमी/घण्टा
(c) 33.33 मी/से
(d) 3.33 मी/से

उत्तर (a) औसत चाल $= \frac{\text{कुल तय दूरी}}{\text{कुल समय}}$

कुल तय दूरी = 50 किमी

10 : 00 AM से 11 : 30 AM तक का कुल समय

= 1 घण्टा 30 मिनट

$= 1\frac{1}{2} = \frac{3}{2}$ घण्टा

औसत चाल $= \frac{50 \text{ किमी}}{3/2} = 33.33$ किमी/घण्टा

28. दूरी-समय ग्राफ के किस भाग में चाल का मान न्यूनतम है?

(a) *OA* (b) *AB*
(c) *CD* (d) *DE*

उत्तर (c) दूरी-समय ग्राफ के भाग *CD* का ढाल न्यूनतम है। अतः इस भाग में चाल का मान न्यूनतम होगा।

अतिलघु उत्तरीय प्रश्न

29. गति को बताने हेतु निर्देश बिन्दु का क्या महत्त्व होता है?

उत्तर निर्देश बिन्दु द्वारा वस्तु की स्थिति का पता चलता है, इसलिए निर्देश बिन्दु महत्त्वपूर्ण होता है।

30. "ओडोमीटर वाहन के विस्थापन का मापन करता है।" इस कथन को सही कीजिए।

उत्तर नहीं, ओडोमीटर के द्वारा वाहन द्वारा तय दूरी का मापन किया जाता है।

31. क्या यह सम्भव है कि आप विरामावस्था में स्थित ट्रेन में बैठे हो और आपको ट्रेन गतिशील प्रतीत हो?

उत्तर हाँ, यदि स्थिर ट्रेन के अनुदिश अन्य ट्रैक पर दूसरी ट्रेन चलती है, तो विरामावस्था में स्थित ट्रेन विपरीत दिशा में चलती हुई प्रतीत होती है।

32. किस स्थिति में गतिमान वस्तु को बिन्दु वस्तु माना जाता है?

उत्तर यदि गतिशील वस्तु की विमा तय की गई दूरी की तुलना में अत्यल्प होती है, तो वस्तु को बिन्दु वस्तु माना जाता है।

33. उस भौतिक राशि का नाम बताइए, जो वस्तु के गतिमान होने के साथ परिवर्तित होती है?

उत्तर वस्तु के गतिमान होने के साथ, दूरी का मान परिवर्तित होता है।

34. यदि r त्रिज्या का एक कण वृत्तीय पथ पर गतिमान है, तो कण द्वारा अर्द्धवृत्त तय करने के बाद विस्थापन का मान क्या होगा?

NCERT Exemplar

उत्तर अर्द्धवृत्त तय करने के पश्चात् कण बिन्दु B पर पहुँच जाता है, जैसा कि चित्र में दर्शाया गया है।

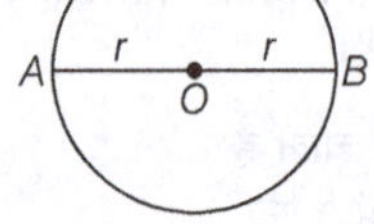

$\therefore$ अर्द्धवृत्त तय करने बाद विस्थापन $= AB = r + r = 2r$

35. माना राम, धरातल पर स्थित बिन्दु P से एक बॉल को ऊर्ध्वाधर ऊपर की ओर फेंकता है, यह बॉल h ऊँचाई तक जाकर पुनः बिन्दु P पर आ जाती है, तो बॉल का विस्थापन तथा बॉल द्वारा तय दूरी का मान क्या होगा?

उत्तर बॉल का विस्थापन शून्य है तथा बॉल द्वारा तय दूरी, स्थिति बिन्दु P तथा Q के मध्य दूरी की दोगुनी अर्थात् $2h$ होगी।

36. एक कण उत्तर दिशा में 3 मी, पूर्व दिशा में 4 मी तथा अन्त में दक्षिण दिशा में 6 मी चलता है, तो कण के विस्थापन की गणना कीजिए।

उत्तर प्रश्नानुसार,

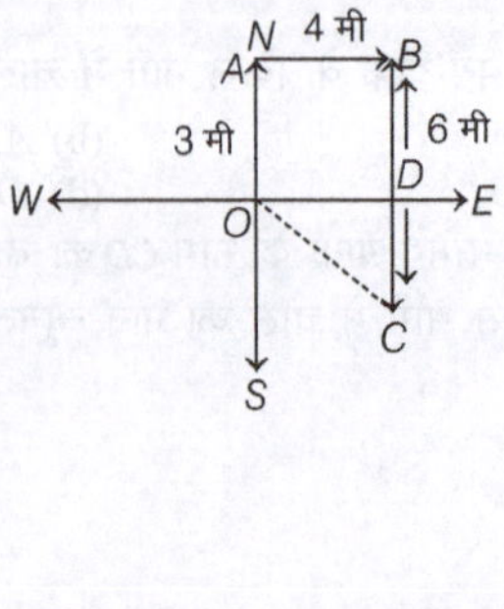

ΔODC में पाइथागोरस प्रमेय लगाने पर,

$$|OC| = \sqrt{OD^2 + DC^2}$$
$$= \sqrt{AB^2 + (BC - BD)^2}$$
$$[\because OD = AB, BD = OA]$$
$$= \sqrt{(4)^2 + (6-3)^2} = \sqrt{4^2 + 3^2}$$
$$= \sqrt{16 + 9} = \sqrt{25} = 5 \text{ मी}$$

37. किस स्थिति में वस्तु द्वारा तय की गई दूरी, विस्थापन के तुल्य होती है?

उत्तर यदि एक वस्तु सरल रेखा में एक बिन्दु से दूसरे बिन्दु तक गति करती है, तो वस्तु द्वारा तय दूरी, विस्थापन के परिमाण के तुल्य होती है।

38. क्या कार का स्पीडोमीटर औसत चाल का मापन करता है?

उत्तर नहीं, कार का स्पीडोमीटर औसत चाल का मापन नहीं करता है। यह केवल तात्क्षणिक चाल का मापन करता है।

39. 5 मी/से^{2} से आप क्या समझते हैं?

उत्तर प्रत्येक सेकण्ड के पश्चात् वस्तु का वेग 5 मी/से बढ़ जाएगा।

40. एक मापित भौतिक राशि – 10 मी/से है। क्या यह चाल है या वेग?

उत्तर यह भौतिक राशि वेग है, क्योंकि वेग धनात्मक, शून्य तथा ऋणात्मक हो सकता है, जबकि चाल सदैव धनात्मक होती है।

41. जब एक व्यक्ति अपनी कार द्वारा यात्रा कर रहा था, तो उसने पाया कि कार के औसत वेग का परिमाण, औसत चाल के तुल्य है। तब कार के पथ की पहचान कीजिए।

उत्तर जब कार सरल रेखीय पथ में गति करेगी, तब कार के औसत वेग का परिमाण, औसत चाल के तुल्य होता है।

42. जब कोई वस्तु रेखीय पथ के अनुदिश गति करती है, तो औसत वेग तथा औसत चाल के अनुपात का संख्यात्मक मान क्या होगा?

उत्तर जब कोई वस्तु रेखीय पथ के अनुदिश गति करती है, तो औसत वेग तथा औसत चाल के अनुपात का संख्यात्मक मान 1:1 होगा।

43. एक वस्तु को समान रूप से त्वरित किया जाता है, इसका वेग u से v हो जाता है, तो वस्तु का औसत वेग क्या होगा?

उत्तर औसत वेग $= \dfrac{u + v}{2}$

44. निम्नलिखित ग्राफों में से प्रत्येक के द्वारा किस प्रकार की गति प्रदर्शित होती है?

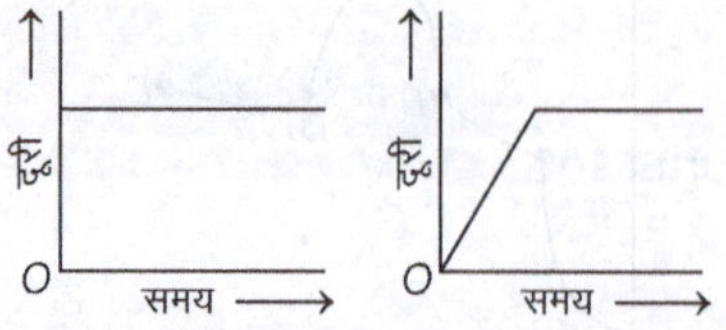

(a) (b)

उत्तर (i) वस्तु विरामावस्था में है।

(ii) असमान गति

45. राम और श्याम की गति के लिए दूरी-समय ग्राफ नीचे दिया गया है।

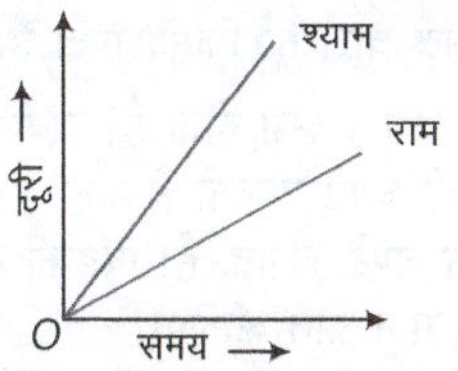

दोनों में से किसका त्वरण अधिकतम है? पुष्टि कीजिए।

उत्तर राम और श्याम दोनों ही नियत वेग से गतिमान हैं। अत: दोनों का त्वरण शून्य होगा तथा दूरी-समय ग्राफ में सरल रेखा प्राप्त होगी।

46. नीचे दिया गया चित्र बच्चों A, B, C तथा D के विस्थापन-समय ग्राफ को प्रदर्शित करता है। किस बच्चे का वेग अधिकतम है?

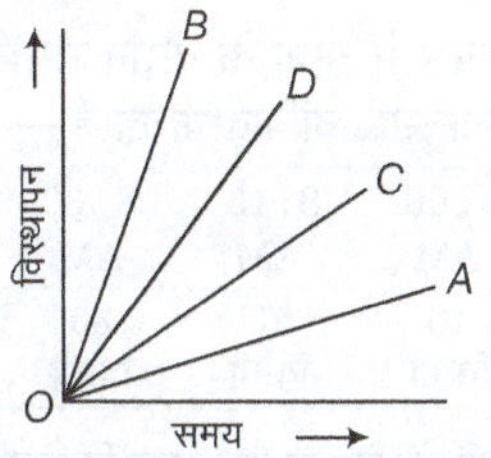

उत्तर हम जानते हैं,

वेग = विस्थापन-समय ग्राफ का ढाल

ग्राफ द्वारा स्पष्ट होता है कि बच्चे B के विस्थापन-समय ग्राफ का ढाल, अन्य बच्चों की तुलना में अधिक है। अत: बच्चे B का वेग अधिकतम है।

47. यदि विस्थापन-समय में समय अक्ष के समान्तर रेखा प्राप्त होती है, तो वेग का मान क्या होगा?

उत्तर शून्य

48. दिए गए वेग-समय ग्राफ से क्या निष्कर्ष निकाला जा सकता है? **NCERT Exemplar**

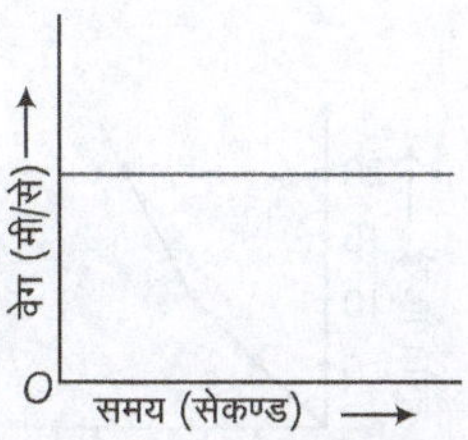

उत्तर वेग-समय ग्राफ द्वारा स्पष्ट होता है कि वस्तु का वेग, समय के साथ परिवर्तित नहीं होता है अर्थात् वस्तु एकसमान गति करती है।

49. v-t वक्र द्वारा विस्थापन के परिमाण का मापन किस प्रकार करते हैं?

उत्तर v-t वक्र के अधीन क्षेत्रफल के द्वारा विस्थापन के परिमाण का मापन किया जाता है।

50. यदि वस्तु का विस्थापन, समय के वर्ग के समानुपाती है, तो वस्तु की गति पर विचार कीजिए। **NCERT Exemplar**

उत्तर गति के द्वितीय समीकरण द्वारा, $s = ut + \frac{1}{2}at^2$

यदि वस्तु विरामावस्था से चलना प्रारम्भ करती है, तो

$$u = 0$$

$$\therefore \quad s = \frac{1}{2}at^2 \Rightarrow s \propto t^2$$

यदि a = नियतांक है, तो वस्तु नियत या एकसमान त्वरण से गति करेगी।

51. एकसमान वृत्तीय गति का एक उदाहरण दीजिए।

उत्तर पृथ्वी के परित: वृत्तीय कक्षा में उपग्रह की गति, एकसमान वृत्तीय गति का उदाहरण है।

52. यदि एक वस्तु कार्य के परित: वृत्तीय कक्षा में नियत चाल से गति करती है, तो उसकी गति किस प्रकार की होगी?

उत्तर वस्तु की गति त्वरित होगी, क्योंकि वृत्तीय गति में दिशा में परिवर्तन के कारण वेग में परिवर्तन होता है।

53. क्या एकसमान वृत्तीय गति में किसी वस्तु का वेग हमेशा परिवर्तित होता रहता है?

उत्तर हाँ, वस्तु का वेग हमेशा परिवर्तित होता रहता है।

54. एक डोरी के सिरे पर बंधे किसी वस्तु को वृत्तीय पथ पर घुमाने पर वस्तु की गति की दिशा क्या होती है?

उत्तर वस्तु वृत्तीय पथ के स्पर्श रेखीय सीधी रेखा में गति करती है।

55. 35000 किमी त्रिज्या की वृत्तीय कक्षा में घूर्णन करने वाला उपग्रह एक घूर्णन पूर्ण करने में 12 घण्टे लेता है, तो उपग्रह का कोणीय वेग ज्ञात कीजिए।

उत्तर $\therefore$ कोणीय वेग $= \dfrac{\text{केन्द्र पर निर्मित कोण}}{\text{लिया गया समय}}$

$$= \frac{2\pi}{12} = \frac{\pi}{6} \text{ रेडियन/घण्टे}$$

लघु उत्तरीय प्रश्न

1. हम किसी वस्तु के स्थान (Location) की व्याख्या किस प्रकार कर सकते हैं?

उत्तर किसी वस्तु के स्थान की व्याख्या करने हेतु हमें एक निर्देश बिन्दु की आवश्यकता होती है, जिसे मूलबिन्दु कहते हैं। उदाहरण–शहर में पुस्तकालय रेलवे स्टेशन से 2 किमी दूर उत्तर दिशा में है। इस उदाहरण में हमने पुस्तकालय के स्थान को बताने हेतु रेलवे स्टेशन को निर्देश बिन्दु माना है।

2. निम्नलिखित स्थितियों में से किस एक स्थिति में तय की गई दूरी तथा विस्थापन का परिणाम समान ही होगा? अपने हल की पुष्टि कीजिए।

(i) कोई एथलीट दौड़ में एक चक्कर पूर्ण करता है।

(ii) वर्षा की एक बूंद सीधे नीचे गिरती है।

(iii) एक यात्री दिल्ली से मुम्बई रेलगाड़ी में जाता है, जो राजस्थान से होती हुई जाती है।

उत्तर (i) एथलीट जहाँ से दौड़ना आरम्भ करता है वहीं समाप्त करता है। अतः उसका विस्थापन शून्य होता है, परन्तु जब भी वह कुछ दूरी तय करता है, तो उसकी दूरी तथा विस्थापन समान नहीं होंगे।

(ii) वर्षा की बूँद ऊर्ध्वाधर नीचे गिरती है। इसके आरम्भ तथा समाप्त की स्थिति अलग है तथा सरल रेखा में गति करती है। इसलिए, दूरी तथा विस्थापन समान हैं।

(iii) ट्रैक पूरे पथ के लिए सरल रेखा में नहीं है, इसलिए विस्थापन तथा दूरी विभिन्न होगी।

3. दूरी तथा विस्थापन के बीच अन्तर बताइए।

उत्तर दूरी तथा विस्थापन के मध्य अन्तर निम्नलिखित है–

दूरी	विस्थापन
(i) वस्तु द्वारा तय किये गये पथ की कुल लम्बाई को दूरी कहते हैं।	यह प्रारम्भिक स्थिति और अन्तिम स्थिति के मध्य की न्यूनतम दूरी होती है।
(ii) दूरी एक अदिश राशि है।	विस्थापन एक सदिश राशि है।
(iii) तय दूरी का मान कभी भी ऋणात्मक नहीं हो सकता है। यह सदैव धनात्मक होती है।	विस्थापन का मान धनात्मक ऋणात्मक या शून्य होता है।
(iv) दो बिन्दुओं के मध्य दूरी समान या भिन्न हो सकती है। इसका मान चयनित पथ पर निर्भर करता है।	दो बिन्दुओं के मध्य विस्थापन का मान सदैव समान होता है।

4. त्वरण क्या है? इसे गणितीय रूप में किस प्रकार व्यक्त किया जाता है?

उत्तर इसके उत्तर के लिए पृष्ठ सं. 158 देखें।

5. एक वस्तु P, 5 मिनट के लिए नियत वेग से गतिमान है। एक अन्य वस्तु Q, 5 मिनट के लिए परिवर्ती वेग से गतिमान है। उपरोक्त दोनों वस्तुओं में से किसमें त्वरण होगा? व्याख्या कीजिए।

उत्तर त्वरण $= \dfrac{\text{वेग में परिवर्तन}}{\text{लिया गया समय}}$

वस्तु P के वेग में कोई परिवर्तन नहीं होता है अर्थात् वेग में परिवर्तन शून्य है, इसलिए वस्तु P की गति में कोई त्वरण उपस्थित नहीं होगा। वस्तु Q के वेग में परिवर्तन होता है। अतः वस्तु Q की गति में त्वरण उपस्थित होगा।

6. एक कार प्रथम 50 किमी की दूरी एकसमान वेग 45 किमी/घण्टा से तय करती है तथा अगले 50 किमी की दूरी 90 किमी/घण्टा से तय करती है, तो कार का औसत वेग ज्ञात कीजिए।

उत्तर प्रश्नानुसार, कुल दूरी = 50 + 50 = 100 किमी

कुल समय, $T = \dfrac{50}{45} + \dfrac{50}{90}$ $\left[\because \text{समय} = \dfrac{\text{विस्थापन}}{\text{वेग}}\right]$

$= \dfrac{100+50}{90} = \dfrac{150}{90} = \dfrac{5}{3}$ घण्टा

औसत चाल $= \dfrac{\text{कुल विस्थापन}}{\text{कुल समय}}$

$= \dfrac{100}{\frac{5}{3}} = 60$ किमी/घण्टा

कार की औसत चाल 60 किमी/घण्टा है।

7. चाल का SI मात्रक क्या होता है? एक लड़की 6 किमी/घण्टे की चाल से दो घण्टे चलती है और 4 किमी/घण्टे की चाल से अगले तीन घण्टे चलती है। लड़की की औसत चाल तथा कुल दूरी का मान ज्ञात कीजिए।

उत्तर चाल का SI मात्रक मीटर प्रति सेकण्ड होता है।

यहाँ, $v_1 = 6$ किमी/घण्टा, $t_1 = 2$ घण्टे,

$v_2 = 4$ किमी/घण्टा, $t_2 = 3$ घण्टे

वस्तु की औसत चाल, $v_{av} = \dfrac{v_1t_1 + v_2t_2}{t_1 + t_2}$

$\because \quad v_{av} = \dfrac{6 \times 2 + 4 \times 3}{2 + 3} = 4.8$ किमी/घण्टा

$\therefore$ कुल दूरी $= v_1t_1 + v_2t_2 = 6 \times 2 + 4 \times 3 = 24$ किमी

8. एक व्यक्ति बस में यात्रा के दौरान समय के संगत दूरी के मान को निम्नानुसार अंकित करता है—

समय	8:00 AM	8:15 AM	8:30 AM	8:45 AM	9:00 AM
दूरी	10 किमी	20 किमी	30 किमी	40 किमी	50 किमी

(i) इस सारणी के प्रकार का नाम लिखिए।

(ii) इन प्रेक्षणों से क्या निष्कर्ष निकलता है?

उत्तर (i) यह दूरी-समय सारणी है।

(ii) सारणी में उपस्थित प्रेक्षणों के आधार पर यह निष्कर्ष निकलता है कि बस की गति एकसमान गति है, क्योंकि बस प्रत्येक 15 मिनट में 10 किमी की दूरी तय करती है।

9. दिए गए प्रेक्षणों को ग्राफीय रूप में प्रदर्शित कीजिए।

समय (सेकण्ड)	0	2	4	6
दूरी (मीटर)	0	5	10	20

उत्तर समय-दूरी सारणी के प्रेक्षणों के आधार पर निम्न ग्राफ प्राप्त होता है—

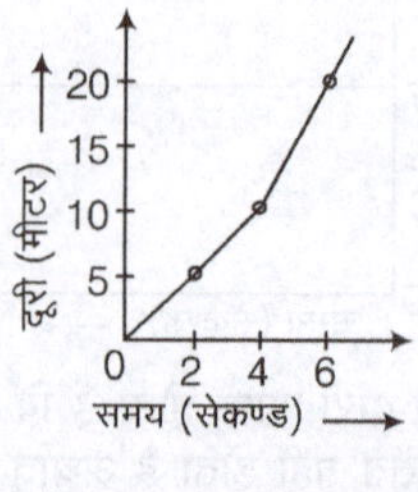

10. दो रेलगाड़ी A और B एकसाथ गति करना प्रारम्भ करती हैं। दोनों रेलगाड़ियों द्वारा दिए गए समयान्तराल में तय दूरी का मान नीचे सारणी में दिया गया है। दोनों रेलगाड़ियों में से कौन-सी समान तथा असमान गति से गति करेगी?

समय	रेलगाड़ी *A* द्वारा तय दूरी (किमी में)	रेलगाड़ी *B* द्वारा तय दूरी (किमी में)
6: 00 PM	0	0
6: 15 PM	10	15
6 : 30 PM	20	24
6: 45 PM	30	32
7: 00 PM	40	38
7:15 PM	50	42
7 : 30 PM	60	47

उत्तर रेलगाड़ी *A* द्वारा समान समयान्तराल (15 मिनट) में समान दूरी तय होती है। अतः रेलगाड़ी *A* की गति, एकसमान गति है।
रेलगाड़ी *B*, समान समयान्तराल (15 मिनट) में असमान दूरी तय करती है। अतः रेलगाड़ी *B* की गति, असमान गति है।

11. **एक वस्तु के वेग-समय ग्राफ को नीचे दर्शाया गया है, जिसके आधार पर वस्तु का विस्थापन ज्ञात कीजिए।**

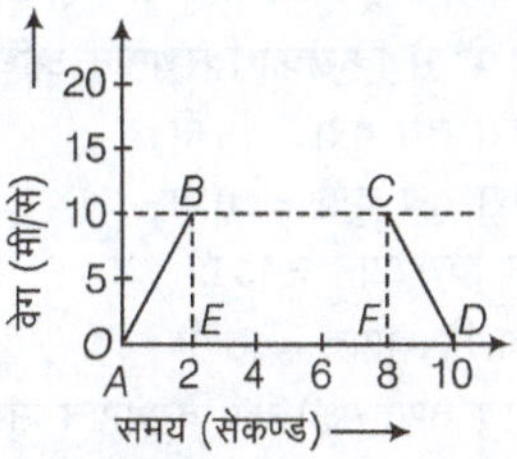

उत्तर विस्थापन = *v-t* वक्र के अधीन क्षेत्रफल

= समलम्ब चतुर्भुज *ABCD* का क्षेत्रफल

$= \frac{1}{2} \times$ (समान्तर भुजाओं का योग) $\times$ ऊँचाई

$= \frac{1}{2} \times (AD + BC) \times CF$

$= \frac{1}{2} \times (10 + 6) \times 10 = \frac{1}{2} \times 16 \times 10 = 80$ मी

12. **नीचे दिए गए विस्थापन-समय ग्राफ से वेग-समय ग्राफ बनाइए।**

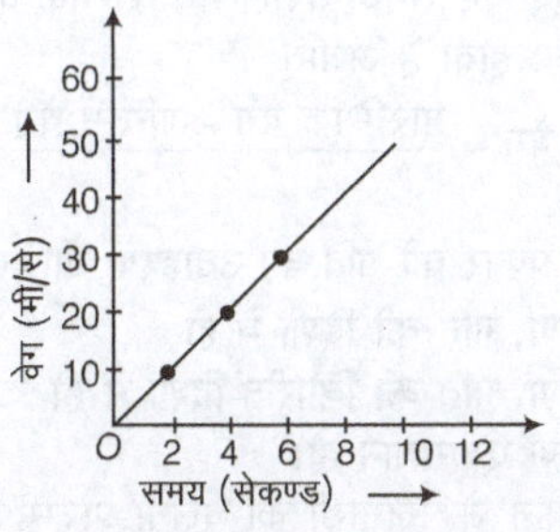

उत्तर ग्राफ द्वारा, 2 सेकण्ड के बाद वेग $= \frac{10}{2} = 5$ मी/से

4 सेकण्ड के बाद वेग $= \frac{20}{4} = 5$ मी/से

और 6 सेकण्ड के बाद वेग $= \frac{30}{6} = 5$ मी/से

वेग का मान नियत है, अतः त्वरण = 0

अतः वेग-समय ग्राफ में समय अक्ष के समान्तर एक सरल रेखा चित्रानुसार प्राप्त होती है।

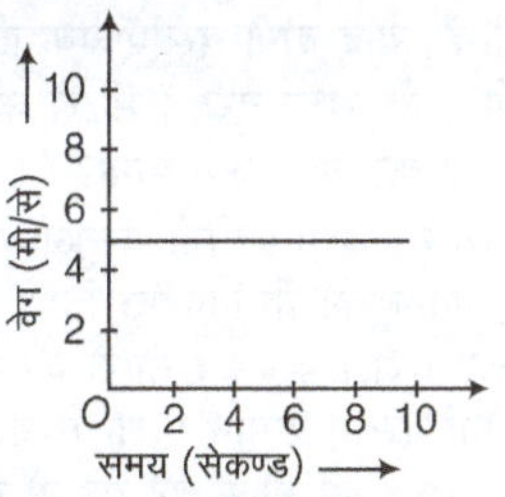

13. **एक बस 3 मी/से² की एकसमान दर से अवमन्दित होती है और 10 सेकण्ड में रूक जाती है, तो बस किस वेग से गतिमान थी?**

उत्तर दिया है, अन्तिम वेग $(v) = 0$,

अवमन्दन, $a = -3$ मी/से^{2}

लिया गया समय $(t) = 10$ सेकण्ड

गति के प्रथम समीकरण द्वारा,

$v = u + at$ या $u = v - at = 0 - (-3)(10) = 30$ मी/से

14. **एक वस्तु 10 मी/से² की दर से त्वरित होती है। यदि वस्तु विरामावस्था से चलना प्रारम्भ करती है, तो वस्तु 2 सेकण्ड में कितनी दूरी तय करेगी?**

उत्तर दिया है, $u = 0, a = 10$ मी/से^{2}, $t = 2$ सेकण्ड, $s = ?$

गति के द्वितीय समीकरण द्वारा,

$$s = ut + \frac{1}{2}at^2$$

$$s = 0 \times 2 + \frac{1}{2} \times 10 \times 2 \times 2 \Rightarrow s = 20 \text{ मी}$$

वस्तु 2 सेकण्ड में 20 मी की दूरी तय करेगी।

15. **जब एक रेलगाड़ी 2 मी/से² की दर से त्वरित होती है, तो रेलगाड़ी का वेग 20 मी/से से 25 मी/से हो जाता है। रेलगाड़ी द्वारा तय दूरी का मान ज्ञात कीजिए।**

उत्तर दिया है, प्रारम्भिक वेग, $u = 20$ मी/से

अन्तिम वेग, $v = 25$ मी/से

त्वरण, $a = 2$ मी/से^{2}

गति के तृतीय समीकरण द्वारा,

$$v^2 - u^2 = 2as \text{ या } s = \frac{v^2 - u^2}{2a}$$

$$s = \frac{(25)^2 - (20)^2}{2 \times 2} = \frac{625 - 400}{4} = \frac{225}{4} = 56.25 \text{ मी}$$

अतः रेलगाड़ी द्वारा तय दूरी 56.25 मी है।

16. **एक सेतु (Bridge) की लम्बाई 500 मी है। एक 100 मी लम्बी रेलगाड़ी सेतु को 30 मी/से की चाल से पार करती है, तो रेलगाड़ी द्वारा सेतु को पार करने में कितना समय लगेगा?**

उत्तर रेलगाड़ी द्वारा तय किये गये पथ की कुल लम्बाई

= 500 + 100 = 600 मी

रेलगाड़ी की चाल = 30 मी/से

सेतु को पार करने में रेलगाड़ी द्वारा लिया गया समय

$= \frac{\text{दूरी}}{\text{चाल}} = \frac{600}{30} = 20$ सेकण्ड

17. **जब दो वस्तुएँ एक-दूसरे की ओर एकसमान गति से गति करती हैं, तो दोनों वस्तुओं के मध्य दूरी 8 मी/से की दर से घटती है। यदि दोनों वस्तुएँ एक ही दिशा में गति करती हैं, तो उनके मध्य दूरी 4 मी/से की दर से बढ़ती है। तब दो वस्तुओं की चाल क्या होगी?**

उत्तर माना प्रश्नानुसार u तथा v दोनों वस्तुओं की चाल हैं, जब दोनों वस्तुएँ एक-दूसरे के विपरीत दिशा में गतिमान होती हैं, तो उनके मध्य दूरी, $u + v = 8$ मी/से की दर से कम होती है तथा जब दोनों वस्तुएँ समान दिशा में चलती हैं, तो उनके मध्य दूरी, $(u - v) = 8$ मी/से की दर से बढ़ती है।

उपरोक्त समीकरणों को हल करने पर,

$$2u = 12 \Rightarrow u = 6 \text{ मी/से}$$

और $$v = 8 - u = 8 - 6 = 2 \text{ मी/से}$$

अत: दोनों वस्तुओं की चाल क्रमश: 6 मी/से तथा 2 मी/से है।

18. **नीचे दिए गए दूरी-समय ग्राफ का अध्ययन कर दोनों वस्तुओं के वेगों की तुलना कीजिए।**

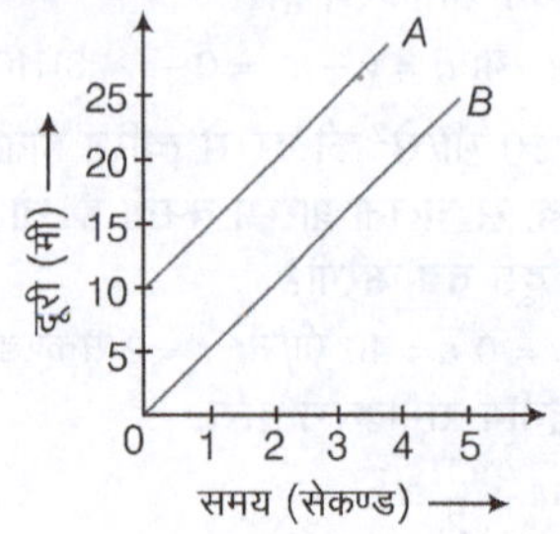

उत्तर वस्तु A तथा B के ढाल समान हैं, क्योंकि वस्तु A की रेखा, वस्तु B की रेखा के समान्तर है। अत: इनके वेग भी समान होंगे, परन्तु A, 10 मी से गति प्रारम्भ करता है, जबकि B मूलबिन्दु से गति प्रारम्भ करता है। अत: A, B से आगे रहेगा।

19. **नीचे दिए गए ग्राफ (a) तथा (b) द्वारा क्या प्रदर्शित है?**

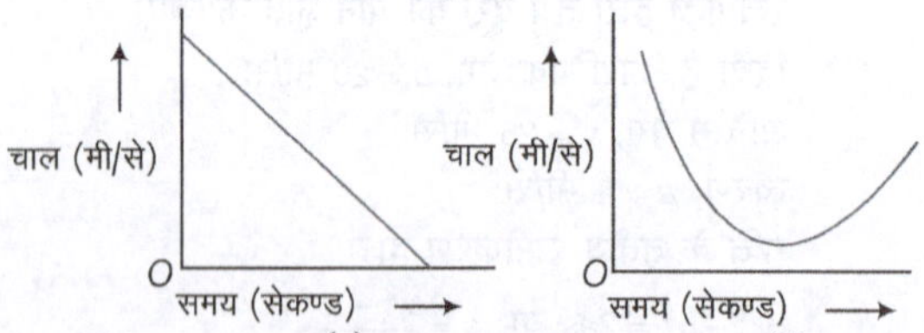

(a) (b)

उत्तर ग्राफ (a) यह प्रदर्शित करता है कि वस्तु कुछ प्रारम्भिक चाल से गति प्रारम्भ करता है और इसकी चाल घटकर शून्य हो जाता है।

ग्राफ (b) यह प्रदर्शित करता है कि पहले वस्तु अवमन्दित होती है और उसके पश्चात् असमान रूप से त्वरित होती है।

20. **क्या नियत चाल से गतिमान वस्तु को त्वरित किया जा सकता है? अपने उत्तर की उदाहरण सहित पुष्टि कीजिए।**

उत्तर यदि किसी वस्तु की गति की दिशा परिवर्तित होती है, तो नियत चाल से गतिमान वस्तु को त्वरित किया जा सकता है। उदाहरण–वृत्तीय पथ पर नियत चाल से गतिमान वस्तु को त्वरित किया जा सकता है, क्योंकि इस प्रकार की गति में गति की दिशा निरन्तर परिवर्तित होती रहती है, वस्तु सदैव वृत्तीय पथ के केन्द्र की ओर त्वरित होती है।

21. **(i) गति क्या है?**
(ii) गति के प्रकार बताइए।
(iii) त्वरण का मात्रक लिखिए।

उत्तर (i) यदि कोई वस्तु समय के साथ अपनी स्थिति परिवर्तित करती है, तो वह स्थिति परिवर्तन ही गति कहलाती है।

(ii) गति मुख्य निम्न दो प्रकार की होती है–
(a) समान गति (b) असमान गति

(iii) त्वरण का SI मात्रक मी/से^{2} होता है।

22. **एक गाय और पक्षी दोनों ही बिन्दु A से B तक गति करते है चित्र में दर्शाए अनुसार गाय सरल रेखीय पथ से जाती है जबकि पक्षी वक्रीय पथ से जाता है।**

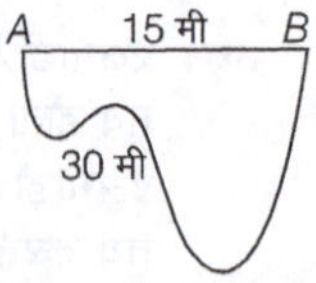

(i) गाय द्वारा तय दूरी का मान क्या होगा?
(ii) पक्षी द्वारा तय दूरी का मान क्या होगा?
(iii) इन दोनों में से किसका विस्थापन अधिक होगा?

उत्तर (i) गाय द्वारा तय दूरी = 15 मी

(ii) पक्षी द्वारा तय दूरी = 30 मी

(iii) गाय का विस्थापन = 15 मी
पक्षी का विस्थापन = 15 मी
अत: गाय तथा पक्षी का विस्थापन समान है।

23. **एक वस्तु के वेग में समान तथा असमान दर से परिवर्तन के लिए औसत वेग को व्यक्त कीजिए।**

उत्तर यदि वस्तु के वेग में परिवर्तन असमान दर से होता है, तो वस्तु का औसत वेग, कुल विस्थापन तथा कुल समय के अनुपात के तुल्य होता है अर्थात्

$$\text{औसत वेग} = \frac{\text{कुल विस्थापन}}{\text{कुल लिया गया समय}}$$

यदि वस्तु के वेग में परिवर्तन समान दर से होता है, तो औसत वेग, दिए गए समयान्तराल में प्रारम्भिक वेग तथा अन्तिम वेग का माध्य होता है अर्थात्

$$\text{औसत वेग} = \frac{\text{प्रारम्भिक वेग} + \text{अन्तिम वेग}}{2}$$

24. **प्रत्येक प्रकार की गति का उदाहरण दीजिए जब**
(i) त्वरण, गति की दिशा में हो
(ii) त्वरण, गति की विपरीत दिशा में हो
(iii) त्वरण एकसमान हो।

उत्तर (i) स्टेशन से रेलगाड़ी का चलना प्रारम्भ होना।

(ii) चलती कार में ब्रेक लगाना।

(iii) यात्रा के दौरान कार का नियत दर से वेग में परिवर्तन।

25. **यदि कोई वस्तु एकसमान त्वरण की दर से बढ़ती है, तो वस्तु के लिए गति की समीकरणें क्या होंगी?**

NCERT Exemplar

परीक्षा अभ्यास

उत्तर एकसमान त्वरण के लिए गति के समीकरण,

(i) $v = u + at$

(ii) $s = ut + \frac{1}{2}at^2$

(iii) $v^2 = u^2 + 2as$

जहाँ, u = प्रारम्भिक वेग, v = अन्तिम वेग, a = त्वरण, t = समय, s = दूरी

$\because$ एकसमान त्वरण के लिए, $a = 0$

अत: a का मान समीकरण में रखने पर

(i) $v = u$ (ii) $s = ut$ (iii) $v^2 = u^2$

26. एक वस्तु r त्रिज्या के वृत्तीय पथ पर एकसमान चाल से गतिमान है, तो वस्तु की दूरी तथा विस्थापन की गणना कीजिए, जब

(i) वस्तु अर्द्धवृत्त तय करती है।

(ii) वस्तु पूर्ण वृत्त तय करती है।

(iii) वस्तु किस प्रकार की गति करती है?

उत्तर (i) जब वस्तु अर्द्धवृत्त तय करती है, तो वस्तु द्वारा तय की गई दूरी $= \frac{1}{2} \times$ वृत्त की परिधि

$= \frac{1}{2} \times 2\pi r = \pi r$

$\therefore$ वस्तु का विस्थापन $= 2r$

(ii) जब वस्तु पूर्ण वृत्त तय करती है, तब

वस्तु द्वारा तय की गई दूरी $= 2\pi r$

वस्तु का विस्थापन = 0

[$\because$ वस्तु की प्रारम्भिक तथा अन्तिम स्थिति समान हैं]

(iii) वृत्तीय पथ पर वस्तु की गति में गति की दिशा निरन्तर परिवर्तित होती है, इसलिए वस्तु का वेग परिवर्तित होता है। इस प्रकार वस्तु की गति त्वरित गति है।

27. एक कार आधे घण्टे के लिए 30 किमी/घण्टे की चाल से 1 घण्टे के लिए 25 किमी/घण्टे की चाल से तथा दो घण्टे के लिए 40 किमी/घण्टे की चाल से गति करती है, तो कार की औसत चाल की गणना कीजिए।

उत्तर दिया है, $t_1 = 0.5$ घण्टे, $t_2 = 1$ घण्टा, $t_3 = 2$ घण्टे

कुल समय $(t) = t_1 + t_2 + t_3 = 0.5 + 1 + 2 = 3.5$ घण्टे

चाल, $v_1 = 30$ किमी/घण्टा, $v_2 = 25$ किमी/घण्टा, $v_3 = 40$ किमी/घण्टा

$\therefore$ दूरी, $s_1 = v_1t_1 = 30 \times 0.5 = 15$ किमी

$s_2 = v_2t_2 = 25 \times 1 = 25$ किमी

$s_3 = v_3t_3 = 40 \times 2 = 80$ किमी

$\therefore$ कुल दूरी, $s = s_1 + s_2 + s_3$

$= 15 + 25 + 80 = 120$ किमी

औसत चाल $= \frac{\text{कुल दूरी}}{\text{कुल समय}} = \frac{s}{t} = \frac{120}{3.5} = 34.3$ किमी/घण्टा

28. किसी वस्तु की गति के लिए दूरी-समय ग्राफ को नीचे दिया गया है—

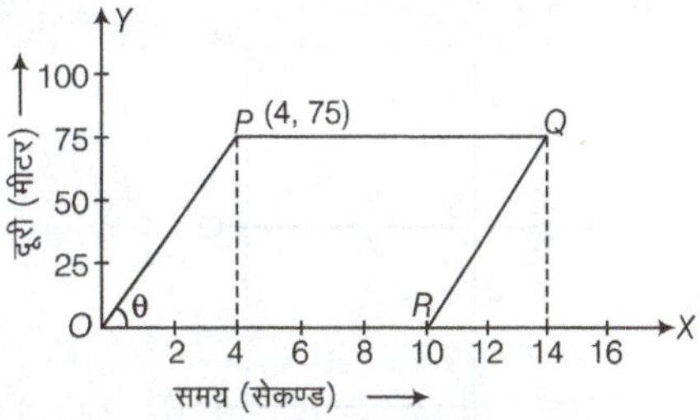

(i) यात्रा के प्रथम चार सेकण्ड में वस्तु की चाल ज्ञात कीजिए।

(ii) कितने समय बाद वस्तु विरामावस्था में आ जाएगी।

(iii) क्या यह वास्तविक स्थिति को प्रदर्शित करता है? उत्तर की पुष्टि कीजिए?

उत्तर (i) प्रथम 4 सेकण्ड के दौरान चाल = OP का ढाल

$\tan\theta = \frac{y_2 - y_1}{x_2 - x_1}$

$= \frac{75 - 0}{4 - 0} = \frac{75}{4} = 18.75$ मी/से

(ii) 4 सेकण्ड से 14 सेकण्ड में समय के साथ दूरी परिवर्तित नहीं होती है। अत: वस्तु 10 सेकण्ड के लिए विरामावस्था में रहेगी।

(iii) नही, यह वास्तविक स्थिति नहीं है, क्योंकि समय के साथ तय की गई दूरी का मान नहीं घटता है तथा कभी भी समय पीछे की ओर नहीं जाता है, जैसा कि ग्राफ में QR द्वारा प्रदर्शित किया गया है।

29. निम्नलिखित ग्राफ के द्वारा वस्तु का कुल विस्थापन ज्ञात कीजिए।

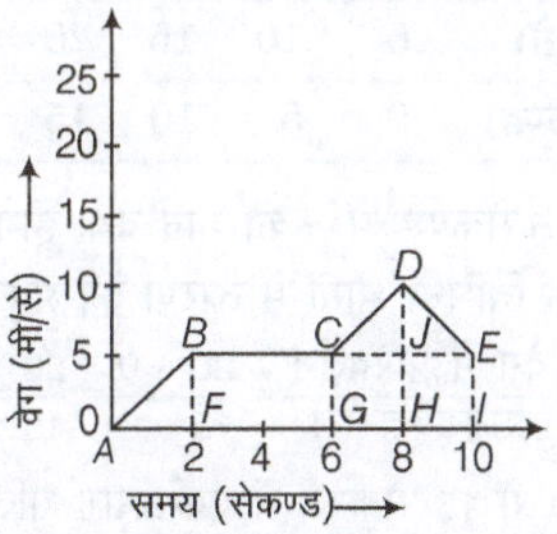

उत्तर कुल विस्थापन = (ΔABF + आयत $BCGF$ + ΔCDE + आयत $CEIG$) के क्षेत्रफलों का योग

$= \left[\frac{1}{2}(AF \times FB) + (BC \times CG) + \frac{1}{2}(CE \times DJ) + (CE \times EI)\right]$

$= \left[\frac{1}{2}(2 \times 5) + (4 \times 5) + \frac{1}{2}(4 \times 5) + (5 \times 4)\right]$

$= 5 + 20 + 10 + 20 = 55$ मी

30. दो कारों का चाल-समय ग्राफ बिन्दु P तथा Q द्वारा नीचे दर्शाया गया है—

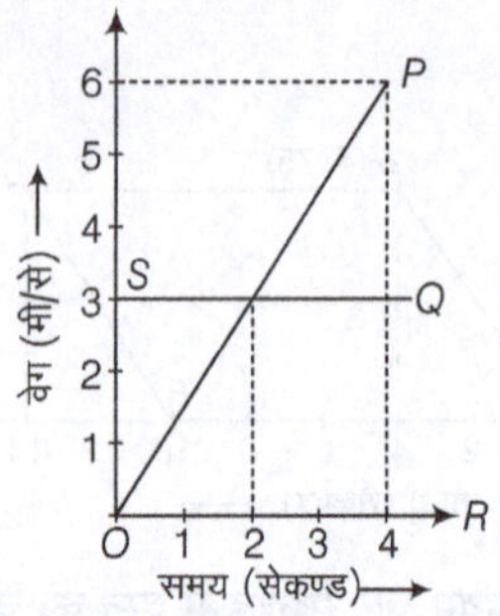

(i) 4 सेकण्ड के बाद दोनों कारों द्वारा तय की गई दूरियों (मीटर में) में अन्तर ज्ञात कीजिए।

(ii) क्या वे कभी समान चाल से चली हैं? यदि हाँ तो कब?

(iii) कार P तथा Q की गति का प्रकार बताइए।

उत्तर (i) कार P द्वारा तय कुल दूरी = ΔPOR का क्षेत्रफल

$$= \frac{1}{2} \times OR \times PR = \frac{1}{2} \times 4 \times 6 = 12 \text{ मी}$$

कार Q द्वारा कुल तय दूरी = $RQSO$ का क्षेत्रफल

$$= OR \times OS = 4 \times 3 = 12 \text{ मी}$$

दूरी में अन्तर = $12 - 12 = 0$

(ii) हाँ, समय $(t) = 2$ सेकण्ड पर दोनों कारे 3 मी/से की समान चाल से गति करती हैं।

(iii) कार P, नियत त्वरण से गतिमान है, जबकि Q नियत वेग से गतिमान है अर्थात् शून्य त्वरण है।

31. निम्न v-t सारणी के आधार पर निम्न प्रश्नों के उत्तर दीजिए—

वेग (मी/से)	0	10	15	20	15	10	0
समय (सेकण्ड)	0	5	10	15	20	25	30

(i) 0 से 15 सेकण्ड में a का मान क्या होगा?

(ii) ग्राफ के विभिन्न भागों में त्वरण की प्रकृति बताइए।

उत्तर (i) $\therefore a = \frac{\text{वेग में परिवर्तन}}{\text{समयान्तराल}} = \frac{20-0}{15-0} = \frac{20}{15} = \frac{4}{3} = 1.33$ मी/से^{2}

(ii) वस्तु 0 से 15 सेकण्ड में एकसमान गति करती है तथा वस्तु 15 से 30 सेकण्ड में असमान गति करती है।

यहाँ OA = असमान त्वरित

AB, BC, CD = असमान अवमन्दित

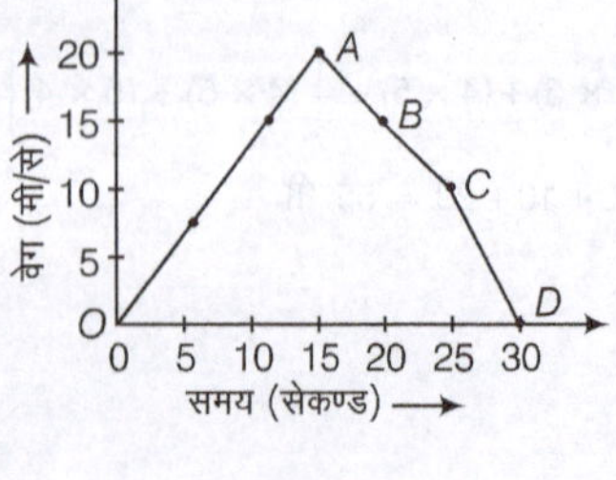

32. एक चलती हुई कार में ब्रेक लगाने पर गति से विपरीत दिशा में 6 मी/से^{2} का त्वरण उत्पन्न होता है। यदि ब्रेक लगाने के बाद कार को रुकने में 2 सेकण्ड लगते हों, तो इतने समय में कार द्वारा चली गई दूरी ज्ञात कीजिए।

उत्तर त्वरण, $a = -6$ मी/से^{2} [गति से विपरीत दिशा में]

समय, $t = 2$ सेकण्ड, अन्तिम वेग, $v = 0$ मी/से,

प्रारंभिक वेग, $u = ?$

गति के प्रथम समीकरण से हम जानते हैं,

$$v = u + at$$
$$0 = u + (-6) \times 2$$
$$0 = u - 12$$
$$u = 12 \text{ मी/से}$$

गति के द्वितीय समीकरण द्वारा,

$$s = ut + \frac{1}{2}at^2$$
$$= 12 \times 2 + \frac{1}{2} \times (-6) \times (2)^2$$
$$= 24 - \frac{1}{2} \times 6 \times 4$$
$$= 24 - 12 = 12 \text{ मी}$$

33. एक धावक 50 मी त्रिज्या के वृत्तीय पथ पर बिन्दु A से नियत चाल से गति करना प्रारम्भ करता है तथा धावक बिन्दु B पर 50 सेकण्ड में पहुँचता है, तो तय की गई दूरी, विस्थापन और चाल की गणना कीजिए।

उत्तर धावक द्वारा तय दूरी = πr

$$= \frac{22}{7} \times 50 = 157.14 \text{ मी}$$

धावक का विस्थापन = $2r = 2 \times 50 = 100$ मी

धावक की चाल = $\frac{\text{दूरी}}{\text{समय}} = \frac{\pi r}{50}$

$$= \frac{22}{7} \times \frac{50}{50} = 3.14 \text{ मी/से}$$

दीर्घ उत्तरीय प्रश्न

1. निम्नलिखित स्थितियों में प्रत्येक का एक उदाहरण दीजिए—

(i) एकसमान त्वरित गति

(ii) एकसमान मन्दन के साथ गति

(iii) एकसमान वेग के साथ त्वरित गति

(iv) गति की दिशा, त्वरण की दिशा के लम्बवत् हो

(v) गति, जिसमें प्राप्त v-t ग्राफ में क्षैतिज रेखा X-अक्ष के समान्तर हो।

उत्तर (i) किसी ऊँचाई से पृथ्वी के धरातल की ओर फेंकी गई वस्तु की गति एकसमान त्वरित गति होती है।

(ii) वस्तु को किसी वेग से ऊपर की ओर फेंकना।

(iii) एकसमान वृत्तीय गति अर्थात् उपग्रहीय गति।

(iv) एक बन्दूक से गोली क्षैतिजत: छोड़ी जाती है, तो इसका त्वरण नीचे की ओर होता है।

(v) सरल रेखीय पथ के अनुदिश एकसमान वेग से गतिमान कार की गति।

2. नीचे दर्शाए ग्राफ में दो वस्तुओं A तथा B के विशेष अवधि के तीन भिन्न-भिन्न स्थितियों के स्थिति-समय ग्राफ प्रदर्शित हैं।

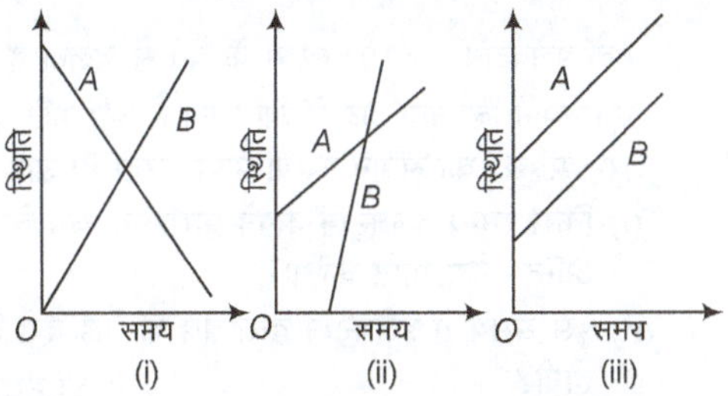

(i) किस स्थिति में उनके बीच की दूरी समान रहेगी?
(ii) किस स्थिति में वे विपरीत दिशाओं में गतिमान हैं?
(iii) क्या स्थिति II में वेग धनात्मक या ऋणात्मक हैं?
(iv) क्या किस स्थिति में वे एक-दूसरे से प्रतिच्छेद कर रहे हैं?

उत्तर (i) ग्राफ (iii) में वस्तुओं के मध्य दूरी समान है।
(ii) ग्राफ (i) में वस्तुएँ विपरीत दिशा में गतिमान हैं।
(iii) ग्राफ (i) में वस्तु A का वेग धनात्मक है, क्योंकि s-t ग्राफ का ढाल धनात्मक है।
(iv) ग्राफ (i) व (ii) में वस्तुएँ एक-दूसरे को पार (Cross) करेंगी, क्योंकि s-t ग्राफ में रेखा एक-दूसरे को प्रतिच्छेद करती है।

3. 100 किमी के ट्रैक पर रेलगाड़ी, पहले 30 किमी दूरी एकसमान चाल 30 किमी/घण्टे से तय करती है। पूरी यात्रा के लिए औसत चाल 40 किमी/घण्टे होने के लिए शेष 70 किमी की दूरी किस चाल से तय करनी होगी?

उत्तर दिया है, कुल दूरी, $s = 100$ किमी

कुल समय, $t = t_1 + t_2$

$$t = \frac{30 \text{ किमी}}{30 \text{ किमी/घण्टा}} + \frac{70 \text{ किमी}}{x (\text{माना})}$$

$$t = 1 + \frac{70}{x} = \left(\frac{x+70}{x}\right) \text{ घण्टे}$$

अतः औसत चाल, $v = \frac{s}{t} = 40$ किमी/घण्टे

प्रश्नानुसार, $\dfrac{100}{\dfrac{x+70}{x}} = 40$

$\Rightarrow \quad 10 = 4\left(\frac{x+70}{x}\right)$

$\Rightarrow \quad 10x = 4x + 280$

$\Rightarrow \quad 6x = 280$

$\Rightarrow \quad x = 46.67$ किमी/घण्टा

औसत चाल 40 किमी/घण्टे के लिए रेलगाड़ी को 70 किमी की दूरी 46.67 किमी/घण्टे की चाल से तय करनी होगी।

4. दो ट्रेनों A तथा B की गति के दूरी-समय ग्राफ नीचे प्रदर्शित किये गये हैं

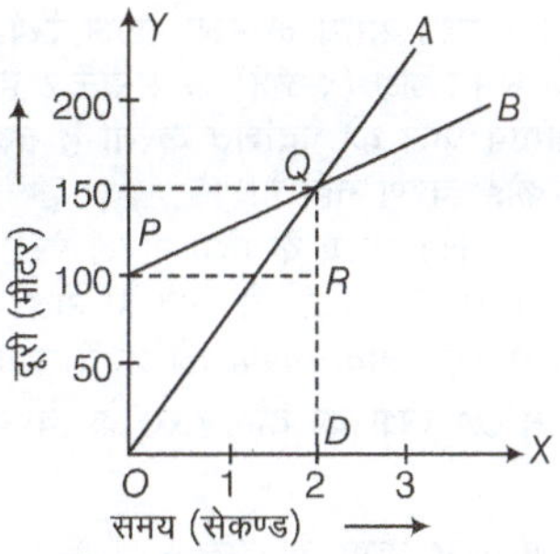

(i) प्रारम्भ में ट्रेन A से ट्रेन B कितनी दूरी से आगे है?
(ii) B की चाल क्या है?
(iii) A, B कहाँ और कब मिलेगी?
(iv) A और B की चालों में क्या अन्तर होगा?
(v) क्या दोनों ट्रेनों की चाल एकसमान या असमान है? अपने उत्तर की पुष्टि कीजिए

उत्तर (i) दिये गये ग्राफ के अनुसार B, A से 100 मीटर आगे है।
(ii) B की चाल $= PQ$ का ढाल $= \frac{150-100}{2-0} = 25$ मी/से
(iii) A और B, Q बिन्दु पर मिलेंगी, जोकि मूलबिन्दु से 150 मी दूरी पर है तथा ट्रेनो के गति करने के 2 सेकण्ड बाद ट्रेन एक-दूसरे से मिलेंगी।
(iv) A की चाल $= OQ$ का ढाल $= \frac{150}{2} = 75$ मी/से
चालो में अन्तर $= 75 - 25 = 50$ मी/से
(v) दोनों ट्रेनों की चाल एकसमान है, क्योंकि दोनों के s-t ग्राफ में सरल रेखा प्राप्त होती है।

5. वस्तु का चाल-समय ग्राफ नीचे दर्शाया गया है

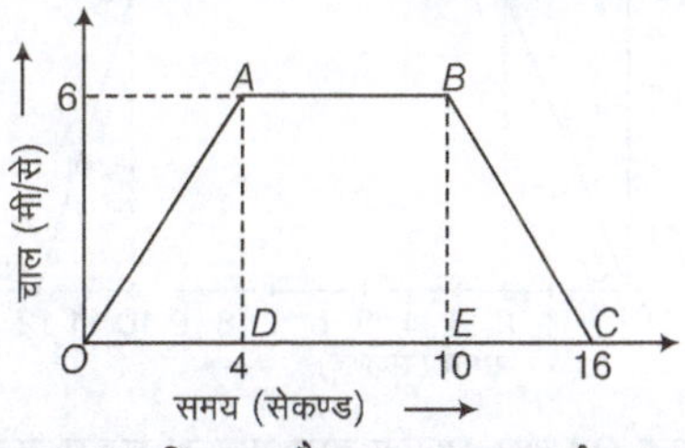

(i) OA द्वारा गति का कौन-सा प्रकार दर्शाया गया है?
(ii) AB द्वारा गति का कौन-सा प्रकार दर्शाया गया है?
(iii) BC द्वारा गति का कौन-सा प्रकार दर्शाया गया है?
(iv) वस्तु का त्वरण ज्ञात कीजिए।
(v) वस्तु का मन्दन ज्ञात कीजिए।
(vi) A से B तक वस्तु द्वारा तय दूरी ज्ञात कीजिए।

उत्तर (i) OA, चाल तथा समय के मध्य सरल रेखीय ग्राफ है और इसका ढाल O से A की ओर है। अतः OA एकसमान त्वरण को प्रदर्शित करता है।

(ii) *AB*, चाल तथा समय के मध्य सरल रेखीय ग्राफ है, जोकि समय अक्ष (*X*-अक्ष) के समान्तर है। अतः *AB* एकसमान चाल को प्रदर्शित करता है तथा *A* से *B* के मध्य कोई त्वरण नहीं है।

(iii) *BC* चाल तथा समय के मध्य सरल रेखीय ग्राफ है, जिसका ढाल *B* से *C* की ओर है। अतः *BC* एकसमान मंदन या ऋणात्मक त्वरण को प्रदर्शित करती है।

(iv) ग्राफ में *OA* रेखा का ढाल वस्तु के त्वरण को दर्शाता है। अतः

$$\text{त्वरण} = OA \text{ रेखा का ढाल} = \frac{AD}{OD}$$

$AD = 6$ मी/से और $OD = 4$ सेकण्ड

$$\text{त्वरण} = \frac{6 \text{ मी/से}}{4 \text{ से}} = 1.5 \text{ मी/से}^2$$

(v) ग्राफ में *BC* वस्तु के अवमन्दन को दर्शाती है।

$$\text{अवमन्दन} = BC \text{ रेखा का ढाल} = \frac{BE}{EC}$$

$BE = 6$ मी/से, $EC = 16 - 10 = 6$ सेकण्ड

$$\text{अवमन्दन} = \frac{6 \text{मी/से}}{6 \text{सेकण्ड}} = 1 \text{ मी/से}^2$$

(vi) A से *B* बिन्दु तक वस्तु द्वारा तय दूरी = चाल-समय ग्राफ के अधीन परिबद्ध क्षेत्र का क्षेत्रफल

= आयत *DABE* का क्षेत्रफल $= DA \times DE$

यहाँ, $DA = 6$ मी/से और $DE = 10 - 4 = 6$ सेकण्ड

$= 6 \times 6 = 36$ मी

6. एक वस्तु के v-t ग्राफ को नीचे दिया गया है—

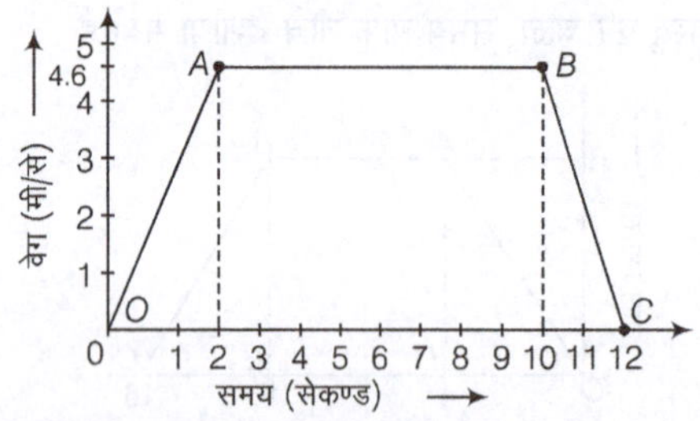

(i) रेखा *OA* तथा *BC* के द्वारा गति के प्रकार की पहचान कीजिए।

(ii) $t = 8$ सेकण्ड पर वस्तु का वेग

(iii) त्वरण की गणना करें

(a) तीसरे और दसवें सेकण्ड के मध्य

(b) अन्तिम 2 सेकण्ड के लिए

उत्तर (i) *OA* एकसमान त्वरित गति को प्रदर्शित करती है तथा *BC* एकसमान मन्दित गति को प्रदर्शित करती है।

(ii) $t = 8$ सेकण्ड पर वस्तु का वेग 4.6 मी/से है।

(iii) (a) तीसरे तथा दसवें सेकण्ड के मध्य त्वरण $(a) = 0$

(b) अन्तिम 2 सेकण्ड के दौरान त्वरण,

$$a = \frac{\text{वेग में परिवर्तन}}{\text{समयान्तराल}}$$

$$a = \frac{0 - 4.6}{12 - 10} = \frac{-4.6}{2}$$

$$= -2.3 \text{ मी/से}^2$$

7. एक इलेक्ट्रॉन 5×10^4 मी/से के वेग से चलता हुआ एक एकसमान विद्युतीय क्षेत्र में आ जाता है और गति की दिशा में 10^4 मी/से^{2} का समान त्वरण प्राप्त करता है। ज्ञात कीजिए कि

(i) किस समय इलेक्ट्रॉन अपने प्रारम्भिक वेग के बराबर अन्तिम वेग प्राप्त करेगा?

(ii) इस समय में इलेक्ट्रॉन द्वारा तय की गई दूरी कितनी होगी?

NCERT Exemplar

उत्तर प्रारम्भिक वेग, $u = 5 \times 10^4$ मी/से, त्वरण $a = 10^4$ मी/से^{2}

(i) अन्तिम वेग, $v = 2u, t = ?$

गति की प्रथम समीकरण से,

$$v = u + at$$

$$\Rightarrow 2u = u + 10^4 t$$

$$\Rightarrow 10^4 \times t = u$$

या $$t = \frac{u}{10^4} = \frac{5 \times 10^4}{10^4} = 5 \text{ सेकण्ड}$$

$$t = 5 \text{ सेकण्ड}$$

(ii) तय की गई दूरी, $s = ut + \frac{1}{2} at^2$

$$= 5 \times 10^4 \times 5 + \frac{1}{2} \times 10^4 (5)^2$$

$$= 25 \times 10^4 + 12.5 \times 10^4$$

$$= 10^4 (25 + 12.5) = 37.5 \times 10^4$$

$$= 375 \times 10^3 \text{ मी} = 375 \text{ किमी}$$

8. एक कीड़ा 10 सेमी त्रिज्या के वृत्तीय पथ पर नियत चाल से गतिमान है। यह कीड़ा 1 मिनट में चित्रानुसार बिन्दु *B* पर पहुँच जाता है, तो ज्ञात कीजिए

(i) तय दूरी (ii) चाल

(iii) विस्थापन और (iv) औसत वेग

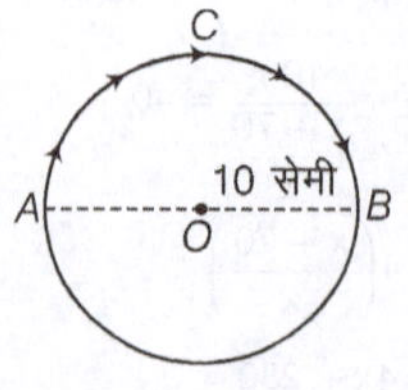

उत्तर चित्र में दर्शाए अनुसार कीड़ा बिन्दु *A* से पथ *ACB* के अनुदिश व्यास के विपरीत बिन्दु *B* पर एक मिनट में पहुँचता है।

(i) 1 मिनट में तय दूरी $= \pi r = 3.14 \times 10 = 31.4$ सेमी

(ii) $$\text{चाल} = \frac{\text{दूरी}}{\text{समय}} = \frac{31.4}{1} = 31.4 \text{ सेमी/मिनट}$$

(iii) विस्थापन, $AB = 2r = 2 \times 10 = 20$ सेमी

(iv) $$\text{औसत वेग, } v_{av} = \frac{\text{विस्थापन}}{\text{समय}}$$

$$= \frac{20 \text{ सेमी}}{1 \text{ मिनट}} = 20 \text{ सेमी/मिनट}$$

परीक्षा अभ्यास

स्वयं को जाँचे

नीचे दिए गए प्रश्नों के माध्यम से छात्र अध्याय सम्बन्धी अपने ज्ञान की जाँच कर सकते हैं। अध्याय के ध्यानपूर्वक अध्ययन किए जाने पर छात्र इन प्रश्नों के उत्तर आसानी से कर पाएँगे।

वस्तुनिष्ठ प्रकार के प्रश्न

बहुविकल्पीय प्रश्न

1. निम्न में से अदिश राशि है

(a) द्रव्यमान (b) बल
(c) त्वरण (d) संवेग

2. निम्न में से किसका SI मात्रक मीटर है?

(a) चाल (b) विस्थापन
(c) त्वरण (d) वेग

3. एकांक समय में वस्तु द्वारा तय दूरी को कहते हैं

(a) चाल (b) त्वरण
(c) वेग (d) मन्दन

4. यदि कोई वस्तु सरल रेखा में गति करती है, तो निम्न कथनों में से सत्य कथन है

(a) वस्तु की चाल तथा वेग का परिमाण बराबर होगा।
(b) वस्तु की चाल तथा वेग का परिमाण तुल्य नहीं होगा।
(c) चाल तथा वेग का मापन नहीं किया जा सकता है।
(d) उपरोक्त में से कोई नहीं

5. यदि कोई वस्तु नियत वेग से गतिमान है, तो त्वरण का मान होगा

(a) शून्य
(b) एकांक
(c) शून्य से अधिक, परन्तु एकांक से कम
(d) एकांक से अधिक

कथन-कारण प्रकार के प्रश्न

निर्देश (प्र. सं. 6-8) इस खण्ड में दिए गए प्रत्येक प्रश्न में कथन तथा कारण दिए गए हैं। प्रत्येक प्रश्न के चार विकल्प (a), (b), (c) व (d) हैं, जिनमें से केवल एक सही है।

(a) कथन (A) तथा कारण (R) दोनों सत्य हैं तथा कारण (R), कथन (A) का सही स्पष्टीकरण है।
(b) कथन (A) तथा कारण (R) दोनों सत्य हैं, परन्तु कारण (R), कथन (A) का सही स्पष्टीकरण नहीं है।
(c) कथन (A) सत्य है, परन्तु कारण (R) असत्य है।
(d) कथन (A) असत्य है, परन्तु कारण (R) सत्य है।

6. कथन (A) एकसमान त्वरित गति करती वस्तु का दूरी-समय ग्राफ समय अक्ष से झुकी हुई एक सीधी रेखा होता है।

कारण (R) एकसमान त्वरित गति करती हुई वस्तु द्वारा तय की गई दूरी, लगने वाले समय के वर्ग के समानुपाती होती है।

7. कथन (A) अशून्य त्वरण से गति करती हुई वस्तु का वेग नियत हो सकता है।

कारण (R) वस्तु के वेग में परिवर्तन की दर को त्वरण कहते हैं।

उत्तर

1. (a)	**2.** (b)	**3.** (a)	**4.** (a)	**5.** (a)
6. (d)	**7.** (d)			

केस स्टडी आधारित प्रश्न

निर्देश (प्र.सं. 8-12) *निम्नलिखित पैराग्राफ को पढ़िए तथा दिए गए प्रश्नों के उत्तर दीजिए।*

एक दिन मनोज आमेर जाने हेतु अपनी कार के द्वारा जयपुर से आमेर की ओर गतिमान होता है। मनोज अपनी यात्रा के दौरान अपने छोटे भाई को प्रायोगिक ज्ञान देने हेतु कार के वेग तथा समय के मध्य ग्राफ आलेखित करने को कहता है। मनोज का भाई समय के भिन्न अन्तरालों पर वेग के मान को ग्राफ में आलेखित करता है तथा आमेर पहुँचने पर आलेखित ग्राफ को मनोज को दे देता है, जोकि निम्नानुसार है—

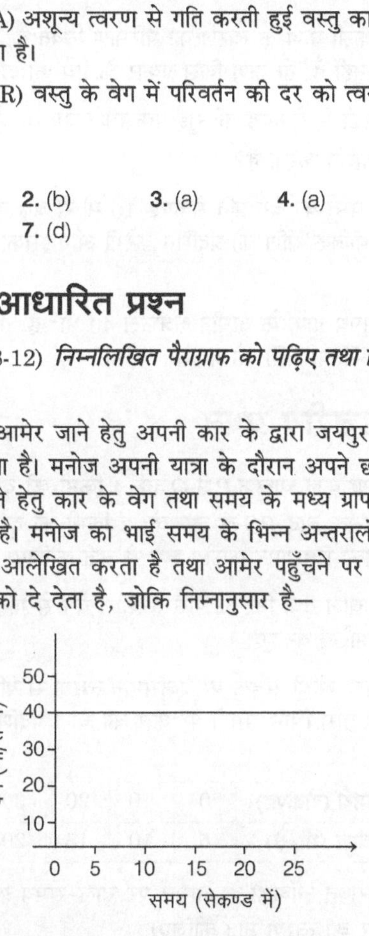

8. मनोज की कार के त्वरण का मान है

(a) शून्य (b) एकांक
(c) 10 मी/से^{2} (d) 5 मी/से^{2}

9. मनोज की कार का वेग है

(a) 20 मी/से (b) 40 मी/से
(c) 30 मी/से (d) 15 मी/से

10. कार द्वारा 15 सेकण्ड में तय दूरी का मान है

(a) 300 मी (b) 600 मी
(c) 200 मी (d) 390 मी

11. कार द्वारा 10वें तथा 20वें सेकण्ड के मध्य तय दूरी का मान है
(a) 400 मी
(b) 300 मी
(c) 200 मी
(d) 100 मी

12. वेग-समय ग्राफ के अधीन क्षेत्रफल द्वारा ज्ञात किया जाता है
(a) त्वरण
(b) वेग
(c) विस्थापन
(d) चाल

अतिलघु उत्तरीय प्रश्न

13. यदि किसी कण के त्वरण का परिमाण नियत है, परन्तु दिशा नियत नहीं है, तो कण किस प्रकार के पथ का अनुसरण करेगा?

14. क्या घड़ी में सेकण्ड की सुईं एकसमान वेग या एकसमान चाल को प्रदर्शित करती है?

15. किसी वस्तु का वेग प्रति सेकण्ड 10 मी/से बढ़ जाता है, तो वस्तु किस भौतिक राशि को प्रदर्शित करेगी और इसका क्या परिमाण होगा?

16. वेग-समय ग्राफ के अधीन क्षेत्रफल 40 मी^{2} है, तो यह क्षेत्रफल किस भौतिक राशि को प्रदर्शित करेगा?

लघु उत्तरीय प्रश्न

17. एक साइकिल चालक P से Q तक 4 किमी की दूरी तय करता है तथा उसके बाद PQ के लम्बवत् 3 किमी की दूरी तय करता है, तो इसका विस्थापन ग्राफीय रूप से ज्ञात कीजिए। (उत्तर 5 किमी)

18. नियत चाल तथा निरन्तर परिवर्तनशील वेग से गतिमान वस्तु के लिए आरेख बनाइए।

19. एक कार सीधी सड़क पर एकसमान त्वरण से गतिमान है। निम्न सारणी द्वारा भिन्न समयों पर कार की चाल प्रदर्शित की जाती है—

समय (सेकण्ड)	0	10	20	30	40	50
चाल (मी/से)	5	10	15	20	25	30

(i) उपरोक्त आँकड़ों के आधार पर चाल-समय ग्राफ बनाइए।
(ii) कार का त्वरण ज्ञात कीजिए। (उत्तर 0.5 मी/से^{2})

20. एक समान गति तथा असमान गति को उदाहरण सहित समझाइए।

21. आप निम्न को किस प्रकार ज्ञात करेंगे?
(i) दूरी-समय ग्राफ द्वारा चाल
(ii) वेग-समय ग्राफ द्वारा त्वरण
(iii) वेग-समय ग्राफ द्वारा विस्थापन

22. आप किस प्रकार प्रदर्शित करेंगे कि विस्थापन-समय ग्राफ का ढाल, वस्तु के वेग को प्रदर्शित करता है?

23. नीचे एक कार की गति के वेग-समय ग्राफ को दिया गया है। ग्राफ की प्रकृति क्या है? कार का त्वरण ज्ञात कीजिए।

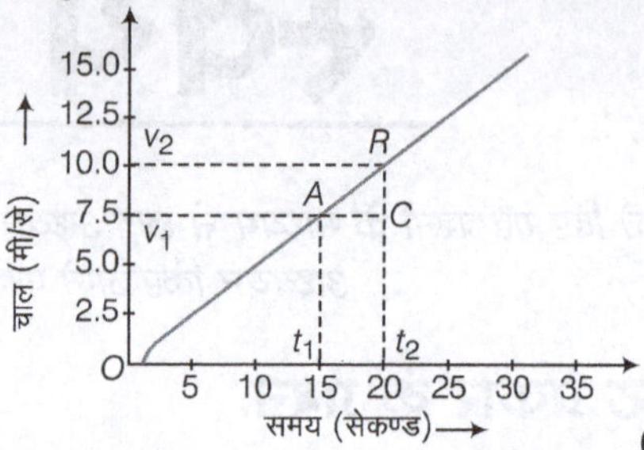

(उत्तर 0.5 मी/से^{2})

24. (i) वस्तु का वेग-समय ग्राफ X-अक्ष के समान्तर है, तो इसका क्या तात्पर्य है? क्या यह Y-अक्ष के समान्तर हो सकता है?
(ii) निम्न ग्राफों द्वारा दर्शाए गए गति के प्रकार लिखिए।

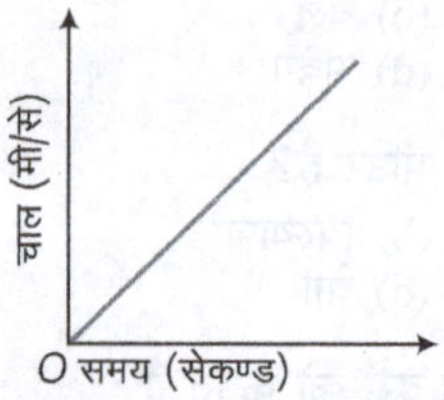

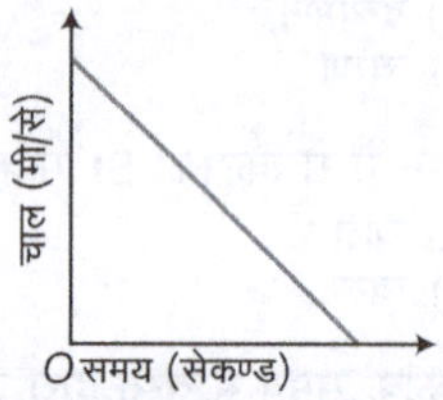

(iii) एक बस 10 सेकण्ड में अपनी चाल 36 किमी/घण्टा से 54 किमी/घण्टा कर लेती है, तो इसका त्वरण ज्ञात कीजिए। (उत्तर 0.5 मी/से^{2})

25. एक वस्तु के लिए वेग-समय ग्राफ बनाइए, जो
(i) एकसमान मन्दन से गतिमान हो
(ii) परिवर्ती त्वरण से गतिमान हो

26. एक वस्तु क्षैतिज सतह पर 0.5 मी/से के प्रारम्भिक वेग से फिसलती है। घर्षण के कारण वस्तु का वेग 0.105 मी/से^{2} की दर से घटता है, तो वस्तु को विरामावस्था में आने में कितना समय लगेगा? (उत्तर 4.8 सेकण्ड)

27. एकसमान वृत्तीय गति को उदाहरण सहित समझाइए।

दीर्घ उत्तरीय प्रश्न

28. दूरी तथा विस्थापन से क्या तात्पर्य है? दूरी तथा विस्थापन के मध्य अन्तर स्पष्ट कीजिए

29. सरल रेखा के अनुदिश गतिमान पिण्ड के लिए x-t ग्राफ को नीचे दर्शाया गया है, तो OA, AB, BC और CD अन्तराल के लिए त्वरण का चिन्ह क्या होगा?

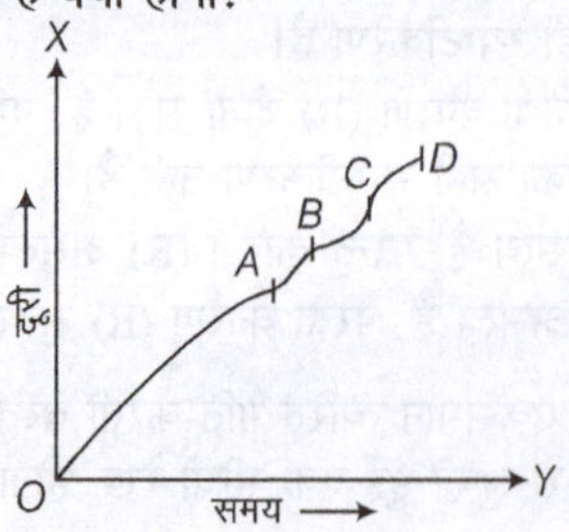

अध्याय 08

बल तथा गति के नियम

(Force and Laws of Motion)

अपने प्रतिदिन के जीवन में हम देखते हैं कि एक स्थिर वस्तु को गति देने के लिए या गतिशील वस्तु को रोकने के लिए हमें कुछ प्रयास करना पड़ता है। सामान्य भाषा में इसके लिए हमें शारीरिक प्रयास करना पड़ता है तथा हम कहते हैं कि किसी वस्तु को गति की अवस्था में लाने के लिए उसे खींचना, धकेलना या ठोकर मारना पड़ता है। खींचने, धकेलने या ठोकर मारने की इसी क्रिया पर बल की अवधारणा आधारित है।

सिलेबस

- *बल*
  - *संतुलित और असंतुलित*
- *न्यूटन के गति के नियम*
  - *न्यूटन का गति का प्रथम नियम*
  - *जड़त्व तथा द्रव्यमान*
  - *संवेग*
  - *न्यूटन का गति का द्वितीय नियम*
  - *आवेग*
  - *न्यूटन का गति का तृतीय नियम*

बल (Force)

बल वह धक्का (Push) या खिंचाव (Pull) है, जो एक वस्तु द्वारा दूसरी वस्तु पर आरोपित होता है।

बल को देखा नहीं जा सकता, लेकिन इसके प्रभाव को महसूस किया जा सकता है।

बल के अनेक प्रभाव नीचे दिए गए हैं—

(i) बल के द्वारा किसी स्थिर वस्तु को गति में लाया जा सकता है।

(ii) बल द्वारा किसी गतिशील वस्तु को रोका भी जा सकता है।

(iii) किसी वस्तु के वेग का परिमाण बदलने के लिए या धीमा करने या उसकी गति की दिशा बदलने के लिए बल का प्रयोग होता है।

(iv) बल के प्रयोग द्वारा वस्तु का आकार या आकृति भी बदली जा सकती है।

संतुलित और असंतुलित बल
(Balanced and Unbalanced Forces)

बल मुख्यत: दो प्रकार के होते हैं— (i) संतुलित बल (ii) असंतुलित बल

संतुलित बल (Balanced Force)

यदि किसी वस्तु पर एकसाथ दो या दो से अधिक बल कार्य कर रहे हों तथा बलों का परिणामी प्रभाव शून्य हो, तो वे बल संतुलित बल कहलाते हैं। संतुलित बलों के प्रभाव में वस्तु की स्थिति में कोई परिवर्तन नहीं होता है, परंतु वस्तु की आकृति बदल जाती है। एक लकड़ी का ब्लॉक क्षैतिज सतह पर स्थित है और इससे दो रस्सियाँ A तथा B चित्रानुसार संयोजित है तथा ब्लॉक विरामावस्था में है।

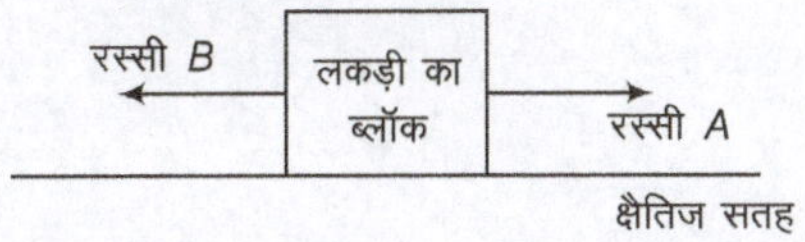

यदि रस्सी A व B को समान परिमाण के बल द्वारा खींचा जाता है, तो ब्लॉक की स्थिति अपरिवर्तित रहती है। इस प्रकार के बलों को संतुलित बल कहते हैं।

संतुलित बल द्वारा निम्न स्थितियाँ अपरिवर्तित रहती हैं

(i) संतुलनावस्था (ii) गत्यावस्था

उदाहरण-रस्साकसी में यदि दोनों टीम समान परिणाम का दोनों तरफ से बल लगाती हैं, तो रस्सी में कोई विस्थापन नही होता अर्थात् परिणामी बल शून्य है। अतः यह संतुलित बल है।

असंतुलित बल (Unbalanced Force)

यदि किसी वस्तु अथवा निकाय पर लगे हुए बलों का परिणामी बल अशून्य है, तो वे बल असंतुलित बल कहलाते हैं। एक लड़का अपने घर में रेफ्रीजरेटर को अन्य स्थान पर चित्रानुसार स्थानान्तरित करना चाहता है।

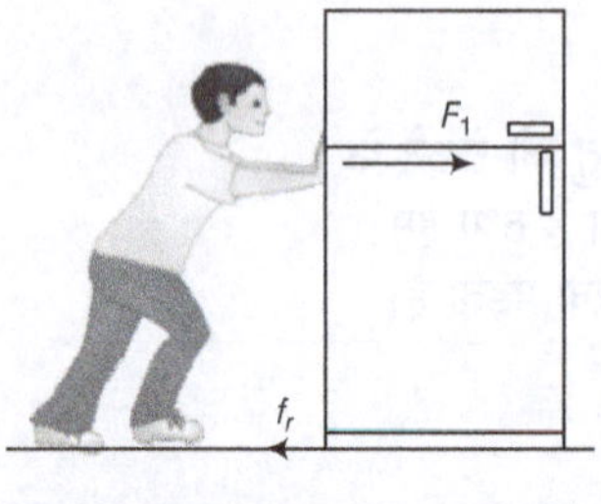

यदि वह कम बल के साथ रेफ्रीजरेटर को धकेलता है, तो रेफ्रीजरेटर नहीं खिसकता है, क्योंकि घर्षण बल विपरीत दिशा में काम कर रहा है। यदि लड़का रेफ्रीजरेटर को ज्यादा जोर से धकेलता है, तब धकेलने वाला बल, घर्षण बल से अधिक हो जाता है तथा रेफ्रीजरेटर चित्र में दर्शाए अनुसार बल की दिशा में खिसकता है ($F_2 > f_r$)।

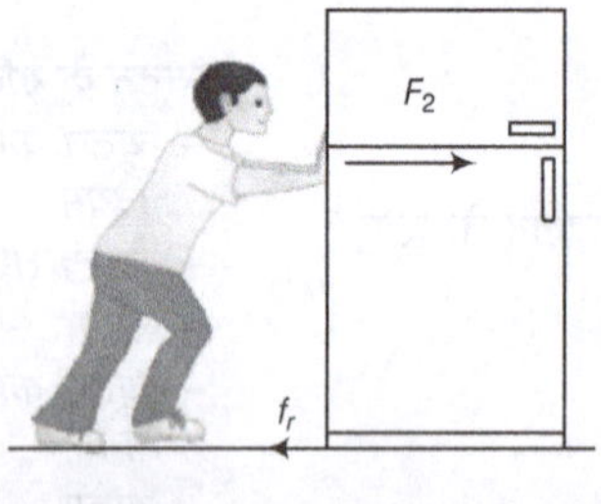

उपरोक्त उदाहरण में असंतुलित बल कार्य करता है, जिसके परिणामस्वरूप रेफ्रीजरेटर खिसकने लगता है।

उदाहरण—रस्साकसी में यदि एक टीम दूसरी टीम से अधिक शक्तिशाली है, तो वह रस्से तथा कमजोर टीम दोनों को अपनी ओर खींच लेती है। इस दशा में रस्से पर लगने वाला बल, असंतुलित बल है।

यदि किसी गतिमान वस्तु पर असंतुलित बल आरोपित किया जाता है, तो वस्तु की चाल या गति की दिशा में परिवर्तन होगा। अतः किसी वस्तु की त्वरित गति के लिए असंतुलित बल की आवश्यकता होती है।

न्यूटन के गति के नियम (Newton's Laws of Motion)

न्यूटन ने वस्तु की गति से सम्बन्धित गैलीलियो के तथ्यों पर विचार कर वस्तु की गति के लिए कुछ नियमों का प्रतिपादन किया। इन तीन नियमों को न्यूटन के गति के नियम कहते हैं, जो निम्नानुसार हैं—

न्यूटन का गति का प्रथम नियम (Newton's First Law of Motion)

गति के प्रथम नियम के अनुसार, 'यदि कोई वस्तु अपनी स्थिर अवस्था या सरल रेखा में एकसमान गति की अवस्था में है, तो वह उसी अवस्था में बनी रहती है, जब तक कि उस पर बाह्य बल कार्यरत् न हो।'

इसका तात्पर्य है कि प्रत्येक वस्तु अपनी स्थिति परिवर्तन का विरोध करती है तथा वस्तु की स्थिति में परिवर्तन बाह्य बल द्वारा किया जाता है।

(i) मेज पर रखी पुस्तक, तब तक उसी अवस्था में रहेगी, जब तक उसकी अवस्था परिवर्तन के लिए कोई बाह्य बल न लगाया जाए।

(ii) यदि मेज के कपड़े के ऊपर बर्तन रखे हैं और हम कपड़े को अचानक खींचते हैं, तो बर्तन मेज पर रह जाते हैं तथा कपड़ा मेज से अलग हो जाता है, क्योंकि कपड़े पर रखे बर्तन जड़त्व के कारण विराम में बने रहते हैं तथा अचानक खींचने पर गिरते नहीं हैं।

जड़त्व तथा द्रव्यमान (Inertia and Mass)

किसी वस्तु का वह गुण जो उसकी विराम या गति की अवस्था में परिवर्तन का विरोध करता है, जड़त्व कहलाता है। जड़त्व वस्तु का अन्तर्निहित गुण है। न्यूटन के प्रथम नियम को **गैलीलियो का जड़त्व का नियम** भी कहते हैं। किसी वस्तु का द्रव्यमान उसके जड़त्व की माप है। किसी वस्तु का जड़त्व उसके द्रव्यमान के अनुक्रमानुपाती होता है। इसका तात्पर्य है कि द्रव्यमान बढ़ाने पर जड़त्व बढ़ता है तथा द्रव्यमान घटाने पर जड़त्व घटता है। अतः भारी वस्तु का जड़त्व हल्की वस्तु से अधिक होता है।

जड़त्व के प्रकार (Types of Inertia)

जड़त्व को मुख्य रूप से तीन भागों में विभक्त किया गया है, जो निम्नलिखित हैं—

1. **विराम का जड़त्व** (Inertia of Rest) यदि कोई वस्तु स्थिर अवस्था में है, तो वह सदैव स्थिर ही रहेगी, जब तक कि उसकी अवस्था परिवर्तन के लिए बाह्य बल न लगाया जाए। यह विराम का जड़त्व कहलाता है।

उदाहरण

(i) बस के अचानक चलने पर यात्रियों का पीछे की ओर गिरना।

(ii) कम्बल से धूल को हटाने हेतु छड़ द्वारा पीटना।

(iii) किसी पेड़ की शाखा को तीव्रता से हिलाने से पत्तियों का झड़ना।

2. **गति का जड़त्व** (Inertia of Motion) यदि कोई वस्तु एक नियत चाल से सरल रेखा में गतिमान है, तो उसकी अवस्था परिवर्तन के लिए बाह्य बल आरोपित करना होगा। यह गति का जड़त्व कहलाता है।

उदाहरण

(i) गतिमान बस के अचानक रुकने पर यात्रियों का आगे गिरना।
(ii) गतिमान बस या ट्रेन से व्यक्ति के उतरते समय आगे की ओर गिरना।
(iii) बस की छत पर सामान को रस्सी से बाँधना।

3. **दिशा का जड़त्व** (Inertia of Direction) किसी वस्तु द्वारा स्वयं की गति की दिशा परिवर्तन की असमर्थता को वस्तु की दिशा का जड़त्व कहते हैं।

उदाहरण

(i) वक्राकार पथ पर तेज गति से गतिमान बस में यात्रियों का वक्र के केन्द्र से बाहर की ओर झुकना।
(ii) चाकू की धार तेज करते समय चिंगारियों का निकलना।
(iii) क्षैतिज वृत्त में धागे से बँधे हुए पत्थर की गति के दौरान धागे के टूटने पर पत्थर का स्पर्श रेखीय रूप से बाहर की ओर जाना।

चेक प्वॉइण्ट 8.1

1. वस्तु पर बल आरोपित करने के कारण होने वाले तीन परिवर्तनों को उदाहरण सहित बताइए।

2. एक उदाहरण की सहायता से सन्तुलित तथा असन्तुलित बल में दो अन्तर बताइए।

3. निम्नलिखित स्थिति में से किसमें कुल बल का मान शून्य है? बल की दिशा ज्ञात कीजिए जब

(i) वृत्तीय पथ के परितः नियत चाल से एक कार गतिमान हो।
(ii) एक व्यक्ति दरवाजे को बन्द करने हेतु धक्का लगाता है।
(iii) घासीय मैदान पर घूर्णित गेंद धीमी होकर रुक जाती है।

4. उस कारक का नाम दें, जोकि वस्तु के जड़त्व पर निर्भर करता है।

5. धारा को बन्द करने के पश्चात् भी वैद्युत पंखा कुछ समय तक घूर्णन क्यों करता रहता है?

संवेग (Momentum)

किसी वस्तु द्वारा प्राप्त गति की मात्रा को संवेग द्वारा मापा जाता है। किसी गतिमान वस्तु के द्रव्यमान व वेग के गुणनफल को संवेग कहते हैं। संवेग में परिमाण और दिशा दोनों होती है। संवेग की दिशा वही होती है, जो वेग की दिशा होती है।

यदि m द्रव्यमान की कोई वस्तु v वेग से गतिमान है, तो वस्तु का संवेग

$$\boxed{p = mv}$$

संवेग का SI मात्रक **किग्रा-मी/से** होता है।

नोट *यदि कोई वस्तु विरामावस्था में है, तो उसका वेग $v = 0$ तथा संवेग $p = 0$ होगा।*

उदाहरण 1. 5 किग्रा द्रव्यमान का एक पत्थर 10 मी/से के वेग से लुढ़क रहा है। पत्थर का संवेग ज्ञात कीजिए।

हल दिया है, पत्थर का द्रव्यमान, $m = 5$ किग्रा, वेग, $v = 10$ मी/से

सूत्र से, संवेग, $p = mv = 5 \times 10 = 50$ किग्रा-मी/से

अतः पत्थर का संवेग 50 किग्रा-मी/से है।

न्यूटन का गति का द्वितीय नियम (Newton's Second Law of Motion)

इस नियम के अनुसार, 'किसी वस्तु के संवेग-परिवर्तन की दर, उस पर लगने वाले असंतुलित बाह्य बल के अनुक्रमानुपाती होती है व यह परिवर्तन बल की दिशा में ही होता है।'

गति के द्वितीय नियम की गणितीय गणना (Mathematical Formulation of Second Law of Motion)

माना किसी वस्तु का द्रव्यमान m है और इसका प्रारम्भिक वेग u है। Δt समयान्तराल तक एक निश्चित बल F लगाने पर उस वस्तु का वेग v हो जाता है, तब इसका प्रारम्भिक और अन्तिम संवेग क्रमशः $p_1 = mu$ और $p_2 = mv$ होंगे।

$\therefore$ Δt समयान्तराल में संवेग में परिवर्तन,

$$\Delta p = (p_2 - p_1)$$

$$\Delta p = (mv - mu) = m(v - u)$$

संवेग में परिवर्तन की दर, $\dfrac{\Delta p}{\Delta t} = \dfrac{m \times (v-u)}{\Delta t}$

या लगाया गया बल, $F \propto \dfrac{m \times (v-u)}{\Delta t}$ $\quad \left[\because F = \dfrac{\Delta p}{\Delta t}\right]$

$$F = \frac{km \times (v-u)}{\Delta t}$$

यहां, $a = \dfrac{v-u}{\Delta t}$

जहाँ, k एक समानुपाती नियतांक है।

$$F = kma$$

इकाई बल को उस मात्रा के रूप में परिभाषित करते हैं, 1 किग्रा द्रव्यमान वाली किसी वस्तु में 1 मी/से^{2} का त्वरण उत्पन्न करती है।

अर्थात् इकाई बल $= k \times 1$ किग्रा $\times 1$ मी/से^{2}

$\Rightarrow$ $k = 1$

अतः बल $\boxed{F = ma}$

बल का SI मात्रक **न्यूटन** है, जिसको N द्वारा प्रदर्शित किया जाता है और यह **किग्रा-मी/से²** के तुल्य होता है।

नोट *यदि वस्तु पर आरोपित बल शून्य होता है, तो त्वरण a शून्य होता है अर्थात् वस्तु विरामावस्था में या एकसमान गति से गतिमान रहेगी।*

न्यूटन के गति के द्वितीय नियम के अनुप्रयोग (Applications of Newton's Second Law of Motion)

न्यूटन के गति के द्वितीय नियम पर आधारित अनुप्रयोग निम्नलिखित हैं—

(i) क्रिकेट में गेंद को पकड़ते समय खिलाड़ी का अपने हाथ को पीछे की ओर खींच लेना।

(ii) **ऊँची कूद के खिलाड़ी का स्पंज के गद्दे पर गिरना** ऊँची कूद का खिलाड़ी स्पंज के गद्दे अथवा मिट्टी पर गिरकर संवेग-परिवर्तन की दर को कम करता है, जिससे उसको चोट कम लगती है।

द्वितीय नियम के गणितीय व्यंजक द्वारा न्यूटन का प्रथम नियम (Newton's First Law by Mathematical Expression of Second Law)

न्यूटन के गति के द्वितीय नियम के गणितीय व्यंजक द्वारा न्यूटन के प्रथम नियम को निम्न प्रकार प्राप्त किया जा सकता है—

हम जानते हैं, $F = ma$

$$F = \frac{m(v-u)}{t} \qquad \left[\because a = \frac{v-u}{t}\right]$$

$$Ft = mv - mu$$

यदि $F = 0$ है, तो प्रत्येक समय या क्षण के लिए $v = u$ होगा। इसका तात्पर्य है कि वस्तु नियत वेग u से निरन्तर गतिमान रहेगी और यदि u शून्य है, तो v भी शून्य होगा अर्थात् वस्तु विरामावस्था में होगी।

उदाहरण 2. 10 किग्रा के पिण्ड पर 60 न्यूटन का बल कितनी देर तक लगाये कि उसका वेग 24 मी/से हो जाए?

हल दिया है, बल $(F) = 60$ न्यूटन, पिण्ड का द्रव्यमान $(m) = 10$ किग्रा, प्रारम्भिक वेग $(u) = 0$, अन्तिम वेग $(v) = 24$ मी/से, समय $(t) = ?$

सूत्र $F = ma$ से, त्वरण $(a) = \frac{F}{m} = \frac{60 \text{ न्यूटन}}{10 \text{ किग्रा}} = 6$ न्यूटन/किग्रा

$$= \frac{6 \text{ किग्रा-मी/से}^2}{\text{किग्रा}} = 6 \text{ मी/से}^2$$

गति के प्रथम समीकरण से, $v = u + at$

$$\text{समय } (t) = \frac{v-u}{a}$$

$$= \frac{(24-0) \text{ मी/से}}{6 \text{ मी/से}^2} = 4 \text{ सेकण्ड}$$

अतः पिण्ड पर 4 सेकण्ड तक बल कार्य करेगा।

उदाहरण 3. विराम में स्थित 10 किग्रा द्रव्यमान की वस्तु पर 2 सेकण्ड के लिए 50 न्यूटन का बल लगाया जाता है, तो वस्तु में उत्पन्न त्वरण तथा प्राप्त वेग का मान ज्ञात कीजिए।

हल दिया है, प्रारम्भिक वेग $(u) = 0$ [वस्तु विरामावस्था में है]

बल $(F) = 50$ न्यूटन, द्रव्यमान $(m) = 10$ किग्रा

त्वरण $(a) = ?$

$v = u + at$ $\quad [\because F = ma \Rightarrow a = F/m]$

$$v = u + \frac{Ft}{m}$$

$$v = 0 + \frac{50 \times 2}{10} = 10 \text{ मी/से}$$

$$\therefore \text{ त्वरण, } a = \frac{v-u}{t}$$

$$a = \frac{10-0}{2} = 5 \text{ मी/से}^2$$

अतः वस्तु में उत्पन्न त्वरण 5 मी/से² और प्राप्त वेग 10 मी/से है।

उदाहरण 4. एक बुलेट ट्रेन 180 किमी/घण्टे के वेग से गतिमान है और यह ट्रेन ब्रेक लगने के पश्चात् 5 सेकण्ड में रूकती है। यदि बोगी का द्रव्यमान 2000 किग्रा है, तो ब्रेक द्वारा ट्रेन के पहियों पर कार्यरत् बल की गणना कीजिए।

हल दिया है,

प्रारम्भिक वेग $(u) = 180$ किमी/घण्टा $= 180 \times \frac{5}{18} = 50$ मी/से

अन्तिम वेग $(v) = 0$, समय $(t) = 5$ सेकण्ड,

द्रव्यमान $(m) = 2000$ किग्रा

गति के प्रथम समीकरण द्वारा,

$$v = u + at$$

$$\Rightarrow u + at = 0 \qquad [\because v = 0]$$

$$\Rightarrow at = -u$$

$$\Rightarrow a = -\frac{u}{t} = -\frac{50}{5} = -10 \text{ मी/से}^2$$

न्यूटन की गति के द्वितीय नियम द्वारा,

पहिए पर कार्यरत् बल,

$$F = ma = 2000 \times (-10) = -20000 \text{ न्यूटन}$$

यहाँ ऋणात्मक चिन्ह यह प्रदर्शित करता है कि बल की दिशा, गति की दिशा के विपरीत है।

उदाहरण 5. m_1 द्रव्यमान पर 6 न्यूटन का बल लगाने पर 18 मी/से² का त्वरण उत्पन्न होता है और m_2 द्रव्यमान पर भी 6 न्यूटन का बल लगाने पर 24 मी/से² का त्वरण उत्पन्न होता है। यदि दोनों द्रव्यमानों को आपस में बाँध दिया जाता है, तो इसका त्वरण क्या होगा?

हल दिया है, बल $(F) = 6$ न्यूटन

m_1 द्रव्यमान का त्वरण $(a_1) = 18$ मी/से²

m_2 द्रव्यमान का त्वरण $(a_2) = 24$ मी/से²

न्यूटन के द्वितीय नियम के अनुसार,

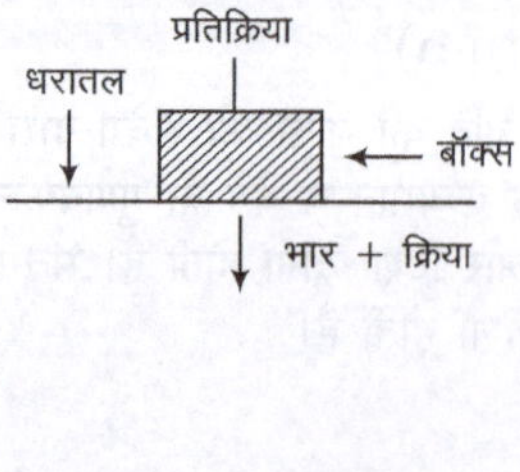

$$m_1 = \frac{F}{a_1} = \frac{6}{18} = \frac{1}{3} \text{ किग्रा;}$$

$$m_2 = \frac{F}{a_2} = \frac{6}{24} = \frac{1}{4} \text{ किग्रा}$$

कुल द्रव्यमान $(m) = m_1 + m_2$

$$m = \frac{1}{3} + \frac{1}{4}$$

$$m = \frac{4+3}{12} = \frac{7}{12} \text{ किग्रा}$$

संयुक्त द्रव्यमान में उत्पन्न त्वरण $(a) = \frac{F}{m}$

$$a = \frac{6}{7/12} = \frac{12 \times 6}{7} = 10.28 \text{ मी/से}^2$$

उदाहरण 6. एक लम्बी मेज पर सरल रेखा में गतिमान 30 ग्राम द्रव्यमान के लिए वेग-समय ग्राफ चित्र में दर्शाया गया है, तो गेंद को विरामावस्था में लाने हेतु कितने बल की आवश्यकता होगी?

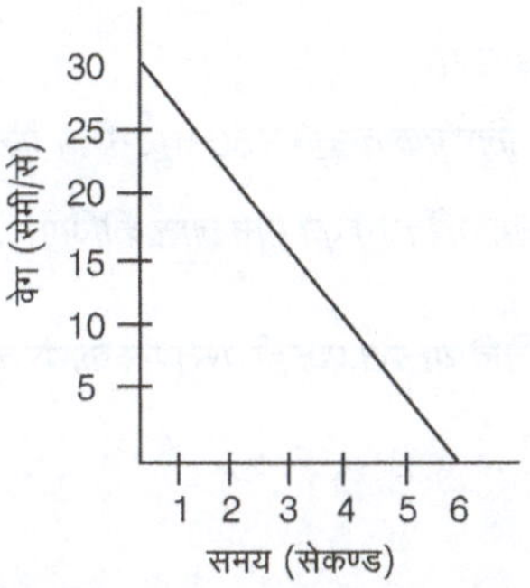

हल गेंद का प्रारम्भिक वेग $(u) = 30$ सेमी/मी

अन्तिम वेग $(v) = 0$

समय $(t) = 6$ सेकण्ड

$\therefore$ त्वरण $(a) = \frac{v-u}{t} = \frac{(0-30)}{6}$

$a = -5$ सेमी/से^{2}

$= -0.05$ मी/से^{2}

गेंद पर कार्यरत् बल, $F = ma$

$$= \left(\frac{30}{1000}\right) \times (-0.05) = -1.5 \times 10^{-3} \text{ न्यूटन}$$

यहाँ ऋणात्मक चिन्ह यह प्रदर्शित करता है कि मेज पर लगाया गया घर्षण बल, गेंद की गति की दिशा के विपरीत है।

आवेग (Impulse)

यह बल के कुल प्रभाव के रूप में होता है। आवेग वस्तु के संवेग परिवर्तन के तुल्य होता है। दूसरे शब्दों में, किसी वस्तु का आवेग, वस्तु पर कार्यरत् बल और अल्प समयान्तराल (जिसके लिए बल कार्यरत् रहता है) का गुणनफल होता है।

न्यूटन के द्वितीय नियमानुसार,

$$F = ma$$

$$F = \frac{m(v-u)}{t} \qquad \left[\because a = \frac{v-u}{t}\right]$$

$$F = \frac{mv - mu}{t}$$

$$Ft = mv - mu$$

$$I = p_2 - p_1$$

यहाँ, p_1 तथा p_2 = प्रारम्भिक तथा अन्तिम संवेग

या आवेग = संवेग में परिवर्तन

आवेग का SI मात्रक **न्यूटन-सेकण्ड** या **किग्रा-मी/से** होता है।

उदाहरण 7. यदि 500 किग्रा के वाहन पर 1000 न्यूटन का बल लगाया जाता है, तो कितने समय में वाहन का वेग 2 मी/से से 10 मी/से हो जाएगा? तथा इसका आवेग भी ज्ञात कीजिए।

हल दिया है,

बल, $F = 1000$ न्यूटन

द्रव्यमान, $m = 500$ किग्रा

अन्तिम वेग, $v = 10$ मी/से

प्रारम्भिक वेग, $u = 2$ मी/से

$$F = \frac{m(v-u)}{t}$$

$$t = \frac{m(v-u)}{F} = \frac{500 \times (10-2)}{1000} = 4 \text{ सेकण्ड}$$

$\because$ आवेग, $I = Ft = 1000 \times 4 = 4000$ न्यूटन-सेकण्ड

वाहन का वेग 2 मी/से से 10 मी/से होने में 4 सेकण्ड लगेगा तथा वाहन का आवेग 4000 न्यूटन-सेकण्ड है।

न्यूटन का गति का तृतीय नियम
(Newton's Third Law of Motion)

इस नियम के अनुसार, 'जब एक वस्तु दूसरी वस्तु पर बल लगाती है, तब दूसरी वस्तु भी पहली वस्तु पर उतना ही बल विपरीत दिशा में लगाती है।

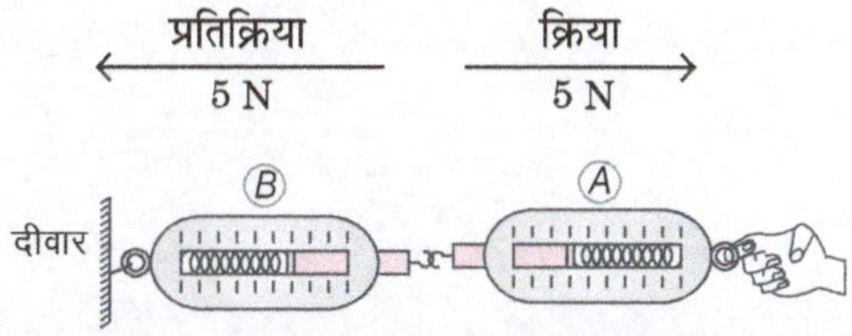

स्प्रिंग तुला में क्रिया-प्रतिक्रिया बल

इस प्रकार क्रिया-प्रतिक्रिया का परिमाण समान होता है और इनकी दिशा विपरीत होती है। फिर भी ये एक-दूसरे को निरस्त नहीं करते हैं, ये सदैव भिन्न वस्तुओं पर कार्यरत्
होते हैं।

न्यूटन के गति के तृतीय नियम के अनुप्रयोग
(Applications of Newton's Third Law of Motion)

(i) **दो व्यक्तियों का टकराना** (Collision of Two Person) यदि विपरीत दिशाओं में गतिमान व्यक्ति एक-दूसरे से टकराते हैं, तो दोनों को चोट लगती है, क्योंकि वे एक-दूसरे पर बल लगाते हैं तथा दो विपरीत बल-युग्म के रूप में कार्य करते हैं।

(ii) **व्यक्ति का चलना** (Walking of a Person) जब हम ठोस भूमि पर चलते हैं, तो हम पैरों के द्वारा भूमि को पीछे की ओर धकेलते हैं तथा भूमि भी प्रतिक्रिया के रूप में हमारे पैरों पर आगे की ओर उतना ही बल लगाती है, जिसके कारण हम आगे की ओर बढ़ते हैं।

(iii) **बन्दूक का पीछे हटना** (Recoil of a Gun) जब किसी बन्दूक से गोली चलती है, तो उसमें भरी बारूद गैस में परिवर्तित हो जाती है। इसी कारण गोली तीव्र गति से बन्दूक से बाहर निकलती है। यह गोली भी बन्दूक पर विपरीत दिशा में समान प्रतिक्रिया बल लगाती है। इसी कारण, बन्दूक पीछे की ओर हटती है। यहाँ बन्दूक का द्रव्यमान गोली से बहुत अधिक होता है, जबकि बन्दूक का त्वरण, गोली के त्वरण से बहुत कम होता है।

(iv) **नाव का आगे की दिशा में चलना** (Propulsion of Boat in Forward Direction) नाविक चप्पू की सहायता से जल को पीछे की ओर फेंकता है, तो उसके परिणामस्वरूप नाव आगे की दिशा में चलती है। चप्पू तथा नाव द्वारा आरोपित बल का परिमाण समान होता है, परन्तु दिशा विपरीत होती है।

(v) **रॉकेट का संचालन** (Rocket Propulsion) रॉकेट का संचालन क्रिया-प्रतिक्रिया के सिद्धान्त द्वारा किया जाता है। ईंधन के जलने के कारण गर्म गैस उत्पन्न होती है, जोकि नोजल से तीव्र चाल से बाहर निकलती है, जिसके परिणामस्वरूप समान परन्तु विपरीत दिशा में बल उत्पन्न होते हैं, जिस कारण रॉकेट का संचालन ऊपर की ओर होता है।

चेक प्वॉइण्ट 8.2

1. उस भौतिक राशि का नाम लिखिए, जिसका SI मात्रक किग्रा-मी/से होता है तथा उसको परिभाषित कीजिए।

2. यदि नियत वेग (v) से गतिमान वस्तु को विरामावस्था में लाने हेतु वेग आधा किया जाता है तो वस्तु के

(i) प्रारम्भिक तथा अन्तिम संवेग में क्या परिवर्तन होगा?

(ii) संवेग में क्या परिवर्तन होगा?

(iii) संवेग में परिवर्तन की दर क्या होगी?

3. एक कार 108 किमी/घण्टा के वेग से गतिमान है। यदि कार का द्रव्यमान 300 किग्रा है तथा चालक दो मिनट में वेग 108 किमी/घण्टा से 90 किमी/घण्टा करना चाहता है, तो ब्रेक द्वारा टायर पर कार्यरत् बल का मान क्या होगा?

*[**उत्तर** –12.5 न्यूटन]*

4. आवेग को समझाइए।

*5. $\frac{1}{10}$ सेकण्ड के लिए एक वस्तु पर 50 न्यूटन का बल आरोपित होता है, तो वस्तु के संवेग परिवर्तन का मान ज्ञात कीजिए। [**उत्तर** 5 किग्री मी/से]*

6. क्या क्रिया–प्रतिक्रिया बल एक ही वस्तु पर कार्यरत् होते हैं?

NCERT फोल्डर

अध्याय के बीच के प्रश्न

1. निम्न में से किसका जड़त्व अधिक है?
(i) एक रबर की गेंद एवं उसी आकार का पत्थर,
(ii) एक साइकिल एवं एक रेलगाड़ी तथा
(iii) पाँच रुपये का एक सिक्का एवं एक रुपये का सिक्का।

उत्तर किसी वस्तु का द्रव्यमान उसके जड़त्व की माप है, अतः
(i) पत्थर का द्रव्यमान एक रबर की गेंद से ज्यादा होता है इसलिए पत्थर का जड़त्व अधिक होगा।
(ii) रेलगाड़ी का द्रव्यमान साइकिल से अधिक होता है, अतः रेलगाड़ी का जड़त्व अधिक होगा।
(iii) एक रुपये के सिक्के से पाँच रुपये के सिक्के का द्रव्यमान अधिक होता है, अतः पाँच रुपये के सिक्के का जड़त्व अधिक होगा।

2. नीचे दिए गए उदाहरण में गेंद का वेग कितनी बार बदलता है, जानने का प्रयास करें?
"फुटबाल का एक खिलाड़ी गेंद पर किक लगाकर गेंद को अपनी टीम के दूसरे खिलाड़ी के पास पहुचाँता है। दूसरा खिलाड़ी उस गेंद को किक लगाकर गोल की ओर पहुँचाने का प्रयास करता है। विपक्षी टीम का गोलकीपर गेंद को पकड़ता है और अपनी टीम के खिलाड़ी की ओर किक लगाता है।"
इसके साथ ही उस कारक की भी पहचान करें, जो प्रत्येक अवस्था में बल प्रदान करता है।

उत्तर जितनी बार गेंद का वेग बदलेगा, यह नीचे दिया गया है। उपरोक्त प्रश्न में, जब भी गेंद पर बल का प्रयोग होता है, तभी गेंद का वेग बदलेगा।
(a) पहला खिलाड़ी किक लगाकर गेंद को दूसरे खिलाड़ी के पास पहुँचाता है, तब गेंद के वेग में परिवर्तन होगा, क्योंकि पहला खिलाड़ी गेंद पर कुछ बल लगाता है।
(b) दूसरा खिलाड़ी जब किक लगाकर गेंद को गोल की ओर पहुँचाने का प्रयास करता है, तब गेंद का वेग बदलेगा, क्योंकि दूसरा खिलाड़ी गेंद पर बल लगाता है।
(c) जब विपक्षी टीम का गोलकीपर गेंद को पकड़ता है, तब गेंद का वेग बदलेगा, और वेग शून्य हो जायेगा। यहाँ गोलकीपर गेंद को रोकने के लिए बल लगाता है।
(d) जब गोलकीपर अपनी टीम के खिलाड़ी की ओर किक लगाता है, तब गेंद का वेग बदलता है, क्योंकि गोलकीपर गेंद पर कुछ बल लगायेगा।

3. किसी पेड़ की शाखा को तीव्रता से हिलाने पर कुछ पत्तियाँ झड़ जाती हैं, क्यों?

उत्तर जब पेड़ को तीव्रता से हिलाया जाता है, तब पेड़ की शाखाएँ गति की अवस्था में आ जाती हैं लेकिन पत्तियाँ अपनी स्थिर अवस्था बनाये रखने का प्रयास करती हैं, इसलिए पत्तियाँ पेड़ से अलग हो जाती हैं और गिर जाती हैं।

4. जब कोई गतिशील बस अचानक रुकती है, तो आप आगे की ओर झुक जाते हैं और जब विरामावस्था से गतिशील होती है, तो पीछे की ओर हो जाते हैं, क्यों?

उत्तर जब गतिशील बस अचानक रुकती है, तब शरीर का निचला भाग, जो बस के संपर्क में रहता है, स्थिर अवस्था में आ जाता है लेकिन शरीर का ऊपरी भाग जड़त्व के कारण गतिज अवस्था में ही बने रहने की प्रवृत्ति रखता है। इसी कारण से हम आगे की ओर झुक जाते हैं।
इसी प्रकार जब बस विरामावस्था से गतिशील होती है, तब हमारा पैर, जो बस के फर्श के संपर्क में रहता है, गति में आ जाता है। परंतु शरीर का ऊपरी भाग जड़त्व के कारण इस गति का विरोध करता है और हम पीछे की ओर झुक जाते हैं।

अध्याय के अंत की प्रश्नावली

1. कोई वस्तु शून्य बाह्य असंतुलित बल अनुभव करती है। क्या किसी भी वस्तु के लिए अशून्य वेग से गति करना संभव है? यदि हाँ तो वस्तु के वेग के परिमाण एवं दिशा पर लगने वाली शर्तों का उल्लेख करें। यदि नहीं, तो कारण स्पष्ट करें।

उत्तर न्यूटन के प्रथम नियमानुसार "वस्तु अपनी विरामावस्था अथवा सरल रेखा पर एकसमान गति की अवस्था में तब तक बनी रहती है, जब तक उस पर कोई असंतुलित बल कार्य न करे।" अतः जब कोई वस्तु शून्य बाह्य असंतुलित बल का अनुभव करती है, तो वस्तु अशून्य वेग से गति कर सकती है लेकिन यदि वस्तु प्रारम्भ में विरामावस्था में है, तो वह शून्य बाह्य असंतुलित बल होने पर भी अशून्य वेग से गति नहीं करेगी।

2. जब किसी छड़ी से एक दरी (कार्पेट) को पीटा जाता है, तो धूल के कण बाहर आ जाते हैं। स्पष्ट करें।

उत्तर जब छड़ी से दरी को पीटते हैं, तब दरी के रेशे गति में आ जाते हैं, लेकिन धूल के कण जड़त्व के कारण इस गति का विरोध करते हैं, फलस्वरूप धूल के कण बाहर आ जाते हैं।

3. बस की छत पर रखे सामान को रस्सी से क्यों बाँधा जाता है?

उत्तर बस की छत पर रखे सामान को रस्सी से बाँधते हैं, क्योंकि जब बस रुकती है, तो बस विरामावस्था में आ जाती है, लेकिन बस में रखा सामान जड़त्व के कारण गतिज अवस्था में ही बने रहने की प्रवृत्ति रखता है और आगे की ओर गति करता है और बस की छत से गिर जाता है।

इसी प्रकार, जब बस अचानक चलती है, तो बस गति की अवस्था में आ जाती है, लेकिन सामान जड़त्व के कारण इस गति का विरोध करता है तथा पीछे की ओर गति करता हुआ नीचे गिर जाता है।

4. किसी बल्लेबाज द्वारा क्रिकेट की गेंद को मारने पर गेंद जमीन पर लुढ़कती है। कुछ दूरी चलने के पश्चात् गेंद रुक जाती है। गेंद रुकने के लिए धीमी होती है, क्योंकि

(i) बल्लेबाज ने गेंद को पर्याप्त प्रयास से हिट नहीं किया है

(ii) वेग गेंद पर लगाए गए बल के समानुपाती है।

(iii) गेंद पर गति की दिशा के विपरीत एक बल कार्य कर रहा है।

(iv) गेंद पर कोई असंतुलित बल कार्यरत् नहीं है, अतः गेंद विरामावस्था में आने के लिए प्रयासरत है।

उत्तर (iii) गेंद रुकने के लिए धीमी होती है, क्योंकि गेंद और जमीन के बीच उत्पन्न घर्षण बल गेंद की गति की दिशा के विपरीत कार्य करता है।

5. एक ट्रक विरामावस्था से किसी पहाड़ी से नीचे की ओर नियत त्वरण से लुढ़कना शुरू करता है। यह 20 सेकण्ड में 400 मी की दूरी तय करता है। इसका त्वरण ज्ञात करें। अगर इसका द्रव्यमान 7 टन है, तो इस पर लगने वाले बल की गणना करें। (1 टन = 1000 किग्रा)

उत्तर दिया है, ट्रक विरामावस्था से चलता है, अतः प्रारंभिक वेग $u = 0$

तय दूरी, $s = 400$ मी, समय, $t = 20$ सेकण्ड

द्रव्यमान, $m = 7$ टन $= 7 \times 1000 = 7000$ किग्रा

गति की द्वितीय समीकरण से, $s = ut + \frac{1}{2}at^2$

$$400 = 0 \times 20 + \frac{1}{2} \times a \times (20)^2$$

$$400 = 200a$$

$$a = 2 \text{ मी/से}^2$$

न्यूटन के द्वितीय नियम से ट्रक पर लगने वाला बल,

$$F = ma = 7000 \times 2 = 14000 \text{ न्यूटन} = 1.4 \times 10^4 \text{ न्यूटन}$$

6. 1 किग्रा द्रव्यमान के एक पत्थर को 20 मी/से के वेग से झील की जमी हुई सतह पर फेंका जाता है। पत्थर 50 मी की दूरी तय करने के बाद रुक जाता है। पत्थर और बर्फ के बीच लगने वाले घर्षण बल की गणना करें।

उत्तर दिया है, पत्थर का द्रव्यमान, $m = 1$ किग्रा

प्रारंभिक वेग, $u = 20$ मी/से, अंतिम वेग $v = 0$

(क्योंकि पत्थर विरामावस्था में आ जाता है)

तय की गई दूरी, $s = 50$ मी

गति की तृतीय समीकरण से,

$$v^2 = u^2 + 2as$$

$$(0)^2 = (20)^2 + 2a(50)$$

$$100a = -400, \quad a = -4 \text{ मी/से}^2$$

पत्थर और बर्फ के बीच लगने वाला घर्षण बल = पत्थर को रोकने के लिए लगाया गया बल

$= ma = 1 \times (-4) = -4$ न्यूटन या 4 न्यूटन

(यहाँ ऋणात्मक चिह्न घर्षण बल को प्रदर्शित करता है, जो पत्थर और बर्फ के बीच कार्य करता है।)

7. एक 8000 किग्रा द्रव्यमान का रेल इंजन प्रति 2000 किग्रा द्रव्यमान वाले पाँच डिब्बों को सीधी पटरी पर खींचता है। यदि इंजन 40000 न्यूटन का बल आरोपित करता है तथा यदि पटरी 5000 न्यूटन का घर्षण बल लगाती है, तो ज्ञात करें

(i) नेट त्वरण बल

(ii) रेल का त्वरण तथा

(iii) डिब्बे 1 द्वारा डिब्बे 2 पर लगाया गया बल

उत्तर (i) नेट त्वरण बल = इंजन द्वारा आरोपित बल − घर्षण बल

$= 40000 - 5000 = 35000 = 3.5 \times 10^4$ न्यूटन

(ii) न्यूटन के द्वितीय नियमानुसार,

त्वरित बल = रेल का द्रव्यमान × रेल का त्वरण

$$a = \frac{F}{m}$$

रेल का द्रव्यमान = इंजन का द्रव्यमान + डिब्बों का द्रव्यमान

$= 8000 + 5 \times 2000$

$= 8000 + 10000 = 18000$ किग्रा

$\therefore$ त्वरण $= \frac{35000}{18000} = \frac{35}{18} = 1.944$ मी/से

(iii) डिब्बे 1 द्वारा डिब्बे 2 पर लगाया गया बल

$= (35000 - 3.5 \times 2000) = 28000$ न्यूटन

8. एक गाड़ी का द्रव्यमान 1500 किग्रा है। यदि गाड़ी को 1.7 मी/से^{2} के ऋणात्मक त्वरण (अवमंदन) के साथ विरामावस्था में लाना है, तो गाड़ी तथा सड़क के बीच लगने वाला बल कितना होगा?

उत्तर द्रव्यमान, $m = 1500$ किग्रा, त्वरण $a = -1.7$ मी/से^{2}

न्यूटन के द्वितीय नियम से,

$$F = ma = 1500 \times (-1.7) = -2550 \text{ न्यूटन}$$

9. किसी m द्रव्यमान की वस्तु जिसका वेग v है, का संवेग क्या होगा?

(a) $(mv)^2$ (b) mv^2

(c) m^2v (d) mv

उत्तर (d) m द्रव्यमान की वस्तु जिसका वेग v है, का संवेग होगा

$$p = mv$$

10. हम एक लकड़ी के बक्से को 200 न्यूटन बल लगाकर उसे नियत वेग से फर्श पर धकेलते हैं। बक्से पर लगने वाला घर्षण बल क्या होगा?

उत्तर लकड़ी के बक्से को 200 न्यूटन का बल लगाकर फर्श पर नियत वेग से धकेलने के लिए 200 न्यूटन का ही बाह्य बल इसके विपरीत दिशा में लगाना पड़ेगा, जिससे कि बल संतुलित (शून्य) हो सके। अतः बक्से पर लगने वाला घर्षण बल = 200 न्यूटन।

11. गति के तृतीय नियम के अनुसार, जब हम किसी वस्तु को धक्का देते हैं, तो वस्तु उतने ही बल के साथ हमें भी विपरीत दिशा में धक्का देती है। यदि वह वस्तु एक ट्रक है, जो सड़क के किनारे खड़ा है; संभवतः हमारे द्वारा बल आरोपित करने पर भी गतिशील नहीं हो पाएगा। एक विद्यार्थी इसे सही साबित करते हुए कहता है कि दोनों बल विपरीत एवं बराबर हैं, जो एक-दूसरे को निरस्त कर देते हैं। इस तर्क पर अपने विचार दें और बताएँ कि ट्रक गतिशील क्यों नहीं हो पाता?

उत्तर जब दो बल एक ही वस्तु पर कार्य करते हैं, तो ये दोनों बल विपरीत एवं बराबर होते हैं, जो एक-दूसरे को निरस्त कर देते हैं, अतः विद्यार्थी द्वारा दिया गया तर्क सही नहीं है, क्योंकि न्यूटन के तृतीय नियम के अनुसार क्रिया, प्रतिक्रिया बल दो विभिन्न वस्तुओं पर कार्य करते हैं जो एक-दूसरे को निरस्त नहीं कर सकते।

जब हम किसी ट्रक को धक्का देते हैं, तो वह गतिशील नहीं हो पाता, क्योंकि ट्रक को गतिशील करने के लिए लगाया गया बल उपयुक्त नहीं होता है।

12. **200 ग्राम द्रव्यमान की एक हॉकी की गेंद 10 मी/से के वेग से गति कर रही है। यह एक हॉकी स्टिक से इस प्रकार टकराती है कि यह 5 मी/से के वेग से अपने प्रारंभिक मार्ग पर वापस लौटती है। हॉकी स्टिक द्वारा आरोपित बल द्वारा हॉकी की गेंद में आये संवेग परिवर्तन के परिमाप का परिकलन कीजिए।**

उत्तर हॉकी की गेंद का द्रव्यमान $(m_1) = 200$ ग्राम $= 0.2$ किग्रा

गुटके का द्रव्यमान $(m_2) = 5$ किग्रा

गेंद का प्रारंभिक वेग $(u_1) = 10$ मी/से

गेंद की अंतिम वेग $(v) = -5$ मी/से

गुटके का वेग $(u_2) = 0$

माना कि संयुक्त पिंड v वेग से गति करता है।

संघटट के पहले कुल संवेग, $m_1u_1 + m_2u_2$

$= 0.2 \times 10 + 5 \times 0$

$= 2$ किग्रा-मी/से

संघटट के बाद, कुल संवेग $= (m_1 + m_2)v$

$= 52v$ किग्रा-मी/से

संवेग संरक्षण के नियम से,

संघट्ट के पूर्व संवेग = संघट्ट के बाद संवेग

$$2 = 5.2v$$

$$v = \frac{2}{5.2} = 0.38 \text{ मी/से}$$

अतः संघट्ट के पहले तथा बाद में, दोनों दशाओं में कुल संवेग $= 2$ किग्रा-मी/स

तथा संघट्ट के बाद जुड़ी अवस्था में वेग $= 0.38$ मी/से

13. **10 ग्राम द्रव्यमान की एक गोली सीधी रेखा में 150 मी/से के वेग से चलकर एक लकड़ी के गुटके से टकराती है और 0.03 सेकण्ड के बाद रुक जाती है। गोली लकड़ी को कितनी दूर तक भेदेगी? लकड़ी के गुटके द्वारा गोली पर लगाए गए बल के परिमाण की गणना करें।**

उत्तर दिया है, गोली का द्रव्यमान,

$m = 10$ ग्राम $= \frac{10}{1000}$ किग्रा $= 0.01$ किग्रा

प्रारंभिक वेग, $u = 150$ मी/से

अंतिम वेग, $v = 0$ ($\therefore$ गोली रुक जाती है)

समय, $t = 0.03$ सेकण्ड

गति के प्रथम समीकरण से,

$$v = u + at$$

$$0 = 150 + a \times 0.03$$

$$a = \frac{-150}{0.03} = -5000 \text{ मी/से}^2$$

रुकने से पहले गोली द्वारा तय की गई दूरी,

$$v^2 = u^2 + 2as$$

$$0 = (150)^2 + 2(-5000)s$$

$$s = \frac{(150)^2}{10000} = 2.25 \text{ मी}$$

गुटके द्वारा गोली पर लगाया गया बल, $F = ma$

$= 0.01 \times -5000 = -50$ न्यूटन

14. **एक वस्तु जिसका द्रव्यमान 1 kg है, 10 ms^{-1} के वेग से एक सीधी रेखा में चलते हुए विरामावस्था में रखे 5 kg द्रव्यमान के एक लकड़ी के गुटके से टकराती है। उसके बाद दोनों साथ-साथ उसी सीधी रेखा में गति करते हैं। संघट्ट के पहले तथा बाद के कुल संवेगों की गणना करें। आपस में जुड़े हुए संयोजन के वेग की भी गणना करें।**

उत्तर पिंड का द्रव्यमान = 1 kg

टक्कर से पूर्व पिण्ड का वेग = 10 m/s

टक्कर से पूर्व लकड़ी के गुटके का वेग = 0

लकड़ी के गुटके का द्रव्यमान = 5 kg

माना टक्कर के बाद दोनों का सम्मिलित वेग $= v$

टक्कर से पहले का कुल संवेग $= 1 \times 10 + 5 \times 0$

$= 10$ किगा-मी/से

संवेग संरक्षण के नियमानुसार,

टक्कर से पहले का कुल संवेग = टक्कर के बाद का कुल संवेग

(चुँकि संवेग = द्रव्यमान × वस्तु का वेग)

$$1 \times 10 + 5 \times 0 = 1 \times V + 5 \times V$$

$$10 + 0 = 6V$$

$$\frac{10}{6} = V$$

$$1.67 \text{ मी/से} = V$$

अतः टक्कर के बाद दोनों का सम्मिलित वेग

$= 1.67$ मी/से

टक्कर के बाद कुल संवेग $= 6 \times 1.67$

$= 10.2$ किग्रा-मी/से

15. **100 किग्रा द्रव्यमान की एक वस्तु का वेग समान त्वरण से 6 सेकण्ड में 5 मी/से से 8 मी/से हो जाता है। वस्तु के पहले और बाद के संवेगों की गणना करें। उस बल के परिमाण की गणना करें, जो उस वस्तु पर आरोपित है।**

उत्तर दिया है, वस्तु का द्रव्यमान $m = 100$ किग्रा

प्रारंभिक वेग, $u = 5$ मी/से

अंतिम वेग, $v = 8$ मी/से, समय $t = 6$ सेकण्ड

(i) प्रारंभिक संवेग $= mu = 100 \times 5 = 500$ किग्रा-मी/से

अंतिम संवेग $= mv = 100 \times 8 = 800$ किग्रा-मी/से

(ii) न्यूटन के द्वितीय नियम के अनुसार,

वस्तु पर लगा बल = संवेग में परिवर्तन की दर

$$= \frac{\text{संवेग में परिवर्तन}}{\text{समय}}$$

$$= \frac{\text{अंतिम संवेग} - \text{प्रारंभिक संवेग}}{\text{समय}}$$

$$= \frac{800 - 500}{6} = \frac{300}{6} = 50 \text{ न्यूटन}$$

16. एक 10 किग्रा द्रव्यमान की घंटी 80 सेमी की ऊँचाई से फर्श पर गिरी। इस अवस्था में घंटी द्वारा फर्श पर स्थानांतरित संवेग के मान की गणना करें। परिकलन में सरलता हेतु नीचे की ओर दिष्ट त्वरण का मान 10 मी/से^{2} लें।

उत्तर दिया है, घंटी का द्रव्यमान, $m = 10$ किग्रा, $u = 0$

तय दूरी, $s = 80$ सेमी $= 0.8$ मी

$a = 10$ मी/से^{2}

गति की समीकरण से $v^2 = u^2 + 2as$

$v^2 = 0 + 2 \times 10 \times 0.8 = 16$

$v = \sqrt{16} = 4$ मी/से

फर्श को छूने से पहले घंटी का संवेग,

$p = mv$

$= 10 \times 4$

$= 40$ किग्रा-मी/से

जब घंटी फर्श पर गिरती है, तब इसका वेग शून्य हो जाता है इसलिए घंटी का संवेग फर्श पर स्थानांतरित संवेग के मान के बराबर होगा।

अतः फर्श पर स्थानांतरित संवेग = 40 किग्रा-मी/से

17. एक वस्तु की गति की अवस्था में दूरी-समय सारणी निम्नवत् है

समय (सेकण्ड)	दूरी (मी)
0	0
1	1
2	8
3	27
4	64
5	125
6	216
7	343

(i) त्वरण के बारे में आप क्या निष्कर्ष निकाल सकते हैं? क्या यह नियत है? बढ़ रहा है? घट रहा है? या शून्य है?

(ii) आप वस्तु पर लगने वाले बल के बारे में क्या निष्कर्ष निकाल सकते हैं?

उत्तर (i) यहाँ, प्रारंभिक वेग, $u = 0$

न्यूटन के गति की द्वितीय समीकरण से, $s = ut + \frac{1}{2}at^2$

$= \frac{1}{2}at^2 \quad [\because u = 0]$

$a = \frac{2s}{t^2}$

समय (सेकण्ड)	दूरी (मी)	त्वरण $= 2s / t^2$
0	0	0
1	1	2
2	8	4
3	27	6
4	64	8
5	125	10
6	216	12
7	343	14

अतः त्वरण बढ़ रहा है।

(ii) चूँकि त्वरण बढ़ रहा है, इसलिए वस्तु पर असंतुलित बल कार्य कर रहा है।

18. 1200 किग्रा द्रव्यमान की कार को एक समतल सड़क पर दो व्यक्ति समान वेग से धक्का देते हैं। उसी कार को तीन व्यक्तियों द्वारा धक्का देकर 0.2 मी/से^{2} का त्वरण उत्पन्न किया जाता है। कितने बल के साथ प्रत्येक व्यक्ति कार को धकेल पाते हैं? (मान लें कि सभी व्यक्ति समान पेशीय बल के साथ कार को धक्का देते हैं)

उत्तर दिया है, कार का द्रव्यमान, $m = 1200$ किग्रा

त्वरण, $a = 0.2$ मी/से^{2}

∴ तीन व्यक्तियों द्वारा लगाया गया बल,

$F = ma$

$= 1200 \times 0.2$

$= 240$ न्यूटन

एक व्यक्ति द्वारा कार पर लगाया गया बल

$= \frac{240}{3} = 80$ न्यूटन

अतः प्रत्येक व्यक्ति 80 न्यूटन बल से कार को धकेल रहा है।

19. 500 ग्राम द्रव्यमान के एक हथौड़े द्वारा 50 मी/से वेग से एक कील पर प्रहार किया जाता है। कील द्वारा हथौड़े को बहुत कम समय 0.01 सेकण्ड में ही रोक दिया जाता है। कील के द्वारा हथौड़े पर लगाए गए बल का परिकलन करें।

उत्तर दिया है, हथौड़े का द्रव्यमान, $m = 500$ ग्राम $= 0.05$ किग्रा

हथौड़े का प्रारंभिक वेग, $u = 50$ मी/से

हथौड़े का अंतिम वेग, $v = 0$ (क्योंकि हथौड़ा रुक जाता है)

समय, $t = 0.01$ सेकण्ड

कील द्वारा हथौड़े पर लगाया गया बल

= हथौड़े के संवेग में परिवर्तन की दर

$$F = \frac{mv - mu}{t}$$

$$= \frac{0.05 \times 0 - 0.05 \times 50}{0.01}$$

$$= \frac{-25}{0.01} = -2500 \text{ न्यूटन}$$

20. एक 1200 किग्रा द्रव्यमान की मोटरकार 90 किमी/घंटा के वेग से एक सरल रेखा के अनुदिश चल रही है। उसका वेग बाहरी असंतुलित बल लगने के कारण 4 सेकण्ड में घटकर 18 किमी/घंटा हो जाता है। त्वरण और संवेग में परिवर्तन का परिकलन करें। लगने वाले बल के परिमाण का भी परिकलन करें।

उत्तर दिया है, कार का द्रव्यमान, $m = 1200$ किग्रा

प्रारंभिक वेग, $u = 90$ किमी/घंटा

$= 90 \times \frac{5}{18} = 25$ मी/से

अंतिम वेग, $v = 18$ किमी/घंटा

$= 18 \times \frac{5}{18} = 5$ मी/से

समय, $t = 4$ सेकण्ड

(i) त्वरण $= \frac{v-u}{t} = \frac{5-25}{4} = \frac{-20}{4} = -5$ मी/से^{2}

(ऋणात्मक चिह्न प्रदर्शित करता है कि वेग कम हो रहा है)

(ii) संवेग में परिवर्तन = अंतिम संवेग − प्रारंभिक संवेग

$= mv - mu = m(v-u)$

$= 1200\,(5-25)$

$= 1200 \times -20 = -24000$ किग्रा-मी/से

(iii) लगने वाले बल का परिमाण = संवेग में परिवर्तन की दर

$= \frac{\text{संवेग में परिवर्तन}}{\text{समय}}$

$= \frac{-24000}{4} = -6000$ न्यूटन

अध्याय : एक नजर में

- बल वह धक्का या खिंचाव है, जो एक वस्तु द्वारा दूसरी वस्तु पर आरोपित होता है।
  बल के प्रकार
  (i) ***सन्तुलित बल*** यदि बलों का परिणामी प्रभाव शून्य है, तो बल सन्तुलित बल होंगे।
  (ii) ***असन्तुलित बल*** यदि बलों का परिणामी प्रभाव शून्य नहीं है, तो बल असन्तुलित बल होंगे।
- ***न्यूटन का गति का प्रथम नियम*** इस नियम के अनुसार, यदि कोई वस्तु स्थिर अवस्था या सरल रेखा में एकसमान गति की अवस्था में है, तो वह उसी अवस्था में बनी रहती है, जब तक कि उस पर बाहर से कोई बल न लगाया जाए।
- किसी वस्तु का वह गुण, जो उसकी विराम या गति की अवस्था के परिवर्तन का विरोध करता है, ***जड़त्व*** कहलाता है।
  जड़त्व के प्रकार
  (i) ***विराम का जड़त्व*** (Inertia of rest) यदि कोई वस्तु स्थिर अवस्था में है, तो वह सदैव स्थिर ही रहेगी, जब तक कि उसकी अवस्था परिवर्तन के लिए बाह्य बल न लगाया जाए। यह विराम का जड़त्व कहलाता है।
  (ii) ***गति का जड़त्व*** (Inertia of motion) यदि कोई वस्तु एक नियत चाल से सरल रेखा में गतिमान है, तो उसकी अवस्था परिवर्तन के लिए बाह्य बल आरोपित करना होगा। यह गति का जड़त्व कहलाता है।
  (iii) ***दिशा का जड़त्व*** (Inertia of direction) किसी वस्तु द्वारा स्वयं की गति की दिशा परिवर्तन की असमर्थता को वस्तु की दिशा का जड़त्व कहते हैं।
- गतिमान वस्तु के द्रव्यमान व वेग के गुणनफल को ***संवेग*** कहते हैं।
  $$p = mv$$
  संवेग का SI मात्रक ***किग्रा-मी/से*** होता है।
- ***न्यूटन का गति का द्वितीय नियम*** इस नियम के अनुसार, ''किसी वस्तु के संवेग-परिवर्तन की दर, उस पर लगने वाले असंतुलित बल के अनुक्रमानुपाती होती है।'' यह परिवर्तन बल की दिशा में ही होता है।
  किसी वस्तु पर आरोपित बल, वस्तु के द्रव्यमान तथा त्वरण के गुणनफल के तुल्य होता है।
  $$\text{बल } (F) = ma$$
  बल का SI मात्रक ***न्यूटन (N)*** होता है।
- किसी वस्तु का आवेग, वस्तु पर कार्यरत् बल और अल्प समयान्तराल का गुणनफल होता है।
  $$\text{आवेग } (I) = Ft = p_2 - p_1$$
  आवेग का SI मात्रक ***न्यूटन-सेकण्ड*** या ***किग्रा-मी/से*** होता है।
- ***न्यूटन का गति का तृतीय नियम*** इस नियम के अनुसार, ''जब एक वस्तु दूसरी वस्तु पर बल लगाती है, तब दूसरी वस्तु भी पहली वस्तु पर उतना ही बल विपरीत दिशा में लगाती है।''

परीक्षा अभ्यास

यहाँ अध्याय से सम्बन्धित सभी सम्भावित प्रश्नों को दिया गया है, इन प्रश्नों का अभ्यास करके व याद रखकर छात्र अध्याय से सम्बन्धित किसी भी प्रश्न का उत्तर दे पाएँगे।

वस्तुनिष्ठ प्रकार के प्रश्न

बहुविकल्पीय प्रश्न

1. जड़त्व का गुण
(a) किसी-किसी वस्तु में होता है
(b) प्रत्येक वस्तु में होता है
(c) किसी भी वस्तु में नहीं होता है
(d) केवल गतिशील वस्तु में होता है

उत्तर (b) प्रत्येक वस्तु में द्रव्यमान होता है। अतः प्रत्येक वस्तु में जड़त्व भी होता है।

2. किसी गतिशील पिण्ड का वेग आधा करने से उसका संवेग हो जाता है
(a) आधा (b) दोगुना
(c) चार गुना (d) एक-चौथाई

उत्तर (a) प्रथम स्थिति में, संवेग, $p = mv$

द्वितीय स्थिति में, संवेग, $p' = m \cdot \frac{v}{2} = \frac{1}{2} p$

3. चित्र में दर्शाए अनुसार एक वस्तु पर दो बल F_1 व F_2 कार्यरत् हैं, तो वस्तु का त्वरण होगा

$F_1 = 50$ न्यूटन → [$m = 5$ किग्रा] ← $F_2 = 65$ न्यूटन

(a) 23 मी/से^{2} (b) 3 मी/से^{2}
(c) 2 मी/से^{2} (d) 22 मी/से^{2}

उत्तर (b) परिणामी बल, $F = F_2 - F_1$
$= 65 - 50 = 15$ न्यूटन

गति के द्वितीय नियम द्वारा,
$$F = ma$$
$$15 = 5a$$
या $a = 3$ मी/से^{2}

4. स्वतन्त्र गति के लिए किसी वस्तु पर कोई बल लगाया गया। यदि बल का परिमाण तथा वस्तु का द्रव्यमान ज्ञात हो, तो न्यूटन के दूसरे नियम की सहायता से हम
(a) वस्तु का भार ज्ञात कर सकते हैं
(b) वस्तु की चाल ज्ञात कर सकते हैं
(c) वस्तु का त्वरण ज्ञात कर सकते हैं
(d) वस्तु की स्थिति ज्ञात कर सकते हैं

उत्तर (c) बल $(F) = ma$

$\Rightarrow$ त्वरण $(a) = \frac{F}{m}$

अतः हम वस्तु का त्वरण ज्ञात कर सकते हैं।

5. यदि स्वतन्त्र गति के लिए 1 किग्रा द्रव्यमान की किसी वस्तु पर 1 न्यूटन का बल लगाया जाए, तो वह
(a) 1 मी/से की चाल से गति करेगी
(b) 1 किमी/सेकण्ड की चाल से गति करेगी
(c) 10 मी/से^{2} के त्वरण से गति करेगी
(d) 1 मी/से^{2} के त्वरण से गति करेगी

उत्तर (d) बल $F = ma$

$\Rightarrow$ त्वरण $a = \frac{F}{m} = \frac{1 \text{ न्यूटन}}{1 \text{ किग्रा}} = 1$ मी/से^{2}

6. एक चालक अपनी कार को पहले 1.8 मी/से^{2} की दर से त्वरित करता है, फिर 1.2 मी/से^{2} की दर से त्वरित करता है। इंजन द्वारा आरोपित बलों का अनुपात क्या होगा?

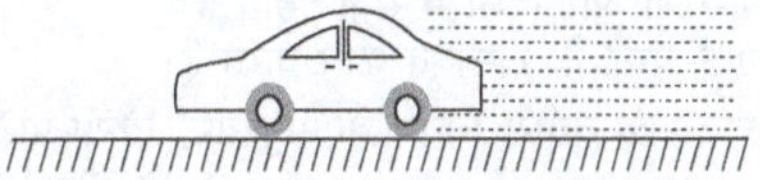

(a) 1 : 2 (b) 2 : 1
(c) 2 : 3 (d) 3 : 2

उत्तर (d) $\because F = ma$

$F \propto a$ ($m =$ नियत)

$\therefore \frac{F_1}{F_2} = \frac{a_1}{a_2} = \frac{1.8 \text{ मी/से}^2}{1.2 \text{ मी/से}^2} = \frac{3}{2} = 3:2$

7. जब किसी वस्तु पर कोई बाह्य बल लगता है, तो वह बल की दिशा में त्वरित हो जाती है। इस प्रकार उत्पन्न त्वरण, वस्तु
(a) पर लगे बल के समानुपाती होता है
(b) के वेग के समानुपाती होता है
(c) के द्रव्यमान के समानुपाती होता है
(d) के जड़त्व के समानुपाती होता है

उत्तर (a) न्यूटन के गति के द्वितीय नियम के अनुसार, बाह्य बल, सदैव वस्तु की गति में उत्पन्न त्वरण के समानुपाती होता है।

8. कोई अचर बल 0.6 किग्रा द्रव्यमान के किसी पिण्ड में 0.08 मी/से^{2} का त्वरण उत्पन्न करता है, तो बल का परिमाण है
(a) 0.048 न्यूटन (b) 4.8 न्यूटन
(c) 48 न्यूटन (d) 0.48 न्यूटन

उत्तर (a) न्यूटन के गति के द्वितीय नियम से,
$$F = ma$$
$\Rightarrow$ $F = 0.6 \times 0.08 = 0.048$ न्यूटन

9. यदि कोई बल 10 ग्राम द्रव्यमान की वस्तु A में 8 मी/से^{2} का त्वरण उत्पन्न करता है और कोई दूसरा बल 20 ग्राम द्रव्यमान की वस्तु B में 5 मी/से^{2} का त्वरण उत्पन्न करता है, तो

(a) B की अपेक्षा A पर बड़ा बल लगता है
(b) A की अपेक्षा B पर बड़ा बल लगता है
(c) A और B दोनों पर समान बल लगता है
(d) A और B दोनों पर लगा बल शून्य है

उत्तर (b) हम जानते हैं, $F = ma$

प्रथम स्थिति में,

$$F_A = \frac{10}{1000} \text{ किग्रा} \times 8 \text{ मी/से}^2$$

$$= \frac{80}{1000} = \frac{8}{100} \text{ न्यूटन} = 0.08 \text{ न्यूटन}$$

द्वितीय स्थिति में,

$$F_B = \frac{20}{1000} \text{ किग्रा} \times 5 \text{ मी/से}^2$$

$$= \frac{100}{1000} = \frac{1}{10} = 0.1 \text{ न्यूटन}$$

$$\therefore \quad F_B > F_A$$

10. न्यूटन के तृतीय नियम के अनुसार, क्रिया और प्रतिक्रिया बल के लिए निम्न में से कौन-सा कथन सही है?

प्रतिक्रिया ← 5 N   क्रिया → 5 N

(a) एक ही वस्तु पर कार्य करते हैं
(b) अलग-अलग वस्तुओं पर एक-दूसरे के विपरीत कार्य करते हैं
(c) परिमाण और दिशा में समान होते हैं
(d) एक-दूसरे के लम्बवत् कार्य करते हैं

उत्तर (b) न्यूटन के तृतीय नियम के अनुसार, क्रिया-प्रतिक्रिया बल अलग-अलग वस्तुओं पर एक-दूसरे के विपरीत कार्य करते हैं।

11. नीचे दिए गए कॉलमों का मिलान कीजिए।

	कॉलम I		कॉलम II
A.	कालीन को पीटकर साफ करना	1.	न्यूटन का प्रथम नियम
B.	गोली दागते समय सैनिक का पीछे की ओर धक्का महसूस करना	2.	न्यूटन का द्वितीय नियम
C.	बस के अचानक रुक जाने पर यात्रियों को आगे की ओर झटका महसूस करना	3.	न्यूटन का तृतीय नियम
D.	गेंदबाज के द्वारा गेंद पकड़ते समय अपने हाथ को पीछे की ओर ले जाना		

कोड

	A	B	C	D		A	B	C	D
(a)	1	3	1	2	(b)	2	1	3	1
(c)	3	1	1	2	(d)	1	2	3	3

उत्तर (a) पीटने से कारपेट को साफ करना जड़त्व का एक उदाहरण है। यह न्यूटन के प्रथम नियम को बताता है। यात्रियों का आगे की ओर झटका महसूस करना जब बस अचानक रुकती है, यह भी जड़त्व का उदाहरण है। गोली दागते समय सैनिक को पीछे की ओर धक्का महसूस होना, यह न्यूटन के तीसरे नियम का कारण है, गेंद बाज न्यूटन के द्वितीय नियम के कारण हाथों को पीछे की ओर खींचता है।

कथन-कारण प्रकार के प्रश्न

निर्देश (प्र.सं. 12-15) इस खण्ड में दिए गए प्रत्येक प्रश्न में कथन तथा कारण दिए गए हैं। प्रत्येक प्रश्न के चार विकल्प (a), (b), (c) व (d) हैं, जिनमें से केवल एक सही है।

(a) कथन (A) तथा कारण (R) दोनों सत्य हैं तथा कारण (R), कथन (A) का सही स्पष्टीकरण है।
(b) कथन (A) तथा कारण (R) दोनों सत्य हैं, परन्तु कारण (R), कथन (A) का सही स्पष्टीकरण नहीं है।
(c) कथन (A) सत्य है, परन्तु कारण (R) असत्य है।
(d) कथन (A) असत्य है, परन्तु कारण (R) सत्य है।

12. कथन (A) यदि भिन्न-भिन्न द्रव्यमानों के पिण्डों का संवेग बराबर है, तो हल्के पिण्ड का वेग अधिक होता है।

कारण (R) सभी पिण्डों के संवेग बराबर होते हैं।

उत्तर (c) संवेग, $p = m \times v$

$$p_1 = p_2$$

$$m_1 v_1 = m_2 v_2$$

$$m_1 < m_2 \quad \text{(माना)}$$

$$v_1 > v_2$$

अतः कथन (A) सत्य है, परन्तु कारण (R) असत्य है।

13. कथन (A) यदि कोई पिण्ड वृत्तीय पथ में एकसमान चाल से गति कर रहा है, तो भी उसका संवेग परिवर्तित होता है।

कारण (R) किसी पिण्ड को ऋजुरेखा में एकसमान गति करने के लिए बाह्य बल की आवश्यकता नहीं होती है।

उत्तर (b) वृत्तीय पथ पर पिण्ड के वेग का परिमाण तो नियत रहता है, परन्तु दिशा लगातार बदलती रहने के कारण संवेग ($\mathbf{p} = m \times \mathbf{v}$) की दिशा भी बदलती रहती है। अतः पिण्ड का संवेग परिवर्तित हो जाता है। ऋजुरेखा की एकसमान गति में $\mathbf{v}$ = नियतांक

$$\Rightarrow \quad \mathbf{a} = 0 \Rightarrow \mathbf{F} = 0$$

अतः कथन (A) तथा कारण (R) दोनों सत्य हैं, परन्तु कारण (R), कथन (A) का सही स्पष्टीकरण नहीं है।

14. कथन (A) एक गेंद दीवार से v वेग से अभिलम्बवत् टकराती है तथा विपरीत दिशा में उसी वेग से लौटती है। यदि गेंद का द्रव्यमान m है, तो दीवार पर आरोपित आवेग $2mv$ होता है।

कारण (R) आवेग = रेखीय संवेग में परिवर्तन

उत्तर (a) गेंद के संवेग में परिवर्तन $= mv - (-mv) = 2mv$

तथा आवेग = रेखीय संवेग में परिवर्तन

$\therefore$ दीवार पर आरोपित आवेग $= 2mv$

अतः कथन (A) तथा कारण (R) दोनों सत्य हैं तथा कारण (R), कथन (A) का सही स्पष्टीकरण है।

15. कथन (A) न्यूटन की गति के तृतीय नियम को क्रिया-प्रतिक्रिया नियम कहते हैं।

कारण (R) जब एक वस्तु दूसरी वस्तु पर बल लगाती है तब दूसरी वस्तु, पहली वस्तु पर उतना ही बल विपरीत दिशा में लगाती है।

उत्तर (a) न्यूटन की गति के तृतीय नियम के अनुसार, जब एक वस्तु दूसरी वस्तु पर बल लगाती है तब दूसरी वस्तु, पहली वस्तु पर उतना ही बल विपरीत दिशा में लगाती है इसे क्रिया-प्रतिक्रिया का नियम भी कहते हैं।

अतः कथन (A) तथा कारण (R) दोनों सत्य हैं तथा कारण (R), कथन (A) का सही स्पष्टीकरण है।

केस स्टडी आधारित प्रश्न

निर्देश (प्र.सं. 16-20) ***निम्नलिखित पैराग्राफ को पढ़िए तथा दिए गए प्रश्नों के उत्तर दीजिए।***

एक कार 30 मी/से की चाल से गति करती है। कार का चालक, कार के सामने आए कुत्ते को देखकर अचानक ब्रेक लगाता है। जिसके कारण कार का वेग, समय के साथ परिवर्तित होता है। समय के साथ वेग में परिवर्तन को नीचे दी गई तालिका में दर्शाया गया है—

समय (सेकण्ड में)	वेग (मी/से में)
0	30
1	23.5
2	17
3	11
4	5
4.8	0

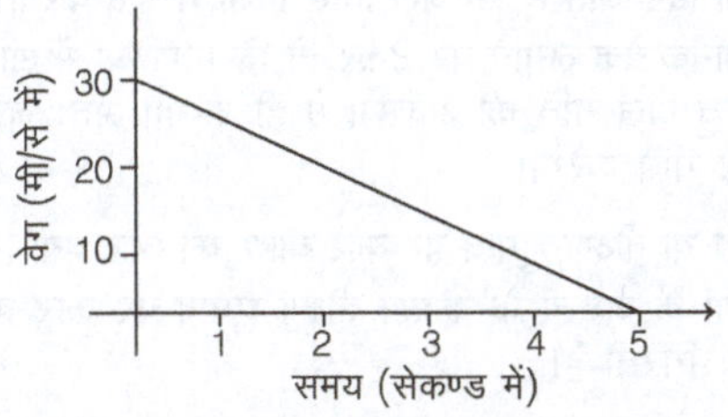

16. कार के वेग के घटने की दर (अवमन्दन) का मान ज्ञात करिए।

उत्तर दिया है, $u = 30$ मी/से, $v = 0$ मी/से, समय $(t) = 4.8$ सेकण्ड

हम जानते हैं,

$$v = u + at$$

या $$a = \frac{v-u}{t} = \frac{0-30}{4.8} = -6.25 \text{ मी/से}^2$$

17. यदि कार का द्रव्यमान 900 किग्रा है, तो भंजन बल का मान ज्ञात करिए।

उत्तर न्यूटन के द्वितीय नियम के अनुसार,

$$F = ma = 900 \times \left(-\frac{30}{4.8}\right) = -5625 \text{ न्यूटन}$$

यहाँ ऋणात्मक चिह्न यह प्रदर्शित करता है कि बल की दिशा, गति की दिशा के विपरीत दिशा में है।

18. कार के अचानक ब्रेक लगाने पर पीछे बैठे व्यक्ति आगे की ओर झुक जाते हैं, इस कथन में न्यूटन की गति का कौन-सा नियम लागू होता है?

उत्तर उपरोक्त कथन में न्यूटन का प्रथम नियम लागू होता है।

इस नियम के अनुसार, यदि कोई वस्तु अपनी स्थिर अवस्था या गति अवस्था में है, तो वह उसी अवस्था में बनी रहती है जब तक कि उस पर बाह्य बल कार्यरत् न हो।

19. न्यूटन की गति का पहला नियम किसकी एक माप है?

उत्तर न्यूटन की गति का पहला नियम गतिशील वस्तु अथवा स्थिर वस्तु पर बल लगाए जाने की प्रक्रिया से जुड़ा है।

20. कार की छत पर रखे सामान को रस्सी से क्यों बाँधा जाता हैं?

उत्तर कार की छत पर रखे समान को रस्सी से बाँधते है, क्योंकि जब कार रूकती है, तो कार विरामावस्था में आ जाती है, लेकिन कार में रखा सामान जड़त्व के कारण गतिज अवस्था में ही बने रहने की प्रवृत्ति रखता है और आगे की ओर गति करता है और कार की छत से गिर जाता है।

इसी प्रकार, जब कार अचानक चलती है, तो कार गति की अवस्था में आ जाती है, लेकिन सामान जड़त्व के कारण इस गति का विरोध करता है तथा पीछे की ओर गति करता हुआ नीचे गिर जाता है।

निर्देश (प्र.सं. 21-25) ***निम्नलिखित पैराग्राफ को पढ़िए तथा दिए गए प्रश्नों के उत्तर दीजिए।***

किसी वस्तु का संवेग वस्तु के द्रव्यमान तथा उसके वेग के गुणनफल के बराबर होता है। इसे $\mathbf{p}$ से प्रदर्शित करते हैं। यदि वस्तु का द्रव्यमान m तथा वेग $\mathbf{v}$ हो, तब कण का संवेग $\mathbf{p} = m\mathbf{v}$

संवेग एक सदिश राशि है, जिसकी दिशा, वेग की दिशा में होती है। इसका SI मात्रक किग्रा-मीटर/सेकण्ड तथा CGS मात्रक ग्राम-सेमी/सेकण्ड है। इसका विमीय सूत्र $[MLT^{-1}]$ है।

उदाहरण—यदि दो पत्थर, एक हल्का तथा दूसरा भारी, एक ही भवन के शिखर से गिराए जाते हैं, तो धरती पर खड़े किसी व्यक्ति के लिए भारी पत्थर की तुलना में हल्के पत्थर को लपकना आसान होता है। इस प्रकार किसी पिण्ड की संहति एक महत्त्वपूर्ण प्राचल है, जो गति पर बल के प्रभाव को निर्धारित करता है।

21. दिये गये द्रव्यमान की वस्तु का संवेग समानुपाती होता है

(a) वेग (b) आकृति (c) आकार (d) आयतन

उत्तर (a) हम जानते हैं

संवेग (p) = द्रव्यमान $(m) \times$ वेग (v)

अतः $p \propto v$

22. यदि एक वस्तु का संवेग, समय के साथ नियत है, तो आरोपित बल का मान होगा

(a) शून्य (b) $p/2t$ (c) $2p/t$ (d) एकांक

उत्तर (a) संवेग में परिवर्तन की दर = बल

संवेग में परिवर्तन नियत है अतः बल = शून्य

23. यदि एक वस्तु का संवेग नियत है तो निम्न में से नियत राशि होगी

(a) बल (b) वेग (c) आयतन (d) ये सभी

उत्तर (b) हम जानते हैं

$$\text{संवेग } (p) \propto \text{वेग } (v)$$

अतः संवेग नियत होगा।

24. द्रव्यमान तथा वेग के गुणनफल का मात्रक होता है
(a) किग्रा-मी/से^{2} (b) किग्रा-मी/से
(c) किग्रा-मी/से^{3} (d) किग्रा-मी

उत्तर (a) संवेग = द्रव्यमान × वेग = किलोग्राम × मी/से^{2}

25. न्यूटन के द्वितीय नियम का गणितीय व्यंजक है–
(a) $F = ma$ (b) $F = mv$ (c) $F = m^2v$ (d) $F = ma^2$

उत्तर (a) न्यूटन के द्वितीय नियम के अनुसार,
आरोपित बल $(F) = ma$

अतिलघु उत्तरीय प्रश्न

26. बल के प्रभावों के दो उदाहरण दीजिए।

उत्तर (i) जब खिलौना गाड़ी को धक्का दिया जाता है, तो वह चलना प्रारम्भ करती है।
(ii) जब आटे की गोली को घूर्णित किया जाता है, तो उसकी आकृति परिवर्तित हो जाती है।

27. एक वस्तु पर बल आरोपित करने पर वस्तु के वेग परिमाण या दिशा में परिवर्तन के अतिरिक्त कौन-सा परिवर्तन होता है?

उत्तर बल के कारण वस्तु विरामावस्था से गत्यावस्था में आती है या गत्यावस्था से विरामावस्था में आती है। इसके द्वारा वस्तु की आकृति तथा स्थिति में भी परिवर्तन होता है।

28. 200 न्यूटन के क्षैतिज बल से एक लकड़ी के बक्से को नियत वेग से गति कराने हेतु वस्तु पर कार्यरत् घर्षण बल का मान कितना होगा?

उत्तर घर्षण बल 200 न्यूटन, परन्तु इसकी दिशा विपरीत होगी।

29. जब साइकिल को चलाते समय पैडल मारना बन्द कर देते हैं, तो साइकिल की चाल धीमी हो जाती है, क्यों?

उत्तर विपरीत दिशा में कार्यरत् घर्षण बल के कारण साइकिल धीमी होती जाती है।

30. एक लड़का सड़क पर खड़े ट्रक को धक्का लगाता है, परन्तु ट्रक गतिशील नहीं होता। क्यों?

उत्तर लड़के द्वारा ट्रक पर आरोपित बल के विरुद्ध सड़क ट्रक पर बराबर परिमाण का घर्षण बल लगाती है, जो लड़के द्वारा लगाए गए बल को संतुलित कर देता है। अतः ट्रक पर परिणामी बल शून्य हो जाता है, इसलिए ट्रक गतिशील नहीं होता।

31. वस्तु की गति पर गैलीलियो द्वारा किए गए प्रयोग से क्या निष्कर्ष निकलता है?

उत्तर यदि किसी वस्तु पर कोई असन्तुलित बल कार्यरत् नहीं होता है, तो वस्तु नियत वेग से निरन्तर गतिमान रहती है।

32. (i) यदि F और F' सन्तुलित बल हैं, तो F_2 का परिमाण क्या होगा?

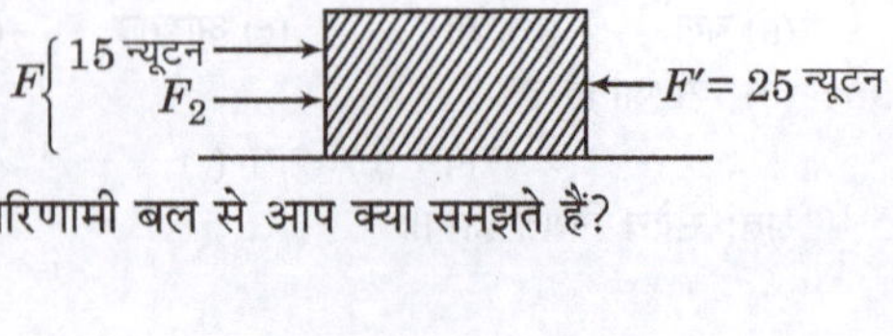

(ii) परिणामी बल से आप क्या समझते हैं?

उत्तर (i) प्रश्नानुसार, F तथा F' सन्तुलित बल हैं।
अतः $F = F' \Rightarrow 15 + F_2 = 25$ न्यूटन
∴ $F_2 = 10$ न्यूटन
(ii) दो या दो से अधिक बलों का परिणामी बल वह बल है, जो अकेला उन बलों के संयुक्त प्रभाव के बराबर प्रभाव उत्पन्न कर सकता है।

33. किस कारण कार में सुरक्षा बेल्ट का उपयोग किया जाता है?

उत्तर जब गतिमान या स्थिर कार को अचानक चलाया जाता है, तो जड़त्व के कारण हमें चोट लग सकती है। इस स्थिति में सुरक्षा बेल्ट अचानक लगने वाले झटके (बल) से बचाती है।

34. किस कारण द्रव्यमान को कभी-कभी रेखीय जड़त्व का गुणांक कहा जाता है?

उत्तर हल्की वस्तु को भारी वस्तु की तुलना में धक्का देना आसान होता है, क्योंकि अधिक द्रव्यमान का जड़त्व अधिक होता है। इस कारण द्रव्यमान को कभी-कभी रेखीय जड़त्व का गुणांक भी कहते हैं।

35. हवा चलने पर सूखी पत्तियाँ टूट जाती हैं, जबकि फल नहीं टूटते हैं, क्यों?

उत्तर फलों का द्रव्यमान पत्तियों की तुलना में अधिक होता है। अतः फलों का जड़त्व पत्तियों से अधिक होता है।

36. एक जल का टैंकर अपनी ऊँचाई के 2/3 भाग तक भरा है। यह एकसमान चाल से गतिमान है। यदि टैंकर के ब्रेक अचानक लगा दिए जाते हैं, तो जल किस दिशा में गति करेगा?

उत्तर अचानक ब्रेक लगाने पर टैंकर तो विरामावस्था में आ जाएगा, परन्तु जल गति की अवस्था में ही रहेगा। अतः जल आगे की ओर गति करेगा।

37. तीखे या तीक्ष्ण घुमाव पर कार बाहर की ओर क्यों गिरती है?

उत्तर दिशा के जड़त्व के कारण तीक्ष्ण घुमाव पर कार बाहर की ओर गिरती है।

38. संवेग में परिवर्तन की दर किस भौतिक राशि के तुल्य होती है?

उत्तर न्यूटन के द्वितीय नियम के अनुसार, संवेग में परिवर्तन की दर, बल के तुल्य होती है।

39. 1 किग्रा द्रव्यमान के कण की गति के लिए वेग-समय ग्राफ को नीचे दर्शाया गया है।

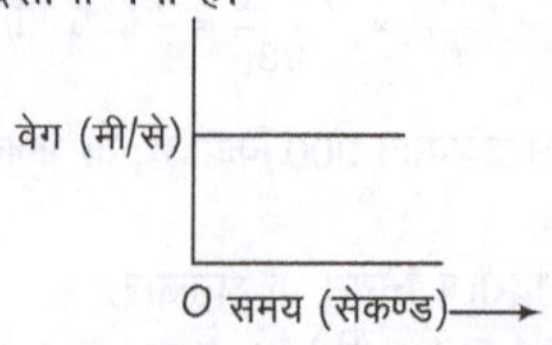

क्या वस्तु पर बल कार्यरत् है? उत्तर की पुष्टि कीजिए।

उत्तर वस्तु का वेग एकसमान है। अतः त्वरण शून्य है, जिसके कारण वस्तु पर कोई असन्तुलित बल कार्यरत् नहीं है।

40. वस्तु के संवेग तथा उस पर लगने वाले बल के बीच सम्बन्ध लिखिए।

उत्तर $F \propto \frac{dp}{dt}$ वस्तु पर लगने वाला बल, संवेग में परिवर्तन के अनुक्रमानुपाती होता है।

41. यदि किसी वस्तु पर सन्तुलित बल कार्यरत् होता है, तो वस्तु त्वरित होती है। यह कथन सत्य है या असत्य। कारण सहित बताइए।

उत्तर यह कथन असत्य है, क्योंकि न्यूटन के द्वितीय नियम के अनुसार, जब वस्तु पर असन्तुलित बल कार्यरत् होता है, तब वस्तु का संवेग परिवर्तित होता है।

42. बन्दूक चलाने के पश्चात् बन्दूक और गोली का कुल संवेग क्या होता है?

उत्तर बन्दूक चलाने के बाद, बन्दूक तथा गोली का कुल संवेग, प्रारम्भिक संवेग के तुल्य होगा अर्थात् शून्य होगा, क्योंकि बाह्य बल कार्यरत् नहीं है।

43. दो समान वाहन, समान वेग से सड़क पर गतिमान हैं। इनमें से एक खाली तथा एक भरा है, तो किस वाहन को रोकने हेतु अधिक बल की आवश्यकता होगी? कारण सहित बताइए।

उत्तर दोनों वाहनों का वेग समान है, परन्तु भरे हुए वाहन का संवेग, द्रव्यमान अधिक होने के कारण दूसरे वाहन से अधिक होगा। अतः भरे हुए वाहन के संवेग में अधिक परिवर्तन होगा। अतः इसे रोकने हेतु अधिक बल की आवश्यकता होगी।

44. एक लकड़ी का ब्लॉक, एक सतह पर फिसल रहा है। यदि ब्लॉक पर एक भार रख दिया जाए, तो स्प्रिंग तुला के पाठ्यांक पर क्या प्रभाव पड़ेगा?

उत्तर स्प्रिंग तुला का पाठ्यांक बढ़ेगा तथा ब्लॉक को खींचने हेतु बल की मात्रा बढ़ेगी।

45. फुटबॉल के खेल में गोलकीपर गोल की तरफ दागी गई गेंद को पकड़कर अपने हाथ पीछे की तरफ ले जाता है। व्याख्या कीजिए। **NCERT Exemplar**

उत्तर फुटबॉल के खेल में गोलकीपर गेंद को पकड़कर अपने हाथ पीछे की तरफ ले जाता है, जिसके कारण समय के साथ संवेग में परिवर्तन की दर घटती है। जिसके परिणामस्वरूप हाथों पर कम बल लगता है। क्योंकि बल, संवेग में परिवर्तन की दर के समानुपाती होता है।

46. जब व्यक्ति स्पंजी सतह पर गिरता है, तो उसे चोट क्यों नहीं लगती है?

उत्तर स्पंजी सतह के लिए संवेग में परिवर्तन अधिक समयान्तराल में होता है। अतः शरीर पर कम बल लगता है और चोट नहीं लगती है।

47. पोल कूद (Pole jump) प्रतियोगिता में खिलाड़ी गद्देदार सतह पर क्यों कूदता है?

उत्तर संवेग में परिवर्तन अधिक समय में होता है, जिस कारण खिलाड़ी पर कम बल लगता है और उसे चोट नहीं लगती है।

48. दौड़ प्रारम्भ करने से पहले धावक अपने पैरों से धरातल को दबाता है। इस स्थिति में क्रिया तथा प्रतिक्रिया की पहचान कीजिए।

उत्तर जब धावक धरातल को दबाता है, तो उसके पैरों द्वारा क्रिया होती है तथा धरातल द्वारा विपरीत दिशा में प्रतिक्रिया होती है, जिससे धावक तीव्र गति से दौड़ता है।

49. रेलगाड़ी में यात्रा करते हुए एक यात्री सिक्का उछालता है, जो उसके पीछे गिरता है। आपको रेलगाड़ी की गति के बारे में क्या पता चलता है? **NCERT Exemplar**

उत्तर यदि सिक्का यात्री के पीछे गिरता है, तो इसका तात्पर्य है कि रेलगाड़ी की गति त्वरित है। जब सिक्के को उछाला जाता है, तो सिक्के का वेग रेलगाड़ी के वेग के तुल्य होता है। परन्तु वायु में सिक्के का वेग कम हो जाता है, जिस कारण सिक्का यात्री के पीछे गिरता है।

50. न्यूटन के तृतीय नियम के अनुसार क्रिया तथा प्रतिक्रिया एक वस्तु पर लगती है या अलग-अलग वस्तु पर लगती है। बताइए।

उत्तर न्यूटन के तृतीय नियम के अनुसार क्रिया-प्रतिक्रिया भिन्न वस्तुओं पर विपरीत दिशाओं में लगती है।

51. जब हवा से भरे गुब्बारे के मुँह के धागे को खोल दें, तब हवा नीचे की ओर निकलती है तथा गुब्बारा ऊपर की ओर गति करता है। इस स्थिति में क्रिया तथा प्रतिक्रिया को पहचानिए।

उत्तर निकली हवा क्रिया है तथा जब यह ऊपर की ओर जाता है, तो दाब लगता है, जिसे प्रतिक्रिया कहा जाता है।

52. एक खिलाड़ी कूदने से पूर्व कुछ दूरी तक क्यों दौड़ता है?

उत्तर जब खिलाड़ी कुछ दूरी तक दौड़ता है, तो उसकी गति का जड़त्व बढ़ जाता है, जिस कारण कूदने के समय खिलाड़ी अधिक दूरी या ऊँचाई तक कूदता है।

लघु उत्तरीय प्रश्न

1. एक कार क्षैतिजत: धरातल पर नियत चाल से सरल रेखा के अनुदिश गतिमान है। क्या इस पर कोई बल कार्यरत् होगा? यदि नहीं, तो इसे चलाने हेतु ईंधन की आवश्यकता क्यों होती है?

उत्तर कार नियत वेग से गतिमान है। अतः कोई असन्तुलित बल कार पर कार्यरत् नहीं है। बल द्वारा कार्य को चलाने हेतु ईंधन की आवश्यकता होती है, जोकि सतह द्वारा कार के ऊपर लगाए गए घर्षण बल को सन्तुलित करता है।

2. मेज पर एक ही तरह की कैरम की गोटियों को एक के ऊपर एक रखकर ढेरी बनाते हैं। अन्य गोटियों को बिना स्पर्श किए नीचे वाली गोटी को हटाने हेतु स्ट्राइकर को अपनी अंगुलियों से तीव्रता से क्षैतिक झटका देकर गोटी को हटाते हैं।

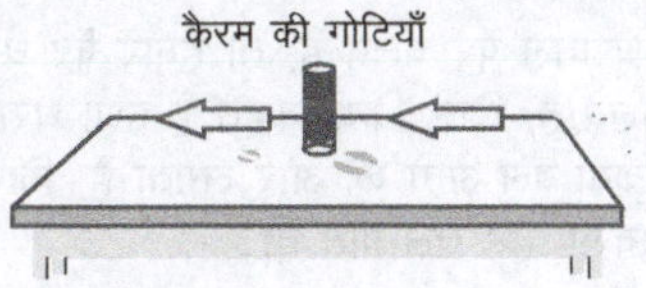

(i) यदि टक्कर तीव्र हो, तो क्या होगा?

(ii) निचली गोटी हट जाने के बाद अन्य गोटियों के साथ क्या होगा?

उत्तर (i) यदि गोटी पर्याप्त तीव्रता से नीचे वाली गोटी से टकराती है, तो केवल नीचे वाली गोटी शीघ्रता से ढेरी से बाहर आती है तथा जड़त्व के कारण ढेरी स्थिर रहती है।

(ii) नीचे वाली गोटी हट जाने के बाद शेष गोटियाँ अपने जड़त्व के कारण लम्बवत् दिशा में नीचे की ओर गिर जाती हैं।

3. किस कारण पीछे बैठे यात्री ब्रेक लगाने पर आगे की ओर गिरते हैं?

उत्तर वाहन के चलते समय पीछे बैठे यात्री व चालक दोनों ही गति की अवस्था में होते हैं, परन्तु जब चालक ब्रेक लगाता है, तो जड़त्व के कारण यात्री आगे की ओर ही गतिमान रहना चाहते हैं। इसी कारण पीछे बैठे यात्री आगे की ओर गिरते हैं।

4. तीन ठोस ऐल्युमीनियम, स्टील व लकड़ी के बने हुए हैं। उनकी आकृति व आयतन समान है। उनमें से किसका जड़त्व अधिक होगा? **NCERT Exemplar**

उत्तर स्टील का जड़त्व अधिक होगा, क्योंकि अधिक द्रव्यमान के कारण अधिक जड़त्व होता है। स्टील का द्रव्यमान तीनों में से अधिक है। अतः स्टील का जड़त्व अधिक होगा।

5. जब काँच की खिड़की पर गोली दागी जाती है, तो उसमें छेद हो जाता है, परन्तु जब काँच की खिड़की पर पत्थर मारा जाता है, तो यह टूट जाता है। कारण समझाइए।

उत्तर जब गोली तीव्रता से काँच की खिड़की पर जाती है, तो गोली के तीव्र वेग के कारण काँच में छेद हो जाता है, जबकि काँच का अन्य भाग विरामावस्था में रहता है, यह विरामावस्था के जड़त्व के कारण होता है। जब पत्थर को काँच की खिड़की पर फेंका जाता है, तो काँच के विभिन्न भागों के लिए इतना समय होता है कि वह वेग को प्राप्त कर लेता है, जिसके कारण काँच टूट जाता है।

6. जब बन्दूक से गोली चलाई जाती है, तो छोटे द्रव्यमान की गोली द्वारा व्यक्ति क्यों मर जाता है?

उत्तर छोटे द्रव्यमान की गोली बन्दूक से बहुत तीव्र गति से निकलती है, जिसके परिणामस्वरूप उच्च संवेग उत्पन्न होता है। जिसके कारण अधिक बल कार्यरत् होता है और व्यक्ति मर जाता है।

7. क्रिया तथा प्रतिक्रिया बल किस प्रकार परिमाण और दिशा में सम्बन्धित होते हैं?

उत्तर क्रिया तथा प्रतिक्रिया बल दो अलग-अलग वस्तुओं पर लगते हैं, जिनका परिमाण समान होता है, परन्तु दिशा विपरीत होती है।

8. हमारे चलने की क्रिया को न्यूटन के गति के तृतीय नियम के पदों में बताइए।

उत्तर जब हम धरातल पर चलते हैं, तो हमारे पैर धरातल पर एक दबाव डालते हैं, जिसे क्रिया कहते हैं तथा धरातल द्वारा पैरों पर प्रतिक्रिया बल आगे की ओर लगता है, जिसके परिणामस्वरूप हम चल पाते हैं।

9. जब यात्री नाव से उतरता है, तो किस कारण नाव किनारे को छोड़ना चाहती है?

उत्तर जब यात्री नाव से उतरता है, तो पीछे की दिशा में एक बल आरोपित होता है, जिसके परिणामस्वरूप नाव पानी में चली जाती है। इसी कारण नाविक नाव को किनारे पर दृढ़ आधार से बाँधते हैं।

10. एक हल्के द्रव्यमान वाली रायफल से और दूसरी भारी द्रव्यमान वाली रायफल से दो गोलियाँ क्रमशः समान बल से छोड़ी जाती हैं। किस रायफल से कंधे को अधिक नुकसान होगा और क्यों? **NCERT Exemplar**

उत्तर दोनों गोलियाँ समान द्रव्यमान की तथा समान बल से छोड़ी जाती हैं। अतः न्यूटन के तृतीय नियम के अनुसार दोनों रायफल पर पीछे की ओर उतना ही बल लगेगा। इसलिए हल्के द्रव्यमान वाली रायफल से कंधे को अधिक नुकसान होगा।

11. रबड़ और लोहे की एक ही आकार की दो गेंदों को चलती रेलगाड़ी के फर्श पर रखा जाता है। रेलगाड़ी अचानक रुक जाती है। क्या दोनों गेंद लुढ़कना शुरु करेंगी? यदि हाँ, तो किस दिशा में? क्या दोनों की चाल एकसमान होगी? अपने उत्तर की व्याख्या कीजिये। **NCERT Exemplar**

उत्तर जब रेलगाड़ी रुकती है, तो यह स्थिर अवस्था में आ जाती है लेकिन गेंद जड़त्व के कारण गतिज अवस्था में ही बने रहने की प्रवृत्ति रखती है, इसलिए आगे की ओर गति करेगी।
चूँकि गेंद एक ही आकार की लेकिन भिन्न-भिन्न पदार्थों की बनी है, इसलिए इनका द्रव्यमान भी अलग-अलग होगा और इसी कारण से इनकी चाल भी अलग- अलग होगी।

12. घोड़ा गाड़ी में दो बच्चे एक-दूसरे की ओर मुँह करके खड़े हैं। एक छात्र, दूसरे छात्र की ओर भारी द्रव्यमान को फेंकता है। वह उस द्रव्यमान को लपक लेता है। दोनों बच्चों की गति की दिशा क्या होगी? अपने उत्तर का कारण बताइए।

उत्तर एक बच्चा द्रव्यमान फेंकता है तथा दूसरा उसे लपकता है। अतः दोनों पीछे की ओर गति करेंगे।
कारण द्रव्यमान को आगे की ओर फेंकने के कारण बच्चा पीछे की ओर जाता है, जबकि लपकने वाला बच्चा आगे की ओर द्रव्यमान की क्रिया के पीछे की ओर जाता है।

13. एक बड़े आकार का गुब्बारा लें और इसे पूरी तरह से हवा से भरे एवं इसके मुख को धागे की सहायता से बाँधे। अब गुब्बारे की सतह पर किसी चिपकाने वाली टेप की सहायता से एक स्ट्रॉ को लगाए। स्ट्रा के बीच में एक धागे को पार कराए, जिसके दोनों सिरे दृढ़ आधारों पर लगे हो। इस व्यवस्था को चित्र में दर्शाया गया है

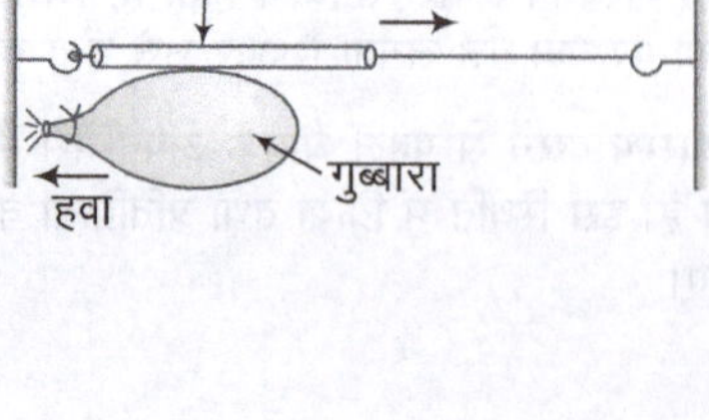

परीक्षा अभ्यास

अब गुब्बारे के मुँह पर बाँधे धागे को खोल दें। गुब्बारे से भरी हवा उसके मुख से बाहर की ओर निकलने लगती है। इस स्थिति में स्ट्रॉ की गति दिशा का अवलोकन कीजिए।

उत्तर स्ट्रॉ, वायु की दिशा के विपरीत दिशा में गति करती है, क्योंकि जब गुब्बारे से हवा बाहर निकलती है, तो न्यूटन के गति के तृतीय नियम के अनुसार वायु स्ट्रॉ को संवेग प्रदान करती है।

14. m द्रव्यमान की वस्तु पर 30 न्यूटन का बल 2 मी/से^{2} का त्वरण उत्पन्न करता है, तब वस्तु का द्रव्यमान ज्ञात कीजिए। यदि समान दिशा के अनुदिश बल का परिमाण दोगुना कर दिया जाए, तो त्वरण का मान क्या होगा?

उत्तर दिया है, बल $(F)=30$ न्यूटन,

त्वरण $(a)=2$ मी/से^{2}

$\therefore$ वस्तु का द्रव्यमान,

$$m=\frac{F}{a}=\frac{30}{2}=15 \text{ किग्रा} \qquad [\because F=ma]$$

यदि बल (F) को दोगुना कर दिया जाता है, तो त्वरण (a) भी दोगुना हो जाएगा

$$F \propto a$$

अतः $a=4$ मी/से^{2}

अतः बल को दोगुना करने पर, त्वरण 4 मी/से^{2} होगा।

15. 5 किग्रा द्रव्यमान की वस्तु का वेग 50 मी/से से 100 मी/से करने हेतु 200 न्यूटन का बल कितने समय के लिए लगाना होगा?

उत्तर दिया है,

बल, $F=200$ न्यूटन, वस्तु का द्रव्यमान, $m=5$ किग्रा

प्रारम्भिक वेग, $u=50$ मी/से,

अन्तिम वेग, $v=100$ मी/से

न्यूटन के गति के द्वितीय नियमानुसार,

$$F=ma=m\left(\frac{v-u}{t}\right) \qquad \left[\because a=\frac{v-u}{t}\right]$$

$$200=5\left(\frac{100-50}{t}\right)$$

$$t=5\left(\frac{100-50}{200}\right)=1.25 \text{ सेकण्ड}$$

16. 0.5 मी/से वेग से गतिमान 70 ग्राम की गेंद को खिलाड़ी 0.5 सेकण्ड में रोकता है। अतः गेंद को रोकने हेतु खिलाड़ी द्वारा लगाए गए बल का मान क्या होगा?

उत्तर दिया है, क्रिकेट गेंद का द्रव्यमान, $m=70$ ग्राम $=0.07$ किग्रा

प्रारम्भिक वेग, $u=0.5$ मी/से

अन्तिम वेग, $v=0$, समय $(t)=0.5$ सेकण्ड

न्यूटन के द्वितीय नियम द्वारा,

$$F=ma=m\left(\frac{v-u}{t}\right) \qquad \left[\because a=\frac{v-u}{t}\right]$$

$$F=0.07\times\left(\frac{0-0.5}{0.5}\right)$$

$$F=-0.07 \text{ न्यूटन}$$

ऋणात्मक चिन्ह यह प्रदर्शित करता है कि बल की दिशा, गेंद की गति के विपरीत दिशा में होगी। अतः बल का परिमाण 0.07 न्यूटन है।

17. एक 50 ग्राम द्रव्यमान की गेंद को खुरदरी सतह पर लुढ़काया जाता है, इसका वेग-समय ग्राफ नीचे दर्शाया गया है।

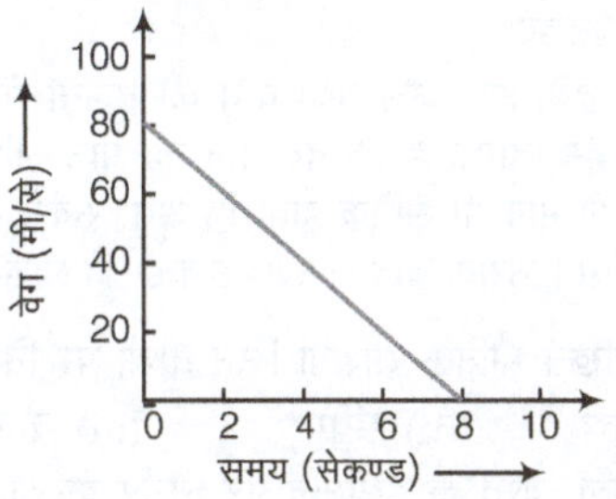

गेंद और सतह के बीच लगने वाले घर्षण बल और त्वरण की गणना करें। **NCERT Exemplar**

उत्तर दिया है, द्रव्यमान, $m=50$ ग्राम $=\frac{50}{1000}=0.05$ किग्रा

प्रारम्भिक वेग, $u=80$ मी/से, अंतिम वेग, $v=0$

लिया गया समय, $t=8$ सेकण्ड

त्वरण $=\frac{v-u}{t}=\frac{0-80}{8}=\frac{-80}{8}=-10$ मी/से^{2}

गेंद और सतह के बीच लगने वाला घर्षण बल,

$$F=ma=0.05\times(-10)=-0.5 \text{ न्यूटन}$$

18. एक व्यक्ति 500 ग्राम की गेंद को 20 मी/से के वेग से ऊर्ध्वाधर ऊपर की ओर फेंकता है, तो

(i) प्रारम्भिक संवेग क्या होगा?

(ii) अधिकतम ऊँचाई पर संवेग का मान क्या होगा?

उत्तर (i) दिया है, प्रारम्भिक वेग, $u=20$ मी/से

द्रव्यमान, $m=500$ ग्राम $=\frac{1}{2}$ किग्रा

$\because$ प्रारम्भिक संवेग, $p=mu$

$\therefore$ $p_1=\frac{1}{2}\times 20=10$ किग्रा-मी/से

(ii) उच्चतम बिन्दु पर, $v=0$

अन्तिम संवेग, $p_2=mv=\frac{1}{2}\times 0=0$

19. नीचे दिए गए v-t ग्राफ के उपयोग द्वारा 4 किग्रा द्रव्यमान की वस्तु पर कार्यरत् त्वरण तथा बल का मान ज्ञात कीजिए।

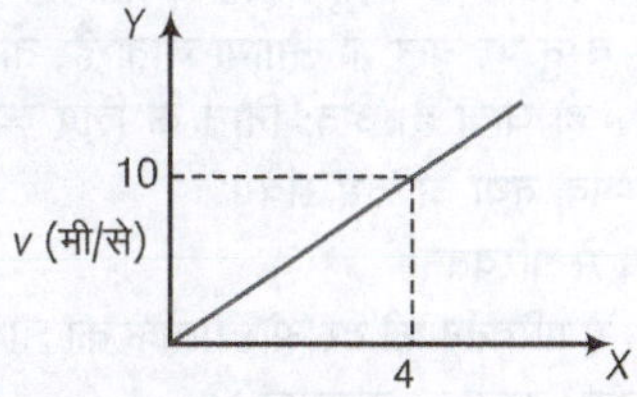

उत्तर त्वरण $(a)=v$-t ग्राफ का ढाल $=\frac{10 \text{ मी/से}}{4 \text{ से}}=2.5$ मी/से^{2}

परीक्षा अभ्यास

न्यूटन के द्वितीय नियम के अनुसार,

$F = ma = 4 \times 2.5 = 10$ न्यूटन

अतः वस्तु पर त्वरण तथा बल क्रमशः 2.5 मी/से^{2} तथा 10 न्यूटन है।

20. A, B तथा C को क्रमशः पारे, जल तथा वायु द्वारा भरा गया है, तो इनमें से किसका जड़त्व अधिक होगा? अपने उत्तर का कारण बताइए।

उत्तर पारे का द्रव्यमान, जल तथा वायु की तुलना में अधिक होता है तथा हम जानते हैं कि द्रव्यमान का मान अधिक होने पर जड़त्व का मान भी अधिक होता है। अतः सबसे अधिक जड़त्व A का होगा। उसके बाद क्रमशः B व C का जड़त्व होगा।

21. निम्नलिखित भौतिक राशियाँ किन तथ्यों पर निर्भर करती हैं?

(i) जड़त्व (ii) संवेग (iii) बल

उत्तर (i) जड़त्व, वस्तु के द्रव्यमान पर निर्भर करता है।

(ii) संवेग, वस्तु के द्रव्यमान तथा वेग पर निर्भर करता है।

(iii) बल, वस्तु के द्रव्यमान तथा त्वरण पर निर्भर करता है।

22. निम्न के कारण दीजिए।

(i) घास के मैदान में उपयोग किए जाने वाला फव्वारा पानी प्रदान करने पर घूमने लगता है।

(ii) कपड़ों को फटकारने से गीले कपड़ों से पानी की बूँदे पृथ्थकित हो जाती हैं। **NCERT Exemplar**

उत्तर (i) स्प्रिंकलर (फव्वारे/फुहारे) का घूमना न्यूटन की गति के तीसरे नियम पर कार्य करता है। जैसे ही पानी बाहर आता है, स्प्रिंकलर को नोजल पर बराबर लेकिन विपरीत दिशा में बल कार्य करने लगता है। अतः स्प्रिंकलर घूमना प्रारम्भ कर देता है।

(ii) जल की बूँद विराम के जड़त्व में होती है। इस कारण जब कपड़ों को फटकारा जाता है, तो जल की बूँदे अलग हो जाती हैं।

23. एक बॉक्स तथा उसकी सम्पर्क सतह के मध्य 400 न्यूटन का घर्षण बल कार्यरत् है। यदि हम बॉक्स को नियत वेग से फर्श पर गतिमान करना चाहते हैं, तो बॉक्स पर कितना बल लगाना होगा?

उत्तर बॉक्स को नियत वेग से गति करानी है तथा बॉक्स पर कोई बाह्य बल कार्यरत् नहीं है। बॉक्स तथा सतह के मध्य 400 न्यूटन का घर्षण बल कार्यरत् है, जोकि गति के विपरीत दिशा में लग रहा है। अतः बॉक्स की गति के लिए 400 न्यूटन का बल लगाना पड़ेगा।

24. m द्रव्यमान की एक वस्तु वेग v से गतिमान है। यदि t समय के लिए वस्तु पर बल F लगाया जाता है, तो वस्तु का वेग बढ़कर v हो जाता है। अतः निम्न के लिए व्यंजक लिखिए।

(i) प्रारम्भिक तथा अन्तिम संवेग

(ii) संवेग में परिवर्तन

(iii) संवेग में परिवर्तन की दर और प्रत्येक का SI मात्रक लिखिए।

उत्तर प्रश्नानुसार, वस्तु का द्रव्यमान $= m$

प्रारम्भिक वेग $= u$, अन्तिम वेग $= v$

(i) $\therefore$ वस्तु का प्रारम्भिक संवेग $= mu$

और वस्तु का अन्तिम संवेग $= mv$

(ii) संवेग में परिवर्तन $= mv - mu$

(iii) संवेग की परिवर्तन की दर = आरोपित बल

$$ma = m\left(\frac{v-u}{t}\right) \quad \left[\because a = \frac{v-u}{t}\right]$$

बल का SI मात्रक न्यूटन है।

25. नीचे दिए गए चित्र को देखकर निम्न प्रश्नों के उत्तर दीजिए।

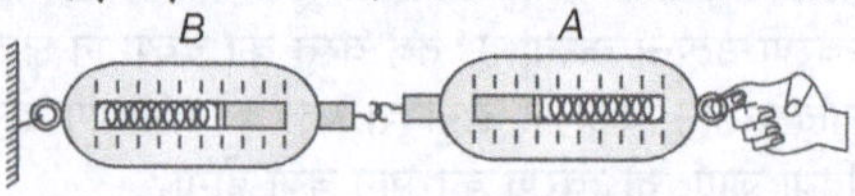

(i) जब स्प्रिंग तुल्यांक A पर बल आरोपित किया जाता है, तो स्प्रिंग तुल्यांक A का पाठ्यांक 15 ग्राम भार है। अतः स्प्रिंग तुल्यांक B का पाठ्यांक क्या होगा?

(ii) अपने उत्तर का कारण लिखिए।

(iii) तुल्यांक A से B पर तथा तुल्यांक B से A पर कार्यरत् बल का नाम लिखिए।

उत्तर (i) 15 ग्राम-भार

(ii) न्यूटन के तृतीय नियम के अनुसार तुल्यांक A द्वारा B पर तथा B द्वारा A पर लगाया गया बल समान है।

(iii) तुल्यांक A से B पर क्रिया बल तथा तुल्यांक B से A पर प्रतिक्रिया बल कार्यरत् है।

26. (i) किस कारण रेत पर चलना कठिन होता है? व्याख्या कीजिए।

(ii) भारी बन्दूक द्वारा गोली चलाने पर प्रतिक्षेप (Recoil), हल्की बन्दूक द्वारा गोली चलाने पर प्रतिक्षेप की तुलना में प्रबल नहीं होता है, ऐसा क्यों होता है?

उत्तर (i) जब रेत पर चलते हैं, तो मिट्टी नीचे दब जाती है, परन्तु पैरों पर प्रतिक्रया बल कम लगता है। जिस कारण रेत पर चलना कठिन होता है।

(ii) बन्दूक का द्रव्यमान उच्च है। अतः इसका प्रतिक्षेप वेग कम होगा।

27. काँच के बर्तनों को एक स्थान से दूसरे स्थान तक ले जाने हेतु उन पर भूसा लपेटा जाता है। अपने उत्तर की कारण सहित पुष्टि कीजिए।

उत्तर काँच के बर्तनों को ले जाते समय झटके के कारण यह एक-दूसरे से टकराकर टूट सकते हैं इसी कारण इन पर भूसा लपेटा जाता है। जिस कारण झटके के कारण बल बहुत अधिक समय में काँच के बर्तन तक पहुँचता है। अतः संवेग में परिवर्तन लम्बे समय में होता है, जिसके परिणामस्वरूप हल्का सा बल ही काँच के बर्तनों तक पहुँच पाता है।

28. निम्न प्रश्नों के कारण लिखिए।

(i) निम्न चाल से चलने वाले वाहनों की तुलना में उच्च चाल से चलने वाले वाहनों की दुर्घटना से अधिक क्षति होती है।

(ii) जब एक मोटरकार किसी तीक्ष्ण मोड़ पर तेजी से मुड़ती है, तो यात्री एक ओर गिरने लगते हैं।

उत्तर (i) निम्न गति से चलने वाले वाहन की दुर्घटना की तुलना में उच्च गति से चलने वाले वाहन की दुर्घटना में अधिक क्षति होती है, क्योंकि उच्च गति से चलने वाले वाहन का संवेग, निम्न गति से चलने वाले वाहन की तुलना में अधिक होता है।

परीक्षा अभ्यास

(ii) जब मोटरकार दायीं/बायीं ओर तीक्ष्ण घुमाव लेती है, तो यात्री का निचला भाग भी इसी दिशा में गति करता है, परन्तु ऊपरी भाग जड़त्व के कारण एक अन्य दिशा में चला जाता है। इसी कारण यात्री एक ओर झुक जाते हैं।

29. m_1 द्रव्यमान की वस्तु पर 10 न्यूटन का बल आरोपित किया जाता है, तो 5 मी/से^{2} का त्वरण उत्पन्न होता है और जब बल m_2 द्रव्यमान की वस्तु पर आरोपित किया जाता है तो 15 मी/से^{2} का त्वरण उत्पन्न होता है। यदि दोनों द्रव्यमानों को आपस में बाँध दिया जाता है, तो इसी बल द्वारा कितना त्वरण उत्पन्न होगा?

उत्तर हम जानते हैं, $F = ma \Rightarrow 10 = m_1 \times 5$

या $m_1 = \frac{10}{5} = 2$ किग्रा, $m_2 = \frac{10}{15} = \frac{2}{3}$ किग्रा

जब दोनों द्रव्यमानों को आपस में बाँध दिया जाता है, तब त्वरण,

$$a = \frac{F}{m} = \frac{10}{m_1 + m_2} = \frac{10}{2 + \frac{2}{3}} = \frac{30}{8} = 3.75 \text{ मी/से}^2$$

30. 100 मी/से के वेग से चलती हुई एक 5 ग्राम की गोली किसी लक्ष्य में प्रवेश करने के 0.01 सेकण्ड के बाद रुक जाती है। लक्ष्य द्वारा आरोपित बल का मान ज्ञात कीजिए।

उत्तर दिया है, $m = 5$ ग्राम $= 0.005$ किग्रा, $u = 100$ मी/से, $v = 0, t = 0.01$ सेकण्ड

समीकरण $v = u + at$ से,

त्वरण, $a = \frac{v - u}{t} = \frac{0 - 100}{0.01} = -10000$ मी/से^{2}

बल, $F = ma = 0.005 \times (-10000) = -50$ न्यूटन

31. 5 किग्रा द्रव्यमान की वस्तु की गति का वेग-समय ग्राफ द्वारा दर्शाया गया है

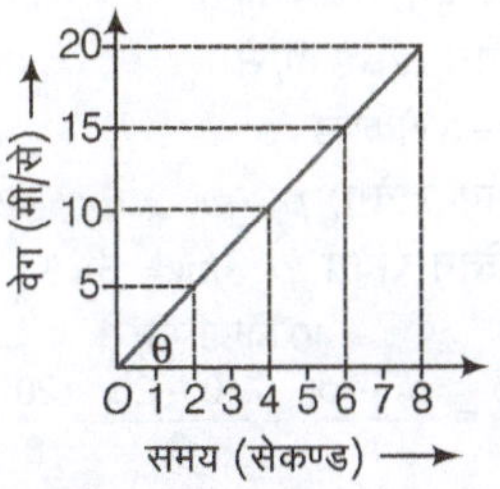

ग्राफ से ज्ञात कीजिए

(i) त्वरण

(ii) वस्तु पर कार्यरत् बल

(iii) प्रारम्भ के बाद 2 सेकण्ड में संवेग में परिवर्तन

उत्तर (i) त्वरण = वेग-समय ग्राफ का ढाल

$$a = \tan\theta = \frac{v_2 - v_1}{t_2 - t_1} = \frac{5 - 0}{2 - 0} = \frac{5}{2} = 2.5 \text{ मी/से}^2$$

(ii) वस्तु पर कार्यरत् बल, $F = ma = 5 \times 2.5 = 12.5$ न्यूटन

(iii) संवेग में परिवर्तन $= mv - mu$ [$\because u = 0$ तथा $v = 5$ मी/से]

$= 5 \times 5 - 5 \times 0 = 25$ किग्रा-मी/से

32. किसी सतह पर गेंद की गति के लिए वेग-समय ग्राफ को नीचे दर्शाया गया है। यदि गेंद का द्रव्यमान 100 ग्राम है, तो गेंद पर कार्यरत् बल की गणना कीजिए।

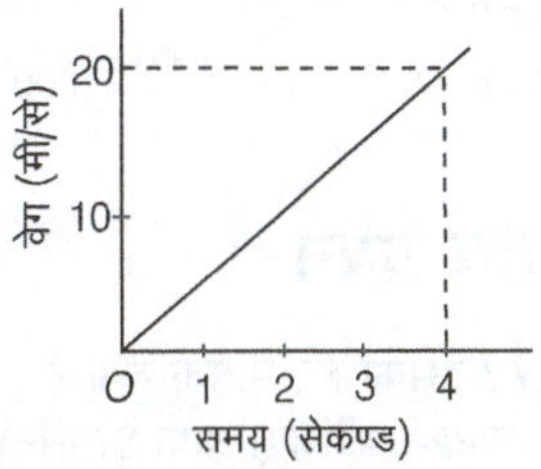

उत्तर वेग-समय ग्राफ में दर्शाया गया है कि $t = 0$ सेकण्ड, गेंद का वेग शून्य है। अतः गेंद का प्रारम्भिक वेग, $u = 0$

$t = 4$ सेकण्ड पर गेंद का वेग = 20 मी/से

अर्थात् अन्तिम वेग, $v = 20$ मी/से, समय $(t) = 4$ सेकण्ड

$\therefore$ गेंद का त्वरण $a = \frac{v - u}{t} = \frac{20 - 0}{4} = 5$ मी/से^{2}

गेंद का द्रव्यमान, $m = 100$ ग्राम $= \frac{100}{1000}$ किग्रा $= \frac{1}{10}$ किग्रा

$\therefore$ गेंद पर कार्यरत् बल, $F = ma = \frac{1}{10} \times 5$

$= 0.5$ किग्रा-मी/से^{2} $= 0.5$ न्यूटन

33. एक कार का चाल-समय ग्राफ नीचे दिया गया है। कार का भार 1000 किग्रा है।

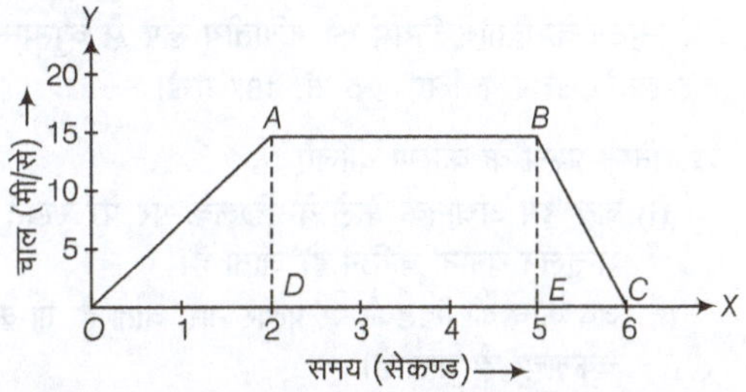

(i) पहले 2 सेकण्ड में कार द्वारा चली गई दूरी कितनी है?

(ii) 5 सेकण्ड के अन्त में कार को अगले 1 सेकण्ड में रोकने के लिए ब्रेक द्वारा लगाए गए बल का परिकलन कीजिए।

उत्तर (i) पहले 2 सेकण्ड में कार द्वारा तय दूरी

$= \Delta OAD$ का क्षेत्रफल $= \frac{1}{2} \times 2 \times 15 = 15$ मी

(ii) भंजन बल, $F = m \times a$

दिया है, कार का द्रव्यमान $(m) = 1000$ किग्रा

प्रारम्भिक वेग $(u) = 15$ मी/से, अन्तिम वेग $(v) = 0$

समय $(t) = 1$ सेकण्ड

$a = \frac{v - u}{t}$ लगाने पर,

$a = \frac{0 - 15}{1} = -15$ मी/से^{2}

$\therefore \quad F = ma = 1000 \times (-15) = -15000$ न्यूटन

34. संवेग से आप क्या समझते हैं? एक वाहन 5 मी/से के वेग से गतिमान है। यदि वाहन का संवेग 5000 किग्रा-मी/से है, तो इसका द्रव्यमान क्या होगा?

उत्तर **संवेग** इसके उत्तर के लिए पृष्ठ सं. 187 देखें।
दिया है, $p=5000$ किग्रा-मी/से,
$v=5$ मी/से, $m=?$

$\therefore$ संवेग $(p)=mv$

$$5000=m\times 5 \Rightarrow m=\frac{5000}{5}=1000 \text{ किग्रा}$$

दीर्घ उत्तरीय प्रश्न

1. संवेग क्या है? इसका SI मात्रक क्या है? संवेग की सहायता से बल की व्याख्या कीजिए। ग्राफ द्वारा निम्न को प्रदर्शित कीजिए

उत्तर वस्तु का संवेग, उसके द्रव्यमान एवं वेग का गुणनफल होता है तथा इसकी दिशा वही होती है, जो वस्तु के वेग की होती है। यदि वस्तु का द्रव्यमान m तथा वेग v है, तो
संवेग $p=mv$; संवेग का SI मात्रक किग्रा-मी/से है।
m द्रव्यमान वाली वस्तु पर आरोपित बल,

$$F=ma \quad (a=\text{त्वरण})$$

$$=m\frac{\Delta v}{\Delta t} \quad (\because \text{त्वरण = वेग में परिवर्तन की दर})$$

$$F=\frac{\Delta p}{\Delta t} \quad [\Delta p=m\cdot\Delta v]\left[a=\frac{\Delta v}{\Delta t}\right]$$

$\therefore$ वस्तु पर आरोपित बल वस्तु के संवेग में परिवर्तन की दर के बराबर होता है।

2. न्यूटन के द्वितीय नियम को गणितीय रूप से व्युत्पन्न कीजिए।

उत्तर इसके उत्तर के लिए पृष्ठ सं. 187 देखें।

3. निम्न प्रश्नों के कारण दीजिए

(i) जब हम अचानक केले के छिलके पर पैर रखते हैं, तो सन्तुलन बनाना कठिन हो जाता है।

(ii) जब काँच की खिड़की पर पत्थर मारा जाता हैं, तो काँच चकनाचूर हो जाता है।

(iii) समान चाल से गतिमान क्रिकेट तथा टेनिस की गेंद में से टेनिस की गेंद को रोकना आसान होता है।

(iv) एक भाला फेंकने वाला खिलाड़ी, यदि अंकित सीमा रेखा से आगे निकल जाता है, तो यह उसकी गलती मानी जाती है। अधिकांशत: खिलाड़ी अपने आपको इस सीमा रेखा पर रोक नहीं पाते हैं।

उत्तर (i) केले के छिलके पर पर्याप्त क्रिया बल नहीं लग पाता है, जिसका कारण प्रतिक्रिया बल भी कम मात्रा में लगता है और हम अपना सन्तुलन खो देते हैं।

(ii) पत्थर के द्वारा काँच के संवेग में अधिक समय में परिवर्तन होता है। जिसके परिणामस्वरूप काँच की खिड़की पर पत्थर द्वारा अधिक बल लगता है, जिसके कारण काँच चकनाचूर हो जाता है।

(iii) क्रिकेट की गेंद का द्रव्यमान, टेनिस की गेंद से अधिक होता है। जिस कारण क्रिकेट की गेंद का संवेग अधिक होता है तथा टेनिस की गेंद का संवेग कम होता है। अतः टेनिस की गेंद को रोकने हेतु कम बल की आवश्यकता होती है।

(iv) गति के जड़त्व के कारण खिलाड़ी अपने आप को रेखा से पूर्व रोकने में असमर्थ होता है।

4. (i) कालीन को लकड़ी से पीटने पर धूल बाहर आ जाती है। व्याख्या कीजिए।

(ii) विरामावस्था से चलने वाली कार को 10 सेकण्ड में 30 मी/से का वेग प्राप्त करने हेतु बल की गणना कीजिए। कार का द्रव्यमान 15000 किग्रा है।

उत्तर (i) जब कालीन को लकड़ी से पीटा जाता है, तो कालीन गति की अवस्था में आ जाती है, परन्तु धूल के कण जड़त्व के कारण विरामावस्था में ही रहते हैं और कालीन से अलग हो जाते हैं।

(ii) दिया है, प्रारम्भिक वेग, $u=30$ मी/से
समय, $t=10$ सेकण्ड, अन्तिम वेग, $v=0$
द्रव्यमान, $m=15000$ किग्रा
गति के प्रथम समीकरण द्वारा,

$$a=\frac{v-u}{t}=\frac{-30}{10}=-3 \text{ मी/से}^2$$

अवमन्दित बल, $F=ma$

$$=15000\times(-3)=-45000 \text{ न्यूटन}$$

अत: कार को 45000 न्यूटन बल की आवश्यकता होगी।

5. (i) संवेग क्या है? इसका SI मात्रक लिखिए।

(ii) 5 किग्रा की एक वस्तु 8 सेकण्ड में त्वरित होकर, वेग 4 मी/से से 8 मी/से हो जाता है, तो वस्तु का प्रारम्भिक तथा अन्तिम संवेग ज्ञात कीजिए तथा वस्तु पर कार्यरत् बल की गणना कीजिए।

उत्तर (i) इसके उत्तर के लिए पेज नं. 187 देखें।

(ii) दिया है,
द्रव्यमान, $m=5$ किग्रा
प्रारम्भिक वेग, $u=4$ मी/से
अन्तिम वेग, $v=8$ मी/से
समय, $t=8$ सेकण्ड
$\therefore$ प्रारम्भिक संवेग, $p_1=mu=5\times 4=20$ किग्रा-मी/से
और अन्तिम संवेग, $p_2=mv=5\times 8$
$=40$ किग्रा-मी/से

$$\text{बल, } \frac{\Delta p}{t}=\frac{p_2-p_1}{t}=\frac{40-20}{8}=\frac{20}{8}=2.5 \text{ न्यूटन}$$

6. गति के दूसरे नियम का उपयोग करके त्वरण व बल के बीच सम्बन्ध स्थापित करो। 10 ग्राम की एक गोली 10^3 मी/से की चाल से रेत के बोरे से टकराती है और 5 सेमी चलकर उसमें घुस जाती है। गणना करें।

(i) रेत द्वारा गोली पर लगाया गया प्रतिरोध बल।

(ii) गोली को विरामावस्था में आने में लगा समय।

उत्तर **त्वरण व बल में सम्बन्ध**
इसके उत्तर के लिए पृष्ठ सं. 187 देखें।

(i) $m=10$ ग्राम $=\frac{10}{100}$ किग्रा $=0.01$ किग्रा

$u=10^3$ मी/से, $v=0$, $s=5$ सेमी $=0.05$ मी

$v^2-u^2=2as$ से, $0-(10^3)^2=2a\times 0.05$

परीक्षा अभ्यास

$$a = \frac{-1000 \times 1000}{2 \times 0.05} = -10^7 \text{ मी/से}^2$$

$$F = ma = 0.01 \times (-10^7) = -10^5 \text{ न्यूटन}$$

(ii) $v = u + at$

$$\Rightarrow t = \frac{v-u}{a} = \frac{0-10^3}{-10^7} = 10^{-4} \text{ सेकण्ड}$$

7. गति के द्वितीय नियम से बल के मात्रक का व्युत्पन्न कीजिए। m_1 द्रव्यमान की वस्तु पर 5 न्यूटन का बल लगाने से 8 मी/से^{2} का त्वरण उत्पन्न होता है तथा m_2 द्रव्यमान की वस्तु में 24 मी/से^{2} का त्वरण उत्पन्न होता है। यदि दोनों वस्तुओं को साथ बाँध दिया जाए, तो उत्पन्न त्वरण का मान क्या होगा?

उत्तर इसके उत्तर के लिए पृष्ठ सं. 187 व 188 देखें।

दिया है, द्रव्यमान का SI मात्रक, $m = 1$ किग्रा

त्वरण का SI मात्रक, $a = 1$ मी/से^{2}

$\therefore$ बल का SI मात्रक, $F = 1$ किग्रा $\times$ 1 मी/से^{2} =1 किग्रा-मी/से^{2}

किग्रा-मी/से^{2} को न्यूटन (N) के नाम से भी जानते हैं।

अतः 1 न्यूटन = 1 किग्रा-मी/से^{2}

$\therefore$ 1 न्यूटन का बल किसी 1 किग्रा द्रव्यमान की वस्तु में 1 मी/से^{2} का त्वरण उत्पन्न करता है।

$F_1 = 5$ न्यूटन, $a_1 = 8$ मी/से^{2}, $m_1 = ?$

$F_2 = 5$ न्यूटन, $a_2 = 24$ मी/से^{2}, $m_2 = ?$

सूत्र $F = ma$ से,

$$5 = m_1 \times 8 \Rightarrow m_1 = \frac{5}{8} \text{ किग्रा}$$

इसी प्रकार, $5 = m_2 \times 24 \Rightarrow m_2 = \frac{5}{24}$ किग्रा

$$\therefore \quad m_1 + m_2 = \frac{5}{8} + \frac{5}{24} = \frac{15+5}{24} = \frac{20}{24} = \frac{10}{12} = \frac{5}{6}$$

वस्तुओं को बाँधने पर उत्पन्न त्वरण,

$$a = \frac{F}{(m_1 + m_2)} = \frac{5}{5/6} = 6 \text{ मी/से}^2$$

स्वयं को जाँचे

नीचे दिए गए प्रश्नों के माध्यम से छात्र अध्याय सम्बन्धी अपने ज्ञान की जाँच कर सकते हैं। अध्याय का ध्यानपूर्वक अध्ययन किए जाने पर छात्र इन प्रश्नों के उत्तर आसानी से कर पाएँगे।

वस्तुनिष्ठ प्रकार के प्रश्न

बहुविकल्पीय प्रश्न

1. बल का SI मात्रक है
(a) किग्रा-मी/से (b) न्यूटन (c) डाइन (d) मी/से

2. किसी वस्तु का जड़त्व वस्तु की
(a) चाल को बढ़ा देता है (b) चाल को कम कर देता है
(c) विराम या गति की अवस्था में परिवर्तन का विरोध करता है
(d) उपरोक्त में से कोई नहीं

3. जड़त्व का नियम किस नियम को कहते हैं?
(a) न्यूटन की गति के प्रथम नियम को
(b) न्यूटन की गति के द्वितीय नियम को
(c) न्यूटन की गति के तृतीय नियम को
(d) संवेग संरक्षण के नियम को

4. जब एक वस्तु अत्वरित होती है, तो निम्न में से कौन-सा कथन सत्य हैं?
(a) वस्तु की चाल सदैव बढ़ती है।
(b) वस्तु का वेग सदैव घटता है।
(c) यह सदैव पृथ्वी की ओर गिरती है।
(d) एक बल हमेशा वस्तु पर कार्य करता है।

5. जब एक बस अचानक चलती है, तब बस में बैठे यात्री गिर पड़ते हैं
(a) बस के चलने की दिशा के विपरीत दिशा में
(b) बस के चलने की दिशा में
(c) किसी भी दिशा में
(d) उपरोक्त में से कोई नहीं

6. जब एक यात्री चलती रेलगाड़ी में एक सिक्के को ऊपर उछालता है, तो सिक्का पीछे गिरता है, उसका अर्थ है कि रेलगाड़ी की गति
(a) त्वरित है (b) समान है
(c) असमान है (d) वृत्तीय मार्ग पर है

7. संवेग में परिवर्तन की दर किसके बराबर होती है?
(a) त्वरण (b) कार्य (c) बल (d) आवेग

कथन-कारण प्रकार के प्रश्न

निर्देश (प्र. सं. 8-10) इस खण्ड में दिए गए प्रत्येक प्रश्न में कथन तथा कारण दिए गए हैं। प्रत्येक प्रश्न के चार विकल्प (a), (b), (c) व (d) हैं, जिनमें से केवल एक सही है।

(a) कथन (A) तथा कारण (R) दोनों सत्य हैं तथा कारण (R), कथन (A) का सही स्पष्टीकरण है।
(b) कथन (A) तथा कारण (R) दोनों सत्य हैं, परन्तु कारण (R), कथन (A) का सही स्पष्टीकरण नहीं है।
(c) कथन (A) सत्य है, परन्तु कारण (R) असत्य है।
(d) कथन (A) असत्य है, परन्तु कारण (R) सत्य है।

8. **कथन (A)** किसी वस्तु पर अनेक बल कार्यरत् होते हैं, तो वस्तु त्वरित होती है या स्थिर रहती है।
कारण (R) वस्तु पर कार्यरत् परिणामी बल के कारण वस्तु त्वरित होती है।

9. **कथन (A)** किसी बन्दूक से गोली दागने पर बन्दूक के मुक्त होने पर बन्दूक की गतिज ऊर्जा गोली से कम होती है।
कारण (R) बन्दूक-गोली निकाय न्यूटन के तृतीय नियम का उल्लंघन करता है।

10. **कथन (A)** रेखीय गति के लिए पिण्ड का द्रव्यमान उसके जड़त्व को प्रदर्शित करता है।
कारण (R) पिण्ड का द्रव्यमान अधिक होने पर उसको उसकी विरामावस्था अथवा नियत वेग की अवस्था से बदलने में अधिक बल की आवश्यकता होती है।

उत्तर

1. (b)	**2.** (c)	**3.** (a)	**4.** (b)	**5.** (b)
6. (a)	**7.** (d)	**8.** (a)	**9.** (c)	**10.** (a)

केस स्टडी आधारित प्रश्न

निर्देश (प्र.सं. 11-15) *निम्नलिखित पैराग्राफ को पढ़िए तथा दिए गए प्रश्नों के उत्तर दीजिए।*

एक हॉकी के मैच में खिलाड़ी 400 ग्राम की हॉकी स्टीक तथा 100 ग्राम की गेंद से खेलते हैं। मैच के दौरान 100 ग्राम द्रव्यमान की एक हॉकी की गेंद 10 मी/से के वेग से सीधी रेखा में चलती हुई 6 किग्रा द्रव्यमान के लकड़ी के गुटके से संघट्ट (टक्कर) करती है तथा उससे चिपक जाती है। उसके बाद दोनों एकसाथ उसी रेखा में गति करते हैं।

11. गेंद के संघट्ट से पूर्व संवेग का मान ज्ञात कीजिए।
*[**उत्तर** 4 किग्रा मी/से]*

12. गेंद के संघट्ट के पश्चात् संवेग का मान ज्ञात कीजिए।
*[**उत्तर** 4 किग्रा मी/से]*

13. यदि वेग को बढ़ा दिया जाता है, तो गेंद का संवेग में क्या परिवर्तन होगा?

14. किसी बल्लेबाज द्वारा क्रिकेट की गेंद की जमीन पर लुढ़कती है। कुछ दूरी चलने के पश्चात् गंद रुक जाती है। गेंद रुकने के लिए धीमी क्यों होती है?

15. एक 50 ग्राम द्रव्यमान की गेंद को खुरदुरी सतह पर लुढ़काया जाता है। इसका वेग-समय ग्राफ के अनुसार गेंद और सतह के बीच लगने वाले घर्षण बल और त्वरण की गणना करें।

अतिलघु उत्तरीय प्रश्न

16. एक खाली तथा एक भरा वाहन समान वेग से गतिमान हैं, तो किस वाहन को रोकने हेतु अधिक बल की आवश्यकता होगी? कारण दीजिए।

17. किसी वस्तु की गति या रोकने के लिए बल के दो प्रभावों के नाम लिखिए।

18. उन दो कारकों के नाम लिखिए, जिनके द्वारा वस्तु का संवेग ज्ञात किया जाता है।

लघु उत्तरीय प्रश्न

19. यदि पूर्ण भरे गुब्बारे में नीचे एक छेद किया जाता है, तो गुब्बारा ऊर्ध्वाधरत: ऊपर क्यों जाता है?

20. एक व्यक्ति तालाब के किनारे पर आराम कर रहा है, जिसका द्रव्यमान 60 किग्रा है। इस पर कुछ क्षैतिज बल 130 न्यूटन आरोपित है, तो दूसरा क्षैतिज त्वरण ज्ञात कीजिए।

21. एक जिमनास्टिक, ट्रेम्पोलिन (trampoline) के ऊपर कूदता है। एक ऊँची कूद के बाद जिमनास्टिक नीचे आता है तथा ट्रेम्पोलिन की प्रत्यास्थ सतह से टकराता है। इस प्रक्रिया में जिमनास्टिक, ट्रेम्पोलिन पर बल लगाता है।

(i) प्रत्यास्थ सतह पर कार्यरत् बल का प्रभाव बताइए।

(ii) सतह, जिमनास्टिक पर प्रतिक्रिया बल लगाती है। इस प्रतिक्रिया बल के जिमनास्टिक पर प्रभाव को बताइए।

22. एक व्यक्ति 500 ग्राम की गेंद को ऊर्ध्वाधरत: 10 मी/से के वेग से फेंकता है।

(i) इसका प्रारम्भिक संवेग क्या होगा?

(ii) अधिकतम ऊँचाई पर इसका संवेग क्या होगा?

[**उत्तर** *(i) 5 किग्रा-मी/से, (ii) शून्य*]

23. निम्न में क्रिया-प्रतिक्रिया बताइए।

(i) रॉकेट की गति

(ii) बन्दूक से गोली का चलना

(iii) व्यक्ति का फर्श पर चलना

24. एक बस, बस स्टॉप से आरंभ होती है तथा 50 सेकण्ड में 10 मी/से की चाल प्राप्त कर लेती है। यदि यात्रियों के सहित बल का द्रव्यमान 10000 किग्रा है, तो बस को 10 मी/से की चाल से चलाने हेतु इंजन द्वारा प्रदत्त बल की गणना कीजिए।

[**उत्तर** *2000 न्यूटन*]

25. समान आकार परन्तु भिन्न पदार्थों (रबर तथा लौह) की गेंदों को गतिमान रेलगाड़ी के चिकने फर्श पर रखा है। रेलगाड़ी को रोकने हेतु ब्रेक अचानक लगाए जाते हैं, तो क्यों गेंदे घूर्णन करना प्रारम्भ करेंगी और किस दिशा में घूर्णन करेंगी? क्या वे समान चाल से गति करेंगी? अपने उत्तर का कारण दीजिए।

दीर्घ उत्तरीय प्रश्न

26. एक बड़े ट्रक तथा कार के वेगों का परिमाण 4 है। यह दोनों एक-दूसरे से सम्मुख प्रत्यास्थ टक्कर करते हैं, जिसके बाद इनका वेग आधा हो जाता है।

(i) किस वाहन पर अधिक बल लगेगा?

(ii) किस वाहन के संवेग में अधिक परिवर्तन होगा?

(iii) किस वाहन पर अधिकतम त्वरण लगेगा?

(iv) किस कारण कार में ट्रक की तुलना में अधिक हानि होती है?

27. (i) रेत पर चलना कठिन क्यों होता है? व्याख्या कीजिए।

(ii) भारी बन्दूक से गोली चलाने पर प्रतिक्षेप हल्की बन्दूक से गोली चलाने के प्रतिक्षेप से अधिक प्रबल क्यों नहीं होता है?

(iii) 5 किग्रा की एक वस्तु पर 2 सेकण्ड के लिए नियत बल लगता है, तो वस्तु का वेग 3 मी/से से 7 मी/से करने हेतु आरोपित बल के परिमाण की गणना कीजिए।

यदि बल 5 सेकण्ड तक आरोपित किया जाता है, तो वस्तु का अन्तिम वेग ज्ञात कीजिए।

[**उत्तर** *10 न्यूटन, 13 मी/से*]

28. (i) उस नियम को बताइए, जोकि बल की गणना हेतु सूत्र प्रदान करती है और वह नियम भी बताइए, जो बल की परिभाषा देता है।

(ii) 50 ग्राम की मार्बल की गेंद के फर्श पर घूर्णन के लिए वेग-समय ग्राफ नीचे दिया गया है, तो गणना कीजिए।

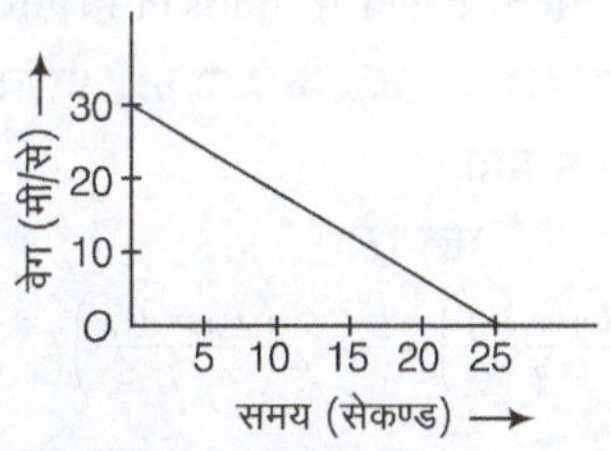

(a) समय जिसमें यह रुक जाएगी। [**उत्तर** *25 सेकण्ड*]

(b) इस पर उत्पन्न ऋणात्मक त्वरण। [**उत्तर** *– 1.2 मी/से^{2}*]

(c) मार्बल पर कार्यरत् धनात्मक बल। [**उत्तर** *0.06 न्यूटन*]

Topics to be Assessed Formatively

संवेग संरक्षण का सिद्धान्त
(Conservation of Linear Momentum)

संवेग संरक्षण का नियम न्यूटन के गति के तृतीय नियम का परिणाम है। संवेग संरक्षण के सिद्धान्तानुसार, वस्तुओं के निकाय का कुल संवेग संघट्ट से पूर्व तथा संघट्ट के पश्चात् नियत रहता है जबकि उस पर कोई बाह्य असंतुलित बल कार्य न कर रहा हो।

माना किसी निकाय की दो वस्तुओं जिनका द्रव्यमान क्रमशः m_A तथा m_B है। एक ही सरल रेखा में वेग क्रमशः u_A तथा u_B गति कर रहे है, (यहाँ $u_A > u_B$), जो कि एक ही दिशा में है तथा उन पर कोई असन्तुलित बल कार्यरत् नहीं है। इस क्रम में गेंद A, गेंद B पर F_{AB} बल लगाती है तथा गेंद B, गेंद A पर F_{BA} बल लगाती है। संघट्ट के पश्चात् वस्तुओं का वेग क्रमशः v_A तथा v_B है तथा संघट्ट समय t है।

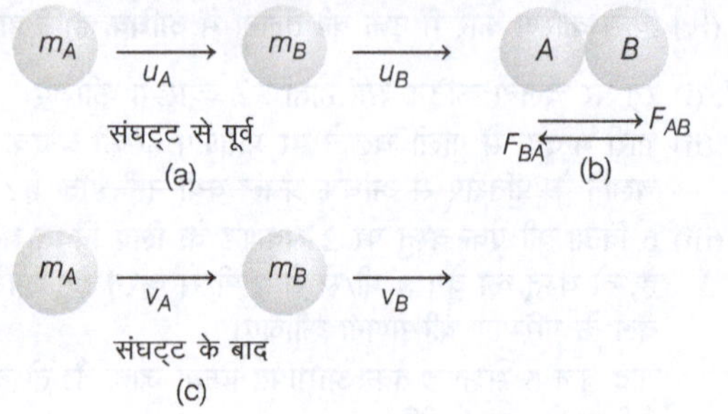

दो गेंदो के संघट्ट में संवेग का संरक्षण

निकाय का कुल प्रारम्भिक संवेग $= m_A u_A + m_B u_B$

निकाय का कुल अन्तिम संवेग $= m_A v_A + m_B v_B$

सिद्ध करना है $m_A u_A + m_B u_B = m_A v_A + m_B v_B$

सत्यापन (Proof) न्यूटन के गति के तृतीय नियम द्वारा

m_A के द्वारा m_B पर बल $= -$(m_B के द्वारा m_A पर बल)

न्यूटन के द्वितीय नियम द्वारा,

$$\text{बल } (F) = ma,$$

$$m_B\left(\frac{v_B - u_B}{t}\right) = -m_A\left(\frac{v_A - u_A}{t}\right)$$

$$\left[\because \text{त्वरण } (a) = \frac{\text{अन्तिम वेग} - \text{प्रारम्भिक वेग}}{\text{लिया गया समय}}\right]$$

$$\Rightarrow \quad \frac{m_B v_B - m_B u_B}{t} = \frac{-m_A v_A + m_A u_A}{t}$$

$$\Rightarrow \quad m_B v_B - m_B u_B = -m_A v_A + m_A u_A$$

या

$$m_A u_A + m_B u_B = m_A v_A + m_B v_B$$

जहाँ, $(m_A u_A + m_B u_B) =$ संघट्ट से पूर्व दो वस्तुओं का कुल संवेग

$(m_A v_A + m_B v_B) =$ संघट्ट के पश्चात् दो वस्तुओं का कुल संवेग

अतः दो वस्तुओं का कुल संवेग संघट्ट के पूर्व और पश्चात् संरक्षित रहता है।

उदाहरण 1. एक बन्दूक का द्रव्यमान 2 किग्रा है तथा इसकी गोली का द्रव्यमान 15 ग्राम है। यदि गोली 100 मी/से के वेग से बन्दूक से निकलें, तो बन्दूक किस वेग से पीछे हटेगी?

हल माना बन्दूक v_1 वेग से पीछे हटेगी।

दिया है, $m_1 = 2$ किग्रा, $m_2 = 15$ ग्राम $= 0.015$ किग्रा

तथा गोली का वेग $v_2 = 100$ मी/से

संवेग संरक्षण के नियम से,

बन्दूक का संवेग = गोली का संवेग

$$m_1 v_1 = m_2 v_2$$

$$2 \times v_1 = 0.015 \times 100$$

$$v_1 = \frac{0.015 \times 100}{2} = 0.75 \text{ मी/से}$$

अतः बन्दूक 0.75 मी/से के वेग से पीछे हटेगी।

उदाहरण 2. दो गोले जिनके द्रव्यमान क्रमशः 40 किग्रा व 20 किग्रा हैं, एक-दूसरे की ओर क्रमशः 20 मी/से तथा 30 मी/से के वेग से आ रहे हैं। टक्कर के पश्चात् दोनों गोले आपस में जुड़ जाते हैं, तो बताइए संयुक्त गोला किस वेग से गतिशील होगा?

हल दिया है, प्रथम गोले का द्रव्यमान = 40 किग्रा

द्वितीय गोले का द्रव्यमान = 20 किग्रा

प्रथम गोले की चाल = 20 मी/से

द्वितीय गोले की चाल = 40 मी/से

संयुक्त गोले का वेग = ?

टक्कर से पूर्व बड़े गोले का संवेग

$p_1 = m_1 v_1 = 40$ किग्रा $\times 20$ मी/से $= 800$ किग्रा-मी/से

टक्कर से पूर्व छोटे गोले का संवेग

$p_2 = m_2 v_2 = 20$ किग्रा $\times 30$ मी/से $= 600$ किग्रा-मी/से

दोनों गोले एक-दूसरे के विपरीत दिशा में गतिमान हैं।

$\therefore$ कुल संवेग $= (800 - 600)$ किग्रा-मी/से $= 200$ किग्रा-मी/से

माना कि संयुक्त गोले का वेग v है।

संयुक्त गोले का संवेग $= (40 + 20)\, v = 60\, v$

संवेग संरक्षण के नियम से,

टक्कर से पूर्व कुल संवेग = टक्कर के पश्चात् कुल संवेग

$$200 = 60\, v$$

$$\therefore \quad v = \frac{200}{60} = 3.33 \text{ मी/से}$$

संयुक्त गोले की दिशा प्रारम्भिक गोले की दिशा में होगी।

उदाहरण 3. दो वस्तुएँ चित्रानुसार एक-दूसरे से टकराती हैं तथा एक-दूसरे से जुड़ जाती हैं, तो वस्तुओं के आपस में जुड़ जाने के पश्चात् वेग का मान क्या होगा?

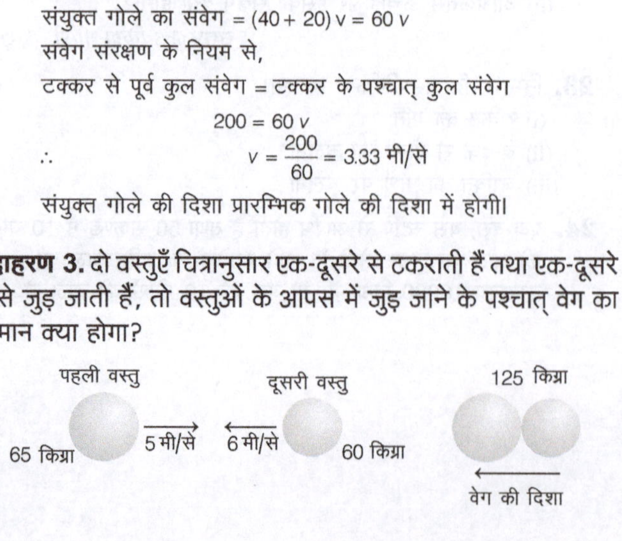

हल दिया है,

$m_1 = 65$ किग्रा, $m_2 = 60$ किग्रा

$u_1 = +5$ मी/से (धनात्मक दिशा)

$u_2 = -6$ मी/से (ऋणात्मक दिशा)

$v = ?$

टकराने से पहले दो वस्तुओं का कुल संवेग $= m_1u_1 + m_2u_2$

$= 65 \times 5 + 60 \times (-6)$

$= -35$ किग्रा-मी/से

यदि वस्तुओं के आपस में जुड़ने के पश्चात वेग v है

टक्कर के पश्चात् कुल संवेग $= m_1v_1 + m_2v_2$

$= (m_1 + m_2)v \quad [\because v_1 = v_2 = v]$

$= (65 + 60) \times v$

$= 125v$ किग्रा-मी/से

$\therefore$ संवेग संरक्षण के सिद्धान्तानुसार,

$$-m_1u_1 + m_2u_2 = m_1v_1 + m_2v_2$$

$$\Rightarrow \quad -35 = 125v$$

$$v = \frac{-35}{125} = -0.28 \text{ मी/से}$$

दोनो वस्तुएँ, द्वितीय वस्तु की दिशा में 0.28 मी/से के वेग से गतिमान हैं।

संवेग संरक्षण नियम के अनुप्रयोग

(Application of Law of Conservation of Momentum)

संवेग संरक्षण नियम पर आधारित कुछ अनुप्रयोग निम्नलिखित हैं

(i) बन्दूक से गोली चलाते समय बन्दूक को कँधे से कसा हुआ रखना चाहिए।

(ii) जब हम नाव से नदी के किनारे पर कूदते हैं, तो नाव को अपने पैरों से पीछे की ओर दबाते है। इससे नाव झटके के साथ पीछे की ओर हट जाती है तथा उसकी प्रतिक्रिया हमे आगे की ओर फेंक देती है।

(iii) रॉकेट तथा जेट प्लेन भी संवेग संरक्षण के सिद्धान्त पर कार्य करते है।

(iv) अगर एक अन्तरिक्ष यात्री पुन: अपने अन्तरिक्ष यान में जाना चाहता है तो अन्तरिक्ष यात्री, अन्तरिक्ष यान की गति के विपरीत दिशा में वस्तु को फेंकता है।

संरक्षण नियम (Conservation Laws)

- संरक्षण के समस्त नियमों; जैसे-संवेग, ऊर्जा, कोणीय संवेग, आवेश आदि के सरंक्षण को भौतिकी में मौलिक नियम माना जाता है। ये सभी संरक्षण नियम प्रायोगिक प्रेक्षणों पर आधारित हैं। यह स्मरण रखना आवश्यक है कि संरक्षण के नियमों को प्रमाणित नहीं किया जा सकता। इन्हें प्रयोगों के द्वारा ही सत्यापित या खंडित किया जा सकता है। किसी भी संरक्षण नियम के अनुकूल प्रयोग के परिणाम उस नियम को सत्यापित तो करते हैं, लेकिन उनको सिद्ध नहीं करते। दूसरी ओर, यदि एक भी प्रयोग के परिणाम इस नियम के विरुद्ध हों तो यह संरक्षण नियम को सत्यापित करने के लिए पर्याप्त होगा।
- संवेग संरक्षण का नियम विभिन्न प्रकार के निरीक्षणों एवं प्रयोगों के पश्चात् निगमित किया गया है इस नियम को लगभग तीन शताब्दी पूर्व प्रतिपादित किया गया था। इस नियम को सत्यापित कर सकने वाली किसी स्थिति का अभी तक कोई अनुभव ज्ञात नहीं है। विभिन्न दैनिक अनुभवों को संवेग संरक्षण के नियम के आधार पर स्पष्ट किया जा सकता है।

Solved Questions

1. यदि क्रिया सदैव प्रतिक्रिया के बराबर है, तो स्पष्ट कीजिए कि घोड़ा गाड़ी को कैसे खींच पाता है?

उत्तर गाड़ी को खींचने के लिए घोड़ा सड़क के पृष्ठ को अपने पैरों से पीछे धकेलता है। सड़क भी घोड़े के पैर पर उतना ही प्रतिक्रिया बल विपरीत दिशा में लगाती है, जिसके प्रभाव से घोड़ा गाड़ी को खींचता है।

2. एक अग्निशमन कर्मचारी को तीव्र गति से बहुतायत मात्रा में पानी फेंकने वाली रबड़ की नली को पकड़ने में कठिनाई क्यों होती है? स्पष्ट करें।

उत्तर अग्निशमन कर्मचारी को तीव्र गति से पानी फेंकने वाली रबड़ की नली को पकड़ने में कठिनाई होती है, क्योंकि पानी की बौछार नली पर आगे की ओर बल लगाती है, जबकि उतना ही प्रतिक्रिया बल विपरीत दिशा में भी लगता है (न्यूटन के तृतीय नियम के अनुसार) अत: अग्निशमन कर्मचारी को पानी फेंकने वाली रबड़ की नली को स्थिर बनाये रखने में कठिनाई होती है।

3. एक 50 ग्राम द्रव्यमान की गोली 4 किग्रा द्रव्यमान की रायफल से 35 मी/से के प्रारंभिक वेग से छोड़ी जाती है। रायफल के प्रारंभिक प्रतिक्षेपित वेग की गणना कीजिए।

उत्तर दिया है, रायफल का द्रव्यमान $m = 4$ किग्रा

गोली का द्रव्यमान $m = 50$ ग्राम या 50×10^{-3} किग्रा

गोली का प्रारंभिक वेग $v_1 = 35$ मी/से

मान रायफल का प्रतिक्षेपित वेग v मी/से है

$\because$ गोली छोड़ने से पहले रायफल और गोली दोनों विरामावस्था में थी।

अत: गोली और रायफल का कुल संवेग शून्य होगा।

गोली छोड़ने के बाद,

गोली का संवेग $= mv_1$

रायफल का संवेग $= Mv$

$\therefore$ गोली छोड़ने के बाद गोली और रायफल का कुल संवेग

$= mv_1 + Mv$

चूँकि निकाय पर कोई बाह्य बल नहीं लग रहा है।
इसलिए, गोली छोड़ने के बाद कुल संवेग = गोली छोड़ने के पहले का कुल संवेग

$$mv_1 + mv = 0$$
$$Mv = -mv_1$$
$$v = -\frac{mv_1}{M}$$
$$v = -\frac{50 \times 10^{-3} \times 35}{4}$$
$$= -0.44 \text{ मी/से}$$

(यहाँ ऋणात्मक चिह्न प्रदर्शित करता है कि रायफल का प्रतिक्षेपित वेग गोली के वेग के विपरीत दिशा में है।)

4. 100 ग्राम और 200 ग्राम द्रव्यमान की दो वस्तुएँ एक ही रेखा के अनुदिश एक ही दिशा में क्रमशः 2 मी/से और 1 मी/से के वेग से गति कर रही हैं। दोनों वस्तुएँ टकरा जाती है। टक्कर के पश्चात् प्रथम वस्तु का वेग 1.67 मी/से हो जाता है, तो दूसरी वस्तु का वेग ज्ञात करें।

उत्तर टकराने से पहले,

$$m_1 = 100 \text{ ग्राम} = \frac{100}{1000} = 0.1 \text{ किग्रा} (\because 1 \text{ किग्रा} = 1000 \text{ ग्राम})$$
$$m_2 = 200 \text{ ग्राम} = \frac{200}{1000} = 0.2 \text{ किग्रा}$$
$$v_1 = 2 \text{ मी/से}; \quad v_2 = 1 \text{ मी/से}$$

टकराने के बाद,

$$m_1 = 0.1 \text{ किग्रा}$$
$$m_2 = 0.2 \text{ किग्रा}$$
$$v_1' = 1.67 \text{ मी/से}$$
$$v_2' = ?$$

$\because$ निकाय पर कोई भी बाह्य बल कार्य नहीं कर रहा है।

टकराने से पहले कुल संवेग = टकराने के बाद कुल संवेग

$$m_1v_1 + m_2v_2 = m_1v_1' + m_2v_2'$$
$$0.1 \times 2 + 0.2 \times 1 = 0.1 \times 1.67 + 0.2v_2'$$
$$0.2 + 0.2 = 0.167 + 0.2v_2'$$
$$0.2v_2' = 0.4 - 0.167 = 0.233$$
$$v_2' = \frac{0.233}{0.2} = 1.165 \text{ मी/से}$$

अध्याय

09

गुरुत्वाकर्षण

(Gravitation)

हम सदैव देखते हैं कि जब किसी वस्तु को ऊँचाई से गिराया जाता है, तो वह पृथ्वी की ओर ही गिरती है अर्थात् पृथ्वी सभी वस्तुओं को अपनी ओर आकर्षित करती है। न्यूटन, इस तथ्य को समझ गए थे और उन्होंने कहा कि केवल पृथ्वी ही नहीं संसार में उपस्थित प्रत्येक वस्तु, दूसरी वस्तु को अपनी ओर आकर्षित करती है।

दो वस्तुओं के मध्य लगने वाले इस बल को गुरुत्वाकर्षण बल कहते हैं। इस अध्याय में हम गुरुत्वाकर्षण तथा गुरुत्वाकर्षण के सार्वत्रिक नियम के बारे में अध्ययन करेंगे तथा हम अध्ययन करेंगे कि किसी वस्तु का भार एक स्थान से दूसरे स्थान पर किस प्रकार परिवर्तित होता है।

सिलेबस

- *गुरुत्वाकर्षण का सार्वत्रिक नियम*
- *मुक्त पतन*
- *द्रव्यमान*
- *भार*
- *प्रणोद तथा दाब*
- *तरलों में दाब*
- *घनत्व*
- *आर्किमिडिज़ का सिद्धान्त*

गुरुत्वाकर्षण (Gravitation)

ब्रह्माण्ड में, सभी पिण्ड एक-दूसरे को अपनी ओर आकर्षित करते हैं। किन्हीं दो पिण्डों के बीच लगने वाले इस असम्पर्क आकर्षण बल को ही गुरुत्वाकर्षण कहते हैं।

पृथ्वी अपनी सतह या सतह के निकट स्थित समस्त वस्तुओं को केन्द्र की ओर खींचती है। पृथ्वी जिस बल के द्वारा किसी वस्तु को अपनी ओर आकर्षित करती है, उसे पृथ्वी का गुरुत्वाकर्षण बल या पृथ्वी का गुरुत्व कहते हैं।

गुरुत्वाकर्षण का सार्वत्रिक नियम (Universal Law of Gravitation)

गुरुत्वाकर्षण का सार्वत्रिक नियम आइजेक न्यूटन ने दिया था। न्यूटन के अनुसार, 'ब्रह्माण्ड में स्थित किन्हीं दो पिण्डों के बीच लगने वाला आकर्षण बल

(i) दोनों पिण्डों के द्रव्यमानों के गुणनफल के समानुपाती होता है।

(ii) उनके बीच की दूरी के वर्ग के व्युत्क्रमानुपाती होता है।'

इस बल की दिशा दोनों पिण्डों को मिलाने वाली रेखा के अनुदिश होती है।

माना M तथा m द्रव्यमान के दो पिण्ड A तथा B हैं, जो एक-दूसरे से d दूरी पर स्थित हैं तथा इनके बीच लगने वाला बल F है, तो गुरुत्वाकर्षण के सार्वत्रिक नियम के अनुसार,

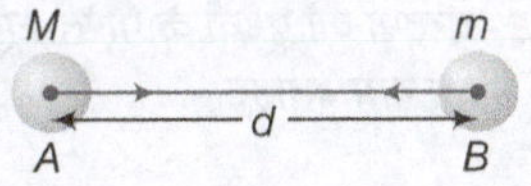

$$F \propto Mm \quad ...(i)$$

$$F \propto \frac{1}{d^2} \quad ...(ii)$$

समी (i) व (ii) से,

$$F \propto \frac{Mm}{d^2} \quad \text{या} \quad \boxed{F = G\frac{Mm}{d^2}}$$

जहाँ, G एक आनुपातिकता स्थिरांक है, जिसका मान 6.67×10^{-11} न्यूटन मी²/ किग्रा² होता है। इसे **सार्वत्रिक गुरुत्वाकर्षण नियतांक** कहते हैं।

G का मान पिण्डों की प्रकृति, उनके द्रव्यमान, उनके मध्य की दूरी, माध्यम, ताप आदि पर निर्भर नहीं करता है तथा ब्रह्माण्ड के सभी कणों के लिए G के समान होता है।

माना 1 किग्रा की दो वस्तुएँ एक-दूसरे से 1 मी की दूरी पर रखी हों, तो

$$F = G \quad [\because M = m = 1 \text{ किग्रा और } d = 1 \text{ मी}]$$

अतः जब एकांक द्रव्यमान की वस्तुएँ एक-दूसरे से एकांक दूरी पर स्थित होती हैं, तो वस्तुओं के मध्य कार्यरत् बल, सार्वत्रिक गुरुत्वाकर्षण नियतांक के तुल्य होता है। G का SI मात्रक **न्यूटन-मी²/किग्रा²** होता है। G का मान हेनरी केवेन्डिश (1731-1810) ने सुग्राही तुल्यांक द्वारा ज्ञात किया था।

गुरुत्वाकर्षण के सार्वत्रिक नियम के महत्व

(Importance of Universal Law of Gravitation)

गुरुत्वाकर्षण का सार्वत्रिक नियम अनेक परिघटनाओं की सफलतापूर्वक व्याख्या करता हैं; जैसे

(i) हमें पृथ्वी से बाँधे रखने वाला बल

(ii) पृथ्वी के चारों ओर चंद्रमा की गति

(iii) सूर्य के चारों ओर ग्रहों की गति

(iv) चंद्रमा तथा सूर्य के कारण ज्वार-भाटा

(v) पृथ्वी के गुरुत्वाकर्षण के कारण ही नदी का जल बहता है।

पृथ्वी के परितः चन्द्रमा की गति और अभिकेन्द्रीय बल

(Motion of Moon Around Earth and Centripetal Force)

पृथ्वी के आकर्षण बल द्वारा प्रदत्त अभिकेन्द्रीय बल के कारण चन्द्रमा पृथ्वी के परितः घूमता है। वह बल जो वस्तु को वृत्ताकार पथ में गतिशील रखता है तथा वेग या त्वरण की दिशा में परिवर्तन के लिए उत्तरदायी होती है, वह अभिकेन्द्रीय बल कहलाता है। पृथ्वी के परितः चन्द्रमा की गति का कारण भी अभिकेन्द्रीय बल है। यदि यह बल नहीं होगा, तो चन्द्रमा एक सरल रेखा में गतिमान होगा।

उदाहरण 1. पृथ्वी की सतह पर रखी किसी 1 किग्रा द्रव्यमान की वस्तु पर लगे हुए गुरुत्वीय बल का परिमाण क्या होगा? (पृथ्वी का द्रव्यमान 6×10^{24} किग्रा है, पृथ्वी की त्रिज्या 6400 किमी है और गुरुत्वाकर्षण नियतांक 6.67×10^{-11} न्यूटन-मी²/किग्रा² है)

हल दिया है, वस्तु का द्रव्यमान $(m) = 1$ किग्रा

पृथ्वी का द्रव्यमान $(M_e) = 6 \times 10^{24}$ किग्रा

पृथ्वी की त्रिज्या $(R_e) = 6400$ किमी $= 6400 \times 10^3$ मी $= 6.4 \times 10^6$ मी

गुरुत्वाकर्षण नियतांक $(G) = 6.67 \times 10^{-11}$ न्यूटन-मी²/किग्रा²

हम जानते हैं,

$$\text{गुरुत्वीय बल, } F = \frac{GM_e \times m}{R_e^2}$$

$$F = \frac{6.67 \times 10^{-11} \text{ न्यूटन-मी}^2/\text{किग्रा}^2 \times 6 \times 10^{24} \text{ किग्रा} \times 1 \text{ किग्रा}}{(6.4 \times 10^6 \text{ मी})^2}$$

$$= 9.77 \approx 9.8 \text{ न्यूटन}$$

उदाहरण 2. यदि दो लड़के, जिनका द्रव्यमान समान है, एक-दूसरे से 5 मी की दूरी पर बैठे हैं, उनके बीच कार्यरत् गुरुत्वाकर्षण बल का परिमाण 429×10^{-11} न्यूटन है, तो प्रत्येक लड़के का द्रव्यमान ज्ञात कीजिए। ($G = 6.67 \times 10^{-11}$ न्यूटन-मी²/किग्रा²)

हल माना कि पहले लड़के का द्रव्यमान $= M$

दूसरे लड़के का द्रव्यमान $= m$

दिया है, $M = m$

उनके मध्य दूरी $(d) = 5$ मी

गुरुत्वाकर्षण बल $(F) = 429 \times 10^{-11}$ न्यूटन

गुरुत्वाकर्षण नियतांक $(G) = 6.67 \times 10^{-11}$ न्यूटन-मी²/किग्रा²

सूत्र $F = G\frac{Mm}{d^2}$ से,

$$\Rightarrow M \times m = \frac{F \times d^2}{G}$$

$$M^2 = \frac{F \times d^2}{G} \quad [\because M = m]$$

$$M^2 = \frac{429 \times 10^{-11} \text{ न्यूटन} \times (5)^2 \text{ मी}}{6.67 \times 10^{-11} \text{ न्यूटन-मी}^2/\text{किग्रा}^2}$$

$$M = \sqrt{1607.94}$$

$$M = 40.09 \approx 40 \text{ किग्रा}$$

अतः प्रत्येक लड़के का द्रव्यमान 40 किग्रा है।

चेक प्वॉइण्ट 9.1

1. *न्यूटन के गुरुत्वाकर्षण नियम को किस कारण सार्वत्रिक नियम कहते हैं?*
2. *G का आंकिक मान तथा इसका मात्रक लिखिए।*
3. *पृथ्वी की सतह पर स्थित 20 किग्रा के द्रव्यमान तथा पृथ्वी के मध्य कार्यरत् गुरुत्वाकर्षण बल का मान क्या होगा?* [**उत्तर** : 196 न्यूटन]
4. *यदि दो वस्तुओं के मध्य दूरी पाँच गुना कर दी जाए, तो समान गुरुत्वीय बल बनाए रखने हेतु द्रव्यमान को कितना बढ़ाना या घटाना पड़ेगा?* [**उत्तर** : 25 गुना]
5. *चन्द्रमा को पृथ्वी के परितः घूमने हेतु आवश्यक अभिकेन्द्रीय बल के स्रोत का नाम बताइए।*

मुक्त पतन (Free Fall)

जब कोई वस्तु पृथ्वी की ओर केवल गुरुत्वाकर्षण बल के अधीन गिरती है, तो वस्तु की इस प्रकार की गति को मुक्त पतन कहते हैं।

गुरुत्वीय त्वरण (Acceleration Due to Gravity g)

जब कोई वस्तु पृथ्वी की ओर मुक्त रूप से गिरती है, तो पृथ्वी के गुरुत्व बल के कारण उसके गिरने का वेग बढ़ता जाता है अर्थात् उसकी गति में त्वरण उत्पन्न हो जाता है।

मुक्त रूप से पृथ्वी की ओर गिरती हुई किसी वस्तु की गति में गुरुत्व बल के कारण जो त्वरण उत्पन्न होता है, उसे गुरुत्वीय त्वरण कहते हैं। इसे g से निरूपित करते हैं। इसका SI मात्रक **मी/से²** होता है।

माना पृथ्वी का द्रव्यमान M है और m द्रव्यमान की वस्तु पृथ्वी की ओर मुक्त रूप से गिर रही है। पृथ्वी तथा वस्तु के केन्द्र के मध्य दूरी R है।

गुरुत्वाकर्षण के नियम द्वारा,

$$F = \frac{GMm}{R^2} \quad \text{...(i)}$$

न्यूटन के द्वितीय नियम द्वारा वस्तु पर कार्यरत् बल,

$$F = ma$$

जबकि $a = g$ (गुरुत्वाकर्षण के कारण त्वरण)

$$F = mg \quad \text{...(ii)}$$

समी (i) व (ii) से,

$$mg = \frac{GMm}{R^2} \quad \text{या} \quad \boxed{g = \frac{GM}{R^2}}$$

अतः स्पष्ट है कि गुरुत्वीय त्वरण गिरती हुई वस्तु के द्रव्यमान (m) पर निर्भर नहीं करता है। यह केवल पृथ्वी के द्रव्यमान (M) पर ही निर्भर करता है।

नोट
- *पृथ्वी के केन्द्र से वस्तु की दूरी बढ़ाने पर गुरुत्वीय त्वरण घटता है।*
- *ध्रुवों पर पृथ्वी समतल है। अतः भूमध्य रेखा की तुलना में ध्रुवों पर त्रिज्या कम होती है, जिसके कारण ध्रुवों की तुलना में भूमध्य रेखा पर g का मान कम होता है।*

गुरुत्वीय त्वरण g के मान की गणना

(Calculation of Value of Gravitational Acceleration, g)

गुरुत्वीय त्वरण g के मान को परिकलित करने के लिए G, M तथा R का मान निम्न सूत्र में रखने पर, अर्थात् $g = \frac{GM}{R^2}$

पृथ्वी का द्रव्यमान, $M_e = 6 \times 10^{24}$ किग्रा

पृथ्वी की त्रिज्या, $R_e = 6.4 \times 10^6$ मी

सार्वत्रिक गुरुत्वाकर्षण नियतांक, $G = 6.67 \times 10^{-11}$ न्यूटन-मी² /किग्रा²

$$g = \frac{GM_e}{R_e^2} = \frac{6.67 \times 10^{-11} \times 6 \times 10^{24}}{(6.4 \times 10^6)^2} \approx 9.8 \text{ मी/से}^2$$

अतः पृथ्वी के गुरुत्वीय त्वरण g का मान 9.8 मी/से² है।

मुक्त पतन के लिए गति के समीकरण

(Equations of Motion for Free Fall)

एकसमान त्वरित गति के लिए, गति के तीन समीकरणों को हम पहले ही व्युत्पन्न कर चुके हैं। जब किसी वस्तु का मुक्त पतन होता है, तो इसमें भी एकसमान त्वरण या गुरुत्वीय त्वरण नीचे की ओर कार्य करता है।

अतः गति की तीनों समीकरणों को, मुक्त पतन हो रही वस्तु के समीकरण में निम्न रूप से प्रयुक्त करते हैं।

	गति की सामान्य समीकरण	मुक्त पतन करती वस्तु के लिए समीकरण
1.	$v = u + at$	$v = u + gt$
2.	$s = ut + \frac{1}{2}at^2$	$h = ut + \frac{1}{2}gt^2$
3.	$v^2 = u^2 + 2as$	$v^2 = u^2 + 2gh$

यहाँ, h = वस्तु की ऊँचाई जहाँ से वस्तु गिरती है,

t = पतन का समय, u = प्रारम्भिक वेग,

v = अन्तिम वेग, g = गुरुत्वीय त्वरण

आंकिक प्रश्नों को हल करते समय निम्न तथ्यों को ध्यान में रखना चाहिए।

- जब किसी वस्तु को ऊर्ध्वाधर नीचे की ओर फेंका जाता है, तो g के मान को धनात्मक लेते हैं, क्योंकि इसका वेग लगातार बढ़ता है।
- जब किसी वस्तु को ऊर्ध्वाधर ऊपर की ओर फेंका जाता है, तो g के मान को ऋणात्मक लेते हैं, क्योंकि इसका वेग कम होता जाता है।

उदाहरण 3. एक कार किसी पहाड़ की चट्टान (Ledge) से गिरकर 0.6 सेकण्ड में धरती पर आ गिरती है। यदि g का मान 10 मी/से² है, तो गणना कीजिए

(i) धरती पर टकराते समय कार की चाल क्या होगी।
(ii) 0.6 सेकण्ड के दौरान इसकी औसत चाल क्या होगी।
(iii) पहाड़ी का किनारा धरती से कितनी ऊँचाई पर है।

हल दिया है,

प्रारम्भिक वेग $(u) = 0$ मी/से

गुरुत्वीय त्वरण $(g) = 10$ मी/से²

(i) चाल $(v) = u + gt$

$$v = 0 + 10 \times 0.6$$
$$v = 6 \text{ मी/से}$$

(ii) औसत चाल $= \frac{u+v}{2} = \left(\frac{0+6}{2}\right) = 3.0$ मी/से

(iii) तय दूरी, $h = ut + \frac{1}{2}gt^2$

$$h = 0 + \frac{1}{2} \times 10 \times (0.6)^2$$
$$= \frac{1}{2} \times 10 \times (0.6)^2$$
$$= 5 \times 0.36 = 1.80 \text{ मी}$$

उदाहरण 4. एक वस्तु को ऊर्ध्वाधर दिशा में ऊपर की ओर 13.07 मी ऊँचाई तक फेंका जाता है। गणना कीजिए
(i) वस्तु कितने वेग से ऊपर की ओर गई है।
(ii) वस्तु द्वारा उच्चतम बिन्दु तक पहुँचने में लिया गया समय।

हल दिया है,
तय दूरी, $h = 13.07$ मी
अंतिम वेग, $v = 0$
गुरुत्वीय त्वरण, $g = -9.8$ मी/से^{2} (ऊपर की ओर)

(i) $v^2 = u^2 + 2gh$

$\Rightarrow 0 = u^2 + 2\times(-9.8)\times 13.07$

$u^2 = 256.172 \approx 256$

$\Rightarrow u = 16$ मी/से

(ii) $v = u + at$

$\Rightarrow 0 = 16 - 9.8\times t$

$t = 1.63$ सेकण्ड

उदाहरण 5. 25 मी/से के वेग से एक गेंद को ऊर्ध्वाधरतः ऊपर की ओर फेंका जाता है। यदि गुरुत्वीय त्वरण 10 मी/से^{2} है, तो गणना कीजिए
(i) ऊँचाई, जहाँ तक यह पहुँचेगी।
(ii) वापस आने में लगा समय।

हल दिया है,
प्रारम्भिक वेग, $u = 25$ मी/से
अन्तिम वेग, $v = 0$ मी/से
यदि वस्तु को ऊर्ध्वाधरतः ऊपर की ओर फेंका जाता है, तो उच्च बिन्दु पर इसका वेग शून्य हो जाता है।
गुरुत्वीय त्वरण $(g) = -10$ मी/से^{2}

(i) $\therefore$ ऊँचाई, $h = \frac{v^2 - u^2}{2g} = \frac{0-(25)^2}{2(-10)} = \frac{-625}{-20} = 31.25$ मी

(ii) $\therefore$ समय $t = \frac{v-u}{g} = \frac{0-25}{-10} = 2.5$ सेकण्ड

वापस आने में लगा समय = जाने में लगा समय + आने में लगा समय
$= t + t = 2t$

वापस लाने में लगा समय, $T = 2t = 2\times 2.5 = 5$ सेकण्ड

द्रव्यमान (Mass)

किसी वस्तु में पदार्थ का परिमाण ही उसका द्रव्यमान कहलाता है। किसी वस्तु का द्रव्यमान उसके जड़त्व की माप होता है, जितना अधिक द्रव्यमान होगा, उतना ही अधिक जड़त्व भी होगा।

द्रव्यमान का SI मात्रक **किग्रा** (kg) है। यह एक **अदिश राशि** है।

वस्तु का द्रव्यमान स्थिर रहता है तथा एक स्थान से दूसरे स्थान पर नहीं बदलता। किसी वस्तु का द्रव्यमान शून्य नहीं हो सकता।

भार (Weight)

किसी वस्तु का भार वह बल है, जिससे यह पृथ्वी की ओर आकर्षित होती है। इसे w से प्रदर्शित करते हैं।

किसी वस्तु का भार, $w = mg$ ...(i)

जहाँ, m = वस्तु का द्रव्यमान, g = गुरुत्वीय त्वरण

$g = \frac{GM}{R^2}$ समी (i) में रखने पर,

$$w = m\frac{GM}{R^2} \quad \text{या} \quad \boxed{w = \frac{GMm}{R^2}}$$

जहाँ, G = गुरुत्वीय स्थिरांक,
M = पृथ्वी का द्रव्यमान,
R = पृथ्वी की त्रिज्या

भार से सम्बन्धित मुख्य बिन्दु निम्नलिखित हैं–

(i) भार एक सदिश राशि है, यह ऊर्ध्वाधरतः नीचे की ओर कार्य करता है और इसका SI मात्रक **न्यूटन** है। 1 किग्रा द्रव्यमान का भार 9.8 न्यूटन होता है।
(अर्थात् 1 किग्रा-भार = 9.8 न्यूटन)

(ii) वस्तु का भार नियत नहीं होता है। यह एक स्थान से दूसरे स्थान पर परिवर्तित होता है।

(iii) अन्तरिक्ष में गुरुत्वीय त्वरण का मान शून्य होता है। अतः वस्तु का भार शून्य होता है।

(iv) पृथ्वी के केन्द्र पर वस्तु का भार शून्य होता है, क्योंकि केन्द्र पर गुरुत्वीय त्वरण शून्य होता है।

नोट
- *ऊपर दिए गए सूत्र से स्पष्ट होता है कि उपग्रह तथा पृथ्वी पर भार का मान अलग-अलग होता है।*
- *वस्तु का भार मापने हेतु स्प्रिंग तुल्यांक का उपयोग किया जाता है तथा वस्तु के द्रव्यमान के मापन हेतु पलड़े वाली तुला (Pan balance) का उपयोग करते हैं।*

किसी वस्तु का चन्द्रमा पर भार
(Weight of an Object on Moon)

माना किसी वस्तु का द्रव्यमान m है तथा चन्द्रमा पर इसका भार M है तथा इसकी त्रिज्या R है। गुरुत्वाकर्षण के सार्वत्रिक नियम के अनुसार चन्द्रमा पर वस्तु का भार,

$$w_m = \frac{GM_m m}{R_m^2} \quad \text{...(i)}$$

माना उसी वस्तु का पृथ्वी पर भार w_e है, परन्तु पृथ्वी का भार चन्द्रमा का 100 गुना होता है। इसकी त्रिज्या, चन्द्रमा की त्रिज्या की 4 गुनी होती है।

पृथ्वी पर वस्तु का भार,

$$w_e = G\frac{100M_m \times m}{(4R_m)^2} = G\frac{100M_m \times m}{16R_m^2} \quad \text{...(ii)}$$

समी (i) को (ii) से विभाजित करने पर,

$$\frac{w_m}{w_e} = G\frac{M_m \times m \times 16R_m^2}{R_m^2 \times G \times 100M_m \times m} = \frac{16}{100} \approx \frac{1}{6}$$

$$w_m = \frac{1}{6}w_e$$

अतः चन्द्रमा पर वस्तु का भार (w_m), पृथ्वी पर वस्तु के भार (w_e) का $\frac{1}{6}$ वाँ भाग होता है।

उदाहरण 6. एक वस्तु का द्रव्यमान 12 किग्रा है, तो गणना कीजिए।
(i) वस्तु का भार पृथ्वी पर (ii) वस्तु का भार चन्द्रमा पर

हल दिया है,
वस्तु का द्रव्यमान, $m = 12$ किग्रा

(i) पृथ्वी पर गुरुत्वीय त्वरण, $g_e = 9.8$ मी/से^{2}

पृथ्वी पर वस्तु का भार, $w_e = mg_e$

$= 12 \times 9.8 = 117.6$ न्यूटन

(ii) चन्द्रमा पर गुरुत्वीय त्वरण, $g_m = \frac{g_e}{6}$

$g_m = \frac{9.8}{6}$ मी/से^{2}

चन्द्रमा पर वस्तु का भार, $w_m = mg_m$

$= 12 \times \frac{9.8}{6} = 2 \times 9.8 = 19.6$ न्यूटन

उदाहरण 7. पृथ्वी पर किसी व्यक्ति का भार 600 न्यूटन है। यदि गुरुत्वीय त्वरण $(g) = 10$ मी/से^{2} है, तो इसका द्रव्यमान क्या होगा? यदि चन्द्रमा पर इसका भार 100 न्यूटन है, तो चन्द्रमा पर गुरुत्वीय त्वरण का मान क्या होगा?

हल दिया है,
पृथ्वी पर व्यक्ति का भार, $w_e = 600$ न्यूटन
पृथ्वी पर गुरुत्वीय त्वरण, $g_e = 10$ मी/से^{2}
चन्द्रमा पर व्यक्ति का भार, $w_m = 100$ न्यूटन
चन्द्रमा पर गुरुत्वीय त्वरण, $g_m = ?$
हम जानते हैं,

व्यक्ति का द्रव्यमान, $m = \frac{w_e}{g_e} \Rightarrow m = \frac{600}{10} = 60$ किग्रा

इसी प्रकार, चन्द्रमा के लिए,

$g_m = \frac{w_m}{m} \Rightarrow g_m = \frac{100}{60} = 1.66$ मी/से^{2}

चन्द्रमा पर गुरुत्वीय त्वरण 1.66 मी/से^{2} अर्थात् $g_m = \frac{g_e}{6}$ है।

उदाहरण 8. पृथ्वी की सतह पर किसी कण का भार 120 न्यूटन है। इस कण का भार पृथ्वी से कितनी ऊँचाई पर 30 न्यूटन हो जाएगा? (दिया है, पृथ्वी की त्रिज्या = 6400 किमी)

हल पृथ्वी की सतह पर कण का भार,

$$w = mg = \frac{mMG}{R^2} \qquad \left[\because g = \frac{GM}{R^2}\right]$$

माना पृथ्वी की सतह से h ऊँचाई पर कण का भार w_1 है।

अतः $$\frac{w}{w_1} = \frac{G\frac{M}{R^2}}{G\frac{M}{(R+h)^2}} = \frac{(R+h)^2}{R^2}$$

$$\Rightarrow \frac{120}{30} = \left(\frac{R+h}{R}\right)^2 \Rightarrow 4 = \left(\frac{R+h}{R}\right)^2 \Rightarrow 2 = \frac{R+h}{R}$$

$$\Rightarrow 2R = R + h \Rightarrow R = h$$

$\therefore$ कण की ऊँचाई (h) = पृथ्वी की त्रिज्या (R) = 6400 किमी

चेक प्वॉइण्ट 9.2

1. माना कि एक उपग्रह का द्रव्यमान व त्रिज्या दोनों ही पृथ्वी की आधी है, तो इस उपग्रह की सतह पर गुरुत्वीय त्वरण दोगुना होगा। अपने उत्तर की पुष्टि कीजिए।
2. ध्रुव की तुलना पर भूमध्य रेखा पर गुरुत्वीय त्वरण कम क्यों होता है? बताइए।
3. एक वस्तु को ऊँचाई से गिराया जाता है। धरातल पर गिरने से पूर्व यह अन्तिम सेकण्ड में 24.5 मी की दूरी तय करती है, तो ऊँचाई का मान ज्ञात कीजिए। [**उत्तर** 44.1 मी]
4. 10 किग्रा द्रव्यमान की वस्तु को पृथ्वी के केन्द्र पर ले जाने पर द्रव्यमान का मान क्या होगा? [**उत्तर** : 10 किग्रा]
5. भार, द्रव्यमान से किस प्रकार सम्बन्धित है? क्या वस्तु का भार नियत होता है? समझाइए।
6. 175 किग्रा द्रव्यमान की वस्तु का पृथ्वी के केन्द्र पर भार कितना होगा? [**उत्तर** : शून्य]

प्रणोद तथा दाब (Thrust and Pressure)

किसी वस्तु की सतह के लम्बवत् लगने वाले बल को **प्रणोद** कहते हैं। किसी पृष्ठ पर लगने वाले प्रणोद का मान उस पृष्ठ के क्षेत्रफल पर निर्भर करता है।

प्रणोद का मात्रक बल के समान होता है अर्थात् प्रणोद का SI मात्रक **न्यूटन** है। यह एक **सदिश राशि** है।
प्रति एकांक क्षेत्रफल पर लगने वाले प्रणोद को **दाब** कहते हैं।

$$\text{दाब } (p) = \frac{\text{बल } (F)}{\text{क्षेत्रफल } (A)} = \frac{\text{प्रणोद}}{\text{क्षेत्रफल}}$$

दाब का SI मात्रक **न्यूटन मीटर$^{-2}$** होता है। वैज्ञानिक ब्लैस पास्कल के सम्मान में दाब के SI मात्रक को **पास्कल** कहते हैं। यह एक **अदिश राशि** है।

1 पास्कल (Pa) = 1 न्यूटन मी$^{-2}$

दाब के सूत्र द्वारा यह स्पष्ट होता है कि क्षेत्रफल के अनुसार समान बल भिन्न-भिन्न दाब उत्पन्न कर सकता है। एक ही बल कम क्षेत्रफल पर लगने पर अधिक दाब उत्पन्न करता है व अधिक क्षेत्रफल पर लगने पर कम दाब उत्पन्न करता है।

उदाहरण 9. यदि 4 मी^{2} क्षेत्रफल वाली वस्तु पर 200 न्यूटन का बल आरोपित होता है, तो दाब का मान ज्ञात कीजिए।

हल दिया है, बल $(F) = 200$ न्यूटन,
क्षेत्रफल $(A) = 4$ मी^{2}

अतः दाब $(p) = \frac{\text{बल } (F)}{\text{क्षेत्रफल } (A)}$

$= \frac{200}{4} = 50$ न्यूटन मी$^{-2}$

उदाहरण 10. एक महिला ने नुकीले सिरे वाली सेन्डल पहन रखी है। यदि महिला का भार 60 किग्रा और सेन्डल के नुकीले सिरे का क्षेत्रफल 1 सेमी^{2} है, तो धरातल पर कार्यरत् दाब की गणना कीजिए, जब महिला एक पैर पर खड़ी हो। (दिया है, त्वरण, $g = 10$ मी से$^{-2}$)

हल महिला का भार $= m \times g$

यहाँ, m महिला का द्रव्यमान तथा g गुरुत्वीय त्वरण है।

$\therefore$ बल, $F = mg = 60 \times 10$
$= 600$ न्यूटन

और क्षेत्रफल, $A = 1$ सेमी^{2} $= \frac{1}{10000}$ मी^{2}

दाब $(p) = \frac{\text{बल } (F)}{\text{क्षेत्रफल } (A)} = \frac{600 \times 10000}{1}$
$= 6000000$ न्यूटन मी$^{-2}$ (या 6000000 पास्कल)

महिला के एक पैर द्वारा 1 मी^{2} के क्षेत्रफल पर दाब 6000000 न्यूटन मी$^{-2}$ है।

उदाहरण 11. एक लकड़ी का ब्लॉक मेज पर रखा है, जिसका द्रव्यमान 6 किग्रा है तथा इसकी विमा 50 सेमी $\times$ 30 सेमी $\times$ 20 सेमी है।

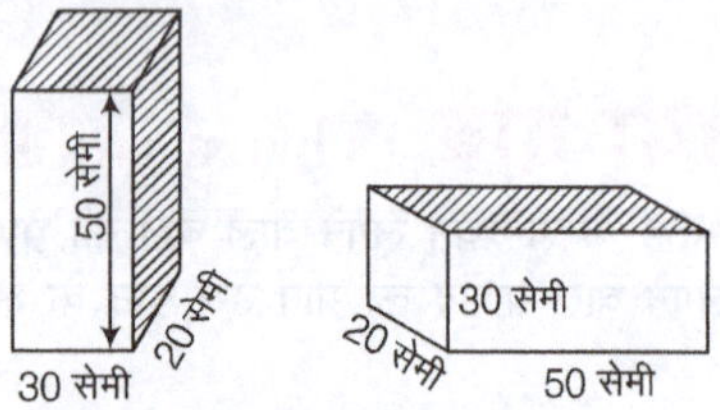

यदि ब्लॉक को (i) 30 सेमी $\times$20 सेमी तथा (ii) 20 सेमी $\times$50 सेमी की भुजा की ओर से मेज पर रखा जाता है, तो ब्लॉक द्वारा मेज पर कार्यरत् दाब का मान क्या होगा?

हल दिया है,

लकड़ी के ब्लॉक का द्रव्यमान = 6 किग्रा

विमा = 50 सेमी $\times$ 30 सेमी $\times$ 20 सेमी

प्रणोद, $F = mg = 6 \times 9.8 = 58.8$ न्यूटन

(i) भुजा का क्षेत्रफल = लम्बाई $\times$ चौड़ाई
$= 30 \times 20 = 600$ सेमी^{2}
$= 0.06$ मी^{2}

दाब $(p_1) = \frac{F}{A} = \frac{58.8}{0.06} = 980$ न्यूटन/मी^{2}

(ii) जब ब्लॉक 50 सेमी $\times$30 सेमी वाली भुजा की ओर से मेज पर रखा है, तो यह समान ही प्रणोद का अनुभव करेगा।

क्षेत्रफल = लम्बाई $\times$ चौड़ाई
$= 50 \times 30 = 1500$ सेमी^{2}
$= 0.15$ मी^{2}

दाब $(p_2) = \frac{F}{A}$
$= \frac{58.8}{0.15} = 392$ न्यूटन/मी^{2}

दाब के दैनिक जीवन में कुछ अनुप्रयोग (Some Daily Life Applications of Pressure)

- बैग तथा सूटकेस के हत्थे चौड़े बनाये जाते हैं, जिससे हाथों पर कम दाब लगता है।
- भवनों की नींव चौड़ी बनाई जाती है, जिस कारण धरातल पर कम दाब लगता है।
- रेल की पटरिया सीमेन्ट या लोहे के तख्तों पर बनाई जाती हैं, जिसके द्वारा रेलगाड़ी द्वारा प्रदत्त दाब, बड़े क्षेत्र में फैल जाता है और दाब घट जाता है।
- सुईयाँ, आलपिन आदि आगे से तीखी बनाई जाती हैं, जिसके कारण क्षेत्रफल कम हो जाता है और दाब बढ़ जाता है।
- कर्तक मशीने (Cutting machines) आगे से नुकीली बनायी जाती हैं, जिससे क्षेत्रफल कम हो जाता है। जिसके कारण दाब कम लगाने पर भी अधिक दाब लगता है।
- व्यक्ति के खड़े रहने की तुलना चलने में धरातल पर अधिक दाब लगता है, क्योंकि जब व्यक्ति खड़ा होता है, तो व्यक्ति के चलते समय पृथ्वी के संपर्क में क्षेत्रफल कम होता है।
- किसी व्यक्ति द्वारा गद्दे (Cushion) पर खड़े होने पर गद्दा अधिक दबता है। अपेक्षाकृत जब वह व्यक्ति गद्दे पर लेटता है, क्योंकि लेटने की अवस्था में क्षेत्रफल अधिक होता है। अतः दाब कम लगता है।
- टैक्टर के टायर चौड़े होते हैं, जिस कारण धरातल पर कम दाब लगता है तथा यह दलदली भूमि में फँसता नहीं है।

तरलों में दाब (Pressure in Fluids)

द्रवों तथा गैसों को सम्मिलित रूप से तरल कहलाता है। ठोस अपने भार के कारण किसी सतह पर दाब लगाता है। इसी प्रकार, तरल में भी भार होता है तथा वे जिस बर्तन में रखे जाते हैं उसके आधार तथा दीवारों पर दाब लगाते हैं। किसी बर्तन में रखे तरल के किसी बिन्दु पर लगने वाला दाब सभी दिशाओं में बिना घटे संचरित हो जाता है।

उत्प्लावकता (Buoyancy)

जब किसी वस्तु को किसी द्रव में डुबोया जाता है, तो द्रव द्वारा वस्तु पर ऊपर की ओर एक बल लगता है, इस बल को उत्प्लावन बल (Buoyant force) या **उत्क्षेप** कहते हैं तथा द्रव की इस प्रवृत्ति को उत्प्लावकता कहते हैं। उत्प्लावन बल के कारण ही द्रव में भारी वस्तु हल्की प्रतीत होती है। जैसे-जैसे किसी वस्तु को द्रव में डुबोया जाता है, उस पर लगने वाले उत्प्लावन बल का मान बढ़ता है। उत्प्लावन बल का परिमाण तरल के घनत्व पर निर्भर करता है। उदाहरण—जल की सतह पर उपस्थित कॉर्क में टुकड़े पर, जब बल लगाया जाता है, तो कॉर्क का टुकड़ा शीघ्रता से सतह पर आ जाता है। यह कॉर्क उत्प्लावन बल के कारण ऊपर आ जाती है।

नोट
- *जब कोई वस्तु द्रव में डुबोई जाती है, तो वह हल्की प्रतीत होती है। द्रव में वस्तु के भार में कमी को वस्तु का **आभासी भार** (Apparent weight) कहते हैं।*
- *गहराई के साथ द्रव द्वारा दाब का मान बढ़ता है और यह सभी दिशाओं में समान रूप से कार्य करता है।*

उत्प्लावन बल को प्रभावित करने वाले कारक

(Factors Affecting Buoyant Force)

उत्प्लावन बल का मान निम्न कारकों पर निर्भर करता है—

(i) **तरल का घनत्व**

(Density of Fluid)

उच्च घनत्व वाला द्रव में निम्न घनत्व वाले द्रव की तुलना में अधिक उत्प्लावन बल लगाता है। समुद्र के जल में तैरना, साधारण जल में तैरने की तुलना में सरल होता है, क्योंकि समुद्र के जल का घनत्व उच्च होता है, जिसके कारण उत्प्लावन बल भी अधिक है, जबकि स्वच्छ जल का घनत्व कम होता है, जिस कारण उत्प्लावन बल कम लगता है।

(ii) **जल में डूबी हुई वस्तु का आयतन**

(Volume of Object Immersed in Liquid)

किसी वस्तु पर कार्यरत् उत्प्लावन बल का मान, वस्तु की प्रकृति पर निर्भर नहीं करता है। यह केवल वस्तु के जल में डूबे हुए आयतन पर निर्भर करता है।

उदाहरण—जब भिन्न भारों तथा भिन्न पदार्थों की गेदों के समान आयतन को जल में डुबोया जाता है, तो गेदों पर समान उत्प्लावन बल कार्य करता है।

जल में वस्तु का तैरना या डूबना

(Floating and Sinking of Object in Liquid)

जब किसी वस्तु को जल में डुबोया जाता है, तो निम्न दो बल उस पर कार्य करते हैं—

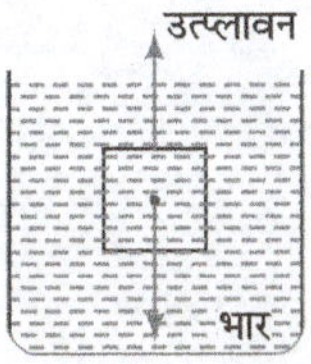

- **वस्तु का भार** नीचे की ओर कार्य करता है अर्थात् यह वस्तु को नीचे खींचने का प्रयत्न करता है।
- **उत्प्लावन बल** ऊपर की ओर कार्य करता है अर्थात् यह वस्तु को ऊपर की ओर खींचने का प्रयत्न करता है।

वस्तु का डूबना या तैरना इन दोनों बलों के परिमाण पर निर्भर करता है, जोकि विपरीत दिशा में कार्य करते हैं। वस्तु के तैरने या डूबने की निम्न तीन स्थितियाँ सम्भव हैं—

(i) यदि वस्तु पर कार्यरत् उत्प्लावन बल, वस्तु के भार से कम होता है, तो वस्तु द्रव में डूब जाती है।

(ii) यदि वस्तु पर कार्यरत् उत्प्लावन बल, वस्तु के भार के तुल्य होता है, तो वस्तु द्रव में तैरती है।

(iii) यदि वस्तु पर कार्यरत् बल, वस्तु के भार से अधिक होता है, तो वस्तु द्रव में ऊपर की ओर आकर तैरने लगती है।

घनत्व (Density)

किसी पदार्थ के एकांक आयतन के द्रव्यमान को घनत्व कहते हैं।

$$\text{घनत्व} = \frac{\text{पदार्थ का द्रव्यमान}}{\text{पदार्थ का आयतन}} \text{ या } \rho = \frac{m}{V}$$

घनत्व का SI मात्रक **किलोग्राम प्रति मी^{3}** होता है। यह एक **अदिश राशि** है। विशिष्ट परिस्थिति के अन्तर्गत पदार्थ का घनत्व नियत रहता है। अत: घनत्व पदार्थ का एक अभिलाक्षणिक गुण है। इसके द्वारा शुद्धता का मापन किया जाता है। यह भिन्न पदार्थों के लिए भिन्न होता है।

यदि वस्तु का घनत्व, जल से कम हो, तो वस्तु जल में तैरती है। यदि वस्तु का घनत्व जल से अधिक होता है, तो वस्तु द्रव में डूब जाती है। ताप बढ़ाने पर द्रव का घनत्व कम हो जाता है।

उदाहरण 12. एक मोहर बंद केतली का द्रव्यमान 700 ग्राम तथा आयतन 500 सेमी^{3} है। क्या यह केतली जल में डूब जाएगी? (जल का घनत्व = 1 ग्राम सेमी$^{-3}$)

हल दिया है,

केतली का द्रव्यमान $(m) = 700$ ग्राम

केतली का आयतन $(V) = 500$ सेमी^{3}

$$\therefore \text{ केतली का घनत्व } (\rho) = \frac{m}{V} = \frac{700}{500} = 1.4 \text{ ग्राम सेमी}^{-3}$$

केतली का घनत्व, जल के घनत्व से अधिक है। अत: केतली जल में डूब जाएगी।

आर्किमिडिज़ का सिद्धान्त

(Archimedes' Principle)

आर्किमिडिज़ के सिद्धांत के अनुसार, जब किसी वस्तु को किसी तरल में पूर्ण या आंशिक रूप से डुबोया जाता है, तो वह ऊपर की दिशा में एक बल का अनुभव करती है, जो वस्तु द्वारा हटाए गए तरल के भार के बराबर होता है।

वस्तु पर कार्यरत् उत्प्लावन बल = वस्तु द्वारा हटाए गए द्रव का भार

नोट
- *इस सिद्धान्त के अनुसार, 'वस्तु का भार, उसके द्वारा हटाये गए द्रव के बराबर होता है, तो वस्तु द्रव में तैरती है, जिसे* ***प्लवन*** *(Floatation)* ***का नियम*** *कहते हैं।'*
- *प्रत्येक गैस जैसे हवा वस्तु पर ऊपर की ओर उत्प्लावन बल की तरह कार्य करती है।*

आर्किमिडिज़ के सिद्धांत के अनुप्रयोग

(Applications of Archimedes' Principle)

आर्किमिडिज़ के सिद्धान्त के अनुप्रयोग निम्न हैं—

(i) जलयानों तथा पनडुब्बियों के डिजाइन बनाने में।

(ii) दुग्धमापी (Lactometer) (जो दूध के किसी नमूने की शुद्धता की जाँच करने के लिए प्रयुक्त होते हैं)।

(iii) हाइड्रोमीटर (Hydrometer) (जो द्रवों के घनत्व मापने के लिए प्रयुक्त होते हैं)।

(iv) पदार्थ का आपेक्षिक घनत्व (Relative density) ज्ञात करने में।

किस प्रकार नाव जल में तैरती है?
(How does a Boat Float in Water?)

नाव की तली द्वारा जल पर डाले गये दाब के कारण नाव पर एक बल ऊपर की ओर लगता है, जिसे उत्प्लावन बल कहते हैं। इसी बल के कारण नाव जल में तैरती है। जब नाव अधिक जल में जाती है, तो इसके द्वारा अधिक जल विस्थापित किया जाता है, जिसके कारण नाव पर अधिक उत्प्लावन बल कार्य करता है। जब नाव पर लगने वाले उत्प्लावन बल का मान, नाव के भार के तुल्य हो जाता है, तो नाव जल में और अंदर नहीं जाती व तैरना प्रारंभ कर देती है। आर्किमिडिज के सिद्धान्त के अनुसार वस्तु द्वारा हटाये गये द्रव का भार, वस्तु के भार के तुल्य होगा। अतः नाव के तैरते समय नाव के डूबे हुए भाग द्वारा विस्थापित द्रव का भार, नाव के भार के तुल्य होता है।

उदाहरण 13. यदि एक लोहे की वस्तु को जल में डुबोया जाता है, यह 8 किग्रा द्रव को विस्थापित करती है, तो लोहे की वस्तु पर कार्यरत उत्प्लावन बल का मान न्यूटन में ज्ञात कीजिए। [$g = 10$ मी/से^{2}]

हल आर्किमिडिज के सिद्धान्तानुसार, ''लोहे की वस्तु पर कार्यरत् उत्प्लावन बल, वस्तु द्वारा हटाये गये द्रव के भार के तुल्य होता है।''

हम जानते हैं, $w = m \times g$

यहाँ, जल का द्रव्यमान, $m = 8$ किग्रा

गुरुत्वीय त्वरण, $g = 10$ मी से$^{-2}$

मान रखने पर, $w = 8 \times 10 = 80$ न्यूटन

लोहे की वस्तु द्वारा विस्थापित द्रव का भार 80 न्यूटन है।

इसलिए लोहे की वस्तु पर कार्यरत् बल 80 न्यूटन होगा।

चेक प्वॉइण्ट 9.3

1. प्रणोद तथा दाब में सम्बन्ध बताइए।
2. पास्कल क्या है?
3. किस कारण भवनों की नींव चौड़ी बनाई जाती है?
4. भारी वस्तु जल में किस बल के कारण हल्की प्रतीत होती है?
5. जब किसी वस्तु को द्रव में डुबोया जाता है, तो उस पर कार्यरत् बल का नाम बताइए।
6. वायु में गुब्बारे के उड़ने का क्या कारण होता है?
7. आर्किमिडिज़ सिद्धान्त के दो उपयोग लिखिए।

NCERT फोल्डर

अध्याय के बीच के प्रश्न

1. गुरुत्वाकर्षण का सार्वत्रिक नियम लिखिए।

उत्तर गुरुत्वाकर्षण के नियम के अनुसार, 'किन्हीं दो पिण्डों के बीच आकर्षण बल उन दोनों के द्रव्यमानों के गुणनफल के अनुक्रमानुपाती तथा उनके बीच की दूरी के वर्ग के व्युत्क्रमानुपाती होता है।

यदि दोनों पिण्डों के द्रव्यमान m_1 व m_2 हैं और इनके बीच की दूरी d है, तो इनके बीच लगने वाला आकर्षण बल होगा

$$F = \frac{Gm_1m_2}{d^2}$$

जहाँ, G = सार्वत्रिक गुरुत्वीय स्थिरांक

2. पृथ्वी तथा उसके पृष्ठ पर रखी किसी वस्तु के बीच लगने वाले गुरुत्वाकर्षण बल का परिमाण ज्ञात करने का सूत्र लिखिए।

उत्तर पृथ्वी तथा उसके पृष्ठ पर रखी किसी वस्तु के मध्य लगने वाले गुरुत्वाकर्षण बल को निम्न प्रकार दिया जाता है

$$F = \frac{GMm}{R^2}$$

जहाँ, G = सार्वत्रिक गुरुत्वीय स्थिरांक, M = पृथ्वी का द्रव्यमान, m = वस्तु का द्रव्यमान, R = पृथ्वी का त्रिज्या

3. मुक्त पतन से क्या तात्पर्य है?

उत्तर जब वस्तुएँ पृथ्वी की ओर केवल गुरुत्वाकर्षण बल के कारण ही गिरती हैं, तब वस्तुएँ मुक्त पतन में होती हैं।

4. गुरुत्वीय त्वरण से क्या तात्पर्य है?

उत्तर जब भी कोई वस्तु पृथ्वी की ओर गिरती है, त्वरण कार्य करता है। यह त्वरण पृथ्वी के गुरुत्वीय बल के कारण है, इसलिए इस त्वरण को गुरुत्वीय त्वरण कहते हैं। इसका मान 9.8 मी/से^{2} होता है।

पृथ्वी की सतह पर या निकट स्थित वस्तु के लिए $mg = G\frac{M \times m}{R^2}$

यहाँ g = गुरुत्वीय त्वरण, M = पृथ्वी का द्रव्यमान, m = वस्तु का द्रव्यमान और R = पृथ्वी की त्रिज्या

अतः $g = Gm / R^2$

5. किसी वस्तु के द्रव्यमान तथा भार में क्या अंतर है?

उत्तर वस्तु के द्रव्यमान और भार में अंतर निम्नलिखित है

द्रव्यमान	भार
किसी वस्तु का द्रव्यमान उसके जड़त्व की माप होता है।	वस्तु का भार एक बल है जिससे यह पृथ्वी की ओर आकर्षित होता है।
वस्तु का द्रव्यमान नियत होता है।	वस्तु का भार इसके स्थान पर निर्भर करता है।
द्रव्यमान कभी शून्य नहीं होता है।	वस्तु का भार पृथ्वी के केंद्र पर शून्य होता है।
द्रव्यमान एक अदिश राशि है।	भार एक सदिश राशि है।
द्रव्यमान को किग्रा में मापते हैं।	भार को किग्रा-भार या न्यूटन में मापते हैं।

6. किसी वस्तु का चंद्रमा पर भार पृथ्वी पर इसके भार का 1/6 गुना क्यों होता है?

उत्तर वस्तु का भार $w = mg$

जहाँ, m = वस्तु का द्रव्यमान, g = गुरुत्वीय त्वरण

किसी वस्तु का द्रव्यमान m स्थिर रहता है यह एक स्थान से दूसरे स्थान पर नहीं बदलता, लेकिन g का मान स्थान पर निर्भर करता है।

अतः वस्तु का भार गुरुत्वीय त्वरण पर निर्भर करता है।

$\because$ चंद्रमा पर त्वरण, पृथ्वी के त्वरण का 1/6 होता है।

$\therefore$ वस्तु का चंद्रमा पर भार पृथ्वी पर भार का 1/6 गुना होता है।

7. एक पतली तथा मजबूत डोरी से बने पट्टे की सहायता से स्कूल बैग को उठाना कठिन होता है, क्यों?

उत्तर पतली तथा मजबूत डोरी से बने पट्टे की सहायता से स्कूल बैग का उठाना कठिन होता है, क्योंकि पट्टे का क्षेत्रफल कम होता है। जिसके फलस्वरूप पट्टे द्वारा कंधे पर या उंगलियों पर अधिक दाब लगता है।

8. उत्प्लावकता से क्या तात्पर्य है?

उत्तर जब किसी वस्तु को पानी मे डुबोया जाता है, तो पानी द्वारा वस्तु को ऊपर धकेला जाता है, जिससे वस्तु पानी पर तैरती है, पानी द्वारा वस्तु पर लगने वाला बल उत्प्लावन बल तथा क्रिया उत्प्लावकता कहलाती है।

9. पानी के पृष्ठ पर रखने पर कोई वस्तु क्यों तैरती या डूबती है?

उत्तर जब कोई वस्तु जल की सतह पर होती है, तो वस्तु पर दो बल कार्य करते हैं

(i) वस्तु का भार (नीचे की ओर)

(ii) उत्प्लावन बल (ऊपर की ओर)

यदि वस्तु का भार, उत्प्लावन बल से अधिक होता है, तो वस्तु जल में डूब जाती है तथा यदि वस्तु का भार, उत्प्लावन बल से कम होता है, तो वस्तु जल में तैरती है।

10. एक तुला (Weighing machine) पर आप अपना द्रव्यमान 42 किग्रा नोट करते हैं। क्या आपका द्रव्यमान 42 किग्रा से अधिक है या कम?

उत्तर द्रव्यमान 42 किग्रा से अधिक है क्योंकि वस्तु पर वायु के कारण उत्प्लावन बल कार्य कर रहा है। अतः भार तुला का पाठ्यांक वस्तु के वास्तविक द्रव्यमान से कम होगा।

11. आपके पास एक रुई का बोरा तथा एक लोहे की छड़ है। तुला पर मापने पर दोनों 100 किग्रा द्रव्यमान दर्शाते हैं। वास्तविकता में एक, दूसरे से भारी है। क्या आप बता सकते हैं कि कौन-सा भारी है और क्यों?

उत्तर लोहे की छड़, रुई के बोरे से अधिक भारी है, क्योंकि लोहे की छड़ का क्षेत्रफल कम है, इसलिए छड़ को पकड़ने के लिए अधिक दाब लगाना होगा।

अध्याय के अंत की प्रश्नावली

1. यदि दो वस्तुओं के बीच की दूरी को आधा कर दिया जाए, तो उनके बीच गुरुत्वाकर्षण बल किस प्रकार बदलेगा?

उत्तर दो वस्तुओं के बीच लगने वाला गुरुत्वाकर्षण बल $F = \frac{Gm_1m_2}{r^2}$

यदि दूरी को आधा कर दिया जाए $r' = \frac{r}{2}$

तब नया गुरुत्वाकर्षण बल $F' = G\frac{m_1m_2}{(r/2)^2} = 4\frac{Gm_1m_2}{r^2} = 4F$

अतः गुरुत्वाकर्षण बल पहले बल का 4 गुना हो जायेगा।

2. सभी वस्तुओं पर लगने वाला गुरुत्वीय बल उनके द्रव्यमान के अनुक्रमानुपाती होता है। फिर एक भारी वस्तु हल्की वस्तु के मुकाबले तेजी से क्यों नहीं गिरती?

उत्तर प्रत्येक वस्तु पृथ्वी की ओर गुरुत्वीय त्वरण के कारण गिरती है, जिसका मान स्थिर रहता है (9.8 मी/से^{2}) और त्वरण वस्तु के द्रव्यमान पर निर्भर नहीं करता। इसलिए भारी वस्तु हल्की वस्तु के मुकाबले तेजी से नहीं गिरती।

3. पृथ्वी तथा उसके पृष्ठ पर रखी किसी 1 किग्रा की वस्तु के बीच गुरुत्वीय बल का परिमाण क्या होगा? (पृथ्वी का द्रव्यमान 6×10^{24} किग्रा है तथा पृथ्वी की त्रिज्या 6.4×10^6 मी)

उत्तर पृथ्वी तथा वस्तु के बीच लगने वाला गुरुत्वीय बल

$$F = \frac{GMm}{R^2}$$

जहाँ, G = गुरुत्वीय स्थिरांक $= 6.67 \times 10^{-11}$ न्यूटन/मी^{2}-किग्रा^{2}

M = पृथ्वी का द्रव्यमान $= 6 \times 10^{24}$ किग्रा

R = पृथ्वी की त्रिज्या $= 6.4 \times 10^6$ मी

m = वस्तु का द्रव्यमान = 1 किग्रा

$$F = \frac{6.67 \times 10^{-11} \times 6 \times 10^{24} \times 1}{(6.4 \times 10^6)^2} = 9.77 \approx 9.8 \text{ न्यूटन}$$

4. पृथ्वी तथा चंद्रमा एक-दूसरे को गुरुत्वीय बल से आकर्षित करते हैं। क्या पृथ्वी जिस बल से चंद्रमा को आकर्षित करती है वह बल उस बल से जिससे चंद्रमा पृथ्वी को आकर्षित करता है बड़ा है या छोटा है या बराबर है। बताइए क्यों?

उत्तर जब दो वस्तुएँ एक-दूसरे को आकर्षित करती हैं, तो पहली वस्तु द्वारा दूसरी वस्तु पर लगने वाला गुरुत्वीय बल दूसरी वस्तु द्वारा पहली वस्तु पर लगने वाले गुरुत्वीय बल के बराबर होता है, अतः चंद्रमा और पृथ्वी एक-दूसरे को बराबर गुरुत्वीय बल के द्वारा आकर्षित करते हैं।

5. यदि चंद्रमा पृथ्वी को आकर्षित करता है, तो पृथ्वी चंद्रमा की ओर गति क्यों नहीं करती?

उत्तर चंद्रमा पृथ्वी को आकर्षित करता है फिर भी पृथ्वी चंद्रमा की ओर गति नहीं करती, क्योंकि चंद्रमा जिस गुरुत्वीय बल से पृथ्वी को आकर्षित करता है उसी बल से पृथ्वी चंद्रमा को अपनी ओर आकर्षित करती है, अतः कुल बल शून्य हो जाता है।

6. दो वस्तुओं के बीच लगने वाले गुरुत्वाकर्षण बल का क्या होगा, यदि
(i) एक वस्तु का द्रव्यमान दोगुना कर दिया जाए,
(ii) वस्तुओं के बीच की दूरी दोगुनी और तीन गुनी कर दी जाए,
(iii) दोनों वस्तुओं के द्रव्यमान दोगुने कर दिए जाए?

उत्तर दो वस्तुओं के बीच लगने वाला गुरुत्वीय बल

$$F = \frac{Gm_1m_2}{r^2}$$

जहाँ, m_1, m_2 = वस्तुओं का द्रव्यमान, G = गुरुत्वीय स्थिरांक

r = वस्तुओं के बीच की दूरी

(i) यदि एक वस्तु का द्रव्यमान दोगुना कर दिया जाए, तो

$$F' = \frac{G(2m_1)\,m_2}{r^2}$$

$$= 2\frac{Gm_1m_2}{r^2} = 2F$$

अतः बल दोगुना हो जायेगा।

(ii) यदि वस्तुओं के बीच की दूरी दोगुनी कर दें, तब नया बल

$$F' = \frac{Gm_1m_2}{(2r)^2} = \frac{Gm_1m_2}{4r^2}$$

$$F' = \frac{1}{4}\frac{Gm_1m_2}{r^2} = \frac{F}{4}$$

अतः नया बल पहले बल का एक-चौथाई हो जायेगा।

यदि वस्तुओं के बीच की दूरी तीन गुनी कर दी जाए, तब

$$F' = \frac{Gm_1m_2}{(3r)^2} = \frac{Gm_1m_2}{9r^2}$$

$$F' = \frac{1}{9}\left(\frac{Gm_1m_2}{r^2}\right) = \frac{F}{9}$$

अतः नया बल पहले बल का एक नवाँ हिस्सा हो जायेगा।

(iii) यदि दोनों वस्तुओं के द्रव्यमान दोगुने कर दिये जाएँ, तब नया बल

$$F' = \frac{G(2m_1)(2m_2)}{r^2}$$

$$= 4\frac{Gm_1m_2}{r^2}$$

$$F' = 4F$$

अतः नया बल 4 गुना हो जायेगा।

7. गुरुत्वाकर्षण के सार्वत्रिक नियम के क्या महत्त्व हैं?

उत्तर *गुरुत्वाकर्षण के सार्वत्रिक नियम का महत्त्व इस प्रकार से हैं*

(i) सूर्य के चारों ओर ग्रह गुरुत्वाकर्षण बल के कारण ही चक्कर लगाते हैं।

(ii) समुद्र में उठने वाले ज्वार भाटा चंद्रमा और समुद्र के पानी के बीच लगने वाले गुरुत्वाकर्षण बल के कारण आते हैं।

(iii) पृथ्वी के चारों ओर चंद्रमा की गति गुरुत्वाकर्षण बल का परिणाम है।

(iv) पृथ्वी के चारों ओर कृत्रिम उपग्रह गुरुत्वाकर्षण बल के कारण घूमते हैं।

(v) हम पृथ्वी पर गुरुत्वाकर्षण बल के कारण ही खड़े हो पाते हैं।

8. मुक्त पतन का त्वरण क्या है?

उत्तर जब कोई वस्तु पृथ्वी की ओर गिरती है, त्वरण कार्य करता है। यह त्वरण पृथ्वी के गुरुत्वीय बल के कारण है। इसलिए इस त्वरण को पृथ्वी के गुरुत्वीय बल का त्वरण या गुरुत्वीय त्वरण या मुक्त पतन का त्वरण कहते हैं। इसका मान 9.8 मी/से^{2} होता है तथा इसे g से निर्दिष्ट करते हैं।

9. पृथ्वी तथा किसी वस्तु के बीच, गुरुत्वीय बल को हम क्या कहेंगें?

उत्तर पृथ्वी तथा किसी वस्तु के बीच लगने वाले गुरुत्वीय बल को गुरुत्व का बल कहते हैं।

10. एक व्यक्ति A अपने एक मित्र के निर्देश पर ध्रुवों पर कुछ ग्राम सोना खरीदता है। वह इस सोने को विषुवत वृत्त पर अपने मित्र को दे देता है। क्या उसका मित्र खरीदे हुए सोने के भार से संतुष्ट होगा? यदि नहीं, तो क्यों (संकेत : ध्रुवों पर g का मान विषुवत् वृत्त की अपेक्षा अधिक है।)

उत्तर नहीं, वस्तु का भार $w = mg$

जहाँ, g = गुरुत्वीय त्वरण

$$g \propto \frac{1}{(\text{पृथ्वी के केन्द्र से वस्तु की दूरी})^2} \Rightarrow g \propto \frac{1}{R^2}$$

ध्रुवों पर g का मान विषुवत वृत्त की अपेक्षा अधिक होता है, अतः विषुवत वृत्त पर सोने का भार विषुवत ध्रुवों की अपेक्षा कम होगा।

11. एक कागज की शीट, उसी प्रकार की शीट को मरोड़ कर बनाई गई गेंद से धीमी क्यों गिरती है?

उत्तर कागज की शीट का क्षेत्रफल अधिक होता है, इसलिए इस पर हवा के कारण अधिक विपरीत बल लगता है, जबकि शीट को मरोड़ कर बनाई गई गेंद का क्षेत्रफल कम होता है, जिसके फलस्वरूप इस पर विपरीत बल कम लगता है। इसलिए कागज की शीट; उसी प्रकार की शीट को मरोड़ कर बनाई गई गेंद से धीमी गिरती है।

12. चंद्रमा की सतह पर गुरुत्वीय बल, पृथ्वी की सतह पर गुरुत्वीय बल की अपेक्षा 1/6 गुना है। एक 10 किग्रा की वस्तु का चन्द्रमा पर तथा पृथ्वी पर न्यूटन में भार क्या होगा?

उत्तर दिया है, वस्तु का द्रव्यमान = 10 किग्रा

पृथ्वी का भार $w = mg = 10 \times 9.8 = 98$ न्यूटन

चन्द्रमा का भार $w' = \frac{1}{6} \times$ पृथ्वी का भार

$= \frac{1}{6} \times 98 = 16.33$ न्यूटन

13. एक गेंद ऊर्ध्वाधर दिशा में ऊपर की ओर 49 मी/से के वेग से फेंकी जाती है। परिकलन कीजिए।

(i) अधिकतम ऊँचाई जहाँ तक कि गेंद पहुँचती है।

(ii) पृथ्वी की सतह पर वापस लौटने में लिया गया कुल समय।

उत्तर दिया है, प्रारंभिक वेग $u = 49$ मी/से

(i) अधिकतम ऊँचाई पर वेग शून्य हो जाता है।

$\therefore$ अन्तिम वेग $v = 0$

$$v^2 = u^2 - 2gh$$
$$0 = (49)^2 - 2 \times 9.8 \times h$$
$$h = \frac{(49)^2}{2 \times 9.8} = 122.5 \text{ मी}$$

(ii) अधिकतम ऊँचाई तक पहुचने में लगा समय

$$v = u - gt \quad 0 = 49 - 9.8 \times t$$
$$t = \frac{49}{9.8} = 5 \text{ सेकंड}$$

जब वस्तु गुरुत्व के विपरीत गति करती है, तो ऊपर पहुँचने में लगा समय और वापस लौटने में लगा समय बराबर होता है।

$\therefore$ वापस लौटने में लिया गया समय = 5 सेकंड

$\therefore$ पृथ्वी की सतह पर लौटने में लिया गया कुल समय

$= 5 + 5 = 10$ सेकंड

14. 19.6 मी ऊँची एक मीनार की चोटी से एक पत्थर छोड़ा जाता है। पृथ्वी पर पहुँचने से पहले उसका अंतिम वेग ज्ञात कीजिए।

उत्तर दिया है, $h = 19.6$ मी

प्रारंभिक वेग $u = 0$ ($\because$ पत्थर को विरामावस्था से छोड़ा जाता है।)

गति की समीकरण से, $v^2 = u^2 + 2gh$

$$v^2 = 0 + 2 \times 9.8 \times 19.6 = 19.6 \times 19.6$$
$$v = \sqrt{19.6 \times 19.6} = 19.6 \text{ मी/से}$$

पृथ्वी पर पहुँचने से पहले पत्थर का अंतिम वेग 19.6 मी/से है।

15. कोई पत्थर ऊर्ध्वाधर दिशा में ऊपर की ओर 40 मी/से के प्रारंभिक वेग से फेंका गया है। $g = 10$ मी/से^{2} लेते हुए पत्थर द्वारा पहुँची अधिकतम ऊँचाई ज्ञात कीजिए। कुल विस्थापन तथा पत्थर द्वारा चली गई कुल दूरी कितनी होगी?

उत्तर प्रारंभिक वेग $u = 40$ मी/से

अधिकतम ऊँचाई पर अंतिम वेग शून्य होता है, अर्थात् $v = 0$

गति की समीकरण से, $v^2 = u^2 - 2gh$

$$(0)^2 = (40)^2 - 2 \times 10 \times h$$
$$1600 = 20h$$
$$h = \frac{1600}{20} = 80 \text{ मी}$$

अतः पत्थर 80 मी की अधिकतम ऊँचाई तक जायेगा।

अधिकतम ऊँचाई पर पहुँचने के बाद पत्थर पृथ्वी की ओर गिरता है और पृथ्वी की सतह पर पहुँचने के लिए समान दूरी तय करेगा।

अतः पत्थर द्वारा चली गयी कुल दूरी = 80 + 80 = 160 मी

कुल विस्थापन = 0

क्योंकि पत्थर पृथ्वी की सतह से ही फेंका जाता है और पत्थर वापस लौटकर पृथ्वी की सतह पर ही आता है, अतः कुल विस्थापन शून्य होगा।

16. पृथ्वी तथा सूर्य के बीच गुरुत्वाकर्षण बल का परिकलन कीजिए। दिया है, पृथ्वी का द्रव्यमान $= 6 \times 10^{24}$ किग्रा तथा सूर्य का द्रव्यमान $= 2 \times 10^{30}$ किग्रा, दोनों के बीच औसत दूरी $= 1.5 \times 10^{11}$ मी है।

उत्तर पृथ्वी तथा सूर्य के बीच लगने वाला गुरुत्वाकर्षण बल $F = \frac{GM_sM_e}{r^2}$

जहाँ, $G = 6.67 \times 10^{-11}$ न्यूटन-मी^{2} किग्रा^{2}

$$M_s = 2 \times 10^{30} \text{ किग्रा}$$
$$M_e = 6 \times 10^{24} \text{ किग्रा}$$
$$r = 1.5 \times 10^{11} \text{ मी}$$
$$\therefore F = \frac{6.67 \times 10^{-11} \times 2 \times 10^{30} \times 6 \times 10^{24}}{(1.5 \times 10^{11})^2}$$
$$F = 3.6 \times 10^{22} \text{ न्यूटन}$$

17. **कोई पत्थर 100 मी ऊँची किसी मीनार की चोटी से गिराया गया और उसी समय कोई दूसरा पत्थर 25 मी/से के वेग से ऊर्ध्वाधर दिशा में ऊपर की ओर फेंका गया। परिकलन कीजिए कि दोनों पत्थर कब और कहाँ मिलेंगे?**

उत्तर माना दोनों पत्थर t समय बाद s दूरी पर मिलेंगे।

पहले पत्थर द्वारा चली गई दूरी = s मी

$\therefore$ दूसरे पत्थर द्वारा ऊर्ध्वाधर दिशा में दूरी = $(100 - s)$ मी

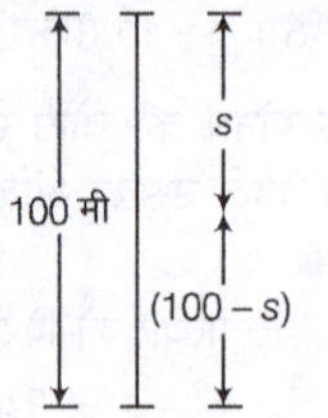

पहले पत्थर द्वारा चली गई दूरी,

$$s = ut + \frac{1}{2}gt^2 = 0 + \frac{1}{2}(10)t^2 \quad (\because u = 0)$$

$$s = 5t^2 \qquad \ldots(i)$$

दूसरे पत्थर द्वारा चली गई दूरी,

$$s = ut - \frac{1}{2}gt^2$$

(ऋणात्मक चिह्न लेंगे, क्योंकि गति गुरुत्वीय त्वरण के विपरीत है)

$$(100 - s) = 25t - \frac{1}{2} \times 10t^2$$

$$(100 - s) = 25t - 5t^2$$

समी (i) से,

$$100 - 5t^2 = 25t - 5t^2$$

$$25t = 100 \Rightarrow t = 4 \text{ सेकंड}$$

अतः पत्थर 4 सेकण्ड के बाद मिलेगें

$$s = 5t^2 = 5 \times (4)^2 = 80 \text{ मी}$$

मीनार की चोटी से पत्थर की दूरी 80 मी है तथा मीनार के तल से पत्थर की ऊँचाई (100 – 80) = 20 मी है।

18. **ऊर्ध्वाधर दिशा में ऊपर की ओर फेंकी गई एक गेंद 6 सेकंड पश्चात् फेंकने वाले के पास लौट आती है। ज्ञात कीजिए**

(i) यह किस वेग से ऊपर फेंकी गई;

(ii) गेंद द्वारा चली गई अधिकतम ऊँचाई तथा

(iii) 4 सेकंड पश्चात् गेंद की स्थिति।

उत्तर दिया है, कुल लिया गया समय = 6 सेकंड

$\therefore$ अधिकतम ऊँचाई तक पहुँचने में लगा समय $= \frac{6}{2} = 3$ सेकंड

($\because$ ऊपर जाने में लगा समय = नीचे आने में लगा समय)

(i) गति की प्रथम समीकरण से,

$$v = u - gt \quad (\text{अधिकतम ऊँचाई पर } v = 0)$$

$$0 = u - 9.8 \times 3$$

$$u = 29.4 \text{ मी/से}$$

(ii) गति की तृतीय समीकरण से,

$$v^2 = u^2 - 2gh$$

(ऋणात्मक चिन्ह लेंगे क्योंकि गति गुरुत्वीय त्वरण के विपरीत है।)

$$0 = (29.4)^2 - 2 \times 9.8 \times h$$

$$h = \frac{(29.4)^2}{2 \times 9.8} = 44.1 \text{ मी}$$

गेंद द्वारा अधिकतम ऊँचाई 44.1 मी होगी।

(iii) पहले 3 सेकंड में गेंद ऊपर जायेगी और अगले 3 सेकंड में गेंद पृथ्वी की ओर आयेगी।

$\therefore$ 4 सेकंड पश्चात् गेंद की स्थिति (3 + 1) सेकंड

= 1 सेकंड में नीचे की ओर चली गई दूरी

गति की द्वितीय समीकरण से,

$$h = ut + \frac{1}{2}gt^2$$

$$= 0 + \frac{1}{2} \times 9.8 \times (1)^2$$

$$= 4.9 \text{ मी}$$

अतः गेंद की स्थिति ऊपर से 4.9 मी होगी तथा धरातल से गेंद की स्थिति (44.5 – 4.9) = 39.2 मी पर होगी।

19. **किसी द्रव में डुबोई गई वस्तु पर उत्प्लावन बल किस दिशा में कार्य करता है?**

उत्तर किसी द्रव में डुबोई गई वस्तु पर उत्प्लावन बल ऊपर की ओर कार्य करता है।

20. **पानी के भीतर किसी प्लास्टिक के गुटके को छोड़ने पर यह पानी के पृष्ठ पर क्यों आ जाता है?**

उत्तर पानी द्वारा लगाया गया उत्प्लावन बल प्लास्टिक के गुटके के भार से अधिक होता है, इसलिए गुटके को पानी में छोड़ने पर यह पानी के पृष्ठ पर आ जाता है।

21. **50 ग्राम के किसी पदार्थ का आयतन 20 सेमी^{3} है। यदि पानी का घनत्व 1 ग्राम/सेमी^{3} हो, तो पदार्थ तैरेगा या डूबेगा?**

उत्तर पदार्थ का द्रव्यमान = 50 ग्राम

पदार्थ का आयतन = 20 सेमी^{3}

$$\therefore \text{पदार्थ का घनत्व} = \frac{\text{द्रव्यमान}}{\text{आयतन}}$$

$$= \frac{50}{20} = 2.5 \text{ ग्राम/सेमी}^3$$

(क्योंकि पदार्थ का घनत्व पानी के घनत्व से अधिक है, इसलिए पदार्थ पानी में डूब जायेगा)

22. **500 ग्राम के एक मोहरबंद पैकेट का आयतन 350 सेमी^{3} है। पैकेट 1 ग्राम/सेमी^{3} घनत्व वाले पानी में तैरेगा या डूबेगा? इस पैकेट द्वारा विस्थापित पानी का द्रव्यमान कितना होगा?**

उत्तर (i) पैकेट का द्रव्यमान = 500 ग्राम;

पैकेट का आयतन = 350 सेमी^{3}

$$\therefore \text{पैकेट का घनत्व} = \frac{500}{350}$$

$$d = 1.43 \text{ ग्राम/सेमी}^3$$

चूँकि पैकेट का घनत्व, पानी के घनत्व से अधिक है, इसलिए यह पानी में डूब जायेगा।

(ii) पैकेट द्वारा विस्थापित पानी का द्रव्यमान

= पैकेट का आयतन × पानी का घनत्व

= 350 × 1 = 350 ग्राम

अध्याय : एक नजर में

- ब्रह्माण्ड में दो वस्तुओं के मध्य लगने वाले असम्पर्क बल को **गुरुत्वाकर्षण** कहते हैं।
- पृथ्वी जिस बल के द्वारा किसी वस्तु को अपनी ओर आकर्षित करती है, उसे पृथ्वी का **गुरुत्वाकर्षण बल** या **पृथ्वी का गुरुत्व** कहते हैं।
- न्यूटन के गुरुत्वाकर्षण नियम के अनुसार किन्हीं दो पिण्डों के बीच कार्य करने वाला गुरुत्वाकर्षण बल
  (i) पिण्डों के द्रव्यमानों के गुणनफल के समानुपाती होता है।
  (ii) उनके बीच की दूरी के वर्ग के व्युत्क्रमानुपाती होता है
  $$F \propto \frac{m_1 m_2}{r^2} \text{ या } F = G\frac{m_1 m_2}{r^2}$$
  जहाँ, गुरुत्वाकर्षण नियतांक है। G का मान ब्रह्माण्ड के सभी कणों के लिए समान होता है। अतः यह सार्वत्रिक गुरुत्वाकर्षण नियतांक भी कहलाता है। इसका मान न्यूटन–मी/किग्रा होता है।
- जब कोई वस्तु पृथ्वी की ओर केवल गुरुत्वाकर्षण बल के अधीन गिरती है, तो वस्तु की इस प्रकार की गति को **मुक्त पतन** कहते हैं।
- जब कोई वस्तु पृथ्वी की ओर गिरती है, त्वरण कार्य करता है। यह त्वरण पृथ्वी के गुरुत्वीय बल के कारण उत्पन्न होता है, इसलिए इस त्वरण को पृथ्वी के गुरुत्वीय बल के कारण त्वरण या **गुरुत्वीय त्वरण** कहते हैं।
- पृथ्वी की सतह पर, $g = \frac{GM}{R^2}$ का SI मात्रक मी/से^{2} है तथा इसका मान 9.8 मी/से^{2} होता है।
- मुक्त रूप से गिरती हुई वस्तु की गति के समीकरण निम्न हैं–
  $$v = u + gt,\ h = ut + 1/2\, gt^2,\ v^2 = u^2 + 2gh$$
  यहाँ, u = प्रारम्भिक वेग, h = वस्तु की ऊँचाई,
  t = पतन में लगा समय, v = अन्तिम वेग, g = गुरुत्वीय त्वरण
- किसी वस्तु का द्रव्यमान उसके जड़त्व की माप होता है। द्रव्यमान का SI मात्रक किलोग्राम है तथा द्रव्यमान एक अदिश राशि है।
- कोई भी वस्तु अपने भार से पृथ्वी के केन्द्र की ओर आकर्षित होती है अर्थात् वस्तु का भार $w = mg$
  भार का SI मात्रक न्यूटन (N) है, भार सदिश राशि है।
- चन्द्रमा पर किसी वस्तु का भार, पृथ्वी पर वस्तु के भार का $\frac{1}{6}$ भाग होता है।
- किसी वस्तु की सतह के लम्बवत् लगने वाले बल को **प्रणोद** कहते हैं। प्रणोद का SI मात्रक न्यूटन (N) है तथा प्रणोद सदिश राशि है।
- प्रति एकांक क्षेत्रफल पर लगने वाले प्रणोद को **दाब** कहते हैं।
  $$\text{दाब } (p) = \frac{\text{बल } (F)}{\text{क्षेत्रफल}(A)} = \frac{\text{प्रणोद}}{\text{क्षेत्रफल}}$$
  दाब का SI मात्रक न्यूटन/मी^{2} या पास्कल है। दाब अदिश राशि है।
- जब किसी वस्तु को द्रव में डुबोया जाता है, तो द्रव द्वारा वस्तु पर ऊपर की ओर एक बल लगता है। द्रव की इस प्रवृत्ति को **उत्प्लावकता** कहते हैं।
- जब किसी वस्तु को द्रव में डुबोया जाता है, तो द्रव द्वारा वस्तु पर ऊपर की ओर एक बल लगता है, जिसे **उत्प्लावन बल** कहते हैं, इसे **उत्क्षेप** भी कहते हैं।
- **उत्प्लावन बल को प्रभावित करने वाले कारक**
  (i) तरल का घनत्व
  (ii) द्रव में डूबे भाग का आयतन
  (iii) उच्च घनत्व वाला द्रव निम्न घनत्व वाले द्रव की तुलना में अधिक उत्प्लावन बल लगाता है।
- किसी पदार्थ का घनत्व, उसके एकांक आयतन के द्रव्यमान को कहते हैं।
  $$\text{घनत्व} = \frac{\text{पदार्थ का द्रव्यमान}}{\text{पदार्थ का आयतन}} \text{ या } \rho = \frac{M}{V}$$
  घनत्व का SI मात्रक किलोग्राम प्रति मी^{3} होता है और यह एक अदिश राशि है।
- आर्किमीडीज के सिद्धान्त के अनुसार, जब किसी वस्तु को किसी तरल में पूर्ण या आंशिक रूप से डुबोया जाता है, तो वह ऊपर की दिशा में एक बल का अनुभव करती है, जो वस्तु द्वारा हटाए गए तरल के भार के बराबर होता है।
- **आर्किमीडिज सिद्धान्त के अनुप्रयोग**
  (i) जलयानों तथा पनडुब्बी डिजाइन तैयार करने में।
  (ii) दुग्धमापी, (जो दूध के किसी नमूने की शुद्धता की जाँच करने के लिए प्रयुक्त होते हैं)।
  हाइड्रोमीटर (जो द्रवों के घनत्व मापने के लिए प्रयुक्त होते हैं)।

परीक्षा अभ्यास

यहाँ अध्याय से सम्बन्धित सभी सम्भावित प्रश्नों को दिया गया है, इन प्रश्नों का अभ्यास करके व याद रखकर छात्र अध्याय से सम्बन्धित किसी भी प्रश्न का उत्तर दे पाएँगे।

वस्तुनिष्ठ प्रकार के प्रश्न

बहुविकल्पीय प्रश्न

1. न्यूटन का गुरुत्वाकर्षण का नियम लागू होता है
(a) केवल अनावेशित कणों के लिए
(b) केवल ग्रहों के लिए
(c) केवल आकाशीय पिण्डों के लिए
(d) सभी पिण्डों के लिए

उत्तर (d) न्यूटन का गुरुत्वाकर्षण नियम सार्वत्रिक है। अतः यह सभी पिण्डों के लिए सही है।

2. दो द्रव्यमानों के बीच की दूरी दोगुनी करने पर द्रव्यमानों के बीच गुरुत्वाकर्षण बल
(a) अपरिवर्तित रहेगा (b) एक-चौथाई हो जाएगा
(c) आधा रह जाएगा (d) दोगुना हो जाएगा

उत्तर (b) गुरुत्वाकर्षण बल, $F \propto \frac{1}{r^2}$ ...(i)

$$F' \propto \frac{1}{r'^2} \quad \text{...(ii)}$$

समी (ii) को समी (i) द्वारा विभाजित करने पर,

$$\frac{F'}{F} = \frac{r^2}{r'^2} = \frac{r^2}{(2r)^2} \quad (\because r' = 2r)$$

$$= \frac{1}{4}$$

$$F' = F/4$$

3. किसी ग्रह की सतह पर g का मान निर्भर करता है
(a) केवल द्रव्यमान पर (b) केवल ग्रह की त्रिज्या पर
(c) द्रव्यमान व त्रिज्या दोनों पर (d) इनमें से कोई नहीं

उत्तर (c) सूत्र $g = \frac{Gm}{R^2}$ से,
अतः g का मान द्रव्यमान व त्रिज्या दोनों पर निर्भर करता है।

4. निम्न में सही कथन है
(a) पृथ्वी की सतह पर प्रत्येक बिन्दु पर g का मान समान होता है।
(b) विषुवत् रेखा पर g का मान अधिकतम होता है।
(c) पृथ्वी की सतह के ऊपर अथवा सतह के नीचे g का मान कम होता है।
(d) ध्रुवों पर g का मान, विषुवत् रेखा की तुलना में अधिक होता है।

उत्तर (d) ध्रुवों पर g का मान, विषुवत् रेखा की तुलना में अधिक होता है।

5. मान लीजिए कि पृथ्वी की सतह पर गुरुत्वीय त्वरण 10 मी से$^{-2}$ है तथा मंगल की सतह पर यह 4.2 मी से$^{-2}$ है। एक 60 किलोग्राम का यात्री अन्तरिक्षयान में पृथ्वी से मंगल की ओर नियत वेग से गति कर रहा है। आकाश में अन्य वस्तुओं की उपेक्षा करते हुए, चित्र का कौन-सा भाग समय के कार्य के रूप में यात्री के भार को सर्वश्रेष्ठ प्रदर्शन करता है (परिणामी गुरुत्वाकर्षण बल)?

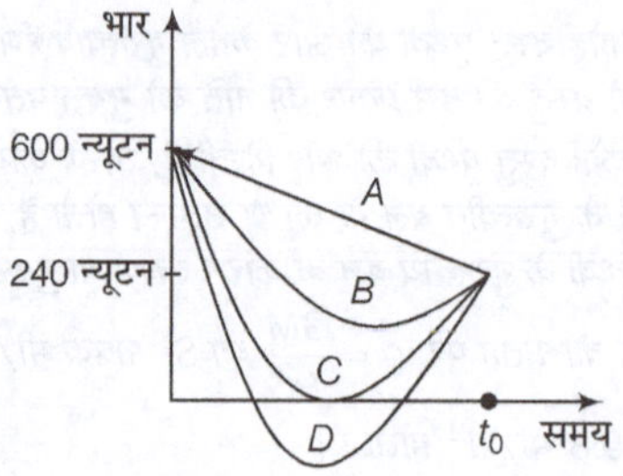

(a) A (b) B (c) C (d) D

उत्तर (c) प्रारम्भ में यात्री का भार = 60 × 10 = 600 न्यूटन
अन्त में यात्री का भार
= 60 × 4 = 240 न्यूटन तथा उड़ान के दौरान कहीं इसका भार शून्य भी होगा, क्योंकि किसी बिन्दु पर पृथ्वी का गुरुत्वाकर्षण खिंचाव मंगल के समान हो जाएगा। केवल चित्र (c), भार = 0 दर्शाता है।
इसलिए, (c) सही विकल्प है।

6. माना कि पृथ्वी का घनत्व नियत है, निम्नलिखित में से कौन-सा वक्र पृथ्वी के केन्द्र से या पृथ्वी की सतह से दूर रखे बिन्दु पर गुरुत्वीय त्वरण में परिवर्तन को दर्शाता है?

(a)
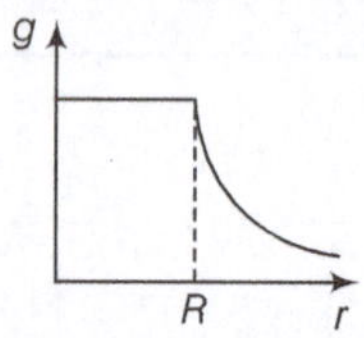

(b)
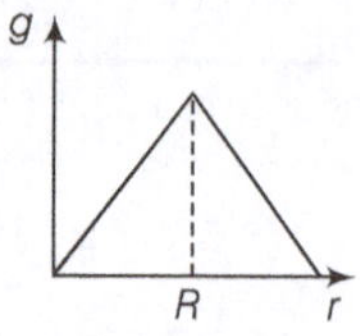

(c)
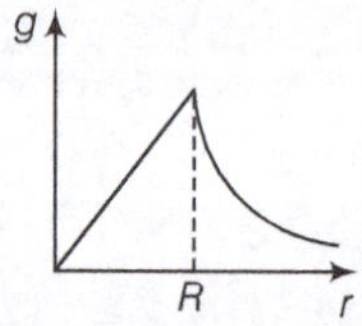

(d) इनमें से कोई नहीं

उत्तर (a) $\because g \propto r$ अन्दर तथा $g \propto \frac{1}{r^2}$ बाहर

7. किसी वस्तु की सतह के लम्बवत् लगने वाला बल कहलाता है **NCERT Exemplar**
(a) प्रणोद (b) दाब
(c) ताप (d) गुरुत्वाकर्षण बल

उत्तर (a) किसी वस्तु की सतह के लम्बवत् लगने वाले बल को प्रणोद कहते हैं।

8. यदि 4 मी^{2} क्षेत्रफल वाली वस्तु पर 300 न्यूटन का बल आरोपित होता है, तो दाब का मान होगा
(a) 25 न्यूटन मी$^{-2}$
(b) 75 न्यूटन मी$^{-2}$
(c) 80 न्यूटन मी$^{-2}$
(d) 90 न्यूटन मी$^{-2}$

उत्तर (b) दाब $= \frac{\text{बल}}{\text{क्षेत्रफल}} = \frac{300}{4} = 75$ न्यूटन मी$^{-2}$

9. उत्क्षेप होता है
(a) द्रव द्वारा वस्तु पर ऊपर की ओर बल
(b) द्रव द्वारा वस्तु पर नीचे की ओर बल
(c) तरल का घनत्व
(d) तरल का आयतन

उत्तर (a) द्रव द्वारा वस्तु पर ऊपर की ओर लगने वाला बल उत्क्षेप कहलाता है।

10. एकांक आयतन के द्रव्यमान को कहते हैं
(a) ताप (b) दाब
(c) प्रणोद (d) घनत्व

उत्तर (d) घनत्व $(\rho) = \frac{\text{द्रव्यमान } (m)}{\text{आयतन } (V)}$

यदि $V = 1$ मी^{3}, तब घनत्व = द्रव्यमान
अतः एकांक आयतन के द्रव्यमान को घनत्व कहते हैं।

11. घनत्व का SI मात्रक है
(a) किलोग्राम/मी^{3} (b) किलोग्राम/मी^{2}
(c) किलोग्राम/मी (d) ग्राम/सेमी^{2}

उत्तर (a) हम जानते हैं

$$\text{घनत्व} = \frac{\text{द्रव्यमान}}{\text{आयतन}} = \frac{\text{किलोग्राम}}{\text{मी}^3}$$

कथन-कारण प्रकार के प्रश्न

निर्देश (प्र.सं. 12-16) इस खण्ड में दिए गए प्रत्येक प्रश्न में कथन तथा कारण दिए गए हैं। प्रत्येक प्रश्न के चार विकल्प (a), (b), (c) व (d) हैं, जिनमें से केवल एक सही है।

(a) कथन (A) तथा कारण (R) दोनों सत्य हैं तथा कारण (R), कथन (A) का सही स्पष्टीकरण है।
(b) कथन (A) तथा कारण (R) दोनों सत्य हैं, परन्तु कारण (R), कथन (A) का सही स्पष्टीकरण नहीं है।
(c) कथन (A) सत्य है, परन्तु कारण (R) असत्य है।
(d) कथन (A) असत्य है, परन्तु कारण (R) सत्य है।

12. **कथन** (A) यदि किन्हीं दो पिण्डों के बीच की दूरी तथा प्रत्येक पिण्ड के द्रव्यमान को दोगुना कर दिया जाए, तब उनके बीच लगने वाले गुरुत्वाकर्षण बल का मान अप्रभावित रहता है।
कारण (R) न्यूटन के गुरुत्वाकर्षण नियम के अनुसार, गुरुत्वाकर्षण बल पिण्डों के द्रव्यमान के समानुपाती तथा उनके बीच की दूरी के वर्ग के व्युत्क्रमानुपाती होता है।

उत्तर (a) न्यूटन के गुरुत्वाकर्षण नियम के अनुसार, $F = \frac{Gm_1m_2}{r^2}$

यदि m_1, m_2 तथा r के मान दोगुने कर दें, तब

$$F = \frac{G(2m_1)(2m_2)}{(2r)^2} = \frac{Gm_1m_2}{r^2},$$

अर्थात् F समान रहेगा।
अतः कथन A तथा कारण R दोनो सत्य है तथा कारण R कथन A का सही स्पष्टीकरण है।

13. **कथन** (A) गुरुत्वीय त्वरण का मान उस वस्तु के द्रव्यमान पर निर्भर नहीं करता, जिस पर गुरुत्वीय बल लगता है।
कारण (R) गुरुत्वीय त्वरण एक नियत राशि है।

उत्तर (c) गुरुत्वीय त्वरण $g = \frac{GM}{R^2}$ से दिया जाता है। अतः यह जिस वस्तु पर कार्यरत् है उसके द्रव्यमान पर निर्भर नहीं करता है। यह एक नियत राशि भी नहीं है, M तथा R (दोनों पिण्डों के बीच की दूरी) के मान में परिवर्तन के साथ ही g का मान भी परिवर्तित हो जाता है।
अतः कथन A सत्य है परन्तु कारण R असत्य है।

14. **कथन** (A) चन्द्रमा पर वस्तु का द्रव्यमान, पृथ्वी पर वस्तु के द्रव्यमान के तुल्य होता है।
कारण (R) वस्तु का द्रव्यमान स्थिर रहता है।

उत्तर (a) चन्द्रमा पर वस्तु का द्रव्यमान, पृथ्वी पर वस्तु के द्रव्यमान के तुल्य होता है, क्योंकि वस्तु का द्रव्यमान स्थिर रहता है, जोकि एक स्थान से दूसरे स्थान पर जाने पर नहीं बदलता है।
अतः कथन A तथा कारण R दोनो सत्य है तथा कारण R कथन A का सही स्पष्टीकरण है।

15. **कथन** (A) पृथ्वी के केन्द्र पर वस्तु भारहीन हो जाती है।
कारण (R) जैसे-जैसे पृथ्वी के केन्द्र से दूरी घटती जाती है, गुरुत्वीय त्वरण का मान बढ़ता जाता है।

उत्तर (c) चूँकि पृथ्वी के केन्द्र से दूरी कम हो जाती है। अतः गुरुत्वीय त्वरण का मान भी कम होगा तथा पृथ्वी के केन्द्र पर यह शून्य होगा।

$$g' = g\left(1 - \frac{d}{R}\right)$$

यदि $d = R$, तब $g' = 0$
अतः कथन A सत्य है परन्तु कारण R असत्य है।

16. **कथन** (A) घनत्व का मान आयतन पर निर्भर करता है।
कारण (R) घनत्व द्रव्यमान के व्युत्क्रमानुपाती होता है।

उत्तर (c) हम जानते हैं, घनत्व = $\frac{\text{द्रव्यमान}}{\text{आयतन}}$

चूँकि: घनत्व आयतन पर निर्भर करता है तथा द्रव्यमान के समानुपाती एवं आयतन के व्युत्क्रमानुपाती होता है।

अतः कथन A सत्य है परन्तु कारण R असत्य है।

केस स्टडी आधारित प्रश्न

निर्देश (प्र.सं. 17-21) *निम्नलिखित पैराग्राफ को पढ़िए तथा दिए गए प्रश्नों के उत्तर दीजिए।*

गुरुत्वाकर्षण बल सबसे दुर्बल बल है। गुरुत्वाकर्षण बल के कारण ही पृथ्वी समस्त वस्तुओं को अपनी ओर आकर्षित करती है। गुरुत्वाकर्षण बल आकर्षण प्रकृति का होता है। यह कभी भी प्रतिकर्षण प्रकृति का नहीं हो सकता है। गुरुत्वाकर्षण बल की परास अधिकतम है। पृथ्वी का स्वयं एक गुरुत्वाकर्षण बल होता है, जिसके कारण चन्द्रमा पृथ्वी के परितः चक्कर लगाता है। यदि पृथ्वी से किसी वस्तु को ऊपर की ओर फेंका जाता है, तो इसका वेग निरन्तर कम होता जाता है तथा अन्त में शून्य होकर वस्तु पुनः पृथ्वी पर आ जाती है। वस्तु के नीचे की ओर गिरने के समय वस्तु का वेग प्रत्येक बिन्दु पर बढ़ता जाता है। गुरुत्वाकर्षण के बल को निम्न व्यंजक द्वारा दिया जाता है—

$$F = \frac{Gm_1m_2}{r^2}$$

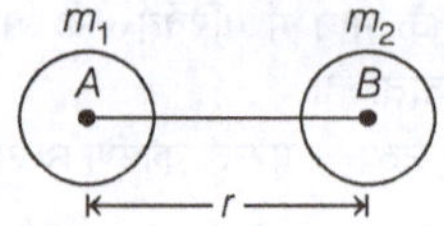

17. गुरुत्वाकर्षण बल किसे कहते हैं?

उत्तर वह दुर्बल बल जो पृथ्वी पर स्थित समस्त वस्तुओं को अपनी और आकर्षित करता है, गुरुत्वकर्षण बल कहलाता है।

18. गुरुत्वाकर्षण के सार्वत्रिक नियम के क्या महत्त्व हैं?

उत्तर गुरुत्वाकर्षण के सार्वत्रक नियम के महत्त्व निम्न इस प्रकार हैं

(i) सूर्य के चारों ओर ग्रह गुरुत्वाकर्षण बल के कारण ही चक्कर लगाते हैं।

(ii) समुद्र में उठने वाले ज्वार भाटा चंद्रमा और समुद्र के पानी के बीच लगने वाले गुरुत्वाकर्षण बल के कारण आते हैं।

(iii) पृथ्वी के चारों ओर चंद्रमा की गति गुरुत्वाकर्षण बल का परिणम है।

(iv) पृथ्वी के चारों ओर कृत्रिम उपग्रीह गुरुत्वाकर्षण बल के कारण घूमता है।

(v) हम पृथ्वी पर गुरुत्वाकर्षण बल के कारण ही खड़े हो पाते हैं।

19. पृथ्वी तथा उसके पृष्ठ पर रखीं किसी वस्तु के बीच लगने वाले गुरुत्वाकर्षण बल का परिमाण ज्ञात करने का सूत्र लिखिए तथा मात्रक भी बताइए।

उत्तर $$F = \frac{GMm}{R^2}$$

जहाँ, G = सार्वत्रिक गुरुत्वीय स्थिरांक

M = पृथ्वी का द्रव्यमान

m = वस्तु का द्रव्यमान

R = पृथ्वी का त्रिज्या

$$F = \frac{Gm_1m_2}{r^2}$$

$$\Rightarrow \quad G = \frac{Fr^2}{m_1m_2} = \frac{\text{न्यू न - मी}^2}{(\text{किग्रा})^2}$$

20. गुरुत्वाकर्षण के सार्वत्रिक नियम की व्याख्या कर सूत्र व्यूत्पन्न कीजिए।

उत्तर गुरुत्वाकर्षण के नियम के अनुसार, '' किन्ही दो पिंडों के बीच आकर्षण बल उन दोनों के द्रव्यमानों के गुणनफल के अनुक्रमानुपाती तथा उनके बीच की दूरी के वर्ग के व्युत्क्रमानुपाती होता है।''

यदि दोनों पिंडों के द्रव्यमान m_1 व m_2 हैं और इनके बीच की दूरी d है, तो इनके बीच लगने वाला आकर्षण बल F होगा

$$F = \frac{Gm_1m_2}{d^2}$$

जहाँ, G = सार्वत्रिक गुरुत्वीय स्थिरांक

m_1•————•m_2

$$F \propto m_1m_2$$

$$F \propto \frac{1}{d^2}$$

$$F \propto \frac{m_1m_2}{d^2} \quad F = G\frac{m_1m_2}{d^2}N$$

21. यदि एक वस्तु का द्रव्यमान 4 गुना तथा दूसरी वस्तु का द्रव्यमान 16 गुना कर दिया जाए, तो वस्तुओं के मध्य गुरुत्वाकर्षण बल का मान समान रखने हेतु पिण्डों के मध्य दूरी, प्रारम्भिक दूरी कितनी गुना होगी?

उत्तर हम जानते हैं,

$$F = \frac{Gm_1m_2}{r^2} = \frac{G(4m_1)(16m_2)}{d'^2}$$

$$\Rightarrow \quad d'^2 = 64d^2$$

$$d' = 8d$$

निर्देश (प्र.सं. 22-26) *निम्नलिखित पैराग्राफ को पढ़िए तथा दिए गए प्रश्नों के उत्तर दीजिए।*

द्रव्यमान तथा भार भौतिक विज्ञान की प्रमुख भौतिक राशियाँ हैं। ये एक-दूसरे से पूर्णतः भिन्न हैं। किसी वस्तु का भार उस बल के तुल्य होता है, जिस बल से पृथ्वी, वस्तु को अपने केन्द्र की ओर आकर्षित करती है अर्थात् वस्तु का भार गुरुत्वाकर्षण पर निर्भर करता है। वस्तु का भार, वस्तु के द्रव्यमान (m) तथा गुरुत्वीय त्वरण (g) का गुणनफल होता है।

इसका तात्पर्य यह है कि यदि गुरुत्वीय त्वरण के मान में परिवर्तन होता है, तो वस्तु का भार परिवर्तित हो जाता है। वस्तु के भार का SI मात्रक न्यूटन (N) होता है तथा इसका मापन स्प्रिंग तुला द्वारा किया जाता है,

जिसका चित्र नीचे दर्शाया गया है–

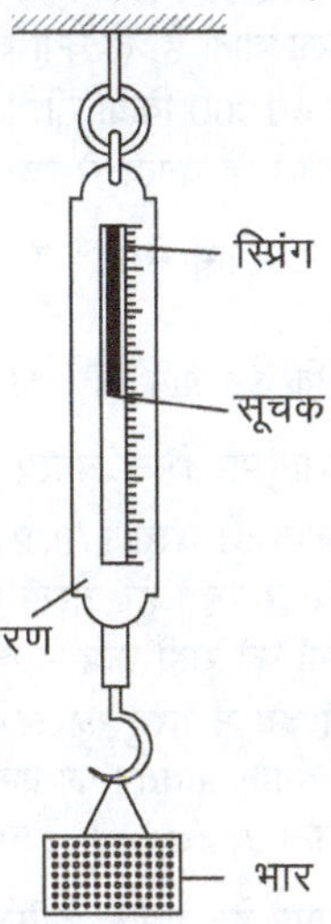

22. यदि एक वस्तु का द्रव्यमान पृथ्वी पर 10 किग्रा है, तो चन्द्रमा पर वस्तु का द्रव्यमान होगा
(a) 10 किग्रा (b) 20 किग्रा
(c) 30 किग्रा (d) 5 किग्रा

उत्तर (a) वस्तु का द्रव्यमान सदैव नियत रहता है। यह गुरुत्वीय त्वरण पर निर्भर नहीं करता है।

23. गुरुत्वीय त्वरण का मान पृथ्वी पर होता है
(a) 9.1 मी/से^{2} (b) 9.8 मी/से^{2}
(c) 8 मी/से^{2} (d) परिवर्तनशील

उत्तर (b) पृथ्वी की सतह पर गुरुत्वीय त्वरण का मान 9.8 मी/से^{2} होता है।

24. पृथ्वी की सतह पर वस्तु का भार 120 न्यूटन है, तो चन्द्रमा की सतह पर वस्तु का भार होगा
(a) 30 न्यूटन (b) 120 न्यूटन
(c) 60 न्यूटन (d) 20 न्यूटन

उत्तर (d) हम जानते हैं,

$$w = mg = 120 \text{ न्यूटन} \quad \text{...(i)}$$

चन्द्रमा पर गुरुत्वीय त्वरण, $g' = \frac{g}{6}$

$$\therefore \quad w' = mg' = \frac{mg}{6}$$

समी (i) से मान रखने पर,

$$w' = \frac{120}{6} = 20 \text{ न्यूटन}$$

25. यदि पृथ्वी सतह पर वस्तु का भार 49 न्यूटन है, तो वस्तु का द्रव्यमान होगा
(a) 5 किग्रा (b) 10 किग्रा
(c) 15 किग्रा (d) 20 किग्रा

उत्तर (a) दिया है, भार, $w = 49$ न्यूटन

$$\therefore \quad w = mg$$

$$49 = m \times 9.8$$

$$\Rightarrow \quad m = \frac{49}{9.8} = 5 \text{ किग्रा}$$

26. पृथ्वी के ध्रुवों पर भार का मान होता है
(a) अधिकतम (b) न्यूनतम
(c) अन्य बिन्दुओं के समान (d) 'b' और 'c' दोनों

उत्तर (a) पृथ्वी के ध्रुवों पर भार अधिकतम तथा भूमध्य रेखा पर न्यूनतम होता है।

अतिलघु उत्तरीय प्रश्न

27. उस वैज्ञानिक का नाम लिखिए, जिसने सार्वत्रिक गुरुत्वाकर्षण नियतांक का मान ज्ञात किया था।

उत्तर हेनरी कैवेन्डिश ने सार्वत्रिक गुरुत्वाकर्षण नियतांक का मान ज्ञात किया था।

28. समुद्र में किस बल के कारण ज्वार आते हैं?

उत्तर समुद्र में गुरुत्वीय बल के कारण ज्वार आते हैं

29. चन्द्रमा पृथ्वी के परित: एकसमान वृत्तीय गति किस बल के कारण करता है?

उत्तर चन्द्रमा तथा पृथ्वी के मध्य गुरुत्वाकर्षण बल होता है, जिसके कारण चन्द्रमा पृथ्वी के परित: एकसमान वृत्तीय गति करता है।

30. यदि अचानक पृथ्वी का गुरुत्वीय मान शून्य हो जाए, तो पृथ्वी के चारों ओर परिक्रमा करने वाला चन्द्रमा किस दिशा में गतिशील होगा? **NCERT Exemplar**

उत्तर पृथ्वी का गुरुत्वीय मान शून्य होने पर चन्द्रमा एक सरल रेखा में मुक्त रूप से गतिशील हो जाएगा। यह सरल रेखा वृत्तीय पथ पर स्पर्श रेखा होगी।

31. पृथ्वी, सूर्य के चारों ओर परिक्रमा करती है, लेकिन फिर भी पृथ्वी, सूर्य की ओर गिरती नहीं है, क्यों? **NCERT Exemplar**

उत्तर पृथ्वी, सूर्य के चारों ओर परिक्रमा करती है, लेकिन फिर भी पृथ्वी, सूर्य की ओर गिरती नहीं है, क्योंकि सूर्य के चारों ओर घूमने के लिए आवश्यक अभिकेन्द्र बल, पृथ्वी और सूर्य के बीच लगने वाले गुरुत्वाकर्षण बल से प्राप्त होता है।

32. गुरुत्व के कारण त्वरण की दिशा बताइए।

उत्तर गुरुत्व के कारण त्वरण की दिशा नीचे की ओर होती है।

33. पृथ्वी के किस स्थान पर गुरुत्वीय त्वरण शून्य है?

उत्तर पृथ्वी के केन्द्र पर गुरुत्वीय त्वरण शून्य है।

34. m_1 व m_2 द्रव्यमान के दो पिण्डों को पृथ्वी सतह से कुछ ऊँचाई पर निर्वात् में छोड़ा जाता है (m_1, m_2 से बड़ा है), तो इन दोनों में से पृथ्वी पर कौन पहले पहुँचेगा?

उत्तर दोनों पृथ्वी पर एकसाथ पहुँचेंगे, क्योंकि गुरुत्वीय त्वरण का मान वस्तु के द्रव्यमान पर निर्भर नहीं करता है।

35. जब किसी वस्तु को ऊँचाई से गिराया जाता है, तो अन्तिम वेग क्या होगा?

उत्तर जब किसी वस्तु को ऊँचाई से गिराया जाता है, तो अन्तिम वेग शून्य होता है।

36. जब किसी वस्तु को ऊर्ध्वाधरतः फेंका जाता है, तो उच्चतम बिन्दु का वेग शून्य हो जाता है। इस बिन्दु पर त्वरण का मान क्या होगा?

उत्तर इस बिन्दु पर त्वरण g के मान के तुल्य होगा, जिसकी दिशा नीचे की ओर होगी।

37. अन्तरिक्ष में अन्तरिक्ष यात्री अपने आप को हल्का क्यों महसूस करता है?

उत्तर अन्तरिक्ष में गुरुत्व की कमी के कारण अन्तरिक्ष यात्री अपने आप को हल्का महसूस करता है।

38. पृथ्वी सतह पर उन स्थानों का नाम बताइए, जहाँ वस्तु का भार न्यूनतम व अधिकतम होता है?

उत्तर ध्रुवों पर वस्तु का भार अधिकतम तथा भूमध्य रेखा पर वस्तु का भार न्यूनतम होता है।

39. अनु ध्रुवों पर 300 ग्राम सोना खरीदती है, तो भूमध्य रेखा पर सोने का भार क्या होगा?

उत्तर गुरुत्वीय त्वरण का मान ध्रुवों की तुलना में भूमध्य रेखा पर कम होता है। अतः भूमध्य रेखा पर भार 300 ग्राम से कम होगा।

40. दाब को दो गुना करने हेतु क्षेत्रफल को दोगुना करेंगे या आधा करेंगे?

उत्तर दाब को दोगुना करने हेतु क्षेत्रफल को आधा करेंगे।

$\because \quad p = \dfrac{F}{A}$

41. एक ईंट जिसकी लम्बाई, चौड़ाई तथा ऊँचाई क्रमशः 60 सेमी, 40 सेमी तथा 20 सेमी है, तीन तरीकों से एक बॉक्स पर खड़ी है, तो किस प्रकरण में ईंट द्वारा डाला गया दाब अधिकतम होगा?

उत्तर $\therefore$ दाब $= \dfrac{\text{प्रणोद}}{\text{क्षेत्रफल}}$

जब क्षेत्रफल कम होता है, तो बॉक्स पर दाब अधिकतम होता है। जब चौड़ाई तथा ऊँचाई आधार बनती है, तब दाब न्यूनतम होता है।

42. चित्र देखकर निम्न प्रश्नों के उत्तर दीजिए।

(i) जब तैरती हुई वस्तु को थोड़ा-सा दबाया जाता है, तो उस समय कौन-सा बल बढ़ता है?

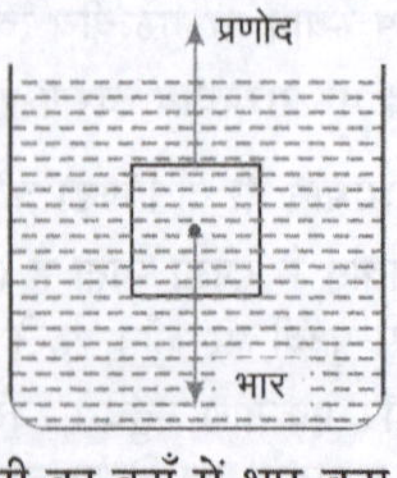

(ii) पानी की बाल्टी का कुएँ में भार कम क्यों होता है?

उत्तर (i) जब तैरती हुई वस्तु को थोड़ा-सा दबाया जाता है, तो उस समय प्रणोद बल बढ़ता है।

(ii) पानी बाल्टी के निचले सिरे पर कार्यरत् प्रणोद बल के कारण पानी की बाल्टी कुएँ में हल्की प्रतीत होती है।

43. यदि वस्तु का घनत्व 800 किग्रा मी$^{-3}$ है तथा वस्तु को जल से भरी बाल्टी में डाला जाता है, तो क्या यह डूबेगी या तैरेगी? (जल का घनत्व = 1000 किग्रा मी$^{-3}$)

उत्तर वस्तु का घनत्व, जल के घनत्व से कम है, अतः वस्तु तैरेगी।

44. काँच का घनत्व 3.5 ग्राम सेमी$^{-3}$ है, तो इसका क्या तात्पर्य है?

उत्तर इसका तात्पर्य है कि 3.5 ग्राम काँच का आयतन 1 सेमी^{3} है।

45. एक वस्तु को क्रमानुसार भिन्न घनत्वों (d_1, d_2 व d_3) के द्रवों में डुबोया जाता है। वस्तु $1/9, 2/11$ तथा $3/7$ भाग के अनुसार द्रव से बाहर रहते हुए तैरती है, तो उपरोक्त घनत्व तथा डूबे हुए भागों को सही क्रम में व्यवस्थित कीजिए।

उत्तर उच्च घनत्व वाले द्रव में वस्तु का अधिकांश भाग बाहर रहता है। जल के बाहर इनके आयतन का क्रम $1/9 < 2/11 < 3/7$ है। अतः घनत्व का क्रम $d_1 < d_2 < d_3$ होगा।

46. द्रव का घनत्व मापन हेतु प्रयुक्त युक्ति का नाम लिखिए

उत्तर हाइड्रोमीटर द्वारा द्रव का घनत्व मापा जाता है।

47. एक पेड़ से पत्थर को फेंका जाता है, तो यह धरातल पर 2 सेकण्ड में पहुँचता है, तो धरातल पर पत्थर किस वेग से टकरायेगा?

उत्तर दिया है,

$u = 0, t = 2$ सेकण्ड, $a = g = 9.8$ मी/से^{2}, $v = ?$

गति के प्रथम समीकरण द्वारा,

$v = u + at = 0 + 9.8 \times 2 = 19.6$ मी/से

48. 10 सेमी^{2} के क्षेत्रफल पर 20 न्यूटन का प्रणोद कार्य करता है, तो दाब का मान ज्ञात कीजिए।

उत्तर दिया है, बल $(F) = 20$ न्यूटन

क्षेत्रफल $(A) = 10$ सेमी$^2 = 10 \times 10^{-4}$ मी^{2}

($\because$ 1 मी = 100 सेमी)

$\therefore$ दाब $(p) = \dfrac{\text{बल } (F)}{\text{क्षेत्रफल } (A)} = \dfrac{20}{10 \times 10^{-4}} = 2 \times 10^4$ पास्कल

49. M किग्रा द्रव्यमान का धात्विक घन टेबल पर रखा है। टेबल के सम्पर्क में पृष्ठ का क्षेत्रफल 40 सेमी^{2} है। घन द्वारा टेबल पर कार्यरत् दाब 10000 पास्कल है, तो M का मान ज्ञात कीजिए। (दिया है, $g = 10$ मी/से^{2})

उत्तर दिया है,

$A = 40$ सेमी^{2} किग्रा $= 0.004$ मी^{2}, $p = 10000$ पास्कल

$\therefore \quad p = \dfrac{F}{A} = \dfrac{Mg}{A} \quad (\because F = Mg)$

$M = \dfrac{p \times A}{g} = \dfrac{10000 \times 0.004}{10} = 4$

50. 100cc के जल को भिन्न तापों $4°C, 20°C$ और $45°C$ पर गर्म किया जाता है, तो किस ताप पर घनत्व अधिकतम होगा?

उत्तर 4°C ताप पर घनत्व अधिकतम होगा, क्योंकि ताप घटाने पर घनत्व बढ़ता है।

परीक्षा अभ्यास

51. 3000 किग्रा मी$^{-3}$ घनत्व वाले 5 मी^{3} सीमेन्ट का द्रव्यमान क्या होगा?

उत्तर दिया है, आयतन $(V) = 5$ मी^{3}, घनत्व $(\rho) = 3000$ किग्रा मी$^{-3}$
द्रव्यमान $(m) = ?$

हम जानते हैं, घनत्व $(\rho) = \frac{m}{V}$ या $m = \rho V$

$\Rightarrow \quad m = 3000 \times 5$

$m = 15000$ किग्रा

52. एक वस्तु का हवा में भार 10 न्यूटन है, जब वस्तु को पानी में पूरी तरह डुबोया जाता है, तो इसका भार 8 न्यूटन हो जाता है। वस्तु द्वारा विस्थापित पानी का कितना भार होगा? **NCERT Exemplar**

उत्तर विस्थापित द्रव का भार, $F = 10 - 8 = 2$ न्यूटन

लघु उत्तरीय प्रश्न

1. 'संसार में सभी वस्तुएँ एक-दूसरे को आकर्षित करती हैं।'
(i) इस आकर्षण बल को क्या कहते हैं?
(ii) उन दो कारकों के नाम लिखिए जिन पर आकर्षण बल निर्भर करता है?

उत्तर (i) इस आकर्षण बल को गुरुत्वाकर्षण बल कहते हैं।
(ii) गुरुत्वाकर्षण बल निम्न दो कारकों पर निर्भर करता है–
(a) द्रव्यमानों के गुणनफल के समानुपाती होता है।
(b) दूरी के वर्ग के व्युत्क्रमानुपाती होता है।

2. अभिकेन्द्र बल का स्रोत क्या है, जिससे ग्रह को सूर्य के चारों ओर घूमने के लिए आवश्यकता होती है? तथा यह बल किन कारकों पर निर्भर करता है? **NCERT Exemplar**

उत्तर सूर्य के परितः ग्रह की गति अभिकेन्द्रीय बल के कारण होती है। अभिकेन्द्रीय बल का स्रोत, सूर्य तथा ग्रह के मध्य कार्यरत् गुरुत्वाकर्षण बल होता है, जोकि सूर्य तथा ग्रह के द्रव्यमान तथा उनके मध्य दूरी पर निर्भर करता है।

3. ध्रुवों तथा भूमध्य रेखा पर g के मान में परिवर्तन के दो कारण बताइए।

उत्तर ध्रुवों तथा भूमध्य रेखा पर g के मान में परिवर्तन त्रिज्या में अन्तर तथा पृथ्वी के घूर्णन के कारण होता है।

4. कारण बताइए
(i) चन्द्रमा पर कोई वायुमण्डल नहीं होता है।
(ii) पृथ्वी पर कूँदने की तुलना में चन्द्रमा पर कूदने पर हम अधिक ऊँचाई तक जाते हैं।

उत्तर (i) चन्द्रमा पर वायुमण्डलीय गैसों को बाँधे रखने हेतु प्रबल गुरुत्व नहीं होता है।
(ii) चन्द्रमा पर गुरुत्वीय त्वरण, पृथ्वी के गुरुत्वीय त्वरण से कम होता है। अतः $h = \frac{v^2 - u^2}{2g}$ अधिक होगी।

5. मनुष्य की तुलना में ऊँट भारी होता है फिर भी ऊँट, मनुष्य की तुलना में रेतीली सतह पर आसानी से क्यों चल सकता है?

उत्तर ऊँट के पैरों का क्षेत्रफल बड़ा होता है और यह अधिक क्षेत्रफल घेरता है जिसके परिणामस्वरूप रेतीली सतह पर कम दाब लगता है तथा ऊँट, मनुष्य की तुलना में रेतीली सतह पर आसानी से चल पाता है।

6. बाँधों की नींव चौड़ी क्यों बनायी जाती है? व्याख्या कीजिए।

उत्तर हम जानते हैं कि प्रति एकांक क्षेत्रफल पर कार्यरत् बल दाब कहलाता है। बाँधों में बहुत अधिक जल का संग्रहण होता है, जिससे अधिक गुरुत्वाकर्षण बल लगता है। यह बल गहराई के साथ बढ़ता है, इसलिए आधार का क्षेत्रफल बढ़ाकर दाब को कम किया जाता है।

7. ठोस तथा द्रव द्वारा लगाया गया दाब भिन्न क्यों होता है?

उत्तर ठोस के भार के कारण दाब लगता है अर्थात् पृथ्वी का केन्द्र द्रव्यमान को गुरुत्वीय त्वरण $g = 9.8$ मी से$^{-2}$ से अपनी ओर आकर्षित करता है। इसी प्रकार गैस और द्रव दोनों ही समस्त दिशाओं में पात्र की दीवारों पर समान दाब लगाते हैं।

8. द्रव में डूबी हुई वस्तु पर कार्यरत् दो बलों के नाम लिखिए तथा उनकी दिशा भी बताइए।

उत्तर दो बल निम्न प्रकार हैं—
(i) वस्तु का भार नीचे की ओर लगता है।
(ii) उत्प्लावन बल ऊपर की ओर लगता है।

9. उस स्थिति को बताइए, जिसमें वस्तु जल की सतह पर तैरती है तथा वस्तु द्वारा विस्थापित द्रव का आयतन क्या होगा?

उत्तर यदि वस्तु पर कार्यरत् उत्प्लावन बल, वस्तु के भार से अधिक होता है, तो वस्तु द्रव की सतह पर तैरती है। यहाँ वस्तु का आयतन विस्थापित द्रव का आयतन है।

10. यदि एक वस्तु को सम्पीडित कर आयतन आधा कर दिया जाता है, तो इसके घनत्व पर क्या प्रभाव पड़ेगा और क्यों?

उत्तर घनत्व $(\rho) = \frac{\text{द्रव्यमान } (m)}{\text{आयतन } (V)}$

अतः आयतन को आधा करने पर घनत्व दो गुना हो जाएगा।

11. एक पैकेट को हवाई जहाज से विषुवत् रेखा से तथा दूसरे पैकेट को उत्तरी ध्रुव से, ऊँचाई h से पृथ्वी की ओर गिराया जाता है। क्या दोनों पैकेट पृथ्वी की सतह पर एक ही समय पर पहुँचेंगे? अपने उत्तर की व्याख्या कीजिए।

उत्तर दोनों पैकेट पृथ्वी की सतह पर एकसाथ नहीं पहुँचेंगे, क्योंकि पैकेट को सतह पर पहुँचने में लगा समय,

$$t = \sqrt{\frac{2h}{g}}$$

$\because$ ध्रुवों पर g का मान विषुवत् वृत्त की अपेक्षा अधिक है।
$\therefore$ उत्तरी ध्रुव से गिराया गया पैकेट पृथ्वी पर पहले पहुँचेगा।

12. 100 ग्राम द्रव्यमान की वस्तु को भूमध्य रेखा से ध्रुव तक ले जाने पर भार पर क्या प्रभाव पड़ेगा? कारण बताइए।

उत्तर भूमध्य रेखा से ध्रुव की ओर जाने पर गुरुत्वीय त्वरण बढ़ता है, इसलिए भार बढ़ता है, क्योंकि ध्रुवों पर पृथ्वी की त्रिज्या भूमध्य रेखा की तुलना में कम होती है।

13. एक पूर्ण भरी बाल्टी में बर्फ का टुकड़ा डाला जाता है, तो पानी किनारों तक आ जाता है तथा बर्फ का कुछ भाग जल से बाहर है। जब बर्फ पूर्णतया पिघल जायेगी, तो क्या पानी बाल्टी से बाहर आएगा? उत्तर का कारण भी दीजिए।

उत्तर जैसा कि हम जानते हैं बर्फ का घनत्व, जल से अधिक है। अतः इस स्थिति में बर्फ पिघलेगी तथा यह बर्फ की तुलना में कम आयतन घेरेगी। अतः जल बाहर नहीं आयेगा।

14. जब हम खाली पानी की बोतल को जल में डालते हैं, तो वह ऊपर आ जाती है। ऐसा क्यों होता है? यह किस प्रकार जल में डूबी रहेगी और क्यों?

उत्तर जब पानी की खाली बोतल को जल में डालते हैं, तो इस पर कार्यरत् उत्प्लावन बल, इसके भार से अधिक होता है। इसी कारण बोतल ऊपर आ जाती है।

बोतल को पानी में बनाये रखने हेतु, उत्प्लावन बल तथा बोतल के भार के अन्तर का बल बोतल पर नीचे की ओर लगाना पड़ेगा।

15. एक पत्थर और पृथ्वी एक-दूसरे को समान परन्तु विपरीत बल से आकर्षित करते हैं। किस कारण हम पत्थर को पृथ्वी की ओर गिरते हुए देखते हैं न कि पृथ्वी को पत्थर की ओर?

उत्तर पृथ्वी का द्रव्यमान बहुत अधिक है। अतः इसके द्वारा उत्पन्न त्वरण अल्प होता है, जिसके कारण हम पत्थर को पृथ्वी की ओर गिरते हुए देखते हैं।

इसको गणितीय रूप में निम्न प्रकार सत्यापित कर सकते हैं—

पृथ्वी का द्रव्यमान $(m) = 6 \times 10^{24}$ किग्रा

माना पत्थर का द्रव्यमान = 1 किग्रा

पत्थर तथा पृथ्वी के मध्य बल,

$$F = \frac{GMm}{d^2} = \frac{6.67 \times 10^{-11} \times 6 \times 10^{24} \times 1}{(6.4 \times 10^6)^2}$$

$$= 9.8 \text{ न्यूटन}$$

पत्थर द्वारा पृथ्वी पर बल = पृथ्वी द्वारा पत्थर पर बल

$$= 9.8 \text{ न्यूटन}$$

पत्थर में त्वरण, $a_s = \frac{F}{m} = \frac{9.8}{1} = 9.8$ मी/से^{2}

पृथ्वी में त्वरण, $a_e = \frac{9.8}{6 \times 10^{24}} = 1.66 \times 10^{-24}$ मी/से^{2}

पृथ्वी में उत्पन्न त्वरण, पत्थर में उत्पन्न त्वरण की तुलना में नगण्य है, इसी कारण पत्थर पृथ्वी की ओर गिरता है।

16. 1Å की दूरी पर स्थित दो प्रोटॉनों $(1.6 \times 10^{-27}$ किग्रा) के मध्य गुरुत्वाकर्षण बल की गणना कीजिए।

उत्तर दिया है,

प्रोटॉन का द्रव्यमान $M_p = 1.6 \times 10^{-27}$ किग्रा

दूरी $(r) = 1\text{Å} = 10^{-10}$ मी

गुरुत्वाकर्षण बल, $F = \frac{GM_pM_p}{r^2}$

$$F = \frac{6.67 \times 10^{-11} \times 1.6 \times 10^{-27} \times 1.6 \times 10^{-27}}{(10^{-10})^2}$$

$$F = 17.1 \times 10^{-45} \text{ न्यूटन}$$

17. 100 मी ऊँचाई से एक वस्तु को गिराया जाता है। 2 सेकण्ड के पश्चात् वस्तु धरातल से कितनी ऊँचाई पर होगी?

उत्तर दिया है,

प्रारम्भिक वेग, $u = 0$

लिया गया समय, $t = 2$ सेकण्ड

गुरुत्वीय त्वरण, $a = g$

गति के द्वितीय समीकरण द्वारा,

$$s = ut + \frac{1}{2}gt^2 = 0 + \frac{1}{2} \times (10) \times (2)^2 = 20 \text{ मी}$$

18. एक गेंद को ऊपर की ओर 19.6 मी/से से फेंका जाता है

(i) कितने समय में यह अधिकतम ऊँचाई पर पहुँचेगी?

(ii) यह कितनी ऊँचाई तक जायेगी?

उत्तर दिया है,

प्रारम्भिक वेग, $u = 19.6$ मी/से

(i) अन्तिम वेग, $v = 0$ (अधिकतम ऊँचाई पर)

अतः $t = \frac{u}{g} = \frac{19.6}{9.8} = 2$ सेकण्ड

$[\because v = u - gt$ और $v = 0]$

(ii) गति के तृतीय समीकरण द्वारा,

$$v^2 = u^2 - 2gh$$

(ऊपर की ओर गति के कारण ऋणात्मक चिन्ह लिया गया है)

$$u^2 = 2gh$$

$$\Rightarrow \quad h = \frac{u^2}{2g} = \frac{(19.6)^2}{2 \times 9.8} = 19.6 \text{ मी}$$

19. पृथ्वी पर आपका द्रव्यमान 50 किग्रा है। ग्रह M का गुरुत्वीय बल, पृथ्वी का दोगुना है, तो ग्रह M पर आपका द्रव्यमान तथा भार क्या होगा?

उत्तर द्रव्यमान नियत रहता है। अतः ग्रह M पर भी द्रव्यमान 50 किग्रा रहेगा।

ग्रह M पर गुरुत्वीय त्वरण, पृथ्वी के गुरुत्वीय त्वरण का दोगुना है।

अतः ग्रह M पर भार $= 50 \times 2 \times g$

$= 50 \times 2 \times 9.8 = 980$ न्यूटन

20. माना पृथ्वी के द्रव्यमान में बिना परिवर्तन के पृथ्वी की त्रिज्या, वास्तविक त्रिज्या की दोगुनी कर दी जाती है, तो आपके भार पर क्या प्रभाव पड़ेगा?

उत्तर पृथ्वी की सतह पर भार,

$$w = \frac{GMm}{R^2}$$

यदि पृथ्वी की त्रिज्या दोगुनी हो जाए, तब

$$w' = \frac{GMm}{(2R)^2} = \frac{GMm}{4R^2} = \frac{w}{4}$$

भार, वास्तविक भार का एक-चौथाई रह जाएगा।

21. किसी व्यक्ति का भार चन्द्रमा पर, पृथ्वी के भार का लगभग $\frac{1}{6}$ गुना होता है। यह पृथ्वी पर 15 किग्रा का द्रव्यमान उठा सकता है। वह अधिकतम बल क्या होगा, जोकि चन्द्रमा पर व्यक्ति द्वारा समान बल लगाने पर उठाया जा सकता है?

NCERT Exemplar

परीक्षा अभ्यास

उत्तर $g_e = g$ तथा $g_m = \frac{g}{6}$

पृथ्वी पर 15 किग्रा द्रव्यमान को उठाने में लगा बल,

$F = mg_e = 15g_e$ न्यूटन

इसलिए, चन्द्रमा पर उसी बल द्वारा उठाया गया द्रव्यमान,

$m = F / g_m = \frac{15g}{g/6} = 90$ किग्रा

22. 10 मी^{2} पर 100 किग्रा द्रव्यमान तथा 4 मी^{2} पर 50 किग्रा द्रव्यमान में से किसमें अधिक दाब लगेगा? ($g = 10$ मी/से^{2})

उत्तर 100 किग्रा द्रव्यमान के लिए,

$$\text{दाब, } p_1 = \frac{\text{बल}}{\text{क्षेत्रफल}} = \frac{m_1 g}{A_1} = \frac{100 \times 10}{10} = 100 \text{ पास्कल}$$

50 किग्रा द्रव्यमान के लिए,

$$\text{दाब, } p_2 = \frac{m_2 g}{A_2} = \frac{50 \times 10}{4} = 125 \text{ पास्कल}$$

$$p_2 > p_1$$

अतः 50 किग्रा द्रव्यमान से अधिक बल लगेगा।

23. 5 किग्रा द्रव्यमान तथा 40 सेमी × 20 सेमी × 10 सेमी का लकड़ी का ब्लॉक मेज पर रखा है, तो निम्न प्रकार व्यवस्थित ब्लॉक द्वारा दाब की गणना कीजिए। ($g = 10$ मी/से^{2})

(i) 40 सेमी × 20 सेमी

(ii) 40 सेमी × 10 सेमी

उत्तर दिया है,

द्रव्यमान (m) = 5 किग्रा,

गुरुत्वीय त्वरण (g) = 10 मी/से^{2}

$\therefore$ भार $= mg = 5 \times 10 = 50$ न्यूटन

(i) $\therefore$ दाब $= \frac{\text{भार}}{\text{क्षेत्रफल}} = \frac{50}{40 \times 20 \times 10^{-4}} = 6.25 \times 10^2$ पास्कल

(ii) $\therefore$ दाब $= \frac{\text{भार}}{\text{क्षेत्रफल}} = \frac{50}{40 \times 10 \times 10^{-4}} = 1.25 \times 10^3$ पास्कल

24. 10 : 3 के अनुपात के क्षेत्रफल पर 5 : 9 के अनुपात का बल कार्यरत् है, तो दाब का अनुपात ज्ञात कीजिए।

उत्तर दिया है,

क्षेत्रफलों का अनुपात 10 : 3 अर्थात् $= \frac{A_1}{A_2} = \frac{10}{3}$

बलों का अनुपात 5 : 9 अर्थात् $\frac{F_1}{F_2} = \frac{5}{9}$

$$\text{दाबों का अनुपात } \left(\frac{p_1}{p_2}\right) = \frac{F_1}{A_1} \times \frac{A_2}{F_2} = \frac{F_1}{F_2} \times \frac{A_2}{A_1} = \frac{5}{9} \times \frac{3}{10} = \frac{1}{6}$$

अतः दाबों का अनुपात 1 : 6 है।

25. 150 ग्राम द्रव्यमान तथा 250 सेमी^{3} के आयतन की ठोस वस्तु को एक जार में रखा गया है, जिसमें जल उपस्थित है। क्या यह जल में डूबेगा या तैरेगा? (जल का घनत्व 1 ग्राम सेमी$^{-3}$)

उत्तर दिया है,

द्रव्यमान (m) = 150 ग्राम

आयतन (V) = 250 सेमी^{3}

$$\text{ठोस का घनत्व } (\rho) = \frac{\text{ठोस का द्रव्यमान } (m)}{\text{ठोस का आयतन } (V)} = \frac{150}{250} = 0.6 \text{ ग्राम सेमी}^{-3}$$

वस्तु का घनत्व, द्रव के घनत्व से कम है। अतः वस्तु द्रव में तैरेगी।

26. (i) निम्न कथनों के लिए कारण व्यक्त कीजिए

(a) सेना का टैंक जिसका भार एक हजार टन से भी अधिक होता है, एक सतत् चेन पर टिका होता है।

(b) ट्रक के टायर अधिक चौड़े होते हैं।

(c) काटने वाले औजारों की धार तेज होती है।

(ii) 100 न्यूटन का एक बल 25 वर्ग सेमी क्षेत्रफल के पृष्ठ पर लगता है। प्रणोद तथा दाब परिकलित कीजिए। यदि बल को 25 न्यूटन तक कम कर दिया जाए, तो परिवर्तित दाब परिकलित कीजिए।

उत्तर (i) (a) दाब $= \frac{\text{बल}}{\text{क्षेत्रफल}}$

टैंक का भार बहुत ज्यादा होता है। टैंक को सतत् चेन पर लगाने से इसका भार चौड़े क्षेत्रफल पर लगता है, ताकि सतह पर दबाव कम लगे।

(b) ट्रकों का इस्तेमाल भार उठाने के लिए किया जाता है। चौड़े टायर अधिक क्षेत्रफल पर भार का वितरण करके सतह पर कम दाब लगाने में सहायक होते हैं।

(c) काटने वाले औजारों की धार तेज होती है, क्योंकि प्रति क्षेत्रफल पर लगने वाला बल अधिक होता है, जिससे कि वस्तु आसानी से कट जाती है।

(ii) दिया है, बल, $F = 100$ न्यूटन

क्षेत्रफल = 25 वर्ग सेमी

$= \frac{25}{100 \times 100}$ वर्ग मी $= 0.0025$ वर्ग मी

दाब $= \frac{\text{बल}}{\text{क्षेत्रफल}} = \frac{100}{0.0025}$ न्यूटन मी$^{-2}$

$= 40000$ न्यूटन मी$^{-2}$

या 40000 पास्कल

और प्रणोद दाब के बराबर है।

परिवर्तित बल, $F = (100 - 25)$ न्यूटन $= 75$ न्यूटन

परिवर्तित दाब $= \frac{75}{0.0025}$ न्यूटन मी$^{-2}$ $= 30000$ न्यूटन मी$^{-2}$

27. जब एक धात्विक ब्लॉक द्रव की सतह के नीचे डूबा होता है, तो इस पर कार्यरत् बल को बताइए।

उत्तर जब एक धात्विक ब्लॉक द्रव की सतह के नीचे डूबा होता है, तो उस पर उत्प्लावन बल कार्य करता है।

ब्लॉक पर कार्यरत् उत्प्लावन बल = वस्तु द्वारा विस्थापित द्रव

$$mg = (V\rho)g$$

यहाँ, m = धात्विक ब्लॉक का द्रव्यमान

ρ = धात्विक ब्लॉक का घनत्व

V = आयतन, g = गुरुत्वीय त्वरण

28. एक गेंद वायु से भरी है, जिसका आयतन 500 सेमी³ है। इस गेंद को जल से पूर्णतया डुबोने हेतु बच्चे को कितना बल लगाना पड़ेगा?

उत्तर दिया है, आयतन $(V) = 500$ सेमी^{3} $= 500 \times 10^{-6}$ मी^{3}

$g = 10$ मी से$^{-2}$, $F = ?$

जल में गेंद को रखने हेतु आवश्यक बल = उत्प्लावन बल

= जल द्वारा विस्थापित द्रव = mg ...(i)

हम जानते हैं,

जल का द्रव्यमान = जल का घनत्व × आयतन

$$m = \rho V$$

समी (i) में मान रखने पर,

बल $= \rho Vg = 1000 \times 500 \times 10^{-6} \times 10 = 5$ न्यूटन

जल में गेंद को रखने हेतु आवश्यक न्यूनतम बल 5 न्यूटन है।

29. एक गेंद का भार वायु, जल तथा द्रव में क्रमशः 80 ग्राम, 60 ग्राम व 50 ग्राम है। यदि जल का घनत्व 1 ग्राम सेमी$^{-3}$ है, तो द्रव का घनत्व ज्ञात कीजिए।

उत्तर जब गेंद को जल में डुबोया जाता है, तब विस्थापित गेंद

80 – 60 = 20 ग्राम

आयतन = विस्थापित द्रव का आयतन

$$= \frac{20 \text{ ग्राम}}{1 \text{ ग्राम सेमी}^{-3}} = 20 \text{ सेमी}^{-3}$$

$$\text{गेंद का घनत्व} = \frac{80 \text{ ग्राम}}{20 \text{ सेमी}^3} = 4 \text{ ग्राम सेमी}^{-3}$$

अतः गेंद (80 – 50) ग्राम = 30 ग्राम द्रव विस्थापित करेगी।

$$\text{घनत्व} = \frac{30 \text{ ग्राम}}{20 \text{ सेमी}^3} = 1.5 \text{ ग्राम सेमी}^{-3}$$

30. 1 किग्रा तथा 2 किग्रा द्रव्यमान के दो ठोसों को एक समय पर हैलीकॉप्टर से गिराया जाता है, तो कौन-सा द्रव्यमान धरातल पर शीघ्र पहुँचेगा? अपने उत्तर की पुष्टि कीजिए।

उत्तर दोनों ही द्रव्यमान धरातल पर एक ही समय पर पहुँचेंगे, क्योंकि गुरुत्वीय त्वरण, द्रव्यमान पर निर्भर नहीं करता है।

$$g = \frac{GM}{R^2}$$

31. पृथ्वी पर वस्तु के भार तथा चन्द्रमा पर वस्तु के भार में सम्बन्ध प्राप्त कीजिए।

उत्तर इसके उत्तर के लिए पृष्ठ सं. 216 देखें।

32. (i) प्रणोद और दाब का SI मात्रक बताइए।

(ii) जब हम एक पैर और दोनों पैरों से खड़े होते हैं, तो किस स्थिति में दाब अधिक लगता है? उत्तर की पुष्टि कीजिए।

उत्तर (i) प्रणोद तथा दाब के SI मात्रक क्रमशः न्यूटन (N) तथा न्यूटन-मी$^{-2}$ या पास्कल हैं।

(ii) एक पैर द्वारा खड़े होने पर दाब अधिक लगेगा, क्योंकि

$$\text{दाब } (p) \propto \frac{1}{\text{क्षेत्रफल } (A)}$$

33. जब जल से भरे बीकर में स्वच्छ अण्डा डाला जाता है, तो यह डूब जाता है, परन्तु जल में नमक मिला देने पर अण्डा ऊपर आ जाता है और तैरने लगता है। ऐसा क्यों होता है?

उत्तर जल में नमक मिलाने पर जल का घनत्व बढ़ जाता है और यह घनत्व शुद्ध जल से अधिक हो जाता है, जिसके कारण नमक घुला पानी अधिक उत्प्लावन बल लगाता है तथा अण्डा ऊपर आकर तैरने लगता है।

34. दो भिन्न वस्तु को पूर्णतः जलमग्नित करने पर भार में कमी समान होती है। क्या यह आवश्यक है कि दोनों वस्तुओं का वायु में भार समान है। अपने उत्तर की पुष्टि कीजिए।

उत्तर यह आवश्यक नहीं हैं कि दोनों वस्तुओं का वायु में भार समान रहे। दोनों वस्तुओं के एकसमान आयतन के कारण जल में वस्तुओं के भार में कमी समान होती है न कि उसके भार के कारण।

अतः दोनों वस्तुओं का वायु में भार समान नहीं होगा।

35. निम्न कथनों के लिए कारण व्यक्त कीजिए–

(i) बराबर द्रव्यमान के लोहे की कील और कॉर्क को पानी के पृष्ठ पर रखने पर लोहे की कील डूब जाती है, जबकि कॉर्क तैरता है।

(ii) ऊँट रेगिस्तान में आसानी से दौड़ पाता है।

(iii) चाकू की धार तेज होती है।

उत्तर (i) कॉर्क का घनत्व पानी के घनत्व से कम होता है, जबकि कील का घनत्व पानी की अपेक्षा अधिक होता है। एक पदार्थ जिसका घनत्व द्रव की अपेक्षा कम है, वह द्रव की सतह पर तैरेगा। इस प्रकार कॉर्क पानी में तैरता है। दूसरी तरफ, एक पदार्थ जिसका घनत्व द्रव से अधिक है, वह डूबेगा। इस प्रकार एक कील पानी में डूबेगी।

(ii) ऊँट का भारी शरीर होता है, परन्तु उसके पैर बड़े होते हैं और अधिक क्षेत्रफल घेरते हैं। इसके कारण रेत पर कम दाब लगता है, जोकि उसे रेगिस्तान में आसानी से दौड़ पाने में सहायक होता है।

(iii) चाकू के सिरे बल के प्रभाव को बढ़ाने के लिए नुकीले बनाए जाते हैं, क्योंकि नुकीले सिरों का क्षेत्रफल बहुत कम होता है। फलतः आरोपित बल की किसी भी मात्रा के लिए दाब का मान बढ़ जाता है।

36. आर्किमिडीज़ का सिद्धान्त व्यक्त कीजिए। इसके दो अनुप्रयोग लिखिए।

अथवा आर्किमिडीज़ के सिद्धांत के कोई तीन अनुप्रयोग दीजिए।

उत्तर इसके उत्तर के लिए पृष्ठ सं. 219 व 220 देखें।

37. एक क्रियाकलाप द्वारा आर्किमिडीज़ सिद्धान्त को सत्यापित कीजिए। क्रियाकलाप के लिए आपको एक पत्थर, रबड़ की डोरी तथा जल से भरा पात्र दिया गया है।

उत्तर **क्रियाकलाप** पत्थर के एक टुकड़े को रबड़ की डोरी के सिरे पर बाँधिए। डोरी को हाथ में पकड़कर पत्थर को लटकाइए, जैसा नीचे चित्र में दिखाया गया है।

पत्थर के भार के कारण डोरी की लम्बाई में वृद्धि ज्ञात कीजिए।

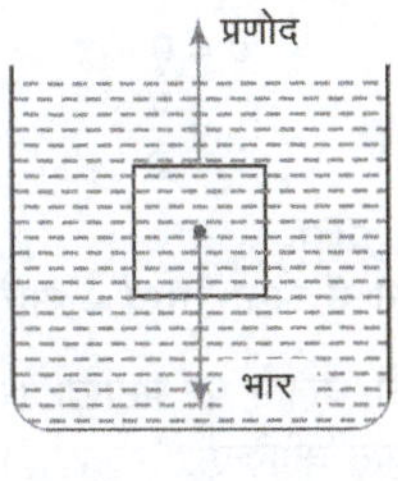

अब एक बीकर में दो-तिहाई पानी भरिए। पत्थर को धीरे-धीरे बीकर के पानी में डुबोइए (चित्र), रबड़ की डोरी की लम्बाई में वृद्धि का परिवर्तन ज्ञात कीजिए। जैसे-जैसे पत्थर पानी में जाता है, डोरी की लम्बाई में वृद्धि कम होती जाती है, लेकिन जब पत्थर पूर्णतः पानी में डूब जाता है, तो डोरी की वृद्धि में कोई परिवर्तन दिखाई नहीं देता।

व्याख्या रबड़ की डोरी की लम्बाई में वृद्धि पत्थर के भार के कारण है। जैसे-जैसे पत्थर को पानी में नीचे करते हैं, डोरी का विस्तार संगत रूप से कम होता जाता है। इसका अर्थ है कि पत्थर पर कोई बल ऊपर की दिशा में कार्य कर रहा है। इस कारण, पत्थर का प्रभावी भार और डोरी की लम्बाई में वृद्धि कम हो रही है। ऊपर की दिशा में कार्यरत् बल आर्किमिडीज़ के सिद्धान्त के अनुसार, उत्प्लावक बल है। जब पत्थर पूर्णतः पानी में डूब जाता है, तो इस पर कार्यरत् उत्प्लावक बल स्थिर हो जाता है और डोरी में और वृद्धि नहीं दिखाई देती है।

38. दो वस्तुओं के मध्य कार्यरत् गुरुत्वाकर्षण बल पर क्या प्रभाव पड़ेगा? यदि
(i) वस्तुओं के मध्य दूरी तीन गुनी कर दी जाए।
(ii) वस्तुओं का द्रव्यमान दोगुना कर दिया जाए।
(iii) वस्तुओं का द्रव्यमान तथा उनके बीच की दूरी दोनों की दोगुनी कर दी जाए।

उत्तर हम जानते हैं,
$$F = \frac{Gm_1m_2}{r^2}$$ (प्रत्येक प्रतीक का अपना अर्थ है)

(i) $r' = 3r$
$$\Rightarrow F' = \frac{Gm_1m_2}{9r^2} = \frac{F}{9}$$ (बल 9 गुना कम हो जाएगा)

(ii) $m_1' = 2m_1$ और $m_2' = 2\,m_2$
$$\Rightarrow F' = \frac{4Gm_1m_2}{r^2} = 4F$$ (बल 4 गुना बढ़ जाएगा

(iii) $m_1' = 2m_1, m_2' = 2m_2, r' = 2r$
$$\Rightarrow F' = \frac{4Gm_1m_2}{4r^2} = F$$ (बल अपरिवर्तित रहेगा)

39. यदि दो द्रव्यमानों के मध्य दूरी 6 गुना बढ़ा दी जाए, तो बल का मान समान ही प्राप्त करने हेतु द्रव्यमान कितना करना पड़ेगा? क्या द्रव्यमान बढ़ाना पड़ेगा या घटाना पड़ेगा?

उत्तर हम जानते हैं, $F = \frac{Gm_1m_2}{r^2}$

प्रश्नानुसार, $r' = 6r$

अतः $$F = \frac{Gm_1m_2}{(6r)^2} = \frac{Gm_1m_2}{36r^2} = \frac{F}{36}$$

अतः बल को समान बनाये रखने हेतु एक द्रव्यमान को 36 गुना कर देंगे।

40. 25 किग्रा की एक वस्तु पृथ्वी सतह पर है। यदि पृथ्वी का द्रव्यमान 6×10^{24} किग्रा, त्रिज्या 6.4×10^{6} मी तथा गुरुत्वीय नियतांक 6.67×10^{-11}न्यूटन-मी^{2}/किग्रा^{2} है, तो गणना कीजिए।
(i) वस्तु तथा पृथ्वी के मध्य बल
(ii) वस्तु में उत्पन्न त्वरण
(iii) पृथ्वी में उत्पन्न त्वरण

उत्तर दिया है,
$M_e = 6\times10^{24}$ किग्रा,
$m = 25$ किग्रा,
$R_e = 6.4\times10^{6}$ मी,
$G = 6.67\times10^{-11}$ न्यूटन-मी^{2}/किग्रा^{2}

(i) $\therefore$ बल $(F) = G\frac{M_e}{R_e^2}m$
$$= \frac{6.67\times10^{-11}\times6\times10^{24}\times25}{(6.4\times10^{6})^2}$$
$= 244.26$ न्यूटन
≈ 244 न्यूटन

(ii) वस्तु में उत्पन्न त्वरण,
$$a = \frac{F}{m} = \frac{244.26}{25} = 9.81 \text{ मी/से}^2$$

(iii) पृथ्वी में उत्पन्न त्वरण,
$$a = \frac{F}{M_e} = \frac{244.26}{6\times10^{24}}$$
$= 4.06\times10^{-23}$ मी/से^{2}

41. 3 किग्रा तथा 12 किग्रा की दो वस्तुएँ एक-दूसरे से 12 मी दूरी पर हैं। इनके मध्य 0.5 किग्रा की तृतीय वस्तु को इस प्रकार रखते हैं कि वस्तु पर बल शून्य रहे, तो वस्तु की स्थिति ज्ञात कीजिए।

उत्तर दिया है,
$m_1 = 3$ किग्रा और $m_2 = 12$ किग्रा
$m_3 = 0.5$ किग्रा द्रव्यमान को चित्रानुसार x दूरी पर रखते हैं।

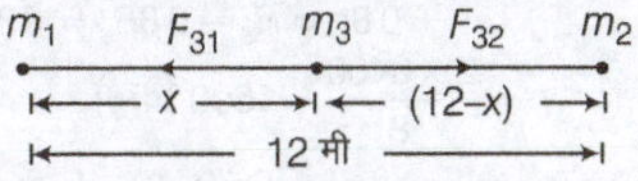

m_3 पर m_1 के कारण कार्यरत् बल, m_3 पर m_2 के कारण कार्यरत् बल के तुल्य परन्तु विपरीत है।

$\therefore \quad F_{31} = F_{32}$

$$\frac{Gm_1m_3}{x^2} = \frac{Gm_3m_2}{(12-x)^2}$$

$$\Rightarrow \quad \frac{3}{x^2} = \frac{12}{(12-x)^2}$$

$$\Rightarrow \quad \left(\frac{12-x}{x}\right)^2 = \frac{12}{3} = 4$$

$$\Rightarrow \quad \frac{12-x}{x} = 2$$

$$\Rightarrow \quad 12 - x = 2x$$

$$\Rightarrow \quad 12 = 3x$$

$$\Rightarrow \quad x = 4 \text{ सेमी}$$

अतः तीसरे द्रव्यमान को 3 किग्रा द्रव्यमान से 4 मी की दूरी पर रखेंगे।

42. 7.4×10^{22} किग्रा द्रव्यमान तथा 1.74×10^6 सेमी त्रिज्या के उपग्रह की सतह पर गुरुत्वीय त्वरण की गणना कीजिए। (दिया है, $G = 6.67 \times 10^{-11}$ न्यूटन-मी/किग्रा^{2})

उत्तर हम जानते हैं,

गुरुत्वीय त्वरण, $g = \frac{GM}{R^2}$

उपग्रह के लिए,

$$R = 1.74 \times 10^6 \text{ सेमी} = \frac{1.74 \times 10^6}{100} = 1.74 \times 10^4 \text{ मी}$$

$$M = 7.4 \times 10^{22} \text{ किग्रा}$$

$$\therefore g = \frac{6.67 \times 10^{-11} \times 7.4 \times 10^{22}}{1.74 \times 10^4 \times 1.74 \times 10^4}$$

$$g = \frac{6.67 \times 7.4}{1.74 \times 1.74} \times 10^3, \; g = 16.30 \times 10^3 \text{ मी/से}^2$$

43. पृथ्वी सतह से किस ऊँचाई पर गुरुत्वीय त्वरण, सतह का 64% रह जाएगा? (पृथ्वी की त्रिज्या = 6400 किमी)

उत्तर माना

g = पृथ्वी सतह पर गुरुत्वीय त्वरण

g_h = पृथ्वी सतह से h ऊँचाई पर गुरुत्वीय त्वरण

$$\because \quad g = \frac{GM}{R_e^2} \quad \ldots(i)$$

इसी प्रकार, $g_h = \frac{GM}{(R_e + h)^2}$ ...(ii)

समी (i) व (ii) द्वारा,

$$g_h = \frac{gR_e^2}{(R_e + h)^2} \Rightarrow 0.64g = \frac{gR_e^2}{(R_e + h)^2}$$

$$\Rightarrow \quad 0.64(R_e + h)^2 = R_e^2$$

$$\Rightarrow \quad 0.8(R_e + h) = R_e$$

$$\Rightarrow \quad 0.8h = R_e - 0.8R_e = 0.2\,R_e$$

$$\Rightarrow \quad h = \frac{2 \times 6400}{8} = 1600 \text{ किमी}$$

अतः पृथ्वी की सतह से 1600 किमी ऊँचाई पर गुरुत्वीय त्वरण 64% रह जाएगा।

44. सिद्ध कीजिए कि किसी वस्तु को ऊर्ध्वाधर ऊपर जाने में लगा समय, वापस आने में लगे समय के तुल्य होता है।

उत्तर ऊपर की ओर गति के लिए,

$$v = u - gt$$

$$0 = u - gt_1$$

$$t_1 = \frac{u}{g} \quad \ldots(i)$$

नीचे की ओर गति के लिए,

$$v = u + gt_2$$

$$v = 0 + gt_2$$

$$v = u$$

$$\therefore \quad u = 0 + gt_2$$

$$t_2 = \frac{u}{g} \quad \ldots(ii)$$

समी (i) व (ii) द्वारा,

$t_1 = t_2 \Rightarrow$ जाने में लगा समय = आने में लगा समय

45. एक पटाखे को चलाने पर पटाखा 1000 मी ऊँचाई तक जाता है, तो ज्ञात कीजिए

(i) पटाखा किस वेग से जाता है?

(ii) अधिकतम ऊँचाई तक पहुँचने में लगा समय ($g = 9.8$ मी/से^{2})

उत्तर दिया है,

$H = 1000$ मी, $u = 0$, ($g = 9.8$ मी/से^{2})

(i) गति के तृतीय समीकरण द्वारा,

$$v^2 = u^2 - 2gH$$

$$\Rightarrow \quad 0 = u^2 - 2 \times 9.8 \times 1000$$

$$\Rightarrow \quad u = \sqrt{2 \times 9.8 \times 1000}$$

$$u = \sqrt{19600} = 140 \text{ मी/से}$$

(ii) गति के प्रथम समीकरण द्वारा,

$$v = u - gt$$

$$\Rightarrow \quad 0 = 140 - 9.8t$$

$$\Rightarrow \quad t = \frac{140}{9.8} = 14.28 \text{ सेकण्ड}$$

46. एक गेंद को u मी/से की चाल से फेंका जाता है। प्रदर्शित कीजिए कि मुक्त पतन के अधीन गेंद धरातल पर उसी चाल से गिरेगी।

उत्तर जब गेंद को ऊर्ध्वाधरतः ऊपर की ओर फेंका जाता है, तो यह एक निश्चित ऊँचाई तक जाकर पुनः गिरती है। अधिकतम ऊँचाई पर अन्तिम वेग (v) = 0

गेंद द्वारा प्राप्त अधिकतम ऊँचाई,

$$v^2 - u^2 = -2gh$$

$$0 - u^2 = -2gh \quad [\because a = -g]$$

$$h = \frac{u^2}{2g} \quad \ldots(i)$$

द्वितीय स्थिति में जब गेंद गिरना प्रारम्भ करती है, तो इसका प्रारम्भिक वेग $u = 0$ होता है तथा यह गुरुत्वीय त्वरण से त्वरित होती है तथा धरातल पर एक चाल (v_2) के साथ पहुँचती है।

$$v_2^2 - u^2 = 2gh$$

$$v_2^2 - 0 = 2gh$$

$$v_2^2 = 2g\left(\frac{u^2}{2g}\right) \quad [\text{समी (i) द्वारा}]$$

$= u^2$

$v_2 = u$

अतः धरातल पर गेंद उसी चाल से टकराएगी।

47. टॉवर के धरातल से एक गेंद को 20 मी/से के वेग से ऊपर फेंका जाता है। धरातल से 15 मी ऊँचाई पर टॉवर में एक खिड़की है, तो गेंद को खिड़की पार करने में कितना समय लगेगा? ($g = 10$ मी/से^{2})

उत्तर दिया है, प्रारम्भिक वेग $(u) = 20$ मी/से

अधिकतम ऊँचाई जहाँ तक गेंद जाएगी, $h = ?$

गति के तृतीय समीकरण द्वारा,

$$v^2 = u^2 - 2gh \quad (\because \text{ अधिकतम ऊँचाई पर, } v = 0)$$

$$\Rightarrow \quad h = \frac{-u^2}{-2g} = \frac{-(20)^2}{-2(10)} = \frac{400}{20} = 20 \text{ मी}$$

अर्थात् गेंद 20 मी ऊँचाई तक जाकर पुनः लौटेगी। अतः यह खिड़की को दो बार पार करेगी।

अतः 15 मी ऊँचाई तक गेंद को पहुँचने में लगे समय की गणना करनी पड़ेगी।

ऊपर की ओर गति के लिए गति के द्वितीय समीकरण द्वारा,

$$h = ut - \frac{1}{2}gt^2 \quad (\because g \text{ नीचे की ओर है})$$

$$15 = 20t - \frac{1}{2}(10)t^2$$

$$\Rightarrow \quad 5t^2 - 20t + 15 = 0$$

$$\Rightarrow \quad t^2 - 4t + 3 = 0$$

$$\Rightarrow \quad t^2 - 3t - t + 3 = 0$$

$$\Rightarrow \quad t(t-3) - 1(t-3) = 0$$

$$\Rightarrow \quad (t-1)(t-3) = 0$$

$$\Rightarrow \quad t = 1, 3$$

अतः गेंद क्रमशः 1 सेकण्ड तथा 3 सेकण्ड पर खिड़की को पार करेगी।

48. एक पत्थर किसी ऊँचाई से पृथ्वी पर पृथ्वी की सतह के समान्तर फेंका गया है, जबकि दूसरा ऊँचाई से गिराया गया है। कौन-सा पत्थर पृथ्वी पर पहले पहुँचेगा और क्यों? **[NCERT Exemplar]**

उत्तर दोनों पत्थरों के लिए प्रारंभिक वेग, $u = 0$

नीचे की ओर त्वरण $= g$

गति के द्वितीय समीकरण से,

$$h = ut + \frac{1}{2}gt^2 \Rightarrow h = \frac{1}{2}gt^2 \quad [\because u = 0]$$

दोनों पत्थरों द्वारा लिया गया समय,

$$t = \sqrt{\frac{2h}{g}}$$

इसलिए दोनों पत्थर एकसाथ अलग-अलग स्थानों पर पृथ्वी पर पहुँचेंगे।

49. एक गेंद को छत के किनारे से गिराया जाता है। यह 2.0 मी ऊँचाई पर स्थित गेंद को 0.1 सेकण्ड में पार करती है, तो खिड़की के ऊपर छत की ऊँचाई ज्ञात कीजिए।

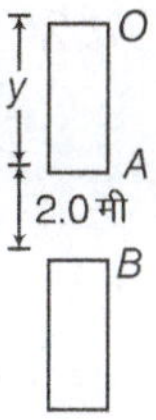

उत्तर माना AB खिड़की है और माना छत A से y ऊँचाई पर है। माना यह A बिन्दु तक t_1 समय तक पहुँचती है, तो A पर गेंद का वेग,

$$v_1 = 0 + gt_1 = 9.8t_1$$

A से B के मध्य गेंद की गति के लिए प्रारम्भिक वेग v_1, दूरी 2 मी तथा समय 0.1 सेकण्ड है।

गति के द्वितीय समीकरण द्वारा, $s = ut + \frac{1}{2}gt^2$

$$2.0 = u_1(0.1) + \frac{1}{2} \times 9.8 \times (0.1)^2 = 9.8t_1(0.1) + 0.049$$

$$\Rightarrow \quad t_1 = 1.99 \approx 2 \text{ सेकण्ड}$$

$$\text{ऊँचाई } (y) = \frac{1}{2}gt_1^2 = \frac{1}{2} \times 9.8 \times (2)^2 = 19.6 \text{ मी}$$

खिड़की के शीर्ष से छत 19.6 मी ऊँचाई पर है।

50. (i) गुरुत्वाकर्षण के सार्वत्रिक नियम के अनुसार प्रत्येक वस्तु दूसरी वस्तु को आकर्षित करती है, तो बताइए कि एक ही कमरे में स्थित टेबल व कुर्सी एक-दूसरे से क्यों नहीं टकराते हैं।

(ii) एक वस्तु ऊर्ध्वाधरतः 12 मी ऊँचाई तक फेंका जाता है, तो गणना कीजिए—

(a) किस वेग से वस्तु को फेंका गया है।

(b) 12 मी की ऊँचाई तक वस्तु को पहुँचने में लगा समय ज्ञात कीजिए?

उत्तर (i) गुरुत्वाकर्षण बल प्रकृति का सबसे दुर्बल बल है। यह केवल वस्तु को बाँधे रखता है। इसी कारण टेबल व कुर्सी आपस में नहीं टकराते हैं।

(ii) दिया है,

$h = 12$ मी, $v = 0$,

$g = -9.8$ मी/से^{2},

$u = ?$ और $t = ?$

(a) $\therefore v^2 - u^2 = 2gh,$

$$0 - u^2 = 2 \times (-9.8) \times 12$$

$$\Rightarrow \quad u = 15.33 \text{ मी/से} \quad [\because v = 0]$$

(b) $\therefore v = u - gt$

$$t = \frac{u}{g} = \frac{15.33}{9.8} = 1.56 \text{ सेकण्ड}$$

51. किसी वस्तु का भार पृथ्वी की त्रिज्या और द्रव्यमान के साथ कैसे बदलता है? यदि पृथ्वी का व्यास आधा और द्रव्यमान पहले का चार गुना कर दिया जाए, तो पृथ्वी की पृष्ठ पर रखी वस्तु के भार पर क्या प्रभाव पड़ेगा? **NCERT Exemplar**

उत्तर वस्तु का भार, $w = mg = \frac{GMm}{R^2}$

यदि $D' = \frac{D}{2}$

अर्थात् $R' = \frac{R}{2}$ और $M' = 4M$

अब वस्तु का नया भार, $w' = \frac{GM'm}{R'^2}$

$$w' = \frac{4\,GMm}{(R/2)^2} = \frac{16\,GMm}{R^2}$$

$$w' = 16\,w$$

अतः वस्तु का भार अपने पहले भार का 16 गुना हो जायेगा।

52. 50 किग्रा द्रव्यमान की नाव आधी जल में डूब कर तैर रही है, तो नाव पर कार्यरत् उत्प्लावन बल की गणना कीजिए। (दिया है, $g = 10$ मी से$^{-2}$)

उत्तर दिया है, नाव का द्रव्यमान $(m) = 50$ किग्रा
हम जानते हैं कि नाव नदी में तैर रही है।
अतः इसका आभासी भार शून्य है।
इसलिए उत्प्लावन बल = वस्तु का भार
$= mg = 50 \times 10$
अर्थात् उत्प्लावन बल = 500 न्यूटन

53. 2 सेमी भुजा का एक घनाकार टब पानी से पूर्ण भरा है, तो टब के तल पर कार्यरत् प्रणोद तथा दाब की गणना कीजिए। (दिया है, जल का घनत्व = 1000 किग्रा मी$^{-3}$ तथा $g = 10$ मी से$^{-2}$)

उत्तर दिया है, लम्बाई = चौड़ाई = ऊँचाई = 2 मी
घनाकार टब का आयतन = लम्बाई × चौड़ाई × ऊँचाई
∴ आयतन $= 2 \times 2 \times 2 = 8$ मी^{3}
जल का द्रव्यमान = आयतन × जल का घनत्व
$= 8 \times 1000 = 8000$ किग्रा
जल का भार = द्रव्यमान × गुरुत्वीय त्वरण
$= 8000 \times 10 = 8 \times 10^4$ न्यूटन
∴ कुल प्रणोद = जल का भार $= 8 \times 10^4$ न्यूटन
तली का आकार = टब के वर्गाकार आकार का क्षेत्रफल
$= 2 \times 2 = 4$ मी^{2}
∴ जल का तली पर दाब $= \frac{\text{दाब}}{\text{क्षेत्रफल}} = \frac{\text{भार}}{\text{क्षेत्रफल}}$
$= \frac{8 \times 10^4}{4} = 2 \times 10^4$ पास्कल

54. 4 सेमी भुजा की घनाकार वस्तु कुँए में गिरती है। यदि घन का द्रव्यमान 2 किग्रा है, तो बताइए कि वस्तु जल में तैरेगी या डूबेगी। (जल का घनत्व = 1000 किग्रा मी$^{-3}$)

उत्तर दिया है, वस्तु का द्रव्यमान $(m) = 2$ किग्रा
घन की भुजा = 4 सेमी = 0.04 मी
घन का आयतन $(V) =$ (भुजा)^3
$= (0.04)^3 = 0.000064$ मी$^{-3}$
हम जानते हैं,
घनत्व $= \frac{\text{वस्तु का द्रव्यमान}}{\text{वस्तु का आयतन}} = \frac{2}{0.000064}$
$= \frac{2000000}{64} = 31250$ किग्रा मी^{3}
यहाँ वस्तु का घनत्व, जल के घनत्व से अधिक है। अतः वस्तु जल में डूब जाएगी।

55. शशांक ने मिट्टी से भरी ट्रे में 4 सेमी × 7 सेमी × 10 सेमी की विमा का घनाकार ब्लॉक रखा है, जोकि लोहे का बना है। वह घनाकार ब्लॉक को इस प्रकार रखता है कि निम्न सिरे नीचे रहें
(i) 4 सेमी × 7 सेमी (ii) 7 सेमी × 10 सेमी
(iii) 4 सेमी × 10 सेमी
यदि घन का घनत्व लगभग 8 ग्राम सेमी$^{-3}$ तथा $g = 10$ मी/से^{2} है, तो शशांक का आंकलित न्यूनतम व अधिकतम दाब क्या होगा?

उत्तर घन का द्रव्यमान = आयतन × घनत्व
$= (4 \times 7 \times 10) \times 8$ [∵ घन का आयतन $= l \times b \times h$]
= 2240 ग्राम = 2.24 किग्रा
मिट्टी पर घनाकार बॉक्स द्वारा कार्यरत् बल
$= mg = 2.24 \times 10 = 22.4$ न्यूटन
जब ब्लॉक का अधिकतम क्षेत्रफल मिट्टी के ऊपर रहेगा, तब दाब कम लगेगा अर्थात् 7 सेमी × 10 सेमी की स्थिति में दाब कम लगेगा।
फलक का क्षेत्रफल $= 7 \times 10 = \frac{7}{100} \times \frac{10}{100}$
$= 0.07 \times 0.1 = 0.007$ मी^{2}
न्यूनतम दाब $= \frac{\text{बल}}{\text{क्षेत्रफल}} = \frac{22.4}{0.007} = 3200$ न्यूटन मी$^{-2}$
जब घन का न्यूनतम क्षेत्रफल मिट्टी के सम्पर्क में होगा, तब दाब अधिकतम होगा। अतः स्थिति 4 सेमी × 7 सेमी में क्षेत्रफल न्यूनतम है।
फलक का क्षेत्रफल $= 4 \times 7$
$= \frac{4}{100} \times \frac{7}{100} = 0.0028$ मी^{2}
अधिकतम दाब $= \frac{\text{बल}}{\text{क्षेत्रफल}}$
$= \frac{22.4}{0.0028} = 8000$ न्यूटन मी$^{-2}$

दीर्घ उत्तरीय प्रश्न

1. (i) प्रणोद तथा दाब में कोई दो अन्तर लिखिए।
(ii) 1 पास्कल और 1 न्यूटन से आप क्या समझते हैं? यदि सम्पर्क क्षेत्रफल दोगुना कर दिया जाए, तो दाब किस प्रकार परिवर्तित होगा?
(iii) क्यों स्टील की सुई पानी में डूब जाती है, जबकि बड़ा जहाज तैरता है?
(iv) किस कारण हम सूटकेस में बड़ा तथा चौड़ा हत्था लेना पसन्द करते हैं?

उत्तर (i) प्रणोद तथा दाब में निम्न अन्तर हैं—

प्रणोद	दाब
किसी वस्तु पर उसकी सतह के लम्बवत् कार्य करने वाला बल, प्रणोद कहलाता है।	प्रति इकाई क्षेत्रफल पर लगने वाला बल, दाब कहलाता है। $[p = F / A]$
प्रणोद का SI मात्रक न्यूटन (N) या किग्रा-मी/से^{2} होता है।	दाब का SI मात्रक न्यूटन/मी^{2} या पास्कल होता है।

(ii) पास्कल : यह दाब का (SI) मात्रक है।
1 पास्कल : 1 पास्कल से तात्पर्य है कि 1 न्यूटन के प्रणोद द्वारा 1 मी^{2} क्षेत्रफल की सतह पर लम्बवत् लगने वाला दाब।
1 पास्कल = 1 न्यूटन/मी^{2}
न्यूटन : यह बल का SI मात्रक है।
1 न्यूटन : 1 पास्कल दाब और शरीर के 1 मी^{2} क्षेत्रफल का गुणांक 1 न्यूटन बल कहलाता है।
$$F = p \times A$$
दाब (p), क्षेत्रफल (A) के व्युत्क्रमानुपाती होता है, अर्थात्

परीक्षा अभ्यास

$$p \propto \frac{1}{A}$$

अतः क्षेत्रफल दोगुना करने पर दाब आधा हो जाएगा।

(iii) सुईं की तुलना में जहाज अधिक आयतन में जल विस्थापित करता है, जिसके कारण जहाज पर अधिक उत्प्लावन बल लगता है और जहाज पानी में तैर पाता है।

(iv) वस्तु पर कार्यरत् दाब सम्पर्क सतह के क्षेत्रफल में व्युत्क्रमानुपाती होता है।

$$p \propto \frac{1}{A}$$

अर्थात् सम्पर्क क्षेत्र ज्यादा होने पर दाब कम लगता है, इसी कारण सूटकेस के हत्थे चौड़े तथा बड़े बनाए जाते हैं।

2. निम्न के कारण स्पष्ट कीजिए।

(i) ऊँची हील के जूतों की अपेक्षा चपटी हील के जूतों द्वारा रेत पर चलना आसान होता है।

(ii) रेल की पटरियाँ बड़े आकार की लकड़ी के स्लीपर पर बिछाई जाती हैं।

उत्तर (i) चपटी हील के सिरे का क्षेत्रफल, ऊँची हील के जूतों की अपेक्षा बहुत अधिक होता है। अतः दोनों जूतों पर एकसमान बल लगाने पर चपटी हील द्वारा रेत पर ऊँची हील की अपेक्षा कम दाब ($p = F/A$) लगता है, जिससे ऊँची हील के जूतों की अपेक्षा चपटी हील के जूतों द्वारा रेत पर चलना आसान होता है।

(ii) यदि रेलगाड़ी की पटरियों के नीचे बड़े आकार के स्लीपर न लगाए जाएँ, तो रेल की पटरियाँ अधिक दाब के कारण जमीन में धस सकती हैं। पटरियों के नीचे स्लीपर लगाने से क्षेत्रफल अधिक हो जाता है, जिसके कारण दाब कम पड़ता है ($p = F/A$)। अतः रेल की पटरियाँ जमीन में नहीं धस सकती।

3. पृथ्वी से विशाल ग्रहों बृहस्पति तथा शनि देखने पर ये एक सरल रेखा में दिखाई देते हैं,

(i) पृथ्वी पर स्थित 50 किग्रा के व्यक्ति द्वारा इन पर कार्यरत् कुल गुरुत्वीय बल क्या होगा?

(ii) क्या ग्रहों द्वारा कार्यरत् बल महत्वपूर्ण है?

बृहस्पति का द्रव्यमान $= 2 \times 10^{27}$ किग्रा

शनि का द्रव्यमान $= 6 \times 10^{26}$ किग्रा

बृहस्पति की पृथ्वी से दूरी $= 6.3 \times 10^{11}$ मी

शनि की पृथ्वी से दूरी $= 1.28 \times 10^{12}$ मी

गुरुत्वाकर्षण नियतांक,

$$G = 6.67 \times 10^{-11} \text{ न्यूटन-मी}^2/\text{किग्रा}^2$$

गुरुत्वीय त्वरण $(g) = 9.8$ मी/से^{2}

(iii) भूमध्य रेखा पर स्थित बिन्दु पर चीनी के बोरे का भार w है। यदि इस बोरे को अंटार्कटिका पर ले जाए, तो इसका भार क्या होगा? कारण बताइए।

उत्तर (i) (a) 50 किग्रा के व्यक्ति पर कार्यरत् गुरुत्वीय बल,

$$mg = 50 \times 9.8 = 490 \text{ न्यूटन}$$

(b) बृहस्पति के कारण 50 किग्रा द्रव्यमान पर गुरुत्वीय बल,

$$F_{\text{बृहस्पति}} = \frac{G \times M_{\text{बृहस्पति}} \times M_{\text{व्यक्ति}}}{(\text{पृथ्वी से बृहस्पति की दूरी})^2}$$

$$= \frac{6.67 \times 10^{-11} \times 2 \times 10^{27} \times 50}{6.3 \times 10^{11} \times 6.3 \times 10^{11}}$$

$$= \frac{6.67 \times 2 \times 50 \times 10^{-11+27-22}}{6.3 \times 6.3}$$

$$F_{\text{बृहस्पति}} = 1.68 \times 10^{-5} \text{ न्यूटन}$$

(c) शनि के कारण 50 किग्रा द्रव्यमान पर कार्यरत् गुरुत्वीय बल,

$$F_{\text{शनि}} = \frac{G \times M_{\text{शनि}} \times M_{\text{व्यक्ति}}}{(\text{शनि से पृथ्वी की दूरी})^2}$$

$$F_{\text{शनि}} = \frac{6.67 \times 10^{-11} \times 6 \times 10^{26} \times 50}{1.28 \times 10^{12} \times 1.28 \times 10^{12}}$$

$$F_{\text{शनि}} = \frac{6.67 \times 6 \times 50}{1.28 \times 1.28} \times 10^{-11+26-24}$$

$$F_{\text{शनि}} = 0.12 \times 10^{-5} \text{ न्यूटन}$$

शनि तथा बृहस्पति के कारण कुल गुरुत्वीय बल

$$= (1.68 \times 10^{-5} + 0.12 \times 10^{-5})$$

$$= 1.8 \times 10^{-5} \text{ न्यूटन}$$

शनि तथा बृहस्पति के कारण व्यक्ति पर लगने वाला बल, पृथ्वी के गुरुत्वाकर्षण बल से बहुत कम है।

(ii) गुरुत्वीय त्वरण (g) भूमध्य रेखा पर ध्रुवों की तुलना में कम होता है। अतः भूमध्य रेखा पर भार ध्रुवों की तुलना में कम होगा। इसलिए w किग्रा के चीनी के बोरे का भार ध्रुव (अंटार्कटिका) पर अधिक होगा।

4. (i) सिद्ध कीजिए कि पृथ्वी के केन्द्र से समान दूरी पर स्थित वस्तुओं को पृथ्वी समान बल से आकर्षित करती है, वस्तु का द्रव्यमान समान है।

(ii) गुरुत्वीय त्वरण को पृथ्वी के द्रव्यमान तथा त्रिज्या के रूप में व्यक्त कीजिए।

(iii) किस कारण G सार्वत्रिक नियतांक है?

उत्तर (i) माना m_1 व m_2 द्रव्यमान की दो वस्तुएँ एक-दूसरे से R दूरी पर स्थित हैं। प्रश्नानुसार,

$$F_1 = \frac{GMm_1}{R^2} \quad \text{...(i)}$$

तथा

$$F_2 = \frac{GMm_2}{R^2} \quad \text{...(ii)}$$

$\because$

$$F_1 = F_2$$

$$\frac{GMm_1}{R^2} = \frac{GMm_2}{R^2}$$

अतः $m_1 = m_2$ इनके द्रव्यमान समान होंगे।

(ii) $g = \dfrac{GM}{R^2}$

यहाँ, g = गुरुत्वीय त्वरण

G = सार्वत्रिक गुरुत्वीय नियतांक,

M = पृथ्वी का द्रव्यमान, R = पृथ्वी की त्रिज्या

(iii) G एक सार्वत्रिक नियतांक है, क्योंकि इसका मान प्रत्येक क्षण तथा प्रत्येक स्थान पर समान रहता है।

5. मान लीजिए कि किन्हीं दो वस्तुओं के बीच गुरुत्वाकर्षण बल F है तथा उनके मध्य दूरी r है। बल पर क्या प्रभाव होगा, यदि

(i) r को $\frac{1}{4}$ कर दिया जाए,

(ii) दोनों वस्तुओं का द्रव्यमान तीन गुना कर दिया जाए?

उत्तर जैसा कि हम जानते हैं,

$$F = \frac{Gm_1m_2}{r^2}$$

जहाँ, F = गुरुत्वाकर्षण बल,
G = गुरुत्वीय स्थिरांक,
m_1, m_2 = दो वस्तुओं के द्रव्यमान,
r = द्रव्यमानों के बीच की दूरी

(i) जब r को $\frac{1}{4}$ कर दिया जाए, तो

$$F' = \frac{Gm_1m_2}{\left(\frac{r}{4}\right)^2}$$

$$F' = 16 \times \frac{Gm_1m_2}{r^2}$$

$F' = 16 \times F$ (बल 16 गुना बढ़ जाएगा)

(ii) दोनों वस्तुओं का द्रव्यमान तीन गुना कर दिया जाए, तो

$$F' = G\frac{(3m_1)(3m_2)}{r_2}, \quad F' = 9\frac{Gm_1m_2}{r^2}$$

$F' = 9F$ (बल 9 गुना बढ़ जाएगा)

6. एक ही आकार की दो वस्तुएँ, जिनका द्रव्यमान m_1 और m_2 है, को ऊँचाई h_1 और h_2 से एक के बाद एक करके छोड़ा जाता है। दोनों वस्तुओं का पृथ्वी की सतह पर पहुँचने में लगे समय का अनुपात ज्ञात कीजिए, यदि

(i) एक वस्तु खोखली और दूसरी वस्तु ठोस है।

(ii) दोनों वस्तुएँ खोखली हैं। **NCERT Exemplar**

उत्तर गति की समीकरण से,

$$h = \frac{1}{2}gt^2 \qquad (\because u = 0)$$

$$\Rightarrow \quad t = \sqrt{\frac{2h}{g}}$$

$\therefore$ m_1 द्रव्यमान वाली वस्तु के द्वारा लिया गया समय,

$$t_1 = \sqrt{\frac{2h_1}{g}}$$

m_2 द्रव्यमान वाली वस्तु के द्वारा लिया गया समय,

$$t_2 = \sqrt{\frac{2h_2}{g}}$$

$$\therefore \quad \frac{t_1}{t_2} = \sqrt{\frac{h_1}{h_2}} \Rightarrow t_1 : t_2 = \sqrt{h_1} : \sqrt{h_2}$$

दोनों स्थितियों (a) और (b) में समय का अनुपात समान होगा, क्योंकि पृथ्वी की सतह पर पहुँचने में लगा समय द्रव्यमान पर निर्भर नहीं करता है।

7. एक व्यक्ति का चन्द्रमा पर भार 110.84 न्यूटन है, जहाँ पर गुरुत्वीय त्वरण, पृथ्वी के गुरुत्वीय त्वरण का $\frac{1}{6}$ भाग है।

(i) यदि g का पृथ्वी पर मान 9.8 मी/से² है, तो गणना कीजिए।

(a) चन्द्रमा का गुरुत्वीय त्वरण (g)

(b) चन्द्रमा पर व्यक्ति का द्रव्यमान

(c) पृथ्वी पर व्यक्ति का भार

(ii) पृथ्वी पर g का मान, पृथ्वी के द्रव्यमान से किस प्रकार सम्बन्धित होता है? व्युत्पन्न कीजिए।

उत्तर (i) (a) चन्द्रमा पर गुरुत्वीय त्वरण,

$$g' = \frac{g}{6} = \frac{9.8}{6} = 1.63 \text{ मी/से}^2$$

(b) चन्द्रमा पर व्यक्ति का द्रव्यमान $= \frac{110.84}{1.63} = 68$ किग्रा

(c) पृथ्वी पर व्यक्ति का भार,

$= mg = 68 \times 9.8 = 666.4$ न्यूटन-मी² किग्रा²

(ii) पृथ्वी पर व्यक्ति का भार, $w = \frac{GMm}{R^2}$

यहाँ, M = पृथ्वी का द्रव्यमान, R = पृथ्वी की त्रिज्या,
m = व्यक्ति का भार
और $G = 6.67 \times 10^{-11}$ न्यूटन-मी²/किग्रा²

8. पृथ्वी की त्रिज्या ध्रुवों तथा भूमध्य रेखा पर क्रमशः 6357 किमी तथा 6378 किमी है, तो वस्तु को भूमध्य रेखा से ध्रुव तक ले जाने पर वस्तु के भार में होने वाली कमी का प्रतिशत ज्ञात कीजिए।

उत्तर भूमध्य रेखा पर गुरुत्वीय त्वरण, $g_e = \frac{GM_e}{{R_e}^2}$

ध्रुवों पर गुरुत्वीय त्वरण, $g_p = \frac{GM_p}{{R_p}^2}$

गुरुत्वीय त्वरण में परिवर्तन,

$$\Delta g = g_p - g_e = GMe\left(\frac{1}{R_p^2} - \frac{1}{R_e^2}\right)$$

$$g \text{ में प्रतिशत परिवर्तन} = \frac{GM_e\left(\frac{1}{R_p^2} - \frac{1}{R_e^2}\right)}{\frac{GM_e}{R_e^2}} \times 100$$

$$= \frac{R_e^2 - R_p^2}{R_e^2 R_p^2} \times 100 \times R_e^2$$

$$= \frac{R_e^2 - R_p^2}{R_p^2} \times 100$$

$$= \frac{(6378)^2 - (6357)^2}{(6357)^2} \times 100 \approx 0.7\%$$

$\therefore$ वस्तु के भार में प्रतिशत परिवर्तन = g के मान में 0.7% का परिवर्तन

स्वयं को जाँचे

नीचे दिए गए प्रश्नों के माध्यम से छात्र अध्याय सम्बन्धी अपने ज्ञान की जाँच कर सकते हैं। अध्याय का ध्यानपूर्वक अध्ययन किए जाने पर छात्र इन प्रश्नों के उत्तर आसानी से कर पाएँगे।

वस्तुनिष्ठ प्रकार के प्रश्न

बहुविकल्पीय प्रश्न

1. दो पिण्डों के बीच गुरुत्वाकर्षण बल निम्नलिखित में किस पर निर्भर नहीं करता है?
(a) उनके द्रव्यमान के गुणनफल पर
(b) उनके बीच की दूरी पर
(c) उनके बीच के माध्यम पर
(d) गुरुत्वाकर्षण नियतांक पर

2. निम्नलिखित में किस स्थान पर गुरुत्वीय त्वरण का मान महत्तम होगा?
(a) माउंट ऐवरेस्ट की चोटी पर
(b) कुतुबमीनार की चोटी पर
(c) भूमध्य रेखा के किसी स्थान पर
(d) अंटार्टिका के किसी स्थान पर

3. पृथ्वी सतह पर गुरुत्वीय त्वरण का मान होता है
(a) 11.2 मी/से^{2} (b) 9.8 मी/से^{2}
(c) 8.2 मी/से^{2} (d) 10.2 मी/से^{2}

4. किसी वस्तु का भार
(a) उसके जड़त्व को दर्शाता है
(b) उसके द्रव्यमान के बराबर होता है, किन्तु उसे भिन्न मात्रक द्वारा दर्शाया जाता है
(c) पृथ्वी द्वारा उस पर लगे आकर्षण बल के बराबर होता है
(d) उस वस्तु में पदार्थ के घनत्व पर निर्भर करता है

5. द्रव में वह वस्तु तैरती है, जिसका घनत्व
(a) द्रव से कम हो (b) द्रव से अधिक हो
(c) द्रव के बराबर हो (d) 1000 किग्रा/मी^{3}

कथन-कारण प्रकार के प्रश्न

निर्देश (प्र. सं. 6-8) इस खण्ड में दिए गए प्रत्येक प्रश्न में कथन तथा कारण दिए गए हैं। प्रत्येक प्रश्न के चार विकल्प (a), (b), (c) व (d) हैं, जिनमें से केवल एक सही है।

(a) कथन (A) तथा कारण (R) दोनों सत्य हैं तथा कारण (R), कथन (A) का सही स्पष्टीकरण है।
(b) कथन (A) तथा कारण (R) दोनों सत्य हैं, परन्तु कारण (R), कथन (A) का सही स्पष्टीकरण नहीं है।
(c) कथन (A) सत्य है, परन्तु कारण (R) असत्य है।
(d) कथन (A) असत्य है, परन्तु कारण (R) सत्य है।

6. कथन (A) पृथ्वी के घूर्णन का ध्रुवों पर गुरुत्वीय त्वरण के मान पर कोई प्रभाव नहीं पड़ता।
कारण (R) पृथ्वी ध्रुवीय अक्ष के परितः घूर्णन करती है।

7. कथन (A) यदि किसी लोलक को लिफ्ट में लटकाया जाए तथा लिफ्ट मुक्त रूप से नीचे गति कर रही है, तब लोलक का आवर्तकाल अनन्त हो जाता है।
कारण (R) मुक्त रूप से गिरती वस्तु का त्वरण गुरुत्वीय त्वरण के बराबर होता है।

8. कथन (A) पृथ्वी के केन्द्र पर गुरुत्वाकर्षण नहीं है।
कारण (R) केन्द्र पर $g = 0$ है।

उत्तर

1. (c)	**2.** (d)	**3.** (b)	**4.** (c)	**5.** (a)
6. (a)	**7.** (a)	**8.** (a)		

केस स्टडी आधारित प्रश्न

निर्देश (प्र.सं. 9-13) *निम्नलिखित पैराग्राफ को पढ़िए तथा दिए गए प्रश्नों के उत्तर दीजिए।*

अभिषेक अपने माता-पिता के साथ सोसायटी फ्लैट में रहता है। वह कक्षा नौ में पढ़ रहा है। पिछले कुछ दिन में उसकी माँ शिकायत कर रही है कि दूधिया जो दूध दे जाता है, वह शुद्ध नहीं है। जब उसकी माँ ने पड़ोसियों से बात की, तो उन्होंने बताया कि उन्हें भी दूध के शुद्ध न होने की शिकायत है। अभिषेक ने कुछ देर इस समस्या के बारे में सोचा। इसके बाद वह बाजार गया और दूध की शुद्धता जाँचने के लिए एक उपकरण खरीदकर लाता है। अगले दिन जब दूधिया दूध दे गया, तो अभिषेक ने उसका दूध एक लम्बी परखनली में लिया और उपकरण को उसमें खड़ा रख दिया। उसने तब दूधिए को समझाया कि कैसे यह उपकरण बताता है कि दूध शुद्ध नहीं है, बल्कि मिलावटी है। दूधिए ने तब अपनी गलती मानी और वादा किया कि आगे से वह शुद्ध दूध ही देकर जाएगा। अभिषेक ने इस घटना के बारे में अपने सभी पड़ोसियों को बताया। आखिर में सोसायटी के सभी घरवालों ने वह उपकरण खरीद लिया और दूध की शुद्धता की जाँच करने लगे तथा साथ-साथ अभिषेक ने सभी सोसायटी वालो को घनत्व तथा आपेक्षिक घनत्व के मापन हेतु भी समझाया।

9. दूध की शुद्धता के जाँच करने हेतु कौन सा उपकरण उपयुक्त है?

10. लैक्टोमीटर किस सिद्धान्त पर कार्य करता है?

11. जल में डूबी हुई वस्तु पर कार्यरत् उत्प्लावन बल किस पर निर्भर करता है ?

12. एक पदार्थ का द्रव्यमान 20 किग्रा है तथा पदार्थ का आयतन 4मी^{3} है, तो पदार्थ का घनत्व ज्ञात कीजिए।

13. घनत्व का मान किस पर निर्भर करता है?

अतिलघु उत्तरीय प्रश्न

14. क्या गुरुत्वाकर्षण बल संसार में सभी जगह विद्यमान है?

15. क्या गुरुत्वाकर्षण आकर्षण या प्रतिकर्षण प्रकृति का बल है?

16. दो वस्तुओं के मध्य गुरुत्वीय बल F है, इस बल को 1/4 भाग करने हेतु दूरी के मान में कितना परिवर्तन करना पड़ेगा?

17. क्या द्रव्यमान तथा भार एक-दूसरे पर निर्भर करते हैं?

18. द्रव में डूबी वस्तु द्वारा विस्थापित द्रव का आयतन, वस्तु के डूबे हुए भाग के आयतन के तुल्य होता है। इस कथन पर टिप्पणी कीजिए।

19. एक वस्तु को तीन अलग-अलग द्रवों में डुबोया जाता है, क्या यह सभी द्रवों में समान उत्प्लावन बल का अनुभव करेगी?

20. क्या घनत्व ताप के साथ परिवर्तित होता है?

लघु उत्तरीय प्रश्न

21. यदि एक ग्रह का द्रव्यमान तथा त्रिज्या पृथ्वी की आधी है, तो ग्रह की सतह पर गुरुत्वीय त्वरण का मान, पृथ्वी की सतह पर गुरुत्वीय त्वरण के मान के पदों में ज्ञात कीजिए।

22. यदि एक वस्तु को समुद्र तल से शिखर की चोटी पर ले जाया जाता है, तो वस्तु के द्रव्यमान तथा भार दोनों में क्या परिवर्तन होगा? व्याख्या कीजिए।

23. किस कारण ट्रैक्टर के टायर चौड़े होते हैं?

24. 100 किग्रा द्रव्यमान का 50 मी^{2} क्षेत्रफल पर दाब तथा 50 किग्रा द्रव्यमान का 2 मी^{2} क्षेत्रफल पर दाब लगता है, तो दोनों स्थितियों में से किसमें अधिक दाब लगेगा?

25. एक मोहरबंद पात्र का वायु में भार 6 न्यूटन है। यदि इसका आपेक्षिक घनत्व 12 है, तो जल में इसका भार ज्ञात कीजिए।

(उत्तर 5.5 किग्रा)

26. तीन कणों का द्रव्यमान आदर्श द्रव्यमान है। प्रत्येक कण, अन्य दो कणों के कारण एक बल का अनुभव करता है। हम कणों को इस प्रकार व्यवस्थित करें, कि प्रत्येक कण पर एक समान परिमाण का बल कार्यरत् हो। कारण भी दीजिए।

27. 40 किग्रा द्रव्यमान का गोला, 15 किग्रा द्रव्यमान के गोले द्वारा आकर्षित होता है। इनके केन्द्रों के मध्य दूरी 320 सेमी है तथा इनके मध्य कार्यरत् बल 0.1 मिलीग्राम-भार है, तो गुरुत्वाकर्षण नियतांक का मान ज्ञात कीजिए।

28. पृथ्वी की घूर्णीय गति का गुरुत्वीय त्वरण g पर क्या प्रभाव पड़ता है?

29. बृहस्पति पर गुरुत्वीय त्वरण पृथ्वी का 2.5 गुना है, तो पृथ्वी तथा बृहस्पति पर वस्तु के भार का अनुपात ज्ञात कीजिए।

30. एक व्यक्ति 20 किग्रा के स्टील के ब्लॉक लेकर भागता है। उसके बाद वही व्यक्ति 20 किग्रा रुई को लेकर भागता है, तो द्वितीय स्थिति में व्यक्ति को भागना आसान लगता है, क्यों? कारण सहित बताइए।

दीर्घ उत्तरीय प्रश्न

31. एक पत्थर को ऊर्ध्वाधरतः प्रारम्भिक वेग 40 मी/से से फेंका जाता है, तो पत्थर द्वारा प्राप्त अधिकतम ऊँचाई ज्ञात कीजिए तथा पत्थर द्वारा तय कुल दूरी तथा विस्थापन की गणना कीजिए। ($g = 10$ मी/से^{2})

32. यदि एक ग्रह का द्रव्यमान तथा त्रिज्या पृथ्वी के द्रव्यमान तथा त्रिज्या से क्रमशः 2 गुना तथा 3 गुना है, तो 1 किग्रा द्रव्यमान का ग्रह पर क्या भार होगा?

33. उत्क्षेप क्या है? उत्क्षेप में कौन-सी राशि परिवर्तित होती है? यह वस्तु के तैरने के लिए किस प्रकार उत्तरदायी होता है? यदि आंशिक रूप से डूबी वस्तु पर थोड़ा-सा दाब लगाया जाता है, तो उत्क्षेप पर क्या प्रभाव पड़ता है?

34. (i) किस प्रकार जल में नाव चलती है?

(ii) द्रव में डूबी हुई वस्तु पर कार्यरत् उत्प्लावन बल को प्रभावित करने वाले दो कारकों को बताइए।

(iii) एक लकड़ी का ब्लॉक जल में तैरता है, जबकि कंक्रीट का छोटा-सा ब्लॉक जल में डूब जाता है, क्यों?

35. दो वस्तुओं के मध्य कार्यरत् बल उनके द्रव्यमान तथा उनके मध्य दूरी पर किस प्रकार निर्भर करता है?

36. एक छात्र दो ईंटों को बाँधकर तथा एक ईंट को फेंकता है, तो बँधी हुई ईंटें शीघ्र धरातल पर पहुँचती हैं। क्या आप इस कथन से संतुष्ट है या नहीं? टिप्पणी कीजिए।

अध्याय

10

कार्य और ऊर्जा

(Work and Energy)

कार्य (Work)

कार्य वह भौतिकी क्रिया है, जिसमें किसी वस्तु पर बल (Force) लगाकर उसे बल की दिशा में विस्थापित किया जाता है अर्थात् वस्तु की स्थिति में परिवर्तन किया जाता है। उदाहरण—कुएँ से जल खींचना, साइकिल चलाना आदि।

सिलेबस

- *कार्य*
  - *कार्य की वैज्ञानिक संकल्पना*
  - *एक नियत बल द्वारा किया गया कार्य*
- *ऊर्जा*
  - *गतिज ऊर्जा*
  - *स्थितिज ऊर्जा*
- *ऊर्जा संरक्षण का नियम*
- *कार्य करने की दर : शक्ति*
  - *औसत शक्ति*

कार्य की वैज्ञानिक संकल्पना (Scientific Conception of Work)

वैज्ञानिक दृष्टि से कार्य करने के लिए दो स्थितियों (शर्तों) का होना आवश्यक है—

(i) वस्तु पर कोई बल लगना चाहिए।

(ii) वस्तु विस्थापित होनी चाहिए।

यदि इनमें से कोई भी शर्त पूरी नहीं होती है, तो कार्य नहीं किया जाता है।

उदाहरण—एक लड़की, एक ट्रॉली को खींचती है, तो वह कुछ दूरी विस्थापित होती है। अत: यहाँ कार्य होता है।

एक नियत बल द्वारा किया गया कार्य (Work done by a Constant Force)

किसी नियत बल द्वारा वस्तु पर किया गया कार्य, बल तथा वस्तु द्वारा बल की दिशा में तय दूरी का गुणनफल होता है।

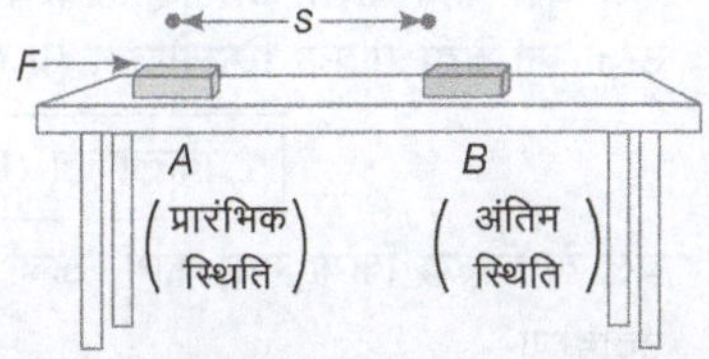

माना बिन्दु A पर एक वस्तु पर नियत बल F चित्रानुसार कार्यरत् है, जिसके कारण वस्तु बल की दिशा में s दूरी विस्थापित होती है तथा बिन्दु B पर पहुँच जाती है, तो बल द्वारा वस्तु पर किया गया कार्य, बल तथा विस्थापन के गुणनफल के बराबर है।

किया गया कार्य = बल × बल की दिशा में विस्थापन

$$\boxed{W = F \times s} \quad \ldots(i)$$

बल का SI मात्रक (SI Unit of Work)

यदि समी (i) में $F = 1$ न्यूटन तथा $s = 1$ मी हो, तो बल द्वारा किया गया कार्य 1 न्यूटन-मी होगा। कार्य का SI मात्रक **न्यूटन-मी** या **जूल** होता है।

अत: 1 जूल किसी वस्तु पर किए गए कार्य की वह मात्रा है, जब 1 न्यूटन का बल वस्तु को बल की क्रिया रेखा की दिशा में 1 मी विस्थापित कर दे।

$$1 \text{ जूल} = 1 \text{ न्यूटन} \times 1 \text{ मीटर} \Rightarrow 1 \text{ जूल} = 1 \text{ न्यूटन-मीटर}$$

कार्य एक **अदिश राशि** है, इसका केवल परिमाण होता है तथा इसकी दिशा नहीं होती है।

उदाहरण 1. किसी वस्तु पर 7 न्यूटन का बल लगाकर बल की दिशा में वस्तु 8 मी विस्थापित हो जाती है। बल द्वारा वस्तु पर किया गया कार्य क्या होगा?

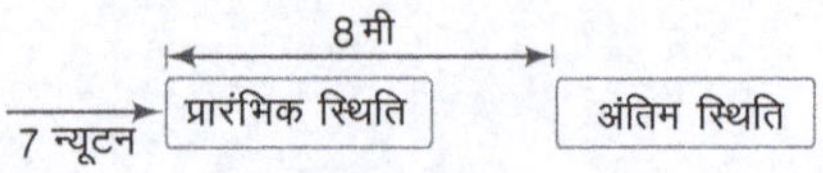

हल दिया है, वस्तु पर कार्यरत् बल $(F) = 7$ न्यूटन

बल की दिशा में वस्तु का विस्थापन $(s) = 8$ मी

हम जानते हैं, $W = Fs$

$= 7$ न्यूटन $\times 8$ मी

$= 56$ न्यूटन-मी $= 56$ जूल

धनात्मक, ऋणात्मक और शून्य कार्य (Positive, Negative and Zero Work)

यदि किसी वस्तु पर कार्यरत् बल (F) तथा विस्थापन (s) एक ही दिशा में होते हैं (अर्थात् बल की दिशा तथा विस्थापन के मध्य कोण 0° होता है), तो किया गया कार्य धनात्मक होता है।

$$W = + F \times s$$

उदाहरण—एक लड़के द्वारा वस्तु को स्वयं से दूर धकेलना।

यदि बल तथा विस्थापन विपरीत दिशा में होते हैं (अर्थात् बल की दिशा और विस्थापन के मध्य कोण 180° होता है), तो किया गया कार्य ऋणात्मक होगा अर्थात् बल के विरुद्ध कार्य होगा।

$$W = - F \times s$$

उदाहरण—घर्षण बल, विस्थापन की दिशा के विपरीत दिशा में कार्य करता है अत: घर्षण बल द्वारा किया गया कार्य ऋणात्मक होगा।

यदि बल तथा विस्थापन लम्बवत् होते हैं (अर्थात् बल की दिशा तथा विस्थापन के मध्य कोण 90° होता है), तो किया गया कार्य शून्य होगा।

$$W = 0$$

उदाहरण—यदि कोई कुली सिर पर बोझ उठाकर प्लेटफार्म पर चलता है, तो किया गया कार्य शून्य होता है, क्योंकि बल ऊर्ध्वाधरत: नीचे की ओर कार्यरत् होता है तथा विस्थापन क्षैतिज दिशा के अनुदिश होता है। अत: बल तथा विस्थापन एक-दूसरे के लम्बवत् होते हैं।

उदाहरण 2. एक क्रेन एक कैरेट को 20 मी ऊपर उठाती है। यदि क्रेन द्वारा प्रदत्त बल 5 किग्रा-न्यूटन है, तो बल द्वारा कृत कार्य क्या होगा?

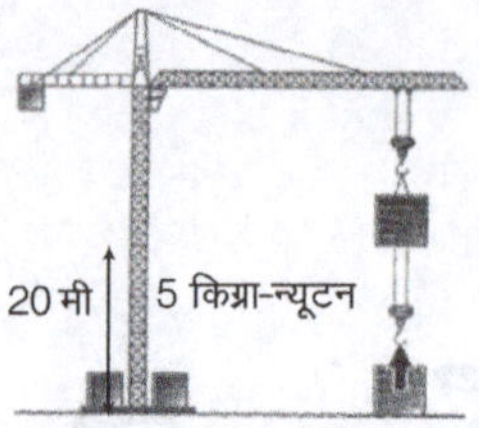

हल दिया है, बल $(F) = 5$ किग्रा-न्यूटन $= 5000$ न्यूटन

विस्थापन $(s) = 20$ मी, कृत कार्य $(W) = ?$

हम जानते हैं, $W = F \cdot s$

$W = 5000 \times 20$

$W = 100000$ जूल

बल द्वारा कृत कार्य 100000 जूल या 100 किलोजूल है।

चेक प्वॉइण्ट 10.1

1. *वैज्ञानिक दृष्टि से उन दो स्थितियों को बताइए जिनके बिना कार्य सम्भव नहीं होता है।*
2. *यदि किसी वस्तु पर कार्यरत् बल तथा विस्थापन का ज्ञान हो, तो कार्य की गणना हेतु सूत्र बताइए।*
3. *1 जूल को परिभाषित कीजिए।*
4. *कार्य कब ऋणात्मक होता है ?*
5. *कुली द्वारा भार को अपने सिर पर रखकर ले जाने में कितना कार्य होता है ?*

ऊर्जा (Energy)

किसी वस्तु द्वारा कार्य करने की क्षमता उसकी ऊर्जा कहलाती है। यदि कोई वस्तु कार्य करती है, तो उसमें ऊर्जा की हानि होती है तथा जिस वस्तु पर कार्य होता है, उसमें ऊर्जा की वृद्धि होती है।

चूँकि कार्य, ऊर्जा के स्थानान्तरण से होता है। अत: जितना कार्य होता है, वही ऊर्जा की माप होती है। ऊर्जा का SI मात्रक **कार्य के समान** अर्थात् **जूल (J)** होता है।

एक जूल कार्य करने के लिए आवश्यक ऊर्जा की मात्रा 1 जूल होती है। ऊर्जा का बड़ा मात्रक **किलोजूल (kJ)** होता है।

$$1 \text{ किलोजूल (kJ)} = 10^3 \text{ जूल}$$

बल के विरुद्ध किया गया कार्य, ऊर्जा के रूप में संग्रहित होता है।

उदाहरण—

- जब गतिमान गेंद विकेट से टकराती है, तो विकेट दूर जाकर गिरते हैं।
- जब कील को लकड़ी पर रखकर हथौड़ा मारा जाता है, तो कील लकड़ी में धँस जाती है।

सूर्य, ऊर्जा का सबसे बड़ा स्रोत है। हमें परमाणु के नाभिक, समुद्रों के ज्वार आदि से भी ऊर्जा प्राप्त होती है।

ऊर्जा के रूप (Forms of Energy)

संसार में ऊर्जा अनेक रूपों; जैसे—स्थितिज ऊर्जा, गतिज ऊर्जा, ऊष्मीय ऊर्जा, रासायनिक ऊर्जा, विद्युत ऊर्जा, प्रकाश ऊर्जा आदि में विद्यमान है।

गतिज ऊर्जा (Kinetic Energy)

किसी वस्तु में उसकी गति के कारण निहित ऊर्जा को वस्तु की गतिज ऊर्जा कहते हैं। इसका SI मात्रक **जूल (J)** होता है।

किसी नियत वेग से गतिमान वस्तु की गतिज ऊर्जा, उस वेग को प्राप्त करने में वस्तु पर किए गए कार्य के तुल्य होती है। चाल में वृद्धि के साथ गतिज ऊर्जा बढ़ती है।

- गतिज ऊर्जा के कारण ही बन्दूक की गोली लक्ष्य को भेद पाती है।
- गतिमान हथौड़े के कारण कील लकड़ी में घुसती है। गति के कारण हथौड़े में गतिज ऊर्जा आती है या कार्य करने की क्षमता आती है।

v वेग से गतिमान m द्रव्यमान की वस्तु की गतिज ऊर्जा $(E_K) = \frac{1}{2}mv^2$

गतिज ऊर्जा की गणना (Calculation of Kinetic Energy)

गतिज ऊर्जा का मापन उस कार्य के तुल्य है, जो उस वस्तु को विरामावस्था से वर्तमान अवस्था तक लाने में किया गया है।

माना m द्रव्यमान की कोई वस्तु स्थिर अवस्था में है। जब वस्तु पर F बल लगाया जाता है, तब उसकी गति में a त्वरण उत्पन्न हो जाता है, तो न्यूटन के अनुसार, वस्तु का वेग u से v करने हेतु किया गया कार्य,

$$W = F \cdot s \qquad \text{...(i)}$$

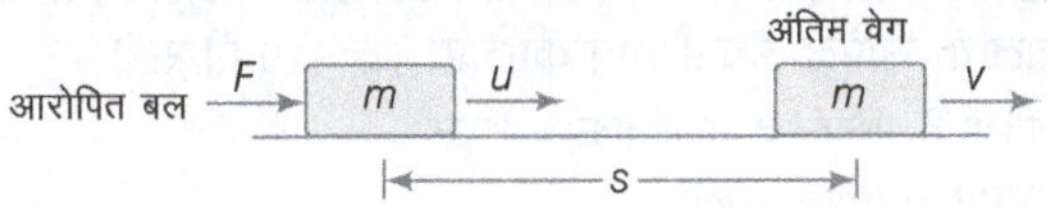

गति के द्वितीय समीकरण से, $v^2 = u^2 + 2as$

$$v^2 - u^2 = 2as$$

$$\Rightarrow \qquad s = \frac{v^2 - u^2}{2a}$$

जहाँ, u = प्रारंभिक वेग, v = अंतिम वेग तथा a = एकसमान त्वरण

समी (i) में F तथा s का मान रखने पर,

$$W = ma \cdot \frac{v^2 - u^2}{2a} \qquad [\because F = ma]$$

या
$$W = \frac{1}{2}m(v^2 - u^2)$$

उपरोक्त समीकरण को **कार्य-ऊर्जा प्रमेय** कहते हैं (अर्थात् कुल किया गया कार्य, गतिज ऊर्जा में परिवर्तन के तुल्य होता है)।

यदि प्रारम्भिक वेग $u = 0$, तब

$$W = \frac{1}{2}mv^2$$

उपरोक्त कार्य, गतिज ऊर्जा के तुल्य होगा।

अतः $\boxed{\text{गतिज ऊर्जा (या } E_K) = \frac{1}{2}mv^2}$

सूत्र $KE = \frac{1}{2}mv^2$ द्वारा व्युत्पन्न कुछ महत्वपूर्ण परिणाम

(i) किसी वस्तु का द्रव्यमान दोगुना करने पर गतिज ऊर्जा भी दोगुनी हो जाती है।

(ii) किसी वस्तु का द्रव्यमान आधा करने पर गतिज ऊर्जा भी आधी हो जाती है।

(iii) यदि किसी वस्तु की चाल दोगुनी कर दी जाए, तो इसकी गतिज ऊर्जा चार गुना हो जाती है।

(iv) यदि किसी वस्तु की चाल आधी कर दी जाए, तो इसकी गतिज ऊर्जा एक-चौथाई हो जाती है।

(v) भारी वस्तु उच्च वेग से गतिमान होती है, तो उसकी गतिज ऊर्जा भी अधिक होती है। जबकि छोटी वस्तु कम चाल से गतिमान हो, तो उसकी गतिज ऊर्जा कम होती है।

उदाहरण 3. 8 ग्राम की गोली को 80 मी/से के वेग से छोड़ा जाता है, तो इसकी गतिज ऊर्जा की गणना कीजिए।

हल दिया है, द्रव्यमान (m) = 8 ग्राम = $\frac{8}{1000}$ किग्रा

वेग (v) = 80 मी/से

गोली की गतिज ऊर्जा $= \frac{1}{2}mv^2 = \frac{1}{2} \times \frac{8}{1000} \times (80)^2$

$= \frac{1}{2} \times \frac{8}{1000} \times 80 \times 80 = 25.6$ जूल

अतः गोली की गतिज ऊर्जा 25.6 जूल है।

उदाहरण 4. 5 किग्रा द्रव्यमान की एक वस्तु सरल रेखा के अनुदिश 10 मी $से^{-1}$ के वेग से गतिमान है और इसका त्वरण 20 मी $से^{-2}$ है। 10 सेकंड बाद वस्तु की गतिज ऊर्जा ज्ञात कीजिए।

हल दिया है, वस्तु का द्रव्यमान (m) = 5 किग्रा, प्रारम्भिक वेग (u) = 10 मी $से^{-1}$, त्वरण (a) = 20 मी $से^{-2}$, समय (t) = 10 सेकंड, वेग (v) = ?

गतिज ऊर्जा (KE) = ?

गति के प्रथम समीकरण द्वारा, $v = u + at$

हम जानते हैं,

$$KE = \frac{1}{2}mv^2$$

$$KE = \frac{1}{2}m \times (u + at)^2$$

$$KE = \frac{1}{2} \times 5 \times (10 + 20 \times 10)^2$$

$$KE = \frac{1}{2} \times 5 \times 210 \times 210 = 110250 \text{ जूल}$$

अतः 10 सेकंड बाद वस्तु की गतिज ऊर्जा 110250 जूल बढ़ जाएगी।

उदाहरण 5. 2000 किग्रा वाली एक गाड़ी 10 मी $से^{-1}$ के वेग से गतिमान है। इसकी गतिज ऊर्जा की गणना कीजिए। यदि इसकी चाल बढ़कर 20 मी $से^{-1}$ हो जाती है, तो इसकी गतिज ऊर्जा कितनी बढ़ जाएगी?

हल दिया है, m = 2000 किग्रा, v_1 = 10 मी $से^{-1}$, v_2 = 20 मी $से^{-1}$

10 मी/से के वेग से गतिमान गाड़ी की गतिज ऊर्जा,

$$KE_1 = \frac{1}{2}mv_1^2 = \frac{1}{2} \times 2000 \times (10)^2$$

= 100000 जूल = 100 किलोजूल

20 मी/से के वेग से गतिमान गाड़ी की गतिज ऊर्जा,

$$KE_2 = \frac{1}{2}mv_2^2 = \frac{1}{2} \times 2000 \times (20)^2$$

= 400000 जूल = 400 किलोजूल

गतिज ऊर्जा में परिवर्तन = $KE_2 - KE_1$

= 400 − 100 = 300 किलोजूल

गाड़ी का वेग 10 मी से$^{-1}$ से 20 मी से$^{-1}$ होने पर गतिज ऊर्जा 300 किलोजूल बढ़ जाएगी।

स्थितिज ऊर्जा (Potential Energy)

वस्तु द्वारा उसकी स्थिति अथवा आकृति (विन्यास) में परिवर्तन के कारण प्राप्त ऊर्जा को स्थितिज ऊर्जा कहते हैं। इसका SI मात्रक **जूल (J)** है।

उदाहरण—

- बाँध में संग्रहित जल में स्थितिज ऊर्जा होती है।
- छत पर स्थित पत्थर में ऊँचाई के कारण स्थितिज ऊर्जा होती है।
- घड़ी की स्प्रिंग में उसकी आकृति में परिवर्तन के कारण स्थितिज ऊर्जा होती है।

किसी ऊँचाई पर वस्तु की स्थितिज ऊर्जा

(Potential Energy of an Object at a Height)

पृथ्वी से ऊँचाई पर स्थित वस्तुओं में जो ऊर्जा होती है, उसे गुरुत्वीय स्थितिज ऊर्जा कहते हैं, क्योंकि जब किसी वस्तु को सतह से ऊपर उठाया जाता है, तो गुरुत्व के विरुद्ध कार्य करना पड़ता है। यह कार्य ही वस्तु में गुरुत्वीय स्थितिज ऊर्जा के रूप में संचित हो जाता है।

धरातल से ऊपर किसी बिन्दु पर किसी वस्तु की गुरुत्वीय स्थितिज ऊर्जा को वस्तु को धरातल से उस बिन्दु तक उठाने में गुरुत्वीय बल के विरुद्ध किए गए कार्य द्वारा परिभाषित करते हैं।

स्थितिज ऊर्जा के लिए व्यंजक

(Expression for Potential Energy)

माना m द्रव्यमान की एक वस्तु धरातल पर किसी बिन्दु A पर स्थित है। यहाँ इसकी स्थितिज ऊर्जा शून्य है और इसका भार mg ऊर्ध्वारत: नीचे की ओर कार्य करता है।

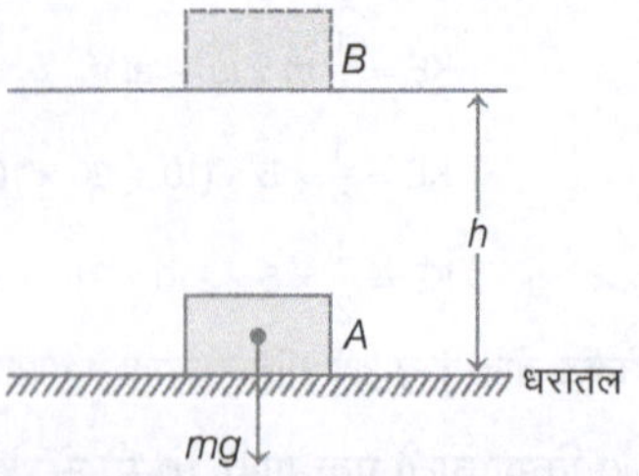

वस्तु को बिन्दु B तक ऊँचाई h तक उठाने हेतु वस्तु पर न्यूनतम बल mg लगाया जाता है, जोकि वस्तु के भार के तुल्य है। अत: वस्तु द्वारा गुरुत्व के विरुद्ध कार्य किया जाता है।

अत: कार्य = बल × विस्थापन

$$W = F \times s$$

$$F = mg \quad \text{(वस्तु का भार)}$$

यहाँ, $s = h$

इसलिए, $W = mg \times h = mgh$

यह कार्य, वस्तु द्वारा प्राप्त ऊर्जा के तुल्य होगा। यही वस्तु की स्थितिज ऊर्जा है।

स्थितिज ऊर्जा, PE (या E_P) = mgh

वस्तु की किसी ऊँचाई पर स्थितिज ऊर्जा, भूमि तल या आपके द्वारा चुने गए शून्य तल पर निर्भर करती है। किसी वस्तु के लिए दी हुई स्थिति के लिए एक तल के सापेक्ष स्थितिज ऊर्जा का कोई विशेष मान हो सकता है और किसी दूसरे तल के सापेक्ष स्थितिज ऊर्जा का कोई दूसरा मान हो सकता है। गुरुत्वीय बल द्वारा किया गया कार्य वस्तु की प्रारम्भिक तथा अंतिम स्थितियों की ऊर्ध्वाधर ऊँचाइयों के अन्तर पर निर्भर है न कि उस पथ पर जिस पर वस्तु ने गति की है। इसे नीचे दिए गए चित्र में स्पष्ट किया गया है—

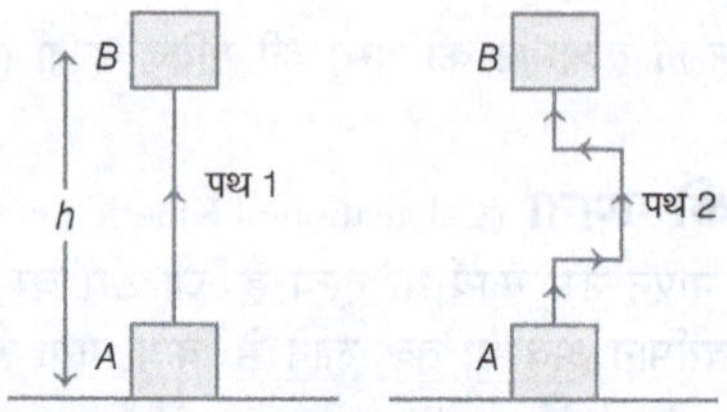

उपरोक्त स्थिति में वस्तु पर कार्यरत् बल mgh है।

उदाहरण 6. 1 किग्रा द्रव्यमान की एक वस्तु धरातल से एक निश्चित ऊँचाई पर स्थित है। यदि वस्तु की स्थितिज ऊर्जा 1 जूल है, तो वस्तु की धरातल के सापेक्ष ऊँचाई ज्ञात कीजिए। ($g = 10$ मी/से^{2})

हल दिया है, स्थितिज ऊर्जा (PE) = 1जूल

द्रव्यमान (m) = 1 किग्रा

ऊँचाई (h) = ?

हम जानते हैं, स्थितिज ऊर्जा (E_P) = mgh

या $1 = 1 \times 10 \times h$

या $h = \frac{1}{1 \times 10} = 0.1$ मी

$h = 10$ सेमी

अत: वस्तु की धरातल के सापेक्ष ऊँचाई 10 सेमी है।

उदाहरण 7. 40 किग्रा भार का एक व्यक्ति 200 मीटर ऊर्ध्वाधर ऊँचाई तक चढ़ता है, तो व्यक्ति द्वारा किया गया कार्य की गणना कीजिए तथा स्थितिज ऊर्जा में कितनी वृद्धि होगी?

हल दिया है,

द्रव्यमान, $m = 40$ किग्रा

गुरुत्वीय त्वरण, $g = 9.8$ मी से$^{-2}$

ऊँचाई, $h = 200$ मी

वस्तु द्वारा किया गया कार्य = $mgh = 40 \times 9.8 \times 200$

= 78400 जूल = 7.84×10^4 जूल

स्थितिज ऊर्जा में लाभ = किया गया कार्य = 7.84×10^4 जूल

अत: व्यक्ति द्वारा किया गया कार्य 7.84×10^4 जूल तथा स्थितिज ऊर्जा में वृद्धि 7.84×10^4 जूल है।

उदाहरण 8. माना समान द्रव्यमान की दो वस्तुएँ A व B क्रमशः h तथा $3h$ ऊँचाई पर हैं, तो इनकी स्थितिज ऊर्जाओं का अनुपात ज्ञात कीजिए।

हल माना वस्तु का द्रव्यमान = m

A की स्थितिज ऊर्जा = mgh

B की स्थितिज ऊर्जा = $mg \times 3h$

इनकी स्थितिज ऊर्जाओं का अनुपात $= \frac{mgh}{mg \times 3h} = \frac{1}{3} = 1:3$

अतः दोनों वस्तुओं की स्थितिज ऊर्जाओं में अनुपात 1 : 3 का है।

चेक प्वॉइण्ट 10.2

1. एक वस्तु में ऊर्जा कब होती है?

2. यदि चाल को आधा कर दिया जाए, तो गतिज ऊर्जा में क्या परिवर्तन होगा?

3. कार्य-ऊर्जा प्रमेय का व्यंजक लिखिए।

4. बाँध में संग्रहित जल से सम्बद्ध ऊर्जा का नाम बताइए।

5. यदि m द्रव्यमान की वस्तु h ऊँचाई पर स्थित हो, तो इससे सम्बद्ध स्थितिज ऊर्जा का सूत्र बताइए।

6. यदि एक इंजन 200 ग्राम भार को 100 जूल ऊर्जा प्रदान करता है, तो यह भार को कितनी ऊँचाई तक उठा पाएगा? (दिया है, g = 9.8 मी/से^{2})

[उत्तर 51.02 मी]

ऊर्जा संरक्षण का नियम

(Law of Conservation of Energy)

ऊर्जा संरक्षण के नियमानुसार, 'ऊर्जा न तो उत्पन्न की जा सकती है और न ही नष्ट, केवल ऊर्जा को एक रूप से दूसरे रूप में रूपान्तरित किया जा सकता है।' रूपान्तरण के पहले व रूपान्तरण के पश्चात् कुल ऊर्जा सदैव अचर रहती है।

वस्तु के मुक्त पतन के दौरान ऊर्जा का संरक्षण

(Conservation of Energy during the Free Fall of a Body)

माना m द्रव्यमान की कोई वस्तु पृथ्वी तल से h ऊँचाई पर स्थित किसी बिन्दु A से गिरना प्रारम्भ करती है।

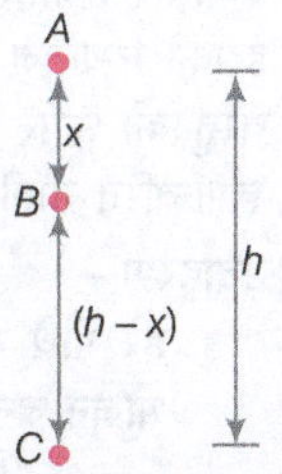

बिन्दु A पर

बिन्दु A पर वस्तु की गतिज ऊर्जा $K = 0$

($\because$ वस्तु स्थिर है)

बिन्दु A पर वस्तु की स्थितिज ऊर्जा $U = mgh$

($\because$ वस्तु पृथ्वी तल से h ऊँचाई पर है)

बिन्दु A पर वस्तु की कुल ऊर्जा,

$$E_A = \text{गतिज ऊर्जा} + \text{स्थितिज ऊर्जा} = 0 + mgh = mgh$$

$$E_A = mgh$$

बिन्दु B पर

माना वस्तु बिन्दु B तक x दूरी तय कर चुकी है। यदि वस्तु का बिन्दु B पर वेग v है, तो गति के तृतीय समीकरण से,

$$v^2 = u^2 + 2gx$$

$\because$ वस्तु स्थिर अवस्था से गिरना प्रारम्भ करती है,

$$v^2 = 0 + 2gx$$

$$v^2 = 2gx$$

बिन्दु B पर वस्तु की गतिज ऊर्जा,

$$K_B = \frac{1}{2}mv^2 = \frac{1}{2}m \times 2gx = mgx$$

बिन्दु B पर वस्तु की स्थितिज ऊर्जा, $U_B = mg(h - x)$

($\because$ अब वस्तु की पृथ्वी तल से ऊँचाई $h - x$ है)

बिन्दु B पर वस्तु की कुल ऊर्जा,

$$E_B = K_B + U_B$$

$$= mgx + mg(h - x) = mgh$$

$$E_B = mgh$$

बिन्दु C पर

जब वस्तु गिरते हुए पृथ्वी की सतह के निकट बिन्दु C पर है। यदि बिन्दु C पर वेग v_C है, तो

$$v_C^2 = u^2 + 2gh \text{ से,}$$

$$v_C^2 = 0 + 2gh = 2gh$$

बिन्दु C पर वस्तु की गतिज ऊर्जा, $K_C = \frac{1}{2}mv_C^2$

$$K_C = \frac{1}{2}m \times 2gh = mgh$$

बिन्दु C पर स्थितिज ऊर्जा, $U_C = 0$ ($\because$ वस्तु की पृथ्वी तल से ऊँचाई 0 है)

बिन्दु C पर वस्तु की कुल ऊर्जा,

$$E_C = K_C + U_C = mgh + 0 = mgh$$

$$E_C = mgh$$

अतः $E_A = E_B = E_C$

अतः कुल ऊर्जा प्रत्येक बिन्दु पर संरक्षित रहती है।

उदाहरण 9. 10 किग्रा की एक वस्तु को 5 मी ऊँचाई से गिराया जाता है, तो नीचे दी गई सारणी में प्रत्येक स्थिति में स्थितिज ऊर्जा तथा गतिज ऊर्जा बताइए। (g = 10 मी/से^{2})

	वस्तु की ऊँचाई (h)	गतिज ऊर्जा (जूल में)	स्थितिज ऊर्जा (जूल में)	कुल ऊर्जा = स्थितिज ऊर्जा + गतिज ऊर्जा (जूल में)
(i)	5			
(ii)	4			
(iii)	3			
(iv)	2			
(v)	1			
	धरातल से ठीक ऊपर			

हल दिया है, द्रव्यमान $(m) = 10$ किग्रा

ऊँचाई $(h) = 5$ मी

गुरुत्वीय त्वरण $(g) = 10$ मी से$^{-2}$

(i) **$h = 5$ मी ऊँचाई पर**

गतिज ऊर्जा (KE) = 0 $[\because v = 0]$

स्थितिज ऊर्जा (PE) $= mgh = 10 \times 10 \times 5 = 500$ जूल

कुल ऊर्जा = KE + PE

$= 0 + 500 = 500$ जूल

(ii) **$h = 4$ मी ऊँचाई पर**

गतिज ऊर्जा (KE) $= \frac{1}{2}mv^2 = \frac{1}{2}m \times 2gs$ $[\because v^2 = 2gs]$

तय दूरी, $(s) = 5 - 4 = 1$ मी

गतिज ऊर्जा (KE) $= \frac{1}{2} \times 10 \times 2 \times 10 \times 1$

$= 100$ जूल

स्थितिज ऊर्जा (PE) $= mgh = 10 \times 10 \times 4$

$= 400$ जूल

4 मी ऊँचाई पर कुल ऊर्जा $= 100 + 400 = 500$ जूल

(iii) **$h = 3$ मी ऊँचाई पर**

तय दूरी $s = 5 - 3 = 2$ मी

$\therefore$ गतिज ऊर्जा (KE) $= \frac{1}{2}mv^2$

$= \frac{1}{2}m \times 2gs = mgs$

$= 10 \times 10 \times 2$

$= 200$ जूल

इसलिए, स्थितिज ऊर्जा (PE) $= mgh = 10 \times 10 \times 3$

$= 300$ जूल

3 मी ऊँचाई पर कुल ऊर्जा $= 200 + 300 = 500$ जूल

(iv) **$h = 2$ मी ऊँचाई पर**

तय दूरी $(s) = 5 - 2 = 3$ मी

KE $= mgs = 10 \times 10 \times 3 = 300$ जूल

PE $= mgh = 10 \times 10 \times 2 = 200$ जूल

2 मी ऊँचाई (h) पर कुल ऊर्जा $= 300 + 200$

$= 500$ जूल

(v) **$h = 1$ मी ऊँचाई पर**

तय दूरी $(s) = 5 - 1 = 4$ मी

KE $= \frac{1}{2}mv^2 = \frac{1}{2} \times m \times 2gs$

$= mgs = 10 \times 10 \times 4 = 400$ जूल

PE $= mgh = 10 \times 10 \times 1 = 100$ जूल

1 मी ऊँचाई पर कुल ऊर्जा $= 400 + 100 = 500$ जूल

धरातल से कुछ ऊपर, $(h) = 0$

तय दूरी $(s) = 5 - 0 = 5$ मी

गतिज ऊर्जा (KE) $= \frac{1}{2}mv^2 = mgs$

$= 10 \times 10 \times 5$

$= 500$ जूल

स्थितिज ऊर्जा (PE) $= mgh = 10 \times 10 \times 0 = 0$

धरातल से ठीक कुछ ऊपर कुल ऊर्जा $= 500 + 0 = 500$ जूल

अतः सारणी निम्नानुसार होगी-

	वस्तु की ऊँचाई (h)	गतिज ऊर्जा (KE) जूल में	स्थितिज ऊर्जा (PE) जूल में	कुल ऊर्जा (KE + PE) जूल में
(i)	5	0	500	500
(ii)	4	100	400	500
(iii)	3	200	300	500
(iv)	2	300	200	500
(v)	1	400	100	500
	धरातल से ठीक ऊपर	500	0	500

अतः प्रत्येक ऊँचाई पर कुल ऊर्जा नियत रहती है।

उदाहरण 10. एक व्यक्ति 30 मी/से के उच्च वेग से गतिमान है। यदि व्यक्ति का भार 60 किग्रा तथा धरातल से व्यक्ति की ऊँचाई 50 मी है, तो व्यक्ति की कुल यांत्रिक ऊर्जा ज्ञात कीजिए। (दिया है, $g = 10$ मी से$^{-2}$)

हल दिया है, व्यक्ति का द्रव्यमान, $m = 60$ किग्रा

वेग, $v = 30$ मी से$^{-1}$, ऊँचाई, $h = 50$ मी

50 मी ऊँचाई पर व्यक्ति की कुल ऊर्जा,

TE = PE + KE ...(i)

यहाँ, PE = स्थितिज ऊर्जा $= mgh$

और KE = गतिज ऊर्जा $= \frac{1}{2}mv^2$

$\therefore$ कुल ऊर्जा, TE $= mgh + \frac{1}{2}mv^2$ [समी (i) से]

$= 60 \times 10 \times 50 + \frac{1}{2} \times 60 \times (30)^2$

$= 30000 + 27000 = 57000$ जूल

ऊर्जा रूपान्तरण (Transformation of Energy)

ऊर्जा के एक रूप से दूसरे रूप में परिवर्तित होने की परिघटना को ऊर्जा रूपान्तरण कहते हैं। जब किसी वस्तु को ऊँचाई से गिराया जाता है, तो इसकी स्थितिज ऊर्जा निरन्तर गतिज ऊर्जा में रूपान्तरित होती है। जब वस्तु को ऊपर फेंका जाता है, तो गतिज ऊर्जा निरन्तर स्थितिज ऊर्जा में रूपान्तरित होती है।

उदाहरण—

- हरे पौधे सौर ऊर्जा का उपयोग कर प्रकाश-संश्लेषण के माध्यम से भोजन बनाते हैं।
- जब हम गेंद को फेंकते हैं, तो माँसपेशियों में संग्रहित ऊर्जा, गतिज ऊर्जा में रूपान्तरित हो जाती है।
- बच्चों के खिलौने वाली कार की चाबी में स्थितिज ऊर्जा संग्रहित होती है। जब चाबी छोड़ी जाती है, तो स्थितिज ऊर्जा, गतिज ऊर्जा में रूपान्तरित हो जाती है, जिसके कारण खिलौने वाली कार चलती है।
- खींचे हुए धनुष में स्थितिज ऊर्जा संरक्षित होती है। जब इसे छोड़ा जाता है, तो स्थितिज ऊर्जा, गतिज ऊर्जा के रूप में तीर में संग्रहित हो जाती है तथा तीर आगे की दिशा में गति करता है।

कुछ ऊर्जा रूपान्तरण

क्र. सं.	युक्ति	रूपान्तरण
1.	विद्युत मोटर	विद्युत ऊर्जा का यांत्रिक ऊर्जा में
2.	विद्युत जनित्र	यांत्रिक ऊर्जा का विद्युत ऊर्जा में
3.	भाप इंजन	ऊष्मा ऊर्जा का गतिज ऊर्जा में
4.	विद्युत बल्ब	विद्युत ऊर्जा का प्रकाश ऊर्जा में
5.	शुष्क सेल	रासायनिक ऊर्जा का विद्युत ऊर्जा में
6.	सौर सेल	प्रकाश ऊर्जा का विद्युत ऊर्जा में

कार्य करने की दर : शक्ति (Rate of Doing Work : Power)

कार्य करने की दर या ऊर्जा रूपान्तरण की दर को शक्ति कहते हैं। यदि किसी वस्तु द्वारा t समय में W कार्य किया गया है, तो

$$\text{शक्ति} = \frac{\text{कार्य}}{\text{समय}} \quad \text{या} \quad P = \frac{W}{t}$$

शक्ति का मात्रक **वाट** है तथा इसका प्रतीक W है। शक्ति का अन्य मात्रक **अश्व शक्ति** है।

1 वाट = 1 जूल/सेकण्ड

अत: 1 वाट उस अभिकर्ता (एजेन्ट) की शक्ति है, जो 1 सेकण्ड में 1 जूल कार्य करता है।

1 किलोवाट $= 1000$ जूल से$^{-1}$

1 मेगावाट $= 10^6$ वाट

1 अश्व शक्ति $= 746$ वाट

औसत शक्ति (Average Power)

कुल क्षयित ऊर्जा तथा समय के अनुपात को औसत शक्ति कहते हैं। यदि किसी स्थिति में भिन्न समयान्तरालों में भिन्न दर से कार्य होता है, तो

$$\therefore \quad \text{औसत शक्ति} = \frac{\text{कुल क्षयित ऊर्जा}}{\text{कुल लिया गया समय}}$$

उदाहरण 11. एक लड़का 20 सेकंड में 400 जूल कार्य करता है और वही लड़का 2 सेकंड में 100 जूल कार्य करता है, तो लड़के द्वारा दी गई शक्तियों का अनुपात ज्ञात कीजिए।

हल **स्थिति I** लड़के द्वारा किया गया कार्य, $W_1 = 400$ जूल

समय $(t_1) = 20$ सेकंड, शक्ति, $P_1 = ?$

स्थिति II लड़के द्वारा किया गया कार्य, $W_2 = 100$ जूल

समय $(t_2) = 2$ सेकंड, शक्ति $(P_2) = ?$

$$\therefore \text{शक्ति } (P) = \frac{\text{किया गया कार्य } (W)}{\text{समय } (t)}$$

$$P_1 = \frac{W_1}{t_1} = \frac{400}{20} = 20 \text{ वाट और } P_2 = \frac{W_2}{t_2} = \frac{100}{2} = 50 \text{ वाट}$$

$$\text{अत: } \frac{P_1}{P_2} = \frac{20}{50} = 2 : 5$$

अत: लड़के द्वारा दी गई शक्तियों का अनुपात 2 : 5 है।

उदाहरण 12. 55 किग्रा द्रव्यमान का एक लड़का एक सोपान पर दौड़कर 50 सीढ़ियाँ 10 सेंकड में चढ़ता है। यदि प्रत्येक सीढ़ी की ऊँचाई 10 सेमी हो, तो उसकी शक्ति का परिकलन कीजिए। (दिया है, $g = 10$ मीसे$^{-2}$)

हल लड़के का भार $(w) = mg$

$= 55 \times 10 = 550$ न्यूटन

सीढ़ी की ऊँचाई $(h) = \frac{50 \times 10}{100} = 5$ मी

चढ़ने में लगा कुल समय $(t) = 10$ सेंकड

हम जानते हैं,

$$\text{शक्ति } (P) = \frac{\text{किया गया कार्य } (W)}{\text{लिया गया समय } (t)} = \frac{mgh}{t} = \frac{550 \times 5}{10} = 275 \text{ वाट}$$

अत: लड़के की शक्ति 275 वाट है।

उदाहरण 13. एक मानव हृदय प्रत्येक सेकण्ड में 12 जूल कार्य करता है, तो 2 वाट की शक्ति प्राप्त करने हेतु हृदय को प्रति मिनट कितनी बार धड़कना पड़ेगा?

हल दिया है, प्रत्येक हृदय स्पन्दन में किया गया कार्य = 12 जूल

समय $(t) = 1$ मिनट $= 60$ सेकंड

शक्ति $(P) = 2$ वाट $= 2$ जूल से$^{-1}$

कुल कृत कार्य $(W) = P \times t = 2 \times 60 = 120$ जूल

प्रति मिनट हृदय विस्पन्दों की संख्या

$$= \frac{\text{कुल किया गया कार्य}}{\text{प्रत्येक विस्पन्द में कृत कार्य}} = \frac{120}{12} = 10$$

अत: हृदय को प्रति मिनट 10 बार धड़कना पड़ेगा।

उदाहरण 14. एक घोड़ा 500 न्यूटन बल से एक गाड़ी को खींचता है तथा घोड़ागाड़ी 36 किमी घण्टे$^{-1}$ के एकसमान वेग से चलती है। घोड़े में उत्पन्न शक्ति को वाट में ज्ञात कीजिए।

हल दिया है, $F = 500$ न्यूटन

$v = 36$ किमी घण्टा$^{-1}$

$= \frac{36 \times 1000}{3600}$ मी से$^{-1}$ $= 10$ मी से$^{-1}$

शक्ति $P = \frac{W}{t} = \frac{Fs}{t}$ $\quad [\because W = Fs$ तथा $v = s/t]$

$= Fv = 500 \times 10$

$= 5000$ वाट

अश्व शक्ति में, $P = \frac{5000}{746} = 6.70$ अश्व शक्ति

अत: घोड़े में उत्पन्न शक्ति 6.70 अश्व शक्ति है।

चेक प्वॉइण्ट 10.3

1. *ऊर्जा संरक्षण का नियम क्या है?*
2. *जब हम गेंद को फेंकते हैं, तो किस प्रकार की ऊर्जा गतिज ऊर्जा में रूपान्तरित होती है?*
3. *विद्युत बल्ब में होने वाले ऊर्जा रूपान्तरण को बताइए।*
4. *उस युक्ति का नाम लिखिए, जो रासायनिक ऊर्जा को विद्युत ऊर्जा में रूपान्तरित करती है।*
5. *उस दर को क्या कहते हैं, जिससे ऊर्जा एक रूप से दूसरे रूप में स्थानान्तरित होती है?*
6. *शक्ति के स्थान पर औसत शक्ति के प्रयोग की आवश्यकता क्या है?*

NCERT फोल्डर

अध्याय के बीच के प्रश्न

1. किसी वस्तु पर 7 न्यूटन का बल लगता है। मान लीजिए बल की दिशा में विस्थापन 8 मी है (चित्र में दर्शाया गया है)। मान लीजिए वस्तु के विस्थापन के समय लगातार वस्तु पर बल लगता रहता है। इस स्थिति में किया गया कार्य कितना होगा?

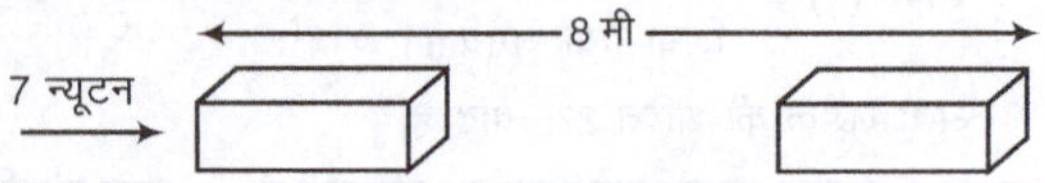

उत्तर दिया गया बल, $F = 7$ न्यूटन, विस्थापन, $s = 8$ मी

कार्य धनात्मक है, क्योंकि बल तथा विस्थापन एक ही दिशा में कार्यरत् हैं।

किया गया कार्य, $W = Fs = 7 \times 8 = 56$ न्यूटन-मी या 56 जूल

2. हम कब कहते हैं कि कार्य किया गया है?

उत्तर कार्य करने के लिए दो शर्तों का होना आवश्यक है–

(i) वस्तु पर कोई बल लगे।

(ii) वस्तु विस्थापित हो।

3. जब किसी वस्तु पर लगने वाला बल इसके विस्थापन की दिशा में हो, तो किए गए कार्य का व्यंजक लिखिए।

उत्तर किया गया कार्य $W = Fs$, जहाँ $F =$ लगने वाला बल, $s =$ विस्थापन

4. 1 जूल कार्य को परिभाषित कीजिए।

उत्तर 1 जूल किसी वस्तु पर किए गए कार्य की वह मात्रा है, जब 1 न्यूटन का बल वस्तु को बल की क्रिया रेखा की दिशा में 1 मी विस्थापित कर दे।

5. बैलों की एक जोड़ी खेत जोतते समय किसी हल पर 140 न्यूटन बल लगाती है। जोता गया खेत 15 मी लंबा है। खेत की लंबाई को जोतने में कितना कार्य किया गया?

उत्तर दिया है, लगाया गया बल, $F = 140$ न्यूटन, विस्थापन, $s = 15$ मी

खेत को जोतने में लगा कार्य, $W = F \cdot s$

$$= 140 \times 15 = 2100 = 2.1 \times 10^3 \text{ जूल}$$

6. किसी वस्तु की गतिज ऊर्जा क्या होती है?

उत्तर किसी वस्तु में उसकी गति के कारण निहित ऊर्जा को गतिज ऊर्जा कहते हैं।

7. किसी वस्तु की गतिज ऊर्जा के लिए व्यंजक लिखिए।

उत्तर v वेग से गतिशील किसी m द्रव्यमान की वस्तु की गतिज ऊर्जा $\frac{1}{2}mv^2$ के बराबर होती है।

$$E_K = \frac{1}{2}mv^2$$

8. 5 मी/से के वेग से गतिशील किसी m द्रव्यमान की वस्तु की गतिज ऊर्जा 25 जूल है। यदि इसके वेग को तीन गुना बढ़ा दिया जाए, तो इसकी गतिज ऊर्जा कितनी हो जाएगी?

उत्तर प्रश्नानुसार, प्रारंभिक गतिज ऊर्जा $= \frac{1}{2}mv_i^2$

यहाँ, $m =$ वस्तु का द्रव्यमान, $v_i =$ प्रारंभिक वेग

$KE_i = \frac{1}{2}mv_i^2$ [दिया है, $KE_i = 25$ जूल, $v_i = 5$ मी/से]

$$25 \text{ जूल} = \frac{1}{2}m(5)^2$$

$$m = \frac{25 \times 2}{5 \times 5} = 2 \text{ किग्रा}$$

प्रश्नानुसार, अंतिम वेग (v_f), प्रारंभिक वेग का तीन गुना है अर्थात्

$$v_f = 3v_i$$

$$v_f = 3 \times 5 = 15 \text{ मी/से}$$

गतिज ऊर्जा (KE) $= \frac{1}{2}mv_f^2 = \frac{1}{2} \times 2 \times 15 \times 15 = 225$ जूल

9. शक्ति क्या है?

उत्तर कार्य करने की दर या ऊर्जा रूपांतरण की दर को शक्ति कहते हैं। यदि कोई अभिकर्ता (एजेंट) t समय में W कार्य करता है, तो शक्ति का मान होगा

$$\text{शक्ति} = \frac{\text{कार्य}}{\text{समय}}$$

$$P = \frac{W}{t}$$

शक्ति का मात्रक वाट या जूल/सेकंड है।

10. 1 वाट शक्ति को परिभाषित कीजिए।

उत्तर शक्ति $P = \frac{W}{t}$

यदि $W = 1$ जूल तथा $t = 1$ सेंकड

तथा $P = \frac{1 \text{ जूल}}{1 \text{ सेंकड}} = 1$ वाट

अर्थात् 1 वाट उस अभिकर्ता (एजेंट) की शक्ति है, जो 1 सेकंड में 1 जूल कार्य करता है।

11. एक लैम्प 1000 जूल विद्युत ऊर्जा 10 सेकंड में व्यय करता है। इसकी शक्ति कितनी है?

उत्तर दिया है, ऊर्जा = 1000 जूल अर्थात् कार्य = 1000 जूल

समय $t = 10$ सेकंड

लैम्प की शक्ति $P = \frac{W}{t} = \frac{1000}{10}$

$$P = 100 \text{ वाट}$$

12. औसत शक्ति को परिभाषित कीजिए।

उत्तर औसत शक्ति, अभिकर्ता (एजेंट) द्वारा कुल उपयोग की गई ऊर्जा तथा कुल लिए गए समय का अनुपात है।

अध्याय के अंत की प्रश्नावली

1. निम्न सूचीबद्ध क्रिया-कलापों को ध्यान से देखिए। अपनी कार्य शब्द की व्याख्या के आधार पर तर्क दीजिए कि इनमें कार्य हो रहा है अथवा नहीं।
(i) सीमा एक तालाब में तैर रही है।
(ii) एक गधे ने अपनी पीठ पर बोझा उठा रखा है।
(iii) एक पवन चक्की (विंड मिल) कुएँ से पानी उठा रही है।
(iv) एक हरे पौधे में प्रकाश संश्लेषण की प्रक्रिया हो रही है।
(v) एक इंजन ट्रेन को खींच रहा है।
(vi) अनाज के दाने सूर्य की धूप में सूख रहे हैं।
(vii) एक पाल-नाव पवन ऊर्जा के कारण गतिशील है।

उत्तर (i) कार्य हो रहा है, क्योंकि सीमा द्वारा बल लगाकर पानी को विस्थापित किया जा रहा है।
(ii) गुरुत्वीय बल द्वारा कोई कार्य नहीं हो रहा है क्योंकि बल की दिशा, विस्थापन के लम्बवत् है अर्थात् बल ऊर्ध्वाधर दिशा में कार्यरत् है जबकि विस्थापन क्षैतिज दिशा में है अतः कोई कार्य नहीं होगा।
(iii) कार्य हो रहा है, क्योंकि चक्की द्वारा पानी की स्थिति बदल रही है।
(iv) कार्य नहीं हो रहा है, क्योंकि यहाँ न तो बल का प्रयोग हो रहा है और न ही विस्थापन किया जा रहा है।
(v) कार्य किया जा रहा है, क्योंकि इंजन ट्रेन की स्थिति को बदल रहा है।
(vi) कार्य नहीं हो रहा है क्योकि यहाँ कोई बल तथा विस्थापन नही है।
(vii) कार्य हो रहा है, क्योंकि बल लगने से ही नाव गतिशील है।

2. एक पिंड को धरती से किसी कोण पर फेंका जाता है। यह एक वक्र पथ पर चलता है और वापस धरती पर आ गिरता है। पिंड के पथ के प्रारंभिक तथा अंतिम बिंदु एक ही क्षैतिज रेखा पर स्थित हैं। पिंड पर गुरुत्व बल द्वारा कितना कार्य किया गया?

उत्तर गुरुत्व बल द्वारा किया गया कार्य $W = mgh$
जहाँ, h = पिंड के प्रारंभिक और अंतिम बिंदु की ऊँचाई में अंतर है।

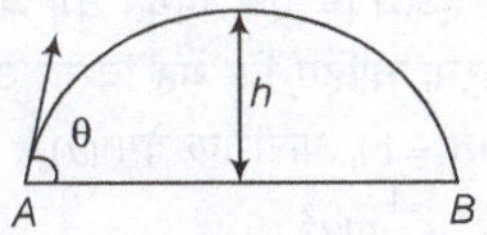

प्रश्न के अनुसार, पिंड के पथ के प्रारंभिक तथा अंतिम बिंदु एक ही क्षैतिज रेखा पर स्थित हैं, इसलिए $h = 0$

कार्य $W = mg \times 0 = 0$

3. एक बैटरी बल्ब जलाती है। इस प्रक्रम में होने वाले ऊर्जा परिवर्तनों का वर्णन कीजिए।

उत्तर प्रश्न के अनुसार, बैटरी में रासायनिक ऊर्जा है, जो पहले ऊर्जा को विद्युत ऊर्जा में और फिर ऊष्मीय ऊर्जा में परिवर्तित करती है। जिसके परिणामस्वरूप बल का फिलामेन्ट श्वेत-तृप्त हो जाता है। तथा यह प्रकाश ऊर्जा उत्पन्न करता है।
रासायनिक ऊर्जा → विद्युत ऊर्जा → ऊष्मीय ऊर्जा → प्रकाश ऊर्जा

4. 20 किग्रा द्रव्यमान पर लगने वाला कोई बल इसके वेग को 5 मी/से से 2 मी/से में परिवर्तित कर देता है। बल द्वारा किए गए कार्य का परिकलन कीजिए।

उत्तर दिया है, द्रव्यमान $m = 20$ किग्रा
प्रारंभिक वेग $u = 5$ मी/से
अंतिम वेग $v = 2$ मी/से
बल द्वारा किया गया कार्य = गतिज ऊर्जा में परिवर्तन
= अंतिम गतिज ऊर्जा − प्रारंभिक गतिज ऊर्जा

$$= \frac{1}{2}mv^2 - \frac{1}{2}mu^2$$

$$= \frac{1}{2}m(v^2 - u^2) = \frac{1}{2} \times 20[(2)^2 - (5)^2]$$

$$= \frac{1}{2} \times 20(4 - 25) = 10 \times -21 = -210 \text{ जूल}$$

5. 10 किग्रा द्रव्यमान का एक पिंड मेज पर A बिंदु पर रखा है। इसे B बिंदु तक लाया जाता है। यदि A तथा B को मिलाने वाली रेखा क्षैतिज है, तो पिंड पर गुरुत्व बल द्वारा किया गया कार्य कितना होगा? अपने उत्तर की व्याख्या कीजिए।

उत्तर गुरुत्व बल द्वारा किया गया कार्य $W = mgh$
जहाँ h = वस्तु के प्रारंभिक और अंतिम बिंदु की ऊँचाई में अंतर है। यहाँ प्रारंभिक और अंतिम बिंदु दोनों एक ही क्षैतिज रेखा में हैं,
इसलिए $h = 0$
किया गया कार्य $W = mg \times 0$

6. मुक्त रूप से गिरते एक पिंड की स्थितिज ऊर्जा लगातार कम होती जाती है। क्या यह ऊर्जा संरक्षण नियम का उल्लंघन करती है? कारण बताइए।

उत्तर मुक्त रूप से गिरते पिंड की स्थितिज ऊर्जा लगातार कम होती जाती है, लेकिन जब पिंड नीचे गिरता है, तो उसका वेग बढ़ता जाता है, अर्थात् गतिज ऊर्जा बढ़ती रहती है (क्योंकि गतिज ऊर्जा चाल के साथ बढ़ती है) अतः यह क्रिया ऊर्जा संरक्षण नियम का उल्लंघन नहीं करती क्योंकि यदि स्थितिज ऊर्जा घट रही है, तो गतिज ऊर्जा भी बढ़ रही है तथा स्थितिज ऊर्जा व गतिज ऊर्जा के योग का मान नियत रहता है।

7. जब आप साइकिल चलाते हैं, तो कौन-कौन से ऊर्जा रूपांतरण होते हैं?

उत्तर साइकिल चलाने में, पेशीय ऊर्जा साइकिल की गतिज ऊर्जा में परिवर्तित होती है।

8. जब आप अपनी सारी शक्ति लगा कर एक बड़ी चट्टान को धकेलना चाहते हैं और इसे हिलाने में असफल हो जाते हैं, तो क्या इस अवस्था में ऊर्जा का स्थानांतरण होता है? आपके द्वारा व्यय की गई ऊर्जा कहाँ चली जाती है?

उत्तर जब चट्टान को धकेला जाता है, तो चट्टान भी उतना ही प्रतिक्रिया बल विपरीत दिशा में लगाती है (न्यूटन के तृतीय नियम के अनुसार)। अतः इस क्रिया में लगाई गई पेशीय ऊर्जा चट्टान द्वारा लगाये गये प्रतिक्रिया बल का विरोध करने में व्यय हो जाती है।

9. किसी घर में एक महीने में ऊर्जा की 250 यूनिट व्यय हुईं। यह ऊर्जा जूल में कितनी होगी?

उत्तर दिया है, व्यय ऊर्जा = 250 यूनिट = 250 किलोवाट-घंटा
= 250 × 1000 वाट × 3600 सेकंड
= 250 × 1000 जूल /सेकंड × 3600 सेकंड
= 9×10^8 जूल

10. 40 किग्रा द्रव्यमान का एक पिंड धरती से 5 मी की ऊँचाई तक उठाया जाता है। इसकी स्थितिज ऊर्जा कितनी है? यदि पिंड को मुक्त रूप से गिरने दिया जाए, तो जब पिंड ठीक आधे रास्ते पर है उस समय इसकी गतिज ऊर्जा का परिकलन कीजिए। ($g = 10$ मी/से^{2})

उत्तर दिया है, द्रव्यमान m = 40 किग्रा, ऊँचाई h = 5 मी
स्थितिज ऊर्जा = $mgh = 40 \times 10 \times 5 = 2000$ जूल
आधे रास्ते पर गतिज ऊर्जा = आधे रास्ते पर स्थितिज ऊर्जा

$$KE = \frac{mgh}{2}$$
$$= 40 \times 10 \times \frac{5}{2}$$
= 1000 जूल

11. पृथ्वी के चारों ओर घूमते हुए किसी उपग्रह पर गुरुत्व बल द्वारा कितना कार्य किया जायेगा? अपने उत्तर को तर्कसंगत बनाइए।

उत्तर उपग्रह पृथ्वी के चारों ओर एक वृत्ताकार पथ में घूमता है यहाँ गुरुत्वीय बल पृथ्वी के केंद्र की ओर तथा उपग्रह का विस्थापन वृत्तीय पथ पर स्पर्श रेखा की ओर होगा, अर्थात् बल और विस्थापन एक-दूसरे के लंबवत् होंगे।

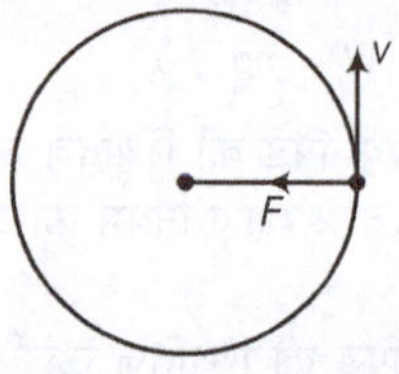

अतः गुरुत्व बल द्वारा कोई कार्य नहीं किया जायेगा।

12. क्या किसी पिंड पर लगने वाले किसी भी बल की अनुपस्थिति में, इसका विस्थापन हो सकता है? सोचिए। इस प्रश्न के बारे में अपने मित्रों तथा अध्यापकों से विचार विमर्श कीजिए।

उत्तर जब कोई वस्तु एकसमान वेग से चलती है (अर्थात् त्वरण शून्य है) तब इस पर कोई बल कार्य नहीं करता चूँकि वस्तु गतिमान है; अतः इसका विस्थापन हो रहा है।

13. कोई मनुष्य भूसे के एक गट्ठर को अपने सिर पर 30 मिनट तक रखे रहता है और थक जाता है। क्या उसने कुछ कार्य किया या नहीं? अपने उत्तर को तर्कसंगत बनाइए।

उत्तर मनुष्य ने कोई गति नहीं की अर्थात् इसका विस्थापन शून्य है, इसलिए मनुष्य द्वारा किया गया कार्य भी शून्य होगा।

14. एक विद्युत हीटर (ऊष्मक) की अंकित शक्ति 1500 वाट है। 10 घंटे में यह कितनी ऊर्जा उपयोग करेगा?

उत्तर दिया,
शक्ति = 1500 वाट
समय = 10 घंटा = 10 × 60 मिनट
= 10 × 60 × 60 सेकंड

हम जानते हैं,

$$\text{शक्ति} = \frac{\text{ऊर्जा या कार्य}}{\text{समय}}$$

कार्य = शक्ति × समय
= $1500 \times 10 \times 60 \times 60 = 5.4 \times 10^7$ जूल

15. जब हम किसी सरल लोलक के गोलक को एक ओर ले जाकर छोड़ते हैं, तो यह दोलन करने लगता है। इसमें होने वाले ऊर्जा परिवर्तनों की चर्चा करते हुए ऊर्जा संरक्षण के नियम को स्पष्ट कीजिए। गोलक कुछ समय पश्चात् विराम अवस्था में क्यों आ जाता है? अंततः इसकी ऊर्जा का क्या होता है? क्या यह ऊर्जा संरक्षण नियम का उल्लंघन है?

उत्तर माना एक सरल लोलक को आधार S से लटकाया गया है। लोलक को बिंदु P से छोड़ा जाता है (जहाँ यह विरामावस्था में है)। बिंदु P पर लोलक की स्थितिज ऊर्जा (mgh) है जब गोलक को बिंदु P से छोड़ा जाता है, तो यह बिंदु O की ओर गति करता है यहाँ लोलक की गति बढ़ती जाती है और ऊँचाई कम होती जाती है, अर्थात् स्थितिज ऊर्जा गतिज ऊर्जा में परिवर्तित होती जाती है। बिंदु O पर सम्पूर्ण स्थितिज ऊर्जा, गतिज ऊर्जा में बदल जाती है, तब लोलक जड़त्व के कारण दूसरी ओर गति करता है। जैसे-जैसे यह बिंदु Q की ओर गति करता है इसका वेग कम होता जाता है तथा ऊँचाई बढ़ती जाती है, अर्थात् गतिज ऊर्जा, स्थितिज ऊर्जा में बदलती है। बिंदु Q पर सारी गतिज ऊर्जा स्थितिज ऊर्जा में परिवर्तित हो जाती है।

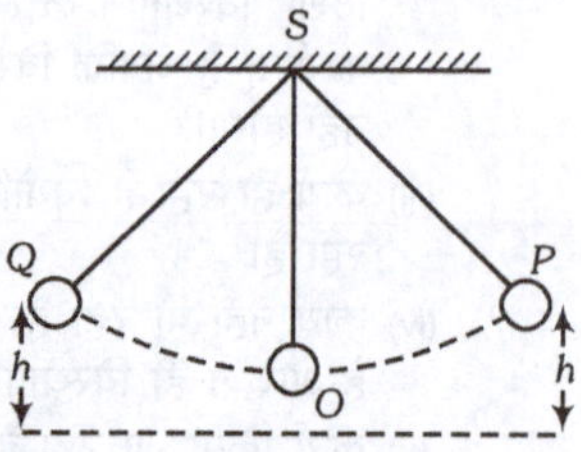

अतः सरल लोलक की गति के दौरान कुल ऊर्जा स्थिर (अचर) रहती है। जब सरल लोलक दोलन करता है तो वायु में उपस्थित घर्षण इसकी गति का विरोध करता है। इसलिए गतिज ऊर्जा का कुछ भाग इस घर्षण को कम करने में प्रयोग होता है और कुछ समय बाद इसकी गतिज ऊर्जा शून्य हो जाती है। सरल लोलक की गतिज ऊर्जा वायुमंडल में चली जाती है, अर्थात् एक रूप से दूसरे रूप में परिवर्तित हो जाती है।
अतः यहाँ ऊर्जा संरक्षण के नियम का उल्लंघन नहीं होता है।

16. m द्रव्यमान का एक पिंड एक नियत वेग से गतिशील है। पिंड पर कितना कार्य करना चाहिए कि यह विराम अवस्था में आ जाए?

उत्तर दिया है, द्रव्यमान = m, प्रारंभिक वेग (u) = v, अंतिम वेग (v) = 0

अतः $W = \frac{1}{2}mv^2 - \frac{1}{2}mu^2$

$\Rightarrow \quad W = \frac{1}{2}m(0)^2 - \frac{1}{2}mv^2 \Rightarrow W = -\frac{1}{2}mv^2$

अतः वस्तु को विरामावस्था में लाने हेतु कृत कार्य $\frac{1}{2}mv^2$ है।

17. 1500 किग्रा द्रव्यमान की कार 60 किमी/घंटा के वेग से चल रही है तो कार को रोकने के लिए किए गए कार्य का परिकलन कीजिए।

उत्तर दिया है, m = 1500 किग्रा, प्रारंभिक वेग u = 60 किमी/घंटा
$= 60 \times \frac{5}{18} = 16.67$ मी/से

अंतिम वेग $v = 0$ ($\because$ कार को रोकना है)

$\therefore$ कार को रोकने में किया गया कार्य = गतिज ऊर्जा में परिवर्तन

$= $ अंतिम गतिज ऊर्जा – प्रारंभिक गतिज ऊर्जा

$$= \frac{1}{2}mv^2 - \frac{1}{2}mu^2 = \frac{1}{2} \times 1500(0)^2 - \frac{1}{2} \times 1500 \times (16.67)^2$$

$$= -\frac{1}{2} \times 1500 \times (16.67)^2$$

$= -208333.33$ जूल

अतः कार को रोकने के लिए किया गया कार्य 208333.33 जूल है।

18. **निम्न में से प्रत्येक स्थिति में m द्रव्यमान के एक पिंड पर एक बल F लग रहा है। विस्थापन की दिशा पश्चिम से पूर्व की ओर है, जो एक लंबे तीर से प्रदर्शित की गई है चित्रों को ध्यानपूर्वक देखिए और बताइए कि किया गया कार्य ऋणात्मक है, धनात्मक है या शून्य है।**

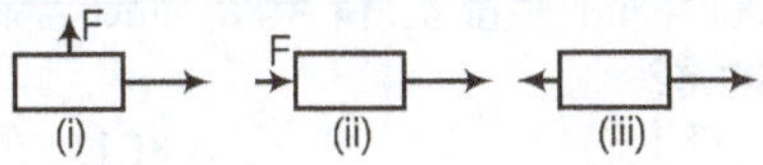

उत्तर (i) चित्र (i) में, बल और विस्थापन एक-दूसरे के लंबवत् हैं अर्थात् $\theta = 90°$ है अतः कृत कार्य शून्य है।

(ii) चित्र (ii) में बल (F) तथा विस्थापन (s) के मध्य कोण $0°$ है; अतः कृत कार्य धनात्मक है।

(iii) चित्र (iii) में बल (F) तथा विस्थापन (s) के मध्य कोण $180°$ है; अतः कृत कार्य ऋणात्मक है।

19. **सोनी कहती है कि किसी वस्तु पर त्वरण शून्य हो सकता है चाहे उस पर कईं बल कार्य कर रहे हों। क्या आप उससे सहमत हैं? बताइए क्यों?**

उत्तर हाँ, सोनी का तर्क सही है; किसी वस्तु पर त्वरण शून्य हो सकता है, चाहे उस पर कईं बल कार्य कर रहे हों। यदि इन सभी बलों का कुल परिमाण शून्य हो।

20. **चार युक्तियाँ, जिनमें प्रत्येक की शक्ति 500 W है, 10 घण्टें तक उपयोग में लाई जाती हैं। इनके द्वारा व्यय की गई ऊर्जा जूल में परिकलित कीजिए।**

उत्तर दिया गया है कि प्रत्येक युक्ति की शक्ति, $P = 500$ वाट

उपयोग में लाया गया समय, $t = 10$ घण्टें

युक्तियों की संख्या, $N = 4$

$\therefore$ युक्तियों द्वारा व्यय की गई कुल ऊर्जा $=$ युक्तियों की संख्या $\times$ प्रत्येक युक्ति की शक्ति $\times$ उपयोग का समय

$= 4 \times 500 \text{ W} \times 10 \text{ h}$

$= 20000 \text{ Wh}$

$= 20 \text{ kWh}$

$= 20 \times 3.6 \times 10^6 \text{ J}$

$= 7.2 \times 10^7 \text{ J}$

21. **मुक्त रूप से गिरता एक पिंड अंततः धरती तक पहुँचने पर रुक जाता है। इसकी गतिज ऊर्जा का क्या होता है?**

उत्तर जब एक पिंड मुक्त रूप से धरती पर गिरता है, तो कुछ आवाज तथा ऊष्मा उत्पन्न होती है इसलिए पिंड की गतिज ऊर्जा ध्वनि ऊर्जा तथा ऊष्मीय ऊर्जा में परिवर्तित हो जाती है।

अध्याय : एक नजर में

- ***कार्य*** *वह भौतिक क्रिया है, जिसमें किसी वस्तु पर बल लगाकर उसे बल की दिशा में विस्थापित किया जाता है अर्थात् वस्तु की स्थिति में परिवर्तन किया जाता है।*
  कार्य होने के लिए निम्न आवश्यक शर्तें हैं—
  (i) वस्तु पर बल लगना चाहिए। (ii) वस्तु विस्थापित होनी चाहिए।
- *किसी बल द्वारा वस्तु पर* ***कृत कार्य****, बल तथा वस्तु द्वारा बल की दिशा में तय दूरी का गुणनफल होता है अर्थात्*
  $$W = F \times s$$
  कार्य का SI मात्रक जूल है।
- ***1 जूल****, किसी वस्तु द्वारा किए गए कार्य की वह मात्रा है, जब 1 न्यूटन का बल वस्तु को बल की क्रिया रेखा की दिशा में 1 मीटर विस्थापित कर दे।*
- *कार्य करने की क्षमता को* ***ऊर्जा*** *कहते हैं। ऊर्जा का मात्रक कार्य के समान* ***जूल*** *होता है। ऊर्जा का बड़ा मात्रक किलोजूल (kJ) होता है।*
- ***जूल तथा किलोजूल में सम्बन्ध***
  1 किलोजूल = 1000 जूल
- *वस्तु की गति द्वारा अर्जित ऊर्जा को* ***गतिज ऊर्जा*** *कहते हैं।*
  गतिज ऊर्जा का SI मात्रक ***जूल*** *है।*
  यदि m द्रव्यमान की वस्तु एकसमान वेग (v) से गतिमान हो, तो गतिज ऊर्जा निम्न प्रकार दी जाती है—
  $$KE = \frac{1}{2}mv^2$$
- *किसी वस्तु की स्थिति अथवा विकृत अवस्था के कारण उसकी कार्य करने की क्षमता, उसकी* ***स्थितिज ऊर्जा*** *कहलाती है।*
  स्थितिज ऊर्जा का SI मात्रक ***जूल (J)*** *है।*
  एक वस्तु की स्थितिज ऊर्जा को निम्न प्रकार दिया जाता है—
  $$PE = mgh$$
- *ऊर्जा संरक्षण के नियमानुसार, न तो ऊर्जा को नष्ट किया जा सकता है नही उत्पन्न किया जा सकता है इसे केवल एक रूप से दूसरे रूप में स्थानान्तरित किया जा सकता है।*
- *किसी वस्तु की गति के प्रत्येक बिन्दु पर गतिज ऊर्जा तथा स्थितिज ऊर्जा के योग का मान नियत रहता है।*
- *ऊर्जा को एक रूप से दूसरे रूप में परिवर्तित करने की प्रक्रिया को* ***ऊर्जा रूपान्तरण*** *कहते हैं।*

कुछ ऊर्जा रुपान्तरण के उदाहरण—
(i) विद्युत मोटर–विद्युत ऊर्जा को यांत्रिक ऊर्जा में
(ii) विद्युत जनित्र–यांत्रिक ऊर्जा को विद्युत ऊर्जा में

- *कार्य करने की दर को शक्ति (P) कहते हैं।*
  $$\text{शक्ति} = \frac{\text{कृत कार्य}}{\text{समय}} \Rightarrow P = \frac{W}{t}$$
  शक्ति का SI मात्रक वाट है।
- *वाट तथा अश्वशक्ति में निम्न सम्बन्ध होता है—*
  1 अश्व शक्ति = 746 वाट
- *कुल कृत कार्य तथा कुल समय के अनुपात को* ***औसत शक्ति*** *कहते हैं।*

परीक्षा अभ्यास

यहाँ अध्याय से सम्बन्धित सभी सम्भावित प्रश्नों को दिया गया है, इन प्रश्नों का अभ्यास करके व याद रखकर छात्र अध्याय से सम्बन्धित किसी भी प्रश्न का उत्तर दे पाएँगे।

वस्तुनिष्ठ प्रकार के प्रश्न

बहुविकल्पीय प्रश्न

1. कार्य की

(a) केवल दिशा होती है
(b) केवल परिमाण होता है
(c) न दिशा होती है न परिमाण
(d) परिमाण व दिशा दोनों होते हैं

उत्तर *(b)* कार्य एक अदिश राशि है, जिसका केवल परिमाण होता है।

2. जूल मात्रक है

(a) कार्य और ऊर्जा का
(b) कार्य और शक्ति का
(c) शक्ति और ऊर्जा का
(d) बल और कार्य का

उत्तर *(a)* कार्य और ऊर्जा एक ही राशि है। इसका मात्रक जूल होता है।

3. अपने सिर पर 20 किग्रा का बक्सा उठाए हुए कोई कुली क्षैतिज प्लेटफार्म पर 50 मी चलता है। गुरुत्व बल के विरुद्ध कुली द्वारा किया गया कार्य होगा

(a) 200 जूल (b) 2000 जूल
(c) 1980 जूल (d) शून्य

उत्तर *(d)* बल व विस्थापन परस्पर लम्बवत् हैं।

$\therefore \quad W = Fs \cos 90° = 0$

4. एक मनुष्य एक दीवार को धकेलता है तथा इसको विस्थापित नहीं कर पाता है, तो निम्न में से कौन-सा कथन सत्य होगा?

(a) ऋणात्मक कार्य करता है।
(b) धनात्मक कार्य करता है, परन्तु अधिकतम नहीं।
(c) कोई कार्य नहीं करता है।
(d) अधिकतम कार्य करता है।

उत्तर *(c)* क्योंकि दीवार का विस्थापन शून्य है, इसलिए मनुष्य द्वारा कोई कार्य नहीं किया जाता।

5. R त्रिज्या के वृत्त में घूमने वाले पिण्ड पर अभिकेन्द्रीय बल द्वारा किया गया कार्य होगा

(a) शून्य (b) FR
(c) $F(2\pi R)$ (d) $F(2R)$

उत्तर *(a)* क्योंकि बल विस्थापन के लम्बवत् होगा, $\theta = 90°$, $\cos 90° = 0$

$$W = Fs \cos 90° = 0$$

6. निम्न ग्राफों के अनुसार कौन-से चित्र में सबसे अधिक समीप से पता चलता है कि जब पृथ्वी, सूर्य के चारों ओर दीर्घवृत्तीय कक्षा में गति करती है, तब उसकी गतिज ऊर्जा में परिवर्तन होता है?

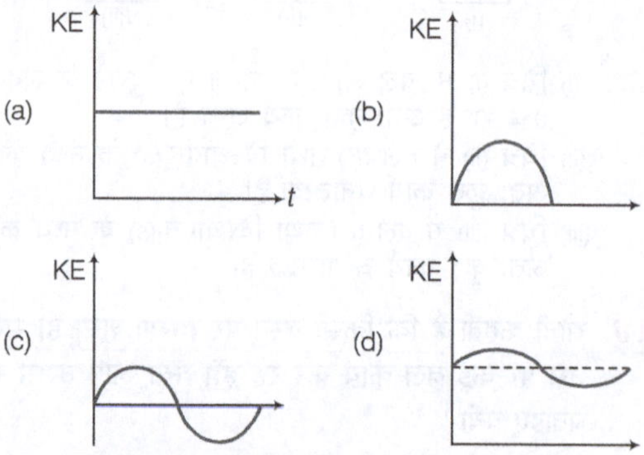

उत्तर *(d)* जब पृथ्वी, सूर्य के अत्यधिक निकटतम होती है, तब पृथ्वी की चाल अधिकतम होती है, यहाँ गतिज ऊर्जा अधिकतम होती है। जब पृथ्वी, सूर्य से अत्यधिक दूर होती है, तब चाल न्यूनतम होती है, यहाँ गतिज ऊर्जा न्यूनतम है, लेकिन शून्य और ऋणात्मक कभी भी नहीं हो सकती है।

7. 1 किग्रा की वस्तु की गतिज ऊर्जा 1 जूल तब होगी जब उसकी चाल होगी

(a) 45 मी/से (b) 1 मी/से (c) 1.4 मी/से (d) 4.4 मी/से

उत्तर *(c)* गतिज ऊर्जा, $K = \frac{1}{2}mv^2 \Rightarrow 1 = \frac{1}{2} \times 1 \times v^2$

प्रश्नानुसार, $v^2 = 2 \Rightarrow v = \sqrt{2} = 1.4$ मी/से

8. नीचे दिए गए कॉलमों को सुमेलित कीजिए।

कॉलम I	कॉलम II
A. व्यक्ति का गुरुत्वाकर्षण बल के द्वारा कुएँ से बाल्टी को बाहर खींचने में किया गया कार्य	1. धनात्मक
B. एक आनत तल पर नीचे खिसकते हुए पिण्ड पर घर्षण के द्वारा किया गया कार्य	2. ऋणात्मक
C. एक खुरदुरी सतह पर सामान को खींचने में व्यक्ति के द्वारा किया गया कार्य	3. धनात्मक
D. गुरुत्वाकर्षण बल के द्वारा लोलक को विराम से कम्पित अवस्था में लाने में वायु के द्वारा किया गया कार्य	4. ऋणात्मक, धनात्मक

कोड

	A	B	C	D		A	B	C	D
(a)	4	1	2	3	(b)	3	2	1	4
(c)	4	2	1	3	(d)	इनमें से कोई नहीं			

उत्तर (d) A. धनात्मक, ऋणात्मक
B. ऋणात्मक
C. धनात्मक
D. वायु द्वारा ऋणात्मक और गुरुत्वाकर्षण द्वारा धनात्मक

9. 30 किग्रा लोहे के एक गोले तथा 10.5 किग्रा ऐल्युमीनियम के एक गोले का व्यास बराबर है। दोनों गोलों को किसी मीनार से एकसाथ गिराया जाता है। जब वे गोले पृथ्वी से 10 मी ऊपर हैं, तो उनका
(a) त्वरण समान होगा (b) संवेग समान होगा
(c) स्थितिज ऊर्जा समान होगी (d) गतिज ऊर्जा समान होगी

उत्तर (a) दोनों गोलों का त्वरण, गुरुत्वीय त्वरण के बराबर होगा।

10. किसी वस्तु के संवेग को तीन गुना करने से उसकी गतिज ऊर्जा
(a) दोगुनी हो जाएगी (b) चार गुनी हो जाएगी
(c) नौ गुनी हो जाएगी (d) तीन गुनी हो जाएगी

उत्तर (c) गतिज ऊर्जा, $K = \frac{1}{2}mv^2 = \frac{1}{2}\frac{m^2v^2}{m} = \frac{p^2}{2m}$

प्रश्नानुसार, $K' = \frac{(3p)^2}{2m} = 9\frac{p^2}{2m} = 9K$

11. यदि 2500 जूल कार्य करने में किसी मशीन को 5 सेकण्ड लगता है, तो उसकी शक्ति होगी
(a) 250 वाट (b) 125 वाट (c) 0.5 वाट (d) 0.5 किलोवाट

उत्तर (d) शक्ति $= \frac{\text{कार्य}}{\text{समय}} = \frac{2500}{5} = 500$ वाट $= 0.5$ किलोवाट

कथन-कारण प्रकार के प्रश्न

निर्देश (प्र.सं. 12-16) इस खण्ड में दिए गए प्रत्येक प्रश्न में कथन तथा कारण दिए गए हैं। प्रत्येक प्रश्न के चार विकल्प (a), (b), (c) व (d) हैं, जिनमें से केवल एक सही है।

(a) कथन (A) तथा कारण (R) दोनों सत्य हैं तथा कारण (R), कथन (A) का सही स्पष्टीकरण है।
(b) कथन (A) तथा कारण (R) दोनों सत्य हैं, परन्तु कारण (R), कथन (A) का सही स्पष्टीकरण नहीं है।
(c) कथन (A) सत्य है, परन्तु कारण (R) असत्य है।
(d) कथन (A) असत्य है, परन्तु कारण (R) सत्य है।

12. **कथन** (A) किसी घर्षणयुक्त नत समतल पर फिसलने वाले पिण्ड पर घर्षण बल द्वारा कृत कार्य धनात्मक होता है।
कारण (R) यदि किसी पिण्ड पर लगने वाले बल तथा विस्थापन के बीच कोण $0° \le \theta \le 90°$ होता है, तो बल द्वारा किया गया कार्य धनात्मक होता है।

उत्तर (d) चूँकि $f_{\text{घर्षण}}$ तथा विस्थापन के बीच कोण 180° है।

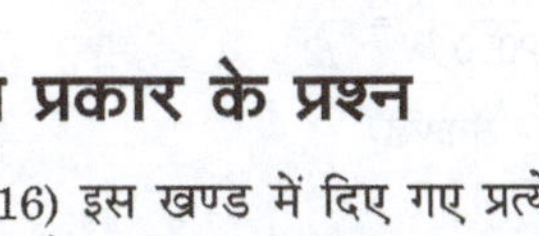

अतः $W_{\text{घर्षण}} = f_{\text{घर्षण}} \times s\cos 180° = -f_{\text{घर्षण}} \times s$
तथा $0° \le \theta \le 90°$ के लिए $\cos\theta$ का मान धनात्मक होने के कारण कार्य भी धनात्मक होता है। कथन (A) असत्य है, परन्तु कारण (R) सत्य है।

13. **कथन** (A) भिन्न-भिन्न द्रव्यमान वाले पिण्डों के संवेग समान होने पर उनकी गतिज ऊर्जाएँ भी समान होती हैं।
कारण (R) किसी पिण्ड की गतिज ऊर्जा उसके द्रव्यमान तथा वेग पर निर्भर करती है।

उत्तर (d) भिन्न-भिन्न द्रव्यमान वाले पिण्डों के संवेग समान होने पर कम द्रव्यमान वाले पिण्ड की गतिज ऊर्जा अधिक होगी। किसी पिण्ड की गतिज ऊर्जा उसके द्रव्यमान तथा वेग पर निर्भर करती है। कथन (A) असत्य है, परन्तु कारण (R) सत्य है।

14. **कथन** (A) किसी पिण्ड में संवेग शून्य होने पर पिण्ड में ऊर्जा हो सकती है, जबकि इसमें ऊर्जा शून्य होने पर संवेग नहीं हो सकता है।
कारण (R) रेखीय संवेग तथा ऊर्जा दोनों के मात्रक समान होते हैं।

उत्तर (c) किसी पिण्ड में संवेग शून्य होने पर पिण्ड का वेग शून्य होगा जिस कारण उसकी गतिज ऊर्जा शून्य होगी परन्तु पिण्ड में अन्य ऊर्जाएँ; जैसे-स्थितिज ऊर्जा, रासायनिक ऊर्जा हो सकती हैं। परन्तु पिण्ड की ऊर्जा शून्य होने पर गतिज ऊर्जा भी शून्य होगी। अतः पिण्ड में संवेग नहीं होगा। रेखीय संवेग का मात्रक 'किग्रा-मी/से' तथा ऊर्जा का मात्रक 'किग्रा-मी^{2}/से^{2}' या जूल है। कथन (A) सत्य है, परन्तु कारण (R) असत्य है।

15. **कथन** (A) जब वस्तु के वेग को दोगुना कर दिया जाता है, तो इसकी गतिज ऊर्जा चार गुनी हो जाती है।
कारण (R) गतिज ऊर्जा वेग के वर्ग के समानुपाती होती है।

उत्तर (a) $K = \frac{1}{2}mv^2 \Rightarrow K \propto v^2$, यदि वेग को दोगुना कर दिया जाए, तब गतिज ऊर्जा का मान चार गुना हो जाता है। कथन (A) तथा कारण (R) दोनों सत्य हैं तथा कारण (R), कथन (A) का सही स्पष्टीकरण है।

16. **कथन** (A) किसी कण की तात्क्षणिक शक्ति उस क्षण कण पर लग रहे बल तथा तात्क्षणिक वेग के अदिश गुणनफल के बराबर होती है।
कारण (R) तात्क्षणिक शक्ति का मात्रक "वाट" है।

उत्तर (b) $P = \mathbf{F} \cdot \mathbf{v}$ तथा शक्ति का मात्रक वाट है। कथन (A) तथा कारण (R) दोनों सत्य हैं तथा कारण (R), कथन (A) का सही स्पष्टीकरण नहीं है।

केस स्टडी आधारित प्रश्न

निर्देश (प्र.सं. 17-21) *निम्नलिखित पैराग्राफ को पढ़िए तथा दिए गए प्रश्नों के उत्तर दीजिए।*

सामान्य जीवन में हम उस प्रत्येक क्रिया, जिसमें कुछ शारीरिक या मानसिक परिश्रम या प्रयास सम्मिलित रहता है, को कार्य कहते हैं, परन्तु भौतिकी में कार्य की परिभाषा दैनिक जीवन में दी जाने वाली परिभाषा से बिल्कुल भिन्न होती है; जैसे—यदि कोई दरवाजे पर खड़ा होकर पहरा देता है, तो भौतिकी के अनुसार उसके द्वारा किया गया कार्य शून्य होगा, क्योंकि वह न तो किसी पिण्ड पर बल आरोपित करता है और न ही विस्थापन उत्पन्न करता है।

भौतिकी के अनुसार, यदि किसी पिण्ड पर बल आरोपित हो तथा उसके परिणामस्वरूप पिण्ड अपने स्थान से विस्थापित हो जाता है, तो इस प्रक्रम में बल द्वारा कार्य किया जाता है। इस प्रकार, किसी बल द्वारा किया गया कार्य बल के विस्थापन की दिशा के अनुदिश घटक तथा विस्थापन के परिमाण के गुणनफल के तुल्य होता है। उपरोक्त पैराग्राफ के आधार पर निम्न प्रश्नों के उत्तर दीजिए—

17. यदि किसी वस्तु पर कार्यरत् बल 20 न्यूटन तथा विस्थापन 2 मीटर है, तो बल द्वारा वस्तु पर कृत कार्य का मान होगा
(a) 40 जूल (b) 60 जूल (c) 90 जूल (d) 50 जूल

उत्तर (a) कार्य = बल × विस्थापन
= 20 × 2 = 40 जूल

18. कार्य का मात्रक नहीं है
(a) जूल (b) न्यूटन-मीटर
(c) न्यूटन/मीटर (d) इनमें से कोई नहीं

उत्तर (c) कार्य = बल × विस्थापन = न्यूटन-मीटर = जूल
अतः जूल तथा न्यूटन-मीटर कार्य के मात्रक हैं, जबकि न्यूटन/मीटर कार्य का मात्रक नहीं है।

19. यदि एक वस्तु पर 10 न्यूटन का बल लम्बवत् आरोपित होता है तथा वस्तु 20 मी विस्थापित होती है, तो कार्य का मान होगा
(a) 40 जूल (b) 20 जूल (c) 30 जूल (d) शून्य

उत्तर (d) कार्य $= Fd\cos\theta$
बल तथा विस्थापन एक-दूसरे के लम्बवत् हैं। अतः
$$\theta = 90°$$
$$W = Fd\cos 90°$$
अतः कार्य, $W = 0$

20. एक वस्तु पर 10 न्यूटन का बल लगाने पर वस्तु 5 मीटर विस्थापित होती है। यदि कार्य के मान को परिवर्तित किए बिना वस्तु को 2 मीटर विस्थापित करने हेतु आवश्यक बल का मान होगा
(a) 25 न्यूटन (b) 30 न्यूटन (c) 40 न्यूटन (d) 50 न्यूटन

उत्तर (a) दिया है,
बल (F) = 10 न्यूटन
विस्थापन (d) = 5 मीटर
कार्य, $W = F \times d = 10 \times 5 = 50$ जूल
प्रश्नानुसार,
$$50 = F \times 2 \Rightarrow F = \frac{50}{2} = 25 \text{ न्यूटन}$$

21. कार्य का मान निर्भर नहीं करता है
(a) आरोपित बल पर
(b) विस्थापन पर
(c) बल तथा विस्थापन के मध्य कोण पर
(d) वस्तु की प्रकृति पर

उत्तर (d) कार्य का मान वस्तु की प्रकृति पर निर्भर नहीं करता है।
कार्य, $W = Fd\cos\theta$
यहाँ, F = आरोपित बल, d = विस्थापन,
θ = बल तथा विस्थापन के मध्य कोण

निर्देश (प्र.सं. 22-26) *निम्नलिखित पैराग्राफ को पढ़िए तथा दिए गए प्रश्नों के उत्तर दीजिए।*

एक गाड़ी के लिए रोकने वाली दूरी आरोपित को स्टोपिंग (अवरोधी) बल द्वारा उसकी गतिज ऊर्जा को विभाजित (कम) करके तय की जाती है। यदि m_C द्रव्यमान की एक कार तथा m_B द्रव्यमान की एक बस की गतिज ऊर्जाएँ K_C तथा K_B हैं। ये समान मन्दन बल के द्वारा x_C तथा x_B दूरी तय करके t_C तथा t_B समय में रुक जाती हैं, तब $K_C = K_B$ के लिए $x_C = x_B$ तथा $\frac{t_C}{t_B} = \left(\frac{m_C}{m_B}\right)^{\frac{1}{2}}$
अतः कार के रुकने की दूरी बस से अधिक है तथा ये रुकने में समान समय लेती है। तीन कार जिनके द्रव्यमान 1000 किग्रा, 2000 किग्रा तथा 2500 किग्रा हैं, क्रमशः $10\sqrt{2}$ मी/से, 10 मी/से तथा 8 मी/से की चाल से चल रही हैं। कार A तथा B को रोकने के लिए समान बल लगाते हैं, रुकने से पहले चली गई दूरी तथा रुकने में लिया गया समय मापते हैं। कार B व C पर समान प्रतिरोध बल लगता है।

22. यदि कार B द्वारा रुकने के लिए लिया गया समय 5 सेकण्ड है, तब कार A रुकने में कितना समय लेगी ज्ञात कीजिए।

उत्तर $\frac{t_A}{t_B} = \left(\frac{m_A}{m_B}\right)^{\frac{1}{2}}$ से,
$$\frac{t_A}{5} = \left(\frac{1000}{2000}\right)^{\frac{1}{2}} = \frac{1}{\sqrt{2}}$$
$$\Rightarrow t_A = \frac{5}{\sqrt{2}} \text{ सेकण्ड}$$

23. एक गतिमान बस तथा कार की गतिज ऊर्जाएँ समान हैं। यदि दोनों को समान मन्दक बल लगाकर रोकें, तो कौन-सा वाहन अधिक दूरी तय करने के बाद विरामावस्था में आएगा?

उत्तर ब्रेक लगाने पर बस व कार दोनो वाहन समान दूरी तय करेंगे, क्योंकि बस व कार दोनों की गतिज ऊर्जाएँ समान हैं।

24. जब कोई चालक किसी पहाड़ी पर कार चढ़ाता है, तब उसकी चाल क्यों बढ़ा देता है?

उत्तर जब चालक पहाड़ी पर वाहन चढ़ाता है, तब वाहन की स्थितिज ऊर्जा उसकी गतिज ऊर्जा के रूपान्तरण होने पर बढ़ती है। अतः स्थितिज ऊर्जा में वृद्धि के कारण गतिज ऊर्जा की कमी को पूरा करने के लिए चालक वाहन की चाल बढ़ा देता है।

25. $10\sqrt{2}$ मी/से की चाल से गतिमान कार का द्रव्यमान कितना होगा?

उत्तर $10\sqrt{2}$ मी/से की चाल से गतिमान कार का द्रव्यमान 1000 किग्रा होगा।

26. कार B व C में से कौन-सी रुकने से पहले अधिक दूरी तय करेगी, ज्ञात कीजिए।

उत्तर कार B का रेखीय संवेग, $p_B = m_B v_B$
$= 2000 \times 10 = 2 \times 10^4$ किग्रा-मी से$^{-1}$

कार C का रेखीय संवेग, $p_C = m_C v_C$

$= 2500 \times 8 = 2 \times 10^4$ किग्रा-मी से$^{-1}$

अतः $p_B = p_C$

$\therefore \quad \frac{x_C}{x_B} = \frac{m_C}{m_B}$

$\frac{x_C}{x_B} = \frac{2500}{2000} = \frac{5}{4} = 1.25$

$x_C = 1.25 x_B$

अतिलघु उत्तरीय प्रश्न

27. यदि एक दीवार पर 10 न्यूटन का बल लगाया जाता है, तो कृत कार्य का मान क्या होगा?

उत्तर कृत कार्य शून्य होगा, क्योंकि दीवार का कोई विस्थापन नहीं होता है।

28. किस कारण हम कह सकते हैं कि गुरुत्व के विरुद्ध कृत कार्य ऋणात्मक होता है?

उत्तर बल और विस्थापन एक-दूसरे के विपरीत दिशा में होते हैं। इस कारण गुरुत्व के विरुद्ध कृत कार्य ऋणात्मक होता है।

29. एक व्यक्ति अपने हाथ में सूटकेस लिए खड़ा है, तो इसके द्वारा कृत कार्य का मान क्या होगा?

उत्तर शून्य, क्योंकि विस्थापन शून्य है।

30. एक नत समतल पर एक द्रव्यमान को

(i) खींचा

(ii) धकेला जाता है।

यदि बल सतह से θ कोण बनाता है, तो इसमें से कौन-सी क्रिया सरल होगी?

उत्तर द्रव्यमान को खींचना सरल होगा, क्योंकि इस स्थिति में कृत कार्य अधिकतम होगा।

31. बल द्वारा कृत कार्य तथा बल-आघूर्ण का मात्रक समान होता है इन दोनों के मध्य अंतर बताइए।

उत्तर बल द्वारा कृत कार्य में वस्तु स्थानान्तरीय गति करती है, जबकि बल-आघूर्ण में बल द्वारा वस्तु घूर्णन गति करती है।

32. अधिकतम कार्य करने हेतु बल तथा विस्थापन किस दिशा में होना चाहिए?

उत्तर अधिकतम कार्य करने हेतु बल तथा विस्थापन एक ही दिशा में होने चाहिए अर्थात् बल तथा विस्थापन के मध्य 0° का कोण होना चाहिए।

33. एक लड़का वृत्तीय पथ के अनुदिश एकसमान चाल से गतिमान है, तो लड़के द्वारा कृत कार्य का मान क्या होगा?

उत्तर लड़के द्वारा कृत कार्य शून्य होगा, क्योंकि वृत्तीय गति में बल व विस्थापन के मध्य कोण 90° होता है।

34. नीचे दी गई दो स्थितियों पर विचार कीजिए

(i) उच्च द्रव्यमान परन्तु न्यूनतम गतिज ऊर्जा

(ii) अल्प द्रव्यमान परन्तु उच्च गतिज ऊर्जा

उत्तर (i) एथलीट द्वारा गोले का फेंकना

(ii) हॉकी के खिलाड़ी द्वारा गेंद को तीव्रता से मारना तथा गेंद की तीव्र गति होना

35. द्रव्यमान या वेग में से किसमें परिवर्तन करने से गतिज ऊर्जा में अधिक परिवर्तन होता है?

उत्तर वेग में परिवर्तन करने से गतिज ऊर्जा में अधिक परिवर्तन होता है।

$$KE = \frac{1}{2} mv^2$$

36. (i) चित्रानुसार किस स्थिति में स्प्रिंग की स्थितिज ऊर्जा न्यूनतम होती है?

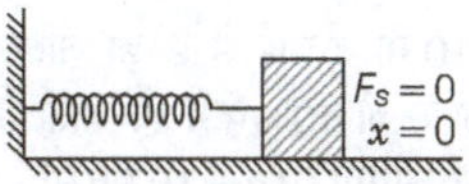

(ii) यदि किसी वस्तु की यांत्रिक ऊर्जा शून्य हो, तो क्या वस्तु में संवेग होगा? व्याख्या कीजिए। **NCERT Exemplar**

उत्तर (i) जब स्प्रिंग साम्यावस्था में होती है, तब स्थितिज ऊर्जा का मान न्यूनतम होता है।

(ii) स्थितिज ऊर्जा $= mgh$

यदि $h = 0$, तब स्थितिज ऊर्जा शून्य होगी।

∵ संवेग ऊँचाई पर निर्भर नहीं करता इसलिए संवेग शून्य नहीं होगा। अतः यान्त्रिक ऊर्जा के शून्य होने पर भी वस्तु में संवेग होगा।

37. यदि एक वस्तु को ऊर्ध्वाधरतः ऊपर फेंका जाता है, तो इसका वेग घटता है। जब शीर्ष पर जाकर यह रुक जाती है तथा वेग शून्य हो जाता है, तो गतिज ऊर्जा पर क्या प्रभाव पड़ता है?

उत्तर इस प्रक्रिया में पूर्ण गतिज ऊर्जा, स्थितिज ऊर्जा (mgh) में रूपान्तरित हो जाती है। यहाँ, m वस्तु का द्रव्यमान, h ऊँचाई तथा g गुरुत्वीय त्वरण है।

38. जब एक कील को लकड़ी में गाड़ने हेतु हथौड़े से मारा जाता है, तो कील का ऊपरी सिरा गर्म हो जाता है। इस स्थिति में कौन-सा ऊर्जा रूपान्तरण होता है?

उत्तर इस स्थिति में गतिज ऊर्जा, ऊष्मीय ऊर्जा में रूपान्तरित होती है।

39. एक कार तथा ट्रक की समान चाल 60 मी/से है। इसके द्रव्यमान 1 : 4 में हैं, तो गतिज ऊर्जा का मान ज्ञात कीजिए।

उत्तर दिया है, कार की चाल (v_1) = ट्रक की चाल (v_2) = 60 मी/से

$$\therefore \quad \frac{KE_1}{KE_2} = \frac{\frac{1}{2} m_1 v_1^2}{\frac{1}{2} m_2 v_2^2} = \frac{60 m_1}{60 m_2} = \frac{1}{4} = 1 : 4$$

40. यदि एक कण की चाल दोगुनी कर दी जाती है, तो इसकी गतिज ऊर्जा तथा संवेग का अनुपात ज्ञात कीजिए।

उत्तर गतिज ऊर्जा $(KE') = \frac{1}{2} m(v')^2 \qquad [\because v' = 2v]$

$$= \frac{1}{2} m(2v)^2 = 4 KE$$

और संवेग, $p' = mv' = m(2v) = 2p$

$\because \quad \frac{KE'}{p'} = \frac{4KE}{2p} = 2 \times \left(\frac{KE}{p}\right)$

अतः अनुपात दोगुना हो जाएगा।

41. **यदि 5 किग्रा द्रव्यमान की वस्तु को 2 मी ऊँचाई पर ले जाया जाता है, तो गुरुत्व के विरुद्ध कृत कार्य की गणना कीजिए। (दिया है, $g = 9.8$ मी से$^{-2}$)**

उत्तर दिया है, द्रव्यमान $(m) = 5$ किग्रा, ऊँचाई $(h) = 2$ मी, $W = ?$
हम जानते हैं,

$$W = mgh = 5 \times 9.8 \times 2 = 98 \text{ जूल}$$

42. **एक गेंद को 10 मी ऊँचाई से छोड़ा जाता है। पृथ्वी से टकराने के बाद इसकी ऊर्जा 40% कम हो जाती है। कितनी ऊँचाई तक यह गेंद वापस जाएगी? ($g = 10$ मी/से^{2}) NCERT Exemplar**

उत्तर टकराने के बाद गेंद की 40% ऊर्जा कम हो जाती है अर्थात् 60% ऊर्जा गेंद में शेष बचती है।

$mgh' = 60\%$ का mgh

$$h' = \frac{60}{100} h = \frac{60}{100} \times 10 = 6 \text{ मी}$$

43. **1 मी ऊँचाई से 2 किग्रा द्रव्यमान की वस्तु छोड़ी जाती है। जब यह धरातल पर पहुँचेगी, तो इसकी गतिज ऊर्जा क्या होगी? ($g = 9.8$ मी/से^{2})**

उत्तर दिया है, द्रव्यमान $(m) = 2$ किग्रा, ऊँचाई $(h) = 1$ मी
धरातल पर पहुँचने पर गतिज ऊर्जा, स्थितिज ऊर्जा में रूपान्तरित हो जाएगी।

अतः $KE = PE = mgh = 2 \times 9.8 \times 1 = 19.6$ जूल

44. **50 किग्रा की एक लड़की 20 सेकंड में 10 मी की ऊर्ध्वाधर ऊँचाई पर चढ़ती है, तो लड़की द्वारा क्षयित शक्ति क्या होगी?**

उत्तर लड़की द्वारा क्षयित शक्ति

$$= \frac{\text{लड़की द्वारा कृत कार्य}}{\text{समय}}$$

$$= \frac{F \times s}{t} = \frac{mg \times s}{t}$$

$$= \frac{50 \times 9.8 \times 10}{20}$$

$$= 245 \text{ वाट}$$

45. **यदि 60 वाट के टोस्टर को 30 मिनट तक प्रयुक्त किया जाता है, तो क्षयित ऊर्जा का मान ज्ञात कीजिए।**

उत्तर दिया है,

शक्ति $(P) = 60$ वाट

समय $(t) = 30$ मिनट

क्षयित ऊर्जा = शक्ति × समय

$$= 60 \times 30 \times 60$$

$$= 108000 \text{ जूल}$$

$$= 1.08 \times 10^5 \text{ जूल}$$

लघु उत्तरीय प्रश्न

1. **सीमा 100 किग्रा के भारी पत्थर को 200 सेकण्ड तक खिसकाने का प्रयत्न करती है, परन्तु वह खिसकता नहीं है, तो 200 सेकण्ड में सीमा द्वारा किया गया कार्य ज्ञात कीजिए।**

उत्तर 200 सेकण्ड में सीमा द्वारा कृत कार्य शून्य है। क्योंकि यहाँ कोई विस्थापन नहीं होता है अर्थात्

$$W = F \times s = 0 \quad [\because s = 0]$$

2. **बल द्वारा कृत कार्य को किस प्रकार मापा जाता है? एक कुली 20 किग्रा भार को धरातल से 1.7 मीटर ऊपर उठाकर अपने सिर पर रखता है, तो कुली द्वारा भार पर कृत कार्य की गणना कीजिए। ($g = 10$ मी से$^{-2}$)**

उत्तर बल द्वारा कृत कार्य को बल तथा बल की दिशा में विस्थापन के गुणनफल के द्वारा मापा जाता है।

दिया है, $m = 20$ किग्रा, $s = 1.7$ मी

[यहाँ, m = भार का द्रव्यमान तथा g = गुरुत्वीय त्वरण]

$\therefore \quad W = Fs = mgs \quad [\because F$ और s समान दिशा में हैं]

$= 20 \times 10 \times 1.7 = 340$ जूल

3. **नीचे दी गई स्थितियों को पढ़कर बताइए कि किस-किस स्थिति में कार्य होगा तथा अपने उत्तर का कारण भी बताइए।**

(i) एक व्यक्ति बड़े पत्थर को खिसकाता है, परन्तु वह नहीं खिसकता है।

(ii) एक बैल, गाड़ी को 1 किमी तक सड़क पर खींचता है।

(iii) एक लड़की ट्रॉली को लगभग 2 मीटर दूरी तक खींचती है।

(iv) एक व्यक्ति अपने सिर पर भारी बैग रखकर खड़ा है।

उत्तर (i) प्रथम स्थिति में विस्थापन शून्य है। अतः कृत कार्य = शून्य

(ii) बैल द्वारा गाड़ी को खींचने में कृत कार्य धनात्मक है, क्योंकि F तथा s एक ही दिशा में हैं।

(iii) लड़की द्वारा ट्रॉली को खींचने में कृत कार्य धनात्मक है, क्योंकि बल तथा विस्थापन एक ही दिशा में हैं।

(iv) यहाँ पर कोई विस्थापन नहीं होता है, क्योंकि व्यक्ति भारी बैग को रखकर खड़ा है। अतः कृत कार्य शून्य है।

4. **क्या यह सम्भव है कि बाह्य बल लगाकर किसी वस्तु को त्वरित किया जाता है, लेकिन बल द्वारा कोई कार्य नहीं किया जाता? उदाहरण की सहायता से समझाइए।**

उत्तर हाँ, जब बल गति की दिशा के लम्बवत् दिशा में कार्य करता है, तब बल द्वारा कोई कार्य नहीं किया जाता।

उदाहरण–पृथ्वी, सूर्य के चारों ओर गुरुत्वाकर्षण बल के कारण परिक्रमा करती है, लेकिन सूर्य द्वारा कोई कार्य नहीं किया जाता, जबकि पृथ्वी पर अभिकेन्द्र त्वरण कार्य करता है।

5. **एक बस तथा एक कार की गतिज ऊर्जा समान है, तो दोनों में से कौन तीव्रता से चलेगा? बताइए।**

उत्तर गतिज ऊर्जा $(KE) = \frac{1}{2} mv^2 \Rightarrow v = \sqrt{\frac{2KE}{m}}$

कार तथा बस, दोनों के लिए गतिज ऊर्जा समान है।

अतः $v \propto \frac{1}{\sqrt{m}}$

कार का द्रव्यमान बस से कम है। अतः कार तेजी से गति करेगी।

6. स्थितिज ऊर्जा को परिभाषित कीजिए। स्थितिज ऊर्जा का व्यंजक लिखिए। स्थितिज ऊर्जा का SI मात्रक लिखिए।

उत्तर किसी वस्तु की स्थिति या आकृति में परिवर्तन के कारण उत्पन्न ऊर्जा को स्थितिज ऊर्जा कहते हैं

वस्तु की स्थितिज ऊर्जा, PE = mgh

स्थितिज ऊर्जा का SI मात्रक जूल है।

7. झरने की तली पर जल, शीर्ष की तुलना में गर्म होता है कारण बताइए?

उत्तर जब जल धरातल पर गिरता है, तो इसकी यान्त्रिक ऊर्जा, ऊष्मीय ऊर्जा में रूपान्तरित हो जाती है, जिसके कारण झरने की तली पर जल, शीर्ष की तुलना में गर्म होता है।

8. निम्न स्थितियों में कृत कार्य का परिमाण क्या है? अपने उत्तर को उचित कारण देकर स्पष्ट कीजिए।

(i) नाभिक के चारों ओर r त्रिज्या के वृत्तीय पथ में इलेक्ट्रॉन की गति।

(ii) h ऊँचाई की बहुमंजिला इमारत से गुरुत्व के अधीन m द्रव्यमान का गिरना।

उत्तर (i) कृत कार्य शून्य होगा, जिसे चित्र में दर्शाया गया है

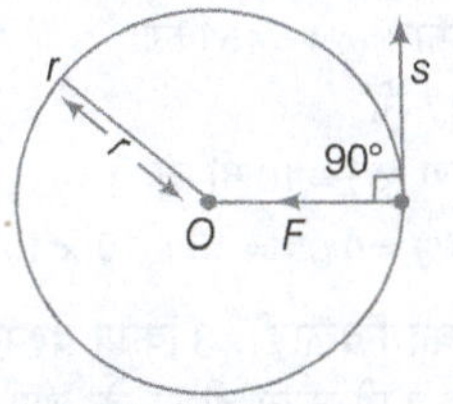

जब इलेक्ट्रॉन नाभिक के परितः घुमता है, तो इस पर केन्द्र (O) की ओर अभिकेन्द्रीय बल लगता है।

विस्थापन स्पर्श रेखीय है। अतः बल तथा विस्थापन के मध्य कोण 90° है, इसलिए

$$W = Fs = 0$$

(ii) हम जानते हैं, $W = mgh$

जब पत्थर को गिराया जाता है, तो इसकी स्थितिज ऊर्जा, गतिज ऊर्जा में रूपान्तरित होने लगती है।

माना इसकी चाल v है, अतः

$v^2 = 2gh$ (जब पत्थर धरातल पर पहुँचेगा)

$\Rightarrow \quad KE = \frac{1}{2}mv^2$

$= \frac{1}{2} \times m \times 2gh = mgh$

$\Rightarrow \quad W = mgh$

9. ऊर्जा रूपान्तरण से आप क्या समझते हैं? इसे उचित उदाहरण के द्वारा समझाइए।

उत्तर ऊर्जा का एक रूप से दूसरे रूप में स्थानान्तरण ऊर्जा रूपान्तरण कहलाता है।

(i) जब एक गेंद को फेंका जाता है, तो माँसपेशियाँ ऊर्जा, गेंद की गतिज ऊर्जा में रूपान्तरित होती हैं।

(ii) जब बच्चों वाली गाड़ी को चाबी भरकर छोड़ी जाती है, तो स्थितिज ऊर्जा, गतिज ऊर्जा में रूपान्तरित होती है।

10. सीढ़ी द्वारा ऊँचाई पर चढ़ने की तुलना में लिफ्ट से ऊपर जाने में अधिक शक्ति क्यों लगती है? बताइए।

उत्तर यह कथन सत्य है, क्योंकि लिफ्ट के माध्यम से व्यक्ति को कम समय पर ऊँचाई तक पहुँचाया जाता है, इसी कारण लिफ्ट से ऊपर जाने पर अधिक शक्ति व्यय होती है।

11. चित्रानुसार निम्न प्रश्नों के उत्तर दीजिए।

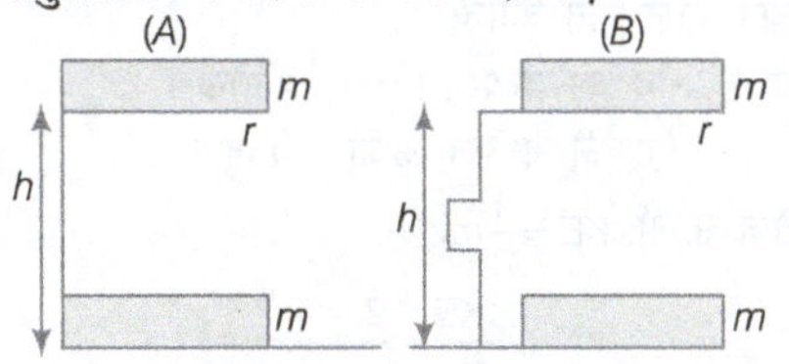

(i) वस्तु की स्थितिज ऊर्जा से आप क्या समझते हैं?

(ii) एक m द्रव्यमान की वस्तु को h ऊँचाई तक दो भिन्न पथों A व B से ऊर्ध्वाधर ऊपर उठाया जाता है। इन दोनों स्थितियों में वस्तु की स्थितिज ऊर्जा क्या होगी? अपने उत्तर का कारण दीजिए।

उत्तर (i) वस्तु की स्थिति के कारण निहित ऊर्जा को स्थितिज ऊर्जा कहते हैं।

(ii) दोनों स्थितियों में गुरुत्व के विरुद्ध कृत कार्य mgh है। यह पथ पर निर्भर नहीं करती है। इसका मान केवल वस्तु के प्रारम्भिक तथा अन्तिम स्थितियों पर निर्भर करता है।

12. एक कुली 15 किग्रा के बॉक्स को धरातल से 2 मी ऊँचाई पर ले जाता है। कुली द्वारा बक्से पर कृत कार्य की गणना कीजिए। (दिया है, $g = 9.8$ मी से$^{-2}$)

उत्तर दिया है, द्रव्यमान $(m) = 15$ किग्रा, दूरी $(s) = 2$ मी

गुरुत्वीय त्वरण $(g) = 9.8$ मी से$^{-2}$, $W = ?$

आरोपित बल, $F = mg = 15 \times 9.8 = 147$ न्यूटन

कृत कार्य, $W = F \times s = 147 \times 2 = 294$ न्यूटन

13. एक लड़का 5 न्यूटन के घर्षण बल के विरुद्ध एक सरल पथ पर गतिमान है 1.5 किमी की दूरी तय करने के बाद एक 100 मी के सर्किल पर लड़का रास्ता भूल जाता है, जैसा कि चित्र में दर्शाया गया है

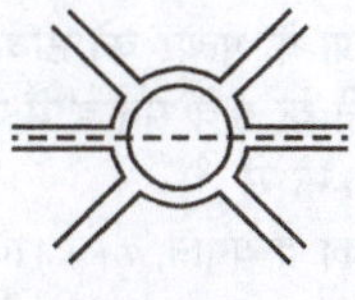

वह वृत्तीय पथ पर $1\frac{1}{2}$ चक्कर लगाकर 2 किमी आगे जाता है, तो उसके द्वारा कृत कार्य की गणना कीजिए।

उत्तर दिया है, घर्षण बल के विरुद्ध कार्यरत् बल = 5 न्यूटन

वृत्तीय पथ पर विस्थापन = एक चक्र + आधा चक्र

= 0 + आधा चक्र

$= 0 +$ वृत्तीय पथ का व्यास

$= 0 + 2r = 0 + 2 \times 100$

[$\because r = 100$ मी]

$= 0 + 200 = 200$ मी

कुल विस्थापन = 1.5 किमी + 200 मी + 2 किमी

$= 1.5 \times 1000 + 200 + 2 \times 1000$

[$\because$ 1 किमी = 1000 मी]

= 3700 मी

लड़के द्वारा कृत कार्य $= Fs = 5 \times 3700 = 18500$ जूल

14. **2 किग्रा द्रव्यमान की गेंद की गतिज ऊर्जा 4 जूल है, तो इसकी चाल ज्ञात कीजि**

उत्तर दिया है, गेंद का द्रव्यमान (m) = 2 किग्रा

गेंद की गतिज ऊर्जा = 4 जूल

गतिज ऊर्जा, $KE = \frac{1}{2}mv^2$

$\Rightarrow \quad v^2 = \frac{2\,KE}{m} = \frac{2 \times 4}{2} = 4$

$v = 2$ मी/से

15. **दो वस्तु के द्रव्यमान 1 : 8 के अनुपात में हैं तथा इनकी चाल 4 : 5 के अनुपात में है, तो इनकी गतिज ऊर्जाओं का अनुपात ज्ञात कीजिए।**

उत्तर दिया है, $\frac{m_1}{m_2} = \frac{1}{8}$ और $\frac{v_1}{v_2} = \frac{4}{5}$

$\because \quad \frac{KE_1}{KE_2} = \frac{(1/2)\,m_1v_1^2}{(1/2)\,m_2v_2^2} = \frac{m_1}{m_2}\left(\frac{v_1}{v_2}\right)^2$

$= \frac{1}{8} \times \left(\frac{4}{5}\right)^2 = \frac{1}{8} \times \frac{16}{25} = 2 : 25$

16. **एक रॉकेट को वेग v से ऊपर की ओर छोड़ा जाता है। यदि रॉकेट का वेग अचानक तीन गुना कर दिया जाए, तब इनकी गतिज ऊर्जा का क्या अनुपात होगा?**

उत्तर दिया है, $v_1 = v, v_2 = 3v$

गतिज ऊर्जाओं का अनुपात, $\frac{K_1}{K_2} = \frac{\frac{1}{2}mv_1^2}{\frac{1}{2}mv_2^2}$

$\Rightarrow \quad \frac{K_1}{K_2} = \frac{v_1^2}{v_2^2} = \frac{v^2}{(3v)^2} = \frac{v^2}{9v^2}$

$\Rightarrow \quad \frac{K_1}{K_2} = \frac{1}{9}$

17. **एक बच्चा 1 किग्रा के पत्थर को टॉवर के शीर्ष से फेंकता है, तो पत्थर के गिरने के 5 वे सेकंड में उसकी गतिज ऊर्जा ज्ञात कीजिए। ($g = 10$ मी से$^{-2}$)**

उत्तर दिया है, पत्थर का द्रव्यमान, $m = 1$ किग्रा

प्रारम्भिक वेग, $u = 0$, समय, $t = 5$ सेकंड

गुरुत्वीय त्वरण (g) = 10 मी से$^{-2}$

गति के समीकरण द्वारा,

$v = u + gt$ [नीचे की ओर]

$v = 0 + 10 \times 5$

$v = 50$ मी/से

पत्थर की गतिज ऊर्जा $= \frac{1}{2}mv^2$

$= \frac{1}{2} \times 1 \times (50)^2 = 1250$ जूल

18. **20 किग्रा द्रव्यमान को 0.5 मी की ऊँचाई से गिराया जाता है, तो ज्ञात कीजिए**

(i) वेग

(ii) धरातल पर ठीक पहुँचते ही गतिज ऊर्जा।

उत्तर दिया है, ऊँचाई (h) = 0.5 मी

द्रव्यमान (m) = 20 किग्रा

(i) $v^2 = 2gh = 2 \times 10 \times 0.5 = 10$ [$\because g = 10$ मी से$^{-2}$]

$v = \sqrt{10} = 3.16$ मी से$^{-1}$

(ii) हम जानते हैं,

गतिज ऊर्जा, $KE = \frac{1}{2}mv^2 = \frac{1}{2} \times 20 \times 10 = 100$ जूल

19. **एक लड़का 20 किग्रा के सूटकेस को धरातल से 1.2 मी ऊपर उठाता है, तो लड़के द्वारा सूटकेस पर कृत कार्य की गणना कीजिए (दिया है, $g = 10$ मी से$^{-2}$)**

उत्तर दिया है, द्रव्यमान (m) = 20 किग्रा

ऊँचाई (h) = 12 मी, $g = 10$ मी से$^{-2}$

कृत कार्य (W) $= mgh = 20 \times 10 \times 1.2 = 240$ जूल

20. **एक कुली 15 किग्रा भार को धरातल से 1.7 मी ऊपर उठाकर अपने सिर पर रखता है, तो कुली द्वारा भार पर कृत कार्य ज्ञात कीजिए। ($g = 10$ मी से$^{-2}$)**

उत्तर दिया है, द्रव्यमान (m) = 15 किग्रा

ऊँचाई (h) = 1.7 मी

गुरुत्वीय त्वरण (g) = 10 मी से$^{-2}$

$\therefore$ कृत कार्य (W) $= mgh = 15 \times 10 \times 1.7 = 255$ जूल

21. **एक शॉटपुट का खिलाड़ी, 3 किग्रा द्रव्यमान के शॉटपुट को फेंकता है। यह 2 मी ऊँची दीवार के शीर्ष को 4 मी/से की चाल से तय करता है। जब शॉटपुट दीवार को पार करता है, तब कुल यान्त्रिक ऊर्जा ज्ञात कीजिए। (दिया है, $g = 9.8$ मी/से^{2})**

उत्तर दिया है, $m = 3$ किग्रा, $h = 2$ मी, $v = 4$ मी/से, $g = 9.8$ मी/से^{2}

कुल यान्त्रिक ऊर्जा = KE + PE

$= \frac{1}{2}mv^2 + mgh$

$= \frac{1}{2} \times 3 \times 16 + 3 \times 9.8 \times 2$

$= 24 + 58.8 = 82.8$ जूल

22. **एक विद्युत मोटर पम्प की शक्ति 5 किलोवाट है, तो इसके द्वारा 20 मी ऊँचाई पर प्रति मिनट चढ़ाए जाने वाले जल की मात्रा क्या होगी? ($g = 10$ मी से$^{-2}$)**

उत्तर दिया है, शक्ति (P) = 5 किलोवाट

समय (t) = 60 सेकण्ड

ऊँचाई (h) = 20 मी

पम्प को दी गई ऊर्जा = शक्ति $\times$ समय

= 5 किलोवाट $\times$ 1 मिनट

परीक्षा अभ्यास

$= 500$ वाट $\times 60$ सेकंड $= 3 \times 10^5$ जूल

ऊर्जा $(E) = mgh$

$\Rightarrow \quad m = \frac{E}{gh} = \frac{3 \times 10^5}{10 \times 20} = 1.5 \times 10^3$ किग्रा

प्रति मिनट उत्थापित जल का आयतन $= \frac{\text{द्रव्यमान}}{\text{घनत्व}}$

$= \frac{1.5 \times 10^3}{10^3} = 1.5$ मी^{3}

23. **एक मोटर पम्प की शक्ति 60 वाट है, तो 10 मी गहरे कुएँ द्वारा प्रति मिनट उत्थापित जल का द्रव्यमान ज्ञात कीजिए। ($g = 10$ मी से$^{-2}$)**

उत्तर दिया है, शक्ति $(P) = 60$ वाट,

समय $(t) = 60$ सेकंड, ऊँचाई $(h) = 10$ मी

पम्प को दी गई ऊर्जा = शक्ति $\times$ समय

$= 60$ वाट $\times 1$ मिनट

$= 60$ वाट $\times 60$ सेकंड

$= 3600$ वाट सेकंड $= 3600$ जूल

ऊर्जा, $E = mgh$

$3600 = m \times 10 \times 10$

$m = 36$ किग्रा

जल का द्रव्यमान = 36 किग्रा है।

24. **अविनाश 10 न्यूटन के घर्षण बल के विरुद्ध 8 मी/से के वेग से दौड़ सकता है, जबकि कपिल 25 न्यूटन के घर्षण बल के विरुद्ध 3 मी/से के वेग से दौड़ सकता है। कौन ज्यादा शक्तिशाली है और क्यों?**

उत्तर अविनाश द्वारा आरोपित बल = 10 न्यूटन

अविनाश का वेग = 8 मी/से

शक्ति $= F v = 10 \times 8 = 80$ वाट

कपिल द्वारा आरोपित बल = 25 न्यूटन

कपिल का वेग = 3 मी/से

शक्ति $= F v = 25 \times 3 = 75$ वाट

चूँकि अविनाश की शक्ति कपिल से $(80 - 75) = 5$ वाट ज्यादा है, इसलिए अविनाश ज्यादा शक्तिशाली है।

25. **मानव हृदय प्रत्येक स्पन्द में 1.5 जूल कार्य करता है, तो 2 वाट की शक्ति उत्पन्न करने हेतु हृदय प्रति मिनट में कितनी बार स्पन्दित होगा?**

उत्तर दिया है, शक्ति $(P) = 2$ वाट

समय $(t) = 1$ मिनट $= 60$ सेकंड

कुल कार्य $(W) = Pt = 2 \times 60 = 120$ जूल

$\because$ 1.5 जूल कार्य 1 स्पन्द में होता है।

$\therefore$ 120 जूल कार्य $\frac{1 \times 120}{1.5} = 80$ स्पन्द में होगा।

26. **एक छात्र अपनी शक्ति की गणना करने हेतु सीढ़ियों पर चढ़ते समय निम्न पाठ्यांक लेता है**

सीढ़ियों की संख्या = 28

प्रत्येक सीढ़ी की ऊँचाई = 20 सेमी, समय = 5.4 सेकंड

छात्र की द्रव्यमान = 55 किग्रा

गुरुत्वीय त्वरण $(g) = 9.8$ मी से$^{-2}$

उत्तर दिया है, $n = 28, h = 20$ सेमी $= 0.2$ मी

$t = 5.4$ सेकंड, $m = 55$ किग्रा, $g = 9.8$ मी से$^{-2}$

छात्र की शक्ति, $P = n \times \frac{W}{t} = n \times \frac{mgh}{t}$

$= \frac{28 \times 55 \times 9.8 \times 0.2}{5.4} = 558.96 \approx 559$ वाट

27. **एक लड़का X; 10 न्यूटन के घर्षण बल के विरुद्ध 8 मी से$^{-1}$ की चाल से दौड़ता है और अन्य लड़का Y, 20 न्यूटन के घर्षण बल के विरुद्ध 3 मी से$^{-1}$ की चाल से दौड़ता है, तो X तथा Y की शक्ति ज्ञात कीजिए।**

उत्तर दिया है,

लड़के X द्वारा 1 सेकंड में तय दूरी = 8 मी

लड़के Y द्वारा 1 सेकंड में तय दूरी = 3 मी

10 न्यूटन के घर्षण बल के विरुद्ध लड़के X द्वारा दौड़ने में कृत कार्य = 10 न्यूटन $\times$ 8 मी = 80 जूल

X द्वारा 80 जूल कार्य करने में शक्ति $= \frac{W}{t} = \frac{80}{1} = 80$ वाट

इसी प्रकार, Y लड़के के लिए

कार्य = 20 न्यूटन $\times$ 3 मी = 60 जूल

Y की शक्ति $= \frac{60 \text{ जूल}}{1 \text{ से}} = 60$ वाट $= \frac{80}{60} = \frac{4}{3} = 4 : 3$

28. **एक 4 किग्रा द्रव्यमान की वस्तु को धरातल से 4 मी ऊँचाई से विरामावस्था से छोड़ा जाता है। जब यह धरातल पर गिरती है, तो इसकी चाल 20 मी से$^{-1}$ होती है। वस्तु गिरने के बाद पुनः नहीं उछलती है तथा गुरुत्वीय क्षेत्र क्षमता 10 न्यूटन किग्रा$^{-1}$ है, तो कितनी ऊर्जा ऊष्मा तथा ध्वनि में रूपान्तरित होगी?**

उत्तर दिया है, धरातल से ऊँचाई $(h) = 20$ मी

गेंद का द्रव्यमान $(m) = 4$ किग्रा

ऊर्जा संरक्षण के अनुसार ऊर्जा सदैव संरक्षित रहती है।

अतः पूर्ण ऊर्जा ध्वनि तथा ऊष्मा में रूपान्तरित हो जाएगी, क्योंकि गेंद पुनः उछलती नहीं है।

$\therefore$ गेंद की ऊर्जा $= \frac{1}{2} mv^2 = \frac{1}{2} \times 4 \times (20)^2 = 800$ जूल

अतः 800 जूल ऊर्जा ऊष्मा तथा ध्वनि में रूपान्तरित होगी।

29. **बल द्वारा कृत कार्य से आप क्या समझते हैं? हम कार्य को कब धनात्मक या ऋणात्मक कहते हैं?**

रस्साकशी के खेल में जीतने व हारने वाली टीम किस प्रकार का कार्य करती है?

उत्तर यदि किसी वस्तु पर बल आरोपित करने पर उसमें विस्थापन होता है, तो इसे बल द्वारा कृत कार्य कहते हैं।

यदि बल तथा विस्थापन एक ही दिशा में कार्यरत् होते हैं अर्थात् बल तथा विस्थापन के मध्य कोण 0° होता है, तब कार्य धनात्मक होता है।

यदि बल तथा विस्थापन एक-दूसरे के विपरीत होते हैं अर्थात् बल तथा विस्थापन के मध्य कोण 180° हो, तो कार्य ऋणात्मक होता है।

रस्साकशी के खेल में जीतने वाली टीम धनात्मक कार्य करती है तथा हारने वाली टीम ऋणात्मक कार्य करती है।

30. समान संवेग वाली हल्की और भारी वस्तुओं की गतिज ऊर्जाओं का अनुपात ज्ञात कीजिए। कौन-सी वस्तु की गतिज ऊर्जा अधिक होगी?

उत्तर माना हल्की और भारी वस्तुओं के द्रव्यमान क्रमशः m_1 और m_2 हैं और इनकी गतिज ऊर्जाएँ भी क्रमशः K_1 और K_2 हैं।

किसी वस्तु की गतिज ऊर्जा $(K) = \frac{p^2}{2m}$ $[\because p = mv]$

∵ संवेग समान है, $K \propto \frac{1}{m}$

अतः $\frac{K_1}{K_2} = \frac{m_2}{m_1}$

∵ गतिज ऊर्जा द्रव्यमान के व्युत्क्रमानुपाती होती है।
∴ हल्की वस्तु की गतिज ऊर्जा अधिक होगी।

31. यदि एक बल वस्तु की गति में अवमन्दन करता है, तो बल द्वारा कृत कार्य की प्रकृति क्या होगी? कारण बताइए। इस स्थिति के दो उदाहरण बताइए।

उत्तर अवमन्दन गति के लिए कार्य की प्रकृति ऋणात्मक है।
माना बल F वस्तु को v वेग से गति कराते हुए विरामावस्था में लाता है, तो कृत कार्य = गतिज ऊर्जा में परिवर्तन

$$= KE_f - KE_i$$
$$W = 0 - \frac{1}{2}mv^2 = \frac{-1}{2}mv^2$$

उदाहरण—
(i) जब हम कार के ब्रेक लगाते हैं, तो कृत कार्य ऋणात्मक होता है।
(ii) घर्षण बल द्वारा कृत कार्य ऋणात्मक है।

32. एक लड़की 6 मिनट के लिए बैठती और उठती है, तो समय के साथ स्थितिज ऊर्जा में परिवर्तन का ग्राफ खींचिए।

उत्तर

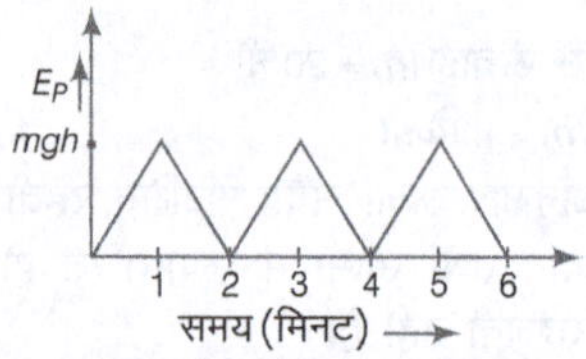

जब लड़की बैठी है, तो उपरोक्त ग्राफ में उसकी स्थितिज ऊर्जा शून्य दर्शाई गई है। माना लड़की का द्रव्यमान m तथा लकड़ी ऊँचाई h पर उठती है। खड़े होते समय स्थितिज ऊर्जा $+ mgh$ तथा बैठते समय ऊर्जा शून्य है। यहाँ पर हमने माना कि बैठते और उठते समय को त्वरण या मन्दन नहीं हो रहा है।

33. एक कार समतल सड़क पर चल रही है और उसका वेग दोगुना हो जाता है, तो इस प्रक्रिया में
(i) कार की स्थितिज ऊर्जा में कितना परिवर्तन होता है?
(ii) कार की गतिज ऊर्जा में कितना परिवर्तन होता है?
(iii) इसका संवेग किस प्रकार परिवर्तित होगा?
अपने उत्तर का कारण दीजिए।

उत्तर (i) कार की स्थितिज ऊर्जा समान रहेगी, क्योंकि स्थितिज ऊर्जा, वेग पर निर्भर नहीं करती है।
(ii) कार की गतिज ऊर्जा चार गुना हो जाएगी, क्योंकि गतिज ऊर्जा $\propto v^2$
(iii) कार का संवेग दोगुना हो जाएगा, क्योंकि संवेग $(p) = mv$ होता है।

34. (i) मुक्त पतन रूप में नीचे की ओर गिरती हुई वस्तु की स्थितिज ऊर्जा लगातार घटती है, तो इसकी गतिज ऊर्जा क्या होगी?
(ii) कुल यांत्रिक ऊर्जा क्या होगी? उस नियम को बताइए जिस पर आपका उत्तर आधारित है।
(iii) एक घर में 1 किलोवाट-घण्टा ऊर्जा प्रतिदिन क्षय होती है, तो ऊर्जा का मान जूल में कितना होगा?

उत्तर (i) ऊँचाई घटने के साथ स्थितिज ऊर्जा भी घटती है तथा वस्तु की चाल बढ़ती है। अतः गतिज ऊर्जा बढ़ती है।
(ii) कुल यांत्रिक ऊर्जा नियत रहेगी। यह ऊर्जा के संरक्षण नियम पर आधारित है, जिसके अनुसार ऊर्जा को न तो उत्पन्न किया जा सकता है और न ही नष्ट किया जा सकता है। यह केवल एक रूप से दूसरे रूप में स्थानान्तरित होती है।
(iii) 1 किलोवाट-घंटा $= 3.6 \times 10^6$ जूल

35. यदि एक वस्तु ऊँचाई से गिरकर धरातल से पुनः उछलकर ऊपर जाती है। पुनः ऊपर जाते समय इसकी ऊर्जा में हानि होती है।
(i) इसकी स्थितिज ऊर्जा किस प्रकार परिवर्तित होगी?
(ii) यहाँ कौन-सा ऊर्जा रूपान्तरण होगा?
(iii) इसकी कुल ऊर्जा क्या होगी?

उत्तर (i) जब वस्तु धरातल से टकराती है, तो इसकी स्थितिज ऊर्जा शून्य हो जाती है और उछलने के बाद इसकी स्थितिज ऊर्जा बढ़ेगी।
(ii) जब वस्तु धरातल से टकराती है, तो इसकी गतिज ऊर्जा अधिकतम होती है और उछलने के पश्चात् इसकी गतिज ऊर्जा, स्थितिज ऊर्जा में परिवर्तित होना प्रारम्भ कर देती है।
(iii) गति में प्रत्येक बिन्दु पर कुल यान्त्रिक ऊर्जा संरक्षित रहती है।

36. एक लड़की जिसका द्रव्यमान 35 किग्रा है, 5 किग्रा द्रव्यमान वाली ट्रॉली पर बैठी है, बल लगाकर ट्रॉली को प्रारंभिक वेग 4 मी/से कर दिया जाता है। 16 मी दूरी चलने के बाद ट्रॉली विरामावस्था में आ जाती है। ज्ञात कीजिए। **NCERT Exemplar**
(i) ट्रॉली पर किया गया कार्य
(ii) लड़की द्वारा किया गया कार्य

उत्तर दिया है, $u = 4$ मी/से, $v = 0$, $s = 16$ मी
गति के तृतीय समीकरण से,

$$v^2 = u^2 - 2as$$
$$(0)^2 = (4)^2 - 2a \times 16$$
$$a = \frac{16}{32} = 0.5 \text{ मी/से}^2$$

जहाँ, u = प्रारंभिक वेग,
v = अंतिम वेग,
a = त्वरण,
s = विस्थापन

(i) कुल द्रव्यमान = 35 + 5 = 40 किग्रा
ट्रॉली पर किया गया कार्य,
$W = Fs = mas = 40 \times 0.5 \times 16 = 320$ जूल
(ii) लड़की का द्रव्यमान = 35 किग्रा
लड़की द्वारा किया गया कार्य, $W = Fs = mas$
$= 35 \times 0.5 \times 16 = 280$ जूल

परीक्षा अभ्यास

37. 54 किमी/घंटे की चाल से गतिमान 750 किग्रा की कार की गतिज ऊर्जा ज्ञात कीजिए। यदि कार में 50 किग्रा का यात्री बैठ जाए, तो नई गतिज ऊर्जा क्या होगी?

उत्तर दिया है,

द्रव्यमान $(m) = 750$ किग्रा

वेग $(v) = 54$ किमी/घंटा $= 54 \times \frac{5}{18} = 15$ मी/से

गतिज ऊर्जा $(KE) = \frac{1}{2}mv^2 = \frac{1}{2} \times 750 \times (15)^2$

$= 84375$ जूल

यदि 50 किग्रा का यात्री कार में बैठा हो, तो कुल द्रव्यमान $(750 + 50) = 800$ किग्रा होगा।

अतः गतिज ऊर्जा $= \frac{1}{2} \times 800 \times (15)^2 = 90000$ जूल

38. समतल सड़क पर स्कूटर को धीमा करने हेतु चालक ब्रेक लगाता है, तो स्कूटर की चाल 54 किमी/घंटा से 36 किमी/घंटा हो जाती है। तब ब्रेक द्वारा कृत कार्य का मान ज्ञात कीजिए। (माना खाली स्कूटर का द्रव्यमान 86 किग्रा तथा चालक व पैट्रोल का द्रव्यमान 64 किग्रा है।)

उत्तर दिया है,

कुल द्रव्यमान $(m) = 86 + 64 = 150$ किग्रा

प्रारम्भिक वेग $(u) = 54$ किमी/घंटा

$= \frac{54 \times 1000}{3600} = 15$ मी/से

अन्तिम वेग $(v) = 36$ किमी/घंटा

$= 36 \times \frac{1000}{3600} = 10$ मी/से

ब्रेक द्वारा कृत कार्य = स्कूटर द्वारा क्षयित गतिज ऊर्जा

= अंतिम गतिज ऊर्जा − प्रारंभिक गतिज ऊर्जा

$= \frac{1}{2}mv^2 - \frac{1}{2}mu^2 = \frac{1}{2}m(v^2 - u^2)$

$= \frac{1}{2} \times 150[(10)^2 - (15)^2]$

$= \frac{1}{2} \times 150(100 - 225)$

$= -75 \times 125 = -9375$ जूल

39. (i) स्थितिज ऊर्जा को बताइए।

(ii) एक ऐसा उदाहरण दीजिए, जिसमें स्थितिज ऊर्जा वस्तु के आकार में परिवर्तन के कारण उत्पन्न होती है।

(iii) स्कीइर (Skier) चलाने वाले व्यक्ति का भार 50 किग्रा है, जोकि A बिन्दु पर खड़ा है। यह A से कूदकर B तक आता है, तो A तथा B के मध्य गुरुत्वीय स्थितिज ऊर्जा में परिवर्तन ज्ञात कीजिए।

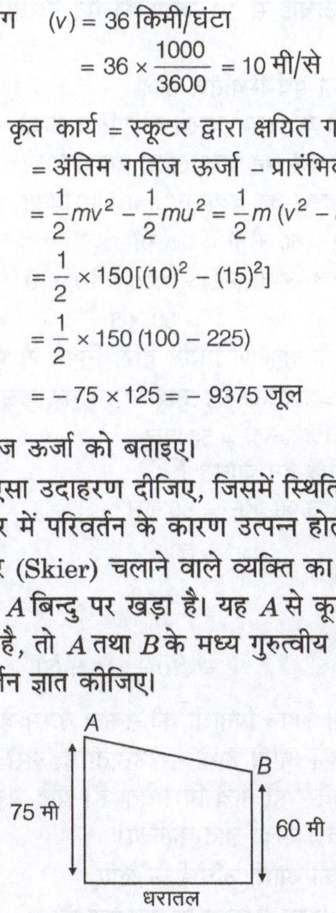

उत्तर (i) **स्थितिज ऊर्जा** वस्तु की स्थिति या आकृति में परिवर्तन के कारण ऊर्जा को स्थितिज ऊर्जा कहते हैं।

(ii) खिलौने वाली कार में चाबी की स्प्रिंग में संग्रहित स्थितिज ऊर्जा, गतिज ऊर्जा में रूपान्तरित होती है, जिसके कारण कार चलती है।

(iii) दिया है,

$m = 50$ किग्रा, $h_1 = 75$ मी, $h_2 = 60$ मी

बिन्दु A पर, $PE_1 = mgh_1 = 50 \times 10 \times 75$

$= 37500$ जूल

बिन्दु B पर, $PE_2 = mgh_2 = 50 \times 10 \times 60 = 30000$ जूल

स्थितिज ऊर्जा में परिवर्तन $= PE_1 - PE_2$

$= 37500 - 30000$

$= 7500$ जूल

40. एक लड़का 5 किग्रा के द्रव्यमान को ऊर्ध्वाधर ऊपर की ओर 50 मी/से के प्रारम्भिक वेग से फेंकता है, तो 5 सेकण्ड बाद द्रव्यमान की स्थितिज ऊर्जा क्या होगी?

उत्तर दिया है, $m = 5$ किग्रा,

$u = 50$ मी/से,

$t = 5$ सेकण्ड,

$g = -10$ मी से$^{-2}$

5 सेकण्ड में लड़के द्वारा तय दूरी, $h = ut + \frac{1}{2}gt^2$

$= 50 \times 5 - \frac{1}{2} \times 10 \times (5)^2$

$= 250 - 125$

$= 125$ मी

5 सेकण्ड के बाद स्थितिज ऊर्जा $= mgh$

$= 5 \times 10 \times 125$

$= 6250$ जूल

41. चार व्यक्ति 250 किग्रा द्रव्यमान वाले बक्से को 1 मी की ऊँचाई तक उठाते हैं और इसे बिना ऊपर उठाए और बिना नीचे गिराए पकड़े रखते हैं।

(i) ऊपर उठाने में व्यक्तियों द्वारा किया गया कार्य कितना होगा?

(ii) बक्से को पकड़े रखने में किया गया कार्य कितना होगा?

(iii) बक्से को पकड़े रखने में इन्हें थकान का अनुभव क्यों होता है? **NCERT Exemplar**

उत्तर दिया है, $m = 250$ किग्रा, $h = 1$ मी

(i) बक्सा ऊपर उठाने में किया गया कार्य = बक्से की स्थितिज ऊर्जा

$W = mgh$

$= 250 \times 10 \times 1$

$= 2500$ जूल

(ii) बक्से को पकड़े रखने में किया गया कार्य शून्य होगा, क्योंकि इस स्थिति में विस्थापन शून्य है।

(iii) बक्से को पकड़े रखने में व्यक्ति की ऊर्जा खर्च होती है, जिसके कारण उन्हें थकान होती है।

42. एक व्यक्ति का भार ग्रह A पर पृथ्वी पर भार का आधा है। वह व्यक्ति पृथ्वी की सतह पर 0.4 मी की ऊँचाई तक उछल सकता है। ग्रह A पर वह कितनी ऊँचाई तक उछलेगा?

उत्तर पृथ्वी पर व्यक्ति का भार $= w$ (अर्थात् $w = mg$)

व्यक्ति की कूद की ऊँचाई $(h_1) = 0.4$ मी

इस बिन्दु पर स्थितिज ऊर्जा $= mgh = mg \times 0.4$ ...(i)

दिया गया है कि दूसरे ग्रह पर वस्तु का भार $= \frac{w}{2}$

यदि व्यक्ति h_2 ऊँचाई तक उछलता है, तो इसकी स्थितिज ऊर्जा $= \frac{w}{2} h_2 = \frac{mg}{2} h_2$ ...(ii)

उपरोक्त दोनों स्थितियों में व्यक्ति समान प्रयास करता है। अतः इन स्थितियों में स्थितिज ऊर्जा भी समान होगी।

समी (i) तथा (ii) द्वारा,

$$mg \times 0.4 = \frac{mg}{2} h_2$$

$$\Rightarrow \quad h_2 = 0.4 \times 2 = 0.8 \text{ मी}$$

43. यदि वस्तु की ऊँचाई दोगुनी तथा द्रव्यमान तीन गुना कर दिया जाए, तो गुरुत्वीय स्थितिज ऊर्जा का अनुपात ज्ञात कीजिए तथा दोनों स्थितियों में वस्तु को शून्य ऊँचाई तक ले जाने में कृत कार्य का अनुपात ज्ञात कीजिए।

उत्तर माना m द्रव्यमान की वस्तु h ऊँचाई पर रखी है। हम जानते हैं, वस्तु की गुरुत्वीय स्थितिज ऊर्जा $(PE_1) = mgh$

प्रश्नानुसार, ऊँचाई दोगुनी तथा द्रव्यमान तीन गुना करने पर गुरुत्वीय स्थितिज ऊर्जा

$$(PE_2) = (3m) \times g \times (2h) = 6\,mgh$$

$$\because \quad \frac{PE_2}{PE_1} = 6\frac{mgh}{mgh} = 6:1$$

जब वस्तु शून्य ऊँचाई पर होगी, तब स्थितिज ऊर्जा = 0

h ऊँचाई से शून्य ऊँचाई तक m द्रव्यमान की वस्तु को लाने में कृत कार्य, W_1 = ऊर्जा में अन्तर $= mgh - 0 = mgh$

$2h$ ऊँचाई पर रखे $3m$ द्रव्यमान की वस्तु को शून्य ऊँचाई तक लाने में कृत कार्य,

$$W_2 = 6mgh - 0 = 6mgh$$

$$\because \quad \frac{W_2}{W_1} = \frac{6}{1} = 6:1$$

44. धरातल से 4 मी ऊँचाई तक 5 किग्रा द्रव्यमान के बैग को उठाने मे 300 जूल कार्य होता है, तो बैग में उत्पन्न त्वरण ज्ञात कीजिए। ($g = 10$ मी/से^{2})

उत्तर दिया है,

द्रव्यमान $(m) = 5$ किग्रा

कार्य $(W) = 300$ जूल

$h = 4$ मी

$g = 10$ मी/से^{2}

कृत कार्य $(W) = mgh + mah$

$$W = m(g + a)h$$

$$300 = 5 \times (10 + a) \times 4$$

$$10 + a = \frac{300}{20} = 15$$

$$a = 15 - 10 = 5 \text{ मी/से}^2$$

45. 10 मी की ऊँचाई से 100 ग्राम की गेंद को छोड़ा जाता है, तो 4 मी ऊँचाई पर इसकी गतिज ऊर्जा क्या होगी? इसकी कुल यान्त्रिक ऊर्जा क्या होगी? अपने उत्तर की पुष्टि कीजिए।

उत्तर दिया है,

द्रव्यमान $(m) = 100$ ग्राम $= 0.1$ किग्रा

ऊँचाई $(h) = 10$ मी

स्थितिज ऊर्जा (PE) $= mgh = 0.1 \times 10 \times 10$

$= 10$ जूल $[\because g = 10 \text{मी से}^{-2}]$

जब वस्तु 6 मीटर की ऊँचाई पर पहुँचती है, तो इसका वेग,

$$v^2 = u^2 + 2gh$$

$$v^2 = 0^2 + 2 \times 10 \times 6 \quad [\because h = 10 - 4 = 6 \text{ मी}]$$

$$\Rightarrow \quad v = \sqrt{2 \times 10 \times 6} = 2\sqrt{30} \text{ मी/से}$$

इस बिन्दु पर गतिज ऊर्जा $= \frac{1}{2} mv^2$

$= \frac{1}{2} \times 0.1 \times 4 \times 30 = 6$ जूल

यांत्रिक ऊर्जा = KE + PE = 0 + 10 = 10 जूल

4 मी ऊँचाई पर यान्त्रिक ऊर्जा = KE + PE

$= 6 + 0.1 \times 10 \times 4 = 10$ जूल

अतः यहाँ हम देखते हैं कि यान्त्रिक ऊर्जा नियत रहती है।

46. 50 सेमी ऊँचाई से 10 किग्रा की गेंद गिरती है, तो ज्ञात कीजिए

(i) गिरने से पूर्व स्थितिज ऊर्जा

(ii) धरातल को स्पर्श करते ही गतिज ऊर्जा

(iii) वेग जिससे वह धरातल से टकराएगा ($g = 10$ मी से$^{-2}$)

उत्तर दिया है, वस्तु का द्रव्यमान $(m) = 10$ किग्रा

ऊँचाई $(h) = 50$ सेमी $= 0.5$ मी

(i) स्थितिज ऊर्जा (PE) $= mgh = 10 \times 10 \times 0.5$

$= 50$ जूल

(ii) ऊर्जा के संरक्षण नियम द्वारा गिरने से पूर्व गेंद की कुल ऊर्जा = धरातल को स्पर्श करने पर कुल ऊर्जा

$\Rightarrow$ गतिज ऊर्जा = 50 जूल

(iii) जैसा कि हम जानते हैं,

गतिज ऊर्जा (KE) = 50 जूल

$$\frac{1}{2} mv^2 = 50$$

$$v^2 = \frac{50 \times 2}{10} = 10$$

$$v = \sqrt{10} = 3.16 \text{ मी/से}$$

47. एक बच्चा अपने पिताजी की नकल करने हेतु 10 किग्रा के द्रव्यमान को अपने हाथों पर उठाता है, जैसे ही वह भार को उठाता है वैसे ही नीचे गिरा देता है। यदि बच्चा 90 सेमी का है, तो गतिज ऊर्जा ज्ञात कीजिए।

(i) बच्चे की आधी ऊँचाई के लिए

(ii) जिससे वस्तु धरातल से टकराती है।

उत्तर दिया है,

वस्तु का द्रव्यमान $(m) = 10$ किग्रा

बच्चे की ऊँचाई $(h) = 90$ सेमी $= 0.9$ मी

बच्चे के सिर पर वस्तु की कुल ऊर्जा = PE+ KE $= mgh + 0$

$= mgh = 10 \times 9.8 \times 0.9 = 88.2$ जूल

(i) बच्चे की आधी ऊँचाई अर्थात् 0.45 मी पर कुल ऊर्जा

(TE) = PE + KE

$= mgh$ + KE

$= 10 \times 9.8 \times 0.45$ + KE

ऊर्जा के संरक्षण नियम द्वारा,

KE $+ 10 \times 9.8 \times 0.45 = 88.2$

KE $+ 44.1 = 88.2$

KE $= 88.2 - 44.1 = 44.1$ जूल

(ii) जब वस्तु धरातल से टकराती है, तब कुल ऊर्जा,

PE + KE = 0+ KE = KE [$\because$ PE = 0, $\because h = 0$]

$\therefore$ ऊर्जा संरक्षण नियम द्वारा

KE = 88.2 जूल

48. (i) शक्ति क्या है? और इसका SI मात्रक बताइए।

(ii) एक व्यक्ति 10 ईंटों को सिर पर रखकर 50 सेकण्ड में 20 मी ऊँचाई तक चढ़ता है। यदि एक ईंट का भार 2.5 किग्रा है, तो ईंटों को ले जाने में व्यक्ति द्वारा क्षयित शक्ति का मान ज्ञात कीजिए।

उत्तर (i) इसके उत्तर के लिए पृष्ठ सं. 246 देखें।

(ii) दिया है, एक ईंट का द्रव्यमान = 2.5 किग्रा

10 ईंटों का द्रव्यमान $= 2.5 \times 10 = 25$ किग्रा

ऊँचाई $(h) = 20$ मी

समय $(t) = 50$ सेकंड

शक्ति $(P) = ?$

$\therefore$ शक्ति $(P) = \frac{mgh}{t} = \frac{25 \times 10 \times 20}{50} = 100$ जूल से$^{-1}$

49. 1 किलोवाट शक्ति की मोटर द्वारा 500 किग्रा जल को 40 मी ऊँचाई तक चढ़ाने हेतु कितना समय लगेगा? ($g = 10$ मी से$^{-2}$)

उत्तर दिया है, द्रव्यमान $(m) = 500$ किग्रा, ऊँचाई $(h) = 40$ मी,

शक्ति $(P) = 1$ किलोवाट $= 1000$ वाट

शक्ति $(P) = \frac{mgh}{t}$

$\Rightarrow \quad 1000 = \frac{500 \times 10 \times 40}{t}$

$t = \frac{500 \times 10 \times 40}{1000} = 200$ सेकंड

= 3 मिनट 20 सेकंड

50. मोहन अपने फोन को 1 मी ऊँचाई तक उठाने में 1 सेकंड लेता है। इसके बाद फोन को 2 मी नीचे रखने में 2 सेकंड लगते हैं, क्या द्वितीय स्थिति में अधिक शक्ति उत्पन्न होगी? अपने उत्तर का कारण दीजिए।

उत्तर माना फोन का द्रव्यमान m किग्रा है।

मोहन द्वारा कृत कार्य $= mgh$

यहाँ, h = ऊँचाई जहाँ तक फोन को उठाया जाता है।

g = गुरुत्वीय त्वरण

$W = mg \times 1 = mg$

$\therefore \quad P_1 = \frac{\text{कृत कार्य } (W)}{\text{समय } (t)} = \frac{mg}{1} = mg$

फोन को 2 मीटर उठाने में कृत कार्य $= mg \times 2 = 2mg$

$P_2 = \frac{\text{कृत कार्य } (W)}{\text{समय } (t)} = \frac{2mg}{2} = mg$

दोनों स्थितियों में दी गई शक्ति समान है।

51. 4 किग्रा द्रव्यमान की वस्तु में 5 सेकंड तक एक बल लगाया जाता है। जिसके कारण वेग 10 मी/से से 20 मी/से हो जाता है, तो आवश्यक शक्ति का मान ज्ञात कीजिए।

उत्तर दिया है, $m = 4$ किग्रा, $t = 5$ सेकंड, $u = 10$ मी/से,

$v = 20$ मी/से, $P = ?$

शक्ति $(P) = \frac{W}{t} = \frac{\text{गतिज ऊर्जा में परिवर्तन}}{\text{समय}}$

$P = \frac{1}{2} \times \frac{m(v^2 - u^2)}{t} = \frac{1}{2} \times \frac{4[(20)^2 - (10)^2]}{5}$

$= \frac{1}{2} \times \frac{4 \times 300}{5} = 120$ जूल से$^{-1}$

52. 50 किग्रा द्रव्यमान का एक लड़का 45 सीढ़ियों पर 9 सेकंड में चढ़ता है। यदि प्रत्येक सीढ़ी की ऊँचाई 15 सेमी है, तो लड़के की शक्ति की गणना कीजिए। (दिया है, $g = 10$ मी से$^{-2}$)

उत्तर दिया है,

लड़के का द्रव्यमान $(m) = 50$ किग्रा,

$h = 45 \times 15 = 675$ सेमी $= 6.75$ मी,

$t = 9$ सेकंड, $g = 10$ मी/से^{2}

$\therefore$ PE $= mgh = 50 \times 10 \times 6.75 = 3375$ जूल

अतः लड़के की ऊर्जा 3375 जूल है।

$\therefore$ लड़के की शक्ति $(P) = \frac{\text{स्थितिज ऊर्जा}}{\text{समय}} = \frac{\text{ऊर्जा}}{\text{समय}}$

$= \frac{3375}{9} = 375$ वाट

53. एक मशीनगन 10 सेकंड में 500 मी/से से 30 गोलियाँ दागती है। यदि प्रत्येक गोली का द्रव्यमान 100 ग्राम है, तो गन में उत्पन्न शक्ति की गणना कीजिए।

उत्तर दिया है,

30 गोलियों का द्रव्यमान $= 30 \times 100 = 3000$ ग्राम = 3 किग्रा

वेग $(v) = 500$ मी से$^{-1}$, समय $(t) = 10$ सेकंड

$\therefore$ गन द्वारा उत्पन्न शक्ति $(P) = \frac{W}{t}$

यहाँ गन द्वारा कृत, सभी गोलियों की गतिज ऊर्जा के तुल्य है।

$P = \frac{KE}{t} = \frac{\frac{1}{2}mv^2}{t} = \frac{mv^2}{2t} = \frac{3 \times (500)^2}{2 \times 10}$

$= \frac{3 \times 500 \times 500}{20} = 37500$ वाट

54. एक 60 किग्रा का धावक 3 सेकंड में 0 से 10 मी/से तक त्वरित होता है, तो धावक की निर्गत शक्ति वाट में ज्ञात कीजिए।

उत्तर दिया है, धावक का द्रव्यमान $(m) = 60$ किग्रा
प्रारंभिक वेग $(u) = 0$
अंतिम वेग $(v) = 10$ मी/से
समय $(t) = 3$ सेकंड
गति के प्रथम समीकरण के द्वारा,

$$v = u + at$$
$$10 = 0 + a \times 3$$
$$a = \frac{10}{3} \text{ मी से}^{-2}$$
$$\therefore \quad s = ut + \frac{1}{2}at^2$$
$$s = 0 + \frac{1}{2} \times \frac{10}{3} \times 3 \times 3 = 15 \text{ मी}$$

कृत कार्य (W) = बल (F) × विस्थापन (s)

$$= 60 \times \frac{10}{3} \times 15 \quad [\because F = ma]$$
$$= 3000 \text{ जूल}$$

शक्ति $(P) = \frac{W}{t} = \frac{3000}{3} = 1000$ वाट

55. दो लड़के A और B के भार क्रमशः 60 किग्रा तथा 40 किग्रा हैं। दोनों अपने सिर पर 20 किग्रा भार को रखकर 10 सीढ़ीयाँ चढ़ते हैं। प्रत्येक सीढ़ी की ऊँचाई 50 सेमी है। यदि A, 20 सेकंड तथा B, 10 सेकंड का समय लेता है, तब
(i) कौन अधिक शक्ति प्राप्त करेगा?
(ii) इनकी शक्तियों का अनुपात ज्ञात कीजिए।

उत्तर दिया है, A का द्रव्यमान $(m_A) = 60$ किग्रा
B का द्रव्यमान $(m_B) = 40$ किग्रा
भार का द्रव्यमान $(m_L) = 20$ किग्रा
सीढ़ी की ऊँचाई $(h) = 0.5 \times 10 = 5$ मी

(i) लड़के A द्वारा सीढ़ियाँ चढ़ने में कृत कार्य $= mgh$

$$= (60 + 20) \times 9.8 \times 5 = 3920 \text{ जूल}$$

$$A \text{ की शक्ति} = \frac{\text{कार्य}}{\text{समय}} = \frac{3920}{20} = 196 \text{ वाट}$$

इसी प्रकार,

$$B \text{ की शक्ति} = \frac{\text{कार्य}}{\text{समय}} = \frac{mgh}{t}$$
$$= \frac{(40 + 20) \times 9.8 \times 5}{10} = \frac{24940}{10} = 294 \text{ वाट}$$

B के पास A से अधिक शक्ति है।

(ii) अनुपात, $\frac{A \text{ की शक्ति}}{B \text{ की शक्ति}} = \frac{196}{294} = 2 : 3$

56. 4 सेकंड में कार का वेग 10 मी/से से 5 मी/से करने में 100 वाट शक्ति दी जाती है, तो कृत कार्य की गणना कीजिए। यदि कार का द्रव्यमान 1000 किग्रा है, तो शक्ति देने के पूर्व तथा बाद में गतिज ऊर्जा ज्ञात कीजिए

उत्तर दिया है, प्रारंभिक वेग $(u) = 10$ मी/से,
अंतिम वेग $(v) = 5$ मी/से, समय $(t) = 4$ सेकंड,
शक्ति $(P) = 100$ वाट, द्रव्यमान $(m) = 1000$ किग्रा
गति के प्रथम समीकरण द्वारा,

$$v = u + at$$
$$\Rightarrow \quad a = \frac{v-u}{t} = \frac{5-10}{4} = \frac{-5}{4} \text{ मी/से}^2$$

गति के द्वितीय समीकरण द्वारा,

$$s = ut + \frac{1}{2}at^2$$
$$s = (10 \times 4) + \frac{1}{2} \times \left(\frac{-5}{4}\right) \times 4 \times 4$$
$$s = 30 \text{ मी}$$

कृत कार्य = बल × विस्थापन $= 1000 \times \left(\frac{-5}{4}\right) \times 30$ $[\because F = ma]$

$$= -37500 \text{ जूल}$$

शक्ति देने से पूर्व गतिज ऊर्जा $= \frac{1}{2}mu^2$

$$= \frac{1}{2} \times 1000 \times 10 \times 10 = 50000 \text{ जूल}$$

शक्ति देने के बाद गतिज ऊर्जा $= \frac{1}{2}mv^2$

$$= \frac{1}{2} \times 1000 \times 5 \times 5$$
$$= 12500 \text{ जूल}$$

57. दो महिलाओं शान्ति तथा कमला के द्रव्यमान क्रमशः 50 किग्रा तथा 60 किग्रा हैं। दोनों 10 मी ऊँचाई पर चढ़ती हैं, शान्ति व कमला क्रमशः 20 सेकंड तथा 40 सेकंड लेती हैं, तो कमला तथा शान्ति की शक्तियों में अन्तर की गणना कीजिए। $(g = 10$ मी/से$^2)$

उत्तर दिया है, शान्ति का द्रव्यमान $(m_s) = 50$ किग्रा
शान्ति द्वारा लिया गया समय $(t_s) = 20$ सेकंड
कमला का द्रव्यमान $(m_k) = 60$ किग्रा
कमला द्वारा लिया गया समय $(t_k) = 40$ सेकंड
$h = 10$ मी
शान्ति द्वारा क्षयित शक्ति,

$$P_s = \frac{m_s gh}{t_s}$$
$$= \frac{50 \times 10 \times 10}{20} = 250 \text{ जूल से}^{-1}$$

कमला द्वारा क्षयित शक्ति, $P_k = \frac{m_k gh}{t_k}$

$$= \frac{60 \times 10 \times 10}{40} = 150 \text{ जूल से}^{-1}$$

शान्ति द्वारा क्षयित शक्ति 250 जूल/सेकंड तथा कमला द्वारा क्षयित शक्ति 150 जूल/सेकंड है।
दोनों की शक्तियों में अंतर $= (250 - 150)$

$$= 100 \text{ जूल से}^{-1}$$

58. शक्ति किस प्रकार उस चाल से सम्बन्धित है, जिससे कोई वस्तु उठाई जाती है। 100 वाट की शक्ति पर एक मनुष्य कार्य करते हुए 1 मी/से की स्थिर चाल से कितने किग्रा को उठाने के योग्य होगा? $(g = 10$ मी/से$^2)$

उत्तर शक्ति $= \dfrac{\text{किया गया कार्य}}{\text{समय}}$

$= \dfrac{mgh}{t} = mg\left(\dfrac{h}{t}\right)$

अतः $m = \dfrac{\text{शक्ति}}{g \times \text{चाल}}$

$= \dfrac{100}{10 \times 1} = 10$ किग्रा

59. शक्ति क्या है? किलोवाट तथा किलोवाट-घंटा में क्या अंतर है? एक झरने से जिसकी ऊँचाई 20 मी है। एक मिनट में 2000 टन पानी गिरता है। यदि इसकी सारी ऊर्जा व्यय हो जाती है, तो शक्ति का परिकलन कीजिए।

उत्तर (i) इसके उत्तर के लिए पृष्ठ सं. 249 देखें।

(ii) किलोवाट शक्ति का मात्रक है और किलोवाट-घंटा (kWh) ऊर्जा का बड़ा मात्रक है।

1 किलोवाट $= 3.6 \times 10^6$ जूल

(iii) पानी का द्रव्यमान = 2000 टन ($\because$ 1 टन = 1000 किग्रा)

पानी का द्रव्यमान $= 2000 \times 1000 = 2 \times 10^6$ किग्रा

$$P = \frac{2 \times 10^6 \times 10 \times 20}{60} \qquad \left[\because P = \frac{mgh}{t}\right]$$

$P = 6.67 \times 10^6$ वाट

60. शक्ति की तुलना कीजिए, जिस पर निम्नलिखित में से प्रत्येक ऊपर की तरफ गुरुत्वाकर्षण के विरुद्ध गति करेगा। ($g = 10$ मी/से^{2})

(i) एक 1.0 ग्राम की तितली 0.5 मी/से की दर से ऊपर की तरफ उड़ती है।

(ii) एक 250 ग्राम की एक गिलहरी 0.5 ग्राम की दर से कम चढ़ती है।

उत्तर (i) शक्ति $= mg \times$ वेग,

$g = 0.5$ मी/से^{2}

$= \dfrac{1}{1000} \times 10 \times 0.5$ वाट

$= \dfrac{0.5}{100}$ वाट $= 5 \times 10^{-3}$ वाट

(ii) शक्ति $= \dfrac{250}{1000} \times 10 \times 0.5$ वाट

$= \dfrac{1}{4} \times 10 \times 0.5 = 1.25$ वाट

अतः गिलहरी जिस शक्ति से पेड़ पर चढ़ती है वो तितली के उड़ने की शक्ति से अधिक है।

दीर्घ उत्तरीय प्रश्न

1. एक सरल रेखा में गति करती हुई वस्तु का वेग नियत बल *F* लगाकर बढ़ा दिया जाता है। सिद्ध कीजिए वस्तु की बढ़ी हुई गतिज ऊर्जा वस्तु पर बल लगाकर किए गए कार्य के बराबर है।

उत्तर माना वस्तु का द्रव्यमान *m* और प्रारम्भिक वेग *u* है। बल *F* लगाने से इसका विस्थापन बल की दिशा में *s* है।

गति की समीकरण से,

$$v^2 - u^2 = 2as \Rightarrow s = \frac{v^2 - u^2}{2a}$$

बल *F* द्वारा किया गया कार्य $(W) = Fs = mas$

$$= ma \times \left(\frac{v^2 - u^2}{2a}\right)$$

$$\Rightarrow \quad W = \frac{1}{2} m (v^2 - u^2)$$

यदि वस्तु विरामावस्था से चलना प्रारम्भ करती है $(u = 0)$,

$$W = \frac{1}{2} mv^2$$

सिद्ध होता है कि किया गया कार्य वस्तु की गतिज ऊर्जा में परिवर्तन के बराबर है।

2. (i) यांत्रिक ऊर्जा के दो रूपों के नाम लिखिए तथा ऊर्जा का SI मात्रक भी लिखिए।

(ii) 50 किग्रा का व्यक्ति 0.5 मी ऊँचाई तक कूदता है। यदि $g = 10$ मी/से^{2} है, तो उच्चतम बिन्दु पर ऊर्जा क्या होगी?

(iii) 0.1 मी/से के वेग से गतिमान 20 किग्रा द्रव्यमान की वस्तु की ऊर्जा की गणना कीजिए।

उत्तर (i) यान्त्रिक ऊर्जा के दो रूप निम्न हैं—

(a) गतिज ऊर्जा (b) स्थितिज ऊर्जा

ऊर्जा का SI मात्रक जूल है। यदि किसी वस्तु पर एक न्यूटन बल लगाकर सरल रेखा के अनुदिश 1 मीटर तक विस्थापित किया जाता है, तो कृत कार्य का परिमाण 1 जूल होता है।

(ii) दिया है, द्रव्यमान $(m) = 50$ किग्रा, $h = 0.5$ मी

$g = 10$ मी/से^{2}

उच्चतम बिन्दु पर गतिज ऊर्जा, स्थितिज ऊर्जा में रुपान्तरित होती है।

$\therefore$ PE $= mgh = 50 \times 10 \times 0.5 = 250$ जूल

(iii) दिया है, $m = 20$ किग्रा, $v = 0.1$ मी/से

हम जानते हैं कि गतिमान वस्तु में केवल गतिज ऊर्जा होती है। अतः

गतिज ऊर्जा (KE) $= \dfrac{1}{2} mv^2 = \dfrac{1}{2} \times 20 \times (0.1)^2$

$= \dfrac{1}{2} \times 20 \times 0.1 \times 0.1$

$= 0.1$ जूल

3. (i) वस्तु की गतिज ऊर्जा से क्या तात्पर्य है? क्या किसी वस्तु की गतिज ऊर्जा ऋणात्मक हो सकती है? कारण दीजिए।

(ii) 1200 किग्रा भार की एक कार एकसमान त्वरण से 5 सेकंड में 40 मी दूरी तय करती है, तो इस समय में कार द्वारा कृत कार्य की गणना कीजिए।

उत्तर (i) वस्तु की गति के कारण उत्पन्न ऊर्जा को गतिज ऊर्जा कहते हैं। *m* व v^2 का मान सदैव धनात्मक होता है। अतः गतिज ऊर्जा का मान ऋणात्मक नहीं हो सकता है।

(ii) दिया है, $m = 1200$ किग्रा, $s = 40$ मी

$t = 5$ सेकंड, $u = 0$, $W = ?$

हम जानते हैं, $W = Fs = mas$

$$s = ut + \frac{1}{2}at^2$$

$$40 = 0 \times t + \frac{1}{2} \times a \times (5)^2$$

$$a = \frac{40 \times 2}{25} = 32 \text{ मी/से}^2$$

$W = Fs = mas = 1200 \times 3.2 \times 40 = 153600$ जूल

4. 1 टन की कार 60 मी/से के वेग से गतिमान है। इसके सामने 9 मी दूरी पर एक गाय आने पर कार द्वारा ब्रेक लगाए जाते हैं, तो कार, गाय के सामने जाकर ही रुकती है।

(i) ब्रेक लगाने से पहले वाहन की गतिज ऊर्जा ज्ञात कीजिए।

(ii) ब्रेक द्वारा प्राप्त अवमन्दन ज्ञात कीजिए।

(iii) ब्रेक लगने के पश्चात् कार कितने देर बाद रुकेगी?

(iv) ब्रेक द्वारा कृत कार्य क्या होगा?

उत्तर दिया है, वाहन का द्रव्यमान (m) = 1 टन = 1000 किग्रा

प्रारम्भिक वेग (u) = 60 मी/से

वाहन तथा गाय के मध्य दूरी, s = 9 मी

अन्तिम वेग, $v = 0$

(i) ब्रेक लगाने से पूर्व गतिज ऊर्जा

$$= \frac{1}{2} mu^2 = \frac{1}{2} \times 1000 \times 60 \times 60 = 1800000 \text{ जूल}$$

(ii) गति के तृतीय समीकरण द्वारा, $v^2 - u^2 = 2as$

$$(0)^2 - (60)^2 = 2 \times a \times 9$$

$$a = -200 \text{ मी/से}^2$$

ब्रेक द्वारा आरोपित अवमन्दन बल $= ma$

$= 1000 \times (-200) = -200000$ न्यूटन

(iii) गति के द्वितीय समीकरण द्वारा,

$$s = ut + \frac{1}{2} at^2$$

$$9 = 60t + \frac{1}{2} \times (-200) t^2$$

$$9 = 60t - 100t^2$$

या $100t^2 - 60t + 9 = 0$

$$(10t - 3)^2 = 0$$

$$10t - 3 = 0 \Rightarrow t = \frac{3}{10} = 0.3 \text{ सेकंड}$$

(iv) ब्रेकिंग बल द्वारा कृत कार्य $= Fs$

$= -200000 \times 9$

$= -1800000$ जूल

5. (i) एक बैटरी बल्ब को प्रदीप्त करती है। इस प्रक्रम में ऊर्जा परिवर्तन को समझाइए।

(ii) 36 किमी/घंटे की चाल से गतिमान 500 किग्रा की कार को रोकने हेतु कृत कार्य की गणना कीजिए।

उत्तर (i) जब बैटरी बल्ब को प्रदीप्त करती है, तो रासायनिक ऊर्जा, विद्युत ऊर्जा में रूपान्तरित होती है।

(ii) यहाँ, m = 500 किग्रा,

$v = 0$ और $u = 36$ किमी घंटा$^{-1}$

$$= \frac{36 \times 1000}{3600} = 10 \text{ मी से}^{-1}$$

∴ कृत कार्य = गतिज ऊर्जा में परिवर्तन

$$= \frac{1}{2} m (v^2 - u^2)$$

$$= \frac{1}{2} \times 500 (0 - 10^2)$$

$$= -\frac{1}{2} \times 500 \times 100 = -25000 \text{ जूल में}$$

कृत कार्य ऋणात्मक है, क्योंकि इसके द्वारा कार्य को रोका जाता है।

6. 100 न्यूटन भार की एक वस्तु 15 मी ऊँचाई तक उठाई गई। वस्तु में उस ऊँचाई पर निहित स्थितिज ऊर्जा ज्ञात कीजिए। नई स्थितिज ऊर्जा भी ज्ञात कीजिए:

(i) यदि वस्तु अपनी वास्तविक ऊँचाई से आधी उठाई गई।

(ii) यदि वस्तु अपनी वास्तविक ऊँचाई से तीन गुना अधिक उठाई गई।

उत्तर भार, mg = 100 न्यूटन, h = 15 मी

स्थितिज ऊर्जा (PE) $= mgh$

$= 100 \times 15 = 1500$ जूल

(i) यदि वस्तु अपनी वास्तविक ऊँचाई से आधी उठाई गई, तो

∴ नई ऊँचाई $= \frac{15}{2}$ मी = 7.5 मी

नई स्थितिज ऊर्जा $= mgh$

$$= 100 \times \frac{15}{2} = 750 \text{ जूल}$$

(ii) यदि वस्तु अपनी वास्तविक ऊँचाई से तीन गुना तक उठाई गई, तो

नई ऊँचाई $= 3 \times 15$ मी = 45 मी

नई स्थितिज ऊर्जा $= mgh$

$= 100 \times 45 = 4500$ जूल

7. एक ऑटोमोबाइल इंजन एक 1000 किग्रा की कार A को समतल सड़क पर 36 किमी/घंटा की चाल से खींचता है। यदि घर्षण बल 100 न्यूटन हो, तो शक्ति ज्ञात कीजिए। मानाकि 200 मी चलने के पश्चात् वह कार समान द्रव्यमान की दूसरी स्थिर कार B से टकराकर विरामावस्था में आ जाती है। इसका इंजन भी उसी समय रुक जाता है। अब कार B उसी सड़क पर बिना इंजन स्टार्ट हुए चलने लगती है। टकराने के तुरन्त पश्चात् कार B की चाल ज्ञात कीजिए। **NCERT Exemplar**

उत्तर दिया है, कार A तथा कार B का द्रव्यमान = 1000 किग्रा

कार A द्वारा प्रदत्त बल = 1000 न्यूटन

कार A की चाल (v_A) = 36 किमी/घंटा

$$= 36 \times \frac{5}{18} = 10 \text{ मी/से}$$

$\left[\because 1 \text{ किमी/घंटा} = \frac{5}{18} \text{ मी/से}\right]$

∴ कार A की शक्ति $(P_A) = F.v_A = 100 \times 10 = 1000$ वाट

($\because F$ = घर्षण के विरुद्ध कार A द्वारा वहन बल)

न्यूटन के द्वितीय नियम से, $F = ma$

$$100 = 1000 \times a$$

परीक्षा अभ्यास

$$a = \frac{100}{1000}$$

$$\Rightarrow \qquad a = \frac{1}{10} \text{ मी/से}^2$$

200 मी दूरी तय करने के पश्चात् कार A का वेग,

$$v^2 = u^2 + 2as$$

यहाँ, $u = 10$ मी/से, $s = 100$ मी

$$v^2 = (10)^2 + 2 \times \frac{1}{10} \times 200$$

$$v^2 = 100 + 40 = 140$$

$$v = \sqrt{140} = 11.8 \text{ मी/से}$$

प्रश्नानुसार, 200 मी की दूरी तय करने के पश्चात् कार A की चाल, $u_1 = 11.8$ मी/से

टक्कर के पश्चात् कार A की अंतिम चाल, $v_1 = 0$

टक्कर से पूर्व, कार B की प्रारंभिक चाल, $u_2 = 0$

संवेग संरक्षण के अनुसार,

$$m_1u_1 + m_2u_2 = m_1v_1 + m_2v_2$$

$$m_1 \times 11.8 + m_2 \times 0 = m_1 \times 0 + m_2 \times v_2$$

$$11.8m_1 = m_2v_2$$

$$11.8m_1 = m_1v_2 \qquad [\because m_1 = m_2]$$

$$v_2 = 11.8 \text{ मी/से}$$

8. एक कार कुछ समयान्तरालों में क्रमश: 18 किमी/घंटा, 36 किमी/घंटा, 54 किमी/घंटा तथा 72 किमी/घंटा की एकसमान चाल से गतिमान है।

(i) इन वेगों पर कार में बैठे 40 किग्रा के लड़के की गतिज ऊर्जा ज्ञात कीजिए।

(ii) गतिज ऊर्जा तथा वेग के मध्य ग्राफ खींचिए।

(iii) ग्राफ की प्रकृति ज्ञात कीजिए।

उत्तर (i) v_1 पर $= 18$ किमी/घंटा $= \frac{18 \times 1000}{3600} = 5$ मी/से

$$KE_1 = \frac{1}{2}mv_1^2 = \frac{1}{2} \times 40 \times (5)^2 = 500 \text{ जूल}$$

$$v_2 = 36 \text{ किमी/घंटा} = 10 \text{ मी/से}$$

$$KE_2 = \frac{1}{2}mv_2^2 = \frac{1}{2} \times 40 \times (10)^2 = 2000 \text{ जूल}$$

$$v_3 = 54 \text{ किमी/घंटा} = 15 \text{ मी/से}$$

$$KE_3 = \frac{1}{2}mv_3^2 = \frac{1}{2} \times 40 \times (15)^2 = 4500 \text{ जूल}$$

$$v_4 = 72 \text{ किमी/घंटा} = 20 \text{ मी से}^{-1}$$

$$KE_4 = \frac{1}{2}mv_4^2 = \frac{1}{2} \times 40 \times (20)^2 = 8000 \text{ जूल}$$

(ii) गतिज ऊर्जा तथा वेग के मध्य ग्राफ नीचे दिया गया है–

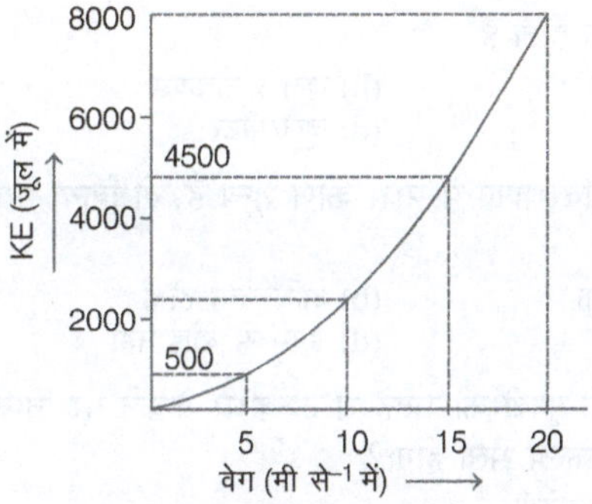

(iii) ग्राफ की प्रकृति परवलयाकार है, क्योंकि

$$KE \propto v^2$$

स्वयं को जाँचे

नीचे दिए गए प्रश्नों के माध्यम से छात्र अध्याय सम्बन्धी अपने ज्ञान की जाँच कर सकते हैं। अध्याय का ध्यानपूर्वक अध्ययन किए जाने पर छात्र इन प्रश्नों के उत्तर आसानी से कर पाएँगे।

वस्तुनिष्ठ प्रकार के प्रश्न

बहुविकल्पीय प्रश्न

1. कार्य का मात्रक होता है
(a) न्यूटन-मीटर (b) जूल × सेकण्ड
(c) न्यूटन (d) जूल/मीटर

2. यदि बल और विस्थापन में मध्य कोण शून्य है, तो किया गया कार्य
(a) न्यूनतम होगा (b) अधिकतम होगा
(c) शून्य (d) इनमें से कोई नहीं

3. किसी पिण्ड को पृथ्वी की सतह से ऊर्ध्वाधर फेंकने पर निम्न में से कौन-सा विकल्प सत्य होगा?
(a) गतिज ऊर्जा बढ़ेगी
(b) स्थितिज ऊर्जा बढ़ेगी
(c) गतिज व स्थितिज ऊर्जाएँ दोनों बढ़ेंगी
(d) दोनों ऊर्जाएँ नियत रहेंगी

4. एक मशीन 400 जूल कार्य 10 सेकण्ड में करती है। मशीन की शक्ति होगी
(a) 4000 जूल (b) 40 वाट
(c) 40 जूल (d) $\frac{1}{40}$ वाट

कथन-कारण प्रकार के प्रश्न

निर्देश (प्र. सं. 5-7) इस खण्ड में दिए गए प्रत्येक प्रश्न में कथन तथा कारण दिए गए हैं। प्रत्येक प्रश्न के चार विकल्प (a), (b), (c) व (d) हैं, जिनमें से केवल एक सही है।

(a) कथन (A) तथा कारण (R) दोनों सत्य हैं तथा कारण (R), कथन (A) का सही स्पष्टीकरण है।
(b) कथन (A) तथा कारण (R) दोनों सत्य हैं, परन्तु कारण (R), कथन (A) का सही स्पष्टीकरण नहीं है।
(c) कथन (A) सत्य है, परन्तु कारण (R) असत्य है।
(d) कथन (A) असत्य है, परन्तु कारण (R) सत्य है।

5. कथन (A) किसी कण की गतिज ऊर्जा में परिवर्तन प्रभावी बल द्वारा किए गए कार्य के बराबर होता है।
कारण (R) केवल एक कण वाले निकाय में कणों की गतिज ऊर्जा में परिवर्तन किए गए कार्य के तुल्य होता है।

6. कथन (A) जब कोई बल किसी वस्तु की गति को अवमन्दित करता है, तो किया गया कार्य शून्य होता है।
कारण (R) किया गया कार्य बल तथा विस्थापन के बीच के कोण पर निर्भर करता है।

7. कथन (A) वस्तु की स्थिति अथवा आकृति में परिवर्तन के कारण प्राप्त ऊर्जा को स्थितिज ऊर्जा कहते हैं।
कारण (R) स्थितिज ऊर्जा का मान वस्तु के वेग पर निर्भर करता है।

उत्तर

1. (a)	**2.** (b)	**3.** (b)	**4.** (b)	**5.** (c)
6. (d)	**7.** (c)			

केस स्टडी आधारित प्रश्न

निर्देश (प्र.सं. 8-12) *निम्नलिखित पैराग्राफ को पढ़िए तथा दिए गए प्रश्नों के उत्तर दीजिए।*

ऊर्जा न तो उत्पन्न की जा सकती है और न ही नष्ट की जा सकती है। किन्तु एक रूप से दूसरे रूप में इसका रूपान्तरण हो सकता है। अत: संसार की कुल ऊर्जा का परिमाण स्थिर रहता है।

दूसरे शब्दों में हम कह सकते हैं कि किसी विलगित निकाय (Isolated system) की सभी ऊर्जाओं का कुल योग नियत रहता है। ऊर्जा को एक रूप से दूसरे रूप में परिवर्तित किया जा सकता है। जब ऊर्जा एक रूप से दूसरे रूप में परिवर्तित होती है, तो ऊर्जा का कुछ भाग क्षय होता है। इसे ऊर्जा का क्षय कहा जाता है। रूपान्तरण में क्षय हुई ऊर्जा का अधिकांश भाग ऊष्मा के रूप में तथा कुछ भाग ध्वनि एवं प्रकाश के रूप में बदल जाता है। माना m द्रव्यमान का एक पिण्ड चित्रानुसार h ऊँचाई से गिरता है, जिसके द्वारा तय दूरी को दो भागों AB तथा BC में विभक्त किया गया है।

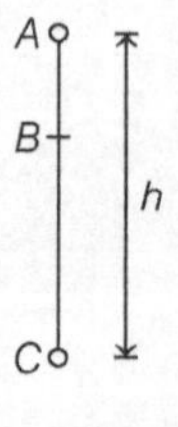

8. 0.2 किग्रा द्रव्यमान के एक पिण्ड को 10 मी/से की प्रारंभिक चाल से पृथ्वी तल से ऊर्ध्वाधर ऊपर की ओर फेंका जाये, तो पिण्ड की प्रारंभिक गतिज ऊर्जा बताइए।

9. 50 ग्राम द्रव्यमान वाली कोई गेंद 3 मी ऊँचाई से गिरती है। पृथ्वी की सतह पर पहुँचने के समय उसकी गतिज ऊर्जा की गणना कीजिए। ($g = 10$ मी/से^{2})

10. बिन्दु A, B तथा C पर कुल ऊर्जा के मानों में सम्बध स्थापित कीजिए।

11. यदि पिण्ड का द्रव्यमान 2 किग्रा तथा ऊँचाई h का मान 2 मीटर हो, तो बिन्दु C पर कुल ऊर्जा का मान क्या होगा ?

12. यदि भाग AB का मान 1 मीटर तथा कुल ऊँचाई 4 मीटर हो, तो बिन्दु B पर स्थितिज ऊर्जा का मान ज्ञात कीजिए।
(पिण्ड का द्रव्यमान = 2 किग्रा, $g = 10$ मी/से^{2})

अतिलघु उत्तरीय प्रश्न

13. बल द्वारा कृत कार्य कब शून्य होता है?

14. द्रव्यमान को दोगुना या वेग को दोगुना करने से किस स्थिति में गतिज ऊर्जा पर अधिक प्रभाव पड़ेगा?

15. सरल लोलक की अधिकतम
(i) स्थितिज ऊर्जा तथा (ii) गतिज ऊर्जा कहाँ होती है?

16. 50 किग्रा का व्यक्ति 3 मी ऊँचाई तक कूदता है, तो इसकी अधिकतम स्थितिज ऊर्जा क्या होगी?

17. 1000 वाट के हीटर को 2 घंटे प्रयुक्त करने पर कितने जूल ऊर्जा क्षयित होगी? [**उत्तर** 7.2×10^6 जूल]

लघु उत्तरीय प्रश्न

18. एक लड़का 50 न्यूटन बल से एक गाड़ी को 20 मी तक धकेलता है, तो लड़के द्वारा कृत कार्य का मान बताइए। [**उत्तर** 1000 जूल]

19. धनात्मक तथा ऋणात्मक कार्य में विभेद कीजिए जब एक वस्तु को उठाया जाता है, तो उस पर दो बल कार्य करते हैं। इन बल की पहचान करके बताइए कि
(i) कौन-सा धनात्मक है?
(ii) कौन-सा ऋणात्मक है? अपने उत्तर की पुष्टि कीजिए।

20. नीचे कुछ स्थितियाँ दी गई जिन्हें पढ़कर बताइए कि इनमें कार्य हो रहा है या नहीं। कारण भी दीजिए।
(i) एक व्यक्ति दीवार को धक्का दे रहा है, परन्तु दीवार नहीं खिसक रही है।
(ii) एक घोड़ा समतल सड़क पर गाड़ी को 5 किमी खींचता है।
(iii) एक लड़की वृत्तीय पथ पर एक चक्र पूर्ण करती है।
(iv) एक व्यक्ति अपने सिर पर भारी बैग रखकर खड़ा है।

21. पृथ्वी को सूर्य के परित: एक चक्कर लगाने में कितना कार्य करना पड़ता है? कारण दीजिए।

22. 20 न्यूटन के बल द्वारा एक वस्तु को 10 मी विस्थापित करने पर 100 जूल कार्य होता है, तो क्षैतिज से कोण का मान ज्ञात कीजिए। [**उत्तर** 60°]

23. 10 किग्रा का एक बॉक्स क्षैतिज सतह पर बिन्दु A पर रखा है। इसे बिन्दु B तक खिसकाया जाता है। बिन्दु B, A से 2 मीटर दूरी पर है। यदि A को B से मिलाने वाली रेखा क्षैतिज है, तो गुरुत्वीय बल द्वारा कृत कार्य की गणना कीजिए। (अपने उत्तर की पुष्टि कीजिए। ($g = 10$ मी/से^{2}) [**उत्तर** शून्य]

24. m द्रव्यमान की वस्तु नियत वेग v से गतिमान है। इस वस्तु को विरामावस्था में लाने में कितना कार्य करना पड़ेगा?

25. एक 50 किग्रा की गेंद को ऊर्ध्वाधरत: 500 मी/से के वेग से फेंका जाता है, तो उच्चतम बिन्दु पर इसकी स्थितिज ऊर्जा ज्ञात कीजिए। [**उत्तर** 6.25×10^6 जूल]

26. 4 किग्रा के ब्लॉक को 7 मी उठाने में स्थितिज ऊर्जा में वृद्धि ज्ञात कीजिए। [**उत्तर** 280 जूल]

27. दो वस्तु P तथा Q के द्रव्यमान क्रमश: 6 किग्रा तथा 10 किग्रा हैं। इन्हें 14.9 सेमी ऊँचाई से एकसाथ फेंका जाता है, इनकी स्थितिज ऊर्जा ज्ञात कीजिए। [**उत्तर** 894 जूल, 1490 जूल]

28. यदि कोई वस्तु गति नहीं कर रही है, तो क्या उसमें यान्त्रिक ऊर्जा होगी? व्याख्या कीजिए।

29. जब कील को लकड़ी में गाड़ा जाता है, तो कील गर्म क्यों हो जाती है?

30. एक मशीन 4 मिनट में 1960 जूल कार्य करती है, इसकी शक्ति ज्ञात कीजिए। [**उत्तर** 8.16 वाट]

31. एक महिला कुएँ में 10 मी गहराई से 5 किग्रा की बाल्टी को 10 सेकंड में खींचती है, तो इसके द्वारा प्रयुक्त शक्ति का मान लिखिए। ($g = 10$ मी/से^{2}) [**उत्तर** 50 वाट]

32. 50 किग्रा द्रव्यमान का लड़का 50 सीढ़ियाँ 10 सेकंड में चढ़ता है। यदि प्रत्येक सीढ़ी की ऊँचाई 15 सेमी है, तो लड़के की शक्ति ज्ञात कीजिए। [**उत्तर** 375 जूल]

33. $t = 0$ से पर 4 किग्रा द्रव्यमान का ब्लॉक रूक्ष तल पर 4 मी/से की चाल से गतिमान है। यदि घर्षण बल के कारण यह ब्लॉक 20 सेमी दूरी पर रुक जाता है, तो घर्षण द्वारा कृत कार्य ज्ञात कीजिए। [**उत्तर** 32 जूल]

34. 40 न्यूटन का बल वस्तु पर पूर्व दिशा में कार्यरत् है तो वस्तु पूर्व-दक्षिण में 1 मी विस्थापित करने में कितना कार्य करना पड़ेगा? [**उत्तर** 2.82 जूल]

35. गति की दिशा में नियत बल F लगाने से सरल में गतिमान वस्तु का वेग बढ़ जाता है। तो सिद्ध कीजिए कि गतिज ऊर्जा में वृद्धि, वस्तु पर बल द्वारा कृत कार्य के तुल्य है।

36. गुरुत्वीय स्थितिज ऊर्जा से क्या अभिप्राय है? प्रदर्शित कीजिए कि गुरुत्वीय स्थितिज ऊर्जा पथ पर निर्भर नहीं करती है?

37. दोलनी लोलक की ऊर्जा किस प्रकार परिवर्तित होती है तथा बताइए कि दोलन में कितनी बार अधिकतम गतिज व स्थितिज ऊर्जा प्राप्त होती है?

38. (i) h ऊँचाई से m द्रव्यमान को गिराया जाता है, तो धरातल से आधी ऊँचाई पर कुल ऊर्जा क्या होगी?

(ii) जब हम फुटबॉल को मारते हैं, तो हमारे द्वारा कृत कार्य क्या होता है?

(iii) शक्ति, ऊर्जा तथा समय में सम्बन्ध लिखिए।

39. जब जल पाइप से प्रवाहित होता है, तो इसके वेग में 5% का परिवर्तन होता है, तो जल की शक्ति में परिवर्तन को प्रतिशत में ज्ञात कीजिए।

दीर्घ उत्तरीय प्रश्न

40. ऊर्जा के एक रूप से दूसरे रूप में परिवर्तित होने की परिघटना को ऊर्जा रूपान्तरण कहते हैं। जब किसी वस्तु को ऊँचाई से गिराया जाता है, तो इसकी स्थितिज ऊर्जा निरन्तर गतिज ऊर्जा में रूपान्तरित होती है। जब वस्तु को ऊपर फेंका जाता है, तो गतिज ऊर्जा निरन्तर स्थितिज ऊर्जा में रूपान्तरित होती है।

(i) ऊर्जा के रूपान्तरण से आप क्या समझते हैं? उदाहरण सहित समझाइए।

(ii) निम्न स्थितियों में ऊर्जा रूपान्तरण को समझाइए।

(a) ऊपर की ओर फेंकी गई गेंद

(b) मीनार की छत से फेंका गया पत्थर

41. (i) एक गेंद को ऊर्ध्वाधर ऊपर की ओर फेंकने पर वह पुनः फेंकने वाले के पास आ जाती है, तो गेंद की गतिज तथा स्थितिज ऊर्जाओं में क्या परिवर्तन होगा?

(ii) 20 मी ऊँचाई पर स्थित जल की टंकी में 10 सेकंड में 100 किग्रा जल जाता है, तो पम्प की शक्ति ज्ञात कीजिए।

अध्याय
11

ध्वनि (Sound)

हम विभिन्न स्रोत; जैसे—मानव, पक्षियों, मशीनों, वाहनों, टी.वी. तथा रेडियो आदि से ध्वनि सुनते हैं। ध्वनि ऊर्जा का एक रूप है, जो हमारे कानों में सुनने की संवेदना उत्पन्न करती है।

सिलेबस

- ध्वनि का उत्पादन
- ध्वनि का संचरण
- तरंगों के प्रकार
- ध्वनि तरंगों की व्याख्या के लिए पद
- ध्वनि के अभिलक्षण
- ध्वनि और प्रकाश की चाल
- ध्वनि तरंगों का परावर्तन
- श्रव्यता का परिसर
- पराध्वनि तथा इसके अनुप्रयोग

ध्वनि का उत्पादन (Production of Sound)

वस्तुओं को कम्पित करके ध्वनि उत्पन्न की जाती है। कम्पन का अर्थ होता है, किसी वस्तु का तेजी से बार-बार इधर-उधर गति करना। मनुष्यों में वाक् ध्वनि उनके वाक्-तन्तुओं (Vocal cords) के कम्पित होने के कारण उत्पन्न होती है। विभिन्न वस्तुओं में घर्षण द्वारा, खुरचकर, रगड़कर, वायु फूँककर या उनको हिलाकर ध्वनि उत्पन्न की जा सकती है।

ध्वनि का संचरण (Propagation of Sound)

जब कोई वस्तु कंपन करती है, तो वस्तु अपने चारों ओर विद्यमान माध्यम के कणों को कंपमान कर देती है। ये कण कंपमान वस्तु से हमारे कानों तक स्वयं गति करके नहीं पहुँचते। सबसे पहले कंपमान वस्तु के सम्पर्क में रहने वाले माध्यम के कण अपनी संतुलित अवस्था से विस्थापित होते हैं। ये अपने समीप के कणों पर एक बल लगाते हैं, जिसके फलस्वरूप निकटवर्ती कण अपनी विरामावस्था से विस्थापित हो जाते हैं। निकटवर्ती कणों को विस्थापित करने के पश्चात् प्रारम्भिक कण अपनी मूल अवस्थाओं में वापस लौट आते हैं। माध्यम में यह प्रक्रिया तब तक चलती रहती है, जब तक कि ध्वनि आपके कानों तक नहीं पहुँच जाती है। माध्यम में ध्वनि द्वारा उत्पन्न विक्षोभ (माध्यम के कण नहीं) माध्यम से होता हुआ संचरित होता है। ध्वनि का स्रोत माध्यम में एक विक्षोभ उत्पन्न करता है, जोकि माध्यम से संचरित होता है। माध्यम के कण आगे की ओर गति नहीं करते हैं, परन्तु विक्षोभ आगे की ओर गति करता है, जिससे ध्वनि का माध्यम में संचरण होता है। ध्वनि के संचरण हेतु माध्यम की आवश्यकता होती है। अतः इन्हें यांत्रिक तरंग कहते हैं। तरंग गति, ऊर्जा का एक स्थान से दूसरे स्थान पर स्थानान्तरण का एक प्रारूप है। ध्वनि सामान्यतः वायु के द्वारा संचरित होती है।

वायु में संपीडन तथा विरलन का बनना
(Formation of Compression and Rarefaction in Air)

जब कोई कंम्पित वस्तु आगे की ओर कंपन करती है, तो अपने सामने की वायु को धक्का देकर सम्पीडित करती है, जोकि कंपित वस्तु से दूर की ओर जाना प्रारम्भ करता है। जब कंपित वस्तु पीछे की ओर गति करती है, तो विरलन का निर्माण होता है। संपीडन, अनुदैर्ध्य तरंग का एक भाग होता है, जिसमें माध्यम के कण एक-दूसरे के निकट होते हैं तथा इस क्षेत्र में दाब उच्च होता है, इसे चित्र में C द्वारा इंगित किया गया है।

विरलन भी अनुदैर्ध्य तरंग का एक भाग होता है, जिसमें माध्यम के कण सामान्य से दूर होते हैं तथा इस क्षेत्र में दाब निम्न होता है। नीचे चित्र में इसे R से प्रदर्शित करते हैं।

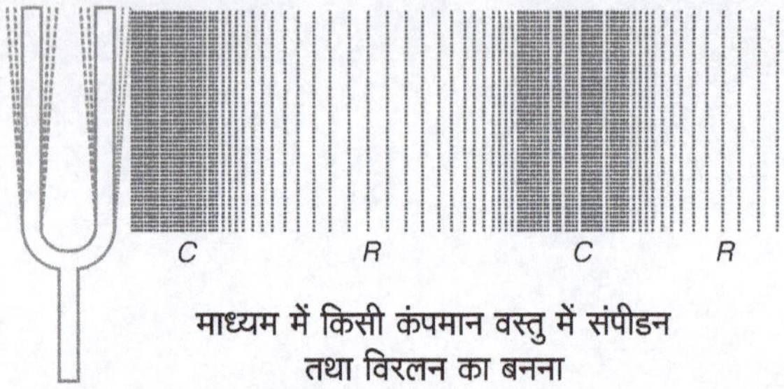

माध्यम में किसी कंपमान वस्तु में संपीडन तथा विरलन का बनना

जब वस्तु तीव्रता से आगे और पीछे की ओर गति करती है, तो वायु में संपीडन तथा विरलन श्रेणीक्रम में बनते हैं। इसके द्वारा पता चलता है कि ध्वनि माध्यम से संचरित होती है। ध्वनि के संचरण में घनत्व या दाब में परिवर्तन होता है। माध्यम में अधिक घनत्व वाले कण अधिक दाब उत्पन्न करते हैं।

तरंगों के प्रकार (Types of Waves)

तरंगें मुख्य रूप से दो प्रकार की होती हैं

अनुदैर्ध्य तरंगें (Longitudinal Waves)

अनुदैर्ध्य तरंग में माध्यम के कण, विक्षोभ की संचरण की दिशा के समान्तर गति करते हैं। अनुदैर्ध्य तरंग में माध्यम के कण एक स्थान से दूसरे स्थान पर गति नहीं करते हैं, अपितु माध्य स्थिति के आगे और पीछे दोलन करते हैं। ध्वनि तरंग अनुदैर्ध्य तरंग है तथा अनुदैर्ध्य तरंग तीन माध्यमों (जैसे—ठोस, द्रव और गैस) में गति करती है। जब किसी स्प्रिंग को दबाया या खींचा जाता है, तो स्प्रिंग के अनुदिश संचरित होने वाली तरंग, अनुदैर्ध्य तरंग कहलाती है।

स्प्रिंग की सामान्य स्थिति

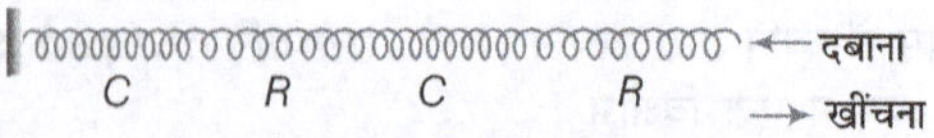

स्प्रिंग में अनुदैर्ध्य तरंग

जब कुण्डली सामान्य अवस्था से अधिक समीपस्थ होती है, तो स्प्रिंग में संपीडन प्रेक्षित होता है तथा जब कुण्डली सामान्य अवस्था से अधिक दूरी पर होती है, तो स्प्रिंग में विरलन प्रेक्षित होता है। वे लम्बी प्रत्यास्थ स्प्रिंग जिसे सरलता से संकुचित या प्रसारित किया जा सकता है, उसे स्लिंकी (Slinky) कहते हैं।

अनुप्रस्थ तरंगें (Transverse Waves)

अनुप्रस्थ तरंग वह तरंग है, जिसमें माध्यम के कण अपनी माध्य स्थितियों पर तरंग के संचरण की दिशा के लम्बवत् गति करते हैं।

उदाहरण—प्रकाश भी अनुप्रस्थ तरंग है (परन्तु यह यान्त्रिक तरंग नहीं है)।

अनुप्रस्थ तरंग केवल ठोस तथा द्रवों में उत्पन्न होती है। इसे गैस में उत्पन्न नहीं किया जा सकता है।

उदाहरण—

(i) एक नियत सिरे से बँधी रस्सी या स्प्रिंग को दूसरे सिरे से पकड़कर ऊपर व नीचे तीव्रता से गति कराने पर अनुप्रस्थ तरंगें उत्पन्न होती हैं।

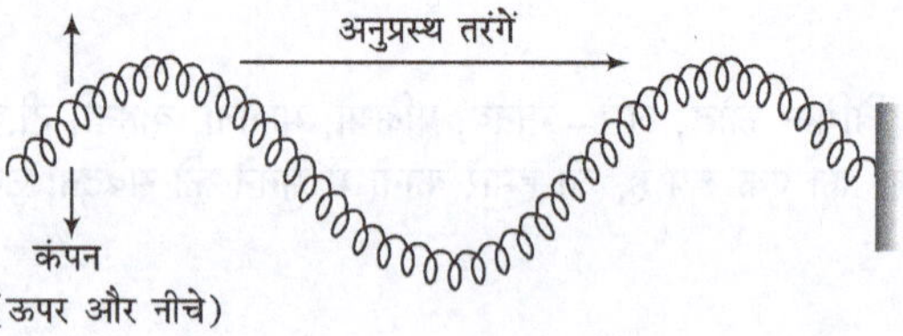

लम्बी स्प्रिंग में अनुप्रस्थ तरंग

(ii) तालाब के जल की सतह पर उत्पन्न विक्षोभ भी अनुप्रस्थ तरंग होता है।

- अनुप्रस्थ तरंग माध्यम में क्षैतिजत: गति करती है तथा माध्यम के कण ऊर्ध्वाधर दिशा में ऊपर और नीचे कम्पन करते हैं।
- अनुप्रस्थ तरंग में श्रृंग तथा गर्त बनते हैं।
- माध्यम की शून्य विक्षोभ रेखा के ऊपर अनुप्रस्थ तरंग के भाग को **श्रृंग** कहते हैं।
- माध्यम की शून्य विक्षोभ रेखा के नीचे अनुप्रस्थ तरंग के भाग को **गर्त** कहते हैं।

अनुप्रस्थ तरंग में श्रृंग व गर्त को नीचे दर्शाया गया है—

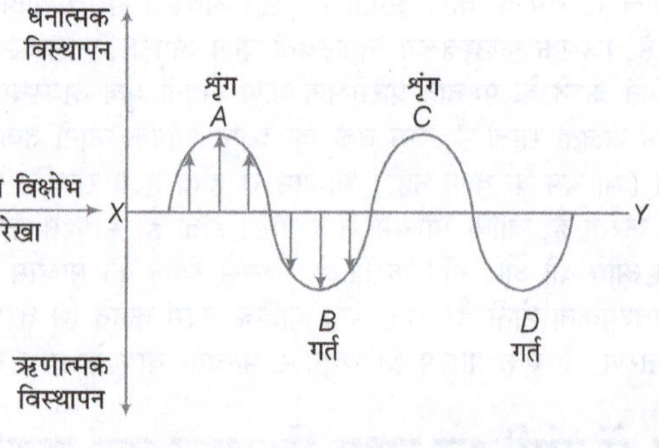

अनुप्रस्थ तरंग के श्रृंग और गर्त

अनुप्रस्थ तरंग का ग्राफीय निरूपण
(Graphical Representation of Transverse Wave)

अनुप्रस्थ तरंग को विस्थापन-दूरी ग्राफ द्वारा निम्न प्रकार प्रदर्शित किया जा सकता है—

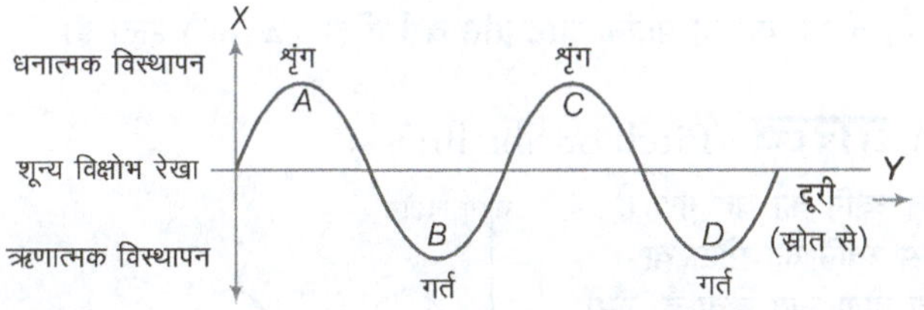

अनुप्रस्थ तरंग का विस्थापन-दूरी ग्राफ

ध्वनि तरंग का ग्राफीय निरूपण
(Graphical Representation of Sound Wave)

जब ध्वनि तरंग, वायु से गुजरती है, तो वायु का घनत्व निरन्तर परिवर्तित होता है।

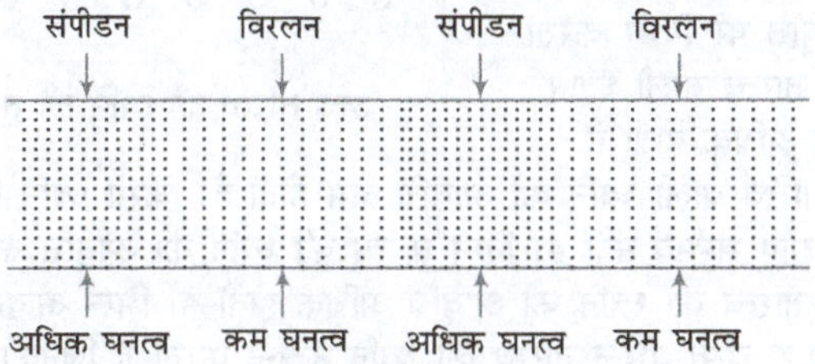

ध्वनि तरंग का प्रदर्शन

वायु में ध्वनि तरंग के घनत्व-दूरी ग्राफ को नीचे दर्शाया गया है।

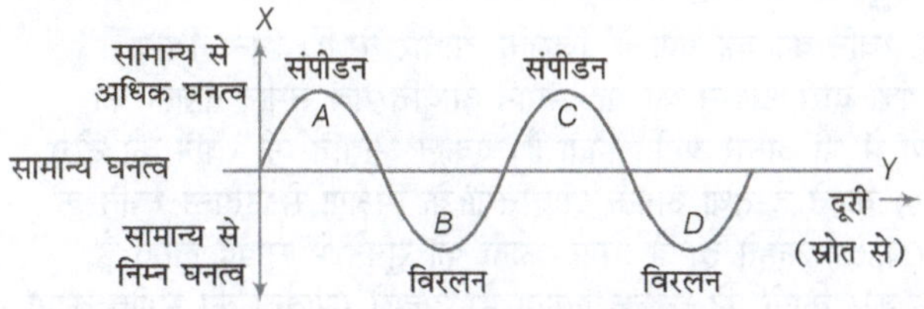

वायु में ध्वनि तरंग का घनत्व-दूरी ग्राफ

चेक प्वॉइण्ट 11.1

1. *अनुप्रस्थ तथा अनुदैर्ध्य तरंग में एक अन्तर बताइए।*
2. *ध्वनि तरंगों की प्रकृति क्या होती है ?*
3. *किस स्थिति में (i) अनुदैर्ध्य तरंग तथा (ii) अनुप्रस्थ तरंग संचरित होती हैं ?*
4. *किस प्रकार की तरंगों को निम्न ग्राफों द्वारा प्रदर्शित किया जाता है*
   (i) घनत्व-दूरी ग्राफ ?
   (ii) विस्थापन-समय ग्राफ ?

ध्वनि तरंगों की व्याख्या के लिए पद
(Terms to Describe Sound Waves)

ध्वनि तरंगों की निम्न पदों द्वारा व्याख्या की जाती है—

(i) तरंगदैर्ध्य (ii) आवृत्ति (iii) आवर्तकाल (iv) आयाम (v) चाल

तरंगदैर्ध्य (Wavelength)

दो क्रमागत सम्पीडनों अथवा दो क्रमागत विरलनों के बीच की दूरी तरंगदैर्ध्य कहलाती है अर्थात् तरंगदैर्ध्य, तरंग द्वारा तय की गई न्यूनतम दूरी होती है, जिसमें ध्वनि तरंग की पुनरावृत्ति होती है। तरंगदैर्ध्य को ग्रीक अक्षर λ (**लैम्डा**) से प्रदर्शित करते हैं तथा इसका SI मात्रक **मीटर** होता है।

आवृत्ति (Frequency)

एकांक समय में दोलनों की कुल संख्या, ध्वनि तरंग की आवृत्ति कहलाती है। यह एक सेकण्ड में उत्पन्न विस्पन्दों की संख्या है। एकांक समय में सम्पीडन या विरलनों की संख्या के द्वारा हम ध्वनि तरंग की आवृत्ति ज्ञात कर सकते हैं। तरंग की आवृत्ति नियत होती है और भिन्न-भिन्न पदार्थों से गुजरने पर भी आवृत्ति परिवर्तित नहीं होती है। इसे ग्रीक शब्द ν **(nu)** से भी प्रदर्शित करते हैं। इसका SI मात्रक **हर्ट्ज** (प्रतीक Hz) होता है।

आवर्तकाल (Time Period)

किन्हीं दो निकटवर्ती सम्पीडन या विरलन का एक स्थिर बिन्दु से गुजरने में लगा समय तरंग का आवर्तकाल कहलाता है। दूसरे शब्दों में, कम्पन करने वाले किसी कण द्वारा 1 कम्पन पूरा करने में लिए गए समय को उस तरंग का आवर्तकाल कहते हैं। इसे T से प्रदर्शित करते हैं। इसका SI मात्रक **सेकण्ड** होता है।

एक तरंग का आवर्तकाल, आवृत्ति का व्युत्क्रम होता है अर्थात्

$$\text{आवर्तकाल } (T) = \frac{1}{\text{आवृत्ति } (\nu)}$$

आयाम (Amplitude)

किसी माध्यम में मूल स्थिति के दोनों ओर अधिकतम विक्षोभ की स्थिति को तरंग का आयाम कहते हैं। इसके द्वारा तरंग के आकार को बताया जाता है। इसे A से प्रदर्शित करते हैं। इसका SI मात्रक **मीटर** (m) होता है। किसी तरंग का आयाम, कम्पित वस्तु द्वारा निर्मित तंरग के आयाम के तुल्य होता है।

चाल (Speed)

एकांक समय में तरंग के किसी बिन्दु जैसे एक संपीडन या एक विरलन द्वारा तय की गई दूरी तरंग वेग या चाल कहलाती है। समान भौतिक परिस्थितियों के अधीन सभी आवृत्तियों के लिए चाल नियत रहती है। इसे v से प्रदर्शित करते हैं। इसका SI मात्रक मीटर प्रति सेकण्ड (मी/से या मी से$^{-1}$) होता है।

$$\text{चाल} = \frac{\text{तय दूरी}}{\text{समय}}$$

यदि T समय में तरंग λ दूरी तय करती है, तो चाल निम्न प्रकार दी जाती है

$$\text{वेग} = \frac{\text{दूरी}}{\text{समय}} \Rightarrow v = \frac{\lambda}{T} = \lambda \times \frac{1}{T}$$

हम जानते हैं, $\nu = \frac{1}{T}$

∴ $v = \lambda \times \nu$ या $v = \nu \lambda$

या **चाल (वेग) = तरंगदैर्ध्य × आवृत्ति**

उदाहरण 1 एक ध्वनि तरंग 330 मी से$^{-1}$ की चाल से वायु में गतिमान है, तो 550 हर्ट्ज आवृत्ति की ध्वनि तरंग के तरंगदैर्ध्य की गणना कीजिए। इसके एक दोलन के लिए आवर्तकाल की गणना कीजिए।

हल दिया है, ध्वनि की आवृत्ति (ν) = 550 हर्ट्ज

ध्वनि तरंग की चाल (v) = 330 मी से$^{-1}$

तरंगदैर्ध्य (λ) = ?, आवर्तकाल (T) = ?

हम जानते हैं,

$v = \nu\lambda$ और $T = \frac{1}{\nu}$

$\lambda = \frac{v}{\nu} = \frac{330}{550} = \frac{3}{5} = 0.6$ मी

$T = \frac{1}{\nu} = \frac{1}{550} = 0.001$ सेकण्ड

ध्वनि के अभिलक्षण (Characteristics of Sound)

ध्वनि के निम्न तीन अभिलक्षण होते हैं

(i) प्रबलता (Loudness)

प्रबलता ध्वनि का वह लक्षण है, जिसके आधार पर कोई ध्वनि कान को धीमी या तेज सुनाई पड़ती है। जब कोई ध्वनि हमें धीमी सुनाई पड़ती है, तो प्रबलता कम होती है, जबकि तेज सुनाई पड़ने वाली ध्वनि की प्रबलता अधिक होती है। यदि ध्वनि तरंगों के आयाम छोटे हैं, तब ध्वनि धीमी या मृदु होगी और यदि ध्वनि तरंगों के आयाम बहुत बड़े हैं, तब ध्वनि अधिक या असहज होगी।

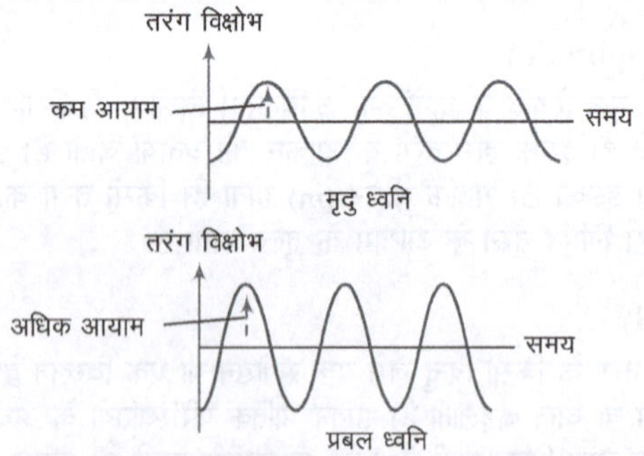

कम आयाम की मृदु ध्वनि और अधिक आयाम की प्रबल ध्वनि

ऊपर दिए गए आरेख में मृदु तथा प्रबल ध्वनियों की आकृतियों को दर्शाया गया है। ध्वनि तरंग का आयाम, ध्वनि स्रोत द्वारा उत्पन्न कम्पन के आयाम के तुल्य होता है। अतः ध्वनि की प्रबलता, ध्वनि स्रोत द्वारा उत्पन्न कम्पन आयाम के तुल्य होता है। प्रबल ध्वनि अधिक दूरी तय करती है। ध्वनि स्रोत से चारों ओर बिखरती है तथा इसका आयाम तथा प्रबलता दोनों ही कम होते है। ध्वनि की प्रबलता को डेसीबल (dB) में मापा जाता है। यह हमारे कानों की सुग्राहिता पर निर्भर करती है।

(ii) तीव्रता (Intensity)

किसी एकांक क्षेत्रफल से एक सेकंड में गुजरने वाली ध्वनि ऊर्जा को ध्वनि की तीव्रता कहते हैं। प्रबलता तथा तीव्रता एक ही पद नहीं है। प्रबलता, ध्वनि के प्रति हमारे कानों की सुग्राहिता (संवेदनशीलता) की माप है। तीव्रता का SI मात्रक **वाट प्रति वर्ग मीटर** (W/m^2) होता है।

(iii) तारत्व (Pitch or Shrillness)

तारत्व ध्वनि का वह गुण है जिससे ध्वनि का मोटा या पतला होना ज्ञात होता है, जैसे पुरुषों की आवाज की अपेक्षा स्त्रियों की आवाज पतली होती है अर्थात् उच्च तारत्व की होती है। मोटी ध्वनि को **निम्न तारत्व की ध्वनि** तथा पतली ध्वनि को **उच्च तारत्व की ध्वनि** कहा जाता है। ध्वनि का तारत्व उसकी आवृत्ति पर निर्भर करता है। अधिक तारत्व वाली ध्वनि की आवृत्ति अधिक होती है और कम तारत्व वाली ध्वनि की आवृत्ति कम होती है। किसी ध्वनि के तारत्व की माप सम्भव नहीं है। निम्न तारत्व की ध्वनि की आवृत्ति कम तथाा उच्च तारत्व की ध्वनि की आवृत्ति अधिक होती है। भिन्न आकृति व परिस्थितियों में वस्तु, भिन्न तारत्व की ध्वनि उत्पन्न करती है जिनकी आवृत्ति भी भिन्न होती है।

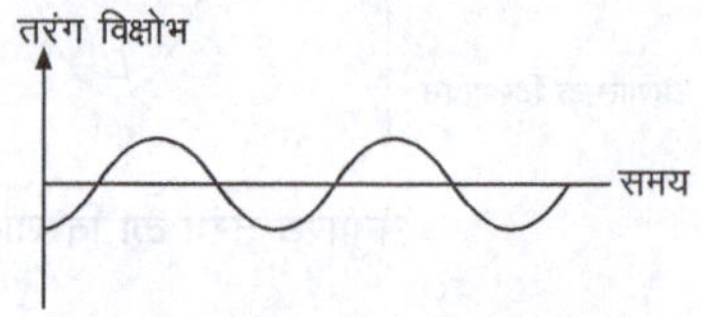

निम्न तारत्व की ध्वनि की तरंग

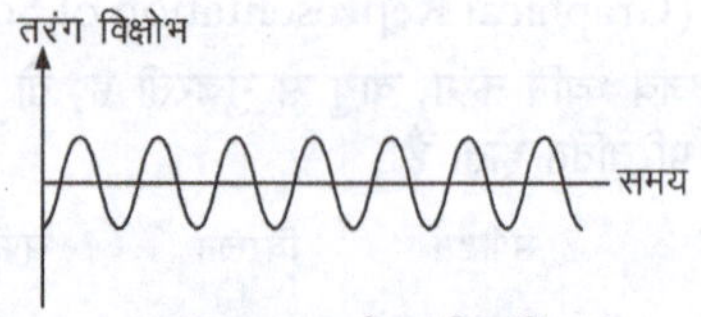

उच्च तारत्व की ध्वनि की तरंग

(iv) गुणता (Quality or Timbre)

गुणता, ध्वनि का वह गुण है, जिसके आधार पर दो भिन्न-भिन्न वाद्य-यंत्रों द्वारा उत्पन्न की गई समान आवृत्ति एवं समान तीव्रता की ध्वनियों में भी अन्तर प्रतीत होता है। एकल आवृत्ति की ध्वनि को **टोन** (Tone) कहते हैं तथा अनेक आवृत्तियों के मिश्रण से उत्पन्न ध्वनि को **स्वर** (Note) कहते हैं। ये हमारे कानों को सुनने में सुखद लगते हैं जबकि शोर कानों को कर्कश लगता है। अच्छी गुणवत्ता का संगीत कानों के लिए सुखद होता है।

ध्वनि और प्रकाश की चाल (Speed of Sound and Light)

वायु में 22° C तथा 0° C पर ध्वनि की चाल क्रमशः 344 मी से$^{-1}$ तथा 331 मी से$^{-1}$ होती है और वायु में प्रकाश की चाल 300000000 मी से$^{-1}$ या 3×10^8 मी से$^{-1}$ होती है। अतः प्रकाश की चाल, ध्वनि की तुलना में बहुत बड़ी होती है।

इसे वर्षा के दिनों में प्रेक्षित किया जा सकता है, क्योंकि जब बादल गरजते हैं, तो प्रकाश पहले दिखाई देता है तथा ध्वनि बाद में सुनाई देती है जबकि दोनों एकसाथ उत्पन्न होते हैं। ऐसा इसलिए होता है क्योंकि प्रकाश की चाल, ध्वनि की चाल से अधिक होती है।

विभिन्न माध्यमों में ध्वनि की चाल
(Speed of Sound in different Media)

ध्वनि, माध्यम में एक नियत चाल से चलती है। यह माध्यम ठोस, द्रव या गैस हो सकता है। इन सभी पदार्थ को **माध्यम** कहते हैं। ध्वनि की चाल, माध्यम के गुण पर निर्भर करती है, जिसमें ध्वनि तरंग गतिमान होती है। ध्वनि की चाल, माध्यम के ताप पर भी निर्भर करती है। जब हम ठोस अवस्था से गैस अवस्था में जाते हैं, तो ध्वनि की चाल घटती है। यदि माध्यम का ताप बढ़ाया जाता है, तो ध्वनि की चाल भी बढ़ती है।

चेक प्वॉइण्ट 11.2

1. *एक रस्सी में चित्र में दर्शाये अनुसार 200 हर्ट्ज आवृत्ति की तरंग उत्पन्न होती है, तो तरंग का आयाम, तरंगदैर्ध्य तथा वेग ज्ञात कीजिए।*

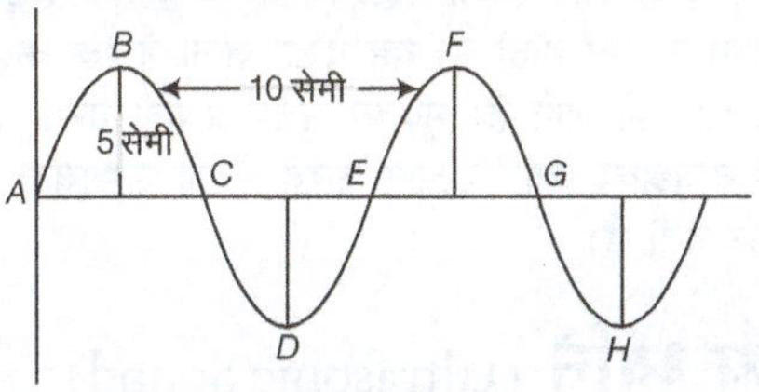

*[**उत्तर** : आयाम = 5 सेमी, तरंगदैर्ध्य = 10 सेमी, वेग = 20 मी/से]*

2. *एक ध्वनि तरंग की आवृत्ति 2 किलोहर्ट्ज तथा तरंगदैर्ध्य 35 सेमी है, तो यह 1.5 किमी दूरी तय करने में कितना समय लेगी?*
3. *डेसीबल को बताइए और यह किन कारकों पर निर्भर करता है?*
4. *किस अभिलक्षण के द्वारा व्यक्ति तथा महिला की आवाज में विभेद किया जाता है?*
5. *यदि ध्वनि तरंग ठोस से गैस अवस्था में जाती है, तो ध्वनि की चाल पर क्या प्रभाव पड़ेगा?*

ध्वनि तरंगों का परावर्तन
(Reflection of Sound Wave)

प्रकाश के समान जब ध्वनि दृढ़ सतह पर आपतित होती है, तो इसकी दिशा परिवर्तित हो जाती है और यह पुन: लौटकर आ जाती है। किसी ठोस या द्रव से टकराकर अपनी गति की विपरीत दिशा में वापस लौटना, ध्वनि का परावर्तन कहलाता है। ध्वनि के परावर्तन हेतु चमकदार तथा चिकनी सतह की आवश्यकता नहीं होती है। यह किसी भी दृढ़ सतह से परावर्तित हो जाती है। ध्वनि का परावर्तन भी, प्रकाश के परावर्तन की तरह कुछ नियमों का अनुसरण करता है जोकि निम्नलिखित हैं

1. आपतित ध्वनि तरंग (AO), परावर्तित ध्वनि तरंग (OB) तथा आपतन बिन्दु पर अभिलम्ब (ON) तीनों एक ही तल में होते हैं।

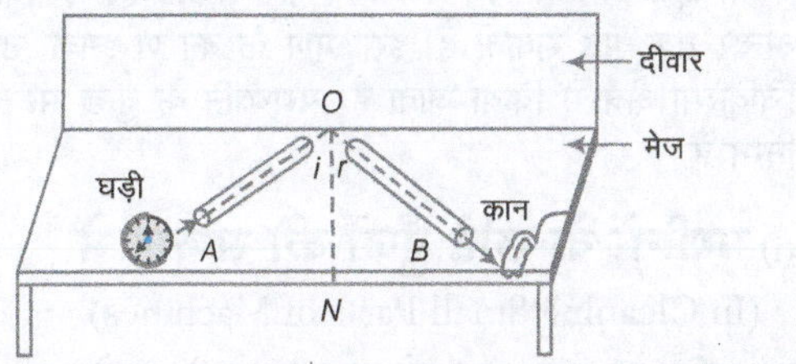

ध्वनि का परावर्तन

2. ध्वनि का आपतन कोण $\angle AON$, ध्वनि के परावर्तन कोण $\angle NOB$ के तुल्य होता है।

प्रतिध्वनि (Echo)

यदि कोई व्यक्ति एक बड़े खाली हॉल में चिल्लाता है, तो पहले व्यक्ति वास्तविक ध्वनि सुनता है और कुछ समय बाद वही ध्वनि फिर से सुनाई देती है, इसी ध्वनि को प्रतिध्वनि कहते हैं। हमारे मस्तिष्क में ध्वनि की संवेदना लगभग 0.1 सेकण्ड तक बनी रहती है। स्पष्ट प्रतिध्वनि सुनने के लिए मूल ध्वनि तथा परावर्तित ध्वनि के मध्य कम-से-कम 0.1 सेकण्ड का समयान्तराल अवश्य होना चाहिए।

वायु में ध्वनि की चाल 344 मी/से होती है। ध्वनि द्वारा 0.1 सेकण्ड में तय दूरी = चाल × समय $= 344 \times 0.1$
$= 34.4$ मीटर होती है। अत: स्पष्ट प्रतिध्वनि सुनने के लिए अवरोधक की ध्वनि स्रोत से न्यूनतम दूरी $= \frac{34.4}{2}$ मी
$= 17.2$ मीटर होनी चाहिए। यह दूरी वायु के ताप के साथ परिवर्तित हो जाती है, क्योंकि ताप के साथ ध्वनि के वेग में भी परिवर्तन हो जाता है। ध्वनि के बार-बार परावर्तन के कारण हमें एक से अधिक प्रतिध्वनियाँ भी सुनाई दे सकती हैं। बादलों के गड़गड़ाहट की ध्वनि कई परावर्तक पृष्ठों; जैसे-बादलों तथा भूमि से बार-बार परावर्तन के फलस्वरूप उत्पन्न होती है।

अनुरणन (Reverberation)

किसी बड़े हॉल में उत्पन्न होने वाली ध्वनि दीवारों से बार-बार परावर्तन के कारण काफी समय तक बनी रहती है, जब तक कि यह इतनी कम न हो जाए कि यह सुनाई ही न पड़े। यह बार-बार परावर्तन जिसके कारण ध्वनि का स्थायित्व होता है, अनुरणन कहलाता है।

यह वास्तविक ध्वनि तथा परावर्तित ध्वनि के अध्यारोपण के कारण उत्पन्न होती है। अनुरणन के उत्पादन के लिए, परावर्तन 17 मीटर से कम दूरी पर होना चाहिए। किसी सभा भवन या बड़े हॉल में अत्यधिक अनुरणन अत्यन्त अवांछनीय है क्योंकि अत्यधिक अनुरणन से ध्वनि खराब तथा दो बार सुनाई देती है। अनुरणन को कम करने के लिए सभा भवन की छतों तथा दीवारों पर ध्वनि अवशोषक पदार्थों; जैसे—सम्पीडित फाइबर बोर्ड, खुरदरे प्लास्टर अथवा पर्दे लगे होते हैं। सीटों के पदार्थों का चुनाव इनके ध्वनि अवशोषक गुणों के आधार पर भी किया जाता है।

ध्वनि के बहुल परावर्तन के उपयोग
(Uses of Multiple Reflection of Sound)

ध्वनि के परावर्तन का उपयोग मेगाफोन, हॉर्न, स्टेथोस्कोप और ध्वनि बोर्ड में किया जाता है। इनमें ध्वनि का बहुल परावर्तन होता है।

(i) मेगाफोन और हॉर्न (Megaphone and Horn)

मेगाफोन की आकृति शंक्वाकार होती है जिसके कारण इनके द्वारा ध्वनि प्रवर्धित हो जाती है। हॉर्न भी शंक्वाकार आकृति की युक्ति होता है। जिसका उपयोग बाइक, कार व बस आदि में संकेतक के रूप में किया जाता है।

जब कोई व्यक्ति मेगाफोन की पतली नलिका में बोलता है, तो ध्वनि तरंग बार-बार परावर्तित होकर श्रोता से आगे की दिशा में गतिमान होती है तथा स्रोत की ध्वनि अधिक दूरी तक जा पाती है।

(ii) **स्टेथोस्कोप** (Stethoscope)

स्टेथोस्कोप एक चिकित्सा यन्त्र है जो शरीर के अन्दर, मुख्यत: हृदय तथा फेफड़ों में उत्पन्न होने वाली ध्वनि को सुनने के काम आता है। स्टेथोस्कोप नली में ध्वनि के बार-बार परावर्तन के बाद हृदय की धड़कन डॉक्टर को सुनाई देती है।

(iii) **ध्वनि बोर्ड** (Sound Board)

बडे हॉलों में स्टेज के पीछे अवतलाकार बोर्ड रख दिया जाता है, जिससे कि परावर्तन के पश्चात् ध्वनि हॉल की चौड़ाई के अनुसार ही सभी भागों में जाए।

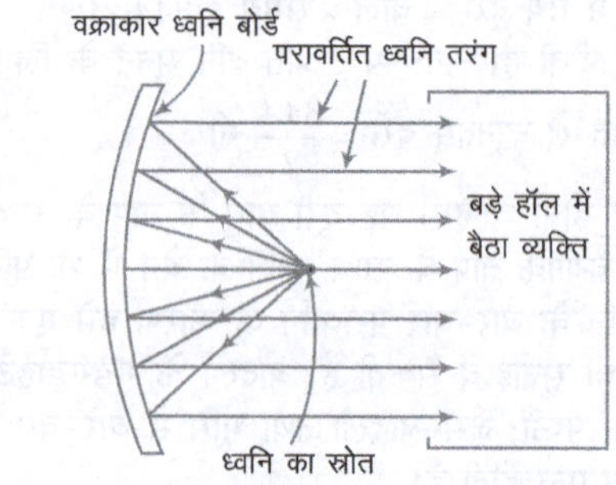

स्टेज के पीछे वक्राकार ध्वनि बोर्ड

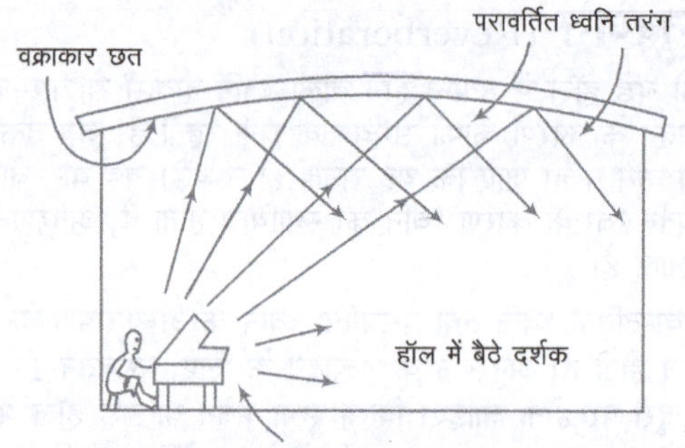

स्पीकरों के पीछे वक्राकार छत

कंसर्ट हॉल, सम्मेलन कक्षों तथा सिनेमा हॉल की छतें वक्राकार बनाई जाती हैं, जिससे कि परावर्तन के पश्चात् ध्वनि हॉल के सभी भागों में पहुँच जाए।

चेक प्वॉइण्ट 11.3

1. *यदि ध्वनि के परावर्तन के प्रयोग में आपतित ध्वनि तरंग दृढ़ सतह से 35° का कोण बनाती है, तो परावर्तन कोण का मान क्या होगा?* [**उत्तर** 55°]
2. *प्रतिध्वनि सुनने के लिए अवरोधक तथा ध्वनि स्रोत के मध्य न्यूनतम दूरी क्या होनी चाहिए?*
3. *एक प्रतिध्वनि 6 सेकण्ड में सुनाई देती है, तो स्रोत से परावर्तक सतह की दूरी क्या होगी?*
   [दिया है, ध्वनि की चाल 342 मी/से है] [**उत्तर** 1026 मी]
4. *कंसर्ट हॉल में ध्वनि अवशोषक के रूप में प्रयुक्त पदार्थों के नाम लिखिए।*
5. *ध्वनि के बहुल परावर्तन के दो उपयोग लिखिए।*

श्रव्यता का परिसर (Range of Hearing)

वह औसत आवृत्ति परास जिसके लिए मानव कर्ण सुग्राही होते हैं, उसे श्रव्यता का परिसर (ऑडियो परास) कहते हैं। मानव के लिए श्रव्यता का परिसर लगभग 20 हर्ट्ज से 20,000 हर्ट्ज होता है।

5 साल से कम के बच्चे तथा कुछ जानवर (जैसे—कुत्ता) 25000 हर्ट्ज की ध्वनि सुन सकते हैं। जैसे-जैसे मनुष्य की उम्र बढ़ती है उसके कान की उच्च आवृत्ति के प्रति क्षमता कम होती जाती है।

अवश्रव्य ध्वनि (Infrasonic Sound)

20 हर्ट्ज से कम आवृत्ति की ध्वनियों को अवश्रव्य ध्वनि कहते हैं। मानव अवश्रव्य ध्वनि को सुन नहीं पाता है। भूकम्प और कुछ जानवरों (जैसे-व्हेल, हाथी और राइनोसिरस (गैंडा) के द्वारा 5 हर्ट्ज आवृत्ति की अवश्रव्य तरंगें उत्पन्न होती हैं। यह देखा जाता है कि कुछ जन्तु भूकम्प से पहले परेशान हो जाते हैं। भूकम्प मुख्य प्रघाती तरंगों से पहले निम्न आवृत्ति की अवश्रव्य ध्वनि उत्पन्न करते हैं जो सम्भवत: जन्तुओं को सावधान कर देती है।

पराश्रव्य ध्वनि (Ultrasonic Sound)

20,000 हर्ट्ज से अधिक आवृत्ति की ध्वनियों को पराश्रव्य ध्वनि या पराध्वनि कहते हैं। पराश्रव्य ध्वनि को मानव द्वारा सुना नहीं जाता है। कुत्ते 50,000 हर्ट्ज तक पराश्रव्य ध्वनि को सुन लेते हैं। डॉलफिन, चमगादड़ और पॉरपॉइज पराध्वनि उत्पन्न करते हैं।

श्रवण सहायक युक्ति (Hearing Aid)

जिन व्यक्तियों को कम सुनाई देता है उन्हें इस यन्त्र की आवश्यकता होती है। यह बैटरी से चलने वाली एक इलेक्ट्रॉनिक युक्ति है। इसमें एक छोटा-सा माइक्रोफोन, एक एम्प्लीफायर व स्पीकर होता है। जब ध्वनि माइक्रोफोन पर पड़ती है, तो वह ध्वनि तरंगों को विद्युत संकेतों में प्रवर्धित कर देता है।

एम्प्लीफायर इन विद्युत संकेतों को प्रवर्धित कर देता है। ये संकेत स्पीकर द्वारा ध्वनि की तरंगों में परिवर्तित कर दिए जाते हैं। ये ध्वनि तरंगें कान के डायफ्राम पर आपतित होती हैं तथा व्यक्ति को ध्वनि साफ सुनाई देती है।

पराध्वनि और इसके अनुप्रयोग (Ultrasound and its Applications)

पराध्वनियाँ उच्च आवृत्ति की तरंग हैं। पराध्वनियाँ अवरोधों की उपस्थिति में भी एक निश्चित पथ पर गमन कर सकती हैं। ये पदार्थ को अधिक अन्दर तक भेद सकती हैं। इसी गुण के कारण इनका उपयोग उद्योग तथा चिकित्सा क्षेत्र में किया जाता है। पराध्वनि के कुछ महत्त्वपूर्ण अनुप्रयोग निम्न हैं

(i) मशीनों के छोटे पुँर्जों की सफाई में (In Cleaning Small Parts of Machines)

पराध्वनि प्राय: उन भागों को साफ करने में उपयोग की जाती है जिन तक पहुँचना अधिक दुर्बल या कठिन होता है; जैसे-सर्पिलाकार, नली, विषम आकार के पुर्जे, इलेक्ट्रॉनिक अवयव आदि। जिन वस्तुओं को

साफ करना होता है उन्हे मार्जन विलयन में रखते हैं और इस विलयन में पराध्वनि तरंगें भेजी जाती हैं। उच्च आवृत्ति के कारण विलयन हिलने लगता है जिसके कारण धूल, चिकनाई तथा गन्दगी के कण भी कम्पन करते हैं तथा अलग होकर विलयन में नीचे गिर जाते हैं। इस प्रकार वस्तु पूर्णतया साफ हो जाती है।

(ii) मानव शरीर के अन्दर खोज में

(In Internal Investigation of Human Body)

पराध्वनि तरंगों का उपयोग मानव शरीर के आन्तरिक अंगों का प्रतिबिम्ब प्राप्त करने हेतु किया जाता है। पराध्वनि मानव शरीर को भेद सकती है तथा पराध्वनि तरंगें शरीर के ऊतकों में गमन करती हैं तथा उस स्थान से परावर्तित हो जाती हैं, जहाँ उसके घनत्व में परिवर्तन होता है। इसके पश्चात् इन तरंगों को विद्युत संकेतों में परिवर्तित किया जाता है, जिससे कि उस अंग का प्रतिबिम्ब बना लिया जाए। इन प्रतिबिम्बों को मॉनीटर पर प्रदर्शित किया जाता है या फिल्म पर मुद्रित कर लिया जाता है। इस तकनीक को अल्ट्रासोनोग्राफी कहते हैं। अल्ट्रासोनोग्राफ का उपयोग गर्भकाल में भ्रूण की जाँच तथा उसकी वृद्धि की अनियमितताओं का पता लगाने में किया जाता है। पराध्वनि स्कैनर एक ऐसी युक्ति है जिसकी सहायता से पित्ताश्य तथा गुर्दे में पथरी तथा विभिन्न अंगों मे ट्यूमर का पता लगाया जाता है। पराध्वनि तरंगों को हृदय के विभिन्न भागों से परावर्तित कर हृदय का प्रतिबिम्ब बनाया जाता है। इस तकनीक को ''इकोकार्डियोग्राफी'' कहते हैं। पराध्वनि का उपयोग गुर्दे की छोटी पथरी को बारीक कणों में तोड़ने के लिए भी किया जा सकता है। ये कण बाद में मूत्र के साथ बाहर निकल जाते हैं।

(iii) उद्योगों में (In Industries)

धात्विक ब्लॉकों में दरार का पता लगाने हेतु पराध्वनि का उपयोग किया जाता है। धात्विक ब्लॉकों का उपयोग प्राय बड़े-बड़े भवनों, पुलों, मशीनों तथा वैज्ञानिक उपकरणों को बनाने के लिए उपयोग में लिया जाता है। धातु ब्लॉक में उपस्थित दरार या छिद्र का पता बाहर से नहीं लगता है तथा

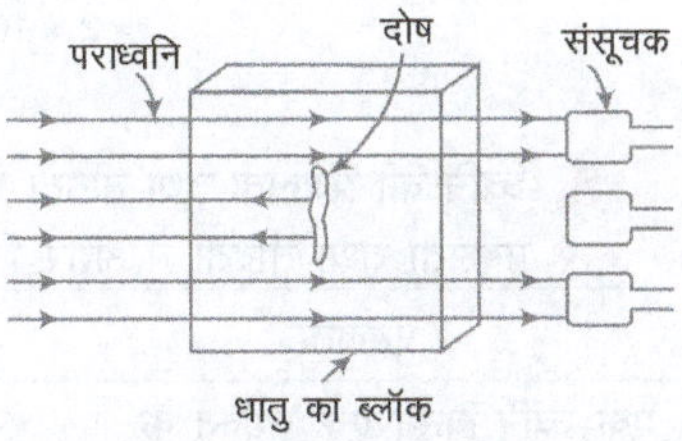

पराध्वनि धातु के ब्लॉक में दोष युक्त स्थान से परावर्तित हो जाती है

इसके कारण भवन या पुल की संरचना की मजबूती कम हो जाती है। पराध्वनिक तरंगों को धातु के ब्लॉकों से गुजारा जाता है तथा प्रेषित तरंगों का पता लगाने हेतु संसूचकों का उपयोग किया जाता है। यदि

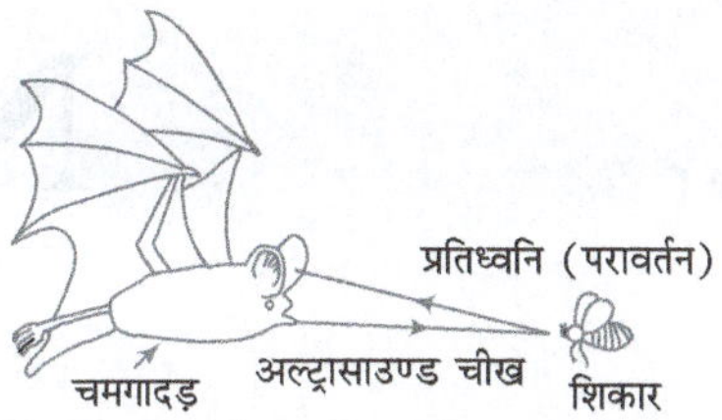

थोड़ा-सा भी दोष होता है, तो पराध्वनि तरंगें परावर्तित हो जाती हैं जिससे दोष का पता चल जाता है।

साधारण ध्वनि की तरंगदैर्ध्य अधिक होती है जिसके कारण यह दोषयुक्त स्थान के कोणों से मुड़कर संसूचक हो जाती है। इसी कारण साधारण ध्वनि का उपयोग इस कार्य हेतु नहीं किया जाता है।

चमगादड़ द्वारा पराध्वनि तरंगों का उपयोग

(Use of Ultrasonic Waves by Bats)

चमगादड़ गहन अंधकार में अपने भोजन को खोजने के लिए उड़ते समय पराध्वनि तरंगें उत्सर्जित करता है। इस प्रकार विभिन्न जन्तुओं (जैसे-चमगादड़, व्हेल व कछुए) द्वारा लक्ष्य के बारे में पता लगाने की क्रिया को **पराध्वनि स्थिति** कहते हैं।

चमगादड़ द्वारा उत्पन्न उच्च तारत्व के पराध्वनि स्पन्द अवरोधों या कीटों से परावर्तित होकर चमगादड़ के कानों तक पहुँचते हैं। इन परावर्तित स्पन्दों की प्रकृति से चमगादड़ को पता चलता है कि अवरोध या कीट कहाँ है। चमगादड़ द्वारा पराध्वनि को सुनने में लगे समय के अनुसार चमगादड़ वस्तु की स्थिति का पता लगा लेता है।

चेक प्वॉइण्ट 11.4

1. *मानव द्वारा सुनी जानी वाली सबसे न्यूनतम आवृत्ति की ध्वनि तरंगों के नाम लिखिए।*
2. *किस प्रकार पराध्वनि कुण्डलीनुमा नलियों तथा विद्युत युक्तियों को साफ करती है ?*
3. *पराश्रव्य ध्वनि की परास क्या होती है ?*
4. *पराध्वनि स्थिति से क्या अभिप्राय है ?*
5. *मशीनों के छोटे पुर्जों की सफाई में किस ध्वनि का उपयोग किया जाता है ?*

NCERT फोल्डर

अध्याय के बीच के प्रश्न

1. किसी माध्यम में ध्वनि द्वारा उत्पन्न विक्षोभ हमारे कानों तक कैसे पहुँचता है?

उत्तर कम्पन करती हुई वस्तुओं द्वारा ध्वनि उत्पन्न होती है। यह ध्वनि सुनने वाले तक किसी माध्यम से होकर पहुँचती है। जब कोई वस्तु कम्पन करती है, तो यह अपने चारों ओर विद्यमान माध्यम के कणों को कम्पमान कर देती है। ये कण कम्पमान वस्तु से कानों तक स्वयं गति करके नहीं पहुँचते। सबसे पहले कम्पमान वस्तु के सम्पर्क में रहने वाले माध्यम के कण अपनी संतुलित अवस्था से विस्थापित होते हैं। ये अपने समीप के कणों पर एक बल लगाते हैं। जिसके फलस्वरूप निकटवर्ती कण अपनी विरामावस्था से विस्थापित हो जाते हैं। निकटवर्ती कणों को विस्थापित करने के पश्चात् प्रारंभिक कण अपनी मूल अवस्थाओं में वापस लौट आते हैं। माध्यम में यह प्रक्रिया तब तक चलती रहती है, जब तक कि ध्वनि कानों तक नहीं पहुँच जाती है।

2. तरंग का कौन-सा गुण निम्नलिखित को निर्धारित करता है?

(i) प्रबलता

(ii) तारत्व

उत्तर (i) तरंग की प्रबलता इसके आयाम से निर्धारित की जाती है।

(ii) तरंग का तारत्व इसकी आवृत्ति से निर्धारित किया जाता है।

3. अनुमान लगाइए कि निम्न में से किस ध्वनि का तारत्व अधिक है?

(i) गिटार

(ii) कार का हॉर्न

उत्तर गिटार का तारत्व अधिक है, क्योंकि गिटार द्वारा उत्पन्न ध्वनि की आवृत्ति, कार के हॉर्न की अपेक्षा अधिक होती है।

4. किसी ध्वनि तरंग की तरंगदैर्ध्य, आवृत्ति, आवर्तकाल तथा आयाम से क्या अभिप्राय है?

उत्तर इसके उत्तर के लिए पृष्ठ सं. 275 देखें।

5. किसी ध्वनि तरंग की तरंगदैर्ध्य तथा आवृत्ति, उसके वेग से किस प्रकार संबंधित है?

उत्तर ध्वनि तरंग की तरंगदैर्ध्य λ, आवृत्ति ν तथा वेग v में संबंध निम्न है

$$v = \lambda\nu$$

6. किसी दिए हुए माध्यम में एक ध्वनिक तरंग की आवृत्ति 200 हर्ट्ज तथा वेग 440 मी/से है। इस तरंग की तरंगदैर्ध्य परिकलित कीजिए।

उत्तर दिया है, आवृत्ति = 200 हर्ट्ज, वेग v = 440 मी/से,

तरंगदैर्ध्य λ = ?

$$v = \nu\lambda$$

$$\lambda = \frac{v}{\nu}$$

$$\lambda = \frac{440}{200} = 2.2 \text{ मी}$$

7. किसी ध्वनि स्रोत से 450 मी दूरी पर बैठा हुआ कोई मनुष्य 500 हर्ट्ज की ध्वनि सुनता है। स्रोत से मनुष्य के पास तक पहुँचने वाले दो क्रमागत संपीडनों में कितना समय अंतराल होगा?

उत्तर दो क्रमागत संपीडनों में समय अंतराल तरंग के आवर्तकाल के बराबर होगा।

आवृत्ति ν = 500 हर्ट्ज

$$\therefore \text{ लगा समय अंतराल} = \text{आवर्तकाल} = \frac{1}{\text{आवृत्ति}}$$

$$= \frac{1}{500} = 0.002 \text{ सेकंड}$$

$$= 2 \times 10^{-3} \text{ सेकंड} = 2 \text{ मिली सेकंड}$$

$[\because 10^{-3}$ सेकंड = 1 मिली सेकंड$]$

8. ध्वनि की प्रबलता तथा तीव्रता में अन्तर बताइए।

उत्तर प्रबलता तथा तीव्रता में अंतर निम्न है

प्रबलता	तीव्रता
एक ध्वनि किसी एक व्यक्ति के लिए प्रबल हो सकती है और दूसरे के लिए मृदु।	जबकि ध्वनि की तीव्रता प्रत्येक व्यक्ति के लिए समान होती है।
इसे मापा नहीं जा सकता। यह एक संवेदना है, जिसे केवल अनुभव किया जा सकता है।	इसे एक भौतिक राशि के रूप में मापते हैं।
ध्वनि की प्रबलता डेसीबल (dB) में मापी जाती है।	ध्वनि की तीव्रता वाट/मी^{2} में मापी जाती है।
यह कान की सुग्राहिता पर निर्भर करती है।	यह कान की सुग्राहिता पर निर्भर नही करती है।

9. वायु, जल या लोहे में से किस माध्यम में ध्वनि सबसे तेज चलती है?

उत्तर ध्वनि, ठोस माध्यम में सबसे तेज चलती है, अतः लोहे में ध्वनि सबसे तेज होगी।

10. **कोई प्रतिध्वनि 3 सेकंड पश्चात् सुनाई देती है। यदि ध्वनि की चाल 342 मी/से हो, तो स्रोत तथा परावर्तक पृष्ठ के बीच कितनी दूरी होगी?**

उत्तर दिया है, ध्वनि की चाल (v) = 342 मी/से

समय (t) = 3 सेकण्ड

ध्वनि द्वारा तय दूरी $= v \times t$

$= 342 \times 3 = 1026$ मी

अतः परावर्तक सतह तथा स्रोत के मध्य दूरी

$= \frac{1026}{2} = 513$ मी

11. **कंसर्ट हॉल की छतें वक्राकार क्यों होती हैं?**

उत्तर कंसर्ट हॉल की छतें वक्राकार बनाई जाती हैं, जिससे कि परावर्तन के पश्चात् ध्वनि हॉल के सभी भागों में पहुँच जाए। जिसे नीचे दिए गये चित्र में दर्शाया गया है

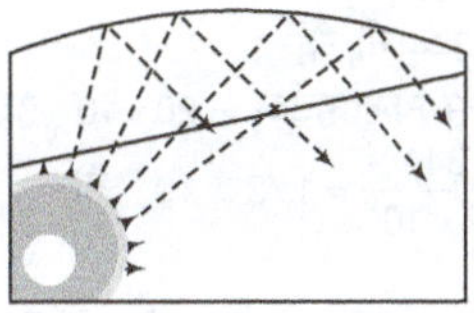

12. **सामान्य मनुष्य के कानों के लिए श्रव्यता परिसर क्या है?**

उत्तर मनुष्यों में ध्वनि का श्रव्यता परिसर लगभग 20 से 20000 हर्ट्ज तक होता है।

13. **निम्न से संबंधित आवृत्तियों का परिसर क्या है?**

(i) अवश्रव्य ध्वनि

(ii) पराश्रव्य या पराध्वनि

उत्तर (i) 20 हर्ट्ज से कम आवृत्ति की ध्वनियों को अवश्रव्य ध्वनि कहते हैं।

(ii) 20 किलोहर्ट्ज से अधिक आवृत्ति की ध्वनियों को पराश्रव्य ध्वनि या पराध्वनि कहते हैं।

अध्याय के अंत की प्रश्नावली

1. **ध्वनि क्या है और यह कैसे उत्पन्न होती है?**

उत्तर ध्वनि ऊर्जा का एक रूप है, जो हमारे कानों में श्रवण का संवेदन उत्पन्न करती है। ध्वनि विभिन्न वस्तुओं के कंपन करने के कारण उत्पन्न होती है।

2. **एक चित्र की सहायता से वर्णन कीजिए कि ध्वनि के स्रोत के निकट वायु में संपीडन तथा विरलन कैसे उत्पन्न होते हैं?**

उत्तर वायु में संपीडन तथा विरलन का उत्पन्न होना, निम्न प्रकार से वर्णित किया जा सकता है। ध्वनि के संचरण के लिए वायु सबसे अधिक सामान्य माध्यम है, जब कोई कंपमान वस्तु आगे की ओर कंपन करती है, तो अपने सामने की वायु को धक्का देकर संपीडित करती है और इस प्रकार एक उच्च दाब का क्षेत्र उत्पन्न होता है। इस क्षेत्र को **संपीडन** (C) कहते हैं। यह संपीडन कंपमान वस्तु से दूर आगे की ओर गति करता है।

जब कंपमान वस्तु पीछे की ओर कंपन करती है, तो एक निम्न दाब का क्षेत्र उत्पन्न होता है, जिसे **विरलन** (R) कहते हैं। जब वस्तु कंपन करती है, अर्थात् आगे और पीछे तेजी से गति करती है, तो वायु में संपीडन और विरलन की एक श्रेणी बन जाती है। यही संपीडन और विरलन ध्वनि तरंग बनाते हैं जो माध्यम से होकर संचरित होती है।

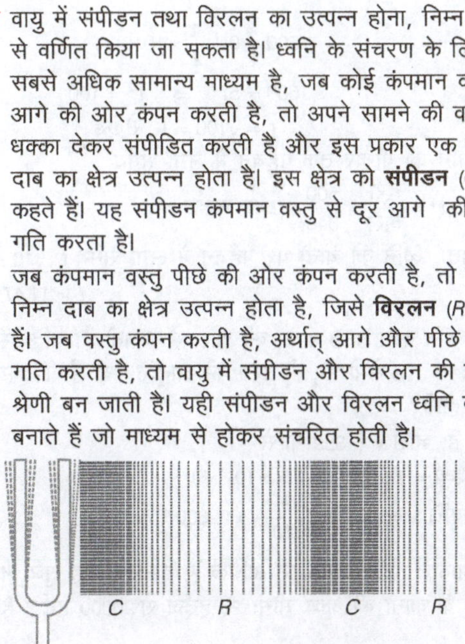

3. **ध्वनि तरंगों की प्रकृति अनुदैर्ध्य क्यों है?**

उत्तर अनुदैर्ध्य तरंगों में माध्यम के कणों का विस्थापन विक्षोभ के संचरण की दिशा के समांतर होता है। कण एक स्थान से दूसरे स्थान तक गति नहीं करते लेकिन अपनी विराम अवस्था में आगे-पीछे दोलन करते हैं। ठीक इसी प्रकार ध्वनि तरंगें संचरित होती हैं, अर्थात् ध्वनि तरंगें अनुदैर्ध्य तरंगें हैं।

4. **ध्वनि का कौन-सा अभिलक्षण किसी अन्य अंधेरे कमरे में बैठे आपके मित्र की आवाज पहचानने में आपकी सहायता करता है?**

उत्तर ध्वनि की गुणता (Timbre) वह अभिलक्षण है, जो किसी व्यक्ति की आवाज पहचानने में सहायता करता है।

5. **तड़ित की चमक तथा गर्जन साथ-साथ उत्पन्न होते हैं लेकिन चमक दिखाई देने के कुछ सेकंड पश्चात् गर्जन सुनाई देती है। ऐसा क्यों होता है?**

उत्तर चमक दिखाई देने के कुछ सेकंड पश्चात् गर्जन सुनाई देती है, ऐसा इसलिए होता है, क्योंकि प्रकाश का वेग (3×10^8 मी/से) वायु में ध्वनि के वेग से (330 मी/से) बहुत अधिक है, इसलिए गर्जन हमें बाद में सुनाई देती है और चमक पहले दिखाई देती है।

6. **किसी व्यक्ति का औसत श्रव्य परिसर 20 हर्ट्ज से 20 किलोहर्ट्ज है। इन दोनों आवृत्तियों के लिए ध्वनि तरंगों की तरंगदैर्ध्य ज्ञात कीजिए। वायु में ध्वनि का वेग 344 मी/से लीजिए।**

उत्तर तरंग की आवृत्ति (ν), तरंगदैर्ध्य (λ) और वेग (v) में संबंध

$$v = \nu\lambda$$

$$\lambda = \frac{v}{\nu}$$

स्थिति I यहाँ $v = 344$ मी/से, $\nu = 20$ हर्ट्ज

$$\lambda = \frac{344}{20} = 17.2 \text{ मी}$$

स्थिति II यहाँ $v = 344$ मी/से,

$\nu = 20$ किलोहर्ट्ज $= 20 \times 10^3$ हर्ट्ज

$$\lambda = \frac{v}{\nu} = \frac{344}{20 \times 10^3} = 1.72 \times 10^{-2} \text{ मी}$$

7. दो बालक किसी ऐल्युमीनियम पाइप के दो सिरों पर हैं। एक बालक पाइप के एक सिरे पर पत्थर से आघात करता है। दूसरे सिरे पर स्थित बालक तक वायु तथा ऐल्युमीनियम से होकर जाने वाली ध्वनि तरंगों द्वारा लिए गए समय का अनुपात ज्ञात कीजिए।

उत्तर माना, पाइप की लम्बाई $= l$

ऐल्युमीनियम से होकर ध्वनि तरंगों को पहुँचने में लगा समय

$$t_1 = \frac{\text{दूरी}}{\text{चाल}} = \frac{l}{v_{Al}}$$

वायु से होकर ध्वनि तरंगों को पहुँचने में लगा समय

$$t_2 = \frac{\text{दूरी}}{\text{चाल}} = \frac{l}{v_{\text{वायु}}}$$

समय में अनुपात, $\frac{t_1}{t_2} = \frac{v_{\text{वायु}}}{v_{Al}}$

8. किसी ध्वनि स्रोत की आवृत्ति 100 हर्ट्ज है। एक मिनट में यह कितनी बार कंपन करेगा?

उत्तर दिया है,

आवृत्ति $(\nu) = 100$ हर्ट्ज

परिभाषा के अनुसार, 1 सेकंड में कंपन $= 100$

$\therefore$ 1 मिनट या 60 सेकंड में कंपन $= 100 \times 60$

$= 6 \times 10^3$

अतः ध्वनि स्त्रोत 1 मिनट में 6000 बार कंपित होगा।

9. क्या ध्वनि, परावर्तन के उन्हीं नियमों का पालन करती है, जिनका प्रकाश की तरंगें करती है? इन नियमों को बताइए।

उत्तर हाँ, ध्वनि परावर्तन के उन्हीं नियमों का पालन करती है, जिनका प्रकाश की तरंगें करती हैं।

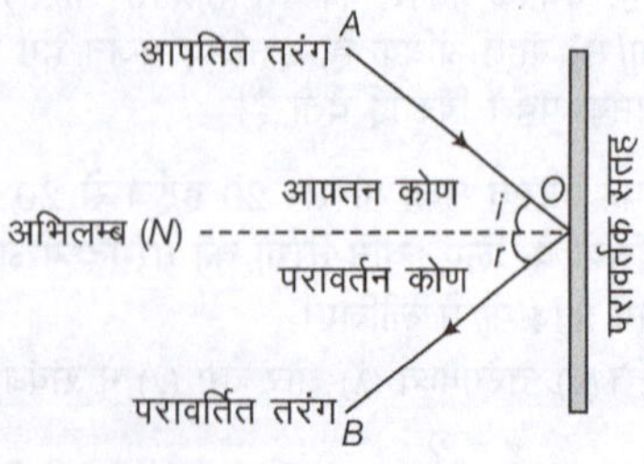

ध्वनि के परावर्तन के नियम निम्न है-

(i) आपतित ध्वनि तरंग (*AO*), परावर्तित ध्वनि तरंग (*OB*) और आपतन बिन्दु पर अभिलम्ब तीनों एक ही तल में होते हैं।

(ii) ध्वनि के आपतन का कोण ($\angle AON$), ध्वनि के परावर्तन कोण ($\angle NOB$) के तुल्य होता है।

10. ध्वनि का एक स्रोत किसी परावर्तक पृष्ठ के सामने रखने पर उसके द्वारा प्रदत्त ध्वनि तरंग की प्रतिध्वनि सुनाई देती है। यदि स्रोत तथा परावर्तक पृष्ठ की दूरी स्थिर रहे, तो किस दिन प्रतिध्वनि अधिक शीघ्र सुनाई देगी?

(i) जिस दिन ताप अधिक हो। (ii) जिस दिन ताप कम हो?

उत्तर प्रतिध्वनि को सुनने में लिया गया समय, $t = \frac{2d}{v}$

जहाँ, d = परावर्तक पृष्ठ और स्रोत के बीच की दूरी

v = वायु में ध्वनि का वेग

चूँकि वेग के साथ ताप में भी परिवर्तन होता है, इसलिए गर्म दिनों में प्रतिध्वनि शीघ्र सुनाई देगी, क्योंकि ध्वनि का वेग अधिक होता है।

11. ध्वनि तरंगों के परावर्तन के दो व्यावहारिक उपयोग लिखिए।

उत्तर ध्वनि तरंगों के परावर्तन के दो व्यावहारिक उपयोग निम्न हैं

(i) मेगाफोन (ii) स्टेथोस्कोप

12. 500 मी ऊँची किसी मीनार की चोटी से एक पत्थर मीनार के आधार पर स्थित एक पानी के तालाब में गिराया जाता है। पानी में इसके गिरने की ध्वनि चोटी पर कब सुनाई देगी? ($g = 10$ मी/से^{2} तथा ध्वनि की चाल $= 340$ मी/से)

उत्तर पानी में गिरने पर ध्वनि को चोटी पर पहुँचने में लिया गया समय

= पत्थर को तालाब तक पहुँचने में लगा समय

+ ध्वनि को मीनार तक पहुँचने में लगा समय

(i) यहाँ $u = 0$ ($\because$ पत्थर को गिराया जाता है)

गति की समीकरण से, $h = ut + \frac{1}{2}gt^2$

$$500 = 0 + \frac{1}{2} \times 10t^2$$

$$500 = 5t^2 \Rightarrow t^2 = 100$$

$$t = \sqrt{100} = 10 \text{ सेकंड}$$

(ii) ध्वनि को मीनार तक पहुँचने में लगा समय

$$t' = \frac{\text{दूरी}}{\text{चाल}} = \frac{500}{340} = 1.47 \text{ सेकंड}$$

अतः ध्वनि को चोटी पर पहुँचने में लगा समय $t = 10 + 1.47$

$t = 11.47$ सेकंड

13. एक ध्वनि तरंग 339 मी/से की चाल से चलती है। यदि इसकी तरंगदैर्ध्य 1.5 सेमी हो, तो तरंग की आवृत्ति क्या होगी? क्या यह श्रव्य होगी?

उत्तर दिया है, चाल $v = 339$ मी/से

तरंगदैर्ध्य $= 1.5$ सेमी $= 1.5 \times 10^{-2}$ मी

$\therefore$ आवृत्ति $\nu = \frac{v}{\lambda} = \frac{339}{1.5 \times 10^{-2}} = 22600$ हर्ट्ज

यह आवृत्ति 20000 हर्ट्ज से अधिक है, इसलिए यह श्रव्य नहीं है। मानव के कानों की श्रव्य सीमा 20 हर्ट्ज से 20000 हर्ट्ज है।

14. अनुरणन क्या है? इसे कैसे कम किया जा सकता है?

उत्तर किसी बड़े हॉल में उत्पन्न होने वाली ध्वनि दीवारों से बारंबार परावर्तन के कारण काफी समय तक बनी रहती है, जब तक कि यह इतनी कम न हो जाए कि यह सुनाई ही न पड़े। यह बारंबार परावर्तन, जिसके कारण ध्वनि का स्थायित्व होता है, अनुरणन कहलाता है। अनुरणन को कम करने के लिए सभा भवन की छतों तथा दीवारों पर ध्वनि अवशोषक पदार्थों जैसे; संपीडित फाइबर बोर्ड, खुरदरे प्लास्टर अथवा पर्दे लगे होते हैं।

15. ध्वनि की प्रबलता से क्या अभिप्राय है? यह किन कारकों पर निर्भर करती है?

उत्तर ध्वनि की प्रबलता इसके आयाम से ज्ञात की जाती है, इसे मापा नहीं जाता है यह एक संवेदना है, जिसे अनुभव किया जा सकता है। यह (i) कंपन वस्तु के आयाम पर तथा (ii) कानों की संवेदनशीलता पर निर्भर करती है।

16. वस्तुओं को साफ करने के लिए पराध्वनि का उपयोग कैसे करते हैं?

उत्तर इसके उत्तर के लिए पृष्ठ सं. 278 व 279 देखें।

17. किसी धातु के ब्लॉक में दोषों को पता लगाने के लिए पराध्वनि का उपयोग कैसे किया जाता है? वर्णन कीजिए।

उत्तर इसके उत्तर के लिए पृष्ठ सं. 279 देखें।

अध्याय : एक नजर में

- कंपित वस्तु द्वारा ध्वनि उत्पन्न की जाती है।
- ***कंपन का अर्थ*** किसी वस्तु का तेजी से बार-बार इधर-उधर गति करना है।
- जब कोई वस्तु कंपित होती है, तो वह अपने परितः माध्यम के कणों को भी कम्पित करती है।
- ***यांत्रिक तरंगें*** ध्वनि तरंगों के संचरण हेतु माध्यम की आवश्यकता होती है इसलिए इन्हें यांत्रिक तरंगे कहते हैं।
- तरंग गति में बिना किसी पदार्थ की सहायता से ऊर्जा एक स्थान से दूसरे स्थान पर स्थानान्तरित होती है।
- ***संपीडन*** अनुदैर्ध्य तरंग का एक भाग है जिसमें माध्यम के कण एक-दूसरे के समीपस्थ होते है तथा इस क्षेत्र में दाब उच्च होता है।
- ***विरलन*** अनुदैर्ध्य तरंग का एक भाग है जिसमें माध्यम के कण एक-दूसरे से दूर होते हैं तथा इस क्षेत्र में दाब निम्न होता है।
- तरंगें दो प्रकार की होती हैं–
  (i) अनुदैर्ध्य तरंग (ii) अनुप्रस्थ तरंग
- अनुदैर्ध्य तरंग में माध्यम के कण, विक्षोभ के संचरण की दिशा के समान्तर गमन करते हैं।
- अनुप्रस्थ तरंग में माध्यम के कण अपनी माध्य स्थिति के परितः तरंग संचरण दिशा के लम्बवत् गति करते हैं।
- दो क्रमागत संपीडनों (C) या विरलनों (R) के मध्य दूरी को तरंगदैर्ध्य कहते हैं। इसका SI मात्रक मीटर होता है।
- ***आवृत्ति*** एकांक समय में उत्पन्न कंपनों की संख्या को आवृत्ति कहते हैं। आवृत्ति का SI मात्रक हर्ट्ज होता है।
- एक नियत बिन्दु को दो क्रमागत संपीडनों या विरलनों द्वारा पार करने में लगा समय तरंग का आवर्तकाल कहलाता है।
- किसी तरंग का आवर्तकाल, उसकी आवृत्ति के व्युत्क्रमानुपाती होता है।
  अर्थात् $T = \frac{1}{\nu}$
- ***आयाम*** माध्यम में संचरित तरंग का माध्य स्थिति से अधिकतम विस्थापन आयाम कहलाता है। इसका SI मात्रक मीटर (m) होता है।
- किसी तरंग की चाल, आवृत्ति और तरंगदैर्ध्य में निम्न सम्बन्ध होता है
  $$v = \lambda \times \nu \text{ या } v = \nu\lambda$$
  अर्थात् चाल = आवृत्ति × तरंगदैर्ध्य
- ***प्रबलता*** प्रति एकांक सेकण्ड में कान तक पहुचने वाली ध्वनि ऊर्जा की माप, प्रबलता कहलाती है।
- ध्वनि की प्रबलता, डेसीबल (dB) में नापी जाती है यह कान की सुग्राहिता या प्रतिक्रिया पर निर्भर करती है।
- ***ध्वनि की तीव्रता*** एकांक समय में एकांक क्षेत्र से गुजरने वाली ध्वनि ऊर्जा की मात्रा को ध्वनि की तीव्रता कहते हैं।
- ध्वनि की तीव्रता का SI मात्रक **वाट प्रति वर्ग मीटर** (W/m^2) होता है।
- ***तारत्व*** ध्वनि का वह गुण है जिससे ध्वनि का मोटा या पतला होना ज्ञात होता है।
- ***गुणता*** ध्वनि का वह गुण है जिसके आधार पर दो भिन्न-भिन्न वाद्ययंत्रों द्वारा उत्पन्न की गई समान आवृत्ति एवं समान तीव्रता की ध्वनियों में भी अंतर प्रतीत होता है।
- ***पदार्थिक माध्यम*** माध्यम में ध्वनि नियत चाल से संचरित होती है। माध्यम, ठोस या गैस हो सकता है। इन सभी को पदार्थिक माध्यम कहते हैं।
- यदि किसी वस्तु की चाल, ध्वनि की चाल से अधिक होती है, तो वस्तु की चाल को पराध्वनि चाल कहते हैं।
- वायु में 22°C तथा 0°C पर ध्वनि की चाल क्रमशः 344 मी/से तथा 331 मी/से होती है और वायु में प्रकाश की चाल 3×10^8 मी/से होती है।
- दृढ़ सतह से टकराकर ध्वनि की पुनः उसी माध्यम में लौटने की परिघटना को ध्वनि का परावर्तन कहते हैं।
- **ध्वनि के परावर्तन के नियम**
  (i) आपतित ध्वनि तरंग, परावर्तित ध्वनि तरंग तथा आपतन बिन्दु पर अभिलम्ब तीनो एक ही तल में होते हैं।
  (ii) ध्वनि का आपतन कोण, ध्वनि के परावर्तन कोण के तुल्य होता है।
- ***प्रतिध्वनि*** ध्वनि तरंगों के परावर्तन द्वारा ध्वनि की पुनरावृत्ति को प्रतिध्वनि कहते हैं।
- किसी बड़े हॉल में उत्पन्न होने वाली ध्वनि दीवारों से बार-बार परावर्तन के काफी समय तक बनी रहती है। जब तक कि यह इतनी कम न हो जाए कि यह सुनाई ही न पड़े। यह बार-बार परावर्तन जिसके कारण ध्वनि का स्थायित्व होता है, अनुरणन कहलाता है।
- स्टेथोस्कोप एक चिकित्सा यन्त्र है जो शरीर के अन्दर, मुख्यतः हृदय तथा फेफड़ों में उत्पन्न होने वाली ध्वनि को सुनने के काम आता है।
- बड़े हॉलों में स्टेज के पीछे अवतलाकार बोर्ड रखा जाता है जिसे ध्वनि बोर्ड कहते हैं जिससे ध्वनि परावर्तन के पश्चात् हॉल की चौड़ाई के अनुसार सभी भागों में चली जाती है।
- वह औसत आवृत्ति परास जिसके लिए मानव कर्ण सुग्राही होते हैं, उसे ऑडियो परास कहते हैं।
- मानव के लिए श्रव्यता का परिसर लगभग 20 हर्ट्ज से 20000 हर्ट्ज होता है।
- ***अवश्रव्य ध्वनि*** 20 हर्ट्ज से कम आवृत्ति की ध्वनियों को अवश्रव्य ध्वनि (Infrasonic) कहते हैं।
- ***पराश्रव्य ध्वनि*** 20000 हर्ट्ज से अधिक आवृत्ति की ध्वनियों को पराश्रव्य ध्वनि (Ultrasonic) कहते हैं।
- श्रवण सहायक युक्ति माइक्रोफोन की सहायता से ध्वनि को ग्रहित कर, ध्वनि तरंग को विद्युत संकेत में रूपान्तरित करता है।
- पराध्वनि का उपयोग मशीनों के छोटे पुर्जों की सफाई में किया जाता है जहाँ तक कि हम पहुँच नहीं पाते हैं।

परीक्षा अभ्यास

यहाँ अध्याय से सम्बन्धित सभी सम्भावित प्रश्नों को दिया गया है, इन प्रश्नों का अभ्यास करके व याद रखकर छात्र अध्याय से सम्बन्धित किसी भी प्रश्न का उत्तर दे पाएँगे।

वस्तुनिष्ठ प्रकार के प्रश्न

बहुविकल्पीय प्रश्न

1. ध्वनि तरंगें वायु में
(a) अनुदैर्ध्य होती हैं
(b) अनुप्रस्थ होती हैं
(c) अंशत: अनुप्रस्थ तथा अनुदैर्ध्य होती हैं
(d) कभी अनुप्रस्थ तथा कभी अनुदैर्ध्य होती हैं

उत्तर (a) वायु में ध्वनि तरंगें सम्पीडन तथा विरलन के रूप में संचरित होती हैं। अतः वायु में ये अनुदैर्ध्य तरंगों के रूप में संचरित होती हैं।

2. अनुप्रस्थ तरंगें उत्पन्न की जा सकती हैं
(a) ठोस तथा द्रव में (b) ठोस तथा गैस में
(c) गैस तथा द्रव में (d) ठोस, द्रव व गैस सभी में

उत्तर (a) ठोस तथा द्रवों की सतह पर ध्वनि का संचरण अनुप्रस्थ तरंग के रूप में होता है।

3. निम्न में से कौन-सा विकल्प अनुप्रस्थ तरंग में माध्यम के कणों के कम्पन के लिए सही है?
(a) तरंग की दिशा में होता है
(b) तरंग की दिशा के लम्बवत् होता है
(c) कणों का विस्थापन होता है
(d) कणों में कोई कम्पन गति नहीं होती है

उत्तर (b) अनुप्रस्थ तरंग में माध्यम के कण तरंग संचरण की दिशा के लम्बवत् अपने ही स्थान पर कम्पन करते हैं।

4. अनुप्रस्थ तरंगों में दो क्रमागत गर्तों के मध्य की दूरी होती है

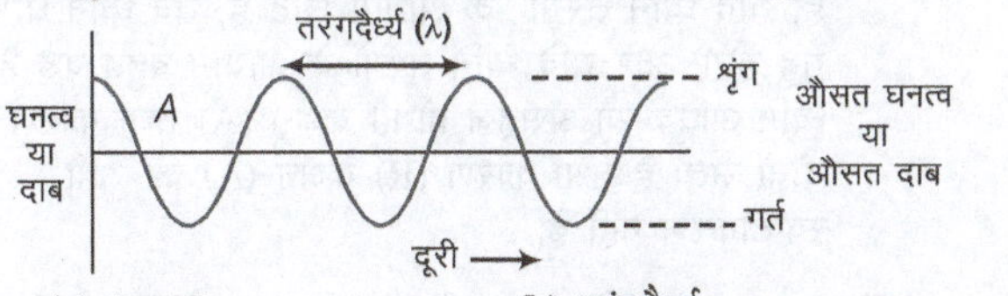

(a) आयाम (b) तरंगदैर्ध्य
(c) अर्द्ध आयाम (d) इनमें से कोई नहीं

उत्तर (b) दो क्रमागत गर्तों के बीच की दूरी तरंगदैर्ध्य को व्यक्त करती है।

5. एक कम्पित कण का आवर्तकाल 0.01 सेकण्ड है। इसकी आवृत्ति होती है
(a) 0.01 प्रति सेकण्ड (b) 100 कम्पन प्रति सेकण्ड
(c) 50 कम्पन प्रति सेकण्ड (d) 1 कम्पन प्रति सेकण्ड

उत्तर (b) आवृत्ति, $n = \frac{1}{T} \Rightarrow n = \frac{1}{0.01}$

$\Rightarrow$ $n = 100$ कम्पन/सेकण्ड

6. आवृत्ति तथा आवर्तकाल का गुणनफल होता है
(a) 1 (b) 2
(c) 4 (d) 8

उत्तर (a) $n = \frac{1}{T} \Rightarrow n \cdot T = 1$

7. किस सूत्र द्वारा आवृत्ति n तथा तरंगदैर्ध्य λ वाले तरंग की चाल ज्ञात की जाती है?
(a) $v = n\lambda$ से (b) $v = \frac{\lambda}{n}$ से
(c) $v = n/\lambda$ से (d) इनमें से कोई नहीं

उत्तर (a) सूत्र $v = n\lambda$ से।

8. एक तरंग की चाल 330 मी/से तथा तरंगदैर्ध्य 3 मी हो, तो तरंग की आवृत्ति होगी
(a) 100 प्रति सेकण्ड (b) 110 प्रति सेकण्ड
(c) $\frac{1}{110}$ प्रति सेकण्ड (d) 990 प्रति सेकण्ड

उत्तर (b) सूत्र $v = n\lambda$

आवृत्ति $(n) = \frac{v}{\lambda} = \frac{330 \text{ मी/से}}{3 \text{ मी}} = 110$ प्रति सेकण्ड

9. किसी एकांक क्षेत्रफल से एक सेकण्ड में गुजरने वाली ध्वनि ऊर्जा को कहते हैं
(a) ध्वनि का तारत्व (b) ध्वनि की तीव्रता
(c) पराध्वनि (d) सोनार

उत्तर (b) किसी एकांक क्षेत्रफल से एक सेकण्ड में गुजरने वाली ध्वनि ऊर्जा को ध्वनि की तीव्रता कहते हैं।

10. स्पष्ट प्रतिध्वनि सुनने के लिए मूलध्वनि तथा परावर्तित ध्वनि के बीच का समयान्तराल कम-से-कम होना चाहिए
(a) 2 सेकण्ड
(b) 1 सेकण्ड
(c) $\frac{1}{10}$ सेकण्ड
(d) 0.2 सेकण्ड

उत्तर (c) स्पष्ट प्रतिध्वनि सुनने के लिए मूलध्वनि तथा परावर्तित ध्वनि के मध्य का समयान्तराल $\frac{1}{10}$ सेकण्ड होता है।

11. नियत ताप पर दाब p के साथ ध्वनि के वेग में परिवर्तन के चार ग्राफ एक विद्यार्थी द्वारा बनाए गए हैं। निम्न में से कौन-सा सही है?

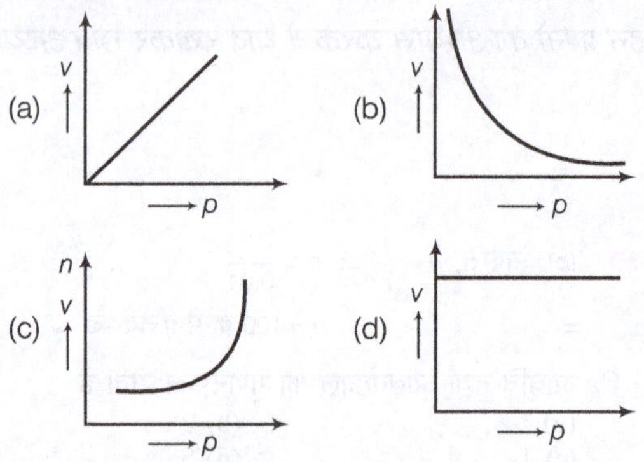

उत्तर (*d*) जब तक ताप नियत रहता है अर्थात् दाब के किसी भी मान के लिए चाल समान रहती है, तब तक गैस में ध्वनि की चाल गैस के दाब पर निर्भर नहीं करती है।
इसलिए, ग्राफ (d) सही है।

12. समुद्र के जल में छिपी वस्तुओं का पता लगाने में पराश्रव्य तरंगों का उपयोग किया जाता है, क्योंकि
(a) पराश्रव्य तरंगें निम्न आवृत्ति की होती हैं
(b) पराश्रव्य तरंगें उच्च आवृत्ति की होती हैं
(c) इनकी आवृत्ति दृश्य प्रकाश की आवृत्ति के बराबर होती है
(d) उपरोक्त में से कोई नहीं

उत्तर (*b*) उच्च आवृत्ति के कारण इनको एक किरण पुंज के रूप में विकसित किया जा सकता है।

कथन-कारण प्रकार के प्रश्न

निर्देश (प्र.सं. 13-17) इस खण्ड में दिए गए प्रत्येक प्रश्न में कथन तथा कारण दिए गए हैं। प्रत्येक प्रश्न के चार विकल्प (a), (b), (c) व (d) हैं, जिनमें से केवल एक सही है।

(a) कथन (A) तथा कारण (R) दोनों सत्य हैं तथा कारण (R), कथन (A) का सही स्पष्टीकरण है।
(b) कथन (A) तथा कारण (R) दोनों सत्य हैं परन्तु कारण (R), कथन (A) का सही स्पष्टीकरण नहीं है।
(c) कथन (A) सत्य है, परन्तु कारण (R) असत्य है।
(d) कथन (A) असत्य है, परन्तु कारण (R) सत्य है।

13. कथन (A) सम्पीडन और विरलन में घनत्व और दाब का परिवर्तन होता है।

कारण (R) जब माध्यम के कण सम्पीडित होते हैं, माध्यम का घनत्व बढ़ता है और जब कण फैलते हैं, तो घनत्व घटता है।

उत्तर (*a*) सम्पीडन के क्षेत्र में कण बहुत निकट आ जाते हैं। अतः इनके बीच की दूरी सामान्य दूरी से कम हो जाती है। इस प्रकार, आयतन में अस्थायी कमी हो जाती है, जिस कारण घनत्व में वृद्धि हो जाती है। इसी कारण विरलन के क्षेत्र में कण दूर-दूर हो जाते हैं एवं घनत्व कम हो जाता है।
अतः कथन (A) तथा कारण (R) दोनों सत्य हैं तथा कारण (R) कथन (A) का सही स्पष्टीकरण है।

14. कथन (A) द्रव और गैसों में अनुप्रस्थ तरंगे उत्पन्न नहीं होती हैं।

कारण (R) प्रकाश तरंगें अनुप्रस्थ तरंगें होती हैं।

उत्तर (*b*) अनुप्रस्थ तरंग गर्त एवं शृंग के रूप में संचरित होती है एवं माध्यम की आकृति परिवर्तित होती है। गैसों एवं द्रवों में आकृति से सम्बद्ध प्रत्यास्थता (दृढ़ता) नहीं होती है, इसलिए इनमें अनुपस्थ तरंगें उत्पन्न नहीं हो सकती, प्रकाश तरंगें अनुप्रस्थ तरंगें होती हैं। कथन (A) तथा कारण (R) दोनों सत्य है तथा कारण (R) कथन (A) का सही स्पष्टीकरण नहीं है।

15. कथन (A) तरंग की चाल = $\frac{\text{तरंगदैर्ध्य}}{\text{आवर्तकाल}}$

कारण (R) समान कला में कम्पन करते हुए दो निकटवर्ती कणों के बीच की न्यूनतम दूरी को तरंगदैर्ध्य कहते हैं।

उत्तर (*b*) तरंग वेग = $\frac{\text{तरंग के द्वारा तय की गई दूरी} (\lambda)}{\text{आवर्त काल} (T)}$

समान कला वाले दो निकटस्थ बिन्दुओं के बीच की दूरी तरंगदैर्ध्य कहलाती है। कथन (A) तथा कारण (R) दोनों सत्य हैं तथा कारण (R) कथन (A) का सही स्पष्टीकरण नहीं है।

16. कथन (A) प्रबलता ध्वनि का एक अभिलक्षण है जिसके आधार पर ध्वनि कान को धीमी या तेज सुनाई पड़ती है।

कारण (R) ध्वनि का आयाम छोटा या बड़ा होने पर ध्वनि मृदु या असहज प्रतीत होती है।

उत्तर (*b*) प्रबलता ध्वनि का वह लक्षण है, जिसके आधार पर कोई ध्वनि कान को, धीमी या तेज सुनाई पड़ती है। जब कोई ध्वनि हमें धीमी सुनाई पड़ती है, तो प्रबलता कम होती है, जबकि तेज सुनाई पड़ने वाली ध्वनि की प्रबलता अधिक होती है। यदि ध्वनि तरंगों के आयाम छोटे हैं, तब ध्वनि धीमी या मृदु होगी और यदि ध्वनि तरंगों के आयाम बहुत बड़े हैं, तब ध्वनि अधिक या असहज होगी। कथन (A) तथा कारण (R) दोनों सत्य हैं तथा कारण (R) कथन (A) का सही स्पष्टीकरण नहीं है।

17. कथन (A) यदि एक ध्वनि का आपतन कोण 45° है, तो परावर्तन कोण का मान भी 45° होगा।

कारण (R) ध्वनि का आपतन कोण, ध्वनि के परावर्तन कोण के तुल्य होता है।

उत्तर (*b*) ध्वनि के परावर्तन के नियमानुसार, ध्वनि का आपतन कोण सदैव परावर्तन कोण के तुल्य होता है।
यदि आपतन कोण = 45° है, तो परावर्तन कोण = 45° ही होगा। कथन (A) तथा कारण (R) दोनों सत्य हैं तथा कारण (R) कथन (A) का सही स्पष्टीकरण नहीं है।

केस स्टडी आधारित प्रश्न

निर्देश (प्र.सं. 18-22) *निम्नलिखित पैराग्राफ को पढ़िए तथा दिए गए प्रश्नों के उत्तर दीजिए।*

कम्पन के कारण ध्वनि उत्पन्न होती है। जब एक वस्तु कम्पित होती है, तो वह माध्यम के कणों में विक्षोभ उत्पन्न करती है। माध्यम ठोस, द्रव या गैस हो सकता है। माध्यम के कण, जल के कारण कम्पित होते हैं तथा माध्य स्थिति से विस्थापित होकर कम्पन करते हैं और माध्यम के कणों द्वारा ऊर्जा का स्थानान्तरण होता है। ये कम्पित कण श्रोता के कानों में संवेदना उत्पन्न करते हैं। जब कम्पन माध्यम में गमन करते हैं, तो बिना किसी पदार्थ के स्थानान्तरण के कम्पन चित्रानुसार स्थानान्तरित होते हैं—

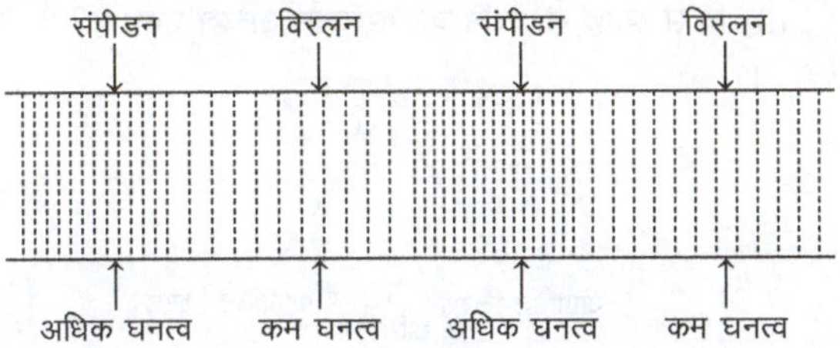

18. यान्त्रिक तरंगें संचरित होती हैं
(a) निर्वात् में (b) स्टील में
(c) जल में (d) (b) और (c) दोनों

उत्तर (d) यान्त्रिक तरंगें केवल माध्यम में संचरित होती हैं। अतः दिए गए विकल्पों में से स्टील तथा जल में यान्त्रिक तरंगें संचरित होंगी।

19. जब ध्वनि तरंगें वायु में संचरित होती हैं, तो निम्न में से किसका स्थानान्तरण होता है?
(a) द्रव्यमान का (b) बल का
(c) वायु के कण का (d) ऊर्जा का

उत्तर (d) ध्वनि तरंग के संचरण में ऊर्जा का स्थानान्तरण होता है।

20. यदि एक इलेक्ट्रिक बेल को एक जार में रखकर बजाया जाता है, तो उसकी ध्वनि बाहर सुनाई नहीं देती, इसका कारण है
(a) जार में जल उपस्थित है
(b) जार का काँच मोटा है
(c) जार में अक्रिय गैस है
(d) जार निर्वातित है

उत्तर (d) ध्वनि तरंगें, यान्त्रिक तरंगें हैं। अतः इनके संचरण हेतु माध्यम की आवश्यकता होती है। यदि इलेक्ट्रिक बेल की आवाज सुनाई नहीं दे रही है, तो जार निर्वातित है।

21. नीचे दिए गए तरंग प्रारूप में A तथा B के नाम हैं

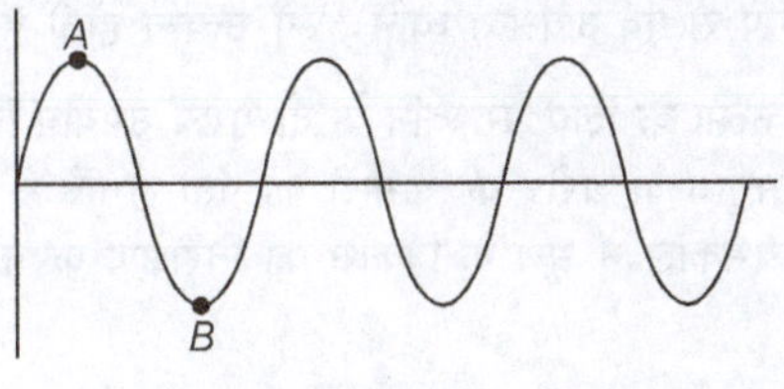

(a) A-शृंग, B-गर्त (b) A-गर्त, B-शृंग
(c) A-शृंग B-शृंग (d) A-गर्त, B-गर्त

उत्तर (a) A-शृंग, B-गर्त
माध्यम की शून्य विक्षोभ रेखा के ऊपर अनुप्रस्थ तरंग के भाग को शृंग तथा शून्य विक्षोभ रेखा के नीचे अनुप्रस्थ तरंग के भाग को गर्त कहते हैं।

22. निम्न में से सत्य कथन है
(a) ध्वनि तरंग कम्पित धातु से उत्पन्न नहीं होती है।
(b) ध्वनि तरंग निर्वात् में संचरित होती है।
(c) ध्वनि तरंग, यान्त्रिक तरंग हैं।
(d) ध्वनि का वेग, गैस में सर्वाधिक होता है।

उत्तर (c) ध्वनि तरंगें यान्त्रिक तरंगें हैं, जिनके संचरण हेतु माध्यम की आवश्यकता होती है।

निर्देश (प्र.सं. 23-27) *निम्नलिखित पैराग्राफ को पढ़िए तथा दिए गए प्रश्नों के उत्तर दीजिए।*

वे तरंगें जिनमें माध्यम के कणों का कम्पन तरंग संचरण की दिशा के समान्तर होता है, अनुदैर्ध्य तरंगें कहलाती हैं। इन तरंगों में माध्यम के कण अपनी माध्य स्थिति के आगे-पीछे दोलन करते रहते हैं तथा ध्वनि सम्पीडन व विरलन के रूप में संचरित होती जाती है। अनुदैर्ध्य तरंग के संचरण के दौरान, वे स्थितियाँ जहाँ कम्पन करते हुए माध्यम के कण पास-पास होते हैं, सम्पीडन कहलाती है तथा जहाँ माध्यम के कण दूर-दूर रहते हैं, विरलन कहलाती है। सम्पीडन वाले स्थानों पर माध्यम का घनत्व व दाब अधिक होता है, जबकि विरलन वाले स्थानों पर माध्यम का घनत्व व दाब कम होता है। अनुदैर्ध्य तरंग, सम्पीडन व विरलन के रूप में आगे बढ़ती है। एक तरंग को ग्राफीय रूप में निम्न प्रकार दर्शाया जाता है—

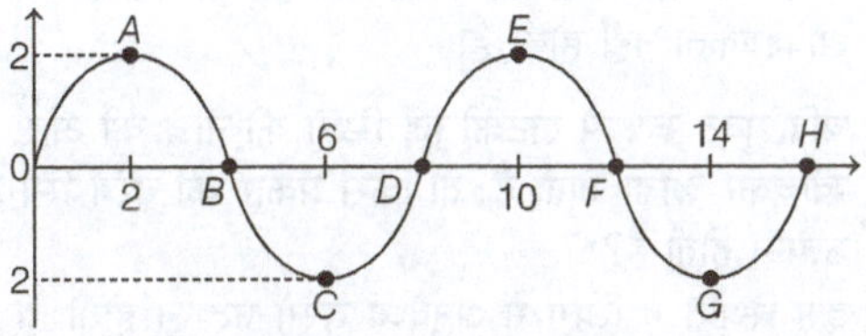

उपरोक्त पैराग्राफ के आधार पर निम्न प्रश्नों के उत्तर दीजिए—

23. तरंग की तरंगदैर्ध्य का मान ज्ञात कीजिए।

उत्तर दो क्रमागत शृंगों अथवा गर्तों के मध्य की दूरी को तरंगदैर्ध्य कहते हैं।
अतः तरंगदैर्ध्य (OD) = 8 मी

24. तरंग को बिन्दु O से H तक पहुँचने में लगा समय ज्ञात कीजिए।

उत्तर तरंग का आवर्तकाल = 8 सेकण्ड
अतः O से H तक पहुँचने में लगा समय
= (8 + 8) = 16 सेकण्ड

25. तरंग के वेग का मान ज्ञात कीजिए।

उत्तर हम जानते हैं,

$$\text{वेग} = \frac{\text{तरंगदैर्ध्य}}{\text{आवर्त काल}} = \frac{8}{8} = 1 \text{ मी/से}$$

26. तरंग की आवृत्ति का मान कितना होगा?

उत्तर हम जानते है,

$$\text{आवृत्ति} = \frac{1}{\text{आवर्तकाल}} = \frac{1}{8} = 0.125 \text{ हर्ट्ज}$$

27. यदि तरंग के आवर्तकाल का मान दोगुना कर दिया जाए, तो तरंग के वेग का मान कितना होगा?

उत्तर प्रश्नानुसार, आवर्तकाल $= 2 \times 8 = 16$ सेकण्ड

$$\text{वेग} = \frac{\text{तरंगदैर्ध्य}}{\text{आवर्तकाल}} = \frac{8}{16} = \frac{1}{2} = 0.5 \text{ मी/से}$$

अतिलघु उत्तरीय प्रश्न

28. उस तंत्रिका का नाम क्या होता है, जिसके द्वारा मनुष्य वाणी कंपित होती है?

उत्तर स्वर रज्जु (Vocal cord)

29. चंद्रमा पर हुए विस्फोट की ध्वनि चंद्रमा के धरातल पर क्यों सुनाई नहीं देती है?

उत्तर चंद्रमा पर कोई वातावरण नहीं है, जिसके कारण ध्वनि गमन नहीं करती है। इसी कारण चंद्रमा पर हुए विस्फोट की आवाज चंद्रमा के धरातल पर सुनाई नहीं देती है।

30. वातावरण रहित क्षेत्र में हम किस प्रकार बात कर सकते हैं?

उत्तर हम रेडियों तरंग वाले बेतार की सहायता से बात कर सकते है क्योंकि रेडियों तरंगों के संचरण हेतु माध्यम की आवश्यकता नहीं होती है।

31. यदि मुक्त रूप से लटकी हुई स्प्रिंग को नीचे की ओर खींचकर छोड़ा जाता है, तो किस प्रकार की तरंगे स्प्रिंग में उत्पन्न होती है?

उत्तर इस स्थिति में स्प्रिंग में अनुदैर्ध्य तरंगें उत्पन्न होती है।

32. एक पत्थर को तालाब की सतह पर गिराया जाता है, तो जल में किस प्रकार की तरंग उत्पन्न होगी?

उत्तर इस स्थिति में जल में अनुप्रस्थ तरंग उत्पन्न होगी।

33. अनुदैर्ध्य तथा अनुप्रस्थ तरंग का एक उदाहरण दीजिए?

उत्तर अनुप्रस्थ तरंग-प्रकाश

अनुदैर्ध्य तरंग- ध्वनि

34. (i) एक बच्ची अपनी माँ को उसकी आवाज से पहचान लेती है, तो उस अभिलक्षण का नाम लिखिए, जिसके द्वारा बच्ची माँ की आवाज को पहचानती है?

(ii) ध्वनि की गुणता किस कारण पर निर्भर करती है?

उत्तर (i) गुणता द्वारा बच्ची माँ की आवाज को पहचानती है, क्योंकि गुणता द्वारा ही दो ध्वनियो में विभेद किया जाता है।

(ii) ध्वनि की गुणता, ध्वनि तरंग की आकृति पर निर्भर करती है।

35. हमारी ओर आ रही कार के आने से पहले हम उसके हॉर्न की आवाज क्यों सुन लेते हैं?

उत्तर ऐसा इसलिए होता है, क्योंकि ध्वनि की चाल, कार की चाल की तुलना में बहुत अधिक है।

36. वायु, जल तथा स्टील में से किसमें ध्वनि, तीव्रता से गमन करती है?

उत्तर ध्वनि स्टील में तीव्रता से गमन करती है, क्योंकि ठोस में ध्वनि की चाल अधिकतम होती है।

37. तापमान, ध्वनि की चाल को किस प्रकार प्रभावित करता है?

उत्तर ताप बढ़ाने पर ध्वनि की चाल बढ़ती है।

38. (i) ध्वनि के परावर्तन का नामांकित चित्र बनाइए।

(ii) किस सतह से ध्वनि का परावर्तन अच्छा होता है?

उत्तर (i)

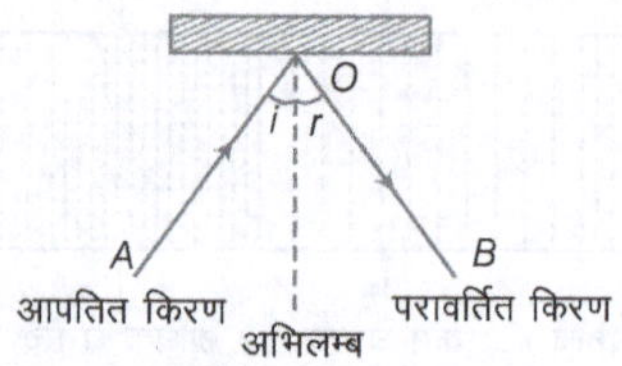

$\angle i$ = आपतन कोण; $\angle r$ = परावर्तन कोण

(ii) दृढ़ सतह से ध्वनि का परावर्तन अच्छा होता है।

39. बहुल प्रतिध्वनि के उदाहरण दीजिए।

उत्तर (i) बिजली का गर्जना

(ii) सिनेमा हॉल की छत का वक्राकार होना।

40. 20° C ताप पर कितनी न्यूनतम दूरी पर प्रतिध्वनि सुनाई देगी?

उत्तर प्रतिध्वनि को सुनने के लिए न्यूनतम दूरी 17.2 मी है।

41. किस कारण ऑडिटोरियम हॉल की दीवारें व छतें ध्वनि अवशोषक पदार्थ द्वारा वक्रित रूप में बनी होती है?

उत्तर अनुरणन को कम करने हेतु ऑडिटोरियम/हॉल की दीवारें व छते ध्वनि अवशोषक पदार्थ द्वारा वक्रित रूप में बनी होती है।

42. बिना पर्दे वाले कमरें की तुलना में, हमें पर्दे लगे कमरें में ध्वनि स्पष्ट क्यों सुनाई देती है?

उत्तर कमरें में पर्दे प्रतिध्वनि से बचाते है। ये परावर्तित ध्वनि को अवशोषित करते है जिससे ध्वनि स्पष्ट सुनाई देती हैं।

43. किस कारण स्टेज के पीछे वक्राकार बोर्ड रखा जाता है?

उत्तर स्टेज के पीछे वक्राकार बोर्ड इसलिए रखा जाता है क्योंकि परावर्तन के पश्चात् ध्वनि कमरें की चौड़ाई के अनुसार फैल जाए।

44. भूकम्प से पूर्व किस प्रकार की तरंगें उत्पन्न होती है?

उत्तर भूकम्प से पूर्व अवश्रव्य ध्वनि तरंगें उत्पन्न होती हैं।

45. चिकित्सा के लिए पराध्वनि के दो मुख्य उपयोग लिखिए।

उत्तर (i) मनुष्य के शरीर की बीमारी का पता लगाने में

(ii) गर्भकाल में भ्रूण के विकास का निरीक्षण करने में।

46. 0.025 सेकंड आवर्तकाल की ध्वनि की आवृत्ति क्या होगी?

उत्तर दिया है,

$T = 0.025$ सेकंड

$f = \frac{1}{T} = \frac{1}{0.025} = 40$ हर्ट्ज

47. मानव हृदय एक मिनट में 72 बार धड़कता है, तो इसकी आवृत्ति ज्ञात कीजिए।

उत्तर आवृत्ति = $\frac{\text{विस्पंदों की संख्या}}{\text{कुल समय}}$

$= \frac{72}{60} = 12$ हर्ट्ज

लघु उत्तरीय प्रश्न

1. स्पंद तथा तरंग में अंतर बताइए।

उत्तर स्पंद और तरंग में अंतर निम्नलिखित है

स्पंद	तरंग
यह अल्प समयांतराल विक्षोभ है।	यह निरन्तर विक्षोभ है।
यह पुनरावृत्ति नहीं करता है।	यह पुनरावृत्ति करती है।
यह छोटे भाग में बनता है।	यह विक्षोभ के कारण निरंतर बनती है।
विक्षोभ कुछ क्षण के लिए होता है।	विक्षोभ लम्बे समय के लिए होता है।

2. किस कारण अंतरिक्ष यात्री, अंतरिक्ष में रेडियों टेलीफोन से बात करते हैं?

उत्तर ध्वनि निर्वात् मे गमन नहीं करती है। इसी कारण अंतरिक्ष यात्री रेडियों टेलीफोन से बात करता है क्योंकि यह रेडियों तरंगों पर कार्य करता है, जिनके संचरण के लिए माध्यम की आवश्यकता नहीं होती है।

3. किस कारण अनुदैर्ध्य तरंग को दाब तरंगें कहते हैं?

उत्तर अनुदैर्ध्य तरंग माध्यम में संपीडन तथा विरलन के रूप में लगातार गतिमान होती है अर्थात् यह दाब में परिवर्तन के साथ गतिमान होती है इसी कारण अनुदैर्ध्य तरंग को दाब तरंग कहते हैं।

4. (a) जब सितार के तार को कंपित किया जाता है, तो सितार के (i) तार तथा (ii) वायु में किस प्रकार की तरंग बनती है?

(b) किस कारण मोटरबोट के नौकायन द्वारा समुद्र में अनुदैर्ध्य तथा अनुप्रस्थ तरंगें उत्पन्न होती है?

उत्तर (a) (i) तार में अनुप्रस्थ तरंगें बनती हैं।

(ii) वायु में अनुदैर्ध्य तरंगें बनती हैं।

(b) समुद्र के अन्दर उपस्थित रबर में कंपन के कारण अनुदैर्ध्य तरंग उत्पन्न होती है परन्तु जल की सतह पर अनुप्रस्थ तरंग उत्पन्न होती है इसी कारण मोटरबोट से अनुदैर्ध्य तथा अनुप्रस्थ तरंग उत्पन्न होती है।

5. किस आवृत्ति पर स्रोत 500 ध्वनि तरंग प्रति सेकंड उत्पन्न करेगा?

उत्तर 1 सेकंड में उत्पन्न ध्वनि तरंगों की संख्या को ध्वनि तरंग की आवृत्ति कहते हैं।

यहाँ, 1 सेंकड में उत्पन्न ध्वनि तरंगो की संख्या = 500

अतः इस ध्वनि तरंग की आवृत्ति 500 हर्ट्ज है।

6. जब ध्वनि तरंग एक माध्यम से दूसरे माध्यम में जाती है, तो तरंगदैर्ध्य, वेग तथा आवृत्ति पर क्या प्रभाव पड़ता है?

उत्तर जब ध्वनि तरंग एक माध्यम से दूसरे माध्यम में जाती है, तो इसकी तरंगदैर्ध्य तथा वेग बदल जाता है, परन्तु आवृत्ति अपरिवर्तित रहती है।

7. तरंग वेग तथा कण वेग में एक आधारभूत अन्तर बताइए।

उत्तर एक माध्यम के लिए तरंग वेग नियत रहता है। इसे निम्न प्रकार दिया जाता है

$$v = \nu \lambda$$

कण वेग समय के साथ परिवर्तित होता है। यह माध्य स्थिति पर अधिकतम तथा चरम बिन्दु पर न्यूनतम होता है।

8. निम्नलिखित में से कौन-सा ग्राफ (a) और (b) नर ध्वनि को प्रदर्शित करेगा? अपने उत्तर की व्याख्या कीजिए। **NCERT Exemplar**

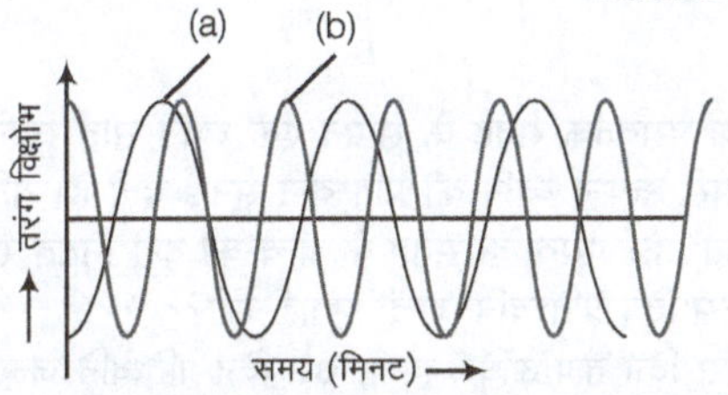

उत्तर ग्राफ (a) नर ध्वनि को प्रदर्शित करेगा, क्योंकि नर ध्वनि की आवृत्ति तथा तारत्व (Pitch) मादा ध्वनि की आवृत्ति तथा तारत्व से कम होती है।

9. (i) प्रतिध्वनि के निर्माण के लिए ध्वनि का कौन-सा गुण उत्तरदायी होता है? समझाइए।

(ii) यदि बड़े हॉल में अनुरणन अधिक हो, तो क्या होगा?

उत्तर (i) प्रतिध्वनि के निर्माण के लिए ध्वनि का परावर्तन उत्तरदायी होता है। जब ध्वनि तरंग पुनरावृत्ति रूप से परावर्तित होते है और ध्वनि स्रोत तथा परावर्तक पृष्ठ के मध्य न्यूनतम दूरी 17.2 मीटर से अधिक होती है, तो हमें प्रतिध्वनि सुनाई देती है।

(ii) यदि बड़े हॉल में अनुरणन अधिक होता है, तो ध्वनि में विक्षोभ अधिक होता है तथा ध्वनि भ्रमित सी प्रतीत होती है।

10. प्रतिध्वनि को सुनने के लिए आवश्यक स्थितियाँ बताइए।

उत्तर प्रतिध्वनि को सुनने के लिए निम्न स्थितियाँ आवश्यक है

(i) ध्वनि स्रोत तथा परावर्तित ध्वनि के मध्य समयांतराल 0.1 सेकंड होना चाहिए।

(ii) अवरोधक तथा ध्वनि स्रोत के मध्य दूरी लगभग 17.2 मी होनी चाहिए।

11. **एक चित्र की सहायता से वर्णन कीजिए कि ध्वनि के स्रोत के निकट वायु में संपीडन तथा विरलन कैसे उत्पन्न होते हैं?**

उत्तर जब ध्वनि तरंग वायु से होकर गुजरती है, तो वायु के कणों में से कुछ एक साथ इकट्ठे हो जाते हैं और संपीडन बनाते हैं। जबकि अन्य कण दूर-दूर हो जाते हैं और विरलन बनाते हैं।

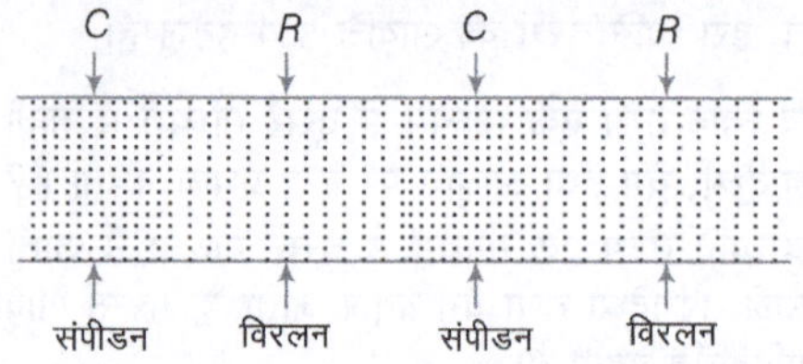

12. **श्रृंग तथा गर्त से आप क्या समझते है? तरंगदैर्ध्य से इनका क्या संबंध होता है?**

उत्तर तरंग संचरण में माध्य स्थिति से ऊपर की ओर माध्यम के कणों का विस्थापन श्रृंग को व्यक्त करता है तथा माध्य स्थिति से नीचे की ओर माध्यम के कणों का विस्थापन गर्त को व्यक्त करता है। किसी सरल तरंग में दो क्रमागत श्रृंग अथवा गर्तों के बीच की दूरी तरंगदैर्ध्य (λ) व्यक्त करती है।

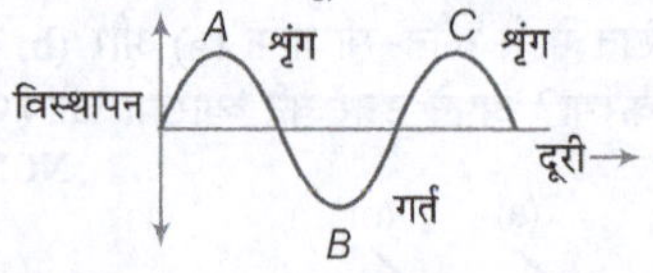

13. **एक परावर्तक सतह के सामने एक ध्वनि स्रोत रखने पर उससे उत्पन्न ध्वनि की प्रतिध्वनि सुनाई देती है। यदि ध्वनि स्रोत और परावर्तक सतह के बीच की दूरी नियत रहें, तो किस दिन प्रतिध्वनि जल्दी सुनाई देगी?**

उत्तर जिस दिन ताप अधिक होगा, उस दिन प्रतिध्वनि जल्दी सुनाई देगी क्योंकि ताप-वृद्धि के साथ ध्वनि के वेग में वृद्धि होगी। यह वृद्धि 1°C ताप बढ़ने पर 0.61 मी/से बढ़ जाती है।

14. **किसी माध्यम में कंपन करती हुई वस्तु द्वारा उत्पन्न ध्वनि हमारे कानों तक किस प्रकार पहुँचती है? इस प्रक्रिया में सहायता करने वाले कान के प्रमुख भागों के नाम देते हुए समझाइए।**

उत्तर वाद्य यंत्रों में, कंपन होती है, तो वो अपने सामने वाली हवा पर बल लगाकर उसे संपीडित करती है जिससे कि उच्च दाब का क्षेत्र उत्पन्न होता है। जिसे संपीडन कहा जाता है। संपीडन कंपायमान वस्तु को दूर गतिमान करती है। जब कंपायमान वस्तु पीछे की ओर हटती है, तो निम्न दाब उत्पन्न होता है जिसे विरलन कहा जाता है। जब कंपायमान वस्तु जल्दी-जल्दी आगे-पीछे होती है तथा वायु में संपीडन तथा विरलन की श्रृंखला बनाती है। ध्वनि तरंग उत्पन्न होती है जोकि माध्यम द्वारा गुजरती है। यह प्रक्रिया बारंबार होती है, जब तक श्रोता के कानों तक ध्वनि तरंग नहीं पहुँचती।

15. **यदि वायु में ध्वनि का वेग 330 मी/से है, तो आवृत्तियों की श्रव्य परास को आवर्तकाल के पदों में व्यक्त कीजिए।**

उत्तर आवृत्ति की श्रव्य परास = 20 हर्ट्ज से 20,000 हर्ट्ज

अतः $\nu_1 = 20$ हर्ट्ज, $\nu_2 = 20000$ हर्ट्ज

वेग (v) = 330 मी/से

आवर्तकाल $T_1 = \frac{1}{\nu_1} = \frac{1}{20} = 5 \times 10^{-2}$ से

$T_2 = \frac{1}{\nu_2} = \frac{1}{20000} = 5 \times 10^{-5}$ से

आवर्तकाल के पदों में श्रव्य परास 5×10^{-2} से 5×10^{-5} सेकंड होगी।

16. **बादलों वाले दिन तड़ित की चमक के 10 सेकंड बाद बादलों में गर्जन सुनाई देती है। गर्जन करने वाले बादल की लगभग दूरी की गणना कीजिए। (ध्वनि की चाल = 340 मी से$^{-1}$)**

उत्तर दिया है, ध्वनि की चाल, $v = 340$ मी से$^{-1}$

चमक देखने और गर्जन सुनने के बीच समय, $t = 10$ सेकंड

∴ गर्जन करने वाले बादल की दूरी, $s = vt = 340 \times 10$

= 3400 मी = 3.4 किमी

17. **रोहित द्वारा ध्वनि तरंग की मापित तरंगदैर्ध्य 8 मी है। ध्वनि तरंग की आवृत्ति 40 हर्ट्ज है, तो रोहित की गणना द्वारा ध्वनि तरंग की चाल क्या होगी?**

उत्तर दिया है, तरंगदैर्ध्य, $\lambda = 8$ मी और आवृत्ति, $\nu = 40$ हर्ट्ज

हम जानते हैं, $v = \nu\lambda$

$v = 40 \times 8 = 320$ मी से$^{-1}$

18. **किसी माध्यम में एक ध्वनि तरंग की चाल 440 मी/से और तरंग की आवृत्ति 200 हर्ट्ज है। ध्वनि तरंग के तरंगदैर्ध्य की गणना कीजिए।**

उत्तर दिया है, ध्वनि तरंग की चाल $v = 440$ मी/से

तरंग की आवृत्ति, $\nu = 200$ हर्ट्ज

सूत्र $v = \nu\lambda$ से, $\lambda = \frac{v}{\nu} = \frac{440}{200} = 2.2$ मी

19. **एक ध्वनि तरंग की आवृत्ति 2 किलोहर्ट्ज है और उसका तरंगदैर्ध्य 17.5 सेमी है। यह तरंग 2.1 किमी की दूरी चलने में कितना समय लेगी?**

उत्तर दिया है, आवृत्ति (ν) = 2 किलोहर्ट्ज = 2×10^3 हर्ट्ज

तरंगदैर्ध्य (λ) = 17.5 सेमी = 0.175 मी

यदि ध्वनि तरंग की चाल v हो, तो सूत्र $v = \nu\lambda$ से

$v = 2 \times 10^3$ हर्ट्ज × 0.175 मी = 350 मी/से

यदि तरंग को $d = 2.1$ किमी = 2100 मी दूरी तय करने में लगा समय t हो, तो

$$t = \frac{d}{v} = \frac{2100 \text{ मी}}{350 \text{ मी/से}} = 6 \text{ सेकंड}$$

20. **यदि A तथा C की तरंगदैर्ध्य क्रमशः 1.5 मीटर तथा 1.33 मीटर है तथा ध्वनि की चाल 340 मी से$^{-1}$ है, तो A तथा C पर आवृत्तियाँ ज्ञात कीजिए।**

उत्तर दिया है– A की तरंगदैर्ध्य, $\lambda_A = 1.5$ मी

B की तरंगदैर्ध्य, $\lambda_B = 1.33$ मी

चाल, $v = 340$ मी/से

हम जानते हैं कि

$$v = \nu\lambda$$

इसलिए $\nu = \frac{v}{\lambda}$

परीक्षा अभ्यास

प्रश्नानुसार मान रखने पर

A की आवृत्ति, $\nu_A = \frac{340}{1.5} = 226$ हर्ट्ज

C की आवृत्ति, $\nu_C = \frac{340}{1.33} = 255$ हर्ट्ज

21. **0.01 सेकंड आवर्तकाल की महासागरीय तरंगें 15 मी/से की चाल से गतिमान है। इन तरंगों की तरंगदैर्ध्य ज्ञात कीजिए तथा श्रृगों तथा उसके संगत गर्त के मध्य की दूरी ज्ञात कीजिए।**

उत्तर दिया है, तरंग का आवर्तकाल, $T = 0.01$ सेकंड

तरंग की चाल, $v = 15$ मी से$^{-1}$

$\therefore$ तरंग की तरंगदैर्ध्य, $\lambda = \frac{v}{\nu}$ $\left[\because T = \frac{1}{\nu}\right]$

$\lambda = v \times T = 15 \times 0.01 = 0.15$ मी

श्रृंग तथा उसके संगत गर्त के मध्य दूरी

$= \frac{\lambda}{2} = \frac{0.15}{2} = 0.075$ मी

22. **एक उर्मिका टैंक में 1 सेकंड में 14 पूर्ण उर्मिका बनती है। यदि श्रृंग और अगले गर्त के मध्य दूरी 12 सेमी है, तो गणना कीजिए (i) तरंगदैर्ध्य तथा (ii) वेग**

उत्तर (i) दिया है,

श्रृंग तथा अगले गर्त के मध्य दूरी $= \frac{\lambda}{2}$ सेमी $= 12$ सेमी

तरंग की तरंगदैर्ध्य, $\lambda = 12 \times 2 = 24$ सेमी $= 0.24$ मी

(ii) 1 सेकंड में उत्पन्न उर्मिकाओं की संख्या = 14 हर्ट्ज

$\therefore$ तरंग की आवृत्ति, $\nu = 14$ हर्ट्ज

वेग $(v) = \nu \lambda$

$v = 14 \times 024 = 3.36$ मी से$^{-1}$

23. **कोई प्रतिध्वनि 3 सेकंड पश्चात् सुनाई पड़ती है। यदि ध्वनि की चाल 342 मी/से हो, तो स्रोत तथा परावर्तक सतह के बीच कितनी दूरी होगी?**

उत्तर माना कि स्रोत तथा परावर्तक के बीच की दूरी s है।

दूरी = चाल $\times$ समय

$2s = 342 \times 3 = 1026$ मी

इसलिए, स्रोत तथा परावर्तक के बीच की दूरी,

$s = \frac{1026}{2} = 513$ मी

24. **एक व्यक्ति एक दीवार से 55 मी की दूरी पर खड़ा होकर बन्दूक चलाता है। यदि वायु में ध्वनि की चाल 330 मी/से हो, तो प्रतिध्वनि सुनने के लिए लगा समय ज्ञात कीजिए।**

उत्तर दिया है, दूरी $s = 55$ मी,

वायु में ध्वनि की चाल $v = 330$ मी/से, $t = ?$

$2d = v \times t$

अथवा $t = \frac{2d}{v} = \frac{2 \times 55}{330} = 0.3$ सेकंड

25. **एक ध्वनि तरंग 340 मी/से की चाल से गतिमान है। इसकी तरंगदैर्ध्य 1.5 सेमी है, तो तरंग की आवृत्ति क्या होगी? क्या यह श्रृव्य तरंग होगी?**

उत्तर दिया है,ध्वनि की चाल, $v = 340$ मी से$^{-1}$

तरंगदैर्ध्य $\lambda = 1.5$ सेमी $= \frac{1.5}{100}$ मी, आवृत्ति $(\nu) = ?$

हम जानते हैं $v = \nu \lambda$

$$\nu = \frac{v}{\lambda} = \frac{340}{\left(\frac{1.5}{100}\right)} = \frac{340 \times 100}{1.5} = 22666.5 \text{ हर्ट्ज}$$

हम जानते हैं कि श्रृव्य परास 20 हर्ट्ज से 20000 हर्ट्ज के मध्य होती है। अतः प्राप्त आवृत्ति श्रृव्य आवृत्ति नहीं है।

26. **कोई एक लड़की 12 मी × 12 मी साइज के पार्क के बीच बैठी हुई है। इसके बायीं ओर पार्क से सटी हुई एक इमारत है और पार्क के दायीं ओर पार्क से सटी सड़क है। सड़क पर पटाखे की ध्वनि उत्पन्न होती है। क्या लड़की के लिए ध्वनि की प्रतिध्वनि सुनना संभव होगा? अपने उत्तर की व्याख्या कीजिए।**

उत्तर यदि मूल ध्वनि तथा श्रोता को प्राप्त परावर्तित ध्वनि का समय अंतराल 0.1 सेकंड के लगभग है, केवल तभी प्रतिध्वनि सुनी जा सकती है।

प्रतिध्वनि सुनने के लिए, परावर्तित ध्वनि तरंग से चली न्यूनतम दूरी = ध्वनि का वेग × समय अन्तराल

$= 344 \times 0.1 = 34.4$ मी

परंतु इस प्रकरण में इमारत से परावर्तित ध्वनि द्वारा चली दूरी और तब लड़की तक पहुँचने की दूरी होगी $(6 + 6)$ $= 12$ मी जोकि आवश्यक दूरी से बहुत कम है इसलिए, कोई प्रतिध्वनि नहीं सुनी जा सकती है।

लघु उत्तरीय प्रश्न

27 **तरंग गति क्या है? तरंग गति के कोई चार अभिलक्षण बताइए।**

उत्तर तरंग गति ऊर्जा का एक स्थान से दूसरे स्थान पर स्थानान्तरण का एक प्रारूप है।

तरंग गति के मुख्य अभिलक्षण निम्न है

(i) यह एक विक्षोभ है जोकि माध्यम के द्वारा संचरित होती है परन्तु यह माध्यमों के कणों द्वारा संचरित नहीं होती है।

(ii) प्रत्येक कण अपने पूर्वस्थ कण से एक कंपन प्राप्त करता है।

(iii) तरंग वेग, कणों के वेग से भिन्न होता है जोकि अपनी माध्य स्थिति के आस-पास कंपन करता है।

(iv) माध्य स्थिति के परितः कंपन के दौरान तरंग वेग नियत रहता है जबकि कणों का वेग परिवर्तनशील रहता है।

28. **(i) माना एक व्यक्ति चंद्रमा पर खड़े होकर बाँसुरी बजा रहा है, तो क्या उसके समीपस्थ स्थित व्यक्ति को बाँसुरी की आवाज सुनाई देगी? कारण सहित बताइए।**

(ii) पदार्थिक माध्यम में किस प्रकार की तरंग संचरित होती है?

उत्तर (i) यदि कोई व्यक्ति चंद्रमा पर बाँसुरी बजाता है, तो समीपस्थ स्थिति व्यक्ति को बाँसुरी की आवाज सुनाई नहीं देती है। क्योंकि चंद्रमा पर वातावरण नहीं होता है तथा ध्वनि तरंग संचरण के लिए माध्यम की आवश्यकता नहीं होती है।

(ii) यांत्रिक तरंगों के संचरण हेतु पदार्थिक माध्यम की आवश्यकता होती है।

29. किस प्रकार के माध्यम से,
(i) अनुप्रस्थ तथा (ii) अनुदैर्ध्य संचरित होती है? बताइए।

उत्तर (i) अनुप्रस्थ तरंग श्रृंग और गर्त के रूप में संचरित होती है। इसमें माध्यम की आकृति में परिवर्तन होता है। इस प्रकार यह तरंगें प्रत्यास्थ माध्यम में ही संचरित होती है। यह गुण ठोस तथा द्रव में पाया जाता है। अतः यह तरंग ठोस तथा द्रव में संचरित होती है।

(ii) अनुदैर्ध्य तरंग संपीडन तथा विरलन के रूप में संचरित होता है। इसमें माध्यम के आयतन तथा घनत्व में परिवर्तन होता है। यह सभी माध्यमों (ठोस, द्रव तथा गैसों) में संचरित होती है।

30. (i) संपीडन तथा विरलन (ii) श्रृंग और गर्त से संबंधित तरंगों के प्रकारों के नाम तथा दो उदाहरण दीजिए।

उत्तर तरंग दो प्रकार की होती है
(i) अनुदैर्ध्य तरंग और (ii) अनुप्रस्थ तरंग

उदाहरण

(i) जब स्प्रिंग को एक सिरे से खींचा या दबाया जाता है, तो स्प्रिंग के अनुदिश अनुदैर्ध्य तरंग संचरित होती है। निम्न आरेख में अनुदैर्ध्य तरंग को दर्शाया गया है

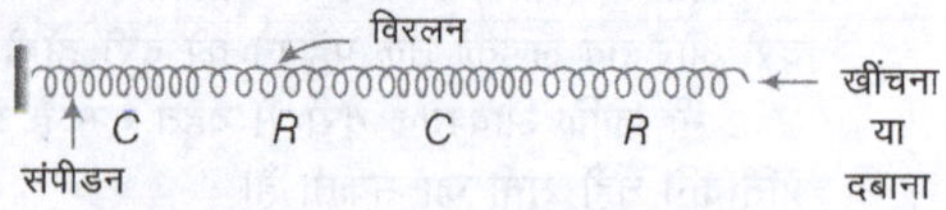

(ii) एक सिरे के दृढ़ आधार से सम्बद्ध रस्सी को ऊपर नीचे गति कराने पर अनुप्रस्थ तरंग निम्न चित्रानुसार उत्पन्न होती है

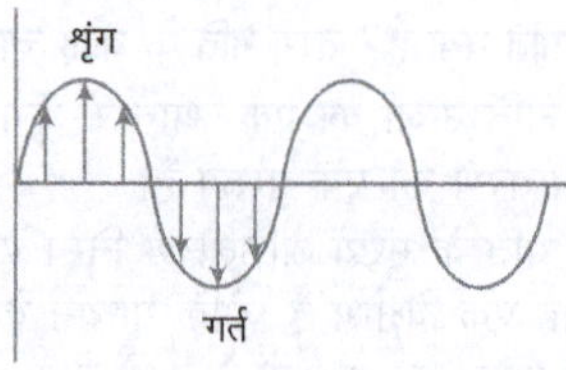

31. ध्वनि तरंग तथा प्रकाश तरंग में अन्तर बताइए।

उत्तर ध्वनि तरंग तथा प्रकाश तरंग में अन्तर निम्नलिखित है

ध्वनि तरंग	प्रकाश तरंग
इसकी प्रकृति अनुदैर्ध्य होती है।	इनकी प्रकृति अनुप्रस्थ होती है।
इन्हें संचरण हेतु पदार्थिक माध्यम की आवश्यकता होती है।	इन्हें संचरण हेतु माध्यम की आवश्यकता नहीं होती है।
यह निर्वात् में संचरित नही होती है।	यह निर्वात् में संचरित होती है।
वायु में ध्वनि तरंग की चाल 332 मी/से होती है।	इसकी चाल (3×10^8 मी/से) उच्च होती है।
यह माध्यम के कंपित कणों द्वारा उत्पन्न होती है।	यह कंपित आवेशित कणों द्वारा उत्पन्न होती है।
श्रव्य ध्वनि की आवृत्ति निम्न तथा तरंगदैर्ध्य उच्च होती है।	दृढ़ प्रकाश की आवृत्ति उच्च तथा तरंगदैर्ध्य निम्न होती है।

32. एक स्वरित्र द्वारा उत्पन्न तरंग के प्रारूप को चित्र (A) में दर्शाया गया है

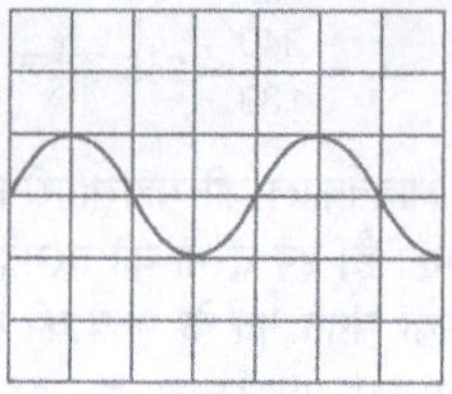

(i) चित्र में दर्शाए गए आलेख से उच्च आवृत्ति की ध्वनि तरंग का आलेख बनाइए।
(ii) चित्र में दर्शाए गए आलेख से उच्च आयाम की ध्वनि तरंग का आलेख बनाइए।

उत्तर

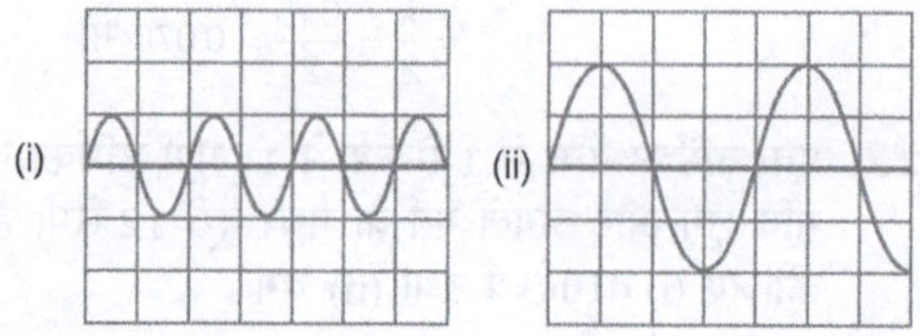

33. ध्वनि की प्रबलता से आप क्या समझते है? यह किन कारकों पर निर्भर करता है तथा (i) मृदु आवाज तथा (ii) प्रबल आवाज का चित्र बनाइए।

उत्तर **प्रबलता** (Loudness) हमारे कानों तक प्रति सेकंड पहुँचने वाली ध्वनि ऊर्जा की माप को प्रबलता कहते हैं। यदि ध्वनि ऊर्जा कानों तक अधिक पहुँचती है, तो ध्वनि अधिक प्रबल होती है। यह ध्वनि तरंग के आयाम पर निर्भर करती है।

(i) मृदु आवाज

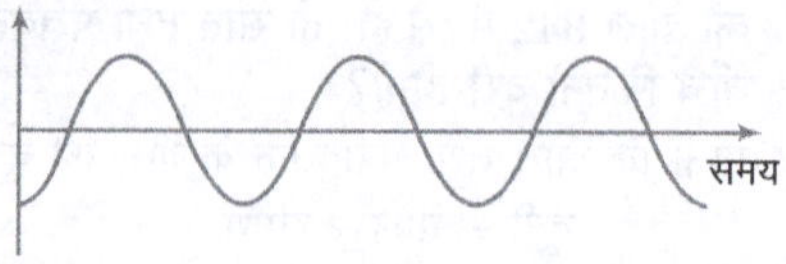

(ii) प्रबल आवाज

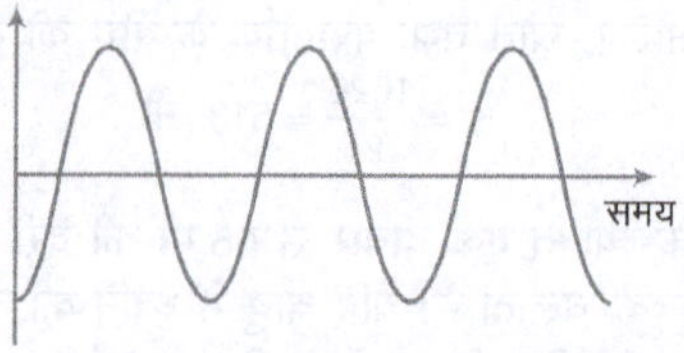

34. ध्वनि तरंगों के परावर्तन के दो व्यवहारिक उपयोगों का उल्लेख कीजिए।

उत्तर (i) **डॉक्टर का स्टेथोस्कोप** डॉक्टर स्टेथोस्कोप की सहायता से हृदय अथवा फेफड़ों का परीक्षण करते हैं, यह ध्वनि के परावर्तन पर ही आधारित है। इसमें एक डायफ्राम लगा होता है। डायफ्राम हृदय की धड़कनों के साथ कंपन करता है। यह कंपन स्टेथोस्कोप में लगी नली द्वारा डॉक्टर के कानों तक पहुँचते हैं। इसके आधार पर डॉक्टर निर्णय लेता है।

(ii) **समुद्र की गहराई ज्ञात करना** जहाज पर रखे यंत्र द्वारा पराश्रव्य तरंगों को पुँज के रूप में समुद्र के

अन्दर भेजते हैं। यही तरंगें समुद्र की सतह से परावर्तित होकर वापस प्राप्त कर ली जाती हैं तथा तरंगों के आने जाने का समय नोट कर लेते हैं।

सूत्र, दूरी = चाल × समय द्वारा समुद्र की गहराई ज्ञात कर लेते हैं। पानी में ध्वनि की चाल हमें ज्ञात रहती हैं।

35. गैस में ध्वनि की चाल को प्रभावित करने वाले कारकों को बताइए।

उत्तर गैस में ध्वनि की चाल को प्रभावित करने वाले कारक निम्न हैं

(i) **घनत्व** (Density) नियत दाब पर गैस में ध्वनि की चाल, गैस के घनत्व के वर्गमूल के व्युत्क्रमानुपाती होती है

अर्थात् $\text{ध्वनि की चाल} \propto \frac{1}{\sqrt{\text{गैस का घनत्व}}}$

(ii) **ताप** (Temperature) गैस में ध्वनि की चाल, परम ताप के वर्ग मूल के व्युत्क्रमानुपाती होती है।

$\text{ध्वनि की चाल} \propto \sqrt{\text{गैस का परम ताप}}$

(iii) **आर्द्रता** (Humidity) शुष्क वायु की तुलना में आर्द्र वायु में ध्वनि की चाल अधिक होती है।

(iv) **दाब** (Pressure) दाब का ध्वनि की चाल पर कोई प्रभाव नहीं पड़ता है।

36. एक दिन 22°C ताप पर प्रतिध्वनि को सुना जाता है। उसी प्रतिध्वनि को 40°C ताप पर सुना जाए, तो क्या प्रतिध्वनि जल्दी या देरी से सुनाई देगी?

उत्तर प्रतिध्वनि तीव्रता से सुनाई देगी क्योंकि ताप बढ़ाने पर ध्वनि की चाल बढ़ती है।

$\text{वायु में ध्वनि की चाल} = \frac{\text{दूरी}}{\text{समय}}$

अर्थात् यदि ध्वनि की चाल घटती है, तो प्रतिध्वनि को सुनने में लगा समय घटता है।

37. (a) **निम्नलिखित की व्याख्या करो**

(i) **अवश्रव्य तरंगें,** (ii) **श्रव्य तरंगें एवं**

(iii) **पराश्रव्य तरंगें।**

(b) **पराध्वनि, सामान्य ध्वनि से किस प्रकार भिन्न होती है? पराध्वनि के कोई दो अनुप्रयोग लिखिए।**

उत्तर (a) (i) **अवश्रव्य तरंगें** जिन तरंगों की आवृत्ति 20 हर्ट्ज से कम होती है, उन्हें अवश्रव्य तरंगें कहते हैं।

(ii) **श्रव्य तरंगें** जिन तरंगों से उत्पन्न ध्वनि को मनुष्य द्वारा सुना जा सकता है, श्रव्य तरंगें कहलाती हैं। इनकी आवृत्ति 20 हर्ट्ज से 20,000 हर्ट्ज तक होती है।

(iii) **पराश्रव्य तरंगें** जिन तरंगों की आवृत्ति 20,000 हर्ट्ज से अधिक होती है। मनुष्य द्वारा पराश्रव्य तरंगें नहीं सुनी जा सकतीं। कुत्ता एवं चमगादड़ पराश्रव्य तरंगें उत्पन्न कर सकते है और सुन सकते हैं।

(b) पराध्वनि की आवृत्ति उच्च होती है (20,000 हर्ट्ज से अधिक) सामान्य ध्वनि की आवृत्ति पराध्वनि की तुलना में निम्न होती है।

उच्च आवृत्ति के कारण

(i) इनकी शक्ति उच्च होती है।

(ii) यह अधिक दूरी तक प्रतिछेदित करते है।

(iii) यह सरल रेखीय पथ के अनुदिश गमन करने हेतु सक्षम होती है।

पराध्वनि के अनुप्रयोग निम्न है

(i) धात्विक पृष्ठ में दोष का पता लगाने में

(ii) बीमारियों का पता लगाने में

38. (i) **अवश्रव्य या पराध्वनि तरंगों में से किसकी तरंगदैर्ध्य लघु होती है?**

(ii) **क्या डॉलफिन पराध्वनि को संसूचित कर सकती है?**

(iii) **एक सजीव का नाम बताइए जोकि अवश्रव्य तरंग को संसूचित कर सकता है?**

उत्तर (i) पराध्वनि की तरंगदैर्ध्य लघु होती है।

(ii) हाँ, डॉलफिन पराध्वनि को सुन सकती है।

(iii) गैंडा, अवश्रव्य तरंगों की संसूचित कर सकता है।

39. (i) **पराध्वनि के दो गुण लिखिए।**

(ii) **पराध्वनि के एक अनुप्रयोग निम्न में बताइए**

(a) **उद्योगों में** (b) **चिकित्सा क्षेत्र में**

उत्तर (i) पराध्वनि के दो मुख्य गुण निम्न है

(a) उच्च आवृत्ति

(b) अवरोधक की उपस्थिति में यह एक पथ के अनुदिश गति करता है।

(ii) (a) उद्योगों में धात्विक खण्डों में दोष को खोजना।

(b) किडनी में पत्थर को तोड़ने में।

40. किस प्रकार रात्रिकाल में चमगादड़ बिना किसी वस्तु से टकराए उड़ पाता है?

उत्तर इसके उत्तर के लिए पृष्ठ सं. 279 देखें।

41. एक रस्सी में उत्पन्न 100 हर्ट्ज आवृत्ति की तरंग को चित्र में दर्शाया गया है

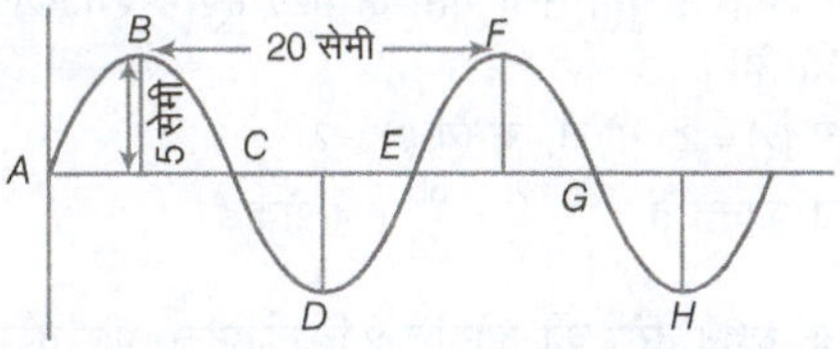

तो ज्ञात कीजिए

(i) **आयाम** (ii) **तरंगदैर्ध्य** (iii) **वेग** (iv) **प्रकृति**

उत्तर (i) आयाम = 5 सेमी

(ii) तरंगदैर्ध्य = 20 सेमी

(iii) वेग $v = \nu\lambda = 100 \times 20 \times 10^{-2} = 20$ मी से^{-1}

(iv) तरंग अनुप्रस्थ प्रकृति की है।

42. यदि बिजली चमकने के पश्चात् 3 सेकंड बाद बादलों की गर्जन सुनाई देती है, तो बादलों की दूरी ज्ञात कीजिए। दिया है, प्रकाश की चाल = 3×10^8 मी/से, ध्वनि की चाल = 330 मी से^{-1}। किस कारण बिजली, बादलों की गर्जन से पहले दिखाई देती है?

उत्तर दिया है, समय $(t) = 3$ सेकंड

वायु में ध्वनि की चाल = 330 मी से^{-1}

बादलों की दूरी = चाल × समय = 330 × 3 = 990 मी
प्रकाश की चाल (3×10^8 मी से$^{-1}$), ध्वनि की चाल से उच्च होती है। इसी कारण हमें बिजली, बादलों के गर्जन से पहले दिखाई देती है।

43. **जब कारीगर धरातल से 78.4 मीटर ऊँचाई पर होता है, तो उसका हेलमेट नीचे गिर जाता है। हेलमेट के गिरने के पश्चात् कारीगर हेलमेट की धरातल से टक्कर की आवाज 4.23 सेकंड बाद सुनता है। वायु में ध्वनि की चाल ज्ञात कीजिए?**

उत्तर दिया है, s = हेलमेट द्वारा तय दूरी = 78.4 मी
t = हेलमेट की ध्वनि सुनने में लगा समय = 4.23 सेकंड
माना हेलमेट धरातल पर पहुँचने में t समय लेता है, तो गति के समीकरण द्वारा

$$s = ut + \frac{1}{2} \times g \times t^2$$

[यहाँ u = प्रारंभिक वेग, g = गुरुत्वीय त्वरण]

$$78.4 = 0 \times t + \frac{1}{2} \times 9.8 \times t^2$$

$$\Rightarrow \quad 78.4 = \frac{1}{2} \times 9.8 \times t^2 \Rightarrow t^2 = 16$$

$$\Rightarrow \quad t = 4 \text{ सेकंड}$$

78.4 मी की दूरी तय करने में ध्वनि तरंग को लगा समय
= 4.23 − 4 = 0.23 सेकंड

$$\text{वायु में ध्वनि की चाल} = \frac{78.4}{0.23} = 340.86 \text{ मी/से}$$

44. **एक बोट (Boat) 20 मी/से के वेग से गतिमान है। यह 80 मी दूरी पर श्रृंग बनाती है, तो किस समय बोट ऊपर उछलेगी?**

उत्तर दिया है,
तरंगदैर्ध्य (λ) = 80 मी
दो क्रमागत श्रृंगों तथा गर्तों के मध्य दूरी तरंगदैर्ध्य के तुल्य होती है।
वेग (v) = 20 मी/से, समय (t) = ?

$$\text{हम जानते हैं,} \quad t = \frac{\lambda}{v} = \frac{80}{20} = 4 \text{ सेकंड}$$

45. **एक ध्वनि तरंग की आवृत्ति 2 किलोहर्ट्ज और तरंगदैर्ध्य 45 सेमी है। यह गमन हेतु 4 सेकंड लेती है, तो इसके द्वारा तय दूरी के मान की गणना कीजिए।**

उत्तर दिया है,
ध्वनि तरंग की आवृत्ति (ν) = 2 किलोहर्ट्ज
$= 2 \times 10^3$ हर्ट्ज
तरंग की तरंगदैर्ध्य (λ) = 45 सेमी = 0.45 मी
तरंग का वेग, $v = \nu\lambda = 2 \times 10^3 \times 0.45 = 900$ मी/से
समय (t) = 4 सेकंड
तरंग द्वारा तय दूरी (s) = $vt = 900 \times 4 = 3600$ मी

46. **एक व्यक्ति धात्विक छड़ के एक सिरे पर पत्थर मारता है तथा छड़ के दूसरे सिरे पर एक लड़का कान लगाकर पत्थर के मारने की आवाज सुनता है, तो ध्वनि तरंग द्वारा वायु तथा छड़ में गमन के समय का अनुपात ज्ञात कीजिए।**
(दिया है $v_{\text{धात्विक}}$ = 5950 मी/से, $v_{\text{वायु}}$ = 346 मी/से)

उत्तर दिया है, लिया गया समय $= \frac{\text{दूरी}}{\text{चाल}}$

$$t = \frac{\lambda}{v} \Rightarrow t \propto \frac{1}{v}$$

$\Rightarrow t, \frac{1}{v}$ के व्युत्क्रमानुपाती है।

$$\therefore \frac{\text{धात्विक छड़ में ध्वनि की चाल}}{\text{वायु में ध्वनि की चाल}} = \frac{t_{\text{वायु}}}{t_{\text{धातु}}}$$

$$\text{अनुपात} = \frac{t_{\text{वायु}}}{t_{\text{धातु}}} = \frac{5950}{346} = 17.2 : 1$$

47. **ध्वनि के परावर्तन के लिए दिखाए गए चित्र में x का मान क्या होना चाहिए?**

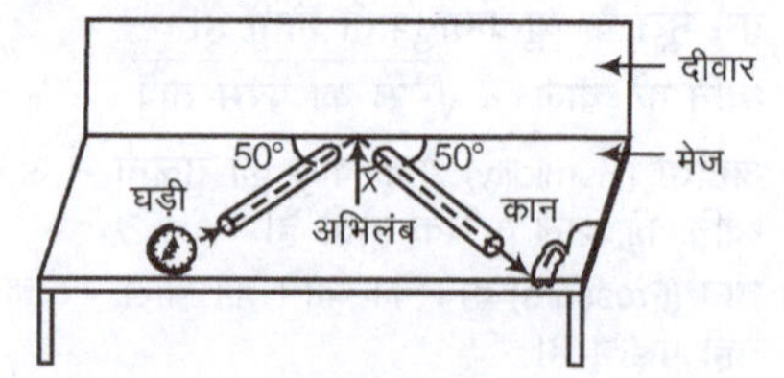

उत्तर ध्वनि परावर्तन के लिए आपतन कोण तथा परावर्तन कोण बराबर होने चाहिए।

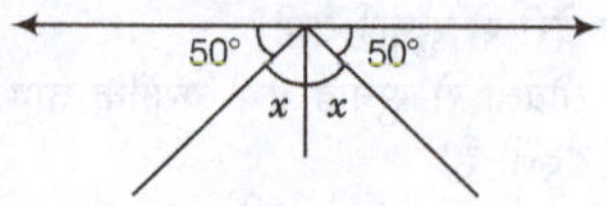

$$\therefore \quad 50° + x + x + 50° = 180°$$

$$2x + 100° = 180°$$

$$2x = 180° - 100°$$

$$2x = 80° \Rightarrow x = \frac{80°}{2}$$

$$\Rightarrow \quad x = 40°$$

48. **एक व्यक्ति एक चोटी के समीपस्थ सायरन बजाता है तथा इसकी प्रतिध्वनि 6 सेकंड बाद सुनता है, तो सायरन तथा चोटी के मध्य दूरी ज्ञात कीजिए। यदि निर्मित ध्वनि तरंगों का वेग 330 मी/से है।**

उत्तर दिया है, प्रतिध्वनि को सुनने में लगा समय, $t = \frac{2d}{v} = 6$ सेकंड
ध्वनि तरंग का वेग = 330 मी से$^{-1}$

$$2d = v \times t = 330 \times 6 = 1980$$

$$d = \frac{1980}{2} = 990 \text{ मी}$$

अतः सायरन और चोटी के मध्य दूरी 990 मी है।

49. **एक लड़का वर्गाकार क्षेत्र के मध्य में खड़ा है। क्षेत्र के एक ओर बहुत बड़ी इमारत है। लड़का एक पटाखा चलाता है और उसकी प्रतिध्वनि को 0.4 सेकंड बाद सुनता है, तो वर्गाकार क्षेत्र का आकार क्या है?**
[दिया है, वायु में ध्वनि की चाल 330 मी/से है]

उत्तर दिया है, वायु में ध्वनि की चाल v = 330 मी/से
प्रतिध्वनि को सुनने में लगा समय (t) = 0.4 सेकंड
ध्वनि द्वारा तय दूरी = $v \times t = 330 \times 0.4 = 132$ मी

0.4 सेकंड में ध्वनि लड़के और इमारत के मध्य दो बार दूरी तय करती है $= \frac{d}{2} = \frac{132}{2} = 66$ मी

वर्गाकार क्षेत्र की भुजा = लड़के तथा बिल्डिंग के मध्य दूरी का दोगुना

वर्गाकार क्षेत्र की भुजा $= 2 \times 66 = 132$ मी

अतः वर्गाकार क्षेत्र का आकार = (वर्गाकार क्षेत्र की भुजा)^2

$= (132)^2 = 17424$ मी^{2}

50. एक जहाज जोकि विरामावस्था में है। समुद्र तल से 2800 मी की दूरी पर है। जहाज समुद्र तल को पराध्वनि तरंगें भेजता है तथा 4 सेकंड बाद प्रतिध्वनि सुनाई पड़ती है। पानी में ध्वनि की चाल ज्ञात कीजिए।

उत्तर दिया है, दूरी = 2800 मी

प्रतिध्वनि द्वारा तय दूरी $= 2 \times 2800 = 5600$ मी

$t = 4$ सेकंड

$$\text{चाल } (v) = \frac{\text{दूरी}}{\text{समय}}$$

$$v = \frac{5600}{4} = 1400 \text{ मी/से}$$

दीर्घ उत्तरीय प्रश्न

1. (i) ध्वनि तरंग की आवृत्ति से आप क्या समझते हो?

(ii) मनुष्य द्वारा सुनी जाने वाली ध्वनि तरंगों की आवृत्ति परास बताइए।

(iii) एक तरंग को स्रोत 0.2 सेकंड में 20 शृंग तथा 20 गर्त बनती है। यदि शृंग तथा अगले गर्त के बीच दूरी 50 सेमी है, तो ज्ञात कीजिए

(a) तरंगदैर्ध्य

(b) आवृत्ति

(c) तरंग का आवर्तकाल

उत्तर (i) इसके उत्तर के लिए पृष्ठ सं. 275 देखें।

(ii) 20 हर्ट्ज तथा 20 किलोहर्ट्ज

(iii) (a) हम जानते हैं कि शृंग तथा अगले गर्त के बीच दूरी $\frac{\lambda}{2}$ है,

इसलिए, $\frac{\lambda}{2} = 50$ सेमी

$\lambda = 100$ सेमी या 1 मी

(b) 20 शृंगों में तय दूरी $= 20 \times 1 = 20$ मी

तरंग का वेग, $v = \nu\lambda = \frac{\lambda}{t}$

$v \times 1 = \frac{20}{0.2}$ $[t = 0.2$ सेकंड$]$

$\therefore$ $\nu = 100$ हर्ट्ज या

$\because$ 1 शृंग और 1 गर्त = 1 तरंग

$\therefore$ 20 शृंग और 20 गर्त = 20 तरंग

$$\therefore \text{आवृत्ति} = \frac{\text{तरंगों की संख्या}}{\text{समय}} = \frac{20}{0.2} = 100 \text{ हर्ट्ज}$$

(c) $\therefore$ आवर्तकाल $T = \frac{1}{\nu} = \frac{1}{100} = 0.01$ सेकंड

2. ध्वनि के वेग, इसकी तरंगदैर्ध्य तथा आवृत्ति में संबंध स्थापित कीजिए। यदि वायु में ध्वनि का वेग 340 मी/से है, तो गणना कीजिए **NCERT Exemplar**

(i) तरंगदैर्ध्य यदि आवृत्ति 256 हर्ट्ज है।

(ii) आवृत्ति यदि तरंगदैर्ध्य 0.85 मी है।

उत्तर तरंग के किसी बिंदु जैसे एक संपीडन या एक विरलन द्वारा एकांक समय में तय की गई दूरी तरंग वेग कहलाती है।

$$\text{वेग} = \frac{\text{दूरी}}{\text{समय}} = \frac{\lambda}{T} = \lambda \times \frac{1}{T}$$

जहाँ λ ध्वनि की तरंगदैर्ध्य है। यह तरंग द्वारा एक आवर्तकाल (T) में चली गई दूरी है,

अतः $v = \lambda\nu$ $\left(\because \frac{1}{T} = \nu\right)$

अथवा वेग = तरंगदैर्ध्य $\times$ आवृत्ति

(i) दिया है, वायु में ध्वनि की चाल $(v) = 340$ मी/से^{2}

और आवृत्ति $(\nu) = 256$ हर्ट्ज

$\therefore$ वेग = तरंगदैर्ध्य $\times$ आवृत्ति

$340 = \lambda \times 256$

$\Rightarrow \lambda = \frac{340}{256} = 1.32$ मी

(ii) पुनः दिया है,

तरंगदैर्ध्य $(\lambda) = 0.85$ मी

वायु में ध्वनि की आवृत्ति ν = चाल/तरंगदैर्ध्य

[$\because$ चाल = तरंगदैर्ध्य $\times$ आवृत्ति]

$\Rightarrow \nu = \frac{340}{0.85} = \frac{340 \times 100}{85} = 400$ हर्ट्ज

ध्वनि की आवृत्ति 400 हर्ट्ज है।

3. ध्वनि द्वारा उत्पन्न किसी विक्षोभ की दूरी के लिए घनत्व तथा दाब का परिवर्तन ग्राफीय रूप में प्रदर्शित कीजिए। इस ग्राफ में संपीडन और विरलन को दर्शाइए। इस ग्राफ की सहायता से तरंगदैर्ध्य और आवर्तकाल को परिभाषित कीजिए। **NCERT Exemplar**

उत्तर **संपीडन** (C) वह क्षेत्र है, जहाँ कण पास-पास आ जाते हैं, इन्हें वक्र के ऊपरी भाग में दिखाया गया है। शिखर अधिकतम संपीडन के क्षेत्र को प्रदर्शित करता है। इस प्रकार संपीडन वह क्षेत्र है जहाँ घनत्व तथा दाब दोनों ही अधिक होते हैं।

विरलन (R) निम्न दाब के क्षेत्र हैं, जहाँ कण दूर-दूर हो जाते हैं और उन्हें घाटी से प्रदर्शित करते हैं। इन्हें वक्र के निम्न भाग से दिखाया गया है। शिखर को तरंग का शृंग तथा घाटी को गर्त कहा जाता है।

ध्वनि तरंगों के ग्राफ नीचे दिए गए हैं

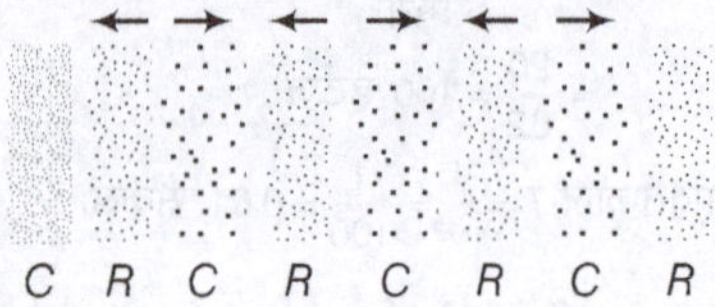

घनत्व विभिन्नताएँ

दाब विभिन्नताएँ

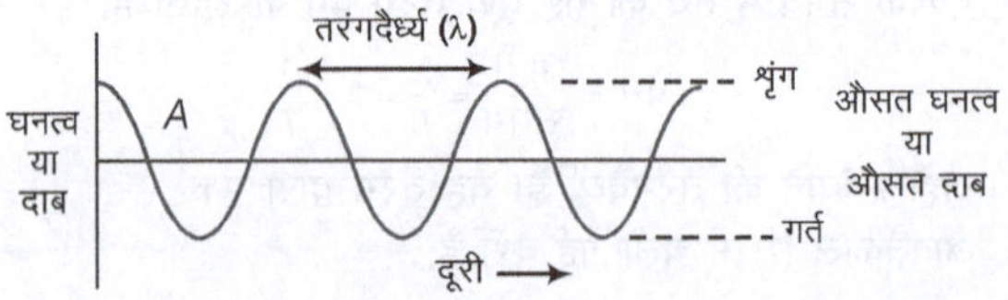

तरंगदैर्ध्य दो क्रमागत संपीडनों (C) अथवा दो क्रमागत विरलनों (R) के बीच की दूरी तरंगदैर्ध्य कहलाती है। इसे λ से प्रदर्शित करते हैं और इसका SI मात्रक मीटर (m) होता है।

आवर्तकाल दो क्रमागत संपीडनों या दो क्रमागत विरलनों को किसी निश्चित बिंदु से गुजरने में लगे समय को तरंग का आवर्तकाल कहते हैं। इसे T से प्रदर्शित करते हैं। इसका SI मात्रक सेकंड (s) है।

$$\nu = \frac{1}{T}$$

4. प्रत्येक स्थिति को दो अलग-अलग ग्राफीय रूप में प्रदर्शित कीजिए

(i) दो ध्वनि तरंगें, जिनका आयाम समान, परंतु आवृत्ति भिन्न है।

(ii) दो ध्वनि तरंगें, जिनकी आवृत्ति समान, परंतु आयाम भिन्न है।

(iii) दो ध्वनि तरंगें, जिनका आयाम भिन्न तथा तरंगदैर्ध्य भी अलग-अलग है।

उत्तर (i)

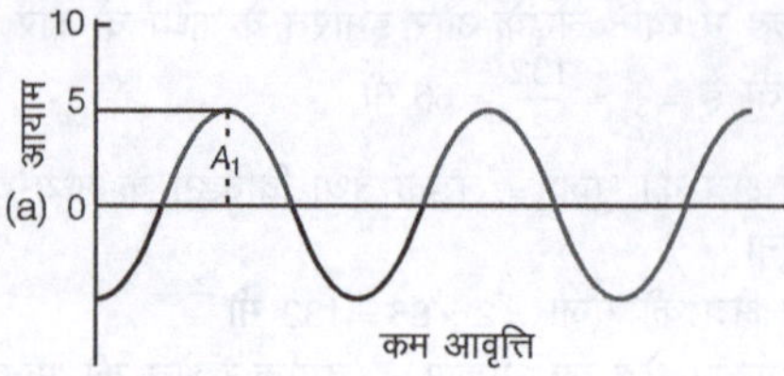

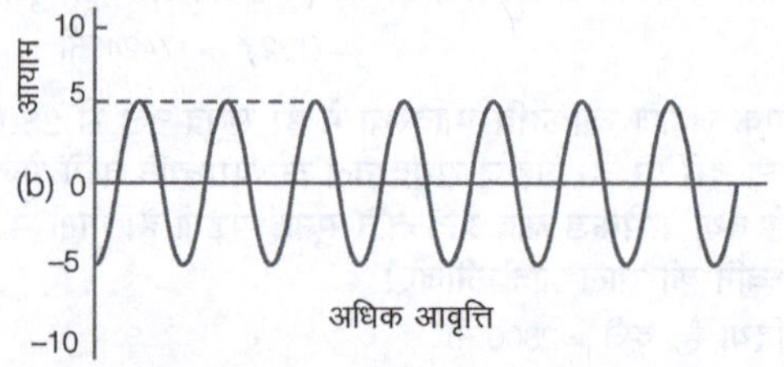

दोनों स्थितियों में आयाम समान हैं।

(ii)

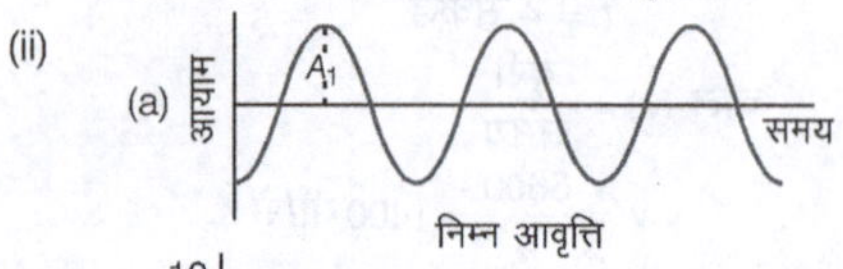

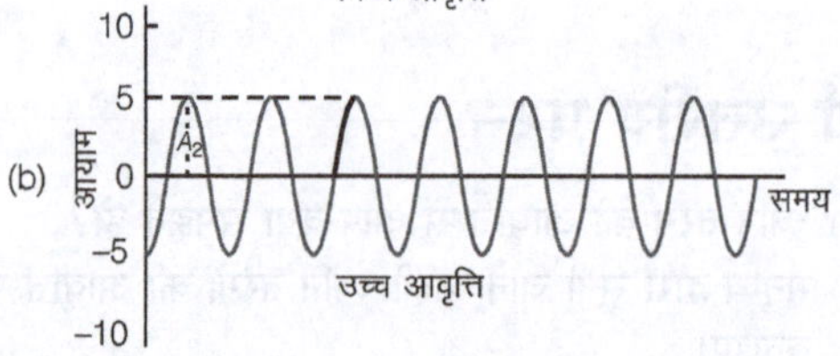

स्थिति (a) तथा (b) में आवृत्ति समान और आयाम भिन्न है ($A_1 \neq A_2$)

(iii)

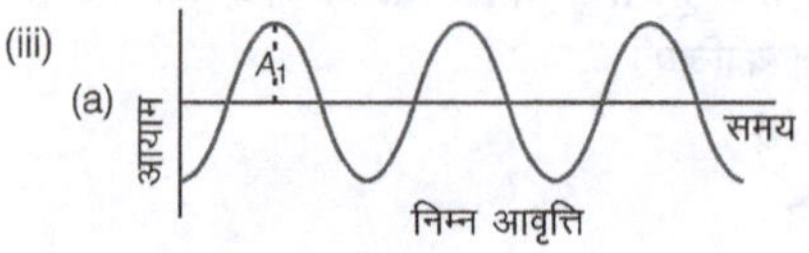

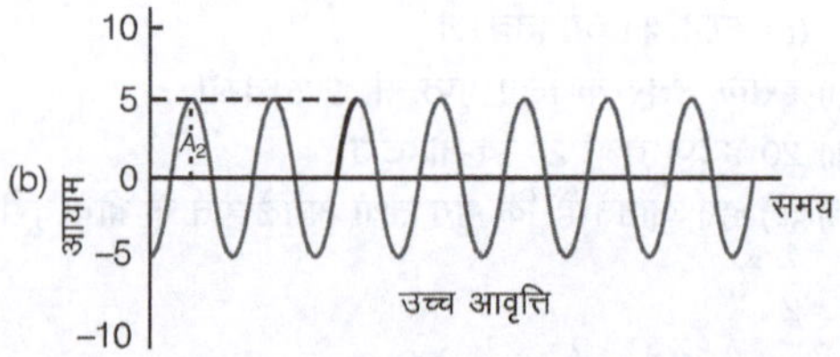

स्थिति (a) तथा (b) में आयाम तथा आवृत्ति दोनो भिन्न है। अर्थात ($A_1 \neq A_2$, $\lambda_1 \neq \lambda_2$)

स्वयं को जाँचे

नीचे दिए गए प्रश्नों के माध्यम से छात्र अध्याय संबंधी अपने ज्ञान की जाँच कर सकते हैं। अध्याय के ध्यानपूर्वक अध्ययन किए जाने पर छात्र इन प्रश्नों के उत्तर आसानी से कर पाएँगे।

वस्तुनिष्ठ प्रकार के प्रश्न

बहुविकल्पीय प्रश्न

1. अनुदैर्ध्य तरंग के लिए निम्न में कौन-सा विकल्प सही हैं?
(a) इसकी रचना एक सम्पीडन और एक विरलन से होती है।
(b) एक श्रृंग और एक गर्त से
(c) कभी (a) से तो कभी (b) से
(d) उपरोक्त में से कोई नहीं

2. यदि किसी ध्वनि स्रोत की आवृत्ति 200 हर्ट्ज है, तो वह एक मिनट में कितने बार कम्पन करेगा?
(a) 200 बार (b) 1 बार
(c) 600 बार (d) 12000 बार

3. तरंग की चाल जिन दो राशियों के गुणनफल पर निर्भर करती है, उनमें एक राशि तरंगदैर्ध्य है और दूसरी राशि है
(a) ध्वनि की गुणता (b) ध्वनि का तारत्व
(c) ध्वनि की आवृत्ति (d) ये सभी

4. एक ध्वनि तरंग की चाल 339 मी/से हो और इसकी तरंगदैर्ध्य 0.015 मी, तो इसकी आवृत्ति होगी
(a) 330 हर्ट्ज (b) 0.015 हर्ट्ज
(c) 5.085 हर्ट्ज (d) 22600 हर्ट्ज

5. एक ध्वनि तरंग की तरंगदैर्ध्य 70 सेमी और इसकी आवृत्ति 1000 हर्ट्ज है। ध्वनि तरंग को 1.4 किमी की दूरी तय करने में कितना समय लगेगा?
(a) 1 सेकण्ड (b) 1.4 सेकण्ड
(c) 2.8 सेकण्ड (d) 2 सेकण्ड

कथन-कारण प्रकार के प्रश्न

निर्देश (प्र. सं. 6-8) इस खण्ड में दिए गए प्रत्येक प्रश्न में कथन तथा कारण दिए गए हैं। प्रत्येक प्रश्न के चार विकल्प (a), (b), (c) व (d) हैं, जिनमें से केवल एक सही है।

(a) कथन (A) तथा कारण (R) दोनों सत्य हैं तथा कारण (R), कथन (A) का सही स्पष्टीकरण है।

(b) कथन (A) तथा कारण (R) दोनों सत्य हैं तथा कारण (R), कथन (A) का सही स्पष्टीकरण नहीं है।

(c) कथन (A) सत्य है, परन्तु कारण (R) असत्य है।

(d) कथन (A) असत्य है, परन्तु कारण (R) सत्य है।

6. कथन (A) गैसों की तुलना में ठोसों में ध्वनि की चाल अधिक होती है।
कारण (R) ठोसों का घनत्व गैसों से अधिक होता है।

7. कथन (A) बादलों की गड़गड़ाहट की आवाज सुनाई देने से पहले बिजली की चमक दिखाई देती है।
कारण (R) ध्वनि की चाल, प्रकाश की चाल से अधिक होती है।

8. कथन (A) ध्वनि की प्रबलता को डेसीबल में मापते हैं।
कारण (R) यदि ध्वनि का आयाम अधिक होता है, तो ध्वनि अधिक प्रबल होगी।

उत्तर

1. (a) **2.** (d) **3.** (c) **4.** (d) **5.** (d)
6. (b) **7.** (c) **8.** (d)

केस स्टडी आधारित प्रश्न

निर्देश (प्र.सं. 9-13) *निम्नलिखित पैराग्राफ को पढ़िए तथा दिए गए प्रश्नों के उत्तर दीजिए।*

किसी तालाब के शान्त जल में पत्थर का टुकड़ा फेंका जाता है, तो पानी की सतह पर तरंग श्रृंग तथा गर्त के रूप में तालाब के किनारों की ओर संचरित होती है। पानी के कण अपने ही स्थान पर ऊपर-नीचे कम्पन करते रहते हैं। उस क्षण तालाब के कुछ भागों में जल ऊपर उठा हुआ होता है तथा कुछ भागों में नीचे दबा रहता है। उठा हुआ भाग श्रृंग तथा दबा हुआ भाग गर्त को प्रदर्शित करता है।

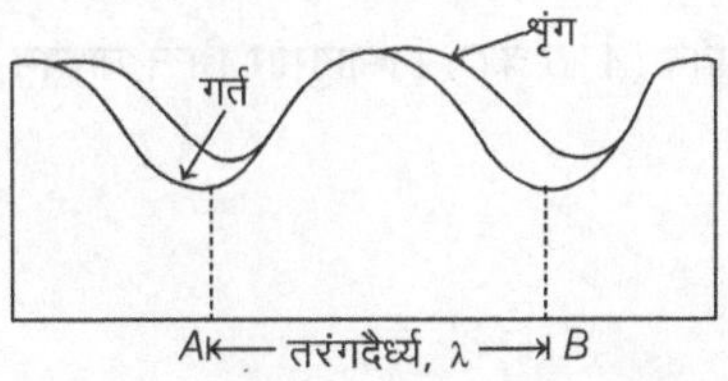

पानी की सतह पर उत्पन्न प्रारूप में श्रृंग न्यूनतम विक्षोभ की रेखा के ऊपर स्थित होता है तथा गर्त न्यूनतम विक्षोभ रेखा के नीचे की ओर स्थित होता है।

9. अनुप्रस्थ तरंग में ऊपर की ओर अधिकतम विस्थापन को क्या कहते हैं?

10. यदि दो क्रमागत श्रृंगों के मध्य दूरी 2 मी है, तो तरंगदैर्ध्य का मान कितना होगा, ज्ञात कीजिए।

11. यदि तरंग की तरंगदैर्ध्य 10 मीटर है, तो दो निकटवर्ती गर्त के मध्य दूरी का मान क्या होगा,

12. यदि तरंग की आवृत्ति 3×10^5 हर्ट्ज तथा माध्यम में चाल 3×10^8 मी/से है, तो तरंग की तरंगदैर्ध्य का मान ज्ञात कीजिए।

13. यदि तरंग की आवृत्ति तथा चाल का मान एकांक है, तो तरंग की तरंगदैर्ध्य का मान ज्ञात कीजिए।

अतिलघु उत्तरीय प्रश्न

14. गहरे समुद्र के जल में तरंगों की प्रकृति कैसे होती है?

15. दुर्बल ध्वनि को प्रबल ध्वनि में परिवर्तित करने हेतु क्या बढ़ाना पड़ेगा?

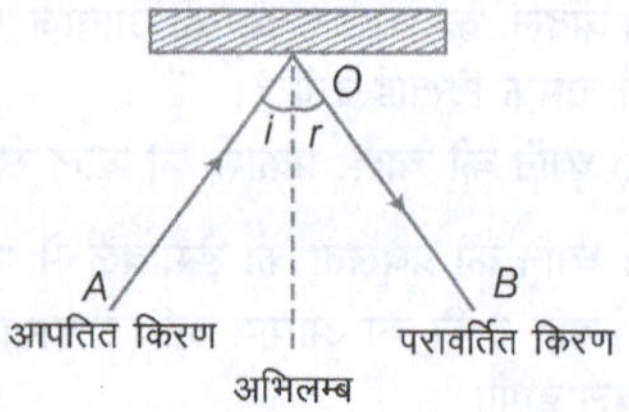

16. (i) परावर्तन के पश्चात् कौन-सी भौतिक राशि अपरिवर्तित रहती है?

(ii) ध्वनि तरंगो में परावर्तन की घटना के दौरान आपतन कोण किस के तुल्य होता है?

17. मेगाफोन किस सिद्धांत पर कार्य करता है?

18. चमगादड़ किसका प्रयोग कर रात को उड़ता है?

लघु उत्तरीय प्रश्न

19. (i) (a) वह दो स्थितियाँ बताइए जिसमें ध्वनि गति कर सकती है।

(b) ध्वनि तरंग का निर्वात् में वेग क्या होता है?

(ii) ध्वनि बोर्ड क्या है? यह हमारी किस प्रकार सहायता करता है?

20. किस ध्वनि तरंग की सहायता से चमगादड़ रात में उड़ता है? इस ध्वनि तरंग की आवृत्ति क्या होती है?

21. तीन व्यक्ति (A, B व C) निम्नानुसार भिन्न माध्यम से ध्वनि को सुनते है

व्यक्ति	माध्यम
A	लौह छड़
B	वायु
C	जल

कौन सबसे पहले ध्वनि सुनेगा और क्यों?

22. अनुदैर्ध्य तरंग में संपीडन तथा विरलन क्या होते है? समझाइए।

23. समय के साथ दोलन का आयाम क्यों घटता है?

24. ध्वनि तरंग की तीव्रता क्या है? इसका आयाम के साथ संबंध बताइए।

25. एक चमगादड़ 130 किलोहर्ट्ज आवृत्ति की तरंग सुन सकता है, तो ध्वनि की आवृत्ति क्या होगी?

26. पराध्वनि तथा अपश्रव्य ध्वनि में अन्तर बताइए।

दीर्घ उत्तरीय प्रश्न

27. यदि किसी स्वरित्र द्विभुज की आवृत्ति 512 हर्ट्ज है तथा वायु में ध्वनि की चाल 350 मी/से है, तो ज्ञात कीजिए कि जब स्वरित्र द्विभुज 15 कंपन करता है, तो ध्वनि कितनी दूरी तक संचरित होती है?

28. (i) किसी झील के पृष्ठ पर हुए विस्फोट की ध्वनि विस्फोट के बिन्दु से 100 मी दूर स्थित किसी नाविक द्वारा तथा 100 मी गहराई पर स्थित किसी गोताखोर द्वारा सुनी जाती है। इन दोनों व्यक्तियों (नाविक और गोताखोर) में से उस ध्वनि को कौन पहले सुनेगा और क्यों? स्पष्ट कीजिए।

(ii) हमें मक्खी के भिनभिनाने की ध्वनि सुनाई दे जाती है, जबकि हम सरल लोलक के दोलनों की ध्वनि नहीं सुन पाते। ऐसा क्यों है?

29. एक टैंक में एक सेकंड में 10 लहरें उत्पन्न होती हैं। यदि एक शृंग तथा एक गर्त के बीच की दूरी 10 सेमी है, तो ज्ञात कीजिए

(i) तरंगदैर्ध्य (ii) आवृत्ति (iii) तरंग का वेग।

30. अभिलक्षण का नाम बताइए जो निरक्षित करता है

(i) ध्वनि की प्रबलता (ii) ध्वनि का तारत्व

उनको आरेखित कीजिए तथा उस पर यह अभिलक्षण चिह्नित करें।

अध्याय

12

खाद्य संसाधनों में सुधार

(Improvements in Food Resources)

भोजन एक आवश्यक रासायनिक पदार्थ है, जो सभी जीवधारियों के अस्तित्व हेतु आवश्यक है। इससे जीवों की वृद्धि, विकास व स्वास्थ्य हेतु पोषक तत्व; जैसे–कार्बोहाइड्रेट, प्रोटीन, वसा, विटामिन तथा खनिज प्राप्त होते हैं। पौधे तथा जन्तु दोनों ही हमारे भोजन के मुख्य स्त्रोत हैं। भोजन की बढ़ती माँग की आपूर्ति हेतु खाद्य संसाधनों में सुधार अतिआवश्यक है।

भारत में खाद्य संसाधनों के सुधार की आवश्यकता

(Need for Improvement in Food Resources in India)

भारत एक उच्च जनसंख्या वाला देश है। हमारे देश की जनसंख्या 1.25 बिलियन (125 करोड़) से अधिक है तथा इसमें लगातार वृद्धि हो रही है। इस बढ़ती हुई जनसंख्या के लिए बहुत अधिक अन्न उत्पादन की आवश्यकता होगी। यह वृद्धि अधिक भूमि पर कृषि करने से संभव हो सकती है, परंतु भारत में पहले से ही अत्यधिक स्थान पर खेती होती है। अत: कृषि के लिए और अधिक भूमि उपलब्धता संभव नहीं है। इसलिए फसल तथा पशुधन के उत्पादन की क्षमता को बढ़ाना आवश्यक है।

हमने हरित क्रांति द्वारा फसल उत्पादन में वृद्धि की है तथा श्वेत क्रांति द्वारा दूध का उत्पादन बढ़ाया है और उसका अच्छा प्रबन्धन भी किया है। वैज्ञानिक खोजों ने भी इन क्रांतियों में अपना अत्यधिक योगदान दिया है। इन क्रांतियों के कारण उत्पादन बढ़ने के साथ-साथ प्राकृतिक सम्पदा का दोहन भी बहुत अधिक बढ़ा है। इसके परिणामस्वरूप हमारी प्राकृतिक सम्पदा को क्षति पहुँचने के अवसर बढ़ गए हैं, जिससे प्राकृतिक संतुलन बिगड़ने का खतरा बढ़ गया है।

अत: फसल के उत्पादन को बढ़ाने के लिए हमें ऐसे प्रयास करने चाहिए, जो पर्यावरण तथा इसे संतुलित बनाए रखने वाले कारकों को क्षति न पहुँचाए। इसके लिए कृषि तथा पशुपालन के लिए संपोषणीय प्रणालियों (Sustainable practice) को अपनाने की आवश्यकता हैं।

वैज्ञानिक प्रबंधन प्रणालियों के अंतर्गत मिश्रित खेती, अंतराफसलीकरण तथा संघटित कृषि प्रणालियों (उदाहरण—पशुधन, कुक्कुट पालन, मत्स्य पालन, मधुमक्खी पालन के साथ कृषि, आदि।) द्वारा कृषि से अधिक उत्पादन किया जा सकता है।

सिलेबस

- *भारत में खाद्य-संसाधनों के सुधार की आवश्यकता*
- *फसल उत्पादन में सुधार*
- *फसल उत्पादन प्रबंधन*
  - *पोषक प्रबंधन*
  - *सिंचाई*
  - *फसल पैटर्न*
  - *फसल सुरक्षा प्रबंधन*
- *पशुपालन*
  - *कुक्कुट या मुर्गी पालन*
  - *मत्स्य उत्पादन*
  - *मधुमक्खी पालन*

फसलों के प्रकार (Type of Crops)

मानव द्वारा फसलों को अपने लाभ के लिए बोया जाता है। फसलों के प्रमुख प्रकार निम्नवत् हैं—

(i) **अनाज** (Cereals) इन पौधों की खेती ऊर्जा की दैनिक आवश्यकताओं की पूर्ति हेतु की जाती है; उदाहरण—गेहूँ, मक्का, बाजरा तथा ज्वार ऊर्जा की आपूर्ति हेतु कार्बोहाइड्रेट प्रदान करते हैं।

(ii) **दालें** (Pulses) इनकी खेती प्रोटीन की आवश्यकताओं की पूर्ति हेतु की जाती है; उदाहरण—चना, मटर, उड़द, मूँग, अरहर, मसूर, आदि।

(iii) **तेलयुक्त बीजों वाली फसलें** (Oilseed crops) इन पौधों से हमें आवश्यक वसा व तेल प्राप्त होते हैं; उदाहरण—सोयाबीन, मूँगफली, तिल, अरण्डी, सरसों, अलसी, सूरजमुखी, आदि।

(iv) **सब्जियाँ, मसाले तथा फल** (Vegetables, spices and fruits) इनसे हमें कुछ मात्रा में प्रोटीन, विटामिन, खनिज लवण, वसा व कार्बोहाइड्रेट प्राप्त होते हैं; उदाहरण—पत्तागोभी, प्याज, काली-मिर्च, आदि।

(v) **चारा फसलें** (Fodder crops) इन फसलों का प्रयोग पशुधन के चारे के रूप में किया जाता है; जैसे—बर्सीम, जई तथा सूडान घास।

विभिन्न फसलों के लिए विभिन्न जलवायु संबंधी परिस्थितियों, तापमान तथा दीप्तिकाल (Photoperiods) की आवश्यकता होती है, जो उनकी समुचित वृद्धि और जीवन चक्र को पूरा करने हेतु अति महत्त्वपूर्ण हैं। दीप्तिकाल सूर्य के प्रकाश के काल से संबंधित होता है। पौधों में पुष्पन तथा वृद्धि सूर्य के प्रकाश पर निर्भर करती है तथा पौधों को प्रकाश-संश्लेषण हेतु भी सूर्य के प्रकाश की आवश्यकता होती है।

फसलों का वर्गीकरण (Classification of Crops)

ऋतु के आधार पर फसलों को निम्न वर्गों में रखा गया है—

- **खरीफ की फसलें** (Kharif crops) इन फसलों को वर्षा ऋतु में जून से आरम्भ होकर अक्टूबर तक के महीने में उगाया जाता है, उदाहरण—धान, सोयाबीन, अरहर, मक्का, कपास, चना, मूँगफली, आदि।
- **रबी की फसलें** (Rabi crops) इन फसलों को शीत ऋतु में नवम्बर से अप्रैल तक के महीने में उगाया जाता है, उदाहरण—गेहूँ, चना, मटर, सरसों, अलसी, आदि।

फसल उत्पादन में सुधार (Improvement in Crop Yields)

फसल उत्पादन में सुधार के प्रयासों को तीन चरणों में बाँटा जा सकता है—

प्रथम चरण में बोने हेतु उच्च गुणवत्ता वाले **बीजों का चयन**, दूसरे चरण में **फसलों की उचित देखभाल** तथा तीसरे चरण में **खेतों में उगी फसल की सुरक्षा तथा कटी हुई फसल को हानि से बचाना** शामिल है।

इस प्रकार, फसल उत्पादन में सुधार की प्रक्रिया में प्रयुक्त गतिविधियों को निम्न प्रमुख समूहों में बाँटा जा सकता है

- फसल की किस्मों में सुधार
- फसल-उत्पादन प्रबंधन
- फसल सुरक्षा प्रबंधन।

नोट *भारत में सन् 1960 से 2004 तक कृषि भूमि में 25% की वृद्धि हुई है, जबकि अन्न की पैदावार में चार गुनी वृद्धि हुई है। पैदावार में यह उन्नति फसलों के उत्पादन में सुधार कर प्राप्त की गई है।*

फसल की किस्मों में सुधार (Improvement of Crop Varieties)

इस प्रयास का मुख्य उद्देश्य फसल की ऐसी किस्म की खोज करना है, जो विभिन्न परिस्थितियों; जैसे—उच्च मृदा लवणता, प्रतिकूल जलवायु परिस्थितियाँ, कम या अधिक जल उपलब्धता (सूखा व बाढ़) आदि में भी जीवित रह सके।

फसलों की नई किस्मों (प्रभेदों) को अपनाने से पहले यह आवश्यक है, कि फसल की किस्म विभिन्न जलवायवीय एवं मृदीय परिस्थितियों में, जो विभिन्न क्षेत्रों में भिन्न-भिन्न होती है, अच्छा उत्पादन दे सकें। इसके लिए किसानों को अच्छी गुणवत्ता वाले विशेष बीज उपलब्ध होने चाहिए, अर्थात् बीज उसी किस्म के होने चाहिए जो स्थानीय परिस्थिति में अंकुरित हो सकें।

फसल की किस्मों (प्रभेदों) के लिए विभिन्न उपयोगी गुणों (जैसे—रोग प्रतिरोधक क्षमता, उर्वरक के प्रति अनुरूपता, उत्पादन की गुणवत्ता तथा उच्च उत्पादन क्षमता) का चयन क्रॉस प्रजनन द्वारा कर सकते हैं। इन गुणों से युक्त नई किस्म उच्च रूप से स्वीकार्य होती है।

फसल की किस्मों में सुधार की विधियाँ (Methods of Improving in Crop Varieties)

फसल की किस्मों में ऐच्छिक गुणों को निम्न दो विधियों द्वारा डाला जा सकता है—

(i) **संकरण** (Hybridisation) इस विधि में भिन्न आनुवंशिक गुणों वाले पौधों में संकरण द्वारा नई किस्में (संकर) या उच्च उत्पादक किस्में [High Yielding Varieties (HYV)] प्राप्त की जाती है। संकरण निम्न प्रकार का होता है

(a) **अंतराकिस्मीय** (Intervarietal) इस विधि में पादप की दो भिन्न किस्मों के मध्य संकरण कराया जाता है। यह पादप जनन की सबसे सामान्य विधि है।

(b) **अंतराजातीय** (Interspecific) इसमें एक वंश (जीनस) की दो भिन्न जातियों (स्पीशिजों) के मध्य संकरण कराते हैं।

(c) **अंतरावंशीय** (Intergeneric) इसमें अलग-अलग वंशों से संबंधित पादपों के मध्य संकरण कराया जाता है।

(ii) **आनुवंशिकीय रूपान्तरित फसलें** (Genetically modified crops) इसके द्वारा उच्च उत्पादकता, उच्च गुणवत्ता, कीट एवं रोग प्रतिरोधक, आदि गुणों वाली आनुवंशिकतया रूपान्तरित फसलें प्राप्त की जाती हैं। इसमें आनुवंशिकीय रूपान्तरण या DNA में हेर-फेर द्वारा फसल में भिन्न प्रजाति, वंश या जीव के ऐच्छिक गुणों वाले जीन को डाला जा सकता है।

फसल की किस्म सुधार के कारक

(Factors of Improvement Crop Variety)

कुछ कारक जिनके लिए फसलों की किस्म में सुधार किए जाते हैं, निम्नवत् हैं

(i) **उच्च उत्पादन** (Higher yield) फसलों की किस्म में सुधार प्रति प्राय: एकड़ फसल की उत्पादकता बढ़ाने हेतु किया जाता है।

(ii) **उन्नत किस्में** (Improved quality) फसल उत्पाद की गुणवत्ता, प्रत्येक फसल में भिन्न होती है। दाल में प्रोटीन की गुणवत्ता, तिलहन में तेल की गुणवत्ता और फल तथा सब्जियों में संरक्षण काल या शेल्फ लाइफ महत्त्वपूर्ण होता है।

(iii) **जैविक तथा अजैविक प्रतिरोधकता** (Biotic and abiotic resistance) फसल उत्पादन पर जैविक (रोग जनक, कीट तथा निमेटोड) तथा अजैविक (सूखा, लवणता, जलाक्रांति, सर्दी, गर्मी तथा पाला) परिस्थितियों का अत्यधिक प्रभाव पड़ता है। इन परिस्थितियों को सहन कर सकने वाली किस्में फसल उत्पादन में सुधार कर सकती हैं।

(iv) **परिपक्वन काल में परिवर्तन** (Change in maturity duration) फसल को उगाने से लेकर कटाई तक कम से कम समय लगना आर्थिक दृष्टि से अच्छा है। इससे किसान प्रतिवर्ष अपने खेतों में कई फसलें उगा सकते हैं। कम समय होने के कारण फसल उत्पादन में धन भी कम खर्च होता है। समान परिपक्वन काल कटाई की प्रक्रिया को सरल बनाता है और कटाई के दौरान होने वाली फसल की हानि भी कम हो जाती है।

(v) **व्यापक अनुकूलता** (Wider adaptability) इस प्रकार की किस्मों का विकास करना विभिन्न पर्यावरणीय परिस्थितियों में फसल उत्पादन को स्थायी करने में सहायक होगा। इस प्रकार एक ही किस्म को विभिन्न क्षेत्रों में विभिन्न जलवायु में उगाया जा सकता है।

(vi) **ऐच्छिक शस्य विज्ञान गुण** (Desirable agronomic characteristics) ये वे गुण हैं, जो पादप में अच्छी वृद्धि व उच्च उत्पादकता दर्शाते हैं। इन गुणों वाले पादप अन्य पादपों की अपेक्षा अधिक पसंद किए जाते हैं। जैसे—चारे वाली फसलों के लिए लम्बी तथा सघन शाखाएँ ऐच्छिक गुण हैं। अनाज के लिए बौने पौधे उपयुक्त हैं, ताकि इन फसलों को उगाने के लिए कम पोषकों की आवश्यकता हो। इस प्रकार शस्य विज्ञान वाली किस्में अधिक उत्पादन प्राप्त करने में सहायक होती हैं।

चेक प्वॉइण्ट 12.1

1. *हरित क्रांति, श्वेत क्रांति से किस प्रकार भिन्न है?*
2. *निम्न फसलों को रबी व खरीफ में वर्गीकृत करें*
   धान, गेहूँ, काला चना, कपास, चना व मटर
3. *एक पादप की भिन्न जातियों के मध्य किस प्रकार का संकरण करवाया जाता है?*
4. *HYV बीज क्या हैं?*
5. *ऐसे तीन कारक बताइए जिनके लिए फसल की किस्म में सुधार किया जाता है।*

फसल उत्पादन प्रबंधन

(Crop Production Management)

इसके अन्तर्गत उच्च उत्पादकता हेतु फसल उत्पादन के विभिन्न पहलुओं को नियंत्रित किया जाता है, जिसमें फसल उत्पादन के विभिन्न चरणों के कुशल कार्यान्वयन की आवश्यकता होती है।

धन अथवा बेहतर आर्थिक परिस्थितियाँ किसान को विभिन्न उन्नत कृषि प्रणालियों तथा कृषि तकनीकों को अपनाने में महत्त्वपूर्ण भूमिका निभाते हैं। अत: उच्च निवेश तथा बेहतर फसल उत्पादन में सह-संबंध है। इस प्रकार किसान की लागत क्षमता फसल तन्त्र तथा उत्पादन प्रणालियों का निर्धारण करती हैं। इसलिए उत्पादन प्रणालियाँ भी विभिन्न स्तर की हो सकती हैं, जैसे—'बिना लागत' उत्पादन, 'अल्प लागत' उत्पादन तथा 'अधिक लागत' उत्पादन प्रणालियाँ। लागत के अनुसार ही फसल उत्पादन के अन्तर्गत विभिन्न पोषकों, सिंचाई विधियों तथा खेती के पैटर्न का प्रबंधन तय होता है।

1. पोषक प्रबंधन (Nutrient Management)

जन्तु के समान पौधों को भी वृद्धि के लिए पोषक पदार्थों की आवश्यकता होती है। पोषक पदार्थ अकार्बनिक तत्व होते हैं, जो पौधों को हवा, पानी तथा मिट्टी से प्राप्त होते हैं। पौधों के लिए 16 पोषक पदार्थ आवश्यक हैं।

पादप पोषक पदार्थ व उनके स्रोत

स्रोत	पोषक पदार्थ
वायु	कार्बन व ऑक्सीजन
जल	हाइड्रोजन व ऑक्सीजन
मृदा	शेष 13 पोषक तत्वों

इन आवश्यक पोषक तत्वों को निम्न दो समूहों में बाँटा गया है—

(i) **वृहत् पोषक तत्व** (Macronutrients) ये 9 पोषक तत्व हैं जिनका उपयोग पादप अधिक मात्रा में करते हैं। अत: इन्हें वृहत् पोषक तत्व कहते हैं। ये कार्बन, ऑक्सीजन, हाइड्रोजन, नाइट्रोजन, फॉस्फोरस, पोटैशियम, कैल्शियम, मैग्नीशियम तथा सल्फर हैं।

(ii) **सूक्ष्म पोषक तत्व** (Micronutrients) ये 7 पोषक तत्व हैं जिनकी पौधों को बहुत कम मात्रा में आवश्यकता होती है। ये आयरन, मैंग्नीज, बोरोन, जिंक, कॉपर, मॉलिब्डेनम तथा क्लोरीन हैं।

इनमें से किसी भी पोषक तत्व की कमी के कारण पौधों की कार्यिकी प्रक्रियाओं सहित जनन, वृद्धि तथा रोगों के प्रति प्रतिरोधकता पर प्रभाव पड़ता है। अत: अधिक उत्पादन प्राप्त करने के लिए मिट्टी में खाद तथा उर्वरक के रूप में इन पोषक तत्वों को मिलाया जा सकता है।

खाद (Manure)

खाद प्राकृतिक उर्वरक है। यह अपशिष्ट कार्बनिक पदार्थ जैसे—जन्तुओं के मल, पौधों के अवशेषों एवं प्राकृतिक कचरे के अपघटन से तैयार किया जाता है। खाद मिट्टी को पोषक तत्वों तथा कार्बनिक पदार्थों से परिपूर्ण करती है और मिट्टी की उर्वरता को बढ़ाती है।

खाद बनाने की प्रक्रिया में प्रयुक्त विभिन्न जैविक पदार्थ के उपयोगों के आधार पर खाद को निम्न वर्गों में विभाजित किया जाता है—

(i) **कम्पोस्ट तथा वर्मी-कम्पोस्ट** (Compost and vermicompost) वह प्रक्रिया जिसमें कृषि अपशिष्ट पदार्थों; जैसे—पशुधन का मलमूत्र, सब्जी के छिलके एवं कचरा, जानवरों द्वारा परित्यक्त चारे, घरेलू कचरे, सीवेज कचरे, काटी हुई खरपतवार, जल आदि को गड्ढों में डालकर कई महीनों तक ऐसे ही छोड़ देते हैं जहाँ मृतोपजीवी अपघटक सूक्ष्मजीव इन्हें अपघटित कर देते हैं। यह प्रक्रिया कम्पोस्टीकरण कहलाती है। कम्पोस्ट में कार्बनिक पदार्थ तथा पोषक तत्व बहुत अधिक मात्रा में होते हैं। जब कम्पोस्ट को केंचुओं द्वारा पौधे तथा जानवरों के अपशिष्ट पदार्थों के शीघ्र अपघटन की प्रक्रिया द्वारा बनाया जाता है, तो इसे वर्मी-कम्पोस्ट कहते हैं।

(ii) **हरी खाद** (Green manure) फसल उगाने से पहले खेतों में कुछ पौधों; जैसे—पटसन, मूँग अथवा ग्वार, आदि उगा देते हैं और तत्पश्चात् उन पर हल चलाकर उन्हें खेत की मिट्टी में मिला दिया जाता है। ये पौधे हरी खाद में परिवर्तित हो जाते हैं, जो मिट्टी को नाइट्रोजन तथा फॉस्फोरस से परिपूर्ण करने में सहायक होते हैं।

खाद के निम्नलिखित लाभ हैं

(i) खाद मृदा को पोषक तत्वों तथा कार्बनिक पदार्थों (ह्यूमस) से परिपूर्ण करती है।

(ii) यह मृदा की उर्वरता को बढ़ाती है तथा कीटनाशकों व पीड़कनाशकों के हानिकारक प्रभावों को कम करती है।

(iii) इसके कारण रेतीली मिट्टी में जल को धारण करने की क्षमता बढ़ जाती है एवं चिकनी मिट्टी मे कार्बनिक पदार्थों की अधिक मात्रा पानी को निकालने में सहायता करती है, जिससे जल एकत्रित नहीं होता है।

(iv) खाद जैविक/कार्बनिक कचरे के चक्रीकरण में सहायक होती है एवं पर्यावरण अनुकूल होती है।

उर्वरक (Fertilisers)

उर्वरक व्यावसायिक रूप में तैयार पादप पोषक हैं। उर्वरक मुख्यतया नाइट्रोजन, फॉस्फोरस तथा पोटैशियम (NPK) की आपूर्ति करते हैं।

उर्वरकों के निम्नलिखित लाभ हैं—

(i) ये आसानी से उपलब्ध हैं तथा इनका प्रयोग व संग्रह भी सरल है।

(ii) उर्वरकों के उपयोग द्वारा कम समय में फसलों का अधिक उत्पादन प्राप्त हो सकता है

(iii) इनके उपयोग से अच्छी कायिक वृद्धि (पत्तियाँ, शाखाएँ तथा फूल) होती है और स्वस्थ पौधों की प्राप्ति होती हैं।

उर्वरकों की निम्नलिखित हानियाँ हैं

(i) उर्वरक, खाद की तुलना में आर्थिक दृष्टि से मँहगे होते हैं।

(ii) कभी-कभी उर्वरक अधिक सिंचाई के कारण पानी में बह जाते हैं और पौधे उसका पूरा अवशोषण नहीं कर पाते हैं। इसके अतिरिक्त उर्वरक की यह अधिक मात्रा जल प्रदूषण का कारण होती है। अत: उर्वरक का उपयोग बड़े ध्यान से करना चाहिए और इसके सदुपयोग के लिए इसकी उचित मात्रा, उचित समय पर देनी चाहिए तथा उर्वरक देने से पहले तथा उसके बाद की सावधानियों को अपनाना चाहिए।

(iii) उर्वरक के सतत् प्रयोग से मिट्टी की उर्वरता घटती है, क्योंकि कार्बनिक पदार्थ की पुन: पूर्ति नहीं हो पाती है। इससे सूक्ष्मजीवों एवं भूमिगत जीवों का जीवन चक्र अवरुद्ध होता है।

कार्बनिक खेती (Organic Farming)

यह पर्यावरण के अनुकूल (Ecofriendly) कृषि प्रक्रम है। कार्बनिक खेती की मुख्य विशेषताएँ निम्नलिखित हैं–

- इसमें रासायनिक उर्वरक, पीड़कनाशी, शाकनाशी, आदि का उपयोग बहुत कम या बिल्कुल नहीं होता है।
- इस पद्धति में अधिकाधिक कार्बनिक खाद तथा पुनर्चक्रित कृषि अपशिष्ट (पुआल तथा पशुधन) का प्रयोग किया जाता है।
- इसमें जैविक उर्वरक को बनाने में जैविक कारकों का उपयोग किया जाता है; जैसे- नील-हरित शैवाल, लेग्यूम, आदि।
- इसमें नीम की पत्तियों तथा हल्दी का विशेष रूप से जैव कीटनाशकों के रूप में खाद्य संग्रहण में प्रयोग किया जाता है।
- यह फसल तन्त्र खेत में कीट, पीड़क तथा खरपतवार को नियन्त्रित करता है और मृदा को अतिरिक्त पोषक तत्व भी प्रदान करता है।

चेक प्वॉइण्ट 12.2

1. *जल व वायु द्वारा प्राप्त होने वाले पोषक तत्वों के नाम बताइए।*
2. *सूक्ष्म पोषक तत्वों की पौधों को कम मात्रा में आवश्यकता होती है। नीचे दी गई सूची में से केवल उन सूक्ष्म पोषक तत्वों की पहचान कीजिए जिनकी पौधों को आवश्यकता होती है*

   N, P, K, Ca, Mg, S, Zn, Cu, Mn एवं Cl
3. *फसल उगाने से पहले कुछ पौधों जैसे पटसन या ग्वार को खेत में उगाकर फिर उस पर हल चलाकर उसे मिट्टी में क्यों मिला देते हैं?*
4. *कृषि कार्यों में उर्वरकों के स्थान पर खाद का प्रयोग करना चाहिए। कोई एक कारण बताइए।*
5. *कार्बनिक खेती, एक पर्यावरण अनुकूल तन्त्र है। इसके पक्ष में कोई एक लाभ बताइए।*

2. सिंचाई (Irrigation)

फसलों को विभिन्न विधियों; जैसे—नहरों, जलाशयों, कुँओं, ट्यूबवेल, आदि द्वारा जल की आपूर्ति करने की प्रक्रिया सिंचाई कहलाती है। भारत में अधिकांश खेती वर्षा पर आधारित है। अधिकांश क्षेत्रों में फसल की उपज, समय पर मानसून आने तथा वृद्धि काल में उचित वर्षा होने पर निर्भर करती है। इसलिए कम वर्षा होने पर फसल उत्पादन कम हो जाता है। फसल के वृद्धि काल में उचित समय पर सिंचाई करने से सम्भावित फसल उत्पादन में वृद्धि हो सकती है। किसान खेतों की सिंचाई के लिए विभिन्न प्राकृतिक संसाधनों; जैसे— तालाब, कुँओं, नहरों, आदि पर निर्भर रहते हैं। जल संसाधन के प्रकार के आधार पर कृषि हेतु प्रयुक्त कुछ सामान्य सिंचाई के साधन निम्नवत् हैं—

कुएँ (Wells)

ये वहाँ बनाए जाते हैं, जहाँ भी सिंचाई के लिए भूमिगत जल उपलब्ध होता है। ये दो प्रकार के होते हैं—

(i) **खुदे हुए कुएँ** (Dug wells) इसके द्वारा भूमिगत जल स्तरों में स्थित पानी को एकत्रित किया जाता है।

(ii) **नलकूप** (Tubewells) इसमें पानी पम्प द्वारा गहरे भूमिगत जल स्तरों से निकाला जाता है।

नहरें (Canals)

यह सिंचाई का एक बहुत विस्तृत तथा व्यापक तन्त्र है, जिसमें पानी एक या अधिक जलाशयों अथवा नदियों या बाँध से आता है। मुख्य नहर से निकली शाखाएँ विभाजित होकर खेतों में सिंचाई करती हैं।

नदी जल उठाव प्रणाली (River Lift Systems)

इस प्रणाली का प्रयोग उन क्षेत्रों में किया जाता है, जहाँ जलाशयों से कम पानी मिलने के कारण नहरों का बहाव अनियमित अथवा अपर्याप्त होता है। नदियों के किनारें स्थित खेतों में सिंचाई करने के लिए नदियों से सीधे ही पानी निकाला जाता है।

तालाब (Tanks)

ये छोटे जलाशय हैं, जो छोटे क्षेत्रों में बहे हुए पानी का संग्रह करके तालाब का रूप ले लेते हैं।

आधुनिक विधियाँ (Modern Techniques)

कृषि में पानी की उपलब्धता बढ़ाने के लिए आधुनिक विधियाँ जैसे—वर्षा जल का संग्रहण तथा जल विभाजन का उचित प्रबंधन द्वारा उपयोग किया जाता है। इसके अन्तर्गत छोटे बाँध बनाकर भूमि के नीचे का जल स्तर बढ़ाया जाता है। ये छोटे बाँध वर्षा के पानी को व्यर्थ बहने से रोकते हैं तथा मृदा अपरदन को भी कम करते हैं।

सूखा (Drought)

पानी की अत्यधिक कमी अथवा वर्षा की अनियमितता की स्थिति, सूखा कहलाती है। वर्षा पर आधारित कृषि को सूखे से बहुत हानि होती है। विशेषतया उन क्षेत्रों में जहाँ पर किसान फसल उत्पादन में सिंचाई का उपयोग नहीं करते हैं और केवल वर्षा पर ही निर्भर रहते हैं। अतः अच्छा मानसून न आने पर फसलों के उत्पादन पर प्रतिकूल प्रभाव पड़ता है। हल्की मृदाओं में पानी को संचित रखने की क्षमता कम होती है। अतः जिन क्षेत्रों में हल्की मृदा होती है, वहाँ पर सूखे के कारण फसलों की बहुत हानि होती है। कृषि वैज्ञानिकों ने कुछ फसलों की ऐसी किस्में तैयार कर ली हैं, जो सूखे की स्थिति को सहन कर सकती हैं।

3. फसल पैटर्न (Cropping Pattern)

इसका प्रयोग खेती हेतु भूमि के एक ही क्षेत्र का उपयोग करके अधिकतम लाभ प्राप्त करने हेतु किया जाता है। यह फसल का उत्पादन न होने या बहुत कम होना, रोग फैलने आदि की सम्भावनाओं को कम करता है। इसके लिए फसलों को विभिन्न पैटर्न से उगाया जाता है। उनमें से कुछ निम्न हैं—

मिश्रित फसल (Mixed Cropping)

इसमें दो अथवा दो से अधिक फसलों को एक-साथ ही एक खेत में उगाते हैं। जैसे कि—गेहूँ + चना अथवा गेहूँ + सरसों अथवा मूँगफली + सूरजमुखी।

इसके कुछ लाभ निम्नलिखित हैं—

(i) यह भूमि की उर्वरता को बढ़ाती है।

(ii) प्रक्रिया अनिश्चित मानसून के कारण सम्पूर्ण फसल के नष्ट होने की सम्भावना को कम करती है।

(iii) इससे रोगों या पीड़कों द्वारा सम्पूर्ण फसल की हानि होने की संभावना कम हो जाती है, क्योंकि एक फसल के नष्ट हो जाने पर भी दूसरी फसल से उत्पादन की आशा बनी रहती है।

अंतराफसलीकरण (Intercropping)

इसमें दो अथवा दो से अधिक फसलों को एक-साथ एक ही खेत में एक निर्दिष्ट पैटर्न पर उगाते हैं। उदाहरणस्वरूप कुछ पंक्तियों में एक प्रकार की फसल तथा उनके एकान्तर में स्थित दूसरी पंक्तियों में दूसरी प्रकार की फसल उगाते हैं। फसल का चुनाव इस प्रकार करते हैं कि उनकी पोषक तत्वों की आवश्यकताएँ भिन्न-भिन्न हों,

उदाहरण—सोयाबीन + मक्का अथवा बाजरा + लोबिया।

अंतराफसलीकरण के कुछ लाभ निम्नवत् हैं—

(i) यह उपलब्ध पोषकों के अधिकतम उपयोग को सुनिश्चित कर दोनों फसलों से अच्छा उत्पादन देता है।

(ii) इसके द्वारा पीड़कों व रोगों को सम्पूर्ण रूप से फैलने से रोका जा सकता है।

(iii) इससे मृदा की उर्वरता बढ़ती है।

फसल चक्र (Crop Rotation)

किसी खेत में क्रमवार आगामी कुछ वर्षों तक पूर्व नियोजित कार्यक्रम के अनुसार, अलग-अलग ऋतुओं में विभिन्न फसलों के उगाने को फसल चक्र कहते हैं। परिपक्वन काल के आधार पर विभिन्न फसल सम्मिश्रण के लिए फसल चक्र अपनाया जाता है। इसमें खेत में एक फसल बोई जाती है तथा इसकी कटाई के बाद उसी खेत में दूसरी फसल बोई जाती है। इसके पश्चात् तीसरी फसल भी बोई जा सकती है। एक कटाई के बाद दूसरी फसल का चुनाव नमी तथा सिंचाई की उपलब्धता पर निर्भर करता है। यदि फसल चक्र उचित ढंग से अपनाया जाए तो एक वर्ष में दो या तीन फसलों से अच्छा उत्पादन किया जा सकता है।

चेक प्वॉइण्ट 12.3

1. सिंचाई का कोई एक लाभ बताइए।
2. उस सिंचाई विधि का नाम बताइए जिसका प्रयोग वहाँ किया जाता है जहाँ नहरों का तन्त्र पर्याप्त नहीं होता है।
3. सूखे को परिभाषित कीजिए।
4. मिश्रित फसल के कोई दो उदाहरण दीजिए।
5. फसल चक्र का एक लाभ बताइए।

फसल सुरक्षा प्रबंधन (Crop Protection Management)

खेतों में फसलों को खरपतवार, कीट, पीड़क तथा रोगों, आदि से सुरक्षा प्रदान करना अत्यंत आवश्यक होता है। फसल सुरक्षा प्रबंधन द्वारा इनकी सम्भावनाओं को कम किया जाता है, क्योंकि यदि समय रहते रोगजनकों, खरपतवार तथा पीड़कों को नियंत्रित नहीं किया जाए तो वे फसलों को बहुत हानि पहुँचाते हैं।

फसलों को हानि पहुँचाने वाले प्रमुख कारक निम्न हैं—

1. खरपतवार (Weed)

खरपतवार कृषि योग्य भूमि में उगे अनावश्यक पौधे होते हैं, जो पोषण, स्थान तथा प्रकाश के लिए फसलों से स्पर्धा करते हैं। खरपतवार भूमि से पोषक तत्व ग्रहण करते हैं, जिससे फसलों की वृद्धि कम हो जाती है। इसलिए अच्छी पैदावार के लिए प्रारम्भिक अवस्था में ही खरपतवार को खेतों में से निकाल देना चाहिए। इसके कुछ प्रमुख उदाहरण—गोखरु (*जैंथियम*), गाजर घास (*पार्थेनियम*) व मोथा (*साइरेनस रोटेंडस*), आदि हैं।

खरपतवार को नियन्त्रित करने की निम्न विधियाँ हैं—

(i) **यान्त्रिक विधियाँ** (Mechanical methods) खरपतवार को उखाड़ना, हाथ से निकालना, खेत जोतना, जलाना, आदि निम्न विधियों के प्रयोग द्वारा खरपतवार पर नियन्त्रण हेतु किया जाता है।

(ii) **नियंत्रण विधियाँ** (Preventive methods) फसलों को समय पर बोना, उचित क्यारियाँ बनाना, अंतराफसलीकरण व फसल चक्र।

2. कीट-पीड़क (Insect Pests)

ये फसल के स्वास्थ्य को प्रभावित कर उत्पादन को कम करते हैं। प्राय: कीट-पीड़क पौधों पर निम्न प्रकार से आक्रमण करते हैं

(i) ये मूल, तने तथा पत्तियों को काट देते हैं, जैसे—टिड्डा।

(ii) ये पौधे के विभिन्न भागों से कोशिकीय रस (Sap) चूस लेते हैं; जैसे—एफिड्स।

(iii) ये तने तथा फलों में छिद्र कर देते हैं; जैसे—तना छेदक लार्वा।

पीड़कों को निम्न विधियों द्वारा नियन्त्रित किया जा सकता है—

(i) प्रतिरोधक किस्मों का प्रयोग करके।

(ii) **ग्रीष्म जुताई** (Summer ploughing) करके इस विधि में, ग्रीष्म ऋतु में खेतों की गहराई तक हल से जुताई करके मृदा में उपस्थित खरपतवार व पीड़कों को नष्ट किया जाता है।

3. फसलों के रोग (Crop Diseases)

पौधों में प्राय: रोग बैक्टीरिया (जीवाणु), कवक तथा वायरस (विषाणु) जैसे रोगकारकों के द्वारा उत्पन्न होते हैं। ये मिट्टी, हवा, पानी, जंतुओं, कीटों, पक्षियों आदि में उपस्थित रहते हैं और इन्हीं माध्यमों द्वारा ही पौधों में फैलते हैं।

अनाज का भण्डारण (Storage of Grains)

अनाज के भण्डारण के दौरान कृषि उत्पाद उपज में अत्यधिक हानि हो सकती है। इन हानियों के लिए उत्तरदायी कारकों को निम्न वर्गों में वर्गीकृत किया जा सकता है—

(i) **जैविक कारक** (Biotic factors) इसमें रोडेन्ट्स (कृंतक), कवक, कीट, चिचड़ी तथा जीवाणुओं को सम्मिलित किया गया है।

(ii) **अजैविक कारक** (Abiotic factors) भण्डारण के स्थान पर उपयुक्त नमी व ताप के अभाव से भी अनाज की हानि होती है।

इनका अनाज पर निम्नलिखित प्रभाव पड़ता है

(a) गुणवत्ता का ह्रास

(b) अंकुरण क्षमता में कमी

(c) वजन में कमी

(d) उत्पाद का बदरंग होना

ये सब लक्षण बाजार में उत्पाद की कीमत को कम कर देते हैं। इन कारकों पर नियंत्रण पाने के लिए भण्डारण के दौरान उपज का उचित उपचार और भण्डारण का वैज्ञानिक प्रबंधन होना चाहिए। भण्डारण के दौरान प्रयुक्त होने वाली निरोधक तथा नियंत्रण विधियाँ निम्नवत् हैं—

(i) भण्डारगृह का उचित वैज्ञानिक प्रबंधन।

(ii) भण्डारण से पूर्व उत्पाद की नियन्त्रित सफाई।

(iii) उत्पाद को पहले सूर्य के प्रकाश और फिर छाया में सुखाना।

(iv) पीड़कों के नियन्त्रण हेतु धूमक का प्रयोग। इसमें कीट-पीड़कों पर कुछ रसायनों के धूमक का उपयोग किया जाता है।

चेक प्वॉइण्ट 12.4

1. फसलों के लिए कोई दो खतरे बताइए।

2. किन्हीं दो खरपतवार के नाम बताइए।

3. किन्हीं दो पीड़क नियन्त्रण विधियों की सूची बनाइए।

4. अनाज के भण्डारण के दौरान कौन-से कारक अनाज को हानि पहुँचाते हैं?

5. अनाज के उचित भण्डारण हेतु कौन-सा एक काम करना चाहिए?

पशुपालन (Animal Husbandry)

पशुधन का वैज्ञानिक प्रबंधन पशुपालन कहलाता है। इसके अन्तर्गत पशुओं को पालना, भोजन देना, प्रजनन तथा रोग नियन्त्रण, आदि आते हैं। कृषि आधारित पशुधन में मवेशी, बकरी, भेड़, मुर्गी पालन, मत्स्य पालन, आदि आते हैं।

पशुपालन की आवश्यकता (Need of Animal Husbandry)

(i) जनसंख्या वृद्धि तथा रहन-सहन के स्तर में वृद्धि के कारण अण्डों, दूध तथा माँस की खपत भी बढ़ रही है। अत: इस बढ़ती माँग की आपूर्ति हेतु पशुपालन आवश्यक है।

(ii) इसके द्वारा पशुओं के उचित प्रबंधन व पालन हेतु आवश्यक दिशा-निर्देश निर्धारित किए जाते हैं।

पशु कृषि (Cattle Farming)

भारत में, पशुपालन के दो उद्देश्य हैं; दूध प्राप्त करना तथा कृषि कार्य (हल चलाना, सिंचाई तथा बोझा ढोने) के लिए पशुओं को पालना।

भारतीय पालतू पशुओं की दो मुख्य जातियाँ हैं—

(i) गाय (*बॉस इण्डिकस*), (ii) भैंस (*बॉस बुबेलिस*)।

उनके कार्य के आधार पर पशुओं को निम्न दो वर्गों में बाँटा जा सकता है—

(i) **दुधारु पशु** (Milch animals) ये दुग्ध उत्पादक मादाएँ हैं।

(ii) **ड्रॉट पशु** (Draught animals) इनका प्रयोग खेतों में कृषि कार्यों हेतु किया जाता है।

दुग्धस्रावण काल (Lactation Period)

दुग्धस्रावण काल से तात्पर्य बच्चे के जन्म के पश्चात् दूध उत्पादन के समय से है। इस प्रकार दूध उत्पादन, पशु के दुग्धस्रावण के काल पर कुछ सीमा तक निर्भर करता है। अतः दुग्धस्रावण काल को बढ़ाने से दूध का उत्पादन भी बढ़ सकता है।

पशुओं की नस्लें (Breeds of Cattle)

(i) **देशी नस्लें** (Indigenous or Local breeds) इनमें उच्च रोग प्रतिरोधक क्षमता पाई जाती है, उदाहरण—रेडसिंधी, साहीवाल।

(ii) **विदेशी नस्लें** (Exotic or Foreign breeds) इनका दुग्धस्रावण काल लम्बा होता है, उदाहरण—जर्सी, ब्राउन स्विस।

इन दोनों नस्लों में संकरण कराकर ऐच्छिक गुण वाली संतति प्राप्त की जा सकती है।

पशुओं के लिए फार्म प्रबंधन (Farm Management for Cattles)

पशुपालन में, पशुओं के अच्छे स्वास्थ्य तथा स्वच्छ दूध के उत्पादन के लिए पशु आवासों का बेहतरीन प्रबंधन आवश्यक है। आवास प्रबंधन के लिए निम्न बातों का ध्यान रखना चाहिए

(i) पशुओं के स्वास्थ्य तथा स्वच्छ दूध उत्पादन के लिए गाय तथा भैंस के शरीर तथा आवास की उचित सफाई की आवश्यकता होती है।

(ii) पशु के शरीर पर झड़े हुए बाल तथा धूल को हटाने के लिए नियमित रूप से पशु की सफाई करनी चाहिए।

(iii) उनका आवास छतदार तथा रोशनदान युक्त होना चाहिए।

(iv) आवास का फर्श ढलवा होना चाहिए, जिससे वह साफ और सूखा रहे।

पशुओं की खाद्य आवश्यकताएँ (Food Requirements of Cattles)

पशुओं की खाद्य आवश्यकताएँ दो प्रकार की होती हैं—

(i) **स्वास्थ्य हेतु** (For health) वह आहार जो पशुओं के अच्छे स्वास्थ्य हेतु आवश्यक होता है।

(ii) **दुग्ध उत्पादन हेतु** (For producing milk) वह आहार जो दुग्धस्रावण काल में दूध के उत्पादन को बढ़ाता है।

विभिन्न प्रकार के पशु आहार निम्नवत् हैं—

(a) **मोटा चारा या रुक्षांश** (Roughage) यह रेशेयुक्त होता है तथा इसमें पोषक तत्वों की मात्रा कम होती है। उदाहरण—हरा चारा, भूसा, फली, आदि।

(b) **सान्द्र** (Concentrate) इनमें रेशे कम होते हैं और प्रोटीन तथा अन्य पोषक तत्वों की मात्रा अधिक होती है, जैसे—चना व बाजरा।

उपर्युक्त पोषक पदार्थों के अतिरिक्त कुछ आहारों में अतिरिक्त सूक्ष्मपोषक तत्व उपस्थित होते हैं, जो पशुओं के स्वास्थ्य तथा दूध उत्पादन क्षमता को बढ़ाते हैं। अतः पशुओं को एक संतुलित आहार की आवश्यकता होती है, जिसमें उचित मात्रा में सभी पोषक तत्व उपस्थित होने चाहिए।

पशुओं के रोग (Diseases of Cattles)

पशु अनेक प्रकार के रोगों से ग्रसित हो सकते हैं, जिनके कारण उनकी दूध उत्पादन क्षमता में कमी आ सकती है अथवा उनकी मृत्यु भी हो सकती है। पशुओं के परजीवी दो प्रकार के हो सकते हैं—

(i) **बाह्य परजीवी** (External parasite) ये त्वचा पर पाए जाते हैं व त्वचा के रोग उत्पन्न करते हैं, जैसे—जूँ, आदि।

(ii) **अन्तः परजीवी** (Internal parasite) इसमें कृमि जो आमाशय व आँत को तथा पर्णकृमि (लिवर फ्लूक) जो यकृत को प्रभावित करते हैं, आते हैं।

पशुओं में संक्रामक रोग विभिन्न बैक्टीरिया (जीवाणु), वायरस (विषाणु), आदि से होते हैं। अतः पशुओं को अनेक विषाणु तथा जीवाणु-जनित रोगों से बचाने के लिए टीका लगाया जाता है।

कुक्कुट या मुर्गी पालन (Poultry Farming)

मुर्गी पालन अण्डे व माँस के उत्पादन को बढ़ाने के लिए किया जाता है। अतः मुर्गी पालन में मुर्गी की उन्नत नस्लें विकसित की जाती हैं। अण्डों के लिए **लेअर** मुर्गी का पालन किया जाता है तथा माँस के लिए **ब्रॉयलर** को पाला जाता है। नई किस्में बनाने के लिए मुर्गी की देशी (जैसे—एसिल) तथा विदेशी (जैसे—लेगहॉर्न) नस्लों का संकरण कराया जाता है। इन संकरण कार्यक्रमों का उद्देश्य निम्न वाँछनीय गुणों वाली किस्मों का विकास करना है—

(i) चूजों की संख्या तथा गुणवत्ता में वृद्धि करना

(ii) छोटे कद के ब्रॉयलर माता-पिता द्वारा उत्पन्न चूजों का व्यवसायिक उत्पादन करना

(iii) उच्च गर्मी या उच्च तापमान को सहने की क्षमता विकसित करना

(iv) मुर्गियों की देखभाल में खर्च में कमी करना

(v) अण्डे देने वाले तथा ऐसी क्षमता वाले पक्षी जो कृषि के उपोत्पाद (Agricultural byproducts) से प्राप्त सस्ते रेशेदार आहार का उपभोग कर सकें, विकसित करना।

अण्डों तथा ब्रॉयलर का उत्पादन (Production of Egg and Broiler)

ब्रॉयलर चूजों को अच्छी वृद्धि दर तथा अच्छी आहार दक्षता के लिए विटामिन से प्रचुर आहार दिए जाते हैं। उनकी मृत्यु दर कम रखने और उनके पंख तथा माँस की गुणवत्ता को बनाए रखने के लिए सावधानी रखी जाती है। उन्हें ब्रॉयलर के रूप में उत्पादित किया जाता है तथा माँस के प्रयोजन के लिए उनका विपणन किया जाता है। ब्रॉयलर की आवास, पोषण तथा पर्यावरणीय आवश्यकताएँ अण्डे देने वाले कुक्कुटों (लेअर मुर्गी) से भिन्न होती है।

ब्रॉयलर के आहार में प्रोटीन तथा वसा की प्रचुर मात्रा होती है। इसके आहार में विटामिन-A तथा K की मात्रा भी अधिक रखी जाती है।

आवास का रख-रखाव (Maintenance of Shelter)

मुर्गियों के आवास का रख-रखाव निम्न प्रकार से किया जाता है—

(i) आवास की उचित सफाई व स्वच्छता।
(ii) आवास में उचित ताप का प्रबंधन।
(iii) वायु के आवागमन की उचित व्यवस्था।
(iv) रोगों का निवारण व नियन्त्रण।

कुक्कुट रोग व उनका नियन्त्रण (Poultry Diseases and their Prevention)

कुक्कुटों में जीवाणुओं, विषाणुओं, कवक, परजीवी तथा पोषणहीनता के कारण अनेक रोग हो जाते हैं।

इन रोगों को निम्न प्रकार से नियन्त्रित किया जा सकता है—

(i) कुक्कुटों को पोषक भोजन दिया जाना चाहिए।
(ii) आवासों की उचित सफाई व स्वच्छता आवश्यक होती है।
(iii) मुर्गियों के आवासों में नियमित रूप से रोगाणुनाशी पदार्थों का छिड़काव किया जाना चाहिए।
(iv) मुर्गियों को संक्रामक रोगों से बचाने के लिए टीका लगवाना चाहिए जिससे ये महामारी से ग्रसित न हों।

चेक प्वॉइण्ट 12.5

1. *पशुपालन के दो उद्देश्य क्या हैं?*
2. *पशुपालन के लिए पशुओं की देशी नस्ल का चयन क्यों किया जाता है?*
3. *पशुओं में विषाणु तथा परजीवी से होने वाले एक-एक रोग का नाम बताइए।*
4. *कुक्कुट की एक देशी व एक विदेशी नस्ल का नाम बताइए।*
5. *कुक्कुट की रोगों से किस प्रकार रक्षा की जा सकती है? कोई एक सुझाव दीजिए।*

मत्स्य उत्पादन (Fish Production)

हमारे भोजन में मछली प्रोटीन का एक समृद्ध स्रोत हैं। मछली उत्पादन में पख (Fins) युक्त मछलियाँ तथा कवचीय मछलियाँ; जैसे— झींगा (*प्रॉन*) तथा मोलस्क सम्मिलित हैं। मछली प्राप्त करने की दो विधियाँ हैं—

(i) **प्राकृतिक स्रोत से मछली पकड़ना** (Natural fishing) यह प्राकृतिक स्रोतों से मछली प्राप्त करने की विधि सबसे अधिक सामान्य है। इनके स्रोत समुद्री जल तथा ताजा जल (अलवणीय जल) दोनों हैं।

(ii) **मछली संवर्धन** (Culture fishry) इसमें मत्स्य पालन द्वारा मछलियाँ प्राप्त की जाती हैं। यह प्रायः ताजे जल या समुद्र तट के निकट किया जाता है।

अतः मत्स्य उत्पादन समुद्र तथा ताजे जल के पारिस्थितिक तन्त्रों दोनों में किया जा सकता है।

समुद्री मत्स्यकी (Marine Fisheries)

भारत का समुद्री मछली संसाधन क्षेत्र 7500 किलोमीटर समुद्री तट तथा इसके अतिरिक्त समुद्र की गहराई तक है। सर्वाधिक प्रचलित समुद्री मछलियाँ पॉमफ्रेट, मैकर्ल, टुना, सारडाइन तथा बांबेडक हैं। समुद्री मछली पकड़ने के लिए विभिन्न प्रकार के जालों का उपयोग मछली पकड़ने वाली नावों से किया जाता है।

उच्च आर्थिक महत्व वाली समुद्री मछलियाँ निम्नवत् हैं—

(i) **पखयुक्त मछलियाँ** (Finned fishes) मुलेट, भेटकी, पर्लस्पॉट, आदि।
(ii) **कवचीय मछलियाँ** (Shell fishes) झींगा, मस्सल, ऑएस्टर एवं समुद्री खरपतवार।

ऑएस्टर का संवर्धन मोतियों को प्राप्त करने के लिए भी किया जाता है। सैटेलाइट तथा सोनार तकनीक से खुले समुद्र में मछलियों के बड़े समूह का पता लगाया जा सकता है तथा इन सूचनाओं का उपयोग कर मछली का उत्पादन बढ़ाया जा सकता है।

नोट *भविष्य में समुद्री मछलियों का भण्डार (Stock) कम होने की अवस्था में इन मछलियों की पूर्ति केवल मछली संवर्धन द्वारा हो सकती है, इस क्रिया को समुद्री संवर्धन (मेरीकल्चर) कहते हैं। भारत के तटीय क्षेत्रों में वाणिज्यिक स्तर पर समुद्री मछलियों का संवर्धन किया जाता है। इसके अंतर्गत मुलेट, भेटकी, ईल, आदि का संवर्धन किया जाता है।*

अंत:स्थली मत्स्यकी (Inland Fisheries)

इसमें ताजे जल व खारे जल के स्रोतों से मछली का उत्पादन किया जाता है। ताजे जल के स्रोत झील, तालाब, पोखर, नहरें तथा नदियाँ हैं। खारे जल के स्त्रोत वे स्थल हैं जहाँ समुद्री जल तथा नदी का ताजा जल मिश्रित होते हैं, जैसे—नदीमुख (एस्चुरी) तथा लैगून।

जब मछलियों का प्रग्रहण अंत:स्थली वाले स्रोतों पर किया जाता है, तो उत्पादन अधिक नहीं होता है। इन स्रोतों से अधिकांशतया मछली का उत्पादन जल संवर्धन द्वारा ही होता है। मछली संवर्धन कभी-कभी धान की फसल के साथ भी किया जाता है। इसमें धान की फसल को कीटों एवं पीड़कों से सुरक्षा व मछलियों को भोजन प्राप्त होता है।

मिश्रित मछली संवर्धन (Composite Fish Culture)

मछली संवर्धन में केवल एक प्रकार की मछली से बहुत अच्छा उत्पादन नहीं होता है तथा संवर्धन हेतु उच्च लागत की आवश्यकता होती है। अतः इसके विकल्प के तौर पर मिश्रित मछली संवर्धन में एक ही तालाब में 5 अथवा 6 मछलियों की ऐसी जातियों का प्रयोग किया जाता है, जिनमें आहार के लिए प्रतिस्पर्धा न हो अथवा उनके आहार भिन्न-भिन्न हों। इसके परिणामस्वरूप तालाब के प्रत्येक भाग में उपलब्ध आहार का पूर्णतया उपयोग हो जाता है। उदाहरण के लिए कतला मछली जल की सतह से अपना भोजन लेती है, रोहू मछली तालाब के मध्य क्षेत्र से अपना भोजन लेती है एवं मृगला तथा कॉमन कार्प तालाब की तली से भोजन लेती है और ग्रासकार्प खरपतवार खाती है। इस प्रकार मछली के उत्पादन में वृद्धि होती हैं।

मिश्रित मछली संवर्धन के लाभ
(Advantages of Composite Fish Culture)

मिश्रित मछली संवर्धन के लाभ निम्नलिखित हैं—

(i) इसमें स्थानीय व आयतित दोनों प्रकार की मछलियों का संवर्धन किया जाता है।

(ii) भिन्न खाद्य व्यवहार लाभदायक होता है, क्योंकि इससे तालाब के सम्पूर्ण खाद्य पदार्थ का उपभोग हो जाता है।

(iii) इसमें उत्पादकता उच्च होती है, क्योंकि भोजन के लिए कोई स्पर्धा नहीं होती है।

मिश्रित मछली संवर्धन की हानियाँ
(Disadvantages of Composite Fish Culture)

कई मछलियाँ केवल वर्षा ऋतु में प्रजनन करती हैं। यहाँ तक कि यदि मत्स्य डिम्भ या लार्वा देशी नस्ल से लिए जाए तो ये अन्य जातियों के डिम्भों के साथ मिल सकते हैं। अत: यहाँ मछली संवर्धन के लिए अच्छी गुणवत्ता वाले डिम्भों की अनुपलब्धता एक गम्भीर समस्या होती है।

इस समस्या के समाधान के लिए, ऐसी विधियाँ खोजी जा रही हैं, कि तालाब में इन मछलियों का संवर्धन हॉर्मोन के उपयोग द्वारा किया जा सके। इससे ऐच्छिक मात्रा में शुद्ध मछली के डिम्भ प्राप्त होते रहेंगे।

मधुमक्खी पालन (Beekeeping)

मधु या शहद का सर्वत्र उपयोग होता है। अत: इसके लिए मधुमक्खियों का पालन एक कृषि उद्योग बन गया है। इसे ऐपीकल्चर (Apiculture) भी कहते हैं। इसमें शहद व मोम की प्राप्ति हेतु मधुमक्खियों का पालन, देखभाल व उचित प्रबंधन शामिल है। व्यावसायिक स्तर पर शहद के उत्पादन हेतु मधुवाटिका या मधुमक्खी फार्म बनाए जाते हैं।

मधुमक्खी पालन के लाभ (Advantages of Beekeeping)

(i) इसके लिए कम लागत की आवश्यकता होती है।

(ii) इससे अनेक प्रकार के उत्पाद; जैसे— शहद (खाने या अन्य उत्पाद बनाने हेतु), मोम (औषधीय व सौन्दर्य उत्पादों में), मधुमक्खी विष, औषधियों आदि प्राप्त होते हैं।

(iii) यह किसानों के लिए आय का एक अतिरिक्त स्रोत है।

(iv) यह परागण द्वारा फसल के उत्पादन को बढ़ाने में सहायक है।

व्यावसायिक स्तर पर मधु उत्पादन में प्रयुक्त मधुमक्खियों की किस्में

वैज्ञानिक नाम	सामान्य नाम
एपिस सेरना इण्डिका	भारतीय मधुमक्खी
एपिस डोरसेटा	शैल मधुमक्खी
एपिस फ्लोरी	लिटिल मधुमक्खी
एपिस मेलीफेरा	इटली की मधुमक्खी

उपर्युक्त मधुमक्खियों में से *एपिस मेलीफेरा* को व्यावसायिक स्तर पर शहद के उच्च उत्पादन के लिए सर्वाधिक उपयोग में लाया जाता है।

इटेलियन मधुमक्खी के लाभ
(Advantages of Italian Bees)

- इनकी मधु एकत्र करने की क्षमता बहुत अधिक होती हैं।
- ये डंक कम मारती हैं।
- ये निर्धारित छत्ते में काफी समय तक रहती है और प्रजनन तीव्रता से करती है।

मधु की गुणवत्ता (Value of honey) मधु की कीमत अथवा गुणवत्ता मधुमक्खियों के चरागाह अर्थात् उनको मधु एकत्र करने के लिए उपलब्ध फूलों पर निर्भर करती है।

मधु का स्वाद (Taste of honey) चरागाह की पर्याप्त उपलब्धता के अतिरिक्त फूलों की किस्में मधु के स्वाद को निर्धारित करती हैं।

चेक प्वॉइण्ट 12.6

1. *दो मुख्य समुद्री मछलियों के नाम बताइए।*
2. *ऑएस्टर का संवर्धन मत्स्यकी उद्योग के अन्तर्गत क्यों किया जाता है?*
3. *मिश्रित मछली संवर्धन, मछली संवर्धन की प्रमुख विधि क्यों है? कोई एक कारण बताइए।*
4. *मधुमक्खी फार्म के लिए किस शब्द का प्रयोग किया जाता है?*
5. *निम्नलिखित के वैज्ञानिक नाम बताइए*

   (i) लिटिल मधुमक्खी

   (ii) शैल मधुमक्खी

NCERT फोल्डर

अध्याय के बीच के प्रश्न

1. अनाज, दाल, फल तथा सब्जियों से हमें क्या प्राप्त होता है?

उत्तर ऊर्जा के लिए आवश्यक कार्बोहाइड्रेट अनाज; जैसे-गेहूँ, चावल, मक्का, बाजरा तथा ज्वार से प्राप्त होता है। दालें; जैसे-चना, मटर, उड़द, मूँग, अरहर एवं मसूर से प्रोटीन प्राप्त होता है। तेल वाले बीजों; जैसे-सोयाबीन, मूँगफली, तिल, अरंड, सरसों, अलसी तथा सूरजमुखी से आवश्यक वसा प्राप्त होती है और सब्जियों तथा फलों से हमें विटामिन तथा खनिज लवण, कुछ मात्रा में प्रोटीन, वसा तथा कार्बोहाइड्रेट भी प्राप्त होते हैं।

2. जैविक तथा अजैविक कारक किस प्रकार फसल उत्पादन को प्रभावित करते हैं?

उत्तर जैविक कारक; जैसे–रोग जनक, कीट तथा निमेटोड एवं अजैविक कारक; जैसे–सूखा, लवणता, जलाक्रांति, गर्मी, ठण्ड तथा पाले के कारण पादपों में रोग की संभावना बढ़ जाती है और विभिन्न जलवायवीय परिस्थितियों को सहन करने की क्षमता बहुत कम हो जाती है। जिसके कारण फसल उत्पादन कम हो जाता है।

3. फसल सुधार के लिए ऐच्छिक शस्य विज्ञान गुण क्या है?

उत्तर चारे वाली फसलों के लिए लंबी तथा सघन शाखाएँ ऐच्छिक गुण है। अनाज के लिए बौने पौधे उपयुक्त हैं ताकि इन फसलों को उगाने के लिए कम पोषक तत्वों की आवश्यकता हो। इस प्रकार ऐच्छिक शस्य विज्ञान वाली किस्में कम लागत में अधिक उत्पादन प्राप्त करने में सहायक होती हैं।

4. वृहत् पोषक क्या हैं और इन्हें वृहत् पोषक तत्व क्यों कहते हैं?

उत्तर पौधों की वृद्धि के लिए 16 पोषक पदार्थ आवश्यक हैं, इनमें से 9 की अधिक मात्रा में आवश्यकता होती है, इसलिए इन्हें वृहत् पोषक कहते हैं। उदाहरण–

(i) कार्बन, हाइड्रोजन, ऑक्सीजन, नाइट्रोजन एवं सल्फर प्रोटीन में पाए जाते हैं।

(ii) कैल्शियम कोशिका भित्ति में उपस्थित होता है।

(iii) मैग्नीशियम क्लोरोफिल से मिलता है।

(iv) फॉस्फोरस एवं पौटेशियम एंजाइमों के सहघटक होते हैं।

5. पौधे अपना पोषण कैसे प्राप्त करते हैं?

उत्तर पौधे अपना पोषण हवा, पानी तथा मिट्टी से प्राप्त करते हैं। मिट्टी में पोषक पदार्थ जल में घुली अवस्था में होते हैं, जिन्हें जड़ द्वारा अवशोषित कर लिया जाता है और जाइलम तथा फ्लोएम ऊतकों के द्वारा इन्हें पौधे के एक भाग से दूसरे भागों तक पहुँचाया जाता है। इसके अलावा CO_2 जैसी गैस वायु से रंध्रों द्वारा प्राप्त की जाती है जिसका प्रकाश-संश्लेषण में उपयोग किया जाता है।

6. मिट्टी की उर्वरता को बनाए रखने के लिए खाद तथा उर्वरक के उपयोग की तुलना कीजिए।

उत्तर **मिट्टी की उर्वरता पर खाद का प्रभाव** खाद मिट्टी को पोषकों तत्वों तथा कार्बनिक पदार्थों से परिपूर्ण करती है, जिससे मिट्टी की संरचना में सुधार होता है तथा उर्वरता बढ़ती है। इसके कारण रेतीली मिट्टी की जलधारण क्षमता बढ़ जाती है। यह चिकनी मिट्टी में कार्बनिक पदार्थों की अधिक मात्रा पानी को निकालने में भी सहायता करती है, जिससे पानी एकत्रित नहीं होता है।

उर्वरक का प्रभाव उर्वरक व्यावसायिक रूप में तैयार पादप पोषक रसायन है। उर्वरक प्रायः नाइट्रोजन, फॉस्फोरस तथा पोटैशियम प्रदान करते हैं। इनके उपयोग से अच्छी कायिक वृद्धि होती है और स्वस्थ पौधों की प्राप्ति होती है। उर्वरक का सतत् प्रयोग मिट्टी की उर्वरता को घटाता है, क्योंकि इनसे कार्बनिक पदार्थों की पुनः पूर्ति नहीं हो पाती है, जिससे सूक्ष्मजीवों एवं भूमिगत जीवों का जीवन चक्र अवरूद्ध होता है।

7. निम्नलिखित में से कौन-सी परिस्थिति में सबसे अधिक लाभ होगा? क्यों?

(i) किसान उच्च कोटि के बीज का उपयोग करें, सिंचाई न करें अथवा उर्वरक का उपयोग न करें।

(ii) किसान सामान्य बीजों का उपयोग करें, सिंचाई करें तथा उर्वरक का उपयोग करें।

(iii) किसान अच्छी किस्म के बीज का प्रयोग करें, सिंचाई करें, उर्वरक का उपयोग करें तथा फसल सुरक्षा की विधियाँ अपनाएँ।

उत्तर (iii) किसान को अच्छी किस्म का बीज प्रयोग करने से, सिंचाई करने से उर्वरक का प्रयोग करने से एवं फसल सुरक्षा की विधियाँ अपनाने से अधिक लाभ होगा, क्योंकि अच्छी किस्म के बीज तब तक लाभदायक नहीं है, जब तक उन्हें पर्याप्त सिंचाई, उचित उर्वरक तथा फसल सुरक्षा न मिले।

8. फसल की सुरक्षा के लिए निरोधक विधियाँ तथा जैव नियन्त्रण अच्छा क्यों समझा जाता है?

उत्तर खेत में पीड़कों, कीटों एवं खरपतवार द्वारा फसल के उत्पादन में बेहद कमी आती है। इनके नियंत्रण के लिए पीड़कनाशी, कीटनाशी एवं शाकनाशी रसायनों का उपयोग किया जाता है, लेकिन इनके अधिक उपयोग से प्रदूषण, मृदा उर्वरता में कमी, जैसी बहुत-सी समस्याएँ उत्पन्न हो जाती हैं। अतः इसके लिए निरोधक विधियाँ; जैसे–समय पर फसल उगाना, उचित क्यारियाँ तैयार करना, अंतराफसलीकरण तथा फसल चक्र एवं जैव नियंत्रित विधियाँ, जैसे–जैव-कीटनाशकों का उपयोग अधिक सहायक सिद्ध होती हैं।

9. भण्डारण की प्रक्रिया में कौन–से कारक अनाज की हानि के लिए उत्तरदायी हैं?

उत्तर कृषि उत्पाद के भण्डारण में हानि पहुँचाने वाले जैविक कारक कीट, कृंतक, कवक, चिचड़ी तथा जीवाणु हैं और अजैविक कारक भण्डारण के स्थान पर उपयुक्त नमी व ताप का अभाव हैं। ये कारक उत्पाद की गुणवत्ता को खराब कर देते हैं।

10. पशुओं की नस्ल सुधार के लिए प्राय: कौन–सी विधि का उपयोग किया जाता है और क्यों?

उत्तर विदेशी नस्लें जैसे–जर्सी एवं ब्राउन स्विस का दुग्ध स्त्रावण काल लम्बा होता है तथा देशी नस्लों; जैसे–रेंडसिंधी एवं साहीवाल में रोग प्रतिरोधक क्षमता बहुत अधिक होती है। यदि इन दोनों नस्लों में

संकरण कराया जाए, तो एक ऐसी संतति प्राप्त होगी, जिसमें दोनों ऐच्छिक गुण (रोग प्रतिरोधक क्षमता व लंबा दुग्धस्रावण काल) होंगे।

11. **निम्नलिखित कथन की विवेचना कीजिए**
'यह रुचिकर है कि भारत में कुक्कुट, अल्प रेशे के खाद्य पदार्थों को उच्च पोषकता वाले पशु प्रोटीन आहार में परिवर्तित करने के लिए सबसे अधिक सक्षम है। अल्प रेशे के खाद्य पदार्थ मनुष्यों के लिए उपयुक्त नहीं होते हैं।'

उत्तर कुक्कुट, अल्प रेशे के खाद्य पदार्थों को उच्च पोषकता वाले पशु प्रोटीन आहार में परिवर्तित करने के लिए सबसे अधिक सक्षम है। इनसे हमें प्रोटीन के उच्च गुणवत्ता के उत्पाद, माँस तथा अण्डे प्राप्त होते हैं।

12. **पशुपालन तथा कुक्कुट पालन के प्रबंधन प्रणाली में क्या समानता है?**

उत्तर पशुओं तथा कुक्कुटों दोनों में ही जीवाणु, विषाणु, कवक, परजीवी तथा पोषणहीनता के कारण कई प्रकार के रोग हो सकते हैं। अतः इसके आवास एवं शरीर की सफाई तथा स्वच्छता का विशेष ध्यान रखा जाना चाहिए। उच्च गुणवत्ता के भोज्य उत्पादों जैसे–दूध, माँस तथा अण्डे की प्राप्ति के लिए इन्हें पर्याप्त मात्रा में भोजन प्रदान करना तथा नियमित रूप से रोगाणुनाशी पदार्थों का छिड़काव आवश्यक है। संक्रामक रोगों से बचाने के लिए पशुओं तथा कुक्कुटों को टीका लगवाना चाहिए, जिससे ये महामारी से ग्रसित न हों।

13. **ब्रॉयलर तथा लेअर के प्रबंधन में क्या अंतर होता है?**

उत्तर मुर्गी जिससे माँस प्राप्त किया जाता है, उन्हें ब्रॉयलर तथा अण्डे देने वाली मुर्गियों को लेअर कहा जाता है।

ब्रॉयलर चूजों को अच्छी वृद्धि दर तथा अच्छी आहार दक्षता के लिए विटामिन से प्रचुर आहार दिए जाते हैं। उनकी मृत्यु दर कम रखने और उनके पंख तथा माँस की गुणवत्ता को बनाए रखने के लिए सावधानी बरती जाती है। उन्हें ब्रॉयलर के रूप में उत्पादित किया जाता है तथा माँस के प्रयोजन के लिए उनका विपणन किया जाता है। ब्रॉयलर की आवास, पोषण तथा पर्यावरणीय आवश्यकताएँ अण्डे देने वाले कुक्कुटों (लेअर मुर्गी) से भिन्न होती हैं। ब्रॉयलर के आहार में प्रोटीन तथा वसा की प्रचुर मात्रा होती है। इनके आहार में विटामिन-A तथा K की मात्रा भी अधिक रखी जाती है।

14. **मछलियाँ कैसे प्राप्त करते हैं?**

उत्तर मछलियाँ प्राप्त करने की दो विधियाँ हैं; एक प्राकृतिक स्रोत से मछली पकड़ना तथा दूसरा स्रोत मछली पालन या मछली संवर्धन।

15. **मिश्रित मछली संवर्धन के क्या लाभ है?**

उत्तर मिश्रित मछली संवर्धन तंत्र में एक ही तालाब में 5 अथवा 6 मछलियों की प्रजातियों का प्रयोग किया जाता है। इनमें ऐसी मछलियों को चुना जाता है, जिनमें आहार के लिए प्रतिस्पर्धा न हो अथवा उनके आहार स्त्रोत भिन्न-भिन्न हों।

इसके परिणामस्वरूप तालाब के प्रत्येक भाग में उपलब्ध आहार का उपयोग हो जाता है; जैसे–कतला मछली जल की सतह से अपना भोजन प्राप्त करती है। मृगला तथा कॉमन कार्प तालाब की तली से तथा ग्रास कार्प खरपतवार खाती हैं। इस प्रकार ये सभी मछलियाँ साथ-साथ रहते हुए भी बिना स्पर्धा के अपना-अपना आहार लेती हैं। इससे तालाब में मछली के उत्पादन में वृद्धि होती है।

16. **मधु उत्पादन के लिए प्रयुक्त मधुमक्खी में कौन-से ऐच्छिक गुण होने चाहिए?**

उत्तर मधु उत्पादन के लिए प्रयुक्त मधुमक्खी में निम्न गुण होने चाहिए
(i) मधु एकत्र करने की क्षमता अधिक होनी चाहिए।
(ii) मधुक्खियों को निर्धारित छत्ते में काफी समय तक रहना चाहिए।
(iii) इनमें प्रजनन तीव्रता से करने की क्षमता होनी चाहिए।

17. **चरागाह क्या है और ये मधु उत्पादन से कैसे संबंधित है?**

उत्तर चरागाह, मधुमक्खियों को मधु एकत्र करने के लिए उपलब्ध फूलों के बाग होते हैं। मधु की कीमत अथवा गुणवत्ता मधुमक्खियों के चरागाह पर निर्भर करती है। मधुमक्खियाँ फूलों से मकरंद तथा पराग एकत्र करती हैं। चरागाह की पर्याप्त उपलब्धता के अतिरिक्त फूलों की किस्में मधु के स्वाद को निर्धारित करती हैं।

अध्याय के अंत की प्रश्नावली

1. **फसल उत्पादन की एक विधि का वर्णन करो, जिससे अधिक पैदावार प्राप्त हो सके।**

उत्तर फसल उत्पादन में अधिक पैदावार के लिए अंतराफसलीकरण उपयुक्त विधि है। अंतराफसलीकरण में दो अथवा दो से अधिक फसलों को एक साथ एक ही खेत में उगाते हैं। इसमें कुछ पंक्तियों में एक प्रकार की फसल तथा उनके एकांतर में स्थित दूसरी पंक्तियों में दूसरी प्रकार की फसल उगाते हैं।

उदाहरण– सोयाबीन + मक्का अथवा बाजरा + लोबिया।

इसमें फसल का चुनाव इस प्रकार करते हैं, कि उनकी पोषक तत्वों की आवश्यकताएँ भिन्न-भिन्न हो, जिससे पोषक तत्वों का अधिकतम उपयोग हो सके।

इस विधि द्वारा पीड़क व रोगों को एक प्रकार की फसल के सभी पौधों में फैलने से रोका जा सकता है। इस प्रकार दोनों फसलों से अच्छा उत्पादन प्राप्त किया जा सकता है।

2. **खेतों में खाद तथा उर्वरक का उपयोग क्यों करते हैं?**

उत्तर खाद तथा उर्वरक फसल हेतु मृदा को आवश्यक पोषक पदार्थ प्रदान करते हैं। इनके उपयोग से पौधों में अच्छी कायिक वृद्धि होती है, जिससे स्वस्थ पौधों की प्राप्ति होती है और फसल उत्पादन में वृद्धि होती है।

3. **अंतराफसलीकरण तथा फसल चक्र के क्या लाभ हैं?**

उत्तर **अंतराफसलीकरण के लाभ**
(i) मृदा की उर्वरता बढ़ती है।
(ii) फसल उत्पादन में वृद्धि होती है।
(iii) पीड़क व रोगों को एक प्रकार की फसल के सभी पौधों में फैलने से रोका जा सकता है।
(iv) समय और लागत की बचत होती है।

फसल चक्र के लाभ

(i) फसलों की हानि की सम्भावना कम हो जाती है।
(ii) मृदा की उर्वरता संतुलित रहती है।
(iii) एक वर्ष में दो अथवा तीन फसलों से अच्छा उत्पादन प्राप्त होता है।

4. आनुवंशिक फेरबदल क्या है? कृषि प्रणालियों में ये कैसे उपयोगी है?

उत्तर ऐच्छिक गुणों वाले जीन का पौधे, जंतु या सूक्ष्मजीव से वांछित पौधे में स्थानान्तरण करके फसल की उन्नत किस्म प्राप्त करना आनुवंशिक फेरबदल कहलाता है।

कृषि प्रणालियों में ये निम्न प्रकार से उपयोगी है

(i) इससे फसल की गुणवत्ता में सुधार होता है।
(ii) इससे फसल का परिपक्वन काल कम हो जाता है, जिससे फसल उत्पादन में धन भी कम खर्च होता है।
(iii) इससे एक ही किस्म को विभिन्न क्षेत्रों में विभिन्न जलवायु में उगाया जा सकता है।
(iv) इससे फसल की जैविक तथा अजैविक कारकों के प्रति प्रतिरोधक क्षमता बढ़ जाती है।

5. भण्डार गृहों (गोदामों) में अनाज की हानि कैसे होती है?

उत्तर भण्डार गृहों में अनाज की हानि जैविक कारकों (कीट, कुंतक, कवक, चिचड़ी तथा जीवाणु) और अजैविक कारकों (भण्डारण के स्थान पर उपयुक्त नमी व ताप का अभाव), के कारण होती है। ये कारक उत्पाद की गुणवत्ता को खराब कर देते हैं, उपज का वजन कम कर देते हैं, बीज के अंकुरण करने की क्षमता कम कर देते हैं तथा उत्पाद को बदरंग कर देते हैं।

6. किसानों के लिए पशुपालन प्रणालियाँ कैसे लाभदायक हैं?

उत्तर पशुपालन प्रणालियाँ निम्न प्रकार से लाभदायक होती हैं

(i) इससे पालतू पशुओं की अच्छी नस्लों में वृद्धि होती है।
(ii) इससे अण्डे, माँस तथा दूध से बने उत्पादों की उत्पादकता में वृद्धि होती है।
(iii) पशुओं के आवास, आहार, प्रजनन तथा रोगों पर नियन्त्रण, आदि पशुपालन प्रणालियों के अंतर्गत आते हैं। जिससे पशुपालन आसन हो जाता है।

7. पशुपालन के क्या लाभ हैं?

उत्तर (i) दूध उत्पादन में वृद्धि होती है।
(ii) अच्छी गुणवत्ता वाले माँस, रेशे तथा त्वचा (खाल) प्राप्त होती है।
(iii) कृषि कार्य (हल चलाना, सिंचाई तथा बोझा ढोने) के लिए अच्छी नस्लों के पशु प्राप्त होते हैं।

8. उत्पादन बढ़ाने के लिए कुक्कुट पालन, मत्स्य पालन तथा मधुमक्खी पालन में क्या समानताएँ हैं?

उत्तर उत्पादन बढ़ाने के लिए कुक्कुट पालन, मत्स्य पालन तथा मधुमक्खी पालन में उन्नत नस्लों के जंतुओं के मध्य संकरण विधि समान है।

9. प्रगृहण मत्स्यन, मेरीकल्चर तथा जल संवर्धन में क्या अन्तर है?

उत्तर प्रगृहण मत्स्यन, मेरीकल्वर तथा जल संवर्धन में निम्न अन्तर हैं-

प्रगृहण मत्स्यन	मेरीकल्चर	जल संवर्धन
मछलियाँ प्राकृतिक स्रोत; जैसे –तालाब, नदियों, आदि से प्राप्त करते हैं।	मछलियाँ समुद्री जल से प्राप्त करते हैं।	मछलियों का संवर्धन ताजे जल में किया जाता है।
मछलियों का पता लगाना आसान होता है और इन्हें जालों से पकड़ लिया जाता है।	समुद्री मछलियों का पता सैटेलाइट द्वारा लगाया जाता है और मछलियों को पकड़ने के लिए विभिन्न प्रकार के जालों तथा नावों का प्रयोग किया जाता है।	मछलियों का आसानी से पता लगाकर जाल की सहायता से पकड़ लेते हैं।

अध्याय : एक नजर में

- बढ़ती जनसंख्या की खाद्य आवश्यकताओं की पूर्ति हेतु खाद्य संसाधनों में सुधार आवश्यक है।
- **हरित-क्रान्ति** से अनाज के उत्पादन में वृद्धि हुई है, जबकि श्वेत **क्रान्ति** से दूध की उपलब्धता में सुधार आया है।
- वैज्ञानिक प्रबंधन द्वारा जैसे—मिश्रित खेती, अन्तराफसलीकरण तथा संपोषणीय कृषि द्वारा कृषि में पैदावार को बढ़ाया जा सकता है।
- फसल का उत्पादन बढ़ाने में फसल की किस्म में सुधार, फसल उत्पादन प्रबंधन तथा फसल सुरक्षा प्रबंधन सम्मिलित हैं।
- **फसल की किस्म में सुधार** एक ऐसी किस्म की प्राप्ति हेतु किया जाता है, जो विभिन्न जैविक एवं वातावरणीय परिस्थितियों; जैसे—मृदा गुणवत्ता, मौसम, जल उपलब्धता (सूखा व बाढ़) में जीवित रह सकें तथा उच्च उत्पादक हों।
- **संकरण** तथा **आनुवंशिक रूप से रूपान्तरण**, फसल की किस्मों में वांछनीय गुणों को संलग्न कराने की दो विधियाँ हैं।
- फसल की किस्म में सुधार उच्च उत्पादकता, उच्च गुणवत्ता, जैविक व अजैविक कारकों के प्रति प्रतिरोधकता, परिपक्वन काल में परिवर्तन, उच्च अनुकूलता तथा वांछनीय लक्षणों की प्राप्ति हेतु किया जाता है।
- **फसल उत्पादन प्रबंधन** से तात्पर्य उच्च उत्पादकता हेतु फसल उत्पादन के विभिन्न पहलुओं के नियन्त्रण से है। इसमें पोषक तत्व प्रबंधन, सिंचाई तथा फसल पैटर्न सम्मिलित हैं।
- **पोषक तत्व प्रबंधन** के अन्तर्गत मृदा में विभिन्न विधियों द्वारा पोषक तत्वों के स्तर को बढ़ाया जाता है। यह खाद व उर्वरकों द्वारा किया जाता है।
- **सिंचाई** फसलों को जल की आपूर्ति करने की प्रक्रिया है। यह जलापूर्ति नहरों, जलाशयों, कुँओं तथा नलकूपों, आदि द्वारा की जाती है।
- **फसल पैटर्न** द्वारा भूमि के एक ही टुकड़े से अधिकतम लाभ प्राप्त किया जा सकता है तथा रोग व फसल के नष्ट होने की सम्भावना को कम किया जा सकता है। इसके लिए मिश्रित खेती, अन्तराफसलीकरण फसल चक्रण, आदि विधियाँ अपनाई जाती हैं।
- फसल सुरक्षा प्रबंधन फसलों की खरपतवार, कीटों, पीड़कों तथा रोगकारकों से रक्षा हेतु आवश्यक है, क्योंकि यदि समय रहते इन्हें नियंत्रित नहीं किया गया तो ये फसल को अत्यधिक हानि पहुँचा सकते हैं।
- **पशुपालन** पशुओं का वैज्ञानिक प्रबंधन है। इसके अन्तर्गत मवेशी, बकरी, भेड़, कुक्कुट तथा मत्स्य पालन आते हैं।
- **कुक्कुट पालन** माँस व अण्डों हेतु कुक्कुट के पालन की विधि है।
- **मत्स्य उत्पादन** से तात्पर्य, मानव के लिए जन्तु प्रोटीन उपलब्ध कराने हेतु मछलियों को पकड़ने व उनके संवर्धन से है।
- **मधुमक्खी पालन** को एपीकल्चर कहा जाता है। यह मधुमक्खियों से शहद, मोम, आदि प्राप्त करने हेतु किया जाता है।

परीक्षा अभ्यास

यहाँ अध्याय से सम्बन्धित सभी सम्भावित प्रश्नों को दिया गया है, इन प्रश्नों का अभ्यास करके व याद रखकर छात्र अध्याय से सम्बन्धित किसी भी प्रश्न का उत्तर दे पाएँगे।

वस्तुनिष्ठ प्रकार के प्रश्न

बहुविकल्पीय प्रश्न

1. हरित क्रान्ति निम्न में से किससे सम्बन्धित है?
(a) फसल उत्पादन में वृद्धि
(b) दूध उत्पादन में वृद्धि
(c) जनसंख्या में वृद्धि
(d) पौधों में वृद्धि

उत्तर (a) हरित क्रान्ति फसल उत्पादन में वृद्धि से सम्बन्धित है।

2. निम्न में से कौन-सी फसल रबी की फसल नहीं है?
(a) गेहूँ (b) चना
(c) मटर (d) मूँगफली

उत्तर (d) मूँगफली एक खरीफ की फसल है।

3. ऊर्जा कृषि कहलाने वाली फसलें हैं
(a) ज्वार, केला व आलू
(b) मक्का, आलू व टमाटर
(c) गन्ना, चुकन्दर, मक्का व आलू
(d) गन्ना, धान व जौ

उत्तर (c) गन्ना, चुकन्दर, मक्का व आलू की फसलों से प्राप्त उत्पादों से मानव एवं जन्तुओं को ऊर्जा प्राप्त होती है, इसलिए इन्हें ऊर्जा कृषि भी कहते हैं।

4. पादप प्रजनन का मुख्य ध्येय है
(a) रोग विमुक्त किस्मों का उत्पादन
(b) उच्च उन्नतशील पादप किस्मों का विकास
(c) उच्च उपज एवं पूर्व परिपक्व फसली किस्मों को व्यावसायिक उत्पादन हेतु विकसित करना
(d) उपरोक्त सभी

उत्तर (d) पादप प्रजनन फसलों की उत्पादकता बढ़ाने की विधि है, जिसमें रोग विमुक्त, उच्च उन्नतशील, उच्च उपज एवं पूर्व परिपक्व फसली किस्मों को व्यावसायिक उत्पादन हेतु विकसित किया जाता है।

5. कार्बनिक खेती के विषय में कौन-सा कथन असत्य है?
(a) इसमें रासायनिक उर्वरक, पीड़कनाशी, आदि का उपयोग होता है
(b) इसमें अधिकाधिक कार्बनिक खाद तथा पुनचक्रित कृषि का प्रयोग होता है
(c) कीटनाशी के रूप में पादप उत्पाद प्रयुक्त होते हैं
(d) उपरोक्त में से कोई नहीं

उत्तर (a) कार्बनिक खेती में रासायनिक उर्वरक, पीड़कनाशी आदि का उपयोग नहीं होता है।

6. खरपतवार फसलों को हानि पहुँचाते हैं, क्योंकि
(a) वे अवाँछित पादप होते हैं
(b) फसलों से प्रतिस्पर्धा (पोषण के लिए) करते हैं
(c) फसलों की वृद्धि को रोक देते हैं
(d) उपरोक्त सभी

उत्तर (d) खरपतवार के सम्बन्ध में उपरोक्त सभी कथन सत्य हैं।

7. भण्डारगृह में भण्डारण के दौरान नियन्त्रक विधियाँ है
(a) धूमक का प्रयोग
(b) उत्पाद की सफाई
(c) भण्डारगृह का उचित प्रबन्धन
(d) उपरोक्त सभी

उत्तर (d) भण्डारण के दौरान प्रयुक्त होने वाली निरोधक व नियन्त्रक विधियाँ भण्डारगृह का उचित प्रबन्धन, धूमक का प्रयोग व उत्पाद की नियन्त्रित सफाई आदि है।

8. विज्ञान की वह शाखा, जो पालतू जन्तुओं की नस्ल में सुधार एवं प्रबंधन के अध्ययन से सम्बन्धित होती है, क्या कहलाती है?
(a) पशु विज्ञान
(b) आनुवंशिक अभियान्त्रिकी
(c) पशुपालन
(d) जन्तु विज्ञान

उत्तर (c) पशुपालन विज्ञान में पालतू जन्तुओं के प्रबंधन एवं नस्ल में सुधार तथा उनसे प्राप्त उत्पादों की गुणवत्ता में सुधार का अध्ययन किया जाता है।

9. सही युग्म का चयन कीजिए।

	कॉलम I	कॉलम II
(a)	बाह्य संकरण	समान नस्ल के जन्तुओं का समागम, किन्तु 4-6 पीढ़ियों के लिए उनकी वंशावली (pedigree) के दोनों ओर, समान पूर्वज न हों
(b)	क्रॉस-प्रजनन	भिन्न नस्लों से सम्बद्ध जन्तुओं का समागम
(c)	अन्त: जातीय संकरण	समान नस्ल में असम्बन्धित जीवों के मध्य समागम
(d)	अन्त: प्रजनन	हानिकारक अप्रभावी जीन्स को प्रकट करना, जो चयन के द्वारा सामान्यतया हटा दिए जाते हैं।

उत्तर (c) अन्त: जातीय संकरण समान नस्ल में असम्बन्धित जीवों के मध्य होता है।

10. मवेशी की स्थिति (case) में एक उन्नत मादा *A* है, जो प्रत्येक दूध स्त्रावण (lactation) में अधिक दूध उत्पन्न करती है। दूसरी ओर एक बेहतर ...*B*..., ...*C*... है, जो अन्य नरों की अपेक्षा ...*D*... उत्पन्न करता है, यहाँ *A* से *D* तक अभिप्राय है

(a) A-गाय, *B*-नर, *C*-बैल, *D*-उच्चतर सन्तति
(b) A-भैंस, *B*-नर, *C*-बैल, *D*-निम्नतर सन्तति
(c) A-गाय, *B*-नर, *C*-बैल, *D*-निम्नतर सन्तति
(d) *A*-गाय, *B*-नर, *C*-बैल, *D*-सामान्य सन्तति

उत्तर (a) *A*-गाय, *B*- नर, *C*-बैल, *D*-उच्चतर सन्तति है।

11. पिसीकल्चर में निम्न में से किसका संवर्धन होता है ?

(a) जलीय जन्तु का
(b) प्रॉन का
(c) मछली का
(d) इनमें से कोई नहीं

उत्तर (c) पिसीकल्चर में मछली का संवर्धन किया जाता है।

12. निम्न मधुमक्खियों में किसका व्यावसायिक स्तर पर उपयोग किया जाता है?

(a) *एपिस डॉरसेटा*
(b) *एपिस इण्डिका*
(c) *एपिस फ्लोरिया*
(d) *एपिस मेलीफेरा*

उत्तर (d) इटेलियन मधुमक्खी *एपिस मेलीफेरा* का व्यावसायिक स्तर पर उपयोग किया जाता है।

कथन-कारण प्रकार के प्रश्न

निर्देश (प्र.सं. 13-17) इस खण्ड में दिए गए प्रत्येक प्रश्न में कथन तथा कारण दिए गए हैं। प्रत्येक प्रश्न के चार विकल्प (a), (b), (c) व (d) हैं, जिनमें से केवल एक सही है।

(a) कथन (A) तथा कारण (R) दोनों सत्य हैं तथा कारण (R), कथन (A) का सही स्पष्टीकरण है।
(b) कथन (A) तथा कारण (R) दोनों सत्य हैं परन्तु कारण (R), कथन (A) का सही स्पष्टीकरण नहीं है।
(c) कथन (A) सत्य है, परन्तु कारण (R) असत्य है।
(d) कथन (A) असत्य है, परन्तु कारण (R) सत्य है।

13. **कथन** (A) फसल उत्पादन तकनीक व फसल की उपज पर्यावरणीय कारकों से सम्बन्धित होती है।

कारण (R) जलवायवीय कारक जैसे-तापमान, प्रकाशावधि, आदि पादपों के जीवन चक्र को प्रभावित करते है।

उत्तर (a) विभिन्न फसलों की उत्पादन तकनीक जलवायवीय कारकों से सम्बन्धित होती है, क्योंकि विभिन्न फसलों के लिए अलग-अलग जलवायु की आवश्यकता होती है; जैसे कुछ फसलें ग्रीष्मकाल में और कुछ शीतकाल में उत्पन्न होती है। इसी प्रकार फसल की उपज भी जलवायवीय कारकों जैसे–तापमान, प्रकाशावधि, आदि पर निर्भर करती है। अतः कथन (A) व कारण (R) दोनों सत्य हैं तथा कारण (R), कथन (A) का सही स्पष्टीकरण है।

14. **कथन** (A) खाद में कार्बनिक पदार्थ की मात्रा अधिक व पोषक तत्वों की कम मात्रा होती है।

कारण (R) खाद के अधिक प्रयोग से जल प्रदूषण होता है।

उत्तर (c) खाद में कार्बनिक पदार्थों की अधिक मात्रा एवं पोषक तत्वों की कम मात्रा होती है। खाद के कारण रेतीली मिट्टी में जलधारण की क्षमता बढ़ जाती हैं। एवं चिकनी मिट्टी में कार्बनिक पदार्थों की अधिक मात्रा पानी को निकालने में सहायता करती है जिससे जल एकत्रित नहीं होता है। खाद का अधिक प्रयोग सामान्यतया जल प्रदूषण नहीं करता है, किन्तु अधिक मात्रा में जल के साथ बहकर जलाशयों में जाने से यह जलाशयों का BOD स्तर बढ़ा देती है। अतः कथन (A) सत्य है, परन्तु कारण (R) असत्य है।

15. **कथन** (A) दुग्ध उत्पादक मादाएँ दुधारु पशु होते हैं।

कारण (R) खेतों में कृषि कार्यों हेतु प्रयोग किए जाने वाले पशु ड्रॉट पशु कहलाते हैं।

उत्तर (b) दुग्ध उत्पादक मादाएँ दुधारु पशु होते हैं। एवं खेतों में कृषि कार्यों हेतु प्रयोग किए जाने वाले पशु जैसे–बैल ड्रॉट पशु कहलाते हैं। कथन (A) व कारण (R) दोनों सत्य हैं, परन्तु कारण (R), कथन (A) का सही स्पष्टीकरण नहीं है।

16. **कथन** (A) बर्ड फ्लू रोग पोल्ट्री का रोग है।

कारण (R) यह एक जीवाणु के द्वारा उत्पन्न होता है।

उत्तर (c) बर्ड फ्लू रोग पोल्ट्री का रोग है। यह H_5N_1 विषाणु द्वारा उत्पन्न होता है। अतः कथन (A) सत्य है, परन्तु कारण (R) असत्य है।

17. **कथन** (A) शहद एक जन्तु उत्पाद है, जो मधुमक्खी द्वारा उत्पन्न होता है।

कारण (R) शहद के रासायनिक संगठन में केवल शर्कराएँ होती है।

उत्तर (c) शहद मधुमक्खी पालन का अत्यन्त पौष्टिक उत्पाद है। इसमें लगभग 60% शर्करा पाई जाती है। शहद में शर्करा के अतिरिक्त एन्जाइम, वर्णक (2.21%), आयरन, कैल्शियम तथा सोडियम की सूक्ष्म मात्रा तथा भस्म 1% मात्रा में पाई जाती है। अतः कथन (A) सत्य है, परन्तु कारण (R) असत्य है।

केस स्टडी आधारित प्रश्न

निर्देश (प्र.सं. 18-22) *निम्नलिखित पैराग्राफ को पढ़िए तथा दिए गए प्रश्नों के उत्तर दीजिए।*

पशुधन शब्द का प्रयोग पालतू जानवरों के लिए किया जाता है, जो कृषि के सहायक अंग हैं। कृषि मानव अस्तित्व का आधार है तथा पालतू पशु कृषि पद्धतियों में एक अत्यधिक उपयोगी भाग साबित होते हैं। इनका कृषि में विभिन्न उद्देश्यों की पूर्ति के लिए उपयोग किया जाता है; जैसे–गाय, बकरी एवं भैंस का दुग्ध तथा माँस उत्पादन में, घोड़ा, बैल, हाथी एवं ऊँट का परिवहन तथा कृषि में कार्यों व इसके अतिरिक्त खाद्य एवं आवासीय आवश्यकताओं में पशुओं के सहउत्पाद ऊन, फर, चमड़ा, सींग, आदि का भी प्रयोग किया जाता है। इस प्रकार यह कहा जा सकता है, कि पशुधन हमारे जीवन का अभिन्न अंग है। पशु विशेष रूप से फार्म जन्तु, जिनको परिवहन, खाद्य आवश्यकता, कृषि कार्यों के निष्पादन तथा आर्थिक

लाभ के लिए पाला जाता है, सामूहिक रूप से पशुधन कहलाते हैं। उपयोगिता के आधार पर पशुधन को दुग्ध उत्पादक (गाय, भैंस, बकरी), माँस तथा अण्डा उत्पादक (मुर्गी, बत्तख, बकरी, भेड़), परिवहन में प्रयोग होने वाले जन्तु (हाथी, ऊँट, घोड़ा, गधा) तथा विविध उपयोगी जन्तु श्रेणियों में वर्गीकृत किया जा सकता है।

उत्पादन क्षमता को अच्छा बनाने के लिए पशुओं की अच्छी देखभाल, साफ-सुथरा आवास, पर्याप्त पानी व रोगमुक्त वातावरण उपलब्ध होना चाहिए। इसके अलावा चारे की गुणवत्ता व भोजन प्रदान करने का तरीका उत्तम होना चाहिए। दुग्ध निकालते समय व दुग्ध उत्पादों के भण्डारण के समय व परिवहन के समय भी सफाई की गुणवत्ता बनी रहनी चाहिए।

18. पशु कृषि किन उद्देश्यों की पूर्ति के लिए की जाती है?

उत्तर पशु कृषि दूध उत्पादन, माँस उत्पादन व कृषि कार्य के लिए की जाती है।

19. भारतीय पालतू पशुओं की दो मुख्य जातियाँ कौन सी है ?

उत्तर *बॉस इण्डिकस* (गाय) व *बुबेलस बुबेलिस* (भैस) भारतीय पालतू पशुओं की दो मुख्य जातियाँ हैं।

20. किन पालतू पशुओं में मुख्यतया खुरपका तथा मुँहपका रोग होता है?

उत्तर भेड़, बकरी, गाय, भैंस, ऊट, सुअर आदि सभी में विषाणु जनित खुरपका एवं मुँहपका रोग हो जाता है।

21. डेयरी फार्म प्रबन्धन के लिए किए जाने वाले मापदण्ड (Parameter) कौन से हैं।

उत्तर डेयरी फार्म प्रबन्धन के लिए किए जाने वाले मापदण्डों में ऐसे नर एवं मादा जन्तओं का चयन करना, जिनमें उच्च पैदावार की सम्भावना (High yeilding potential) एवं रोगों के लिए प्रतिरोधकता हो। पशु चिकित्सक के द्वारा नियमित निरीक्षण करना व प्रत्येक जन्तु को एक सन्तुलित आहार खिलाया जाना तथा अच्छे जन्तु प्रबन्धन एवं सामान्य पर्यवेक्षण के लिए ध्यान देना।

22. जर्सी, ब्राउन स्विस, होलस्टीन व साहीवाल में से भारतीय गाय नस्ल कौन सी हैं?

उत्तर साहीवाल भारतीय गाय की नस्ल है। अन्य तीन विदेशी गाय की नस्लें हैं।

निर्देश (प्र.सं. 23-27) *निम्नलिखित पैराग्राफ को पढ़िए तथा दिए गए प्रश्नों के उत्तर दीजिए।*

शहद प्राप्त करने के लिए मधुमक्खियों को कृत्रिम विधि द्वारा पालने की प्रक्रिया को मधुमक्खी पालन कहते हैं। मधुमक्खी एक सामाजिक व बहुरूपी (Polymorphic) कीट है। यह हजारों की संख्या में मोम के छत्ते के भीतर कॉलोनी बनाकर रहती है। इनके छत्ते प्राय: ऊँचे पेड़ों की शाखाओं या पुराने घरों की छत, आदि से लटके हुए दिखाई देते हैं। एक सामान्य छत्ते का व्यास लगभग 30-90 सेमी होता है। इसमें लगभग 50-60 हजार मक्खियाँ होती हैं। प्रत्येक छत्ते का निर्माण हजारों की संख्या में छोटे-छोटे छः भुजाओं युक्त कोष्ठकों अर्थात् **षट्भुजीय कोष्ठकों** (Hexagonal cells) से होता है। छत्ते के कुछ कोष्ठकों में मधुमक्खियों द्वारा बनाया गया शहद एकत्रित रहता है तथा कुछ में अण्डों व शिशुओं का पालन-पोषण होता है।

23. निम्नलिखित में से कौन-सी एक मधुमक्खी इटली की स्पीशीज है?

(a) *एपिस डोरसेटा* (b) *एपिस फ्लोरिआ*
(c) *एपिस मेलीफेरा* (d) *एपिस सेरना इंडिका*

उत्तर (c) *एपिस मेलीफेरा* मधुमक्खी इटली की प्रजाति है।

24. सर्वाधिक शहद उत्पन्न करने वाली मधुमक्खी है

(a) *एपिस इण्डिका* (b) *एपिस डॉरसेटा*
(c) *एपिस फ्लोरिया* (d) *एपिस मेलीफेरा*

उत्तर (b) *एपिस डॉरसेटा* से सर्वाधिक शहद प्राप्त होता है।

25. शहद (Honey) में पाए जाते हैं

(a) लेव्यूलोज, डैक्स्ट्रोज, ग्लूकोस
(b) लेव्यूलोज, डैक्स्ट्रोज, माल्टोस
(c) डैक्स्ट्रोज, ग्लूकोस, फ्रक्टोस
(d) उपरोक्त सभी

उत्तर (d) शहद में लेव्यूलोज या फ्रक्टोज, डैक्स्ट्रोज, ग्लूकोज तथा माल्टोस शर्करा उपस्थित होते हैं।

26. दिए गए कथनों को पढ़िए।

I. मधुमक्खियों के छत्तों को प्राय: सूरजमुखी के खेतों के पास रखा जाता है।
II. मधुमक्खी पालन एक अधिक श्रमयुक्त (Labour-intensive) विधि है।
III. मधुमोम (Beeswax) का उपयोग सौन्दर्य प्रसाधन उद्योग में किया जाता है।
IV. *एपिस इण्डिका* (*Apis indica*) मधुमक्खी की सर्वाधिक सामान्य प्रजाति है।

उपरोक्त में से गलत कथन का चयन कीजिए।

(a) II तथा III (b) केवल II
(c) केवल IV (d) इनमें से कोई नहीं

उत्तर (b) मधुमक्खी पालन कम लागत व कम श्रम युक्त विधि है।

27. सूची I को सूची II से सुमेलित कीजिए।

सूची I (वैज्ञानिक नाम)		सूची II (सामान्य नाम)
A.	*एपिस सेरना इण्डिका*	1. शैल मधुमक्खी
B.	*एपिस डोरसेटा*	2. इटली की मधुमक्खी
C.	*एपिस फ्लोरी*	3. भारतीय मधुमक्खी
D.	*एपिस मेलीफेरा*	4. लिटिल मधुमक्खी

कूट

	A	B	C	D
(a)	3	1	4	2
(b)	1	3	2	4
(c)	4	3	2	1
(d)	2	4	3	1

उत्तर (a) सही मिलान है

A.	*एपिस सेरना इण्डिका*	3.	भारतीय मधुमक्खी
B.	*एपिस डोरसेटा*	1.	शैल मधुमक्खी
C.	*एपिस फ्लोरी*	4.	लिटिल मधुमक्खी
D.	*एपिस मेलीफेरा*	2.	इटली की मधुमक्खी

अतिलघु उत्तरीय प्रश्न

28. मानवों के लिए भोजन के दो मुख्य स्रोतों के नाम बताइए।
उत्तर पौधे तथा जन्तु।

29. कृषि में संपोषणीय व्यवहार को परिभाषित कीजिए।
उत्तर कृषि कार्य तथा पर्यावरण को नुकसान पहुँचाए बिना प्राकृतिक संसाधनों के उचित प्रबंधन द्वारा अधिकतम कृषि उपज का उत्पादन संपोषणीय कृषि कहलाता है।

30. सरसों तथा अलसी के बीज से प्राप्त होने वाले पोषक तत्व का नाम लिखिए।
उत्तर सरसों तथा अलसी के बीज से तेल या वसा प्राप्त होती है।

31. निम्नलिखित में से दो फसलों को पहचानिए जो हमें ऊर्जा की आवश्यकता के लिए कार्बोहाइड्रेट प्रदान करते हैं?
काला चना, गेहूँ, मसूर, चावल
उत्तर गेहूँ तथा चावल।

32. उच्च प्रोटीन युक्त रबी की दो फसलों के नाम बताइए।
उत्तर चना एवं मटर।

33. व्याख्या कीजिए कि बरसीम, जई तथा सूडान घास का किसानों द्वारा किस प्रकार उपयोग किया जाता है?
उत्तर किसान बरसीम, जई तथा सूडान घास का उपयोग अपने मवेशियों के चारे के लिए करता है।

34. पादपों व जन्तुओं की उन्नत किस्मों का उत्पादन कैसे किया जाता है?
उत्तर संकरण व आनुवंशिक अभियांत्रिकी या आनुवंशिकीय रूपान्तरण किस्मों के विकास द्वारा पादपों व जन्तुओं की उन्नत व नई किस्में उत्पन्न की जाती है।

35. एक किसान बीज की दुकान पर जाकर जया एवं पूसा-205 की माँग करता है। वह अपने खेत में किस अनाज की फसल बोने जा रहा है?
उत्तर किसान अपने खेत में धान की फसल बोने जा रहा है।

36. कोई दो अजैव कारक बताइए, जो फसल उत्पादन को प्रभावित करते हैं।
उत्तर सूखा एवं बाढ़।

37. कृषि के लिए वृहत् अनुकूलता वाले फसलों के बीजों का चुनाव करने के क्या फायदे होते हैं?
उत्तर यह विभिन्न पर्यावरणीय परिस्थितियों में फसल उत्पादन को स्थिर बनाए रखने में सहायता करता है।

38. कृषि में दीप्तिकाल की महत्ता बताइए।
उत्तर पादपों की वृद्धि व पुष्पन के लिए दीप्तिकाल आवश्यक होता है।

39. कोई दो रासायनिक उर्वरक लिखिए।
उत्तर यूरिया एवं सुपर फॉस्फेट।

40. सिंचाई क्या है?
उत्तर फसलों को जल प्रदान करने की प्रक्रिया को सिंचाई कहते हैं।

41. गेहूँ तथा सरसों को साथ-साथ उगाना क्या प्रदर्शित करता है?
उत्तर यह मिश्रित खेती का उदाहरण है।

42. दो फसलों को निश्चित पंक्तिबद्ध रूप में किस पद्धति में उगाया जाता है?
उत्तर यह अंतराफसलीकरण की विधि है।

43. एक किसान एक वर्ष में दो खाद्यान्नों के बीच दाल की फसल उगाता है। वह कौन-सी फसल पद्धति का उपयोग कर रहा है?
उत्तर वह फसल चक्रण का उपयोग कर रहा है।

44. गेहूँ तथा धान के साथ उगने वाली किन्हीं दो सामान्य खरपतवारों के नाम बताइए।
उत्तर गेहूँ तथा धान के साथ उगने वाले दो खरपतवार चौलाई तथा बथुआ हैं।

45. दो पीड़कनाशियों के नाम बताइए।
उत्तर डाइक्लोरो डाइफेनिल ट्राइक्लोरोएथेन (DDT) और बेंजीन हेक्सा क्लोराइड (BHC)।

46. गेहूँ की फसल में कवक द्वारा होने वाले दो रोगों के नाम लिखिए।
उत्तर (i) किट्ट (Rust) (ii) कण्ड (Smut)।

47. पशुपालन को परिभाषित कीजिए।
उत्तर कृषि विज्ञान की वह शाखा जो पालतू पशुओं के भरण-पोषण, देखभाल व प्रजनन से संबंध रखती है, पशुपालन कहलाती है।

48. मवेशियों की दो विदेशी नस्लों के नाम बताइए।
उत्तर ब्राउन स्विस और जर्सी गाय की दो विदेशी नस्ले हैं।

49. व्हाइट लेगहॉर्न किस जंतु की विदेशी नस्ल है?
उत्तर मुर्गी (लेअर)।

50. उन दो विटामिन के नाम बताइए जिन्हें कुक्कुट आहार में मिलाया जाता है।
उत्तर विटामिन-A तथा विटामिन-K।

51. उस मुख्य पोषक तत्व का नाम लिखिए, जो हमें मछली से प्राप्त होता है।
उत्तर प्रोटीन।

52. मेरीकल्चर या समुद्री संवर्धन क्या है?
उत्तर तटीय क्षेत्रों में वाणिज्यिक स्तर पर समुद्री मछलियों जैसे-मुलेट, भेटकी, ईल आदि का संवर्धन करना समुद्री संवर्धन या मेरीकल्चर कहलाता है।

53. मछली संवर्धन धान की फसल के साथ क्यों किया जाता है?

उत्तर क्योंकि इससे धान की फसल को कीटों एवं पीड़कों से सुरक्षा व मछलियों को भोजन प्राप्त होता है।

54. किन्हीं दो कवचीय मछलियों के नाम लिखिए।

उत्तर मस्सल एवं सीपी या *यूनियो।*

55. व्यावसायिक स्तर पर पाली जाने वाली मधुमक्खी की दो देशी प्रजातियों के नाम लिखिए।

उत्तर *एपिस सेरेना इण्डिका, एपिस डोरसेटा* एवं *ऐपिस फ्लोरी।*

लघु उत्तरीय प्रश्न

1. GM फसल क्या है? किसी एक GM फसल का नाम बताइए, जो भारत में उगाई जाती है। **NCERT Exemplar**

उत्तर ऐच्छिक गुण वाले जीन को एक पौधे जन्तु या सूक्ष्मजीव से ऐच्छिक पौधे में स्थानान्तरित करके उन्नत किस्म प्राप्त करना आनुवंशिकी अभियांत्रिकी कहलाती है एवं यह किस्म GM (आनुवंशिकीय रूपांतरित–Genetically modified) फसल कहलाती है। *बीटी (Bt)* कपास एवं *Bt* बैंगन GM फसलों के उदाहरण हैं, जिन्हें *बैसीलस थ्यूरिन्जिएसिस* जीवाणु से जीन डालकर कीट प्रतिरोधक बनाया जाता है।

2. 'कृषि पद्धतियाँ तथा फसल की उपज जलवायु संबंधी परिस्थितियों पर निर्भर करती है।' समझाइए। **NCERT Exemplar**

उत्तर विभिन्न फसलों के लिए विभिन्न जलवायु संबंधी परिस्थितियाँ, तापमान तथा दीप्तिकाल की आवश्यकता होती है जिससे कि उनकी समुचित वृद्धि हो सके और वे अपना जीवन-चक्र पूरा कर सकें। पौधों में पुष्पन तथा वृद्धि सूर्य के प्रकाश पर निर्भर करती है। कुछ ऐसी फसलें हैं जिन्हें हम वर्षा ऋतु में उगाते हैं ये खरीफ की फसल कहलाती है, जो जून से आरम्भ होकर अक्टूबर मास तक काटी जाती हैं। कुछ फसलें शीत ऋतु में उगाई जाती हैं, जो नवम्बर से अप्रैल मास तक होती हैं। इन फसलों को रबी फसल कहते हैं।

3. संकरण एवं दीप्तिकाल को परिभाषित कीजिए। **NCERT Exemplar**

उत्तर **संकरण** दो उन्नत गुणों वाली भिन्न नस्लों या किस्मों के मध्य प्रजनन करवाकर नई उन्नत संकर किस्म जिसमें दोनों जनकों के वांछित गुण मौजूद हो, को प्राप्त करने की प्रक्रिया संकरण कहलाती है।

दीप्तिकाल पादपों में पुष्पन हेतु आवश्यक प्रकाश की अवधि को दीप्तिकाल कहते हैं।

4. कृषि में उच्च निवेश से फसल उत्पादन उच्च होता है। व्याख्या कीजिए। **NCERT Exemplar**

उत्तर उच्च निवेश तथा फसल उत्पादन में सह-संबंध है। किसान की लागत क्षमता फसल तन्त्र तथा उत्पादन प्रणालियों का निर्धारण करती है। पर्याप्त धन होने पर किसान आधुनिक कृषि पद्धतियों का प्रयोग कर फसल उत्पादन बढ़ाने में सफल होते हैं।

5. सूक्ष्म पोषक क्या हैं? इनके नाम बताइए। **NCERT Exemplar**

उत्तर पौधों को वृद्धि के लिए पोषक तत्त्वों की आवश्यकता होती है। पौधों को ये पोषक तत्त्व हवा, पानी तथा मिट्टी से प्राप्त होते हैं।

पौधों के लिए 16 पोषक तत्त्व आवश्यक होते हैं। इनमें से 7 पोषक तत्त्वों की आवश्यकता कम मात्रा में होती है, जिन्हें सूक्ष्मपोषक कहते हैं; जैसे– आयरन, मैंग्नीज, बोरॉन, जिंक, कॉपर, मॉलिब्डेनम तथा क्लोरीन।

6. दीर्घ पोषक तत्वों व सूक्ष्म पोषक तत्वों में कोई दो अन्तर बताइए।

उत्तर दीर्घपोषक व सूक्ष्मपोषक तत्वों में निम्नलिखित अन्तर हैं

दीर्घपोषक तत्व	सूक्ष्मपोषक तत्व
पादपों को इनकी उच्च मात्रा में आवश्यकता होती है।	पादपों को इनकी सूक्ष्म मात्रा में आवश्यकता होती है।
ये 9 होते हैं कार्बन, हाइड्रोजन, ऑक्सीजन नाइट्रोजन, फॉस्फोरस, पोटैशियम, मैग्नीशियम, सल्फर तथा कैल्शियम।	इनकी संख्या 7 होती है—आयरन, मैंग्नीज, बोरॉन, जिंक, कॉपर, मॉलिब्डेनम तथा क्लोरीन।

7. वर्मीकम्पोस्ट व हरित खाद से आप क्या समझते हैं ?

उत्तर वर्मीकम्पोस्ट एक प्रकार की खाद हैं, जो जन्तुओं व पादपों के व्यर्थ या अपशिष्ट पदार्थों के अपघटन की प्रक्रिया को केंचुओं की सहायता से तथा तीव्रता से करके प्राप्त की जाती है।

फसल उगाने से पहले खेतों में कुछ पौधों; जैसे-पटसन, मूँग अथवा ग्वार, आदि उगा देते हैं और तत्पश्चात् उन पर हल चलाकर खेत की मिट्टी में मिला दिया जाता है। ये पौधे हरी खाद में परिवर्तित हो जाते हैं, जो मिट्टी को नाइट्रोजन तथा फॉस्फोरस से परिपूर्ण करने में सहायक होते हैं।

8. कम्पोस्ट तथा वर्मीकम्पोस्ट में अन्तर बताइए। **NCERT Exemplar**

उत्तर **कम्पोस्ट** कृषि अपशिष्ट पदार्थ जैसे– पशुधन का मल-मूत्र (गोबर, आदि), सब्जी के छिलके एवं कचरा, जानवर द्वारा परित्यक्त चारे, घरेलू कचरे, सीवरेज कचरे, फेंके हुए खरपतवार, आदि का गड्ढ़ों में विगलित करके बनाई गई खाद **कम्पोस्ट** कहलाती है।

वर्मीकम्पोस्ट यदि कम्पोस्ट बनाने की प्रक्रिया में केंचुओं द्वारा पौधों और जानवरों के अपशिष्ट पदार्थों का शीघ्र अपघटन किया जाए तो इस प्रकार बनी खाद को **वर्मी कम्पोस्ट** कहते हैं।

9. उर्वरकों का अधिक प्रयोग किस प्रकार पर्यावरण के लिए हानिकारक होता है?

उत्तर उर्वरकों का अधिक प्रयोग मिट्टी की उर्वरता को घटाता है क्योंकि इससे कार्बनिक पदार्थ की पुनः पूर्ति नहीं हो पाती है। इससे सूक्ष्मजीवों तथा भूमिगत जीवों का जीवन-चक्र अवरुद्ध होता है। इसके अतिरिक्त इनका अधिक उपयोग पर्यावरण को प्रदूषित भी करता है और जल, वायु तथा मृदा प्रदूषण का कारण बनते हैं।

10. यदि पूरे साल वर्षा निर्धारित मात्रा से कम होती है, तो अच्छी फसल उत्पादन के लिए आप किसानों को क्या सुझाव देंगे? **NCERT Exemplar**

उत्तर अच्छी फसल उत्पादन के सुझाव निम्न हैं–

(i) मृदा से ह्यूमस की मात्रा बढ़ाने से पानी को एकत्रित करने की क्षमता बढ़ जाती हैं, जो पानी को अधिक समय तक मृदा में रोके रखती है। इसलिए हरी खाद एवं कम्पोस्ट का प्रयोग करें।

(ii) सिंचाई की संख्या सीमित करना एवं फसल की सूखा प्रतिरोधी किस्म जिस सिंचाई की कम आवश्यकता होती है, का उपयोग करना।

11. मिश्रित फसलों के कोई दो लाभ लिखिए।

उत्तर (i) अवयवी फसलों के संपूरक प्रभाव के कारण दोनों फसलों की उपज बढ़ जाती है। उदाहरण–गेहूँ और चना।

(ii) दो फसलों को एक-साथ उगाने से भूमि की उर्वरता में सुधार होता है।

12. (i) कृषि में फसल चक्रण क्यों किया जाता है?

(ii) चित्र में किस प्रकार का फसल पैटर्न दर्शाया गया है? इसका कोई एक लाभ लिखिए।

उत्तर (i) किसी खेत में क्रमवार पूर्व नियोजित कार्यक्रम के अनुसार अलग-अलग ऋतुओं में विभिन्न फसलों को उगाना फसल चक्रण कहलाता है। फसल चक्रण के माध्यम से एक वर्ष में दो अथवा तीन फसलें उगाकर अधिक उत्पादन प्राप्त किया जा सकता है।

(ii) चित्र में अंतराफसलीकरण दर्शाया गया है। इससे उत्पादन तो अधिक होता ही है, साथ ही रोगों एवं पीड़कों को नियन्त्रित करने में भी सहायता मिलती है।

13. कृषि उत्पादों के भण्डारण को हानि पहुँचाने में कौन–से कारक उत्तरदायी हैं? इन्हें किस प्रकार नियन्त्रित किया जा सकता है?

उत्तर जैविक कारकों के अन्तर्गत कृंतक, कीट, तथा जीवाणु, आदि आते हैं। अजैविक कारकों के अन्तर्गत भण्डारण के स्थान पर उपस्थित नमी तथा ताप का प्रभाव मुख्य कारक हैं। पीड़कों को नष्ट करने के लिए धूमकों का प्रयोग उचित रहता है। अनाज के भण्डारण से पहले धूप में और फिर छाया में सुखा लेना चाहिए। अनाज में नमी की मात्रा 12% से अधिक नहीं होनी चाहिए। भण्डारगृह जल तथा नमी के लिए अभेद्य होने चाहिए। भण्डारित खाद्य पदार्थों का समय-समय पर निरीक्षण करते रहना चाहिए।

14. उन दो विधियों के नाम लिखिए जिनके द्वारा कीट फसलों के उत्पादन को प्रभावित करते हैं। **NCERT Exemplar**

उत्तर कीट निम्न तीन प्रकार से फसल के उत्पादन को प्रभावित करते हैं

(i) ये जड़, तना व पत्तियों को काट देते हैं, जैसे- टिड्डे।

(ii) ये पौधे के विभिन्न भागों से कोशिका रस चूसते हैं, जैसे- एफिड्स।

(iii) ये फल तथा तनों में छेद कर देते हैं, जैसे- तना छेदक लार्वा।

15. पशुपालन के दो मुख्य लाभ बताइए।

उत्तर पशुपालन के दो मुख्य लाभ निम्न हैं—

(i) जनसंख्या वृद्धि तथा रहन-सहन के स्तर में वृद्धि के कारण अण्डों, दूध तथा माँस की खपत भी बढ़ती है। अतः इस बढ़ती माँग की आपूर्ति हेतु पशुपालन आवश्यक है।

(ii) इसके द्वारा पशुओं के उचित प्रबन्धन व पालन हेतु आवश्यक दिशा-निर्देश निर्धारित किए जाते हैं।

16. डेयरी पशुओं की खाद्य आवश्यकताओं को बताइए।

उत्तर डेयरी पशुओं की खाद्य आवश्यकताएँ निम्न दो प्रकार की होती हैं

(i) **अच्छे स्वास्थ्य के लिए** ऐसा आहार जो पशु के स्वास्थ्य को अच्छा बनाए रखा।

(ii) **दुग्धस्रावण के लिए** ऐसा आहार जो दूध के उत्पादन को बढ़ाए। इसकी आवश्यकता दुग्धस्रावण काल के समय होती है।

17. किन्हीं दो दुधारू पशुओं का वैज्ञानिक नाम लिखिए।

उत्तर (i) गाय - *बॉस इण्डिकस*

(ii) भैंस - *बॉस बुवेलिस*।

18. दो अन्तः परजीवियों के नाम बताइए जो पशुओं को प्रभावित करते हैं।

उत्तर (i) **कृमि** ये आमाशय व आँत को प्रभावित करते हैं।

(ii) **पर्ण कृमि** (Liver fluke) ये यकृत को हानि पहुँचाते हैं।

19. ऐसे दो वाँछनीय गुण बताइए जिनके लिए कुक्कुट नस्लों में रूपान्तरण किया जाता है।

उत्तर (i) चूजों की संख्या तथा गुणवत्ता,

(ii) छोटे कद के ब्रौलर माता-पिता द्वारा चूजों के व्यावसायिक उत्पादन हेतु।

20. किन कारणों से, भारतीय नस्लों से मुर्गे-मुर्गियों की संकर नस्लें अधिक लाभदायक हैं?

उत्तर (i) ये अधिक अण्डे देती हैं। ये प्रति वर्ष लगभग 700 अण्डे देती है, जबकि देशी मुर्गी प्रति वर्ष 60 अण्डे देती हैं।

(ii) ये कम लागत में अधिक माँस उत्पादित करते हैं। ये 1 kg माँस के लिए 2.3 kg चारा, जबकि देशी किस्में 1 kg माँस देने के लिए लगभग 5-6 kg चारा खाती हैं।

21. मत्स्य संवर्धन हेतु कौन–से कारकों का ध्यान रखना चाहिए?

उत्तर तीन मुख्य कारक निम्नवत् हैं–

(i) तालाब की स्थिति,

(ii) जल संसाधन तथा उसकी गुणवत्ता,

(iii) मृदा गुणवत्ता।

22. कवचीय मछलियों के कोई दो उदाहरण दीजिए।

उत्तर (i) क्रस्टेशिया; जैसे- झींगा तथा लोबस्टर।

(ii) मोलस्का; जैसे- ओएस्टर तथा ऑक्टोपोड्स।

23. व्यावसायिक मधु उत्पादन में इटली की मधुमक्खी (*एपिस मेलीफेरा*) का उपयोग किया जाता है। इस मधुमक्खी की विशेषता बताइए। **NCERT Exemplar**

उत्तर इटली की मधुमक्खी में मधु एकत्र करने की क्षमता बहुत अधिक होती है एवं यह डंक भी कम मारती है। यह निर्धारित छत्ते में काफी समय तक रहती है और तीव्रता से प्रजनन करती है।

24. मकरंद किस प्रकार शहद में परिवर्तित होता है?

उत्तर जब मधुमक्खी फूलों से मकरंद चूसती है, तो यह मकरंद उसके मधुकोष (Honey sac) में पहुँचता है। जहाँ वह कुछ इनवर्टेस एन्जाइम की क्रिया द्वारा डेक्सट्रोस तथा लेव्युलोस में रूपांतरित हो जाता है। अंत में प्रत्यावहन के बाद उपचारित मकरंद शहद में परिवर्तित हो जाता है।

C लघु उत्तरीय प्रश्न

25. फसल सुधार में संकरण की भूमिका का उल्लेख कीजिए

उत्तर इस विधि में भिन्न आनुवंशिक गुणों वाले पौधों में संकरण द्वारा नई किस्म (संकर) या उच्च उत्पादक किस्म (High Yielding Varieties or HYV) प्राप्त की जाती है।

संकरण निम्न प्रकार का होता है

(a) **अंतराकिस्मीय** (Intervarietal) इस विधि में पादप की दो भिन्न किस्मों के मध्य संकरण कराया जाता है।

(b) **अंतराजातीय** (Interspecific) इसमें एक वंश (जीनस) की दो भिन्न जातियों (स्पीशीजों) के मध्य संकरण कराते हैं।

(c) **अंतरावंशीय** (Intergeneric) विभिन्न जेनेरा से संबंधित पादपों के मध्य संकरण कराया जाता है।

26. कार्बनिक पदार्थ फसल उत्पादन के लिए क्यों आवश्यक होते हैं? **NCERT Exemplar**

उत्तर कार्बनिक पदार्थ फसलों के उत्पादन के लिए इसलिए आवश्यक होते हैं, क्योंकि

(i) कार्बनिक पदार्थ की मात्रा मिट्टी की संरचना में सुधार करती है।

(ii) इसके कारण रेतीली मिट्टी में पानी को सोखने की क्षमता बढ़ जाती है।

(iii) चिकनी मिट्टी में कार्बनिक पदार्थ की मात्रा पानी को निकालने में सहायता करती है, जिससे पानी एकत्रित नहीं होता है।

27. हरित खाद क्या है? हरित खाद कैसे तैयार की जाती है?

उत्तर खरपतवार, नव-पादपों तथा सनहेम्प (*क्रॉटोलेरिया जूसिया*), ढेंचा (*सिसबेनिया एक्यूलिएट*) एवं ग्वार (*स्यामोप्सोस ट्रेआगोनालोबा*) से प्राप्त कार्बनिक पदार्थों के पूर्ण अपघटन से प्राप्त खाद हरित खाद कहलाती है।

हरित खाद तैयार करना

(i) हरित खाद उत्पन्न करने वाले पादपों को आरम्भिक अवस्था (फूल खिलने की अवस्था) में ही खेत में काट कर गिरा दिया जाता है।

(ii) इनके अवशेषों को 1-2 महीनों के लिए जमीन के नीचे दबा दिया जाता है। अब खेत को अगली फसल के लिए तैयार किया जाता हैं।

28. उर्वरकों के लघु अवधि के लाभ होते हैं, जबकि खाद के दीर्घ अवधि के लाभ होते हैं। क्या आप इस कथन से सहमत हैं? अपने उत्तर के समर्थन में तीन कारण बताइए।

उत्तर हाँ, खाद की दीर्घ अवधि लाभ की तुलना में उर्वरक से प्राप्त होने वाले लाभ अल्प अवधि के लिए होते हैं, क्योंकि–

(i) किसी क्षेत्र में उर्वरकों का लगातार प्रयोग मृदा की उर्वरता को नष्ट करता है।

(ii) ये मृदा में उपस्थित सूक्ष्मजीवों को नुकसान पहुँचाते हैं।

(iii) इनकी कीमत अधिक होती है तथा ये जल को प्रदूषित करता हैं।

29. खाद एवं उर्वरक में अन्तर स्पष्ट कीजिए।

उत्तर

खाद	उर्वरक
खाद जैविक अपशिष्ट पदार्थ हैं जिनका निर्माण कार्बनिक पदार्थों के अपघटन की प्रक्रिया द्वारा किया जाता है।	उर्वरक रासायनिक यौगिक होते हैं जिनका निर्माण कारखानों में किया जाता है।
मृदा को समृद्ध करने के लिए इसकी अत्यधिक मात्रा में जरूरत होती है।	मृदा के समृद्ध करने के लिए इनकी अल्प मात्रा में उपयोग की जरूरत होती है।
इसका अत्यधिक उपयोग मृदा की उर्वरता को नुकसान नहीं पहुँचाता है।	इसका अत्यधिक उपयोग मृदा की उर्वरता को धीरे-धीरे कम करता है।

30. कार्बनिक खेती की तीन विशेषताएँ लिखिए।

उत्तर कार्बनिक खेती की तीन विशेषताएँ निम्नलिखित हैं

- इसमें रासायनिक उर्वरक, पीड़कनाशी, शाकनाशी, आदि का उपयोग बहुत कम या बिल्कुल नहीं होता है।
- इस पद्धति में अधिकाधिक कार्बनिक खाद तथा पुनर्चक्रित कृषि अपशिष्ट (पुआल तथा पशुधन) का प्रयोग किया जाता है।
- जैविक उर्वरक को बनाने में जैविक कारक का उपयोग किया जाता है; जैसे-नील-हरित शैवाल, लेग्यूम्स, आदि।

31. कृषि योग्य भूमि में खरपतवारों की वृद्धि पर नियन्त्रण पाने की तीन विधियों का उल्लेख कीजिए।

उत्तर (i) खरपतवारों पर रसायनों के प्रयोग द्वारा जिसे खरपतवारनाशी या शाकनाशी कहते हैं, नियन्त्रण किया जाता है। इनका फसलों पर छिड़काव किया जाता है। ये रसायन केवल खरपतवार को नष्ट करते हैं, फसली पौधों को नहीं। उदाहरण– 2, 4-D

(ii) खरपतवार को यांत्रिक विधि द्वारा या हाथ से भी जमीन से उखाड़कर या खेत जोतकर हटाया जा सकता है।

(iii) ग्रीष्म जुताई, जैव खरपतवार नाशक तथा पशुचारण द्वारा भी खरपतवारों पर नियन्त्रण किया जा सकता है।

32. (i) उन रोगकारकों का उल्लेख कीजिए, जो पौधों में रोग उत्पन्न करते हैं।

(ii) ये कहाँ पाए जाते हैं?

उत्तर (i) बैक्टीरिया, कवक तथा वायरस

(ii) ये रोग कारक जल, हवा तथा मिट्टी में उपस्थित हो सकते हैं तथा इन्हीं के माध्यम से इनका संक्रमण हो सकता है।

33. निम्नलिखित के लिए एक शब्द लिखिए तथा प्रत्येक का उदाहरण दीजिए

(i) एक पंक्ति में एक प्रकार की फसल तथा उसके एकान्तर में स्थित दूसरे पंक्ति में दूसरे प्रकार की फसल।

(ii) दो अथवा दो से अधिक फसलों को एक साथ एक ही खेत में उगाना।

(iii) पूर्व नियोजित कार्यक्रम के अनुसार विभिन्न फसलों को एक खेत में उगाना।

उत्तर (i) **मिश्रित कृषि**

टमाटर + प्याज + गेंदा फूल

गेहूँ + चना या गेहूँ + सरसों या मूँगफली + सूरजमूखी

(ii) **अन्तराफसलीकरण** छायानुरागी पौधों को प्रकाशनुरागी पौधों के साथ लगाया जा सकता है; जैसे- फलियाँ, चुकंदर, सलाद पत्ता, मटर, मूली तथा शलजम

सोयाबीन + मक्का या बाजरा + राजमा

(iii) **फसल चक्रण** गेहूँ या धान की फसल तथा दलहन फसलों की एकान्तरित कृषि।

34. मिश्रित फसलीकरण किसे कहते हैं? इसके क्या लाभ हैं?

उत्तर **मिश्रित फसलीकरण** (Mixed cropping) एक ही खेत में एक ही मौसम में दो या दो से अधिक फसलों को उगाने की विधि को मिश्रित फसलीकरण कहते हैं।

मिश्रित फसलीकरण के लाभ

(i) इसमें किसान के समय तथा परिश्रम की बचत होती है।

(ii) इसमें उत्पादन व्यय कम होता है क्योंकि एक ही फसल को उर्वरक, पानी, आदि देने पर सभी फसलों को मिल जाता है।

(iii) फसलों के भिन्न-भिन्न समय पर पकने के कारण किसान अपना कार्य स्वयं कर लेता है।

(iv) फसलों की जड़ें मिट्टी को ऊपर तक बाँधकर रखती हैं जिससे भूमि अपरदन नहीं होता।

(v) भूमि में पाए जाने वाले पोषक तत्वों का ठीक ढंग से उपयोग होता है।

(vi) सीमित भूमि से अधिक आय होती है।

35. बहु-फसलीकरण क्या है? इसकी मूल आवश्यकताएँ बताइए।

उत्तर **बहु-फसलीकरण** (Multiple cropping) एक ही वर्ष की अवधि में एक ही खेत पर दो या दो से अधिक फसलों को एकान्तरित रूप से उगाना, बहु-फसलीकरण खेती कहलाती है।

इसके लिए निम्नलिखित मूल आवश्यकताएँ होती हैं–

(i) रासायनिक खाद, बीज, पीड़कनाशी, आदि सुविधाओं का उपलब्ध होना।

(ii) बीज की उन्नत किस्मों का विकास जिससे कम समय में अधिक उपज प्राप्त की जा सके।

(iii) सामान्य तथा कुशल श्रम का उपलब्ध होना।

36. (i) गाय की एक विदेशी नस्ल तथा एक देशी नस्ल का नाम लिखिए।

(ii) विदेशी तथा देशी नस्लों की गायों का एक-एक गुण लिखिए, जो संकरण के लिए ऐच्छिक है।

उत्तर (i) **विदेशी नस्ल**–जर्सी, **देशी नस्ल**–लाल सिंधी

(ii) विदेशी नस्लों की दुग्ध स्रावण अवधि लम्बी होती है, जबकि देशी नस्लों में रोगों के प्रति उच्च प्रतिरोधकता होती है।

37. पशु आहार के दो प्रकार बताइए व इनके कार्य भी बताइए।

उत्तर पशु आहार निम्न हैं–

(i) **मोटा चारा या रूक्षांश** इस चारे में अधिक मात्रा में रेशे होते हैं एवं इसमें पोषक तत्त्वों की मात्रा कम होती है। यह पाचन तन्त्र को स्वस्थ बनाए रखता है एवं पशु का पेट भरता है; जैसे–हरा चारा, भूसा आदि।

(ii) **सांद्र** सांद्र चारे में रेशे की मात्रा तो कम होती है, किन्तु अपेक्षाकृत प्रोटीन तथा अन्य पोषक तत्व अधिक मात्रा में उपस्थित होते हैं यह पशु की समुचित वृद्धि एवं दूध के अधिक उत्पादन के लिए आवश्यक होता है; जैसे–चना, बाजरा आदि।

पशुओं को संतुलित दैनिक पोषाहार की आवश्यकता होती है जिसमें सही अनुपात में सभी पोषक तत्व उपस्थित होते हो।

इन पोषक तत्वों के अलावा कुछ अन्य निश्चित आहार-योज्य भी होने चाहिए जिसमें सूक्ष्म पोषक तत्व होते हैं, जो दुधारू पशुओं के स्वास्थ्य तथा उनके द्वारा अधिक दुग्ध उत्पादन को प्रोत्साहित करते हैं।

38. मुर्गी पालन क्या होता है? ब्रॉयलर तथा अण्डे देने वाले लेअर में इनके पालन के आधार पर एवं उनकी दैनिक आहार आवश्यकताओं के आधार पर अन्तर लिखिए।

उत्तर मुर्गी पालन अण्डे व कुक्कुट माँस के उत्पादन को बढ़ाने के लिए किया जाता है। अतः कुक्कुट पालन में उन्नत मुर्गी की नस्लें विकसित की जाती हैं। अण्डों के लिए, अण्डे देने वाली लेअर मुर्गी का पालन किया जाता है तथा माँस के लिए ब्रॉयलर को पाला जाता है। नई किस्में बनाने के लिए देशी (जैसे-एसिल) तथा विदेशी (जैसे-लेगहॉर्न) नस्लों का संकरण कराया जाता है।

ब्रॉयलर	लेअर
इनका उपयोग माँस प्राप्त करने के लिए किया जाता है।	इनका प्रयोग अण्डे प्राप्त करने के लिए किया जाता है।
ब्रॉयलर के आहार में प्रोटीन तथा वसा प्रचुर मात्रा में होते हैं।	लेयर के आहार में विटामिन-A तथा K प्रचुर मात्रा में होते हैं।

39. कुक्कुट कृषि को फसल उत्पादन के साथ किस प्रकार संघटित किया जा सकता है? कुक्कुट कृषि में मुर्गी की उन्नत नस्लें किस प्रकार विकसित की जाती हैं?

उत्तर कुक्कुटों का उपयोग फसल की कटाई के उपरान्त बगीचों तथा अंगूर के बागों में किया जाता है, ताकि वे सड़े हुए फलों तथा खरपतवारों की सफाई कर सके। इसके साथ ही मुर्गियाँ फसली पादपों हेतु हानिकारक कीट एवं पीड़कों का भी भक्षण करती हैं। कुक्कुटों को मिट्टी पर खुला छोड़ा जा सकता है, ताकि उनके बीट द्वारा मृदा को उर्वरता प्राप्त हो सके। इस प्रकार कुक्कुट पालन से खेत की मृदा की उर्वरता एवं फसल सुरक्षा बढ़ती है एवं कृषि उत्पादों एवं कृषि पीड़कों एवं कीटों से मुर्गी को मुफ्त में भोजन प्राप्त होता है। कुक्कुट कृषि में मुर्गी की उन्नत नस्लें संकरण द्वारा विकसित की जाती हैं। इसमें दो वाँछित गुणों वाले जनकों के मध्य प्रजनन कराकर उन्नत संकर नस्ल विकसित की जाती है जिसमें दोनों जनकों के वाँछित गुण मौजूद होते हैं।

40. रोगों से कुक्कुटों को बचाने के लिए कुछ उपाय बताइए।

उत्तर (i) कुक्कुटों के रहने के स्थान को उचित रूप से और नियमित रूप से साफ करना चाहिए।

(ii) कुक्कुटों के रहने का स्थान बड़ा, हवादार, उचित प्रकाश और वातन वाला होना चाहिए। जाड़ों के दिनों में ठण्ड से मुर्गियों को बचाने के लिए कुक्कुट फार्म की खिड़कियों और शेड की जालीदार दीवारों को ढक देना चाहिए।

(iii) कुक्कुटों को रोगों से बचाव हेतु टीका लगवाना चाहिए।

41. मछलियों को हानि पहुँचाने वाले कारक कौन-से होते हैं? इनकी रोकथाम किस प्रकार की जा सकती है?

उत्तर मछलियों को अनेक जंतु, जैसे- भृंग, जलीय शलभ, मेंढक, साँप, पक्षी, आदि खा जाते हैं। मछलियों में जीवाणु तथा विषाणुओं के कारण अनेक रोग हो जाते हैं। मछलियों में VHS (वायरल हीमोरेजिक सेप्टीसेमिया), IPN (इन्फेक्सीयस पैन्क्रियाटिक नेक्रोसिस), आदि सामान्य संक्रमणीय रोग हैं। जल स्रोतों का प्रदूषण भी मछलियों को बहुत हानि पहुँचाता है। जल प्रदूषण के कारण मछलियाँ बहुत अधिक संख्या में मर जाती हैं। मत्स्यपालन के लिए जल-स्रोतों का उचित रख-रखाव आवश्यक है।

42. अन्तर स्पष्ट कीजिए

(i) अन्तः स्थलीय मत्स्य पालन एवं समुद्री मत्स्यपालन।

(ii) संवर्धन मत्स्यपालन एवं मछली पकड़ना।

(iii) एपीकल्चर एवं एक्वाकल्चर।

उत्तर (i) अन्तः स्थलीय मत्स्यपालन ताजे जल में मछली पालन है, जबकि समुद्री मत्स्यपालन समुद्री जल में मत्स्यपालन है।

(ii) संवर्धन मत्स्यपालन तालाब एवं पोखरों में मत्स्यपालन है, जबकि मछली पकड़ने की गतिविधि बिना उसका पालन किए किसी भी प्राकृतिक जल स्रोत से उसे पकड़ने का प्रबंध है।

(iii) एपीकल्चर औद्योगिक स्तर पर शहद एवं मोम के उत्पादन के लिए मधुमक्खियों का पालन है, जबकि एक्वाकल्चर मछली, घोंघा, आदि जलीय जीवों एवं पादपों का पालन एवं प्रबंधन है।

43. किसी तालाब में मिश्रित मछली संवर्धन में (i) जल की सतह से भोजन लेने वाली, (ii) जल के मध्य क्षेत्र से तथा (iii) जल की तली से भोजन प्राप्त करने वाली मछलियों के दो-दो उदाहरण लिखिए।

उत्तर (i) **सतह पर रहने वाले** कतला एवं सिल्वर कार्प।

(ii) **मध्य क्षेत्र में रहने वाले** रोहू एवं ग्रास कार्प।

(iii) **जल की तली में रहने वाले** मृगल एवं कॉमन कार्प।

44. मिश्रित मछली संवर्धन का एक लाभ एवं एक हानि बताइए।

उत्तर **लाभ** मछलियों का भिन्न खाद्य व्यवहार लाभदायक होता है, क्योंकि इससे तालाब के सम्पूर्ण खाद्य पदार्थ का उपभोग हो जाता है एवं भोजन के लिए कोई स्पर्धा नहीं होती है।

हानि कई मछलियाँ केवल वर्षा ऋतु में प्रजनन करती हैं। अतः मछली संवर्धन के लिए अच्छी गुणवत्ता वाले डिम्भों की अनुपलब्धता एक गम्भीर समस्या है।

45. भोला अपने तालाब में कतला, रोहू तथा मृगल की खेती करता था, लेकिन उसने पाया कि उसका तालाब खरपतवारों से भर रहा था। उसने अपनी समस्या की एक अनुभवी मछुआरे से चर्चा की और उसे समाधान मिल गया।

(i) उसको समस्या का क्या समाधान मिला?

(ii) इस प्रकार के मछली उत्पादन तन्त्र का नाम लिखिए।

उत्तर (i) मछुआरे ने भोला को एक ही तालाब में मछलियों की पाँच-छः प्रजातियों को एक-साथ एक मेल बनाकर पालने की सलाह दी। इन मछलियों के खाद्य स्वभाव भिन्न होते हैं। रोहू, कतला और मृगल के अतिरिक्त उसे ग्रास कार्प भी अपने तालाब में पालना चाहिए, क्योंकि वह खरपतवार खाती है। इस तरह साथ रहते हुए ये मछलियाँ बिना आपसी प्रतिस्पर्धा के तालाब में उपलब्ध संपूर्ण भोजन का उपयोग कर सकती हैं।

(ii) इसे मिश्रित मछली संवर्धन कहा जाता है।

46. मधु उत्पादन में उपयोग की जाने वाली मधुमक्खी की तीन भारतीय किस्मों के नाम लिखिए। इटैलियन किस्म किस प्रकार मधु उत्पादन के लिए बेहतर है?

उत्तर मधुमक्खी की तीन भारतीय किस्में हैं–

एपिस सेरेना इण्डिका

एपिस डॉरसेटा

एपिस फ्लोरी

इटैलियन मधुमक्खी किस्म

एपिस मेलीफेरा एक बेहतर नस्ल है तथा इसका उपयोग व्यावसायिक स्तर मधु उत्पादन के लिए किया जाता है। इस मधुमक्खी में मधु एकत्र करने की क्षमता बहुत अधिक होती है। यह डंक भी कम मारती है। यह निर्धारित छत्ते में काफी समय तक रहती है और तीव्रता से प्रजनन करती है।

47. उच्च गुणवत्ता वाले शहद के उत्पादन के लिए अनिवार्य परिस्थितियों की व्याख्या कीजिए। शहद के अतिरिक्त एक अन्य उत्पाद का नाम बताइए जो मधुमक्खी पालन से प्राप्त किया जाता है।

उत्तर शहद की गुणवत्ता या मूल्य उन फूलों या अन्य पौधों पर निर्भर करता है जहाँ से मधुमक्खी नेक्टर या मकरंद का संग्रह करती है। चारागाह की पर्याप्त मात्रा के अतिरिक्त उपलब्ध फूलों के प्रकार द्वारा भी शहद का स्वाद निर्धारित होता है। मधुमक्खी पालन में शहद के अतिरिक्त प्राप्त सहउत्पाद का नाम मोम है, जो औषधियों, सौंदर्य प्रसाधनों, आदि में प्रयुक्त होता है।

दीर्घ उत्तरीय प्रश्न

1. खाद की परिभाषा लिखिए। विभिन्न प्रकार की खाद के बारे में बताईये। और ये मिट्टी को किस प्रकार प्रभावित करती हैं?

उत्तर इसके उत्तर के लिए पृष्ठ सं. 301 व 302 देखें।

2. निम्न को परिभाषित कीजिए
(i) वर्मी-कम्पोस्ट (ii) हरी खाद
(iii) जैविक उर्वरक (iv) कम्पोस्ट। **NCERT Exemplar**

उत्तर (i) **वर्मी-कम्पोस्ट** वह कम्पोस्ट, जो केंचुओं द्वारा पौधों तथा जानवरों के अपशिष्ट पदार्थों के शीघ्र निरस्तीकरण की प्रक्रिया द्वारा बनाया जाता है, वर्मी-कम्पोस्ट कहलाता है।

(ii) **हरी खाद** फसल उगाने से पहले खेतों में कुछ पौधे; जैसे–पटसन, मूँग अथवा ग्वार, आदि उगा देते हैं और तत्पश्चात् उन पर हल चलाकर खेत की मिट्टी में मिला दिया जाता है। ये पौधे हरी खाद में परिवर्तित हो जाती है, जो मिट्टी को नाइट्रोजन तथा फॉस्फोरस से परिपूर्ण करने में सहायक होते हैं।

(iii) **जैविक उर्वरक** सूक्ष्मजीव, जिन्हें उर्वरकों के रूप में पौधों को आवश्यक पोषक पदार्थ प्राप्त करने के लिए मृदा में मिलाया जाता है। जैविक उर्वरक कहलाते हैं। उदाहरण-नीले-हरे शैवाल धान के खेतों में मृदा की नाइट्रोजन को स्थिर कर पादप को नाइट्रेट प्रदान करते हैं।

(iv) **कम्पोस्ट** कम्पोस्टीकरण प्रक्रिया में कृषि अपशिष्ट पदार्थ; जैसे–पशुधन का मलमूत्र (गोबर, आदि), सब्जी के छिलके एवं कचरा, जानवरों द्वारा परित्यक्त चारे, घरेलू कचरे, सीवेज कचरे, फेंके हुए खरपतवार को गड्ढों में विगलित करते हैं। कम्पोस्ट में कार्बनिक पदार्थ तथा पोषक बहुत अधिक मात्रा में होते हैं।

3. (i) रासायनिक उर्वरकों का सावधानीपूर्वक एवं न्यायोचित तरीकों से क्यों उपयोग किया जाना चाहिए?
(ii) खेतों में खाद किस प्रकार तैयार किया जा सकता है?
(iii) उर्वरक की जगह खाद उपयोग करने के दो लाभ तथा दो हानियों की चर्चा कीजिए।

उत्तर इसके उत्तर के लिए पृष्ठ सं. 302 देखें।

खाद की हानि
- यह फसल को सही रूप से पोषण प्रदान नहीं करते हैं।
- अधिक मात्रा में प्रयुक्त होने के कारण इनके परिवहन में कठिनाई उत्पन्न होती है।

4. 'उर्वरकों का लगातार उपयोग मृदा के उपजाऊपन को नष्ट करता है।' इसलिए उर्वरकों के लगातार उपयोग को विभिन्न फसल प्रारूपों से प्रतिस्थापित किया गया है। मुख्य फसल प्रारूप की तकनीकी तथा उनके महत्व की विवेचना कीजिए।

उत्तर इसके उत्तर के लिए पृष्ठ सं. 302 व 303 देखें।

5. नीचे चित्र में दो खेत A तथा B को ग्राफ द्वारा दर्शाया गया है। सभी पारिस्थितिक स्थितियाँ समान रखते हुए खेत A में खाद तथा खेत B में उर्वरक डाले गए। ग्राफ की सहायता से निम्नलिखित प्रश्नों के हल दीजिए। **NCERT Exemplar**

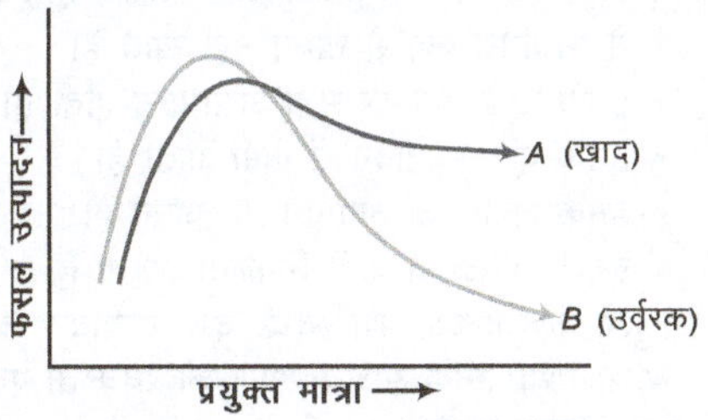

(i) खेत B में उत्पादन में अचानक बढ़ोत्तरी और फिर अचानक कमी क्यों होती है?
(ii) खेत A में उत्पादन वृद्धि लम्बे समय तक क्यों रहती है?
(iii) दोनों खेतों के फसल पैटर्न अलग होने के क्या कारण हैं?

उत्तर (i) खेत B में उर्वरक का प्रयोग होने से अच्छी कायिक वृद्धि होती है एवं स्वस्थ फसल की प्राप्ति होती है, लेकिन उर्वरक का सतत् प्रयोग मिट्टी की उर्वरता घटाती है, इसलिए कुछ समय बाद उत्पादन कम हो जाता है।

(ii) खाद मिट्टी को पोषकों तथा कार्बनिक पदार्थों से परिपूर्ण करती है और मिट्टी की उर्वरता को बढ़ाती है। खाद में कार्बनिक पदार्थों की अधिक मात्रा मिट्टी की संरचना में सुधार करती है। यह मिट्टी को अल्प मात्रा में पोषक प्रदान करते हैं।

(iii) खाद में कार्बनिक पदार्थों की मात्रा अधिक होती है। यह प्राकृतिक तरीके से बनाई जाती है, जबकि उर्वरक व्यावसायिक स्तर पर रासायनिक रूप में तैयार पादप पोषक है, जिसमें ह्यूमस की मात्रा नहीं होती है। इसलिए खाद के उपयोग के लाभ दीर्घावधि है। उर्वरक के उपयोग से भी फसल उत्पादन अच्छा होता है, लेकिन कुछ समय पश्चात् उर्वरक मृदा की उर्वरता को हानि पहुँचाते हैं।

6. 'खेतों को जलापूर्ति के लिए भारत में विभिन्न प्रकार की सिंचाई पद्धतियों को अपनाया जाता है।' इनमें से किन्हीं तीन के बारे में बताइए तथा उस प्रक्रिया की व्याख्या कीजिए।

उत्तर इसके उत्तर के लिए पृष्ठ सं. 302 व 303 देखें।

7. (i) कुक्कुट पक्षी एवं कृषि पशुओं का टीकाकरण क्यों किया जाता है?
(ii) डेयरी पशुओं के शरीर से किन परजीवियों को हटाया जाना चाहिए और क्यों?
(iii) बीमार पशुओं की पहचान हम कैसे करते हैं?
(iv) डेयरी पशु एवं उनके आश्रय स्थल की उचित साफ-सफाई क्यों अनिवार्य है?

उत्तर (i) कुक्कुट पक्षी एवं कृषि पशु वायरस, बैक्टीरिया, कवक एवं परजीवी, आदि द्वारा उत्पन्न कई रोगों से प्रभावित होते रहते हैं। अत: उचित टीकाकरण इनके द्वारा होने वाले संक्रामक रोगों को रोक सकता है तथा बीमारी के फैलने से कुक्कुट एवं कृषि पशुओं की होने वाली क्षति को कम किया जा सकता है।

(ii) डेयरी पशुओं में बाह्य परजीवी मुख्य रूप से त्वचा रोग फैलाते हैं, जबकि कृमि जैसे आन्तरिक परजीवी आमाशय तथा आँत को प्रभावित करते हैं तथा लिवर फ्लूक यकृत को नुकसान पहुँचाता है। इसलिए इन परजीवियों को हटाना आवश्यक है।

(iii) बीमार पशुओं की पहचान के निम्न लक्षण होते हैं
- ये नियमित रूप से खाना नहीं खाते हैं।
- इनके खड़े होने की मुद्रा असामान्य होती है।
- इनके दुग्ध उत्पादन में कमी आती है।
- इनके शरीर का तापमान बढ़ जाता है।
- इनकी आँखों से पानी निकलता रहता है।

(iv) पशुओं के स्वास्थ्य तथा स्वच्छ दुग्ध उत्पादन के लिए डेयरी पशुओं तथा उनके आश्रय स्थल को स्वच्छता एवं साफ-सफाई बहुत आवश्यक है।

8. (i) लेयर किसे कहते हैं?
(ii) कुक्कुट के जीवन में अण्डे देने की अवधि का वर्णन कीजिए।
(iii) दो बाह्य कारकों के नाम बताइए जो मुर्गी के अण्डे के उत्पादन पर अनुकूलित प्रभाव डालते हैं।
(vi) ब्रॉयलर किसे कहते हैं? इनकी पोषण की आवश्यकता का वर्णन कीजिए।
(v) कुक्कुट के जीवन में विभिन्न अवस्था के नाम लिखिए।

उत्तर (i) मुर्गी की उस अवस्था को जिसमें वह अण्डों का उत्पादन करती है लेयिंग (Laying) अवस्था कहलाती है तथा उस मुर्गी को लेयर (Layer) कहते हैं।

(ii) मुर्गी में लैंगिक परिपक्वता से मृत्यु, से पूर्व तक अण्डे देने तक की अवधि को लेयिंग काल कहते है। इस अवधि में मुर्गी को लेयर्स कहते हैं। एक लेयर 20 सप्ताह की अवस्था से अण्डे देना प्रारम्भ कर देती है।

(iii) दो बाह्य कारक, जो अण्डे के उत्पादन पर अनुकूलित प्रभाव डालते हैं।
(a) प्रकाश की तीव्रता, (b) प्रकाश की अवधि।

(iv) वह मुर्गी जो माँस का उत्पादन करती है, ब्रॉयलर कहलाती है। ब्रॉयलर के भोजन में प्रोटीन एवं वसा अधिक होनी चाहिए। इसके अतिरिक्त भोजन में विटामिन-A तथा K की अधिक मात्रा होनी चाहिए।

(v) कुक्कुट के जीवन में दो अवस्थाएँ हैं
(a) विकास अवधि, (b) अण्डा देने की अवधि।

9. (i) उन दो सामान्य स्रोतों के नाम लिखिए जिनसे मछलियाँ पकड़ी जाती हैं।
(ii) मस्सल तथा कवचीय मछलियाँ क्यों संवर्धित की जाती हैं?
(iii) समुद्री मछलियों का भण्डार कम होने की अवस्था में इन मछलियों की पूर्ति किस प्रकार की जा सकती है?
(iv) समुद्री मछलियाँ किस प्रकार पकड़ी जाती हैं?
(v) दो अधिक आर्थिक महत्व वाली मछलियों के नाम लिखिए, जिनका समुद्री जल में भी संवर्धन किया जाता है।

उत्तर (i) प्राकृतिक स्रोत (झील एवं समुद्र)
कृत्रिम स्रोत (संवर्धन टैंक)

(ii) मत्स्य तथा कवचीय मछलियाँ भोजन के अच्छे स्त्रोत हैं। ये लंबी श्रृंखलाओं वाले वसीय अम्लों, विटामिन तथा खनिजों के अच्छे स्रोत होते हैं।

(iii) समुद्री मछलियों का भण्डार कम होने से मछलियों की बढ़ती माँग को केवल मत्स्य संवर्धन (मत्स्य कृषि) द्वारा पूरा किया जा सकता है, जिसे मेरीकल्चर कहते हैं।

(iv) समुद्री मछलियों को विभिन्न प्रकार के जालों तथा नावों की सहायता से पकड़ा जाता है।

(v) मुलेट, भेटकी तथा पर्ल स्पॉट्स।

10. मिश्रित मछली संवर्धन से क्या तात्पर्य है?
इसके लाभ व हानियों को उल्लेखित कीजिए।

उत्तर इस व्यवस्था में मछलियों की पाँच या छ: प्रजातियों को एक ही तालाब में पाला जाता है। इन प्रजातियों का चुनाव इस प्रकार किया जाता है ताकि ये भोजन के लिए आपस में प्रतियोगिता न करें अर्थात् उनके खाद्य स्वभाव भिन्न होते हैं। इससे तालाब में मछली की पैदावार में वृद्धि होती है। उदाहरण- कतला जल की सतह पर रहते हैं तथा भोजन प्राप्त करते हैं। इसी तरह रोहू तालाब के मध्य गहराई में रहकर भोजन प्राप्त करते हैं। मृगल और कॉमन कार्प पेंदी से अपना भोजन प्राप्त करते हैं जबकि ग्रास कार्प खरपतवार को अपना भोजन बनाते हैं।

मिश्रित मछली संवर्धन के निम्नलिखित लाभ हैं
(i) स्थानीय व आयातित दोनों प्रकार की मछलियों का संवर्धन किया जाता है।
(ii) भिन्न खाद्य व्यवहार लाभदायक होता है, क्योंकि इससे तालाब के सम्पूर्ण खाद्य पदार्थ का उपभोग हो जाता है।
(iii) उत्पादकता उच्च होती है, क्योंकि भोजन के लिए कोई स्पर्धा नहीं होती है।

मिश्रित मछली संवर्धन की निम्नलिखित हानियाँ हैं
(i) कई मछलियाँ केवल वर्षा ऋतु में प्रजनन करती हैं।
(ii) मत्स्य डिंभ देशी नस्ल से लिए जाए तो अन्य जाति (स्पीशीज) के डिंभों के साथ मिल सकते हैं। अत: मछली संवर्धन के लिए अच्छी गुणवत्ता वाले डिंम्भों की अनुपलब्धता एक गम्भीर समस्या है।

11. (i) मधुमक्खी की भारतीय नस्लों के नाम लिखिए।
(ii) एक कॉलोनी में कितने प्रकार की मधुमक्खियाँ होती हैं?
(iii) मधुमक्खी पालन एक अच्छा उद्योग माना जाता है, क्यों?

उत्तर (i) **भारतीय नस्लें** (a) *एपिस सेरेना इण्डिका*,
(b) *एपिस डोरसेटा*।

(ii) कॉलोनी में तीन प्रकार की मधुमक्खियाँ होती हैं
- **रानी मक्खी** यह कॉलोनी की माँ है, जो अण्डे देती हैं। यह एक दिन में 2000 अण्डे देती हैं।
- **ड्रोन** ये अगुणित नर मक्खियाँ हैं। ये रानी को निषेचित करते हैं।

- **श्रमिक** ये सक्रिय सदस्य हैं। ये द्विगुणित बंध्य मादाएँ होती हैं। ये सुरक्षा, कॉलोनी बनाने एवं मकरंद एकत्रित करने एवं शहद बनाने का कार्य करती हैं।

(iii) मधुमक्खी पालन निम्न कारणों से एक अच्छा उद्योग माना जाता है

- औषधीय गुणों से भरपूर शहद का उपयोग सर्वत्र होता है।
- मधुमक्खी पालन में पूँजी निवेश कम होता है और यह किसानों को आय का एक अतिरिक्त साधन उपलब्ध कराता है।
- शहद के अलावा इससे मोम का भी उत्पादन होता है, जो सौंदर्य प्रसाधनों एवं औषधियों के निर्माण में उपयोगी होता है।
- यह सामान्य कृषि क्षेत्रों पर भी चलाया जा सकता है और किसी स्थान विशेष की आवश्यकता नहीं होती है।

12. क्या होगा यदि

(i) फसल की गुणवत्ता या सुधार पर ध्यान न दिया जाए।

(ii) खेतों में खाद व उर्वरक को डाला जाता है।

(iii) फसलों में कीटनाशकों का छिड़काव किया जाए।

उत्तर (i) फसल की गुणवत्ता में सुधार का मुख्य उद्देश्य फसल की ऐसी किस्म की खोज करना है, जो विभिन्न जलवायवीय एवं मृदीय जलवायवीय एवं मृदीय परिस्थितियों; जैसे–उच्च मृदा लवणता, सूखा व बाढ़ में भी जीवित रह सकें। इसके अतिरिक्त उच्च उपज प्रदान करने वाली किस्म, रोग प्रतिरोधक एवं कीट प्रतिरोधक किस्म, ऐच्छिक शस्य विज्ञान गुण वाली किस्म, आदि के विकास के लिए भी फसल की गुणवत्ता में सुधार आवश्यक है।

(ii) खेतों में खाद का उपयोग करने से मिट्टी की संरचना के गठन (Texture) में सुधार आता है। कार्बनिक ह्यूमस के कारण मिट्टी की जलधारण क्षमता में वृद्धि हो जाती है। इसमें वायु का संचार अच्छा हो जाता है। फसलों को पोषक तत्व प्राप्त होते हैं। इसके परिणामस्वरूप फसल उत्पादन एवं गुणवत्ता में वृद्धि होती है।

उर्वरकों के उपयोग से खेत की मिट्टी की संरचना या गठन प्रभावित नहीं होता है। इसके उपयोग से मिट्टी में आवश्यकतानुसार नाइट्रोजन, फॉस्फोरस और पोटैशियम, आदि पोषक तत्व फसल को प्रदान किए जा सकते हैं।

उर्वरकों का आवश्यकता से अधिक उपयोग फसल के लिए हानिकारक होता है जबकि खाद की अधिकता फसल का प्रतिकूल प्रभाव नहीं डालती है।

(iii) कीटनाशकों के अत्यधिक उपयोग से अनेक समस्याएँ हो जाती हैं क्योंकि

(a) ये कुछ पादपों तथा जन्तुओं के लिए हानिकारक होते हैं।

(b) ये वातावरण जल एवं मृदा को प्रदूषित करते हैं।

स्वयं को जाँचे

नीचे दिए गए प्रश्नों के माध्यम से छात्र अध्याय सम्बन्धी अपने ज्ञान की जाँच कर सकते हैं। अध्याय का ध्यानपूर्वक अध्ययन किए जाने पर छात्र इन प्रश्नों के उत्तर आसानी से कर पाएँगे।

वस्तुनिष्ठ प्रकार के प्रश्न

बहुविकल्पीय प्रश्न

1. जैव-उर्वरकों के द्वारा नहीं होता है
(a) मृदा में पोषक तत्वों में बढ़ोतरी
(b) कार्बनिक पदार्थों की बढ़ोत्तरी
(c) मृदा pH में परिवर्तन
(d) मृदा में नाइट्रोजन में बढ़ोतरी

2. भारत में आधुनिक सिंचाई प्रणाली के सन्दर्भ में सत्य है
(a) वर्षा के पानी का संग्रहण
(b) जल का उचित प्रबन्धन
(c) बाँध बनाकर जल स्तर बढ़ाना
(d) उपरोक्त सभी

3. फसलों का चक्र आवश्यक है, क्योंकि
(a) विभिन्न प्रकार की फसलों को प्राप्त करने के लिए
(b) खनिजों की गुणवत्ता बढ़ाने के लिए
(c) मृदा की उर्वरता बढ़ाने के लिए
(d) प्रोटीन्स की गुणवत्ता बढ़ाने के लिए

4. रिक्त स्थानों को भरिए।
A. एक नस्ल के उच्चतर नर का अन्य नस्ल की उच्चतर मादाओं के साथ निषेचन ......कहलाता है।
B. दो भिन्न प्रजातियों की मादा एवं नर जन्तुओं के बीच निषेचन ...... कहलाता है।

	A	B
(a)	MOET	कृत्रिम वीर्यसेचन
(b)	क्रॉस-प्रजनन	अन्तरजातीय संकरण
(c)	कृत्रिम वीर्यसेचन	क्रॉस-प्रजनन
(d)	अन्तरजातीयसंकरण	MOET

5. मुर्गियों में रिण्डरपेस्ट नामक बीमारी किसके कारण होती है?
(a) कीट (b) बैक्टीरिया
(c) वायरस (d) प्रोटोजोआ

6. अंत: स्थली मत्स्यकी किससे सम्बन्धित है?
(a) ताजे पानी में मछलियों का संवर्धन
(b) समुद्री जल में मछलियों का पकड़ना
(c) मछलियों से तेल निकालना
(d) इनमें से कोई नहीं

कथन-कारण प्रकार के प्रश्न

निर्देश (प्र. सं. 7-8) इस खण्ड में दिए गए प्रत्येक प्रश्न में कथन तथा कारण दिए गए हैं। प्रत्येक प्रश्न के चार विकल्प (a), (b), (c) व (d) हैं, जिनमें से केवल एक सही है।

(a) कथन (A) तथा कारण (R) दोनों सत्य हैं तथा कारण (R), कथन (A) का सही स्पष्टीकरण है।
(b) कथन (A) तथा कारण (R) दोनों सत्य हैं परन्तु कारण (R), कथन (A) का सही स्पष्टीकरण नहीं है।
(c) कथन (A) सत्य है, परन्तु कारण (R) असत्य है।
(d) कथन (A) असत्य है, परन्तु कारण (R) सत्य है।

7. कथन (A) डॉ. वी. कुरियन श्वेत क्रांति के जनक कहलाते हैं।
कारण (R) श्वेत क्रांति दुग्ध से सम्बन्धित है।

8. कथन (A) मवेशी एवं पोल्ट्री के लिए मछली भोजन प्रोटीन का एक प्रचुर स्रोत है।
कारण (R) मछली भोजन मछली के ना खाने योग्य भाग, जैसे—पख (Fins) एवं पूँछ (Tail) के द्वारा उत्पन्न होता है।

उत्तर

1. (c) **2.** (d) **3.** (c) **4.** (b) **5.** (c)
6. (a) **7.** (b) **8.** (a)

केस स्टडी आधारित प्रश्न

निर्देश (प्र.सं. 9-13) *निम्नलिखित पैराग्राफ को पढ़िए तथा दिए गए प्रश्नों के उत्तर दीजिए।*

जन्तु के समान पौधों को भी वृद्धि के लिए पोषक पदार्थों की आवश्यकता होती है। पोषक पदार्थ अकार्बनिक तत्व होते हैं, जो पौधों को हवा, पानी तथा मिट्टी से प्राप्त होते हैं। पौधों के लिए 16 पोषक पदार्थ आवश्यक हैं। ये वृहत् व सूक्ष्म पोषक तत्व होते हैं।

वृहत् पोषक तत्व 9 पोषक तत्व हैं जिनकी पादपों को अधिक मात्रा में आवश्यकता होती हैं। ये कार्बन, ऑक्सीजन, हाइड्रोजन, नाइट्रोजन, फॉस्फोरस, पोटैशियम, कैल्शियम, मैग्नीशियम तथा सल्फर हैं।

सूक्ष्म पोषक तत्व 7 पोषक तत्व हैं जिनकी पौधों को बहुत कम मात्रा में आवश्यकता होती है। ये आयरन, मैंग्नीज, बोरोन, जिंक, कॉपर, मॉलिब्डेनम तथा क्लोरीन हैं।

इनमें से किसी भी पोषक तत्व की कमी के कारण पौधों की कार्यिकीय प्रक्रियाओं सहित जनन, वृद्धि तथा रोगों के प्रति प्रतिरोधकता पर प्रभाव पड़ता है। अधिक उत्पादन प्राप्त करने के लिए मिट्टी में खाद तथा उर्वरक के रूप में इन पोषकों को मिलाया जा सकता है।

9. कौन से पोषक तत्व की पौधों को बहुत अधिक मात्रा में आवश्यकता होती है?

10. पादप शरीर का आधारी तत्व किन्हें कहा जाता है?

11. वायु द्वारा प्राप्त होने वाले पोषक तत्वों के नाम बताईये।

12. वृहत् पोषक तत्व कौन से होते हैं ?

13. वृहद् व सूक्ष्म पोषक तत्वों में एक अन्तर बताईये।

अतिलघु उत्तरीय प्रश्न

14. किसी एक ऐसे अकार्बनिक तत्व का नाम बताइए, जो पादप अपने आस-पास के वायुमण्डल से अवशोषित करते हैं।

15. पादपों के दो सूक्ष्म पोषक तत्वों के नाम बताइए।

16. उस कृषि तन्त्र का नाम बताइए जिसमें रासायनिक उर्वरकों का बिल्कुल प्रयोग नहीं किया जाता है या निम्नतम् उपयोग किया जाता है।

17. उन कारकों के नाम लिखिए जिन पर सिंचाई आवश्यकताएँ निर्भर होती हैं।

18. अनाज की दो फसलों के मध्य मृदा की उर्वरता को बढ़ाने हेतु कौन-सी फसल बोई जाती है?

19. जर्सी और ब्राउन स्विस प्रचलित पशु नस्ल हैं, क्यों?

20. भोजन के उत्पादन के सन्दर्भ में कुक्कुट पालन एवं मत्स्य पालन में क्या समानता है?

लघु उत्तरीय प्रश्न

21. हरी खाद क्या है?

22. पीड़कों के नियन्त्रण की रासायनिक विधि को अच्छा क्यों नही माना जाता है?

23. फसल चक्रण का मूल उद्देश्य क्या है?

24. कुक्कुट पालन तथा मत्स्य पालन खाद्य तथा पोषण संबंधी समस्याओं के समाधान में किस प्रकार सहायक हैं?

25. कृषक मधुमक्खी पालन को आय का अतिरिक्त स्रोत मानते हैं। कोई दो कारण बताइए।

26. हरित व श्वेत क्रान्ति के क्या कारण हैं?

27. भारत में सिंचाई की आवश्यकताओं की व्याख्या कीजिए।

28. मिश्रित खेती तथा अन्तराफसलीकरण के लिए फसलों का चुनाव किन कारकों के आधार पर किया जाता है?

29. पिछले कुछ वर्षों में, पशुओं द्वारा खाद्य पदार्थों के उत्पादन में वृद्धि हुई है। इस कथन को सत्यापित कीजिए।

30. एक कृषक उच्च उत्पादक व रोग प्रतिरोधक पशु प्राप्त करना चाहता है। वांछनीय गुणों वाले पशु की प्राप्ति हेतु उसे कौन-सी विधि अपनानी चाहिए? गाय हेतु इसकी व्याख्या कीजिए।

31. मधुमक्खी पालन क्या है? मधुमक्खी की किस प्रजाति का प्रयोग औद्योगिक स्तर पर शहद के उत्पादन हेतु किया जाता है?

दीर्घ उत्तरीय प्रश्न

32. कृषि में फसल प्रभेदों में सुधार क्यों महत्वपूर्ण है? उन महत्वपूर्ण कारकों की चर्चा कीजिए जिसके लिए प्रभेदों में सुधार किया जाता है।

33. (i) विभिन्न स्रोतों की सूची बनाइए जहाँ से पौधों को 16 आवश्यक पोषक पदार्थ प्राप्त होते हैं।
(ii) उर्वरक की अपेक्षा खाद का उपयोग करने के लाभ लिखिए।
(iii) यदि पौधों को पोषक पदार्थों की कमी होगी तो कौन-सी शारीरिक प्रक्रियाएँ प्रभावित होती हैं?

34. कृषि में फसल उत्पादन के लिए खाद के अतिरिक्त हरी खाद तथा वर्मी-कम्पोस्ट किस प्रकार महत्वपूर्ण हैं? हरी खाद किस प्रकार बनाई जाती है?

35. किन्हीं पाँच विधियों का वर्णन कीजिए जिसके द्वारा आप पशुधन की मानवीय कृषि के लिए देखभाल कर सकते हैं।

36. (i) कुक्कुट पालन के दो मुख्य उद्देश्य क्या हैं?
(ii) चार गुणों का उल्लेख कीजिए जिनके लिए कुक्कुटों की नई-नई किस्में विकसित की जाती हैं।

37. (i) समुद्र से मछली पकड़ने के लिए दो विधियों का उल्लेख कीजिए।
(ii) क्या मछली पकड़ने का अर्थ केवल पखयुक्त मछली होता है? मछलियों के अतिरिक्त दो और समुद्री जीवों के नाम लिखिए जिन्हें भोजन के लिए पकड़ा जाता है।
(iii) खुले समुद्र में मछलियों के बड़े समूह का पता किस प्रकार लगाया जा सकता है?

38. क्या होगा यदि—
(i) पशुओं के आवास मे स्वच्छता व सफाई का ध्यान न रखें।
(ii) मिश्रित मछली संवर्धन में एक ही प्रजाति की मछली ली जाए।
(iii) पादपों में पोषक पदार्थों की अनुपस्थिति हो।

CHAPTERS TO BE ASSESSED FORMATIVELY

अध्याय

13

स्वास्थ्य एवं रोग

(Health and Diseases)

मानव समुदायों में स्वास्थ्य और रोग बहुत जटिल मुद्दे हैं, जिनमें कई परस्पर सम्बद्ध कारण सम्मिलित हैं। 'स्वास्थ्य' और 'रोग' का क्या अर्थ है, यह विचार अपने आप में बहुत जटिल है। जब हम पूछते हैं कि रोग किस प्रकार होते हैं और हम उन्हें कैसे रोक सकते हैं, तो हमें यह पूछकर शुरुआत करनी होगी, कि इन धारणाओं का क्या अर्थ है। हम जानते हैं, कि कोशिकाएँ जीवित प्राणियों की मूल इकाइयाँ हैं। कोशिकाएँ विभिन्न रासायनिक पदार्थों-प्रोटीन, कार्बोहाइड्रेट, वसा या लिपिड, आदि से बनी होती हैं। हालाँकि कोशिकाओं की संरचना के चित्र काफी स्थिर दिखते हैं, वास्तव में जीवित कोशिका एक गतिशील (Dynamic) संरचना है। इसमें कुछ-न-कुछ हमेशा होता रहता है।

कोशिकाएँ एक स्थान से दूसरे स्थान तक जाती हैं। यहाँ तक कि जो कोशिकाएँ गति नहीं करती हैं, उनमें भी मरम्मत चलती रहती है। नई कोशिकाएँ उपस्थित कोशिकाओं से उत्पन्न होती रहती हैं। हमारे अंगों या ऊतकों में, विभिन्न विशिष्ट गतिविधियाँ चलती रहती हैं; जैसे-हृदय धड़कता रहता है, फेफड़े साँस लेते रहते हैं, वृक्क मूत्र छानते रहते हैं, मस्तिष्क सोचता रहता है। यह सभी गतिविधियाँ आपस में सम्बद्ध होती हैं।

उदाहरण के लिए, यदि वृक्क मूत्र नहीं छान रहे हैं, तो शरीर में विषाक्त पदार्थ जमा हो जाएँगे। ऐसी स्थितियों में, मस्तिष्क ठीक से सोचने में सक्षम नहीं होगा। इन सभी परस्पर जुड़ी गतिविधियों के लिए, शरीर को बाहर से ऊर्जा और कच्ची सामग्री की आवश्यकता होती है। दूसरे शब्दों में, कोशिका और ऊतक के कार्यों के लिए भोजन आवश्यक है। ऐसा कोई भी कारक जो कोशिकाओं और ऊतकों के समुचित कार्य को रोकता है, शरीर की उचित गतिविधियों में कमी का कारण बनेगा एवं इस अध्याय में इसी सन्दर्भ में हम स्वास्थ्य और रोग की धारणाओं को देखेंगे।

सिलेबस

- ***स्वास्थ्य***
  - *स्वास्थ्य के महत्त्व*
  - *व्यक्तिगत एवं सामुदायिक स्वास्थ्य समस्याएँ*
  - *स्वास्थ्य एवं रोग मुक्त रहने में अन्तर*
- ***रोग तथा इसके कारण***
  - *तीव्र तथा दीर्घकालिक रोग*
  - *रोग के कारण*
- ***संक्रामक रोग***
  - *संक्रामक कारक*
  - *प्रतिजैविक*
  - *रोग फैलने के साधन*
  - *संक्रामक रोगों के सामान्य प्रभाव*
- ***उपचार के सिद्धान्त***
  - *रोगों के निवारण की विधियाँ*
  - *टीकाकरण*

स्वास्थ्य (Health)

स्वास्थ्य वह अवस्था है, जिसमें मनुष्य का शरीर सुचारू रूप से अपने कार्य को पूर्ण करता है। स्वस्थ होना केवल शारीरिक ही नहीं, अपितु मानसिक तथा सामाजिक दृष्टि से भी ठीक होना है। दूसरे शब्दों में, 'स्वास्थ्य' वह अवस्था है, जिसके अन्तर्गत शारीरिक, मानसिक तथा सामाजिक कार्य समुचित क्षमता द्वारा उचित प्रकार से किया जा सके। विश्व स्वास्थ्य संगठन (WHO, 1948) के अनुसार, स्वास्थ्य केवल रोगमुक्त होने से सम्बद्ध नहीं है। 'स्वास्थ्य' का अर्थ है, किसी व्यक्ति की शारीरिक, मानसिक तथा सामाजिक जीवन क्षमता की पूर्णरूपेण समन्वयित स्थिति है।

स्वास्थ्य का महत्त्व (Significance of Health)

अच्छे स्वास्थ्य के निम्नलिखित लाभ हैं—

(i) यह हमारी कार्य करने की क्षमता को बढ़ावा देता है। यह हमारे सभी कार्यों को कुशलतापूर्वक सम्पन्न करने में सहायक होता है।

(ii) यह हमे बिना अधिक कठिनाईयों के मानसिक व सामाजिक दबावों को वहन करने की क्षमता प्रदान करता है।

व्यक्तिगत तथा सामुदायिक स्वास्थ्य समस्याएँ (Personal and Community Health Issues)

प्रत्येक व्यक्ति का स्वास्थ्य उसकी निजी आदतों, आर्थिक स्थिति तथा पर्यावरण या परिवेश; जैसे-भौतिक वातावरण पर निर्भर करता है।

उदाहरण के लिए, 6-8 घण्टे सोने, व्यायाम करने, प्रतिदिन स्नान करने की आदतें स्वास्थ्य के लिए अच्छी होती हैं, जबकि धूम्रपान, मन्दिरापान एवं शर्करा, मेदा व तेल युक्त भोजन का अधिक मात्रा में सेवन स्वास्थ्य हेतु हानिकारक है। इसी प्रकार आर्थिक स्थिति कमजोर होने पर गरीबी के कारण बेहतर स्वास्थ्य सेवाओं, स्वास्थ्यवर्धक भोजन एवं साफ-सफाई की कमी के कारण व्यक्ति का स्वास्थ्य बुरी तरह से प्रभावित होता है। इसी तरह चक्रवात, बाढ़, अकाल आदि स्वास्थ्य के लिए घातक होते हैं।

व्यक्तिगत स्वास्थ्य से तात्पर्य किसी व्यक्ति विशेष के स्वास्थ्य से है, परन्तु मनुष्य समुदाय में रहता है। अत: समुदाय का स्वास्थ्य भी एक व्यक्ति के स्वास्थ्य हेतु महत्त्वपूर्ण होता है।

सामुदायिक स्वास्थ्य से तात्पर्य उस सम्पूर्ण समुदाय के रख-रखाव, सुरक्षा व सुधार से है, जिसमें व्यक्ति रहता है।

एक व्यक्ति के स्वास्थ्य को प्रभावित करने वाले विभिन्न कारक निम्नवत् हैं—

(i) **सामाजिक वातावरण** (Social Environment) हमारे आस-पास का वातावरण हमारे भौतिक वातावरण को निर्धारित करता है। वह स्थान, जहाँ हम रहते हैं (जैसे—गाँव, कस्बा या शहर) हमारे स्वास्थ्य हेतु एक महत्त्वपूर्ण कारक है।

(ii) **जन स्वच्छता** (Public Cleanliness) यदि हमारे आस-पास के कूड़े-करकट का किसी संस्था द्वारा उचित उपाय न किया जाए, तो खराब स्वास्थ्य की सम्भावनाएँ बढ़ जाती हैं। नालियों की सफाई न करने पर सड़कों एवं खुले नाले का रुका हुआ पानी भी स्वास्थ्य सम्बन्धी समस्याएँ उत्पन्न करता है। अत: व्यक्तिगत स्वास्थ्य हेतु गाँवों, कस्बों एवं शहरों की जन स्वच्छता आवश्यक है।

(iii) **उत्तम आर्थिक स्थिति व रोजगार** (Good Economic Conditions and Jobs) हमें स्वास्थ्य के लिए स्वास्थ्यप्रद भोजन की आवश्यकता होती है और यह स्वास्थ्यप्रद भोजन उचित रोजगार या आजीविका द्वारा ही प्राप्त किया जा सकता है। इसके लिए कार्य के अच्छे अवसर उपलब्ध होने चाहिए। यह भी व्यक्तिगत स्वास्थ्य को सुनिश्चित करता है। इसलिए व्यक्तिगत स्वास्थ्य के लिए अच्छी आर्थिक स्थितियाँ और नौकरियाँ आवश्यक होती हैं।

(iv) **सामाजिक समानता तथा सामंजस्य** (Social Equality and Harmony) स्वयं को स्वस्थ रखने हेतु हमारा प्रसन्न रहना आवश्यक है। इसके लिए हमें समाज के साथ मधुर सम्बन्ध रखने चाहिए तथा दूसरों के साथ दुर्व्यवहार नहीं करना चाहिए। यदि दूसरों के साथ दुर्व्यवहार करते हैं और एक-दूसरे से डरते हैं, तो हम खुश या स्वस्थ नहीं कर सकते हैं। इसलिए व्यक्तिगत स्वास्थ्य के लिए सामाजिक समानता और सद्भाव आवश्यक है।

स्वस्थ रहने तथा रोगमुक्त में अन्तर (Distinctions between Healthy and Disease Free)

रोग के अंग्रेजी शब्द (DIS+EASE) को हम 'बाधित' (Disturbed) एवं 'आराम' (Ease) के रूप में सोच सकते हैं।

दूसरे शब्दों में, रोग का शाब्दिक अर्थ है असहज होना। यदि किसी जीव की सामान्य शारीरिक संरचना एवं कार्यिकी या मानसिक अवस्था को यदि किसी कारण से अवरुद्ध होना पड़ता है, तो वह अवस्था रोगग्रस्त अवस्था कही जाती है।

हालाँकि, इस शब्द का उपयोग अधिक सीमित अर्थ में किया जाता है। हम रोग की बात तब करते हैं, जब हमें असुविधा का एक विशिष्ट और विशेष कारण मिल सकता है। इसका अर्थ यह नहीं है, कि हमें पूर्ण अन्तिम कारण जानना होगा। उदाहरण के लिए, हम यह कह सकते हैं, कि कोई व्यक्ति दस्त या अतिसार से पीड़ित है, बिना यह जाने कि दस्त का कारण क्या है। अब हम आसानी से कह सकते हैं, कि वास्तव में किसी विशेष रोग से पीड़ित हुए बिना भी किसी व्यक्ति का स्वास्थ्य खराब हो सकता है।

अत: केवल रोगग्रस्त न होना स्वस्थ होने के समान नहीं है। एक नर्तकी के लिए अच्छे स्वास्थ्य का अर्थ अपने शरीर को कठिन, लेकिन कलात्मक शारीरिक मुद्राओं में खींचने में सक्षम होना हो सकता है। दूसरी ओर, एक संगीतकार के लिए अच्छे स्वास्थ्य का अर्थ अपने फेफड़ों में पर्याप्त श्वसन क्षमता होना हो सकता है, ताकि वह अपनी बाँसुरी से ध्वनि के नोट्स को नियन्त्रित कर सके। हम सभी में अपनी अद्वितीय क्षमता को महसूस करने का अवसर होना भी वास्तविक स्वास्थ्य के लिए आवश्यक है। इसलिए, हम एक साधारण कारण के रूप में एक पहचान योग्य बीमारी के बिना भी खराब स्वास्थ्य युक्त हो सकते हैं। यही कारण है कि जब हम स्वास्थ्य के बारे में सोचते हैं, तब हम समाजों और समुदायों के बारे में सोचते हैं। दूसरी ओर, जब हम रोग के बारे में सोचते हैं, तो हम व्यक्तिगत पीड़ितों (रोगी) के बारे में सोचते हैं।

स्वस्थ (Healthy)	**रोगमुक्त** (Disease Free)
यह शारीरिक, मानसिक व सामाजिक रूप से पूर्णतया स्वस्थ होने की स्थिति है।	यह शरीर के अंगों के मध्य असुविधा न होने व उनके कार्यों में समन्वय की स्थिति है।
यह व्यक्ति के साथ-साथ उसके भौतिक व सामाजिक वातावरणीय कारकों पर निर्भर करती है।	यह केवल व्यक्ति विशेष से सम्बन्धित है।

स्वस्थ (Healthy)	रोगमुक्त (Disease Free)
एक स्वस्थ व्यक्ति रोगमुक्त होता है।	यह रोगमुक्त व्यक्ति स्वस्थ या अस्वस्थ दोनों हो सकता है।
स्वस्थ व्यक्ति ऊर्जावान तथा आवश्यकतानुसार कार्य करने में सक्षम होता है।	रोगमुक्त व्यक्ति के कार्य करने की क्षमता उसके व्यक्तिगत स्वभाव व व्यवहार पर निर्भर करती है।

चेक प्वॉइण्ट 13.1

1. *स्वास्थ्य का क्या अर्थ है?*
2. *WHO का विस्तृत रूप बताइए।*
3. *अच्छे स्वास्थ्य का कोई एक लाभ बताइए।*
4. *उत्तम व्यक्तिगत स्वास्थ्य हेतु सामाजिक समन्वय की आवश्यकता क्यों होती है?*
5. *रोग का एक अभिलाक्षणिक गुण बताइए।*
6. *एक अन्तर द्वारा स्पष्ट कीजिए, कि स्वस्थ होना रोगमुक्त होने से किस प्रकार भिन्न है?*

रोग तथा इसके कारण (Diseases and its Causes)

रोग शरीर की वह अवस्था है, जिसमें शरीर की कार्यिकी (Anatomy) सुचारु रूप से न चलकर कुछ या अधिक परिवर्तित हो जाती है अर्थात् 'शरीर के स्वस्थ संरचनात्मक अथवा क्रियात्मक अवस्था में किसी प्रकार का विकार उत्पन्न होना **रोग** कहलाता है।'

हमारे शरीर में अनेक प्रकार के ऊतक उपस्थित होते हैं समान कार्य से सम्बन्धित ये ऊतक परस्पर संगठित होकर अंग तथा विभिन्न अंग परस्पर संगठित होकर अंग-तन्त्र बनाते हैं। अत: अंग-तन्त्र के अपने भागों के रूप में विशिष्ट अंग होते हैं और इसके विशेष कार्य होते हें। उदाहरण के लिए, पाचन तन्त्र में पेट और आँतें होती हैं और यह शरीर के बाहर से ग्रहण किए गए भोजन को पचाने में सहायता करता है। पेशीय कंकाल तन्त्र, जो हड्डियों और माँसपेशियों से बना होता है, शरीर के अंगों को एक साथ रखता है और शरीर को गति करने में सहायता करता है।

रोग की स्थिति में शरीर के एक अथवा अनेक अंग-तन्त्रों की क्रिया एवं संरचना में परिवर्तन उत्पन्न हो जाते हैं। ये परिवर्तन रोग के लक्षणों एवं संकेतों को जन्म देते हैं।

रोग के लक्षण हमारे अस्वस्थ होने की सूचना देते हैं; जैसे— सर्दी, सिरदर्द, खाँसी, दस्त, मावाद (Pus) युक्त घाव आदि। ये लक्षण एवं संकेत सूचना प्रदान करते हैं, कि शरीर रोगग्रस्त हो सकता है, किन्तु स्पष्टतया ये नहीं बताते हैं, कि कौन-सा रोग हुआ है?

उदाहरणस्वरूप, सिरदर्द का कारण केवल परीक्षा का भय अथवा तनाव या मस्तिष्कावरणशोथ (Meningitis) होना अथवा दर्जनों विभिन्न बीमारियों में से एक हो सकता है।

रोग के चिह्न या संकेत वे विशिष्ट लक्षण होते हैं, जिनके आधार पर चिकित्सक किसी विशेष रोग के होने की सम्भावित पुष्टि करते हैं चिकित्सक रोग को और अधिक सटीक रूप से जानने के लिए आवश्यक होने पर प्रयोगशाला परीक्षण भी करवाएंगे।

तीव्र तथा दीर्घकालिक रोग (Acute and Chronic Diseases)

विभिन्न कारकों के आधार पर रोगों की अभिव्यक्ति भिन्न-भिन्न होती है। रोग की अवधि के आधार पर ये दो प्रकार के होते हैं—

(i) **तीव्र रोग** (Acute Diseases) ये रोग बहुत कम अवधि के होते हैं। इस प्रकार ये मानव स्वास्थ्य पर दीर्घकालिक हानिकारक प्रभाव नहीं डालते हैं। इन रोगों से रोगी उपचार के पश्चात् पूर्णतया स्वस्थ हो जाता है; जैसे-जुकाम, खाँसी, आदि।

(ii) **दीर्घकालिक रोग** (Chronic Diseases) ये रोग अधिक अवधि तक रहते हैं, यहाँ तक की जीवनपर्यन्त भी हो सकते हैं। ये मानव स्वास्थ्य पर दीर्घकालिक विपरीत प्रभाव डालते हैं। उदाहरण-हाथीपाँव (फाइलेरियल कृमि द्वारा होने वाला रोग) तपेदिक (TB), कैंसर, आदि।

दीर्घकालिक रोग तथा अस्वस्थता (Chronic Diseases and Poor Health)

हमारे स्वास्थ्य पर तीव्र तथा दीर्घकालिक रोगों के भिन्न-भिन्न प्रभाव होते हैं। कोई भी रोग जो हमारे शरीर के किसी भी भाग के सामान्य कार्य को प्रभावित करता है, हमारे सामान्य स्वास्थ्य को भी प्रभावित करेगा, क्योंकि सामान्य स्वास्थ्य के लिए शरीर के सभी अंगों का समुचित कार्य करना आवश्यक है, लेकिन तीव्र रोग, जो बहुत कम अवधि तक रहता है, उसे सामान्य स्वास्थ्य को प्रभावित करने का समय ही नहीं मिलता है।

उदाहरण के रूप में, खाँसी और जुकाम, जो हम सभी को समय-समय पर होता है। हममें से अधिकांश एक सप्ताह या उससे कम समय में ठीक हो जाते हैं और स्वस्थ हो जाते हैं तथा हमारे स्वास्थ्य पर कोई बुरा प्रभाव नहीं पड़ता है। खाँसी और जुकाम के कुछ दिनों के कारण हमारा वजन कम नहीं होता है, हमें साँस की तकलीफ नहीं होती है एवं हम हर समय थका हुआ महसूस नहीं करते हैं।

इसके विपरीत दीर्घकालिक रोग हमारे शरीर पर अत्यधिक प्रभाव डालते हैं, क्योंकि वे अधिक समय तक शरीर को ग्रसित रखते हैं, इसलिए दीर्घकालिक रोग तीव्र रोग की अपेक्षा लोगों के स्वास्थ्य पर अधिक समय तक गंभीर एवं विपरीत प्रभाव बनाए रखता है।

उदाहरण के लिए, यदि हम फेफड़ों के तपेदिक जैसे दीर्घकालिक रोग से संक्रमित हो जाते हैं, तो वर्षों तक बीमार रहने से हमारा वजन कम हो जाता है और हम हर समय थका हुआ महसूस करते हैं। यदि हमें कोई तीव्र रोग होता है, तो हम कुछ दिनों के लिए स्कूल नहीं जा सकते हैं। लेकिन एक दीर्घकालिक रोग हमारे लिए स्कूल में पढ़ाए जा रहे पाठ का लम्बे समय तक पालन करना मुश्किल बना देगा और सीखने की हमारी क्षमता को कम कर देगा।

रोग के कारण (Causes of Diseases)

जब हम रोगों के कारणों के बारे में सोचते हैं, तो हमें याद रखना चाहिए कि ऐसे कारणों के कई स्तर होते हैं। उदाहरण के लिए, यदि कोई बच्चा दस्त से पीड़ित है, तो हम कह सकते हैं कि दस्त का कारण एक विषाणु से संक्रमण हो सकता है अर्थात् रोग का तात्कालिक कारण एक विषाणु है। लेकिन अगला प्रश्न होगा, कि विषाणु कहाँ से आया?

मान लीजिए कि हमें पता चलता है, कि अस्वच्छ पेजयल के माध्यम से आया है। लेकिन कई बच्चों ने यह अस्वच्छ पेयजल पीया होगा, तो ऐसा क्यों है, कि एक बच्चे को दस्त हो गए, जबकि अन्य बच्चों को नहीं हुए? इसका एक कारण यह हो सकता है कि यह बच्चा स्वस्थ नही है। परिणामस्वरूप, विषाणु के सम्पर्क में आने पर इसमें रोग होने की अधिक सम्भावना हो सकती है, जबकि स्वस्थ बच्चों में ऐसा नहीं होगा। बच्चा स्वस्थ क्यों नहीं है? शायद इसलिए क्योंकि यह अच्छी तरह से पोषित नहीं है और इसे पर्याप्त सन्तुलित भोजन नहीं मिलता है।

इसलिए, अच्छे पोषण की कमी (कुपोषण) बच्चे के रोग का दूसरा स्तर का कारण बन जाती है जिससे वह पीड़ित है। इसके पश्चात् यह प्रश्न उठता है कि बच्चा अच्छी तरह से पोषित क्यों नहीं है? शायद इसलिए, क्योंकि वह एक गरीब घर से है। यह भी सम्भव है, कि बच्चे में कुछ आनुवंशिक अन्तर हो जो ऐसे विषाणु के सम्पर्क में आने पर उसमें दस्त होने की अधिक सम्भावना उत्पन्न है।

विषाणु के बिना, आनुवंशिक अन्तर या कुपोषण अकेले दस्त का कारण नहीं बनेंगे। लेकिन वे रोग के सहायक कारण बन जाते हैं। बच्चे के लिए स्वच्छ पेयजल क्यों नहीं था? शायद इसलिए, क्योंकि बच्चे के परिवार के रहने वाले क्षेत्र में सार्वजनिक सेवाओं का स्तर खराब हैं। ऐसे में गरीबी या सार्वजनिक सेवाओं की कमी बच्चे के रोग के तीसरे स्तर के कारण बन जाते हैं।

इससे यह सिद्ध हो जाता है, कि अधिकांश रोगों के एक से अधिक कारक होते हैं। इन रोग-कारकों को दो वर्गों में वर्गीकृत किया गया है—

(i) **तात्कालिक कारक** (Immediate Causes) ये वास्तविक या प्राथमिक कारक होते हैं, जिन्हें प्राथमिक स्तर के कारक भी कहते हैं। विभिन्न सूक्ष्मजीव; जैसे— जीवाणु, विषाणु, कृमि, शैवाल, प्रोटोजोअन, आदि जो संक्रामक रोग उत्पन्न कर सकते हैं, इस समूह में रखे जाते हैं।

(ii) **सहायक कारक** (Contributory Causes) ये आन्तरिक कारक भी कहलाते हैं। ये कारक स्वयं कोई रोग उत्पन्न नहीं करते हैं।

ये निम्न प्रकार के हो सकते हैं

- **अपर्याप्त भोजन के कारण अस्वस्थता** (Poor Health due to Inadequate Diet) अपर्याप्त भोजन या भोजन में एक या एक से अधिक पोषक तत्वों की कमी के कारण व्यक्ति अस्वस्थ व रोगों के प्रति अतिसंवेदनशील हो जाता है। उदाहरण— क्वाशियोरकॉर, एक पोषक न्यूनता वाला रोग, जो प्रोटीन की कमी के कारण होता है। इस प्रकार अच्छे पोषण का अभाव अर्थात् कुपोषण रोग के द्वितीय स्तर का कारण बनता है।
- **आनुवंशिक विकार** (Genetic Disorders) ये मनुष्य के शरीर में जन्म से उपस्थित होते हैं तथा माता-पिता से सन्तति में वंशागत होते हैं। इसका कारण जीव की आनुवंशिक सरंचना (DNA) में अन्तर या विकृति उत्पन्न होना है।
- **सार्वजनिक सेवाओं की अनुपलब्धता या निम्न आर्थिक स्थिति** (Lack of Public Services or Poor Economic Conditions) उपयुक्त जन-स्वास्थ्य या सार्वजनिक सेवाओं का अभाव तथा गरीबी भी रोग के मुख्य कारण है। इसके कारण व्यक्ति समय पर उचित पोषण, उपचार, साफ-सफाई, टीकाकरण आदि प्राप्त नहीं कर पाता है एवं रोगों का शिकार हो जाता है। यह रोग के तृतीय स्तर का कारक है।

संक्रामक तथा असंक्रामक कारक

(Infectious and Non-Infectious Causes)

रोग के तात्कालिक कारक दो प्रकार के होते हैं। रोग का एक समूह संक्रामक कारकों, जैसे—सूक्ष्मजीवियों एवं कृमियों द्वारा उत्पन्न होता है। ये रोग इन रोगजनक सूक्ष्मजीवों एवं कृमियों के संक्रमित या रोगी व्यक्ति से स्वस्थ व्यक्ति में प्रसारित होने के साथ समुदाय में भी उत्पन्न हो जाते हैं, इन्हें संक्रामक रोग कहते हैं। रोगों का दूसरा समूह संक्रामक कारकों द्वारा उत्पन्न नहीं होता है। ये रोग केवल उस व्यक्ति तक सीमित होते हैं, जो उनसे पीड़ित है। ये रोग संक्रमित या रोगी व्यक्ति से स्वस्थ व्यक्ति में नहीं फैलते हैं, अतः इन्हें **असंक्रामक रोग** कहते है।

उदाहरण- कैंसर, मानसिक रोग, मधुमेह, हृदयाघात, आदि। इनके कारण अलग-अलग होते हैं तथा ये समुदाय में पाए जाते हैं। कैंसर आनुवंशिक विकारों या किसी कैंसर कारक रसायन या विकिरण के सम्पर्क में आने के कारण होते हैं। उच्च रुधिरचाप का कारण अधिक वजन होना तथा व्यायाम न करना होता है।

पेप्टिक व्रण तथा नोबेल पुरस्कार
(Peptic Ulcers and the Nobel Prize)

कई वर्षों तक यह माना जाता था, कि अम्लता (Acidity), जिसके कारण आमाशय और ग्रहणी में पेप्टिक व्रण या अल्सर, सम्बन्धित दर्द और रुधिरस्राव होता था, तनावपूर्ण जीवनशैली के कारण उत्पन्न होती है। हर कोई सोचता था, कि तनावपूर्ण जीवन से आमाशय में बहुत अधिक अम्ल स्रावित होता है और अन्ततः पेप्टिक व्रण होता है। फिर 1983 में दो ऑस्ट्रेलियाई वैज्ञानिकों **रॉबिन वॉरेन** (Robin Warren) एवं **बैरी मार्शल** (Barry Marshall) ने एक जीवाणु *हेलीकोबैक्टर पायलोरी* (*Helicobacter pylori*) का पता लगाया, जो पेप्टिक व्रण के लिए उत्तरदायी था। रॉबिन वॉरेन (जन्म 1937), पर्थ, ऑस्ट्रेलिया के एक रोगविज्ञानी थे, जिन्होंने कई रोगियों में आमाशय के निचले भागों में इन छोटे घुमावदार जीवाणुओं को देखा। उन्होंने देखा, कि इन जीवाणुओं के आस-पास सूजन या शोथ (Inflammation) के लक्षण हमेशा उपस्थित रहते थे। **बैरी मार्शल** (जन्म 1951), एक युवा चिकित्सकीय अध्येता थे, जो वॉरेन के निष्कर्षों में रुचि लेने लगे और इन स्रोतों से जीवाणु को उगाने में सफल रहे। उपचार अध्ययनों में, मार्शल और वॉरेन ने दर्शाया, कि रोगियों के पेप्टिक व्रण को तभी ठीक किया जा सकता है, जब आमाशय से जीवाणुओं को मार दिया जाए। मार्शल और वॉरेन द्वारा की गई इस अग्रणी खोज के परिणामस्वरूप पेप्टिक व्रण रोग अब एक पुरानी, अक्सर अक्षम करने वाली स्थिति नहीं है, बल्कि एक ऐसा रोग है जिसे प्रतिजैविक (Antibiotic) दवाओं के द्वारा थोड़े समय के उपचार द्वारा ठीक किया जा सकता है। इस उपलब्धि के लिए मार्शल और वॉरेन को 2005 में कार्यिकी और चिकित्सा के लिए नोबेल पुरस्कार मिला।

चेक प्वॉइण्ट 13.2

1. एक चिकित्सक को रोग को सुनिश्चित करने में क्या सहायता करता है?
2. दीर्घकालिक रोग से पीड़ित व्यक्ति तीव्र रोग से पीड़ित व्यक्ति की अपेक्षा स्वस्थ होने में अधिक समय लेता है। क्या यह सत्य है? एक कारण बताइए।
3. एक उदाहरण द्वारा अपर्याप्त भोजन व स्वास्थ्य के मध्य सम्बन्ध बताइए।
4. उन रोगों के नाम लिखिए, जो किसी संक्रमित व्यक्ति के सम्पर्क में आने पर फैलते हैं।
5. उस रोग का प्रकार लिखिए, जो केवल एक व्यक्ति तक सीमित रहता है।

संक्रामक रोग (Infectious Diseases)

वह रोग, जिनके तात्कालिक कारण जैविक कारक; जैसे— एककोशिकीय सूक्ष्मजीव (जीवाणु, विषाणु, कवक, प्रोटोजोआ आदि) एवं बहुकोशिकीय परजीवी जैसे— कृमि होते हैं, उन्हें संक्रामक रोग कहते हैं। संक्रामक रोग, रोगी से दूसरे स्वस्थ व्यक्ति में प्रत्यक्ष अथवा अप्रत्यक्ष रूप (जैसे—जल, वायु, सम्पर्क आदि) से संचरित हो सकते हैं; उदाहरण— हैजा, मलेरिया, एड्स, जुकाम, चेचक, प्लेग, खसरा, डिफ्थीरिया, आदि।

संक्रामक कारक (Infectious Agents)

एककोशिकीय या बहुकोशिकीय जीव जो संक्रामक रोग उत्पन्न करते हैं, **संक्रामक कारक** कहलाते हैं। रोग उत्पन्न करने वाले ये जीव **रोगकारक** (Pathogen) भी कहलाते हैं। इन्हें विभिन्न समूहों में वर्गीकृत किया गया है। उनमें से कुछ विषाणु, जीवाणु, कृमि, प्रोटोजोआ आदि हैं

विषाणुओं के कारण होने वाले रोगों के सामान्य उदाहरण सामान्य सर्दी जुकाम, इन्फ्लूएन्जा, डेंगू बुखार और एड्स हैं। टाइफाइड बुखार, हैजा, तपेदिक और एन्थ्रेक्स जैसे रोग जीवाणुओं के कारण होते हैं। कई सामान्य त्वचा के संक्रमण जैसे-दाद एंव एथलीट फुट विभिन्न प्रकार के कवकों के कारण होते हैं। प्रोटोजोअन रोगाणु कई परिचित रोगों का कारण बनते हैं; जैसे—मलेरिया और काला-अजार। आँतों के कृमियों जैसे—फीताकृमि एवं गोलकृमि के संक्रमणों के साथ-साथ फाइलेरियल कृमि जनित रोगों के कारण होने वाले हाथी पाँव जैसे रोग कृमि जनित रोगों के उदाहरण हैं।

इन रोगजनक कारकों का वर्गीकरण करना महत्त्वपूर्ण है, क्योंकि जिस तरह से रोग फैलते हैं और जिस तरह से उनका उपचार किया ज सकता है और उन्हें सामुदायिक स्तर पर रोका जा सकता है, वह तरीका विभिन्न रोगों के लिए भिन्न-भिन्न होता है। यह इस बात पर बहुत कुछ निर्भर करेगा, कि तात्कालिक कारण संक्रामक हैं या गैर-संक्रामक।

संक्रामक कारकों के सन्दर्भ में, ये श्रेणियाँ यह तय करने में महत्त्वपूर्ण कारक हैं, कि किस प्रकार के उपचार का उपयोग करना है। इनमें से प्रत्येक समूह के सदस्यों जैसे-विषाणु, जीवाणु आदि में कई जैविक विशेषताएँ समान हैं। उदाहरण के लिए, सभी विषाणु पोषद् (Host) कोशिकाओं के भीतर रहते हैं, जबकि जीवाणु ऐसा बहुत कम ही करते हैं। विषाणु, जीवाणु और कवक बहुत जल्दी गुणन करते हैं। जबकि कृमि तुलनात्मक रूप से बहुत धीरे-धीरे गुणन करते हैं। वर्गीकरण के अनुसार, सभी विषाणु, जीवाणु की तुलना में एक-दूसरे से अधिक निकटता से सम्बन्धित हैं और इसके विपरीत सभी विषाणु जीवाणुओं की तुलना में एक-दूसरे से अधिक निकटता से सम्बन्धित होते हैं। इसका अर्थ है कि कई महत्त्वपूर्ण जीवन प्रक्रियाएँ जीवाणु समूह में समान हैं, लेकिन विषाणु समूह के साथ साझा नहीं की जाती है। परिणामस्वरूप, एक ही समूह के एक सदस्य में इनमें से किसी एक जीवन प्रक्रिया को अवरुद्ध करने वाली दवा के कई अन्य सदस्यों के विरुद्ध प्रभावी होने की सम्भावना अधिक होती है। लेकिन वह दवा किसी भिन्न समूह से सम्बन्धित रोगाणु के विरुद्ध काम नहीं करेगी।

प्रतिजैविक (Antibiotics)

वे रासायनिक पदार्थ जो पोषद् (Host) सूक्ष्मजीवों (जीवाणु तथा कवक) द्वारा निम्न सान्द्रता में उत्पन्न किए जाते हैं एवं जिनमें अन्य रोगजनक सूक्ष्मजीवों की वृद्धि को अवरुद्ध करने की क्षमता होती है, **प्रतिजैविक** कहलाते हैं। ये सामान्यतया आक्रामक रोगजनक जीवाणु के महत्त्वपूर्ण जैव-रासायनिक मार्ग को अवरुद्ध या बन्द कर देते हैं।

उदाहरण के लिए, कई जीवाणु स्वयं की सुरक्षा के लिए एक कोशिका भित्ति का निर्माण करते हैं, लेकिन प्रतिजैविक पेनिसिलीन, जीवाणु में कोशिका भित्ति बनाने वाली प्रक्रिया को बाधित कर देती है। इसके परिणामस्वरूप जीवाणु कोशिका भित्ति नहीं बना पाते हैं और वे सरलता से मर जाते हैं। मानव की कोशिकाएँ कोशिका भित्ति नहीं बना सकती हैं, इसलिए पेनिसिलीन का हम पर कोई प्रभाव नहीं होता है। अतः पेनिसिलीन ऐसे सभी जीवाणुओं को प्रभावित करेगी, जिनमें इसी प्रकार कोशिका भित्ति बनाने की प्रक्रिया होती है। इस प्रकार अधिकांश प्रतिजैविक जीवाणुओं की अनेक जाति को प्रभावित करते हैं, न कि केवल एक जाति को, लेकिन विषाणु में ऐसा मार्ग नहीं होता है और यही कारण है, कि कोई भी प्रतिजैविक विषाणु संक्रमण पर प्रभावकारी नहीं होता है। यही कारण है, कि सामान्य सर्दी-जुकाम से ग्रस्त होने पर प्रतिजैविक लेने से रोग की तीव्रता अथवा उसकी समय अवधि कम नहीं होती है। हालाँकि, यदि हमें वायरल सर्दी जुकाम के साथ-साथ जीवाणु संक्रमण भी हो जाता है, तो प्रतिजैविक लेने से सहायता मिलेगी। तब भी, प्रतिजैविक संक्रमण के केवल जीवाणु भाग के विरुद्ध कार्य करेगा, विषाणु संक्रमण के विरुद्ध नहीं।

रोग फैलने के साधन (Means of Spread of Diseases)

संक्रामक रोगों के रोगजनक एक संक्रमित व्यक्ति से स्वस्थ व्यक्ति तक विभिन्न साधनों द्वारा फैल सकते हैं। अर्थात् संचरित हो सकते हैं। अतः इन्हें **संचारी रोग** (Communicable Diseases) भी कहते हैं। ये रोग विभिन्न साधनों; जैसे- वायु, जल, लैंगिक सम्पर्क, वाहक आदि द्वारा फैलते हैं। इनके विषय में आगे विस्तारपूर्वक बताया गया है—

(i) **वायु संचारी या जनित रोग** (Air-borne Diseases) ऐसे रोगों के रोगजनक सूक्ष्मजीव वायु द्वारा फैलते हैं। जब रोगी व्यक्ति छींकता अथवा खाँसता है, तो उस समय उसके नाक एवं मुँह से कफ, श्लेष्म तथा लार के छोटे-छोटे बूँदक (Droplet) बाहर निकलते हैं। ये बूँदक समीप उपस्थित किसी अन्य व्यक्ति के श्वास द्वारा उसके शरीर में प्रवेश कर जाते हैं। इससे इन रोगजनक सूक्ष्मजीवों को नए स्वस्थ

व्यक्ति को संक्रमित करने का अवसर मिल जाता है। उदाहरण- साधारण जुकाम, निमोनिया, क्षय (तपेदिक) रोग।

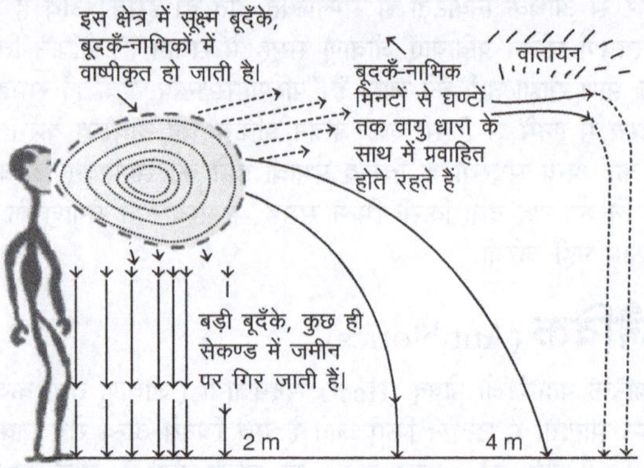

वायु जनित रोगों से संक्रमित व्यक्ति के जितना निकट हम होते हैं, संक्रमित होना उतना ही आसान होता है। हालाँकि, बन्द क्षेत्रों में, बूँदक नाभिक पुन: प्रसारित होते रहते हैं और सभी के लिए खतरा उत्पन्न करते हैं। इसलिए भीड़भाड़ और खराब हवादार आवास वायुजनित रोगों के प्रसार में एक प्रमुख कारक हैं।

(ii) **जल संचारी या जनित रोग** (Water-borne Diseases) इन रोगों के रोगजनक सूक्ष्मजीव जल द्वारा फैलते हैं। जब आँत के संक्रामक रोग, जैसे—हैजा से ग्रसित रोगी का मल अपशिष्ट पास में रहने वाले लोगों द्वारा उपयोग किए जाने वाले पेयजल में मिल जाते हैं और यदि कोई स्वस्थ व्यक्ति अनजाने में इस जल को पीता है, तो रोगाणुओं को एक नया पोषद् (Host) मिल जाता है, जिससे वह व्यक्ति भी इस रोग से ग्रसित हो जाता है। ऐसे रोग अधिकतर साफ पेयजल न मिलने के कारण फैलते हैं। इसके अन्य उदाहरण—टाइयॉइड, पीलिया, दस्त, आदि हैं।

(iii) **लैंगिक संचारी रोग** (Sexually Transmitted Diseases, STDs) ये रोग उन रोगजनक सूक्ष्मजीवों द्वारा फैलते हैं, जो लैंगिक सम्पर्क के दौरान शरीर के तरल द्वारा एक साथी से दूसरे साथी में स्थानान्तरित हो जाते हैं। इन्हें यौन संक्रमित रोग भी कहते हैं। यद्यपि लैंगिक संचारी रोग सामान्य शारीरिक सम्पर्क, जैसे-हाथ मिलाना, कुश्ती जैसे गले मिलना, खेलकूद अथवा और कोई अन्य विधि जिसमें हम सामाजिक रूप से एक-दूसरे के सम्पर्क में आते हैं, से नहीं फैलते हैं। सिफलिस व AIDS प्रमुख लैंगिक संचारी रोग हैं।

नोट *AIDS लैंगिक सम्पर्क के अतिरिक्त संक्रमित रुधिर स्थानान्तरण द्वारा, संक्रमित सुई से, गर्भावस्था में रोगी माता से नवजात शिशु को अथवा शिशु को स्तनपान करवाने से भी फैलता है।*

(iv) **रोगवाहकों द्वारा रोग का फैलना** (Spread of Disease through Vectors) कुछ जन्तु जो हमारे चारों ओर उपस्थित पर्यावरण में रहते हैं, रोगजनकों को रोगग्रस्त व्यक्ति से स्वस्थ व्यक्ति में पहुँचा सकते हैं। अत: ये मध्यस्थ का कार्य करते हैं, जिन्हें रोगवाहक या वेक्टर कहते हैं।

उदाहरण— मच्छर; (मादा) *एनोफिलीज*-मलेरिया, *क्यूलेक्स*-फाइलेरिएसिस (मादा), *एडीज*- पीत ज्वर, डेंगू मक्खियाँ, जैसे- घरेलू मक्खी-टायफॉइड एवं हैजा, सी-सी मक्खी-निद्रालु रोग, काला-अजार, आदि।

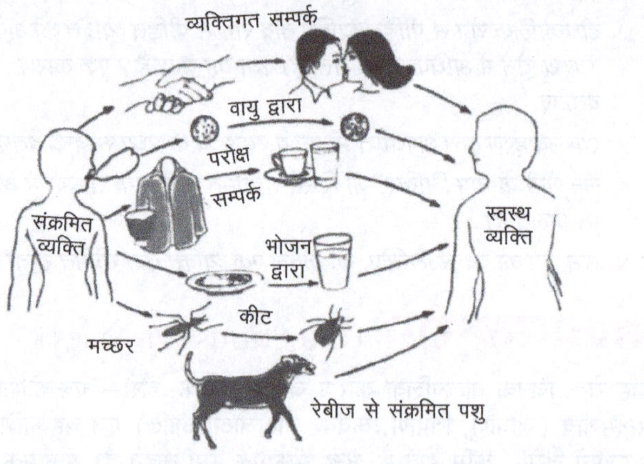

रोग संक्रमण के सामान्य उपाय

नोट *मच्छरों की कई प्रजातियों में, मादाओं को परिपक्व अण्डे देने में सक्षम होने के लिए रुधिर के रूप में अत्यधिक पौष्टिक भोजन की आवश्यकता होती है। मच्छर मानव सहित कई गर्म रुधिर वाले जन्तुओं का रुधिर भोजन के रूप में ग्रहण करते हैं।*

अंग विशिष्ट तथा ऊतक विशिष्ट अभिव्यक्ति

(Organ Specific and Tissue Specific Manifestations)

हमारा शरीर सूक्ष्मजीवी रोगजनकों की अपेक्षा बहुत बड़ा होता है। अत: ये रोगजनक विभिन्न पथों द्वारा शरीर के भिन्न-भिन्न स्थानों पर पहुँचकर विशिष्ट अंग या ऊतक की कार्यिकी को प्रभावित करते हैं। रोगजनक सूक्ष्मजीवों की विभिन्न प्रजातियाँ शरीर के विभिन्न भागों के उपयुक्त आवासीय अनुकूलनों के अनुरूप विकसित हुई है। पोषद् में सूक्ष्मजीव के विशिष्ट आवास स्थानों का निर्धारण उनके प्रवेश के स्थान पर निर्भर करता है। उदाहरणस्वरूप-

- यदि रोगाणु वायु द्वारा नासिका में प्रवेश करते हैं, तो उनके फेफड़ों में पहुँचने की सम्भावना अधिक होगी। तपेदिक रोग उत्पन्न करने वाला जीवाणु इसी प्रकार शरीर में प्रवेश करता है।
- यदि रोगाणु मुख द्वारा प्रवेश करते हैं, तो वे आहारनाल (आँत) के आस्तर में रह सकते हैं; जैसे— टायफॉइड रोग उत्पन्न करने वाला जीवाणु या वे पीलिया उत्पन्न करने वाले विषाणु की भाँति यकृत (Liver) में पहुँच सकते हैं।
- यदि वे लैंगिक सम्पर्क द्वारा जननांगों से होते हुए प्रवेश करते हैं, तो वे पूरे शरीर में लसिका ग्रन्थियों में फैल सकते हैं; जैसे-HIV-AIDS।
- यदि वे मच्छर के काटने से प्रवेश करते हैं, तो वे रुधिर से यकृत और वहाँ से लाल रुधिर कोशिकाओं में जा सकते हैं; जैसे-मलेरिया उत्पन्न करने वाला प्रोटोजोआ या वे मस्तिष्क तक भी पहुँच सकते हैं; जैसे-जापानी मस्तिष्क ज्वर (Japanese encephalitis) फैलाने वाला विषाणु।

इस प्रकार किसी रोग के चिन्ह व सामान्य लक्षण रोगजनकों द्वारा लक्षित ऊतक या अंग पर निर्भर करते हैं, जैसे-यदि फेफड़ों में संक्रमण होता है, तो खाँसी व श्वास लेने में परेशानी होना सामान्य लक्षण होंगे।

- यकृत में संक्रमण होने से पीलिया हो सकता है।
- मस्तिष्क में संक्रमण होने से सिरदर्द, उल्टी, चक्कर आना, दौरे, बेहोशी, आदि की शिकायत हो सकती है।

इन अंग विशिष्ट तथा ऊतक विशिष्ट लक्षणों के अतिरिक्त संक्रामक रोगों के कुछ सामान्य लक्षण भी होते हैं, जो संक्रमण के विरुद्ध शरीर के प्रतिरक्षा प्रणाली की सक्रियता पर निर्भर करते हैं।

संक्रामक रोगों के सामान्य प्रभाव

(General Effects of Infectious Diseases)

प्रतिरक्षी प्रणाली हमारे स्वास्थ्य हेतु आवश्यक है। हमारी प्रतिरक्षा प्रणाली ही विभिन्न प्रकार के संक्रामक सूक्ष्मजीवों से हमारी रक्षा करता है। यह संक्रामक सूक्ष्मजीवों की वृद्धि को अवरुद्ध कर या उन्हें मारकर शरीर को सुरक्षा प्रदान करती है।

जब संक्रामक सूक्ष्मजीव (रोगाणु) शरीर में प्रवेश करते हैं, तो इनके संक्रमण के विरुद्ध हमारे शरीर का प्रतिरक्षा प्रणाली सक्रिय हो जाती है। सक्रिय प्रतिरक्षा प्रणाली रोगाणुओं को मारने के लिए कई कोशिकाओं को प्रभावित ऊतक में भर्ती करती है। इस भर्ती प्रक्रिया को **सूजन** या **शोथ** (Inflammation) कहा जाता है। इस प्रक्रिया के एक भाग के रूप में, सूजन और दर्द जैसे स्थानीय प्रभाव और बुखार जैसे सामान्य प्रभाव उत्पन्न होते हैं।

कभी-कभी संक्रमण की ऊतक-विशिष्टता के कारण कुछ सामान्य लक्षण भी उत्पन्न हो सकते हैं; जैसे-AIDS का HIV विषाणु प्रतिरक्षा प्रणाली में पहुँचकर इसके कार्यों को प्रभावित करता है। इस प्रकार, HIV-AIDS के कई प्रभाव इसलिए होते हैं, क्योंकि शरीर अब कई छोटे एवं सामान्य संक्रमणों से नहीं लड़ सकता है, जिनका हम प्रतिदिन सामना करते हैं। इसके अतिरिक्त, हर छोटा सर्दी-जुकाम, निमोनिया बन सकती है। इसी तरह, एक सामान्य आँत्र संक्रमण से रुधिर की हानि के साथ गम्भीर दस्त हो सकते हैं।

अन्ततः ये अन्य संक्रमण HIV-AIDS से पीड़ित व्यक्तियों को मार देते हैं।

यह याद रखना महत्त्वपूर्ण है, कि रोग अभिव्यक्ति की गम्भीरता शरीर में स्थित रोगजनक सूक्ष्मजीवों की संख्या पर निर्भर करती है। यदि रोगजनक सूक्ष्मजीवों की संख्या बहुत कम है, तो रोग की अभिव्यक्तियाँ भी कम होंगी। यदि उसी रोगजनक सूक्ष्मजीव की संख्या बहुत अधिक है, तो रोग की अभिव्यक्तियाँ अत्यन्त प्रबल होंगी। इससे जीवन को भी खतरा हो सकता है। अतः प्रतिरक्षा प्रणाली एक प्रमुख कारक है, जो शरीर में उपस्थित सूक्ष्मजीवों की संख्या को निर्धारित करता है।

चेक प्वॉइण्ट 13.3

1. किन्हीं दो संक्रामक रोगों के नाम बताइए।

2. किसी एक ऐसे प्रतिजैविक का उदाहरण दीजिए, जो जीवाणु की अनेक जातियों के विरुद्ध कार्य करता है।

3. किन्हीं दो विधियों के नाम लिखिए, जिनके द्वारा सूक्ष्मजीव मानव शरीर में प्रवेश करते हैं।

4. अंग-विशिष्ट रोगों को ध्यान में रखते हुए, सूक्ष्मजीवों की स्थिति बताइए, जब वे क्रमशः नासिका, मुख व लैंगिक सम्पर्क द्वारा शरीर में प्रवेश करते हैं।

5. एक व्यक्ति प्रायः सिरदर्द एवं उल्टी की शिकायत करता है तथा प्रायः अचेत हो जाता है। उसके कौन-से अंग के प्रभावित होने की सम्भावना सबसे अधिक है?

6. मानव शरीर का कौन-सा तन्त्र शरीर में सूक्ष्मजीवों की संख्या के निर्धारण हेतु महत्त्वपूर्ण होता है?

उपचार के सिद्धान्त (Principle of Treatment)

संक्रामक रोग होने पर डॉक्टर उपचार हेतु भिन्न-भिन्न औषधियाँ देता है, जो विभिन्न विधियों से कार्य करती है।

संक्रामक रोगों के उपचार के निम्नलिखित दो पद हैं

1. **रोग के प्रभाव को कम करना** (Reduce the Effects of Diseases) इसमें एक विशिष्ट उपचार द्वारा रोग के प्रभाव या गम्भीरता को कम कर दिया जाता है, जिससे लक्षणों को कम किया जाता है। ये लक्षण मुख्यतया प्रतिरक्षा प्रणाली की सूजन या शोथ प्रतिक्रिया के कारण उत्पन्न होते हैं। इसके अन्तर्गत लक्षण-निर्देशित उपचार ज्वर को कम करने, दर्द को कम करने या दस्त रोकने के लिए औषधियों का प्रयोग कर सकते हैं, परन्तु इससे रोग उत्पन्न करने वाले सूक्ष्मजीव की मृत्यु नहीं होती है, अतः रोग पूर्णतया ठीक नहीं होगा। इस दौरान, हम बिस्तर पर आराम कर सकते हैं, ताकि हम अपनी ऊर्जा बचा सके। यह हमें ठीक होने पर ध्यान केन्द्रित करने के लिए अधिक ऊर्जा उपलब्ध कराने में सक्षम करेगा।
2. **रोग के कारक की मृत्यु** (To Kill the Cause of Disease) किसी रोग के उपचार हेतु ऐसी औषधि का उपयोग करना, जिससे रोगजनक सूक्ष्मजीवों की मृत्यु हो जाए, उपचार की सर्वोत्तम विधि है। अतः यह आवश्यक है, कि रोग उत्पन्न करने वाले विशिष्ट रोगजनक सूक्ष्मजीव के विरुद्ध औषधि ली जाए। उदाहरण के लिए, जीवाणु जनित रोगों के उपचार हेतु रोगी को प्रतिजैविक दी जानी चाहिए, जो रोगी को प्रभावित किए बिना जीवाणु के आवश्यक जैव-रसायन पथों (ये प्रक्रियाएँ नए पदार्थ बनाने के विभिन्न चरण अथवा श्वसन से सम्बन्धित हो सकती हैं) को अवरुद्ध कर देती हैं, क्योंकि ये पथ हमारी कोशिकाओं द्वारा प्रयुक्त नहीं किए जाते हैं। इसी प्रकार, कुछ अन्य औषधियाँ प्रोटोजोआ; जैसे- मलेरिया परजीवी को मार सकती हैं। प्रतिजैविक की तुलना में प्रतिविषाण्वीय (Antiviral) औषधि बनाना कठिन है, क्योंकि विषाणु में अपनी जैव-रासायनिक प्रणाली बहुत कम होती है। विषाणु हमारे शरीर में प्रवेश करते हैं और अपनी जीवन प्रक्रिया के लिए हमारी कार्यिकीय संरचना एवं मशीनरी का उपयोग करते हैं। इसका अर्थ यह है, कि विषाणु पर आक्रमण करने के लिए अपेक्षाकृत कम विशिष्ट लक्ष्य होते हैं। इन सीमाओं के अतिरिक्त अब प्रभावशाली प्रतिविषाण्वीय औषधियाँ भी उपलब्ध हैं; उदाहरण—HIV संक्रमण को नियन्त्रित करने की औषधि।

   आधुनिक तकनीक तथा विज्ञान में उन्नति के द्वारा हमें अनेक रोगों के उपचार हेतु प्रतिजैविक व अन्य औषधियाँ प्राप्त हो गई हैं, लेकिन इनकी कुछ सीमाएँ हैं, जो किसी संक्रामक रोग के उपचार के दौरान सामने आती हैं।

संक्रामक रोगों की ये सीमाएँ या हानियाँ निम्नवत् हैं

(i) यदि कोई व्यक्ति एक बार बीमार हो जाए, तो उसके शारीरिक कार्यों को बहुत क्षति होती है और कभी-कभी गम्भीर मामलों में वह फिर पूरी तरह से स्वस्थ नहीं हो पाता है।

(ii) उपचार में लम्बा समय लग सकता है अर्थात् सही उपचार होने पर भी रोगी को बिस्तर पर लम्बे समय तक आराम करना पड़ सकता है।

(iii) संक्रमित रोगी अन्य व्यक्तियों में रोग फैलाने का स्रोत बन सकता है। इससे उपरोक्त कठिनाईयाँ और अधिक बढ़ जाती हैं।

अत: रोगों का निवारण (रोकथाम) उपचार से बेहतर विकल्प है।

रोगों के निवारण की विधियाँ (Methods to Prevent Diseases)

रोगों के निवारण (रोकथाम) की सामान्यतया दो विधियाँ हैं। ये निम्नलिखित हैं

(i) **संक्रामक रोगों के निवारण की सामान्य विधियाँ** (General Ways of Preventing Infectious Diseases) यह विधि रोगग्रस्त होने के खतरों को कम करने से सम्बन्धित है, जिसमें मुख्यतया रोगी के सम्पर्क से बचने का प्रयास किया जाता है। संक्रामक रोगों के निवारण हेतु जन-स्वच्छता अत्यन्त महत्त्वपूर्ण है। पर्यावरण से सम्बन्धित रोग होने के खतरों के निवारण की विभिन्न विधियाँ नीचे तालिका में दी गई हैं

सूक्ष्मजीव	विधि
वायुजनित या वातोढ़ सूक्ष्मजीव	भीड़-भाड़ रहित स्थानों पर निवास करना।
जलजनित या जलोढ़ सूक्ष्मजीव	स्वच्छ एवं सुरक्षित जल पीना। इसके लिए जल में उपस्थित सूक्ष्मजीवों को मारने के उपाय किए जा सकते हैं।
रोगवाहक जनित सूक्ष्मजीव	स्वच्छ वातावरण में रहना चाहिए, जहाँ मच्छर, मक्खी, आदि उत्पन्न नहीं हो सकें।

दूसरे शब्दों में, सार्वजनिक स्वच्छता संक्रामक रोगों की रोकथाम के लिए एक बुनियादी कुँजी है। पर्यावरण से सम्बन्धित इन मुद्दों के अतिरिक्त, संक्रामक रोगों को रोकने के लिए कुछ अन्य सामान्य सिद्धान्त भी हैं, जो निम्नवत हैं

(a) **प्रबल प्रतिरक्षा प्रणाली** (Strong Immune System) सामान्यता, हम हर दिन संक्रमणों का सामना करते हैं। यदि कोई कक्षा में सर्दी और खाँसी से पीड़ित है, तो यह सम्भावना है कि आस-पास बैठे बच्चे संक्रमण के सम्पर्क में आ जाएँगे। लेकिन उनमें से सभी वास्तव में बीमारी से पीड़ित नहीं है। ऐसा इसलिए है, क्योंकि हमारे शरीर की प्रतिरक्षा प्रणाली सामान्य रूप से रोगाणुओं से लड़ रही होती है। प्रतिरक्षा प्रणाली हमारे शरीर में प्रवेश करने वाले रोगजनक सूक्ष्मजीवों से लड़ता है व उन्हें नष्ट कर देती है। ये कोशिकाएँ संक्रमित रोगाणुओं को मारने में विषेज्ञता रखतीं है। जब भी रोगाणु शरीर में प्रवेश करते हैं। तो ये कोशिकाएँ सक्रिय हो जाती हैं। यदि प्रतिरक्षी प्रणाली सफलापूर्वक कार्यरत् रहती है, तो हमें कोई रोग नहीं होता है। प्रतिरक्षी प्रणाली की कोशिकाएँ रोगाणुओं के संख्या में बहुत अधिक बढ़ने से पहले उन्हें मार देती है। जैसा कि हम जानते हैं, कि यदि रोगाणुओं की संख्या नियन्त्रित हो जाती है, तो रोग की अभिव्यक्ति बहुत कम होगी अर्थात् संक्रामक रोगाणुओं से संक्रमित होने का अर्थ यह नहीं है, कि हमें कोई प्रभावी बीमारी जरूर होगी।

(b) **सन्तुलित आहार** (Balanced Diet) प्रतिरक्षा प्रणाली के सफलतापूर्वक क्रियान्वयन में पर्याप्त सन्तुलित भोजन तथा पोषण की भी महत्त्वपूर्ण भूमिका होती है, इसलिए उचित मात्रा में सबके लिए सन्तुलित भोजन की उपलब्धता संक्रामक रोगों से बचने के लिए दूसरी मूल आवश्यकता है।

(ii) **संक्रामक रोगों के निवारण की विशिष्ट विधियाँ** (Specific Ways of Preventing Infectious Diseases) यह विधि प्रतिरक्षाकरण (Immunisation) से सम्बन्धित है।

जब शरीर की प्रतिरक्षा प्रणाली किसी रोगाणु का पहली बार सामना करती हैं, तो प्रतिरक्षा प्रणाली उस रोगाणु के विरुद्ध प्रतिक्रिया करता है और फिर इसके विशिष्ट रूप एवं गुण का स्मरण कर लेता है। जब वही रोगाणु या उससे मिलता-जुलता रोगाणु पुन: शरीर के सम्पर्क में आता है, तो प्रतिरक्षा प्रणाली पूरी तीव्रता से उसे शीघ्र नष्ट कर देती है। अत: पहले संक्रमण की अपेक्षा दूसरा संक्रमण शीघ्र ही समाप्त हो जाता है। यह प्रतिरक्षाकरण के नियम का आधार है।

चेचक एवं प्रतिरक्षाकरण
(Smallpox and Immunisation)

इन दिनों पूरे विश्व से चेचक समाप्त हो चुका है, परन्तु सौ वर्ष पहले चेचक बहुत बड़ी एवं सामान्य महामारी होती थी। ऐसी स्थिति में लोग चेचक होने के डर से रोगी के पास आने से बचते थे, लेकिन लोगों का एक ऐसा भी समूह था, जो चेचक से नहीं डरता था। यह समूह चेचक के रोगियों की सेवा करता था। यह वह समूह था, जिन्हें चेचक हुआ था, लेकिन फिर भी ये कई निशानों के साथ जीवित बच गए। अत: यदि आपको एक बार चेचक हो जाए, तो आपको चेचक रोग पुन: होने की सम्भावना नहीं होती है। इसलिए एक बार रोग होने पर पुन: उसी रोग के होने की प्रायिकता बहुत कम हो जाती है।

टीकाकरण (Vaccination)

पारम्परिक भारतीय और चीनी चिकित्सा प्रणालियाँ कभी-कभी जानबूझकर स्वस्थ लोगों की त्वचा को चेचक के पीड़ितों की त्वचा की पपड़ी पर रगड़ती थी। इस प्रकार उन्होंने चेचक का एक हल्का रूप उत्पन्न करने की उम्मीद की जिससे रोग के विरुद्ध प्रतिरोधक (प्रतिरक्षा) उत्पन्न हो सके। प्रसिद्ध रूप से, दो सदी पहले, 1976 में ब्रिटिश डॉक्टर **एडवर्ड जेनर** (Edward Jenner) ने सर्वप्रथम में **जेम्स फिप्स**

(James Phipps) नामक बच्चे को चेचक (Smallpox) या बड़ी माता का टीका लगाया।

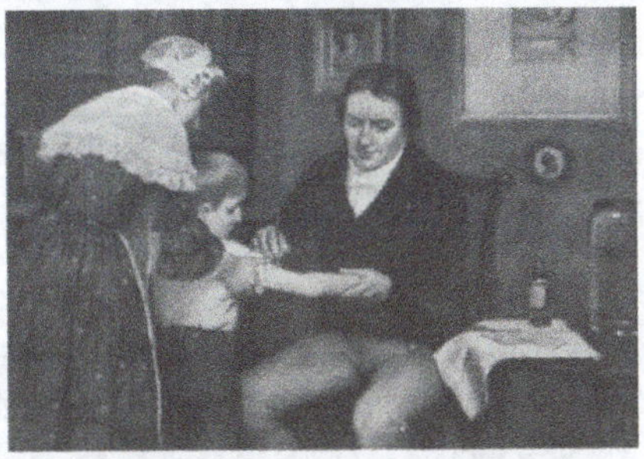

डॉ. जेनर द्वारा चेचक का टीकाकरण

उन्होंने महसूस किया, कि जिन दूध बेचने वाली महिलाओं को काउपॉक्स (Cowpox) हुआ था, उन्हें महामारी के दौरान भी चेचक नहीं हुआ। काउपॉक्स एक बहुत ही हल्का (Mild) रोग है। जेनर ने जानबूझकर लोगों को काउपॉक्स देने की कोशिश की और पाया, कि अब वे चेचक के प्रतिरोधी थे।

ऐसा इसलिए था क्योंकि चेचक का विषाणु काउपॉक्स विषाणु से निकटता से सम्बन्धित है। लैटिन में 'गाय' को 'वैका' (Vacca) और काउपॉक्स (Cowpox) को वैक्सीनिया (Vaccinia) कहा जाता है। इन्ही मूल शब्दों से टीकाकरण (Vaccination) शब्द प्रचलन में आया है।

अब हम देख सकते हैं कि, सामान्य सिद्धान्त के रूप में, हम शरीर में कुछ ऐसा डालकर प्रतिरक्षा प्रणाली को एक विशेष संक्रमण के लिए स्मृति विकसित करने के लिए 'मूर्ख' बना सकते हैं, जो उस रोगाणु की नकल करता है, जिसके विरुद्ध हम टीका लगाना चाहते हैं। टीका मृत या दुर्बल संक्रामक कारकों या उनके उत्पाद से तैयार किया जाता है। ये प्रतिरक्षी प्रणाली को एक विशिष्ट रोग के विरुद्ध प्रतिरक्षी बनाने हेतु प्रेरित करता है

यह वास्तव में रोग का कारण नहीं बनता है, लेकिन यह भविष्य में रोगाणु के संक्रमण के किसी भी खतरे को वास्तविक रोग में बदलने से रोकेगा। संक्रामक रोगों की एक पूरी श्रृंखला को रोकने के लिए अब कई ऐसे टीके उपलब्ध हैं, जो रोकथाम का एक रोग-विशिष्ट साधन प्रदान करते हैं। टिटनेस, डिफ्थीरिया, काली खाँसी, खसरा, पोलियो और कई अन्य रोगों के विरुद्ध टीकें उपलब्ध हैं। ये संक्रामक रोगों को रोकने के लिए बचपन के टीकाकरण का सार्वजनिक स्वास्थ्य कार्यक्रम बनाते हैं।

बेशक, ऐसा कार्यक्रम तभी उपयोगी हो सकता है, जब ऐसे स्वास्थ्य उपाय सभी बच्चों के लिए उपलब्ध हों।

भारत में संक्रामक रोगों के निवारण हेतु अनेक टीके उपलब्ध हैं, जो कि रोग-विशिष्ट होते हैं। वे रोग जिनके विरुद्ध टीके उपलब्ध हैं, निम्नवत् हैं

- डिफ्थीरिया, परट्यूसिस, टिटनेस-DDT (Hib टीका)
- पोलियोमायलिटिस - ओरल पोलियो वैक्सीन (OPV)
- हिपेटाइटिस-B - हिपेटाइटिस B टीका
- ट्यूबरकुलोसिस - बैसिलस केल्मेट गुएरिन (BCG)

यह टीके बच्चों की संक्रामक रोगों से रक्षा करने के लिए भारत के सरकारी स्वास्थ्य कार्यक्रमों के अन्तर्गत उपलब्ध हैं।

टीके को उचित आयु में दिया जाना आवश्यक है। उदाहरण—हिपेटाइटिस-A के विरुद्ध टीका बाजार में उपलब्ध है। हिपेटाइटिस विषाणु के कारण पीलिया हो जाता है। यह जल द्वारा फैलता है। इसके टीके को पाँच वर्ष की आयु के बाद देना बेकार है, क्योंकि तब तक बच्चा इसके संक्रमण के प्रभाव में आकर इसके विरुद्ध प्रतिरक्षित हो चुका होता है।

पल्स पोलियो कार्यक्रम (Pulse Polio Programme)

भारत में **पल्स पोलियो प्रतिरक्षाकरण** कार्यक्रम की शुरूआत विश्व स्वास्थ्य संगठन (WHO) के वैश्विक पोलियो उन्मूलन प्रस्ताव के तहत 1995 में की गई।

इस कार्यक्रम के अन्तर्गत पाँच साल तक के बच्चों को दिसम्बर व जनवरी में ओरल पोलियो वैक्सीन (OPV) की दो बूँदें दी जाती हैं। WHO द्वारा भारत को वर्ष 2014 में पोलियो मुक्त घोषित कर दिया गया है। यद्यपि यह कार्यक्रम आज भी चल रहा है, जिससे इसके पुनः रोगग्रस्त करने की सम्भावना पूर्णतया समाप्त हो जाए।

चेक प्वॉइण्ट 13.4

1. *संक्रामक रोगों के उपचार के दो नियम कौन-से हैं?*
2. *संक्रामक रोगों के उपचार के दौरान कौन-सी दो सीमाओं का ध्यान रखना चाहिए?*
3. *वायु संचरित सूक्ष्मजीवियों के निवारण के क्या उपाय है?*
4. *रोगवाहक संचरित रोगों के निवारण की एक प्रमुख विधि बताइए।*
5. *एक गम्भीर संक्रामक रोग का नाम बताइए, जो प्रतिरक्षी प्रणाली की विफलता को दर्शाता है।*
6. *प्रतिरक्षाकरण व टीकाकरण के मध्य कोई एक अन्तर बताइए।*

कुछ संक्रामक रोग

प्रोटोजोआ-जनित रोग

रोग	रोगकारक	वाहक/संक्रमण विधि	लक्षण	रोकथाम एवं उपचार
मलेरिया	*प्लाज्मोडियम*	मादा *एनोफिलीज* मच्छर के काटने से	सिरदर्द, उल्टी, पेशीय दर्द। ठंड के विशिष्ट पैटर्न के साथ तेज ज्वर, पसीना आना।	मच्छरदानी का उपयोग करें। जल को खुले में इकट्ठा न होने दें। खुली नालियों में कैरोसीन तेल डालें। खिड़कियों व दरवाजों पर जालियों का उपयोग करें। मलेरिया की रोकथाम के लिए क्विनीन औषधि दी जाती है।
निद्रालु रोग	*ट्रिपैनोसोमा ब्रूसी*	सी-सी मक्खी के काटने से	उत्तेजना, ज्वर, सिरदर्द, खुजली, आदि।	कीटरोधकों का उपयोग, लम्बी बाँह के कपड़े पहनना। सी-सी मक्खी बहुल क्षेत्रों से बचना। एफ्लोरनिथिन औषधि का उपयोग।
काला-अजार या लीशमानिएसिस	*लीशमानिया डोनोवेनी*	संक्रमित बालू मक्खी (Sand fly) के काटने से	तेज ज्वर, तिल्ली एवं यकृत का बढ़ जाना	कीटरोधी का उपयोग, एंटीमनी युक्त औषधि का उपयोग इस रोग के उपचार हेतु किया जाता है।

जीवाणु-जनित रोग

रोग	रोगकारक	वाहक/संक्रमण विधि	लक्षण	रोकथाम एवं उपचार
ट्युबरकुलोसिस या तपेदिक या क्षय (TB)	*माइकोबैक्टीरियम ट्यूबरकुलोसिस*	संक्रमित व्यक्ति के छींकने-खाँसने के दौरान मुक्त बूँदकों को श्वास द्वारा लेने से	इस रोग के जीवाणु फेफड़ों (Lungs) त्वचा, आँत और अस्थियों में समूह बनाकर रहते हैं। क्षय रोग के आरम्भ में व्यक्ति अत्यधिक थकान महसूस करता है, धीरे-धीरे रोगी को भूख कम लगने लगती है।	इस रोग से बचने के लिए BCG का टीका लगवाना आवश्यक है। रोगी के कपड़े, थूक, बर्तन, बिस्तर, आदि को अलग रखना चाहिए। आजकल एंटी-ट्यूबरक्यूलर ट्रीटमेंट (ATT) द्वारा क्षय रोग का सफलतापूर्वक उपचार किया जा रहा है।
हैजा (Cholera)	*विब्रियो कॉलेरी (Vibrio cholerae)*	घरेलू मक्खी द्वारा संदूषित जल व भोजन के सेवन से	दस्त, जल व खनिज तत्वों की अत्यधिक हानि से वृक्क को नुकसान।	उबला जल पीना चाहिए एवं पका हुआ भोजन करना चाहिए। स्वच्छता का ध्यान रखना चाहिए। कोलेरा टीका द्वारा प्रतिरक्षाकरण, ORS घोल, टेट्रासाइक्लिन प्रतिजैविक औषधि लेनी चाहिए।
मियादी बुखार या आँत्रीय ज्वर *(Typhoid)*	*साल्मोनेला टाइफी (Salmonella typhi)*	यह जीवाणु मुख्यतया दूषित जल के माध्यम से पीने के पानी, आहार, दूध, आदि के द्वारा स्वस्थ व्यक्ति के शरीर में प्रवेश करता है।	मियादी बुखार से ग्रसित व्यक्ति को लम्बे समय तक बुखार रहता है। बुखार के साथ-साथ कभी-कभी सारे शरीर पर, छोटे-छोटे सफेद रंग के मोती के समान आकार वाले दाने भी निकल आते हैं। इसी कारण यह रोग मोतीझरा भी कहलाता है।	खाद्य-पदार्थों को हमेशा ढककर रखना चाहिए, इस रोग में क्लोरैम्फेनिकोल (Chloramphenicol) और क्लोरोमाइसिटीन (Chloromycetin) नामक दवाइयाँ लाभदायक रहती हैं। रोगी को TAB का टीका लगवाना चाहिए।
दस्त (Diarrhoea)	*जिआर्डिया इंटेस्टाइनेलिस (Giardia intestinalis), शिगेला (Shigella), साल्मोनेला (Salmonella)*।	संदूषित भोजन, जल, हाथ, कपड़ों द्वारा	वमन, दस्त	स्वच्छता का ध्यान रखना चाहिए। बासी भोजन नहीं करना चाहिए। ORS घोल देना चाहिए। एंटीबायोटिक्स औषधियाँ लेनी चाहिए।

विषाणु-जनित रोग

रोग	रोगकारक	वाहक/संक्रमण विधि	लक्षण	रोकथाम एवं उपचार
इन्फ्लूएंजा	*मिक्सोवाइरस इंफ्लूएंजी*	प्रत्यक्ष या अप्रत्यक्ष सम्पर्क द्वारा या छींकने के कारण उत्पन्न संक्रमित बूँदकों द्वारा	अचानक ठंड लगना, नाक बहना, छींक आना, ज्वर, सिरदर्द, श्वसनीय म्यूकोसा में शोथ व कमजोरी होना।	संक्रमित व्यक्ति के सम्पर्क से बचना। उपचार हेतु एंटीवायरल औषधियाँ दी जाती हैं।
यकृतशोथ A (Hepatitis-A and B)	हिपेटाइटिस-A व B विषाणु	हिपेटाइटिस विषाणु से संक्रमित भोजन व जल द्वारा।	भूख न लगना, वमन के साथ तेज बुखार, जी मिचलाना, सिरदर्द, जोड़ों में दर्द, आदि इस रोग के सामान्य लक्षण हैं। संक्रमण के 3-10 दिनों के बाद मूत्र गहरे पीले रंग का व मल हल्के रंग का होने लगता है।	संक्रमण से सुरक्षा के लिए आयनीकृत एवं UV-किरणों से उपचारित पेयजल पीना चाहिए। रोगी के वस्त्र, बिछौने, बर्तन, आदि को समय-समय पर नि:संक्रमित करते रहना चाहिए। 5 वर्ष से कम आयु में हिपेटाइटिस -A टीका लगवाना चाहिए।
एड्स (AIDS)	रिट्रो विषाणु (HIV)	संक्रमित व्यक्ति के तरल आधार द्रव्य से किसी भी प्रकार से सम्पर्क होने पर। मुख्यतया रुधिर, संक्रमित इंजेक्शन या यौन क्रिया के दौरान शारीरिक तरल से	लसीका गाँठों में सूजन, ज्वर, रात्रि में पसीना आना, वजन कम होना, स्मरण शक्ति तथा बोलने व सोचने की क्षमता का ह्रास। प्रतिरक्षा प्रणाली का कमजोर होना।	AIDS के विषय में जागरूकता फैलाना, अनजान व्यक्ति से लैंगिक सम्पर्क न करना। दूसरों द्वारा प्रयुक्त सुईयों व रेजर का उपयोग न करना। पूर्ण उपचार अभी सम्भव नहीं है। रोगी में HIV के संक्रमण को नियन्त्रित रखने हेतु कुछ एंटीवायरल औषधियाँ दी जाती है।
रेबीज या हाइड्रोफोबिया	रैब्डो विषाणु	यह रोग संक्रमित कुत्ते, बिल्ली, बंदर, गीदड़, आदि किसी भी जंतु के काटने से हो सकता है।	सिरदर्द, तेज बुखार, छाती, गले की पेशियों में सूजन और ऐंठन इस रोग के लक्षण है। इनमें रोगी को बेचैनी होती है तथा दौरे पड़ने लगते हैं। रोगग्रस्त मनुष्य के गले में भंयकर पीड़ा होती है तथा वो कुछ भी नहीं निगल पाता है। अत: प्यास लगने पर भी पानी नहीं पी सकता है एवं रोगी पानी से भी डरने लगता है।	पालतू जानवर कुत्ता, बिल्ली, आदि को एंटीरेबीज (Antirabies) का टीका लगाकर प्रतिरक्षित कराना चाहिए। रेबीज के संक्रमण के उपचार हेतु जंतु द्वारा काटे गए स्थान को लाल दवा से धोना चाहिए। घाव में कार्बोलिक अम्ल, पोटैशियम परमैंगनेट का चूर्ण भर सकते हैं। रोगी को एंटीरेबीज के पाँच टीके संक्रमित कुत्ते के काटने से 1, 3, 7, 14, 30 वें दिन लगवाने चाहिए।
डेंगू (Dengue)	आर्बो विषाणु	*एडीज* जाति के मादा मच्छर द्वारा काटने से	सिरदर्द के साथ तेज ज्वर, वमन, कमजोरी व जोड़ों में दर्द।	आस-पास के वातावरण को स्वच्छ रखना, मच्छरों के प्रजनन स्थानों का निवारण करना व जन जागरूकता अभियान का संचालन।
पोलियो या पोलियोमायलिटिस	पोलियो विषाणु	यह विषाणु संक्रमित भोजन, दूध तथा पेयजल के माध्यम से आहारनाल को संक्रमित करता है।	इस रोग के प्रारम्भिक लक्षण बुखार, उल्टी, सिर और बदन में दर्द एवं गले की पेशियों का सख्त होना है। प्रारम्भिक लक्षणों के पश्चात् बच्चे के हाथ-पैर कमजोर दिखाई देने लगते हैं तथा वह उन्हें हिला नहीं पाता है अर्थात् पक्षाघात जैसी स्थिति बन जाती है। पक्षाघात का यह दौरा बुखार उतरने पर स्थायी हो जाता है।	प्रारम्भिक अवस्था में इस रोग से सुरक्षा के लिए स्वच्छ वातावरण के साथ व्यक्तिगत स्वच्छता भी अत्यन्त महत्त्वपूर्ण है। अत: बच्चों को गन्दे स्थानों पर खेलने से रोकना चाहिए। पोलियो का OPV टीका लगवाना ही इस रोग से बचाव का एकमात्र उपाय है।

NCERT फोल्डर

अध्याय के बीच के प्रश्न

1. अच्छे स्वास्थ्य की दो आवश्यक स्थितियाँ बताइए।

उत्तर अच्छा स्वास्थ्य होना निम्नलिखित स्थितियों पर निर्भर करता है

(i) व्यक्तिगत और सामुदायिक स्वच्छता

(ii) अच्छी आर्थिक परिस्थितियाँ, कार्य तथा भौतिक पर्यावरण।

2. रोगमुक्त रहने की दो आवश्यक परिस्थितियाँ बताइए।

उत्तर रोगमुक्त रहने के लिए आवश्यक परिस्थितियाँ निम्न हैं

(i) सन्तुलित भोजन लेना

(ii) व्यक्तिगत तथा सामुदायिक स्वच्छता।

3. क्या उपरोक्त प्रश्नों के उत्तर एक जैसे हैं अथवा भिन्न एवं क्यों?

उत्तर उपरोक्त प्रश्नों के उत्तर एक जैसे नहीं होंगे, क्योंकि स्वास्थ्य का अर्थ रोगमुक्त से अलग होता है, किन्तु ये परस्पर अन्तर सम्बन्धित होते हैं। स्वास्थ्य का अर्थ शरीर का शारीरिक, मानसिक एवं सामाजिक रूप से स्वस्थ होना है, जबकि रोगमुक्त होने का अर्थ शरीर के अंगों के मध्य किसी भी प्रकार की असुविधा उत्पन्न न होना तथा परस्पर उचित समंवयन बना रहना है।

4. ऐसे तीन कारण लिखिए, जिससे आप सोचते हैं कि आप बीमार हैं तथा आपको चिकित्सक के पास जाना चाहिए। यदि इनमें से एक भी लक्षण हो, तो क्या आप फिर भी चिकित्सक के पास जाना चाहेंगे? क्यों अथवा क्यों नहीं?

उत्तर हाँ, जब कोई बीमारी होती है, तो इसके लक्षण तथा चिन्ह दिखाई देने लगते हैं। ये लक्षण सिरदर्द, उल्टी आना, चक्कर आना तथा बेहोशी, आदि होते हैं। ये लक्षण बीमारी को प्रदर्शित करते हैं। इनसे यह पता नहीं चलता हैं, कि कौन-सी बीमारी है। इसके लिए हम चिकित्सक के पास जाते हैं, जो बीमारी के लक्षणों के आधार पर तथा प्रयोगशाला में परीक्षण कराकर हमारी बीमारी का पता लगाते हैं।

5. निम्नलिखित में से किसके लम्बे समय तक रहने के कारण आप समझते हैं कि आपके स्वास्थ्य पर बुरा प्रभाव पड़ेगा और क्यों?

- यदि आप पीलिया रोग से ग्रस्त हैं।
- यदि आपके शरीर पर जूँ है।
- यदि आप मुहाँसों से ग्रस्त हैं।

उत्तर शरीर पर जूँ तथा मुहाँसों से ग्रस्त होने पर स्वास्थ्य पर बुरा प्रभाव नहीं पड़ता है, लेकिन यदि आप पीलिया रोग से लम्बे समय से ग्रस्त हैं, तो स्वास्थ्य पर बुरा प्रभाव पड़ता है; जैसे-

(i) तेज बुखार आना, सिरदर्द और जोड़ों में दर्द

(ii) चक्कर तथा उल्टी का अनुभव होना

रोगी कमजोर हो जाता है, लेकिन कुछ समय के उपचार के बाद वह ठीक हो जाता है।

6. जब आप बीमार होते हैं, तो आपको सुपाच्य तथा पोषण युक्त भोजन करने का परामर्श क्यों दिया जाता है?

उत्तर बीमारी के कारण, शरीर के सामान्य अंग तथा कार्य प्रभावित हो जाते हैं, इसलिए बीमारी के दौरान सुपाच्य तथा पोषण युक्त भोजन करने का परामर्श दिया जाता है, जिसमें सभी आवश्यक पोषक तत्व हों और जो आसानी से पचाया जा सके।

7. संक्रामक रोग फैलने की विभिन्न विधियाँ कौन-कौन सी हैं?

उत्तर संक्रामक रोग फैलने की विभिन्न विधियाँ निम्न हैं-

(i) **वायु द्वारा** ऐसा तब होता है, जब रोगी मनुष्य छींकता है अथवा खाँसता है। उस समय रोगजनक युक्त छोटे-छोटे बूँदक बाहर निकलते हैं। जब उसके समीप कोई अन्य व्यक्ति उपस्थित होता है, तो श्वास द्वारा ये बूँदक छींटे उसके शरीर में प्रवेश कर जाते हैं। इनसे सूक्ष्मजीवों को नए संक्रमण करने का अवसर मिल जाता है। उदाहरण-खाँसी, जुकाम, निमोनिया तथा क्षयरोग।

(ii) **जल द्वारा** जल द्वारा भी रोग फैल सकते हैं। जब संक्रमणीय रोग जैसे हैजा से ग्रसित रोगी के अपशिष्ट पेयजल में मिल जाते हैं और यदि कोई स्वस्थ व्यक्ति इस जल को पीता है, तो रोगाणुओं को एक नया पोषी मिल जाता है, जिससे वह भी इस रोग से ग्रसित हो जाता है। उदाहरण-हैजा, पीलिया, आदि

(iii) **लैंगिक सम्पर्क द्वारा** कुछ सूक्ष्मजीवीय रोग लैंगिक संपर्क द्वारा भी होते हैं। उदाहरण–सिफलिस के जीवाणु का लैंगिक सम्पर्क के समय एक साथी से दूसरे साथी में स्थानान्तरण हो जाता है।

(iv) **रोगवाहक** (वेक्टर) **द्वारा** कुछ रोग जंतुओं द्वारा भी संचारित होते हैं। ये जंतु रोगाणुओं को रोगी से लेकर अन्य नए पोषी तक पहुँचा देती है। मच्छर एवं मक्खी सामान्य रोगवाहक के उदाहरण है।

8. संक्रामक रोगों को फैलने से रोकने के लिए आपके विद्यालय में कौन-कौन सी सावधानियाँ आवश्यक हैं?

उत्तर संक्रामक रोगों को फैलने से रोकने के लिए विद्यालय में निम्नलिखित सावधानियाँ होना आवश्यक हैं-

(i) ऐसे विद्यार्थियों को जिन्हें खाँसी-जुकाम होता है, के सम्पर्क में आने से बचना चाहिए, क्योंकि इन रोगों के सूक्ष्मजीव वायु द्वारा फैलते हैं।

(ii) स्कूल में पीने के पानी का समुचित साफ-सफाई एवं निर्जर्मीकरण करना चाहिए।

(iii) स्कूल के चारों ओर रोगवाहक जंतुओं की वृद्धि को रोकने के उपाय करने चाहिए; जैसे-कीटनाशी धूम्र का उपयोग।

(iv) स्कूल में खाना खाने से पहले विद्यार्थियों को साबुन से हाथ धोने के लिए कहना चाहिए।

9. प्रतिरक्षीकरण क्या है?

उत्तर प्रतिरक्षीकरण वह क्रिया है, जिसमें किसी बीमारी से लड़ने के लिए स्वस्थ्य व्यक्ति में प्रतिरोधक क्षमता उत्पन्न करने के लिए टीके लगाए जाते हैं। प्रतिरोधक क्षमता का अर्थ है कि शरीर में उपस्थित कुछ विशिष्ट कोशिकाएँ होती हैं, जो रोगाणुओं को मार देती हैं।

शरीर में जैसे ही कोई संक्रामक रोगाणु आता है, ये कोशिकाएँ सक्रिय हो जाती हैं और उन्हें मार देती हैं, जिसमें रोग नहीं होता है अर्थात् प्रतिरक्षी कोशिकाएँ संक्रमण को फैलने से पहले ही रोगाणु को समाप्त कर देती हैं।

10. आपके पास में स्थित स्वास्थ्य केंद्र में टीकाकरण के कौन-से कार्यक्रम उपलब्ध हैं? आपके क्षेत्र में कौन-कौन सी स्वास्थ्य संबंधी मुख्य समस्याएँ हैं?

उत्तर हमारे पास में स्थित स्वास्थ्य केंद्र में टीकाकरण के निम्न कार्यक्रम उपलब्ध हैं-

(i) जन्मजात शिशुओं के लिए डी.पी.टी., बी.सी.जी., पोलियो, खसरा और एम.एम.आर.।

(ii) बच्चों के लिए टायफॉइड, टी.टी., डी.टी., चेचक और टेब (TAB)।

(iii) गर्भवती महिलाओं के लिए टी.टी. और हिपेटाइटिस-B।

टायफॉइड, पोलियो, खसरा, टिटेनस जैसी बीमारियाँ हमारे क्षेत्र में मुख्य समस्याएँ हैं। इन बीमारियों से बचने के लिए सरकार ने कई प्रतिरक्षीकरण कार्यक्रम शुरू किए हैं।

अध्याय : एक नजर में

- ***स्वास्थ्य*** *वह अवस्था है, जिसके अन्तर्गत शरीर शारीरिक, मानसिक तथा सामाजिक कार्यों को समुचित क्षमता द्वारा उचित प्रकार से कर सके। यह केवल निरोगी न होना नहीं है।*
- *जब विभिन्न कारकों द्वारा शरीर के एक या एक से अधिक अंगों या तंत्रों पर विपरीत प्रभाव पड़ता है, तब हम अस्वस्थ होते हैं।*
- ***रोग*** *शरीर के किसी भाग के कार्यों में असुविधा उत्पन्न होने को कहते हैं।*
- *रोग तीव्र (कम अवधि वाले तथा स्वास्थ्य पर कम प्रभाव डालने वाले रोग; उदाहरण- खाँसी, सर्दी) या दीर्घकालिक (लम्बे समय तक रहते हैं तथा जीवनपर्यन्त तथा दीर्घकालिक विपरीत प्रभाव डालते हैं; उदाहरण-कैंसर) हो सकते हैं।*
- *रोग के कारक के आधार पर रोग असंक्रामक, जो एक व्यक्ति से दूसरे व्यक्ति में नहीं फैलते हैं (जैसे-घेंघा, मधुमेह) या संक्रामक, रोगाणुओं द्वारा फैलते हैं एवं संक्रमित व्यक्ति से स्वस्थ व्यक्ति में संचारित हो सकते हैं, (उदाहरण-मलेरिया, TB) होते हैं।*

रोग के कारकों को निम्न समूहों में वर्गीकृत किया गया है

(i) ***सत्य/प्राथमिक/प्रथम स्तर के कारक*** *इसके अन्तर्गत रोगाणु आते हैं; जैसे-विषाणु, जीवाणु।*

(ii) ***सहायक या द्वितीय स्तर के कारक*** *इसके अन्तर्गत अन्य कारक आते हैं; जैसे-खराब स्वास्थ्य, आनुवंशिक विकार, शारीरिक अंगों का ठीक-ठाक कार्य न करना, आदि।*

(iii) ***तृतीय स्तर के कारक*** *यह गरीबी या जन सुविधाओं की कमी के कारण उत्पन्न होते हैं।*

- *संक्रामक कारक एककोशिकीय या बहुकोशिकीय जीव होते हैं, जो संक्रमण फैलाते हैं। इन्हें अनेक वर्गों में वर्गीकृत किया गया है; जैसे-* ***विषाणु*** *(अकोशिकीय व परपोषी के भीतर सजीव); जैसे- जुकाम, AIDS,* ***जीवाणु*** *(एककोशिकीय); उदाहरण- TB, न्यूमोनिया;* ***कवक*** *(सरल जीव); जैसे-दाद, त्वचा के संक्रमण;* ***प्रोटोजोआ*** *(एककोशिकीय, केंद्रकयुक्त); जैसे-एस्कैरिएसिस।*
- *एंटीबायोटिक्स वे रासायनिक पदार्थ हैं, जो सूक्ष्मजीवियों द्वारा निम्न मात्रा में उत्पन्न किए जाते हैं एवं अन्य सूक्ष्मजीवियों की वृद्धि को अवरुद्ध करते हैं; जैसे-पेनिसिलीन, स्ट्रेप्टोमायसिन, आदि।*
- *संक्रामक रोग विभिन्न विधियों द्वारा संक्रमित व्यक्ति से स्वस्थ व्यक्ति में पहुँच जाते हैं, अतः इन्हें* ***संचारी रोग*** *भी कहते हैं।*

संचरण के निम्न माध्यम हैं-

(i) ***वायु*** *कफ के रूप में रोगी द्वारा मुक्त की गई बूँदकों द्वारा, जैसे-TB।*

(ii) ***जल*** *व्यक्ति का अपशिष्ट पदार्थ जल में घुल जाता है; जैसे-हैजा।*

(iii) ***लैंगिक सम्पर्क*** *एक व्यक्ति से दूसरे व्यक्ति में लैंगिक सम्पर्क द्वारा फैलते हैं; जैसे-AIDS।*

(iv) कुछ जंतु(वाहक) संक्रामक कारकों को रोगी से अन्य परपोषी तक ले जाते हैं; जैसे-मलेरिया का संचरण मच्छरों द्वारा होता है।

- *रोग की तीव्रता की अभिव्यक्ति प्रत्यक्ष रूप से शरीर में उपस्थित सूक्ष्मजीवियों की संख्या पर निर्भर करती है; उदाहरण- वातावरण की प्रदूषित वायु नासिका द्वारा फेफड़ों में प्रवेश करती है, जिससे खाँसी व श्वास लेने में परेशानी होती है।*
- *अंग विशिष्ट तथा ऊतक विशिष्ट प्रभावों के साथ अन्य प्रभाव शरीर के प्रतिरक्षी तंत्र पर निर्भर करते हैं।*
- *शोथ प्रभावित ऊतक के आस-पास संक्रामक सूक्ष्मजीवियों को नष्ट करने हेतु, प्रतिरक्षी तंत्र की कोशिकाओं का जमाव, उत्पन्न होता है।*
- *प्रत्युर्जता, प्रतिरक्षी तंत्र की कुछ विशिष्ट कारकों के प्रति अतिसंवेदनशीलता है। इसके लक्षण खुजलाहट, लाल आँखें, नाक का बहना, छींक, आदि हैं।*
- *उपचार के दो नियम हैं। -रोग के प्रभाव को कम करना (औषधियों द्वारा व आराम करके) तथा रोग के कारक को पूर्णतया नष्ट करना (एंटीबायोटिक्स, आदि द्वारा)।*
- *निवारण के सिद्धान्त के अन्तर्गत सामान्य विधियाँ जो रोगों को फैलने न देने से सम्बन्धित हैं तथा विशिष्ट विधियाँ जो प्रतिरक्षीकरण से सम्बन्धित है, आती हैं।*
- *प्रतिरक्षीकरण शरीर को कृत्रिम विधियों द्वारा प्रतिरक्षी उत्पन्न करने हेतु प्रेरित करना है। इसके लिए विभिन्न रोगों के विरुद्ध टीके लगाए जाते हैं।*
- *टीकाकरण के अन्तर्गत शरीर में रोगाणुओं की निष्क्रिय अवस्था को प्रविष्ट कराया जाता है, जिससे निम्न स्तर के प्रतिरक्षी प्रभाव उत्पन्न होते हैं। फिर जब वह रोगाणु शरीर के पुनः सम्पर्क में आता है, तो प्रतिरक्षी तंत्र उसे पूरी शक्ति से तुरंत नष्ट कर देता है।*

परीक्षा अभ्यास

यहाँ अध्याय से संबंधित सभी संभावित प्रश्नों को दिया गया है, इन प्रश्नों का अभ्यास करके व याद रखकर छात्र अध्याय से संबंधित किसी भी प्रश्न का उत्तर दे पाएँगे।

वस्तुनिष्ठ प्रकार के प्रश्न

बहुविकल्पीय प्रश्न

1. शरीर को बाहर से किसकी आवश्यकता होती है?
(a) केवल ऊर्जा
(b) केवल कच्ची सामग्री
(c) ऊर्जा और कच्ची सामग्री दोनों
(d) न तो ऊर्जा और न ही कच्ची सामग्री

उत्तर (c) भोजन शरीर को ऊर्जा और कच्ची सामग्री प्रदान करता है, जो कोशिका और ऊतक कार्यों के लिए आवश्यक है।

2. निम्नलिखित में से कौन-सा शब्द 'ठीक होना' दर्शाता है?
(a) रोग (b) स्वास्थ्य
(c) अस्वस्थ (d) संक्रमित

उत्तर (b) 'स्वास्थ्य' शब्द का अर्थ है 'ठीक होना'।

3. स्वास्थ्य को किन रूपों में परिभाषित किया गया है?
(a) केवल शारीरिक
(b) केवल मानसिक
(c) शारीरिक और मानसिक
(d) शारीरिक, मानसिक और सामाजिक

उत्तर (d) केवल रोगग्रस्त न होना स्वस्थ होना नहीं है। अच्छे स्वास्थ्य में शारीरिक, मानसिक और सामाजिक रूप से अच्छी तरह से कार्य करना शामिल है।

4. व्यक्तिगत स्वास्थ्य के लिए क्या महत्त्वपूर्ण है?
(a) केवल सार्वजनिक स्वच्छता
(b) केवल अच्छी आर्थिक स्थितियाँ
(c) सामाजिक समानता और सद्भाव
(d) सार्वजनिक स्वच्छता, अच्छी आर्थिक स्थितियाँ, सामाजिक समानता और सद्भाव

उत्तर (d) सार्वजनिक स्वच्छता, अच्छी आर्थिक स्थितियाँ, सामाजिक समानता और सद्भाव व्यक्तिगत स्वास्थ्य के लिए महत्त्वपूर्ण हैं।

5. निम्नलिखित में से कौन-सा अच्छे स्वास्थ्य का भाग नहीं है?
(a) रोग से मुक्त होना
(b) शरीर को कठिन परिस्थितियों में खींचने की क्षमता
(c) पर्याप्त श्वसन क्षमता होना
(d) अद्वितीय क्षमता का एहसास करने का अवसर

उत्तर (a) रोग से मुक्त होना अच्छे स्वास्थ्य का भाग नहीं है।

6. तीव्र रोग कितने समय तक रहते हैं?
(a) लम्बे समय तक (b) जीवन भर
(c) बहुत कम समय तक (d) कुछ घण्टे तक

उत्तर (c) तीव्र रोग बहुत कम समय तक रहते हैं।

7. दीर्घकालिक रोग का उदाहरण क्या है?
(a) सामान्य सर्दी (b) खाँसी
(c) जुकाम (d) हाथीपाँव

उत्तर (d) हाथीपाँव दीर्घकालिक रोग का उदाहरण है।

8. दस्त का तात्कालिक कारण क्या हो सकता है?
(a) खराब पोषण (b) विषाणु से संक्रमण
(c) गरीबी (d) आनुवंशिक अन्तर

उत्तर (b) विषाणु से संक्रमण दस्त का तात्कालिक कारण हो सकता है।

9. निम्नलिखित में से कौन-सा रोग संक्रामक एजेंटों के कारण होता है?
(a) कैंसर (b) उच्च रुधिरचाप
(c) पेप्टिक अल्सर (d) सामान्य सर्दी

उत्तर (d) सामान्य सर्दी संक्रामक एजेंट विषाणु से संक्रमण के कारण होता है।

10. पेप्टिक अल्सर का क्या कारण है?
(a) तनावपूर्ण जीवन
(b) अम्लीय भोजन
(c) *हेलिकोबैक्टर पाइलोरी*
(d) आनुवंशिक कारक

उत्तर (c) *हेलिकोबैक्टर पाइलोरी* जीवाणु पेप्टिक अल्सर का कारण बनता है।

11. निम्नलिखित में से कौन-सा रोग विषाणु के कारण होता है?
(a) तपेदिक (b) हैजा
(c) एड्स (d) एंथ्रेक्स

उत्तर (c) एड्स रोग विषाणु के कारण होता है।

12. मलेरिया किसके कारण होता है?
(a) कवक (b) प्रोटोजोआ
(c) कृमि (d) जीवाणु

उत्तर (b) मलेरिया प्रोटोजोआ के कारण होता है।

13. एण्टीबायोटिक्स किस पर कार्य करते हैं?
(a) विषाणु (b) जीवाणु
(c) कवक (d) प्रोटोजोआ

उत्तर (b) एण्टीबायोटिक्स जीवाणु पर कार्य करते हैं।

14. संक्रामक रोग कैसे फैलते हैं?
(a) केवल वायु के माध्यम से
(b) केवल जल के माध्यम से
(c) केवल शारीरिक सम्पर्क के माध्यम से
(d) वायु, जल और शारीरिक सम्पर्क सहित विभिन्न तरीकों से

उत्तर (d) संक्रामक रोग वायु, जल और शारीरिक सम्पर्क सहित विभिन्न तरीकों से फैलते हैं।

15. निम्नलिखित में से कौन-सा रोग वायु के माध्यम से फैलता है?
(a) एड्स (b) हैजा
(c) तपेदिक (d) सिफलिस

उत्तर (c) तपेदिक रोग वायु के माध्यम से फैलता है।

कथन-कारण प्रकार के प्रश्न

निर्देश (प्र.सं. 16-20) इस खण्ड में दिए गए प्रत्येक प्रश्न में कथन तथा कारण दिए गए हैं। प्रत्येक प्रश्न के चार विकल्प (a), (b), (c) व (d) हैं, जिनमें से केवल एक सही है।

(a) कथन (A) तथा कारण (R) दोनों सत्य हैं तथा कारण (R), कथन (A) का सही स्पष्टीकरण है।
(b) कथन (A) तथा कारण (R) दोनों सत्य हैं परन्तु कारण (R), कथन (A) का सही स्पष्टीकरण नहीं है।
(c) कथन (A) सत्य है, परन्तु कारण (R) असत्य है।
(d) कथन (A) असत्य है, परन्तु कारण (R) सत्य है।

16. कथन (A) आपदाएँ लोगों के स्वास्थ्य को कई तरह से प्रभावित करती हैं।

कारण (R) आपदाओं के कारण शारीरिक चोटें, मानसिक आघात और सामाजिक व्यवधान हो सकते हैं।

उत्तर (a) कथन (A) तथा कारण (R) दोनों सत्य हैं तथा कारण (R), कथन (A) का सही स्पष्टीकरण है। भूकम्प और चक्रवात जैसी आपदाएँ लोगों के स्वास्थ्य पर कई तरह से प्रभाव डालती हैं। इसमें शारीरिक, मानसिक और सामाजिक प्रभाव शामिल हैं।

17. कथन (A) व्यक्तिगत स्वास्थ्य के लिए सार्वजनिक स्वच्छता महत्त्वपूर्ण है।

कारण (R) खराब स्वच्छता से संक्रामक रोग फैल सकते हैं।

उत्तर (a) कथन (A) तथा कारण (R) दोनों सत्य हैं तथा कारण (R), कथन (A) का सही स्पष्टीकरण है। व्यक्तिगत स्वास्थ्य के लिए सार्वजनिक स्वच्छता महत्त्वपूर्ण है, क्योंकि खराब स्वच्छता से संक्रामक रोग फैलते हैं।

18. कथन (A) दीर्घकालिक रोग शरीर के कार्यों पर गम्भीर प्रभाव डालते हैं।

कारण (R) दीर्घकालिक रोग कम समय में ठीक हो जाते हैं।

उत्तर (c) कथन (A) सत्य है, परन्तु कारण (R) असत्य है। दीर्घकालिक रोग स्वास्थ्य पर लम्बे समय तक प्रभाव डालते हैं।

19. कथन (A) एण्टीबायोटिक्स विषाणु के संक्रमण को ठीक करने में प्रभावी हैं।

कारण (R) एण्टीबायोटिक्स मुख्य रूप से जीवाणु के विरुद्ध कार्य करते हैं।

उत्तर (d) कथन (A) असत्य है, परन्तु कारण (R) सत्य है। एण्टीबायोटिक्स जीवाणु के विरुद्ध प्रभावी हैं, विषाणु के विरुद्ध नहीं।

20. कथन (A) *हेलिकोबैक्टर पाइलोरी* पेप्टिक अल्सर का कारण बनता है।

कारण (R) पेप्टिक अल्सर हमेशा तनाव या अम्लीय भोजन के कारण होते हैं।

उत्तर (c) कथन (A) सत्य है, परन्तु, कारण (R) असत्य है। *हेलिकोबैक्टर पाइलोरी* जीवाणु पेप्टिक अल्सर का कारण बनता है।

केस स्टडी आधारित प्रश्न

निर्देश (प्र.सं. 21-25) *निम्नलिखित पैराग्राफ को पढ़िए तथा दिए गए प्रश्नों के उत्तर दीजिए।*

हमने देखा है कि जीवित दुनिया में देखी जाने वाली सम्पूर्ण विविधता को कुछ समूहों में वर्गीकृत किया जा सकता है। यह वर्गीकरण विभिन्न जीवों के बीच सामान्य विशेषताओं पर आधारित है। रोग उत्पन्न करने वाले जीव वर्गीकरण की ऐसी श्रेणियों की एक विस्तृत शृंखला में पाए जाते हैं। उनमें से कुछ विषाणु हैं, कुछ जीवाणु हैं, कुछ कवक हैं, कुछ एककोशिकीय प्रोटोजोआ हैं। कुछ रोग बहुकोशिकीय जीवों, जैसे विभिन्न प्रकार के कृमियों के कारण भी होते हैं।

संक्रामक रोग उत्पन्न करने वाले रोगाणु सामान्यतया एक प्रभावित व्यक्ति से दूसरे व्यक्ति में विभिन्न तरीकों से जा सकते हैं। इसलिए उन्हें संचारी रोग भी कहा जाता है।

21. संक्रामक रोग कैसे फैलते हैं?

उत्तर संक्रामक रोग विभिन्न तरीकों से फैल सकते हैं, जिनमें वायु, जल और संक्रमित व्यक्तियों या जानवरों के सीधे सम्पर्क में आना शामिल है। उदाहरण के लिए, कुछ रोग वायु के माध्यम से फैलते हैं, जैसे-तपेदिक, जबकि अन्य जल के माध्यम से फैलते हैं, जैसे-हिपेटाइटिस-A।

22. एण्टीबायोटिक्स किस प्रकार के रोगों के विरुद्ध प्रभावी हैं?

उत्तर एण्टीबायोटिक्स मुख्य रूप से जीवाणु के विरुद्ध प्रभावी हैं। वे जीवाणु संक्रमणों का उपचार करने के लिए उपयोग किए जाते हैं, लेकिन वे विषाणु संक्रमणों के विरुद्ध कार्य नहीं करते हैं।

23. पेप्टिक अल्सर का मुख्य कारण क्या है?

उत्तर पेप्टिक अल्सर का मुख्य कारण *हेलिकोबैक्टर पाइलोरी* नामक जीवाणु है। यह जीवाणु आमाशय की परत को संक्रमित करता है और अल्सर का कारण बनता है।

24. रेबीज कैसे फैलता है और इसके लिए क्या उपचार उपलब्ध है?

उत्तर रेबीज संक्रमित कुत्तों और अन्य जानवरों के काटने से फैलता है। उपचार के लिए मनुष्यों और जानवरों दोनों के लिए एण्टी-रेबीज टीके उपलब्ध हैं।

25. कैसे यह तय होता है कि एक रोगाणु शरीर के किस भाग में जाएगा?

उत्तर रोगाणु का शरीर के विभिन्न भागों में फैलने का निर्णय उनके प्रवेश मार्ग पर निर्भर करता है। जैसे-यदि वे नाक के माध्यम से प्रवेश करते हैं, तो वे फेफड़ों में जाते हैं, और यदि वे मुँह से प्रवेश करते हैं, तो वे आँतों या यकृत में रहते हैं: जैसे- तपेदिक उत्पन्न करने वाले जीवाणु फेफड़ों में जाते हैं।

निर्देश (प्र.सं. 26-30) *निम्नलिखित पैराग्राफ को पढ़िए तथा दिए गए प्रश्नों के उत्तर दीजिए।*

यदि आपको एक बार चेचक हो गया, तो आपको इसे फिर से होने की कोई सम्भावना नहीं है, इसलिए एक बार रोग होना उसी रोग के बाद के हमलों को रोकने का एक साधन था। ऐसा इसलिए होता है क्योंकि जब प्रतिरक्षा प्रणाली पहली बार किसी संक्रामक रोगाणु को देखती है, तो यह उसके विरुद्ध प्रतिक्रिया करती है और फिर उसे विशेष रूप से याद रखती है। इसलिए पुनः जब वह विशेष रोगाणु, या उसके करीबी रोगाणु शरीर में प्रवेश करते हैं, तो प्रतिरक्षा प्रणाली उसे पहचान लेती है और भी अधिक शक्ति के साथ प्रतिक्रिया करती है। यह पहली बार की तुलना में संक्रमण को और भी जल्दी खत्म कर देता है। यह टीकाकरण के सिद्धान्त का आधार है।

26. टीकाकरण का सिद्धान्त किस पर आधारित है?
(a) प्रतिरक्षा प्रणाली की पहली प्रतिक्रिया
(b) प्रतिरक्षा प्रणाली की स्मृति
(c) रोगाणुओं के विरुद्ध एण्टीबॉडी का उत्पादन
(d) उपरोक्त सभी

उत्तर (d) टीकाकरण प्रतिरक्षा प्रणाली को एक विशिष्ट संक्रमण के लिए स्मृति विकसित करने के लिए 'मूर्ख' बनाकर कार्य करता है। यह शरीर में एक कमजोर या निष्क्रिय रोगाणु को पेश करके किया जाता है, जो प्रतिरक्षा प्रणाली को इसके विरुद्ध एण्टीबॉडी का उत्पादन करने के लिए प्रेरित करता है। इन एण्टीबॉडी को याद किया जाता है, इसलिए पुनः जब शरीर उसी रोगाणु के सम्पर्क में आता है, तो प्रतिरक्षा प्रणाली इसे पहचान लेती है और तेजी से प्रतिक्रिया करती है, जिससे संक्रमण को रोका जा सकता है।

27. एडवर्ड जेनर ने चेचक के विरुद्ध प्रतिरोधक क्षमता विकसित करने के लिए किस टीके का उपयोग किया?
(a) चेचक का टीका (b) काउपॉक्स का टीका
(c) खसरा का टीका (d) पोलियो का टीका

उत्तर (b) एडवर्ड जेनर ने पाया कि जिन दूध बेचने वाली महिलाओं को काउपॉक्स हुआ था, उन्हें चेचक नहीं हुआ। इसलिए उन्होंने काउपॉक्स का टीका विकसित किया, जो चेचक के विरुद्ध प्रतिरोधक क्षमता प्रदान करता है।

28. टीकाकरण का उद्देश्य क्या है?
(a) रोग का उपचार करना
(b) रोग को रोकना
(c) प्रतिरक्षा प्रणाली को कमजोर करना
(d) एंटीबॉडी का उत्पादन कम करना

उत्तर (b) टीकाकरण का उद्देश्य शरीर को एक विशिष्ट रोग के विरुद्ध प्रतिरक्षित करके रोग को रोकना है।

29. वैक्सीनेशन शब्द किस लैटिन शब्द से आया है?
(a) वायरस (b) बैक्टीरिया
(c) गाय (d) वेनम

उत्तर (c) लैटिन में 'गाय को वैका' (Vacca) और काउपॉक्स (Cowpox) को 'वैक्सीनिया' (Vaccinia) कहा जाता है। इन्हीं मूल शब्दों से टीकाकरण (Vaccination) शब्द प्रचलन में आया है।

30. पारम्परिक भारतीय और चीनी चिकित्सा प्रणालियाँ चेचक के विरुद्ध प्रतिरोधक क्षमता विकसित करने के लिए क्या करती थीं?
(a) एंटीबायोटिक दवाओं का उपयोग करती थीं ।
(b) स्वस्थ लोगों की त्वचा में चेचक कें पीड़ितों की त्वचा की पपड़ी को रगड़ती थीं।
(c) जड़ी-बूटियों का उपयोग करती थीं।
(d) शल्य चिकित्सा करती थीं।

उत्तर (b) पारम्परिक भारतीय और चिकित्सा प्रणालियाँ चेचक के विरुद्ध प्रतिरोधक क्षमता विकसित करने के लिए स्वस्थ लोगों की त्वचा में चेचक के पीड़ितों की त्वचा की पपड़ी को रगड़ती थीं।

अतिलघु उत्तरीय प्रश्न

31. दो असंक्रामक रोगों के नाम लिखिए।

उत्तर (i) कैंसर (ii) हृदय रोग।

32. किस जीवाणु के द्वारा पेप्टिक व्रण होता है। इस जीवाणु की खोज सबसे पहले किसने की? **NCERT Exemplar**

उत्तर जीवाणु *हैलीकोबैक्टर पाइलोरी* पेप्टिक व्रण का कारण होता है। इस जीवाणु की खोज सबसे पहले दो ऑस्ट्रेलियाई वैज्ञानिक रॉबिन वॉरेन और बैरी मार्शल ने की।

33. दो एंटीबायोटिक के नाम लिखिए।

उत्तर पेनिसिलीन एवं टेट्रासाइक्लीन।

34. एंटीबायोटिक जीवाणु को कैसे समाप्त करता है?

उत्तर एंटीबायोटिक जीवाणु के आवश्यक जैव-रासायनिक पथों को बाधित कर देता है, जिससे जीवाणु आसानी से मर जाता है।

35. 'शोथ' के स्थानीय तथा सामान्य प्रभाव क्या है?

उत्तर **स्थानीय प्रभाव** सूजन और दर्द।
सामान्य प्रभाव बुखार।

36. प्रतिरक्षा क्या है?

उत्तर प्रतिरक्षा का अर्थ है, रोग के प्रति शरीर का प्रतिरोध। शरीर में संक्रामक रोगाणु (प्रतिजन) के कारण प्रतिरक्षी (एंटीबॉडीज) बनाते हैं, जो रोगाणुओं को नष्ट करते हैं। एक बार का संक्रमण हो जाने के पश्चात् पुनः उसी रोग द्वारा संक्रमित होने की सम्भावना कम हो जाती है।

37. दो रोगों के नाम बताइए, जिनके लिए वैक्सीन उपलब्ध है।

उत्तर पोलियो एवं क्षयरोग।

38. प्रोटोजोआ से होने वाले दो रोगों के नाम लिखिए।

उत्तर मलेरिया एवं काला-अजार।

39. निद्रालु व्याधि और काला-अजार उत्पन्न करने वाले सूक्ष्मजीवों के नाम बताइए।

उत्तर *ट्रिप्नोसोमा* एवं *लीशमानिया*।

40. जीवाणुजनित दो रोगों के नाम बताइए।

उत्तर जीवाणुजनित दो रोग निम्न हैं

(i) मियादी बुखार या टायफॉइड (ii) तपेदिक (टीबी)।

41. क्षयरोग का पूर्णतया सफल उपचार कौन-सा है?

उत्तर क्षयरोग का पूर्णतया सफल उपचार ए.टी.टी. (ATT) अर्थात् एंटीट्यूबरकुलर ट्रीटमेंट है।

42. मियादी बुखार के अन्य नाम क्या हैं?

उत्तर मियादी बुखार को आंत्रीय ज्वर (ऐसा ज्वर, जिसमें आँत में सूजन आ जाती है) या मोतीझरा (ऐसा ज्वर, जिसमें शरीर पर मोती जैसे छोटे-छोटे दाने निकल आते हैं) भी कहते हैं।

43. एक रोगी को ईसबगोल की भूसी पानी या दही के साथ खाने का परामर्श दिया जाता है। वह किस बीमारी से ग्रसित है? **NCERT Exemplar**

उत्तर वह रोगी डायरिया से ग्रसित है।

44. विषाणुओं द्वारा उत्पन्न दो रोगों के नाम बताइए।

उत्तर विषाणुओं द्वारा उत्पन्न दो रोग निम्न हैं-

(i) रेबीज (ii) पोलियो।

45. हिपेटाइटिस-A रोग में संक्रमण से सुरक्षा के लिए एक उपाय बताइए।

उत्तर इस रोग में संक्रमण से सुरक्षा के लिए रोगी को आयोनाइज्ड और UV-किरणों से उपचारित पेयजल देना चाहिए।

46. HIV का पूरा नाम लिखिए। इस विषाणु से होने वाले रोग का नाम लिखिए।

उत्तर HIV का पूरा नाम ह्यूमन इम्यूनो डेफिशिऐंसी विषाणु (Human Immunodeficiency Virus) है। इस विषाणु द्वारा AIDS रोग होता है।

47. रेबीज रोग किस विषाणु के कारण होता है? इस रोग का प्रभाव शरीर के किस भाग पर पड़ता है?

उत्तर रेबीज रोग *रैब्डो विषाणु* के कारण होता है। रेबीज के विषाणु का प्रभाव केन्द्रीय तन्त्रिका तन्त्र पर पड़ता है।

48. हाइड्रोफोबिया क्या है?

उत्तर यह एक लक्षण है, जिसमें रोगी पानी से भी डरने लगता है एवं दर्द के कारण प्यास लगने पर भी पानी नहीं पी सकता है। यह लक्षण रेबीज नामक रोग में देखने को मिलता है।

49. किस विषाणुजनित रोग में टीका ड्रॉप्स के रूप में दिया जाता है? इस रोग का एक लक्षण भी लिखिए।

उत्तर पोलियो में टीका पोलियो ड्रॉप्स के रूप में दिया जाता है। इस रोग में बच्चों के हाथ-पैर की तन्त्रिकाएँ लकवाग्रस्त हो जाती हैं, जिस कारण वे इन्हें हिलाने में असमर्थ होते हैं।

50. दाद किस प्रजाति के कवकों द्वारा होता है?

उत्तर दाद *ट्राइकोफाइटॉन* एवं *माइक्रोस्पोरम* नामक प्रजाति के कवकों द्वारा होता है।

C लघु उत्तरीय प्रश्न

1. किन्हीं चार आवश्यक कारकों की सूची बनाइए, जो किसी व्यक्ति के अच्छे स्वास्थ्य हेतु आवश्यक हैं।

उत्तर अच्छे स्वास्थ्य हेतु आवश्यक चार कारक हैं-

(i) सन्तुलित भोजन

(ii) आस-पास का स्वच्छ वातावरण

(iii) सामाजिक सामंजस्य

(iv) अच्छी आर्थिक स्थिति।

2. तीव्र तथा दीर्घकालिक रोगों के मध्य तीन अन्तर सारणीबद्ध कीजिए।

अथवा रोगों की अवधि के आधार पर उन्हें दो वर्गों में वर्गीकृत करके संक्षेप वर्ग के रोगों के दो उदाहरण दीजिए।

उत्तर

	तीव्र रोग	दीर्घकालिक रोग
(i)	तीव्र रोग छोटी-सी अवधि तक प्रभाव में रहता है।	दीर्घकालिक रोग लम्बी अवधि तक प्रभाव में रहता है।
(ii)	यह अचानक होता है।	यह उत्पन्न होने एवं पूर्ण प्रभाव में आने में भी लम्बा समय लेता है।
(iii)	इसका सामान्य स्वास्थ्य पर कोई खास प्रभाव नहीं पड़ता है। उदाहरण—सर्दी, दस्त।	सामान्य स्वास्थ्य पर इसका गहरा प्रभाव पड़ता है। उदाहरण— फीलपाँव, हृदय रोग, क्षय रोग।

3. हमारे शरीर पर किस प्रकार का रोग अधिक विपरीत प्रभाव छोड़ता है-तीव्र या दीर्घकालिक तथा क्यों?

उत्तर दीर्घकालिक रोग का प्रभाव लम्बे समय तक रहता है, अतः यह तीव्र रोग की तुलना में अधिक हानिकारक है।

उदाहरण-सर्दी-जुकाम, वाइरल बुखार, आदि, तीव्र रोग हैं, जो हमारे स्वास्थ्य पर अधिक हानिकारक प्रभाव नहीं डालते हैं तथा हम एक-आध सप्ताह में फिर से ठीक हो जाते हैं, जबकि क्षयरोग, जो कि एक दीर्घकालिक रोग है, हमारे स्वास्थ्य को बुरी तरह से प्रभावित करता है तथा हम पर लम्बे समय तक इसका प्रभाव बना रहता है।

4. हीनताजन्य रोग से आप क्या समझते हैं? दो हीनताजन्य रोगों के नाम लिखिए।

उत्तर कई ऐसे रोग हैं, जो पर्याप्त तथा सन्तुलित पोषण न मिलने के कारण होते हैं, इन रोगों को हीनताजन्य रोग कहते हैं, अर्थात् वे रोग जो हमारे आहार में कार्बोहाइड्रेट, वसा,

प्रोटीन, खनिजों तथा विटामिन जैसे पोषक तत्वों की कमी के कारण उत्पन्न होते हैं, हीनताजन्य रोग कहलाते हैं।
उदाहरण- क्वाशियोकॉर, मैरेस्मस, आदि।

5. **दिए गए निम्नलिखित रोगों में से संक्रामक व असंक्रामक रोगों की पहचान कीजिए।**
ट्यूबरकुलोसिस, घेंघा, मैरेस्मस व टायफॉइड

उत्तर **संक्रामक रोग** ट्यूबरकुलोसिस व टायफॉइड।
असंक्रामक रोग घेंघा व मैरेस्मस।

6. **संचरणीय तथा असंचरणीय रोगों में अंतर कीजिए।**

उत्तर

संचरणीय या संक्रामक रोग	असंचरणीय या असंक्रामक रोग
ये रोग हानिकारक सूक्ष्मजीवों या रोगाणुओं द्वारा उत्पन्न होते हैं।	ये रोग परजीवी जीवधारियों के कारण, पोषक तत्वों की हीनता के कारण या उपापचयी त्रुटियों के कारण उत्पन्न होते हैं।
रोगाणु (विषाणु, जीवाणु, कवक, प्रोटोजोआ, आदि) वायु, जल, भोजन, कीट या शारीरिक सम्पर्क द्वारा रोगी व्यक्ति से स्वस्थ व्यक्ति में पहुँचते हैं।	ये रोग, रोगी व्यक्ति से स्वस्थ व्यक्ति में नहीं फैलते हैं।
उदाहरण—एड्स, चेचक, फ्लू, क्षयरोग, हैजा, मलेरिया, आदि।	उदाहरण— मैरेस्मस, क्वाशियोरकॉर, अरक्तता, घेंघा, स्कर्वी, सूखा रोग, मधुमेह, आदि।

7. **तीन स्थितियाँ समझाइए जिन पर रोग अविर्भाव की गम्भीरता निर्भर करती है।**

उत्तर रोग के अविर्भाव की गम्भीरता निम्न कारकों पर निर्भर करती है-

(i) शरीर में रोगाणुओं की मात्रा/संख्या पर, क्योंकि यदि रोगाणु कम संख्या में हैं, तो रोग का अविर्भाव अल्प या फिर नगण्य होगा।
(ii) प्रतिरक्षी तन्त्र जितना मजबूत होगा रोग अविभाव की आशंका उतनी ही कम होगी। सक्रिय प्रतिरक्षी तन्त्र कई सारी प्रतिरक्षी तन्त्र कोशिकाओं को प्रेरित करता है, जो कि रोगकारक रोगाणुओं को नष्ट कर देते हैं।
(iii) वह ऊतक या अंग जिस पर रोगाणु हमला करते हैं, खासकर महत्त्वपूर्ण अंग; जैसे-फेफड़े, यकृत, मस्तिष्क, आदि में संक्रमण होता है, तो इससे गम्भीर रोग अविर्भाव उत्पन्न होता है।

8. **निम्न में से प्रत्येक उत्पन्न रोग/संक्रमण तथा संक्रमण फैलाने वाले कारकों का वर्ग दर्शाते हुए एक सारणी बनाइए।**

(i) विषाणु (ii) कवक
(iii) जीवाणु (iv) प्रोटोजोआ
(v) कृमि

संक्रमण फैलाने वाले कारकों को सारणीबद्ध करने का महत्त्व लिखिए।

उत्तर (i) विषाणु– सामान्य सर्दी, इन्फ्लूएंजा, एड्स, पोलियो, सार्स, स्वाइन फ्लू, खसरा, डेंगू ज्वर, हिपेटाइटिस-B
(ii) फंगस (कवक)– दाद एवं त्वचा संक्रमण
(iii) जीवाणु– हैजा, क्षय रोग, टिटनेस, टायफॉइड ज्वर
(iv) प्रोटोजोआ– मलेरिया, काला-अजार, निद्रा रोग
(v) कृमि– हाथीपाँव।

9. **(i) रोगवाहक किसे कहते हैं? किन्हीं दो रोगों के नाम लिखिए, जो वाहक द्वारा फैलते हैं।**
(ii) जीवाणुओं द्वारा फैलने वाले दो रोगों के नाम लिखिए।

उत्तर (i) कुछ रोग अन्य जंतुओं द्वारा भी संचारित होते हैं। ये जंतु रोगाणुओं (संक्रमण करने वाले कारक) को रोगी से लेकर अन्य नए पोषी तक पहुँचा देते हैं। अतः ये मध्यस्थ का कार्य करते हैं, जिन्हें रोगवाहक कहते हैं।
वे रोग, जो रोग वाहक द्वारा फैलते हैं, निम्न हैं

रोग	वाहक
मलेरिया	*एनोफिलीज* मच्छर
डेंगू	*एडीज* मच्छर

(ii) टायफॉइड (*साल्मोनेला टाइफी*) और क्षयरोग (*माइकोबैक्टीरियम ट्यूबरकुलोसिस*) जीवाणुओं द्वारा फैलने वाले रोग हैं।

10. **एण्टीबायोटिक क्या है? कोई दो उदाहरण दीजिए।** **NCERT Exemplar**

उत्तर एण्टीबायोटिक वे रासायनिक पदार्थ हैं, जो रोगजनक जीवाणु को मारते हैं और सूक्ष्मजीवों (जैसे-कवकों या जीवाणुओं।) द्वारा स्रावित होते हैं। पेनिसिलिन और स्ट्रेप्टोमाइसिन एण्टीबायोटिक के उदाहरण हैं।

11. **एण्टीबायोटिक्स जीवाणु के खिलाफ प्रभावकारी होते हैं, किन्तु विषाणु के विरुद्ध प्रभावकारी क्यों नहीं होते?**

उत्तर एण्टीबायोटिक्स उस जीवाणु में उस प्रक्रिया को अवरुद्ध कर देते हैं, जो विशिष्ट जीवाण्वीय कोशिका भित्ति का निर्माण करती है। फलतः वृद्धि करते हुए जीवाणु अपने चारों ओर कोशिका भित्ति का निर्माण नहीं कर पाते हैं और आसानी से मर जाते हैं। हालाँकि विषाणु की अपनी कुछ जैव-रासायनिक प्रक्रियाएँ हैं, लेकिन ये आश्रयदाता के शरीर के उत्पादों का उपयोग करते हैं। अतः ये एण्टीबायोटिक्स के प्रभाव से अछूते रह जाते हैं।

12. **एण्टीबैक्टीरियल औषधि की अपेक्षा एण्टीवायरल औषधि बनाना अधिक कठिन है। क्यों?**

उत्तर विषाणु की अपनी जैव-रासायनिक प्रक्रिया बहुत कम होती है। ये हमारे शरीर की कोशिकाओं में प्रवेश करके अपने जीवन-प्रक्रम के लिए हमारे कोशिका तन्त्र का उपयोग करते हैं। इसका अर्थ है कि विषाणु में ऐसे बहुत कम विशिष्ट लक्ष्य हैं, जिन पर आक्रमण किया जा सके।

13. सामान्य सर्दी-जुकाम तेजी से फैलता है तथा इस पर नियन्त्रण करना कठिन हो जाता है। कारण दीजिए।

उत्तर सामान्य सर्दी-जुकाम एक संक्रामक रोग है। यह एक वायुजनित बीमारी है अर्थात् इसके रोगाणु वायु के माध्यम से फैलते हैं। यही कारण है कि यह तेजी से फैलता है तथा इस पर नियन्त्रण पाना कठिन हो जाता है।

14. बदलते मौसम के समय लोगों को भीड़-भाड़ वाले क्षेत्रों जैसे सिनेमा हॉल में न जाने की सलाह दी जाती है। क्यों?

उत्तर बदलते मौसम के समय लोगों को भीड़-भाड़ वाले क्षेत्रों में न जाने की सलाह दी जाती है, क्योंकि इस समय संक्रामक कारक सर्वाधिक क्षेत्रों में पाए जाते हैं। बंद, भीड़-भाड़ वाले क्षेत्र नमी प्रदान करते हैं, जो रोगाणुओं की तीव्र वृद्धि में सहायक होती है। इस प्रकार संक्रमण की सम्भावना बढ़ जाती है।

15. अखबार की एक रिपोर्ट के अनुसार दिल्ली के कुछ इलाकों के नल से स्याही रंग का जल प्राप्त हुआ। सूचना के अनुसार यह सीवेज तथा जल की पाइपों में किसी बिन्दु पर दरार के कारण उनकी अंतर्वस्तुओं के मिश्रित होने के कारण था। इस प्रकार के समस्याओं से किस प्रकार के रोग फैलने की सम्भावना होगी और क्यों? रोगों के विशिष्ट नाम दीजिए जो कि इस प्रकार फैल सकते हैं।

उत्तर संक्रमित या गन्दा जल पीने से कई सारी जल-जनित बीमारियाँ; जैसे-हैजा, डायरिया, टायफॉइड, दस्त, आदि हो सकते हैं। ऐसे जल में रोगाणु होते हैं, जो बीमारियाँ पैदा करते हैं। इन्हें जल-जनित रोग कहते है।

16. आपका छोटा भाई देखता है कि कुछ मच्छर फल के कटे टुकड़ों से रस चूस रहे हैं यद्यपि सामान्य रूप से यह देखा जाता है कि मच्छर मानवों का रुधिर चूसते हैं। आप इस घटना को उसे किस प्रकार समझाएगे?

उत्तर मच्छरों की अनेक प्रजातियों में, नर कटे फलों से उनका रस चूसकर जीवित रहते हैं, जबकि मादाओं को वयस्क अण्डे देने हेतु रुधिर के रूप में उच्च पोषक भोजन की आवश्यकता होती है।

17. नीचे दिए गए चित्र के सामान्य साधन (a-f) को दर्शाइए।

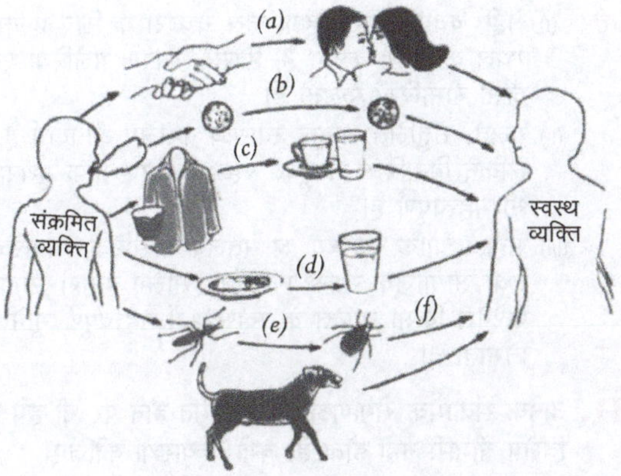

उत्तर (a) प्रत्यक्ष सम्पर्क (b) वायु के माध्यम से
(c) अप्रत्यक्ष सम्पर्क (d) भोजन द्वारा
(e) मच्छर/कीट द्वारा संवहन (f) रेबीज से संक्रमित कुत्ता।

18. अंग विशेषी प्रभाव क्या है? व्याख्या कीजिए।

उत्तर प्रत्येक सूक्ष्मजीवाणु शरीर में प्रवेश करने के उपरांत किसी खास ऊतक या अंग पर अपना प्रभाव डालता है। फलतः उस ऊतक या अंग की संरचना एवं कार्य में परिवर्तन आता है। उदाहरण के लिए यदि फेफड़ा प्रभावित अंग हो तो बलगम, खाँसी और बढी हुई साँस उसके लक्षण होंगे। यदि यकृत प्रभावित अंग हो तो व्यक्ति पीलिया से पीड़ित होगा। इसे ही अंग विशेषी प्रभाव कहा जाता है।

19. अंग विशिष्ट प्रभाव क्या होते हैं? समझाइए।

उत्तर अंग विशिष्ट प्रभाव किसी सूक्ष्मजीवी की एक विशेष रोग में एक विशेष अंग को प्रभावित करने की क्षमता होती है। उदाहरणस्वरूप- TB में फेफड़े तथा पीलिया में यकृत प्रभावित होते हैं।

20. क्या लक्षण होंगे यदि किसी व्यक्ति के–
(i) फेफड़ों में संक्रमण हो
(ii) आमाशय में संक्रमण हो

उत्तर व्यक्ति निम्न लक्षण दर्शाएगा-
(i) यदि फेफड़ों में संक्रमण हो – श्वास लेने में दिक्कत, खाँसी व बलगम आना।
(ii) यदि आमाशय में संक्रमण हो – पेट दर्द, दस्त, वमन।

21. (i) उस अंग का नाम बताइए, जिसमें मलेरिया का परजीवी मच्छर के काटने के पश्चात् पहुँचता है।
(ii) किन्हीं दो वायु संचारी रोगों के उदाहरण दीजिए।

उत्तर (i) यकृत
(ii) न्यूमोनिया व साधारण जुकाम वायु संचारी रोगों के उदाहरण है।

22. शोथ क्या है? मानव शरीर में इसके क्या लक्षण होते हैं?

उत्तर एक सक्रिय प्रतिरक्षी तन्त्र द्वारा रोगाणुओं को नष्ट करने हेतु उस स्थान पर अनेक प्रतिरक्षी कोशिकाएँ उपस्थित की जाती हैं, जो प्रतिक्रिया कर उस रोगाणु को नष्ट करने का प्रयास करती है। इस प्रक्रिया को शोथ कहते हैं।
लक्षण सूजन, दर्द व ज्वर।

23. संक्रामक रोगों के उपचार के कौन-से दो उपाय हैं? उदाहरण के साथ समझाइए। **CBSE 2016**

उत्तर **संक्रामक रोगों के उपचार के उपाय हैं-** (i) रोग के लक्षणों को कम करने के लिए उपचार। (ii) रोगाणु को मारने के लिए उपचार।

(i) **रोग के लक्षणों को कम करने के लिए उपचार** प्रथम चरण में दवाएँ रोग के लक्षण दूर और कम करने के लिए दी जाती है। जैसे-शोथ के लक्षण परिलक्षित होने पर दर्द तथा बुखार को कम करने के लिए दवाएँ दी जाती हैं।

(ii) **रोगाणु को मारने के लिए उपचार** प्रथम चरण में रोग के लक्षण और प्रभाव से आराम पाने के लिए उपचार किया जाता है, लेकिन दूसरे चरण में रोगाणु को मारने के लिए दवाएँ दी जाती हैं। उदाहरण-जीवाणु को मारने के लिए एण्टीबायोटिक या मलेरिया परजीवी को मारने के लिए कुनैन का प्रयोग किया जाता है।

24. निम्न को स्पष्ट कीजिए—
(i) रोग के प्रभावों को किस प्रकार कम किया जा सकता है?
(ii) हम सूक्ष्मजीवों को किस प्रकार मारते हैं?

उत्तर (i) ऐसे उपचार उपलब्ध कराकर जो रोग के लक्षणों को कम करता हो। रोग के प्रभाव को कम करने के लिए टीके का उपयोग भी बहुत महत्त्वपूर्ण है।
(ii) रोगाणु के विभिन्न ऐसे समूह हैं, जो रोग पैदा करते हैं, जैसे-विषाणु, जीवाणु, कवक या प्रोटोजोआ। हम एण्टीबायोटिक्स जैसी दवाईयाँ लेकर, जो इन सूक्ष्मजीवों के वृद्धि पथ को अवरुद्ध कर इन्हें मार देती है।

25. उपचार से निवारण (रोकथाम) उत्तम है। विवेचना कीजिए।

उत्तर यदि कोई व्यक्ति रोग से पीड़ित है, तो उचित उपचार के पश्चात् रोग से छुटकारा पाया जा सकता है, फिर भी रोग के होने के कारण निम्न हानिप्रद प्रभाव होते हैं-
(i) यदि व्यक्ति बीमार हो जाए तो उसकी शारीरिक क्रियाओं को बहुत हानि होती है और वे पूर्णतया सुचारु नहीं हो पातीं हैं।
(ii) उपचार में लम्बा समय लगता है और उसे काफी समय तक बिस्तर पर आराम करना पड़ता है।
(iii) पीड़ित व्यक्ति, यदि संक्रमित है, तो संक्रमण अन्य व्यक्तियों तक फैल सकता है।

इसीलिए कहा गया है कि निवारण रोग के उपचार से उत्तम है।

26. जापानी मस्तिष्क ज्वर कैसे उत्पन्न होता है? इसकी रोकथाम कैसे की जा सकती है?

उत्तर जापानी मस्तिष्क ज्वर विषाणु के कारण होता है, जो मच्छर के काटने के कारण शरीर में प्रवेश करता है।
अपने आस-पास के वातावरण को साफ रखकर तथा मच्छरों के बचाव का समुचित उपाय करके इसकी रोकथाम की जा सकती है।

27. संक्रामक रोगों को फैलने से रोकने के लिए आप अपने विद्यालय में कौन-कौन-सी सावधानियाँ अपना सकते हैं?

उत्तर संक्रामक रोगों को फैलने से रोकने के लिए हम निम्नलिखित सावधानियाँ अपना सकते हैं-
(i) विद्यालय परिसर में स्वच्छता अति आवश्यक है। मल-मूत्र तथा अन्य कार्बनिक पदार्थों के अपशिष्ट का वैज्ञानिक तरीके से निपटारा किया जाना चाहिए। खुले स्थानों पर मल-मूत्र त्यागने पर पूर्ण प्रतिबंध होना चाहिए।
(ii) विद्यालय परिसर में सीवर व्यवस्था अच्छी होनी चाहिए।
(iii) विद्यालय कैंटीन में कटे हुए फल, बिना ढकी खाद्य सामग्री की बिक्री प्रतिबंधित होनी चाहिए।
(iv) विद्यार्थियों को संक्रामक रोगों एवं लैंगिक सम्पर्क द्वारा फैलने वाले रोगों की जानकारी दी जानी चाहिए।
(v) समय-समय पर विद्यार्थियों को संक्रामक रोग प्रतिरोधी टीके लगवाने चाहिए।

28. किसी विद्यालय में स्वास्थ्य जाँच कैंप के दौरान चिकित्सक ने रोगों के बचाव के संदर्भ में विचार व्यक्त किए। 'रोगों का निवारण सफल उपचार की अपेक्षा अच्छा है।' इस कथन पर आप अपने मित्र से छः बिंदुओं पर सहभागिता कीजिए।

उत्तर
- अत्यधिक भीड़-भाड़ वाले क्षेत्र से दूर रहकर
- सुरक्षित पेयजल के उपयोग द्वारा
- मच्छरों को पलने-बढ़ने से रोककर
- उपयुक्त एवं पर्याप्त टीकाकरण द्वारा
- मच्छर भगाने वाले रसायनों एवं अन्य व्यवस्थाओं के उपयोग द्वारा
- व्यक्तिगत साफ-सफाई एवं स्वच्छता को अपनाकर।

29. हमें विद्यालय में संक्रामक रोग का स्तर कम करने हेतु क्या सावधानियाँ रखनी चाहिए? कोई तीन सावधानियाँ लिखिए।

उत्तर संक्रामक रोगों को फैलने से रोकने के लिए विद्यालय में निम्नलिखित सावधानियाँ होना आवश्यक है-
(i) ऐसे विद्यार्थियों, जिन्हें खाँसी-जुकाम होता है, के सम्पर्क में आने से बचना चाहिए, क्योंकि इन रोगों के सूक्ष्मजीव हवा द्वारा फैलते हैं।
(ii) स्कूल के चारों ओर रोगवाहक जंतुओं की वृद्धि को रोकने हेतु साफ-सफाई करनी चाहिए।
(iii) स्कूल में भोजन करने से पहले विद्यार्थियों को साबुन से हाथ अवश्य धोने चाहिए।

30. उपयुक्त कारणों सहित लिखिए, कि निम्नलिखित कथन सही हैं या नहीं।
(i) हमारे आस-पास के क्षेत्र में ठहरा हुआ जल नहीं होना चाहिए।
(ii) साफ रहना तब तक आवश्यक नहीं है, जब तक आप सन्तुलित आहार लेते हैं।
(iii) उत्तम स्वास्थ्य के लिए सामाजिक समानता तथा सद्‌भावना आवश्यक है।

उत्तर (i) सही, क्योंकि ठहरा हुआ जल मच्छरों के लिए प्रजनन स्थल का कार्य करता है, जिसके कारण मलेरिया एवं डेंगू जैसी बीमारियाँ फैलती हैं।
(ii) गलत, संतुलित आहार स्वास्थ्य के लिए अनिवार्य है, लेकिन बिमारियों से मुक्त रहने के लिए साफ-सुथरा रहना भी महत्त्वपूर्ण है।
(iii) सही, क्योंकि स्वास्थ्य का मतलब शारीरिक, मानसिक तथा सामाजिक स्वास्थ्य से है। इसलिए हमारा सामाजिक परिवेश किसी व्यक्ति के स्वास्थ्य में महत्त्वपूर्ण भूमिका निभाता है।

31. अनेक संक्रामक रोगाणुओं से संक्रमित होने पर भी हमें कोई विशेष बीमारी नहीं होती है। क्यों? व्याख्या कीजिए।
NCERT Exemplar

उत्तर स्वस्थ शरीर में स्थित मजबूत प्रतिरक्षा प्रणाली रोगाणुओं से निरन्तर लड़ता रहता है। हमारे शरीर में विशिष्ट प्रतिरक्षी कोशिकाएँ होती हैं, जो रोगाणुओं को तुरंत मार देती हैं। हमारे शरीर में जैसे ही कोई संक्रामक रोगाणु आता है, ये कोशिकाएँ सक्रिय हो जाती हैं। यदि ये उन्हें मार देती हैं, तो हमें रोग नहीं होता है अर्थात् प्रतिरक्षी कोशिकाएँ संक्रमण को फैलने से पहले ही समाप्त कर देती हैं। यदि रोगाणुओं की संख्या नियन्त्रित हो जाती हैं, तो रोग की अभिव्यक्ति बहुत कम हो जाती है अर्थात् संक्रामक रोगाणुओं से संक्रमित होने पर भी हमें कोई विशेष बीमारी नहीं होगी।

32. एक सक्रिय प्रतिरक्षा प्रणाली प्रभावित ऊतक के चारों ओर रोग उत्पन्न करने वाले सूक्ष्मजीवों को मारने के लिए अनेक प्रतिरक्षी कोशिकाएँ बना देती है। इस प्रक्रम की पहचान कीजिए तथा इसके सामान्य एवं स्थानीय प्रभाव व्यक्त कीजिए।

उत्तर एक सक्रिय प्रतिरक्षा प्रणाली द्वारा प्रभावित ऊतक के नजदीक, रोगकारी जीवाणुओं के विरुद्ध लड़ने के लिए कुछ प्रतिरक्षी कोशिकाओं को नियुक्त किया जाता है। इस प्रक्रिया को शोथ कहते हैं। इस प्रक्रिया के कुछ स्थानीय प्रभाव के रूप में सूजन एवं दर्द जैसे लक्षण तथा सामान्य प्रभाव के रूप में ज्वर के लक्षण दृष्टिगोचर होते हैं।

33. जब आप तीसरी कक्षा में थे, तो आपको चेचक हो गया था। आप पुनः इस रोग से ग्रस्त क्यों नहीं होंगे?

उत्तर मैं पुनः चेचक से ग्रस्त नहीं होगा, क्योंकि रोग के एक प्रथम संक्रमण से ही इसके विरुद्ध जीवनपर्यन्त प्रतिरोधकता उत्पन्न हो जाती है। इसके प्रथम संक्रमण के दौरान ही शरीर स्मरण कोशिकाएँ बना लेता है। अतः रोगाणु के पुनः संक्रमण करने पर वह उसे सक्रिय हुए बिना तुरंत नष्ट कर देता है।

34. DPT को ट्रिपल एंटीजन क्यों कहते हैं?

उत्तर इसे ट्रिपल एंटीजन कहते हैं, क्योंकि यह टीका तीन रोगी के विरुद्ध प्रतिरोधकता प्रदान करता है, जो हैं-
(i) डिफ्थीरिया (ii) परट्यूसिस (कुकर खाँसी) (iii) टिटनेस।

35. टीकों की संकल्पना का विस्तृत वर्णन कीजिए। ऐसे चार रोगों के नाम लिखिए, जिनके टीके बाजार में उपलब्ध हैं।

उत्तर (i) **टीका** यह अशक्त या अक्रिय रोगाणुओं अथवा प्रोटीन के रूप में एक ऐसा उत्पाद है, जिसका उपयोग किसी बीमारी के विरुद्ध लड़ने के लिए किया जाता है।

(ii) (a) पोलियो (b) हिपेटाइसिस (c) खसरा
(d) चेचक (e) डिफ्थीरिया (f) टिटनेस
(g) काली-खाँसी।

36. प्रोटोजोआ द्वारा होने वाले दो रोग बताइए। उनके रोगकारक भी लिखिए। **NCERT Exemplar**

उत्तर प्रोटोजोआ द्वारा होने वाले दो रोग निम्नवत् हैं-
(i) **मलेरिया** यह *प्लाज्मोडियम* द्वारा होता है।
(ii) **अमीबीय पेचिश** यह *एण्टअमीबा हिस्टोलाइटिका* के संक्रमण से होता है।

37. निम्न रोगों के फैलने के साधन बताइए—
(i) सिफलिस (ii) ट्यूबरकुलोसिस
(iii) पीलिया (iv) जापानी मस्तिष्कशोथ

उत्तर

(i)	सिफलिस	लैंगिक सम्पर्क
(ii)	ट्यूबरकुलोसिस	वायु में उपस्थित बूँदकों को श्वास द्वारा अन्दर लेने से
(iii)	पीलिया	संदूषित जल
(iv)	जापानी मस्तिष्कशोथ	संक्रमित मादा *एनोफिलीज* मच्छर के काटने से।

38. निम्न रोगों के रोगाणुओं के नाम बताइए—
(i) काला-अजार (ii) निद्रालु रोग
(iii) मुँहासे (iv) AIDS

उत्तर ये निम्नवत् हैं

(i)	काला-अजार	प्रोटोजोआ *(लीशमानिया)*
(ii)	निद्रालु रोग	प्रोटोजोआ *(ट्रिपैनोसोमा)*
(iii)	मुँहासे	जीवाणु (*प्रोपिओनोबैक्टीरियम*)
(iv)	AIDS	ह्यूमन इम्यूनो डेफिशिएंसी विषाणु।

39. शरीर के उन अंगों के नाम लिखिए, जहाँ निम्न सूक्ष्मजीव आक्रमण करते हैं—
(i) HIV विषाणु
(ii) मलेरिया उत्पन्न करने वाला सूक्ष्मजीव
(iii) जापानी मस्तिष्क ज्वर उत्पन्न करने वाला विषाणु।

उत्तर (i) HIV विषाणु प्रतिरक्षा प्रणाली को नष्ट करता है तथा इसकी कार्यशक्ति को समाप्त कर देता है।
(ii) यकृत एवं लाल रुधिर कोशिकाएँ
(iii) मस्तिष्क।

40. निम्नलिखित बीमारी के आक्रमणकारी अंगों के नाम लिखिए।
(i) हिपेटाइटिस आक्रमण करता है।
(ii) मलेरिया आक्रमण करता है।
(iii) टायफॉइड रोग आक्रमण करता है।
(iv) जापानी ज्वर आक्रमण करता है। **NCERT Exemplar**

उत्तर (i) यकृत (ii) यकृत
(iii) आहारनाल (iv) मस्तिष्क।

41. मलेरिया से बचने तथा रोकथाम के उपाय लिखिए।

उत्तर **बचाव के उपाय**
(i) खिड़की तथा दरवाजों पर महीन जाली लगाएँ।
(ii) मच्छर भगाने या मारने वाले रसायन का प्रयोग करें।
(iii) अपने आस-पास जल का जमाव न होने दे, क्योंकि मच्छर हमेशा रुके हुए जल में अण्डे देते हैं।
(iv) गड्ढों तथा नालियों में कीटनाशक दवाओं डी.डी.टी. तथा बी.एच.सी. आदि का छिड़काव करें।

रोग का नियन्त्रण
रोग होने पर कुनैन (*सिनकोना* वृक्ष की छाल से प्राप्त) औषधि का प्रयोग करें।

42. **मलेरिया कैसे फैलता है? उसके रोगाणु का नाम लिखिए। मलेरिया के लक्षण लिखिए।**

उत्तर मलेरिया का रोगाणु प्रोटोजोआ *प्लाज्मोडियम (Plasmodium)* है। जब मादा *एनोफिलीज* मच्छर किसी मलेरिया से पीड़ित व्यक्ति को काटता है, तब मलेरिया का रोगाणु उसके मुख में चला जाता है और जब यह किसी स्वस्थ व्यक्ति को काटता है, तो रोगाणु उसके शरीर में संचरित हो जाते हैं और व्यक्ति मलेरिया से पीड़ित हो जाते हैं।

सर्दी और कपकपी के साथ तेज बुखार, मितली तथा सिरदर्द मलेरिया के मुख्य लक्षण हैं।

43. **अतिसार के कारण तथा नियन्त्रण के उपाय लिखिए।**

उत्तर अतिसार रोग *ई. कोलाई (E. coli)* एवं *शिगेला (Shigella)*, नामक जीवाणु तथा *एण्टअमीबा हिस्टोलाइटिका (Entamoeba histolytica)* नामक प्रोटोजोआ के कारण होता है।

नियन्त्रण के उपाय

(i) रोगी को ORS या नमक-चीन का घोल या इलेक्ट्रोलाइट युक्त जल देना चाहिए।

(ii) रोगी को पूर्ण विश्राम देना चाहिए।

(iii) चिकित्सक की सलाह के अनुसार औषधि देनी चाहिए।

(iv) कच्चे केले का उबला हुआ गूदा, नमक, हल्दी, नींबू का प्रयोग अतिसार नियन्त्रण में सहायक होता है।

(v) दही के साथ ईसबगोल की भूसी लेने से आराम मिलता है।

44. **फ्लू के कारण, लक्षण तथा रोकथाम के उपाय लिखिए।**

उत्तर फ्लू विषाणुजनित संक्रामक रोग है। यह *ऑर्थोमिक्सो विषाणु* या इन्फ्लूएंजाई विषाणु के कारण होता है।

लक्षण सिरदर्द, थकावट, पेशियों में दर्द, साधारण ज्वर गर्मी-सर्दी का महसूस होना, खाँसी, बलगम, छींक, आदि प्रमुख इसके लक्षण हैं।

रोकथाम फ्लू के रोगी से दूर रहने का प्रयास करना चाहिए। फ्लू का टीका लगवा लेना चाहिए।

45. **(i) निम्न रोगों में से प्रत्येक के संचरण का तरीका सुझाइए।**

(a) हैजा (b) एड्स

(c) मलेरिया (d) निमोनिया

(ii) यदि रोगाणु किसी व्यक्ति के यकृत को निशाना बनाते हों तो उसे होने वाले रोग का नाम बताइए।

उत्तर (i) (a) हैजा– मक्खी, संक्रमित जल एवं भोजन तथा गंदगी।

(b) एड्स– असुरक्षित यौन संबंध, संक्रमित रुधिराधान एवं संक्रमित सुई का उपयोग।

(c) मलेरिया– मादा *एनोफिलीज* मच्छर

(d) निमोनिया– व्यक्तिगत सम्पर्क से जिसमें छींक के कारण वायु में फैले संक्रमित कण स्वस्थ व्यक्ति के सम्पर्क में आते हैं।

(ii) हिपेटाइटिस-A।

46. **AIDS एक घातक बीमारी है। क्यों?**

उत्तर एड्स में हमारे शरीर का प्रतिरक्षा प्रणाली बहुत ही कमजोर पड़ जाता है तथा शरीर बार-बार कई तरह के संक्रमणों से प्रभावित होता रहता है, जिसके कारण अंततः रोगी की मौत हो जाती है। अतः इसे घातक बीमारी माना जाता है।

47. **कारण देकर बताइए कि निम्नलिखित कथन सत्य है या नहीं। ''एक ही सुई को अनेक के लिए प्रयोग करने से एड्स नहीं फैलता है।''**

उत्तर यह कथन सही नहीं है। वास्तव में, एक ही सुई के प्रयोग से अनेक व्यक्तियों को इंजेक्शन लगाने से एड्स रोग फैलता है। जब एड्स रोग से पीड़ित किसी व्यक्ति के शरीर में इंजेक्शन लगाया जाता है, तो उसकी सुई एड्स विषाणु से संक्रमित हो जाती है। अब यदि इस संक्रमित सुई का उपयोग करके दूसरे स्वस्थ व्यक्तियों को इंजेक्शन लगाया जाए, तो सुई पर लगा एड्स का विषाणु उन व्यक्तियों के रुधिर में पहुँच जाता है और इस प्रकार वे भी एड्स रोग ग्रहण कर लेते हैं।

48. **व्याख्या कीजिए, कि AIDS से ग्रसित कोई व्यक्ति किस प्रकार अन्य छोटे संक्रमणों से भी मारा जा सकता है?**

उत्तर AIDS HIV नामक विषाणु द्वारा होता है। यह विषाणु मानव प्रतिरक्षा प्रणाली तक पहुँचकर उसकी कार्य क्षमता को नष्ट कर देता है। अतः शरीर छोटे-छोटे संक्रमणों के विरुद्ध भी लड़ पाने में असमर्थ हो जाता है तथा रोगी की मृत्यु हो जाती है।

49. **(i) प्रतिरक्षा क्या है?**

(ii) एड्स क्या है? इसके रोगाणु का नाम लिखिए।

(iii) एड्स के उत्पन्न होने के कारण लिखिए।

उत्तर (i) **प्रतिरक्षा** संक्रमण या किसी सूक्ष्मजीव या पदार्थ के शरीर में प्रवेश करने से उत्पन्न प्रभाव से लड़ने की शरीर की आंतरिक या प्राकृतिक क्षमता, प्रतिरक्षा कहलाती है।

(ii) **एड्स** शरीर की प्रतिरोधक क्षमता (Immunity) का कम हो जाना या बिल्कुल नष्ट हो जाना है। एक्वायर्ड इम्युनो डेफिसियंसी सिंड्रोम एड्स (AIDS) कहलाता है।

एड्स का रोगाणु ह्यूमन इम्यूनो डेफिशिऐंसी विषाणु HIV है।

(iii) एड्स (AIDS) के उत्पन्न होने के कारण-

(a) एड्स से पीड़ित व्यक्ति से यौन सम्पर्क रखना।

(b) एड्स से पीड़ित व्यक्ति का रुधिर स्वस्थ व्यक्ति को देना।

(c) एक ही इंजेक्शन का प्रयोग कई व्यक्तियों के लिए करना।

(d) संक्रमित माँ से उसके गर्भस्थ शिशु को।

50. **रेबीज के कारक तथा लक्षण बताइए।**

उत्तर **रेबीज** इस रोग का विषाणु संक्रमित कुत्ते, बिल्ली, बंदर आदि की लार में पाया जाता है, संक्रमित जंतु से विषाणु लार के माध्यम से मनुष्य के रुधिर में पहुँच जाता है।

लक्षण रोग के लक्षण संक्रमण के 1-3 माह पश्चात् दिखाई देते हैं। इससे सिरदर्द, तीव्र ज्वर व गले की पेशियों के संकुचन में दर्द होता है। रोगी को तरल आहार ग्रहण करने में भी कठिनाई होती है। रोगी को जल से भय लगता है। मस्तिष्क तथा मेरुरज्जु की कोशिकाओं के नष्ट होने से लकवा हो जाता है। अंत में रोगी की मृत्यु हो जाती है।

51. एक व्यक्ति को गली का कुत्ता काट लेता है। कुछ समय पश्चात् उसका स्वभाव चिड़चिड़ा हो जाता है और उसे पानी से डर लगने लगता है।

(i) रोग का नाम बताइए।

(ii) क्या इसके विरुद्ध कोई टीका उपलब्ध है?

(iii) क्या आपके स्थानीय अधिकारी के पास इस रोग के नियन्त्रण का कोई उपाय है?

उत्तर (i) रेबीज रोग, प्रायः गली के कुत्ते के काटने से होता है।

(ii) हाँ, एंटी-रेबीज टीके उपलब्ध हैं।

(iii) हाँ, स्थानीय अधिकारी ऐसे सभी कुत्तों का प्रतिरक्षीकरण करने का प्रयास करती है।

दीर्घ उत्तरीय प्रश्न

1. कारण सहित व्याख्या कीजिए— **NCERT Exemplar**

(i) सन्तुलित भोजन स्वस्थ शरीर के लिए आवश्यक है।

(ii) किसी जीव का स्वास्थ्य चारों ओर की पर्यावरणीय स्थितियों पर निर्भर करता है।

(iii) हमारे रहने के क्षेत्र में जल इकट्ठा नहीं होना चाहिए।

(iv) सामाजिक समानता और अच्छी आर्थिक स्थिति एक अच्छे स्वास्थ्य के लिए आवश्यक है।

उत्तर (i) सन्तुलित भोजन में आवश्यक पोषक तत्व; जैसे—प्रोटीन, वसा, कार्बोहाइड्रेट, खनिज आदि सही अनुपात में होते हैं, जो एक स्वस्थ शरीर की वृद्धि और सुचारू रूप से कार्य करने के लिए आवश्यक होते हैं।

(ii) जीव का स्वास्थ्य चारों ओर की पर्यावरणीय स्थितियों पर निर्भर करता है। यदि आस-पास का क्षेत्र रोगमुक्त नहीं है, तो जीव के बीमार होने की सम्भावना अधिक होती है।

(iii) जल इकट्ठा होने से इसमें रोगवाहक जीव; जैसे—मच्छर आदि पनपते हैं, जो कई प्रकार के रोगाणुओं के वाहक के रूप में रोगों को एक व्यक्ति से दूसरे व्यक्ति तक पहुँचाते हैं।

(iv) स्वास्थ्य के लिए हमें भोजन की आवश्यकता होती है। इस भोजन को प्राप्त करने के लिए हमें कार्य करना पड़ता है। इसके लिए, हमें कार्य करने के अवसर खोजने पड़ते हैं। अतः अच्छी आर्थिक परिस्थितियाँ तथा कार्य भी व्यक्तिगत स्वास्थ्य के लिए आवश्यक है।

2. रोग क्या है तथा ये कितने प्रकार के होते हैं? उदाहरण सहित लिखिए।

उत्तर जब शरीर के एक या अनेक अंगों एवं अंग-तंत्रों में क्रिया या संरचना में 'खराबी' परिलक्षित होने लगती है अर्थात् शरीर की कार्यिकी में विकृति या अवरोध उत्पन्न हो जाता है, तो इस अवस्था को **रोग** कहते हैं तथा ये बदलाव रोग के लक्षण दर्शाते हैं।

अवधि के आधार पर रोगों के प्रकार निम्नलिखित हैं-

(i) **तीव्र रोग** कुछ रोगों की अवधि कम होती है, जिन्हे तीव्र रोग कहते हैं। तीव्र रोग बहुत कम समय तक रहते हैं, इन्हें सामान्य स्वास्थ्य को प्रभावित करने का समय अधिक नहीं मिलता है। उदाहरण -खाँसी, जुकाम, आदि।

(ii) **दीर्घकालिक रोग** वह रोग, जो लंबी अवधि तक या जीवनपर्यन्त रहते हैं, ऐसे रोगों को दीर्घकालिक रोग कहते हैं। दीर्घकालिक रोग तीव्र रोग की अपेक्षा लोगों के स्वास्थ्य पर लम्बे समय तक विपरीत प्रभाव बनाए रखते हैं। उदाहरण— फीलपाँव रोग एवं ट्यूबरक्यूलोसिस।

रोगों के प्रकार एवं कारण के आधार पर रोग निम्न हैं-

(i) **संक्रामक रोग** वे रोग, जिनके तात्कालिक कारक सूक्ष्मजीव (जैसे-जीवाणु, विषाणु आदि) होते हैं, उन्हें संक्रामक रोग कहते हैं। ये सूक्ष्मजीव रोगी से समुदाय में फैल सकते हैं और इनके कारण इनसे होने वाले रोग भी संचरित हो जाते हैं। उदाहरण - हैजा, क्षयरोग, आदि।

(ii) **असंक्रामक रोग** कुछ रोग ऐसे होते हैं, जो संक्रामक कारकों द्वारा नहीं होते हैं अर्थात् रोगी से स्वस्थ व्यक्ति में संचरित नहीं होते हैं। उदाहरण-कैंसर, मधुमेह, आदि।

3. (i) जब हम बीमार होते हैं, तब हमें किस प्रकार का भोजन लेने का परामर्श दिया जाता है और क्यों?

(ii) अच्छे स्वास्थ्य के लिए किन्हीं तीन आधारभूत अवस्थाओं को व्यक्त कीजिए।

उत्तर (i) जब हम बीमार होते हैं, तो हमें सुपाच्य एवं पोषक तत्वों से युक्त भोजन लेने का परामर्श दिया जाता है। जीवधारियों के शरीर में प्रतिरक्षा प्रणाली होता है, जो निरंतर रोगाणुओं से लड़ता रहता है। हमारे शरीर में विशिष्ट प्रतिरक्षी कोशिकाएँ पाई जाती हैं, जो रोगाणुओं का भक्षण करके या प्रतिरक्षी संश्लेषण द्वारा उन्हें नष्ट करती रहती है। इससे रोगाणुओं की संख्या नियन्त्रित रहती है और प्रायः रोग प्रदर्शित नहीं होता है। रोग प्रतिरक्षा प्रणाली की असफलता को दर्शाता है। अन्य अंग तंत्रों की भाँति प्रतिरक्षा प्रणाली को भी पर्याप्त पोषक युक्त भोजन की आवश्यकता होती है। इसके अतिरिक्त रोग की स्थिति में आहारनाल की कार्य-क्षमता भी प्रभावित होती है, इसलिए रोगी को सुपाच्य आहार दिया जाना चाहिए।

(ii) अच्छे स्वास्थ्य के लिए आधारभूत अवस्थाएँ हैं-

(a) मनुष्य का शारीरिक रूप में विकार-रहित रहना।

(b) मनुष्य का सामाजिक रूप में समृद्ध होना।

(c) मनुष्य का मानसिक रूप में तनावरहित रहना।

4. निम्न कथनों की व्याख्या कीजिए—

(i) रोगमुक्त होना, स्वस्थ होना नहीं है।

(ii) अच्छे व्यक्तिगत स्वास्थ्य के लिए समुदाय का स्वस्थ अच्छा होना आवश्यक है।

(iii) शहरी लोगों की अपेक्षा गाँव के लोग हैजा से अधिक पीड़ित होते हैं।

उत्तर (i) रोगमुक्त होने का मतलब यह नहीं है, कि हम स्वस्थ हैं क्योंकि स्वास्थ्य में शारीरिक, मानसिक तथा सामाजिक रूप से स्वस्थ होना शामिल है। अच्छे स्वास्थ्य के लिए जरूरी है कि व्यक्ति मानसिक एवं सामाजिक रूप से भी स्वस्थ हो।

(ii) सभी जीवों का स्वास्थ्य उसके मानसिक एवं सामाजिक वातावरण पर निर्भर करता है। अतः बेहतर स्वास्थ्य हेतु सार्वजनिक स्वच्छता तथा स्वस्थ सामाजिक वातावरण अतिआवश्यक कारक हैं अर्थात् सामाजिक समानता तथा समरसता बहुत आवश्यक है। अतः अच्छे वैयक्तिक स्वास्थ्य के लिए सामुदायिक स्वास्थ्य अनिवार्य है।

(iii) हैजा एक जल-जनित रोग है अर्थात् यह संक्रमित जल से फैलता है। पेयजल की सुरक्षित आपूर्ति के अभाव में शहरी लोगों की तुलना में ग्रामीण पृष्ठभूमि के लोग इस बीमारी से अधिक प्रभावित होते हैं।

5. 'भीड़-भाड़ तथा अपर्याप्त वायु-संचरित आवास वायु द्वारा फैलने वाले रोगों के मुख्य कारण है।' इस कथन को समझाइए तथा अपने उत्तर को चित्र द्वारा सिद्ध कीजिए।

उत्तर भीड़-भीड़ तथा अपर्याप्त वायु-संचरित आवास सामान्य सर्दी-जुकाम, निमोनिया, क्षय रोग, आदि वायु जनित बीमारियों का एक प्रमुख कारण है। जब कोई संक्रमित व्यक्ति छींकता या खाँसता है, तो उसके मुँह से छोटी-छोटी बूँदें बाहर निकलती हैं, जो रोगाणु से संक्रमित होती हैं। ये बूँदें हल्की होने के कारण वायु में तैरती या संवहित होती रहती हैं। अतः नजदीक में खड़ा व्यक्ति साँसों के माध्यम से इन संक्रमित बूँदों को ग्रहण कर लेता है तथा उसमें संक्रमण उत्पन्न हो जाता हैं।

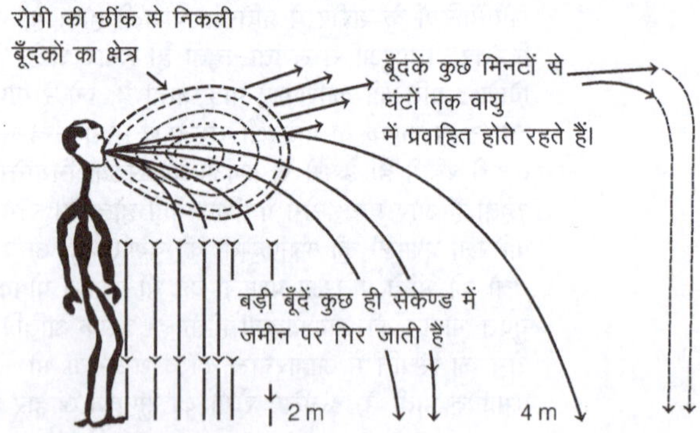

6. दिल्ली के अस्पताल में मलेरिया के कई मामले सामने आए।

(i) किन्हीं दो अस्वच्छ परिस्थितियों का उल्लेख करें, जिनके कारण यह बीमारी फैली होगी।

(ii) उस वाहक का नाम बताइए, जिसने इसके रोगाणु को फैलाया होगा।

(iii) क्यों केवल मादा वाहक ही मानव रुधिरपान पसंद करती हैं? *अथवा* मादा मच्छर भोजन के रूप में रुधिर क्यों पसंद करते हैं?

(iv) इस बीमारी की रोकथाम के लिए किन विधियों का उपयोग किया जाना चाहिए?

उत्तर (i) (a) रुके हुए जल का जमाव।

(b) कूड़ा-करकट का जमाव एवं साफ-सफाई की कमी।

(ii) मादा *एनोफिलीज* मच्छर।

(iii) क्योंकि मादा *एनोफिलीज* मच्छर को अपने अण्डे देने के लिए प्रोटीन की आवश्यकता होती है, जो उन्हें रुधिर से प्राप्त होता है।

(iv) (a) मच्छरों के वृद्धि एवं विकास तथा प्रजनन को रोकने के लिए आस-पास के क्षेत्रों में जल के जमाव को रोकना होगा।

(b) मच्छरों के काटने से बचने के लिए टिकिया, मच्छरदानी, आदि का उपयोग किया जाना चाहिए।

7. (i) प्रतिरक्षा प्रणाली हमारे स्वास्थ्य के लिए क्यों आवश्यक होता है?

(ii) निम्नलिखित में से किन अवस्थाओं में कोई व्यक्ति पुनः बीमार हो सकता है? क्यों?

(a) जब डेंगू ठीक होने की अवस्था में हो।

(b) जब डेंगू ठीक हो चुका हो और वह TB के रोगी की सेवा कर रहा हो।

(c) डेंगू से ठीक होने के बाद चार दिन उपवास करता हो, और TB के रोगी की सेवा कर रहा हो।

उत्तर (i) प्रतिरक्षा प्रणाली हमारे स्वास्थ्य के लिए आवश्यक है, क्योंकि शरीर में स्थित प्रतिरक्षा प्रणाली रोगाणुओं से लड़ता रहता है। शरीर में प्रतिरक्षी विशिष्ट कोशिकाएँ होती हैं, जो रोगाणुओं के प्रति हमें प्रतिरक्षा प्रदान करती है। हमारे शरीर में जैसे ही कोई संक्रामक रोगाणु आता है, ये कोशिकाएँ सक्रिय हो जाती हैं एवं संक्रमण को फैलने से पहले ही रोगाणु को समाप्त कर देती हैं। यदि ये उन्हें मार देती हैं, तो हमें रोग नहीं होता है।

(ii) स्थिति (c) में व्यक्ति पुनः बीमार हो सकता है, क्योंकि

(a) डेंगू होने से व्यक्ति बहुत कमजोर हो जाता है और चार दिन उपवास रखने से उसकी यह कमजोरी ठीक नहीं होगी और वह पुनः बीमार हो जाता है।

(b) डेंगू के कारण उसका प्रतिरक्षा प्रणाली बहुत कमजोर हो जाता है और ऐसे में TB के रोगी की सेवा करने से वह व्यक्ति पुनः बीमार हो सकता है।

8. (i) कुत्ते के काटने से कौन-सा रोग हो सकता है? इस रोग का कारक कौन-सा रोगाणु है?

(ii) जलभीति (रेबीज) से क्या तात्पर्य है? इसके चार प्रमुख लक्षण लिखिए। इसकी रोकथाम के लिए चार सुझाव लिखिए।

उत्तर (i) कुत्ते के काटने से रेबीज रोग हो सकता है। इस रोग का कारक रेबीज विषाणु (Rabies virus) होता है।

(ii) **रेबीज** को हाइड्रोफोबिया या जलभीति रोग (जल से डर) भी कहते हैं। यह रोग रेबीज विषाणु के कारण होता है। यह विषाणु मानव शरीर में पागल बंदर, कुत्ते या बिल्ली के काटने पर पहुँचता है।

रेबीज के लक्षण

- जल से डर लगना मुख्य लक्षण है।
- विषाणु मनुष्य के मस्तिष्क तथा स्पाइनल कोर्ड को नष्ट कर देता है एवं शरीर अकड़ जाता है।
- बुखार, सिरदर्द, चक्कर आना, घबराहट, आदि।

रेबीज से बचाव

- पालतू कुत्ते तथा अन्य जानवरों का अनिवार्य प्रतिरक्षीकरण (Immunisation) करना चाहिए।
- रेबीज संक्रमित कुत्ते को तुरंत मार देना चाहिए।
- जख्म को कार्बोनिक साबुन से धोकर साफ करें तथा स्वच्छ जल से धोएं।
- डॉक्टर की सलाह लें एवं एंटी-रेबीज इंजेक्शन लगवाएँ।

9. (i) टीकाकरण के सिद्धान्त की संक्षिप्त व्याख्या कीजिए।
(ii) किन्हीं दो रोगों के नाम बताइए, जिनकी रोकथाम टीकाकरण द्वारा की जा सकती है।

उत्तर (i) **टीकाकरण का सिद्धान्त** जब प्रतिरक्षी प्रणाली की नजर में कोई संक्रामक रोगाणु आता है, तो यह सावधान हो जाता है तथा इसके विरुद्ध प्रतिरक्षी का शरीर में निर्माण कर इसका प्रतिरोध करता है तथा रोग के नष्ट हो जाने पर भी ये प्रतिरक्षी रोगाणु की प्रकृति एवं प्रवृति को याद रखते हैं। अगली बार जब वह विशेष संबंधी रोगाणु या उसका कोई संबंधी रोगाणु हमारे शरीर में प्रवेश करता है, तो प्रतिरक्षी प्रणाली और अधिक प्रबलता से सक्रिय हो जाता है। यह पहले की तुलना में अधिक तेजी से उस संक्रामक रोगाणु को नष्ट कर देता है। यही टीकाकरण का सिद्धांत है।

(ii) टीकाकरण के द्वारा जिन रोगों की रोकथाम की जा सकती है, वे हिपेटाइसिस, डिफ्थीरिया, काली-खाँसी, खसरा, पोलियो, आदि।

10. (i) हमारे शरीर का एक तंत्र 'X' रोग के कारकों के सम्पर्क में आने के अतिरिक्त उनके द्वारा होने वाले संक्रमणों से लड़ने में सहायक होता है। 'X' तथा इसकी कोशिकाओं का नाम लिखिए।
(ii) 'X' के उचित प्रकार से कार्यशील न होने पर क्या परिणाम होंगे?
(iii) बच्चों में 'X' के उचित रूप से कार्यशील होने के लिए अभिभावकों द्वारा ध्यान देने योग्य दो आधारभूत कारक कौन-से हैं?

उत्तर (i) X प्रतिरक्षी तंत्र है।
प्रतिरक्षी कोशिका - लिम्फोसाइट्स (B एवं T- लिम्फोसाइट्स)

(ii) हमारे प्रतिरक्षी तंत्र के अपर्याप्त कार्यक्षमता के कारण हमारा शरीर रोगाणुओं द्वारा उत्पन्न संक्रमण के विरुद्ध लड़ पाने में सक्षम नहीं रह जाता है, फलतः हमारे शरीर पर विपरीत प्रभाव पड़ता है तथा वह रोगग्रस्त हो जाता है।

(iii)
- बच्चों के लिए उपयुक्त एवं प्रचुर मात्रा में पौष्टिक एवं सन्तुलित भोजन की उपलब्धता।
- टीकाकारण/प्रतिरक्षीकरण।

स्वयं को जाँचे

नीचे दिए गए प्रश्नों के माध्यम से छात्र अध्याय संबंधी अपने ज्ञान की जाँच कर सकते हैं। अध्याय के ध्यानपूर्वक अध्ययन किए जाने पर छात्र इन प्रश्नों के उत्तर आसानी से कर पाएँगे।

वस्तुनिष्ठ प्रकार के प्रश्न

बहुविकल्पीय प्रश्न

1. निम्नलिखित में से कौन-सा रोग शरीर के कार्यों पर गम्भीर प्रभाव डालता है?
(a) तीव्र रोग (b) दीर्घकालिक रोग
(c) दोनों (a) और (b) (d) इनमें से कोई नहीं

2. रोग के लक्षण क्या हैं?
(a) जो चिकित्सक देखते हैं
(b) जो हम 'गलत' महसूस करते हैं
(c) केवल बुखार
(d) केवल दर्द

3. निम्नलिखित में से कौन-सा रोग विषाणु के कारण होता है?
(a) तपेदिक (b) हैजा
(c) इन्फ्लूएंजा (d) एंथ्रेक्स

4. पेप्टिक अल्सर के लिए उत्तरदायी विषाणु की खोज किसने की?
(a) लुईस पाश्चर (b) रॉबर्ट कोच
(c) रॉबिन वॉरेन और बैरी मार्शल (d) एलेक्जेण्डर फ्लेमिंग

5. निम्नलिखित में से कौन-सा रोग वायु के माध्यम से नहीं फैलता है?
(a) सामान्य सर्दी (b) निमोनिया
(c) तपेदिक (d) जापानी एन्सिफेलाइटिस

6. निम्नलिखित में से कौन-सा रोग दूषित जल से फैलता हैं?
(a) हैजा (b) एड्स
(c) मलेरिया (d) इन्फ्लूएंजा

7. निम्नलिखित में से कौन-सा रोग यौन सम्पर्क से फैलता है?
(a) सामान्य सर्दी (b) एड्स
(c) मलेरिया (d) डेंगू बुखार

8. निम्नलिखित में से कौन-सा रोग मच्छर के काटने से नहीं फैलता है?
(a) मलेरिया (b) जापानी एन्सिफेलाइटिस
(c) तपेदिक (d) डेंगू बुखार

कथन-कारण प्रकार के प्रश्न

निर्देश (प्र. सं. 9-12) इस खण्ड में दिए गए प्रत्येक प्रश्न में कथन तथा कारण दिए गए हैं। प्रत्येक प्रश्न के चार विकल्प (a), (b), (c) व (d) हैं, जिनमें से केवल एक सही है।

(a) कथन (A) तथा कारण (R) दोनों सत्य हैं तथा कारण (R), कथन (A) का सही स्पष्टीकरण है।
(b) कथन (A) तथा कारण (R) दोनों सत्य हैं, परन्तु कारण (R), कथन (A) का सही स्पष्टीकरण नहीं है।
(c) कथन (A) सत्य है, परन्तु कारण (R) असत्य है।
(d) कथन (A) असत्य है, परन्तु कारण (R) सत्य है।

9. कथन (A) एण्टीबायोटिक्स वायरल संक्रमण के विरूद्ध प्रभावी नहीं हैं।
कारण (R) विषाणु में जीवाणु के समान चयापचय मार्ग नहीं होते हैं।

10. कथन (A) संक्रामक रोग एक व्यक्ति से दूसरे व्यक्ति में फैल सकते हैं।
कारण (R) संक्रामक रोगों का कारण बनने वाले रोगजनक सूक्ष्मजीव होते हैं।

11. कथन (A) रोगाणु शरीर में विभिन्न अंगों को लक्षित करते हैं।
कारण (R) विभिन्न रोगाणुओं में शरीर के भीतर विशिष्ट ऊतकों या अंगों के लिए प्राथमिकता होती है।

12. कथन (A) सूजन संक्रामक रोगों के लिए सामान्य प्रतिक्रिया है।
कारण (R) प्रतिरक्षा प्रणाली रोग उत्पन्न करने वाले रोगाणुओं से लड़ने के लिए सक्रिय होती है।

उत्तर

1. (b) **2.** (b) **3.** (c) **4.** (c) **5.** (d)
6. (a) **7.** (b) **8.** (c) **9.** (a) **10.** (b)
11. (a) **12.** (a)

केस स्टडी आधारित प्रश्न

निर्देश (प्र.सं. 13-17) *निम्नलिखित पैराग्राफ को पढ़िए तथा दिए गए प्रश्नों के उत्तर दीजिए।*

यदि स्वास्थ्य का अर्थ शारीरिक, मानसिक और सामाजिक भलाई की स्थिति है, तो यह ऐसी चीज नहीं हो सकती जिसे हम में से प्रत्येक व्यक्ति अपने दम पर प्राप्त कर सके। सभी जीवों का स्वास्थ्य उनके परिवेश या उनके पर्यावरण पर निर्भर करेगा। पर्यावरण में भौतिक पर्यावरण सम्मिलित है, उदाहरण के लिए, कई तरह से चक्रवात में स्वास्थ्य जोखिम में है। लेकिन इससे भी महत्त्वपूर्ण बात यह है कि मनुष्य समाजों में रहते हैं। इसलिए, हमारा सामाजिक पर्यावरण हमारे व्यक्तिगत स्वास्थ्य में एक महत्त्वपूर्ण कारक है। हम गाँवों, कस्बों या शहरों में रहते हैं। ऐसे स्थानों पर, हमारा भौतिक पर्यावरण भी हमारे सामाजिक पर्यावरण द्वारा निर्धारित किया जाता है। विचार करें कि क्या होगा यदि कोई एजेंसी कचरा इकट्ठा करने और निपटाने को सुनिश्चित नहीं कर रही है। क्या होगा यदि कोई नालियों को साफ करने और सुनिश्चित करने की उत्तरदायी नहीं लेता है? और इसलिए, यदि हमारी सड़कों पर बहुत अधिक कचरा फेंका जाता है, या यदि हमारे रहने के आसपास खुली नाली का जल जमा रहता है, तो खराब स्वास्थ्य की सम्भावना बढ़ जाती है।

13. स्वास्थ्य किस पर निर्भर करता है?

14. व्यक्तिगत स्वास्थ्य में कौन-सा एक महत्त्वपूर्ण कारक है?

15. हमारे भौतिक पर्यावरण को कौन निर्धारित करता है?

16. यदि कोई एजेंसी कचरा इकट्ठा करने और निपटाने को सुनिश्चित नहीं कर रही है तो क्या होगा?

17. व्यक्तिगत स्वास्थ्य के लिए क्या महत्त्वपूर्ण है?

अतिलघु उत्तरीय प्रश्न

18. स्वास्थ्य रोगमुक्त अवस्था से भिन्न है। समझाइए।

19. कौन-सा रोग लम्बे काल तक रहता है?

20. एथलीट फुट नामक रोग का कारक कौन है?

21. तपेदिक रोग के कारक का नाम बताइए।

22. टायफॉइड रोग के कारक का नाम बताइए।

23. AIDS रोग किस विषाणु के संक्रमण से होता है?

24. कोई दो विधियाँ लिखिए, जिनसे AIDS नहीं फैलता है।

25. पोलियो में शरीर के कौन-से अंग सर्वाधिक प्रभावित होते हैं?

लघु उत्तरीय प्रश्न

26. किस प्रकार का वातावरण आपको स्वस्थ व रोगमुक्त रखेगा?

27. रोग के तात्कालिक व सहयोगी कारकों के मध्य विभेद कीजिए।

28. वाहक व एक संक्रामक कारक के मध्य विभेद कीजिए।

29. संक्रामक रोगों के वाहक क्या होते हैं? वे रोगों का संचरण किस प्रकार करते हैं?

30. इन्फ्लूएंजा के विरुद्ध टीके का निर्माण करना क्यों कठिन है?

31. सार्वजनिक परिवहन का प्रयोग करने पर संक्रमण होने की सम्भावना बढ़ जाती है, क्यों?

32. क्या रोग के सफल उपचार की अपेक्षा उसका नियन्त्रण उपयुक्त है? समझाइए।

33. उस रोग के कारक व संचरण का माध्यम बताइए, जिसमें रोगी को ठंड के साथ तीव्र ज्वर आता है, गर्मी लगती है व पसीना आता है। इसके नियन्त्रण के उपाय भी बताइए।

34. क्षयरोग की रोकथाम एवं उपचार किस प्रकार सम्भव है? समझाइए।

35. टायफॉइड रोग के लक्षण रोकथाम व उपचार लिखिए।

36. किसी एक रोग का नाम बताइए, जब सूक्ष्मजीवी निम्न पर आक्रमण करते हैं

(i) केंद्रीय तंत्रिका तंत्र (ii) यकृत

37. रेबीज रोग की रोकथाम एवं उपचार किस प्रकार किया जाता है?

38. हिपेटाइटिस-A का नियन्त्रण किस प्रकार सम्भव है?

39. किसी एक विषाणुजनित रोग पर टिप्पणी लिखिए।

दीर्घ उत्तरीय प्रश्न

40. निम्नलिखित कथनों की व्याख्या कीजिए—

(i) रोगमुक्त होना, स्वस्थ रहने के समान नहीं है।

(ii) सामुदायिक स्वास्थ्य, अच्छे व्यक्तिगत स्वास्थ्य के लिए आवश्यक है।

(iii) शहरी लोगों की अपेक्षा गाँवों के लोग पीलिया से अधिक ग्रसित होते हैं।

41. रोग क्या है? कितने प्रकार के होते हैं? रेबीज एवं पोलियों के लक्षण, रोकथाम एवं उपचार लिखिए।

42. (i) AIDS के फैलने के किन्हीं तीन सम्भावित कारणों को लिखिए।

(ii) (a) टीकाकरण का मूल सिद्धान्त क्या है?

(b) ऐसे दो रोगों के नाम लिखिए, जिनको टीका लगाकर रोका जा सकता है।

43. मियादी बुखार एवं क्षयरोग क्या है? इस रोग के लक्षण, रोकथाम एवं उपचार लिखिए।

44. हिपेटाइटिस क्या है? यह रोग कितने प्रकार का होता है? इस रोग के लक्षण उपचार एवं रोकथाम के उपाय लिखिए।

प्रयोगात्मक कार्य

प्रयोगात्मक कार्य

प्रयोग 1 (a)

उद्देश्य Aim

नमक, चीनी तथा फिटकरी का वास्तविक विलयन बनाना।

आवश्यक सामग्री Required Materials

नमक (NaCl), चीनी ($C_{12}H_{22}O_{11}$) तथा फिटकरी [$K_2SO_4 \cdot Al_2(SO_4)_3 \cdot 24\, H_2O$] के चूर्ण के नमूने, आसुत जल, परखनली, ड्रॉपर, परखनली स्टैण्ड, चम्मच तथा काँच की छड़।

सिद्धान्त Principle

दो या दो से अधिक पदार्थों का समांगी मिश्रण विलयन कहलाता है। विलयन में जो घटक अधिक मात्रा में होता है, वह **विलायक** तथा जो कम मात्रा में होता है, वह **विलेय** कहलाता है। वह विलयन जिसमें विलेय के कण इतने अधिक सूक्ष्म विभाजित हो जाते हैं, कि उन्हें एक शक्तिशाली सूक्ष्मदर्शी से देखना भी संभव नहीं होता, **वास्तविक विलयन** (Real solution) कहलाता है। वास्तविक विलयन में कणों का आकार 10^{-7} सेमी से कम होता है।

कार्यविधि Procedure

1. **नमक का वास्तविक विलयन बनाना**
   - एक साफ परखनली लें।
   - इसमें ड्रॉपर की सहायता से 30 मिली आसुत जल डालें।
   - अब इसमें चम्मच की सहायता से लगभग 1 ग्राम नमक डालें।
   - इस मिश्रण को काँच की छड़ से थोड़े समय तक मिलाएँ।
   - इस परखनली को 5-6 मिनट तक स्टैण्ड में रखें। इस समयान्तराल में इस मिश्रण को न हिलाएँ।
   - विलयन को प्रेक्षित करें।
   - विलयन को छानें।

नमक का वास्तविक विलयन बनाने की क्रिया निम्न चित्र में प्रदर्शित है

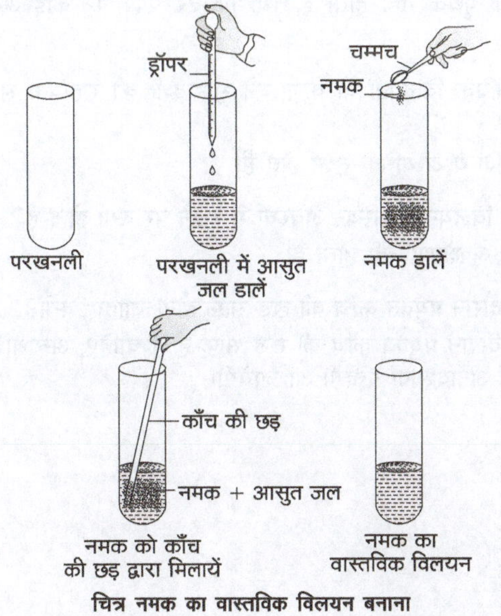

चित्र नमक का वास्तविक विलयन बनाना

2. **चीनी का वास्तविक विलयन बनाना**
   - एक साफ परखनली लें।
   - इसमें ड्रॉपर की सहायता से 30 मिली आसुत जल डालें।
   - अब इसमें चम्मच की सहायता से लगभग 1 ग्राम चीनी डालें।
   - इस मिश्रण को काँच की छड़ से थोड़े समय तक मिलायें।
   - इस परखनली को 5-6 मिनट तक स्टैण्ड में रखें। इस समयान्तराल में इस मिश्रण को न हिलायें।
   - विलयन को प्रेक्षित करें।
   - विलयन को छानें।

चीनी का वास्तविक विलयन बनाने की क्रिया निम्न चित्र में प्रदर्शित है

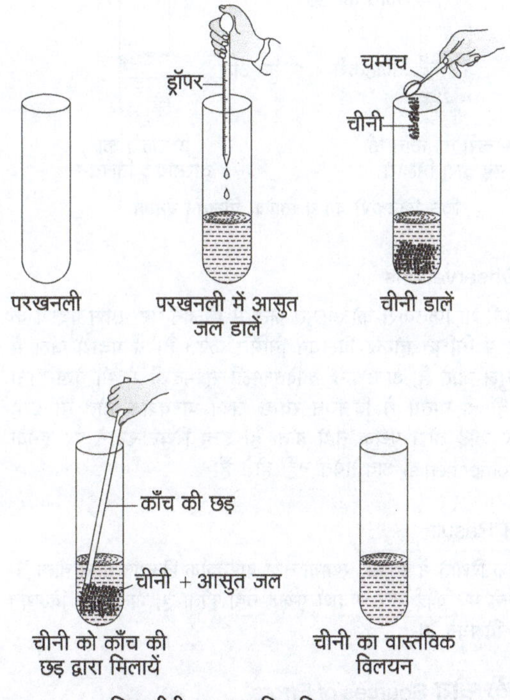

चित्र चीनी का वास्तविक विलयन बनाना

3. **फिटकरी का वास्तविक विलयन बनाना**
   - एक साफ परखनली लें।
   - इसमें ड्रॉपर की सहायता से 30 मिली आसुत जल डालें।
   - अब इसमें चम्मच की सहायता से लगभग 1 ग्राम फिटकरी का चूर्ण डालें।
   - इस मिश्रण को काँच की छड़ से थोड़े समय तक मिलायें।
   - इस परखनली को 5-6 मिनट तक स्टैण्ड में रखें। इस समयान्तराल में इस मिश्रण को न हिलायें।
   - विलयन को प्रेक्षित करें।
   - विलयन को छानें।

फिटकरी का वास्तविक विलयन बनाने की क्रिया निम्न चित्र में प्रदर्शित है

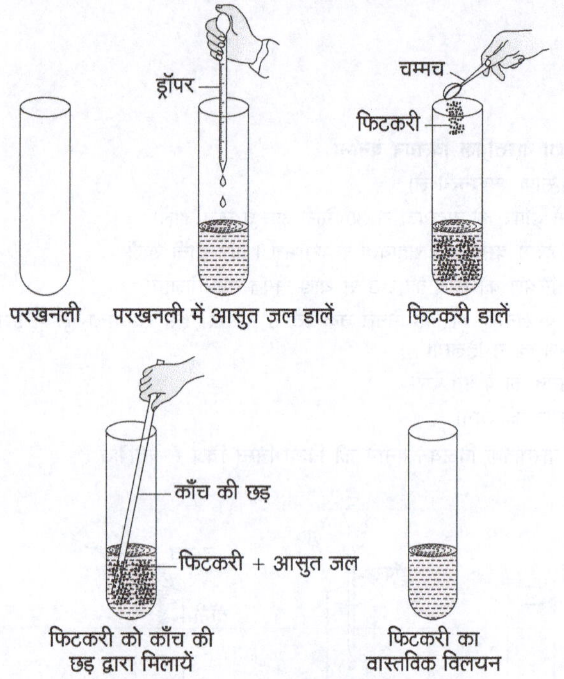

चित्र फिटकरी का वास्तविक विलयन बनाना

प्रेक्षण Observations

नमक, चीनी या फिटकरी को आसुत जल में मिलाने पर, ठोस पदार्थ के कण जल में मिश्रित होकर विलयन निर्मित करते हैं। ये पदार्थ जल में पूर्णतया घुल जाते हैं, अतः इन्हें शक्तिशाली सूक्ष्मदर्शी से भी देख पाना सम्भव नहीं हो पाता। ये विलयन स्वच्छ तथा पारदर्शक होते हैं। इन्हें छानने पर कोई ठोस पृथक् नहीं होता है। इन्हें स्थिर रखने पर इनके घटक (Components) अवक्षेपित नहीं होते हैं।

परिणाम Result

चूँकि प्रत्येक स्थिति में स्वच्छ, स्थायी तथा पारदर्शक विलयन प्राप्त होता है, जिसे छानने पर कोई ठोस पदार्थ पृथक् नहीं होता है, अतः यह विलयन वास्तविक विलयन है।

त्रुटियों के स्रोत Sources of Errors

1. विलयन बनाते समय आसुत जल प्रयुक्त करना चाहिए अन्यथा त्रुटि की सम्भावना होती है।
2. प्रयुक्त पदार्थ जैसे–नमक, चीनी, फिटकरी शुद्ध होने चाहिए अन्यथा त्रुटि की सम्भावना होती है।

सावधानियाँ Precautions

1. विलयन बनाते समय विलेय पदार्थों को उचित मात्रा में मिलाना चाहिए।
2. परखनली के जल में डाले गए विलेय को काँच की छड़ के द्वारा अच्छी तरह से हिलाना चाहिए।
3. परखनली को परखनली होल्डर द्वारा कम दाब से पकड़ना चाहिए अन्यथा परखनली टूट सकती है।
4. बीकर में जल को उचित मात्रा में लेना चाहिए।

मौखिक प्रश्न

1. वास्तविक विलयन क्या होते हैं?
उत्तर दो या दो से अधिक पदार्थों का समांगी मिश्रण वास्तविक विलयन कहलाता है।

2. वास्तविक विलयनों के अवयवों के नाम बताइए।
उत्तर विलेय तथा विलायक।

3. वास्तविक विलयन के निर्माण में कैसा जल उपयोग में लेना चाहिए?
उत्तर आसुत जल।

4. चीनी के वास्तविक विलयन में विलेय तथा विलायक पदार्थों के नाम बताइए।
उत्तर विलेय-चीनी, विलायक-जल।

5. वास्तविक विलयन की प्रकृति कैसी होती है?
उत्तर स्वच्छ एवं पारदर्शक।

6. वास्तविक विलयन के कणों का आकार कितना होता है?
उत्तर 10^{-7} सेमी से कम।

7. शक्कर को जल में घोलने पर किस प्रकार का विलयन प्राप्त होता है?
उत्तर वास्तविक विलयन।

8. वास्तविक विलयन को फिल्टर पेपर से छानने पर क्या होता है?
उत्तर कोई घटक पृथक् नहीं होता है तथा फिल्टर पेपर पर कोई अवशेष नहीं बचता है।

9. क्या वास्तविक विलयनों के कणों को सूक्ष्मदर्शी की सहायता से देखा जा सकता है?
उत्तर नहीं, क्योंकि ये अत्यधिक सूक्ष्म होते हैं।

10. वास्तविक विलयन को स्थिर अवस्था में रखने पर क्या होता है?
उत्तर घटकों का अवक्षेपण नहीं होता है।

11. प्रयोग के दौरान प्रयुक्त काँच की छड़ साफ होनी चाहिए, क्यों?
उत्तर प्रयोग के दौरान प्रयुक्त काँच की छड़ साफ होनी चाहिए, अन्यथा वास्तविक विलयन में अनावश्यक गन्दगी आ जायेगी।

प्रयोग 1 (b)

उद्देश्य Aim

मिट्टी, खड़िया और महीन बालू का जल में निलम्बन तैयार करना।

आवश्यक सामग्री Required Materials

मिट्टी, खड़िया और महीन बालू के चूर्ण के नमूने, आसुत जल, परखनली, ड्रॉपर, परखनली स्टैण्ड, चम्मच तथा काँच की छड़।

सिद्धान्त Principle

निलम्बन भी विलयन का एक प्रकार है। यह विषमांगी होता है अर्थात् इसमें विलेय के कण पूर्णतया विलेय नहीं होते हैं और इनका आकार इतना बड़ा (10^{-5} सेमी या इससे अधिक) होता है, कि इन्हें नग्न आँखों अथवा सूक्ष्मदर्शी द्वारा देखा जा सकता है। इन्हें स्थिर रखने पर विलेय के कण तली में बैठ जाते हैं।

कार्यविधि Procedure

1. **मिट्टी का निलम्बन तैयार करना**
   - एक साफ परखनली लें।
   - इसमें ड्रॉपर की सहायता से 30 मिली आसुत जल डालें।
   - अब इसमें चम्मच की सहायता से लगभग 1 ग्राम मिट्टी डालें।
   - इस मिश्रण को काँच की छड़ से थोड़े समय तक मिलायें।
   - विलयन को प्रेक्षित करें।
   - इस परखनली को 5-6 मिनट तक स्टैण्ड में रखें। इस समयान्तराल में इस मिश्रण को न हिलायें।
   - विलयन को छानें।

मिट्टी का निलम्बन बनाने की क्रिया निम्न चित्र में प्रदर्शित हैं

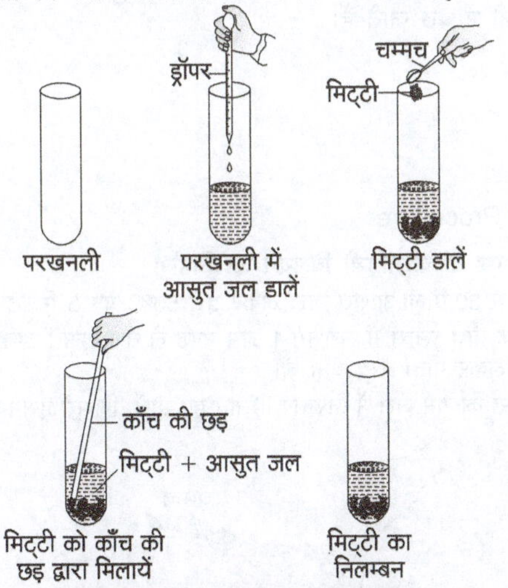

चित्र मिट्टी का निलम्बन तैयार करना

2. **खड़िया का निलम्बन तैयार करना**
   - एक साफ परखनली लें।
   - इसमें ड्रॉपर की सहायता से 30 मिली आसुत जल डालें।
   - अब इसमें चम्मच की सहायता से लगभग 1 ग्राम खड़िया डालें।
   - इस मिश्रण को काँच की छड़ से थोड़े समय तक मिलायें।
   - विलयन को प्रेक्षित करें।
   - इस परखनली को 5-6 मिनट तक स्टैण्ड में रखें। इस समयान्तराल में इस मिश्रण को न हिलायें।
   - विलयन को छानें।

खड़िया का निलम्बन बनाने की क्रिया निम्न चित्र में प्रदर्शित है

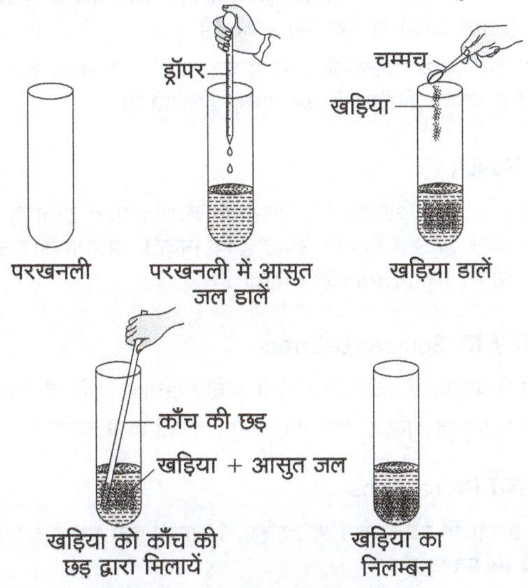

चित्र खड़िया का निलम्बन तैयार करना

3. **महीन बालू का निलम्बन तैयार करना**
   - एक साफ परखनली लें।
   - इसमें ड्रॉपर की सहायता से 30 मिली आसुत जल डालें।
   - अब इसमें चम्मच की सहायता से लगभग 1 ग्राम महीन बालू डालें।
   - इस मिश्रण को काँच की छड़ से थोड़े समय तक मिलायें।
   - विलयन को प्रेक्षित करें।
   - इस परखनली को 5-6 मिनट तक स्टैण्ड में रखें। इस समयान्तराल में इस मिश्रण को न हिलायें।
   - विलयन को छानें।

महीन बालू का निलम्बन बनाने की क्रिया निम्न चित्र में प्रदर्शित है

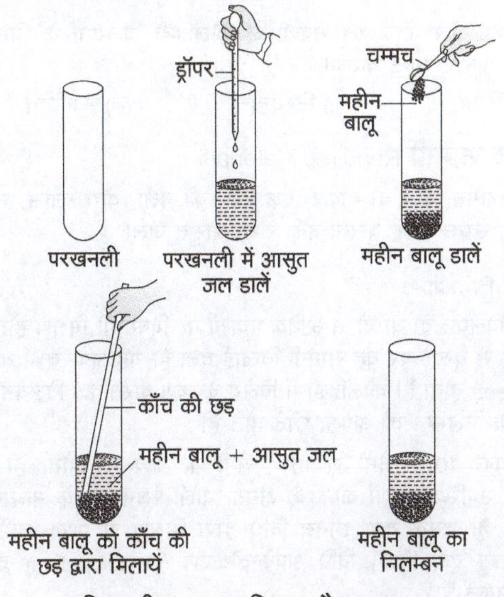

चित्र महीन बालू का निलम्बन तैयार करना

प्रेक्षण Observations

मिट्टी, खड़िया या महीन बालू को आसुत जल में मिलाकर हिलाने पर ठोस पदार्थ के कण जल में मिश्रित होकर अपारदर्शी विलयन तैयार करते हैं। काँच की छड़ से हिलाने पर ये जल में मिश्रित हो जाते हैं, परन्तु जल में घुलते नहीं हैं, इसलिए इन्हें नग्न आँखों से देखा जा सकता है।

स्थिर छोड़ देने पर ये बीकर की तली में बैठ जाते हैं। विलयन को छानने पर उसमें से ठोस पदार्थ (विलेय) के कण पृथक् हो जाते हैं।

परिणाम Result

चूँकि प्रत्येक स्थिति में अपारदर्शक, अस्थायी विलयन प्राप्त होता है तथा ऐसे विलयन निलम्बन कहलाते हैं। अतः स्पष्ट है कि मिट्टी, खड़िया और महीन बालू को जल में घोलने पर निलम्बन प्राप्त होता है।

त्रुटियों के स्रोत Sources of Errors

1. प्रयोग में प्रयुक्त मिट्टी स्वच्छ होनी चाहिए अन्यथा त्रुटि हो सकती है।
2. प्रयोग में प्रयुक्त खड़िया तथा बालू महीन चूर्णित होनी चाहिए।

सावधानियाँ Precautions

1. बालू अथवा मिट्टी ऐसी होनी चाहिए, जिसमें किसी प्रकार का कोई अन्य पदार्थ मिश्रित न हो।
2. प्रयोग में प्रयुक्त विभिन्न उपकरण साफ होने चाहिए।
3. स्थायित्व परीक्षण (Stability test) के दौरान विलयनों को हिलाना नहीं चाहिए।
4. विलयन को छानते समय छनित्र पेपर को मोड़कर उचित प्रकार से कीप में लगाना चाहिए।

मौखिक प्रश्न

1. निलम्बन से क्या अभिप्राय है?
उत्तर निलम्बन एक प्रकार का विषमांगी विलयन है, जिसमें विलेय के कणों का आकार अत्यधिक बड़ा होता है।

2. निलम्बन के कणों का आकार कितना होता है?
उत्तर 10^{-5} सेमी या इससे अधिक।

3. निलम्बन में उपस्थित कणों को किस प्रकार देखा जा सकता है?
उत्तर नग्न आँखों अथवा सूक्ष्मदर्शी द्वारा देख सकते हैं।

4. मिट्टी को जल में मिलाने पर किस प्रकार का विलयन प्राप्त होता है?
उत्तर मिट्टी को जल में मिलाने पर निलम्बन प्राप्त होता है।

5. क्या निलम्बन विलयन के आर-पार देखा जा सकता है?
उत्तर नहीं, क्योंकि यह पारदर्शक नहीं होता है।

6. प्रयोग के पश्चात् निर्मित खड़िया का निलम्बन कैसा होता है?
उत्तर विषमांगी तथा अपारदर्शी।

7. निलम्बन के अवयवों को किस प्रकार पृथक् किया जा सकता है?
उत्तर फिल्टर पेपर से छानकर।

8. निलम्बन को फिल्टर पेपर से छानने पर फिल्टर पेपर पर क्या शेष रहता है?
उत्तर अवशेष के रूप में विलेय।

9. निलम्बन को स्थिर अवस्था में रखने पर क्या होता है?
उत्तर निलम्बन को स्थिर अवस्था में रखने पर गुरुत्व के कारण कण नीचे तली में बैठ जाते हैं।

प्रयोग 1 (c)

उद्देश्य Aim

जल में मण्ड और अण्डे की सफेदी के कोलॉइडी विलयनों के निम्न गुणों के आधार पर अन्तर स्पष्ट करना।

(i) पारदर्शिता (ii) निस्यन्दन (iii) स्थायित्व

आवश्यक सामग्री Required Materials

100 मिली क्षमता वाले दो बीकर, एक काँच की नली, वॉच ग्लास, मण्ड, अण्डे की सफेदी, स्वच्छ जल, बुन्सन बर्नर तथा आसुत जल।

सिद्धान्त Principle

कोलॉइडी विलयन दो या दो से अधिक पदार्थों का विषमांगी मिश्रण होता है, जिसे नग्न आँखों से देखने पर वह समांगी दिखाई देता है। यह अपारदर्शी या पारभासी (Translucent) होता है। कोलॉइडों में विलेय के कण वास्तविक विलयन की अपेक्षा बड़े, जबकि निलम्बन की अपेक्षा छोटे होते हैं।

इनका आकार 10^{-4} सेमी से 10^{-7} सेमी के मध्य का होता है। कोलॉइडी विलयन में उपस्थित कणों को उच्च क्षमता वाली सूक्ष्मदर्शी के माध्यम से देखा जा सकता है। इसके कण छनित्र विधि द्वारा मिश्रण से पृथक् नहीं किये जा सकते, परन्तु एक विशेष विधि अपकेन्द्रीकरण (Centrifugation) द्वारा पृथक् किये जा सकते हैं।

कार्यविधि Procedure

1. **जल में मण्ड के कोलॉइडी विलयन का निर्माण**
   - बीकर में 30 मिली आसुत जल लेकर इसे 50°C पर 5 मिनट तक गर्म करें।
   - अब एक वॉच ग्लास में लगभग 1 ग्राम मण्ड लें तथा इसमें ठण्डे जल की कुछ बूँदें डालकर गाढ़ा पेस्ट बना लें।
   - इस पेस्ट को गर्म जल में निरन्तर हिलाते हुए डालें, जिससे इसमें गाठें ना पड़ें।

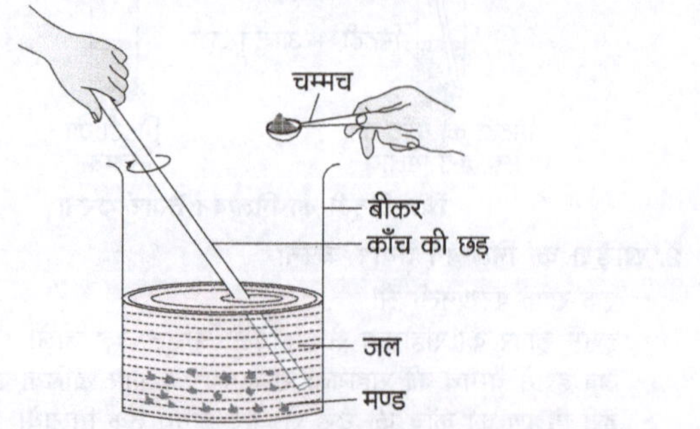

चित्र जल में मण्ड के कोलॉइडी विलयन का निर्माण

   - इसे लगातार काँच की छड़ से तब तक हिलाते रहें, जब तक कि मण्ड का गाढ़ा पेस्ट पूर्णतया विलेय न हो जाए।

- अब इस मिश्रण को 10 मिनट तक गर्म करें।
- यदि इसमें निलम्बन के कण (बड़े आकार के कण) उपस्थित हों, तो उन्हें छानकर अलग कर लें।
- इस बीकर को 5-6 मिनट तक स्टैण्ड पर रखें। इस समयान्तराल में इस मिश्रण को न हिलायें।
- इस विलयन के आर-पार देखने का प्रयास करें।
- इसे पुनः छनित्र पेपर की सहायता से छानें।

2. **जल में अण्डे की सफेदी के कोलॉइडी विलयन का निर्माण**
- बीकर में 30 मिली आसुत जल लेकर इसे 35°C पर गर्म करें।
- अण्डे की सफेदी अलग कर लें।
- अण्डे की सफेदी के थोड़े-से भाग को गर्म जल में डालें।
- चम्मच की सहायता से, मिश्रण में थोड़ी अण्डे की सफेदी और मिलायें।
- इसे लगातार हिलाते रहें।
- इस विलयन को 5 मिनट के लिए ऐसे ही छोड़ दें।
- अब अविलेय अण्डे की सफेदी को छानकर अलग कर लें।
- इस बीकर को 5-6 मिनट तक स्टैण्ड पर रखें। इस समयान्तराल में इस मिश्रण को न हिलायें।
- इस मिश्रण के आर-पार देखने का प्रयास करें।
- इसे पुनः छनित्र पेपर की सहायता से छानें।

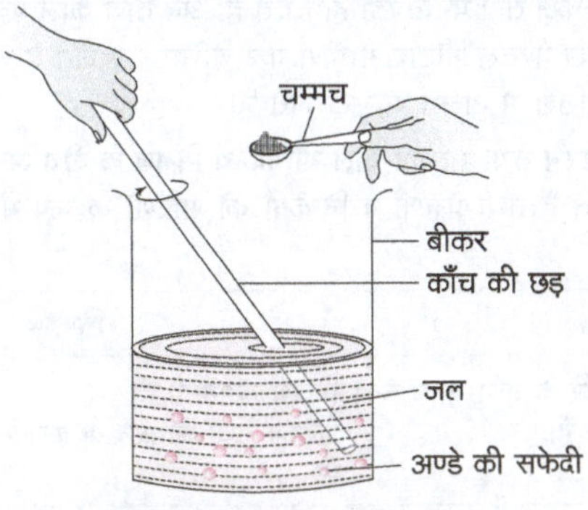

चित्र जल में अण्डे की सफेदी का कोलॉइडी विलयन तैयार करना

प्रेक्षण Observations

गुण	प्रेक्षण	
	मण्ड का विलयन	अण्डे की सफेदी का विलयन
पारदर्शिता	अपारदर्शी	अपारदर्शी
निस्पन्दन	कोई अवशेष नहीं	कोई अवशेष नहीं
स्थायित्व	स्थायी	स्थायी

परिणाम Result

मण्ड तथा अण्डे की सफेदी का कोलॉइडी विलयन दिये गये गुणों में समानता दर्शाता है।

त्रुटियों के स्रोत Sources of Errors

1. प्रयोग के लिए प्रयुक्त स्टार्च तथा अण्डे की सफेदी की मात्रा उचित होनी चाहिए अन्यथा त्रुटि हो सकती है।
2. विलयन को भली प्रकार मिलाना चाहिए अन्यथा त्रुटि हो सकती है।

सावधानियाँ Precautions

1. काँच की छड़ छोर से चिकनी होनी चाहिए।
2. विलेय को सावधानीपूर्वक जल में मिलाना चाहिए।
3. काँच की छड़ स्वच्छ होनी चाहिए।
4. प्रयोग से पूर्व कोलॉइडी विलयन को ठण्डा कर लेना चाहिए।
5. अण्डे की सफेदी को सावधानीपूर्वक पृथक् करना चाहिए।

मौखिक प्रश्न

1. अण्डे की सफेदी को जल में मिलाने पर जो विलयन प्राप्त होता है, उसे क्या कहते हैं?

उत्तर कोलॉइडी विलयन।

2. कोलॉइडी विलयन से क्या अभिप्राय है?

उत्तर दो या दो से अधिक पदार्थों का विषमांगी मिश्रण जो नग्न आँखों से देखने पर समांगी प्रतीत होता है, कोलॉइडी विलयन कहलाता है।

3. कोलॉइडी कणों का आकार कितना होता है?

उत्तर कोलॉइडी कणों का आकार 10^{-4} सेमी से 10^{-7} सेमी के मध्य होता है।

4. कोलॉइडी विलयन को स्थिर अवस्था में रखने पर क्या होता है?

उत्तर कुछ समय पश्चात् विलेय के कण तली में अवक्षेपित नहीं होते हैं।

5. कोलॉइडी विलयन को छनित्र पेपर द्वारा छानने पर प्राप्त छनित्र कैसा होता है?

उत्तर कोलॉइडी विलयन को छनित्र पेपर द्वारा छानने पर पारभासी विलयन प्राप्त होता है।

6. कोलॉइडी विलयन के अवयवों को किस प्रकार पृथक् किया जा सकता है?

उत्तर अपकेन्द्रीकरण द्वारा।

7. कोलॉइडी विलयन के निर्माण के समय अण्डे के कौन-से भाग को प्रयुक्त करते हैं?

उत्तर अण्डे के सफेद द्रव वाले भाग को।

8. अण्डे की सफेदी को बीकर में अच्छी तरह से क्यों हिलाते हैं?

उत्तर जिससे विलयन में गाठें न हो जायें।

9. अण्डे की सफेदी को आसुत जल में मिलाने पर किस प्रकार का विलयन प्राप्त होता है?

उत्तर पारभासी विलयन।

10. कोलॉइडी विलयन में उपस्थित कणों को किसके माध्यम से देखा जा सकता है?

उत्तर उच्च क्षमता वाले सूक्ष्मदर्शी के माध्यम से।

प्रयोग 2

उद्देश्य Aim

मिश्रण व यौगिक को आयरन कतरन तथा सल्फर चूर्ण के प्रयोग से बनाना तथा उनमें निम्न के आधार पर अन्तर कीजिए

(a) रूप अर्थात् एकरूपता तथा विषमरूपता

(b) चुम्बक के प्रति व्यवहार

(c) कार्बन डाइसल्फाइड के प्रति विलायक के रूप में व्यवहार

(d) ऊष्मा का प्रभाव

आवश्यक सामग्री Required Materials

चाइना डिश, पेट्रीडिश, पेस्टल-मोर्टर, वॉच ग्लास, परखनलियाँ, काँच की छड़, बुन्सेन बर्नर, आवर्धक लेन्स, छड़ चुम्बक, कीप, फिल्टर पेपर, आयरन कतरन (10 ग्राम), सल्फर (5 ग्राम), कार्बन डाइसल्फाइड (5 मिली), तनु हाइड्रोक्लोरिक अम्ल या तनु सल्फ्यूरिक अम्ल।

सिद्धान्त Principle

किसी अनुपात में दो या दो से अधिक पदार्थों को मिलाकर मिश्रण बनाते हैं। एक निश्चित अनुपात में दो या अधिक तत्वों के रासायनिक संयोग से एक यौगिक प्राप्त होता है। मिश्रण तथा यौगिक उनके रूप, संगठन, चुम्बक के प्रति व्यवहार, विलेयता तथा तनु अम्लों के प्रति व्यवहार में भिन्नता दर्शाता है। यौगिक के घटकों को भौतिक प्रक्रमों द्वारा पृथक नहीं किया जा सकता है, जबकि मिश्रण के घटकों को भौतिक रूप से पृथक् किया जा सकता है।

कार्यविधि Procedure

1. **आयरन कतरन तथा सल्फर चूर्ण का एक मिश्रण बनाना** पेस्टल मॉर्टार में थोड़ी-सी मात्रा में आयरन कतरन तथा सल्फर लेते हैं, इन्हें पूर्णतया चूर्णित कर लेते हैं। इस प्रकार प्राप्त चूर्ण आयरन तथा सल्फर का मिश्रण होता है। इसे अलग से पेट्रीडिश में रख लेते हैं।
2. **आयरन की कतरन तथा सल्फर चूर्ण का निर्माण** 5.6 ग्राम आयरन कतरन तथा 3.2 ग्राम सल्फर को पेस्टल मॉर्टर में लेते हैं तथा दोनों घटकों को एक साथ चूर्णित करते हैं। इस मिश्रण को चायना डिश में स्थानान्तरित कर देते हैं। चायना डिश को निम्न ज्वाला पर अभिक्रिया प्रारम्भ होने तक गर्म करते हैं। गर्म करते समय अभिक्रिया मिश्रण को हिलाते रहते हैं।

$$\underset{\text{आयरन}}{Fe(s)} + \underset{\text{सल्फर}}{S(s)} \xrightarrow{\text{ऊष्मा}} \underset{\text{आयरन सल्फाइड}}{FeS}$$

जब अभिक्रिया पूर्ण हो जाती है तथा चायना डिश का सम्पूर्ण द्रव्यमान काला पड़ जाए, तब गर्म करना बन्द कर देते हैं।

इसे कक्ष ताप पर ठण्डा होने देते हैं। अब ठोस काले पदार्थ (द्रव्यमान) को स्वच्छ पेस्टल मॉर्टार में पीस कर चूर्णित कर लेते हैं तथा इसे एक अन्य पेट्रीडिश में अलग से रख लेते हैं।

3. **आयरन तथा सल्फर वाले यौगिक व मिश्रण के बीच अन्तर** इस प्रयोग को करते हैं तथा प्रेक्षणों व निष्कर्षों को सारणी के रूप में रिकॉर्ड करते हैं।

परीक्षण/गुण	प्रयोग	प्रेक्षण	निष्कर्ष
रूप	वॉच ग्लास में बने मिश्रण की थोड़ी-सी मात्रा लेते हैं। सर्वप्रथम इसे नग्न नेत्रों से एवं बाद में आवर्धक लेन्स से देखते हैं।	आयरन कतरन तथा सल्फर के कण, नग्न नेत्रों द्वारा भी स्पष्ट दिखाई देते हैं।	मिश्रण विषमांगी है। सल्फर तथा आयरन के कण स्पष्ट दिखाई देते हैं।
	वॉच ग्लास पर आयरन तथा सल्फर यौगिक की थोड़ी सी मात्रा लेते हैं। इसे पहले नग्न नेत्रों से, बाद में आवर्धक लेन्स से देखते हैं।	सम्पूर्ण द्रव्यमान समान रंग का दिखाई देता है।	यौगिक समांगी है। यौगिक के सभी कण काले रंग के तथा समान वितरित होते हैं।
चुम्बक के प्रति व्यवहार	छड़ चुम्बक को आयरन तथा सल्फर के मिश्रण के ऊपर घुमाते हैं।	आयरन कण चुम्बक की ओर आकर्षित हो जाते हैं तथा सल्फर शेष रह जाती है।	मिश्रण के घटकों को साधारण भौतिक विधियों द्वारा पृथक् किया जा सकता है।
	छड़ चुम्बक को आयरन तथा सल्फर से निर्मित यौगिक के ऊपर से घुमाते हैं।	यौगिक के काले रंग के कण चुम्बक द्वारा आकर्षित नहीं होते हैं।	
कार्बन डाइसल्फाइड	एक परखनली में सल्फर तथा आयरन की थोड़ी-सी मात्रा लेते हैं, इसमें 1.2 मिली कार्बन डाइसल्फाइड मिलाते हैं। इसे अच्छी तरह से हिलाकर छान लेते हैं। छनित्र को चाइना डिश में एकत्रित कर लेते हैं। कार्बन डाइसल्फाइड को वाष्पित हो जाने दें।	कार्बन डाइसल्फाइड सल्फर कणों को घोल देती है तथा आयरन के कण शेष रह जाते हैं। कार्बन डाइसल्फाइड के वाष्पित हो जाने पर चाइना डिश पर सल्फर के पीले क्रिस्टल दिखाई देते हैं।	मिश्रण में, प्रत्येक घटक के अपने गुण रहते हैं। सल्फर, कार्बन डाइसल्फाइड में विलेय परन्तु आयरन विलेय नहीं होता हैं।
	आयरन तथा सल्फर यौगिक की थोड़ी-सी मात्रा परखनली में लेते हैं। इसमें 1.2 मिली कार्बन डाइसल्फाइड मिलाते हैं तथा अच्छी तरह से हिलाते हैं।	आयरन तथा सल्फर के यौगिक कार्बन डाइसल्फाइड में नहीं घुलते हैं।	यौगिक में घटक अपने अभिलाक्षणिक गुणों को खो देते हैं तथा यौगिक एक साथ संयोग को दर्शाते हैं।

परीक्षण/गुण	प्रयोग	प्रेक्षण	निष्कर्ष
ताप का प्रभाव	निर्मित मिश्रण की थोड़ी-सी मात्रा को परखनली में लेकर इसे गर्म करते हैं।	उच्च ताप पर आयरन तथा सल्फर क्रिया करके काला पदार्थ बनाते हैं, जो आयरन तथा सल्फर के गुणों को प्रदर्शित नहीं करता है।	मिश्रण के घटक आयरन तथा सल्फर गर्म करने पर क्रिया करके यौगिक देते हैं, जिसे आयरन सल्फाइड कहते हैं।
	निर्मित यौगिक की थोड़ी-सी मात्रा परखनली में लेकर, इसे गर्म करते हैं।	कोई अभिक्रिया नहीं होती है। पदार्थ प्रबल रूप से गर्म करने पर चमकने लगता है तथा ठण्डा करने पर यह पुनः वास्तविक रंग में बदल जाता है।	आयरन सल्फाइड यौगिक गर्म करने पर रासायनिक रूप से अपरिवर्तित रहता है।
तनु सल्फ्यूरिक (H_2SO_4) अम्ल के साथ अभिक्रिया	मिश्रण की थोड़ी-सी मात्रा को परखनली में लेकर 1-2 मिली तनु H_2SO_4 को मिलाकर इसे गर्म करते हैं।	रंगहीन तथा गंधहीन गैस के बुलबुले निकलते हैं। गैस नीली ज्वाला व पॉप ध्वनि के साथ जलती है। पीला चूर्ण (सल्फर) अन-अभिकृत रहती है।	आयरन तनु H_2SO_4 के साथ क्रिया करके हाइड्रोजन गैस मुक्त करता है। $2Fe(s) + 3H_2SO_4(aq) \longrightarrow Fe_2(SO_4)_3(aq) + 3H_2(g)$
	यौगिक की थोड़ी-सी मात्रा परखनली में लेते हैं तथा 1-2 मिली तनु H_2SO_4 मिलाते है।	अण्डे के समान गन्ध वाली गैस मुक्त होती है।	मुक्त गैस हाइड्रोजन सल्फाइड है। $2FeS(s) + H_2SO_4(aq) \longrightarrow 2FeSO_4(aq) + H_2S(g)$

परिणाम Result

(i) एक मिश्रण जब बनता है, तब भिन्न घटकों को किसी भी अनुपात में मिलाया जाता है।

(ii) एक रासायनिक यौगिक जब बनता, तब केवल आवश्यक घटक रासायनिक रूप से परस्पर क्रिया करते हैं।

(iii) मिश्रण के प्रत्येक घटक मिश्रण में उसके गुणों को रखते हैं।

(iv) यौगिक के गुण उसके घटकों के गुणों से भिन्न होते हैं।

त्रुटियों के स्रोत Sources of Errors

(i) प्रयोग के समय प्रयुक्त CS_2 शुद्ध होना चाहिए।

(ii) यौगिक में उसके अवयव उसी अनुपात में मिले होने चाहिए।

सावधानियाँ Precautions

1. लोहा और सल्फर के मिश्रण को गर्म करते समय ध्यान रखना चाहिए।
2. बर्नर के पास कार्बन डाइसल्फाइड को नहीं लाए। (कार्बन डाइसल्फाइड अस्थायी है एवं इसकी वाष्प आग पकड़ती है)।
3. निष्कासित गैसों को सीधे सूँघना नहीं चाहिए। उदाहरण- हाइड्रोजन सल्फाइड।

मौखिक प्रश्न

1. मिश्रण का संगठन कैसा होता है?

उत्तर मिश्रण का संगठन स्थिर नहीं होता है, यह भिन्न हो सकता है।

2. जब तनु H_2SO_4 को आयरन के बुरादे तथा सल्फर के मिश्रण में मिलाते हैं, तो क्या होता है?

उत्तर आयरन तनु H_2SO_4 के साथ क्रिया करके H_2 गैस तथा $Fe_2(SO_4)_3$ बनाता है, जो हल्के हरे रंग का होता है जबकि सल्फर क्रिया नहीं करता है।

$$\underset{\text{आयरन}}{2Fe(s)} + \underset{\text{सल्फ्यूरिक अम्ल (तनु)}}{3H_2SO_4(aq)} \longrightarrow \underset{\text{फेरिक सल्फेट}}{Fe_2(SO_4)_3(aq)} + 3H_2(g)$$

3. आयरन के बुरादे तथा सल्फर को एक साथ गर्म करने पर क्या बनता है?

उत्तर फेरस सल्फाइड।

4. छड़ चुम्बक को आयरन तथा सल्फर से निर्मित यौगिक के ऊपर से घुमाते हैं, तो क्या होता है?

उत्तर यौगिक के कण चुम्बक द्वारा आकर्षित नहीं होते हैं।

5. उपरोक्त प्रयोग में कार्बन डाइसल्फाइड के वाष्पित हो जाने पर चाइना डिश में क्या प्रकट होता है?

उत्तर सल्फर के पीले क्रिस्टल।

6. उच्च ताप पर आयरन तथा सल्फर क्रिया करके क्या बनाते हैं?

उत्तर काला पदार्थ।

7. आयरन सल्फाइड यौगिक पर ताप का क्या प्रभाव होता है?

उत्तर रासायनिक रूप से अपरिवर्तित।

8. सड़े अण्डे के समान गन्ध वाली गैस कौन-सी है?

उत्तर H_2S गैस।

प्रयोग 3

उद्देश्य Aim

निम्न अभिक्रियाओं को भौतिक एवं रासायनिक परिवर्तन के रूप में वर्गीकृत कीजिए

(i) आयरन के साथ कॉपर सल्फेट का जल में विलयन।
(ii) मैग्नीशियम तार का वायु में दहन।
(iii) जिंक के साथ तनु सल्फ्यूरिक अम्ल।
(iv) कॉपर सल्फेट क्रिस्टल को गर्म करने पर।
(v) सोडियम सल्फेट के साथ बेरियम क्लोराइड जल में उनके विलयन के रूप में।

आवश्यक सामग्री Required Materials

परखनलियाँ, परखनली होल्डर, परखनली स्टैण्ड, रेगमाल, चाइना डिश, कोनिकल फ्लास्क, बीकर ड्रॉपर, बुन्सेन बर्नर, आयरन कील, कॉपर सल्फेट विलयन, मैग्नीशियम रिबन, जिंक धातु, तनु सल्फ्यूरिक अम्ल, सोडियम सल्फेट विलयन, बेरियम क्लोराइड विलयन तथा जल, रेगमाल।

सिद्धान्त Principle

जब पदार्थ संयुक्त होता है, तो उसमें परिवर्तन होता है, इस परिवर्तन को दो भागों में बाँटा गया है

(i) **भौतिक परिवर्तन** (Physical change) ऐसे परिवर्तन, जिनमें वास्तविक घटकों के गुण परिवर्तित नहीं होते हैं तथा कोई नया पदार्थ या यौगिक नहीं बनता है, भौतिक परिवर्तन कहलाते हैं।

(ii) **रासायनिक परिवर्तन** (Chemical change) ऐसे परिवर्तन, जिनमें वास्तविक घटकों में परिवर्तन से नए पदार्थ या यौगिक का निर्माण होता है तथा जिसके गुण भिन्न होते हैं, रासायनिक परिवर्तन कहलाते हैं।

क्रियाविधि Procedure

(i) आयरन (कॉपर की अपेक्षा) अधिक सक्रिय धातु (या विद्युतीधनी धातु) है। जब आयरन को कॉपर सल्फेट के विलयन में रखा जाता है, तो कॉपर, कॉपर सल्फेट के विलयन से विस्थापित हो जाता है तथा विलयन का रंग नीले से हरा हो जाता है।

$$\underset{\text{आयरन (अधिक क्रियाशील धातु)}}{Fe(s)} + \underset{\text{कॉपर सल्फेट (नीला रंग)}}{CuSO_4(aq)} \longrightarrow \underset{\text{फेरस सल्फेट (हल्का हरा रंग)}}{FeSO_4(aq)} + \underset{\text{कॉपर विस्थापित धातु (कम सक्रिय)}}{Cu(s)}$$

इस अभिक्रिया में आयरन (Fe), Fe^{2+} में ऑक्सीकृत होता है तथा विलयन में कॉपर आयन (Cu^{2+}), कॉपर धातु (Cu) में अपचयित हो जाते हैं।

$$\underset{\text{कॉपर सल्फेट}}{CuSO_4(aq)} \longrightarrow \underset{\text{कॉपर आयन}}{Cu^{2+}(aq)} + \underset{\text{सल्फेट आयन}}{SO_4^{2-}(aq)}$$

$$\underset{\text{आयरन धातु}}{Fe(s)} \longrightarrow \underset{\text{आयरन (II) आयन (विलयन में चला जाता है।)}}{Fe^{2+}(aq) + 2e^-} \text{ (ऑक्सीकरण)}$$

$$Cu^{2}+(aq) + 2e^- \longrightarrow Cu(s) \text{ (अपचयन)}$$

विलयन में कुल आयनिक अभिक्रिया

$$\underset{\text{आयरन धातु (स्लेटी)}}{Fe(s)} + \underset{\text{विलयन में कॉपर(II) (नीला)}}{Cu^{2+}(aq)} \longrightarrow \underset{\text{कॉपर धातु (लाल-भूरा)}}{Cu(s)} + \underset{\text{विलयन में आयरन (II) आयन (हल्का हरा)}}{Fe^{2+}(aq)}$$

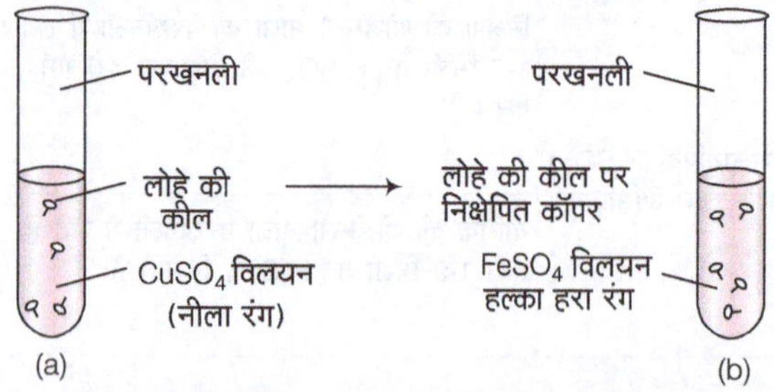

चित्र आयरन का कॉपर सल्फेट के साथ जल में विलयन

इस अभिक्रिया को ऑक्सीकरण अपचयन व विस्थापन अभिक्रिया के रूप में वर्गीकृत करते हैं।

(ii) मैग्नीशियम एक चाँदी के समान सफेद धातु है। मैग्नीशियम को जब वायु में जलाते हैं, तो मैग्नीशियम ऑक्साइड बनता है।

यह अभिक्रिया रासायनिक संयोग (या संश्लेषण अभिक्रिया) है, क्योंकि इस अभिक्रिया में दो तत्व संयोग करके यौगिक बनाते हैं।

$$\underset{\text{मैग्नीशियम}}{2Mg(s)} + \underset{\text{ऑक्सीजन}}{O_2(g)} \xrightarrow[\text{चमकीले सफेद प्रकाश के साथ जलती है।}]{\text{ऊष्मा}} \underset{\text{मैग्नीशियम ऑक्साइड (सफेद चूर्ण)}}{2MgO(s)}$$

मैग्नीशियम ऑक्साइड क्षारीय है तथा लाल लिटमस पेपर को नीला कर देता है।

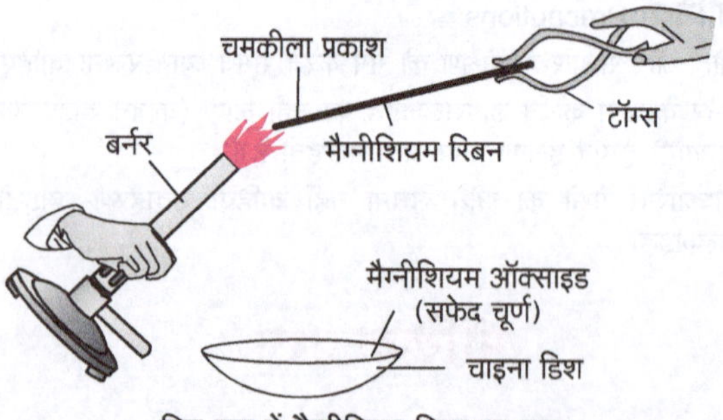

चित्र वायु में मैग्नीशियम रिबन का दहन

(iii) जिंक तनु सल्फ्यूरिक अम्ल के साथ क्रिया करने से जिंक सल्फेट तथा हाइड्रोजन गैस बनाता है।

$$\underset{\text{जिंक धातु}}{Zn(s)} + \underset{\text{तनु सल्फ्यूरिक अम्ल}}{H_2SO_4(aq)} \longrightarrow \underset{\text{जिंक सल्फेट}}{ZnSO_4(aq)} + \underset{\text{हाइड्रोजन गैस}}{H_2(g)}$$

इस अभिक्रिया में जिंक, अम्ल से हाइड्रोजन को विस्थापित कर देता है। इस अभिक्रिया को निम्न प्रकार समझाया जा सकता हैं

जिंक, हाइड्रोजन की तुलना में अधिक विद्युतधनी है, अतः जिंक (Zn) में जिंक आयन (Zn^{2+}) में ऑक्सीकृत होने की अधिक प्रवृत्ति होती है, इस प्रकार मुक्त इलेक्ट्रॉन अम्ल विलयन में उपस्थित H^+ आयनों के अपचयन में प्रयुक्त होते हैं।

इस प्रकार, जिंक के साथ अम्ल विलयन की अभिक्रिया निम्न प्रकार हैं

$$Zn(s) \longrightarrow Zn^{2+}(aq) + 2e^-$$ (Zn का ऑक्सीकरण)

$$2H^+(aq) + 2e^- \longrightarrow H_2(g)$$ (H^+ का अपचयन)

or $$Zn(s) + 2H^+(aq) \longrightarrow Zn^{2+}(aq) + H_2(g)$$

इस अभिक्रिया को विस्थापन अभिक्रिया तथा ऑक्सीकरण-अपचयन के रूप में वर्गीकृत किया जा सकता है।

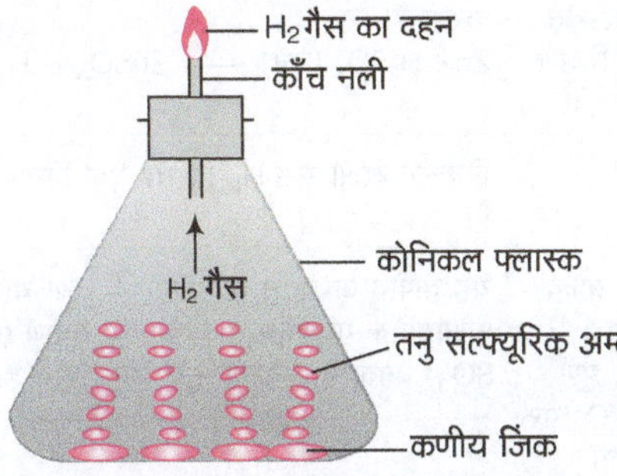

चित्र H_2SO_4 तनु के साथ कणीय जिंक

(iv) गर्म करने पर नीला कॉपर सल्फेट पेन्टाहाइड्रेट सफेद रंग में परिवर्तित हो जाता है।

$$\underset{\text{कॉपर सल्फेट पेन्टाहाइड्रेट (नीला)}}{CuSO_4 . 5H_2O} \xrightarrow{110°C} \underset{\text{कॉपर सल्फेट मोनोहाइड्रेट (सफेद)}}{CuSO_4 . H_2O} + \underset{\text{जल}}{4H_2O}$$

$$\underset{\text{कॉपर सल्फेट मोनोहाइड्रेट}}{CuSO_4 . H_2O} \xrightarrow{250°C} \underset{\text{कॉपर सल्फेट (सफेद)}}{CuSO_4} + \underset{\text{जल}}{H_2O}$$

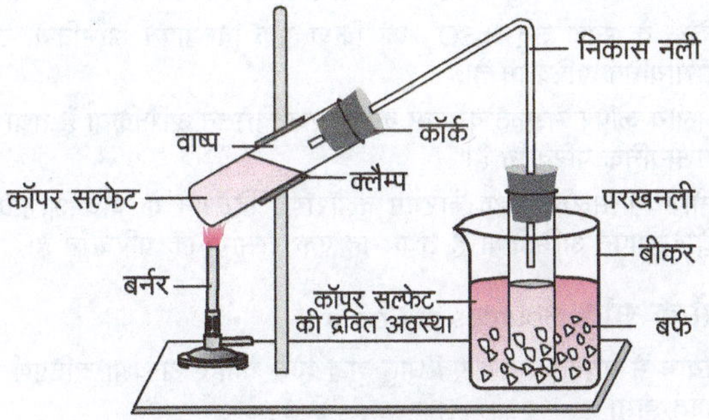

चित्र कॉपर सल्फेट पेन्टाहाइड्रेट क्रिस्टल को गर्म करने पर

$CuSO_4$ (720°C पर) को और अधिक गर्म करने पर यह काले CuO में परिवर्तित हो जाता है तथा SO_3 मुक्त होती है।

$$\underset{\text{कॉपर सल्फेट}}{CuSO_4} \xrightarrow{720°C} \underset{\text{कॉपर ऑक्साइड (काला)}}{CuO} + \underset{\text{सल्फर ट्राइऑक्साइड (गैस)}}{SO_3}$$

यह एक रासायनिक परिवर्तन है, जिसमें एक नया पदार्थ बनता है।

(v) सोडियम सल्फेट तथा बेरियम क्लोराइड दोनों आयनिक यौगिक है। जब ये जल में घुलते हैं, तो रंगहीन विलयन देते हैं, जिसमें उनके आयन होते हैं।

अर्थात् (जलीय विलयन) सोडियम सल्फेट मुक्त $Na^+(aq)$ तथा $SO_4^{2-}(aq)$ आयन देता है, जबकि जलीय विलयन बेरियम क्लोराइड $Ba^{2+}(aq)$ तथा $Cl^-(aq)$ आयन देता है, जब सोडियम सल्फेट तथा बेरियम क्लोराइड को मिलाया जाता है, तो निम्न अभिक्रिया प्राप्त होती है

$$\underset{\text{सोडियम सल्फेट}}{Na_2SO_4(aq)} + \underset{\text{बेरियम क्लोराइड}}{BaCl_2(aq)} \longrightarrow \underset{\text{बेरियम सल्फेट (सफेद अवक्षेप)}}{BaSO_4(s)} + \underset{\text{सोडियम क्लोराइड}}{2NaCl(aq)}$$

बेरियम सल्फेट सफेद अवक्षेप के रूप में दिखाई देता है। जबकि सोडियम क्लोराइड विलयन में $Na^+(aq)$ तथा $Cl^-(aq)$ के रूप में शेष रह जाता है। इस अभिक्रिया में सम्बन्धित आयन स्थानान्तरित होते हैं, अतः इस अभिक्रिया को द्विविस्थापन अभिक्रिया के रूप में वर्गीकृत किया गया।

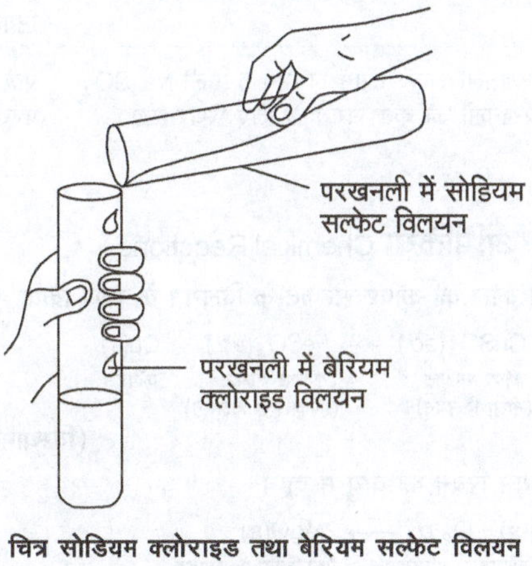

चित्र सोडियम क्लोराइड तथा बेरियम सल्फेट विलयन का बनना

प्रयोग	प्रेक्षण	निष्कर्ष
एक शुष्क व स्वच्छ परखनली में $CuSO_4$ का 10 मिली विलयन डालते हैं तथा परखनली को लगभग 10 मिनट के लिए स्थिर छोड़ देते हैं।	नीले रंग का विलयन हल्के हरे रंग का हो जाता है। आयरन कील लाल-भूरे अवक्षेप से ढक जाती है।	लोहे के कील की $CuSO_4$ विलयन से अभिक्रिया द्वारा $FeSO_4$ बनता है, जो हल्के हरे रंग का होता है तथा Cu स्वतन्त्र Cu बनता है, जो लोहे की कील पर ढक जाता है (लाल भूरे अवक्षेप के रूप में) यह विस्थापन अभिक्रिया है।
मैग्नीशियम रिबन (5 सेमी) को रेगमाल (सैण्ड पेपर) से साफ करते हैं तथा इसे चिमटे (टोंग) से पकड़ते हैं तथा इसके नीचे चाइना डिश रखते हैं, मैग्नीशियम रिबन को वायु में बर्नर की सहायता से जलाते हैं।	मैग्नीशियम रिबन गर्म करने पर आग पकड़ लेता है। यह चमकीली ज्वाला के साथ जलता है तथा सफेद चूर्ण बनाता है, यह तब तक गिरता है जब तक रिबन जलता है।	मैग्नीशियम O_2 के साथ चमकीली सफेद ज्वाला के साथ जलता है। यह एक नया रासायनिक यौगिक MgO बनता है, जो एक सफेद चूर्ण है, यह योगात्मक अभिक्रिया है।
(i) एक स्वच्छ एवं शुष्क कोनिकल फ्लास्क लें एवं इसमें चूर्णित जिंक के छोटे टुकड़े लें। इसमें 5 मिली के लगभग तनु H_2SO_4 डालें। फ्लास्क को 5 मिनट के लिए स्थिर रख दें।	बुदबुदाहट के साथ एक गैस निकलती है, कोनिकल फ्लास्क में रंगहीन बुलबुले दिखाई देते हैं। ऐसा प्रतीत होता है जैसे अभिक्रिया का मिश्रण उबल रहा है। तथा यह पदार्थ गर्म हो जाता है।	जिंक, तनु H_2SO_4 के साथ बुदबुदाहट के साथ क्रिया करता है। $Zn + H_2SO_4$ (तनु) $\longrightarrow ZnSO_4 + H_2$
(ii) कोनिकल फ्लास्क के मुख पर जलती हुई माचिस लेकर जाए।	गैस 'पॉप' की ध्वनि के साथ निकलती है।	निकलने वाली गैस H_2 है। यह एक विस्थापन अभिक्रिया है।
एक शुष्क परखनली में $CuSO_4.5H_2O$ लेते हैं तथा निकास नली को कॉर्क के साथ क्लैम्प की सहायता से लगाते हैं। अब चूर्णित बर्फ को बीकर में लेते हैं तथा निकास नली के अन्य सिरे को परखनली में लगाते हैं। सर्वप्रथम परखनली को धीरे-धीरे गर्म करते हैं तथा बाद में तीव्र गर्म करते हैं।	110°C पर गर्म करने पर $CuSO_4.5H_2O$ सफेद रंग, मैला सफेद रंग में बदल जाता है तथा 150°C पर गर्म करने पर यह मैला सफेद, पूर्ण सफेद रंग में बदल जाता है। अन्त में 250°C पर शुष्क कॉपर सल्फेट काले CuO में SO_3 गैस निकलने के साथ परिवर्तित हो जाती है।	यह तापीय अपघटन अभिक्रिया है तथा यह एक रासायनिक परिवर्तन है चूँकि नया पदार्थ (CaO तथा SO_3) बनता है, जिसके गुण भिन्न होते हैं।
एक स्वच्छ परखनली लेकर इसमें लगभग 5 मिली Na_2SO_4 मिलाते हैं। परखनली को कुछ समय के लिए स्थिर रख देते हैं।	एक सफेद अवक्षेप बनता है, जो धीरे-धीरे परखनली की तली में बैठ जाता है।	Na_2SO_4, $BaCl_2$ विलयन के साथ क्रिया करके अविलेय $BaSO_4$ बनता है। यह एक विस्थापन अभिक्रिया है।

रासायनिक अभिक्रिया Chemical Reactions

(i) लोहे की कील की कॉपर सल्फेट के विलयन के साथ क्रिया

$$\underset{\text{आयरन}}{Fe(s)} + \underset{\substack{\text{कॉपर सल्फेट} \\ \text{(नीला विलयन)}}}{CuSO_4(aq)} \longrightarrow \underset{\substack{\text{फेरस सल्फेट} \\ \text{(हल्का हरा विलयन)}}}{FeSO_4(aq)} + \underset{\text{कॉपर}}{Cu(s)}$$

(विस्थापन अभिक्रिया)

(ii) मैग्नीशियम रिबन का वायु में दहन

$$\underset{\text{मैग्नीशियम}}{2Mg(s)} + \underset{\text{ऑक्सीजन}}{O_2(g)} \longrightarrow \underset{\substack{\text{मैग्नीशियम ऑक्साइड} \\ \text{(सफेद पाउडर)}}}{2MgO(s)}$$

(योगात्मक अभिक्रिया)

(iii) जिंक की तनु सल्फ्यूरिक अम्ल के साथ क्रिया

$$\underset{\text{जिंक}}{Zn(s)} + \underset{\text{सल्फ्यूरिक अम्ल}}{(\text{तनु})\, H_2SO_4(aq)} \longrightarrow \underset{\text{जिंक सल्फेट}}{ZnSO_4(aq)} + \underset{\text{हाइड्रोजन}}{H_2(g)} \uparrow$$

(विस्थापन अभिक्रिया)

(iv) जलयोजित कॉपर सल्फेट को गर्म करना

$$\underset{\substack{\text{जलयोजित कॉपर} \\ \text{सल्फेट (नीला)}}}{CuSO_4.5H_2O} \xrightarrow{\text{ऊष्मा}} \underset{\substack{\text{शुष्क कॉपर सल्फेट} \\ \text{(सफेद)}}}{CuSO_4} + 5H_2O$$

(विघटन अभिक्रिया)

(v) सोडियम सल्फेट विलयन तथा बेरियम क्लोराइड विलयन की अभिक्रिया

$$\underset{\text{सोडियम सल्फेट}}{Na_2SO_4(aq)} + \underset{\text{बेरियम क्लोराइड}}{BaCl_2(aq)} \longrightarrow \underset{\text{बेरियम सफेद सल्फेट}}{BaCO_4(s)\downarrow} + \underset{\text{सोडियम क्लोराइड}}{2NaCl(aq)}$$

(द्विविस्थापन अभिक्रिया)

परिणाम Result

(i) आयरन की जलीय कॉपर सल्फेट विलयन के साथ क्रिया एक विस्थापन अभिक्रिया है।

(ii) मैग्नीशियम का वायु में दहन एक रासायनिक परिवर्तन है।

(iii) जिंक के साथ तनु H_2SO_4 की क्रिया एक विस्थापन अभिक्रिया तथा एक रासायनिक परिवर्तन है।

(iv) जलीय कॉपर सल्फेट को गर्म करना एक विघटन अभिक्रिया है तथा यह एक रासायनिक परिवर्तन है।

(v) सोडियम सल्फेट तथा बेरियम क्लोराइड विलयन के बीच अभिक्रिया एक द्विविस्थापन अभिक्रिया है तथा यह एक रासायनिक परिवर्तन है।

त्रुटियों के स्रोत Sources of Errors

(i) प्रयोग में प्रयुक्त लवण एवं धातु शुद्ध होने चाहिए अन्यथा त्रुटिपूर्ण परिणाम प्राप्त होंगे।

(ii) प्रयोग में प्रयुक्त लोहे की कील साफ होनी चाहिए।

सावधानियाँ Precautions

(i) हमेशा साफ एवं शुष्क परखनली लेनी चाहिए।

(ii) परखनली हमेशा परखनली होल्डर की सहायता से लौ के ऊपर रखनी चाहिए।

(iii) लौ के ऊपर मैग्नीशियम रिबन को चिमटे (टोंग) की सहायता से पकड़ना चाहिए।

(iv) रसायनों का अधिक उपयोग नहीं करना चाहिए।

(v) लोहे की कील तथा मैग्नीशियम रिबन को रेगमाल से रंगड़ कर साफ कर लेना चाहिए।

मौखिक प्रश्न

1. मैग्नीशियम के रिबन को रेगमाल से घिसनें अथवा रगड़ने पर उसके भौतिक एवं रासायनिक गुणों पर क्या प्रभाव होता है?

उत्तर दोनों में कोई प्रभाव नहीं होता है।

2. जिंक कणों के तनु HCl से क्रिया द्वारा कौन-सी गैस मुक्त होती है?

उत्तर हाइड्रोजन गैस (H_2)।

3. मैग्नीशियम के तार का वायु में दहन किस प्रकार का परिवर्तन है?

उत्तर रासायनिक परिवर्तन।

4. दहन से पूर्व मैग्नीशियम रिबन को रेगमाल से साफ करने का क्या कारण है?

उत्तर रगड़ने के कारण मैग्नीशियम की सतह पर उसके ऑक्साइड की परत हट जाती है तथा मैग्नीशियम वायु के सीधे सम्पर्क में आ जाता है।

5. कॉपर सल्फेट के क्रिस्टलों को गर्म करने पर क्या होता है?

उत्तर $$\underset{\substack{\text{जलीय कॉपर} \\ \text{(नीला)}}}{CuSO_4.5H_2O} \xrightarrow{\text{गर्म}} \underset{\substack{\text{शुष्क} \\ \text{कॉपर सल्फेट} \\ \text{(सफेद)}}}{CuSO_4} + \underset{\text{जल}}{5H_2O}$$

6. बेरियम क्लोराइड तथा सोडियम सल्फेट को मिलाने पर किसका अवक्षेप प्राप्त होता है?

उत्तर बेरियम सल्फेट का श्वेत अवक्षेप प्राप्त होता है।

$$Na_2SO_4(aq) + BaCl_2(aq) \longrightarrow BaSO_4(s) + 2NaCl(aq)$$

7. जब मैग्नीशियम वायु में जलता है, तो हम क्या प्रेक्षित करते है?

उत्तर यह एक रासायनिक परिवर्तन है, इसमें एक नया पदार्थ मैग्नीशियम ऑक्साइड बनता है।

प्रयोग 4 (a)

उद्देश्य Aim

प्याज की झिल्ली की अभिरंजित स्लाइड बनाकर सूक्ष्मदर्शी प्रेक्षण द्वारा कोशिका की संरचना का अध्ययन करना।

आवश्यक सामग्री Required Materials

एक प्याज स्लाइड, कवर स्लिप, वॉच ग्लास, चिमटी, सुई, ब्रश, ब्लेड, मिथाइलीन ब्लू, सोख्ता कागज (Blotting paper), रंजक, ग्लिसरीन, जल, ड्रॉपर और एक संयुक्त सूक्ष्मदर्शी।

सिद्धान्त Principle

प्रत्येक जीव का शरीर अनेक कोशिकाओं से मिलकर बना होता है। जीवों के शरीर में इन कोशिकाओं की संख्या, आकार, परिमाण सभी अलग-अलग होते हैं।

प्रत्येक कोशिका में तीन मुख्य अवयव; जैसे-कोशिका झिल्ली (Cell membrane), कोशिकाद्रव्य (Cytoplasm) और केन्द्रक (Nucleus) होते हैं। पादप कोशिकाओं में कोशिका झिल्ली के चारों ओर कोशिका भित्ति (Cell wall) भी उपस्थित होती है

कार्यविधि Procedure

1. एक प्याज के ऊपरी सूखे छिलके को हटाकर ब्लेड की सहायता से नीचे के मांसल छिलके का टुकड़ा काट लेते हैं।
2. चिमटी की सहायता से किसी एक टुकड़े से मांसल शल्क पत्र निकाल लेते हैं और उसके उत्तल वाले भाग से एक सफेद पारदर्शक पतली झिल्ली अलग कर लेते हैं।
3. अब एक वॉच ग्लास में थोड़ा साफ पानी लेते हैं। उसमें प्याज से अलग किए गए झिल्ली के छोटे टुकड़े को रखते हैं।
4. वॉच ग्लास के पानी में मिथाइलीन ब्लू रंजक की दो बूँदें ड्रॉपर की सहायता से डालकर मिलाते हैं। झिल्ली को लगभग 31 मिनट तक उसमें रहने दें। अतिरिक्त अभिरंजक हटाने के लिए झिल्ली को जल में डालते हैं।
5. अब एक साफ स्लाइड के ठीक बीच में एक या दो बूँद ग्लिसरीन की डालते हैं।
6. इसके बाद ब्रुश की सहायता से रंजित झिल्ली को स्लाइड पर रखी ग्लिसरीन में रख देते हैं। यह ग्लिसरीन झिल्ली को सूखने से बचाता है।
7. सावधानीपूर्वक रंजित झिल्ली के ऊपर कवर स्लिप इस प्रकार से रखते हैं, कि ग्लिसरीन में हवा के बुलबुले प्रवेश न कर सकें।

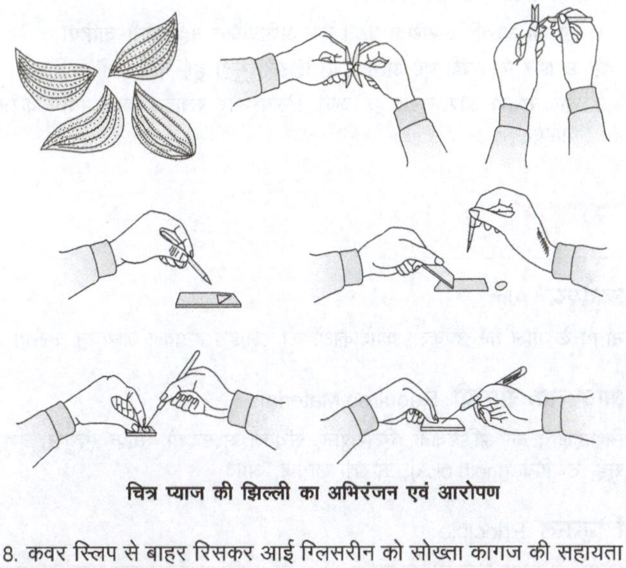

चित्र प्याज की झिल्ली का अभिरंजन एवं आरोपण

8. कवर स्लिप से बाहर रिसकर आई ग्लिसरीन को सोख्ता कागज की सहायता से साफ कर देते हैं।
9. स्लाइड को सूक्ष्मदर्शी के नीचे रखकर पहले निम्न आवर्धन में और फिर उच्च आवर्धन में अवलोकित करें।
10. कोशिका का एक साफ चित्र बनाइए जैसा कि आप सूक्ष्मदर्शी में देख रहे हैं।

11. तालिकानुसार प्रेक्षण कर लक्षणों को लिखते हैं।

लक्षण	प्रेक्षण
कोशिकाओं की आकृति	गोलाकार/अण्डाकार/आयताकार/वर्गाकार
कोशिकाओं की व्यवस्था	संहत/ढीला
अन्तराकोशिकीय अवकाश	उपस्थित/अनुपस्थित
केन्द्रक	उपस्थित/अनुपस्थित
कोशिका भित्ति	उपस्थित/अनुपस्थित
कोशिका का अभिरंजित भाग	कोशिका भित्ति/कोशिकाद्रव्य/रसधानी
कोशिका का अनभिरंजित भाग	कोशिका भित्ति/कोशिकाद्रव्य/रसधानी

परिणाम Result

झिल्ली की कोशिकाएँ आकृति में आयताकार, संहत रूप से व्यवस्थित और बिना अन्तराकोशिकीय अवकाश वाली होती हैं। प्रत्येक कोशिका में सुस्पष्ट कोशिका भित्ति, एक प्रमुख केन्द्रक और एक रसधानी होती है। इसकी बाहरी सतह वाली कोशिकाओं को बाह्यत्वचा कहते हैं।

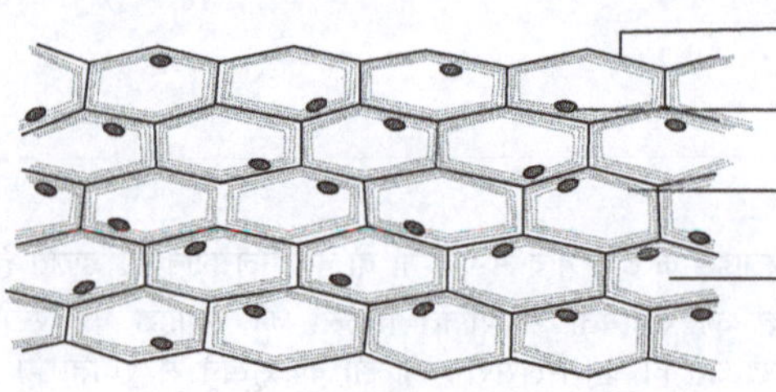

चित्र प्याज के अधिचर्म की संरचना

सावधानियाँ Precautions

1. झिल्ली अत्यधिक अथवा बहुत कम अभिरंजित नहीं होनी चाहिए।
2. स्लाइड पर रखी हुई अभिरंजित झिल्ली मुड़ी हुई नहीं होनी चाहिए।
3. साफ-सुथरी और सूखी हुई कवर स्लिप और स्लाइड का उपयोग करना चाहिए।

मौखिक प्रश्न

1. प्याज की झिल्ली की अस्थाई स्लाइड तैयार करने में ग्लिसरीन का उपयोग क्यों किया जाता है?

उत्तर ग्लिसरीन, झिल्ली और कोशिकाओं को जल्दी सूखने नहीं देती है। इसलिए इसका उपयोग किया जाता है।

2. पादप कोशिकाओं के अभिरंजन के लिए कौन-से अभिरंजक का उपयोग किया जाता है?

उत्तर पादप कोशिकाओं के अभिरंजन के लिए मिथाइलीन ब्लू का उपयोग किया जाता है।

3. कोशिका के वे तीन मुख्य अवयव कौन-से हैं, जो अभिरंजन के बाद दिखाई देते हैं?

उत्तर तीन मुख्य अवयव केन्द्रक, कोशिकाद्रव्य, प्लाज्मा झिल्ली हैं।

4. पादपों की कोशिका भित्ति किसकी बनी होती है?

उत्तर पादपों की कोशिका भित्ति सेलुलोस से निर्मित होती है।

5. प्याज किसका रूपान्तरण है?

उत्तर प्याज तने का रूपान्तरण है।

6. प्याज से अलग करने के बाद झिल्ली के टुकड़े को जल में क्यों रखा जाता है?

उत्तर कोशिकाओं को सूखने से बचाने और पारदर्शी रखने के लिए प्याज के टुकड़े को पानी में रखा जाता है।

7. पादप कोशिका का आकार निश्चित क्यों होता है?

उत्तर पादप कोशिका में कोशिका की प्लाज्मा झिल्ली एक दृढ़ कोशिका भित्ति से ढकी होती है। अतः पादप कोशिकाओं का आकार निश्चित रहता है।

8. अभिरंजन के बाद झिल्ली को जल में क्यों धोते हैं?

उत्तर अभिरंजन के बाद झिल्ली को इसलिए जल में धोते हैं, जिससे उसमें उपस्थित अतिरिक्त अभिरंजन धुल जाए और सूक्ष्मदर्शी द्वारा अभिरंजित भाग साफ-साफ दिखाई दें।

प्रयोग 4 (b)

उद्देश्य Aim

मानव के गाल की उपकला कोशिकाओं की स्लाइड बनाकर अध्ययन करना।

आवश्यक सामग्री Required Materials

मिथाइलीन ब्लू अभिरंजक, ग्लिसरीन, संयुक्त सूक्ष्मदर्शी, साफ स्पैचुल, ब्रुश, सुई, टूथपिक (tooth pick), सोख्ता कागज, आदि।

सिद्धान्त Principle

पादपों के समान जन्तुओं का शरीर भी अनेक कोशिकाओं का बना होता है। जन्तु कोशिका में कोशिका भित्ति नहीं पाई जाती है तथा इनकी कोशिकाएँ पादप कोशिकाओं से छोटी होती हैं, परन्तु जन्तु कोशिका केवल प्लाज्मा झिल्ली द्वारा कोशिका द्रव्य को घेरे रहती है।

उपकला ऊतक (Epithelial tissue) जन्तुओं में सभी अंगों की सबसे बाहरी परत होती है। ये ऊतक अंगों की गुहा (Coelom) की भी बाहरी परत बनाते हैं।

कार्यविधि Procedure

1. साफ पानी में अपना मुँह भलि-भाँति धोएँ।
2. टूथपिक से धीरे से अपने गाल के अन्दर वाली सतह को रगड़ें जिससे कि इसकी कुछ कोशिकाएँ टूथपिक पर आ जाएँ।
3. स्लाइड पर एक बूँद जल की लेकर टूथपिक की कोशिकाएँ जल में रखें।
4. इसमें एक बूँद मिथाइलीन ब्लू डालें।
5. तीन मिनट के बाद इस पर ग्लिसरीन की एक बूँद डालकर कवर स्लिप रखें।
6. अधिक बहती ग्लिसरीन को सोख्ता कागज से पोंछ कर सुखा दें।
7. अब सूक्ष्मदर्शी द्वारा स्लाइड का अवलोकन करें।

प्रेक्षण Observation

1. सपाट बहुभुज आकार की कोशिकाएँ बड़ी संख्या में सूक्ष्मदर्शी द्वारा देखने पर दिखाई देती हैं।
2. प्रत्येक कोशिका एक पतली कोशिका झिल्ली से घिरी होती है।
3. प्रत्येक कोशिका में सुस्पष्ट केन्द्रक विद्यमान होता है।
4. कोशिका द्रव्य ग्रेन्यूलर है।
5. कोशिका द्रव्य में बड़ी रिक्तिका अनुपस्थित है।

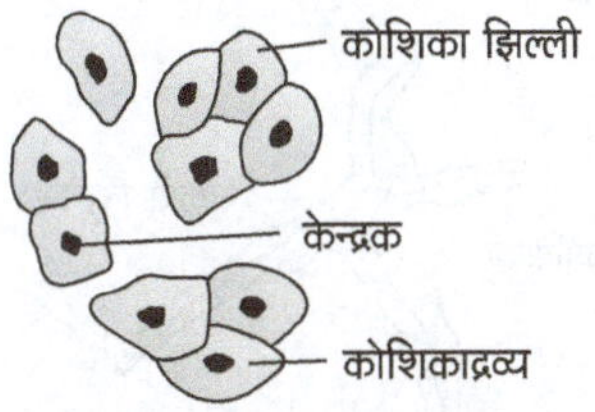

चित्र गाल की उपकला कोशिकाएँ

परिणाम Result

सूक्ष्मदर्शी से देखने पर स्लाइड में कोशिकाएँ दिखाई देती हैं। इनमें सघन कोशिकाद्रव्य, केन्द्रक एवं एक स्पष्ट कोशिका झिल्ली उपस्थित होती है। कोशिका भित्ति एवं बड़ी रिक्तिका अनुपस्थित होती है।

सावधानियाँ Precautions

1. गाल की कोशिकाएँ खुरचने से पहले अपना मुँह गर्म पानी से भलि-भाँति धोएँ।
2. गाल धीरे से खुरचें जिससे ब्लीडिंग न हो।
3. कोशिकाओं को जल की बूँद में स्लाइड पर समान रूप से फैलाना चाहिए।
4. कोशिकाओं को मिथाइलीन ब्लू में अधिक समय तक नहीं रखना चाहिए।
5. तैयार हुई स्लाइड को किनारों से पकड़ना चाहिए, जिससे स्लाइड पर अंगुली के निशान न आए।

मौखिक प्रश्न

1. सजीवों में संरचनात्मक एवं कार्यात्मक इकाई क्या होती है?

उत्तर कोशिका, सजीवों की सबसे छोटी संरचनात्मक एवं कार्यात्मक इकाई है।

2. कोशिका में उपस्थित केन्द्रक का क्या कार्य होता है?

उत्तर केन्द्रक कोशिका का नियन्त्रण कक्ष होता है। यह कोशिका की सभी क्रियाओं पर नियन्त्रण रखता है।

3. जन्तु कोशिका की साधारण संरचना के अध्ययन के लिए हम कौन-से ऊतक का चयन करते हैं?

उत्तर जन्तु कोशिका की संरचना का अध्ययन करने के लिए हम मानव के गाल की आन्तरिक त्वचा की कोशिकाएँ लेते हैं।

4. पादप एवं जन्तु कोशिका की संरचना में कोई एक अन्तर बताइए।

उत्तर पादप कोशिका में कोशिका भित्ति पायी जाती है, परन्तु जन्तु कोशिका में कोशिका भित्ति अनुपस्थित होती है।

5. सूक्ष्मदर्शी द्वारा जन्तु कोशिका का आकार किस प्रकार का दिखाई देता है?

उत्तर मानव गाल की आन्तरिक उपत्वचा की कोशिकाएँ सपाट एवं बहुभुज आकार की होती हैं।

प्रयोग 5 (a)

उद्देश्य Aim

स्थाई स्लाइडों के नमूनों से मृदूतक/पेरेनकाइमा, स्थूलकोण ऊतक/कोलेनकाइमा एवं दृढ़ोतक/स्केलेरनकाइमा को पहचानना तथा उनकी संरचना का नामांकित चित्र बनाना।

आवश्यक सामग्री Required Materials

मृदूतक, स्थूलकोण ऊतक एवं दृढ़ोतक की स्थाई स्लाइड्स एवं संयुक्त सूक्ष्मदर्शी, पेन्सिल, पेपर, आदि।

सिद्धान्त Principle

पादप ऊतकों को विभज्योतक एवं स्थाई ऊतकों में विभाजित किया गया है, स्थाई ऊतकों का विभाजन मृदूतक, स्थूलकोण ऊतक एवं दृढ़ोतक में किया गया है।

प्रेक्षण Observation

(A) मृदूतक Parenchyma

1. यह एक स्थाई एवं जीवित ऊतक है।
2. इनकी कोशिकाओं में जीवद्रव्य उपस्थित होता है।
3. इनकी कोशिका भित्ति सेलुलोस द्वारा निर्मित होती है। जीवद्रव्य प्रायः एक बड़ी केन्द्रीय रिक्तिका (Central vacuole) होने के कारण कोशिका दृष्टि के रूप में रहता है।
4. इनकी कोशिकाएँ अण्डाकार एवं समव्यासी होती हैं।
5. इनकी कोशिकाओं में अन्तराकोशिकीय स्थान अधिक विकसित होते हैं।
6. यह ऊतक पौधों के सभी कोमल भागों; जैसे-नए तने, जड़, पत्तियों की बाह्यत्वचा वल्कुट, आदि में पाया जाता है।

कार्य Function

इनका प्रमुख कार्य जल और खाद्य-पदार्थों (मण्ड, प्रोटीन एवं वसा) का संग्रह करना है।

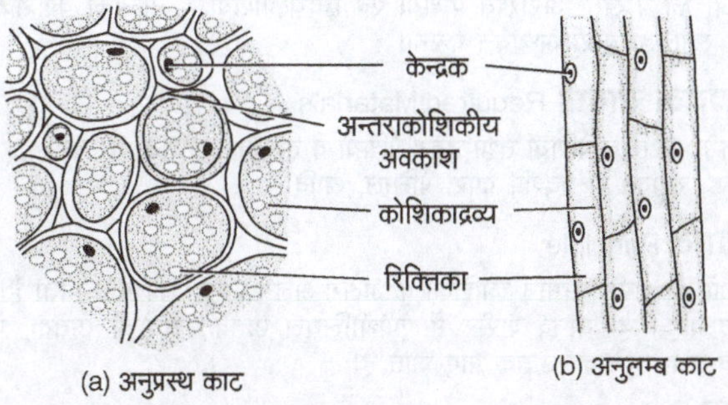

चित्र मृदूतक

(B) **स्थूलकोण ऊतक** Collenchyma

1. इस ऊतक की कोशिकाएँ लम्बी और जीवित होती हैं।
2. इनमें अन्तराकोशिकीय अवकाश प्रायः अनुपस्थित होते हैं, क्योंकि इनमें कोशिकाओं के किनारों पर कोशिका भित्ति के ऊपर पैक्टिन की परत जम जाती है, जिसके परिणामस्वरूप कोशिका भित्ति मोटी और दृढ़ हो जाती है तथा वहाँ उपस्थित अन्तराकोशिकीय अवकाश भर जाते हैं।
3. स्थूलकोण ऊतक मुख्यतया द्विबीजपत्री पादपों के तनों की अधस्त्वचा (Hypodermis) में पाए जाते हैं।

कार्य Function

इस ऊतक का मुख्य कार्य पादप के कोमल भागों में दृढ़ता एवं लचीलापन प्रदान करना है

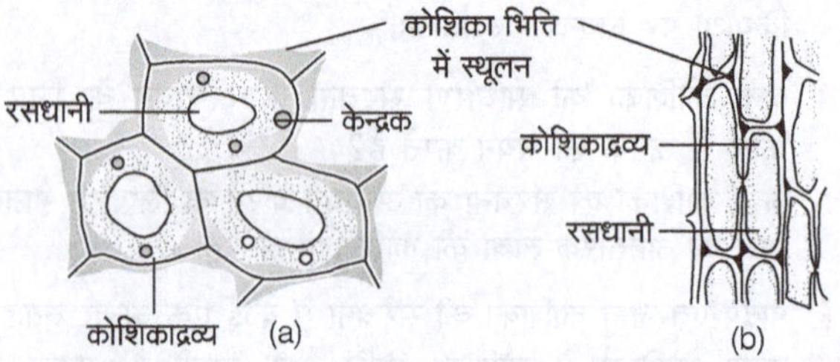

चित्र स्थूलकोण ऊतक; (a) अनुप्रस्थ काट (TS) (b) अनुलम्ब काट (LS)

(C) **दृढ़ोतक** Sclerenchyma

1. यह भी एक सरल, स्थाई, परन्तु मृत ऊतक है।
2. इनकी कोशिकाओं का जीवद्रव्य परिपक्व होने तक समाप्त हो जाता है, इसी कारण ये मृत होती हैं।
3. कोशिका भित्ति प्रायः सेलुलोस द्वारा निर्मित होती है, परन्तु लिग्निभवन होने के परिणामस्वरूप स्थूलित हो जाती है। इनमें केन्द्रीय रिक्तिका का भी अभाव होता है। यह ऊतक पौधों के कठोर भागों में पाया जाता है।

कार्य Function

इस ऊतक का मुख्य कार्य पादपों को दृढ़ यान्त्रिक शक्ति प्रदान करना है।

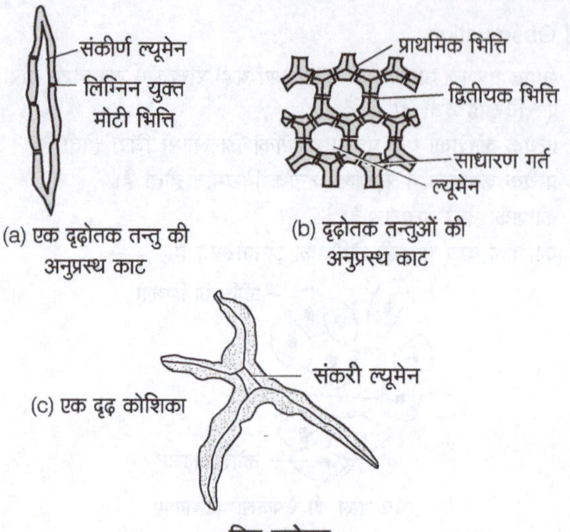

चित्र दृढ़ोतक

मौखिक प्रश्न

1. मृदूतक की कोई दो विशेषताएँ बताइए।

उत्तर मृदूतक की कोशिकाओं की कोशिका भित्ति पतली होती है तथा इनमें अन्तराकोशिकीय स्थान पाए जाते हैं।

2. पादपों के शरीर में मृदूतक कहाँ-कहाँ पाया जाता है?

उत्तर पादप का अधिकांश शरीर मृदूतक से बना होता है। यह जड़, तना, पत्ती, फूल सभी जगह पाया जाता है।

3. मृदूतक का कार्य बताइए।

उत्तर मृदूतक कोशिकाएँ भोजन संग्रह करती हैं तथा पादप शरीर के विभिन्न भागों में शरीर का संरचनात्मक गठन करती हैं।

4. पादप में पाए जाने वाले मृत ऊतक का नाम बताइए।

उत्तर दृढ़ोतक, पादप में पाए जाने वाला मृत ऊतक है।

प्रयोग 5 (b)

उद्देश्य Aim

जन्तुओं की रेखित, अरेखित पेशियाँ एवं हृदय पेशियों व तन्त्रिका कोशिका का स्थाई स्लाइडों द्वारा अध्ययन करना।

आवश्यक सामग्री Required Materials

रेखित व अरेखित पेशियों तथा हृदय पेशियों व तन्त्रिका कोशिका की बनी हुई स्थाई स्लाइड, संयुक्त सूक्ष्मदर्शी, पेपर, पेन्सिल, आदि।

सिद्धान्त Principle

जन्तुओं का शरीर समान कोशिका के अलग-अलग समूहों का बना होता है। इन्हें ऊतक कहते हैं। मानव शरीर में एपीथीलियल ऊतक, संयोजी ऊतक, पेशीय ऊतक तथा तन्त्रिका ऊतक पाए जाते हैं।

कार्यविधि Procedure

रेखित पेशियाँ, अरेखित पेशियाँ, हृदय पेशियाँ तथा तन्त्रिका ऊतक की स्लाइड्स संयुक्त सूक्ष्मदर्शी में फोकस करें तथा उनका अध्ययन करें।

प्रेक्षण Observation

(A) **रेखित पेशियाँ** Striated Muscles

1. रेखित पेशी तन्तु 2-4 सेमी लम्बी और 10 – 30 सेमी चौड़ी होती हैं।
2. इनकी कोशिकाओं का आकार लम्बा, बेलनाकार, अशाखित तथा बहुकेंद्रकीय होता है।
3. यह अस्थियों से जुड़े रहते हैं।
4. प्रत्येक रेशे के चारों ओर सार्कोलेमा का आच्छद तथा अंदर पेशीद्रव्य होता है। पेशीद्रव्य के अंदर मायोफाइब्रिल्स होता है।
5. पेशी तंतु के पेशी तंतुक में हल्के व गहरे रंग की पट्टियाँ दिखाई देती हैं। हल्की पट्टियाँ I-बैण्ड तथा गहरी पट्टियाँ A-बैण्ड होती हैं। I-पट्टियाँ एक्टिन (Actin) प्रोटीन तथा A-पट्टियाँ मायोसीन प्रोटीन से बनी होती हैं।

परिणाम Result

स्थाई स्लाइड में रेखित पेशी की संरचना एक पेशीय तन्तु का रूप दर्शाती है।

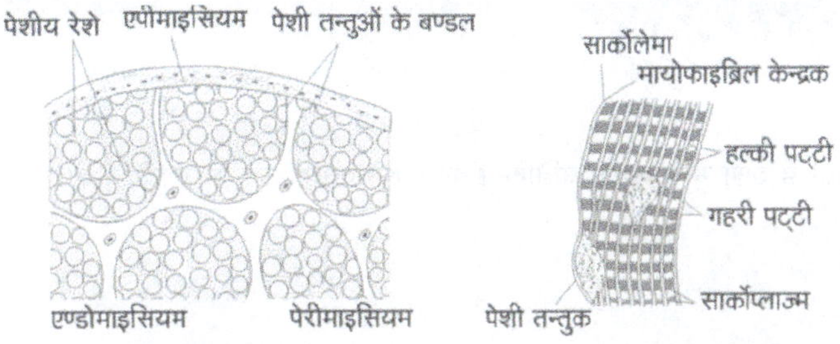

(a) रेखित पेशी की अनुप्रस्थ काट (b) एक रेखित पेशी तन्तु

(B) **अरेखित पेशियाँ** Unstriated Muscles

1. पेशी तंतु लगभग 100-200 μ लंबे तथा 10 μ व्यास के पतले, संकरे एवं तर्कुरूपी (Spindle shaped) होते हैं, जो बंडलों में पाए जाते हैं।
2. ये सार्कोलेमा नामक पतली कोशिका कला से घिरे रहते हैं।
3. इन पेशियों के सिकुड़ने तथा फैलने पर पर जन्तु की इच्छा का कोई नियन्त्रण नहीं होता है, इसलिए इन्हें **अनैच्छिक पेशियाँ** भी कहते हैं।
4. इनके तन्तुओं पर हल्की तथा गहरी पट्टियाँ (Bands) स्पष्ट नहीं होती हैं। इसलिए इन्हें अरेखित पेशी तन्तु भी कहते हैं।
5. अरेखित पेशी आंतरांगों में पाई जाती है, इसी कारण ये **आन्तरांगीय पेशियाँ** (Visceral muscles) भी कहलाती हैं। ये शरीर के आन्तरांगों; जैसे–आहारनाल, मूत्राशय, रुधिर वाहिनियों, जनन वाहिनियों, आदि में पाई जाती हैं।
6. इनमें केवल एक केंद्रक पाया जाता है, जो कोशिका के मध्य में होता है।

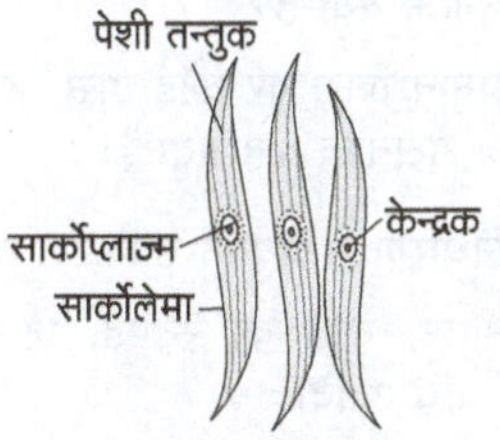

चित्र अरेखित पेशीय तन्तु

(C) **हृदय पेशियाँ** Cardiac Muscles

1. कशेरुकियों के हृदय की मांसल भित्तियों में हृदय पेशियाँ पाई जाती हैं।
2. ये पेशियाँ छोटी, मोटी, बेलनाकार एवं शाखामय पेशी तन्तुओं की बनी होती हैं।
3. पेशी तन्तुओं में गहरे और हल्के रंग की पट्टियाँ पाई जाती हैं।

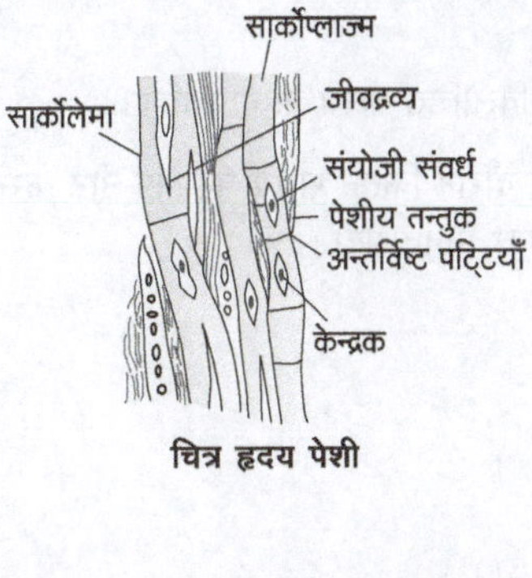

चित्र हृदय पेशी

4. हृदय पेशी तंतुओ की शाखाएँ परस्पर अन्तराल सन्धियों द्वारा जुड़ी होती हैं, ये सन्धियाँ **अन्तर्विष्ट पट्टियाँ** (Intercalated discs) कहलाती हैं।
5. ये बिना थके लयबद्ध रूप से जीवनभर कार्य करती हैं।

(D) **तन्त्रिका कोशिका** Nerve Cell

1. तन्त्रिका कोशिका में मुख्य तीन भाग होते हैं
   (i) कोशिकाकाय
   (ii) कोशिका प्रवर्ध
   (iii) द्रुमिका या डेन्ड्राइटस्
2. कोशिकाकाय तन्त्रिका कोशिका का मुख्य भाग होता है, जिसमें केन्द्रक पाया जाता है।
3. कोशिकाद्रव्य में निसल्स कण पाए जाते हैं।
4. कोशिका प्रवर्ध लम्बे, बेलनाकार होते हैं।
5. कोशिका प्रवर्धों पर माइलिन नामक श्वेत वसीय पदार्थ की उपस्थिति उन्हें माइलिनिकृत बनाती है।

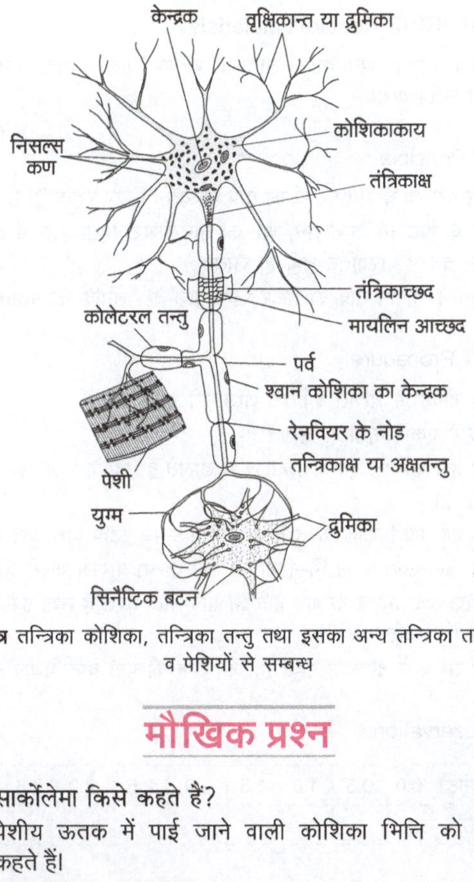

चित्र तन्त्रिका कोशिका, तन्त्रिका तन्तु तथा इसका अन्य तन्त्रिका तन्तु व पेशियों से सम्बन्ध

मौखिक प्रश्न

1. सार्कोलेमा किसे कहते हैं?

उत्तर पेशीय ऊतक में पाई जाने वाली कोशिका भित्ति को सार्कोलेमा कहते हैं।

2. मायोफाइब्रिल्स क्या होते हैं?

उत्तर रेखीय पेशियों के प्रोटीन तन्तुओं को मायोफाइब्रिल्स कहते हैं, जो पेशीद्रव्य के अंदर होता है।

3. अरेखित पेशियों को अनैच्छिक पेशियाँ क्यों कहते हैं?

उत्तर पेशियों के फैलने व सिकुड़ने में जन्तु की इच्छा का कोई नियन्त्रण नहीं होता है, इसलिए अरेखित पेशियाँ अनैच्छिक पेशियाँ भी कहलाती हैं।

4. हृदय पेशी का एक कार्य लिखिए। ये पेशियाँ कहाँ पाई जाती हैं?

उत्तर हृदय पेशियों के सिकुड़ने और फैलने के कारण हृदय शरीर में रुधिर को पम्प करता रहता है। ये पेशियाँ हृदय की मांसल, भित्तियों में पाई जाती हैं।

5. तन्त्रिका तन्त्र की इकाई का नाम बताइए।

उत्तर न्यूरॉन (Neuron) तन्त्रिका तन्त्र की इकाई कहलाती है।

6. तन्त्रिका कोशिकाओं का कार्य बताइए।

उत्तर तन्त्रिका कोशिकाएँ वातावरण से उद्दीपन ग्रहण करके मस्तिष्क को भेजती हैं तथा मस्तिष्क से प्रतिक्रिया को विभिन्न अंगों तक ले जाती हैं।

प्रयोग 6 (a)

उद्देश्य Aim

बर्फ का गलनांक निर्धारित करना।

आवश्यक सामग्री Required Materials

बर्फ (चूर्णित), बीकर, थर्मामीटर, लोहे का स्टैण्ड, जल ऊष्मक, बर्नर, त्रिपाद स्टैण्ड तथा स्टॉप वॉच।

सिद्धान्त Principle

अवस्था परिवर्तन के दौरान पदार्थ का ताप परिवर्तन स्थिर रहता है। इस प्रकार

(i) बर्फ के पिघलने के दौरान, बर्फ का ताप स्थिर रहता है, जब तक सम्पूर्ण ठोस द्रव में परिवर्तित नहीं हो जाता।

(ii) गलन के दौरान ताप का स्थिर रहना बर्फ के गलनांक को बताता है।

कार्यविधि Procedure

(i) एक बीकर में चूर्णित बर्फ की थोड़ी-सी मात्रा लेते हैं।

(ii) बर्फ में एक थर्मामीटर लगाते हैं।

(iii) अब इस बर्फ को एक ऐसे बीकर में डालते हैं, जोकि जल ऊष्मक में रखा होता है।

(iv) बर्फ का ताप रिकॉर्ड करते हैं तथा उसी समय स्टॉप वॉच शुरू करते हैं।

(v) अब जल ऊष्मक को निम्न-लौ पर गर्म करना प्रारम्भ करते हैं।

(vi) प्रत्येक आधे मिनट के बाद बर्फ का ताप नोट करते हैं तथा इसे सारणी के रूप में रिकॉर्ड करते हैं।

(vii) इसे तब तक दोहराते रहते हैं, जब तक की पूरी बर्फ पिघल न जाए।

प्रेक्षण Observation

समय (मिनट)	0.0	0.5	1.0	1.5	2.0	2.5	3.0	3.5	4.0	4.5
ताप (°C)	...	...	...	...	...	...	...	...	...	...

परिणाम Result

क्योंकि बर्फ के गलन के दौरान बर्फ का ताप स्थिर रहता है, अतः सारणी में दिए गए मान से बर्फ का गलनांक = ...°C या ....K।

त्रुटि के स्रोत Source of Error

प्रयोग के दौरान चूर्णित बर्फ प्रयोग करें।

सावधानियाँ Precautions

(i) थर्मामीटर बीकर की दीवार के संपर्क में न हो।

(ii) थर्मामीटर के बल्ब को बर्फ के टुकड़ों से घेरकर रखा जाना चाहिए।

(iii) समान तापमान बनाए रखने के लिए बर्फ को हमेशा विलोडित करते रहना चाहिए।

(iv) थर्मामीटर से तापमान प्रेक्षित करते समय दृष्टि पारे धागे पर रहनी चाहिए।

मौखिक प्रश्न

1. पदार्थ का गलनांक क्या है?

उत्तर वह स्थिर तापमान जिस पर कोई ठोस, द्रव अवस्था में बदल जाए, उस पदार्थ का गलनांक कहलाता है।

2. गलनांक के निर्धारण में प्रयुक्त उपकरण क्या-क्या हैं?

उत्तर बीकर, थर्मामीटर, लोहे का स्टैण्ड, जल ऊष्मक, बर्नर, त्रिपाद स्टैण्ड, स्टॉप वॉच आदि।

3. प्रयोग में जल ऊष्मक को किस ताप पर गर्म करना चाहिए?

उत्तर निम्न ताप पर।

4. बर्फ के गलन के दौरान, बर्फ का ताप कैसा होता है?

उत्तर बर्फ के गलन के दौरान, बर्फ का ताप स्थिर रहता है।

5. प्रयोग में बर्फ का ताप समान बनाए रखने के लिए क्या करना चाहिए?

उत्तर निरन्तर विलोडित करते रहना चाहिए।

6. प्रयोग के दौरान कितने समय पर ताप नोट करते रहना चाहिए?

उत्तर प्रत्येक आधे मिनट पर।

प्रयोग 6 (b)

उद्देश्य Aim

पानी का क्वथनांक निर्धारित करना।

आवश्यक सामग्री Required Materials

आसुत जल, गोल पैंदी का फ्लास्क, थर्मामीटर, लोहे का स्टैण्ड, रेत ऊष्मक, त्रिपाद स्टैण्ड, बर्नर, स्टॉप वॉच तथा मुड़ी ट्यूब।

सिद्धान्त Principle

अवस्था परिवर्तन के दौरान, पदार्थ का ताप स्थिर रहता है। जल के क्वथन के दौरान जल का ताप उसके क्वथनांक बिन्दु पर स्थिर होता है। क्वथन के दौरान स्थिर ताप पर जल का ताप **क्वथनांक बिन्दु** कहलाता है।

कार्यविधि Procedure

(i) लगभग 50 मिली जल को गोल पैंदी के आसवन फ्लास्क में लेते हैं।
(ii) एक थर्मामीटर तथा मुड़ी हुई नली को कॉर्क में लगाकर (चित्र में दर्शाए अनुसार) फ्लास्क में लगाते हैं।
(iii) त्रिपाद स्टैण्ड पर रेत ऊष्मक को रखकर उसमें फ्लास्क को गर्म करते हैं।
(iv) स्टॉप वॉच को शुरू करते हैं तथा थर्मामीटर में ताप को प्रेक्षित करते हैं।
(v) प्रत्येक मिनट में जल के क्वथन (उबलने तक) ताप को नोट करते हैं।
(vi) निरन्तर थर्मामीटर में कुछ मिनट तक ताप नोट करते हैं।
(vii) सभी प्रेक्षणों को सारणी के रूप में नोट करते हैं।

प्रेक्षण Observation

समय (मिनट)	0	1	2	3	4	5	6	7
ताप (°C)								

परिणाम Result

जल के क्वथन के दौरान, जल का इसके क्वथनांक बिन्दु पर ताप स्थिर रहता है, अतः सारणी में दिए गए मान से,

जल का क्वथनांक बिन्दु = ...°C

या ....K

त्रुटियों के स्रोत Sources of Errors

(i) प्रयोग के दौरान रेत ऊष्मक का प्रयोग करें।
(ii) प्रयोग करते समय जल का क्वथन (उबलने तक) ताप को नोट करते रहना चाहिए।

सावधानियाँ Precautions

(i) थर्मामीटर का बल्ब जल के सम्पर्क में नहीं होना चाहिए।
(ii) थर्मामीटर से प्रेक्षण लेते समय दृष्टि पारे के स्तर पर होनी चाहिए।

मौखिक प्रश्न

1. पदार्थ का क्वथनांक महत्त्वपूर्ण क्यों है?
उत्तर क्योंकि यह पदार्थ की प्रकृति तथा शुद्धता को बताता है।

2. द्रव का क्वथनांक क्या है?
उत्तर वह ताप जिस पर द्रव का वाष्पदाब वायुमण्डलीय दाब के बराबर हो जाता है, क्वथनांक कहलाता है।

3. जल का क्वथनांक कितना होता है?
उत्तर 100°C।

4. प्रयोग में प्रयुक्त फ्लास्क को किसकी सहायता से गर्म करते हैं?
उत्तर त्रिपाद स्टैण्ड व रेत ऊष्मक की सहायता से।

प्रयोग 7

उद्देश्य Aim

ध्वनि के परावर्तन के नियम का सत्यापन करना।

आवश्यक सामग्री Required Materials

दो-खोखले पाइप, एक चाँदा, मीटर पैमाना तथा कम आयाम का ध्वनि स्रोत जैसे–टेबिल घड़ी।

सिद्धान्त Principle

जब ध्वनि तरंगें किसी वृहद अवरोधक से जाकर टकराती हैं, तो ध्वनि तरंगें, प्रकाश तरंगों की भाँति, उसी माध्यम में वापस लौट जाती हैं। यह प्रक्रिया ही ध्वनि तरंगों का परावर्तन कहलाती है।

ध्वनि तरंगों के परावर्तन के निम्न दो नियम हैं

(i) ध्वनि तरंग का आपतित कोण $\angle i$, परावर्तित कोण $\angle r$ अर्थात् $\angle i = \angle r$ के बराबर होता है।
(ii) आपतित तरंगाग्र तथा परावर्तित तरंगाग्र व आपतन बिन्दु पर अभिलम्ब एक ही तल में स्थित होते हैं।

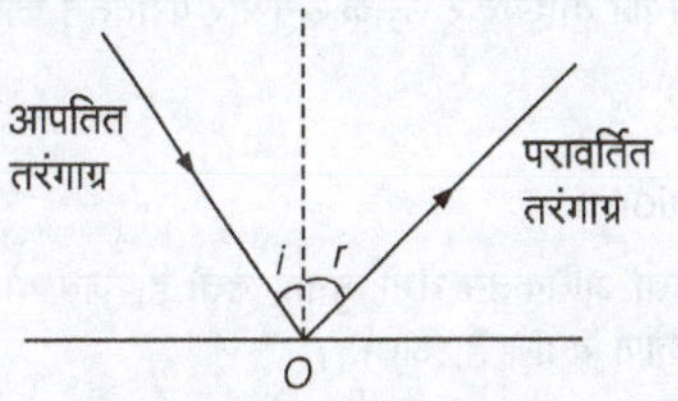

चित्र ध्वनि तरंगों का परावर्तन

कार्यविधि Procedure

I. ध्वनि तरंग का आपतित कोण ∠i = परावर्तित कोण ∠r

1. पेंसिल अथवा चॉक के टुकड़े से मेज पर दीवार के पृष्ठ के लम्बवत् एक रेखा *ON* खींचिए।
2. अब रेखा *ON* से कोई कोण ∠i (जैसे 30°) बनाते हुए एक रेखा *OC* खींचिए।
3. दो-प्लास्टिक पाइपों में से कोई एक (जैसे *PQ*) रेखा *OC* के अनुदिश इस प्रकार रखिए कि प्लास्टिक पाइप का सिरा *P* दीवार के बिन्दु *O* के काफी निकट हो। इस अवस्था में पाइप *PQ* का अक्ष रेखा *OC* के ऊपर होता है।

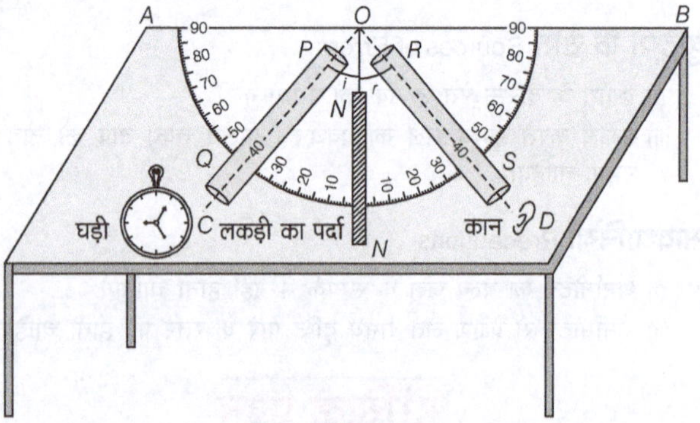

चित्र प्रायोगिक व्यवस्था

4. अब दूसरा प्लास्टिक पाइप *RS* मेज पर इस प्रकार रखिए कि इसका सिरा *R* अभिलम्ब *ON* के दूसरी ओर हो। सिरे *R* की स्थिति मेज पर चिन्हित कीजिए।
5. मेज घड़ी को पाइप *PQ* के सिरे *Q* के निकट रखिए।
6. अपना कान पाइप *RS* के सिरे *S* के पास लाइए तथा पाइप से होकर आने वाली घड़ी की ध्वनि को सुनने का प्रयास कीजिए। पाइप *RS* के सिरे *S* की उस स्थिति को चिन्हित कीजिए, जहाँ आपको अधिकतम ध्वनि सुनाई दें।
7. दीवार के बिन्दु *O*, पाइप के दोनों सिरों को निरूपित करने वाले बिन्दुओं *R* तथा *S* को मिलाते हुए रेखा *OD* खींचिए।
8. कोण ∠*COD* मापिए। आपतन कोण ∠i के लिए यह परावर्तन कोण (जैसे ∠r) है।
9. प्रेक्षण नोट कीजिए।

II. आपतित तरंगाग्र तथा परावर्तित तरंगाग्र व अभिलम्ब एक ही तल में स्थित होते हैं।

1. पाइप *RS* के सिरे *R* को स्थिर रखते हुए सिरे *S* को कुछ ऊँचाई तक ऊर्ध्वाधर उठाइए, सिरे *S* को कुछ ऊँचाई पर उठाने से ध्वनि पूर्णतः समाप्त हो जाती है। इसका कारण यह है कि आपतित तरंगाग्र तथा परावर्तित तरंगाग्र व अभिलम्ब तीनों एक ही तल में उपस्थित होते हैं।
2. आपतन कोण ∠i के अन्य तीन विभिन्न मानों के लिए कार्यविधि के चरण 1 से आगे के चरणों को दोहराकर उसके अनुसार परावर्तन कोण ∠r का मान ज्ञात कीजिए।

प्रेक्षण Observation

1. ध्वनि की तीव्रता अधिकतम तभी सुनाई देती है, जब दोनों पाइप दीवार के साथ समान कोण बनाते हैं, अर्थात्

   आपतन कोण = परावर्तन कोण या ∠i = ∠r
2. जैसे ही पाइप को ऊर्ध्वाधर दिशा में ऊपर उठाते हैं, तो ध्वनि की तीव्रता कम होती जाती है तथा घड़ी की आवाज स्पष्ट सुनाई नहीं देती।
3. ध्वनि को स्पष्ट सुनने के लिए दोनों पाइप, अभिलम्ब के साथ एक ही तल में स्थित होने चाहिए।

परिणाम Result

प्रेक्षणों से स्पष्ट है कि ध्वनि तरंगें, प्रकाश तरंगों की भाँति परावर्तन के नियमों का पालन करती हैं अर्थात्

1. आपतित कोण ∠i = परावर्तित कोण ∠r
2. आपतित ध्वनि तरंग, परावर्तित ध्वनि तरंग तथा दीवार की पृष्ठ से खींचा गया अभिलम्ब तीनों एक ही तल में होते हैं।

त्रुटियों के स्रोत Sources of Errors

1. टेबिल का तल पूरी तरह समतल होना चाहिए, अन्यथा प्लास्टिक के पाइप पूर्ण रूप से समतल में नहीं होंगे।
2. ध्वनि सुनने के लिए कमरे में अन्य कोई ध्वनि स्रोत अथवा बातचीत नहीं होनी चाहिए।

सावधानियाँ Precautions

1. टेबिल घड़ी, खुले पाइप के समीप रखनी चाहिए।
2. दोनों पाइपों को पूर्णतया समतल पृष्ठ में स्थित करना चाहिए।
3. घड़ी की ध्वनि सुनने के लिए दूसरे पाइप के सिरे के समीप कान स्थित होना चाहिए।
4. कमरे में अन्य कोई ध्वनि स्रोत नहीं होना चाहिए।
5. कमरे में पंखा बंद होना चाहिए, अन्यथा उसकी ध्वनि भी प्रेक्षणों को प्रभावित करेगी।
6. कान की ओर पाइप को धीरे-धीरे ऊपर उठाना चाहिए।

मौखिक प्रश्न

1. क्या ध्वनि तरंगों के संचरण के लिए भौतिक माध्यम आवश्यक है?

उत्तर ध्वनि तरंगों को एक स्थान से दूसरे स्थान तक संचरित होने के लिए भौतिक माध्यम की आवश्यकता होती है क्योंकि निर्वात् में ध्वनि तरंगों का संचरण सम्भव नहीं है।

2. ध्वनि तरंगों की चाल ठोस, द्रव अथवा गैस किस माध्यम में अधिकतम होती है?

उत्तर ठोसों में ध्वनि तरंगों की चाल अधिकतम होती है।

3. ध्वनि के परावर्तन के लिए किस प्रकार की सतह आवश्यक है?

उत्तर ध्वनि के परावर्तन के लिए बड़ी, दृढ़ परावर्तक सतह आवश्यक है।

4. ध्वनि तरंगों के परावर्तन के प्रयोग में आपतित ध्वनि तरंग किस दिशा में होती है?

उत्तर आपतित ध्वनि तरंग पाइप की अक्ष के अनुदिश होती है।

5. ध्वनि परावर्तन का दैनिक जीवन में एक प्रभाव बताइए।

उत्तर प्रतिध्वनि।

6. ध्वनि तरंगों के परावर्तन में वे कौन-सी भौतिक राशियाँ हैं, जो परिवर्तित नहीं होती हैं?

उत्तर वेग, तरंगदैर्ध्य तथा ध्वनि की आवृत्ति परावर्तन में नियत रहती हैं। इनमें कोई परिवर्तन नहीं होता है।

प्रयोग 8

उद्देश्य Aim

स्प्रिंग तुला तथा मापक सिलेण्डर का उपयोग करके ठोस का घनत्व ज्ञात करना।

आवश्यक सामग्री Required Materials

ठोस पिण्ड (जिसका घनत्व नापा जा सके), स्प्रिंग तुला (0-100 ग्राम-भार), मापक सिलेण्डर (100 मिली लीटर), लोहे का स्टैण्ड, काँच डॉट, सूती धागा, बीकर।

सिद्धान्त Principle

(i) **घनत्व** (Density) किसी पदार्थ के द्रव्यमान तथा आयतन का अनुपात उसका घनत्व कहलाता है।

$$\text{घनत्व} = \frac{\text{पदार्थ का द्रव्यमान}}{\text{पदार्थ का आयतन}}$$

इसका मात्रक किग्रा/मी^{3} होता है।

(ii) **स्प्रिंग तुला सिद्धान्त** (Principle of Spring Balance) जब स्प्रिंग पर बल आरोपित किया जाता है, तो स्प्रिंग में प्रत्यानयन बल उत्पन्न हो जाता है। प्रत्यास्थता की सीमा के अन्तर्गत यह बल उसके विस्थापन के समानुपाती होता है।

(iii) **मापक सिलेण्डर** (Measuring Cylinder) यह कठोर काँच का बनाया जाता है, ताकि यह भिन्न-भिन्न तापों पर भी कार्य कर सके।

इसकी दीवारों पर मिली (mL) तथा घन-सेमी (cm^3) चिन्हित किये जाते हैं तथा इसके द्वारा, इसमें उपस्थित द्रव को मिली व घन-सेमी में पढ़ा जा सकता है।

कार्यविधि Procedure

1. **स्प्रिंग तुला का प्रयोग करके ठोस का द्रव्यमान ज्ञात करना**

(i) एक स्प्रिंग तुला लेते हैं, जो 100 ग्राम का भार माप सके।

(ii) स्प्रिंग तुला को लोहे के स्टैण्ड पर लगा दिया जाता है तथा उसके स्केल पर लगे प्वॉइन्टर (Pointer) द्वारा स्थिति को नोट कर लिया जाता है।

(iii) इसके बाद स्प्रिंग के निचले सिरे पर ठोस को लटका देते हैं। अब इसकी स्थिति को प्वॉइन्टर द्वारा नोट कर लिया जाता है। स्केल पर पाठ्यांक नोट कर लिया जाता है।

(iv) ठोस के द्रव्यमान को ठीक प्रकार ज्ञात करते हैं।

(v) स्प्रिंग तुला से ठोस को उतारते हैं और फिर लटका कर पुन: पाठ्यांक लेते हैं।

(vi) इस क्रिया को तीन बार दोहराते हैं।

(vii) अब प्राप्त ऑकड़ों को सारणिक रूप में नोट कर लेते हैं।

2. **मापक सिलेण्डर का प्रयोग करके ठोस का आयतन ज्ञात करना**

(i) मापक सिलेण्डर की अल्पतमांक ज्ञात कर लेते हैं। 100 मिली धारिता के मापक सिलेण्डर के लिये अल्पतमांक 1 मिली होती है।

(ii) मापक सिलेण्डर को शुद्ध जल से भरकर टेबल पर रख देते हैं।

(iii) सिलेण्डर में जल के स्तर को नोट कर लेते हैं।

(iv) प्रायोगिक ठोस को कुछ सेमी के धागे से बाँधकर, इसे पूर्ण रूप से जल में डूबा दिया जाता है।

(v) अब पुन: पाठ्यांक नोट कर लेते हैं।

(vi) दोनों पाठ्यांक के अन्तर को नोट करके ठोस का आयतन ज्ञात कर लेते हैं।

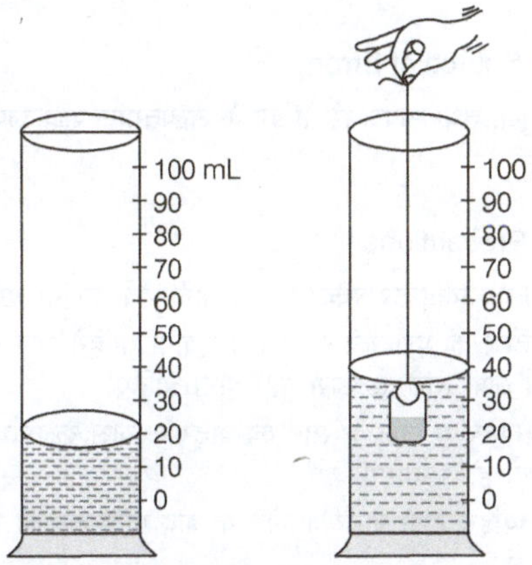

चित्र ठोस का आयतन ज्ञात करना

(vii) इस क्रियाविधि को तीन बार दोहराते हैं।

(viii) नोट किए गए पाठ्यांकों को सारणिक रूप में लिखते हैं।

प्रेक्षण Observation

1. स्प्रिंग तुला की अल्पतमांक = ... ग्राम-भार
2. स्प्रिंग तुला की शून्यांक त्रुटि = ... ग्राम-भार

A. **प्रायोगिक ठोस का भार**

प्रायोगिक ठोस का भार		ठोस के शुद्ध भार का मध्यमान
प्रेक्षण	प्रेक्षण का शुद्ध रूप	

(i) ठोस द्रव्यमान का मध्यमान = ... मिली ग्राम

(ii) मापक सिलेण्डर का मध्यमान = ... मिली लीटर

B. **मापक सिलेण्डर में जल के स्तर का पाठ्यांक**

प्रारम्भ में जल स्तर का पाठ्यांक (V_1)	अन्त में जल स्तर का पाठ्यांक (V_2)	ठोस का आयतन ($V_1 - V_2$)	ठोस के आयतन का मध्यमान (मिली)

गणना Calculation

(i) ठोस का मध्यमान आयतन = V मिली

(ii) ठोस का घनत्व $= \dfrac{\text{पदार्थ का मध्यमान द्रव्यमान}}{\text{पदार्थ का मध्यमान आयतन}}$

$= \dfrac{m}{V}$ ग्राम/मिली

परिणाम Result

.... पर प्रायोगिक ठोस का घनत्व = ... ग्राम/मिली = ... किलोग्राम/मी^{3}।

त्रुटि के स्रोत Source of Error

आयतन स्प्रिंग तुला तथा मापक सिलेण्डर के अल्पतमांक शुद्ध रूप से ज्ञात करना चाहिए।

सावधानियाँ Precautions

1. स्प्रिंग तुला का प्वॉइन्टर स्केल पर आसानीपूर्वक चलना चाहिए।
2. प्रायोगिक ठोस को पूर्ण रूप से जल में डूबाना चाहिये और मापक सिलेण्डर की दीवारों तथा तली से स्पर्श नहीं होना चाहिए।
3. मापक सिलेण्डर में जल के स्तर का पाठ्यांक जल के नवचन्द्रक के निचले स्तर से कम होना चाहिये।
4. स्केल पर प्वॉइन्टर से पाठ्यांक लेने के बाद प्वॉइन्टर को स्थायी हो जाना चाहिये।

मौखिक प्रश्न

1. घनत्व का सूत्र बताइए।

उत्तर घनत्व $= \dfrac{\text{द्रव्यमान}}{\text{आयतन}}$

2. SI पद्धति में घनत्व का मात्रक बताइए।

उत्तर SI पद्धति में घनत्व का मात्रक किलोग्राम/मी^{3} है।

3. स्प्रिंग तुला से क्या मापा जा सकता है?

उत्तर स्प्रिंग तुला से प्रायोगिक ठोस का द्रव्यमान मापा जा सकता है।

4. मापक सिलेण्डर से क्या मापा जा सकता है?

उत्तर मापक सिलेण्डर से प्रायोगिक ठोस का आयतन मापा जा सकता है।

5. क्या हम ठोस को ऐसे द्रव में डूबो सकते हैं, जिसका घनत्व ठोस से अधिक हो?

उत्तर नहीं, क्योंकि इस प्रकार के द्रव में ठोस पूर्ण रूप से नहीं डूबेगा।

6. 100 मिली के मापक सिलेण्डर की अल्पतमांक कितनी होती है?

उत्तर 1 मिली।

7. स्प्रिंग तुला का सिद्धान्त क्या है?

उत्तर स्प्रिंग पर बल आरोपित करने पर उत्पन्न प्रत्यानयन बल उसके विस्थापन के समानुपाती होता है।

प्रयोग 9

उद्देश्य Aim

ठोस को निम्न द्रवों में डुबाने पर ठोस के भार तथा ठोस द्वारा विस्थापित द्रव के बीच सम्बन्ध स्थापित करना।

1. नल का जल   2. सशक्त नमकीन जल

आवश्यक सामग्री Required Materials

एक स्प्रिंग तुला (0-100 ग्राम-भार), काँच डॉट (50 ग्राम), धातु भार (50 ग्राम), पतला सूती धागा, हल्का-भारित-जार, लकड़ी का गुटका, एक हल्का-भारित बीकर तथा अति प्रवाह जार जिसमें 250 घन सेमी आयतन जल तथा नमकीन जल भरा जा सके तथा सामान्य भौतिक तुला।

सिद्धान्त Principle

(i) **आर्किमिडीज़ का सिद्धान्त** जब कोई वस्तु द्रव में पूरी या आंशिक रूप से डूबायी जाती है, तो वस्तु के भार में कमी आ जाती है। वस्तु के भार में यह कमी वस्तु द्वारा हटाये गए द्रव के भार के बराबर होती है। यह सिद्धान्त आर्किमिडीज़ का सिद्धान्त कहलाता है।

(ii) स्प्रिंग तुला की सहायता से, वस्तु का पहले वायु में, उसके बाद जल में डूबाने पर ज्ञात भारों द्वारा वस्तु के आभासी भार का परिकलन किया जा सकता है।

(iii) वस्तु द्वारा विस्थापित किए गए जल को बीकर में एकत्र करने के बाद पुनः भार ज्ञात करने पर विस्थापित जल के भार की गणना की जा सकती है।

(iv) इसके बाद हमें ज्ञात होता है कि प्रायोगिक ठोस द्वारा विस्थापित जल का भार, जल में ठोस को डूबाने में ठोस के भार में आयी कमी के सदैव बराबर होता है। इस प्रकार आर्किमिडीज़ के सिद्धान्त का सत्यापन होता है।

(v) जब वस्तु को पूरी या आंशिक रूप से द्रव में डूबाया जाता है, तो द्रव वस्तु पर ऊपर की ओर एक बल लगाया जाता है, जिसे **उत्प्लावन बल** कहते हैं।

कार्यविधि Procedure

(i) साफ काँच डॉट को लेकर एक सूती धागे से बाँधते हैं तथा इसका दूसरा सिरा लूप के रूप में बनाते हैं।

(ii) स्प्रिंग तुला की शून्यांक त्रुटि ज्ञात करके इसे नोट कर लेते हैं। माना इसकी शून्यांक त्रुटि X ग्राम-भार है।

(iii) स्प्रिंग तुला के हुक से काँच डॉट को लटकाते हैं और इसका भार वायु में नोट कर लेते हैं, माना वायु में इसका भार w ग्राम-भार है।

(iv) काँच डॉट का वायु में शुद्ध भार ज्ञात करने के लिए इसके प्राप्त भार में से शून्यांक त्रुटि घटा देते हैं।

(v) अति प्रवाह जार को लकड़ी के गुटके पर रखकर इसे शुद्ध जल से तब तक भरते हैं, जब तक कि इसकी नली से जल निकलना प्रारम्भ न हो जाए।

(vi) अब एक हल्के भारित बीकर को अति प्रवाह जार के नीचे रख देते हैं।

(vii) इसके बाद काँच डॉट (जिसे स्प्रिंग तुला पर लटकाया गया था) को अति प्रवाह जार में पूरी तरह डूबाते हैं। जैसे ही काँच डॉट को जार में डूबाया जाता है, वैसे ही जार की नली से जल अति प्रवाह हो जाता है तथा यह जल हल्के भारित बीकर में एकत्र हो जाता है।

(viii) काँच डॉट का जल में डूबे रहने की स्थिति में भार को शून्यांक त्रुटि में से घटाकर शुद्ध रूप में प्राप्त कर लेते हैं।

(ix) हल्के भारित बीकर का विस्थापित जल सहित सामान्य तुला से भार ज्ञात कर लेते हैं, माना यह भार P_1 ग्राम-भार है।

(x) काँच डॉट को जल में डूबाने पर इसके भार में आयी कमी को ज्ञात कर लेते हैं।

(xi) काँच डॉट द्वारा विस्थापित जल का भार ज्ञात करते हैं।

(xii) इससे ज्ञात होता है कि

(a) जल में डुबाने पर, काँच डॉट के भार में आयी कमी = काँच डॉट द्वारा विस्थापित किया गया जल

(b) इस प्रयोग को नमकीन जल के साथ करने पर यह ज्ञात होता है कि नमकीन जल में डूबाने पर काँच डॉट के भार में आयी कमी
= काँच डॉट द्वारा विस्थापित किया गया नमकीन जल

(c) जब इस प्रयोग में काँच डॉट के स्थान पर धातु-भार का प्रयोग किया जाता है, तब हम ज्ञात करते हैं कि
जल में डूबाने पर धातु-भारित के भार में आयी कमी
= धातु-भारित द्वारा विस्थापित किया गया जल

(d) जब यह प्रयोग धातु-भारित तथा नमकीन जल के साथ किया जाता है, तब नमकीन जल में डूबाने पर धातु-भार के भार में आयी कमी
= धातु-भारित द्वारा विस्थापित किया गया नमकीन जल

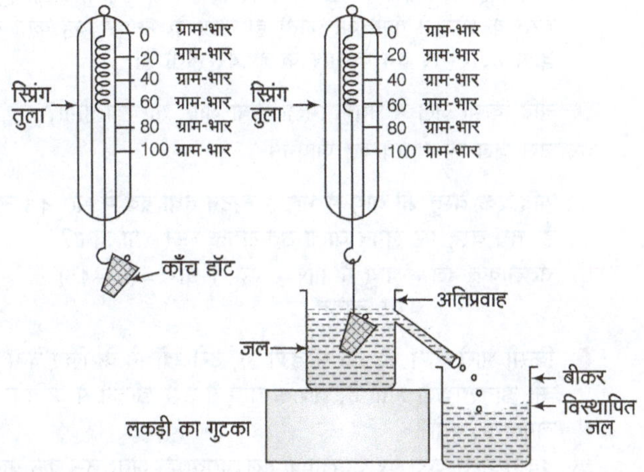

प्रेक्षण Observation

(i) स्प्रिंग तुला का अल्पतमांक = ... ग्राम-भार

(ii) स्प्रिंग तुला की शून्यांक त्रुटि = ± ×

(A) जब ठोस वस्तु हवा और नल के जल के सम्पर्क में है

ठोस का वायु में भार (ग्राम-भार में)		ठोस का नल के जल में भार (ग्राम-भार में)		ठोस के भार में आभासी कमी
ज्ञात भार w_1	शुद्ध भार $w_1' = [w_1 - (\pm x)]$	ज्ञात भार w_2	शुद्ध भार $w_2' = [w_2 - (\pm x)]$	$(w_1' - w_2')$ (ग्राम-भार)

(B) ठोस द्वारा विस्थापित किया गया नल के जल का आयतन

प्रारम्भ में जल का स्तर, V_1 (मिली)	अन्त में जल का स्तर, V_2 (मिली)	विस्थापित किए गए नल के जल का आयतन $(V_2 - V_1)$ (मिली)

विस्थापित किए गए जल के आयतन का मध्यमान = ... मिली।

(C) ठोस का वायु और जल में भार

वायु में ठोस का भार		नमकीन जल में वस्तु का भार		ठोस के भार में आभासी कमी
ज्ञात भार w_1 (ग्राम-भार)	शुद्ध भार $w_1' = [w_1 - (\pm x)]$ (ग्राम-भार)	ज्ञात भार w_2 (ग्राम-भार)	शुद्ध भार $w_2' = [w_2 - (\pm x)]$ (ग्राम-भार)	$(w_1' - w_2')$ (ग्राम-भार)

(D) ठोस द्वारा विस्थापित नमकीन जल का भार

प्रारम्भ में नमकीन जल का स्तर, V_1 (मिली)	अन्त में नमकीन जल का स्तर, V_2 (मिली)	विस्थापित किए गए नमकीन जल का आयतन $(V_2 - V_1)$ (मिली)

विस्थापित किए गए नमकीन जल के आयतन का मध्यमान = ...

(E) नमकीन विलयन का घनत्व ज्ञात करने के लिए

- भौतिक तुला पर खाली बीकर (100 मिली) का भार ज्ञात किया जाए।
- इसे 50 मिली (पाठ्यांक) तक नमकीन जल से भरने पर फिर पुनः इसका भार ज्ञात किया जाए।
- उपरोक्त ज्ञात भारों से 50 मिली नमकीन जल का द्रव्यमान प्राप्त किया जा सकता है।

तब $$D = \frac{\text{नमकीन विलयन का द्रव्यमान (ग्राम)}}{\text{50 मिली}}$$

खाली बीकर का द्रव्यमान m_1 (ग्राम)	बीकर का द्रव्यमान + 50 मिली का नमकीन विलयन m_2 (ग्राम)	नमकीन विलयन का द्रव्यमान $= (m_2 - m_1)$ (ग्राम)	$D = \frac{(m_2 - m_1)}{50}$ (ग्राम/मिली)

घनत्व का मध्यमान = ... ग्राम/मिली।

गणना Calculation

सारणी A तथा सारणी B द्वारा,

(i) नल के जल में, ठोस के भार में आभासी कमी = ... ग्राम-भार।

(ii) ठोस द्वारा विस्थापित किए नल के जल का आयतन = ... मिली।

(iii) नल के जल का घनत्व = 1 ग्राम/मिली।

(iv) ठोस द्वारा विस्थापित किए गए जल का द्रव्यमान
= आयतन का मध्यमान × घनत्व = $(V_2 - V_1) \times 1$ ग्राम/मिली।

(v) ठोस द्वारा विस्थापित किए गए नल के जल का भार
= .... ग्राम-भार।

(vi) (सारणी C तथा D द्वारा) नमकीन जल में, ठोस के भार में आभासी कमी = ... ग्राम-भार।

(vii) ठोस द्वारा विस्थापित किए गए नमकीन जल का मध्यमान = ... मिली।

(viii) नमकीन विलयन का घनत्व (प्रयोग द्वारा प्राप्त) ρ = ... ग्राम/मिली।

(ix) ठोस द्वारा विस्थापित किए गए नमकीन जल का द्रव्यमान = आयतन का मध्यमान × घनत्व = ... ग्राम।

(x) ठोस द्वारा विस्थापित किए गए नमकीन जल का भार = ... ग्राम-भार।

परिणाम Result

(i) नल के जल में ठोस के भार में आभासी कमी = ठोस द्वारा विस्थापित किया नल के जल का भार

(ii) नमकीन जल में ठोस के भार में आभासी कमी = ठोस द्वारा विस्थापित किया नमकीन जल का भार।

(iii) ठोस को नमकीन जल में डुबाने पर ठोस के भार में आभासी कमी > ठोस को नल के जल में डूबाने पर ठोस के भार में आभासी कमी।

(iv) जब वस्तु को द्रव में डुबाया जाता है, तो वस्तु के भार में आयी कमी वस्तु द्वारा हटाए गए द्रव के भार के बराबर होती है।

(v) यदि एकसमान वस्तु को दो भिन्न-भिन्न द्रवों में डुबाया जाता है, तो वस्तु के भार में आयी आभासी कमी अधिक घनत्व वाले द्रव में अधिक होगी।

सावधानियाँ Precautions

(i) अधिक सुग्राही स्प्रिंग तुला का उपयोग किया जाना चाहिए।

(ii) शून्यांक त्रुटि का पाठ्यांक लेना चाहिए।

(iii) अति प्रवाह जार में जल/नमकीन जल अति प्रवाहित होने की कगार पर होना चाहिए।

त्रुटियों के स्रोत Sources of Errors

(i) स्प्रिंग तुला से सामान्यतः 1 ग्राम से ऊपर का भार ही ज्ञात किया जा सकता है।

(ii) भार में 1 ग्राम से कम का परिवर्तन स्प्रिंग तुला द्वारा ज्ञात नहीं किया जा सकता है। इस प्रकार काँच डॉट या धातु-भार में 1 ग्राम की त्रुटि हो सकती है।

(iii) प्रयोग में हल्के-भारित बीकर का प्रयोग किया जाता है। यदि यह पूरी तरह साफ और सूखा हुआ नहीं होता है, तो विस्थापित हुए जल, नल के जल तथा नमकीन जल का भार शुद्ध रूप से ज्ञात नहीं होता है।

मौखिक प्रश्न

1. यदि घनत्व 1 ग्राम/सेमी^{3} वाले ठोस को जल में डुबाया जाता है, तो उत्प्लावक बल कितना होगा?

उत्तर चूँकि ठोस का घनत्व जल के घनत्व के बराबर है, इसलिए ठोस का भार तथा उत्प्लावक बल बराबर होगें।

2. आर्किमिडीज़ का सिद्धान्त क्या है?

उत्तर जब कोई वस्तु द्रव में पूरी या आंशिक रूप से डुबायी जाती है, तो वस्तु के भार में कमी आ जाती है। वस्तु के भार में यह कमी वस्तु द्वारा हटाए गए द्रव के भार के बराबर होती है।

3. यदि किसी जल में नमक मिला दिया जाए, तो क्या होगा?

उत्तर उस जल का घनत्व बढ़ जाएगा।

4. यदि एक वस्तु का वायु में भार 5 न्यूटन तथा द्रव में भार 4.5 न्यूटन है, तब वस्तु पर लगने वाला उत्प्लावक बल क्या होगा?

उत्तर उत्प्लावक बल = वायु में भार − द्रव में भार = (5 − 4.5) = 0.5 न्यूटन

5. किसी भारी वस्तु जो द्रव में डूबी हो, उसे खींचने के लिए कम बल की आवश्यकता होती है, जबकि वायु में उसे खींचने में अधिक बल लगता है, क्यों?

उत्तर द्रव में भारी वस्तु पर उत्प्लावक बल लगता है, अतः उसे कम बल से खींचा जा सकता है जबकि वायु में नहीं।

प्रयोग 10

उद्देश्य Aim

तनित डोरी/तनित स्लिन्की से संचारित अनुदैर्ध्य स्पन्द की चाल ज्ञात करना या खिंचे हुए धागे कम्पन संचरण (फैलाव प्रसार) की गति ज्ञात करना।

आवश्यक सामग्री Required Materials

लम्बी धात्विक डोरी, लकड़ी का रूम बोर्ड, मीटर पैमाना तथा विराम घड़ी।

सिद्धान्त Principle

(i) **स्पन्द** किसी माध्यम में अल्प समय में समाप्त होने वाले लघु विक्षोभ को स्पन्द कहते हैं।

(ii) **स्लिन्की** लम्बी तनित स्प्रिंग स्लिन्की कहलाती है।

(iii) **स्पन्द की चाल** बिन्दु A से बिन्दु B तक जाने तथा बिन्दु B से बिन्दु A तक आने में तय की गई कुल दूरी तथा दूरी तय करने में लगे समय को मापकर स्पन्द की चाल निम्न सूत्र से ज्ञात की जा सकती है

$$\text{स्पन्द की चाल } v = 2d/t$$

कार्यविधि Procedure

1. फर्श पर एक रेखा खींचते हैं। मीटर पैमाने की सहायता से इस रेखा से 6 मीटर की दूरी मापते हैं और फर्श पर एक अन्य रेखा AB खींचते हैं।
2. एक विद्यार्थी (S_1) स्लिन्की को बिन्दु A पर पकड़ता है।
3. माना एक अन्य विद्यार्थी (S_2) स्लिन्की को बिन्दु B तक खींचता है।
4. बिन्दु A पर विद्यार्थी S_1 एक लकड़ी ब्लॉक स्लिन्की के सिरे के अनुदिश लगा देता है। यह लकड़ी का ब्लॉक अवरोद्ध (Stopper) की भाँति कार्य करता है।

5. विद्यार्थी S_1 स्लिन्की को, बिन्दु A से 10 सेमी दूर स्थित C तक खींचता है। इसके बाद बिन्दु C से इस पर एक तीव्र दाब या धक्का, बिन्दु A की ओर लगाता है। लकड़ी के ब्लॉक के कारण इस दाब की गति रुक जाती है।

   स्लिन्की में एक स्पन्द उत्पन्न हो जाता है, जो बिन्दु B की ओर गति करता है। फिर यह स्पन्द A की ओर गतिमान होता है इसके बाद पुनः B की ओर गतिमान होता है। इस प्रकार की गति के 5 या 10 बार होने के बाद हम एक स्पन्द की उत्पत्ति कर सकते हैं, जिसे आगे या पीछे गति करते हुए देखा जा सकता है।
6. विद्यार्थी S_2 विराम घड़ी को तब आरम्भ करता है, जब विद्यार्थी S_1 द्वारा उत्पन्न स्पन्द बिन्दु B पर पहुँच जाता है और जब यह स्पन्द बिन्दु A की ओर परावर्तित होकर पुनः बिन्दु B पर आ जाता है, तब इस विराम घड़ी को रोक देता है। इस स्पन्द की B से A तथा A से B तक की गति में लगे समय को नोट कर लिया जाता है।
7. इसे प्रयोग को 3 बार दोहराते हैं।
8. स्पन्द की चाल की गणना करते हैं।

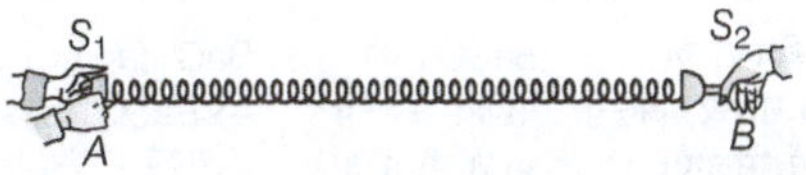

प्रेक्षण Observation

बिन्दु A तथा बिन्दु B के बीच की लम्बाई	B से A तथा पुनः A से B बिन्दुओं तक गति करने में स्पन्द द्वारा लिया गया समय	लिया गया समय	स्पन्द का वेग $= \frac{\text{कुल दूरी}}{\text{कुल समय}}$
......मी	2 ×......मी = ...मी	......से	v_1 = ...मी/से
......मी	2 ×......मी = ...मी	......से	v_2 = ...मी/से
......मी	2 ×......मी = ...मी	......से	v_3 = ...मी/से
......मी	2 ×......मी = ...मी	......से	v_4 = ...मी/से

गणना Calculation

स्पन्द की औसत चाल $= \frac{v_1 + v_2 + v_3 + v_4}{4}$ .... मी/सेकण्ड।

परिणाम Result

स्पन्द की चाल = ...मी/सेकण्ड।

त्रुटियों के स्रोत Sources of Errors

(i) विराम घड़ी का प्रयोग करते समय, स्पन्द द्वारा लिया गया समय गलत नोट हो सकता है।

(ii) धक्के या दाब की सीमा 10 सेमी से अधिक नहीं होनी चाहिए, अन्यथा A तथा B के बीच की दूरी कम हो जायेगी।

सावधानियाँ Precautions

(i) स्लिन्की ताँबे के तार की बनी होनी चाहिए।

(ii) बिन्दु A तथा B के बीच की लम्बाई बिल्कुल सही होनी चाहिए।

(iii) स्पन्द उत्पन्न करने के लिए स्लिन्की पर एक तीव्र दाब या धक्का लगाना चाहिए। जिससे 5-10 बार के प्रयोग के बाद अवश्य ही स्पन्द उत्पन्न हो जायेगी।

(iv) यह सुनिश्चित कर लें कि बिन्दु A पर लकड़ी का गुटका ठीक प्रकार लग गया है या नहीं।

(v) इस प्रयोग को चिकने फर्श या मेज पर करना चाहिए।

मौखिक प्रश्न

1. स्पन्द अनुप्रस्थ है या अनुदैर्ध्य? क्यों?

उत्तर स्लिन्की में उत्पन्न स्पन्द अनुदैर्ध्य है क्योंकि स्लिन्की की कुण्डली विक्षोभ की दिशा के लम्बवत् गति नहीं करती है।

2. स्लिन्की किस धातु की बनी होनी चाहिए?

उत्तर स्लिन्की ताँबे के तार की बनी होनी चाहिए।

3. स्लिन्की में उत्पन्न स्पन्द की चाल किस पर निर्भर करती है?

उत्तर स्लिन्की में उत्पन्न स्पन्द की चाल स्लिन्की की विमाओं, इसके पदार्थ तथा इसकी लम्बाई पर निर्भर करती है।

4. स्लिन्की की चाल ज्ञात करने के लिए किस आवश्यक सामग्री की आवश्यकता पड़ती है?

उत्तर इसके लिए निम्न दो सामग्री की आवश्यकता पड़ती हैं
(i) मीटर पैमाना (ii) विराम घड़ी

5. यदि स्लिन्की का स्पन्द A से B और B से A तक की गति में 5 सेकण्ड का समय लेता है, तो स्पन्द की चाल क्या होगी, जबकि A तथा B के बीच की दूरी 5 मीटर है?

उत्तर स्पन्द की चाल, $v = \frac{2d}{t} = \frac{2 \times 5}{5} = 2$ मी/से

प्रयोग 11

उद्देश्य Aim

रासायनिक अभिक्रियाओं में द्रव्य संरक्षण के नियम का सत्यापन करना।

आवश्यक सामग्री Required Materials

बेरियम क्लोराइड ($BaCl_2.2H_2O$), सोडियम सल्फेट ($Na_2SO_4.10H_2O$), आसुत जल, दो बीकर (150 मिली धारिता के), एक बीकर (250 मिली धारिता का), भौतिक तुला, कमानी तुला (spring balance) (0 – 500 ग्राम), एक पॉलीथीन बैग, दो वॉच-ग्लास (ज्ञात द्रव्यमान के) तथा एक काँच की छड़ (द्रव्यों को हिलाने के लिए)।

सिद्धान्त Principle

'द्रव्य संरक्षण के सिद्धांत' को **'द्रव्य की अविनाशिता का सिद्धांत'** भी कहा जाता है। इस कथन के अनुसार, किसी रासायनिक अभिक्रिया में, पदार्थ को न तो बनाया जा सकता है, न ही नष्ट किया जा सकता है।

अतः किसी रासायनिक अभिक्रिया में, अभिकारकों का कुल द्रव्यमान उसके द्वारा उत्पादित, उत्पादों के कुल द्रव्यमान के बराबर होता है अथवा हम कह सकते हैं कि किसी रासायनिक अभिक्रिया में द्रव्यमान संरक्षित रहता है।

कार्यविधि Procedure

(i) 150 मिली के दो बीकरों में 100 मिली आसुत जल लें।

(ii) ज्ञात द्रव्यमान के वॉच-ग्लास तथा भौतिक तुला की सहायता से 7.2 ग्राम $BaCl_2.2H_2O$ को तौलकर, 100 मिली आसुत जल को 150 मिली के बीकर में घोल दें।

(iii) इसी प्रकार, एक अन्य ज्ञात द्रव्यमान के वॉच-ग्लास में 16.1 ग्राम $Na_2SO_4.10H_2O$ तौलकर, एक अन्य बीकर 150 मिली में स्थित 100 मिली आसुत जल में घोल लें।

(iv) कमानी तुला तथा पॉलीथीन-बैग की सहायता से तीसरे बीकर (250 मिली) का द्रव्यमान ज्ञात कर लें।

(v) दोनों बीकरों के विलयनों को, तीसरे बीकर में मिलाकर, काँच की छड़ द्वारा लगातार हिलाते रहें।

(vi) अभिकर्मकों के मिश्रण से युक्त बीकर को पुनः अभिक्रिया से बने उत्पादों का द्रव्यमान ज्ञात करने के लिए तौलें।

(vii) रासायनिक अभिक्रिया से पहले तथा बाद में अभिकर्मकों तथा उत्पादों के द्रव्यमानों की तुलना करें।

प्रेक्षण Observation

(i) 100 मिली आसुत जल का द्रव्यमान = 100.0 ग्राम
($\because$ आसुत जल का घनत्व = 1 ग्राम/मिली)

(ii) $BaCl_2.2H_2O$ का द्रव्यमान = 7.2 ग्राम

(iii) $BaCl_2$ विलयन का द्रव्यमान = 107.2 ग्राम

(iv) $Na_2SO_4.10H_2O$ का द्रव्यमान = 16.1 ग्राम

(v) Na_2SO_4 विलयन का द्रव्यमान = 116.1 ग्राम

(vi) अभिकर्मकों ($BaCl_2$ तथा Na_2SO_4 विलयन) का कुल द्रव्यमान = 223.3 ग्राम

(vii) 250 मिली के खाली बीकर का द्रव्यमान (m_1) = ... ग्राम

(viii) खाली बीकरों तथा अभिकर्मक मिश्रणों का प्रारंभिक द्रव्यमान (अवक्षेपण से पहले) $m_2 = (m_1 + 223.3$ ग्राम$)$ = ...ग्राम

(ix) बीकर में स्थित मिश्रण का अंतिम द्रव्यमान अवक्षेपण के बाद (m_3) = ...ग्राम

प्रयोग	प्रेक्षण	निष्कर्ष
ठोस $BaCl_2.2H_2O$ तथा $Na_2SO_4.10H_2O$ को अलग-अलग बीकरों में आसुत जल में घोलें।	दोनों बीकरों में पारदर्शी स्वच्छ विलयन प्राप्त होता है।	--
उपरोक्त दोनों बीकरों के विलयन को एक तीसरे, अलग से लिए बीकर में मिलाएँ।	$BaSO_4$ का सफेद अवक्षेप प्राप्त होता है।	$BaCl_2(aq) + Na_2SO_4(aq) \rightarrow BaSO_4(s) + 2NaCl(aq)$ (सफेद अवक्षेप)

परिणाम Result

अभिकर्मक मिश्रणों का अभिक्रिया से पूर्व तथा बाद में द्रव्यमानों की तुलना करने पर, देखा गया कि
अभिक्रिया से पूर्व कुल द्रव्यमान = अभिक्रिया के बाद कुल द्रव्यमान
उपरोक्त परिणामों से 'द्रव्य संरक्षण के नियम' की पुष्टि होती है।

सावधानियाँ Precautions

(i) मापन करते समय, कमानी तुला को सदैव लंबवत् होना चाहिए।

(ii) कमानी तुला को प्रयुक्त करने से पूर्व, संकेतक (pointer) सदैव शून्य चिन्ह पर होना चाहिए।

(iii) कमानी तुला से पाठ्यांक सदैव तुला के स्थिर हो जाने पर ही नोट करना चाहिए।

(iv) बेरियम क्लोराइड के विलयन को सोडियम सल्फेट के विलयन में धीमी गति से मिलाना चाहिए तथा मिश्रण को लगातार हिलाते रहना चाहिए।

मौखिक प्रश्न

1. 'किसी रासायनिक अभिक्रिया में पदार्थ, न तो बनाया जा सकता है, न ही नष्ट किया जा सकता है।
उपरोक्त वक्तव्य किस नियम से संबंधित है?

उत्तर उपरोक्त वक्तव्य 'द्रव्यमान संरक्षण का सिद्धान्त' नामक नियम से संबंधित है।

2. 1.25 ग्राम कॉपर कार्बोनेट में 20 ग्राम HCl मिलाने पर, रासायनिक अभिक्रिया के पश्चात् प्राप्त द्रव्यमान 21.25 ग्राम से कम पाया गया। प्राप्त द्रव्यमान कम होने का क्या कारण है?

उत्तर दी गयी रासायनिक अभिक्रिया निम्नलिखित रूप से होती है

$$\underset{\text{कैल्शियम कार्बोनेट}}{CaCO_3} + \underset{\text{तनु हाइड्रोक्लोरिक अम्ल}}{2HCl} \longrightarrow \underset{\text{कॉपर क्लोराइड}}{CuCl_2} + \underset{\text{कार्बन डाईऑक्साइड}}{CO_2(g)} + \underset{\text{जल}}{H_2O}$$

क्योंकि दी गई अभिक्रिया में CO_2, गैसीय रूप में वातावरण में चली जाती है, अतः उत्पादों का द्रव्यमान कम प्राप्त होता है।

3. **2 ग्राम जिंक को वायु में जलाने पर 2.50 ग्राम जिंक ऑक्साइड प्राप्त हुआ। अभिक्रिया में प्रयुक्त ऑक्सीजन का द्रव्यमान क्या होगा?**

उत्तर प्रयुक्त रासायनिक अभिक्रिया

$$\underset{2.0\ \text{ग्राम}}{2Zn} + \underset{x\ \text{ग्राम}}{O_2} \longrightarrow \underset{2.5\ \text{ग्राम}}{2\,ZnO}$$

द्रव्य संरक्षण के नियमानुसार, $2 + x = 2.5$

$\therefore \quad x = 2.50 - 2.00 = 0.5$ ग्राम

अतः ऑक्सीजन का द्रव्यमान = 0.5 ग्राम होगा।

4. **द्रव्यमान संरक्षण के नियम को सत्यापित करने के लिए Na_2SO_4 तथा $BaCl_2$ को प्रयुक्त किया गया। इन्हें किस रूप में लेने पर नियम की पुष्टि होगी?**

उत्तर दोनों अभिकर्मकों ($BaCl_2$ तथा Na_2SO_4) का जलीय विलयन बना कर मिश्रित करने पर $BaSO_4$ का सफेद अवक्षेप प्राप्त होगा, अर्थात् दोनों अभिकर्मकों का विलयन बना कर प्रयुक्त करने पर 'द्रव्य संरक्षण का नियम' सत्यापित किया जाता है।

5. **'द्रव्य संरक्षण का नियम' किस प्रकार के परिवर्तनों के लिए सत्य होता है?**

उत्तर 'द्रव्य संरक्षण का नियम' सभी भौतिक तथा रासायनिक अभिक्रियाओं के लिए (नाभिकीय अभिक्रियाओं के अतिरिक्त) सत्य है।

6. **'द्रव्य संरक्षण के नियम' की पुष्टि किस प्रकार की रासायनिक अभिक्रियाओं में कठिन है? एक उदाहरण दीजिए।**

उत्तर जिन अभिक्रियाओं में उत्पाद रूप में गैस प्राप्त होती है, उनमें 'द्रव्य संरक्षण के नियम' को पुष्ट करना कठिन होता है, क्योंकि उत्पाद पदार्थों का एक भाग गैसीय रूप में मुक्त हो जाता है, अतः उत्पादों का प्राप्त द्रव्यमान, अभिकर्मकों के कुल द्रव्यमान से कम प्राप्त होता है।

जैसे– $CaCO_3(s) \xrightarrow{\Delta} CaO(s) + CO_2(g)$

$CaCO_3\,(s)$ को गर्म करने पर $CO_2\,(g)$ गैस मुक्त हो जाती है तथा शेष CaO का द्रव्यमान $CaCO_3\,(s)$ के द्रव्यमान से कम प्राप्त होता है।

7. **4.0 ग्राम हाइड्रोजन की 32 ग्राम ऑक्सीजन से पूर्ण अभिक्रिया कराने पर प्राप्त जल के द्रव्यमान की गणना कीजिए।**

उत्तर प्रयुक्त रासायनिक समीकरण $\underset{4.0\ \text{ग्राम}}{2H_2} + \underset{32.0\ \text{ग्राम}}{O_2} \longrightarrow \underset{x}{2H_2O}$

द्रव्य संरक्षण के नियमानुसार, $4.0 + 32.0 = x$

अथवा $x = 36.0$ ग्राम

अभिकारकों का कुल द्रव्यमान = उत्पादों का कुल द्रव्यमान

प्राप्त जल का द्रव्यमान = 36.0 ग्राम

8. **दो जलीय विलयनों के अभिकर्मकों को एक साथ एक बीकर में मिलाने पर 200 ग्राम द्रव्यमान प्राप्त हुआ। यदि बीकर का द्रव्यमान 100 ग्राम हो, तो प्राप्त उत्पादों का कुल द्रव्यमान क्या होगा?**

उत्तर द्रव्य संरक्षण के नियमानुसार,

दोनों अभिकर्मकों का द्रव्यमान + बीकर का द्रव्यमान

= कुल उत्पादों का द्रव्यमान + बीकर का द्रव्यमान

200 ग्राम = उत्पादों का कुल द्रव्यमान (x) + 100 ग्राम

$\therefore \quad x = 200 - 100 = 100$

अतः उत्पादों का कुल द्रव्यमान = 100 ग्राम

9. **170 ग्राम सिल्वर नाइट्रेट ($AgNO_3$) की 58 ग्राम सोडियम क्लोराइड (NaCl) से अभिक्रिया कराने पर 143 ग्राम सिल्वर क्लोराइड (AgCl) तथा 85.00 ग्राम सोडियम नाइट्रेट ($NaNO_3$) प्राप्त होता है। सिद्ध कीजिए कि उपरोक्त अभिक्रिया 'द्रव्य संरक्षण का नियम' के अनुरूप है।**

उत्तर संबंधित रासायनिक अभिक्रिया

$$\underset{170\ g}{AgNO_3(aq)} + \underset{58\ g}{NaCl(aq)} \longrightarrow \underset{143\ g}{AgCl(s)} + \underset{85\ g}{NaNO_3(aq)}$$

द्रव्य संरक्षण के नियमानुसार,

अभिकर्मकों का कुल द्रव्यमान = उत्पादों का कुल द्रव्यमान

$AgNO_3$ का द्रव्यमान + NaCl का द्रव्यमान

= AgCl का द्रव्यमान + $NaNO_3$ का द्रव्यमान

(170 + 58) ग्राम = (143 + 85) ग्राम

228 ग्राम = 228 ग्राम

अतः दोनों पक्षों में द्रव्यमान समान हैं।

इसलिए दिए गए कथन से 'द्रव्य संरक्षण का नियम' सत्यापित होता है।

10. **'द्रव्य संरक्षण के नियम' को सत्यापित करते समय ध्यान रखने वाली दो सावधानियाँ बताइए।**

उत्तर (i) मापन करते समय, कमानी तुला को सदैव लंबवत् होना चाहिए।

(ii) कमानी तुला को प्रयुक्त करने से पूर्व, संकेतक (pointer) सदैव शून्य चिन्ह पर होना चाहिए।

सैम्पल पेपर्स (1-3)

सैम्पल पेपर 1

CBSE कक्षा 9 की परीक्षा के लिए नवीनतम पैटर्न पर आधारित सैम्पल पेपर

विज्ञान

- इस प्रश्न पत्र में पाँच खण्डों (क), (ख), (ग), (घ) और (ड) में बाँटा गया है। प्रश्न–पत्र में 39 प्रश्न हैं। सभी प्रश्न अनिवार्य हैं।
- **खण्ड (क)** प्रश्न में, 1 से 20 तक के सभी प्रश्न एक–एक अंक के हैं।
- **खण्ड (ख)** प्रश्न में, 21 से 26 अतिलघु उत्तरीय प्रश्न हैं, प्रत्येक के 2 अंक निर्धारित हैं। इन प्रश्नों के उत्तर 30 से 50 शब्दों के मध्य दिए जाने हैं।
- **खण्ड (ग)** प्रश्न में, 27 से 33 लघु उत्तरीय प्रश्न हैं, प्रत्येक के 3 अंक निर्धारित हैं। इन प्रश्नों के उत्तर 50 से 80 शब्दों के मध्य दिए जाने हैं।
- **खण्ड (घ)** प्रश्न में, 34 से 36 दीर्घ उत्तरीय प्रश्न हैं, प्रत्येक के 5 अंक निर्धारित हैं। इन प्रश्नों के उत्तर 80 से 120 शब्दों के मध्य दिए जाने हैं।
  खण्ड (ड) प्रश्न में, 4 अंको के उप–भागों के साथ 3 प्रश्न, स्त्रोत आधारित/केस आधारित दिए गए हैं।
- कोई समग्र विकल्प नहीं है। हालांकि, कुछ प्रश्नों में आंतरिक विकल्प दिए गए हैं, जिनमें केवल एक का उत्तर देना है।
- जहाँ कहीं आवश्यक हो, साफ–सुथरे और उचित रूप से नामांकित चित्र बनाए जाने हैं।

समय : **3** घंटे | पूर्णांक : **80**

खण्ड–क

निर्देश *प्रश्न 1-20 में से प्रत्येक के लिए दिए गए चार विकल्पों में से सबसे उपयुक्त विकल्प को चुनकर लिखिए।*

1. समान आयतन के ठोस या द्रव की तुलना में गैस हल्की होती है। द्रव, ठोस तथा गैस में किसकी सम्पीड्यता अधिक होती है?

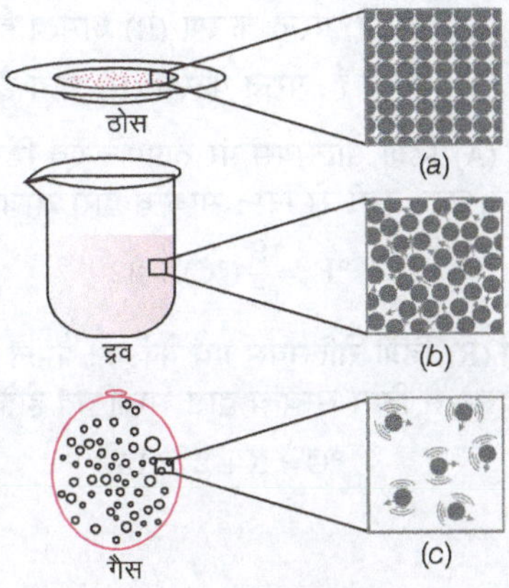

(a) ठोस
(b) द्रव
(c) गैस
(d) तीनों की समान

2. निम्न में से किसमें उच्चतम अन्तर–आण्विक आकर्षण होता है?

(a) द्रवित जल में
(b) द्रवित एथिल ऐल्कोहॉल में
(c) गैसीय CO_2 में
(d) ठोस CO_2 में

3. शरबत एक ... है।

(a) विलयन
(b) गैस
(c) विलायक
(d) विलेय

4. एक धातु फॉस्फेट का सूत्र MPO_4 है। इस धातु के नाइट्रेट का सूत्र होगा

(a) MNO_3
(b) $M_2(NO_3)_2$
(c) $M(NO_3)_3$
(d) $M(NO_3)_2$

5. द्रव्य को शुद्ध पदार्थ या मिश्रण के रूप में विभाजित किया जा सकता है। इसे निम्न ग्राफ के अनुसार उपविभाजित किया जा सकता है

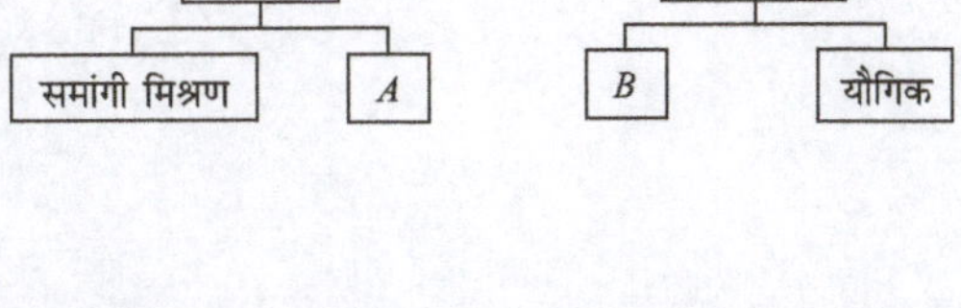

विलुप्त पद क्रमशः A एवं B हैं
(a) $A \rightarrow$ सूक्ष्म स्तर (microscopic level), $B \rightarrow$ विषमांगी मिश्रण
(b) $A \rightarrow$ विषमांगी मिश्रण, $B \rightarrow$ तत्व
(c) $A \rightarrow$ समांगी मिश्रण, $B \rightarrow$ तत्व
(d) $A \rightarrow$ तत्व, B – विषमांगी मिश्रण

6. हाइड्रोजन परमाणु के नाभिक में न्यूट्रॉनों की संख्या है

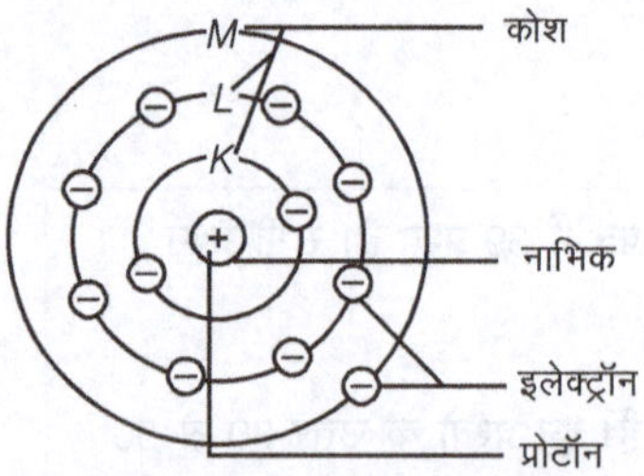

तीन कक्षाओं वाला बोर का परमाणु मॉडल

(a) 1 (b) 2 (c) 3 (d) 0

7. निलम्बन में कणों के आकार के लिए निम्न में से कौन-सा विकल्प सही है?
(a) 10^{-5} सेमी से अधिक
(b) 10^{-8} सेमी से कम
(c) 10^{-5} सेमी व 10^{-8} सेमी के मध्य
(d) उपरोक्त में से कोई नहीं

8. कोशिका झिल्ली को बनाने वाले लिपिड तथा प्रोटीन का संश्लेषण कहाँ होता है?
(a) खुरदरी अंतःप्रद्रव्यी जालिका में
(b) गॉल्जी उपकरण में
(c) प्लाज्मा झिल्ली में
(d) माइटोकॉण्ड्रिया म

9. तन्त्रिका कोशिका में क्या नहीं पाया जाता है?
(a) द्रुमिका (b) तन्त्रिकाक्ष
(c) सार्कोलेमा (d) कोशिका काय

10. ऊर्जा कृषि कहलाने वाली फसलें हैं
(a) ज्वार, केला व आलू
(b) मक्का, आलू व टमाटर
(c) गन्ना, चुकन्दर, मक्का व आलू
(d) गन्ना, धान व जौ

11. पादपों में अर्द्धसूत्री विभाजन होता है
(a) पत्ती और तने में
(b) तने और शाखाओं में
(c) परागकोष और अण्डाशय में
(d) उपरोक्त में से कोई नहीं

12. जब असम्बन्धित जन्तुओं के बीच प्रजनन होता है, जिनमें समान नस्ल के जीव सम्मिलित हो, किन्तु 4-6 पीढ़ियों या भिन्न नस्लों या भिन्न प्रजातियों के लिए समान पूर्वज नहीं हो कहलाता हैं
(a) बाह्य प्रजनन (b) अन्तः प्रजनन:
(c) नियन्त्रित प्रजनन (d) संकरण

13. सामान्य रूप से भोजन का संग्रह कहाँ होता है?
(a) मृदूतक में (b) स्थूलकोण ऊतक में
(c) दृढ़ोतक में (d) दोनों (a) एवं (b) में

14. विज्ञान की वह शाखा, जो पालतू जन्तुओं की नस्ल में सुधार एवं प्रबंधन के अध्ययन से सम्बन्धित होती है, क्या कहलाती है?
(a) पशु विज्ञान (b) आनुवंशिक अभियान्त्रिकी
(c) पशुपालन (d) जन्तु विज्ञान

15. यदि किसी वस्तु का विस्थापन, समय के वर्ग के अनुक्रमानुपाती है, तब वस्तु गति करती है
(a) एकसमान गति (b) असमान गति
(c) एकसमान त्वरण (d) असमान त्वरण

16. समुद्र के जल में छिपी वस्तुओं का पता लगाने में पराश्रव्य तरंगों का उपयोग किया जाता है, क्योंकि
(a) पराश्रव्य तरंगें निम्न आवृत्ति की होती हैं
(b) पराश्रव्य तरंगें उच्च आवृत्ति की होती हैं
(c) इनकी आवृत्ति दृश्य प्रकाश की आवृत्ति के बराबर होती है
(d) उपरोक्त में से कोई नहीं

कथन-कारण प्रकार के प्रश्न

निर्देश (प्र.सं. 17-20) इस खण्ड में दिए गए प्रत्येक प्रश्न में कथन तथा कारण दिए गए हैं। प्रत्येक प्रश्न के चार विकल्प (a), (b), (c) व (d) हैं, जिनमें से केवल एक सही है।

(a) कथन (A) तथा कारण (R) दोनों सत्य हैं तथा कारण (R), कथन (A) का सही स्पष्टीकरण है।
(b) कथन (A) तथा कारण (R) दोनों सत्य हैं, परन्तु कारण (R), कथन (A) का सही स्पष्टीकरण नहीं है।
(c) कथन (A) सत्य है, परन्तु कारण (R) असत्य है।
(d) कथन (A) असत्य है, परन्तु कारण (R) सत्य है।

17. कथन (A) डिग्री सेल्सियस पर तापमान एवं डिग्री फॉरेनहाइट पर तापमान, एक-दूसरे से निम्न सम्बन्ध द्वारा सम्बन्धित होते हैं

$$°F = \frac{9}{5}(°C) + 32$$

कारण (R) डिग्री सेल्सियस एवं केल्विन पैमाने पर तापमान एक-दूसरे से निम्न सम्बन्ध द्वारा सम्बन्धित होते हैं

$$°C = K + 273.15$$

18. **कथन (A)** दृढ़ोतक पादपों को यांत्रिक सहारा प्रदान करने के साथ-साथ विषम वातावरणीय परिस्थितियों से बचाते हैं।

कारण (R) ये ऊतक मृत एवं लिग्निन युक्त होने के कारण सख्त एवं सुसंहत होते हैं।

19. **कथन (A)** वृक्क की वृक्क नलिकाओं (नेफ्रॉन) का कुण्डलित भाग सरल घनाकार उपकला ऊतक का बना होता है।

कारण (R) घनाकार उपकला का प्रमुख कार्य अवशोषण, स्रावण एवं उत्सर्जन होता है।

20. **कथन (A)** सम्पीडन और विरलन मे घनत्व और दाब का परिवर्तन होता है।

कारण (R) जब माध्यम के कण सम्पीडित होते हैं माध्यम का घनत्व बढ़ता है और जब कण फैलते हैं, तो घनत्व घटता है।

खण्ड-ख

21. क्लोरीन का इलेक्ट्रॉनिक विन्यास 2, 8, 7 होता है।

(i) इसके संयोजी इलेक्ट्रॉनों की संख्या बताइए।

(ii) क्लोरीन की संयोजकता बताइए।

22. (i) पादप में रन्ध्र कहाँ पाए जाते हैं तथा इसके कार्य लिखिए।

(ii) पादप व जन्तु कोशिका में मुख्यतया अन्तर किन कोशिकांगों के कारण होता है?

23. उपास्थि व अस्थि में दो अन्तर लिखिए।

अथवा

पौधों में सरल ऊतक जटिल ऊतक से किस प्रकार भिन्न है?

24. फसल उत्पादन में सुधार की प्रक्रिया में प्रयुक्त दो गतिविधियों का उल्लेख कीजिए।

25.

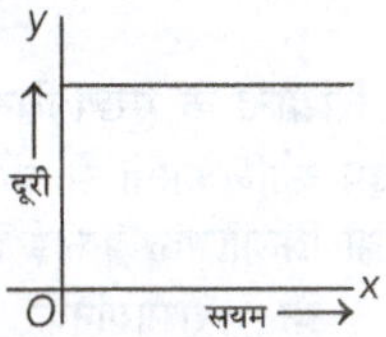

(i) किसी वस्तु की गति के विषय में आप क्या कह सकते हैं, जिसका दूरी-समय ग्राफ समय अक्ष के समान्तर एक सरल रेखा है?

(ii) जब वस्तु एकसमान गति में होती है, तब इसका मार्ग कैसा दिखाई पड़ता है?

26. 10 : 3 के अनुपात के क्षेत्रफल पर 5 : 9 के अनुपात का बल कार्यरत् है, तो दाब का अनुपात ज्ञात कीजिए।

अथवा एक लड़का 5 न्यूटन के घर्षण बल के विरुद्ध एक सरल पथ पर गतिमान है 1.5 किमी की दूरी तय करने के बाद एक 100 मी के सर्किल पर लड़का रास्ता भूल जाता है, जैसा कि चित्र में दर्शाया गया है

वह वृत्तीय पथ पर $1\frac{1}{2}$ चक्कर लगाकर 2 किमी आगे जाता है, तो उसके द्वारा कृत कार्य की गणना कीजिए।

खण्ड-ग

27. (i) एक विलयन में जल के 360 g में 50 g शक्कर घुली हुई है। इस विलयन की सान्द्रता की गणना कीजिए।

(ii) चार उर्ध्वपातजों के उदाहरण लिखिए।

28. (i) गैसे बर्तन की दीवारों पर दाब क्यों डालती हैं?

(ii) सम्पीडित गैसों के सामान्य उदाहरण दीजिए

(iii) उनके उपयोग लिखिए।

29. जैसे-जैसे पादपों की आयु बढ़ती है, तने के बाह्य सुरक्षात्मक ऊतक कॉर्क (छाल) में परिवर्तित हो जाते हैं।

(i) यह किस प्रकार होता है?

(ii) कॉर्क के दो प्रमुख लक्षण लिखिए।

अथवा निम्नलिखित हेतु वैज्ञानिक कारण बताइए।

(i) माइटोकॉण्ड्रिया की अन्त:कला अत्यधिक वलित होती है।

(ii) माइटोकॉण्ड्रिया अपने कुछ प्रोटीन्स का निर्माण स्वयं कर सकते हैं।

30. (i) न्यूटन की गति के द्वितीय नियम को समझाइए।

(ii) न्यूटन की गति के तृतीय नियम को समझाइए।

31. नीचे दिए गए सूचीबद्ध क्रियाकलापों के आधार पर तर्क दीजिए कि इनमें कार्य हो रहा है या नहीं।

(i) राजेश एक तालाब में तैर रहा है।

(ii) व्यक्ति ने अपनी पीठ पर बोझ उठा रखा है।

(iii) अनाज के दाने सूख रहे हैं।

32. निम्नलिखित स्थितियों में प्रत्येक का एक उदाहरण दीजिए।

(i) एकसमान त्वरित गति

(ii) एकसमान मन्दन गति

33. माइटोकॉण्ड्रिया की संरचना व कार्य को बताते हुए यह स्पष्ट करें कि यह कोशिका का बिजलीघर क्यों है?

खण्ड-घ

34. A तथा B को एक साथ मिलाया तथा दो भागों में बाँटा (भाग X तथा Y में)। भाग X को अत्यधिक गर्म किया। जबकि भाग Y को गर्म नहीं किया। दोनो भागों में HCl अम्ल मिलाया गया। दोनों ही प्रकरणों में C व D निकलती है।

(i) A, B, C व D को पहचानिए।
(ii) भाग X तथा भाग Y की अभिक्रिया लिखिए।
(iii) C की गंध किस प्रकार की होगी?
(iv) भाग X में उत्पन्न गैस C की अभिक्रिया लिखिए।
(v) भाग Y में उत्पन्न गैस D की अभिक्रिया लिखिए।

अथवा निम्नलिखित के सूत्र लिखिए और प्रत्येक का आणविक द्रव्यमान परिकलित कीजिए।

(i) कास्टिक पोटाश (ii) बेकिंग पाउडर
(iii) चूने का पत्थर (iv) कास्टिक सोडा
(v) एथेनॉल

35. (i) जन्तु कोशिका के स्वच्छ नामांकित चित्र की सहायता से कोशिका के प्रमुख क्रियाशील क्षेत्रों का वर्णन कीजिए।
(ii) निम्न शब्दों की व्याख्या कीजिए
(a) जीवद्रव्य (b) कोशिका द्रव्य
(c) केन्द्रक द्रव्य

अथवा (i) क्या होगा, यदि
(a) एक कील को पेड़ के तने में जमीन से 1 मीटर ऊँचा लगाते हैं, तो तीन साल बाद उसकी स्थिति होगी?
(b) पादपों में एपिडर्मिस अनुपस्थित हो?
(c) पादपों में विभज्योतक अनुपस्थित हो?
(ii) (a) विभज्योतक और स्थायी ऊतक में क्या विभिन्नता है?
(b) मृदूतक की संरचना व कार्य बताइए।

36. (i) ध्वनि के परावर्तन से क्या तात्पर्य है?
(ii) प्रतिध्वनि को विस्तारपूर्वक समझाइए।
(iii) ध्वनि के निम्न अभिलक्षणों को समझाइए।
(a) पिच (b) गुणता
(c) तीव्रता

अथवा 100 किमी के ट्रैक पर रेलगाड़ी, पहले 30 किमी दूरी एकसमान चाल 30 किमी/घण्टे से तय करती है। पूरी यात्रा के लिए औसत चाल 40 किमी/घण्टे होने के लिए शेष 70 किमी की दूरी किस चाल से तय करनी होगी?

खण्ड-ङ

निर्देश *प्रश्न संख्या 37 से 39 केस आधारित/डाटा आधारित प्रश्न हैं, जिनमें 2 से 3 लघु उप-भाग हैं। इन उप-भागों में से एक में आन्तरिक विकल्प प्रदान किया गया है।*

37. एक ही तत्व के वे परमाणु, जिनकी परमाणु संख्याएँ समान, किन्तु द्रव्यमान संख्याएँ भिन्न-भिन्न होती हैं, समस्थानिक कहलाते हैं। समस्थानिकों के नाभिक में प्रोटॉनों की संख्या समान, किन्तु उनके नाभिक में न्यूट्रॉनों की संख्या भिन्न-भिन्न होने के कारण उनकी द्रव्यमान संख्याएँ भिन्न-भिन्न होती हैं।

एक तत्व के परमाणु में 17 प्रोटॉन, 17 इलेक्ट्रॉन तथा 18 न्यूट्रॉन हैं।

(i) तत्व की द्रव्यमान संख्या का परिकलन कीजिए।
अथवा
समस्थानिक से आप क्या समझते हैं?
(ii) इसका इलेक्ट्रॉनिक विन्यास लिखिए।
(iii) तत्व की संयोजकता ज्ञात कीजिए।
(iv) तत्व की परमाणु संख्या लिखिए।

38. कोशिका सिद्धान्त का वास्तविक श्रेय एम. जे. श्लाइडेन (MJ Schleiden) तथा थिओडोर श्वान (Theodore Schwann) नामक दो वैज्ञानिकों को जाता है। तत्पश्चात् रुडोल्फ विरकोव (Rudolf Virchowe) नामक वैज्ञानिक ने सन् 1858 में कोशिका सिद्धान्त को रूपान्तरित किया।

वर्तमान में कोशिका सिद्धान्त के मुख्य बिन्दु निम्न प्रकार हैं
- सभी प्राणी एवं पादप कोशिकाओं से बने होते हैं। कोशिका जीव की संरचनात्मक तथा क्रियात्मक इकाई है।
- सभी कोशिकाओं के रासायनिक संघटन (Chemical composition) एवं उपापचय (Metabolism) क्रियाओं में मूल रूप से समानता होती है।
- नई कोशिकाओं की उत्पत्ति पहले से ही उपस्थित कोशिकाओं से होती है। कोशिका सिद्धान्त के इस तीसरे बिन्दु का विवरण रुडोल्फ विरकोव ने अपनी पुस्तक *सेलुलर पैथोलॉजी* (Cellular pathology) मे किया है। इसे 'कोशिका वंश परम्परा' भी कहते हैं।

(i) नीचे दिए गए चित्र पादप कोशिका की संरचना को दर्शाता है जिसमें कुछ संरचनाएँ (*A-E*) के रूप में नामाँकित हैं, संरचनाओं की पहचान कीजिए।

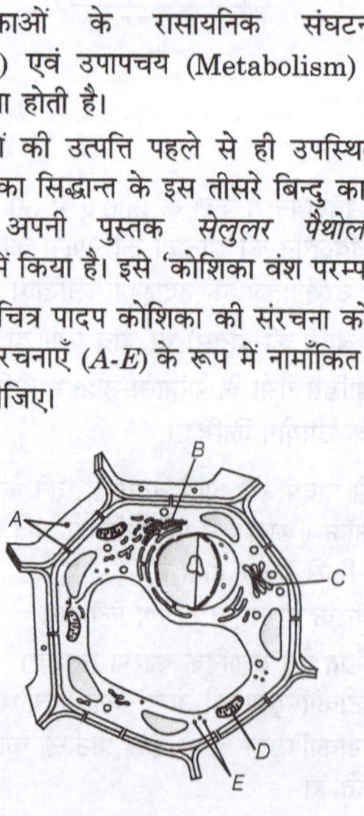

(ii) निम्नलिखित कोशिकाओं को उनके आकार के आधार पर बढ़ते हुए क्रम में लिखिए।

I. शतुरमुर्ग का अण्डा   II. माइकोप्लाज्मा
III. जीवाणु   IV. मनुष्य की तन्त्रिका कोशिका

(iii) मीसोसोम्स का क्या कार्य होता है?

(iv) प्रत्येक बहुकोशिकीय जीव एक कोशिका से ही विकसित हुआ है'' इस कथन की पुष्टि कीजिए।

अथवा

प्रत्येक जीवित कोशिका सभी मूल्यभूत कार्य किस प्रकार कर पाती है?

39. वायु में अनुदैर्ध्य ध्वनि तरंगों के संचरण से वायु के दाब में परिवर्तन होने से **सम्पीडन** व **विरलन** उत्पन्न होते हैं। यदि किसी स्वरित्र (एक सरल युक्ति है जो मानक आवृत्ति की ध्वनि उत्पन्न करती है) को कम्पित किया जाए, तो स्वरित्र की भुजा सामान्य स्थिति से बाहर की ओर अथवा अन्दर की ओर कम्पन करती है। जब स्वरित्र की भुजा बाहर की ओर कम्पन करती है, तो उसके समीप की वायु सम्पीडित होती है। यह सम्पीडन वायु में आगे बढ़ता जाता है। जब भुजा अन्दर की ओर कम्पन कर रही होती है, तो इसके समीप की वायु विस्तृत हो जाती है और स्वरित्र से उत्पन्न ध्वनि विरलन के रूप में पुन: आगे बढ़ जाती है। इस प्रकार सम्पीडन व विरलनों की शृंखला स्थापित हो जाती है तथा ध्वनि आगे संचरित होती जाती है।

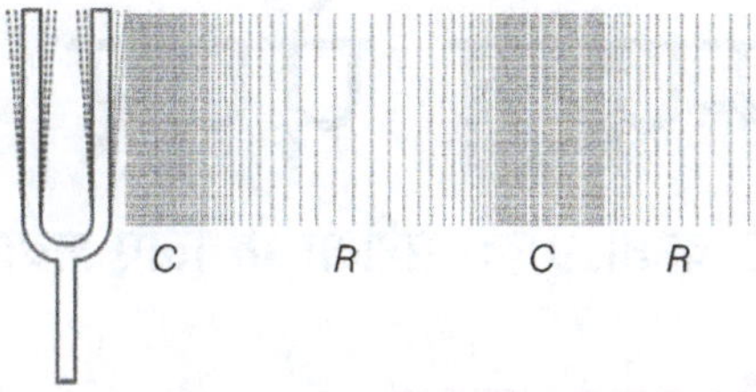

कम्पन वस्तु किसी माध्यम में सम्पीडन (C) तथा विरलन (R) की श्रेणी उत्पन्न करते हैं। जब किसी कम्पित करने वाली वस्तु से चलने वाली ध्वनि तरंगें वायु के माध्यम से हमारे कानों तक पहुँचकर, कानों के पर्दे से टकराती हैं, तो पर्दे में भी उसी प्रकार के कम्पन होने लगते हैं, जो तंत्रिकाओं द्वारा स्पंदन के रूप में हमारे दिमाग तक पहुँचते हैं व हमें ध्वनि का अनुभव होता है।

(i) किस तरंग में संपीडन और विरलन होते हैं, वह है?

(ii) अनुदैर्ध्य तरंगों में कणों के कम घनत्व वाले स्थान को क्या कहते हैं?

(iii) अनुप्रस्थ तरंगें किसमें उत्पन्न हो सकती हैं? स्पष्ट कीजिए।

अथवा

(iii) तट पर बँधी नाव से कोई तरंग टकराती है। यदि तरंग के निकटवर्ती शृंगों के मध्य दूरी 100 मी तथा तरंग वेग 25 मी/से है, तो निकटतम दो शृंगों के नाव से टकराने के मध्य लगा समय क्या होगा?

उत्तरमाला

1. (c) **2.** (d) **3.** (a) **4.** (c) **5.** (b) **6.** (d) **7.** (a) **8.** (a) **9.** (c) **10.** (c)
11. (c) **12.** (a) **13.** (a) **14.** (c) **15.** (c) **16.** (b) **17.** (c) **18.** (a) **19.** (a) **20.** (a)
21. (i) 7 (ii) 1 **27.** (i) 12.5% **39.** *अथवा* (iii) 4 सेकण्ड

सैम्पल पेपर 2

CBSE कक्षा 9 की परीक्षा के लिए नवीनतम पैटर्न पर आधारित सैम्पल पेपर

विज्ञान

- इस प्रश्न पत्र में पाँच खण्डों (क), (ख), (ग), (घ) और (ड) में बाँटा गया है। प्रश्न–पत्र में 39 प्रश्न हैं। सभी प्रश्न अनिवार्य हैं।
- **खण्ड (क)** प्रश्न में, 1 से 20 तक के सभी प्रश्न एक-एक अंक के हैं।
- **खण्ड (ख)** प्रश्न में, 21 से 26 अतिलघु उत्तरीय प्रश्न हैं, प्रत्येक के 2 अंक निर्धारित हैं। इन प्रश्नों के उत्तर 30 से 50 शब्दों के मध्य दिए जाने हैं।
- **खण्ड (ग)** प्रश्न में, 27 से 33 लघु उत्तरीय प्रश्न हैं, प्रत्येक के 3 अंक निर्धारित हैं। इन प्रश्नों के उत्तर 50 से 80 शब्दों के मध्य दिए जाने हैं।
- **खण्ड (घ)** प्रश्न में, 34 से 36 दीर्घ उत्तरीय प्रश्न हैं, प्रत्येक के 5 अंक निर्धारित हैं। इन प्रश्नों के उत्तर 80 से 120 शब्दों के मध्य दिए जाने हैं।
  खण्ड (ड) प्रश्न में, 4 अंको के उप–भागों के साथ 3 प्रश्न, स्त्रोत आधारित/केस आधारित दिए गए हैं।
- कोई समग्र विकल्प नहीं है। हालांकि, कुछ प्रश्नों में आंतरिक विकल्प दिए गए हैं, जिनमें केवल एक का उत्तर देना है।
- जहाँ कहीं आवश्यक हो, साफ–सुथरे और उचित रूप से नामांकित चित्र बनाए जाने हैं।

समय : *3* घंटे　　　　　　　　　　　　　　　　　　पूर्णांक : *80*

खण्ड–क

निर्देश *प्रश्न 1-20 में से प्रत्येक के लिए दिए गए चार विकल्पों में से सबसे उपयुक्त विकल्प को चुनकर लिखिए।*

1. 2,8,2 विन्यास वाले तत्व की संयोजकता है

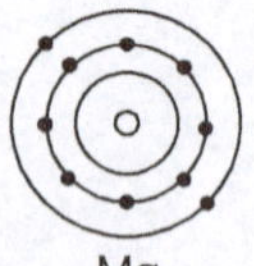

Mg

(a) 2　　(b) 4　　(c) 6　　(d) 0

2. दो परमाणु स्पीशीज़ के नाभिको का संघटन नीचे दिया गया है

	X	Y
प्रोटॉन	6	6
न्यूट्रॉन	6	8

X और Y की द्रव्यमान संख्या क्या होगी?

(a) $X = 12, Y = 14$
(b) $X = 14, Y = 12$
(c) $X = 10, Y = 12$
(d) $X = 14, Y = 10$

3. टिण्डल प्रभाव का कारण है ?

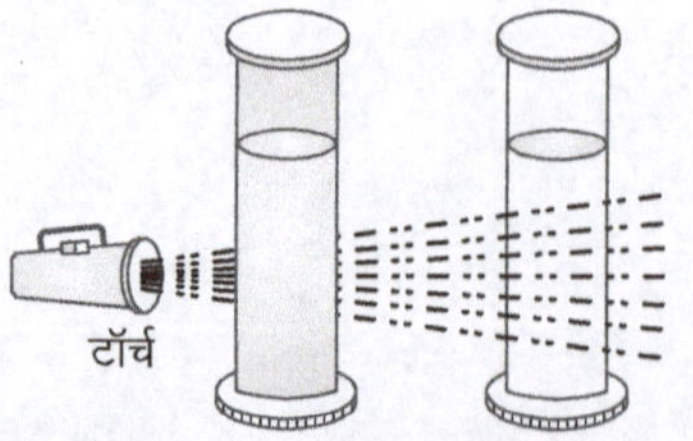

(a) प्रकाश का अपवर्तन　　(b) प्रकाश का प्रकीर्णन
(c) प्रकाश का विसरण　　(d) इनमें से कोइ नहीं

4. निम्न तत्वों से बनने वाले यौगिकों के रासायनिक सूत्र में से कौन-सा सूत्र गलत है?

(a) कैल्शियम और फ्लुओरीन
(b) हाइड्रोजन और सल्फर
(c) नाइट्रोजन और हाइड्रोजन
(d) कार्बन और क्लोरीन

(a) 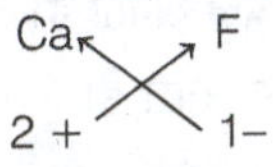

सूत्र = CaF_2

(b) 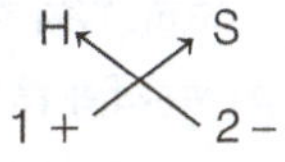

सूत्र = H_2S

(c) 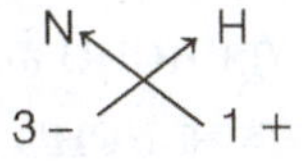

सूत्र = NH_3

(d) 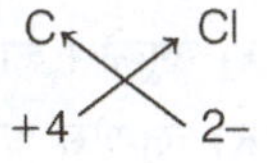

सूत्र = C_2Cl_2

5. ऑक्सीजन का अणुसूत्र ......होता है।

(a) O_2 (b) O_6
(c) O_3 (d) O

6. तत्व की परमाणु संख्या तथा द्रव्यमान संख्या क्या है? जिसकी संरचना नीचे दर्शायी गई है।

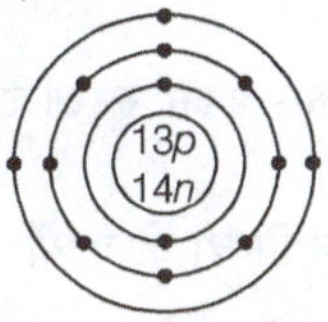

(a) 13,27 (b) 14,27
(c) 27, 13 (d) 27, 14

7. दूध से दही का बनना उदाहरण है

(a) भौतिक परिवर्तन (b) रासायनिक परिवर्तन
(c) निलबंन (d) टिण्डल प्रभाव

8. नीचे दिए हुए गॉल्जी काय की संरचना का निम्न में से कौन-सा सही नामकरण है?

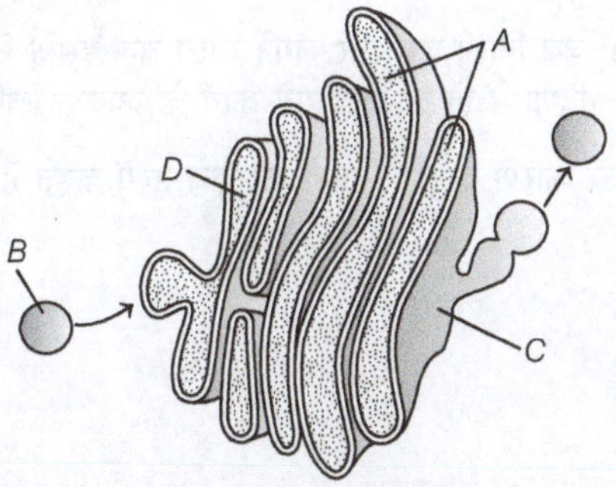

(a) A–सिस्टर्नी, B–पुटिका, C–सिस सतह, D–ट्रान्स सतह
(b) A–सिस्टर्नी, B–पुटिका, C–ट्रान्स सतह, D–सिस सतह
(c) A–नलिकाएँ, B–पुटिका, C–ट्रान्स सतह, D–सिस सतह
(d) A–पुटिका, B–सिस्टर्नी, C–सिस सतह, D–ट्रान्स सतह

9. निम्न में से प्लाज्मा झिल्ली के विषय में असत्य कथन कौन-सा है?

(a) विभिन्न प्रकार की कोशिकाओं में प्रोटीन व लिपिड का अनुपात बहुत अधिक भिन्न-भिन्न पाया जाता है।
(b) मनुष्य की RBC की झिल्ली में 52% प्रोटीन और 40% लिपिड होते हैं।
(c) आन्तरिक प्रोटीन, कला के आन्तरिक सतह पर ही उपस्थित होते हैं।
(d) लिपिड का अग्रसिरा जलस्नेही होता है।

10. दिए गए उपास्थि के अनुप्रस्थ काट के चित्र में A और B को पहचानिए।

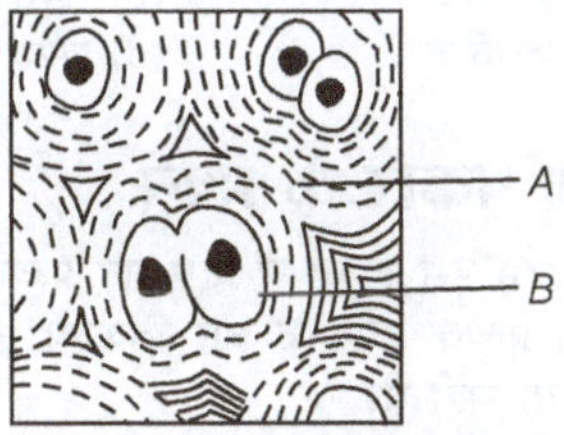

(a) A–कोलैजन, B–कॉण्ड्रोसाइट
(b) A–ओस्टियोसाइट, B–कोलैजन
(c) A–सूक्ष्मनलिका, B–ओस्टियोसाइट
(d) A–कॉण्ड्रोसाइट, B–कोलैजन

11. खरपतवार फसलों को हानि पहुँचाते हैं, क्योंकि

(a) वे अवाँछित पादप होते हैं
(b) फसलों से प्रतिस्पर्धा (पोषण के लिए) करते हैं
(c) फसलों की वृद्धि को रोक देते हैं
(d) उपरोक्त सभी

12. पशु कृषि किन उद्देश्यों के लिए की जाती है?

I. दूध उत्पादन II. कृषि कार्य
III. माँस उत्पादन IV. अंडे उत्पादन

(a) I, II तथा III (b) II, III तथा IV
(c) I, III तथा IV (d) I तथा IV

13. नीचे दिए गए तरंग प्रारूप में A तथा B के नाम हैं

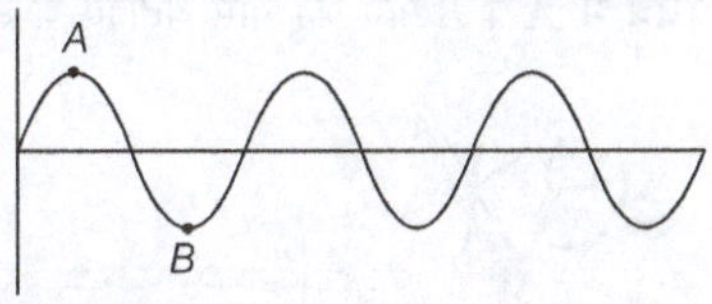

(a) A-श्रृंग, B-गर्त
(b) A-गर्त, B-श्रृंग
(c) A-उच्च बिन्दु, B-निम्न बिन्दु
(d) उपरोक्त में से कोई नहीं

14. निम्नलिखित में से किसको आत्महत्या की थैली भी कहा जाता है?

(a) राइबोसोम को (b) लाइसोसोम को
(c) केंद्रक को (d) प्लास्टिड को

15. m_1 व m_2 द्रव्यमान के दो गुटके क्षैतिज तल पर एक साथ स्थित हैं। दोनों गुटकों एवं समतल के मध्य घर्षण गुणांक समान है। क्षैतिज तल पर वे त्वरण a से गति करते हैं, तो गुटकों के मध्य उपस्थित अन्योन्य बल क्या होगा?

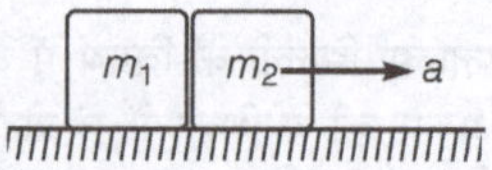

(a) शून्य, यदि केवल $m_1 = m_2$
(b) अशून्य, यदि $m_1 > m_2$
(c) अशून्य, जब $m_1 < m_2$
(d) सभी स्थितियों में शून्य

16. निम्न मधुमक्खियों में किसका व्यावसायिक स्तर पर उपयोग किया जाता है?

(a) *एपिस डॉरसेटा*
(b) *एपिस इण्डिका*
(c) *एपिस फ्लोरिया*
(d) *एपिस मेलीफेरा*

कथन-कारण प्रकार के प्रश्न

निर्देश (प्र.सं. 17-20) इस खण्ड में दिए गए प्रत्येक प्रश्न में कथन तथा कारण दिए गए हैं। प्रत्येक प्रश्न के चार विकल्प (a), (b), (c) व (d) हैं, जिनमें से केवल एक सही है।

(a) कथन (A) तथा कारण (R) दोनों सत्य हैं तथा कारण (R), कथन (A) का सही स्पष्टीकरण है।
(b) कथन (A) तथा कारण (R) दोनों सत्य हैं परन्तु कारण (R), कथन (A) का सही स्पष्टीकरण नहीं है।
(c) कथन (A) सत्य है, परन्तु कारण (R) असत्य है।
(d) कथन (A) असत्य है, परन्तु कारण (R) सत्य है।

17. कथन (A) गुरुत्वीय त्वरण का मान उस वस्तु के द्रव्यमान पर निर्भर नहीं करता, जिस पर गुरुत्वीय बल लगता है।

कारण (R) गुरुत्वीय त्वरण एक नियत राशि है।

18. कथन (A) बर्ड फ्लू रोग पोल्ट्री का रोग है।

कारण (R) यह एक जीवाणु के द्वारा उत्पन्न होता है।

19. कथन (A) ग्लूकोस का मूलानुपाती सूत्र HCHO है।

कारण (R) ग्लूकोस का आण्विक सूत्र भी HCHO होता है।

20. कथन (A) कोशिका में राइबोसोम केवल ER एवं काशिकाद्रव्य में पाए जाते हैं।

कारण (R) ER एवं कोशिकाद्रव्य में राइबोसोम को प्रोटीन संश्लेषण हेतु सभी आवश्यक घटक एवं $m-RNA$ प्राप्त होते हैं।

खण्ड–ख

21. ठोस, द्रव, गैस में अन्तर बताइए।

(i) क्वथनांक तथा गलनांक बिन्दु के आधार पर ठोस, द्रव तथा गैस भिन्न होते हैं।

(ii) शुष्क बर्फ क्या है? यह किस प्रकार बनती है?

अथवा

एक तत्व के परमाणु में 17 प्रोटॉन, 17 इलेक्ट्रॉन तथा 18 न्यूट्रॉन हैं।

(i) तत्व की द्रव्यमान संख्या का परिकलन कीजिए।

(ii) इसका इलेक्ट्रॉनिक विन्यास लिखिए।

22. दिए गए चित्र में A व B भाग का नाम बताइए व उनके कार्य बताइए।

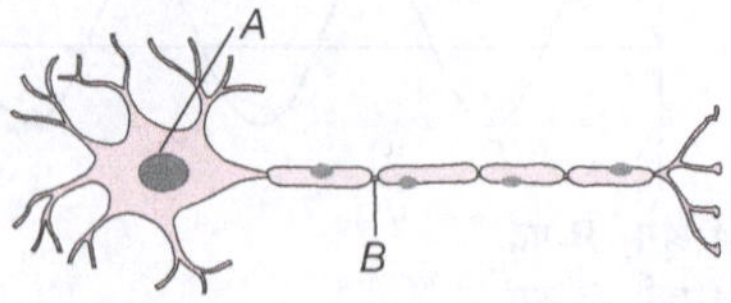

23. छाल (कॉर्क) किस प्रकार सुरक्षा ऊतक के रूप में कार्य करता है?

अथवा वसामय ऊतक के किन्हीं दो कार्यों को लिखिए।

24. लयनकाय के दो ऐसे कार्य लिखिए, जिनसे ये स्पष्ट होता है कि वे कोशिका के आत्मघाती थैले हैं।

25. (i) किए गए कार्य के अवलोकन हेतु एक छात्र प्रयोगशाला में किसी एक ब्लॉक पर चित्रानुसार बल आरोपित करता है

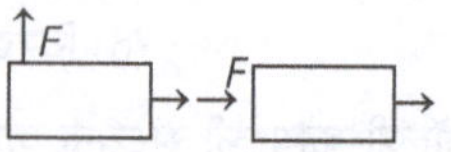

तो बताइए कि किया गया कार्य ऋणात्मक, धनात्मक या शून्य है।

(ii) जब किसी वस्तु पर लगने वाला बल इसके विस्थापन की दिशा में हो तो किये गये कार्य के व्यंजक लिखिए।

26. किस कारण अनुदैर्ध्य तरंग को दाब तरंगें कहते हैं?

खण्ड-ग

27. (i) बहुपरमाण्विक आयन की उदाहरण सहित व्याख्या कीजिए।
(ii) सिलिकॉन और ऑक्सीजन का उदाहरण लेते हुए संयोजकता की परिभाषा दीजिए।

28. Na, P तथा Cl के परमाणु क्रमांक क्रमशः 11, 15 तथा 17 हैं, तो बताइए कि निम्न में से प्रत्येक में कितने e^-, p तथा n हैं?
(i) Na^+ (ii) P (iii) Cl^-

29. कोशिका में किस कोशिकांग को कोशिका की रसोई कहते हैं? इस कोशिकांग की संरचना एवं प्रमुख कार्यों का उल्लेख कीजिए।

30. (i) एक तुला पर आप अपना द्रव्यमान 68 किग्रा तोलते हैं, क्या आपका द्रव्यमान ठीक 68 किग्रा है या उससे थोड़ा कम या अधिक है?
(ii) यदि दो वस्तुओं के क्षेत्रफल का अनुपात 10 : 3 तथा उन पर कार्यरत् बल का अनुपात 5 : 9 है, तो वस्तुओं पर कार्यरत् दाब का अनुपात क्या होगा?

31. एक कीड़ा 10 सेमी त्रिज्या के वृत्ताकार पथ पर नियत त्वरण से गति कर रहा है। यदि बिन्दु A से C तक जाने में 1 मिनट का समय लेता है, तब ज्ञात कीजिए
(i) तय दूरी (ii) चाल
(iii) विस्थापन

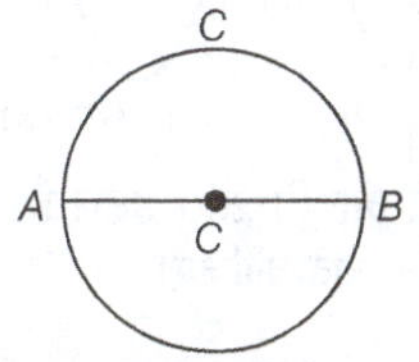

32. (i) श्रव्यता परिसर से क्या अभिप्राय है?
(ii) श्रव्यता परिसर के आधार पर ध्वनि तरंगों को वर्गीकृत करके समझाइए?

अथवा

निम्न प्रश्नों के कारण लिखिए
(i) निम्न चाल से चलने वाले वाहनों की तुलना में उच्च चाल से चलने वाले वाहनों की दुर्घटना से अधिक क्षति होती है।
(ii) जब एक मोटर कार किसी तीक्ष्ण मोड़ पर तेजी से मुड़ती है तो यात्री एक ओर गिरने लगते हैं।

33. (i) अस्थि किस प्रकार का ऊतक है?
(ii) अस्थि की कठोर आधात्री किससे बनी होती है?
(iii) कण्डरा एवं स्नायु के कार्य लिखिए।

खण्ड-घ

34. यदि तत्व X (परमाणु क्रमांक 12) दूसरे तत्व Y (इलेक्ट्रॉनिक विन्यास 2, 8, 7) से संयोग कर निर्मित यौगिक का सूत्र XY_2 होगा।
(i) X की संयोजकता बताइए जब द्रव्यमान संख्या 26 हो।
(ii) Y की संयोजकता बताइए, जिसका इलेक्ट्रॉनिक विन्यास 2, 8, 7 है।
(iii) X में न्यूट्रॉनों की संख्या ज्ञात करें।

अथवा

(i) बोर द्वारा प्रस्तुत परमाणु मॉडल में कितने ऊर्जा स्तर बताए गए हैं। चित्र सहित समझाइए तथा इसके मुख्य बिंदुओं पर प्रकाश डालिए।
(ii) परमाणु के किस भाग में संपूर्ण धनावेश व द्रव्यमान एकत्रित रहता है? इसका स्पष्टीकरण किस प्रयोग द्वारा होता है?

35. "उर्वरकों का लगातार उपयोग मृदा के उपजाऊपन को नष्ट करता है।" इसलिए उर्वरकों के लगातार उपयोग को विभिन्न फसल प्रारूपों से प्रतिस्थापित किया गया है।
(i) तीन मुख्य फसल प्रारूपों की तकनीकी बताइए।
(ii) उनके महत्व की विवेचना कीजिए।
(iii) बीमार पशुओं की पहचान कैसे कर सकते हैं?

अथवा

(i) क्या होगा, यदि
(a) लाइसोसोम को शरीर से बाहर निकाल दें?
(b) पादप कोशिकाओं में वृहद् के स्थान पर छोटी रिक्तियाँ पाई जाएँ?
(c) सूखी किशमिश को कुछ देर सादे जल में रखे तत्पश्चात् इस फूली हुई अवस्था में सान्द्र नमक के घोल में रखा जाए?
(ii) जन्तु कोशिका का स्वच्छ नामांकित चित्र बनाइए व कोशिका के प्रमुख क्रियाशील क्षेत्रों का वर्णन कीजिए।

36. (i) किसी व्यक्ति का औसत श्रव्य परास 20 Hz से 20 kHz है। इन दो आवृत्तियों के लिए ध्वनि तरंगों की तरंगदैर्ध्य ज्ञात कीजिए। वायु में ध्वनि का वेग 344 मी/से है।
(ii) चित्र में प्रदर्शित आवर्ती गति के लिए तरंग की आवृत्ति तथा आवर्तकाल का मान ज्ञात करें।

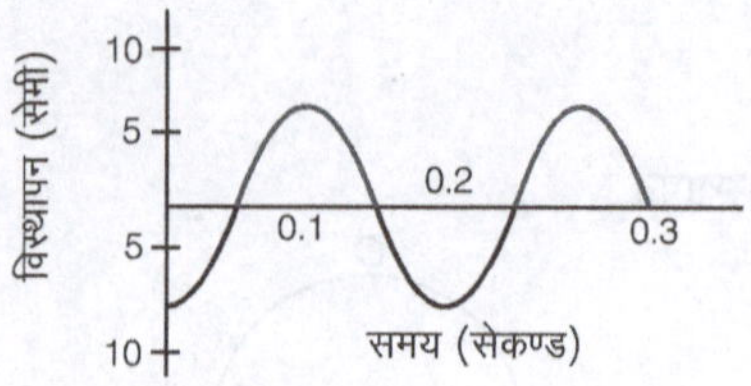

(iii) एक तरंग की आवृत्ति 200 हर्ट्ज है और तरंगदैर्ध्य 4 मी है। तरंग की चाल ज्ञात कीजिए।

अथवा

निम्न के कारण स्पष्ट कीजिए।

(i) ऊँची हील के जूतों की अपेक्षा चपटी हील के जूतों द्वारा रेत पर चलना आसान होता है।

(ii) रेल की पटरियाँ बड़े आकार की लकड़ी के स्लीपर पर बिछाई जाती हैं।

खण्ड-ड

निर्देश *प्रश्न संख्या 37 से 39 केस आधारित/डाटा आधारित प्रश्न हैं, जिनमें 2 से 3 लघु उप-भाग हैं। इन उप-भागों में से एक में आन्तरिक विकल्प प्रदान किया गया है।*

37. मिश्रण दो अथवा दो से अधिक प्रकार के द्रव्यों को किसी भी अनुपात में मिलने से बने पदार्थ मिश्रण कहलाते हैं। इन्हें सामान्य भौतिक विधियों द्वारा पृथक् किया जा सकता है।

1. **समांगी मिश्रण** वह मिश्रण जिसके प्रत्येक भाग का संघटन तथा गुणधर्म समान हो, समांगी मिश्रण कहलाता है। इसके विभिन्न अवयवों की सीमाओं को पृथक् रूप से नहीं देखा जा सकता है।
2. **विषमांगी मिश्रण** वह मिश्रण जिसका प्रत्येक भाग एकसमान नहीं होता, विषमांगी मिश्रण कहलाता है। इसकी संरचना एकसमान नहीं होती है। इसके विभिन्न अवयवों के बीच पृथक्करण सीमा स्पष्ट दिखाई नहीं देती है।

(i) एक कोलाइडल किस प्रकार का मिश्रण होता है?

(ii) समांगी मिश्रण के दो उदाहरण लिखिए।

अथवा

(ii) विषमांगी मिश्रण के दो उदाहरण लिखिए।

(iii) ठोस-ठोस विलयन किसका उदाहरण है?

38. पुष्पीय पौधों में अनेक कोशिकाएँ समूहों के रूप में पाई जाती हैं, जिनमें प्रत्येक समूह की कोशिकाएँ सामूहिक रूप से एक विशिष्ट कार्य में संलग्न होती हैं। दूसरे शब्दों में, कोशिकाओं के समूहों में श्रम विभाजन पाया जाता है अर्थात् विभिन्न जैविक क्रियाओं के निष्पादन हेतु कोशिकाओं के पृथक्-पृथक् समूह बने होते हैं। 'समान अथवा विभिन्न प्रकार की कोशिकाओं का समूह, जो रचना, उत्पत्ति (उद्गम) एवं कार्य में समान होता है, **ऊतक** (Tissue) कहलाता है।'

ऊतक शब्द **एन ग्रेव** ने दिया। समान या असमान पादप कोशिकाओं के समूह, ऊतक में परस्पर उचित समन्वयन हेतु प्लाज्मोडेस्मेटा के द्वारा जुड़ी रहती है। ऊतकों का अध्ययन **औतिकी** (Histology) कहलाता है। ऊतक अध्ययन के लिए सूक्ष्मदर्शी का प्रयोग किया जाता है। विकास के आधार पर ऊतकों को विभज्योतकी (Meristematic) तथा स्थायी (Permanent) ऊतकों में विभाजित किया जाता है।

(i) विभज्योतक, जो विशेषतया तना तथा मूल के परिपक्व क्षेत्रों में उपस्थित होते है तथा काष्ठीय अक्ष का निर्माण करते हैं और प्राथमिक विभज्योतक के बाद दिखाई देते हैं, ये क्या कहलाते हैं?

(ii) I. ये ऊतक परतों या आवरणों के रूप में पाए जाते हैं।
II. यह कोशिकाओं से बनी होती है, जो किनारों से मोटी होती है।
III. इनमें सामान्यतया हरितलवक होता है।
IV. अन्तराकोशिकीय अवकाश अनुपस्थित होता है।
V. ये पादप की वृद्धि करने वाले भागों को यान्त्रिक सहारा देते हैं।
उपरोक्त लक्षण किस ऊतक की विशेषता बताते हैं

(iii) दिए गए फ्लोएम के चित्र में A, B तथा C को पहचानिए।

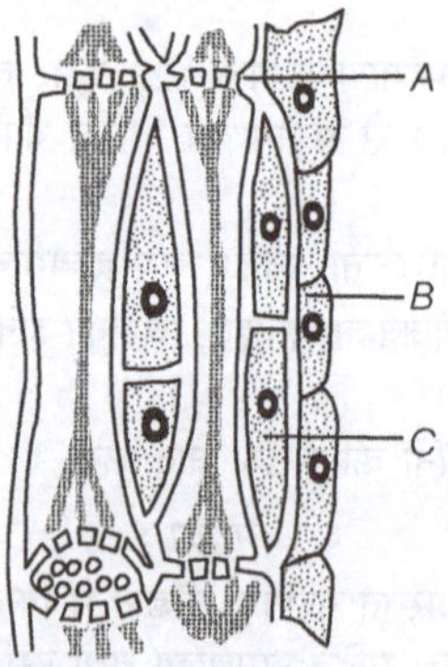

(iv) शीर्ष विभज्योतक और अन्तर्वेशी विभज्योतक प्राथमिक विभज्योतक क्यों कहलाते हैं?

अथवा I. प्राथमिक तथा द्वितीयक फ्लोएम द्वितीयक जाइलम के निरन्तर बनने तथा जमाव के कारण धीरे-धीरे चूरा हो जाता है।
II. प्राथमिक जाइलम केन्द्र में या नजदीक अधिक या कम अक्षत रहता है।
III. द्वितीयक वृद्धि के परिणामस्वरूप अक्ष की लम्बाई में वृद्धि होती है।
इनमें से सही कथन कौन से हैं?

39. कम्पन के कारण ध्वनि उत्पन्न होती है। जब एक वस्तु कम्पित होती है, तो वह माध्यम के कणों में विक्षोभ उत्पन्न करती है। माध्यम ठोस, द्रव या गैस हो सकता है। माध्यम कण, जल के कारण कम्पित होते हैं तथा माध्य स्थिति से विस्थापित होकर कम्पन करते हैं तथा माध्यम के कणों द्वारा ऊर्जा का स्थानान्तरण होता है। यह कम्पित कण श्रोता के कानों में संवेदना उत्पन्न करते हैं। जब कम्पन माध्यम में गमन करते हैं, तो बिना किसी पदार्थ के स्थानान्तरण के कम्पन चित्रानुसार स्थानान्तरित होते हैं।

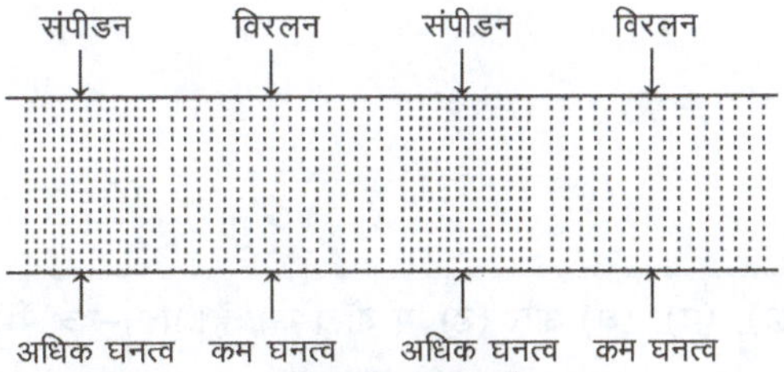

ध्वनि तरंग का प्रदर्शन

(i) यांत्रिक तरंगें किसमें संचरित होती हैं?

(ii) जब ध्वनि तरंगें वायु में संचरित होती हैं, तो निम्न में से किसका स्थानान्तरण होता है?

(iii) यदि एक इलेक्ट्रिक घण्टी को एक जार में रखकर बजाया जाता है, तो उसकी ध्वनि बाहर सुनाई नहीं देती है, कारण बताइए

(iv) सम्पीडन एवं विरलन में अंतर बताइए।

अथवा

(iv) ध्वनि तरंगों की प्रकृति को समझाइए

उत्तरमाला

1. (a) **2.** (a) **3.** (b) **4.** (d) **5.** (a) **6.** (a) **7.** (b) **8.** (b) **9.** (c) **10.** (a)
11. (d) **12.** (c) **13.** (a) **14.** (b) **15.** (d) **16.** (d) **17.** (c) **18.** (c) **19.** (c) **20.** (d)
28. (i) 23, (ii) 31, (iii) 35 **30.** (ii) 1 : 6 **31.** (i) 31.4 सेमी, (ii) 31.4 सेमी 1 मिनट, (iii) 20 सेमी
36. (i) 7.2 मी, 0.017 मी (ii) 5 प्रति सेकण्ड (iii) 800 मी/से

सैम्पल पेपर 3

CBSE कक्षा 9 की परीक्षा के लिए नवीनतम पैटर्न पर आधारित सैम्पल पेपर

विज्ञान

- इस प्रश्न पत्र में पाँच खण्डों (क), (ख), (ग), (घ) और (ड) में बाँटा गया है। प्रश्न-पत्र में 39 प्रश्न हैं। सभी प्रश्न अनिवार्य हैं।
- **खण्ड (क)** प्रश्न में, 1 से 20 तक के सभी प्रश्न एक-एक अंक के हैं।
- **खण्ड (ख)** प्रश्न में, 21 से 26 अतिलघु उत्तरीय प्रश्न हैं, प्रत्येक के 2 अंक निर्धारित हैं। इन प्रश्नों के उत्तर 30 से 50 शब्दों के मध्य दिए जाने हैं।
- **खण्ड (ग)** प्रश्न में, 27 से 33 लघु उत्तरीय प्रश्न हैं, प्रत्येक के 3 अंक निर्धारित हैं। इन प्रश्नों के उत्तर 50 से 80 शब्दों के मध्य दिए जाने हैं।
- **खण्ड (घ)** प्रश्न में, 34 से 36 दीर्घ उत्तरीय प्रश्न हैं, प्रत्येक के 5 अंक निर्धारित हैं। इन प्रश्नों के उत्तर 80 से 120 शब्दों के मध्य दिए जाने हैं।
  खण्ड (ड) प्रश्न में, 4 अंको के उप-भागों के साथ 3 प्रश्न, स्त्रोत आधारित/केस आधारित दिए गए हैं।
- कोई समग्र विकल्प नहीं है। हालांकि, कुछ प्रश्नों में आंतरिक विकल्प दिए गए हैं, जिनमें केवल एक का उत्तर देना है।
- जहाँ कहीं आवश्यक हो, साफ-सुथरे और उचित रूप से नामांकित चित्र बनाए जाने हैं।

समय : *3* घंटे पूर्णांक : ***80***

खण्ड-क

निर्देश *प्रश्न 1-20 में से प्रत्येक के लिए दिए गए चार विकल्पों में से सबसे उपयुक्त विकल्प को चुनकर लिखिए।*

1. एक उदासीन परमाणु बना होता है

हाइड्रोजन का उदासीन परमाणु

(a) केवल प्रोटॉन (b) न्यूट्रॉन + प्रोटॉन
(c) न्यूट्रॉन + इलेक्ट्रॉन (d) न्यूट्रॉन + प्रोटॉन + इलेक्ट्रॉन

2. कैथोड किरणों के लिए कौन-सा कथन असत्य है?

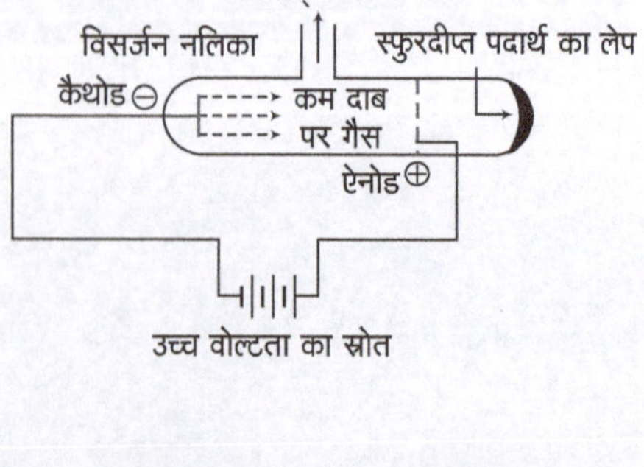

(a) सीधी रेखा में कैथोड की ओर चलती हैं
(b) ऊष्मा उत्पन्न करती है
(c) ऋणावेश रहता है
(d) उच्च परमाणु भार वाली धातु से टकराकर X-किरणें उत्पन्न करती हैं

3. परमाणुओं के लिए इलेक्ट्रॉनों का वितरण निम्नलिखित है

	परमाणु संख्या	इलेक्ट्रॉन वितरण		
		K	*L*	*M*
A	6	2	4	1
B	11	2	8	

परमाणु *A* और *B* की पहचान करें
(a) *A* = कार्बन *B* = सोडियम
(b) *A* = बोरॉन *B* = सोडियम
(c) *A* = कार्बन *B* = ऑर्गन
(d) *A* = नाइट्रोजन *B* = मैग्नीशियम

4. किसी तत्व के समस्थानिक $_nX^m$ में न्यूट्रॉनों की संख्या होगी
(a) $m+n$ (b) m
(c) n (d) $m-n$

5. नीचे दिए चित्र द्वारा परमाणु X की परमाणु संख्या, द्रव्यमान संख्या होती है

(a) 8,16 (b) 10,18

(c) 18, 8 (d) 18,10

6. चिह्न H,D और T के लिए प्रत्येक में पाए जाने वाले तीन अवपरमाणुक कणों को सारणीबद्ध कीजिए

चिह्न	प्रोटॉन	न्यूट्रॉन	इलेक्ट्रॉन
${}_1H^1$	1	0	1
${}_1D^2$	1	1	x
${}_1T^1$	1	2	1

उपरोक्त चित्र में x का मान होता है

(a) 2 (b) 1

(c) 0 (d) 3

7. हीलियम परमाणु का परमाणु द्रव्यमान 4 u है और उसके नाभिक में दो प्रोटॉन होते हैं। इसमें कितने न्यूट्रॉन होगें ?

(a) 3 (b) 2 (c) 1 (d) 4

8. निम्न आरेख माइटोकॉण्ड्रिया (अनुदैर्ध्य काट) में विभिन्न भागों को दर्शाता है। इनमें से A से E संरचना को पहचानिए

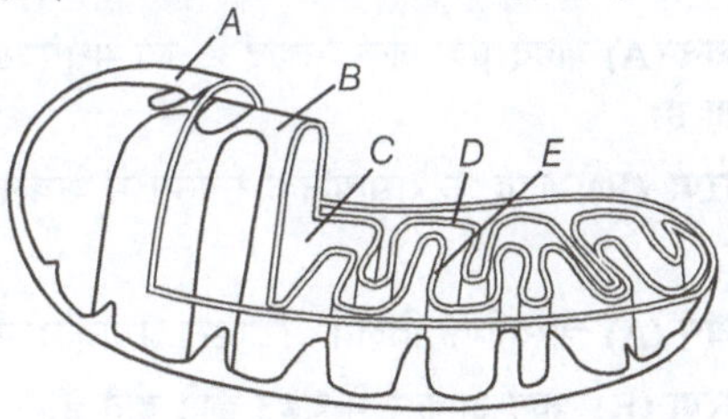

(a) A–बाह्य झिल्ली, B–भीतरी झिल्ली, C–अधात्री, D–अन्त: झिल्ली अवकाशिका, E–क्रिस्टी

(b) A–बाह्य झिल्ली, B–भीतरी झिल्ली, C–अन्तर झिल्ली अवकाशिका, D–अधात्री, E–क्रिस्टी

(c) A–बाह्य झिल्ली, B–भीतरी झिल्ली, C–अधात्री, D–क्रिस्टी, E–अन्तर झिल्ली अवकाशिका

(d) A–बाह्य झिल्ली, B–भीतरी झिल्ली, C–क्रिस्टी, D–अधात्री, E–अन्तर झिल्ली अवकाशिका

9. चित्र A, B तथा C में दिए गए सरल ऊतकों के प्रकारों को पहचानिए

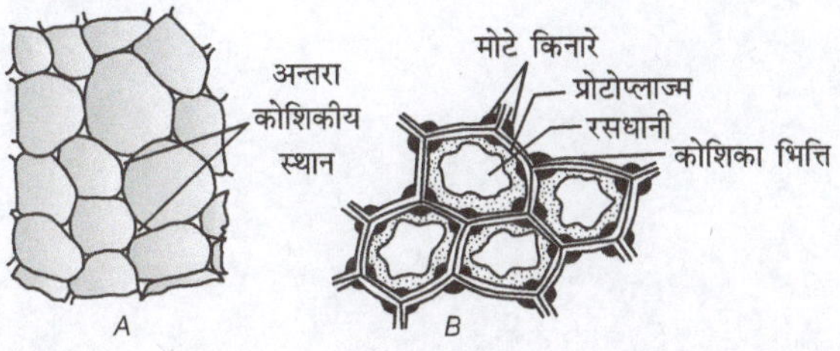

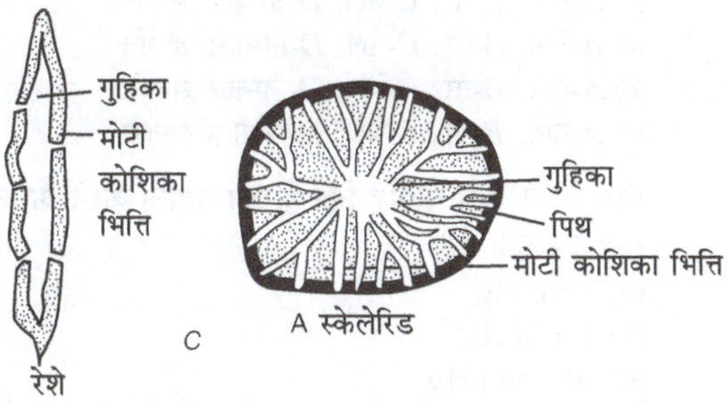

(a) A–मृदूतक, B–दृढ़ोतक, C–स्थूलकोण ऊतक

(b) A–मृदूतक, B–स्थूलकोण ऊतक, C–दृढ़ोतक

(c) A–दृढ़ोतक, B–स्थूलकोण ऊतक, C–मृदूतक

(d) A–दृढ़ोतक, B–मृदूतक, C–स्थूलकोण ऊतक

10. निम्न में से असत्य युग्म चुनिए

(a) कोशिका झिल्ली की संरचना के अध्ययन के लिए सबसे उपयुक्त पदार्थ है—मनुष्य की लाल रुधिर कणिकाएँ (RBC)।

(b) कोशिका झिल्ली में लिपिड की व्यवस्था—द्विसतह में।

(c) कोशिका झिल्ली में लिपिड की अधिकता होती है—फॉस्फोलिपिड।

(d) कोशिका झिल्ली संगठन—कार्बोहाइड्रेट्स + केवल लिपिड पाया जाता है।

11. भारतीय पालतू पशुओं की दो मुख्य जातियाँ हैं

I. बॉस इंडिकस II. बॉस बुबेलिस

III. बॉस डोमेस्टिका IV. बॉस वुल्गेरिस

(a) I तथा II (b) II, तथा III

(c) III तथा IV (d) I तथा IV

12. परासरण के विषय में निम्न से कौन-सा कथन असत्य है?

(a) यह विसरण का विशेषण रूप है।

(b) इसका तात्पर्य सान्द्रता प्रवणता के अनुसार जल के गमन से है।

(c) इसमें जल का निष्क्रिय अभिगमन होता है।

(d) ये झिल्ली के वाहक प्रोटीन के द्वारा सम्पन्न होता है, जिसमें ATP की आवश्यकता पड़ती है।

13. यदि दो वस्तुओं (द्रव्यमान m_1 तथा m_2) के मध्य दूरी एकांक है, तो उनके मध्य कार्यरत् गुरुत्वाकर्षण बल सम्बन्धित निम्न में से कौन-सा विकल्प सत्य है?

(a) Gm_1m_2 (b) $\frac{G}{m_1m_2}$

(c) Gm_1 (d) m_1m_2

14. मवेशी की स्थिति (case) में एक उन्नत मादा A है, जो प्रत्येक दूध स्त्रावण (lactation) में अधिक दूध उत्पन्न करती है। दूसरी ओर एक बेहतर ...B..., ...C... है, जो अन्य नरों की अपेक्षा ...D... उत्पन्न करता है, यहाँ A से D तक अभिप्राय है

(a) A-गाय, B-नर, C-बैल, D-उच्चतर सन्तति
(b) A-भैंस, B-नर, C-बैल, D-निम्नतर सन्तति
(c) A-गाय, B-नर, C-बैल, D-निम्नतर सन्तति
(d) A-गाय, B-नर, C-बैल, D-सामान्य सन्तति

15. विसर्जन नली में कैथोड किरणों को उत्पन्न करने के लिए कौन-सा वायुदाब सही है?
(a) 1 cm Hg
(b) 1 mm Hg
(c) 0.001 cm Hg
(d) 0.001 mm Hg

16. एक 40 किग्रा की पट्टिका घर्षण रहित तल पर स्थित है। एक 10 किग्रा का गुटका पट्टिका के ऊपर रखा है। गुटके व पट्टिका के मध्य स्थैतिक घर्षण गुणांक 0.60 तथा गतिक घर्षण गुणांक 0.40 है। 10 किग्रा के गुटके पर क्षैतिज दिशा में 100 न्यूटन का बल आरोपित किया जाता है। यदि $g = 9.8$ मी/से^{2} हो तो पट्टिका का परिणामी त्वरण होगा

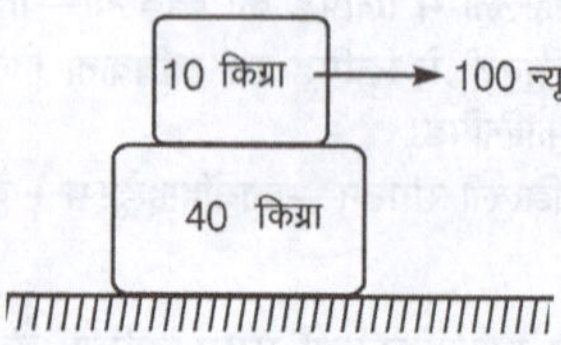

(a) 0.98 मी/से^{2}
(b) 1.47 मी/से^{2}
(c) 1.52 मी/से^{2}
(d) 6.1 मी/से^{2}

कथन-कारण प्रकार के प्रश्न

निर्देश (प्र.सं. 17-20) इस खण्ड में दिए गए प्रत्येक प्रश्न में कथन तथा कारण दिए गए हैं। प्रत्येक प्रश्न के चार विकल्प (a), (b), (c) व (d) हैं, जिनमें से केवल एक सही है।

(a) कथन (A) तथा कारण (R) दोनों सत्य हैं तथा कारण (R), कथन (A) का सही स्पष्टीकरण है।
(b) कथन (A) तथा कारण (R) दोनों सत्य हैं परन्तु कारण (R), कथन (A) का सही स्पष्टीकरण नहीं है।
(c) कथन (A) सत्य है, परन्तु कारण (R) असत्य है।
(d) कथन (A) असत्य है, परन्तु कारण (R) सत्य है।

17. कथन (A) अस्थि में ठोस मैट्रिक्स पाया जाता है जिसमें मुख्यतया कैल्शियम एवं फॉस्फोरस के लवण पाए जाते हैं।
कारण (R) अस्थि में विशेष प्रोटीन युक्त मैट्रिक्स ओसीन पाया जाता है।

18. कथन (A) किसी गतिमान पिण्ड का विस्थापन शून्य हो सकता है जबकि पिण्ड द्वारा चली दूरी शून्य न हो।
कारण (R) गतिमान पिण्ड के अन्तिम तथा प्रारम्भिक स्थितियों के बीच की न्यूनतम दूरी विस्थापन कहलाती है।

19. कथन (A) शहद एक जन्तु उत्पाद है, जो मधुमक्खी द्वारा उत्पन्न होता है।
कारण (R) शहद के रासायनिक संगठन में केवल शर्कराएँ होती है।

20. कथन (A) वास्तविक विलयन टिण्डल प्रभाव दर्शाते हैं।
कारण (R) कण आकार में बहुत छोटे होते हैं।

खण्ड-ख

21. किसी छात्र को लोहे की छीलन एवं सल्फर का मिश्रण दिया गया। उस मिश्रण को गर्म करने के पश्चात् उससे निम्न प्रश्नों के उत्तर देने के लिए कहा गया
(i) उस पर चुम्बक का प्रभाव लिखिए।
(ii) उस पर कार्बन डाइसल्फाइड की क्रिया लिखिए।

अथवा

(i) किसी तालाब के जल में रेत के कण, चिकनी मिट्टी के कण, नमक, कागज के टुकड़े और कुछ वायु के बुलबुले हैं। इनमें से विलायक, विलेय, कोलॉइड एवं निलंबन, प्रत्येक का एक उदाहरण चुनिए।
(ii) निम्नलिखित में से प्रत्येक का एक उदाहरण दीजिए
(a) गैस का द्रव में विलयन
(b) दो ठोसों का विलयन
(c) दो गैसों का विलयन

22. कक्षा 9 की एक कुशाग्र छात्रा को स्थायी ऊतक कोशिका की स्लाइडें प्रदान की गई तथा निर्देश दिया गया कि आपको दिया गया प्रायोगिक पदार्थ (स्लाइडें) एक जन्तु कोशिका एवं दूसरी पादप कोशिका की हैं तथा इनका विभेदन कोशिका भित्ति की उपस्थिति तथा अनुपस्थिति के अतिरिक्त किसी अन्य कोशिकांग की स्थिति, आकार या संरचना के आधार पर कीजिए। स्लाइडों के विभेदन का आधार क्या होगा?

23. नीचे ऊतकों की विशेषताएँ दी गई हैं, इन विशेषताओं के आधार पर ऊतक पहचान कर लिखिए।
यह चार तरह की कोशिका से बना होता है, जिसमें सिर्फ एक प्रकार की कोशिका जीवित होती है।

अथवा

ये ऊतक हॉर्मोन्स, एन्जाइम्स, पाचक रस आदि स्रावण करती हैं।

24. वर्मीकम्पोस्ट व हरित खाद से आप क्या समझते हैं?

25. दो कारों की दूरी-समय ग्राफ नीचे दिखाया गया है। दोनों एकसाथ एक ही दिशा में चलना प्रारम्भ करती हैं।

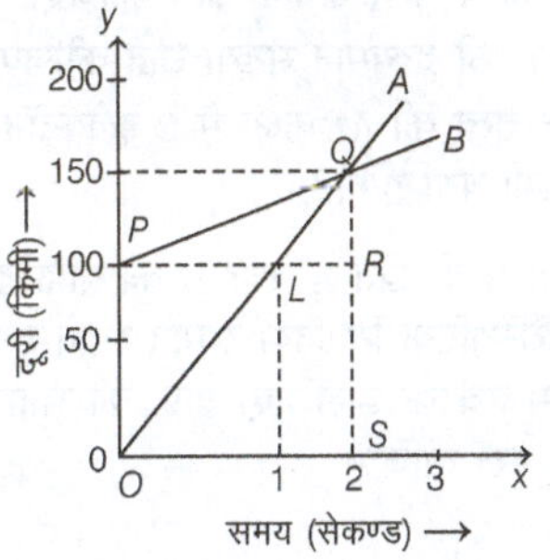

(i) जब गति प्रारम्भ होती है, तो B, A से कितनी आगे है?
(ii) B की चाल कितनी है?
(iii) A, B को कब और कहाँ पकड़ेगी?

26. बल द्वारा कृत कार्य को किस प्रकार मापा जाता है? एक कुली 20 किग्रा भार को धरातल से 1.7 मीटर ऊपर उठाकर अपने सिर पर रखता है, तो कुली द्वारा भार पर कृत कार्य की गणना कीजिए। ($g = 10$ मी से$^{-2}$)

खण्ड-ग

निर्देश *प्रश्न संख्या 37 से 39 केस आधारित/डाटा आधारित प्रश्न हैं, जिनमें 2 से 3 लघु उप-भाग हैं। इन उप-भागों में से एक में आन्तरिक विकल्प प्रदान किया गया है।*

27. (i) एक अकार्बनिक यौगिक में Na = 29.11% तथा S = 40.51% हैं, यौगिक का सूत्र ज्ञात कीजिए।
(ii) पोटैशियम क्लोरेट का अणुभार ज्ञात कीजिए।
[K = 39, Cl = 35.5, O = 16]

28. (i) तत्व को परिभाषित कीजिए।
(ii) निम्नलिखित में से अधातु छाँटिए।
कार्बन, पोटैशियम, सिलिकॉन, क्लोरीन, मर्करी
(iii) दी गई रासायनिक अभिक्रिया $2H_2 + O_2 \longrightarrow 2H_2O$ (जल) द्वारा निर्दिष्ट दो बिन्दुओं को लिखिए।

29. निम्नलिखित कोशिकांगों पर संक्षिप्त टिप्पणी लिखे।
(i) आत्मघाती थैली (ii) कोशिका का बिजलीघर
(iii) श्वेत व रंगहीन प्लास्टिड

30. (i) एक व्यक्ति को अपने घर से ऑफिस पहुँचने में 20 मिनट लगते हैं। यदि ऑफिस घर से 4 किमी दूर हो, तो उसकी औसत चाल का मान ज्ञात कीजिए।
(ii) 2 मी/से की चाल से गतिमान वस्तु की गतिज ऊर्जा 5 जूल है। वस्तु का द्रव्यमान कितना है?

अथवा मनुष्य 6 सेकण्ड में 120 जूल कार्य सम्पन्न करता है। मनुष्य की शक्ति ज्ञात कीजिए।

31. दो वस्तुओं के बीच लगने वाले गुरुत्वाकर्षण बल का सूत्र क्या होगा, यदि
(i) वस्तु का द्रव्यमान दोगुना कर दिया जाए?
(ii) वस्तुओं के बीच की दूरी को दोगुना कर दिया जाए?

32 (i) मुक्त पतन से क्या तात्पर्य है?
(ii) सिद्ध कीजिए कि मुक्त पतन से गिरती हुई वस्तु पर लगने वाला त्वरण वस्तु के द्रव्यमान पर निर्भर नहीं करता है।
(iii) मुक्त पतन के लिए गति के समीकरण बताइए

33. मिश्रित फसलीकरण किसे कहते हैं? इसके क्या लाभ हैं?

खण्ड-घ

34. (i) यदि 10,000 ग्राम की एक वस्तु का आयतन 500 सेमी^{3} है, तो इस वस्तु द्वारा विस्थापित जल का द्रव्यमान कितना होगा?

(ii) यदि किस वस्तु का आयतन 40 मी^{3} है तथा इसका घनत्व 200 किग्रा/मी^{3} है, तो वस्तु का द्रव्यमान क्या होगा?

अथवा (i) समान परमाणु क्रमांक के दो परमाणुओं X और Y की द्रव्यमान संख्याएँ क्रमश: 206 व 210 हैं। यदि X के नाभिक में 126 न्यूट्रॉन हैं,

(i) Y के नाभिक में न्यूट्रॉनों की संख्या ज्ञात कीजिए।

(ii) उनका परमाणु क्रमांक ज्ञात कीजिए।

(iii) X, Y की द्रव्यमान संख्या ज्ञात कीजिए।

(iv) एक तत्व की M कक्षा में 2 इलेक्ट्रॉन हैं। तत्व की परमाणु संख्या क्या होगी?

35. नीचे चित्र में दो खेत A तथा B को ग्राफ द्वारा दर्शाया गया है। सभी पारिस्थितिक स्थितियाँ समान रखते हुए खेत A में खाद तथा खेत B में उर्वरक डाले गए। ग्राफ की सहायता से निम्नलिखित प्रश्नों के हल दीजिए।

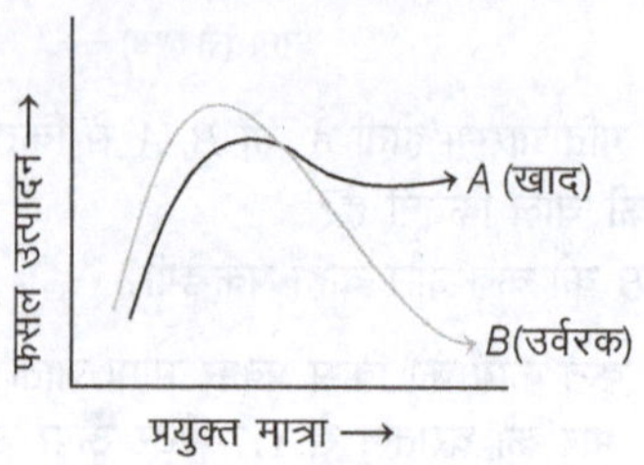

(i) खेत B में उत्पादन में अचानक बढ़ोत्तरी और फिर अचानक कमी क्यों होती है?

(ii) खेत A में उत्पादन वृद्धि लम्बे समय तक क्यों रहती है?

(iii) दोनों खेतों के फसल पैटर्न अलग होने के क्या कारण हैं?

अथवा

(i) स्थूलकोण ऊतक की संरचना बताइये।

(ii) स्थूलकोण ऊतक के कार्य बताइये।

36. (i) जब हम किसी सरल लोलक के गोलक को एक ओर ले जाकर छोड़ते हैं, तो यह दोलन करने लगता है। इसमें होने वाले ऊर्जा परिवर्तनों की चर्चा करते हुए ऊर्जा संरक्षण के नियम को स्पष्ट कीजिए।

(ii) चाल-समय ग्राफ की प्रकृति के संदर्भ में आप क्या कह सकते हैं?

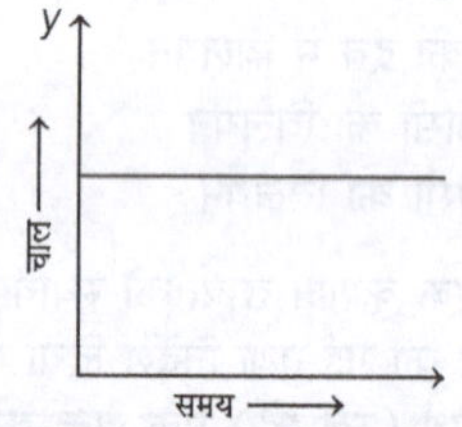

(iii) एक बस की गति 5 सेकण्ड में 80 किमी/ घंटा से घटकर 60 किमी/घंटा हो जाती है। बस का त्वरण ज्ञात कीजिए

अथवा

(i) तत्व क्या है ?

(ii) तीन मुख्य प्रकार के तत्व क्या है ?

(iii) प्रत्येक प्रकार के तत्व के गुण लिखिए।

खण्ड-ङ

निर्देश *प्रश्न संख्या 37 से 39 केस आधारित/डाटा आधारित प्रश्न हैं, जिनमें 2 से 3 लघु उप-भाग हैं। इन उप-भागों में से एक में आन्तरिक विकल्प प्रदान किया गया है।*

37. शुद्ध पदार्थ वह है जो केवल एक प्रकार के कणों से बना होता है। ये कण, परमाणु अथवा अणु हो सकते हैं। उदाहरणार्थ, गन्धक तत्व केवल एक प्रकार के कणों से बना हुआ है, इसलिए गन्धक एक शुद्ध पदार्थ है। उसी प्रकार, जल केवल एक प्रकार के कणों से बना है, इसलिए जल एक शुद्ध पदार्थ है। सभी तत्व (Elements) और यौगिक (Molecules) शुद्ध पदार्थ हैं क्योंकि उनमें केवल एक प्रकार के कण होते हैं। अत: सभी तत्व; जैसे– हाइड्रोजन, ऑक्सीजन, नाइट्रोजन, क्लोरीन आदि शुद्ध पदार्थ हैं। उसी प्रकार सभी यौगिक; जैसे-जल, कार्बन डाइऑक्साइड, सोडियम क्लोराइड, कॉपर सल्फेट, फिटकरी, कैल्सियम ऑक्साइड आदि शुद्ध पदार्थ हैं। शुद्ध पदार्थ अपने द्रव्यमान भार में समांगी होता है। शुद्ध पदार्थ को किसी भी भौतिक प्रक्रम द्वारा द्रव्य के अन्य प्रकारों में पृथक् नहीं किया जा सकता है। शुद्ध पदार्थ में निश्चित संघटन के साथ-साथ निश्चित गलनांक तथा क्वथनांक होते हैं।

(i) निम्न में कौन-सा शुद्ध पदार्थ नहीं है?
टिन, कोल, बर्फ, चूना पत्थर

(ii) लोहे की कतरन तथा सल्फर चूर्ण को मिलाकर व पीसकर गर्म करने पर निर्मित पदार्थ क्या होगा?

(iii) धात्विक चमक, तन्यता, चालकता, गुण किसके होते हैं?

(iv) वह तत्व जो कमरे के ताप से कुछ अधिक ताप पर द्रवित अवस्था में होता है, नाम बताइए।

अथवा

जल की गैसीय अवस्था को क्या कहते हैं?

38. सजीवों के अंतर्गत उच्च उत्पादकता हेतु फसल उत्पादन के विभिन्न पहलुओं को नियंत्रित किया जाता है। जिसमें फसल उत्पादन के विभिन्न चरणों के कुशल कार्यान्वयन की आवश्यकता होती है।

धन अथवा आर्थिक परिस्थितियाँ किसान को विभिन्न कृषि प्रणालियों तथा कृषि तकनीकों को अपनाने में महत्त्वपूर्ण भूमिका निभाती है। योगदान, उच्च निवेश तथा फसल उत्पादन में सह संबंध है। इस प्रकार किसान की लागत क्षमता फसल तन्त्र तथा उत्पादन प्रणालियों का निर्धारण करती है। इसलिए उत्पादन प्रणालियाँ भी विभिन्न स्तर की हो सकती हैं, अर्थात् 'बिना लागत' उत्पादन 'अल्प लागत' उत्पादन तथा 'अधिक लागत' उत्पादन प्रणालियाँ। अत: फसल उत्पादन के अंतर्गत पोषकों, सिंचाई तथा कृषि पैटर्न का प्रबंधन आता है।

(i) जैव-उर्वरकों का एक कार्य बताइए।

(ii) रासायनिक उर्वरकों के स्थान पर जैव-उर्वरकों का प्रयोग होने का मुख्य कारण क्या है ?

(iii) किसी एक जैव-उर्वरक, जो लेग्यूम पादपों की जड़ों में पाया जाता है, उसका नाम बताइए।

(iv) कार्बनिक खेती किसे कहते हैं?

अथवा

भारत में आधुनिक सिंचाई प्रणाली में किसे सम्मिलित किया जाता है?

39. वे तरंगें जिनमें माध्यम के कणों का कम्पन तरंग संचरण की दिशा के समान्तर होता है, अनुदैर्ध्य तरंगें कहलाती हैं। इन तरंगों में माध्यम के कण अपनी माध्य स्थिति के आगे-पीछे दोलन करते रहते हैं तथा ध्वनि सम्पीडन व विरलन के रूप में संचरित होती जाती है।

अनुदैर्ध्य तरंग के संचरण के दौरान, वे स्थितियाँ जहाँ कम्पन करते हुए माध्यम के कण पास-पास होते हैं, सम्पीडन कहलाती है तथा जहाँ माध्यम के कण दूर-दूर होते हैं, विरलन कहलाती है। सम्पीडन वाले स्थानों पर माध्यम का घनत्व व दाब अधिक होता है, जबकि विरलन वाले स्थानों पर माध्यम का घनत्व व दाब कम होता है। अनुदैर्ध्य तरंग, सम्पीडन व विरलन के रूप में आगे बढ़ती है।

एक तरंग को ग्राफीय रूप से निम्न प्रकार दर्शाया जा सकता है

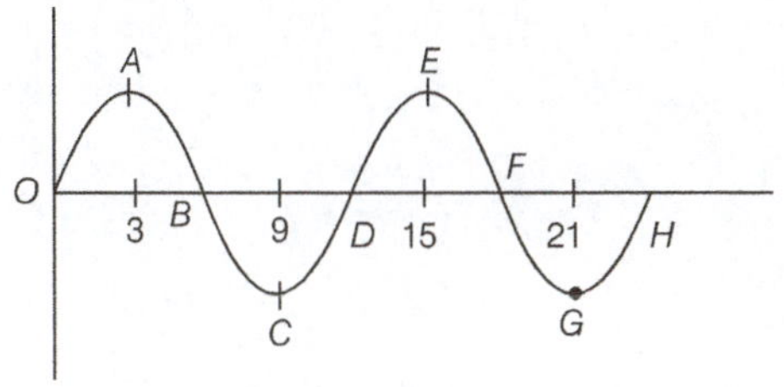

उपरोक्त पैराग्राफ के आधार पर निम्न प्रश्नों का उत्तर दीजिए

(i) तरंग की तरंगदैर्ध्य से आप क्या समझते हैं तथा इसका मान कितना होता है?

अथवा

(i) तरंग को बिन्दु O से H तक पहुँचने में लगे समय की गणना कीजिए।

(ii) चित्रानुसार तरंग के वेग का मान क्या होगा?

(iii) तरंग की आवृत्ति का मान क्या होगा?

उत्तरमाला

1. (d)	**2.** (b)	**3.** (a)	**4.** (c)	**5.** (a)	**6.** (b)	**7.** (b)	**8.** (a)	**9.** (b)	**10.** (d)
11. (a)	**12.** (d)	**13.** (a)	**14.** (a)	**15.** (d)	**16.** (a)	**17.** (b)	**18.** (b)	**19.** (c)	**20.** (d)

25. (i) 100 किमी, (ii) 50 किमी/से, (iii) 2 से, 100 मी **30.** (i) 3.3 मी/से, (ii) 2.5 ग्राम अथवा 1.8 किलोवाट

34. (i) 500 ग्राम, (ii) 8000 किग्रा **36.** (iii) (10/9) मी/से^{2}